U0930117

福建企业年鉴 2019

FUJIAN ENTERPRISE YEARBOOK

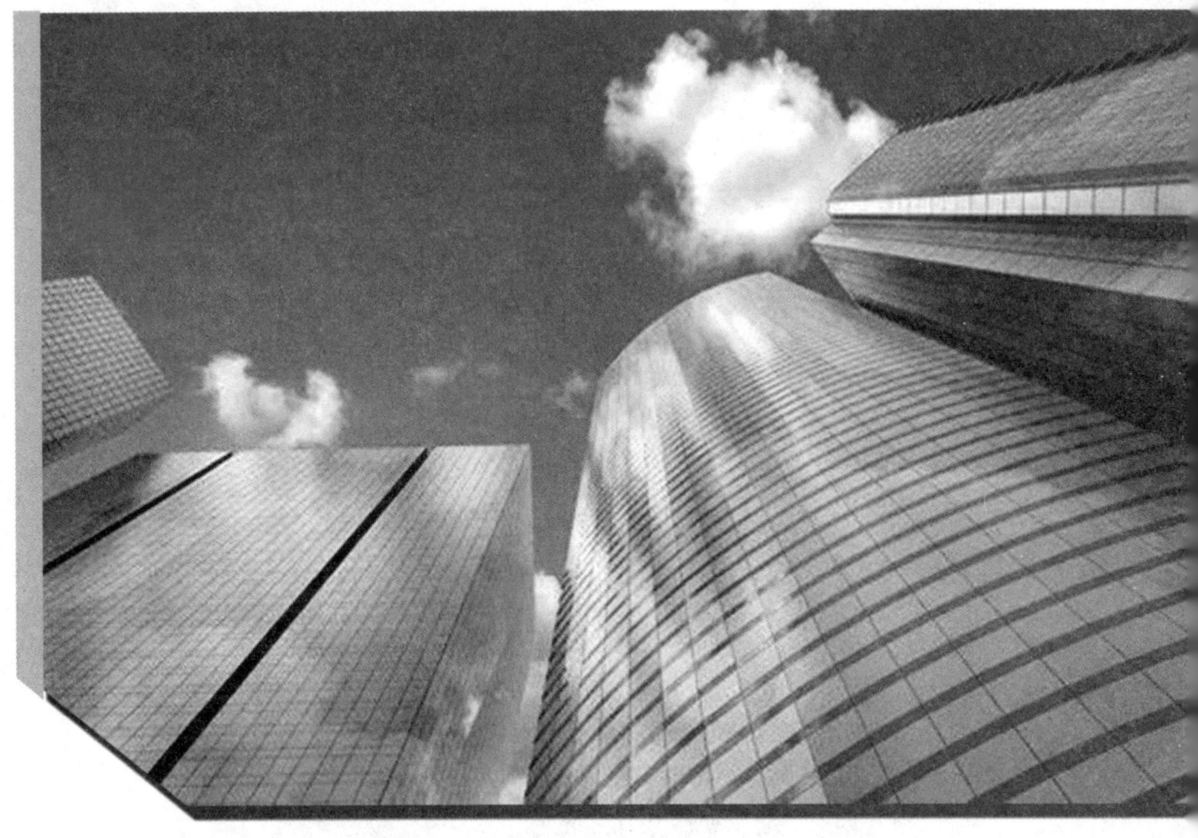

■ 《福建企业年鉴》编委会 编

海峡出版发行集团 THE STRAITS PUBLISHING & DISTRIBUTING GROUP | 福建科学技术出版社 FUJIAN SCIENCE & TECHNOLOGY PUBLISHING HOUSE

图书在版编目（CIP）数据

福建企业年鉴. 2019 /《福建企业年鉴》编委会编. —福州：福建科学技术出版社，2020. 6
ISBN 978-7-5335-6147-5

Ⅰ. ①福… Ⅱ. ①福… Ⅲ. ①企业经济－福建－2019－年鉴 Ⅳ. ① F279.275.7-54

中国版本图书馆 CIP 数据核字（2020）第 070694 号

书　　名 福建企业年鉴 2019
编　　者 《福建企业年鉴》编委会
协　　编 福建省海峡数据信息中心
福建省产业经济发展促进会
出版发行 福建科学技术出版社
社　　址 福州市东水路 76 号（邮编 350001）
网　　址 www.fjstp.com
经　　销 福建新华发行（集团）有限责任公司
印　　刷 福州力人彩印有限公司
开　　本 889 毫米 ×1194 毫米 1/16
印　　张 28.75
插　　页 4
图　　文 760 码
版　　次 2020 年 6 月第 1 版
印　　次 2020 年 6 月第 1 次印刷
书　　号 ISBN 978-7-5335-6147-5
定　　价 497.50 元（含光盘）

特 别 致 谢

本书编撰下列单位提供了大量翔实的数据资料和企业信息，福建科学技术出版社进行了精心的审读与编校，在此一并致谢！

福建省人民政府、各设区市、县（市、区）人民政府

福建省发展和改革委员会

福建省国有资产监督管理委员会

福建省工业和信息化厅

福建省农业农村厅

福建省住房和城乡建设厅

福建省商务厅

福建省交通运输厅

福建省科学技术厅

福建省文化和旅游厅

福建省财政厅

福建省民政厅

福建省审计厅

福建省公安厅

福建省自然资源厅

福建省生态环境厅

福建省水利厅

福建省人力资源和社会保障厅

福建省教育厅

福建省退役军人事务厅

福建省应急管理厅

福建省卫生和健康委员会

福建省统计局

福建省林业局

福建省海洋与渔业局

福建省地方金融监督管理局

国家税务总局福建省税务局

福建省市场监督管理局

福建省新闻出版局

福建省广播电视局

福建省体育局

福建省医疗保障局

福建省粮食和物资储备局

福建省药品监督管理局

平潭综合实验区管委会

中国人民银行福州中心支行

中华人民共和国福州、厦门海关

中华人民共和国福建、厦门出入境检验检疫局

中华人民共和国福建海事局

福建社会科学院

福建省总工会

中国共产主义青年团福建省委员会

福建省妇女联合会

福建省企业与企业家联合会

福建省开发区协会

福建省统计学会

（以上单位排名不分先后）

《福建企业年鉴　2019》
编　委　会

顾　问：黄瑞霖　谢先文

主　任：龚守栋

执行主任：高诚辉

（以下按姓氏笔画为序）

副主任：张　秋　吴选毅　邹家荣　黄闽生　陈维喜

委　员：于新光　林开龙　陈建闽　李　兵　郑新贵　朱明清
王增丰　严志东　赵小真　胡晓峰　何　山　吴文华
郑新辉　郭　鹭　杨益群　孔明超　叶沈莉　雷　宇
康宏达　陈立民　夏长春　黄国实　唐　民　彭文荣
刘海元　肖启辉　吴汉良

《福建企业年鉴　2019》
编　辑　部

主　编：唐　民

副主编：赵小真　吴汉良

编　辑：于新光　林开龙　陈建闽　李　兵　郑新贵　朱明清
黄国实　彭文荣　刘海元　肖启辉　王增丰　严志东

编 辑 说 明

一、《福建企业年鉴　2019》是多角度记载福建企业基本情况和发展成就的大型资料性年刊，正式出版，国内外公开发行。

二、编辑出版《福建企业年鉴　2019》旨在宣传福建企业发展的战略、现状和进程，展示福建企业发展的新成就和出现的新情况，总结经验，提供信息，承载历史，服务企业高质量发展。

三、《福建企业年鉴　2019》内容涵盖上年度福建企业发展的各个方面，分为：年度主题、发展纪事、行业分析、工业园区、品牌创建、专业人才、区域概况、经济数据、涉企政策和表彰奖励等10篇，比较客观、详实地记载2018年福建企业发展的实际情况。

四、《福建企业年鉴　2019》中的一些论述仅代表作者观点，所引用的数据和资料均采用政府各部门正式发布的数据和资料；由相关协会提供的稿件，因统计口径不尽相同，个别数据可能有差异。读者如需引用数据和资料，请向相关单位查证，以相关单位提供的数据和资料为准。

五、《福建企业年鉴　2019》的编辑出版工作，得到了福建省委、省政府和各级政府、省直各有关单位、各有关社会组织和社会各界人士的大力支持，在此一并致以诚挚的感谢。在本书编撰过程中，参考、引用了一些专著或资料，受联系渠道的制约，无法一一与原作者取得联系，请有关作者看到本书后与编委会联系，我们将支付稿酬并致以谢忱。限于经验和水平，难免存在疏漏和欠妥之处，谨请广大读者批评指正。

目　录

第一篇　年度主题

第二篇　发展纪事

第三篇　行业分析

第四篇　工业园区

第五篇　品牌创建

第六篇 专业人才

第七篇 区域概况

第八篇　经济数据

第九篇　涉企政策

第十篇　表彰奖励

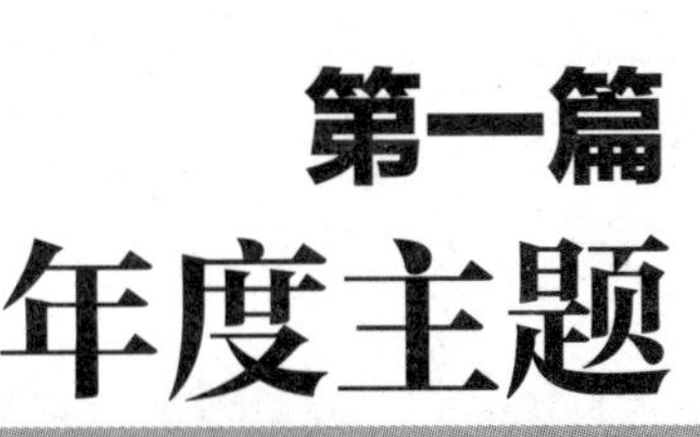

第一篇 年度主题

2018 年福建省企业发展概述

一、综合实力持续提升

2018 年，福建省实现地区生产总值 35804.04 亿元，比上年增长 8.3%。其中，第一产业增加值 2379.82 亿元，增长 3.5%；第二产业增加值 17232.36 亿元，增长 8.5%；第三产业增加值 16191.86 亿元，增长 8.8%。第一产业增加值占地区生产总值的比重为 6.7%，第二产业增加值比重为 48.1%，第三产业增加值比重为 45.2%。全年人均地区生产总值 91197 元，增长 7.4%。

二、工业生产增速加快，企业利润较快增长

2018 年，全省规模以上工业增加值比上年增长 9.1%，增幅比上年提高 1.1 个百分点。分轻重工业看，轻工业增加值增长 8.9%，重工业增长 9.2%。分登记注册类型看，国有企业增加值增长 7.8%，股份制企业增长 10.3%，股份合作企业增长 14.4%，外商和港澳台投资企业增长 6.9%。分三大门类看，采矿业增加值增长 7.8%，制造业增长 8.9%，电力、热力、燃气及水生产和供应业增长 11.9%。分行业看，38 个大类行业有 36 个行业实现增长，其中 15 个行业实现两位数增长。

2018 年，全省规模以上工业企业实现利润总额 3537.14 亿元，比上年增长 16.1%。其中，非金属矿物制品业实现利润总额增长 37.0%，有色金属冶炼和压延加工业增长 67.0%，纺织业增长 20.5%，化学原料和化学制品制造业增长 61.9%。这 4 个行业新增利润合计对全省规模以上工业新增利润贡献率达到 46.4%。

三、投资增幅居全国前列，房地产开发投资保持增长

2018 年，全省完成固定资产投资（含铁路）比上年增长 12.1%。完成固定资产投资（不含铁路）增长 11.5%，固定资产投资（不含铁路）增幅高出全国同期 5.6 个百分点，居全国第 4 位。分产业看（以下投资数据均不含铁路），第一产业投资增长 36.8%；第二产业投资增长 17.8%；第三产业投资增长 8.5%。从到位资金情况看，全年到位资金 14420.26 亿元，增长 4.9%。其中，国家预算资金增长 6.2%，国内贷款下降 0.5%，自筹资金增长 12.5%。

2018 年，全省房地产开发投资 4940.34 亿元，比上年增长 3.0%，增幅比上年回落 1.5 个百分点。全省商品房销售面积 6213.40 万平方米，增长 6.1%。全省商品房销售额 6579.49 亿元，增长 15.3%。房地产开发企业土地购置面积 1286.82 万平方米，增长 40.4%。全年房地产开发企业到位资金 6551.03 亿元，增长 1.9%。

四、出口结构进一步改善，外商投资保持增长

2018 年，全省海关进出口总额 12354.29 亿元，比上年增长 6.6%。其中，出口 7615.58 亿元，增长 7.1%，增幅比上年提高 3.0 个百分点；进口 4738.72 亿元，增长 5.8%。一般贸易出口占出口总额的比重 72.3%，比上年提高 0.1 个百分点。机电产品出口增长 8.0%，占出口总额的比重 36.6%，比上年提高 0.2 个百分点。全省规模以上工业企业出口交货值增长 10.8%，增幅比上年提高 1.7 个百分点。全省实际利用外商直接投资 305.29 亿元，增长 3.0%。

注：本文数据均为快报数。

（摘编：福建省企业信息中心）

福建省实施乡村振兴战略

2018年3月26日《福建日报》刊登：中共福建省委、福建省人民政府印发了《关于实施乡村振兴战略的实施意见》，并发出通知，要求各地各部门结合实际认真贯彻执行。

《关于实施乡村振兴战略的实施意见》公布如下：

为深入贯彻落实党的十九大和中央农村工作会议精神，按照《中共中央、国务院关于实施乡村振兴战略的意见》，结合我省实际，现提出如下实施意见。

一、深刻认识乡村振兴战略的重大意义

1. 准确把握乡村发展面临的新形势。党的十八大以来，在以习近平同志为核心的党中央坚强领导下，省委省政府认真贯彻落实中央一系列决策部署，全面深化农村改革，深入践行精准扶贫精准脱贫方略，扎实推进农业农村现代化，农业农村发展取得新进展。全省农业综合生产能力稳步提升，农业发展方式加快转变，特色现代农业产业格局基本形成；农村公共服务和社会事业持续改善，农村教育、文化、卫生等各项事业快速发展，农村水、电、路、气、房和信息化建设全面提速；农业农村发展体制机制不断完善，农业农村改革“四梁八柱”基本建立；精准扶贫精准脱贫取得决定性进展，国定贫困人口基本脱贫；农民收入实现较快增长，城乡居民收入差距进一步缩小；农村生态文明建设显著加强；党执政的基层基础更加牢固，农村社会更加安定稳定。农业农村发展取得的重大成就和“三农”工作积累的丰富经验，为做好新时代“三农”工作奠定了良好基础。在中国特色社会主义新时代，乡村是一个可以大有作为的广阔天地，迎来了难得的发展机遇。我们必须抓住这一历史契机，顺势而为，乘势而上，不断开创“三农”工作新局面。

2. 切实增强实施乡村振兴战略的紧迫感和使命感。农业农村农民问题是关系国计民生的根本性问题。当前，我国社会主要矛盾已经转化为人民日益增长的美好生活需要和不平衡不充分的发展之间的矛盾，解决好发展不平衡不充分问题要求我们更加重视“三农”工作。从全省看，农业基础还比较薄弱，农民适应生产力发展和市场竞争的能力不足，农村环境和生态问题还比较突出，城乡之间要素合理流动机制亟待健全，农村基层党建存在薄弱环节，乡村治理体系和治理能力亟待强化。实施乡村振兴战略，是解决人民日益增长的美好生活需要和不平衡不充分的发展之间的矛盾的必然要求，是实现“两个一百年”奋斗目标的必然要求，是实现全体人民共同富裕的必然要求。全省上下要切实增强责任感使命感紧迫感，以更大的决心、更明确的目标、更有力的举措，推动农业全面升级、农村全面进步、农民全面发展，谱写新时代乡村全面振兴新篇章。

二、实施乡村振兴战略的总体要求

3. 指导思想。以习近平新时代中国特色社会主义思想为指导，全面贯彻党的十九大精神和中央农村工作会议精神，加强党对“三农”工作的领导，坚持稳中求进工作总基调，牢固树立新发展理念，落实高质量发展的要求，紧紧围绕统筹推进“五位一体”总体布局和协调推进“四个全面”战略布局，坚持把解决好“三农”问题作为全党工作重中之重，坚持农业农村优先发展，按照产业兴旺、生态宜居、乡风文明、治理有效、生活富裕的总要求，建立健全城乡融合发展体制机制和政策体系，统筹推进农村经济建设、政治建设、文化建设、社会建设、生态文明建设和党的建设，加快推进乡村治理体系和治理能力现代化，加快推进农业农村现代化，走中国特色社会主义乡村振兴道路，让农业成为有奔头的产业，让农民成为有吸引力的职业，让农村成为安居乐业的美丽家园，为“再上新台阶、建设新福建”作出新贡献。

4. 目标任务。按照党的十九大提出的决胜全面建成小康社会、分两个阶段实现第二个百年奋斗目标的战略安排，我省实施乡村振兴战略的目标任务是：

2018 年全省农林牧渔业增加值增长 3.5%，农村居民人均可支配收入增长 8.5%，为实施乡村振兴战略开好局、起好步。到 2020 年，乡村振兴取得重要进展，制度框架和政策体系基本形成。农业综合生产能力稳步提升，农业供给体系质量明显提高，农村一二三产业融合发展水平进一步提升；农民增收渠道进一步拓宽，城乡居民生活水平差距持续缩小；现行标准下农村贫困人口实现脱贫，省级扶贫开发工作重点县和建档立卡贫困村全部摘帽；农村基础设施建设深入推进，农村人居环境明显改善，美丽宜居乡村建设扎实推进；城乡基本公共服务均等化水平进一步提高，城乡融合发展体制机制初步建立；农村对人才吸引力逐步增强；农村生态环境明显好转，农业生态服务能力进一步提高；以党组织为核心的农村基层组织建设进一步加强，乡村治理体系进一步完善；各级党的农村工作领导体制机制进一步健全；推进乡村振兴的思路举措得以确立。

到 2035 年，乡村振兴取得决定性进展，农业农村现代化基本实现。农业结构得到根本性改善，农民就业质量显著提高，相对贫困进一步缓解，共同富裕迈出坚实步伐；城乡基本公共服务均等化基本实现，城乡融合发展体制机制更加完善；乡风文明达到新高度，乡村治理体系更加完善；农村生态环境根本好转，美丽宜居乡村基本实现。

到 2050 年，乡村全面振兴，农业强、农村美、农民富全面实现。

5. 基本原则。

坚持党管农村工作。毫不动摇地坚持和加强党对农村工作的领导，健全党管农村工作领导体制机制和党内法规制度，确保党在农村工作中始终总揽全局、协调各方，为乡村振兴提供坚强有力的政治保障。

坚持农业农村优先发展。把实现乡村振兴作为全省上下的共同意志、共同行动，做到认识统一、步调一致，在干部配备上优先考虑，在要素配置上优先满足，在资金投入上优先保障，在公共服务上优先安排，加快补齐农业农村短板。

坚持农民主体地位。充分尊重农民意愿，切实发挥农民在乡村振兴中的主体作用，调动农民的积极性、主动性、创造性，把维护农民群众根本利益、促进农民共同富裕作为出发点和落脚点，促进农民持续增收，不断提升农民的获得感、幸福感、安全感。

坚持乡村全面振兴。准确把握乡村振兴的科学内涵，挖掘乡村多种功能和价值，统筹谋划农村经济建设、政治建设、文化建设、社会建设、生态文明建设和党的建设，注重协同性、关联性，整体部署，协调推进。

坚持城乡融合发展。坚决破除体制机制弊端，使市场在资源配置中起决定性作用，更好发挥政府作用，推动城乡要素自由流动、平等交换，推动新型工业化、信息化、城镇化、农业现代化同步发展，加快形成工农互促、城乡互补、全面融合、共同繁荣的新型工农城乡关系。

坚持人与自然和谐共生。牢固树立和践行绿水青山就是金山银山的理念，落实节约优先、保护优先、自然恢复为主的方针，统筹山水林田湖草系统治理，严守生态保护红线，以绿色发展引领乡村振兴。

坚持因地制宜、循序渐进。科学把握乡村的差异性和发展走势分化特征，注重规划先行、突出重点、分类施策、典型引路。既尽力而为，又量力而行，不搞层层加码，不搞一刀切，不搞形式主义，久久为功，扎实推进。

三、围绕产业兴旺，加快特色现代农业建设

6. 提高粮食安全保障能力。严格落实粮食安全省长责任制，深入实施藏粮于地、藏粮于技战略，全力保障粮食生产能力，2018 年完成 800 万亩水稻生产功能区划定，2021 年基本完成建设任务。严格永久基本农田保护，落实耕地占补数量和质量双平衡，推进高标准农田建设。加强粮食

绿色高产高效创建，建设200万亩优质水稻示范基地，推广优质水稻600万亩以上，扩大专用甘薯、马铃薯品种覆盖面。落实储备订单粮食收购直接补贴和稻谷最低收购价格政策。巩固和拓宽引粮入闽渠道。加强储备粮管理，推行科学储粮、绿色储粮新技术，加快推进现代化粮库建设和粮库“智能化”升级改造。大力发展粮食产业经济，加快实施“优质粮食工程”。

7. 做强做优做大特色农业产业。加快发展茶叶、蔬菜、水果、畜禽、水产、林竹、花卉苗木等七个全产业链产值超千亿元的优势特色产业，到2020年七大产业全产业链总产值超过1.5万亿元。调整结构优化一产，以质量效益为中心，优化品种结构和区域布局，引导优势特色产业向适宜区域和产业园区集聚发展。补齐短板深化二产，建设100个蔬果初加工基地和产后商品化处理中心，推进闽东南沿海外向型林产加工和闽西北山区笋竹加工业发展，做大做强闽东南闽北果蔬加工、泉州休闲食品产业、沿海水产品加工带、闽西北畜禽产品加工等加工业集群，2018年农产品加工转化率提高到70%。搞活流通强化三产，新组建一批产业联盟，鼓励发展营销新模式；加快构建现代化农产品冷链物流仓储体系，2020年全省果蔬、肉类和水产品冷链流通率分别提高到15%、50%和80%；完善农村电子商务服务站点和物流体系布局，鼓励发展基于互联网的新型产业模式。拓展功能融合一二三产，支持主产区农产品就地加工转化增值，开发农业多种功能，延长产业链、提升价值链、完善利益链；大力发展休闲农业和乡村旅游，鼓励利用闲置农房发展民宿、养老等项目，积极发展乡村共享经济、创意农业、特色文化产业，创建10个农村一二三产融合示范县，建设一批农业特色小镇。

8. 实施项目带动促进产业集聚。2018年实施350个重点产业发展项目，新增投资100亿元以上。高水平推进特色农产品优势区建设，2018年完成50个省级特色农产品优势区划设。加快安溪国家现代茶业产业园建设，新创一批国家现代农业产业园，推进59个省级、100个市级、300个县级现代农业产业园创建。加快发展现代高效林业，实施森林质量精准提升工程，完成示范项目建设10万亩，争创2个国家级林业产业示范园。科学布局近远海养殖和远洋渔业，到2020年建设境内远洋渔业产业园区3个、海外远洋渔业基地10个，吸引社会资本投入中心渔港和一级渔港建设，推动“渔港+”项目实施。

9. 推进农业绿色发展。加快推进生态农业建设，促进形成绿色低碳循环的农业产业体系。发展绿色生态健康养殖，改造提升畜禽养殖场和水产养殖场。推动漳州、南平加快创建国家农业可持续发展试验示范区建设，支持光泽、上杭、永定创建第二轮国家级畜牧业绿色发展示范县。充分利用丰富的森林资源，科学发展林下经济。推进化肥农药使用量零增长减量化行动，继续实施地力提升“1112”工程，与2016年相比，2018年化肥农药使用量减少3%以上，到2020年减少10%以上。探索农业废弃物资源化利用的有效治理模式，加快培育农业面源污染治理市场主体，支持连城创建国家农业废弃物资源化利用示范县，到2020年农作物秸秆综合利用率达85%以上，畜禽粪污综合利用率达90%以上，农膜回收利用率达80%以上，农药包装物逐步实现回收处置。大力发展节水农业，实施大中型灌区节水配套改造工程，推进小型农田水利设施达标提质，2020年农田灌溉水有效利用系数提高到0.55以上。

10. 全面推进质量兴农。坚持品质提升，推动农业由增产导向转向提质导向。强化种业创新，开展联合育种攻关，加快选育一批优质、专用、特色新品种，扶持建设优质特色良种扩繁基地20个以上，推进南繁育种基地建设，到2020年全省主要农作物和畜禽良种覆盖率达98%以上、优质专用率达85%以上，水产良种覆盖率达80%以上。强化科技支撑，推动产业技术创新战略联盟建设，提高农业科技园建设水平，完善基层农技推广体系，推进农业机械化，推广具有我省特色的先进、适用农机具。强化质量安全，深入实施农产品质量安全“1213”行动计划，新建农业标准化规模生产基地3000个以上，加快农资、农产品质量安全追溯两个监管信息平台推广应用，推进食用农产品“一品一码”销售，建立健全农产品产地准出与市场准入无缝对接机制，实现全链条质量安全监管。

11. 加快发展数字农业。建设福建“农业云131”信息服务平台，推进物联网、大数据等现代信息技术在农业产加销各个环节的应用，逐步实现育种、栽培、灌溉、施肥、用药、采摘等生产环节的精确化、信息化管理。2018年新建10个以上省级现代农业智慧园，省市县三级建设一批农业物联网示范点，开展农业互联网小镇建设试点。加快信息进村入户工程建设，到2020年实现益农信息社主要行政村基本覆盖。

12. 扩大农业对外开放与闽台合作。支持农业走出去，鼓励引导有条件的农业企业到境外建设农产品生产基地，加强“一带一路”沿线国家和地区仓储、物流设施等建设。实施特色优势农产品出口提升行动，扩大高附加值农产品出口。推进福建农业对外开放合作试验区、境外农业合作示范区建设。促进闽台农业深度对接，提升台湾农民创业园、闽台渔业产业园、闽台农机合作产业园、海峡两岸现代林业合作实验区等建设水平，加强两岸青年农民交流，吸引台湾青年农民来闽投资、创业和发展。

13. 打响“清新福建·绿色农业”品牌。大力发展品牌农业，实施产业兴村强县行动，支持发展一村一品，培育发展安溪茶叶、平和蜜柚、古田食用菌、连江水产等一批特色产业产值超百亿的一县一业。培育特色农产品品牌，保护地理标志农产品，力争到2020年全省“三品一标”达4000个以上。提升福建百香果、富硒农产品等特色农产品品牌效应，2018年组织评定10个福建农产品区域公用品牌、20个福建名牌农产品，到2020年福建农产品区域公用品牌和福建名牌农产品总数达150个以上。开展“清新福建·绿色农业”主题宣传和“闽茶海丝行”活动，不断扩大福建农业的知名度和影响力。

四、围绕生态宜居，建设清新富饶美丽乡村

14. 开展农村人居环境整治行动。实施农村人居环境整治三年行动方案，梯次推动乡村山水林田路房整体改善。继续开展“千村整治百村示范”美丽乡村工程建设，全面推进农村生活垃圾干湿分离，到2020年实现行政村生活垃圾治理常态化机制全覆盖。推进乡镇污水收集和处理，新建和改善乡镇污水处理设施。引导农民树立集约建房的住房消费理念，简化审批程序，落实用地保障，实施全域管控，遏制违章建设，推动裸房整治和居住环境改善。实施乡村绿化行动，全面保护古树名木。坚持不懈推进农村“厕所革命”，大力开展农村户用卫生厕所建设和改造，推动全省村庄农房配备三格化粪池，加快实现农村无害化卫生厕所全覆盖。

15. 实施重要生态系统保护和修复工程。优化和保护国土生态空间，保持生态功能稳定，完善生态安全格局，到2020年基本建立生态保护红线制度。实施天然林保护、湿地保护和恢复、生物多样性保护等重点生态修复工程，推进武夷山国家公园体制试点，大力开展“三带一区”造林绿化，2018年完成植树造林100万亩、森林抚育300万亩、封山育林200万亩，到2020年完成环城一重山等重点生态区位林分改造10万亩，力争实现国家森林城市覆盖各设区市和平潭综合实验区。实施“清洁土壤”工程，以耕地为重点完成农用地土壤污染状况详查，建设全省土壤环境质量监测网络，开展农用地土壤环境质量状况类别划定并实行分类管控。以闽江山水林田湖草保护修复工程为重点，通过土地整治、植被恢复、河湖水系连接等手段系统恢复生态功能。加强农村饮用水水源保护，全面落实河（湖）长制。落实水电生态电价政策，建立覆盖全省、统一规范的全流域生态保护补偿机制。持续推进水土流失治理，每年综合治理水土流失面积200万亩，力争到2020年全省水土流失率下降到8%以下。完善海洋环境协同保护机制，实施“蓝色海湾”和红树林种植修复工程，开展岸线和海岛整治修复，到2020年完成不符合养殖规划设施的清退工作。加强农村环境监管能力建设，强化基层监管执法力量，落实县乡两级农村环境保护主体责任。

16. 打造乡村生态旅游产业链。实施乡村旅游“百镇千村”提质升级行动，建设“一镇一品、一村一景”工程，发展休闲农业和森林生态旅游，构建乡村旅游精品体系，创建一批休闲农业示范基地，推出一批中国美丽乡村，培育一批乡村生态旅游品牌，到2020年打造三星级以上（含三星级）乡村旅游休闲集镇40个、特色村150个、“水乡渔村”160个，乡村旅游精品线路10条。积极开发观光农业、游憩休闲、健康养生、生态教育等绿色生态产品和服务，打造绿色环保的生态旅游产业链。

17. 完善城乡防灾减灾体系。实施常态化水库除险加固，加强水利水毁设施修复，推进万里安全生态水系、防洪防潮工程、蓄水工程、引调水工程、流域综合整治等项目建设。加强森林防火，强化森林专业消防队伍建设，完善森林防火预警体系，积极开展航空护林。落实重大动植物疫源疫病监测预警制度，实施动物疫病集中强制免疫行动。开展农作物病虫害综合防治，推进松材线虫病等重大林业有害生物防控。提升气象为农服务能力，优化城乡及海洋气象监测网，推广应用新一代天气雷达。加强渔港避风能力建设，完善海洋观测网，实施海洋渔船通导与安全装备建设项目，提升海洋灾害预警报能力。

五、围绕乡风文明，繁荣兴盛农村文化

18. 加强农村思想道德建设。深入宣传习近平新时代中国特色社会主义思想，推动社会主义核心价值观进村入户，弘扬民族精神和时代精神，加强爱国主义、集体主义、社会主义教育。加强农村思想文化阵地和队伍建设，创建农村宣传思想文化工作示范乡镇，推动文化科技卫生“三下乡”，广泛开展群众性文化活动。开展移风易俗行动，遏制大操大办、厚葬薄养、人情攀比等陈规陋习，弘扬诚信文化，净化社会风气，树立文明乡风。抵制封建迷信，加强农村科普。启动新一轮文明村镇、文明家庭创建活动，到2020年县级以上文明村、文明乡镇比例达50%以上。

19. 弘扬八闽优秀传统文化。切实保护好优秀农耕文化遗产，积极培育新乡贤文化，大力弘扬红色文化、闽南文化、客家文化、妈祖文化、朱子文化、船政文化、海丝文化、海洋文化、福建书院文化、畲族文化、闽都文化和陈靖姑文化等。深化传家训、立家规、扬家风活动。支持农村地区优秀戏曲曲艺、少数民族文化、民间文化等非物质文化传承发展。划定乡村建设的历史文化保护线，保护好历史文化名镇名村和文物古迹、传统村落、民族村寨、传统建筑、农业遗迹等。

20. 健全乡村公共文化服务体系。发挥县级公共文化机构辐射作用，推进基层综合性文化服务中心建设，实现乡村两级公共文化服务全覆盖。强化公共文化服务供需对接，实施文化惠民工程，推进乡镇实体书店和数字影院建设，提升行政村农家书屋管理水平，加强乡村广播电视传输覆盖网络建设。支持“三农”题材文艺创作生产，鼓励文艺工作者深入农村、贴近农民，推出具有乡村特色、深受农民欢迎的优秀文化作品和文化产品。活跃繁荣农村文化市场，丰富农村文化业态，加强农村文化市场监管。

六、围绕治理有效，夯实农村基层基础

21. 加强农村基层党组织建设。扎实推进抓党建促脱贫攻坚、促乡村振兴，突出政治功能，提升组织力，抓乡促村，把农村基层党组织建成坚强战斗堡垒。强化农村基层党组织领导核心地位，创新组织设置和活动方式，推进“跨村联带”“千企帮千村”工作，推行乡镇干部“住村工作法”，落实村干部“一定三有”政策，完善“168”农村党建工作机制和“六要”群众工作法。实施农村带头人队伍整体优化提升行动，选优配强村党组织书记，推进农村本土化人才培养工程。健全从优秀村党组织书记中选拔乡镇领导干部、考录乡镇机关公务员、招聘乡镇事业编制人员制度。完善选派干部驻村工作机制，实施第五轮省级扶贫开发重点村整村推进帮扶工作，驻村第一书记实现建档立卡贫困村全覆盖、少数民族村应派尽派。持续整顿软弱涣散村党组织，稳妥有序开展不合格党员处置工作。发展壮大村级集体经济，增强村级组织自我保障能力。落实好村级组织运转经费、活动场所、报酬待遇和服务群众专项经费等，建立健全以财政投入为主、稳定的经费保障制度。加大在优秀青年农民中发展党员力度，建立农村党员定期培训制度。推行村级小微权力清单制度，加大基层小微权力腐败惩处力度。

22. 深化村民自治实践。坚持自治为基，加强农村群众性自治组织建设，健全和创新村党组织领导的充满活力的村民自治机制。做好村委会换届选举工作，推动村党组织书记通过选举担任村委会主任。发挥自治章程、村规民约的积极作用。充分发挥乡镇纪检组织监察职能，全面建立健全村务监督委员会，推行村级事务阳光工程。依托村民会议、村民代表会议、村民议事会、村民理事会、村民监事会等，形成民事民议、民事民办、民事民管的多层次基层协商格局。创新基层管理体制机制，整合优化公共服务和行政审批职责，打造“一门式办理”“一站式服务”的综合服务平台。在村庄普遍建立网上服务站点，逐步形成完善的乡村便民服务体系。加强农村社区治理创新，积极发展农村社会工作和志愿服务，建立健全农村社区、社会组织和社会工作者联动机制。维护村民委员会、农村集体经济组织、农村合作经济组织的特别法人地位和权利。

23. 加强乡村法治建设。坚持法治为本，树立依法治理理念，强化法律在维护农民权益、规范市场运行、农业支持保护、生态环境治理、化解农村社会矛盾等方面的权威地位。增强基层干部法治观念、法治为民意识，将政府涉农各项工作纳入法制化轨道。深入推进经济发达镇行政管理体制改革，推进综合行政执法改革向基层延伸，创新监管方式，推动执法队伍整合、执法力量下沉，提高执法能力和水平。建立健全乡村调解、县市仲裁、司法保障的农村土地承包经营权纠纷调处机制。加大农村普法力度，提高农民法治素养。健全农村公共法律服务体系，加强对农民的法律援助和司法救助。

24. 提升乡村德治水平。深入挖掘乡村熟人社会蕴含的道德规范，结合时代要求进行创新，强化道德教化作用，引导农民向上向善、孝老爱亲、重义守信、勤俭持家。建立道德激励约束机制，开展农村道德评议活动，促进家庭和睦、邻里和谐、干群融洽。广泛开展好媳妇、好儿女、好公婆等评选表彰活动，开展寻找最美乡村教师、医生、村官、家庭等活动。深入宣传道德模范、身边好人的典型事迹，弘扬真善美，传播正能量。

25. 推进平安乡村建设。从 2018 年起用 5 年时间开展更高水平平安乡村建设，力争到 2022 年全省 90% 以上的乡镇（街道）和 95% 以上的村居达到新一轮平安创建标准。健全落实社会治安综合治理领导责任制，大力推进农村社会治安防控体系建设。加强乡镇（街道）治安巡防队伍建设，强化乡村治安巡防力量配备。按照全域覆盖、全网共享、全时可用、全程可控的目标推进农村“雪亮工程”建设，努力实现城乡视频监控一体化。严厉打击农村黑恶势力、宗族恶势力，开展“村霸”问题专项整治。依法加大对农村非法宗教活动和境外渗透活动打击力度，依法制止利用宗教干预农村公共事务。健全农村公共安全体系，持续开展农村安全隐患治理。加强农村警务、消防、道路交通、安全生产工作，坚决遏制重特大安全事故。加强乡村综治中心建设，2018 年实现省、市、县、乡综治中心全覆盖。加快网格化服务管理平台建设，2020 年实现省、市、县、乡、村五级网格化服务管理全覆盖并与综治中心联动运作，为广大农民群众搭建畅通快捷的服务平台和利益诉求表达渠道。

七、围绕生活富裕，增强广大农民获得感幸福感

26. 促进农村劳动力转移就业和农民增收。健全覆盖城乡的公共就业服务体系，大规模、有计划、有针对性地开展职业技能培训，促进农民工多渠道转移就业。健全农民创业创新工作推进机制，进一步推进台湾农民创业园和省级农民创业园建设，鼓励引导广大农民入园创业。开展福建省农村青年创业致富“领头雁”培养计划，鼓励高校毕业生、企业主、农业科技人员、留学归国人员等各类人才回乡下乡创业创新。

27. 加快城乡基础设施互联互通。继续把基础设施建设重点放在农村，加大财政投入力度，畅通多元投融资渠道，调动各类市场主体的积极性。加快农村公路、供水、环保、电网、物流、信息、广播电视等基础设施建设，不断提高建设效率和运营管护水平。建立农村公路路长、乡村道路专管员制度，以示范县、示范乡镇为载体，全面推进“四好农村路”建设。实施农村饮水安全巩固提升工程，力争到 2020 年农村自来水普及率达 80% 以上，集中供水率提高到 90% 以上。加快新一轮农村电网改造升级，农网供电可靠率提高到 99.93%。实施数字乡村战略，加快农村地区宽带网络和第四代移动通信网络覆盖步伐，实现包括海岛在内的所有行政村通高速宽带。

28. 促进城乡基本公共服务一体化。统筹推进县域内城乡义务教育一体化改革，促进义务教育优质均衡发展。改善薄弱学校基本办学条件，加强农村寄宿制学校建设，提高乡村中小学和必要教学点标准化建设水平，推进中小学信息化。实施农村义务教育学生营养改善计划。实施城镇中小学扩容工程，依法保障随迁子女平等接受义务教育。继续实施特殊教育提升计划。加快建设普惠性幼儿园。推进农村普及高中阶段教育，支持教育基础薄弱县普通高中建设。健全学生资助制度。加强妇幼健康服务机构标准化建设，推进基层医疗卫生机构和一体化村卫生所达标建设，实施计划生育家庭发展能力和保障提升工程，开展健康家庭行动和创建幸福家庭活动。巩固城乡居民医保设区市统筹，推进城乡居民医保和城镇职工医保实现统筹层次、医保目录、定点管理、基金管理“四统一”，完善城乡居民医保、大病保险、医疗救助等制度。加大公共租赁住房有效供给，将进城落户农业转移人口全部纳入城镇住房保障体系。深入推进医养结合融合发展。构建多层次农村养老保障体系，盘活用好乡镇敬老院，加快建设一批农村幸福院，到2020年农村养老服务设施覆盖率达到60%以上，80%以上社区卫生服务中心、乡村卫生院有能力为老年人提供康复服务。推进城乡居民基本养老保险参保扩面，按照国家统一部署构建基础养老金调整机制。缩小城乡低保标准差距，适度扩大农村低保覆盖面，逐步提高农村特困人员供养标准。健全农村留守儿童和妇女、老年人以及困境儿童关爱服务体系。加强和改善农村残疾人服务。

八、围绕打好精准脱贫攻坚战，巩固提升脱贫成果

29. 精准聚焦脱贫对象。编制23个省级扶贫开发工作重点县、2201个建档立卡贫困村和贫困人口的脱贫滚动规划和年度计划，实现分年度有序退出。加强贫困人口动态管理，做到应纳尽纳、应扶尽扶。2018年完成1.5万人造福工程易地扶贫搬迁，加大力度支持贫困户危旧房改造。到2020年现行标准下的贫困人口全部脱贫、省级扶贫开发工作重点县和建档立卡贫困村全部摘帽。

30. 精准落实扶贫措施。把提高脱贫质量放在首位，建立稳定脱贫长效机制，做好实施乡村振兴战略与打好精准脱贫攻坚战的有机衔接。坚持扶贫与扶志、扶智相结合，强化产业、就业扶持，改进帮扶方式方法，更多采用生产奖补、劳务补助、以工代赈等机制，推动贫困群众通过自己的辛勤劳动脱贫致富。聚焦特殊贫困人口精准发力，强化保障性扶贫，确保病有所医、残有所助、生活有兜底。落实完善精准扶贫医疗叠加保险政策，缓解因病致贫、因病返贫问题。推进“雨露计划”培训，2018年培训4万人次，提升贫困群众发展生产和务工经商的基本技能。扶持贫困村集体经济发展，创新资产收益扶贫机制，扎实推进资产收益扶贫工作。加大山海协作对口帮扶力度。深入推进东西部扶贫协作。

31. 强化攻坚责任落实与监督。脱贫攻坚是严肃的政治任务，既要确保进度，更要确保质量。坚持中央统筹省负总责市县抓落实的工作机制，强化党政一把手负总责的责任制。强化县级党委作为全县脱贫攻坚总指挥部的关键作用，脱贫攻坚期内贫困县县级党政正职要保持稳定。开展扶贫领域腐败和作风问题专项治理，切实加强扶贫资金管理，充分发挥扶贫资金在线监管系统作用，实现对扶贫项目资金使用的全程跟踪，对挪用和贪污扶贫款项的行为严惩不贷。将2018年作为脱贫攻坚作风建设年，集中力量解决突出作风问题，坚决纠正脱贫攻坚工作中形式主义、官僚主义等突出问题。要切实提高脱贫质量，对弄虚作假、搞数字脱贫的严肃查处。贯彻落实中央扶贫督查巡查、考核评估办法，严格控制各地开展增加一线扶贫干部负担的各类检查考评。关心爱护战斗在扶贫第一线的基层干部，保护和调动他们的工作积极性。根据中央部署，研究制定坚决打好精准脱贫攻坚战三年行动实施意见和持续减贫的实施意见。

九、强化改革创新，激发乡村振兴新动力

32. 巩固完善农村基本经营制度。落实农村土地承包关系稳定并长久不变政策，衔接落实好第二轮土地承包到期后再延长30年的政策。2018年全面完成土地承包经营权确权登记颁证工作，实现承包土地信息联通共享。完善农村承包地“三权分置”制度，逐步建立规范高效的“三权”运行机制，农村承包土地经营权可以依法向金融机构融资担保、入股从事农业产业化经营。积极培育农业新型经营主体，发展家庭农场、合作社、龙头企业、社会化服务组织和农业产业化联合体，发展多种形式适度规模经营。

33. 深化农村土地制度改革。按照中央统一部署，积极开展农村土地征收、集体经营性建设用地、宅基地制度改革试点。扎实推进房地一体的农村集体建设用地和宅基地使用权确权登记颁证。落实中央农民闲置宅基地和闲置农房政策，探索宅基地所有权、资格权、使用权“三权分置”，落实宅基地集体所有权，保障宅基地农户资格权和农民房屋财产权，适度放活宅基地和农民房屋使用权，不得违规违法买卖宅基地，严格实行土地用途管制，严格禁止下乡利用农村宅基地建设别墅大院和私人会馆。在符合土地利用总体规划前提下，允许县级政府通过村土地利用规划，调整优化村庄用地布局，有效利用农村零星分散的存量建设用地；预留部分规划建设用地指标用于单独选址的农业设施和休闲旅游设施等建设。对利用收储农村闲置建设用地发展农村新产业新业态的，给予新增建设用地计划指标奖励。

34. 深化农村集体产权制度改革。2018 年基本完成集体资产清产核资工作，2019 年基本完成农村集体经济组织成员身份确认，2020 年全省有经营性资产的村镇基本完成股份合作制改革。推动资源变资产、资金变股金、农民变股东，探索农村集体经济新的实现形式和运行机制。维护进城落户农民土地承包权、宅基地使用权、集体收益分配权，引导进城落户农民依法自愿有偿转让上述权益。

35. 深化集体林权制度改革。加快林权收储机构建设和管理，推进林权收储机构与金融机构合作，为林权抵押贷款提供担保、收储服务。继续探索林地“三权分置”改革试点，支持林地经营权抵押融资。推进重点生态区位商品林赎买等多种形式的改革，探索开展天然商品林赎买等改革试点，创新赎买后商品林管护模式。完善森林生态效益补偿机制，探索建立生态产品购买、森林碳汇等市场化补偿制度。

36. 健全支持小农户发展的新机制。统筹兼顾培育新型农业经营主体和扶持小农户，加大对小农户的支持力度，改善小农户生产设施条件，提升小农户抗风险能力，拓展小农户增收空间。发挥新型农业经营主体带动作用，发展多样化的联合与合作，帮助小农户对接市场。大力培育各类专业化市场化农业服务组织，帮助小农户节本增效。发展面向小农户的普惠金融，推进农村信用体系建设，大力发展以信用为基础的小额信贷，拓宽小农户生产的融资渠道。

37. 统筹推进农村各项改革。深化农垦改革发展，2018 年基本完成农垦国有土地使用权确权登记颁证工作，剥离国有农场办社会职能，推进国有农场企业化和垦区集团化改革。推进农业水价综合改革。完善渔业基本水域保护制度，在内陆集体养殖水域探索“三权分置”制度。深化海域资源市场化改革，加快推进福建海洋产权交易服务平台建设。以推行混合所有制为重点，深化供销合作社综合改革。

十、强化人才支撑，汇聚乡村振兴力量

38. 大力培育新型职业农民。实施新型职业农民激励计划，继续推进新型职业农民素质提升工程和农村实用技术远程培训，支持新型职业农民通过弹性学制参加中高等农业职业教育，鼓励开展职业农民职称评定试点。创新新型职业农民培育模式，支持农民专业合作社、专业技术协会、龙头企业等主体承担培训。

39. 加强农村专业人才队伍建设。建立县域专业人才统筹使用制度，推动人才管理职能部门简政放权，保障和落实基层用人主体自主权，统筹使用基层编制资源，加大动态管理力度，使有限的基层编制资源向乡村农技推广、中小学、幼儿园、卫生院、养老院等领域倾斜。落实乡村教师支持计划，推行乡村教师“县管校聘”，促进城乡教师均衡配置。加大代偿学费、教师补充资助计划实施力度，吸引优秀高校毕业生到 23 个省级扶贫开发工作重点县任教。加快乡村医生培养，采取“订单定向”培养方式，优化乡村医生队伍结构。开展乡村全科执业助理医师资格考试，推进乡村医生向执业（助理）医师转化。落实在岗乡村医生养老保险与老年乡村医生生活补助政策，加强乡村医生养老保障。继续实施“三支一扶”，组织实施高校毕业生基层成长计划，面向高校毕业生开发一批乡村基层公益性岗位，加强农村基层人才配置。支持高等学校、职业院校创新人才培养模式，为乡村振兴培养专业化人才。扶持培养农业职业经理人、经纪人、乡村工匠、文化能人、非遗传承人等。

40. 鼓励社会各界投身乡村建设。支持企业家、党政干部、专家学者、医生教师、规划师、建筑师、律师、技能人才等，通过多种方式服务乡村振兴事业。全面深入推行科技特派员制度，创新选派方式、利益分配、政策供给等工作机制，加大科技人才选拔力度，促进科技特派员工作向二三产业拓展。全面贯彻落实高等院校、科研院所等事业单位专业技术人员到乡村和企业挂职、兼职和离岗创新创业制度，保障其在职称评定、工资福利、社会保障等方面权益。健全种业等领域科研人员以知识产权明晰为基础、以知识价值为导向的分配政策。允许农技人员通过提供增值服务合理取酬。建立城乡、区域、校地之间人才培养合作与交流机制，鼓励城市专业人才参与乡村振兴。

十一、强化投入保障，拓宽乡村振兴融资渠道

41. 坚持将"三农"投入作为财政支出优先领域。建立健全实施乡村振兴战略财政投入保障机制，公共财政更大力度向"三农"倾斜，确保财政投入与乡村振兴目标任务相适应。探索建立涉农资金统筹整合长效机制，优化财政支农投入供给，分类推进涉农资金统筹整合，以部门为单元探索实施"大专项＋任务清单"管理模式，赋予县级整合权限。做好涉农项目前期工作，加强涉农项目库建设，加快涉农预算执行进度，减少财政资金结余结转，盘活涉农沉淀资金。实施支农资金绩效管理，建立健全支农资金正向激励。推广一事一议、以奖代补等方式，鼓励农民对直接受益的乡村基础设施建设投工投劳。

42. 创新农村金融服务机制。加大"三农"信贷支持力度，更好满足乡村振兴多样化金融需求。继续推进政策性农业信贷担保体系建设，加大对新型农业经营主体的金融服务力度。推动和规范发展村级担保合作社、互助担保基金，支持依托产业、身份等纽带发展农村信用共同体融资。积极推动农业生产设施产权抵押贷款和生产订单、农业保单融资，创新林权、海域（滩涂）使用权等特色化抵押贷款产品。推进农村金融与农村电子商务融合发展，推动金融机构发展普惠金融。加强农村金融服务网点建设，到2020年行政村实现基础金融服务全覆盖。加快农村信用体系建设，深入开展信用户、信用村、信用乡（镇）创建活动，在贷款利率、额度、手续等方面给予差别化政策优惠，体现守信价值。探索开展农产品目标价格保险、天气指数保险试点，推动农村家庭财产保险、小额人身保险等涉农普惠保险发展。

43. 引导社会资本投向乡村振兴。加快建立乡村振兴多元化投入机制，充分发挥财政资金引导带动作用，用好人民银行抵押补充贷款（PSL）资金，撬动金融和社会资本更多投向乡村振兴。积极探索股权债权融资等多种方式，支持符合条件的农村基础设施领域主体和项目发行各类企业债券。鼓励市县政府和社会资本设立各类农业农村发展投资基金。加大地方政府债券支持农村基础设施建设力度。

十二、强化党对"三农"工作的领导

44. 完善党的农村工作领导体制机制。健全党委统一领导、政府负责、党委农村工作部门统筹协调的农村工作领导体制。建立实施乡村振兴战略领导责任制，实行中央统筹省负总责市县抓落实的工作机制。党政一把手是第一责任人，五级书记抓乡村振兴，县委书记要当好乡村振兴的"一线总指挥"。各部门要按照职责，加强工作指导，做好协同配合，形成乡村振兴工作合力。切实加强各级党委农村工作部门建设，按照《中国共产党工作机关条例（试行）》有关规定，做好党的农村工作机构设置和人员配置工作。建立实施乡村振兴战略工作报告制度，市县两级党委、政府每年要向上级党委、政府报告实施乡村振兴战略进展情况。建立市县党政领导班子和领导干部推进乡村振兴战略的实绩考核制度，科学制定评价体系和考核办法，将考核结果作为选拔任用领导干部的重要依据。实施乡村振兴"巾帼行动"。发挥工会、共青团、妇联、科协等群团组织的优势和力量，发挥各民主党派、工商联、无党派人士等积极作用，支持农业农村发展，投身乡村振兴事业。大力宣传各地各部门推进乡村振兴的丰富实践，营造乡村振兴良好氛围。

45. 加强"三农"工作队伍建设。把懂农业、爱农村、爱农民作为基本要求，加强"三农"工作干部队伍的培养、配备、管理、使用。注重选派熟悉“三农”工作的干部进入市县两级党委和政府领导班子，确保各级党委和政府主要领导干部懂“三农”工作，会抓“三农”工作，分管领导真正成为“三农”工作的行家里手。拓宽县级“三农”工作部门和乡镇干部来源渠道。把到农村一线工作锻炼作为培养干部的重要途径，注重提拔使用实绩优秀的干部，形成人才向农村基层一线流动的用人导向。

46. 强化乡村振兴规划引领。制定福建乡村振兴规划（2018—2022 年），编制各市、县（区）乡村振兴具体规划或实施方案，明确到 2020 年和 2022 年的发展目标、重点任务和保障措施，部署若干重大工程、重大计划、重大行动。加强各类规划的统筹管理和系统衔接，形成城乡融合、区域一体、多规合一的规划体系。

让我们更加紧密地团结在以习近平同志为核心的党中央周围，高举中国特色社会主义伟大旗帜，以习近平新时代中国特色社会主义思想为指导，迎难而上、埋头实干、开拓奋进，为“再上新台阶、建设新福建”，为决胜全面建成小康社会，夺取新时代中国特色社会主义伟大胜利作出更大贡献！

（选编：唐民）

福建省加快民营企业发展

2018年12月24日中共福建省委、福建省人民政府下发《中共福建省委福建省人民政府关于加快民营企业发展的若干意见》，主要内容如下：

为深入贯彻习近平总书记关于民营经济发展的重要指示精神和党中央、国务院决策部署，认真落实省委十届六次全会要求，加快我省民营企业发展，现提出如下意见。

一、指导思想和总体要求

（一）*指导思想*。以习近平新时代中国特色社会主义思想为指导，坚持公有制为主体、多种所有制经济共同发展的基本经济制度，坚持“两个毫不动摇”，坚持国资、民资、外资一视同仁，充分发挥市场配置资源的决定性作用和更好发挥政府作用，充分发挥民营经济在推进供给侧结构性改革、坚持高质量发展落实赶超、建设现代化经济体系中的重要作用。

（二）*总体要求*。放宽企业准入，激发民间有效投资活力；推进项目建设，壮大民营经济规模；加快创新转型，促进民营企业提质增效；优化营商环境，健全公平竞争体制机制；完善政策执行方式，提高精准服务水平，破解“堵点”“痛点”，推动民营企业聚焦实体、做精主业，创新发展、做强做优。经过三年努力，力争实现我省民营经济规模跃上新台阶，质量效益明显提升，创新能力显著增强，数字化转型有效推进，绿色制造能力得到加强，形成“亲商、安商、富商”良好环境，打造一批在国内和国际市场上具有自主知识产权和核心竞争力的知名品牌企业。

二、拓宽民营企业发展空间

（三）*进一步放开市场准入条件*。除国家法律法规明确禁止准入的行业和领域外，一律对民营经济开放。加大民用机场、基础电信运营、增量配电和售电等领域开放力度，禁止排斥、限制和歧视民间资本行为。鼓励民间资本大力发展养老、医疗、教育、文体等事业，参与盘活政府性存量资产，激发民间有效投资活力。除国家法律法规规定外，各地不得要求跨区域承揽业务的省内企业在当地设立子公司或分公司。

（四）*鼓励民营企业参与国有企业改革*。及时发布鼓励民营企业和民间资本参与国企改制改组的项目信息。支持民营企业通过出资入股、收购股权、认购可转债、股权置换等多种方式参与国有企业混合所有制改革。支持民营经济与国有资本共同设立发展基金。

（五）*鼓励民营企业进入国防科技和后勤保障领域*。研究出台加快军民融合发展政策措施。推动“民参军”“军转民”，鼓励和引导“民参军”企业承担武器装备分系统和配套产品研制生产任务，参与航空航天、卫星应用、海洋工程、核心材料、关键元器件等军民融合产业。推动民营企业积极参与军需食品、军队被装、通用装备制造维修、营房及水电设施建设、物流配送等部队后勤保障服务。

三、切实减轻民营企业负担

（六）*进一步减轻企业税费负担*。认真落实好国家出台的减税降费等政策。地方权限内的有关民营企业与其他企业的税费政策，在国家规定的法定税率幅度内下降到合理水平。推广简明易行、操作便利的办税服务方式，扩大纳入农产品增值税进项税额核定扣除试点范围，加快落实退还符合条件的民营企业增值税期末留抵税额。现行房产税按房产原值减除30%后的余值缴纳；城镇土地使用税按税额标准下调20%计算缴纳，但最低不得低于国家规定的税额标准下限。允许符合条件的财政性资金作为企业所得税不征税收入。稳定社保缴费方式，延用社保缴费基数，平稳调整最低工资标准，落实阶段性降低社保费率、社保补贴政策，确保总体不增加企业负担。国家规定的涉企行政事业性收费按下限标准执行，除赔（补）偿性质外的省定涉企行政事业性收费实行"零收费"。政府部门组织企业参加的培训班，未经批准不得向企业收取培训费。加大涉企保证金清理力度，凡不在公布的福建省政府部门涉企保证金目录清单内的项目一律取消（完全市场化行为产生的保证金以及金融机构缴纳的保险、保障基金除外），对违规收取以及逾期未返还的保证金应及时全额返还企业。严肃整治政府部门下属单位、行业协会商会、中介机构等乱收费行为，发现一起、查处一起、曝光一起。

（七）降低民营企业用地用电用气成本。对我省优先发展产业且用地集约的工业项目，在确定土地使用权出让底价时，可按不低于所在地土地等别相对应的全国工业用地出让最低价标准的70%执行。创新工业用地供应方式，可实行工业用地长期租赁、先租后让、租让结合供应方式；鼓励工业用地使用权人在符合城乡规划、不改变原用途的前提下，提高工业用地土地利用率和增加容积率，不再补缴土地出让金及相关费用。扩大民营企业直接交易电量规模和参与范围，降低准入条件。简化用电报装流程，推行100kVA以下低压接入。根据福建天然气购气成本变动情况及时调整城市门站气价，加强成本监审和气价监管，降低中间环节加价，支持中间供气企业与用气大户企业自主选择上游资源方和供气路径。

（八）减免缓征困难企业税费。符合国家调整产业结构和土地集约利用要求、纳税确有困难的企业，可申请减征或免征城镇土地使用税。对已按规定按时缴纳社会保险费的暂时困难企业（"僵尸企业"除外），经批准可缓缴医疗、失业、生育保险费，缓缴期限暂定12个月。

四、化解民营企业融资难

（九）健全金融机构考核激励机制。鼓励银行业金融机构加大对民营企业的贷款支持力度，努力尽快实现国家相关政策目标。建立民营企业、中小企业贷款业务与银行内部考核、薪酬等挂钩的激励机制，建立尽职免责制度，明确授信尽职免责认定标准，做到不减少信贷规模、不釜底抽薪、不提高续贷门槛、不随意抽贷、不随意压贷。人行福州中心支行、福建银保监局负责对银行业金融机构进行年度考核，地方法人银行机构按照宏观审慎管理框架要求考核，对考核优秀的给予监管正向激励。督促各金融机构清理废除不公平的民营企业融资限制条件，严格落实普惠型小微企业"两增两控"目标，即单户授信总额1000万元以下（含）的小微企业贷款同比增速不低于各项贷款同比增速，有贷款余额的户数不低于上年同期水平，合理控制小微企业贷款资产质量水平和贷款综合成本水平（包括利率和贷款相关的银行服务收费），逐步提高制造业贷款比重。引导银行业金融机构降低对民营企业贷款利率水平；加大无还本续贷推广力度，提高无还本续贷笔数及金额占比；大力推广应收账款、特许经营权、政府采购订单、收费权、知识产权等融资方式，拓宽银行抵（质）押物范围，并将其纳入对银行业金融机构考核内容。

（十）设立政策性帮扶资金。省级分期设立和发行总规模150亿元的纾困基金和20亿元的纾困专项债。各地要综合运用多种手段，在严格防止违规举债、严格防范国有资产流失前提下，帮助辖区内产业龙头、就业大户、战略新兴行业、实体经济领域上市公司、高成长性企业、技术创新企业等关键重点企业纾困，化解股权质押等风险。对符合经济结构优化升级方向、有前景的民营企业进行必要的财务救助。将全省政府应急周转金规模逐步提高至100亿元以上，加大对民营企业"过桥"转贷支持。开展政府部门和国有大企业不履约拖欠民营企业账款专项清欠行动，对已发生的拖欠款项"限时清零"。对不诚信履约的企业依法依规列入诚信"黑名单"，取消财政性项目资金申报资格。

（十一）进一步拓宽融资渠道。加强产融对接，抓紧建设面向民营企业、中小微企业的金融综合服务平台。对在全国中小企业股份转让系统和海峡股权交易中心新挂牌交易的小微企业，省级财政给予不超过30万元补助。扩大银行间债券市场融资规模，支持民营企业按市场化、法治化原则实施债转股，创设民营企业债券融资支持工具。充分发挥类金融机构作用，提高担保风险容忍度，建立政策性担保机构尽职免责和激励机制，降低担保费率，提高政策性担保机构对民营中小微企业担保比例。省级财政每年统筹安排3亿元以上（含中央奖补资金），作为政策性担保机构用于代偿补偿、保费补贴等奖补资金。大力发展股权融资，总结推广厦门市产业引导基金、马尾基金小镇等基金运作好的经验做法，鼓励各类产业投资基金、私募股权投资基金投向优质、重点民营企业。各级政府要结合实际尽快出台具体实施办法，妥善处理民营企业补办不动产权属登记问题。

五、鼓励民营企业创新转型

（十二）激励民营企业加大研发投入。建立完善与企业产值、研发投入等生产经营情况相挂钩的创新激励机制，支持民营企业享受研发经费分段补助、研发费用税前加计扣除和高新技术企业所得税减免等普惠性政策。鼓励支持民营企业申报国家、省级高新技术企业以及科技小巨人领军企业，符合条件的享受相关政策。对新认定为省企业技术中心和省级新型研发机构的分别给予50万元资金奖励。筹建福建省科技成果转化创投基金，支持民营企业牵头组织实施重大产品开发、应用技术研究和成果转化。落实高新技术企业科技保险保费补贴政策，发挥省级科技型中小微企业贷款专项补偿资金作用，推进科技型中小微企业无抵押贷款试点。

（十三）优化民营企业创新服务体系。鼓励民营企业与高校、科研院所、各类公共服务平台、行业中介机构等开展产学研用合作，通过协同创新提升企业技术和产品质量。对被认定为省级制造业创新中心试点的牵头单位给予100万元资金扶持，对被认定为省级制造业创新中心的牵头单位给予1000万元资金扶持。创新“制造+服务”新模式新业态，为创业创新提供支撑。落实科技创新券等奖励政策，促进各类科技创新公共服务平台创新资源向民营企业开放共享。加大民营企业人才培育支持力度，在人才引进、评定及人才公寓申请、科研支持等方面享受与国有、外资企业同等政策待遇。

（十四）支持民营企业推进项目建设。建立健全招商引资激励机制，谋划、落地和开工建设产业龙头项目、产业链补短板项目以及新兴产业项目，充分发挥民营企业在“五个一批”项目建设中的主体作用。发挥我省企业技术改造等各类政府主导的产业基金作用，支持民营企业参与新一轮技改行动，实施智能化改造。深化互联网与先进制造业融合，支持企业“上云上平台”，建设工业互联网平台。各级财政要安排专项资金对技术改造、智能制造予以重点扶持。

（十五）推动民营企业品牌与标准建设。深入实施品牌发展战略，加快形成一批品牌产品、品牌企业。分行业树立一批质量标杆企业，打造更多国际国内知名品牌和“单项冠军”“专精特新”企业。对主导、参与制（修）订国际标准、国家标准、行业标准、地方标准等的企业给予经费补助；对战略性新兴产业领域的标准制（修）订项目，在同等条件下优先安排，补助标准上浮50%。

（十六）支持民营企业兼并重组与拓展市场。鼓励民营优势企业通过并购重组，整合产业链上下游资源做大做强。对重大企业兼并重组项目前期费用及并购贷款利息予以补助，单个项目最高不超过300万元。充分发挥破产重整制度拯救功能，对于虽然丧失清偿能力，但仍能适应市场需要、具有营运价值的民营企业，要综合运用破产重整及和解手段，优化资源配置，促进企业再生。细化已出台的促进中小企业发展和外经贸发展的相关措施，严禁各类采购招投标违规设置对民营企业不公平条款，支持民营企业拓展国内外市场，对接“一带一路”沿线国家市场，加大国际产能合作。

六、创造公平竞争的市场环境

（十七）全面开展一流营商环境对标活动。主动对标国际一流营商环境，推广厦门优化营商环境做法和经验，大幅压减行政审批前置事项；对没有法律法规规章依据的前置条件，一律予以取消；严禁随意增设办理条件、办理流程等，取消不必要的关联证照（卡）和证明项目。推进“互联网+政务服务”，90%以上行政审批和公共服务事项实现网上办理，实现各类投资审批在线并联办理，压缩企业开办时间与审批时限，加强企业信用信息在行政审批中的运用。

（十八）深化行政审批和执法制度改革。推进工商领域“多证合一”“证照分离”改革，试行“容缺预审”，切实做到“清单之外无审批”和“最多跑一趟”。加快工程建设项目审批制度改革，完善工程项目管理系统。全面实施“双随机、一公开”监管，推进跨部门联合抽查制度化常态化，推行信用监管、大数据监管、“告知承诺+事中事后监管”等新型监管方式，对诚信守法企业实行“无事不扰”。在安监、环保等领域微观执法过程中避免简单化，不搞“一刀切”。

（十九）维护公平竞争的市场秩序。推进产业政策由差异化、选择性向普惠化、功能性转变。加快清理废除现有政策措施中涉及地方保护、指定交易、市场壁垒等内容，清理废除妨碍统一市场和公平竞争的政策文件，查处并公布一批行政垄断案件，严厉打击滥用垄断地位、假冒伪劣、价格欺诈、虚假宣传等严重扰乱市场秩序行为，加大对知名品牌的保护力度，打造民营企业公平竞争环境。

（二十）加大对知识产权保护力度。推动建立专利、商标、原产地地理标志、版权等知识产权协同保护体系和机制，推动完善知识产权诉讼案件审理专门化程序规则和知识产权侵权惩罚性赔偿制度，构建知识产权“大服务+大保护”发展模式，依法严厉查处知识产权侵权假冒案件，对重大典型案例予以曝光，提高违法成本。

七、保障民营企业合法权益

（二十一）依法维护民营企业合法权益。纪检监察机关以及执法、司法机关在履行职责过程中，要注意保障民营企业经营者合法的人身和财产权益，保障民营企业合法经营，依法慎用羁押性强制措施和查封、扣押、冻结等措施，最大限度减少对企业正常生产经营活动的不利影响。对一些民营企业历史上曾经有过的一些不规范行为，按照罪刑法定、疑罪从无的原则处理，让企业经营者卸下思想包袱，轻装前进。坚决防止将经济纠纷当作犯罪处理，防止将民事责任变为刑事责任。对侵害企业产权及企业经营者合法权益的错案冤案，各级人民法院要加快甄别纠正；对涉及民营企业产权和民营企业家人身财产的案件，要平等保护、尽快办结；及时公布依法保护民营企业和民营企业家合法权益的典型案例和好做法、好经验。推动涉及小微企业不良贷款诉讼案件快立、快审、快结，建立普惠金融诉调机制。对涉及企业不服行政机关作出行政行为的行政复议案件，要积极进行调解，依法及时公正作出行政复议决定。发挥公共法律服务平台功能，组织引导律师、公证机构等创新服务民营企业工作，建立民营企业矛盾纠纷调解工作机制，积极做好民营企业员工的法律援助。设立投诉举报热线，建立投诉受理督办机制。

（二十二）进一步弘扬优秀企业家精神。加大对优秀民营企业和民营企业家的宣传报道；鼓励民营企业家加强自身建设、规范内部管理、建立现代企业制度，组织民营企业经营管理者培训，提升企业经营管理水平；参照全国工商联做法，发布我省年度民营100强企业名单，表彰有突出贡献的民营企业家；推广“晋江经验”，发扬老一辈民营企业家艰苦奋斗、敢闯敢干精神，引导企业家做爱国敬业、守法经营、创业创新、回报社会的典范，为建立良好政治生态、净化社会风气、营造风清气正环境多作贡献。

八、强化组织保障

（二十三）加强对民营企业发展领导。各级党委和政府、各有关部门要充分认识民营经济的地位和重要性，将其摆在更加突出的位置，主要领导要定期听取民营企业发展工作情况汇报，研究解决民营企业发展重大问题。严格防止政府部门在履行职责中对民营企业正常生产经营产生不当干扰与不利影响，除涉及重大违纪违法案件查处及安全、环保、食品药品、税收等必要性的法定事项检查外，一般不对民营企业进行检查、督查、考核，减少检查人员、检查时间、检查频次，检查之前尽量与企业沟通，给企业“宁静时间”生产经营。对严重干扰、影响、破坏民营企业正常生产经营活动的公职人员，纪检监察机关要严肃执纪问责，对典型案例公开曝光。

（二十四）加快构建“亲”“清”新型政商关系。进一步完善党政领导与民营企业家恳谈会制度，主要负责同志要经常听取民营企业反映和诉求。建立领导干部挂钩联系重点民营企业和重点商会制度，健全“政企直通车”制度，真心真意关心支持民营企业，做到企业诉求有渠道反映、能得到及时解决。加强民营经济统计工作，及时了解民营企业生产经营状况。人民团体、工商联等组织要深入民营企业了解情况，积极反映企业生产经营遇到的困难和问题，支持企业改革创新。弘扬“马上就办、真抓实干”优良传统作风，开展帮扶民营企业专项行动，各地要建立重点帮扶企业名单，实行“一企一策”、点对点精准帮扶。加强舆论引导，正确宣传党和国家大政方针，对一些错误说法及时予以澄清。各级领导干部在与企业交往过程中，既要严于律己、把握底线、清正廉洁，又要坦荡真诚同企业家接触交往，为企业服务。

（二十五）提高政策制定和执行水平。研究出台涉及民营企业的重大政策措施，要广泛听取民营企业意见，加强政策前后衔接、相互协调，留足企业适应与调整期，防止政策效应叠加共振或相互抵消。加强政策宣传解读、舆论引导和执行情况督查，加强诚信政府建设，杜绝“新官不理旧账”，研究建立因政府规划调整、政策变化造成企业合法权益受损的补偿救济机制。将支持和引导国有企业、民营企业特别是中小企业克服困难、创新发展方面的工作情况纳入干部考核考察范围。

各级党委和政府、省直有关单位要根据本意见要求，结合实际，尽快制定具体落实措施，明确工作要求，分解落实各项任务，确保各项措施落地、落细、落实，让民营企业有更多获得感。省政府办公厅要建立政策落实协调机制，督促政策措施不折不扣落实，执行情况将定期组织“回头看”。

（选编：郑新贵）

进一步推进中国（福建）自由贸易试验区改革创新三十五条措施

2018年11月30日福建省人民政府下发《福建省人民政府关于进一步推进中国（福建）自由贸易试验区改革创新三十五条措施的通知》（闽政〔2018〕27号）提出，建设自由贸易试验区是以习近平同志为核心的党中央在新形势下全面深化改革、扩大对外开放的一项战略举措。习近平总书记2013年3月以来发表了一系列重要讲话，对自贸试验区建设作了明确、深刻的阐述，特别是2017年4月对福建自贸试验区建设作出重要指示，指明了福建自贸试验区深化改革的根本方向；在自贸试验区建设五周年之际，再次作出重要指示，对下一步自贸试验区改革发展作出部署。全省各级各部门要把思想和行动统一到习近平总书记重要讲话重要指示精神上，增强进一步抓好自贸试验区建设的责任感和使命感；要以习近平新时代中国特色社会主义思想为指导，全面落实《国务院关于印发进一步深化中国（福建）自由贸易试验区改革开放方案的通知》（国发〔2018〕15号）、《国务院关于支持自由贸易试验区深化改革创新若干措施的通知》（国发〔2018〕38号），按照省委十届六次全会的部署，牢牢把握制度创新这一核心，紧紧围绕坚持高质量发展落实赶超，以更大力度、更实举措推进自贸试验区发挥示范引领作用，为新福建建设和全省改革开放大局作出新贡献。

一、推进投资及项目落地更加便利

（一）推行企业经营范围登记便利化改革。扎实推进“证照分离”改革。推行企业经营范围标准化表述，实现申请人自主勾选经营项目。在福州、厦门自贸片区试行非许可一般项目经营范围概括性表述，提高登记便利化水平。

责任单位：省市场监管局等省有关单位，福州、厦门市人民政府，平潭综合实验区管委会

（二）加快推进政务服务全程网办。推行政务数据“一码管理”，支持以身份证号和社会信用代码为索引，共享各部门业务数据、电子证照等信息，凡通过“一号关联”的信息，不再重复提交纸质材料，实现审批服务事项“一证通办”。依托全程电子化登记系统，核发符合国家市场监管总局电子数据格式及技术标准的电子营业执照，实现网上亮照、网上公示、网上身份认证，积极推进电子营业执照跨区域跨部门跨领域应用。实行公共资源交易现场免查验证照原件，支撑全过程电子化国内招标投标、政府采购等交易活动。

责任单位：省发改委、市场监管局、财政厅等省有关单位，福州、厦门市人民政府，平潭综合实验区管委会

（三）简化工业产品生产许可证审批程序。食品相关产品实行告知承诺审批，对申请人承诺符合审批条件并提交有关资料的，当场办理审批；经形式审查合格的，依法颁发生产许可证。除危险化学品及食品相关产品外的其他省级发证产品实行后置现场审查，企业提交申请和产品检验合格报告，并作出保障质量安全承诺后，经形式审查合格即可取证。明确后置现场审查为特殊的证后监督检查，并建立相应的证后监管制度。

责任单位：省市场监管局，福州、厦门市人民政府，平潭综合实验区管委会

（四）推进不动产登记模式创新。完善“外网申请、内网审理”模式，实现住房情况查询证明、登记受理、房屋交易、申报纳税等事项同步申请、同步办理。将不动产抵押登记业务窗口延伸到指

定的银行网点，实行贷款、抵押一次性办理。

责任单位：省自然资源厅、住建厅，省税务局、厦门市税务局、福建银监局、厦门银监局

（五）探索服务业扩大开放。争取部委支持，取消外商投资建设工程设计企业外籍技术人员的比例要求；放宽外商投资性公司准入条件，将外国投资者申请前一年资产总额降低为1亿美元，外国投资者在中国境内已设立外商投资企业数量降低为3个；放宽外商设立人才中介机构限制，取消“中外投资者应当是成立3年以上的人才中介服务机构”的要求，允许外资直接入股既有内资人才中介机构。

责任单位：省发改委、人社厅、住建厅、商务厅、市场监管局等省有关单位

（六）试行企业投资项目承诺制度。对实行备案管理的企业投资项目，试行以准入标准替代审批的承诺制，推动更多项目事项管理由事前审批向加强事中事后监管服务转变。

责任单位：省发改委、住建厅

（七）实行“多测合一”。推广厦门自贸片区做法，整合规划条件核实测量、用地复合验收测量、防空地下室建筑面积测量等业务为“竣工综合测量”，制定合同范本与成果样示，发布作业指导书，实现一次委托、统一测绘、成果共享。

责任单位：省自然资源厅、住建厅、人防办等省有关单位

（八）开展建筑师负责制试点。创新工程建设模式，加快制定建筑师负责制具体实施细则及配套的招投标管理办法，在厦门自贸片区试点将建筑工程技术审查工作交给专业人士，由建筑师（团队）负责前期咨询、设计服务、专业协同、信用约束、工程造价和质量控制等全过程服务和管理，政府负责标准制定、合规性审查和事中事后监管。积极争取将福州、平潭自贸片区列入试点地区。

责任单位：省住建厅、自然资源厅等省有关单位，福州、厦门市人民政府，平潭综合实验区管委会

二、推进国际贸易监管制度创新

（九）加快单一窗口3.0版建设。从口岸通关领域向国际贸易管理全链条延伸，开展与银行、保险、邮政、民航、铁路等相关行业的对接，进一步将进出口货物通关物流信息系统、边检证件办理系统，以及报关前单据准备、纳税电子支付、出口退税申报、航空铁路舱单申报和报关、货代、理货、港口等物流企业作业信息纳入单一窗口，实现国际贸易主要环节、主要进出境商品和主要出入境运输工具三个全覆盖。依托单一窗口，加快省电子口岸与厦门电子口岸数据对接，推进“互联网＋海关”，由海关直接使用市场监管、商务等部门数据办理进出口货物收发货人注册登记。

责任单位：省口岸办、数字办、交通运输厅、市场监管局，人行福州中心支行、人行厦门市中心支行、省外汇局、厦门市外汇局、福建银监局、厦门银监局、福建保监局、厦门保监局、省税务局、厦门市税务局、福州海关、厦门海关、省边防总队、厦门边检总站、福建海事局、出口信保福建分公司、中国铁路南昌局集团有限公司，省交通运输集团、省电子信息集团、厦门港务集团

（十）口岸通关进一步提效降费。进出口环节验核的监管证件由86种减至48种，原则上全部实现联网、在通关环节比对核查。推进海关、边检、海事一次性联合检查，“双随机、一公开”作业模式从一般监管拓展到常规稽查等全部执法领域。提高进口货物抵达口岸前“提前申报”比例，非查验货物抵达口岸后即可放行提离。推进关税保证保险改革，“先放行后缴税”。推行进口矿产品等大宗资源性商品“先验放后检测”。开通农副产品快速通关“绿色通道”。2018年底前将进出口整体通关时间在2017年基础上再压减1/3，到2021年底，整体通关时间比2017年压缩一半。2018年内集装箱进出口环节合规成本在2017年的基础上减少100美元以上。

责任单位：省口岸办、财政厅、发改委、交通运输厅、国资委，福州海关、厦门海关、省边防总队、厦门边检总站、福建海事局，省交通运输集团、厦门港务集团，福州、厦门市人民政府，平潭综合实验区管委会

（十一）完善口岸快速验放机制。推动进口商对境外出口商、境外生产商开展自主审核。对符合要求的企业和产品进口实施快速验放，实现“优进快进”。推广实施A级邮轮电讯检疫，对所

有公共卫生评级为A的邮轮，含母港邮轮、挂靠邮轮和厦门口岸评级邮轮，6个月内可不再进行日常监督。支持平潭口岸建设进境种苗、水果、食用水生动物等监管作业场所。

责任单位：福州海关、厦门海关，福州、厦门市人民政府，平潭综合实验区管委会

（十二）建设进出口商品全球质量溯源体系。应用大数据技术采集商品从生产、贸易、流通直至消费者的全生命周期质量信息，建立海关监管精准、企业信誉提升、消费者放心的进出口商品溯源体系。探索将溯源商品种类由跨境电子商务向一般贸易拓展，由进口商品向出口商品拓展，建设集溯源展示、业务运作、风险分析、智能预警等功能为一体的综合性多功能溯源实体中心。

责任单位：福州海关、厦门海关，省市场监管局等省有关单位

三、培育壮大新平台新业态

（十三）大力发展平台经济。支持在自贸试验区依法合规建设能源、工业原材料、大宗农产品等国际贸易平台和现货交易市场。积极引进企业营销中心、分拨中心、结算中心等功能性平台和服务业总部，发展第四方物流，推进全省批发和零售结构不断优化。争取开展汽车平行进口合规性整改业务，加快培育具有供应链金融服务功能的整车平台企业，支持本地销售市场体系建设。支持厦门市发挥全国“芯火”双创基地（平台）试点城市优势，依托集成电路设计公共服务平台，实施集成电路产业链保税监管模式改革，扶持中小集成电路设计企业做大做强。

责任单位：省商务厅、工信厅、科技厅、金融办，福州、厦门市人民政府，平潭综合实验区管委会，福州海关、厦门海关

（十四）加快发展跨境电商。优化单一窗口跨境电商公共服务平台监管流程，加大基础设施投入，增强综合能力，构建跨境电商高效物流通道。支持厦门跨境电子商务综合试验区试行跨境电商9610无票免税和1210保税备货，配套无票免税政策下合理的跨境电商所得税征收政策。实施跨境电商结汇便利化，跨境电子商务企业可按月向外汇管理部门集中报备贸易差额总额及明细电子数据；允许银行根据电子商务企业平台订单记录、物流运输等信息，在确认交易真实性的情况下，直接为企业办理结算。

责任单位：省商务厅（口岸办），福州、厦门市人民政府，平潭综合实验区管委会，省税务局、厦门市税务局、福州海关、厦门海关、人行福州中心支行、人行厦门市中心支行、省外汇局、厦门市外汇局

（十五）打造全球“一站式”航空维修基地。争取部委支持，对海关特殊监管区域外“两头在外”航空维修业态实行保税监管；降低核心航材部件关税税率；航空维修企业在厦门自贸片区开展“保税维修（1371）”试点业务可适用出口退税政策，免征或返还航空维修企业城建税及附加税费。大力引进国际飞机资产管理公司，发展客改货、拆解再制造、航材交易和供应链管理的飞机处置全产业链业务。

责任单位：厦门市人民政府，厦门市税务局、厦门海关、人行厦门市中心支行、厦门市外汇局

（十六）探索开展转口贸易及离岸贸易。基于真实需求和审慎原则，对企业转口贸易业务给予单证审核、结算、融资等方面便利。推进国际集拼线上公共服务平台建设，优化业务监管模式，开展多货主、多货物、多国别的国内外混合拼箱业务。支持厦门自贸片区开展离岸贸易，争取与离岸贸易相匹配的税收和外汇结算支付便利化政策，吸引境外离岸贸易业务回归。

责任单位：福州海关、厦门海关，省交通运输厅，人行福州中心支行、人行厦门市中心支行、厦门市外汇局、厦门市税务局，厦门市人民政府

四、推动金融创新服务实体经济

（十七）拓展跨境人民币业务。争取自贸试验区内金融机构向境外转让不良资产，满足实体经济对风险资产处置的需求。支持自贸试验区内银行业金融机构按相关规定向台湾地区金融同业跨境拆出短期人民币资金。支持平潭各金融机构试点人民币与新台币直接清算，境外机构境内外汇账户办理定期存款业务。

责任单位：人行福州中心支行、省外汇局、人行厦门市中心支行、厦门市外汇局、福建银监局、厦门银监局、福建证监局、厦门证监局，省金融办

（十八）推进资本项目管理便利化试点。落实好福州、平潭自贸片区试点执行的台资企业资本项目收入结汇资金境内使用先用后审、资本项目收入可划转或结汇用于境内股权投资、外资外汇登记可在省外汇局辖内所有银行办理、一笔外币外债可开立多个专户、开户银行可直接办理外债注销登记手续等政策，争取延伸到厦门自贸片区，并探索扩大到自贸试验区所有外资企业。争取将厦门自贸片区试点执行的高信用外商投资企业可凭企业支付命令在境内结汇或直接支付的措施，延伸到福州、平潭自贸片区。支持“海峡基金业综合服务平台”按规定向中国证券投资基金业协会申请登记，加快制定交易规则，对接市场监管、银行等信用信息，打通征信渠道，开发业务支撑信息系统，开展私募投资基金服务业务。积极争取国家外汇管理局支持利用区块链技术解决转口贸易和中小外贸企业外汇管理及融资问题。积极推动更多符合条件的台资保险机构在自贸试验区内设立保险营业机构。

责任单位：人行福州中心支行、人行厦门市中心支行、省外汇局、厦门市外汇局、福建证监局、厦门证监局、福建保监局、厦门保监局，省金融办

（十九）拓展 NRA 账户功能。允许自贸试验区银行基于实际交易背景通过 NRA 账户开展授信、设立跨境双向资金池、收取境外人民币同名账户资金等业务。争取自贸试验区银行通过 NRA 账户开展理财、结构性存款、远期结售汇和外汇衍生品交易等业务，对 NRA 账户资金免缴存款准备金。

责任单位：人行福州中心支行、人行厦门市中心支行、省外汇局、厦门市外汇局、福建银监局、厦门银监局，省金融办

五、进一步凸显对台先行先试

（二十）落实台资企业同等待遇。对在医疗、旅游、生物科技等率先对台开放领域，以及台湾地区企业法人在自贸试验区内设立集成电路、高端医疗器械、精密机械、文化创意、现代物流企业给予支持。台资企业可公平参与我省各级政府采购，支持将台资企业纳入政府采购网上超市供应商的征集范围，台湾居民居住证、台湾居民来往大陆通行证可作为身份证明材料参与政府采购活动。

责任单位：福州、厦门市人民政府，平潭综合实验区管委会，省发改委、工信厅、卫健委、财政厅、交通运输厅、商务厅、文旅厅、市场监管局，省通信管理局，省台港澳办

（二十一）鼓励台胞来闽就业创业。在闽台湾地区居民可按规定参加职称评审。台湾专业技术人员持台湾地区有关机构颁发的规划、建筑、金融、医疗、旅游等执业证书，按其证书许可范围，可在我省自贸试验区内按规定开展相应业务。率先制定台湾技术士证书匹配规范，促进两岸技术人员交流合作。继续推进放宽台湾护士等专业人士执业资格试点，支持将自贸试验区台胞专用导游证的适用范围扩大至全省。建立台胞创业支持服务中心和台湾人才服务中心。支持台湾同胞在自贸试验区内独资设立社会服务类民办非营利性机构并担任法人代表。

责任单位：省科技厅、民政厅、财政厅、人社厅、住建厅、文旅厅、卫健委、市场监管局，人行福州中心支行、人行厦门市中心支行、福建银监局、厦门银监局、福建证监局、厦门证监局等省有关单位，福州、厦门市人民政府，平潭综合实验区管委会

（二十二）试点引进台湾医疗产品技术。积极承接国家下放的台湾地区生产且经平潭口岸进口的第一类医疗器械备案管理权限，争取进一步扩大下放目录；在提升基层专业水平和业务承接能力的基础上，探索适时委托平潭自贸片区开展备案管理。允许台资医疗机构按照《医疗技术临床应用管理办法》应用在台湾地区已经投入临床且技术成熟、疗效显著的新技术。结合即将颁布的新《医疗器械监督管理条例》的实施，在自贸试验区开展医疗器械注册人制度试点，允许区内医疗器械注册申请人委托福建省医疗器械生产企业生产产品。

责任单位：省药监局、卫健委、医保局，福州、厦门市人民政府，平潭综合实验区管委会

（二十三）试行台湾工程建设模式。支持聘请台湾企业作为主要专业服务机构，在建筑、结构、精装、机电、工料测量、合同咨询、物业管理等方面实施项目管理创新，打造精品工程。对台商

独资或控股开发建设项目，鼓励按照台湾设计、施工等方面标准，建设台湾社区和特色小镇。允许台资建筑工程设计企业、建筑企业及台湾建筑师作为合伙人设立的建筑工程设计事务所等台商投资企业，直接参与自贸试验区内工程招投标。

责任单位：福州、厦门市人民政府、平潭综合实验区管委会，省住建厅、发改委

（二十四）推动台车入闽更加便利。为台车入闽办理临时入境机动车牌证和临时驾驶许可进一步提供便利。争取部委支持，对经平潭口岸入境的货运车辆，按照进出境运输工具监管，私家车辆参照私家车粤港两地牌照车辆或暂时进出境车辆两种方式管理。

责任单位：福州海关，省公安厅、交通运输厅，平潭综合实验区管委会

（二十五）探索闽台口岸合作机制。争取福建口岸查验单位与台湾查验单位开展“信息互换、监管互认、执法互助”合作，创新口岸查验合作机制，实现闽台口岸监管无缝对接。在平潭、厦门对台客运旅检通道，进一步推广“自助通关”服务，优化通关查验模式，便利出入境人员。

责任单位：福州海关、厦门海关、省边防总队、厦门边检总站、福建海事局，省口岸办

（二十六）拓展台企台胞征信查询业务。依托“福建省征信业务综合平台”上线运行“台湾地区信用报告查询前置系统”，全面开展台企台胞征信查询业务，引导区内金融机构依托该系统，开展台胞信用卡和台胞个人信贷业务。探索推动台湾征信机构采信自贸试验区内台企信用记录。

责任单位：人行福州中心支行、人行厦门市中心支行

（二十七）扩大两岸影视产业合作。鼓励台湾影视行业协会在厦门、平潭自贸片区设立大陆分支机构。支持在平潭自贸片区建设涵盖影视作品孵化、策划、拍摄、制作、发行为一体的影视文化产业基地，开展两岸及国际影视培训、展播展映等服务；符合规定的影视文化相关企业的企业所得税按15%税率征收，并享受个人所得税奖励、固定资产投资额补助等优惠政策；发挥平潭发展基金作用，实施影视青年人才计划；举办“华语青年影视艺术节”，争取设立面向全球的“金麒麟奖”。鼓励在闽金融机构在平潭开展影视作品版权质押等金融服务试点。支持从平潭申报的影视作品优先备案、优先审批。

责任单位：厦门市人民政府、平潭综合实验区管委会，省新闻出版局、电影局，省财政厅、文旅厅、金融办，省税务局、厦门市税务局、福州海关、厦门海关、福建证监局、厦门证监局

（二十八）加强两岸法律服务合作。鼓励省内有条件的律师事务所与台湾地区律师事务所设立合伙型联营律师事务所。支持台湾地区律师事务所在平潭设立代表处。深化两岸在法律文书送达、调查取证等司法互助方面合作，支持获准在大陆律师事务所执业的台湾同胞开展律师调解工作。支持符合条件的律师事务所以自贸片区管委会认可的场所来代理企业住所集群注册事宜，探索建立法律文书概括性委托送达机制。鼓励台湾仲裁机构在自贸试验区设立联络点，为区内企业提供商事仲裁服务。

责任单位：省司法厅、公安厅、市场监管局等省有关单位

（二十九）加强两岸知识产权合作。支持台湾企业和台湾居民自行在大陆申请知识产权。积极引进台湾地区经验丰富的知识产权评估、风险投资、交易运营等服务机构和人才，鼓励台湾专利代理机构在自贸试验区设立分支机构。鼓励设立两岸知识产权运营机构、运营平台。支持设立两岸知识产权运营基金，促进台湾地区知识产权在大陆转化。

责任单位：省知识产权局，福建证监局、厦门证监局，省金融办

（三十）扩大台闽欧班列流量。进一步扩大海铁多式联运的服务范围，设立多式联运监管中心。推动铁路运单功能化改革，赋予国际铁路运单物权凭证功能，探索将铁路运单作为信用证议付单据。积极为台湾地区及东南亚等地货物经台闽欧班列运输出口提供过境通关便利。争取部委支持开通“丝路海运”。

责任单位：厦门、福州市人民政府，省发改委、交通运输厅，人行福州中心支行、人行厦门市中心支行、福建银监局、厦门银监局、中国铁路南昌局集团有限公司

六、加强知识产权保护和法律仲裁服务

（三十一）加强知识产权保护。支持设立中国（厦门）知识产权保护中心，提供快速确权、授权、维权的“一站式”服务。建设海外知识产权信息服务平台，发布相关国家和地区知识产权制度环境等信息。建立完善知识产权纠纷仲裁、人民调解等多元化快速解决机制。完善知识产权质押贷款风险补偿机制，探索创新专利质押贷款模式，建立知识产权质押融资风险分担机制和质物处置机制，打通知识产权价值实现中存在的瓶颈和障碍。

责任单位：省知识产权局、金融办，福州海关、厦门海关、福建银监局、厦门银监局，福州、厦门市人民政府，平潭综合实验区管委会

（三十二）加强法律仲裁服务。引导和鼓励自贸试验区内注册的企业通过符合“三个特定”（在内地特定地点、按照特定仲裁规则、由特定人员对有关争议进行仲裁）的临时仲裁解决矛盾纠纷。

责任单位：省司法厅等省有关单位，福州、厦门市人民政府，平潭综合实验区管委会

七、抓好组织实施

（三十三）狠抓工作落实。各级各部门要高度重视、密切协作，坚持党的领导以钉钉子精神抓好自贸试验区深化改革创新各项工作。省自贸办要切实发挥统筹协调作用，对三个自贸片区进行差别化指导，并加强督促检查，压实工作责任。省各有关单位要依据职责推进改革创新措施落地生效，积极协调发展中遇到的问题，全程过问、一抓到底。三个自贸片区要切实承担主体责任，完善工作机制，大胆试、大胆闯、自主改，同时防控安全风险坚决守好底线。

责任单位：省自贸办、发改委、司法厅、市场监管局、金融办等省有关单位，福州、厦门市人民政府，平潭综合实验区管委会

（三十四）加快复制推广。及时将自贸试验区实施效果好、企业受益面广、风险可控的改革创新经验在闽东北、闽西南两大协同发展区复制推广，缩小政策落差，发挥政策效应，做大经济流量；省各有关单位每年应在系统内部推广一批制度创新成果。推进自贸试验区与国家自主创新示范区“双自联动”。

责任单位：省自贸办、发改委、科技厅、司法厅、市场监管局、金融办等省有关单位，福州、厦门市人民政府，平潭综合实验区管委会

（三十五）提升干部队伍。稳定并充实三个自贸片区管委会领导力量，选拔任用忠诚干净担当的干部。鼓励和支持三个自贸片区业务骨干进一步解放思想、积极探索，创造性地开展工作，坚决克服不想改、不愿改、不敢改的错误倾向。合理用好督查、效能手段，调动省各有关单位、三个自贸片区推进工作的积极性与主动性。

责任单位：福州、厦门市人民政府，平潭综合实验区管委会，省效能办

（选编：李兵）

福建省进一步推进创新驱动发展七条措施

2018 年 9 月 20 日福建省人民政府下发《福建省人民政府关于进一步推进创新驱动发展七条措施的通知》（闽政〔2018〕19 号）提出，为深入贯彻习近平新时代中国特色社会主义思想和党的十九大精神，以创新驱动推动高质量发展实现赶超目标，经研究决定，在落实好已有的企业研发经费分段补助、建设高水平创新平台和新型研发机构、发展高新技术企业及加快科技成果转化等创新激励政策基础上，进一步加大政策扶持力度，提出如下措施：

一、加大对创新绩效的正向激励

激励企业加大研发投入。建立与企业产值、研发投入等生产经营情况相挂钩的创新激励机制。对企业年产值在 5000 万元以上、税收 1000 万元以上且研发经费内部支出占主营业务收入比重超过 5% 的高研发投入企业，在享受已有研发经费分段补助政策基础上，按其研发经费内部支出超出上一年度的增量部分，再给予 10% 比例的绩效奖励，最高可达 500 万元，所需经费由省市县三级按原有政策比例分担。

责任单位：省科技厅、发改委、经信委、财政厅、统计局，各设区市人民政府、平潭综合实验区管委会

加大对地方政府考核奖励。至“十三五”末，力争全省研发投入保持年均 22% 以上的增速。其中：全国百强县研发投入力争达到 25% 的增速，非基本财力保障县研发投入力争达到 22% 的增速，基本财力保障县研发投入力争达到 20% 的增速，23 个扶贫开发工作重点县研发投入力争达到 18% 的增速。对上述四类县（市、区）在研发投入水平（R&D/GDP）位居前 1～3 位的，分别给予当地政府 500 万元、400 万元、300 万元的绩效奖励。国有控股工业企业要发挥主力军作用，力争研发投入保持年均 22% 以上的增速。

责任单位：省科技厅、财政厅、统计局、发改委、经信委、国资委，各设区市人民政府、平潭综合实验区管委会

加强重点创新主体培育。建立重点“双高”企业和重大创新项目党政领导挂钩和联系人制度，筛选 100 家重点高成长企业和 100 家高新技术企业，抓好政策精准辅导，协调解决困难问题。精心筛选一批有代表性、示范性、导向性的重大创新项目，纳入省级“五个一批”项目库，实行动态管理和跟踪服务，营造比学赶超浓厚氛围。

责任单位：省科技厅、发改委、经信委，各设区市人民政府、平潭综合实验区管委会

简化程序切实提升企业创新获得感。企业研发投入经费补助通过网上在线申报，由省科技厅、财政厅通过政府购买服务统一确定有资质的会计师事务所等第三方机构进行评估，以评估结果为依据由市、县（区）科技部门和财政部门拨付补助资金。

责任单位：省科技厅、发改委、经信委、财政厅、统计局，福建省税务局，各设区市人民政府、平潭综合实验区管委会

二、发挥福厦泉国家自创区引领作用

发挥福厦泉国家自主创新示范区（以下简称自创区）建设专项资金的引导作用，将自创区建设发展任务纳入当地政府年度绩效考核内容，每年对福厦泉三个片区进行考核评估，省级专项资金奖励部分按 50%、30%、20% 比例给予分档奖励。

福厦泉三市要落实建设自创区的主体责任，采取行业指导与园区管理联动、政府统筹与国企

运营结合等运行模式，实现“一区多园”统一管理。放大自创区外溢效应，推动省内其他高新区主动对接自创区，示范带动闽东北经济协作区、闽西南经济协作区共同发展。发挥自创区与自贸区的联动发展效应，推动双区优势互补、政策叠加、成果共享。

加快推动山海科技协作，按照“共同投资、共同研发、共享成果”的原则，打造若干个特色明显、支撑有力、机制灵活的山海协作创新平台，鼓励山海创新平台优先落地山区，支持有需求的山区龙头企业在福厦泉三片区与当地政府、高校院所共建山海协作创新平台。经评估符合条件的山海协作创新平台，根据项目建设进度，按实际投资额的30%给予补助，最高可达1000万元。

加快发展创新工场、创客空间、孵化器、加速器等新型孵化模式，为初创企业提供全流程创新创业服务。对认定为国家级、省级科技企业孵化器的，分别给予100万元、50万元奖励。鼓励省级以上科技孵化器培育国家高新技术企业，孵化期内每培育1家，给予奖励5万元。

责任单位：省科技厅、效能办、发改委、经信委、教育厅、商务厅、财政厅、人才办，各设区市人民政府、平潭综合实验区管委会

三、建设若干高水平福建省实验室

根据国家和我省战略需求，对标国家重大科技创新基地创建标准，按照“成熟一个、建设一个”原则，在能源材料、海洋科学、网络信息、先进制造和医药健康等领域建设若干个高水平福建省实验室，面向海内外吸引一批高层次创新人才，集聚国内外高校院所、央企民企创新资源，打造汇聚高端创新人才、催生重大科技创新、具有重大影响力的创新高地。

省实验室建设采用“一室一案”，以5年为一个建设周期，启动建设3年后进行考核评估。建设经费按“一事一议”、多元投入和分段补助等方式给予支持。省财政每年资助每个实验室运行经费不少于5000万元，连续资助五年。省实验室所在地政府要在用地、基础建设、人才引进和成果转化等方面予以政策和资金支持。具体方案和扶持办法由省科技厅会同省财政厅制订。

创新省实验室体制机制，实行理事会领导下的主任负责制，实行目标导向、绩效管理、协同攻关、开放共享的新型运行机制。省实验室不定行政级别，人员规模根据建设目标和实际任务需求确定，在岗位设置、人员聘任、职称评定、研究方向和知识产权归属等方面享有充分自主权。

责任单位：省科技厅、发改委、财政厅、经信委、教育厅，各设区市人民政府、平潭综合实验区管委会

四、着力引进重大研发机构

围绕物联网、大数据、集成电路、人工智能、新材料、新能源和生物医药等重点领域，依托我省高等院校、科研机构和龙头企业大力引进高水平的重大研发机构。符合条件的，按其新增研发设备实际投资额的资助比例标准，从原有30%提高至50%，非独立法人的最高资助额从1000万元提高至2000万元，独立法人的最高资助额从2000万元提高至3000万元。特别重大的，可按“一事一议”方式给予扶持。

对引进落地后成效显著的重大研发机构，经考核评估，再按其执行期新增研发设备实际投资额的10%给予绩效奖励，最高不超过500万元。

支持新型研发机构实行高效灵活的市场化机制，培育发展一批体制机制活、研发能力强、示范效应明显的省级新型研发机构。对经评估命名为省级新型研发机构的，给予一次性奖励补助50万元。

责任单位：省科技厅、财政厅、发改委、经信委

五、加大行业领军企业研发扶持力度

支持行业领军企业（位居全国行业前三）牵头承担实施国家重大科技项目和国家工程研究中心，按企业所获国家实际资助额1∶1的比例给予奖励，奖励费用由省、设区市财政按3∶1比例分担，设区市分担部分由设区市级政府统筹研究确定市、县两级出资比例。奖励资金由企业用于相关研发活动。

支持行业领军企业牵头承担省科技重大专项，按企业所获得省实际资助额一定的比例给予奖励，奖励资金由设区市和县级政府自行确定。

支持行业领军企业在闽设立高水平研发中心，享受省级新型研发机构资助政策，且资助标准从

原有按非财政资金购入科研仪器设备和软件购置经费25%的比例提高至50%，最高不超过2000万元。

责任单位：省科技厅、经信委、财政厅，各设区市人民政府、平潭综合实验区管委会

六、推动新一代人工智能加快发展

充分发挥数字福建建设成果作用，加快推进政务数据资源有序开放，分类推动重点领域开放数据，制定数据资源开放政策和操作细则。充分发挥数字福建大数据技术服务中心和海峡大数据交易中心等公共平台作用，支持市场主体开展基于大数据的人工智能深度训练和场景应用，培育基于大数据的人工智能企业。对企业使用人工智能数据资源所产生的费用，纳入省级科技创新券补助范围。

设立“人工智能关键技术研发与应用”省级科技重大专项，聚焦物联网、机器视觉、智能机器人、智能芯片、智能制造以及智慧海洋等重点领域，支持产学研联合实施重大专项专题。支持成立省级人工智能产业技术创新战略联盟，促进人工智能重点领域技术研发、示范推广和产业发展的交互与融合。

支持企业和高校、科研院所开展人工智能新技术、新产品研发、应用和产业化，符合条件的，由省数字经济发展专项资金给予补助。支持在“智慧城市”“雪亮工程”和“智能安防”等建设工程中开展人工智能新产品示范应用，助力数字经济创新发展。

责任单位：省科技厅、发改委、数字办、公安厅、经信委、财政厅，设区市人民政府、平潭综合实验区管委会

七、提升科技金融服务水平

2019—2021年，省财政每年出资2亿元设立专项补偿资金（省科技厅、经信委每年各安排1亿元），按照“政府引导、市场运作、风险共担”原则，为全省科技型中小微企业贷款提供风险补偿和增信支持，并通过“银政保”“银政”两种模式，分别提供期限一年以内单笔各不超过500万元、2000万元的流动性融资支持。在“银政保”模式下，专项补偿资金按每笔贷款保险费的25%给予企业融资保费补助，并对保险公司所承担的70%风险责任达到约定上限后的不足部分给予补偿；在“银政”模式下，专项补偿资金与金融机构各按50%比例共同承担贷款本金风险责任。

鼓励符合条件的科技型企业通过多层次资本市场开展直接融资、并购交易。鼓励各类天使投资、风险投资、私募股权投资等机构投资科技型企业。国有创业投资引导基金参股设立的创业投资子基金，投资于初创期科技型中小企业的比例不低于基金注册资本或承诺出资额的60%。

福厦泉三地要积极探索设立以产权管理、资本运作及投融资业务为主业，以服务高新技术发展为目标的市级投资控股有限公司，通过市级投资控股公司打通资金链，实现科技企业发展与投融资的有效对接，推动经营资源向高新技术等领域集中。

责任单位：省金融办、财政厅、科技厅、发改委、经信委，福建省税务局、人行福州中心支行、福建银监局、福建证监局、福建保监局，各设区市人民政府、平潭综合实验区管委会

（选编：赵小真）

福建省促进开发区高质量发展

2018年8月16日福建省人民政府下发《福建省人民政府关于促进开发区高质量发展的指导意见》（闽政〔2018〕15号）提出，以习近平新时代中国特色社会主义思想为指引，深入贯彻党的十九大精神，进一步发挥开发区作为改革开放排头兵作用，形成新的集聚效应和增长动力。到2020年，全省省级（以上）开发区地区生产总值突破1万亿元，建成地区生产总值超500亿元的开发区6个、超100亿元的开发区40个，实际使用外资总额突破150亿元，工业用地地均税收达到30万元/亩。全省开发区综合实力显著提升，产业集聚效应和产业竞争力明显提高，对经济发展的支撑带动作用进一步凸显，为新福建建设作出新的更大贡献。

一、创新管理体制和运行机制

（一）构建精简高效的开发区管委会机构，内部实行扁平化管理。探索经济技术开发区、高新技术产业开发区等国家级开发区管委会主任由所在设区市领导兼任，经济开发区、工业园区、高新技术产业园区等省级开发区管委会主任由所在县（市、区）领导兼任。有条件的地方可探索以设立法定机构的方式替代管委会行政事业体制。

责任单位：各设区市人民政府，省编办

（二）理顺开发区与所在县（市、区）关系。除受托管理乡镇（街道）的开发区外，环境保护、安全生产、市场监管、治安维稳、道路管网、绿化保洁等公共事务由所在县（市、区）政府统一实施，开发区管委会在人力物力保障和监管责任上配合抓好落实。合理确定开发区与所在县（市、区）财权、事权对等的税收和土地收益分成比例。

责任单位：各设区市人民政府，省编办、公安厅、财政厅、环保厅、住建厅、安监局

（三）各开发区成立运营公司，实行市场化运作，与管委会实行政企分开、政资分开。运营公司承担园区开发建设、招商引资、投资运营、专业化服务等功能，可独立或合作运营科技企业孵化器、创新工场、众创空间、加速器等创新创业载体。

责任单位：各设区市人民政府，省编办、科技厅

（四）各开发区运营公司建立现代企业制度，完善法人治理结构，可与各级国有资本交叉持股，实施混合所有制改革。开发区运营公司可通过上市融资、发行债券、设立产业投资基金、股权投资等方式开展资本运作，发展成为资本实力强、运作水平高的产业园区投资运营商。

责任单位：各设区市人民政府，省国资委、财政厅、发改委、金融办，人行福州中心支行、人行厦门市中心支行，福建证监局、厦门证监局

二、强化招商和优化服务

（一）推行公司化招商。各设区市对所辖各类开发区根据发展和管理水平等情况进行分类，具备条件的可借鉴厦门火炬高技术产业开发区经验做法，赋予相关管理权限，成立专业化招商公司，打造招商信息平台和招商智库。当地政府为招商公司量身定制经营业绩考核办法，根据招商成果给予资金奖励，并按贡献大小奖励到个人。

责任单位：各设区市人民政府

（二）推行产业链招商。推广宁德市围绕时代新能源开展汽车产业链招商经验做法，依托开发区现有龙头企业开展产业链上下游招商，吸引高关联配套企业集聚，形成完整的产业耦合关系。

责任单位：各设区市人民政府

（三）推行第三方招商。借鉴深圳“境外直通

车”经验做法，进一步密切与境内外投资促进专业机构的合作，可通过购买服务等方式，拓展招商引资网络。

责任单位：各设区市人民政府

（四）推行产业基金招商。各级政府研究制定基金扶持政策，可根据需要以不同形式参与开发区产业基金设立，给市场主体以信心，以资金为媒介促进产业项目入区入园。

责任单位：各设区市人民政府，省发改委、财政厅

（五）落实《福建省提升营商环境行动计划》，可引进各类中介服务和代理机构，为开发区内企业投资经营提供“保姆式”“一站式”的“互联网+政务”服务，让企业办事不出区，像“网购”一样方便。

责任单位：各设区市人民政府

（六）各开发区运营公司主动与金融机构开展投融资合作，对开发区龙头企业及在区内的上下游企业提供供应链金融服务；支持符合条件的企业通过境内担保境外发债、跨国公司外汇资金集中运营等方式融通资金。鼓励产业链中的核心龙头企业通过创新发行供应链票据，运用募集资金向上下游企业提供融资支持，在应收账款质押融资领域开展创新。

责任单位：各设区市人民政府，人行福州中心支行、省外汇局、人行厦门市中心支行，各金融机构

（七）开发区可探索设立投资控股公司，完善创投资金管理及退出机制，拓展“双创”融资渠道，推动开展科技型中小微企业无抵押贷款试点，支持保险公司开展科技型中小微企业贷款保证保险。

责任单位：各设区市人民政府，省金融办，福建保监局、厦门保监局

三、加快产业集聚和转型升级

（一）开发区要结合区位特点、资源禀赋、产业基础、环境容量等确定1~2个主导产业，走专业化发展道路，制定并发布产业集群引进指导目录，严格项目准入。沿海开发区主动与渔港经济区联动发展，落实《全国沿海渔港建设规划（2018—2025年）》，延伸海洋产业链。

责任单位：各设区市人民政府，省经信委、发改委、科技厅、商务厅、海洋渔业厅

（二）实施开发区企业高质量和赶超发展计划，认定一批领军型、成长型企业，发挥领军型企业引领、集聚、支撑作用，支持成长型企业做优、做大、做强；省级各类奖励扶持政策，向开发区领军型、成长型企业倾斜。注重发现和培育“独角兽”企业。

责任单位：各设区市人民政府，省经信委、科技厅、发改委、商务厅

（三）经济（技术）开发区、高新技术产业开发区（园区）要加快建设一批制造业创新中心、国家工程技术研究中心，以及企业研发中心、工业设计中心、工程试验等技术创新平台。创新人才培养和引进机制，完善海外高层次人才和急需紧缺人才的高级职称绿色通道评审制度，按照分级管理原则探索实施开发区高层次人才专项事业编制试点，推进人才在高校、研究机构等事业单位与开发区“双落户”制度。完善市政基础设施和教育、商业、娱乐等配套设施，创造宜居宜业环境，为引进中高端人才提供必要条件。

责任单位：各设区市人民政府，省经信委、科技厅、教育厅、人社厅、住建厅、编办

（四）推动开发区传统产业绿色化转型，强化约束性指标管理，建设绿色工厂，实现厂房集约化、原料无害化、生产洁净化、废物资源化、能源低碳化。推动企业循环式生产、产业循环式组合，搭建资源共享、废物处理、服务高效的公共平台，促进废物交换利用、能量梯级利用、水的分类利用和循环使用。

责任单位：各设区市人民政府，省经信委、环保厅

四、促进区域协作和资源整合

（一）闽东北、闽西南经济协作区内相关开发区主动开展合作共建。共建双方可协议分享共建园区工业增加值、固定资产投资、招商引资等经济指标和税收收益。省内开展工作考核评价时，允许共建双方将源自共建园区的相关指标各按100%纳入统计。

责任单位：各设区市人民政府，省商务厅、经信委、科技厅、发改委、统计局

（二）闽东北、闽西南经济协作区内相关开发区可参与联合组建市场化运作的股权基金，对成长性好、前景可预期的境内外创新型产业项目或企业进行战略投资。

责任单位：各设区市人民政府，省发改委、财政厅、金融办、经信委、科技厅、商务厅

（三）以国家级开发区和发展水平较高的省级开发区为主体，整合或托管区位邻近、产业趋同的开发区。对位于中心城区、工业比重低的开发区，推动向城市功能区转型。对小、散、弱的各类开发区进行清理、整合或撤销。

责任单位：各设区市人民政府，省商务厅、经信委、科技厅、国土厅、住建厅、编办

（四）有条件的开发区可规划"区中园"，与境外政府部门或投资促进机构开展合作，鼓励外商投资企业参与建设运营，打造外资来源地相对集中的国际产业合作园区。有条件的开发区可走出去到境外创办工业园区，特别是"海丝"沿线国家和地区，加强国际产能合作。

责任单位：各设区市人民政府，省商务厅、发改委、外办、贸促会，人行福州中心支行、省外汇局、人行厦门市中心支行

五、集约利用土地

（一）各开发区利用土地建设项目要按进度分期报批和供应土地，防止批多建少和闲置浪费。积极盘活批而未供、供而未用、低效利用等存量土地，实施"腾笼换鸟"，清理闲置土地，提高土地集约利用率和投入产出水平。鼓励低效工业用地再开发，纳入"三旧"改造规划的工业用地，属政府收购储备后再次供地的，必须以招标拍卖挂牌方式出让，其余可以协议方式出让。低效工业用地转产先进制造业，兴办信息服务、研发设计、创意文化等新兴产业及我省鼓励发展的生产性或高科技服务业的，可暂不办理土地用途变更手续，5年过渡期内继续按原用途和土地权利类型使用土地。开发区土地纳入所在县（市、区）实行存量土地盘活与新增用地审批联动制度。省级（以上）开发区均应纳入土地集约利用评价。开发区设立满3年后，节约集约用地评价排名居全省同级别开发区末5名的，原则上盘活存量建设用地，暂停农用地转用报批；居前5名的，优先安排300亩的土地储备报批指标。严格执行《闲置土地处置办法》，规范履行调查、认定、告知、听证、做出处理决定等程序，对政府原因造成土地闲置的，采取签订补充协议、重新约定开竣工日期、协议有偿收回、置换等方式予以处置；对企业原因造成土地闲置的，采取征缴土地闲置费、依法收回等方式予以处置。

责任单位：各设区市人民政府，省国土厅

（二）各开发区可根据产业项目的正常生命周期和行业特点，在工业用地法定最高土地出让年限内合理确定地块的具体出让年限。鼓励有条件的开发区采取长期租赁、先租后让方式供应除住宅项目以外其他各类产业用地。以先租后让等方式供应土地的，供应方案须明确租赁土地转为出让土地的条件，报有批准权的人民政府批准后实施。按用途依法须采取招标拍卖挂牌方式出让的，招标拍卖挂牌工作可在租赁环节实施；在承租方使用租赁土地达到合同约定条件办理出让手续时，可采取协议方式。开发区管委会或运营公司主动为企业向金融机构申请融资提供相应增信。

责任单位：各设区市人民政府，省国土厅，人行福州中心支行、人行厦门市中心支行，各金融机构

（三）引导工业项目"退城入园"，严格控制在开发区外安排新增工业用地，确需在区外安排重大或有特殊工艺要求工业项目的，须加强科学论证。严格执行新建危险化学品项目应进入化工园区或化工集中区的规定。对"退二进三""退城入园"、转型升级的企业，优先在园区内安排建设用地或协调对接标准厂房租赁，并加快办理相关用地审批手续。对因城区老工业区搬迁改造被收回原国有土地使用权的工业企业，经批准可采取协议出让方式，按土地使用标准为其安排同类用途用地。

责任单位：各设区市人民政府，省国土厅、环保厅、安监局

（四）对开发区工业企业符合规划和安全要求、不改变用途，在原有建设用地进行厂房加层改造，增加建筑容积率的，不再增收地价。对投资新建4层以上标准厂房或将原有厂房改造升级为4层以上厂房的，省级技改专项资金可对其新增的

货梯给予补助。开发区工业企业利用原有存量厂房和土地兴办生产性服务业的，过渡期内可暂不办理土地用途变更手续。鼓励开发区工业企业综合开发和利用地下空间，现有项目开发建设地下空间作为地上建筑配套或附属设施的，其地下空间建设用地使用权可以协议方式出让。

责任单位：各设区市人民政府，省国土厅、经信委、财政厅

六、保障措施

（一）建立开发区联席会议机制。省政府分管领导任召集人，省商务、发改、经信、科技、财政、国土、环保、住建、林业、海洋渔业、安监、统计、金融、海关等部门负责人为成员，办公室设在省商务厅。开发区重大招商引资项目、龙头企业激励扶持政策等由联席会议“一事一议”、个案研究。

责任单位：省商务厅、发改委、经信委、科技厅、财政厅、国土厅、环保厅、住建厅、林业厅、海洋渔业厅、安监局、统计局、金融办，福州海关、厦门海关

（二）加强分类指导。国家级经济技术开发区、海关特殊监管区由省商务部门牵头管理，国家级高新技术产业开发区、省级高新技术产业园区由省科技部门牵头管理，省级经济开发区（工业园区）由省商务、经信部门牵头管理，以上按各单位新设定的主要职责、内设机构和人员编制方案执行。各牵头管理部门严格准入标准，对设区市人民政府提出的开发区设立、扩区、调区等申请提出审核意见。省环保部门、各牵头管理部门以及有关职能部门，指导各开发区根据产业发展方向做好规划环评工作，及时妥善做好污水、固废、危废集中处理，做好集中供热、环境应急，并加强事中事后监管。省、市、县统计部门会同牵头管理部门做好开发区统计工作。

责任单位：各设区市人民政府，省商务厅、经信委、科技厅、国土厅、环保厅、住建厅、统计局、编办

（三）完善考核评价和激励约束。借鉴先进地区经验做法，对开发区突出土地集约、财税收入、创新能力、生态环保等效益指标的考核，并考核开发区管理机构党政领导干部落实生态环保、安全生产责任情况。省商务部门会同省经信、科技部门每年度组织一次省级（以上）开发区综合评价并通报考评结果，对评价结果居前的，由各牵头管理部门研究出台激励促进政策；对评价结果后5名的省级开发区予以警告、限期整改，限期内未整改到位的，对管委会负责人进行问责，直至采取降级、免职等惩戒措施；对连续两年评价结果全省最后1名的省级开发区，根据不同情形，设定强制整改期，逾期未整改到位的，退出省级开发区管理序列，对机构编制作相应调整。工业用地地均税收指标超过上年度全省省级开发区平均水平的园区，允许申报为省级开发区；工业用地地均税收指标居全省前10名的省级开发区，允许申报扩区。

责任单位：各设区市人民政府，省商务厅、经信委、科技厅、国土厅、环保厅、住建厅、安监局、统计局、编办

（选编：林开龙）

福建省推动新一代人工智能加快发展

2018年3月3日福建省人民政府下发《福建省人民政府关于推动新一代人工智能加快发展的实施意见》（闽政〔2018〕5号）提出，随着移动互联网、大数据、超级计算、传感网等新一代信息技术的快速发展，基于深度学习的人工智能发展进入新阶段，有望成为新一轮科技革命的突破口和产业变革的核心驱动力。人工智能作为引领未来的颠覆性、战略性技术，成为国际竞争的新焦点和经济发展的新引擎。为加快我省新一代人工智能和实体经济深度融合，根据《国务院关于印发新一代人工智能发展规划的通知》（国发〔2017〕35号）精神，结合我省实际，提出以下实施意见。

一、指导思想

以习近平新时代中国特色社会主义思想为指导，全面贯彻落实党的十九大精神，大力实施创新驱动发展战略和军民融合发展战略，立足数字福建建设应用、数字经济发展成果和人工智能产业化的工作基础，加快我省新一代人工智能产业的前瞻部署，坚持应用驱动、科技引领、系统布局、市场主导、开源开放，着力加强产业链、创新链、资金链、政策链协同，通过打造一批人工智能创新示范平台，培育一批人工智能领军企业，集聚一批人工智能高端人才，聚焦前沿理论、核心技术、支撑平台、创新运用、产业发展等关键领域，坚持研发攻关，推动产品运用、产业培育，构筑适合新一代人工智能加快发展的生态系统，大力发展智能企业、智能服务、智能经济和智能社会，推动数字福建建设应用迈向“智慧化”新阶段，培育人工智能新业态，为“再上新台阶、建设新福建”提供强有力科技和信息化支撑。

二、主要目标

到2020年，人工智能对福建创新驱动发展、产业转型升级、数字经济发展和社会智能服务的引领带动效能显著提升，基本建成人工智能行业应用、产业集聚和人才汇聚的创新示范基地，初步形成人工智能发展的创新体系。

关键技术取得进展。机器视觉与模式识别、大数据、自主无人智能系统、机器学习、类脑认知与自然语言处理等核心技术取得突破，人工智能芯片、物联网基础器件、智能制造和机器人等方面取得标志性成果，获得发明专利300项以上，在物联网、机器视觉、智能机器人、智能芯片以及智能制造等人工智能部分领域关键技术进入全国先进行列。

智能经济初具规模。紧扣智能制造、智能医疗、智能农业、智慧质检、智慧海洋、智慧城市、智能交通、智能电力和智能安防等重点领域，着力实施人工智能创新示范工程，培育50家以上国内有影响的人工智能“双高”企业，带动相关产业规模超过1000亿元，为我省产业创新转型提供智能支撑。

应用推广扎实有效。人工智能技术在制造、检测、交通、电力、金融、医疗、农业和政务等领域率先应用和推广，在10个以上行业开展应用试点，建成2个以上人工智能应用示范特色小镇、高新园区。

生态体系不断完善。通过整合现有创新平台资源，建成福建省人工智能应用基础协同创新中心、智能机器视觉研发中心、类脑认知与自然语言处理重点实验室、自主无人智能系统产业基地以及基础数据和行业数据资源开放共享中心等人工智能创新平台；聚集一批优秀人工智能专家，培养一批人工智能专业技术人才及创新应用团队，初步形成人才智力集聚创新高地。

到2025年，人工智能技术在经济社会各领域得到深度融合和推广应用，部分人工智能产业具有国际竞争力，人工智能成为引领我省产业转型升级和新福建建设的核心动力，建成全国人工智能产业应用示范区。

三、重点任务

（一）*加强人工智能产业核心技术研发*

围绕人工智能“数据、算法、硬件”三大关键，大力发展高性能计算、大数据、机器学习、区块链等新技术，着力突破机器视觉与模式识别、自然语言处理、自主无人系统、物联网基础器件等一批人工智能核心关键技术，推动人工智能先进技术成果转移转化，构筑人工智能产业核心技术先发优势。瞄准人工智能全产业链条，突出部件、产品、装备、系统协同发展，推动人工智能、互联网、大数据与现有产业深度融合。

物联网。以物联网产业联盟和数字福建物联网重点平台为依托，发挥马尾物联网产业基地的集群优势，整合物联网全产业链资源，重点研发新一代物联网的高灵敏度、高可靠性智能传感器件和芯片，攻克射频识别、近距离机器通信、直接零部件标识、智慧城市多维认知与智能萃取、智慧城市多尺度立体感知、车联网等物联网核心技术和低功耗处理器等关键器件，支持二维码、智能POS、远程抄表等智能终端技术的应用推广，打造全国领先的物联网感知识别产业聚集区。加快海量连接、深度覆盖、低功耗、低成本窄带物联网技术的试验和试点，推进北斗卫星导航系统、智能互联互通网关、物联网操作系统、低功耗广域网等关键技术研发和应用。

责任单位：省发改委、数字办、经信委、科技厅，有关设区市政府

机器视觉。依托我省光电行业的技术和产业优势，重点研发高精度光学镜头、半导体成像器件等产品。以福州软件园、大数据产业园、厦门软件园骨干IT企业及我省优势科研单位作为软件算法主要研发力量，重点在高精度视频图像分割、目标检测、跟踪与识别、视觉测量、视频图像理解、图像生成、视觉数据融合、三维重建与立体视觉智能等共性算法上取得突破。支持前沿人工智能技术在高准确率、高效率的人脸识别、海量图像数据挖掘、工业检测、智能视频监控、医疗影像分析、机器人视觉、无人驾驶环境感知与视觉导航等领域的关键性应用技术开发，支持机器视觉在智慧城市感知系统、综合性运动会等大型公共活动的安全监控系统、工厂智能生产与物流系统、公共智能交通系统、国土资源监测系统、对地观测系统等领域的体系化运用，以期实现机器视觉在各行业领域的普及运用。

责任单位：省科技厅、发改委、经信委、公安厅、住建厅、国土厅、食品药品监管局、卫计委，各设区市人民政府、平潭综合实验区管委会

智能机器人。重点研发智能机器人控制器、伺服驱动器、减速器等高性能机器人核心零部件。结合宁德、泉州、莆田等地在电机领域的研发与产业优势，加强我省对高效机器人电机技术的研发制造和产业化支持，掌握高效电机核心技术，研发高性能电机控制技术和高效率、高可靠性的电机驱动系统。加强新型传感器研发与应用，重点突破智能计算前沿的新型传感器件、具有计算成像功能的类脑视觉传感器技术、新型多元智能传感器件与集成平台、智能机器人专用传感器及其多信息融合等技术。组织制定智能机器人硬件接口、软件接口协议、性能检测以及安全使用等标准，加强机器人检验技术和装置研发。研制智能工业机器人、智能服务机器人、智能物流机器人，在我省实现大规模推广应用并争取进入国际市场。

责任单位：省经信委、发改委、科技厅、质监局，各设区市人民政府、平潭综合实验区管委会

智能芯片。遵循国家“十三五”集成电路重大生产力布局规划，依托泉州半导体高新技术产业园区等东南沿海集成电路新基地，重点研发人工智能计算芯片，突破高度并行计算、海量数据吞吐、超低功耗等关键技术，研制面向无人系统、视频监控、智能制造装备、医疗设备等终端和系统应用芯片，加强高能效深度神经网络云端及终端芯片、高能效前端神经网络推理计算芯片、视频图像处理芯片、可重构类脑计算芯片技术攻关，研发具有自主学习能力的高效能类脑神经网络架

构和硬件系统，实现具有多媒体感知信息理解和智能增长、常识推理能力的类脑智能系统，为人工智能算法应用提供硬件加速，支撑人工智能产业发展。

责任单位：省发改委、经信委、科技厅，各设区市人民政府、平潭综合实验区管委会

智能制造。以泉州“中国制造2025”试点城市作为智能制造应用示范基地，推进泉州、龙岩等地智能制造关键技术装备、核心支撑软件、工业互联网等系统集成应用，研发智能制造使能工具与系统、智能制造云服务平台，推广流程智能制造、离散智能制造、网络化协同制造、远程诊断与运维服务等新型制造模式，建立智能制造标准体系，推进制造全生命周期活动智能化，加强人工智能在增材制造上的工艺优化、效能提升等应用，为我省制造业转型升级注入新动能。

责任单位：省经信委、科技厅、发改委，各设区市人民政府、平潭综合实验区管委会

布局人工智能应用基础研究。依托厦门大学、中科院海西研究院等优势科研力量，紧扣人工智能相关重大学科前沿技术需求，为人工智能持续发展提供科学储备和基础支撑。力求在高级机器学习模型、大数据智能理论与技术、类脑认知与智能计算理论等跨领域应用基础研究方面取得突破。加强跨学科探索研究，支持人工智能与神经科学、认知科学、量子科学等学科交叉融合，提升人工智能协同创新能力。针对可能引发人工智能范式变革的方向，重点从五个方面布局开展应用基础研究：

1. 高级机器学习模型。重点布局深度学习、强化学习、端对端的深度强化学习、非监督学习、小样本学习等前沿机器学习算法模型的研究，推动聚类、降维、稀疏表达、流形学习、子空间学习、规则学习等经典机器学习理论与深度学习架构的高效融合。研究机器学习模型的非线性、非凸优化问题，在微分流形优化、粒子群优化、张量分析等方面探索高效求解工具。

2. 类脑认知与智能计算理论。重点研究类脑感知识别、类脑学习、认知推理、类脑记忆机制与计算融合、类脑复杂系统、类脑控制等理论与方法。探索自然语言的大脑处理机制，建立结合类脑机制的自然语言语义表达方法，突破自然语言的语法逻辑、字符概念表征和深度语义分析的核心技术。推进人类与机器的有效沟通和自由交互，实现多风格多语言多领域跨模态的自然语言智能理解、生成和翻译。

3. 大数据智能理论与技术。研究数据驱动与知识引导相结合的人工智能新方法，面向大规模数据的多粒度计算方法、模糊粗糙集计算方法与区块链技术，高度不确定性数据的处理方法，基于数据驱动故障诊断方法的人工智能与大数据深度融合应用场景。

4. 自主无人系统的智能技术。重点突破智能体智能驾驶技术架构、复杂动态场景的多模态感知与理解、高精度多源传感器定位与导航、面向复杂环境的适应性智能驾驶、嵌入式智能计算等共性技术，研发无人汽车、无人机、船舶和轨道交通自动驾驶等智能技术。

5. 网络群体智能技术。重点支持网络群体智能中的数据分发与交互理论、群体智能优化算法、群体机器人的智能自主协调与决策、多车联网、群体智能系统的模型理论、群体拓扑结构等核心理论的研究。

责任单位：省科技厅、发改委、数字办、教育厅、经信委，各设区市人民政府、平潭综合实验区管委会

（二）加快人工智能创新平台建设

瞄准我省人工智能产业创新需求，统筹布局和建设一批人工智能重大创新平台，推动人工智能产业重点领域突破和实现可持续发展。

打造创新研发平台。依托资源较为完善的高校科研单位和龙头企业，瞄准国际前沿和产业发展实际，加大对现有类脑计算技术及应用重点实验室、空间数据挖掘与信息共享重点实验室、网络计算与智能信息处理重点实验室、大数据挖掘与应用技术重点实验室以及物联网企业技术创新中心等研发平台支持力度。同时，以突破若干人工智能应用基础研究与关键性技术瓶颈为重点，在人工智能基础研究、自然语言处理、智能机器视觉、自主无人智能系统等领域新建一批人工智能产学研用协同研发创新平台，形成支撑我省人工智能产业核心技术和创新技术的研发高地、汇

聚高端人工智能人才和培养领军人才的基地和国际交流合作的窗口。

责任单位：省科技厅、发改委、数字办、经信委、教育厅，各设区市人民政府、平潭综合实验区管委会

打造资源共享平台。结合我省现有的超级计算中心、国家健康医疗东南大数据中心、智能制造行业技术开发基地、数字化装备与柔性制造创新中心、特种机器人产品质量检验中心等资源共享平台，在行业大数据与人工智能计算资源整合开放、健康医疗与智能制造领域，布局一批人工智能支撑平台。联合数据龙头企业与政府部门，面向制造、交通、电力、金融、医疗、教育、政务和公共安全等行业，建立数据资源开发平台和智慧质检云服务平台，共同探索建立开放共享机制。完善面向人工智能应用的高性能计算公共服务平台配套设施和环境条件，为全省企事业单位和政府部门提供大型的科学计算服务。

责任单位：省发改委、数字办、经信委、科技厅、卫计委、教育厅、公安厅、质监局、交通运输厅、金融办，各设区市人民政府、平潭综合实验区管委会

打造成果转化平台。推动省内优势企业、行业组织、科研机构、高校等联合组建人工智能产业技术创新战略联盟、知识产权联盟和协同创新中心，引导和支持社会力量建设人工智能领域众创空间、科技企业孵化器等服务机构，为龙头企业技术提升和中小微企业加快发展提供专业化服务。

责任单位：省经信委、科技厅、教育厅、发改委，各设区市人民政府、平潭综合实验区管委会

（三）优化人工智能产业布局

把握新一轮科技革命和产业变革机遇，将人工智能与实体经济深度融合，立足各地产业基础，突出以福厦泉国家自主创新示范区、国家级高新技术产业开发区和省级高新技术产业园区为重要载体，推动各地进行差异化产业布局，抢占先机，形成福建特色人工智能产业优势，推动经济高质量发展。

福州市重点推进马尾物联网产业示范园区、国家健康医疗大数据中心等平台建设，以先进高新产业为先导，大力发展智能芯片、传感器、物联网核心器件等智能终端与基础产品，着重突破大数据、自主无人系统等技术瓶颈，实现在智能医疗、智能驾驶、智能安防、智能交通等领域的行业应用，打造东南区域大数据中心和智能物联产业基地。

厦门市依托火炬高技术产业开发区、集成电路产业基地、闽台云计算产业示范区、软件园，重点发展机器视觉、自然语言处理等人工智能核心技术，突破人工智能核心应用技术瓶颈，发展基于智能芯片的人工智能硬件产业，重点支持集成电路、第三代半导体等战略性新兴产业发展，依托龙头企业和高水平人工智能研发平台，打造具有国际竞争力的人工智能产业集群。

泉州市依托“泉州芯谷”、中国国际信息技术（福建）产业园、智能装备产业园，重点发展存储器、智能机器人、智能制造装备等硬件支撑，大规模推进新一代信息产业和传统产业智能化改造，打造全国重要的半导体产业特色集聚区和智能轻工装备产业基地。

其他地方要针对自身产业定位，加快人工智能根植产业，在传统产业改造升级、对接国际高端产业等方面寻找突破口，积极推进人工智能产业优势技术研发和行业应用，培育人工智能产业新增长点。

责任单位：省经信委、发改委、科技厅，各设区市人民政府、平潭综合实验区管委会

（四）强化人工智能示范应用

加速推进人工智能在全省各行业示范应用，大力培育新产业、新技术、新模式和新业态，提升经济发展质量和效益，增强公众对人工智能的获得感幸福感，建设中国制造2025国家级示范区。

智能工厂。依托我省科研单位与企业在智能制造技术上的优势，在鞋服、新能源、光电、水暖、车载玻璃等制造行业开展智能工厂应用试点，着力推广生产线重构与动态智能调度、生产装备智能物联与云化数据采集、多维人机物协同等新技术，实现生产设备网络化、生产数据可视化、生产过程透明化、生产现场无人化，以机器学习技术分析处理现场数据，实现设备在线诊断、产品质量实时控制等功能，提升工厂运营管理智能

化水平。

责任单位：省经信委，各设区市人民政府、平潭综合实验区管委会

智能检测。依托福建省产品质量检验研究院、国家电子信息产品质量监督检验中心、国家低压开关电器产品质量监督检验中心和IT企业的技术优势，重点开展智能化检测实验室全生命周期信息流管控技术、数据交换标准化设计技术、信息与仪器系统集成技术和节能与可视化技术研究，强化质量检验检测和协同研发创新，提升公共检测实验室的效率和服务水平，提高我省产品质量安全和技术含量。

责任单位：省质监局、经信委、科技厅，各设市区市人民政府、平潭综合实验区管委会

智能医疗。依托福建省立医院、福建医科大学附属第一医院和协和医院等医疗机构和相关企业，利用大数据和人工智能分析技术建设医学图像自动处理与分析系统、智能辅助诊断系统、远程医疗系统等，积极应用柔性可穿戴、生物兼容的生理监测系统等，推进精准医疗、智能医疗、智慧医院等建设，提升医疗服务能力和群众获得感。

责任单位：省卫计委、食品药品监管局、经信委，各设区市人民政府、平潭综合实验区管委会

智能驾驶。依托福州、厦门、龙岩等地汽车制造企业，在民用车、客车与新能源汽车领域发展自动驾驶汽车，加强车载感知、自动驾驶、车联网等技术集成，开发交通智能感知系统，形成自主的自动驾驶平台技术体系和产品总成能力，探索自动驾驶汽车共享模式。

责任单位：省经信委，各设区市人民政府、平潭综合实验区管委会

智能交通。发挥福州、厦门、泉州市在北斗导航与智慧交通领域的优势，重点支持基于5G的车路协同技术、城市交通地铁系统和公交系统协同联动技术研发。建立复杂场景下的多维交通信息综合大数据应用平台，发展交通智能监控、智能调度和智能协同系统，实现综合交通的智能化控制、诱导与协同，达到安全高效运行。

责任单位：省交通运输厅、发改委、数字办，各设区市人民政府、平潭综合实验区管委会

智能物流。加强智能化装卸搬运、分拣包装、加工配送等智能物流装备研发和推广应用，建设大型无人化自动仓库等，提升仓储运营管理水平和效率。依托福建沿海港口优势，全面应用自动识别、机器视觉、物联网等信息技术，建设自动化智能港口，大幅度提升港口效率。推进“互联网+物流”，打造公路港、航空港智能物流公共信息平台。

责任单位：省交通运输厅、发改委、经信委、科技厅、数字办，各设区市人民政府、平潭综合实验区管委会

智能安防。支持面向社会治安、工业安全以及火灾、有害气体、地震、疫情等自然灾害智能感知技术的研发和成果转化，推进智能安防监控解决方案的应用部署。支持部分有条件的社区或城市开展基于智能视频监控的公共安防区域示范，加快重点公共区域安防设备的智能化改造升级。支持智慧社区建设，通过人工智能技术对社区信息分析，提高社区服务能力。

责任单位：省公安厅、综治办、经信委、卫计委、农业厅、林业厅、水利厅、海洋渔业厅、住建厅，各设区市人民政府、平潭综合实验区管委会

智能家居。依托我省物联网企业的技术优势，加强人工智能技术与家居建筑系统的融合应用，提升建筑设备及家居产品的智能化水平。研发智能物联网控制系统、智能家居、大数据的运动和健康检测平台，提升家电、耐用品等家居产品感知和联通能力。

责任单位：省经信委、住建厅、数字办，各设区市人民政府、平潭综合实验区管委会

智能金融。依托我省现有金融综合服务平台，稳步推动金融大数据智能服务平台建设。构建金融行业知识图谱，推动智能风控、智能监管、智能投顾和机器人客服等应用，建立金融风险智能预警与防控系统，创新智能金融产品和服务，发展金融新业态。

责任单位：省金融办、数字办、财政厅、编办，福建银监局、福建证监局、福建保监局，人行福州中心支行，各设区市人民政府、平潭综合实验区管委会

智能农业。立足我省茶叶、蔬菜、食用菌、水果、畜禽、水产、花卉等特色产业，加快物联网、大数据等现代信息技术和装备在农业生产全过程的研发和应用，积极推广遥感监测、智能识别、自动控制、机器人等设施，建立完善天空地一体化的智能农业监测网络和大数据智能决策分析系统，大力推进数字农业发展。推动农业信息化新技术的综合应用和集成示范，建设一批省级现代农业智慧园、农业物联网示范点、智能渔场、农产品加工智能车间和供应链等，提升农业信息化水平。

责任单位：省农业厅、林业厅、海洋渔业厅、数字办、经信委，各设区市人民政府、平潭综合实验区管委会

智能政务。依托我省政务部门和数字福建技术支撑单位，开展基于人工智能的公共管理和服务应用示范平台，改善政府决策与服务质量。推动多维度数据分析、感情识别等在公共需求预测、社会舆情分析中的应用，支撑政府科学化决策。推动自然语言处理、服务机器人在网上办事大厅、闽政通 APP、政府热线、门户网站、服务窗口的应用，提升政府公共服务效能。

责任单位：省数字办，各设区市人民政府、平潭综合实验区管委会

（五）培育人工智能创新企业

坚持企业技术创新主体地位，加快培育一批人工智能创新企业，持续提升企业核心竞争力。

推动一批企业智能化升级。支持和引导企业在设计、生产、管理、物流和营销等核心业务环节应用人工智能新技术，构建新型企业组织结构和运营方式，形成制造与服务智能化融合的业态模式，发展个性化定制，扩大智能产品供给。鼓励和引导企业建设工厂大数据系统、网络化分布式生产设施等，系统提升制造装备、制造过程、行业应用的智能化水平。

责任单位：省经信委、数字办，各设区市人民政府、平潭综合实验区管委会

孵化一批人工智能创业企业。推动各高新区、大学科技园、科技企业孵化器和众创空间将人工智能作为优先支持和服务领域，推进人工智能科技成果转移转化，孵化培育和发展人工智能创业企业。支持人工智能创新资源条件相对聚集的区域，搭建人工智能领域新型创业服务机构，加强核心技术培训辅导，围绕人工智能在产业中的实际应用，进行应用产品开发，打造开放式人工智能创新创业基地，构建开源开放平台，孵化培育一批人工智能创业企业，支持人工智能创新创业。

责任单位：省科技厅、发改委、教育厅、人社厅、经信委，各设区市人民政府、平潭综合实验区管委会

培育一批人工智能“双高”企业。充分发挥我省数字经济、智能制造、化工、新能源、电力和鞋服等领域的产业优势，在感知识别、智能机器人、智能汽车、可穿戴设备、虚拟现实等新兴领域加快培育一批“单项冠军”，促进其发展成为高成长性企业和高新技术企业，形成经济新增长点。

责任单位：省经信委、科技厅，各设区市人民政府、平潭综合实验区管委会

发展一批人工智能领军企业。在我省优势领域，加快打造人工智能国内领军企业和品牌。鼓励领军企业整合上下游产业，加快建设产业技术创新战略联盟，引领全省人工智能产业发展。鼓励领军企业在人工智能的重点领域、主营业务、优势专业等方向上建设产学研用紧密结合的专业化众创空间，打造上中下游密切衔接、配套完善的人工智能产业集群。

责任单位：省经信委、发改委、科技厅，各设区市人民政府、平潭综合实验区管委会

（六）聚集人工智能创新人才

坚持人才优先发展战略，创新人才引进和培育机制，破除束缚人才发展体制机制障碍，加速集聚掌握核心技术、引领产业发展的高端人才，为我省人工智能加快发展提供坚强的人才支撑。

聚力引进高端人才。统筹利用国家“千人计划”和我省“海纳百川”高端人才等现有人才计划，紧扣人工智能发展需求，加大柔性引才力度，引进一批人工智能领域国内外顶尖科学家、科技领军人才和高水平创新团队以及优秀青年人才。开辟专门渠道，探索制定个性化政策，实现人工智能高端人才精准引进。重点引进感知识别、智能机器人、智能汽车、可穿戴设备、虚拟现实等

国际顶尖科学家和高水平创新团队。落实企业人力资本成本核算相关政策，激励企业、科研机构引进人工智能人才。

责任单位：省人社厅、教育厅、科技厅、经信委、财政厅、国税局、地税局、人才办，各设区市人民政府、平潭综合实验区管委会

培育高素质人才团队。重点培养一批具有发展潜力的人工智能领军人才，加强人工智能基础研究、应用研究和运行维护等方面专业技术人才。注重培养贯通人工智能理论、方法、技术、产品与应用等的纵向复合型人才。鼓励和引导创新人才与国内外顶尖人工智能研究机构合作互动。鼓励高校、科研院所和领军企业等培养高水平的人工智能人才，面向重点行业提供行业解决方案，推广行业最佳应用实践。

责任单位：省人社厅、教育厅、科技厅、经信委、人才办，各设区市人民政府、平潭综合实验区管委会

推动人工智能学科建设。完善人工智能领域学科布局，鼓励有条件的高等学校在原有基础上拓宽人工智能专业教育内容，加强人工智能与其他学科专业教育的交叉融合，形成“人工智能+X”复合专业培养新模式。支持省内高校先行试点建立人工智能专业，培养人工智能相关学科方向高层次人才。鼓励高校、科研院所与企业等机构合作，建设一批人工智能实训基地，开展人工智能学科建设和人工智能技术技能培训，为我省经济建设输送“人工智能+”复合型专业人才和高技能人才。

责任单位：省教育厅、人社厅、人才办，各设区市人民政府、平潭综合实验区管委会

四、重大工程

（一）重点基础理论研究工程

依托国家自然科学基金、国家科技重大专项、福建省自然科学基金等项目，优先支持开展人工智能基础理论和前沿技术研究，形成一批标志性原创前沿成果。建立人工智能核心关键技术协同创新平台，引进、培育一批人工智能领域高端人才，打造人工智能人才高地，在基础芯片、自主无人系统、跨媒体分析推理、混合增强智能等部分关键技术方面达到国际领先水平。组织开展人工智能领域高水平论坛，邀请国际知名专家入闽讲学，追踪人工智能国际前沿引领技术、颠覆性技术，把握技术革命发展趋势。

责任单位：省科技厅、经信委、发改委、人才办，各设区市人民政府、平潭综合实验区管委会

（二）行业大脑建设工程

引导和支持企业发挥科技创新主体作用，建设福建传统特色产业“数据大脑”，以数据和技术驱动产业变革。创新数据采集模型，解决多源异构数据采集和边缘计算难题。构建全程全网连接服务网络，消除人工智能规模应用的数据连接难题。优化传统特色行业生产流程，培育人工智能新模式新业态，推动前沿技术与福建省传统产业融合。围绕泉州“中国制造2025”城市试点示范建设以及福建省在特色农业、渔牧业、林业等领域的优势，建设人工智能特色产业集聚区，培育人工智能创新标杆企业。鼓励大型骨干企业牵头，聚合产学研多方优势资源，组建“人工智能+工业”“人工智能+农业”“人工智能+林业”“人工智能+渔业”等行业性产业联盟，协同合作，在技术创新、应用突破、市场推广等方面助力人工智能和传统产业融合。

责任单位：省发改委、经信委、科技厅、农业厅、林业厅、海洋渔业厅，各设区市人民政府、平潭综合实验区管委会

（三）城市大脑建设工程

以福州滨海新城建设为依托，启动智慧城市“核心大脑”建设工程，实时感知汇聚各类城市数据，以“政务治理”为突破口，继续完善基础信息资源和重要领域信息资源信息建设，深化推进政务云平台的建设与运营，继续打通社会、政务数据资源，以数据智能驱动提升城市治理能力。以鼓楼、罗源等人工智能特色小镇建设为契机，深度挖掘人工智能在智能交通、健康医疗、智慧教育、市场监管、商贸服务等领域的融合应用场景，建设一批人工智能密集应用项目。

责任单位：省发改委、经信委、卫计委、交通运输厅、教育厅、商务厅，各设区市人民政府、平潭综合实验区管委会

（四）工业智能机器人发展工程

积极推动人工智能技术与机器人技术深度融

合，重点支持用于模拟、延伸和扩展人的智能的技术及应用系统，关注人机共融特性的机器人研发及产业化。推进工业机器人智能化升级，智能感知、模式识别、智能分析和智能决策为重点，以机器视觉、自主决策为突破方向，积极开发焊接、装配、喷涂、搬运、检测等智能工业机器人，实现高柔性、高洁净度、高危险等特定生产场景的快速响应，全面提升工业机器人传感、控制、协作和决策性能，形成一批融合性新产品、新服务。

责任单位：省发改委、经信委、科技厅，各设区市人民政府、平潭综合实验区管委会

（五）海洋智能机器人发展工程

面向经略海洋的国家需求，围绕“智慧海洋”工程建设目标，结合我省台海位置优势，在海上巡逻、环境监测、渔船监测与台风防灾等领域开展海洋机器人应用研究与实现。加快水下载荷、水下主动避障、水下自主定位、导航与驾驶、水下图像实时回传等关键技术的研发与系统集成，实现水下无人航行器原型样机研制。提升我省海域航线保障、台海管控与防灾减灾能力，形成一批融合新产品、新服务。

责任单位：省发改委、海洋渔业厅、经信委、科技厅，各设区市人民政府、平潭综合实验区管委会

（六）居家护理智能机器人发展工程

针对我国社会老龄化现状，积极推动面向助老陪护、家庭服务等特定场景的智能服务机器人的研发和应用。支持相关企业与高等院校、科研院所利用人工智能、大数据等技术，研制具有智能路径规划、语音交互、智能跟随、人脸识别、智能环境感知、智能险情预警等功能的智能居家护理机器人。重点突破多传感器多模态信息融合、场景信息语义理解、自然语言交流与推理、多源输入信息综合理解、自主导航规划决策等技术，建立智能交互语义平台。

责任单位：省发改委、经信委、科技厅，各设区市人民政府、平潭综合实验区管委会

（七）质控机器人发展工程

面向纺织化纤、汽车玻璃、服装生产、造纸、冶金制造等行业数字化、智能化质量检测技术需求，以行业骨干企业牵头，联合省内外高校、科研院所，整合优势资源展开技术攻关，突破云端与终端人工智能云服务平台关键技术，推动质量机器人产品和解决方案研发和产业化。重点解决复杂生产环境下音视频等多种传感器数据采集，智能分析，基于云端的平台级控制软件，实现云机器人人工智能大脑，协同管控异构多机器人，提供平台化、智能化、远程化的技术解决方案，形成技术先进、生态完备的技术产品体系。

责任单位：省发改委、经信委、质监局、科技厅，各设区市人民政府、平潭综合实验区管委会

（八）安全智能机器人发展工程

以行业需求为导向，交叉融合多传感器多模态信息融合与感知、智能识别与险情预警、多机协同、自主导航和路径规划、机器自主行走等技术，支持相关企业与高等院校、科研院所提升自主型或辅助型安全机器人等无人系统的智能化水平，推动在安全巡逻、电力巡线、应急救援等重要行业领域的创新应用。重点解决高空、高压、易燃、易爆和恶劣天气等复杂动态环境下的机器人自动行走、高清图像回传、自动视觉定位追踪、远程触控操作、360°智能监控等核心问题，带动复杂场景下的快速语义理解、触控信息的高效编码与通信、自动控制机器行走等关键技术瓶颈的突破。

责任单位：省发改委、经信委、公安厅、科技厅，各设区市人民政府、平潭综合实验区管委会

（九）自然语言研究创新工程

依托数字福建产业园区，引进一批人工智能企业和科研院所，联合省内外高校等各方创新资源，建设自然语言科技创新中心，促进高校自由探索科研与企业目标导向研发的有效融合，获取具有自主知识产权的突破性的原创性科技成果，为我省未来产业发展提供重要技术支撑。重点推动自然语言处理一体化创新发展，包括基础理论研究、核心芯片研发及居家养老、政务、教育等方面应用，形成一批融合性新产品、新服务。

责任单位：省发改委、经信委、科技厅，各设区市人民政府、平潭综合实验区管委会

（十）智能驾驶泊车发展工程

推进漳州城市级无人驾驶示范园区建设，构

建国内领先的车通讯（V2V）、车与人通讯（V2P）、车与交通基础设置通信（V2I）在内的结合云端的网联汽车技术（V2X）示范区，为智能汽车和智能交通发展提供支撑。支持骨干汽车企业和高校科研院所开展深度合作，智能辅助驾驶和网联汽车的交叉融合技术，探索自动驾驶与共享汽车结合的新模式，提高用户体验和提高运营效率。突破面向无人驾驶的高精度地图技术。突破解决计算架构、复杂动态场景感知与理解、视频特征高效实时编码与传输，实时车联网多点视频大数据分析等瓶颈。重点支持复杂环境下多传感器、多模态信息融合与感知、视频特征识别、带视频语义信息的实时编码、泛在网超高清图像实时多路回传、车载图像人工智能终端等核心技术的研发和产业化，多维度实现驾驶车辆的群体智能，加快从辅助驾驶向无人驾驶演进。

责任单位：省发改委、经信委、住建厅、交通运输厅、公安厅、科技厅，各设区市人民政府、平潭综合实验区管委会

五、保障措施

（一）加强组织领导

推动新一代人工智能发展是我省立足新一轮科技发展机遇，抢占创新制高点的重要举措，各级各部门要高度重视，加大扶持，把人工智能发展摆上重要议事议题，加强统筹协调，建立人工智能发展协同推进机制。成立由省政府分管领导为组长，省直有关部门负责人为成员的福建省推进人工智能发展协调小组，加强对人工智能发展的工作指导，协调解决发展中的重大问题，协调小组办公室设在省科技厅。组建省级人工智能专家咨询委员会，加强人工智能前瞻性、战略性重大问题决策咨询、统筹谋划。

以福厦泉国家自主创新示范区为核心，依托高新区、开发区、示范区等各类园区和基地等载体，开展人工智能技术研发与成果应用试点示范，形成可复制、可推广的改革经验和政策措施，促进人工智能产业集聚发展。各市、县（区）要结合各自优势和资源特点，加强省市县各级联动，做好人工智能应用推广、产业发展、重大项目的落地实施。

责任单位：省科技厅、发改委、数字办、经信委、财政厅、教育厅、人社厅、人才办，各市、县（区）人民政府，平潭综合实验区管委会

（二）加大政策扶持

1. 用好用足研发费用加计扣除、高新技术企业税收优惠、企业研发费用分段补助、省级高新技术企业奖补、企业技术改造补助、首台套等激励创新一系列优惠政策，鼓励企业牵头和参与人工智能领域联合攻关。

2. 盘活现有各类扶持创新及数字经济发展、软件产业专项等资金资源，对企业、高校、科研院所人工智能重大项目研发、重大平台建设、高层次人才引进培养、国内外高端品牌并购、重点应用示范，以及企业智能化技术改造、产品技术标准制定给予支持，特别是要加大首台运用、首套运用、首项成果运用的扶持支持力度。

责任单位：省科技厅、经信委、发改委、数字办、财政厅、国税局、地税局、人才办，各设区市人民政府、平潭综合实验区管委会

3. 我省各级各类产业股权投资基金、创业投资基金等，要对人工智能相关技术研发、应用和产业发展加大投入倾斜支持。鼓励各类社会资金、资源对人工智能创新团队和项目以债权或股权投资等方式进行投入。

责任单位：省发改委、数字办、财政厅、金融办，各设区市人民政府、平潭综合实验区管委会

4. 支持人工智能企业向大数据产业园、软件园聚集，享受相应的用电优惠政策。国家高新技术产业开发区、省级高新技术产业园区中的人工智能企业，执行大工业用电价格。支持人工智能企业与发电企业开展电力直接交易，支持符合条件的人工智能专业园区开展电力增量配网试点，降低企业成本。

责任单位：省发改委、数字办、经信委、科技厅、财政厅，各设区市人民政府、平潭综合实验区管委会

（三）优化营商环境

充分发挥国家生态文明试验区、21 世纪海上丝绸之路核心区、福州新区、福建自贸试验区、福厦泉国家自主创新示范区等“多区叠加”政策优势，推动全省开展海丝核心区创新驱动发展试验，优化对外开放区域布局，吸引人工智能高端

资源要素集聚。各地、各有关部门要对标国内外先进地区，深入推进“放管服”改革，全面推进“一趟不用跑”和“最多跑一趟”，推行智能审批、全程网办，打造国际化、法制化、便利化的一流营商环境。

加大力度开展“一把手”招商、龙头招商、园区招商、产业链招商和第三方招商，大力引进具备核心技术和领先优势的人工智能重点企业项目。人工智能产业园区新增建设用地指标由省级统筹优先安排，重点研发基地、创新平台、应用示范等纳入省重点项目管理，用地实行“点供”。依托“6·18”平台机制，定期开展人工智能技术转移转化专场，为企业发布需求信息、开展技术咨询等活动提供线上平台支持。通过人工智能产业技术创新战略联盟，开展产业技术创新和成果转化工作，努力形成以品牌、资本、技术、服务、人才为核心的综合竞争优势。

坚持引资、引技、引智相结合，支持省内人工智能企业与国内外人工智能领先高校、科研院所、团队合作。推进人工智能军民融合发展，联合军工集团、军工院所，在军转民、民参军、军民资源共享等方面，加快完善科技成果双向转化应用机制，打通军地协同合作、需求对接通道，实现跨军地、跨部门、跨层级信息共享和业务协同。鼓励省内人工智能企业“走出去”，为有实力的人工智能企业开展海外并购、股权投资、创业投资和建立海外研发中心等提供便利和服务，鼓励和支持有条件的龙头企业赴国外人工智能相对发达的区域设立离岸科技企业孵化器，培育孵化并引进高成长人工智能创业企业。加强闽台人工智能研发合作与交流，促进闽台人工智能产业对接。鼓励跨国公司、国外机构在我省设立人工智能研发机构、人才培训中心，推动建设人工智能国际科技合作基地、联合研究中心等，积极构建面向全球的产业创新合作伙伴关系网络。

责任单位：省发改委、经信委、教育厅、科技厅、国土厅、商务厅，各设区市人民政府、平潭综合实验区管委会

（四）营造创新生态

加强人工智能相关法律、伦理、安全和社会问题研究，重点围绕自动驾驶、智能机器人、物联网等应用基础较好的细分领域，加快研究制定相关安全管理法规。分类推动重点领域数据开放，出台政务数据依申请公开使用细则，率先有序开放政务数据资源，聚焦教育、交通、环境、医疗、商业等重点领域，完善政务数据资源共享开放政策，研究开放数据负面清单制度。建立数据共享交换监管制度，鼓励引导公共服务机构数据开放，围绕气象、海洋、电力、燃气、通信等领域，构建涵盖多类型数据的开放性行业大数据训练库，形成人工智能创新应用多场景验证环境。依托数字福建大数据技术服务中心和海峡大数据交易中心，促进社会数据资源的共享交换和交易流通。

增加适应人工智能发展的基础服务供给，布局超级计算、分布式计算、云计算相结合的高性能计算应用环境，加快下一代移动通信、物联传感、北斗通信等网络基础设施建设。开展人工智能知识产权评议和专利导航，加强人工智能产业的知识产权保护，在人工智能产业园区建设知识产权保护中心，建立人工智能产业专利数据库，促进相关专利技术的利用与推广。加强共性技术和应用创新研究的成果转化，支持和鼓励产业联盟和龙头企业参与新一代人工智能国家标准、行业标准的制修订，不断提升我省标准话语权。积极发挥舆论宣传和导向作用，调动全社会参与支持人工智能发展的积极性。

责任单位：省发改委、数字办、质监局、知识产权局，各设区市人民政府、平潭综合实验区管委会

（选编：刘海平）

福建省深化“互联网+先进制造业”发展工业互联网

2018年4月20日福建省人民政府下发《福建省人民政府关于深化“互联网+先进制造业”发展工业互联网的实施意见》（闽政〔2018〕7号）提出，为贯彻落实国务院《关于深化“互联网+先进制造业”发展工业互联网的指导意见》（国发〔2017〕50号），深化互联网与先进制造业融合，加快我省工业互联网发展，协同推进制造强省和网络强省建设，提出如下实施意见。

一、总体要求

（一）指导思想

以习近平新时代中国特色社会主义思想为指导，深入贯彻党的十九大精神，坚持新发展理念，以促进工业创新发展为主题，以推动互联网与制造业深度融合为主线，以支撑制造强省和网络强省建设为目标，着力构建以网络为基础、平台为核心、安全为保障的工业互联网生态体系，形成以工业互联网为重要载体的先进制造业发展格局，显著提升制造业发展质量、效率与价值。

（二）基本原则

创新驱动，融通发展。遵循科技创新规律，以数字技术创新为核心驱动力，加强工业互联网关键技术攻关与典型应用推广，培育多元创新主体，完善产业创新体系。引导上下游企业、大中小企业、跨领域企业互联互通、融合发展，促进产品、技术、服务与业务的集成创新，营造高效、融通的发展环境。

市场主导，政府引导。尊重市场规律，充分发挥企业在促创新、优供给、增活力中的主体作用，激发工业互联网内生动力，实现更大范围、更高效率、更为优化的生产要素资源配置。强化政府的组织引导和协调服务，坚持整体规划、精准施策、重点突破，分行业、分区域扎实推进工业互联网发展。

开放发展，安全可控。把握安全与发展的辩证关系，发挥工业互联网开放性、交互性优势，促进资源互通、知识积累、技术共享与开放合作。严守安全底线，强化网络安全保障，构建科学严谨的工业互联网安全预警、风险处置、监管保护体系，全面提升安全保障能力。

（三）发展目标

到2020年，工业互联网发展体系初步建立，低时延、高可靠、广覆盖的工业互联网网络基础设施初步建成；通过实施“十百千万”工业互联网工程，培育形成不少于10个工业互联网行业示范平台和100家以上应用标杆企业，建设不少于1000个“互联网+先进制造业”重点项目，推动上万家中小企业业务系统向云端迁移；工业互联网安全保障体系初步形成，保障能力明显提升；网络、平台、安全三大体系互相连通、紧密协同、形成生态，新时代先进制造业发展的强劲动能充分激发。

到2025年，建成国内领先的工业互联网网络基础设施，形成一批技术领先、引领行业发展的工业互联网平台，围绕工业互联网的技术创新更加活跃、产业支撑更加有力、供给能力更加丰富、融合应用更加普及，安全保障水平全面提升，工业互联网总体发展水平位居全国前列。

二、夯实网络基础

（四）优化新一代网络基础。

优化宽带网络基础，加速普及光纤网络，实施IPv6发展行动计划，推进低功耗广域网城乡普遍覆盖，进一步降低中小企业互联网专线接入资费水平。升级移动通信网络基础，扩大4G覆盖广度和深度，跟进发展5G网络和应用试验。推动WiFi、Zigbee、LoRa、2G/3G/LTE、NFC（近距离无线通信技术）、RFID（射频识别技术）等技术在重点地区和行业典型场景的应用，支持NB-IoT技术相关频段试验和业务试点。加大频谱保障力度，为广连接、高吞吐的工业无线通信提供频率支持。深化福州、厦门、泉州、莆田、平潭综合实验区等“宽带中国”示范城市建设，发挥福州国家级互联网骨干直联点作用，推动信息港发展。

责任单位：省通信管理局，省经信委、发改委，各设区市人民政府、平潭综合实验区管委会

（五）加强标识解析支撑。

支持省内高等学校、科研机构、优势企业参与工业互联网标识解析协议、控制协议、应用协议相关工作，承接国家公共标识解析服务关键节点，开展工业互联网标识试验和规模应用试点。推动建设公共标识解析服务平台及产品信息数据库，提升面向行业的标识注册、解析、查询、搜索、备案、认证等服务能力。培育工业互联网标识产业，发挥省内二维码识别、智能POS机、RFID等技术优势，加快研发耐高温高压、高速读写、高可靠性的标识载体和感知读写设备，打造“识别产业中心”。鼓励福州软件园、厦门软件园与重点工业园区合作建立标识解析研究机构。支持企业开发工业互联网编码、解码软件，以及可实时处理多来源、多维度工业数据的数据分析软件。培育工业标识技术整体解决方案提供商，在产品追溯、大规模个性化定制等应用场景形成一批示范案例。

责任单位：省经信委、科技厅、质监局，省通信管理局，省电子信息集团，各设区市人民政府、平潭综合实验区管委会

（六）促进企业网络全面连通。

加快工厂网络IP化、无线化、扁平化、柔性化等技术改造。依托智能控制器、智能模块、嵌入式软件等软硬件系统，推动工厂内部网络与外部网络的互联互通，重点实现工厂在制品、智能机器、工业控制系统等方面的内部互联，以及企业与供应链上下游企业、智能产品服务商、用户等主体的外部互通。推动重点园区、重点产业建设高质量的工业互联网网络基础设施，加快高带宽虚拟专网、工业无源光网络（PON）、4G/5G、下一代无线智能网（NGB-W）的工业应用，为园区内企业提供网络基础服务。

责任单位：省经信委、发改委，省通信管理局，各设区市人民政府、平潭综合实验区管委会

三、打造平台体系

（七）发展基础赋能平台。

支持省电子信息集团等企业与知名软件、互联网企业合作，建设我省工业互联网基础赋能平台，提升数字福建云计算中心工业互联网服务能力。支持省内工业云制造平台发展，增强实时数据计算处理、算法模型、云和边缘计算协同、重要数据保护、安全可靠运行、工业应用开发等关键能力，为用户快速接入设备、开发者开展工业应用开发提供低门槛、低成本环境。推广数字福建（长乐）产业园、中国国际信息技术（福建）产业园云服务，加快工业数据在重点园区汇聚。着力打造国内领先的跨行业跨领域工业互联网基础平台，开展工业数据流转、资源汇聚共享、业务资源管理、产业运行监测等服务。

责任单位：省发改委、经信委，省电子信息集团，各设区市人民政府、平潭综合实验区管委会

（八）发展行业特色平台。

立足我省产业基础和县域特色经济，以省属企业、行业龙头等为主要依托，培育一批面向特定行业、特定集群的行业级平台标杆，促进企业互联、数据整合、资源共享、产业协同。电子行业重点加强上下游产业资源优势互补，形成比较完整的配套供给。石化行业重点加强生产过程在线监控与实时优化，推动生产安全、环保、能耗的可预警、可管理、可追溯。高端装备行业突出设备联网和服务转型，加强远程监控、诊断、自学习和运维能力，提供基于数据的增值服务，推动建设我省智能装备全生命健康大数据平台。新能源汽车行业突出全生命周期数据收集与分析，推动省汽车工业集团建设新能源汽车专业化数据运营管理平台，打造我省智能汽车运营平台。纺织服装与制鞋行业重点实现MES（制造执行系统）、ERP（企业资源计划）、PLM（产品生命周期管理）等系统互联互通，搭建用户参与的设计

界面，实现对个性化需求的敏捷响应和快速交付，推动建设服装企业生产服务平台。食品行业突出建立食品安全“一品一码”全过程追溯体系，建设和推广食品安全信息追溯管理平台，实施食品生产、流通及餐饮服务的信息追溯管理。医疗器械行业重点推动建立进口高值医疗耗材从口岸通关到终端医院配送使用的全流程供应链及防伪溯源体系。

责任单位：省经信委、商务厅、国资委、食品药品监管局，省电子信息集团、省汽车工业集团，各设区市人民政府、平潭综合实验区管委会

（九）发展专业化应用平台。

支持建设专业化工业互联网服务平台，实现跨行业的知识共享、业务协同与能力交易。发展智能研发设计平台，规范研发设计流程，积累产品设计知识，强化数字化仿真、试验手段，实现各行各业设计能力的汇聚、共享与交易。发展生产智能管控平台，增加生产过程数据采集的频次与维度，构建生产过程完整实时的数字化“镜像”，实现生产指令的敏捷化、智能化与最优化。发展产融对接平台，建设我省“产融云”平台，推动企业融资需求与金融产品、金融信息无缝对接，加强征信服务。发展用能节能管控平台，支持建设全省重点用能单位能耗在线监测系统，实现与电力、热力、燃气等供能公司以及重点用能单位数据系统的连接，开展实时在线监测；依托海峡股权交易中心和省节能监察中心，建设用能权数据报送、注册登记和交易系统。发展数据分析服务平台，建设数字福建大数据研究院，推动制造业数据服务产品发展。支持轻工、食品、纺织等产业与中国（福建）国际贸易“单一窗口”平台对接，利用“单一窗口”平台汇聚的数据资源优势，开展国际贸易统计和本省进出口经济态势分析，指导省内外向型产业生产和外贸进出口发展。

责任单位：省经信委、发改委、科技厅、商务厅、金融办，省节能监察中心、海峡股权交易中心，省电子信息集团，各设区市人民政府、平潭综合实验区管委会

（十）推动企业“上云上平台”。

坚持建用并重，推动工业企业按需购买云服务，降低一次性投入成本；支持工业企业依托工业互联网平台实施数字化、网络化、智能化升级，进一步降本增效。鼓励地方政府通过财税支持、购买服务等方式支持企业“上云上平台”，引导中小企业各业务系统向云端迁移，共享制造资源，开展供需对接、供应链集成、众包众筹等创新型应用。

责任单位：省经信委、发改委，省通信管理局，省电子信息集团，各设区市人民政府、平潭综合实验区管委会

四、加强产业技术支撑

（十一）培育多元创新主体。

支持省内工业、软件、信息化综合服务企业组建工业互联网创新中心，打造国家级工业互联网创新中心，快速实现新技术、新产品、新模式的首次商业化应用和推广。鼓励企业与高等学校、科研机构联合打造国家级工业互联网实验室，推动成立工业互联网研究院。支持制造企业与知名互联网企业开展联合攻关，突破特定行业工业互联网平台关键技术。鼓励省内科技小巨人、单项冠军等创新型企业前瞻布局与工业互联网相适用的信息物理系统参考模型、机器视觉、人工智能、虚拟现实、区块链、边缘计算等新兴技术。支持各类主体围绕工业互联网的平台架构、基础共性技术、通用标准规范等开展研发创新。鼓励创新工业互联网平台运营策略和商业模式，实现平台运营服务商、工业企业、软件企业、软件开发者等多方主体共赢。

责任单位：省科技厅、发改委、经信委、教育厅，省电子信息集团，各设区市人民政府、平潭综合实验区管委会

（十二）发展系统集成服务。

鼓励行业骨干企业与电信运营商、互联网企业开展合作，大力发展高性能网络设备、工业芯片智能模块、嵌入式系统、智能传感器、工业机器人、智能装备、工业基础软件等高端软硬件产品及整体解决方案，培育一批提供工业互联网集成方案、咨询服务、数据服务的服务商。面向电子信息、机械、石化、汽车制造等重点行业，推进关键软硬件产品与工业互联网平台的集成创新，形成一批行业领先的工业互联网一体化解决方案。

推动成立工业互联网服务联盟，建立全省工业互联网产业生态供给资源池，加强资源池企业与制造业企业的精准对接，促进资源池内部的合作共赢。

责任单位：省经信委、科技厅，省通信管理局，省电子信息集团，各设区市人民政府、平潭综合实验区管委会

（十三）加快发展工业软件。

支持省内工业企业与软件企业加强合作，围绕特定行业业务需求，加大行业性、专门性设计工具、仿真测试等工业软件和工业APP的开发和产业化。大力发展应用于控制器、通信、传感等设备中的嵌入式软件，加强专业化软件测评服务，支持省内软件测评机构建设完善嵌入式软件检查和测评平台。加快推进各行业共性技术知识库、模型库、数据库的构建，形成完善的行业知识体系，实现先进制造技术、知识、能力的软件化应用和平台化共享。

责任单位：省经信委、科技厅，各设区市人民政府、平潭综合实验区管委会

（十四）推动建立标准体系。

完善标准顶层设计，突出企业主体地位，构建紧贴产业实际、体现我省特色的工业互联网标准体系。加强工业互联网共性技术和应用创新研究的成果转化，突出优势应用领域，加快制定面向汽车、装备、纺织服装、制鞋、石材等应用领域的地方标准。支持省内产业联盟及企业参与工业互联网国家标准、行业标准的制修订，不断提升我省标准研究水平。

责任单位：省经信委、质监局、科技厅，省通信管理局，各设区市人民政府、平潭综合实验区管委会

（十五）强化知识产权布局。

加强工业互联网关键核心技术知识产权的创造。以工业互联网创新中心等平台载体为依托，组织实施紧缺关键知识产权的储备、布局、保护和运营，加快知识产权的转移转化与使用共享。着力提升工业互联网企业运用知识产权的能力，培育工业互联网知识产权标杆企业。加强企业海外专利相关法律和规程培训，完善海外知识产权风险预警和防控体系。支持建设工业互联网知识产权服务平台、“知创中国”知识产权综合运营云平台和“知创福建”知识产权一体化公共服务平台，促进知识产权保护与交易。

责任单位：省知识产权局、科技厅，各设区市人民政府、平潭综合实验区管委会

五、构建融通发展新生态

（十六）促进大中小企业融通发展。

鼓励制造业龙头骨干企业搭建工业互联网“双创”平台，开放创新资源，通过产业创投基金、供应链金融服务、协同创新等模式，带动上下游中小企业融入大企业创新链；吸收创新型中小工业企业、软件企业、互联网企业参与设立行业制造业创新中心，打造创客化、平台化、互联网化的创新联合体；利用工业互联网将业务流程与管理体系向上下游延伸，带动中小企业开展网络化改造和工业互联网应用。推动大型互联网企业和基础电信企业的平台入口、计算能力向制造企业特别是中小企业开放，提供在线设计、制造能力在线发布、协同和交易等服务。

责任单位：省经信委、发改委、科技厅，省通信管理局，省电子信息集团，各设区市人民政府、平潭综合实验区管委会

（十七）推动行业跨界融通发展。

鼓励制造企业与信息通信企业合作，推动通用通信技术应用于制造活动的特定场景需求。推动数字福建（长乐）产业园、中国国际信息技术（福建）产业园数据中心以及企业服务云平台、福建省超算中心（二期）、厦门超算中心等互联网资源服务制造业发展，提供计算、传输、存储和安全等综合服务。鼓励优势制造企业输出先进信息化服务，成立专业化软件与信息技术服务企业，发展行业互联网平台。引导互联网企业入驻工业园区，与制造企业开展股权合作、技术研发、成果转让，发展面向制造环节的分享经济，促进制造企业技术、设备、服务等资源共享。支持制造企业与电商企业合作，发展消费者行为分析、O2O（线上到线下）营销、个性化定制等新模式。

责任单位：省经信委、发改委、科技厅、商务厅，省通信管理局，省电子信息集团，各设区市人民政府、平潭综合实验区管委会

（十八）构建开源开放生态。

鼓励各行业工业互联网平台接口开放，打通产业数据链，推动海量设备链接、天量数据沉淀。支持工业互联网平台开放平台功能与数据，提供开发环境与工具，广泛汇聚第三方应用开发者，形成集体开发、合作创新的研发机制。鼓励企业融入全球开源生态，开展基于平台型开源软件的创新和应用开发，积极参与国际大型开源项目合作，逐步从参与者向贡献者乃至主导者提升。支持通过举办开发者大会、应用创新竞赛、专业培训及参与国际开源项目等方式，提升开发者应用创新能力。

责任单位：省经信委、发改委、科技厅、教育厅、人社厅，各设区市人民政府、平潭综合实验区管委会

（十九）培育服务与应用示范园区。

在福州软件园、厦门软件园等互联网与信息技术基础较好的园区，以工业互联网平台为载体汇聚企业优势产品与服务，形成一批以工业互联网服务为主要特色的服务示范园区。依托省内国家新型工业化示范基地，在制造业基础较好的园区，结合产业特色与基础优势，以工业互联网平台为枢纽优化配置企业生产资源与能力，形成一批以工业互联网应用为主要特色的应用示范园区。引导支持服务示范园区与应用示范园区牵手合作，打造国家级工业互联网示范园区，联合攻关平台紧缺关键技术，推广新技术新模式，形成可复制推广的典型路径与应用解决方案。

责任单位：省经信委、发改委、科技厅，各设区市人民政府、平潭综合实验区管委会

六、强化网络安全保障

（二十）提升安全保障能力。

支持福州、厦门等地优秀信息安全技术机构和企业完善主动监测、被动诱捕、威胁情报获取等工控安全在线检测手段，建设省级工控安全在线监测平台，提升态势感知能力。支持信息安全企业、科研机构搭建工控安全靶场、仿真测试等共性技术平台，研发工控安全防护技术工具，建设国内领先的工业互联网安全测试实验室。按照信息系统等级保护相关要求，加快开展工业互联网平台安全评估，培育工业互联网测评服务机构。建立工业互联网信息安全通报与风险预警制度，建设信息通报预警平台；建立工业互联网安全事件应急预案，建设高水平工业互联网安全专家队伍，强化应急协调与分析处置能力。

责任单位：省网信办，省公安厅、发改委、科技厅、经信委，省通信管理局，各设区市人民政府、平潭综合实验区管委会

（二十一）发展工控安全产业。

支持福州、厦门、泉州等地培育壮大安全可靠工业控制系统生产企业和安全服务商，开展工控系统优秀产品及解决方案应用示范。鼓励地方政府支持省内自主研发的工业自动化通用技术平台推广应用。大力发展工业安全控制器自主品牌，加强可信计算、网络安全、数据安全、安全测评等关键技术研发，推动发展隐患扫描、漏洞分析、安全存储、安全测评、故障诊断、报警管理等工控系统专用安全防范产品。加强安全态势感知、工业大数据威胁情报分析、工控安全装备、安全审计、可信芯片等领域关键技术研发和服务创新，完善首台（套）重大技术设备保险补偿机制，加快首台（套）推广应用。

责任单位：省经信委、发改委、科技厅，福建保监局，各设区市人民政府、平潭综合实验区管委会

七、完善保障措施

（二十二）强化组织保障。

在我省实施“中国制造 2025”行动计划领导小组下设立深化“互联网＋先进制造业”发展工业互联网专项工作组，由省经信委牵头，成员由省直有关部门、省属有关企业及各设区市人民政府、平潭综合实验区管委会组成，负责具体推进实施有关工作。各成员单位要认真抓好工作落实，并于每季度最后一个月 20 日前将工作进展情况报送省经信委。设立工业互联网专家咨询组，开展工业互联网前瞻性、战略性重大问题研究，对工业互联网重大决策、政策实施提供咨询评估。开展制造业与互联网融合专题培训班，提升各级政府工业互联网专业水平。各地各有关部门要根据本意见研究制定具体推进措施，积极开展试点示范与应用推广，确保各项任务落到实处、取得实效。

责任单位：省直有关部门，省属有关企业，

各设区市人民政府、平潭综合实验区管委会

（二十三）完善服务体系。

深入推进“放管服”改革，加强事中事后监管，营造有利于工业互联网发展的政务环境。发挥行业协会和中介组织的桥梁纽带作用，鼓励建立跨行业、跨领域的新型产学研用联盟，完善跨界融合合作机制。围绕新商业模式推广、知识产权保护需求，推动完善相关政策法规。通过政府购买服务等方式，加强与国内高端研究机构合作，探索建立符合我省实际的工业互联网发展评价指标体系。

责任单位：省经信委、发改委、科技厅、审改办，各设区市人民政府、平潭综合实验区管委会

（二十四）加大资金扶持。

积极争取国家工业转型升级（中国制造2025）资金、新兴产业创业投资引导基金等扶持。发挥省、市、县（区）各级工业和信息化、互联网经济（或数字经济）、科技项目经费等专项资金作用，支持网络、平台、安全体系建设。各地应当统筹省级切块下达的资金支持工业互联网示范平台、重点项目、应用标杆企业建设与发展，对工业互联网示范工程最高给予200万元补助。建立全省工业互联网项目库，加强重点项目与企业的跟踪协调与服务。鼓励社会资本设立创新投资基金，加大对工业互联网创新创业、互联网与先进制造业融合发展项目的投资。鼓励保险公司根据工业互联网需求开发相应的保险产品，拓展针对性保险服务。鼓励各市、县（区）人民政府设立工业互联网发展专项资金，加大政策扶持力度。

责任单位：省经信委、发改委、科技厅、财政厅、金融办，福建保监局，各设区市人民政府、平潭综合实验区管委会

（二十五）强化人才支撑。

依托“海纳百川”高端人才集聚计划、高层次人才特殊支持“双百计划”、优秀人才“百人计划”、总部企业高层次管理和技术领军人才等政策，引进和培养高端、复合型工业互联网人才，营造有利于优秀人才脱颖而出的良好环境。支持高等学校、职业院校设置工业互联网相关专业，加强与企业、园区合作，共建一批产学研用相结合的专业人才培养和实训基地，加大订单式人才培养力度。鼓励企业建立首席信息官制度。

责任单位：省人才办，省经信委、发改委、科技厅、教育厅、人社厅，各设区市人民政府、平潭综合实验区管委会

（二十六）推动开放合作。

加强制造企业与国内外知名互联网企业、行业组织的交流合作，引进国内外优质企业落户福建，积极培育本土工业互联网企业，吸引工业互联网最新科技成果来闽转化、“双创”团队来闽创新创业。鼓励有条件的企业收购、兼并重组国内外工业互联网优秀特色企业，学习借鉴国内外先进经营管理模式，利用全球人才、技术、知识产权等创新资源，提升我省工业互联网发展水平。坚持招商引资引智引技相结合，鼓励制造企业、互联网企业“走出去”，主动融入国际分工，参与制定工业互联网标准规范，合作开展技术攻关和产品研发。

责任单位：省商务厅、经信委、发改委、科技厅，各设区市人民政府、平潭综合实验区管委会

（选编：陈建闽）

福建省加快推进全域生态旅游

2018 年 6 月 1 日福建省人民政府办公厅下发《福建省人民政府办公厅转发省旅发委关于加快推进全域生态旅游实施方案的通知》（闽政办〔2018〕52 号）提出，为贯彻落实《国务院办公厅关于促进全域旅游发展的指导意见》（国办发〔2018〕15 号），紧紧围绕推进高质量发展和实现赶超目标，加快旅游供给侧结构性改革，打造处处皆景、移步换景、宜居宜游的“清新福建”，省旅发委牵头拟制了《关于加快推进全域生态旅游的实施方案》，经请示省政府领导同意，现予转发。主要内容如下：

关于加快推进全域生态旅游的实施方案

省旅发委

（2018 年 6 月）

一、总体要求

坚持以习近平新时代中国特色社会主义思想为指导，深入贯彻党的十九大精神，牢固树立创新、协调、绿色、开放、共享发展理念，全面落实省委、省政府加快旅游业改革发展的决策部署，大力推进旅游发展全域化、旅游供给品质化、旅游治理规范化、旅游效益最大化，形成“放心游福建”的良好消费环境和全民营销的生动局面，“清新福建”品牌享誉全国、走向世界，旅游业成为带动各产业创新发展、融合发展的主导产业，实现由旅游资源大省向旅游经济强省的跨越。

到 2020 年，全省年接待游客总量突破 5 亿人次，旅游总收入突破 7000 亿元，旅游业增加值占全省地区生产总值比重达 8%。福州、厦门两市建成国际旅游城市。全省创建 15 家国家级全域旅游示范区，建设 100 个休闲集镇，开发 1000 个乡村旅游村，形成 10000 个具有福建特色的观光、休闲、度假、康养、研学等各类旅游产品。

二、工作举措

（一）旅游工作机制全面创新

1. 创新旅游行政管理机制。增强旅游部门统筹产业发展职能，成立海峡旅游发展和数据研究中心。完善旅游综合协调监管机制，修订完善旅游行业管理权力清单和责任清单，加强对委托和下放行政权力的事中事后监管，持续推进行政审批“三集中”改革。发挥旅游行业协会自律作用，完善旅游监管服务平台，健全旅游诚信体系。

责任单位：各设区市人民政府、平潭综合实验区管委会，省旅发委、编办

2. 创新旅游协作推进机制。发挥省旅游产业发展工作联席会议作用，整合联席会议成员单位和更多涉旅部门力量，统筹协调全域生态旅游发展的重点、难点问题，强化成员单位之间信息互通机制，相互支持，密切配合，形成高效运行的

长效工作机制。各成员单位每年共同推进齐抓共管100项旅游产业发展任务，列出任务清单，做到挂图作战，形成一批“旅游+”“+旅游”工作成果。

责任单位：省旅发委，省旅游产业发展工作联席会议成员单位，各设区市人民政府、平潭综合实验区管委会

3. 创新旅游景区管理机制。推进国有和集体所有制景区所有权、管理权和经营权三权分离，引导、支持、鼓励民间资本开发、经营、托管各类旅游景区。引导旅行社与旅游景区合作，以旅行社为纽带促进景区与客源地市场全面衔接。推进武夷山国家公园体制改革试点工作。

责任单位：省旅发委、民族宗教厅、住建厅、林业厅、水利厅、海洋渔业厅、国资委等，各设区市人民政府、平潭综合实验区管委会

4. 强化示范引领。全域旅游示范区创建单位要建立健全党政统筹抓全域生态旅游的领导机制，统筹推进全域旅游示范区创建，区域内的规划要充分保障旅游功能要求，引导规划、建设项目积极做好旅游发展评价。积极探索在区域内建设能反映区域历史、文化和风貌的区域标志元素，开展一项区域内全民参与旅游发展活动。

责任单位：各设区市人民政府、平潭综合实验区管委会，省旅发委、国土厅、住建厅、林业厅、水利厅、海洋渔业厅、文化厅等

（二）旅游发展规划全域覆盖

1. 加强旅游规划统筹协调。各级人民政府大力推进多规合一，在编制经济社会发展、城乡建设、土地利用、基础设施建设等规划时，将发展全域生态旅游作为重要内容纳入相关规划，留足旅游发展空间，延续历史文脉。地方人民政府编制旅游发展规划时依法开展环境影响评价，并与生态环境保护等相关规划充分衔接，在推进全域生态旅游的同时注重生态环境保护。

责任单位：各设区市人民政府、平潭综合实验区管委会，省国土厅、环保厅、住建厅、农业厅、林业厅、水利厅、文化厅、旅发委

2. 完善旅游体系规划。编制旅游产品指导目录，制定旅游公共服务、营销推广、市场治理、智慧旅游、人力资源开发等专项规划或行动方案，形成层次分明、相互衔接、规范有效的体系规划，指导地方全域生态旅游发展。

责任单位：省旅发委，各设区市人民政府，平潭综合实验区管委会

3. 强化旅游规划落地实施。地方旅游发展规划、专项规划及重点项目规划等应制定实施分工方案与细则，推动重点旅游项目落地建设。建立旅游规划实施评估与督导机制，提升旅游规划实施效果。

责任单位：各设区市人民政府、平潭综合实验区管委会，省旅发委、发改委、国土厅、住建厅、林业厅

（三）旅游产品体系全域构建

1. 发展特色旅游城镇。加快城乡布局，加强旅游公共服务设施的统筹规划，推动建设城市公园、休闲绿带、特色街区等，发展商务会议、探亲访友、文化修学、观光购物等都市休闲旅游业态。进一步增强福州、厦门、武夷山旅游中心城市的游客集散能力，引导各地发展独具城市特色的都市旅游产品。高标准布局建设都市大型消费商圈，鼓励建设“智能店铺”“智慧商圈”。落实乡村振兴战略，实施乡村旅游提升工程，依托特色产业形态，打造一二三产业融合发展的美丽休闲乡村，重点培育永泰县嵩口镇、武夷山市五夫镇、南靖县梅林镇等一批旅游休闲集镇。加强传统村落规划保护，依托历史文化名镇名村、中国传统村落和美丽乡村，在城市和景区周边持续创建一批特色景观旅游名镇、乡村旅游村，打造一批城郊休闲旅游带和乡村旅游精品线路。

责任单位：各设区市人民政府、平潭综合实验区管委会，省旅发委、发改委、国土厅、住建厅、农业厅、林业厅、水利厅、文化厅

2. 打造生态旅游精品。依托良好自然生态环境，推动农业、林业、海洋等与旅游融合发展，持续发展生态休闲旅游。注重提升生态体验、生态教育等旅游功能，开发建设天然氧吧、地质科普、气象景观、山地避暑等生态休闲产品，布局建设一批生态旅游示范区、田园综合体、森林公园、湿地公园、海洋公园、气象公园、水乡渔村等。大力发展现代休闲农业，培育田园艺术景观等创意农业，鼓励发展具备旅游功能的定制农业、

现代农业庄园、休闲农业示范点、会展农业、众筹农业、家庭农场、家庭牧场等新型生态休闲农业。积极建设发展“森林人家”“森林小镇”。大力发展海洋旅游，提升东山岛、湄洲岛、崇武半岛，加快开发福鼎嵛山岛、诏安城洲岛、福清东壁岛、南日岛等海岛，培育近海邮轮航线，发展海钓、帆船、游艇等“游岛玩海”旅游产品，打造一批滨海旅游度假区。

责任单位：各设区市人民政府、平潭综合实验区管委会，省旅发委、卫计委、国土厅、住建厅、农业厅、林业厅、海洋渔业厅、文化厅、体育局、气象局

3. 促进文旅深度融合。充分发挥海丝文化、闽南文化、闽都文化、朱子文化、客家文化、船政文化等本土多元文化资源，结合闽剧、南音、木偶等特色文化展现形式，提高福建文化开发利用水平，发展一批特色文化旅游精品。以弘扬社会主义核心价值观为主线发展红色旅游，规范红色旅游产品的内容审核、把关，弘扬“古田会议精神”“才溪调查精神”“谷文昌精神”“宁德下党乡扶贫精神”，发展一批集爱国教育、文化体验、乡村休闲于一体的红色旅游经典景区和红色旅游线路，扩大福建红色旅游在全国的知名度、影响力。加快推动红色文化遗产保护法规的制定实施。积极开发爱国主义和革命传统教育、中国传统文化、国情教育等研学旅游产品。科学利用传统村落、文物遗迹、农业历史文化遗产及博物馆、纪念馆、美术馆、艺术馆、世界文化遗产、非物质文化遗产展示馆等文化场所开展文化、文物旅游，推动剧场、演艺、游乐、动漫等产业与旅游业融合开展文化体验旅游。充分利用科技工程、科普场馆、科研设施等发展科技旅游，大力发展动漫游戏、网络文化、数字内容等新兴文化消费，促进传统文化消费升级。加大运用 VR、AR、MR 的力度，开发沉浸感、互动性强的虚拟旅游产品。弘扬传统技艺，加大文化旅游创意商品的孵化力度，展现福建历史文化、地域特色文化、民族民俗文化、传统农耕文化等，开发富有福建特色的旅游文化纪念品。

责任单位：各设区市人民政府、平潭综合实验区管委会，省旅发委、文化厅，省委党史研究室，省经信委、教育厅、国土厅、住建厅、农业厅、林业厅、海洋渔业厅、体育局

4. 培育旅游新型业态。实施旅游产品体系提升工程，促进工业、商贸、交通、健康、体育等产业与旅游融合发展，培育旅游新产品，丰富旅游产品有效供给。利用工业园区、工业展示区、工业历史遗迹等开展工业旅游，发展旅游用品、户外休闲用品和旅游装备制造业，建设一批工业旅游示范基地。支持晋江打造全省工业旅游示范区。积极发展商务会展旅游，完善福州、厦门、泉州等市商业区旅游服务功能。打造福建土楼、碧水丹山、闽都迎宾和最美高铁等旅游风景道，加快布局建设自驾车旅游服务区、汽车旅馆、自驾车房车旅游营地、自驾车露营公园。积极发展邮轮游艇旅游、低空旅游，开发铁路遗产公园。加快康养旅游开发，发展高端医疗、中医药特色、康复疗养、温泉养生等健康旅游，创建一批国家中医药健康旅游示范基地和省级养生旅游休闲示范基地。打造一批福建特色“候鸟”养老基地，开发多层次、多样化的老年人休闲养生度假产品。积极培育体育旅游，大力发展山地户外运动、水上运动、自行车运动等体育旅游，在条件适宜的景区、连片美丽乡村、综合体育场馆等打造体育旅游综合体。积极推动全省中小学生研学实践教育工作，布局建设一批规范管理、责任清晰、形式多样、保障安全的研学实践教育旅行基地（营地）。科学合理利用水域和水利工程，发展观光、游憩、休闲度假等水利旅游。培育霞浦摄影旅游等地域特色旅游，完善全产业链和全天候“清新福建”旅游产品体系。

责任单位：各设区市人民政府、平潭综合实验区管委会，省旅发委、经信委、卫计委、教育厅、科技厅、国土厅、住建厅、交通运输厅、农业厅、林业厅、水利厅、海洋渔业厅、文化厅、体育局

5. 提升旅游产品品质。提高旅游产品科技、文化、生态含量，推动应用新技术、新材料改造现有旅游产品，培育发展个性化、精细化、高端化旅游产品。重点抓好福州鼓岭国家旅游度假区项目、泉州刺桐古港和泉州古城海丝文化旅游区、武夷山市五夫朱子文化园等标志性旅游产品建设，

确保各设区市、平潭综合实验区至少打造1个具有国际或国内影响力的旅游产品，形成区域旅游吸引力、带动力和辐射力。实施重点景区提升工程，支持具备创建条件的风景名胜区、森林公园、水利风景区、地质公园等创建A级旅游景区，提升旅游服务质量。推动革命旧址遗址、博物馆等创建A级旅游景区。

责任单位：各设区市人民政府、平潭综合实验区管委会，省旅发委，省委党史研究室，省发改委、国土厅、住建厅、林业厅、水利厅、文化厅

6. 打造平潭国际旅游岛。深入推进平潭国际旅游岛建设，积极培育旅游消费新业态、新热点，不断优化发展环境，推动旅游消费提质升级，积极探索消费型经济发展新路径。争取和实施更加开放便利的离岛免税购物政策，丰富免税商品种类，提高免税购物限额。推进平潭邮轮港口建设，吸引国际邮轮在平潭停靠。积极争取将平潭建设成为航行国际航线船舶的保税供油基地。积极引进国际知名酒店品牌，打造国际化的旅游度假岛和度假酒店群。推进平潭周边大嵩岛等岛屿旅游开发，有效利用风资源打造独特性风主题旅游产品，打造特色海岛旅游精品。大力推动健康旅游示范基地建设，鼓励和支持台资企业或个人来岚兴办医疗机构并开展执业活动，培育一批医疗与旅游深度融合的健康旅游产业项目。探索建设平潭大学，或与高校合作设立平潭旅游学院。支持平潭探索开展赛马运动，争取发展竞猜型体育彩票和国际赛事即开彩票政策。积极争取国际影视节落地平潭。深入挖掘壳丘头文化、南岛语族文化，打造平潭文化特色村等特色文化体验旅游精品。加快建立与国际通行规则相衔接的旅游管理体制，推动国际标准化组织质量和管理体系认证，研究制定平潭国际旅游岛服务标准，提升涉旅企业服务水平，将平潭国际旅游岛打造成为“海丝”旅游核心区的重要节点和旅游目的地。

责任单位：平潭综合实验区管委会，省旅发委、发改委、卫计委、财政厅、国土厅、住建厅、海洋渔业厅、文化厅

7. 培育壮大市场主体。加大旅游招商引资力度，借助“9·8”投洽会、“5·18”海丝博览会暨海交会、“6·18”海峡项目成果交易会、中国旅游产业博览会等各类重要展会平台，积极争取海内外大型企业来闽投资旅游项目。创新旅游投融资机制，依托旅游产业发展基金、旅游投融资促进大会等平台，拓宽旅游投融资渠道，促进旅游资源市场化配置。支持综合性旅游集团发展，引导鼓励旅游企业通过资产重组、相互换股参股、资源整合、品牌输出等多种形式做大做强。支持符合条件的旅游企业上市融资，促进旅游企业规模化、品牌化、网络化经营，形成一批有竞争力的旅游集团。各设区市、平潭综合实验区争取培育1家营业额超10亿元的旅游企业。用共享经济理念推动旅游领域大众创业、万众创新，鼓励开设旅游众创空间、创客基地，扶持一批旅游“双创”企业。强化与在线旅游企业合作，培育一批“互联网+旅游”领军企业和智慧旅游企业。

责任单位：省旅发委、国资委、经信委、文化厅、数字办、工商联，省旅游发展集团，各设区市人民政府、平潭综合实验区管委会

（四）旅游发展要素全域配套

1. 促进旅游餐饮业态发展。发挥闽菜独特优势，鼓励和引导各地以乡土时令物产作为主要食材，开发地方特色菜，培育游客广泛接受的闽菜品牌，持续扩大沙县小吃、闽南小吃、客家美食等优势品牌的海内外影响力。推动发展“一市一主打”的旅游特色餐饮街区，支持福建本土餐饮企业做大做强。

责任单位：省商务厅、旅发委，各设区市人民政府、平潭综合实验区管委会

2. 促进旅游住宿业态发展。鼓励发展主题酒店、度假酒店、生态农庄等多元旅游住宿业态，培育中高端度假酒店，打造茶、花、渔等系列主题休闲农庄。推进经济型酒店连锁经营，鼓励发展各类生态、文化主题酒店和特色化、中小型家庭旅馆，积极引进国内外高端酒店集团和著名酒店管理品牌。结合美丽乡村、古村落保护、新农村建设等，引导发展适合不同消费群体、多层次、多元化的创意精品民宿。鼓励和支持共享住宿业态发展，推动各地市和行业协会鼓励利用现有民居和公共建筑改造旅游住宿业态，以集约用地，盘活存量。

责任单位：省旅发委、商务厅、公安厅、住

建厅、农业厅、消防总队，各设区市人民政府、平潭综合实验区管委会

3. 促进旅游购物业态发展。重点培育研发名茶香茗、海洋特产、绿色果蔬、食用菌等目标千亿的农产品成为旅游商品，包装雕艺美术、陶瓷工艺等系列文创型旅游商品成为“福建好礼”系列伴手礼。鼓励旅游商品企业与阿里巴巴、亚马逊、淘宝、京东等共享购物平台合作，探索新零售旅游共享消费模式，为旅游消费者提供更为专业化和人性化的购买服务。依托城市景区、成熟商圈、特色产业建设一批旅游购物街区，优化购物业态场所的空间组织、景观营造和商品门类，提升旅游购物吸引力。

责任单位：省旅发委、经信委、农业厅、林业厅、海洋渔业厅、商务厅、文化厅，各设区市人民政府、平潭综合实验区管委会

4. 促进生活休闲业态发展。挖掘地域文化特质，引导开发特色娱乐休闲项目，丰富福州三坊七巷、厦门中山路、泉州古城等历史文化街区的休闲旅游功能，建设一批能够满足市民日常需求和游客娱乐需求的大众休闲场所和文化娱乐项目，积极拓展旅游消费发展空间，构建主客共享的旅游娱乐休闲产业。发挥福建茶、美食、地方戏、温泉等资源特色，引导旅游城市和重点景区开发夜游旅游项目，促进地方服务业向夜间旅游服务延伸，着重打造夜间文化演艺、夜景观光、特色餐饮购物、夜间休闲娱乐等“月光经济”产品。

责任单位：各设区市人民政府、平潭综合实验区管委会，省旅发委、商务厅、文化厅

（五）旅游公共服务全面提升

1. 推进“厕所革命”。合理优化城乡公厕布局，加快城乡厕所新建和改造，健全公厕日常管理长效机制，全面提升城乡公厕建设品质。持续提升旅游厕所，以 A 级景区、乡村旅游“百镇千村”和自驾车营地为重点，力争到 2020 年，3A 级以上景区和重要旅游场所所有新建和改扩建厕所达到 A 级以上标准，并大力推广第三卫生间。全省 4A 级以上景区至少有一个 AAA 级旅游厕所，具备第三卫生间；四星级以上休闲集镇和乡村旅游村至少有一个 AA 级旅游厕所；其他 A 级景区、休闲集镇和乡村旅游村、自驾车营地的旅游厕所全部达到 A 级标准。全省重点旅游区域厕所实现数量充足、干净卫生、实用免费、管理有效。

责任单位：各设区市人民政府、平潭综合实验区管委会，省旅发委、住建厅

2. 构建立体交通体系。加快构建航空、高铁、高速公路、邮轮等多种运输方式相结合的旅游大交通环境。加快机场、动车站立体换乘交通体系建设。推进厦门国际邮轮码头、福州邮轮旅游发展实验区建设，将全省旅游中心区域厦门、福州、武夷山串点成线，开辟连接各设区市的铁路旅游服务专列。建设通用航空旅游服务基地，完善通用航空旅游服务网络，推动通用航空服务进入景区。推动 5A、4A 级旅游景区与临近中心城市、机场和高铁站等交通枢纽无缝接驳，逐步延伸至其他重点旅游景区互通和跨地市旅游直通车互通。推动高速公路服务区改造提升，试点建设一批旅游休闲驿站。

责任单位：省发改委、交通运输厅、住建厅、农业厅、林业厅、旅发委、铁办，民航福建监管局、民航厦门监管局、中国铁路南昌局集团有限公司，各设区市人民政府、平潭综合实验区管委会

3. 推进智慧旅游。坚持把智慧旅游作为旅游发展的先导性基础工程、现代监管和营销的重要渠道、产业融合的重要技术支撑。按照“到福建，人人都是旅行家”的要求，以实现游客“笨游”福建、增强监管实效和提升行政效能为出发点和落脚点，本着“权威、全面、开放、共成长”的原则，持续完善智慧旅游发展顶层设计，构建智慧旅游服务、智慧旅游监管、智慧旅游政务三大平台，做大数据，做优平台，做活终端，做广感知，努力实现全程监控、全数据掌握、全方位感知、全维度服务。加大行业数据汇聚力量，深度融入数字福建的数据汇聚和共享工程，实现旅行社、景区、饭店、监管等数据的全面汇聚，旅游与公安、环保、气象、交通等行业数据全面共享。进一步优化旅游行业运行监测平台、服务监管平台、舆情监测平台、突发情况应急处置平台、重点景区视频监控平台、移动执法平台等建设。做活两微一端，做活做好“笨游 APP”等手机终端。开展智慧旅游基地，智慧景区、智慧旅游饭店等级评定，积极鼓励企业加快部署移动互联网、物

联网以及智能节点建设，扩大智慧旅游感知。

责任单位：省旅发委、公安厅、环保厅、交通运输厅、数字办、气象局，各设区市人民政府、平潭综合实验区管委会

4. 建设旅游集散服务中心。在车站、机场、客运码头、邮轮码头等交通枢纽，以及城市商业中心、主要景区周边等游客往来集散区域建设一批旅游集散服务中心。到2020年实现市县旅游集散服务中心全覆盖。持续提升现有旅游集散服务中心功能，完善集散、咨询、换乘、游程安排等配套功能，提供景区、线路、交通、气象、医疗、应急等信息与服务。继续建设提升一批景区服务中心。

责任单位：省旅发委、交通运输厅、卫计委、气象局，各设区市人民政府、平潭综合实验区管委会

5. 规范旅游引导标识系统。在城乡标识体系、道路引导标识体系中，加强位置科学、布局合理、指向清晰的旅游引导标识建设，增强“清新福建”品牌形象宣传，重点涉旅场所规范使用符合国家标准的公共信息图形符号。

责任单位：省住建厅、交通运输厅、旅发委，各设区市人民政府、平潭综合实验区管委会

（六）旅游品牌营销全方位推进

1. 构建品牌体系。以“清新福建”品牌为统领，构建“清新生态”“清新人文”“清新品味”等多元要素组成的品牌体系，推广“清新福建·清新生活”“福建·生活的艺术”“福建·你是我的一杯茶”等宣传要素体系。力争到2020年，推出10个对外宣传要素体系。引导和推动各设区市及重点旅游县市区打造目的地旅游品牌，完善“清新福建”旅游景区、旅游要素和节事活动等二级、三级品牌，建立多层次、全产业链的品牌体系。到2020年，塑造10个“清新福建”二级品牌，50个以上“清新福建”三级品牌。开展以游客评价为主的全域旅游目的地评价，不断提高游客满意度。

责任单位：省旅发委，各设区市人民政府、平潭综合实验区管委会

2. 整合营销渠道。整合省、市、县各级政府、旅游企业和社会媒体资源，采用“联合推介、捆绑营销”的方式，建立跨部门、跨行业、跨地域的“清新福建”品牌联合推广机制。推进“清新福建”形象标识广泛应用于中外文官方旅游网络平台，以及机场、高铁站、车站、旅游景区、旅游饭店、旅游集散服务中心、旅游体验店等旅游企业和服务场所。发挥福建省品牌景区推广联盟的作用，每年至少组织5次到省外重点市场推介，力争到2020年，实现省外前20大客源地推介全覆盖。做大做强福建旅游频道，将其打造成为“清新福建”形象宣传的重要载体。持续加强与央视等主流媒体深度合作，高度重视新媒体运用，打通传统媒体与新兴媒体的联通渠道，形成网上网下宣传矩阵。强化搜索引擎、微博微信、移动设备、微电影等新媒体创新性营销，加强与百度、腾讯、新浪、搜狐和推特、脸书等大型网络企业旅游营销合作，通过网红、大V、名家、段子写手讲好福建旅游故事。

责任单位：省旅发委、新闻办，省广播影视集团，各设区市人民政府、平潭综合实验区管委会

3. 开展精准营销。健全旅游产业发展统计监测分析体系，借助大数据精准分析我省重点客源市场、新兴市场游客多样性、多层次的旅游消费需求，充分运用现代新媒体、新技术和新手段，提高营销精准度。加强国内旅游市场精准营销，深挖广东、浙江、上海、北京、江西、湖北等主要客源市场，拓展华北、东北等潜在客源市场，组织省内外旅行社、新闻媒体以及相关旅游机构、旅游企业，以“走出去”“请进来”方式，开展针对性、适应性、灵活性强的旅游营销活动。加强境外旅游市场精准营销，实施“清新福建”品牌全球化推广战略，注重日韩、东南亚、欧美、澳新和台港澳等主要境外市场的营销推广。到2020年，福建十大客源国均设立海外旅游推广中心和至少组织1次旅游推介活动，将海上丝绸之路旅游推广联盟打造成为在国内乃至国际具有广泛影响力的旅游合作组织。

责任单位：省旅发委、台办、商务厅、文化厅、外办、侨办、新闻办

（七）旅游市场治理全省联动

1. 践行“放心游福建”承诺。认真实施“放心游福建”服务承诺，切实做到来闽游客旅游投

诉“一口受理”“快速办结”“先行赔付”。不断加强服务承诺涉及的24个监管部门沟通联系，每年定期召开一次省直相关部门“放心游福建”服务承诺专题会，及时化解各种新问题。设计推出“放心游福建”主题LOGO，升级改造“福建12315旅游投诉服务管理平台”，开通手机APP端旅游投诉处理功能，提升服务承诺办理效率。

责任单位：省旅发委、工商局、物价局

2. 加强旅游市场综合监管。建立健全旅游综合协调、旅游案件联合查办、旅游联合执法等综合监管机制。公安、工商、质监、食品药品监管、物价等部门按职责加强对涉旅领域执法检查，针对不合理低价游、强迫购物、诱导高价消费、旅游合同违约等问题开展联合整治。进一步完善“双随机一公开”机制，对旅游市场开展随机抽查。加强旅游质监执法工作，强化旅游执法队伍建设，组织开展旅游执法人员培训，提高旅游执法专业化和人性化水平。加快我省旅游监管服务平台与全国旅游监管服务平台的对接，实现省、市、县和旅游企业四级全程在线监管，有效利用运行监测平台、旅游评论管理系统等，实现旅游市场智慧化监管。各市、县（市、区）人民政府和平潭综合实验区管委会把旅游市场秩序整治和服务质量提升工作纳入绩效考核，主要领导每年至少组织召开一次会议听取旅游市场综合监管工作情况汇报并研究部署相关工作。

责任单位：省旅发委、公安厅、工商局、质监局、食品药品监管局、物价局等，各设区市人民政府、平潭综合实验区管委会

3. 强化旅游安全保障。加强景区景点最大承载量公告、重点时段游客量调控和应急管理工作，提高景区灾害风险管理能力。按照职责分工强化各有关部门安全监管责任，强化对玻璃栈道等设施设备和旅游客运、旅游道路、特殊天气、旅游节庆活动等重点领域及环节的监管，组织开展安全风险评估。质量技术监督部门依照相关法律法规的要求，对大型游客设施、客运索道进行监督管理。落实旅行社、饭店、景区安全规范，加强旅游安全制度建设，强化安全警示、宣传、引导，完善各项应急预案，定期组织开展应急培训和应急演练。建立政府救助与商业救援相结合的旅游救援体系。完善旅游保险产品，扩大旅游保险覆盖面，提高保险理赔服务水平。

责任单位：省旅发委、公安厅、工商局、质监局、食品药品监管局、安监局等，各设区市人民政府、平潭综合实验区管委会

4. 加快旅游服务标准化建设。在贯彻执行国家标准、行业标准的基础上，结合我省旅游特点，加强地方旅游服务标准研究，逐步建立符合国际标准，与国家标准和行业标准相衔接，“结构合理、层次分明、重点突出、面向国际”的“清新福建”旅游服务标准体系。依托旅游协会，加快制定民宿、研学旅游等新业态旅游服务标准。

责任单位：省旅发委、质监局

5. 提高导游服务质量。实施导游服务提升工程，完善导游培训体系，重点开展传统文化知识、服务技能、道德品质、旅游安全和突发事件应对等培训，促进全省旅游队伍服务水平整体提升。构建导游等级与“金牌导游”评价体系，将“金牌导游”和高级导游员纳入我省高层次或高技能人才培养和激励范围。健全导游信用综合评价体系，将导游失德和违法违规行为列入《旅游不文明记录》和不诚信从业人员名录，严肃惩戒导游失德失信行为并向社会公开。加强导游队伍建设和权益保护，指导督促用人单位依法与导游签订劳动合同，落实导游薪酬和社会保险制度，明确用人单位与导游的权利义务，构建和谐稳定的劳动关系，为持续提升导游服务质量奠定坚实基础。

责任单位：省旅发委、教育厅、人社厅

（八）生态旅游资源全域保护

1. 加强旅游资源环境保护。坚持保护优先，开发服从保护的方针，正确处理资源保护与利用的关系。强化对自然生态、滨海岸线、田园风光、传统村落、历史文化、民族文化和革命旧址遗址等资源的保护利用。强化区域资源禀赋和环境容量对旅游发展的约束作用，科学合理确定景区游客承载量，保障旅游生态环境系统的可持续利用。

责任单位：各设区市人民政府、平潭综合实验区管委会，省旅发委、环保厅、住建厅、农业厅、林业厅、水利厅、海洋渔业厅

2. 共建清新美好家园。大力发展旅游循环经济，倡导低碳旅游，开展旅游循环经济示范区建

设，推进旅游业节能减排。推进全域环境整治，加大对旅游道路沿线、休闲集镇、乡村旅游特色村等区域集中整治力度，在路边、水边、山边、村边开展净化、绿化和美化行动，全面优化旅游环境。开展景区“清新指数”监测和“清新指数”等级预报服务。推行旅游志愿服务，建立旅游志愿服务工作站，开展旅游志愿服务公益行动，提供文明引导、游览讲解、信息咨询和应急救援等服务。

责任单位：各设区市人民政府、平潭综合实验区管委会，省旅发委、发改委、环保厅、住建厅、农业厅、林业厅、水利厅、海洋渔业厅、气象局

（九）旅游发展成果全民共享

1. 推进旅游扶贫富民。以宁德市下党村为示范引领，加大对全省472个建档立卡旅游扶贫试点村的精准扶贫力度。加强对扶贫村村官的乡村旅游扶贫培训。以景区带村、能人带户、“企业＋农户”和直接就业、定点采购、培训指导等方式，增强贫困地区居民参与旅游发展的能力，拓展旅游扶贫覆盖面，扩大旅游扶贫受益面，促进贫困地区和贫困人口脱贫致富。

责任单位：各设区市人民政府、平潭综合实验区管委会，省旅发委、发改委、住建厅、农业厅

2. 营造主客共享氛围。统筹考虑外来游客的旅游需求和当地居民的生产生活配套需要，推动城市公共配套服务设施既面向外来游客的旅游需求，也为当地居民服务，实现主客共享。推动全省A级景区（点）实行淡旺季弹性价格制度。开展“福建人游福建”，加强旅游惠民便民服务，推动公共博物馆、文化馆、图书馆、科技馆、纪念馆、城市休闲公园、红色旅游景区和爱国主义教育基地免费开放，实行政府指导价管理的旅游场所对特定人群实行价格优惠，加强对老年人、残疾人等特殊群体的旅游服务，让全省民众共享旅游红利。

责任单位：省旅发委，各设区市人民政府、平潭综合实验区管委会

3. 创建文明旅游环境。以培育和践行社会主义核心价值观为根本，协调推进文明城市、文明村镇、文明单位、文明行业、文明家庭、文明校园创建工作，着力提升公民思想道德素质和社会文明程度。大力弘扬福建好客传统文化，以“清新福建、最美记忆、共同缔造”为主题，引导全省涉旅单位、广大居民、旅游从业者和游客树立文明好客、文明待客意识，在全社会创造文明、和谐的良好全域生态旅游发展环境。建立旅游不文明行为记录制度和部门间信息通报机制。把文明旅游工作纳入到文明城市、文明单位、文明行业创建，作为群众性精神文明创建项目的重要内容，在全省上下营造人人都是“清新福建”营销员、接待员、导游员的良好氛围。

责任单位：省文明办、旅发委，各设区市人民政府、平潭综合实验区管委会

三、保障措施

（一）加强组织领导。

各市、县（区）要加强对全域生态旅游的统筹领导，坚持政府主导、部门联动，制定出台相应的支持政策措施，营造良好的全域生态旅游发展环境。全域旅游示范区创建单位要成立推进全域生态旅游发展工作领导小组，加大全域生态旅游重大项目建设投入，推动全域生态旅游各项建设工作落到实处。省旅发委要加强对旅游业发展规划、重大政策、机制创新等工作的指导、协调、监督，并按照国家制定的全域旅游示范区命名与管理办法，对全域旅游示范区创建单位进行评估和考核。

责任单位：各设区市人民政府、平潭综合实验区管委会

（二）加大资金扶持。

省级财政对全域生态旅游示范区的创建工作给予扶持，优先支持创建A级景区、旅游度假区、生态旅游示范区等国家级、省级旅游品牌，列入全域生态旅游示范区创建的单位，每新创建一个国家4A级景区奖励30万元，创建一个国家5A级景区奖励100万元；各类旅游项目补助资金和品牌宣传资金要向全域生态旅游示范区创建单位倾斜，形成示范带动效应。省级财政对评上国家全域旅游示范区的创建单位给予奖励100万元。鼓励各地成立旅游产业发展基金，扩大旅游产业发展投融资渠道，引导更多社会资本投入全域生态旅游建设。鼓励国有企业、知名旅游企业、社会资本参

与旅游项目建设，促进投资主体多元化。支持企业通过政府和社会资本合作（PPP）模式投资、建设、营运旅游项目。建立目录导引、项目公示、资金共享机制，统筹整合财政资金，每年公布一批优选全域生态旅游项目，引导发改、住建、林业、水利、农业等部门予以重点扶持。支持旅游企业或项目业主单位积极申请中央财政旅游发展等专项资金。

责任单位：省旅发委、财政厅、发改委、经信委、住建厅、农业厅、林业厅、水利厅、国资委，各设区市人民政府、平潭综合实验区管委会

（三）落实用地保障。

将旅游发展所需用地纳入土地利用总体规划、城乡规划统筹安排，年度土地利用计划适当向旅游领域倾斜，适度扩大旅游产业用地供给，优先保障旅游重点项目和乡村旅游扶贫项目用地。鼓励通过开展城乡建设用地增减挂钩和工矿废弃地复垦利用试点的方式建设旅游项目。农村集体经济组织可依法使用建设用地自办或以土地使用权入股、联营等方式开办旅游企业。城乡居民可以利用自有住宅依法从事民宿等旅游经营。在不改变用地主体、规划条件的前提下，市场主体利用旧厂房、仓库提供符合全域旅游发展需要的旅游休闲服务的，可执行在五年内继续按原用途和土地权利类型使用土地的过渡期政策。在符合管控要求的前提下，合理有序安排旅游产业用海，优先支持高端生态海洋旅游产业发展。

责任单位：省国土厅、住建厅、农业厅、海洋渔业厅，各设区市人民政府、平潭综合实验区管委会

（四）强化人才支撑。

持续推进“百千万旅游人才培训工程”，举办“清新福建大讲堂”，对全省旅游管理、旅游执法、企业经营、专业技术、服务技能等各类旅游人才进行培训，每年全省旅游系统通过线上线下等方式培训旅游人才10万人次左右。支持高等院校开展旅游教学与科研，依托福建师范大学、华侨大学、福建农林大学等高校建立旅游人才培训基地，加强职业院校旅游类专业建设。鼓励各地加大高端旅游人才引进力度，与境内外旅游组织机构开展智力引进方面的合作，着力引进一批海外高端旅游人才。加大台湾优秀导游的引进力度，积极争取台籍导游在通过上岗执业培训后可在全省范围内开展导游服务。鼓励海内外规划、建筑、设计、文化等各类专业人才积极参与旅游发展。

责任单位：省旅发委、教育厅、人社厅，各设区市人民政府、平潭综合实验区管委会

（选编：严志东）

2018 年度福建省重点项目名单

2018 年 1 月 22 日福建省人民政府下发《福建省人民政府关于公布 2018 年度省重点项目名单的通知》（闽政〔2018〕2 号）提出，经研究，确定 2018 年度省重点项目 1562 个，总投资 3.6 万亿元。其中，在建项目 1150 个，总投资 2.8 万亿元、年度计划投资 4308 亿元；预备项目 412 个，总投资 8540 亿元。

2018 年度省重点项目名单（1562 个）

一、省在建重点项目（1150 个）

（一）农林水利（105 个）

1. 中化泉州中下游配套项目回填工程
2. 福州市晋安河直排闽江通道工程
3. 福州市闽江下游马尾亭江防洪防潮工程（一期）
4. 福州市闽江下游南岸防洪六期工程
5. 闽江防洪工程福州段（三期）
6. 闽江防洪工程福州段（四期）
7. 闽江防洪工程闽清县梅溪段
8. 福州大学城校区溪源泄洪洞防洪排涝工程
9. 闽江下游南港南岸防洪（五期）
10. 福州霍口大型水库
11. 罗源县昌西水库工程
12. 滨海新城区内水网建设工程
13. 228 国道外文武垦区段至下沙段堤路结合工程
14. 平潭及闽江口水资源配置工程（福州段）
15. 福州江北城区山洪防洪生态补水工程
16. 厦门市水源连通工程（莲花水库至西山水厂段）
17. 漳浦县朝阳水库工程
18. 长泰枋洋水利枢纽工程
19. 东山县岛外引水第二水源工程
20. 古雷区域引水及调配站工程
21. 古雷石化园区北区防洪排涝海堤工程
22. 泉州外走马埭海堤升级改造工程
23. 惠安县城市防洪和生态环境建设项目（惠东应急备用水库）
24. 德化彭村水库
25. 晋江金门供水应急水源工程
26. 晋江东石滞洪区建设项目
27. 泉州七库联通引水工程
28. 晋江防洪工程
29. 三元区东牙溪水系连通及综合整治工程
30. 闽江上游沙溪防洪流域四期工程（明溪段）
31. 闽江上游尤溪流域防洪二期工程（尤溪段）
32. 尤溪汶潭水利枢纽工程
33. 沙县双溪水库
34. 永安溪源水库
35. 莆田乌溪水库
36. 莆田涵江临港产业园防洪排涝工程
37. 莆田西音水库工程
38. 莆田木兰溪防洪工程仙游段
39. 莆田木兰溪防洪工程华亭白塘段
40. 莆田宁海闸及配套工程
41. 莆田东圳水利枢纽引水配套工程
42. 延平区水美城市小流域综合治理工程
43. 浦城县城区高水高排项目
44. 浦城县水美城市建设综合治理项目
45. 浦城王家洲水库
46. 闽江防洪工程南平段（四期）（松溪段）
47. 闽江防洪工程南平段（五期）

48. 闽江防洪工程南平段（六期）

49. 光泽县水美城市建设

50. 松溪县一溪两岸“水美城市”水流域综合治理提升城市建设项目

51. 政和县解放大桥至富竹庄水美工程项目

52. 邵武市水美城市建设项目（一期）

53. 武夷山市水美城市建设项目（一期）

54. 建瓯市水美城市三江六岸城市提升项目

55. 武夷新区水资源配置工程

56. 武夷新区云谷水系及补水工程

57. 长汀荣丰水库

58. 上杭旧县片区烟区水源工程

59. 连城文川河流综合治理项目

60. 连城闽江上游防洪工程建设项目

61. 连城福地水库工程

62. 汀江防洪工程

63. 九龙江防洪工程（龙岩段）

64. 周宁县东洋溪综合整治工程

65. 宁德市官昌水库

66. 宁德赛江流域防洪三期工程

67. 平潭综合实验区防洪防潮工程

68. 平潭如意湖外侧海堤护岸工程

69. 闽江口水资源配置（一闸三线）工程平潭段

70. 德化高效生态循环旅游农业示范园

71. 南安绿滢现代农业项目

72. 南安清境桃源生态农业观光项目

73. 三明（沙县）现代农业科技示范园建设项目

74. 建宁县种业科技信息服务中心

75. 延平新城蓖麻籽深加工产业化项目

76. 福建圣云（浦城）高山生态茶种植及精深加工项目

77. 邵武（大竹镇）省级现代农业综合开发示范项目

78. 新罗蓝田生态农业观光园建设项目

79. 长汀油茶产业化项目

80. 永定区客家风情生态农业观光园建设项目

81. 上杭华润五丰农业生态循环产业园建设项目

82. 连城兰花基地重建项目

83. 连城萱和谷本草还原生态产业建设项目

84. 柘荣柘参种业名优药材生产一体化项目

85. 福州森林体验与森林养生示范区

86. 大田县蛋鸡产业化及有机肥生产项目

87. 永安昌民禽业蛋鸡生态养殖项目

88. 建宁县生态养殖厂区建设项目

89. 福建圣农（浦城）鸡业产业化项目

90. ▲光泽县圣农第二祖代种鸡场

91. 福建圣农（光泽）鸡业产业化扩建项目

92. 邵武顺鑫鑫源万头优质杂交肉牛育肥、加工建设项目

93. 建阳区蛋鸡肉鸡饲养加工项目

94. 漳平雪花肉牛养殖及屠宰加工项目

95. 龙岩海西生态肉牛产业化项目

96. 连江县苔菉中心渔港

97. 福州鉴江海洋生物产业园

98. 漳浦六鳌一级渔港及配套渔品交易综合区项目

99. 石狮祥芝中心渔港扩建工程

100. 福建中科渔业项目

101. 霞浦西洋一级渔港

102. 霞浦间峡一级渔港

103. 福鼎市崳山一级渔港及配套综合服务区

104. 建阳区考亭水美城市项目

105. 宁德（漳湾）临港工业区冶金新材料产业园防洪防潮及附属道路工程（一期）

（二）交通（131 个）

106. 厦门北动车运用所及迁建厦门客车整备所工程

107. 湄洲湾北岸港口铁路支线

108. 福平铁路

109. 衢宁铁路（福建段）

110. 兴泉铁路（福建段）

111. 南三龙铁路

112. 浦梅铁路（建宁至冠豸山段）

113. 福厦铁路客运专线

114. 琅岐雁行江路及环岛路东段

115. 福银高速公路闽侯鸿尾互通式立交工程

116. 福银高速公路闽侯沙堤互通

117. 纵二线连江境 104 国道新洋（陀市）至南塘段公路改线工程

118. 连江县 228 国道道澳至东边段

119. 连江通港大道改扩建工程（厦松隧道及连接线段）

120. 闽清 G316 线 K70—K80 路段安全隐患整治二期工程

121. 福清滨海大道（国省干线纵一线）

122. 316 国道福州董奉山隧道通道工程

123. 长乐前塘至福清庄前高速公路

124. 长乐至平潭高速公路（长乐古槐至松下段）

125. 福州绕城高速公路东南段

126. 国道 104 线连江至晋安段改线工程

127. 福州道庆洲大桥

128. 西岭互通铜盘路接线工程（马鞍山隧道）

129. 厦门翔安机场快速路（大嶝岛段）

130. 厦门翔安机场快速路南段（翔安南路—大嶝段）

131. 厦门翔安机场高速路北段（沈海高速—翔安南路）

132. 漳州市芝山南路跨江桥梁及连接线工程（瑞京路—琥珀路）

133. 联十四线（S318）芗城区过境段公路工程

134. 纵四线（G355）芗城区石亭秋坑至天宝珠里公路工程

135. 国省干线联六线芗城段

136. 国省干线联六线漳州龙文区过境公路工程

137. 国省干线联十一线漳州龙文区过境公路工程

138. 国道 324 线云霄城关段改建工程

139. 漳浦港城大道公路工程

140. 国省干线联十一线漳州长泰段公路工程

141. 国省干线联十五线东山环岛路

142. 东山港冬古作业区疏港路高速联络线出口至冬古

143. 南靖县梅书线（梅林镇至书洋镇）改建工程

144. S318 线（联十四线）南靖县靖城棋盘社至牛崎头段公路工程

145. 漳武线南靖至永定高速公路南靖段

146. 南靖马山线公路改建工程

147. 漳州台商投资区疏港大道

148. 国省干线纵二线漳州台商投资区过境段公路工程（奥特莱斯大道至经二路）

149. 漳州天宝至龙岩蛟洋扩容工程漳州段

150. 海西网漳州云霄至平和（闽粤界）高速公路

151. 漳州沿海大通道（纵一线）漳江湾特大桥及连接线工程

152. 国道 324 线漳州九龙岭段公路工程

153. 国省干线联三线黄塘至虎窟工程

154. 石狮共富路工程

155. 国省干线纵三线南安省新至梅山公路

156. 纵二线晋江紫帽塘头至磁灶井边段改造工程

157. 泉厦漳城市联盟路泉州段

158. 国道 534 线三元槐林至荆东段

159. 国道纵五线（大田段）公路工程

160. 莆炎高速公路尤溪至建宁段

161. 国道 205 线沙县后底至永安吉山公路改建工程（沙县后底至三元荆东段）

162. 城厢区环山旅游天龟线至灵华线公路

163. 涵江区三华路、华涵路、哆中路及涵二路南伸工程

164. 涵江港区主干路网一期工程

165. 莆田兴化港区涵江作业区港前路

166. 石门澳产业园道路一期工程

167. 纵三线仙游境内段工程

168. 国省干线联十一线涵江江口至仙游枫亭段

169. 国高网福银高速公路南平市塔前互通式立交工程

170. 南平市 316 国道（炉下至成功路段）改扩建工程

171. 南平南福路快速通道

172. 松溪县 H1 寨岭至长衍段公路改造工程

173. 武夷山市上梅至上埔大桥段公路工程

174. 宁武高速北城互通

175. 京台高速公路武夷新区段改线工程

176. 武夷新区洪尾至新岭公路

177. 顺昌至邵武高速公路

178. 厦蓉高速龙岩东联络线（龙岩高速公路东环线）

179. 厦蓉线漳州天宝至龙岩蛟洋高速公路小池互通

180. 国道 G358 线小池至上杭古田公路工程（新罗段）

181. 国省干线横十线龙门朝前至大池北溪段公路

182. 漳武线永定至上杭高速公路永定段

183. 古武高速永定龙湖景区连接线

184. 武平城区国省道过境线公路

185. 国省干线联六线漳平市芦芝至和平段公路工程

186. 漳州天宝至龙岩蛟洋扩容工程龙岩段

187. 古武高速公路永定至上杭段

188. 国省干线（联七线）公路霞浦东冲至火车站段工程

189. 国省干线纵三线周宁县纯池镇祖龙村（寿宁界）段公路工程

190. 宁东高速公路宁德沙埕湾跨海通道工程

191. 国省干线公路纵一线（福鼎段）

192. 国省干线公路纵二线（福鼎段）

193. 福安至蕉城漳湾段高速公路

194. 福鼎贯岭至柘荣段高速公路

195. 宁德屏南至古田高速公路

196. 宁德至古田高速公路

197. 京台线高速公路长乐松下至平潭段

198. 平潭海峡二桥二线通道工程

199. 平潭综合实验区坛东大道（高铁中心站—苏平路段）工程

200. 坛西大道（竹屿口—苏平路段）辅道工程

201. 莆炎高速公路永泰梧桐至尤溪中仙高速公路

202. 福州将军帽作业区散货码头

203. ▲福州港江阴港区 6#、7#泊位工程

204. 福州港江阴港区 8#、9#泊位工程

205. 福州壁头作业区 12#泊位工程

206. 福州牛头湾作业区 12#、13#泊位工程

207. 松下港区防波堤二期

208. 厦门港东渡港区 0#—4#泊位改建工程

209. 厦门港东山对台客货码头

210. △厦门港古雷港区古雷作业区南 8#码头

211. 厦门港古雷港区古雷作业区北 1#、2#泊位工程

212. 古雷航道三期工程

213. 湄洲湾港肖厝港区肖厝作业区 5#、6#泊位工程

214. 湄洲湾港肖厝港区肖厝作业区 14A、14B、14C 号泊位工程

215. 泉州斗尾作业区 7#泊位工程

216. 泉州深沪湾港区梅林作业区梅林码头改扩建工程

217. ▲泉州石湖作业区 5#、6#泊位工程

218. 泉州围头湾港区石井作业区 16—19#码头

219. 兴化港区涵江作业区 1—3#泊位及进港航道工程

220. 莆田莆头作业区 3—6#泊位及物流园区一期工程

221. 湄洲湾航道三期工程

222. 南平市闽江水口至沙溪口航道整治工程

223. 南平港延平新城港区码头及配套区基础设施建设项目

224. 宁德城澳作业区 8#、9#泊位

225. 福安白马港区湾坞作业区 12#、13#泊位工程

226. 福州港三都澳深水航道二期工程（漳湾航道工程）

227. 福州港三都澳港区漳湾作业区 10#泊位工程

228. 厦航新生产基地（一期）

229. 厦门翔安新机场

230. 泉州晋江国际机场机坪及滑行道改建工程

231. 中国电信城市光网建设

232. 平潭对台邮件处理中心

233. 中国电信 LTE800M 无线网络建设工程项目

234. 泉州市火车站综合交通枢纽 PPP 项目

235. 邵武客运枢纽中心

236. 平潭高铁中心站综合交通枢纽及高铁中心站站前城市综合体项目

（三）能源（32 个）

237. 福清核电站

238. 霞浦核电基地

239. 宁德核电厂生产生活附属设施项目

240. 神华福建罗源湾储煤发电一体化项目

241. 华能罗源电厂一期

242. 福建华电邵武火电厂扩建项目

243. 福州元洪投资区集中供热项目

244. 华能古雷热电 250MW 背压机组项目

245. 福能晋南热电联产项目

246. 福鼎热电厂（集中供热）项目

247. 泰宁芦庵滩水电站（池潭水电厂扩建工程）

248. 永泰抽水蓄能电站

249. 厦门抽水蓄能电站

250. 周宁抽水蓄能电站

251. 福清海坛海峡海上风电场项目

252. 福清兴化湾海上风电场项目

253. 莆田平海湾海上风电场 F 区及 220kV 送出工程项目

254. 莆田平海湾海上风电场二期及 220kV 送出线路工程项目

255. 莆田南日岛海上风电场一期项目

256. 平潭长江澳海上风电项目

257. 平潭大练海上风电项目

258. 福建 LNG 监控调度中心

259. 漳州液化天然气（LNG）项目

260. 福建 LNG 站线项目新增 5、6 号储罐

261. 松溪燃气管网建设工程

262. 海西天然气管网二期工程

263. 500 千伏电网项目

264. 220 千伏电网项目

265. 配电网升级改造工程

266. 三钢闽光 80MW 煤气高效发电工程

267. 三钢热回收焦炉余热发电工程

268. 仙游县垃圾焚烧发电厂

（四）城乡建设与生态环保（190 个）

269. 福州城市轨道交通 1 号线

270. 福州城市轨道交通 2 号线

271. 福州市轨道交通 6 号线工程

272. 福州市轨道交通 5 号线一期工程

273. 福州轨道交通 4 号线一期工程

274. 厦门轨道交通 1 号线一期工程及配套项目

275. 厦门轨道交通 3 号线工程

276. 厦门轨道交通 2 号线工程及配套项目

277. 厦门市轨道交通 6 号线一期工程

278. 厦门轨道交通 4 号线工程（后溪至翔安机场段）

279. 厦门地铁 6 号线漳州台商投资区延伸段

280. 武夷新区旅游观光轨道交通武夷山东站至武夷山景区线

281. 福泉高速公路拓宽改造工程 A 段

282. 福州市环南台岛滨江休闲路

283. 福州双湖新城北侧规划路（北园路）道路工程

284. 福州市城区北向第二通道（园中互通—新店外环）工程

285. 福州闽侯乌龙江大道（上街段）工程

286. 永泰城区三环路

287. 福清京东方柔性生产线项目基础设施配套项目

288. 福州南台大道南段道路工程（含两侧绿化及景观提升工程）

289. 数字福建（长乐）产业园配套道路

290. 福州东南快速通道（长乐营前至滨海新城万新路复线段）

291. 长乐区新福北路（环湖路）道路工程

292. 福州湖东东路

293. 福州福马路提升改造工程

294. 福州马尾大桥

295. 福州洪山桥至洪塘大桥拓宽改建工程

296. 厦门海翔大道（公铁立交—孚莲路段）提升改造工程

297. 厦门海沧货运通道（马青路—疏港通道段）

298. 厦门机场大道（原迎宾大道）

299. 厦门万家春路（西亭路—翔安北路段）工程

300. 厦门第二西通道

301. 厦门马銮湾道路工程

302. 漳州金塘路（金凤路至 319 国道）道路建设工程

303. 漳州建元东路（龙文南路至东环城路）
304. 龙海锦江大道三期海澄段工程
305. 龙海龙江大道（二期）工程
306. ▲漳州双鱼岛市政工程
307. 古雷开发区市政路网建设项目
308. 厦漳同城大道角美段（二期）
309. 漳州市南江滨路工程
310. 漳州圆山大道工程
311. 泉州城东至北峰快速通道及两侧片区棚户区（石结构房）改造项目
312. 洛江区西环路（双阳朋虹街—经九路）市政道路工程
313. 洛江朋虹街延伸工程（万虹路至滨江路段）市政工程
314. 石狮城市外线建设项目
315. 江滨南路南安段
316. 南安创意大道
317. 宁化城关火车站连接线及站前广场建设项目
318. 大田县香山北路建设工程
319. 木兰大道仙游先行段
320. 莆田市木兰大道一期工程
321. 南平延平新城从彦路二期
322. 南平延平新城新港路
323. 南平市闽江大桥北桥头至316国道连接线工程
324. 政和县交通基础设施提升工程（一期）
325. 南平武夷新区云谷小区一期市政配套工程
326. 武夷新区童游大道将口大道市政道路白改黑工程
327. 武夷新区兴田组团经四路道路工程
328. 建阳区嘉禾大道改造工程
329. 武夷新区高速公路连接线工程
330. 龙岩高架桥建设项目
331. 连城莲中北路道路工程项目
332. 宁德市漳湾大道（下塘至鸟屿段）工程
333. 屏南县佳垅环岛至棠口村道路提升改造工程
334. 福安老城区至赛岐快速通道
335. 福鼎滨海大道
336. 宁德东侨福宁北路及支线道路
337. 平潭坛东大道（万宝路~高铁中心站段）
338. 平潭流水路
339. 平潭苏平路
340. 平潭麒麟路
341. 平潭环岛公路金井湾大桥及连接线工程
342. 平潭坛西大道南段电力管廊及市政化改造工程
343. 平潭福平大道东段（高铁中心站—翠园路段）工程
344. 古雷东港溪排洪工程
345. 泉港泗洲水库至湄南调节池新建管道工程
346. 惠安县城市防洪排涝和生态环境建设（东湖公园）项目
347. 德化蒲坂水厂及输配水管网工程
348. 泉州金鸡水厂建设项目
349. 尤溪城东水厂建设项目
350. 沙县城南水厂建设项目
351. 将乐城区第二水源工程及管网改造工程
352. 延平区供水工程
353. 永定城区供水管网工程建设项目
354. 平潭自来水厂（二期）工程
355. 平潭坛南湾再生水厂（一期）工程
356. 福州祥坂污水处理厂提标改造工程
357. 福州洋里污水处理厂一二三期提标改造工程
358. 厦门筼筜污水处理厂三期工程
359. 厦门马銮湾再生水厂一期工程
360. 厦门杏林污水处理厂三期工程
361. 云霄经济开发区污水处理厂及管网配套工程
362. ▲古雷石化园区北部工业污水处理厂
363. 南安污水处理厂及配套管网工程
364. 三明梅列列东污水处理厂异地扩建工程
365. 将乐华鸿污水预处理工程建设项目
366. 莆田涵江水环境综合治理一期工程
367. 莆田涵江工业污水及江口污水厂二期工程
368. 厦门西部垃圾焚烧发电厂二期工程
369. 厦门东部垃圾焚烧发电厂二期工程

370. 漳州南部生活垃圾焚烧发电厂及配套项目
371. 南安再生资源回收体系建设项目
372. 大田县生活垃圾热解气化发电综合利用工程项目
373. 大田鸭蛋山非正规垃圾填埋场资源化治理项目
374. 延平新城绿洲工业固体废物无害化处置项目
375. 邵武绿益新危险废物处置及综合利用项目
376. 连城城镇垃圾无害化处理项目
377. 宁德餐厨垃圾处置中心
378. 古田县城乡生活垃圾治理一体化项目
379. 福州大腹山山地步道
380. 福州仓山三江口片区水系综合治理及运营维护 PPP 项目
381. 福州仓山会展中心片区水系综合治理及运营维护 PPP 项目
382. 福州仓山龙津阳岐水系综合治理及运营维护 PPP 项目
383. 福州仓山金山奥体片区水系综合治理及运营维护 PPP 项目
384. 福州晋安东区水系综合治理及运营维护 PPP 项目
385. 福州晋安新店片区水系综合治理及运营维护 PPP 项目
386. 闽清梅溪新区基础设施建设项目
387. 永泰县小汤山生态公园（塔山至小汤山）林荫休闲步道
388. 福清危险废物综合利用处置中心项目
389. 福州工业危固废综合利用与处置中心项目
390. 福州长乐区滨海新城租赁住房一期
391. 长乐中心客运站
392. 福州鼓台中心区水系综合治理及运营维护 PPP 项目
393. 厦门马銮湾保障房地铁社区一期工程
394. 厦门祥平保障房地铁社区一期工程
395. 厦门保障性住房官浔公寓
396. 厦门新店保障房地铁社区一期 A04—06 地块
397. 厦门翔安大小嶝造地工程
398. 厦门马銮湾新城综合管廊
399. 厦门环东海域美山路地下综合管廊工程
400. 厦门马銮湾新城水电和通信工程
401. 厦门马銮湾清淤护岸工程
402. 厦门保障性安居工程
403. 漳州西湖生态园启动区一期项目
404. 漳州古城保护开发一期项目
405. 芗城区利民佳苑保障性住房项目
406. 龙文碧湖棚户区改造项目
407. 漳浦万安生态开发项目（一期）
408. 漳浦县鹿溪北岸东段生态环境整治及配套工程项目
409. 漳浦鹿溪南岸片区一期项目及配套工程
410. 漳浦海岸新城及配套项目
411. 漳州紫云片区 A08 地块棚户区改造项目
412. 龙海市南太武滨海新城基础设施一期工程
413. 古雷应急救援指挥中心工程
414. 漳州高新区靖城园区武林棚户区改造项目
415. 漳州圆山新城莲浦片区棚户区（危旧房）改造项目
416. 漳州圆山廊前棚户区改造项目
417. 漳州圆山沧溪棚户区改造项目
418. 石狮市环湾湿地公园
419. 南安五里桥畔休闲慢道景观项目（安海湾景观整治工程）
420. ▲南安海峡科技生态城项目
421. 南安市柳湖水系连通综合整治工程
422. 南安市“两溪一湾”安全生态水系综合整治工程
423. 晋江梧林古村落保护开发建设项目
424. 三钢节能减排系统改造（含煤炭绿色转化）工程
425. 梅列陈大机床厂地块棚户区开发项目
426. 三明南站片区枢纽工程附属设施建设项目
427. 清流水泥窑协同处置固体项目
428. 清流西城区生态护岸及城市功能提升

项目

429. 宁化易地扶贫搬迁进园区安置项目

430. 大田兴泉铁路红湖社区集中安置棚户区建设项目

431. 莆田涵江江口蒜溪片区试点建设项目

432. 莆田保障性安居工程

433. 延平杨真停车场及配套工程

434. 南平西站站前广场及配套工程

435. 南平市延平湖三江六岸景观市政改造提升工程

436. 政和铁路站前广场及连接线建设项目

437. 武夷山水厂路棚户区改造项目

438. 武夷山工业路片区棚户区改造工程

439. 武夷新区基础设施建设项目

440. 武夷新区云谷小区一期工程

441. 武夷新区五指山、钟山生态休闲公园

442. 武夷新区南林片区综合管廊

443. 龙岩龙津湖公园项目

444. 龙岩危固废处置中心及资源化综合利用项目

445. 上杭县汀江绿道工程

446. 上杭古田红色小镇建设项目

447. 武平重点流域水环境整治项目

448. 漳平市南洋湿地公园建设项目

449. 龙岩经开区自来水厂及供水管网工程建设项目

450. 蕉城区衢宁铁路金马安置房

451. 屏南县西环路片区建设项目

452. 福安鼎信工业废渣综合利用项目

453. 宁德市工业废物综合处置中心

454. 宁德铜冶炼渣选铜后尾矿渣综合利用项目

455. 宁德（漳湾）临港工业区冶金产业园搬迁安置房工程

456. 平潭保障性安居工程

457. 平潭中福建材城

458. 平潭综合实验区环岛路绿道及管线工程

（五）工业（350个）

459. 蓝海天网卫星导航及船联网项目

460. ▲福建兆元LED产业基地建设二期

461. 宜美智能制造示范基地

462. △英孚8吋晶圆生产线建设项目

463. 福建省电子信息集团产业基地

464. 数字福建云计算中心（社会和企业云）

465. 通富微电子集成电路先进封装测试产业化基地（一期）

466. 厦门清华紫光科技园

467. ▲厦门联芯项目

468. 云霄华威电源二期改扩建项目

469. 云霄奥克兰LED应用照明生产项目

470. ▲鸿星尔克（长泰）电子商务工业园

471. 漳州台商投资区太龙照明扩建项目

472. ▲石狮通达三期项目

473. 石狮海洋船舶北斗卫星导航系统及通讯设备飞通（福建）生产基地

474. 晋江晋华集成电路存储器生产线建设项目

475. 梅列融光智能化车载模组生产项目

476. 永安高新2L柔性电路板生产项目

477. ▲佳德超金属膜基材产业项目

478. ▲莆田砷化镓生产线建设项目

479. 莆田华佳彩高世代面板生产项目

480. 莆田创世纪超级计算机运算服务中心

481. 仙游智能终端电子产品关键技术研发及智能制造产业化项目

482. 福建巨电新能源大容量锂电池项目

483. ▲永定华协（香港）电子城建设项目

484. 上杭紫金山金铜矿智慧矿山项目

485. ▲武平华夏中科量子点薄膜生产项目

486. 连城中触大尺寸电容触摸屏生产项目

487. 连城冠睿电子终端产品及相关元器件生产项目

488. 连城达米拉智能电视及系列家用电器生产项目

489. 福建金榕能源10万吨废润滑油还原提纯基础油及调和生产5万吨润滑油项目

490. 福州科麟甘油法生产20万t/a环氧氯丙烷及12万t/a环氧树脂环保工程项目

491. 福化天辰大型煤气化项目

492. 古雷新阳科技20万吨/年不饱和聚酯树脂项目

493. ▲古雷中怡石油精细化工项目

494. 古雷海顺德烟气脱硝催化剂及配套项目
495. △古雷腾龙化学 PA（苯酐）项目
496. 古雷炼化一体化一期项目
497. 泉港特种陶瓷材料先驱体产业化项目
498. 泉港 200 万吨/年劣质重油深加工综合利用项目
499. 泉港天骄化学材料生产项目
500. 中化泉州乙烯及炼油改扩建项目
501. 永春梅洋塑胶生产项目
502. ▲晋江百宏年产 33 万吨差别化化学纤维项目
503. ▲晋江百宏年产 10 万吨功能性聚酯薄膜项目
504. 福建（三明）三农含氟新材料及配套中间体建设项目
505. 明溪海斯福高端含氟精细化学品生产项目
506. 尤溪金闽林产化工产品生产项目
507. 沙县松川再生资源综合利用项目
508. 永安智胜化工合成氨系统节能环保技改项目
509. 福建永荣石化己内酰胺项目
510. 莆田聚酰胺 6（PA6）切片项目（二期）
511. 邵武永太高新材料生产项目
512. 邵武永晶新材料生产项目
513. 新罗卓越生物甘油、脂肪酸及生物酯增塑剂生产项目
514. ▲中国石油（长汀）南方裂化催化剂项目
515. 漳平瑞森新材料生产项目
516. 福建省（屏南）榕屏技改扩建一期工程
517. 金龙汽车年产 2 万辆客车漳州龙海异地迁建项目
518. 云度新能源纯电动乘用车产业化项目
519. 龙岩龙工履带式挖掘机项目
520. 中铝瑞闽汽车轻量化用铝合金板带材生产线项目
521. 中铝东南沿海铝精深加工基地项目一期工程
522. 长乐新密机电汽车零配件全自动加工生产线项目
523. 诏安猛狮电动车核心部件生产项目
524. 泉州华茂机械四轮一带机械产品及链轨节数控镗钻一体机项目
525. 南安滨江机械装备制造基地项目
526. 南安申利卡轮毂生产项目
527. 将乐景韬数控机床及汽车螺旋锥齿轮生产项目
528. 永安鼎鑫短流程铸造及机械加工项目
529. 永安建新橡胶全钢载重子午线轮胎生产项目
530. ▲莆田佳通技改及轮胎配套产业园项目
531. 武夷新区南平铝业轻量化车厢和物流车项目
532. 武平宇田智能技改项目
533. 福鼎市紧固件标准厂房建设项目
534. 福建三峡海上风电产业园
535. 罗源澳蓝科技蒸发式制冷设备生产基地
536. ▲ABB 厦门工业中心项目
537. 云霄诚发不锈钢生产项目
538. ▲云霄富利丰钟表生产加工项目
539. 福建海风装备制造基地及配套漳浦六鳌重装码头项目
540. △漳州（长泰）伟宸展示设备项目
541. 洛江铁拓机械改扩建工程
542. 洛江嘉泰数控二期扩建工程
543. 南安蓉中电气设备生产项目
544. 南安市南益电脑针织机生产项目
545. 福建（三明）汇盛铁路重工迁建项目
546. 福建（永安）信明橡塑橡胶输送带生产项目
547. 松溪县维幅精工机械设备厂建设项目
548. 建阳区福建一机高端机械装备厂区建设项目
549. 新罗华众皮带轮生产项目
550. 新罗易力特智能属具项目
551. 武平嘉汇不锈钢餐厨用品生产项目
552. 漳平现代装备制造业特钢铸造基地项目
553. ▲漳平长竑氧化锂铁磷高能量动力电池项目
554. 龙岩环海环保专用汽车生产项目
555. 福清京东方第 6 代 AMOLED 柔性生产线

项目

556. ▲电气硝子玻璃（厦门）液晶用玻璃生产线项目（一期厂房北区扩建）

557. 东山玻璃新材料产业基地及配套基础设施项目

558. 安溪晶安光电三期项目

559. 安溪天电光电生产项目

560. 泉州三安半导体高端氮化镓LED芯片项目

561. 泉州三安半导体高端砷化镓LED芯片项目

562. △晋江矽品集成电路封装测试项目

563. 明溪恒信纵横电子光学系列新材料项目

564. 聚烯烃医用薄膜罗源湾生产基地建设项目

565. 福建富仕年产20万吨二氯氧钛项目

566. 长乐博那德科技园低碳建筑生产一体化项目

567. 厦门建筑产业现代化示范园公共服务中心

568. 厦门九星天翔无人机项目

569. 厦门延江新材料无纺布生产项目

570. ▲厦门华天恒芯SiC器件生产线项目

571. 厦门芯光润泽第三代半导体SiC功率模块研发及产业化项目

572. ▲晋江成昌环保新型材料生产项目

573. 三明金明高能量长寿命三元正极材料建设项目

574. 明溪华联硅业硅新新材料生产项目

575. 清流新型环保制冷剂生产项目

576. 沙县青州合力白炭黑生产项目

577. 沙县巴汉夫高性能环保型增塑剂生产项目

578. 沙县正元化工高端二氧化硅生产项目

579. 将乐金化醇酯十二成膜助剂生产项目

580. 莆田泰盛新材料生产项目

581. 延平新城福建俊达新型环保绿色建材及钢结构制作

582. 元力高端精制活性炭建设项目

583. 松溪县闽瑞新型复合纤维扩建项目（三期）

584. 福建永泓新材料生产项目

585. 福建利树高强瓦楞纸二期生产线项目

586. 武夷新区海源汽车零部件及碳纤维车身部件生产项目

587. ▲新罗龙泰新能源材料生产项目一期

588. 长汀谊美吉斯LED智能玻璃显示屏生产线建设项目

589. 长汀轨道交通新型防水材料生产建设项目

590. 永定鑫竹海竹缠绕复合管生产项目

591. 永定鼎峰新型节能门窗生产项目

592. 龙岩市建筑工业化生产基地

593. 上杭国威电子航空线束生产项目

594. 连城赛特新材料生产项目（二期）

595. ▲寿宁电熔氧化锆系列产品生产项目

596. 福安青拓特钢新材料项目

597. 福安青拓不锈钢高速线材和型材项目

598. 福安青拓上克不锈钢冷轧及深加工配套项目

599. 福鼎汇得新材料生产项目

600. 东侨锂离子电池隔膜及隔膜涂层加工项目

601. 东侨杉杉动力电池负极材料项目

602. 福建博鸿年产6500吨动力电池新材料、500吨新型高分子导电材料项目

603. 冠城瑞闽动力锂电池生产项目

604. 厦门能源材料与石墨烯产业协同中心建设

605. 安溪中科植物工厂

606. 石狮银基烯碳动力电池项目

607. ▲晋江晋华存储器生产线配套大宗气站一期项目

608. 明溪致格新能源锂电池研发生产基地建设项目

609. 永安新能源汽车用锂电池石墨负极材料生产项目

610. 涵江区HDT高效太阳能电池项目

611. 华霆动力组装汽车用动力电池系统项目

612. ▲宁德市新能源科技锂电池项目四期

613. 屏南新能源汽车新材料产业化项目（一期）

614. 东侨阿李锂电池关键零部件生产项目

615. 宁德时代动力及储能电池系统智能化升级扩建改造项目

616. 宁德时代湖西锂离子动力电池生产基地项目

617. ▲宁德新能源湖西产业园数码项目二期工程

618. 东侨镍钴锰正极材料加工项目

619. ▲厦门欧米克天然功能化学品生物工程项目

620. 东山海洋生物科技产业基地及配套基础设施项目

621. 漳州台商投资区惠尔康生物科技项目

622. 永春永燠灵芝菌合剂项目

623. 明溪三乙酰核糖医药中间体建设项目

624. 明溪紫杉园紫杉烷类原料药生产项目（二期）

625. 明溪南方制药抗肿瘤新药系列产品生产项目（二期）

626. 沙县艾迈博生物医药建设项目

627. 将乐中研茶露水及茶娃系列护肤品生产项目

628. 福建广生堂金塘原料药国际产业化建设项目

629. 柘荣广生堂新药制剂产业化二期

630. 厦门大学国家大学科技园主园区（B 地块）

631. 厦门同翔国家级高新技术产业基地建设工程

632. “泉州芯谷”南安高新技术园区配套基础设施项目

633. 沙县中节能环保产业园项目

634. 建阳经济开发区创业园建设工程

635. 平潭高新产业园区项目

636. ▲平潭中诺影像材料产业基地

637. 武平省级科技孵化器及县职业技能实训基地项目

638. 罗源宝钢德盛二期项目

639. ▲长乐吴航不锈钢生产项目

640. 福建泰铭新世纪彩色不锈钢宽板（氧化着色项目）及配套码头项目

641. 南安闽发铝厂扩建工程

642. 南安榕桥锻铸造中心项目

643. 宁化行洛坑钨矿采选技改工程项目

644. 宁化鸿丰纳米碳酸钙生产项目

645. 龙岩马坑铁矿采选扩建工程

646. 新罗金鑫低品位复杂钨矿综合开发利用示范工程

647. 上杭紫金山金铜矿中和硫酸钙综合利用项目

648. 武平钢泓不锈钢橱柜用品生产项目

649. 中铝宁德铜冶炼项目

650. 福建新点石环保科技水性涂料生产项目

651. 连江超白太阳能光伏优质浮法玻璃生产项目

652. 罗源喷墨薄型高档墙地砖生产项目

653. 福建鸿生年产 12 万立方米 PC 构件及 60 万吨再生资源项目

654. 长乐金强建材生产项目

655. 漳州松霖智能家居项目

656. 惠安建筑产业现代化生产基地

657. 永春九牧智慧制造产业园一期

658. 南安中荣幕墙智能化门窗及幕墙产业化项目

659. 南安天广消防栓系统技术改造项目

660. 南安中泰环保石材生产项目

661. 南安九牧厨卫扩建项目

662. 南安捷能阀门制造项目

663. 梅列建祥装配式建筑生产基地

664. 宁化通尔达电线电缆生产项目

665. 大田京融新型墙体材料生产项目

666. 大田永大工艺陶瓷产业发展项目

667. 尤溪百思得铝材加工项目

668. 永安金牛水泥生产线及余热发电技改项目

669. 秀屿区三棵树涂料系列产品生产项目

670. 建瓯市建筑工业化生产基地项目

671. 新罗英明蒸压加气混凝土砌块生产项目

672. 长汀金怡丰 PET 瓶片、造粒生产项目

673. 永定福居新型建材建设项目

674. ▲永定华润（龙潭）熟料水泥生产线二期及配套纯低温余热发电项目

675. 永定兴鑫水泥技改项目
676. 上杭太阳铜业连铸连轧铜杆生产项目
677. 上杭瓮铜多级粉煤灰生产项目
678. 武平金鲨不锈钢冷轧生产项目
679. 连城允升复合不锈钢管生产项目
680. 漳平中宏再生胶生产项目
681. 云霄中福木业薄型纤维板生产项目
682. ▲福建漳龙林业循环经济产业项目
683. 南靖振发香业生产项目
684. 平和西蝉木业木材加工项目
685. ▲华安际诺思家具用品生产项目
686. 漳州台商投资区联盛 PM9 项目
687. 惠安家世比工业 4.0 电商产业园
688. 南安恒利特种生活用纸生产项目
689. 晋江新合发生活卫生用品包装薄膜生产项目
690. ▲晋江恒安生活用品智能化生产基地项目
691. 泉州玖龙纸业 35 万吨牛卡纸扩建项目
692. 沙县青山纸业食品包装原纸技改工程
693. 浦城永芳合成香料生产项目
694. 中国邵武竹新材料产业创新创业示范项目
695. 漳平木竹户外制品产业示范园项目
696. 漳平正盛绿色轮胎用白炭黑生产项目
697. ▲漳平美丽家园木屋及构件自动化生产制造项目
698. 漳平竹木复合集装箱地板及重组材生产项目
699. 福清宇邦纺织生产项目
700. 福清经纬差别化涤纶纤维项目
701. 长乐华伟针织纺织一体化项目
702. 长乐恒申氨纶锦纶项目
703. 长乐锦江科技聚酰胺纺丝及加弹建设项目
704. 石狮禾宝织造项目
705. 晋江浩沙数码印花科技产业园项目
706. ▲晋江龙峰纺织生产项目
707. ▲晋江百宏年产 5000 吨 ES 纤维项目
708. 宁化奔鹿牛仔布生产项目
709. 大田宇隆超纤纺织生产项目
710. 尤溪鸿伟布业经编生产项目
711. 尤溪隆源多品种纤维混纺纱生产项目
712. 尤溪德为聚纤差别化纤维生产项目二期
713. 尤溪鑫森锦纶纤维生产项目二期
714. 永安宝华林聚乙烯醇纤维生产项目
715. 莆田差别化纤维及高端运动系列网生产项目
716. 秀屿区循环长纤维建设项目
717. 莆田华锦纺织生产项目
718. 莆田华峰生态科技产业园
719. 秀屿功能性再生长丝建设项目
720. 秀屿区华青涤纶机织项目
721. 南纺高新材料产业园
722. 邵武穗福高端针织面料生产项目
723. 长汀华平 5 万纱锭生态纺织品高端用纱项目
724. 长汀荣耀万吨涤棉色纺竹节纱项目二期
725. 长汀经纬纺织生产项目
726. 漳平协龙色纱、特种丝生产项目
727. 漳平三达无纺布生产项目
728. 晋江乔丹体育用品生产项目
729. 晋江安踏一体化体育用品生产项目
730. 梅列闽申棉纱生产项目
731. 福建华源纺织生产项目
732. 莆田辉特鞋业生产及配送中心
733. 南靖凌日箱包生产项目
734. 马尾深海时代产业园项目
735. 福清新大泽海洋微藻高值化产品开发及产业链建设项目
736. 福清元洪国际食品园项目
737. 胜田（福清）年产速冻食品 5 万吨、水产加工品 2 万吨项目
738. 福清明旺食品年产 3 万吨水产速冻产品加工项目
739. 福建能裕实业食品加工项目
740. ▲长泰金日食品生产项目
741. 南靖山峰糖业糖制品项目
742. 南靖德晖食品项目
743. △平和县大芹山威士忌酒业开发项目
744. 漳州台商投资区绿麒年产 1000 吨 I 型卡拉胶、深加工生产线项目
745. 漳州高新区绿宝食品生产项目

746. 惠安麦王食品项目
747. ▲晋江深沪湾水产品加工基地项目
748. 沙县小吃中央厨房及食品加工中心建设项目
749. 将乐玉井坊鲜果蜜饯果干加工生产项目
750. 将乐心怀蜜鲜果蜜饯果干加工生产项目
751. 将乐万盛鲜果蜜饯果干加工生产项目
752. 将乐赛园鲜果蜜饯果干加工生产项目
753. 将乐宝龙琼脂生产项目
754. 将乐兴达年产 2400 吨琼脂生产线建设项目
755. 将乐宝盛年产 2100 吨琼脂生产线建设项目
756. △莆田台兴食品生产项目
757. ▲莆田百威英博雪津啤酒厂迁建项目
758. 和润集团莆田粮油物流贸易与粮油食品精深加工项目
759. 浦城旭禾米业现代粮食综合精深加工项目
760. ▲福建欧圣（政和）鸡业产业化项目
761. 武夷山年产 100 万吨饮用天然水生产线建设项目
762. 建瓯天添食品有机农产品深加工及观光工厂续建项目
763. 建阳区味精生产智能化及节能优化改造项目
764. 连城金土地地瓜干精深加工项目
765. 福建康鸿年产 326.5 吨生物新医药、150 吨营养补充剂建设项目
766. 明溪天然香精（香料）提炼及深加工项目
767. 延平海川药业茶娃系列产品生产项目二期工程
768. 光泽兽药疫苗及配套设施建设
769. 长汀阿美龙医疗器械生产项目
770. 柘荣鑫旺药业包装生产项目
771. 罗源金闽烟叶二期项目
772. 福州特种水产配合饲料生产及研发中心（福建天马）
773. 宁化河龙贡米产业园建设项目
774. 将乐旭牧联饲料添加剂生产项目
775. 建宁明一生态乳业加工项目
776. 顺昌日产 145 吨海鲜菇自动化瓶栽生产线
777. 新罗九鼎生物饲料生产项目
778. 龙岩烟草片烟醇化库建设项目
779. 长汀盼盼食品饮料建设项目
780. 上杭龙德六氟磷酸锂生产项目
781. ▲上杭擎荣农产品种植与加工项目
782. 龙岩卷烟厂永定分厂整体搬迁技改项目
783. 新福兴新能源汽车玻璃产业园一期项目
784. 福清奋安铝业项目
785. △漳州台商投资区福欣年产 40 万吨节镍不锈钢深加工项目
786. 清流活性石灰生产项目
787. 永安新型高活性石灰生产项目
788. 邵武新方 100 万吨工业废渣综合利用项目
789. 福建帝盛科技年产 15000 吨紫外线吸收剂建设项目
790. 上杭瓮福紫金湿法净化磷酸扩能增效项目
791. 福州软件园提升改造项目（福州软件园创业创新新城）
792. 闽侯青口汽车城东台工业园项目
793. 福州高新区海西高新技术产业园创新园二期
794. 闽台（福州）蓝色经济产业园基础设施建设项目
795. 漳州市九龙江林业科技园
796. 泉港化工园区安全控制区建设项目
797. 泉惠石化工业区公共配套工程
798. 清流氟新材料产业园项目
799. 集美（清流）共建标准厂房建设项目
800. 宁化华侨经济开发区集中供热工程
801. 福建（大田）机械铸造产业集聚区基础设施建设工程项目
802. 将乐轻合金成形先进制造产业园建设项目
803. 永安载货汽车零部件配套工业园区基础设施建设项目
804. 建瓯市北苑贡茶加工园区建设

805. 上杭蛟洋铜产业循环经济园基础建设项目

806. 宁德市新能源产业三屿园区基础设施配套工程

807. 柘荣经济开发区医药基地基础设施建设项目

808. 东侨北部新区标准厂房

（六）服务业（216个）

809. ▲马尾汉吉斯冷链枢纽暨跨境电商项目

810. 马尾太古（科乐通）冷链物流项目

811. 闽侯东南商贸物流园项目

812. ▲福建海峡工程机械现代物流项目

813. 福建永辉物流仓储中心

814. 海峡国际（福州）自由物流港城

815. ▲福建美兴物流园（一期）

816. ▲福州普洛斯连江物流园项目

817. 福建安顺达物流工业仓储项目

818. 永泰商贸物流园区项目

819. 福清公路港

820. 长乐恒兴南方水产品加工交易中心项目

821. ▲厦门东纶智创物流园

822. 京东厦门电子商务产业园项目

823. 漳州芗城鑫展旺交易平台及仓储物流园项目

824. 漳州招商局水产品交易中心（招银冷链物流园区）项目

825. 漳州台投区保税物流中心项目

826. 漳州台商投资区电子商务园项目

827. 石狮东南冷链仓储物流基地

828. 南安宏图海西物流港项目

829. 南安观音山现代物流产业基地项目

830. 南安石井港口现代物流项目

831. 晋江围头物流园区项目

832. 晋江现代物流园区项目

833. ▲晋江陆地港

834. 三明大坂现代物流园

835. 福建（三明）兄弟物流产业园项目

836. 三明市牲畜屠宰肉制品加工及冷链物流建设项目

837. 明溪现代物流园建设项目

838. 中储棉永安储备库项目

839. 顺昌五里亭现代仓储物流项目

840. 南平荣华山现代物流园建设项目

841. 光泽县恒冰物流基地建设项目

842. 福建武夷烟叶仓储物流项目

843. 建瓯德峰传化物流公路港项目

844. 武夷新区鸿益食品冷藏加工项目

845. 南平武夷新区公路货运枢纽

846. 龙岩新罗钰丰曹溪王庄工贸物流园项目

847. 长汀汀州电商物流城项目

848. 连城国际物流商贸城建设项目

849. 中国（龙岩）农产品物流交易城项目

850. 平潭利嘉物流园项目

851. 平潭粮食园区一期建设项目

852. 平潭澳前物流保税园区项目

853. 平潭国际海洋产业园一期项目

854. 福建闽投营运中心项目

855. 海西商务大厦

856. 闽侯东南建材城项目

857. ▲福清江阴国际汽车城项目

858. 德商汇国际电商产业园建设项目

859. 长乐中天恒基商务中心项目

860. 厦门东南国际航运中心总部项目

861. 厦门英蓝国际金融中心

862. 海峡收藏品交易中心

863. ▲漳州五洲国际工业博览城（一期）项目

864. 漳州台商投资区"老A"电商孵化中心项目

865. 德化中国茶具城项目

866. 泉州汽贸城

867. 南安海西再生资源产业园区项目

868. 南安光机电贸展中心项目

869. 中农批泉州国际物流港

870. 泉州福建海西建材家居装饰交易中心项目

871. 晋江中国海峡国际五金机电交易中心项目

872. 晋江国际鞋纺城项目

873. 晋江英塘现代商贸中心项目

874. 晋江食品专业市场

875. 闽赣（宁化）家具市场建设项目

876. 宁化粮油批发中心建设项目
877. 尤溪特色产业商品流通市场建设项目
878. 永安豪德森达商贸城项目
879. 莆田电商？未来创业孵化基地
880. 涵江区水产批发市场
881. 莆田津贸连通物流产业项目
882. 莆田华昌珠宝文化创意产业园项目
883. 莆田国际珠宝产业园项目
884. ▲莆田海吉星国际农产品交易城
885. 永定城南农产品批发市场建设项目
886. 平潭对台中药材贸易中心
887. 平潭国际会展中心项目
888. 闽侯八闽文化旅游项目
889. 连江定海湾山海运动休闲项目
890. 中国瓷天下旅游区项目
891. 永泰海洋极地世界
892. 福清东壁岛滨海旅游度假区项目
893. 厦门海峡旅游服务中心
894. 厦门环东海域滨海旅游浪漫线一期工程
895. ▲厦门中奥游艇码头工程
896. 厦门环东海域滨海旅游浪漫线二期工程
897. 漳浦县龙美湾旅游区项目
898. 漳州九侯岩景区开发建设项目
899. 长泰马洋溪生态旅游区项目
900. ▲东山庆宝水上游乐园项目
901. 东山生态旅游岛旅游综合开发项目
902. 东山羊角山乡村生态特色旅游项目
903. 东山马銮湾旅游综合项目
904. 东山海湾公园三期
905. 东山中驰生态农业综合体建设项目
906. 南靖土楼云水谣景区开发项目
907. 漳州通美云水谣庄园项目
908. 平和九龙江高峰生态谷项目
909. ▲龙海白塘湾国际旅游项目
910. 招商局漳州开发区双鱼岛碧海银滩项目
911. 漳州常山天窗坪仙境山庄文化旅游观光园项目
912. 漳州常山经济开发区乌山天池旅游景区综合开发项目
913. 泉州新门文化旅游特色街区
914. 永春天沐温泉旅游度假区项目
915. 德化石牛山景区
916. 泉州台商投资区八仙过海生态旅游项目
917. 三明梅列区瑞云山国家4A级旅游景区—碧溪生态休闲旅游基础设施建设项目
918. 明溪紫云闽学文化村建设项目
919. 清流中华桂花文化园项目
920. 宁化客家祖地二期工程
921. 宁化县天鹅洞群风景区（国家地质公园）旅游基础设施建设项目
922. 尤溪汤川全域旅游开发建设项目
923. 尤溪半月岛健康休闲养生项目
924. 尤溪联合梯田旅游综合开发项目
925. 尤溪九阜山生态旅游开发建设项目
926. 将乐玉华洞争创国家级5A景区项目
927. 泰宁金山自驾游服务综合体
928. 泰宁旅游基础设施建设项目
929. 中国（永安）竹天下文化旅游产业园
930. 永安桃源洞创建5A级旅游景区综合提升项目
931. 永安天斗生态文明示范区项目
932. 闽江源生态旅游区改造提升项目
933. 建宁县红色苏区生态旅游建设项目
934. 建宁县闽江源头拜水溯源旅游建设项目
935. ▲建宁县托斯卡纳欧洲风情园建设项目
936. 莆田九鲤湖创国家5A级景区和菜溪岩创国家4A级景区项目
937. 顺昌富金湖休闲旅游基础设施建设
938. 顺昌县合掌岩创4A级旅游风景区建设项目
939. 顺昌宝山4A级旅游景区项目
940. 松溪县湛卢山旅游省级景区基础设施建设项目
941. 政和东平凤头红色旅游开发项目
942. 政和佛子山国家级风景名胜区创建4A级景区旅游服务配套设施建设项目
943. 邵武和平古镇开发项目
944. 武夷山朱子养生文博园（一期）项目
945. 武夷山下梅文化旅游综合体项目
946. 武夷山茶文化展销中心
947. 武夷山荣昌汇养生项目
948. 武夷山刚泰武夷天堂文化旅游综合开发

项目

949. 建阳区建盏文化创意园建设项目

950. 建阳区考亭武夷旅游文化园项目

951. 武夷山森林生态旅游项目

952. 武夷新区南林武夷历史文化街旅游开发项目

953. 新罗小池培斜森林水乡项目

954. 长汀红军长征出发地景区提升工程

955. 长汀生态文化旅游示范区

956. 长汀“唐宋古城”旅游基础设施提升工程

957. 长汀南屏山环山木栈道项目

958. 福建土楼永定5A级景区综合提升—初溪土楼古村落景区配套设施项目

959. 永定天子温泉旅游度假区二期项目

960. 福建土楼（永定）梦幻剧场建设项目

961. 龙岩福建金丰酒文化创意产业园

962. 上杭步云国家生态旅游示范区提升工程

963. 上杭古田5A景区综合提升工程

964. 武平梁野湖及周边景区开发项目

965. 武平梁野山创国家5A级景区建设项目

966. 武平中山河国家湿地公园白鹭风景区建设项目

967. 连城松毛岭战地遗址建设项目

968. 连城冠豸山客运索道建设项目

969. 连城丹霞古坊生态农业旅游开发项目

970. 漳平倾城芳园生态旅游项目

971. 古田“湖城一体”旅游文化综合开发项目

972. 古田临水宫景区开发项目

973. 屏南县东区旅游集散中心

974. 屏南县双溪古镇旅游配套设施建设项目

975. 寿宁县银山花田旅游景区一期工程

976. 寿宁县梦龙天池（黄槐湖）景区（一期）项目

977. 寿宁县下党红色旅游景区（一期）项目

978. 周宁县芹山湖组团、桃花半岛组团旅游项目

979. 柘荣鸳鸯草场旅游开发项目

980. 福鼎市太姥山景区综合开发工程

981. 平潭美丽之冠坛南湾旅游综合开发项目

982. 平潭海坛古城项目

983. 中国（福州）物联网产业孵化中心一期

984. 福建日报报业集团传媒总部经济创意园项目

985. 福州软件园闽侯分园中科项目

986. 东南健康医疗大数据中心

987. 福州长乐区东湖VR小镇

988. 中国电信福州东南信息园区云计算产业园项目

989. 中国东南大数据产业园研发楼二期工程

990. 中国东南大数据产业园研发楼三期工程

991. ▲长乐海西网龙创意产业园项目

992. 厦门吉比特集美园区项目

993. 电子城？厦门国际创新中心

994. 罗普特（厦门）科技园

995. 厦门中国数码港海西运营中心项目

996. 厦门软件园三期

997. 厦门科技创新园研发中心项目

998. 厦门现代服务业基地（丙洲片区）统建区一期工程

999. 南靖文化创意平台项目

1000. 漳州招商局经济技术开发区芯云谷项目

1001. 泉州软件园项目

1002. 惠安闽台文化创意园项目

1003. 泉州中国国际信息技术（福建）产业园项目

1004. 晋江洪山文化创意产业园项目

1005. ▲晋江利郎时尚创意产业园项目

1006. 晋江创意创业创新园项目

1007. 三钢闽光物联云商项目

1008. 闽台（永安）文化创意产业园一期

1009. 莆田上塘珠宝城银都金银产业园项目

1010. 福鼎市盈浩饰品文化创意产业项目

1011. 海西股权投资中心及科技企业孵化基地

1012. 厦门生物医药产业协同创新创业中心工程

1013. 厦门五缘湾游艇综合体项目

1014. 厦门西海湾邮轮城项目

1015. 中国移动手机动漫基地（一期）

1016. 漳州高新区中盟科技园项目

1017. 泉州市区中心粮库一期工程

1018. 晋江市粮食储备库
1019. 莆田市粮食联合储备库
1020. 武夷新区便民服务中心项目
1021. 武平龙洲物流公路港
1022. 平潭海西进出境动植物检疫隔离处理中心
1023. 省储备粮直属库建设项目
1024. 福建中央储备粮库新建储备仓项目
（七）社会事业（126 个）
1025. 阳光学院五期
1026. 福建工程学院旗山校区三期工程项目
1027. 省委党校（福建行政学院）新校区
1028. 福州中小学生综合实践基地（一期）
1029. 福州三中滨海校区
1030. ▲福州软件职业技术学院长乐新校区
1031. 厦门一中海沧校区
1032. 厦门大学翔安校区
1033. 福建省诏安职业技术学校实训设施建设项目
1034. 东山谷文昌干部学院
1035. 漳州台商投资区华夏高级技工学校
1036. 漳州市职业教育园区一期
1037. 漳州一中高中部异地迁建项目
1038. 泉州七中江南校区
1039. 福建经贸学校新校区
1040. 泉州海洋职业学院扩建项目
1041. 福州大学晋江科教园建设项目
1042. 三明医学科技职业学院综合实训大楼
1043. 三明学院学生实训中心及文体中心
1044. 宁化卫校综合实训中心建设项目
1045. 湄洲湾职业技术学院迁建工程（一期）
1046. 莆田学院迁建项目（一期）
1047. 福建林业职业技术学院江南校区二期建设 A 地块项目
1048. 顺昌一中富州校区
1049. 建瓯市公共实训基地
1050. 建瓯第一中学扩建项目
1051. 闽北卫生学校新校区二期建设项目
1052. 武夷新区中共南平市委党校新校区建设工程
1053. 龙岩一中分校
1054. 闽西职业技术学院扩建项目
1055. 龙岩学院三期工程
1056. 龙岩技师学院第二校区建设项目
1057. 长汀一中分校新区
1058. 上杭闽西古田光荣院建设项目
1059. 漳平二中改扩建工程
1060. 蕉城区北山区域西林学校
1061. 屏南一中新校区建设项目
1062. 周宁县职业成人教育学校
1063. 福建信息技术学院平潭校区
1064. 平潭一中新校区（二期）工程
1065. 福建省图书馆改扩建工程
1066. 海峡演艺中心
1067. 福建省科技馆新馆
1068. 海峡文化艺术中心
1069. 漳州“五馆一歌”项目
1070. 泉州图书馆
1071. 泉州大剧院
1072. 泉州东海工人文化宫
1073. 三明万寿岩国家考古遗址公园
1074. 莆田广化寺佛教文化名胜区
1075. 仙游县六馆建设
1076. 顺昌县文化艺术中心
1077. 浦城新城梦笔文化中心
1078. 龙岩工人文化宫
1079. 寿宁县三峰公园
1080. 宁德市“四大公馆”文化公建项目
1081. 国家海洋局海岛研究中心二期建设项目
1082. 平潭综合实验区科技文化中心
1083. 省老年医院改扩建工程
1084. 福建医科大学附属协和医院门诊楼、急诊楼、心血管病房楼
1085. 福州市晋安区医院改扩建工程
1086. 晋安区妇幼保健医院改扩建项目
1087. 省疾控中心（含省卫生应急中心和食品安全监测中心）迁建工程
1088. 福建省儿童医院（区域儿童医学中心）
1089. 福州海西口腔医院及陶行知国际教育交流中心
1090. 长乐区医院外科综合大楼
1091. 厦门马銮湾医院

1092. 厦门市心脏中心新址项目
1093. 厦门市环东海域医院
1094. 厦门市第三医院康复病房综合楼（三期）工程
1095. 厦门翔安医院
1096. 漳州公共卫生服务中心
1097. 漳州同济医院和诏安同济老年养护中心
1098. 福建医科大学附属第二医院东海分院
1099. 南安市医院新院区
1100. △泉州台商投资区颐和三甲医院
1101. 三明第一医院外科诊疗中心
1102. 三明市中西医结合医院医技病房综合楼建设项目
1103. 宁化县医院新建项目
1104. 泰宁总医院建设项目
1105. 建宁县医院整体搬迁项目
1106. 莆田华侨医院扩建工程
1107. 涵江医院新院址建设工程
1108. 莆田市湄洲湾北岸经济开发区医院
1109. 建瓯市妇幼保健提升改造项目
1110. 龙岩市第一医院分院
1111. 长汀综合养老中心项目
1112. 长汀汀州医院主体功能搬迁项目
1113. 上杭县医院整体搬迁项目
1114. 武平医养中心建设项目
1115. 连城县医院二期病房大楼项目
1116. 霞浦县医院新院医疗综合楼
1117. 福鼎市医院百胜院区
1118. 福鼎市第二医院
1119. 宁德市中医院医养结合建设项目
1120. 宁德市闽东医院门急诊病房综合楼
1121. 平潭两岸医疗园区
1122. 福建漳州体育训练基地改建项目
1123. 晋江市第二体育中心
1124. 明溪侨乡体育公园
1125. 清流体育健身中心建设项目
1126. 大田浩沙体育文化中心建设项目
1127. 顺昌县体育中心建设项目
1128. 邵武体育中心建设项目
1129. 武夷新区体育中心
1130. 武夷新区云谷、南林、赤岸片区社区体育健身工程
1131. 新罗紫金山体育公园
1132. 上杭青少年水上运动中心建设项目
1133. 上杭体育中心建设项目
1134. 平潭金井湾市民运动中心
1135. 广电 NGB 网络建设工程
1136. 福建省气象防灾中心及福州高空气象探测站建设项目
1137. 福建省地质资料库项目一期工程
1138. 福州海峡青少年活动中心
1139. 海西研究院三期
1140. 长乐椿萱乐老年公寓项目
1141. 厦门地质科研实验基地
1142. 集美大学印斗校区工程中心及地下停车库
1143. 东山文昌新城建设项目
1144. 建宁县山地健身慢道建设项目
1145. 三明郊野国家地质公园建设项目
1146. 武夷山四中心项目
1147. 永定“一河两岸”美丽滨河景观栈道建设项目
1148. 连城北部新城颐养园建设项目
1149. 平潭综合训练基地及驾考中心项目
1150. 福建监狱布局调整项目

二、省预备重点项目（412 个）

（一）农林水利（15 个）

1. 福州地区大学新校区旗山湖工程
2. 古雷石化基地防洪排涝工程
3. 晋江国际鞋纺城片区防洪排涝工程
4. 安溪白濑水利枢纽工程
5. 闽江防洪工程三明段（三期）
6. 浦城南浦原中央苏区县灌区续建配套与节水改造工程
7. 闽江上游建溪五期（政和段）防洪工程
8. 新罗中甲水库
9. 龙岩万安溪引水工程
10. 龙岩富溪一级水库工程
11. 漳平城区排涝（高水高排）项目
12. 福鼎市管阳溪跨流域引水工程
13. 南科渔业产业工厂化养殖加工生产基地项目

14. 福清莲峰国家现代渔港经济服务区

15. 惠安县崇武渔港及产业融合示范区 PPP 项目

（二）交通（73 个）

16. 长乐区松下港铁路专用线

17. 福州市港口后方铁路通道项目

18. 泉州现代有轨电车一期项目

19. 龙岩经梅州至龙川铁路（福建段）

20. 厦漳城际铁路

21. 闽侯二桥

22. 228 国道浦口至晓澳段

23. 308 省道清溪至下保溪段及蛎坞至官岭段

24. 国道纵四线葛岭濑下至台口溪尾段公路

25. 福州市滨海新城道庆路及连接线工程

26. 228 国道长乐段

27. 福州港松下港区疏港路一期

28. 福州机场第二高速公路

29. 厦门第二东通道工程

30. 厦门滨海东大道（翔安东路—莲河段）

31. 厦门洪新路（旧 324—马新路）道路工程

32. 漳州市东环城路及其接线工程

33. G324（纵二线）漳浦城关过境段公路工程

34. 惠安崇武环岛北路

35. 惠安惠东快速通道东延伸工程

36. 省道联三线惠安黄塘至大红埔公路改扩建工程

37. 国高网泉南线永春互通至汤城枢纽段改扩建工程

38. 泉州二重环湾快速路（石狮段）新建工程

39. 联十一线南安创业大道至埕美路段

40. 晋江快速通道东石连接线工程

41. 国省道干线纵二线晋江磁灶井边至新垵段改造工程

42. 晋江西部快速通道

43. 泉州市二重环湾快速路（晋江段）新建工程

44. 国道 534 线（横六线—大田段）工程建设项目

45. 莆炎高速公路建宁西互通连接线

46. 江涵大桥建设工程

47. 莆田市兴化湾南岸北高作业区港北路

48. 莆田罗屿疏港公路（东吴西大道）二期

49. 省道 306 线延平区岭兜至安济公路工程

50. 国道 316 延平浪石至顺昌井垄段升级改造工程

51. 厦蓉高速公路龙岩西互通扩建工程

52. G319 新罗区曹溪坑头至东肖莱园公路工程

53. G235 线漳平市境内段公路工程（漳平）

54. 浦城至武平高速公路龙岩段

55. 沈海高速公路宁德段扩容工程（一期）

56. 屏南城关至衢宁铁路屏南站连接线公路

57. 国高网宁上高速公路宁德霞浦至福安段

58. 平潭环岛公路西段（猴屿段至娘宫段）

59. 国高网沙厦高速公路延伸线武夷新区至沙县高速公路工程

60. 沈海高速公路福厦段扩容二期工程福州江阴至泉州惠安段

61. 福州港江阴港区 13A、13B、13C 号泊位工程

62. 福州港江阴港区 18#、19#泊位工程

63. 福州松下港区山前作业区 16#、17#泊位及配套设施

64. ▲松下港区牛头湾作业区 4#泊位工程

65. 厦门港海沧航道扩建四期工程

66. ▲厦门港海沧港区 22—24#泊位工程

67. 福建漳州古雷炼化一体化项目百万吨级乙烯及下游深加工装置配套码头工程

68. 厦门港古雷港区古雷作业区南 13#、南 14#泊位改扩建工程

69. 中化泉州乙烯及炼油改扩建项目配套码头工程

70. 莆田石门澳工业园区配套码头泊位工程

71. 宁德城澳作业区 1#、2#泊位工程

72. 福州港三都澳港区城澳作业区西 1#泊位工程

73. 福州港三都澳港区城澳作业区 14#、15#泊位工程

74. 福州港沙埕港区杨岐作业区 25、26#泊位码头工程

75. 福州港三都澳港区漳湾作业区 18～20 号泊位工程

76. 福州港三都澳港区漳湾作业区 21 号泊位

工程

77. 福州港区平潭港区澳前作业区海峡客滚码头二期工程

78. 福州机场二期扩建工程

79. 三明沙县机场机坪扩建及民航技术保障中心

80. 武夷山机场迁建

81. 福州至长乐机场轨道交通

82. 厦航翔安新生产基地综合保障工程（一期）

83. 厦航翔安新生产基地货运工程（一期）

84. 厦航翔安新生产基地机务维修工程（一期）

85. 厦航翔安新生产基地航线维修工程

86. 厦门港古雷港区古雷作业区北区多用途堆场及公共配套道路一期工程

87. 武夷新区南林核心区公交总站客运枢纽项目

88. 宁德市水陆联运中心工程

（三）能源（11 个）

89. 漳州核电站

90. 宁德核电 5、6 号机组

91. 泉惠石化工业区热电联产项目

92. 云霄抽水蓄能电站

93. 三峡福建长乐外海百万千瓦海上风电场先行工程（长乐外海 A 区 300MW 海上风电场）

94. 三峡福建漳浦六鳌百万千瓦海上风电场先行工程（漳浦六鳌 D 区 404MW 海上风电场）

95. 福建海上风电安装与运维服务基地项目

96. 莆田平海湾海上风电场三期项目

97. 莆田石城海上风电场

98. 100MWh 级新型锂电池储能技术开发及应用项目（一期）

99. 浦城县生活垃圾焚烧发电厂项目

（四）城乡建设与生态环保（57 个）

100. 武夷新区旅游观光轨道交通武夷山东站至建阳西区生态城线

101. 福州市站东路延伸段道路工程

102. 连江县粗芦岛环岛公路二期工程（塘下至粗芦岛二桥连接线路段）

103. 厦门芦澳路（马青路—翁角路段）工程

104. 海沧疏港通道工程

105. 厦门同新路（五显—同翔大道）改造工程

106. 厦门翔安西路（海翔大道—翔安南路段）道路工程

107. 溪东路（翔安南路至机场快速路段）（原翔安滨海东路）工程

108. 古雷新港城交通路网项目

109. 古雷中下游精细化工产业园配套工程项目

110. 古雷应急救援指挥中心配套道路工程

111. 泉州东海通道工程

112. 泉州百崎通道工程

113. 泉州金屿通道工程

114. 清流火车站进出快速通道建设项目

115. 莆田市荔城区五侯大道（莆炎高速出口至国道 G228）工程

116. 莆田市湄洲湾北岸开发区海滨大道工程

117. 莆田北岸滨海大道三期

118. 莆田市木兰大道三期建设工程

119. 延平新城朱熹路五期道路工程

120. 顺昌县城区至郑坊工业园区城市快速通道

121. 顺昌中心城区二环路道路建设工程（金溪桥立交至 8 号公路）

122. 政和县纵七线林屯至石屯段建设项目

123. 滨江西路道路南林大桥至林后大桥段

124. 武夷新区西岸片区路网

125. 武夷新区闽越大道

126. 建阳区双龙桥建设工程

127. 福鼎市店下石头尾至杨岐泊位码头道路工程

128. 福州市东南区水厂工艺改造工程

129. 连江县可门经济开发区污水处理厂尾水排海工程

130. 厦门杏林湾排涝泵站

131. 漳州市第三自来水厂工程一期

132. 泉港区北部城区防洪排涝工程

133. 石狮水头排涝枢纽工程

134. 泉州海峡科技生态城防洪排涝工程

135. 明溪明源自来水厂及配套供水管网建设

工程

136. 厦门西柯污水处理厂一期工程

137. 古雷南部污水处理厂及相关配套工程

138. 古雷石化基地基础设施配套项目公共事故应急池及消防站

139. 南安市石井镇生活污水处理厂项目

140. “泉州芯谷”南安高新技术园区工业污水处理厂项目

141. 平潭竹屿再生水厂（一期）工程

142. 南安申联再生资源综合利用处置项目

143. 南平市生活垃圾焚烧发电厂

144. 福安（赛岐）生活垃圾焚烧发电厂

145. 晋安区益凤村渣土及全市建筑垃圾资源化利用基地

146. 晋安东湖公园

147. 罗源县岐阳片区棚户（旧屋）区改造工程

148. 厦门月美池整治工程

149. 厦门马銮湾新城集美片区马銮湾水生态修复湿地工程

150. 兴泉铁路大田客运站站前广场综合体建设项目

151. 涵江外度水库一级饮水源保护区搬迁工程

152. 顺昌县余坊棚户区改造项目

153. 邵武市东关片区棚户区改造工程项目

154. 建瓯市衢宁铁路建瓯东站基础设施

155. 武平兴贤坊历史文化街区建设（棚户区改造）

156. 金井湾产业公寓

（五）工业（147 个）

157. ▲福建艾密克新能源科技有限公司汽车零部件生产项目

158. 南安吉泰数字对讲机生产项目

159. 沙县金杨电池零部件生产项目

160. ▲涵江联兴光电智能后视镜项目

161. 上杭富鑫达 5G 通信电缆及物联网终端天线、军工电缆组件生产项目

162. 连江申远二期年产 40 万吨聚酰胺一体化项目

163. 中景石化聚丙烯热塑性弹性体项目

164. 福建康乃尔 40 万吨/年 MDI 项目

165. 福建省东南电化扩建 15 万吨/年 TDI 项目

166. 古雷重油深加工及 75 万吨/年高级润滑油项目

167. 古雷开发区石化公共管廊工程

168. 泉港 20 万吨/年全加氢白油项目（一期）

169. 泉港硫磺制酸及配套项目

170. 泉港 C5 综合利用及合成橡胶联合装置项目

171. 泉港食品级二氧化碳及衍生产品生产项目

172. 惠安奇美 ABS 项目

173. 梅列宝顺次氧化锌提纯建设项目

174. 延平新城三元硅胶和生物质炭棒项目

175. 顺昌县榕昌化工增资扩产项目

176. 顺昌县电子级氟化物气体及电子级一氧化二氮项目

177. 上杭龙氟化工无水氟化氢生产扩建项目

178. 漳平东方雨虹防水材料生产项目

179. △东南汽车 DX9 车型开发项目

180. 闽侯福中富汽配项目

181. 福建宏瑞实业有限公司汽车零部件生产项目

182. 福翔汽配年产 100 万套铝合金及 20 万套钢制锻造车轮项目

183. 福清三锋高端铝镁合金材料精密制造项目

184. 漳州台商投资区立州汽车零部件生产项目

185. △漳州台商投资区三阳工业服务公司新能源项目

186. 南安神华工矿机械配件生产项目

187. 晋江宏淇汽车零部件生产项目

188. 将乐维德精密制造轻合金压铸件生产项目

189. 秀屿区特兴科技项目

190. 龙岩龙邦挖掘机、装载机配件生产项目

191. 龙岩兴万祥年产 6 万套钣金和焊接研发生产项目

192. 福鼎市鼎盛钢铁项目一期

193. ▲厦门太古新机场维修基地搬迁
194. 大田建中数字无人机产业化建设项目
195. 石狮永信智能机械二期
196. 沙县克劳斯玛菲注塑机生产项目
197. 莆田北岸两岸智能医疗产业园
198. 新罗龙净带式输送环保装备及智能制造项目
199. ▲新罗侨龙非破坏挖掘抽吸应急装备生产项目
200. 福建东方小飞科技产业园项目
201. 厦门天马 LTPS/AMOLED（含柔性）生产线项目
202. 长泰宏发电声生产项目（二期）
203. 长泰立达信 LED 灯具、智能照明产品、物联网产品及其配套产品项目
204. 晋江创龙智新智能眼镜生产项目
205. 晋江芝奇内存模组生产项目
206. 友谊新材料科技工业园项目
207. 厦门宏鹭升环保建筑废弃物资源化处理项目
208. 厦门钨业稀土永磁电机产业集群项目
209. 清流环保制冷剂小钢瓶灌装项目
210. 大田科达洁能石墨负极材料生产项目
211. 沙县和信中禾再生资源综合利用项目
212. 沙县阿福硅特种高端白炭黑生产项目
213. 将乐慧思通 3D 打印研发生产基地项目
214. 莆田港通新型环保建筑模板生产项目
215. ▲赛得利（福建）新增年产 50 万吨纤维素纤维项目
216. 永定希睿半导体新材料 BOE 生产项目
217. 上杭鑫昌龙石墨烯和改性 PE 新材料生产项目
218. 武平亿思达激光显示生产项目
219. 福安青拓特钢铬铁合金项目
220. 福安青美动力电池三元正极材料项目
221. 新能源汽车动力锂电池检测系统产业化项目
222. 秀屿区冰雪世界换冷站项目
223. 蕉城莱普新能源汽车注塑件生产项目
224. 蕉城莱普新能源汽车冲压件生产项目
225. 福建未来药业生物酶催化法高选择性制备医药中间体研发生产项目
226. 涵江区国恒医药产业园
227. 邵武舜跃含氟医药中间体及兽药系列产品生产项目
228. 建阳区青松回瑶化工园区建设项目
229. 新罗格兰尼维生素 E 深加工项目
230. 福建纳仕达电子智能感应设备研发生产基地项目
231. 福建金吕金属铝制品项目
232. 漳州台投区良兴不锈钢扩建项目
233. 南安顺祥再生资源项目
234. 宁化行洛坑钨矿梅子甲尾矿库工程
235. 宁化泓鑫高科高级陶瓷原料提取项目
236. 上杭紫金山含铜酸水环保处理系统项目
237. 上杭志裕铜资源综合利用项目
238. 上杭瓮福紫金磷石膏综合利用项目
239. 上杭紫金铜业铜冶炼技改扩建项目
240. 上杭高性能铜合金与节能技术改造项目
241. 上杭紫金山环境安全整体提升工程
242. 连江铭林钢构项目
243. 连江中马装配建筑项目
244. 罗源新型建筑材料产业园项目
245. 平和印象庄园陶瓷生产项目
246. 泉州绿色建筑产业园项目
247. 石狮锦蚶智能家居产业园一期
248. 南安科达消防智能科技生产项目
249. 南安水力消防装备产业化项目
250. 尤溪新磊新型建材加工生产项目
251. 将乐硕尔邦绿色装配式建筑建设项目
252. 莆田市中建海峡 PC 构件厂
253. 秀屿区无醛木业生产项目
254. 漳平红狮矿山生态皮带长廊项目
255. 漳平康宝硅橡胶制品项目
256. ▲漳平世茂纳米碳酸钙生产项目
257. 蕉城区三都澳城澳作业区机制砂生产项目
258. ▲福建联塑新型环保建材家居项目
259. ▲长泰巨信智能家居
260. 晋江安婷妇幼用品生产项目
261. 泉州台商投资区玖龙纸业（泉州）年产 50 万吨高档包装纸扩建工程

262. 福建力嘉化纤差别化项目

263. 长乐新华源纺织70万锭涡流纺和紧密赛络纺智能化项目

264. 长乐源嘉轻纺多功能性高端品种纱线项目

265. 长乐唐源纺织二期

266. 晋江凤竹纺织生产项目

267. 晋江普斯特高档提花针织面料生产项目

268. 晋江连捷纺织生产项目

269. 泉州开发区九牧王产业园项目

270. 大田圣莉徕箱包服饰生产项目

271. 晋江晓峰保安鞋服生产项目

272. 晋江超特精铸鞋模生产项目

273. 晋江嘉怡塑胶生产项目

274. 晋江特步鞋服生产项目

275. 南靖吉泰鑫箱包材料项目

276. ▲连江宏东远洋渔业产业项目

277. 南靖豪士食品项目

278. ▲泉港福海粮油加工（四期）项目

279. 涵江雪津麦芽生产加工项目

280. ▲新罗威士忌酒生产项目

281. 永定丝巢燕窝深加工项目

282. 连城富硒产业园标准化厂房及配套设施建设项目

283. 蕉城三都澳大黄鱼产业园开发建设项目

284. 漳州台商投资区惠盈生物科技项目

285. 邵武市永椿新材料生产项目

286. 福建容益绣球菌加工研发生产基地建设

287. 福清天马科技三期项目

288. 新罗正大白羽雏鸡孵化场项目

289. 永定鳄鱼养殖及产业化基地项目

290. 上杭御研纳米生物肥及农用微生物制剂生产项目

291. 莆田市恒达机电项目

292. ▲福建三钢（集团）三明化工新建5万吨/年电子级氟化氢项目

293. 涵江区食品工业集中区项目

294. 永定珠宝文化产业基地项目

295. 福建六建闽侯钢结构装配式建筑工业化产业基地建设项目

296. 福州重点项目机制砂生产基地项目

297. 三明市资源循环利用中心建设项目

298. 榕青汇（福州）绿色建筑示范产业园

299. 长泰总部及研发中心建设项目

300. 漳州古雷石化码头后方罐区及管线工程

301. 莆田涵江新能源汽车配套产业园项目

302. 新罗能化共轨循环冶金孵化基地

303. 金井湾跨境电商物流园（二期）

（六）服务业（62个）

304. 福清闽台电子商务与现代物流园项目

305. 海峡出版物流中心

306. 漳龙物流园二期项目

307. 台商投资区鑫展旺电商物流园项目

308. 宇培集团漳州物流园项目

309. 漳州台商投资区宝湾国际物流园项目

310. 惠安黄塘物流园区项目

311. 石狮普洛斯物流园项目

312. 南安唯品会海西总部项目

313. 南安翰莎现代物流项目

314. 晋江京通易购（东南）智慧物联网共同运营中心

315. ▲莆田普洛斯物流园项目（二期）

316. ▲秀屿区丰树集团物流项目

317. 莆田秀屿区快递?电商园项目

318. 湄洲湾罗屿作业区6#、7#泊位后方物流工程

319. 闽北（光泽）冷链物流园

320. 邵武综合物流园建设项目

321. 龙岩公路港物流园项目

322. 霞浦台湾水产品集散中心保税仓及冷链物流交易中心

323. 福鼎市万成物流仓储项目

324. 宁德国际物流中心工程

325. ▲宁德铜精矿仓库扩建项目

326. 闽侯兆富国际现代物流园项目

327. 长乐华兴农产品及海鲜加工冷冻项目

328. 南安霞美综合市场建设项目

329. 晋江海西国际农产品交易中心

330. 宁化金水河综合批发市场建设项目

331. 尤溪三奎商贸综合市场项目

332. 莆田兴化湾（涵江）港口物流园区一期工程

333. 平潭坛南湾大酒店项目（国际会议中心）
334. 漳浦七星海国际滨海旅游度假区项目
335. 洛江南唐古镇养生文化旅游项目一期
336. 南安扬子山大地艺术修复项目
337. 南安美林生态旅游区项目
338. 泰宁（金湖）旅游综合服务区建设项目
339. 莆田市港里小镇4A景区一期工程
340. 武夷山东方养心谷项目
341. 武夷山神农谷养生园项目
342. ▲武夷山冰雪水世界旅游综合项目
343. 武夷山市悦榕庄建设项目
344. 武夷山天驿古茗茶文化庄园项目
345. 永定岩太高山土楼古村落开发项目
346. 永定龙湖航天军事红色文化产业项目
347. 霞浦东冲半岛风景名胜区大京景区旅游项目
348. 屏南县东区国际养生养老城基础设施建设项目
349. 福建三都澳福城文化旅游基地项目
350. 福安棕树山文化旅游基地项目
351. 平潭国际演艺中心项目
352. 福建省复寅精准医学产业创新中心
353. 福建联通云计算产业园一期项目
354. 浪潮集团东南运营总部项目
355. 福建中未网络360产业园项目
356. 盘古天地东南区大数据创新创业总部
357. 福建湾流虚拟现实科技有限公司建设项目
358. 数字中国会议中心建设项目
359. 中国移动数字化服务产业园项目
360. 大数据产业园共享核心区项目
361. 厦门火炬新科广场
362. 中国移动（福建福州）数据中心项目
363. 涵江火车站站前广场及相关配套设施建设项目
364. 妈祖国际健康城项目
365. 福鼎闽浙台国际农副产品电商物流商贸项目

（七）社会事业（47个）

366. 福建江夏学院9号、10号产教融合楼及第二运动区项目
367. 福州外语外贸学院长乐新区（七期）
368. 湄洲湾职业技术学院迁建项目（二期）
369. 莆田市第一中学迁建工程
370. 浦城一中搬迁项目
371. 福建省南平第一中学武夷新区高中部校区建设项目
372. 龙岩北大附属实验学校元培校区、国际校区建设项目
373. 武平高级中学项目
374. 福鼎市职成教中心实训基地
375. 宁德师范学院医学院一期
376. 中国海上丝绸之路博物馆
377. 涵江区824电台迁建项目
378. 政和县工人文化宫及城市音乐厅建设项目
379. 福建中医药大学附属第二人民医院病房综合楼建设项目
380. 福建医科大学附属第一医院配套用房及停车场
381. 福建医科大学附属第一医院奥体院区（含皮肤病性病医院）
382. 福建省立金山医院二期工程
383. 福建省妇产医院
384. 福建医科大学附属第三医院二期
385. 南方医大福清医院
386. 福州滨海新城综合医院
387. 和睦家广生妇儿医院
388. 长乐文福苑老年公寓
389. 集美新城医院
390. 云霄县医院整体搬迁
391. 漳州市医院古雷分院
392. 漳州台商投资区泰禾医院项目
393. 清流县医院医疗（康复）综合大楼建设项目
394. 仙游县第一医院（三级医院）
395. 邵武市立医院门诊医技教学综合楼建设项目
396. 南平市第一医院武夷新区综合医院
397. 永定中医院整体迁建项目
398. 屏南县医院整体搬迁项目
399. 柘荣县医院异地新建项目

400. 宁德闽东医院溪北洋分院建设项目

401. 中国足协（惠安）青少年足球训练基地项目

402. 南安国家级足球训练基地项目

403. 宁化慈恩市民体育活动中心建设项目

404. 南平市少体校武夷新区校区建设项目

405. 长汀体育中心

406. 福建海峡健康养老中心

407. 东山国家级水产品检验研发重点实验室（福建）

408. 南安南山养生园

409. 泰宁远景置业老年公寓建设项目

410. 永安康寿老年怡养中心项目

411. 永安幸福健康养生项目

412. 新罗天喜温泉养生养老基地

注：标▲的为利用外资项目，标△的为利用台资项目。

（摘编：吴汉良）

福建省 2018 年度省级重点招商项目

为落实省委省政府进一步推动开放型经济发展要求，促进全省经济向高质量发展阶段迈进，省发改委日前筛选推出 300 项 2018 年度省级重点招商项目，总投资 5620 亿元。其中，三大主导产业项目 75 项，总投资 2222 亿元；战略性新兴产业项目 39 项，总投资 578 亿元；传统特色产业项目 30 项，总投资 274 亿元；生产性服务业项目 29 项，总投资 773 亿元；生活性服务业项目 75 项，总投资 1344 亿元；现代农业项目 27 项，总投资 89 亿元；基础设施项目 25 项，总投资 340 亿元。

2018 年省级重点招商项目以持续深化供给侧结构性改革，推动我省产业转型升级、提质增效为目标，按照国家发改委、商务部发布的《外商投资产业指导目录（2017 年修订）》的产业导向，结合我省“十三五”相关产业规划和各地产业发展需求，从电子信息、石油化工、机械装备等三大主导产业，新一代信息技术、高端装备、新材料、新能源、生物医药、节能环保、海洋高新等战略性新兴产业，传统特色产业，生产性服务业，生活性服务业，现代农业等重点领域筛选推出。这些项目符合国家产业政策导向，具有较好的产业基础和资源优势，预期投资收益较好。2018 年省级重点招商项目已在省发改委官网发布，并在“9・8”投洽会等重大经贸活动中重点推介，为广大投资者提供福建省投资热点资讯和详细准确的对接信息。

（摘编：王增丰）

福建省2018年省级技术创新重点项目

2018年7月18日福建省经济和信息化委员会下发《关于印发2018年省级技术创新重点项目的通知》提出，为贯彻落实省委、省政府创新驱动发展战略，不断提升企业技术创新能力，促进产业转型升级，推动创新型省份建设，省经信委组织编制了2018年省级技术创新重点项目，请认真组织实施。

一、项目实行分级管理

2018年省级技术创新重点项目共计435项，项目研发投入总额107.5亿元，预计年新增销售收入368.8亿元。具体如下：

（一）省属项目

省属项目共24项，项目研发投入总额约3.81亿元，预计年新增销售收入16.1亿元。

（二）各设区市属项目

设区市属单位项目共411项，项目研发投入总额约103.69亿元，预计年新增销售收入352.7亿元。其中：

福州市131项，项目研发投入总额约13.17亿元，预计年新增销售收入131.58亿元；

漳州市41项，项目研发投入总额约2.44亿元，预计年新增销售收入8.38亿元；

泉州市73项，项目研发投入总额约54.08亿元，预计年新增销售收入77.91亿元；

三明市39项，项目研发投入总额约9.87亿元，预计年新增销售收入42.94亿元；

莆田市34项，项目研发投入总额约2.94亿元，预计年新增销售收入15.3亿元；

南平市28项，项目研发投入总额约2亿元，预计年新增销售收入7.88亿元；

龙岩市33项，项目研发投入总额约16.8亿元，预计年新增销售收入55.13亿元；

宁德市32项，项目研发投入总额约2.39亿元，预计年新增销售收入13.58亿元；

由于省级技术创新重点项目扶持资金不涵盖厦门市，故厦门市不列入本次省级技术创新重点项目库。

二、做好项目跟踪管理工作

（一）省属单位项目由省直主管部门或省属控股（集团）公司负责管理；设区市属单位项目由各所属设区市经信部门负责管理。各主管单位要做好项目协调、服务工作，推进项目按计划实施，充分发挥项目的社会效益和经济效益。

（二）省经信委专项资金扶持的企业技术创新类项目，原则上从列入省级技术创新重点项目中筛选产生。资金下达后，项目主管部门应根据我委项目验收有关规定（闽经信技术〔2015〕318号文），结合项目申报材料和项目实施期限计划，及时组织开展项目验收。

表1 2018年省级技术创新重点项目（省属）

单位：万元

序号	项目实施单位及合作单位名称	项目名称	专项类别	所属行业	项目实施年限	项目研发投入	预计年新增销售收入
1	福建省模具技术开发基地，福建工程学院	冲压模具智能制造研发设备购置	省级创新平台研发设备投资	装备制造	2018—2019	868.9	
2	实施单位：福建省模具技术开发基地，福建工程学院合作单位：福州福耀模具科技有限公司	自然纤维复合材料汽车门板新产品及其模具	产学研合作	装备制造	2018—2019	1000	3000
3	福建省新能源汽车控制系统技术开发基地	福建省新能源汽车行业企业技术提升辅导	其他	新能源汽车	2018.3—2019.12	30	/
4	福建海源自动化机械股份有限公司合作单位：意大利朗基尔公司、福州大学	碳纤维预成型生产线以及碳纤维车身架组装生产线产业化技术改造	购买关键重大智能装备	装备制造业	2017.7—2019.7	4395	24600
5	福建华电可门发电有限公司及华电电力科学研究院	海运电厂智能燃煤岛模型设计及关键技术研究应用	其他	电力	2018—2019	1350	节支215
6	建华电可门发电有限公司及龙净科杰环保技术（上海）有限公司	燃煤电厂SCR脱硝催化剂再生技术研究	其他	电力	2016—2017	1928	节支539万
7	福建绿洲生化有限公司/中国农业科学院农业环境与可持续发展研究所	有机碳土壤改良剂的研发与生产	产学研合作	有机肥料及微生物肥料制造	2017.2—2019.1	300	1500
8	实施单位：福建农林大学福建省有机固废资源化与土壤修复行业技术开发基地合作单位：福建省致青生态环保有限公司	土壤污染修复技术、产品及装备研发	其他	其他科技推广与应用服务业	2	80	300
9	厦门船舶重工股份有限公司	厦船重工豪华邮轮适应性改造项目	购买关键重大智能装备	船舶及相关装置制造和海洋装备	2	12000	83500
10	福建省晋华集成电路有限公司	智能圆晶搬送系统之塔式堆垛机与控制器购置	购买关键重大智能装备	电子器件及电子元件制造	2018.1—2018.12	424.8	772.55
11	实施单位：福建升腾资讯有限公司合作单位：福建师范大学	升腾闪付POS终端	产业创新重大专项	数字移动通信产品	2017.1—2018.12	2000	6000
12	实施单位：福建星网智慧科技股份有限公司合作单位：福州大学物理与信息工程学院	基于深度学习超分辨率重建的高清音视频会议系统的研发	产学研合作	通信设备制造	2017.7—2019.9	500	5000

续表

序号	项目实施单位及合作单位名称	项目名称	专项类别	所属行业	项目实施年限	项目研发投入	预计年新增销售收入
13	实施单位：三禾电器（福建）有限公司合作单位：宁德职业技术学院	智能高效深水电泵	产学研合作	电机制造业	2017.6—2019.6	210	2600
14	福建星网锐捷通讯股份有限公司	福建星网锐捷通讯股份有限公司技术中心创新平台提升建设	省级创新平台研发设备投资	电子信息	2017.6—2018.5	800	5000
15	福建省建筑科学研究院	建设工程废弃土综合利用技术研究	其他	建筑业	3	200	2000
16	福建省泉州晶海轻化有限公司	年产6万吨海精盐生产线建设项目	购买关键重大智能装备	盐加工	2016.12—2018.5	9996.9	11945
17	实施单位：福建省三钢（集团）有限责任公司合作单位：三明学院	基于机器视觉全自动砂轮片在线更换系统	产学研合作	冶金	2018	500	2800
18	实施单位：福建省三钢（集团）有限责任公司合作单位：机械科学研究总院海西（福建）分院	棒材厂冷床自动取样及在线自动分析系统开发	产学研合作	冶金	2018	630	3456
19	福建省功能材料技术开发基地	橡塑复合材料行业技术提升辅导	其他	新材料	2017.10—2019.6	150	4000
20	福建省高端装备制造业技术开发基地	福建省工业大数据企业技术诊断提升辅导	其他	智能装备	2018.6—2019.5	20	/
21	福建省现代铸锻焊行业技术开发基地	铸锻焊行业技术辅导提升	其他	铸锻焊	2018.6—2019.6	30	/
22	龙岩学院、福建龙岩闽雄生物科技股份有限公司	绿色饲料生产企业质量提升诊断辅导	其他	畜牧业	2	50	3000
23	福建海峡科化股份有限公司/南京理工大学	金属爆炸焊接专用炸药的研究开发	产学研合作	炸药、火工及焰火产品制造	2017.10—2019.5	503	1800
24	福建兵工装备有限公司	购置X射线数字成像检测系统	省级创新平台研发设备投资	其他未列明金属制品制造	2016.5—2017.11	118.6	0

2018 年省级技术创新重点项目（设区市属）

单位：万元

一、福州市

序号	项目实施单位及合作单位名称	项目名称	专项类别	所属行业	项目实施年限	项目研发投入	预计年新增销售收入
1	福建榕基软件股份有限公司/浙江宇视科技有限公司	基于分布式计算平台上的城市交通智能分析与管控系统研究与应用	产业创新重大专项	651 软件开发	2017. 9—2019. 8	2000	2200
2	福建海媚数码科技有限公司	主题场景巨幕互动系统	产业创新重大专项	394 视听设备制造	2017. 1—2019. 12	500	600
3	福建省海峡信息技术有限公司/福建师范大学、西安电子科技大学、北京八分量信息科技有限公司	云主机入侵风险感知系统关键技术研究与开发	产业创新重大专项	I657 高端软件和新兴信息服务	2016. 7—2019. 6	835	695
4	恒锋信息科技股份有限公司	智慧监所综合解决方案	产业创新重大专项	652 信息系统集成服务	2017. 6—2019. 6	1300	3000
5	福建联迪商用设备有限公司/福建省产品质量检验研究院	联迪互联网智能收银终端的研发及应用	产业创新重大专项	391 计算机制造	2017. 1—2019. 6	3000	35000
6	福建睿能科技股份有限公司	针织袜机电脑控制系统	产业创新重大专项	通用仪器仪表制造 401	2017. 1—2019. 6	800	2000
7	福建亿榕信息技术有限公司	人工智能技术在风险管理中的应用	产业创新重大专项	软件开发 651	2017. 1—2019. 12	460	1000
8	福建庆丰物流有限公司/中国科学院福建物质结构研究所	无车承运人管理平台	产业创新重大专项	物流	2017. 1—2022. 12	500	5000
9	福建升腾资讯有限公司/福建师范大学	升腾闪付 POS 终端	产业创新重大专项	1. 1. 3 数字移动通信产品	2017. 1—2018. 12	2000	6000
10	福建凯盈资讯有限公司/华侨大学计算机科学与技术学院	凯盈智能开票机的关键技术开发与产业化	产业创新重大专项	391 计算机制造	2017. 6—2019. 5	300	1200
11	慧翰微电子股份有限公司/福州理工学院、上海汽车集团股份有限公司	远程刷新模块的研发	产业创新重大专项	电子信息	2017. 3—2020. 3	800	6000
12	福建祥鑫股份有限公司/中国航天科技集团公司第一研究院第一设计部	航天重型火箭用高强高韧铝合金桁条研制	产业创新重大专项	新材料	2018. 1—2018. 12	400	1000
13	福建麦特新铝业科技有限公司/福建工程学院	铝合金熔铸过程无需熔剂精炼可获得良好纯净度铝熔体的技术开发及其产业示范	产业创新重大专项	有色金属	2017. 1—2019. 1	1000	20000

续表

序号	项目实施单位及合作单位名称	项目名称	专项类别	所属行业	项目实施年限	项目研发投入	预计年新增销售收入
14	福州闽海药业有限公司/沈阳达善医药科技有限公司	盐酸罗沙替丁醋酸酯缓释胶囊一致性评价	产业创新重大专项	医药制造业	2018.1—2021.1	1000	30000
15	福建冠城瑞闽新能源科技有限公司/福建师范大学	基于表面修饰新工艺高镍三元/硅碳动力锂离子电池能量密度的协同提升及产业化应用	产业创新重大专项	新能源	2017.6—2019.3	1000	30000
16	福建捷联电子有限公司/福州大学、捷星显示科技（福建）有限公司、广东普加福光电科技有限公司	基于量子点背光技术全色域显示器的产业化	产业创新重大专项	新一代光电信息技术	2017.9—2020.10	3000	400000
17	福耀玻璃工业集团股份有限公司/厦门大学、福建工程学院	超级红外紫外隔绝钢化玻璃（第三代）JTRD—2016—024	产业创新重大专项	汽车玻璃	2016.11—2018.11	30	1200
18	福州京东方光电科技有限公司/福州大学、八亿时空、东旭光电	福州京东方8.5代新型半导体显示器件大批量拼接生产技术	产业创新重大专项	电子信息	2015.6—2018.6	1640	110000
19	福州万象三维电子科技有限公司/福州大学物理与信息工程学院	固定式高精度三维扫描仪的研发及产业化应用	产学研合作	749其他专业技术服务业及高新技术服务	2017.7—2019.6	120	500
20	福建福大北斗通信科技有限公司/福州大学物理与信息工程学院.	卫星导航终端小型化有源天线的研制及其产业化	产学研合作	398通信设备制造	2017.3—2019.2	300	800
21	福建福大北斗通信科技有限公司/福州大学物理与信息工程学院	北斗三号卫星导航接收机射频集成功率放大器设计	产学研合作	398通信设备制造	2017.8—2019.7	150	500
22	福州迈新生物技术开发有限公司/福建农林大学	神经内分泌肿瘤相关标志物嗜铬素A（CgA）国产化免疫组化单克隆抗体开发与应用	产学研合作	2891医疗仪器及器械	2017.1—2018.12	300	500
23	安明斯智能股份有限公司/福建信息职业技术学院	智慧灯杆及智慧城市管控平台开发	产学研合作	新一代信息网络（656）	2017.10—2019.9	500	750
24	福州福大海矽微电子有限公司/福州大学	单总线可级联拓展的电子显示屏驱动芯片	产学研合作	集成电路设计（655）	2016.12—2018.11	180	500
25	福州华虹智能科技股份有限公司/安徽理工大学地球与环境学院	矿用多频电波透视仪	产学研合作	359节能环保社会公共服务及其他专用设备制造	2018.1—2019.5	110	200

续表

序号	项目实施单位及合作单位名称	项目名称	专项类别	所属行业	项目实施年限	项目研发投入	预计年新增销售收入
26	福州锐景达光电科技有限公司/福建省光学技术研究所	在线装校并检测高清摄像镜头成像质量的装置及其产业化	产学研合作	732 工程和技术研究和试验发展	2017.6—2019.5	100	300
27	福州丹诺西诚电子科技有限公司/福州大学	新能源电动汽车高压PTC控制器设计与研究	产学研合作	366 汽车零部件及配件制造	2017.1—2018.12	380	600
28	福建金三洋控股有限公司/福州大学机械工程及其自动化学院	垂直循环立体车库及产业化技术的研发	产学研合作	智能设备	2018.3—2019.8	150	3000
29	福建亿芯源半导体股份有限公司/福建农林大学计算机与信息学院、哈尔滨工业大学航天学院	25Gb/s光接收跨阻放大器集成电路研发及产业化	产学研合作	软件和信息技术服务业	2017.6—2019.6	1000	2500
30	福建鼎天农业科技股份有限公司/福建农林大学	多模组农业传感传输便携式移动装备的研发应用（农夫魔杖）	产学研合作	电子信息	2017.4—2019.4	130	1000
31	福州鑫恒智海鲜池设备有限公司/上海海洋大学生态与环境学院	水产品智能化循环净水与保活关键技术的研究	产学研合作	359 节能环保、社会公共服务及其他专用设备制造	2017.5—2019.5	260	1000
32	福州创实讯联信息技术有限公司/福建师范大学协和学院	下一代多核高性能网关硬件平台（含底层软件）的研发及产业化	产学研合作	新一代信息网络	2016.11—2018.9	180	800
33	福州钜立机动车配件有限公司/福建工程学院	新一代美国GT公司汽车发动机高强度铝合金摇臂零部件的研发	产学研合作	汽车零部件制造业（C3725）	2017.1—2018.12	700	3000
34	福州钜全汽车配件有限公司/福建工程学院	新一代汽车发动机液态模锻铝高强度合金活塞的研发	产学研合作	汽车零部件制造业（C3725）	2017.1—2018.12	500	2000
35	福州三龙喷码科技有限公司/福州大学机械工程及自动化学院	基于ARM11及嵌入式Linux的高解析喷码机系统及产品的研发	产学研合作	数码设备	2017.4—2019.4	320	400
36	福州正兴塑胶科技有限公司/福建省功能材料技术开发基地（福州大学）、国家塑料制品质量监督检验中心（福州）	高耐磨易加工型超高分子量聚乙烯管材开发	产学研合作	新材料	2017.6—2018.12	400	2000
37	福州春晖制衣有限公司/福建省二轻工业研究院	多功能防护服的研发和产业化	产学研合作	服饰制造	2017.1—2018.12	300	2000

续表

序号	项目实施单位及合作单位名称	项目名称	专项类别	所属行业	项目实施年限	项目研发投入	预计年新增销售收入
38	福建华科工业自动化设备有限公司/福建农林大学机电工程学院	高效电容器聚合智能生产装备的研发及产业化	产学研合作	智能装备	2017.6—2018.12	300	1000
39	澳蓝（福建）实业有限公司/福建工程学院	一种高温冷水机组的研发及产业化	产学研合作	通用机械	2017.3—2019.3	150	2000
40	福州晨征光电有限公司/福建农林大学机电工程学院	高精度异形透镜的工艺研发及产业化	产学研合作	玻璃制品制造	2017.5—2018.12	200	600
41	福建金山生物制药股份有限公司/福建省微生物研究所	醋酸巴多昔芬原料药技术	产学研合作	医药行业	2017.11—2019.10	300	6000
42	福州良正机械有限公司/福建农林大学机电工程学院	再生稻联合收割机	产学研合作	农、林、牧、渔专用机械制造	2017.4—2019.5	265	3000
43	福建新大陆自动识别技术有限公司/福州大学	物流扫码与称重分拣一体机的研发及产业化	产学研合作	计算机制造	2017.1—2018.12	600	3000
44	福州盛博电子有限公司/福建工程学院	120GHz 雷达	产学研合作	制造业	2017.3—2019.3	150	800
45	福建星云电子股份有限公司/福州大学	动力锂电池组 HIL 测试系统的研发及产业化	产学研合作	402 专用仪器仪表制造	2017.6—2019.5	300	1500
46	福州靠谱网络有限公司/福州大学数学与计算机科学学院	基于多点触控安卓模拟工具的研发及产业化	产学研合作	新一代信息技术	2018.1—2019.6	450	600
47	福建大昌生物科技实业有限公司/福州大学生物科学与工程学院	饲料杆菌肽产品的研发及规模化生产	产学研合作	生物医药	2018.1—2019.6	200	1000
48	福建新大陆通信科技股份有限公司/福建省数字电视工程研究中心	新大陆家庭多媒体智能影音终端的研发	产学研合作	制造业	2017.1—2018.12	850	2000
49	福建新大陆通信科技股份有限公司/福州大学物理与信息工程学院	NB—IoT 芯片模组及量产测试系统研发	产学研合作	制造业	2017.1—2018.12	790	1500
50	福州福光电子有限公司/福建省机械科学研究院	UPS 电池组全在线维护便利柜	产学研合作	401 通用仪器仪表制造	2017.5—2019.3	210	3500
51	福建福光股份有限公司/福建师范大学	三维相机光学系统研制及应用	产学研合作	404 光学仪器及眼镜制造	2017.7—2018.12	260	1200
52	福州科杰电子衡器有限公司/福建工程学院	物联网智能称重控制器	产学研合作	装备制造	2017.8—2019.8	1000	2000

续表

序号	项目实施单位及合作单位名称	项目名称	专项类别	所属行业	项目实施年限	项目研发投入	预计年新增销售收入
53	华映光电股份有限公司/大同大学	090LM01 液晶模组开发案	产学研合作	显示器件制造	2017. 3—2018. 12	700	3600
54	福州华映视讯有限公司/大同大学	128FA61 产品开发案	产学研合作	电子信息行业	2017. 3—2018. 12	520	980
55	福水智联技术有限公司/香港应用科技研究院有限公司	基于光学在线检测技术的电镀铜和电镀铬在线监测仪的研发	产学研合作	物联网	2017. 1—2018. 12	180	2450. 3
56	福建中电合创电力科技有限公司/福州大学	基于物联网及云数据技术的电力设备环境智能监控系统	产学研合作	输配电及控制设备制造	2016. 8—2018. 7	210	1000
57	福州联泓交通器材有限公司/福建江夏学院	汽车座椅柔性装配系统研发与应用	产学研合作	制造业	2017. 7—2019. 9	500	3500
58	福州弘博工艺有限公司/福州大学机械工程及自动化学院	工艺品喷漆生产线智能改造项目	产学研合作	文创	2017. 11—2019. 10	365	2500
59	福建鑫联达智能科技有限公司/福建信息职业技术学院	智能终端远程交互验证技术的研究与开发	产学研合作	制造业	2017. 3—2018. 12	450	1500
60	福建阿普莱斯电器有限公司/福州大学材料科学与工程学院	节能型陶瓷烧烤炉的研发	产学研合作	制造业	2017. 7—2018. 12	320	1800
61	福建三盛实业有限公司/福建省功能材料技术开发基地	高耐磨高止滑石墨烯/EVA 复合发泡材料的研制	产学研合作	新材料	2017. 8—2019. 6	400	1500
62	福建永德吉灯业股份有限公司/福州大学	智能化 LED 灯装配线研发及产业化	产学研合作	照明器具制造	2017. 1—2018. 9	500	10000
63	福建顺邦防护科技有限公司/闽江学院	特殊面料安全工装服装的工艺研发及产业化	产学研合作	服装制造.	2017. 1—2018. 11	361	1501
64	福建亿源涂料有限公司/福建省功能材料技术开发基地（福州大学）	高性能水性 PU 木器漆	产学研合作	涂料制造业	2017. 4—2019. 4	300	2000
65	福建容益菌业科技研发有限公司/福建省轻工业研究所	超声波辅助酶解法提取绣球菌多糖及其含片/冲剂生产工艺优化的研究与产业化应用	产学研合作	农业	2017. 7—2018. 12	390	150
66	福建永德吉照明有限公司/福建江夏学院	OLED 照明面板及灯具设计	产学研合作	387 照明器具制造	2017. 1—2019. 4	200	4000

续表

序号	项目实施单位及合作单位名称	项目名称	专项类别	所属行业	项目实施年限	项目研发投入	预计年新增销售收入
67	福建省福抗药业股份有限公司/福建省出入境检验检疫局检验检疫技术中心	庆大霉素中降脱工艺开发及组胺检测研究项目	产学研合作	化学药品原料药制造、化学药品制剂制造	2017.7—2019.7	500	6000
68	福建宝利特科技股份有限公司/南京工业大学材料科学与工程学院	反射降温涂饰材料及清凉合成革的制备关键技术研发	产学研合作	塑料人造革、合成革制造	2017.7—2019.12	400	1500
69	福建晟扬管道科技有限公司/福州大学材料科学与工程学院	石墨烯/碳纳米管协同改性聚乙烯管道用专用复合材料开发	产学研合作	新材料	2017.1—2018.12	400	2000
70	福建福光光电科技有限公司/福州大学机械工程及自动化学院	基于计算机控制的光学镜片表面成形（CCOS）关键技术研究	产学研合作	玻璃制品制造	2017.6—2018.12	320	1500
71	福建福光天瞳光学有限公司/长安大学信息工程学院	2D—3D 裂隙图像测量及分析系统研制	产学研合作	光学仪器及眼镜制造	2017.6—2018.12	300	1800
72	福融辉实业（福建）有限公司/福州大学材料科学与工程学院	超薄半哑消光膜关键技术的研发	产学研合作	轻工	2017.3—2019.2	500	3000
73	福建祥龙塑胶有限公司/福建师范大学福清分校	防渗漏节能型合成瓦的研制和产业化	产学研合作	新材料	2017.1—2018.12	480	4500
74	福建宇邦纺织科技有限公司/三明学院海峡动漫学院	特殊纬编平纹自由裁面料的研发及产业化	产学研合作	化纤织造及印染精加工	2017.6—2018.12	400	2000
75	福建中景石化有限公司/福建师范大学福清分校	聚丙烯高透膜专用料关键技术研发	产学研合作	265 合作材料制造	2017.5—2019.5	4000	60000
76	福建省中江石化有限公司/福建师范大学福清分校	KP800 薄壁注塑专用料的研制	产学研合作	265 合作材料制造	2017.5—2019.5	3000	50000
77	福清朝辉水产食品有限公司/福建省农业科学院农业工程技术研究所	冻面包虾加工技术研究及产业化应用	产学研合作	农产品加工	2017.1—2018.12	600	5500
78	福建省宏港纺织科技有限公司/武汉纺织大学	吸湿排汗效果好的经编布	产学研合作	纺织	2017—2018	260	2000
79	福建中德能源有限公司/福建省功能材料技术开发基地	植物油残渣设备高强度黏结剂及产业化	产学研合作	新材料	2017.10—2019.6	200	3000
80	福建永强力加动力设备有限公司/福建工程学院	基于工业机器人技术的发电机柔性自动化生产线	产学研合作	机电	2016.8—2018.8	300	15000

续表

序号	项目实施单位及合作单位名称	项目名称	专项类别	所属行业	项目实施年限	项目研发投入	预计年新增销售收入
81	福建省长乐市伊纺达针纺有限公司/福州大学材料科学与工程学院、闽江学院	大隔距3D纤维增强聚合物基（FRP）复合智能传感材料	产学研合作	制造业	2017.5—2019.5	200	5000
82	福建兴航机械铸造有限公司/福州大学	耐热耐冲击轧辊冷型铸钢件关键铸造技术研发及产业化	产学研合作	机械制造	2017.10—2018.12	350	1500
83	福建省长乐市长源纺织有限公司/天津工业大学	筒子纱全自动包装生产线	产学研合作	纺织业	2018.5—2019.5	2500	500
84	福建和盛塑业有限公司/福建师范大学、福建省改性塑料技术开发基地	合金改性聚丙烯（AlloyModifiedPP）波纹管专用料的开发与应用	产学研合作	制造业（橡胶和塑料制品业）	2017.1—2018.12.	100	800
85	福建省长乐市金源纺织有限公司/闽江学院	仿兔毛包芯纱的产业化关键技术开发	产学研合作	纺织业	2018.1—2019.12	80	1000
86	福建锦程高科实业有限公司/闽江学院	高强零伸长功能DTY的研发及产业化	产学研合作	合成纤维制造	2017.8—2019.3	400	3000
87	福建航塑新材料科技有限公司/福建师范大学福清分校	高性能聚丙烯热封膜关键技术研发及产业化应用	产学研合作	292塑料制品业	2017.3—2019.9	3000	10000
88	福建省艺根新型装饰材料股份有限公司/福州大学机械工程及自动化学院	一种低电压并具有调光功能玻璃的研发及生产	产学研合作	新材料	2017.4—2019.3	150	480
89	福建力多利生物科技有限公司/福建师范大学、福建省福抗药业股份有限公司	新型抗氧化剂—吡咯喹啉醌（PQQ）二钠盐发酵生产关键技术开发及产业化项目	产学研合作	科学研究和技术服务业	2017.1—2018.12	700	3000
90	福建歌航电子信息科技有限公司/福州大学光电显示技术研究所	汽车智能音响云主机的研发及产业化	产学研合作	3942	2017.1—2018.12	280	400
91	福建中科芯源光电科技有限公司/海西研究院	高密度全无机封装光源	产学研合作	3872照明灯具制造	2017.11—2018.11	400	1200
92	福建福晶科技股份有限公司	福建福晶科技股份有限公司企业技术中心能力建设	省级创新平台研发设备投资	395电子器件及电子元件制造	2017.1—2018.12	800	8000
93	福州丹诺西诚电子科技有限公司	省级企业技术中心研发能力建设	省级创新平台研发设备投资	366汽车零部件及配件制造	2017.6—2019.5	234.06	500

续表

序号	项目实施单位及合作单位名称	项目名称	专项类别	所属行业	项目实施年限	项目研发投入	预计年新增销售收入
94	闽榕茶业有限公司	闽榕省级企业技术中心研发设备优化升级	省级创新平台研发设备投资	精制茶加工	2017.6—2018.12	700	1500
95	福建仙芝楼生物科技有限公司	省级创新平台（省级企业技术中心）研发硬件升级项目	省级创新平台研发设备投资	制造业—食品制造业—其他食品制造	2017.6—2018.12	400	1050
96	福建鸿博光电科技有限公司	省级企业技术中心创新能力建设	省级创新平台研发设备投资	照明器具制造	2017.6—2018.7	600	3000
97	福建星网锐捷通讯股份有限公司	福建星网锐捷通讯股份有限公司技术中心创新平台提升建设	省级创新平台研发设备投资	电子信息	2017.6—2018.5	800	5000
98	中铝瑞闽股份有限公司	瑞闽技术中心创新平台建设	省级创新平台研发设备投资	有色金属压延加工	2017.1—2018.6.	376	10000
99	华映科技（集团）股份有限公司	OLED 研发实验线	省级创新平台研发设备投资	显示器件制造	2017.9—2018.12	10000	1780
100	福建福光股份有限公司	高精度双光转塔技术研发平台建设项目	省级创新平台研发设备投资	404 光学仪器及眼镜制造	2017.5—2018.07	1700	3000
101	福建省福抗药业股份有限公司	福建省福抗药业股份有限公司企业技术中心研发设备投资项目	省级创新平台研发设备投资	化学药品原料药制造、化学药品制剂制造.	2017.6—2018.3	268.74	1000
102	福建坤彩材料科技股份有限公司	企业技术中心扩建项目	省级创新平台研发设备投资	非金属矿物制品业	2017.1—2018.12	3000	1000
103	丽珠集团福州福兴医药有限公司	丽珠集团福州福兴医药有限公司省级技术中心创新平台建设	省级创新平台研发设备投资	生物与新医药	1	293.55	/
104	福建天马科技集团股份有限公司	新增省级企业技术中心研发设备投资计划	省级创新平台研发设备投资	水产饲料加工	2017.6—2018.6	210.42	0
105	福建中能电气有限公司	福建中能电气有限公司省级创新平台研发设备升级改造项目	省级创新平台研发设备投资	机电行业	2017.1—2018.10	450	5000

续表

序号	项目实施单位及合作单位名称	项目名称	专项类别	所属行业	项目实施年限	项目研发投入	预计年新增销售收入
106	福耀玻璃工业集团股份有限公司	高低温湿热振动三综合试验设备 & 步入式恒温恒湿箱试验设备	省级创新平台研发设备投资	汽车玻璃	2016.11—2018.5	420	/
107	福建东龙针纺有限公司	省级技术中心新采购研发仪器设备	省级创新平台研发设备投资	纺织	2017.6—2019.6	720	1260
108	明一国际营养品集团有限公司	省级企业技术中心建设项目	省级创新平台研发设备投资	食品	2017.6—2018.5	469.68	5000
109	中能电气股份有限公司	中能电气股份有限公司技术创新服务平台建设转型升级项目	技术创新公共服务平台建设	机电行业	2017.1—2018.12	350	3800
110	福建捷联电子有限公司	共享实验室平台建设	技术创新公共服务平台建设	计算机、网络及其配套设备	2018.1—2019.12	500	180000
111	福建奋安铝业有限公司	智能立体仓储建设项目	技术创新公共服务平台建设	铝压延加工	2017.8—2019.8	2000	15000
112	福州丹诺西诚电子科技有限公司	汽车零部件智能生产线设备	购买关键重大智能装备	366 汽车零部件及配件制造	2017.6—2019.5	849.5	1500
113	福建骏鹏通信科技有限公司	钣金结构件智能制造生产流水线项目	购买关键重大智能装备	机械制造	2017.5—2018.12	5500	4000
114	福建新华印刷有限责任公司	海峡创意印刷中心创新驱动转型升级项目	购买关键重大智能装备	印刷	2017.1—2019.12	925	700
115	福州福瑞包装有限公司	购买关键重大智能装备	购买关键重大智能装备	机制纸和纸板制造	2017.6—2018.12	369.87	8000
116	福州钜全金属工业有限公司	汽车发动机铝合金零部件智能化生产项目	购买关键重大智能装备	汽车零部件制造业（C3725）	2017.1—2018.12	6200	10000
117	慧翰微电子股份有限公司	SMT线体的建设	购买关键重大智能装备	电子信息	2018.1—2019.12	650	3000
118	福建朝日环保科技开发有限公司	三元催化器智能化封装系统（GBD）技术研发和产业化	购买关键重大智能装备	汽车零部件及配件制造	2017.3—2018.12	1200	6500
119	福建绿帆医用新材料股份公司	医用灭菌塑料包装材料生产项目	购买关键重大智能装备	医药制造	2016.6—2018.6	950	1575

续表

序号	项目实施单位及合作单位名称	项目名称	专项类别	所属行业	项目实施年限	项目研发投入	预计年新增销售收入
120	福建海源自动化机械股份有限公司	碳纤维预成型及碳纤维车身架组装生产线	购买关键重大智能装备	装备制造业	2017.7—2019.7	4395	24600
121	福州市众心联光电科技有限公司	OTFC 系列光学薄膜镀膜机	购买关键重大智能装备	光电行业	2017.4—2019.4	400	1500
122	福州宗擩工业有限公司	通快平面激光切割机及自动化料库系统、通快数控冲床等	购买关键重大智能装备	汽车制造业	2016.11—2018.9	1623	120
123	福州东荫金属工业有限公司	FANUC 点焊机器人含导轨等	购买关键重大智能装备	汽车制造业	2016.9—2018.1	1814	750
124	福建福光光电科技有限公司	年产玻塑光学镜片11600万片自动化生产线建设项目	购买关键重大智能装备	玻璃制品制造	2017.3—2018.12	2000	12000
125	福建捷联电子有限公司	电路板集成工艺智能化改造项目	购买关键重大智能装备	计算机、网络及其配套设备	2017.5—2018.12	3000	/
126	福建省宏港纺织科技有限公司	购买全流程一体化的自动化输料设备与中控系统的综合集成	购买关键重大智能装备	纺织	2017—2018	2118	5400
127	福建雪人股份有限公司	燃料电池空气压缩机生产线建设项目	购买关键重大智能装备	机械制造	2017.1—2018.12	2000	6000
128	福州新密机电有限公司	节能环保铸造工艺研发和产业化应用	购买关键重大智能装备	汽车	2016.11—2018.12	3000	7000
129	福建省长乐市华阳染整有限公司	纺织印染及自动化定型项目	购买关键重大智能装备	纺织业	2017.6—2019.12	12000	10000
130	福建申远新材料有限公司	年产20万吨聚酰胺项目	购买关键重大智能装备	合成材料制造	2015—2019	36589.22	34188
131	福建联合动力机电科技有限公司	1—5KW 超静音智能数码变频发电机组工艺改造	购买关键重大智能装备	电机制造	2017.3—2019.3	569.07	5000

二、宁德市

序号	项目实施单位及合作单位名称	项目名称	专项类别	所属行业	项目实施年限	项目研发投入	预计年新增销售收入
1	福建润达动力机械有限公司 中科院海西研究所泉州装备制造研究所	高散热静音发电机组研究与开发	产学研合作	电机	2017.5—2019.4	300	1200
2	福建省古田程久红粬有限公司 福建省农业科学院农业工程技术研究所	红曲菌产色关键技术研究及产业化应用	产学研合作	食品添加剂	2016.9—2018.8	210	1800

续表

序号	项目实施单位及合作单位名称	项目名称	专项类别	所属行业	项目实施年限	项目研发投入	预计年新增销售收入
3	古田县庄鑫菌业有限公司 福建师范大学附属协和学院	真空冷冻猴头菇孢子粉研发及产业化开发	产学研合作	方便食品制造	2017. 8—2019. 7	315	1100
4	福建省方圆恒达农业发展有限公司 福州市华茗茶业研究所	夏暑乌龙茶品质提升关键技术开发与示范	产学研合作	精制茶加工	2017. 7—2019. 6	300	200
5	福建古甜食品科技股份有限公司 福建生物工程职业技术学院	海洋生物多糖在食用菌健康食品中的应用	产学研合作	其他食品制造	2017. 3—2018. 12	200	400
6	福建华洋制衣有限公司 南通市通州区亚特缝纫设备有限公司	年产150万件劳保服装、220万打手套生产线项目	购买关键重大智能装备	服饰制造	2017. 4—2020. 4	5000	8000
7	福建省古田县兴旺红粬业有限公司 福建省农业科学研究院	天然高阶红曲色素生产应用	产学研合作	食品添加剂	2018. 1—2021. 1	300	700
8	青拓集团有限公司	省级创新平台研发设备投资项目	省级创新平台研发设备投资补助	冶金	2017. 6—2018. 12	500	2300
9	实施单位：福建鼎信科技有限公司	废硫酸净化回收处理项目	购买关键重大智能装备	冶金	2017. 6—2018. 12	1800	600
10	实施单位：三禾电器（福建）有限公司合作单位：宁德职业技术学院	智能高效深水电泵	产学研	电机制造	2017. 6—2019. 6	210	2600
11	实施单位：福建闽东新能源动力科技有限公司合作单位：宁德师范学院	电动环卫车车用电机	产学研	电机制造	2017. 10—2019. 10	120	500
12	实施单位：福建万达电机有限公司合作单位：福州大学	MD新型单相电机研发	产学研	电机制造	2017. 6—2019. 6	180	750
13	实施单位：福建大西新能源电机科技股份有限公司合作单位：闽江学院	多用途高效节能铝壳电机的研发	产学研	电机制造	2017. 3—2019. 3	400	1500
14	实施单位：福建怡和电子有限公司合作单位：福州大学	按摩椅智能控制系统及新型机芯、轨道研发	产学研	电机制造	2017. 9—2019. 9	300	2000
15	实施单位：福建新坦洋集团股份有限公司合作单位：福建农林大学	乌龙茶加工配套技术创新项目	产学研	茶业	2017. 6—2019. 6	115	280
16	项目实施单位：福建广生堂药业股份有限公司；合作单位：无	索非布韦原料及片剂	产业创新重大专项	282 化学药品制剂制造	2014. 1—2020. 12	4500	62000

续表

序号	项目实施单位及合作单位名称	项目名称	专项类别	所属行业	项目实施年限	项目研发投入	预计年新增销售收入
17	项目实施单位：福建省闽东力捷迅药业有限公司合作单位：杭州和泽医药科技有限公司	注射用特利加压素的研究与开发	产业创新重大专项	288 生物医药	2018—2019	2060	10000
18	华益机电有限公司/天津内燃机研究所	通用机燃油双喷射系统研究和应用	产学研合作	专用机械制造	2016. 10—2018. 9	570	2600
19	百能数控设备（福建）有限公司/苏州新代数控设备有限公司厦门分公司	高效 3D 激光内雕设备的新技术研发	产学研合作	专用设备制造	2016. 10—2018. 10	200	1000
20	福建正瑞泰革业有限公司/温州大学	水性生态服装革生产关键技术研发及产业化	产学研合作	塑料制品业	2016. 10—2018. 6	200	400
21	福鼎市厦联电器有限公司/中国科学院西安光学精密机械研究所	模具零件尺寸测量技术应用	产学研合作	通用仪器仪表制造	2016. 9—2018. 9	100	500
22	福鼎市福海化油器有限公司/湖北汽车学院	一种化油器组装机构	产学研合作	摩托车制造	2016. 3—2018. 10	115	1120
23	福建永盛电子有限公司/浙江东方职业技术学院	线路板多层精细线路关键技术集成与推广应用	产学研合作	电子元件及电子专用材料制造	2016. 11—2018. 10	580	2000
24	福建省福鼎市新龙机车部件有限公司	CNC 摩托车改装件制造新技术研制与应用	产业创新重大专项	摩托车制造	2016. 11—2018. 11	300	360
25	福建辉伦婴童用品有限公司/辉伦技术中心	暖奶器、吸奶器等研发项目	产业创新重大专项	塑料制品业	2018. 1—2018. 12	780	8000
26	霞浦县钦龙水产养殖有限公司	鱿鱼类即食休闲产品开发与产业化	产学研	海水养殖及加工	2016. 12—2018. 12	300	10000
27	福建省霞浦县盛威工贸有限公司	香酥海带加工新技术的研究与开发项目	产学研	食品加工	2016. 9—2018. 12	200	2600
28	福建省昊鸿工贸实业有限公司/泉州装备制造研究所	自动化海带打结机基地园项目	产学研	装备制造	2017. 12—2019. 9	50	5000
29	宁德卓高新材料科技有限公司及宁德师范学院	聚合物锂离子电池用功能性隔膜新材料项目	产业创新重大专项	新型功能材料	2017. 3—2019. 3	247	527
30	宁德时代新能源科技股份有限公司	激光焊接机设备购置	购买关键重大智能装备	电子信息	2017. 6—2018. 12	612	—
31	实施单位：福建宸润生物科技有限公司合作单位：厦门海洋职业技术学	壳聚糖无菌敷贴与医用无菌纱布技术研发	产学研合作	生物及医药	2017. 3—2018. 10	360	800

续表

序号	项目实施单位及合作单位名称	项目名称	专项类别	所属行业	项目实施年限	项目研发投入	预计年新增销售收入
32	安发（福建）生物科技有限公司	省级企业技术中心研发设备购置	省级创新平台研发设备投资	生物医药	2017.7—2018.6	2500	5000
三、莆田市							
1	联懋科技（莆田）有限公司深圳市联懋塑胶有限公司	智能手机外壳超精密模具设计项目	产业创新重大专项	电子信息	2017.10—2018.12	500	3000
2	福建益明纺织有限公司	染色技术新发明和实用新型	发明和创新	纺织业	1年	50	1000
3	仙游县元生智汇科技有限公司/苏州春兴精工股份有限公司	精度扫光技术研发项目	产业创新重大专项	电子信息	2017.8—2018.12	1200	30000
4	福建省三福古典家具有限公司	省级企业技术中心创新能力提升建设项目	省级创新平台研发设备投资	木雕、古典家具制作	2017.6—2018.6	263.08	3000
5	莆田市三箭塑胶五金有限公司/东莞市艾尔发自动化科技有限公司	塑胶成型节能及自动化	产业创新重大专项	轻工	2017—2018	1000	1000
6	莆田市恒达机电实业有限公司/上海机床厂	带状刀、锯生产线整体升级改造项目	产业创新重大专项	机械制造业	2018.1—2019.12	2000	5000
7	福建省莆田市双源鞋业有限公司	自动化鞋业生产车间精益制造创新项目	产业创新重大专项	鞋业	2017.1—2018.12	500	5000
8	双驰实业股份有限公司/福建中耀信息科技有限公司	双驰鞋类智能个性化定制系统项目	产学研合作	鞋业	2017.1—2018.12	200	1000
9	三棵树涂料股份有限公司/中国科学院福建物质结构研究所	高性能石墨烯水性防腐涂料研发	产学研合作	精细化工	2018—2021	300	3000
10	莆田市青春之家体育用品有限公司	爆弹 BOMB 鞋底	产业创新重大专项	制鞋业	2017.11—2018.10	100	1000
11	福建东南艺术纸品股份有限公司/德国 SDF（Schnitt · Druck · Falz · Spezialmaschinen GmbH）	智能数字自动印刷包装生产线	购买关键重大智能装备。	纸和纸制品	2017.6—2018.6	5000	1000
12	福建东南艺术纸品股份有限公司/莆田学院	食品相关级艺术纸环保关键技术研发	产学研	纸和纸制品	2016.1—2019.12	200	500
13	中科华宇（福建）科技发展有限公司/华南理工大学	高性能标签胶研究和产业化	产学研	化工	2017.10—2019.12	120	60

续表

序号	项目实施单位及合作单位名称	项目名称	专项类别	所属行业	项目实施年限	项目研发投入	预计年新增销售收入
14	莆田市嘉辉光电有限公司/福建师范大学光电与信息工程学院	LCD 显示面板缺陷检测关键技术研发及其产业化	产学研	制造业	2 年	200	1200
15	易汇融（福建）网络服务股份有限公司/莆田学院数学学院	基于大数据金融量化投资分析	产学研	信息技术	2017.6—2018.12	140	920
16	莆田市新时代信息科技有限公司城厢分公司/莆田学院数学学院	无线家居联网 ZigBee 通信射频模块嫁接技术研发	产学研	信息技术	2017.3—2019.3	180	1070
17	福建省莆田市衡力传感器有限公司/广州市中国科学院沈阳自动化研究所分所	基于工业无线网络 WIA 技术的智能无线测力传感器研制	产学研	仪器仪表	2017.10—2020.10	140	200
18	福建省亚明食品有限公司/福州大学	自动锯骨机的研发	产学研	食品	2017.12—2019.3	500	300
19	杰讯光电（福建）有限公司/福建师范大学光电与信息工程学院	高功率的保偏准直器研发	产学研	电子信息	2018.3—2019.12	150	300
20	蛤老大（福建）食品有限公司/福建省水产研究所	杂色蛤特色产品开发技术及产业化应用	产学研	食品	2018.1—2020.1	100	1200
21	嘉业光电电子有限公司/福建师范大学	液晶屏整版覆膜丝印关键技术研究	产学研	397 电子核心基础产品	2017.1—2018.12	160	300
22	劲德电源科技有限公司/福建师范大学	超低温锂电池关键技术开发	产学研	制造业	2017.12—2019.12	200	900
23	福建安特微电子有限公司/莆田学院机电工程学院	高可靠平面整流二极管芯片研制	产学研合作	395 电子器件及电子元件制造	2017—2019	220	2250
24	莆田市荣兴机械有限公司	高性能铝合金材料 HD4 及其少无气孔挤压工艺加工研究、开发	产业创新重大专项	机械	2018.1—2020.1	500	5000
25	福建省利邦环境工程有限公司合作单位：莆田学院	中低浓度 VOCs 节能回收与零排放集成净化系统研发	产学研合作	节能环保专用设备制造（3591）	2017.1—2018.12	298	1000
26	莆田市宏业精密机械有限公司	再制造阀组件生产线	产业创新重大专项	机械制造	3	1000	3000
27	莆田市涵江区依吨多层电路有限公司/大连理工大学高分子材料研究所	精密印制电路板的集成与创新	产学研	电子信息	2017.10—2019.3	1020	3000

续表

序号	项目实施单位及合作单位名称	项目名称	专项类别	所属行业	项目实施年限	项目研发投入	预计年新增销售收入
28	福建省汽车工业集团云度新能源汽车股份有限公司/清华大学汽车工程系/北京智行者科技有限公司	云度自动驾驶汽车关键技术预研及产业化应用	产业创新重大专项	新能源汽车	2016—2018	685	
29	福建莆田市海一百食品有限公司	水产活性肽的制品及其在老年食品中的应用	产学研	食品加工	2	500	1000
30	鞍钢冷轧钢板（莆田）有限公司及鞍钢股份有限公司/鞍钢鲅鱼圈分公司	超低碳冷轧冲压钢产品开发	产业创新重大专项	钢铁	2018—2019	280	5000
31	福建越特新材料科技有限公司	多功能高缓冲聚氨酯软泡材料产业化关键技术研发与应用	产业创新重大专项	新材料	2017.1—2018.12	522	5000
32	福建屹立智能化科技有限公司	研发运动鞋服3D经编面料高速智能检测系统	产业创新重大专项	智能装备	2017.6—2019.5	150	400
33	福建永荣科技有限公司/福建师范大学化学与材料学院	提高CPL一体化项目烯法水合制环已酮的原子经济性的技术创新示范工程	产业创新重大专项	石化	2017.1—2018.12	9000	66395
34	赛得利（福建）纤维有限公司/宁波和源环境治理有限责任公司	副产芒硝悬浊液电渗析回用试验装置	产业创新重大专项	纤维制造业	1	2000	/
四、泉州市							
1	泉州劲鑫电子有限公司/华侨大学	石墨烯宽温镍氢电池	产业创新重大专项	新能源	2017.7—2019.12	280	600
2	福建晶彩光电科技股份有限公司/中国科学院海西研究院泉州装备制造研究所	基于4G网络及可见光通信的高速公路LED屏视频传输系统研发和应用	产学研合作	电子信息	2017.6—2019.6	1156	2000
3	泉州佰源机械科技股份有限公司/华侨大学工学院、福建中织源网络科技有限公司	纺织瑕疵、坏针、纱长智能在线监测系统的开发及应用	产学研合作	C3551—装备制造	2016.11—2018.10	450	6000
4	福建环球通通讯有限公司/泉州信息工程学院	DMR小集群系统	产学研合作	398—通信设备制造	2017.1—2018.12	145	4000
5	米亚索乐装备集成（福建）有限公司	铜铟镓硒薄膜靶材粉末自动生产线	购买关键重大智能装备	制造业	2017.3—2018.12	3500	7920
6	联誉信息股份有限公司/福建（泉州）哈工大工程技术研究院	实训机器人技术研究	产学研合作	智能装备	2017—2019	310	500

续表

序号	项目实施单位及合作单位名称	项目名称	专项类别	所属行业	项目实施年限	项目研发投入	预计年新增销售收入
7	泉州市微柏工业机器人研究院有限公司/厦门大学	六轴机器人总线式控制系统的研发与应用	产学研合作	机械设备	2017. 2—2019. 2	300	400
8	福建华宝智能科技有限公司	休闲鞋智能成型生产线	产学研合作	智能装备	2017—2019	1500	50000
9	泉州市中仿宏业信息科技有限公司	高性能的微波产品自动化并行设计平台	产业创新重大专项	通信设备制造	2013—2020	1500	5500
10	泉州市东亮机械设备有限公司	激光码字符识别系统研制与应用	产学研合作	机械设备	2018—2019	200	3000
11	泉州市德威软件开发有限公司	基于视觉引导的服装辅料智能分拣系统	产业创新重大专项	信息技术	2018. 1—2019. 12	300	350
12	信和新材料股份有限公司/厦门大学	水性室内钢结构防火涂料的开发	产学研合作	新材料	2017—2019	250	350
13	福建迪龙创新发展股份有限公司/哈尔滨工业大学	纳米结构锆酸镧粉制备工艺技术研究	产学研合作	新材料	2017—2019	200	250
14	嘉泰数控科技股份公司/福建工程学院	智能高速钻铣加工岛研发及产业化	产学研合作	通用设备制造业	2017—2019	700	800
15	泉州市琪祥电子科技有限公司	室内外轨迹跟踪WIFI对讲机通讯系统	产业创新重大专项	电子信息	2017—2018	220	450
16	泉州维盾电气有限公司	馈线自动化研发项目	产业创新重大专项	电力	2016—2018	1000	5000
17	石狮市鸿峰环保生物工程有限公司/广东隽诺环保工程技术有限公司	石狮市垃圾综合处理厂垃圾前处理系统改造	购买关键重大智能装备	电力热力生产供应业	2017. 5—2018. 5	1070	2000
18	石狮市佳龙石化纺纤有限公司/浙江大学	佳龙石化纺纤有限公司PTA转产PIA的改造项目	产学研合作	化工	2018. 1—2019. 12	35000	200000
19	石狮市宝翔针织机械有限公司/厦门大学	五功位电脑提花圆纬机	产业创新重大专项	机械	2017. 1—2019. 12	500	3000
20	福建永信数控科技股份有限公司/华侨大学信息科学与工程学院	智能刺绣激光一体机的研发	产业创新重大专项	专用设备制造业（C355）	2018. 1—2019. 12	600	3600
21	威洁（石狮）中水回用技术有限公司/泉州师范学院	染整定型机废气分级处理回收的设备	产学研合作	环保	2018. 1—2020. 1	300	300
22	福建清源科技有限公司/福州大学	水解酸化—好氧—光催化组合工艺处理印染废水及回用技术	产学研合作	纺织业	2	500	500

续表

序号	项目实施单位及合作单位名称	项目名称	专项类别	所属行业	项目实施年限	项目研发投入	预计年新增销售收入
23	泉州市穹空光电科技有限公司/福建晋华集成电路有限公司、福州大学	基于人工智能空间3D运载智能小车系统	产业创新重大专项	工业机械	2	6500	6000
24	利郎（中国）有限公司/宁波纺织仪器厂	九轴联动疲劳强力试验机开发与应用	产业创新重大专项	纺织服装	3	50	0
25	晋江市隆盛针织印染有限公司/中国纺织工程学会、新昌县宇峰印染机械有限公司	针织弹力布平幅精炼增白定型工艺装备	产业创新重大专项	176 针织或钩针编织物及其制品制造	2	3000	6000
26	福建省晋江市华宇织造有限公司/闽江学院	服装用经编间隔织物的产业化及推广示范	产业创新重大专项	175 化纤织造及印染精加工	2018. 1—2019. 12	2000	40000
27	福建永恒能源管理有限公司/华侨大学信息科学与工程学院、龙口矿业集团有限公司、晋江美创环保设备有限公司	高效微排放底置式煤粉工业锅炉系统	产业创新重大专项		2	500	3000
28	利郎（中国）有限公司/西安工程大学纺织科学与工程学院	锦纶/黏胶仿麻舒适性面料开发：	产学研合作	纺织服装	3	375	1800
29	利郎（中国）有限公司/西安工程大学纺织科学与工程学院	棉/莫代尔数码印花针织面料开发	产学研合作	纺织服装	3	300	600
30	利郎（中国）有限公司/西安工程大学纺织科学与工程学院	高支天丝/涤纶舒适性面料开发	产学研合作	纺织服装	3	200	840
31	三斯达（福建）塑胶有限公司/福州大学材料科学与工程学院	抗静电耐磨抗老化防滑多功能石墨烯/EVA复合发泡材料研发及产业化	产学研合作	新材料	2017. 6—2019. 6	500	3000
32	泉州晨鑫自动化科技有限公司/黎明职业大学	染整行业液体助剂自动计量及输送系统研究开发	产学研合作	纺织、服装和皮革工业专用设备制造	2017. 4—2019. 4	160	600
33	福建锦兴环保科技有限公司/北京化工大学	聚酯用钛类催化剂合成工艺的研发	产学研合作	新材料	2017. 7—2019. 7	200	300
34	福建福田纺织印染科技有限公司/西安工程大学、西安工程大学石狮研究院	低碱活性染料环保染色工艺的开发与应用	产学研合作	176 针织或钩针编织物及其制品制造	2017. 12—2018. 12	630	800
35	泉州铮崟化纤有限公司/闽江学院	抗菌高耐氯涤纶棕丝的产业化关键技术开发	产学研合作	272 合成纤维制造	2018. 1—2019. 12	200	10000

续表

序号	项目实施单位及合作单位名称	项目名称	专项类别	所属行业	项目实施年限	项目研发投入	预计年新增销售收入
36	晋江海纳机械有限公司/泉州装备制造研究所	高分子吸水材料均匀分布检测系统研发	产学研合作	印刷、日化及日用品生产专用设备制造	2017—2019	200	1750
37	福建优安纳伞业科技有限公司/泉州迪特工业产品设计有限公司	高组装效率的折叠伞骨及制造工艺设计研发	产学研合作	轻工	2017.2—2018.12	300	5000
38	三六一度（福建）体育用品有限公司	361°研创中心的建设	省级创新平台研发设备投资	纺织鞋服	2017—2019	3000	5000
39	利郎（中国）有限公司/康丽数码科技有限公司	以色列 AvalancheD-CPRO 数码印花机	省级创新平台研发设备投资	纺织服装	3	245	1500
40	舒华体育股份有限公司	年增产五万套健身器材技改项目	购买关键重大智能装备	轻工机械	2018—2020	5000	10000
41	黑天鹅智能科技（福建）有限公司	智能化运动鞋成型流水线	购买关键重大智能装备	1951 纺织面料鞋制造	2018—2019	650	4500
42	福建省闽发铝业股份有限公司/福建工程学院、闽江学院	节能环保高性能铝合金建筑模板技术研发及产业化	产业创新重大专项	有色金属压延加工	2016—2018	1000	1200
43	九牧厨卫股份有限公司	九牧厨卫股份有限公司技术中心	省级创新平台研发设备投资	轻工	2017—2018	5500	500
44	南安协进建材有限公司	省级创新平台研发设备投资	省级创新平台研发设备投资	建材	2017—2018	280	2000
45	泉州市华茂机械设备有限公司/泉州装备制造研究所	履带链片表面裂纹智能辨识系统研发	产学研合作	汽车零部件及配件制造	2017—2018	230	2000
46	福建省昌德胶业科技有限公司/泉州师范学院	汽车轻量化结构件粘接关键技术开发及产业化	产学研合作	精细化工	2017—2018	300	300
47	波尔（泉州）测控科技有限责任公司/泉州装备制造研究所	智能化胎压管理系统开发与应用	产学研合作	电子元器件及专用设备	2017—2018	200	500
48	福建省闽安机械制造有限公司/厦门大学	生物燃料气炭联产炉工艺技术研究	产学研合作	节能环保专用设备制造	2017—2018	150	250
49	福建南王环保科技股份有限公司/袋王机械（上海）有限公司	小前口纸质环保袋专用设备的技术研发	产业创新重大专项	先进环保	2017.7—2019.6	350	1600

续表

序号	项目实施单位及合作单位名称	项目名称	专项类别	所属行业	项目实施年限	项目研发投入	预计年新增销售收入
50	回头客食品集团股份有限公司	功能性休闲食品研发	省级创新平台研发设备投资	焙烤食品制造	2017.7—2019.6	480	1150
51	福建回头客食品有限公司	年产2000吨软华夫饼自动化生产线	购买关键重大智能装备	食品	2017.1—2018.12	1200	4000
52	福建海创智能股份有限公司/闽南理工学院	乳胶手套自动化生产线	产学研合作	机械行业	2017.10—2019.10	3000	2000
53	中仑塑业（福建）有限公司/福建师范大学福建省改性塑料技术开发基地	高阻隔性BOPA膜专用树脂研发与产业化应用	产学研合作	化工	2018.6—2019.12	200	2000
54	普立优高分子（福建）有限公司/福州大学材料科学与工程学院	无卤阻燃功能热塑性聚氨酯弹性体（TPU）开发及产业化	产学研合作	新材料	2017.6—2019.3	400	2000
55	福建省正丰数控科技有限公司/厦门大学信息学院	磁悬浮龙门超级加工中心技术研发及产业化推广	产业创新重大专项	机械制造	2	500	3000
56	福建省中科生物股份有限公司/中国科学院院植物研究	光生物技术在植物工厂中的创新和应用	产学研合作	农业	4	422667	278999
57	福建城坤建材有限公司/福州大学材料科学与工程学院	矿渣加气混凝土砌块	产学研合作	建材	2018.1—2019.12	600	1200
58	泉州迈特富纺织科技有限公司/南通大学	高性能UHMWPE纤维软质防刺材料的开发与应用	产学研合作	高性能复合材料	2017.4—2019.4	400	1200
59	美律科技（福建）有限公司	年产400万件医疗配件	购买关键重大智能装备	制造业	2012.2—2018.10	3500	8000
60	福建省春秋农林科技有限公司	刺明珠葡萄酒装备智能化示范项目	购买关键重大智能装备	轻工业	2018—2019	2000	3000
61	福建省德化县华茂陶瓷有限公司/泉州工艺美术职业学院	高强度陶瓷材料的研发及产业化	产学研合作	轻工业	2017—2019	210	1500
62	福建省德化县艺韵陶瓷有限公司/福州大学	健康陶瓷配方的研究及其产业化项目	产学研合作	轻工业	2018—2019	190	390
63	福建省德化安成陶瓷有限公司/湖南源创高科工业技术有限公司	福建海峡两岸安成青年创业园·陶瓷3D打印研发体验中心	产学研合作	轻工业	2018—2019	110	100
64	福建泉州皓佳新材料有限公司/福州大学材料科学与工程学院	具有触变性的环氧填缝剂的研发	产学研合作	轻工业	2018—2019	300	560

续表

序号	项目实施单位及合作单位名称	项目名称	专项类别	所属行业	项目实施年限	项目研发投入	预计年新增销售收入
65	福建泉州顺美集团有限责任公司	技术创新设备智能化	省级创新平台研发设备投资	轻工业	2018—2020	1645.9	1000
66	德化县祥山大果油茶有限公司/华南理工大学	茶籽油—低温压榨、冬化及分子蒸馏技术升级改造	产学研合作	轻工业	2017—2019	500	6000
67	福建立亚新材有限公司/厦门大学	耐高温陶瓷材料的研发	产学研合作	轻工	2	2000	20000
68	福建省舒华健康产业有限公司	电动跑步机生产线自动化提升项目	购买关键重大智能装备	轻工机械	2018.4—2020.12	8000	10000
69	舒华体育股份有限公司泉州台商投资区分公司	健身器材生产线自动化提升项目	购买关键重大智能装备	轻工机械	2018—2020	8000	20000
70	泉州精准机械有限公司/泉州装备制造研究所	电子储纱器的研制及其产业化	产学研合作	纺织专用设备制造	2	2000	1600
71	特步（中国）有限公司	运动鞋研究实验室	省级创新平台研发设备投资	制造业	2017.1—2018.6	440	2000
72	福建双环能源科技股份有限公司/华侨大学	基于大数据的石油物联网智能测控系统	产学研合作	C351 采矿、冶金、建筑专用设备制造	2016—2018	120	800
73	福建省轻纺化工清洁生产产业技术开发基地（泉州师范学院）/三六一度（中国）有限公司	鞋材橡胶鞋头的抗龟裂关键技术开发及产业化	产学研合作	教育业	2017.9—2019.9	300	3000
五、漳州市							
1	正兴车轮集团有限公司、福建工程学院	新型重载高强度车轮开发及产业化	产业创新重大专项	汽车零部件	2017.9—2019.9	1000	5400
2	漳州视瑞特光电科技股份有限公司	基于一种一发多收无线高清监视器	产业创新重大专项	广播电视设备制造	2018.1—2020.1	350	1000
3	漳州市东方智能仪表有限公司	非接触红外热成像故障诊断仪	产业创新重大专项	仪器仪表制造	2017.9—2019.8	1000	2000
4	漳州科晖专用汽车制造有限公司/漳州职业技术学院/漳州科晖机械电子有限公司	智能节水型护栏清洗车关键技术研发	产业创新重大专项	制造装备	2017.6—2018.12	500	3320
5	长泰县海力机械机械制造有限公司/厦门理工学院	海力机械绿色智能铸造及制造	产业创新重大专项	机械装备	2017—2018	600	2000
6	漳州佳龙科技股份有限公司/福州大学	F系列全自动智能包装生产线的研发与产业化	产学研合作	445 智能装备	2017.4—2018.12	225	1850

续表

序号	项目实施单位及合作单位名称	项目名称	专项类别	所属行业	项目实施年限	项目研发投入	预计年新增销售收入
7	福建康之味食品工业有限公司/漳州职业技术学院	福建百香果产品综合开发研究与示范	产学研合作	饮料制造业	2017.6—2018.12	150	500
8	青蛙王子（福建）婴童护理用品有限公司/福州大学海洋科学技术研究院	小球藻的绿色提取技术及在儿童洗护产品中应用	产学研合作	日化行业化妆品制造2682	2018.01—2019.12	400	2300
9	福建明鑫智能科技股份有限公司/福州大学机械工程及自动化学院	全向移动智能电动轮椅的关键技术研发及其产业化	产学研合作	制造业	2017.1—2019.1	500	2000
10	福建省梦娇兰日用化学品有限公司/闽江学院	一种含抗污染成分的婴幼儿防皱霜的研究与开发	产学研合作	日化行业化妆品制造2682	2018.1—2018.12	150	1500
11	福建福船一帆新能源装备制造有限公司/漳州理工职业学院	重塔装焊车间智能化远程焊接管理系统	产学研合作	472 风能	2017.3—2019.3	3000	5000
12	车城汽车配件（福建）有限公司/杰生工业股份有限公司/日新高级工商职业学校	汽车转向与悬吊系统用高刚性球接头Bearing之开发	产学研合作	366 汽车零部件及配件	2017.6—2019.6	1200	1000
13	同溢堂药业有限公司/福建中医药大学	安宫牛黄丸技术创新开发研究	产学研合作	284 中成药生产	2017.1—2019.1	1100	2000
14	福建致易电子科技有限公司/福建工程学院	模块化设计实现机顶盒柔性制造产业化研发	产学研合作	392 广播电视设备制造	2017.4—2019.4	900	5000
15	福建和进食品制罐工业有限公司/闽南师范大学	耐高温、抗氧化、抗压力冲压两片罐技术研究	产学研合作	333 集装箱及金属包装容器制造	2017.8—2019.8	1000	1000
16	漳州市美丽家香食品股份有限公司/中国海洋大学	金牡蛎活性小分子复配营养素餐粉关键技术开发	产学研合作	136 水产品加工	2017.1—2018.12	395.75	2000
17	福建万辰生物科技股份有限公司/食药用菌教育部工程研究中心	食用菌瓶装工厂化生产关键技术集成与应用	产学研合作	蔬菜、食用菌及园艺种植	2018.6—2019.12	500	1500
18	漳州华锐光电科技有限公司/闽江学院	新型绿色安全锂电池的产业化生产研发	产学研合作	电池制造	2017.7—2018.12	780	1800
19	福建猛狮新能源科技有限公司/厦门大学	全固态锂离子电池	产学研合作	C3841 锂离子电池制造	2017.3—2018.12	130	80
20	福建绿洲生化有限公司/中国农业科学院农业环境与可持续发展研究所	有机碳土壤改良剂的研发与生产	产学研合作	C2625/有机肥料及微生物肥料制造	2017.2—2019.1	300	1500

续表

序号	项目实施单位及合作单位名称	项目名称	专项类别	所属行业	项目实施年限	项目研发投入	预计年新增销售收入
21	东山腾新食品有限公司/福州大学生物科学与工程学院	海洋生物源抗冻多肽的制备关键技术及产业化应用	产学研合作	水产品加工	2017.10—2019.9	230	2000
22	福建东山华康食品有限公司/漳州市食品科技应用研究院	芦笋口服液、芦笋膏产品研发	产学研合作	罐头食品制造	2017.5—2018.12	350	800
23	福建合声钢琴工业制造有限公司/武汉工业大学	合声钢琴部件精密制造项目	产学研合作	黑色金属铸造	2018.5—2019.11	600	3500
24	福建鑫晟钢业有限公司/厦门大学	新型钢结构住宅建筑产品应用	产学研合作	金属结构制造业	2017.5—2019.4	620	2000
25	福建省神悦铸造股份有限公司/福建船政交通职业学院	消失模涂料在绿色铸造中的技术研究及应用	产学研合作	黑色金属铸造（C3130）	2017—2018	1600	6000
26	漳州蒂妮食品有限公司/闽南师范大学	草莓果脯褐变控制关键技术研究与应用	产学研合作	蔬菜、水果和坚果加工	2017.12—2019.12	200	1200
27	福建金竹竹业有限公司/福建农林大学	竹材深度软化与高密度重组技术研发	产学研合作	人造板制造(202)	2017.7—2019.6	220	1350
28	南靖长青精密丝杆有限公司/福建信息技术职业学院	新能源电动汽车主动蓄能器传动组件的开发	产学研合作	汽车零部件及配件制造	2017.10—2019.9	220	1200
29	福建省南云包装设备有限公司/漳州工业学校	一种具有计算机视觉条形码识别功能的自动贴标控制系统研发	产学研合作	智能装备	2017.12—2019.12	180	1500
30	漳州东刚精密机械有限公司/厦门大学	高效/高精度五轴铣车复合加工中心关键技术研发	产学研合作	装备制造	2017.7—2019.6	250	1200
31	漳州巨铭石墨材料有限公司/安徽工业大学	3C数码锂离子电池负极材料的研发	产学研合作	电子信息	2017.7—2019.6	200	1000
32	漳州市天凯塑胶有限公司/闽南师范大学化学与环境学院	一种新型石墨烯改性电磁屏蔽CPP薄膜的研发及应用	产学研合作	C2921	2017.1—2018.12	220	1000
33	福建华森家具有限公司/三明学院海峡动漫学院	现代智能化家具的创新设计及其应用研究	产学研合作	木质家具制造	2017—2018	330	1000
34	福建圣莉雅环保壁纸有限公司/福州大学材料科学与工程学院	具有冰裂渐变纹路的特硬壁纸的研发	产学研合作	制造业/造纸和纸制品业	2017.7—2019.6	450	4200

续表

序号	项目实施单位及合作单位名称	项目名称	专项类别	所属行业	项目实施年限	项目研发投入	预计年新增销售收入
35	福建龙溪轴承（集团）股份有限公司	福建龙溪轴承（集团）股份有限公司技术中心研发设备投资	省级创新平台研发设备投资	制造业	2017—2018	2419	/
36	漳州市华威电源科技有限公司	大容量铅酸蓄电池的研发技术中心研发仪器设备投资	省级创新平台研发设备投资	电池制造	2017.6—2018.12	650	2800
37	安安（中国）有限公司	气相色谱质谱联用仪（GCMS）	省级创新平台研发设备投资	制造业	2017.11—2018.11	78	100
38	漳州灿坤实业有限公司	企业技术中心小家电研发技术创新平台优化建设	省级创新平台研发设备投资	电子信息	2017.6—2018.2	435.2	2200
39	漳州宇杰智能包装设备有限公司	真空整形包装成套技术研发及关键智能装备购置	购买关键重大智能装备	烘炉、风机、衡器、包装等设备制造	2017.6—2018.12	400	1000
40	福建豪锦化妆品有限公司	软管灌装封尾机升级项目	购买关键重大智能装备	日用化学产品制造	2017.7—2018.7	63	3000
41	福建标新易开盖集团有限公司	印铁专用生产线技术改造	购买关键重大智能装备	金属包装	2017.7—2018.12	510	4000
六、龙岩市							
1	龙合智能装备制造有限公司	终端物料自动转换PLC控制系统	产学研合作	机械装备	2017.5—2018.12	1000	3000
2	福建中合医药股份有限公司	盐酸西替利嗪滴剂的研发和产业化生产	产学研合作	生物医药	2017—2018	400	100
3	福建龙马环卫装备股份有限公司	环卫车辆轻量化及NVH性能研究和开发体系建立项目	产学研合作	其他专用设备制造	2017.12—2018.8	300	20000
4	福建龙新三维阵列科技有限公司	高效低贵金属机动车尾气净化催化剂	产学研合作	环保	2018—2019	500	6000
5	福建龙夏电子科技有限公司	TMBS沟槽型肖特基二极管	产学研合作	电子信息	2018—2019	300	2000
6	实施单位：福建龙岩喜鹊纺织有限公司合作单位：南通伟新纺织有限公司产品研究开发中心	竹节无捻新材料在毛巾生产中的技术研究与应用	产学研合作	纺织家纺	2017.09—2018.08	450	3500
7	龙岩市万腾车桥制造有限公司、福建农林大学	基于虚拟现实技术的工程机械高地隙驱动桥设计与开发	产学研合作	机械制造	2018.02—2020.12	1250	3000

续表

序号	项目实施单位及合作单位名称	项目名称	专项类别	所属行业	项目实施年限	项目研发投入	预计年新增销售收入
8	福建闽烯科技有限公司、电子科技大学	大面积石墨烯薄膜制备技术和设备研发	产学研合作	新材料	2017—2018	910	100
9	福建省希望生物科技有限公司、龙岩学院生命科学院	一种替代兽用抗生素中药制剂的研究与开发	产学研合作	生物医药	2018. 1—2020. 1	300	1500
10	福建省卡鑫隆服饰制造有限公司/浙江大学高超教授课题组	石墨烯多功能复合纤维纱线、毛衣开发	产学研合作	轻纺、新型材料	2016. 7—2018. 12	10000	15000
11	福建省帆盛机械有限公司	新能源汽车同步器齿套生产工艺	产学研合作	汽车零部件及配件制造	2017. 10—2019. 10	800	500
12	福建中意铁科新型材料有限公司/中材集团苏州非矿院防水材料设计研究院	一种喷涂速凝橡胶沥青防水涂料	产学研合作	建材	2016—2018	3600	14200
13	福建省金怡丰工贸有限公司/东华大学	再生复合抗菌纤维研发	产学研合作	纺织	2016—2018	350	2500
14	项目实施单位：福建省汇创新高电子科技有限公司 合作单位名称：福州大学	年产10万套高精度北斗导航天线产业化项目	产学研合作	电子信息	2017—2018	760	5000
15	龙岩台迈三略制药有限公司/中科院亚热带农业生态研究所	防霉抗氧化产品的研发	产学研合作	其他饲料加工/1329	2017. 3—2018. 12	80	2000
16	福建省格兰尼生物工程股份有限公司	一种低温催化脱臭馏出物酯化反应的方法	产业创新重大专项	生物医药	2017. 9—2018. 12	600	3000
17	实施单位：龙岩市海德馨汽车有限公司（福建省应急救援装备产业技术创新战略） 合作单位：厦门理工学院、国网福建省电力公司、中国电信龙岩分公司	智能型中高压移动电源车及应急救援智能管理系统的研发与产业化	产业创新重大专项	专用设备制造业	2017. 6—2018. 12	1020	6000
18	福建龙马环卫装备股份有限公司	油电动力解耦单发动机洗扫车项目	产业创新重大专项	其他专用设备制造	2016. 3—2017. 10	450	2000
19	福建金山锂科新材料有限公司	高镍含量NCM811锂离子电池用三元正极材料研究开发	产业创新重大专项	新材料	2017. 12—2018. 12	790	8000
20	福建钜铖汽车配件有限公司	新型环保耐用型活塞	产业创新重大专项	机械制造	2017. 1—2018. 12	350	1350
21	福建合信创展科技有限公司	光学新材料研发及生产项目	产业创新重大专项	新材料	2017—2019	5000	8000

续表

序号	项目实施单位及合作单位名称	项目名称	专项类别	所属行业	项目实施年限	项目研发投入	预计年新增销售收入
22	福建溢泰科技有限公司	S型橡筋摆机构	产业创新重大专项	机械制造业	2017.1—2018.6	400	4000
23	福建新佳鑫实业有限公司/厦门理工大学	高端数控机床核心铸件研发和产业化.	产业创新重大专项	高端装备制造	2016—2018	1600	3000
24	福建赛特新材股份有限公司	超低导热系数真空绝热板（K1.5）生产工艺研究及产业化应用	产业创新重大专项	431/新型功能材料	2016.3—2018.12	3000	8000
25	福建启盛实验设备科技有限公司/无锡启盛实验设备有限公司	包埋盒条盒自动成型机	产业创新重大专项	卫生材料及医药用品制造/2770	2017—2018	80	500
26	连城县中触电子有限公司	7—13寸全贴合研发生产项目	产业创新重大专项	显示器件制造/3974	2017.12—2019.3	200	2000
27	福建易动力电子科技股份有限公司	新能源电池集成系统生产项目	购买关键重大智能装备	汽车零部件及配件制造	2015—2017	10000	34000
28	福建天泉药业股份有限公司	小容量注射剂生产线智能装备及控制系统	购买关键重大智能装备	生物医药	2017.6—2018.8	663	12000
29	福建华平纺织服装实业有限公司	生态高端用纱	购买关键重大智能装备	纺织	2017—2018	20000	40000
30	福建正德光电科技有限公司	光学材料生产项目（二期）	购买关键重大智能装备	电子信息	2016—2020	100000	320000
31	福建省漳平木村林产有限公司	LOSP轻有机防腐木	购买关键重大智能装备	林产	2017.1—2019.12	560	13000
32	福建龙马环卫装备股份有限公司	箱体表面工业设计项目	省级创新平台研发设备投资	其他专用设备制造	2016.7—2018.1	1650	2000
33	福建科普特电子科技有限公司	电子元器件智能化生产设备	购买关键重大智能装备	电子行业	2017—2018	600	6000
七、三明市							
1	福建汇天生物药业有限公司与杭州和泽医药科技有限公司	塞来昔布原料及胶囊的研发	产业创新重大专项	288生物医药	2016.10—2019.10	1500	5000
	中国重汽集团福建海西汽车有限公司、福建万润新能源科技有限公司、福建工程学院福建农林大学	高性能纯电动物流汽车研发与产业化	产业创新重大专项	交通运输设备制造业	2017—2019	2000	18500

续表

序号	项目实施单位及合作单位名称	项目名称	专项类别	所属行业	项目实施年限	项目研发投入	预计年新增销售收入
3	三明福特科光电有限公司/福建福特科光电股份有限公司	大靶面低照度720°全景摄像镜头的研发及产业化	产业创新重大专项	电子信息	2017—2018	1000	2500
4	三明市锦浪新材料科技有限公司与华南理工大学化学与化工学院	一种超细环保热膨胀微胶囊及其制备方法	产业创新重大专项	新材料	2018—2019	600	3000
5	厦工（三明）重型机器有限公司/福州大学、长安大学、摩巴（大连）自动控制系统有限公司	智能一代道路机械产品研发及产业化	产业创新重大专项	机械装备	2017.6—2019.6	580	3500
6	机械科学研究总院海西（福建）分院有限公司/厦门大学	CAMHX—LV650C增减材复合加工中心开发	产业创新重大专项	装备制造	2017.6—2019.6	350	2000
7	中机数控科技（福建）有限公司/三明学院/机械科学研究总院海西（福建）分院	智能光纤激光切割机开发	产业创新重大专项	装备制造	2017.7—2019.6	520	2800
8	德普惠（福建）自动化设备有限公司/福建工程学院	一次性手术服智能模切机研发和产业化	产业创新重大专项	高端装备制造	2016—2018	1200	2000
9	三明科飞产气新材料股份有限公司/厦门科飞气体动力研究院有限公司	纳米体汽车安全气囊产气材料	产业创新重大专项	化工新材料	2018.1—2019.6	2000	8000
10	福建远大医药科技有限公司	ER（荧光增白剂）产业化项目	产业创新重大专项	生物医药	2018	1000	11000
11	福建融和药业有限公司与中山大学中山眼科中心、广东莱恩医药研究有限公司、广州研东生物科技有限公司	西罗莫司滴眼液临床前研究	产学研合作	生物制药	2016.7—2019.6	1000	16000
12	福建融和药业有限公司与北京泽优医药科技有限公司	缓解视疲劳软胶囊保健食品的研究开发	产学研合作	生物制药	2016.4—2019.3	500	12000
13	福建融和药业有限公司与中山大学中山眼科中心	二氟泼尼酯滴眼液临床前研究	产学研合作	生物制药	2016.4—2019.12	300	30000
14	三明欣茂药业有限公司与中山大学中山眼科中心	甲磺酸帕珠沙星滴眼液临床前研究	产学研合作	生物制药	2016.8—2019.7	300	24000
15	三明市三真药业有限公司与四川大学华西药学院	层卧孔菌抗心律失常作用研究	产学研合作	生物制药	2018.1—2018.7	100	23400

续表

序号	项目实施单位及合作单位名称	项目名称	专项类别	所属行业	项目实施年限	项目研发投入	预计年新增销售收入
16	福建林森光电子科技有限公司/三明学院	LED铜线灯自动化生产线研发及应用	产学研合作	电子	2018.1—2019.12	600	15000
17	福建同越管件有限公司/诸暨市鑫海制冷配件有限公司	铜管件精深加工研发与应用项目	产学研合作	金属制品业	2017.11—2018.10	160	1850
18	福建晨光动保科技有限责任公司、晨光生物科技集团股份有限公司、中国农业大学动物科学技术学院	具有替代抗生素功效的茶树油饲料添加剂项目	产学研合作	饲料添加剂	2018.1—2020.1	180	5000
19	福建森美达生物科技有限公司、中国林科院南京林化所	年产500吨α—松油烯歧化制备对伞花烃项目	产学研合作	香料、香精制造	2018.5—2020.5	220	3200
20	三明市扬晨食品有限公司/福建省农业科学院	大豆高效利用关键技术研究及运用	产学研合作	轻工	2017—2018	350	7200
21	福建艾迪科食品有限公司/江南大学	新型天然奶油加工关键技术研发	产学研合作	轻工	2017—2018	280	1000
22	福建三明金氟化工科技有限公司，三明市氟化工产业技术研究院	五氟化碘的负压低温多级反应法产业化研究	产学研合作	基础化学原料制造	2017.10—2018.12	300	12000
23	三明市鸿达智能农业设备有限公司、福建农林大学	新型生物质燃料热风循环烘干机研发量产	产学研合作	机械装备	2018	120	600
24	福建省三明正元化工有限公司/福建师范大学化学与材料学院	大孔容二氧化硅气凝胶关键技术研发与产业化	产学研合作	化学原料和化学制品制造业	2018.4—2020.4	380	2000
25	福建省瑞奥麦特轻金属有限责任公司/福州大学机械工程及自动化学院	汽车自动变速箱的高强韧铝合金外齿毂半固态挤压铸造技术的研发	产学研合作	有色金属	2017—2019	436	672
26	福建省将乐庆航机床有限公司	数控多功能静压镗床研究与产业化	产学研合作	设备制造	2017—2018	500	600
27	福建省金瑞高科有限公司	超薄壁铝合金通讯设备用精密件半固态成型技术联合开发	产学研合作	制造业	2017—2018	510	1200
28	福建鑫绿林产品开发有限公司/中国林业科学研究院林产化学工业研究所	杉木三剩物高效综合利用提取天然植物香料生产项目	产学研合作	林产化工	2017.9—2019.8	120	2000
29	福建华橡自控技术股份有限公司	高等级智能化PX—M注塑机制造基地建设	省级创新平台研发设备投资	机械装备	2017—2019	30000	5000

续表

序号	项目实施单位及合作单位名称	项目名称	专项类别	所属行业	项目实施年限	项目研发投入	预计年新增销售收入
30	福建省菌芝堂生物科技有限公司/福建农林大学	菌芝科技众创空间	技术创新公共服务平台建设	生物医药	2017—2019	600	800
31	清流伊科电子科技有限公司	电感生产线智能化改造	购买关键重大智能装备	电子信息	2017—2019	1500	2000
32	福建一笔峰茶业有限公司/福建农林大学园艺学院	全自动智能化红茶生产线	购买关键重大智能装备	轻工	2017—2018	569	1502
33	三明市锐格模切科技有限公司/福建工程学院	高精度压花辊模模架研发和产业化	购买关键重大智能装备	高端装备制造	2018—2019	1200	2000
34	三明市普诺维机械有限公司	柔性材料3D压花装置研发和产业化	购买关键重大智能装备	C3525	2018—2019	1600	3000
35	三明市金圣特种钢有限公司	特种不锈钢铸造工艺研发及产业化	购买关键重大智能装备	铸造	2015—2018	2100	5000
36	福建省三明纺织股份有限公司	纺纱多功能智能生产线	购买关键重大智能装备	纺织	2016—2018	18000	5800
37	福建鸿燕化工有限公司	年产30000吨纤维素酯项目	购买关键重大智能装备	精细化工	2015—2018	5000	180000
38	福建省将乐县长兴电子有限公司	车载用高精度强抗震金属封装石英晶体谐振器开发	购买关键重大智能装备	电子元件制造	2017—2018	1000	1000
39	永安市泰启力飞石墨烯科技有限公司	石墨烯高导热均相复合材料产业化	购买关键重大智能装备	高性能复合材料	2017—2020	20000	7267
八、南平市							
1	南平市华泰木竹有限公司—福建农林大学	家具结构件型材生产节能降耗项目	产学研合作	竹木加工202	2017.5—2018.12	350	1000
2	华泰汽车配件工业（南平）有限公司　中国科学院福建物质结构研究所	石墨烯基复合材料的研发及其在汽车零部件上的应用	产学研合作	汽车零部件3501	2018.3—2019.3	110	1500
3	福建建阳龙翔科技开发有限公司；福建工程学院	用于高速列车的橡胶空气弹簧成型成套装备开发与应用	产学研合作	装备制造	2017.12—2019.10	380	960
4	福建新武夷制药股份有限公司合作单位：中国科学院上海产业技术创新与育成中心	软脉灵滴丸制剂产品的研究开发	产学研合作	生物医药	2018—2019	198	10000
5	福建省建瓯市富晶宝微粒有限公司合作单位：武夷学院合作	溢流法生产研磨材微米级颗粒粉体技术研究及应用项目	产学研合作	309，石墨及其他非金属矿物制品制造	2017—2018	161	1100

续表

序号	项目实施单位及合作单位名称	项目名称	专项类别	所属行业	项目实施年限	项目研发投入	预计年新增销售收入
6	福建省顺昌奥拓生物科技有限公司；项目合作单位：福建省农科院土壤肥料研究所	南方酸性土壤调理剂的研发与推广	产学研合作		2017—2019	379.2	800
7	福建榕昌化工有限公司、项目合作单位：中国科学院福建物质结构研究所	万吨级以上 ADC 发泡剂副产盐资源化高值利用关键技术及产业化	产学研合作	C2612 化学原料及化学制品制造业（无机碱制造业）	2017—2019	150	3000
8	绿康生化股份有限公司和湖北大学	芽孢杆菌系列产品发酵生产新技术	产学研合作	生物制药	2017—2019	200	3000
9	普仑斯（福建）泵业有限公司、兰州理工大学	中浓纸浆泵产学研合作项目	产学研合作	机械制造	2018—2019	120	600
10	福建省元诚机车部件有限公司 & 福州大学	刹车片压制系统技术创新	产学研合作	通用零部件制造	2016.10—2018.10	400	3200
11	福建汇德发电设备有限公司；合作单位：北京宏瑞联科技开发有限公司	中高水头段高效水轮发电机组开发技术	产学研合作	装备制造	2017.1—2018.12	356	2000
12	福建海源新材料科技有限公司 中国科学院福建物质结构研究所（暨海西研究院）	新能源汽车用石墨烯改性复合材料抗静电电池箱体的开发与产业化	产学研合作	玻璃纤维及制品制造	2018—2020	1500	6000
13	福建省闽铝轻量化汽车制造有限公司；福建厦门理工学院	新能源车专用铝制车厢关键零件及轻量化创新技术研发	产学研合作	制造业	2017.6—2019.6	600	5500
14	福建省邵武市榕辉化工有限公司 浙江工业大学	PHBA 合成工艺改进项目	产学研合作	化学原料和化学制品制造业	2017—2018	300	600
15	福建金山准点制药有限公司 福建省微生物研究所	醋酸巴多昔芬的研发与生产	产学研合作	医药制造	2017—2019	200	3000
16	福建杜氏木业有限公司 武夷学院	竹木智能化精深加工技术标准研究示范	产学研合作	林产加工	2016—2018	200	1200
17	福建安顺变压器有限公司、武夷机电学院	KVA 干式智能温控系统变压器关键技术研究与产品开发	产学研合作	机械制造	2017.3—2019.1	350	1500
18	武夷山市美华实业有限公司 武夷学院机电工程学院	环保型木塑家居产品表面 UV 涂装技术研究	产学研合作	轻工	2017.6—2018.12	200	2000
19	武夷山元生泰生物科技有限公司 厦门大学医药学院	一种提取灵芝总三萜的工艺研究项目	产业创新重大专项	生物医药	2018.3—2018.12	200	2000
20	福建省益震科技有限公司	节能型多层液压硫化机的开发与应用	产业创新重大专项	制造业	2017—2018	150	3000

续表

序号	项目实施单位及合作单位名称	项目名称	专项类别	所属行业	项目实施年限	项目研发投入	预计年新增销售收入
21	武夷星茶业有限公司	企业技术中心研发设备购置	省级创新平台研发设备投资	食品	2018. 1—2019. 12	260	/
22	福建圣农发展股份有限公司	企业技术中心研发设备购置	省级创新平台研发设备投资	畜牧业	2017. 6—2018. 12	1500	/
23	福建远翔新材料股份有限公司	省级企业技术中心研发设备购置	省级创新平台研发设备投资	化学原料和化学制品制造业	2017—2018	186	/
24	福建省鑫森炭业股份有限公司	企业技术中心研发设备购置	省级创新平台研发设备投资	林产化工	2017—2018	364	/
25	福建圣农发展股份有限公司、中国农业科学院哈尔滨兽医研究所	动物疫控技术创新研究院	技术创新公共服务平台建设	畜牧业	/	1000	/
26	福建欧圣农牧发展有限公司，青岛锐智精密称量设备科技有限公司	电脑多头包装秤	购买关键重大智能装备	轻工	2018. 1—至今	44	/
27	福建南平太阳电缆股份有限公司	福建南平太阳电缆股份有限公司建筑用线智能化技改项目	购买关键重大智能装备	装备制造	2017. 4—至今	10000	25000
28	福建南纺有限责任公司	水刺木浆复合材料产品研发	产业创新重大专项	C179	2	210	1800

（摘编：郑新贵）

福建省2018年省级智能制造重点项目名单

2018年4月12日福建省经济和信息化委员会下发《关于印发2018年省级智能制造重点项目的通知》（闽经信函装备〔2018〕292号）提出，为推动我省智能制造发展，促进产业转型升级，省经信委组织编制了《2018年省级智能制造重点项目》，现印发给你们，请你们认真组织实施。

一、项目实行分级管理。2018年省级智能制造重点项目共计157项，其中设区市属单位项目由各所属设区市经信部门负责管理；省属单位项目由省直主管部门或省属控股（集团）公司负责管理。各主管单位应做好项目协调、服务工作，推进项目按计划实施，充分发挥项目社会效益和经济效益。

二、做好项目分类指导。2018年省级智能制造重点项目主要包括工信部智能制造综合标准化与新模式应用项目、工信部智能制造试点示范项目、省级智能制造样板工厂（车间）示范项目、省级智能制造试点示范企业项目等四种项目类型。各主管单位应根据各项目申报指南要求，做好项目申报的指导工作。

三、优先给予政策支持。入选项目原则上是省级智能制造专项资金的重点支持对象，同时也作为本年度申报国家智能制造相关项目的优先推荐对象。地方配套政策对省级智能制造重点项目给予优先支持。

2018年省级智能制造重点项目

序号	地区	项目实施单位名称	项目名称	项目类型	建设起止年限
1	省属	福建海上风电运维服务有限公司	自升式海上风电大部件更换运维平台	工信部智能制造综合标准化与新模式应用项目	2018.1—2019.10
2	省属	福建省闽铝轻量化汽车制造有限公司	铝合金车厢柔性智能制造工厂	工信部智能制造综合标准化与新模式应用项目	2017.10—2018.6
3	省属	福建省长汀金龙稀土有限公司	基于碳酸氢镁（镁盐）提取分离技术的福建离子型稀土矿绿色开发利用	工信部智能制造综合标准化与新模式应用项目	2016.2—2019.12
4	福州	福州快科电梯工业有限公司	立体自主换乘超级电梯系统研制	工信部智能制造综合标准化与新模式应用项目	2017.7—2018.9
5	福州	福建省特种设备检验研究院	机器人移动性能检测标准与故障诊断信息模型标准研究及试验验证	工信部智能制造综合标准化与新模式应用项目	2018.5—2020.12
6	福州	福建骏鹏通信科技有限公司	钣金智能制造产业化项目	工信部智能制造综合标准化与新模式应用项目	2018.1—2019.12

续表

序号	地区	项目实施单位名称	项目名称	项目类型	建设起止年限
7	福州	飞毛腿（福建）电子有限公司	基于自动化模组的锂聚合物电池智能制造新模式应用项目	工信部智能制造综合标准化与新模式应用项目	2015. 8—2019. 1
8	福州	福州科杰电子衡器有限公司	汽车衡称重平台制造数字化车间	工信部智能制造综合标准化与新模式应用项目	2015. 3—2020. 12
9	福州	福建省长乐市长源纺织有限公司	建设多功能自动纺纱生产线	工信部智能制造综合标准化与新模式应用项目	2016. 10—2018. 12
10	福州	福建锦江科技有限公司	差别化锦纶纤维智能制造新模式应用	工信部智能制造综合标准化与新模式应用项目	2017. 1—2020. 12
11	福州	长乐市忠航纺织有限公司	年产高品质纤维混纺纱线15000吨	工信部智能制造综合标准化与新模式应用项目	2018. 1—2019. 12
12	福州	福建冠城瑞闽新能源科技有限公司	动力锂电池生产项目	工信部智能制造综合标准化与新模式应用项目	2017. 9—2019. 9
13	福州	福州京东方光电科技有限公司	福州京东方智能制造工厂	工信部智能制造综合标准化与新模式应用项目	2015. 6—2019. 6
14	福州	福建省新宏港纺织科技有限公司	高档针纺织品生产及多功能性整理智能制造新模式应用	工信部智能制造综合标准化与新模式应用项目	2018. 1—2020. 12
15	福州	福建罗源闽光钢铁有限责任公司	物联云商罗源物流园项目	工信部智能制造综合标准化与新模式应用项目	2017. 1—2018. 12
16	福州	福建恒捷实业有限公司	高端锦纶纤维产业链网络化协同智能制造项目	工信部智能制造综合标准化与新模式应用项目	2018. 1—2020. 12
17	漳州	漳州伟伊化纤有限公司	年产1000吨包覆纱自动化生产线建设项目	工信部智能制造综合标准化与新模式应用项目	2015. 1—2019. 12
18	漳州	福建日上锻造有限公司	华安日上汽车铝合金锻造轮毂项目	工信部智能制造综合标准化与新模式应用项目	2017. 1—2020. 12
19	漳州	福建明劲家居科技有限公司	华安明劲家居用品生产与研发项目	工信部智能制造综合标准化与新模式应用项目	2017. 1—2020. 12
20	漳州	宏泰机电科技（漳州）有限公司	电子金融支付产品的智能制造新模式应用	工信部智能制造综合标准化与新模式应用项目	2017. 1—2020. 12
21	漳州	大通互惠集团有限公司	高端阀门装备柔性智能制造新模式应用	工信部智能制造综合标准化与新模式应用项目	2017. 7—2019. 12
22	泉州	福建铁拓机械有限公司	高精度高效率沥青搅拌设备智能制造数字化工厂	工信部智能制造综合标准化与新模式应用项目	2018. 1—2020. 12
23	泉州	西人马联合测控（泉州）科技有限公司	MEMS芯片及高端传感器制造技术	工信部智能制造综合标准化与新模式应用项目	2017. 1—2020. 12
24	泉州	福建恒安家庭生活用品有限公司	卫生用品行业智能工厂通用模型标准与试验验证	工信部智能制造综合标准化与新模式应用项目	2018. 1—2020. 12

续表

序号	地区	项目实施单位名称	项目名称	项目类型	建设起止年限
25	泉州	兴业皮革科技股份有限公司	生态高端皮革智能制造新模式的研究及示范应用	工信部智能制造综合标准化与新模式应用项目	2015.1—2019.12
26	泉州	信泰（福建）科技有限公司	纺织鞋面个性化定制系统聚成	工信部智能制造综合标准化与新模式应用项目	2018.1—2020.12
27	泉州	黑天鹅智能科技（福建）有限公司	纺织鞋面个性化定制系统聚成	工信部智能制造综合标准化与新模式应用项目	2018.1—2020.12
28	泉州	福建凤竹纺织科技股份有限公司	生态智能染色数字化车间	工信部智能制造综合标准化与新模式应用项目	2018.1—2020.12
29	泉州	舒华体育股份有限公司	年增产五万套健身器材技改项目	工信部智能制造综合标准化与新模式应用项目	2018.1—2020.12
30	泉州	福建集成伞业有限公司	塑胶伞智能化成型车间	工信部智能制造综合标准化与新模式应用项目	2018.1—2020.12
31	泉州	三六一度（福建）体育用品有限公司	运动鞋服智能管控通用信息模型标准与试验验证	工信部智能制造综合标准化与新模式应用项目	2018.1—2020.12
32	泉州	泉州市穹空光电科技有限公司	空间3D运载智能小车系统	工信部智能制造综合标准化与新模式应用项目	2017.1—2020.12
33	泉州	福建省闽发铝业股份有限公司	建筑铝模板智能制造新模式及应用	工信部智能制造综合标准化与新模式应用项目	2015.1—2019.12
34	泉州	阳光中科（福建）能源股份有限公司	新型高效多用途太阳电池数字化车间	工信部智能制造综合标准化与新模式应用项目	2017.1—2019.12
35	泉州	泉州市明匠智能系统有限公司	年产机械臂1000台、AGV（自动导引运输设备）1000台	工信部智能制造综合标准化与新模式应用项目	2017.1—2019.12
36	泉州	达利食品集团有限公司	饮料及糕点食品的智能制造综合标准化与新模式应用	工信部智能制造综合标准化与新模式应用项目	2017.1—2020.12
37	泉州	福建立亚新材有限公司	CASAS—300特种陶瓷材料产业化项目	工信部智能制造综合标准化与新模式应用项目	2015.1—2018.12
38	泉州	泉州嘉德利电子材料有限公司	新能源用聚丙烯电容器薄膜生产线项目	工信部智能制造综合标准化与新模式应用项目	2017.1—2020.12
39	泉州	舒华股份有限公司泉州台商投资区分公司	健身器材生产线自动化提升项目	工信部智能制造综合标准化与新模式应用项目	2018.1—2020.12
40	三明	中机精冲科技（福建）有限公司	高档汽车零件精冲生产	工信部智能制造综合标准化与新模式应用项目	2014.7—2018.12
41	三明	福建华橡自控技术股份有限公司	高等级智能化注塑机制造基地项目	工信部智能制造综合标准化与新模式应用项目	2017.1—2019.12
42	三明	德美特斯（三明）液压制造有限公司	液压关键零部件智能制造	工信部智能制造综合标准化与新模式应用项目	2017.1—2019.12

续表

序号	地区	项目实施单位名称	项目名称	项目类型	建设起止年限
43	三明	三明市厦工（三明）重型机器有限公司	路面机械智能制造	工信部智能制造综合标准化与新模式应用项目	2017.1—2019.12
44	三明	福建信明橡塑有限公司	建设输送带生产线项目	工信部智能制造综合标准化与新模式应用项目	2017.1—2020.12
45	三明	福建省三明齿轮箱有限责任公司	商用车变速箱齿轮项目	工信部智能制造综合标准化与新模式应用项目	2017.1—2020.12
46	三明	福建科华石墨科技有限公司	科华石墨化锂电池负极材料生产项目	工信部智能制造综合标准化与新模式应用项目	2018.1—2019.12
47	三明	福建省奔鹿纺织科技有限公司	福建省奔鹿纺织科技有限公司二期项目—牛仔布生产线建设工程	工信部智能制造综合标准化与新模式应用项目	2017.10—2019.3
48	莆田	福建永荣科技有限公司	大型国产化己内酰胺智能工厂建设项目	工信部智能制造综合标准化与新模式应用项目	2017.11—2020.1
49	南平	福建圣农发展股份有限公司	福建圣农发展股份有限公司肉鸡加工厂升级改造项目	工信部智能制造综合标准化与新模式应用项目	2017.12—2020.11
50	南平	福建利树股份有限公司	利树股份年产30万吨白木浆挂面纸生产线（二期项目）	工信部智能制造综合标准化与新模式应用项目	2017.3—2019.3
51	南平	福建龙泰竹家居股份有限公司	竹室内、室外家居用品生产线建设	工信部智能制造综合标准化与新模式应用项目	2018.1—2020.12
52	南平	福建武夷汽车制造有限公司	随车起重机智能改造项目	工信部智能制造综合标准化与新模式应用项目	2017.7—2019.12
53	南平	邵武永太高新材料有限公司	建设年产6000吨六氟磷酸锂、2000吨双氟磺酰亚胺锂	工信部智能制造综合标准化与新模式应用项目	2016.10—2019.12
54	南平	福建永晶科技有限公司	永晶科技含氟系列高新材料项目	工信部智能制造综合标准化与新模式应用项目	2017.01—2020.12
55	南平	福建邵化化工有限公司	福建邵化化工有限公司生产装置技术升级搬迁改造项目	工信部智能制造综合标准化与新模式应用项目	2018.01—2020.12
56	南平	福建神农菇业股份有限公司	神农食用菌工业产业园三期增资扩产项目	工信部智能制造综合标准化与新模式应用项目	2017.1—2019.12
57	南平	福建闽瑞环保纤维股份有限公司	新型卫生纸用复合超短纤维智能化制造车间	工信部智能制造综合标准化与新模式应用项目	2017.1—2020.12
58	南平	福建永顺机械有限公司	大型秸秆拔除清理回收联合作业机	工信部智能制造综合标准化与新模式应用项目	2017.1—2020.12
59	龙岩	福建沉缸酒酿造有限公司	沉缸酒低糖系列产品生产项目	工信部智能制造综合标准化与新模式应用项目	2016.9—2019.12
60	龙岩	福建金鑫钨业股份有限公司	金鑫钨制品深加工项目	工信部智能制造综合标准化与新模式应用项目	2017.6—2022.5

续表

序号	地区	项目实施单位名称	项目名称	项目类型	建设起止年限
61	龙岩	福建铭麟工贸有限公司	年产5万吨过硫酸盐项目	工信部智能制造综合标准化与新模式应用项目	2015.1—2018.12
62	龙岩	福建达米拉数码科技有限公司	新建福建达米拉科技园建设项目	工信部智能制造综合标准化与新模式应用项目	2017.1—2020.12
63	龙岩	福建康莱宝运动用品有限公司	体育运动器械生产线及（物联网+）智能体育装备赛事服务平台项目	工信部智能制造综合标准化与新模式应用项目	2017.1—2019.12
64	龙岩	谊美吉斯光电科技（福建）有限公司	智能显示玻璃小间距项目	工信部智能制造综合标准化与新模式应用项目	2017.12—2018.6
65	宁德	宁德时代电机科技有限公司	年产10万套新能源汽车驱动总成智能生产车间新建项目	工信部智能制造综合标准化与新模式应用项目	2017.5—2020.5
66	宁德	福建杉杉科技有限公司	年产5万吨动力电池负极材料项目	工信部智能制造综合标准化与新模式应用项目	2017.3—2019.6
67	宁德	宁德新能源科技有限公司	面向软包方形锂电池制造的机器人自动化生产线	工信部智能制造综合标准化与新模式应用项目	2018.1—2018.12
68	福州	长乐恒申合纤科技有限公司	聚酰胺纤维生产智能化车间	工信部智能制造试点示范项目	2014.3—2017.3
69	福州	爹地宝贝股份有限公司	新一代超薄芯纸尿裤集成化智能工厂建设	工信部智能制造试点示范项目	2013.7—2018.5
70	福州	福州京东方光电科技有限公司	福州第8.5代新型半导体显示器件生产线项目	工信部智能制造试点示范项目	2015.6—2017.6
71	漳州	漳州科华技术有限责任公司	高端UPS数字化车间智能制造示范项目	工信部智能制造试点示范项目	2010.9—2017.12
72	三明	福建福维股份有限公司	先进节能型10000吨/年PVA纤维生产线项目	工信部智能制造试点示范项目	2013.1—2014.12
73	南平	福建永晶科技有限公司	含氟中间体生产线	工信部智能制造试点示范项目	2017.01—2018.07
74	省属	福人集团邵武木业有限公司	福人集团邵武木业有限公司竹刨花板及精深加工生产线项目	省级智能制造样板工厂（车间）示范项目	2015.1—2017.12
75	省属	福建省三钢（集团）有限责任公司	在线智能检测和智能燃烧控制技术在中厚板轧钢中开发应用	省级智能制造样板工厂（车间）示范项目	2017.1—2017.12
76	省属	福建省三钢（集团）有限责任公司	转炉钢水机器人自动测温取样系统开发与应用	省级智能制造样板工厂（车间）示范项目	2017.1—2018.3
77	省属	福建海峡科化股份有限公司	导爆管雷管智能装配设备及技术	省级智能制造样板工厂（车间）示范项目	2016.11—2017.12

续表

序号	地区	项目实施单位名称	项目名称	项目类型	建设起止年限
78	福州	福建骏鹏通信科技有限公司	新能源汽车电池箱智能化生产线项目	省级智能制造样板工厂（车间）示范项目	2016. 2—2018. 1
79	福州	华映科技（集团）股份有限公司	液晶模组产线整合项目	省级智能制造样板工厂（车间）示范项目	2017. 7—2018. 12
80	福州	福建冠城瑞闽新能源科技有限公司	锂离子动力电池全自动化生产车间	省级智能制造样板工厂（车间）示范项目	2016. 9—2018. 3
81	福州	福州京东方光电科技有限公司	福州第8.5代新型半导体显示器件生产线项目	省级智能制造样板工厂（车间）示范项目	2015. 6—2017. 6
82	福州	福融辉实业（福建）有限公司	塑料软包装材料自动化生产项目	省级智能制造样板工厂（车间）示范项目	2014. 1—2015. 12
83	福州	福建福融昌包装工业有限公司	塑料软包装材料自动化生产项目	省级智能制造样板工厂（车间）示范项目	2015. 2—2017. 5
84	福州	福建申远新材料有限公司	年产40万吨聚酰胺一体化项目	省级智能制造样板工厂（车间）示范项目	2013. 11—2017. 12
85	福州	东创（福建）商业设备制造有限公司	东创智能制造示范车间建设	省级智能制造样板工厂（车间）示范项目	2013. 5—2016. 12
86	漳州	台玻福建光伏玻璃有限公司	光伏玻璃智能化生产项目	省级智能制造样板工厂（车间）示范项目	2009. 1—2017. 12
87	泉州	福建柒牌时装科技股份有限公司	西服数字化车间	省级智能制造样板工厂（车间）示范项目	2012. 1—2017. 12
88	泉州	晋江市隆盛针织印染有限公司	智能化染整车间改造项目	省级智能制造样板工厂（车间）示范项目	2016. 1—2018. 12
89	泉州	福建南王环保科技股份有限公司	结合环保印刷技术的包装袋智能制造生产线	省级智能制造样板工厂（车间）示范项目	2014. 1—2017. 12
90	泉州	福建省德化同鑫陶瓷有限公司	日用陶瓷标准化生产车间项目	省级智能制造样板工厂（车间）示范项目	2016. 1—2017. 12
91	泉州	福建泉州顺美集团有限责任公司	日用陶瓷生产自动化及信息化技术应用项目	省级智能制造样板工厂（车间）示范项目	2015. 1—2017. 12
92	泉州	美图（福建）铝业有限公司	年产10万吨铝型材生产线项目	省级智能制造样板工厂（车间）示范项目	2013. 1—2014. 12
93	泉州	福建华夏金刚科技股份有限公司	超耐热日用瓷生产线及窑炉综合节能建设项目（一期）	省级智能制造样板工厂（车间）示范项目	2015. 1—2016. 12
94	三明	圣智（福建）热处理有限公司	热处理车间数控化技术改造	省级智能制造样板工厂（车间）示范项目	2015. 1—2017. 12
95	三明	福建省三明齿轮箱有限责任公司	热处理智能化生产	省级智能制造样板工厂（车间）示范项目	2013. 1—2017. 12

续表

序号	地区	项目实施单位名称	项目名称	项目类型	建设起止年限
96	三明	三明福特科光电有限公司	自动化改造生产项目	省级智能制造样板工厂（车间）示范项目	2016.1—2018.12
97	莆田	莆田市涵江区依吨多层电路有限公司	PCB 板流程型智能应用车间	省级智能制造样板工厂（车间）示范项目	2017.6—2018.6
98	莆田	莆田市涵江区依吨多层电路有限公司	PCB 板流程型智能应用车间	省级智能制造样板工厂（车间）示范项目	2017.6—2018.6
99	南平	福建圣农发展股份有限公司	新型现代化肉鸡场项目	省级智能制造样板工厂（车间）示范项目	2016.1—2017.12
100	南平	福建省建阳武夷味精有限公司	味精生产智能化及节能优化改造	省级智能制造样板工厂（车间）示范项目	2016.1—2019.12
101	南平	福建武夷华彩环保新材料股份有限公司	福建武夷华彩新型墙体节能环保建材项目	省级智能制造样板工厂（车间）示范项目	2018.1—2020.12
102	南平	福建南平太阳电缆股份有限公司	建筑用线智能化技改项目	省级智能制造样板工厂（车间）示范项目	2017.4—2017.12
103	南平	福建省圣新能源股份有限公司	生物质发电生产过程智能化控制	省级智能制造样板工厂（车间）示范项目	2013.2—2015.5
104	南平	福建永晶科技有限公司	含氟中间体生产线	省级智能制造样板工厂（车间）示范项目	2017.1—2018.7
105	南平	福建省顺昌县升升木业有限公司	出口户外休闲家具及儿童游乐玩具系列产品生产项目	省级智能制造样板工厂（车间）示范项目	2016.1—2018.12
106	南平	福建省顺昌齐星农产品开发有限公司	齐星菇业海鲜菇生产线技改二期	省级智能制造样板工厂（车间）示范项目	2017.9—2019.5
107	龙岩	龙工（福建）挖掘机有限公司	挖掘机智能制造车间	省级智能制造样板工厂（车间）示范项目	2017.1—2019.12
108	龙岩	福建天泉药业股份有限公司	软袋输液生产线扩能改造	省级智能制造样板工厂（车间）示范项目	2015.8—2017.8
109	龙岩	福建德尔科技有限公司	福建德尔科技有限公司智能工厂项目	省级智能制造样板工厂（车间）示范项目	2017.1—2018.8
110	龙岩	福建正德光电科技有限公司	新型显示光学材料生产项目	省级智能制造样板工厂（车间）示范项目	2015.1—2018.12
111	宁德	福建宏旺实业有限公司	不锈钢五尺（超宽板）连轧连退智能化机组项目	省级智能制造样板工厂（车间）示范项目	2016.1—2017.12
112	省属	福建省民爆化工股份有限公司	SGR—FL 型乳化炸药生产系统	省级智能制造试点示范企业项目	2015.6—2017.12
113	福州	智恒科技股份有限公司	智能设备云管控平台	省级智能制造试点示范企业项目	2016.1—2017.12

续表

序号	地区	项目实施单位名称	项目名称	项目类型	建设起止年限
114	福州	福建新大陆环保科技有限公司	大功率高频高压电源配套臭氧发生器的研制及产业化	省级智能制造试点示范企业项目	2016. 1—2017. 12
115	福州	福建省长乐区航港针织品有限公司	新增年产 3600 吨高档花边布料技改扩建项目（蕾丝弹力布智能制造试点示范）	省级智能制造试点示范企业项目	2016. 1—2017. 12
116	福州	福建冠城瑞闽新能源科技有限公司	锂离子动力电池全自动化生产项目	省级智能制造试点示范企业项目	2016. 9—2018. 3
117	福州	福建天马科技集团股份有限公司	特种水产配合饲料生产项目	省级智能制造试点示范企业项目	2014. 1—2018. 6
118	福州	福建奋安铝业有限公司	建筑业铝型材智能制造试点示范项目	省级智能制造试点示范企业项目	2015. 1—2017. 12
119	福州	福建省宏港纺织科技有限公司	绿色、智能制造生产多功能高档纺织面料	省级智能制造试点示范企业项目	2015. 1—2017. 12
120	福州	福州明芳汽车部件工业有限公司	汽车天窗自动化生产线	省级智能制造试点示范企业项目	2016. 7—2017. 12
121	厦门	厦门航天思尔特机器人系统股份公司	机器人装备的智能生产试点示范	省级智能制造试点示范企业项目	2016. 2—2018. 5
122	厦门	厦门保沣实业有限公司	保沣铝制易拉盖智能制造项目	省级智能制造试点示范企业项目	2017. 5—2018. 5
123	厦门	厦门瑞尔特卫浴科技股份有限公司	卫浴关键配件智能化生产建设	省级智能制造试点示范企业项目	2016. 2—2017. 12
124	厦门	信华科技（厦门）有限公司	高精密电子元器件智能工厂建设	省级智能制造试点示范企业项目	2013. 1—2017. 12
125	厦门	百路达（厦门）工业有限公司	数字化加工车间的构建	省级智能制造试点示范企业项目	2016. 6—2017. 12
126	厦门	金旸（厦门）新材料科技有限公司	功能高分子新材料智能制造试点示范项目	省级智能制造试点示范企业项目	2015. 3—2017. 12
127	厦门	厦门祥福兴科技股份有限公司	光电显示用偏光片生产项目	省级智能制造试点示范企业项目	2017. 7—2018. 2
128	漳州	福建明鑫智能科技股份有限公司	机器人自动冲压生产线	省级智能制造试点示范企业项目	2016. 7—2017. 7
129	漳州	漳州科能电器有限公司	科能电子产品制造领域只能制造新模式	省级智能制造试点示范企业项目	2015. 1—2017. 12
130	漳州	东山腾新食品有限公司	生产线智能化自动化改造项目	省级智能制造试点示范企业项目	2016. 1—2017. 12
131	泉州	福建钟山化工有限公司	18. 5 万吨/年表面活性剂及炼化助剂项目	省级智能制造试点示范企业项目	2014. 1—2017. 12

续表

序号	地区	项目实施单位名称	项目名称	项目类型	建设起止年限
132	泉州	福建龙峰纺织科技实业有限公司	龙峰智能化一厂及配套设施建设项目	省级智能制造试点示范企业项目	2014. 1—2017. 12
133	泉州	爱谱乐科技有限公司	全屋家具智能定制设计与制造一体化	省级智能制造试点示范企业项目	2015. 1—2018. 12
134	泉州	华辉玻璃（中国）有限公司	玻璃深加工预处理工序自动化生产连线改造	省级智能制造试点示范企业项目	2016. 1—2018. 12
135	泉州	福建省德化县万盛陶瓷有限公司	节能环保陶瓷智能制造试点示范	省级智能制造试点示范企业项目	2014. 1—2016. 12
136	三明	福建清流汽枪厂有限公司	生产过程控制数字化	省级智能制造试点示范企业项目	2016. 1—2017. 12
137	三明	中机数控科技（福建）有限公司	智能光纤激光加工装备项目	省级智能制造试点示范企业项目	2016. 7—2018. 12
138	三明	永安轴承有限责任公司	永安轴承智能制造信息化系统	省级智能制造试点示范企业项目	2015. 1—2018. 12
139	三明	百特（福建）智能装备科技有限公司	百特（福建）智能装备科技有限公司智能装备及物联传感器项目	省级智能制造试点示范企业项目	2016. 1—2017. 12
140	三明	福建省将乐县长兴电子有限公司	2520&2016SEAMSMD 微型金属封装石英晶体谐振器	省级智能制造试点示范企业项目	2015. 1—2017. 12
141	三明	福建祥源纺织有限公司	多功能性纤维综合混纺开发高品质纱线项目	省级智能制造试点示范企业项目	2014. 1—2016. 12
142	三明	福建鸿燕化工有限公司	年产 30000 吨纤维素酯项目	省级智能制造试点示范企业项目	2015. 1—2017. 12
143	三明	福建省瑞奥麦特轻金属有限责任公司	半固态轻合金铸件自动化、信息化生产项目	省级智能制造试点示范企业项目	2015. 1—2017. 12
144	莆田	福建天喔实业有限公司	PET 无菌冷灌装智能生产	省级智能制造试点示范企业项目	2014. 11—2017. 9
145	南平	福建南纺有限责任公司	《南纺高新材料产业园项目》（一期）	省级智能制造试点示范企业项目	2016. 8—2018. 12
146	南平	浦城县永芳香料科技有限公司	浦潭 B 区 5000t/a 合成香料迁建项目（一期）	省级智能制造试点示范企业项目	2017. 1—2018. 5
147	南平	福建永晶科技有限公司	含氟中间体生产线	省级智能制造试点示范企业项目	2017. 1—2018. 7
148	南平	福建顺昌虹润精密仪器有限公司	数字化工厂和智能化厂线	省级智能制造试点示范企业项目	2016. 1—2018. 1
149	南平	福建闽瑞环保纤维股份有限公司	高性能复合纤维智能化制造车间	省级智能制造试点示范企业项目	2016. 1—2018. 12

续表

序号	地区	项目实施单位名称	项目名称	项目类型	建设起止年限
150	南平	武夷山正华竹木制品有限公司	竹串（棒）冰勺智能化生产线改扩建项目	省级智能制造试点示范企业项目	2016. 1—2018. 12
151	南平	福建省欧品轩竹木傢俬有限公司	竹工艺品、小家具生产线智能化改造项目	省级智能制造试点示范企业项目	2017. 11—2018. 8
152	龙岩	龙工（福建）桥箱有限公司	变速箱柔性生产线	省级智能制造试点示范企业项目	2006. 1—2011. 6
153	龙岩	上杭县紫金佳博电子新材料科技有限公司	年产 6t 键合金丝	省级智能制造试点示范企业项目	2017. 8—2018. 3
154	龙岩	福建坤孚股份有限公司	镁合金新材料产品研发及产业化项目	省级智能制造试点示范企业项目	2014. 1—2017. 12
155	龙岩	福建赛特新材股份有限公司	年产 230 万平方米真空绝热板扩建项目	省级智能制造试点示范企业项目	2013. 1—2016. 12
156	龙岩	福建冠睿电子科技有限公司	手机、平板电脑生产过程智能化及管理信息化建设项目	省级智能制造试点示范企业项目	2017. 1—2018. 6
157	宁德	博禾（福建）电子科技有限公司	传感器在制造智能按摩椅新模式的应用	省级智能制造试点示范企业项目	2017. 1—2018. 6

福建省2018年第二批省级智能制造重点项目

2018年12月20日福建省工业和信息化厅下发《关于印发2018年第二批省级智能制造重点项目的通知》（闽工信函装备〔2018〕116号）提出，为推动我省智能制造发展，促进产业转型升级，推广应用智能制造新模式，在各地推荐的项目中，省工信厅组织编制了《2018年第二批省级智能制造重点项目》，现印发你们，请你们认真组织实施。

一、项目实行分级管理

2018年第二批省级智能制造重点项目共计68项，其中技改类38项，首台（套）类30项。按照归属地原则，由项目所在地经信部门负责管理。各地经信部门要做好项目协调、服务工作，推进项目实施，充分发挥项目社会效益和经济效益。

二、做好项目分类指导

2018年第二批省级智能制造重点项目中，技改类包括工信部智能制造综合标准化与新模式应用项目、工信部智能制造试点示范项目、省级智能制造样板工厂（车间）示范项目、省级智能制造试点示范企业项目等4个类型；首台（套）类包括国家首台（套）保险补偿项目和省首台（套）重大技术装备认定项目等2个类型。各设区市经信部门应根据各项目类型的申报指南要求，做好项目申报的指导工作。

三、优先给予政策支持

入选项目原则上是省级智能制造专项的重点支持对象，同时也作为申报国家智能制造相关项目的优先推荐对象。地方配套政策可对省级智能制造重点项目给予优先支持。

2018年第二批省级智能制造重点项目

序号	地市	项目实施单位名称	项目名称	项目类型
1	福州	福建圣力智能工业科技股份有限公司	智能化安全生产数据采集分析系统	工信部智能制造综合标准化与新模式应用项目
2	福州	福建星网锐捷通讯股份有限公司	网络通讯产品数字化和网络化工厂	工信部智能制造综合标准化与新模式应用项目
3	福州	福建星云电子股份有限公司	新能源汽车电池智能制造装备及智能电站变流控制系统产业化项目	工信部智能制造综合标准化与新模式应用项目
4	福州	福建福日电子股份有限公司	新建自动化LED功能性及特殊照明封装及光源项目（一期）	工信部智能制造综合标准化与新模式应用项目
5	漳州	福建福船一帆新能源装备制造有限公司	福船一帆海上风电装备“智”造工厂	工信部智能制造综合标准化与新模式应用项目
6	泉州	福建省春秋农林科技有限公司	刺明珠葡萄酒智能化示范工厂项目	工信部智能制造综合标准化与新模式应用项目
7	三明	福建省开诚机械有限公司	绿色铸造智能制造新模式应用项目	工信部智能制造综合标准化与新模式应用项目
8	三明	福建丰帝锦纶有限公司	年产3万吨差别化、功能性锦纶纤维项目	工信部智能制造综合标准化与新模式应用项目

续表

序号	地市	项目实施单位名称	项目名称	项目类型
9	南平	福建海源新材料科技有限公司	高强度复合纤维车身框架自动化装配项目	工信部智能制造综合标准化与新模式应用项目
10	龙岩	紫金矿业集团股份有限公司紫金山金铜矿	紫金山金铜矿智慧矿山建设项目	工信部智能制造综合标准化与新模式应用项目
11	宁德	福建亚南电机有限公司	年产30万千瓦时新能源机电成套设备产业化基地建设项目	工信部智能制造综合标准化与新模式应用项目
12	福州	福建星网锐捷通讯股份有限公司	网络通讯产品智能化柔性制造	工信部智能制造试点示范项目
13	福州	福建景丰科技有限公司	年产20万差别化、功能性纤维建设项目	工信部智能制造试点示范项目
14	福州	福建经纬新纤科技实业有限公司	功能性差别化涤纶短纤柔性化智能车间	省级智能制造样板工厂（车间）示范项目
15	福州	福州新密机电有限公司	全自动垂直造型、浇铸件生产项目	省级智能制造样板工厂（车间）示范项目
16	泉州	福建金石能源有限公司	MES制造企业生产过程执行系统	省级智能制造样板工厂（车间）示范项目
17	泉州	南安市南益电脑针织有限公司	年产1000万件毛衫	省级智能制造样板工厂（车间）示范项目
18	莆田	上海电气风电风电设备莆田有限公司	莆田工厂智能制造样板项目	省级智能制造样板工厂（车间）示范项目
19	莆田	福建华佳彩有限公司	ARRAY（阵列）智能生产线	省级智能制造样板工厂（车间）示范项目
20	龙岩	福建中晶科技有限公司	图形化蓝宝石衬底项目	省级智能制造样板工厂（车间）示范项目
21	福州	福州钜全金属工业有限公司	汽车发动机铝合金零部件智能化生产项目	省级智能制造试点示范企业项目
22	福州	福建阿石创新材料股份有限公司	ITO（氧化铟锡）制造车间及附属设施项目	省级智能制造试点示范企业项目
23	泉州	晋江市远大服装织造有限公司	采用多功能数控设备生产功能性面料智能工厂示范项目	省级智能制造试点示范企业项目
24	泉州	晋江市骏陶陶瓷实业有限公司	数字化大规格陶瓷生产车间项目	省级智能制造试点示范企业项目
25	泉州	福建省泉州喜多多食品有限公司	喜多多全自动罐装生产线改造项目	省级智能制造试点示范企业项目
26	泉州	福建合盈食品有限公司	生产高端固态调味料智能车间改造升级项目	省级智能制造试点示范企业项目
27	泉州	中仑塑业（福建）有限公司	PA6膜级切片智能制造试点示范项目	省级智能制造试点示范企业项目

续表

序号	地市	项目实施单位名称	项目名称	项目类型
28	泉州	德化县宏顺陶瓷有限公司	陶瓷生产线智能制造建设项目	省级智能制造试点示范企业项目
29	泉州	陆升（福建）集团有限公司	高档酒店用品瓷自动化及信息化项目	省级智能制造试点示范企业项目
30	泉州	泉州坤达礼品有限公司	日用陶瓷信息化、智能化制造技改项目	省级智能制造试点示范企业项目
31	泉州	九牧王股份有限公司	西裤第二代智能制造生产车间	省级智能制造试点示范企业项目
32	莆田	福建钜能电力有限公司	HDT 太阳能电池及组件智能化生产线（一期）	省级智能制造试点示范企业项目
33	莆田	莆田市华源工贸有限公司	棉纱智能生产线	省级智能制造试点示范企业项目
34	莆田	莆田市力奴鞋业有限公司	运动鞋生产数字化车间	省级智能制造试点示范企业项目
35	莆田	福建华佳彩有限公司	显影制程生产线技改	省级智能制造试点示范企业项目
36	莆田	福建省飞阳光电股份有限公司	车间自动化信息化升级	省级智能制造试点示范企业项目
37	龙岩	福建龙氟化工有限公司	无水氟化氢及氟盐化工智能工厂项目	省级智能制造试点示范企业项目
38	宁德	福建省闽东力捷迅药业有限公司	智能化冻干生产线车间	省级智能制造试点示范企业项目
39	福州	福建省马尾造船股份有限公司	新型海底电缆施工船	国家首台（套）保险补偿项目
40	福州	福建省马尾造船股份有限公司	SSFF150 单柱半潜式深海渔场	国家首台（套）保险补偿项目
41	福州	福建省马尾造船股份有限公司	3500 吨级敷缆船	国家首台（套）保险补偿项目
42	福州	福建中科光芯光电科技有限公司	高速率 InP 半导体激光器自动化检测仪	省首台（套）重大技术装备认定项目
43	福州	福建星网元智科技有限公司	中小型电子制造业生产智能化集成系统	省首台（套）重大技术装备认定项目
44	福州	福建华科工业自动化设备有限公司	高效聚合物电容器智能生产设备	省首台（套）重大技术装备认定项目
45	福州	福建星云电子股份有限公司	星云动力电池组工况模拟测试系统	省首台（套）重大技术装备认定项目
46	福州	福建海上风电运维服务有限公司	海上风电运维服务船	省首台（套）重大技术装备认定项目
47	福州	福州超宏自动化设备有限公司	大灯线左右边生产设备	省首台（套）重大技术装备认定项目
48	福州	福建晟哲自动化科技有限公司	全自动液晶面板研磨倒角机	省首台（套）重大技术装备认定项目
49	福州	福建麦特新铝业科技有限公司	绿色智能化自洁净铝合金熔炼炉	省首台（套）重大技术装备认定项目
50	厦门	厦门市美亚柏科信息股份有限公司	虎鲸号现场勘查取证车	省首台（套）重大技术装备认定项目

续表

序号	地市	项目实施单位名称	项目名称	项目类型
51	厦门	厦门科华恒盛股份有限公司	10MW/54．2MWH 储能系统	省首台（套）重大技术装备认定项目
52	厦门	厦门大金机械有限公司	龙门数控铣 TMC2315	省首台（套）重大技术装备认定项目
53	厦门	厦门大金机械有限公司	龙门数控铣 4025	省首台（套）重大技术装备认定项目
54	厦门	厦门福信光电集成有限公司	基于图像识别、深度学习等人工智能技术的液晶屏微划伤智能检测装备	省首台（套）重大技术装备认定项目
55	漳州	漳州万利达科技有限公司	平板电脑 MMI 自动测试	省首台（套）重大技术装备认定项目
56	泉州	泉州恒毅机械有限公司	两面移圈罗纹电脑提花机	省首台（套）重大技术装备认定项目
57	泉州	福建海创智能装备股份有限公司	SBB80M8—医用乳胶手套智能生产线	省首台（套）重大技术装备认定项目
58	泉州	福建南方路面机械有限公司	NFI1313 履带移动式反击破碎站	省首台（套）重大技术装备认定项目
59	泉州	泉州坤泰机械精工制造有限公司	TS2500 日用陶瓷全自动成型生产线（双滚）	省首台（套）重大技术装备认定项目
60	泉州	嘉泰数控科技股份公司	ML300 多轴抛光机	省首台（套）重大技术装备认定项目
61	三明	三明市普诺维机械有限公司	高速长寿命成人拉拉裤模切总成	省首台（套）重大技术装备认定项目
62	莆田	上海电气风电设备莆田有限公司	6．25MW 风力发电机组	省首台（套）重大技术装备认定项目
63	莆田	福建海山机械股份有限公司	FHS5250TWQ07H 全天候道路污染清除车	省首台（套）重大技术装备认定项目
64	南平	福建省益震科技有限公司	YZLL815×100/3 三层液压全自动定型硫化机成套设备	省首台（套）重大技术装备认定项目
65	南平	福建永顺机械有限公司	棉秆拔除及残膜回收联合作业机（YS—4MGBQM—210 型）	省首台（套）重大技术装备认定项目
66	南平	南平德赛技术装备有限公司	高中压开关柜机器人辅助制造自动装备线	省首台（套）重大技术装备认定项目
67	龙岩	龙合智能装备制造有限公司	全向搬运机器人 ODAGV15D—001	省首台（套）重大技术装备认定项目
68	龙岩	福建方圆翔飞航天科技有限公司	高分辨率红外双频成像遥感载台	省首台（套）重大技术装备认定项目

（摘编：陈建闽）

福建省2018年健康与养老服务工程重大项目

2018年6月13日福建省发展和改革委员会、福建省卫生和计划生育委员会、福建省教育厅、福建省民政厅、福建省财政厅、福建省体育局、福建省发展和改革委员会等六部门下发《关于印发福建省2018年健康与养老服务工程重大项目的通知》提出，为持续实施《福建省加快推进健康与养老服务工程建设行动计划（2015—2020年）》，推进健康服务体系、养老服务体系和体育健身设施建设，经筛选，确定2018年健康与养老服务工程重大项目共计161个，其中：续列项目106个，新增项目55个，总投资493亿元（资金投资规模及来源以政府正式审批文件为准），2018年计划投资91亿元。经省政府同意，现将《福建省2018年健康与养老服务工程重大项目表》印发给你们，请加大政府投入和土地、金融等政策支持力度，同时，要防范政府债务风险，营造良好环境，积极鼓励社会资本投资健康与养老服务工程，各分级管理单位要做好服务指导、检查督促、按月调度等管理工作，加快项目建设，促进健康与养老服务业健康发展。

2018年福建省健康与养老服务工程重大项目汇总表（略）

（摘编：李兵）

第二篇
发展纪事

1 月

2 日，全省经济和信息化工作会议在福州召开，省委书记于伟国对会议做出批示，省委常委、副省长周联清出席会议并讲话。周联清强调，2018 年，全省经信系统要突出项目带动，强化发展支撑；突出龙头带动，壮大产业集群；突出重点领域，补齐发展短板；突出新经济新产业发展，加快动能转换；突出从严治党，加强队伍建设，全力推动工业和信息化各项工作落到实处，确保完成全年各项目标任务。

3 日，省委书记于伟国，省委副书记、代省长唐登杰与国务院安委会安全生产第十一考核组一行座谈，就进一步做好当前安全生产工作交换意见。

4 日，全省人力资源和社会保障工作会议在福州召开。省委书记于伟国对会议做出批示，副省长黄琪玉出席会议并讲话。

4 日，全省商务工作视频会议召开。省委书记于伟国对会议做出批示，副省长李德金出席会议并讲话。

4 日，省政府安全生产汇报会在福州举行，省委常委、副省长周联清代表省政府向国务院安委会安全生产第十一考核组汇报 2017 年度全省安全生产工作。

5 日，全省交通运输工作视频会议在福州召开。省委书记于伟国对会议做出批示。

3 日至 6 日，由国家安全监管总局党组副书记、副局长付建华为组长的国务院安委会安全生产第十一考核组来闽，对我省安全生产工作完成情况进行全面考核。7 日上午，考核组向我省反馈 2017 年度安全生产工作考核意见。省委常委、副省长周联清出席会议并代表省委省政府做表态发言。

8 日，全省海洋经济与现代渔业工作视频会议在福州举行。副省长黄琪玉出席会议并讲话。

10 日，全省财政工作会议在福州召开。省委书记于伟国对财政工作做出批示。

10 日，全省价格工作视频会议在福州召开。省委常委、副省长周联清出席会议并讲话。

11 日，全省住房城乡建设工作视频会在福州召开。副省长洪捷序出席会议并讲话。

11 日下午，代省长唐登杰主持召开省政府常务会议，研究通过《关于进一步加强文物安全工作的若干措施》，确定省直部门权责清单融合、调整和再取消、下放一批行政权力事项，确定 2018 年省重点项目。会议还研究了其他事项。

12 日，代省长唐登杰在福州会见了东方电气集团党组书记、董事长邹磊一行。邹磊表示，将发挥集团全产业链研发、智能制造等方面优势，在高端装备、清洁能源、节能环保和城乡基础设施等领域加大在闽投资，助力福建经济社会发展。

12 日，全省安全生产工作暨第一季度防范重特大生产安全事故视频会议在福州召开。受代省长唐登杰委托，省委常委、副省长周联清出席会议并讲话。

15 日，全省农业工作会议在福州召开。副省长黄琪玉出席会议并讲话。

17 日，全省旅游工作视频会议在福州召开。会议传达了省委书记于伟国的批示，副省长李德金在主会场出席会议并讲话。

18 日，全省信息通信工作视频会议召开。会议传达了省委书记于伟国对我省信息通信工作的批示。

18 日，全省工商行政管理和质量技术监督工作视频会议召开。省委书记于伟国对会议做出批示，副省长李德金出席会议并讲话。

18 日，全省口岸通关部门工作现场会在福州召开。中国（福建）国际贸易单一窗口 3．0 版建设正式启动，省口岸办和全省7个驻闽口岸查验主管单位共同签署《福建口岸合作备忘录》。副省长李德金出席会议。

19日，全省国土资源工作会议在福州召开。省委书记于伟国会前做出批示，副省长洪捷序出席会议并讲话。

19日，全省台商台青座谈会在榕召开。副省长李德金出席会议并讲话。

22日，全省国税工作视频会议在福州召开。会议传达了省委书记于伟国的批示。

22日，受省委书记于伟国、代省长唐登杰委托，副省长李德金在榕会见了俄罗斯卡累利阿自治共和国代表团一行。俄罗斯卡累利阿自治共和国副行政长官弗拉基米尔·季莫费耶夫表示，将继续加强双方在经贸、教育、旅游等领域的交流与合作，实现互惠互利，携手共赢。

23日，代省长唐登杰主持召开省政府常务会议，研究通过《福建省突发事件应对办法》《福建省贯彻落实国家海洋督察反馈意见整改方案》。会议还研究了其他事项。

24日，全省金融工作会议在福州举行。会议认真学习贯彻以习近平同志为核心的党中央关于金融工作的决策部署，总结过去五年全省金融工作情况，研究部署当前和今后一个时期全省金融工作。省委书记于伟国出席会议并讲话。省委副书记、代省长唐登杰主持会议。

24日，省委农村工作会议在福州召开。会议强调，要深入学习贯彻习近平新时代中国特色社会主义思想和党的十九大精神，全面落实中央农村工作会议各项部署要求，实施乡村振兴战略，推进新时代福建“三农”工作上新水平。省委书记于伟国出席会议并讲话，省委副书记、代省长唐登杰做具体工作部署。副省长黄琪玉作会议总结。

31日上午，福建省第十三届人民代表大会第一次会议选举于伟国为省人大常委会主任，张广敏、黄琪玉、邓力平、潘征、吴洪芹、檀云坤为省人大常委会副主任，刘道崎为省人大常委会秘书长；选举唐登杰为省人民政府省长，杨贤金、李德金、田湘利、隋军、郑新聪、郑建闽为省人民政府副省长；选举刘学新为省监察委员会主任；选举吴偕林为省高级人民法院院长，霍敏为省人民检察院检察长。根据地方组织法规定，本次大会选出的省人民检察院检察长须报经最高人民检察院检察长提请全国人大常委会批准。

31日下午，省长唐登杰主持召开2018年省政府第一次全体会议，对政府工作报告提出的152项主要任务进行细化分解、明确责任，对加强政府自身建设作出具体部署。唐登杰强调，要深入贯彻习近平新时代中国特色社会主义思想和党的十九大精神，认真落实中央和省委部署，不忘初心、牢记使命，锐意进取、埋头苦干，把习总书记亲自擘画的建设“机制活、产业优、百姓富、生态美”新福建的宏伟蓝图变为现实。省政府领导杨贤金、李德金、田湘利、隋军、郑新聪、郑建闽，以及省直各单位、各设区市政府、平潭综合实验区管委会和中央驻闽单位负责人等参加会议。

（摘编：林开龙）

2月

1日，海内外闽商回归项目对接会在福州举行。省委书记于伟国，国务院侨务办公室党组书记、副主任许又声，省长唐登杰出席会议并与闽商代表座谈。对接会上，地方政府与闽商企业共签约了先进制造业、现代服务业等领域的163个项目，总投资2813亿元。这是继与中央企业、民营企业先后对接了总投资5320亿元的128个项目之后，我省面向海内外闽商的又一场重要项目对接活动。

2日，第二届世界闽籍华侨华人社团联谊大会、福建省海外交流协会第六次会员代表大会、世界福建青年联会第四次会员代表大会在福州召开。省委书记于伟国，国务院侨务办公室党组书记、副主任许又声出席开幕式并致辞。省领导唐登杰、梁建勇、李德金、魏克良出席会议。省委常委、统战部部长雷春美主持会议。来自五大洲66个国家和地区的450位侨胞代表参加会议。会前，省领导和国侨办领导会见了与会嘉宾代表。

2日，福建省海外交流协会和世界福建青年联会换届选举会议在福州举行。会议听取海外交流协会第五届理事会、世界福建青年联会第三届理事会工作报告，并选举产生新一届领导班子，张锦雄、陈秋途分别当选海交会监事长和世青会会长。副省长隋军出席会议并向海交会顾问、世青会荣誉会长颁授荣誉聘书。

4日，全省地税工作视频会议在福州召开。会议传达了省委书记于伟国的批示。

5日，全省科技和知识产权工作视频会议召开。会议传达了省委书记于伟国的批示。

5日，全省统计工作视频会议在福州召开。

5日，省委书记于伟国、省长唐登杰在福州会见了中国电子科技集团有限公司董事长熊群力、总经理刘烈宏一行。熊群力表示，中国电科将发挥自身优势，在军民融合产业发展、智慧城市、智慧海洋等领域加强合作，为建设新福建贡献力量。

5日，省委书记于伟国、省长唐登杰在福州会见了农业部部长韩长赋一行。韩长赋表示，农业部将一如既往地支持福建"三农"工作，助力福建创新体制机制、开展改革试点，提高农业绿色化、优质化、特色化、品牌化水平，在全国发挥带头示范作用。

6日，全国推进质量兴农绿色兴农品牌强农工作会议在福州召开，宣布启动"农业质量年"行动。会议期间，召开农业部支持福建国家级农业可持续发展试验示范区建设座谈会，农业部部长韩长赋、副省长李德金出席座谈会并讲话。6日下午，韩长赋前往长乐区调研金鱼产业发展、水产品加工及农村产业融合工作。

6日，副省长隋军带领省直有关部门负责人走访福州农贸市场、超市，检查节日市场供应情况，并就加强节假日期间全省市场供应保障及食品安全工作作出部署。

7日，省长唐登杰主持召开省政府第一次常务会议，学习贯彻习近平总书记关于安全生产重要思想，进一步部署全省安全生产工作。会议通过了《福建省生态文明建设促进条例（草案）》，决定提请省人大常委会审议；研究了今年全省审计工作和关于促进农产品加工业发展的实施意见等事项。

7日，全省林业工作视频会议在福州召开。会议传达了省委书记于伟国的批示，副省长李德金出席会议并讲话。

7日，省委人才工作领导小组召开会议，总结去年工作，部署今年任务。省委常委、组织部长、省委人才工作领导小组组长胡昌升强调，要按照中央和省委要求，做深做实人才工作，努力聚天下英才建设新福建。副省长、省委人才工作领导小组副组长李德金主持会议，省政协副主席、省发改委主任魏克良出席会议。会议审议了《2018年全省人才工作要点》和第六批省引才"百人计划"初步人选、第三批省特支"双百计划"人选等事项，并听取了各设区市和平潭综合实验区去年人才工作专项述职。

8日，全省粮食流通工作视频会议在福州召开。副省长李德金出席会议并讲话。

8日，2月份重大投资项目协调视频会召开。会议就当前重大投资项目、"五个一批"项目、投资工程包建设推进中存在的具体问题，明确了协调意见。

9日，全省水利工作视频会议在福州召开。副省长李德金出席会议并讲话。

11日，全省审计工作视频会议在福州召开。会前，省委书记于伟国对审计工作做出批示，省长唐登杰对新一年审计工作提出要求。副省长郑新聪出席会议并讲话。

12日，全省食品药品监督管理工作会议召开。会议传达学习国务院领导和省委书记于伟国的批示精神。副省长隋军出席会议并讲话。

12日，副省长郑新聪带领省直有关部门及福州市相关负责人和专家，到福州检查节前安全生产工作，专题部署春节及节后安全生产工作。

14日，副省长李德金带领省住建厅及福州市相关负责人，到福州地铁工地检查施工安全生产工作，并向一线施工作业人员致以节日慰问。

23日，省长唐登杰主持召开省政府常务会议，研究通过了《建立现代医院管理制度的实施意见》《关于推动新一代人工智能加快发展的实施意见》《福建省综合性生态保护补偿工作试行方案》和《福建名牌产品管理办法》。会议还研究了其他事项。

23日，全省环保工作视频会议在福州召开。

23日，全省宣传部长会议在福州召开。省委常委、秘书长梁建勇，副省长杨贤金出席会议。会议期间还套开了全省文明办主任会议、全省外宣和网信工作会议、全省党委讲师团团长会议、全省文化局长会议、全省新闻出版广播影视工作会议。

23日，2018年全省文化局长会议在福州召开。会议传达了省委书记于伟国对文化工作的批示，副省长杨贤金出席会议并讲话。会议表彰了2013—2016年度全省文化系统先进集体和先进工作者。

24日，2018年全省新闻出版广播影视工作会议在福州召开。会议传达了省委书记于伟国对新闻出版广播影视工作的批示，副省长杨贤金出席会议并讲话。

24日，全省人防工作会议在福州召开。会前，省委书记于伟国、省军区司令员于中海分别对人防工作作了重要批示。副省长郑建闽出席会议并讲话。

26日至27日，副省长李德金带领省直有关部门负责人深入宁德市寿宁县、屏南县、福安市调研脱贫攻坚和春季农业工作，并在屏南县棠口村和乡村干部、贫困户、挂钩帮扶干部就脱贫攻坚工作进行座谈。

28日，2018年全省国有资产监督管理工作会议在福州召开，会议传达省委书记于伟国对国资监管工作的批示，副省长郑新聪出席会议并讲话。

（摘编：陈建闽）

3月

6日至8日，省直有关部门负责人到三明市调研，实地察看了挂钩扶贫联系点宁化县，在永安市实地察看了石墨烯产业园、孵化中心和相关重点项目，还实地检查了南三龙铁路建设现场。

12日至20日，根据国务院安委会统一部署，国务院安办第11督导组来闽开展安全生产专项督导。13日，督导组听取了我省安全生产工作情况汇报，明确这次专项督导的主要任务、工作方式和具体要求。副省长郑新聪出席汇报会并讲话。

14日至16日，副省长李德金带领省直有关部门领导，赴龙岩市长汀、武平、连城以及三明市永安、清流等地调研脱贫攻坚和实施乡村振兴战略工作，实地察看了水土流失治理、集体林权制度改革、产业扶贫和易地扶贫搬迁、现代农业发展、美丽乡村建设等情况，并在连城召开了挂钩帮扶工作座谈会。

17日，3月份重大投资项目协调视频会召开。会议就当前重大投资项目、“五个一批”项目、投资工程包项目和央企对接项目推进中存在的具体问题，明确了协调意见。

21 日，副省长隋军在福州会见了荷兰皇家孚宝集团中国和北亚大区总裁陈岩一行。陈岩表示，孚宝集团对在福建投资保持着极大的热情，将高标准对照石化行业环保、安全要求，将泉港项目打造为产业合作标杆。

22 日，首届数字中国建设峰会新闻发布会在国务院新闻办新闻发布厅举行，国家互联网信息办公室副主任庄荣文，国家发改委秘书长李朴民，工业和信息化部总经济师王新哲，省委常委、福州市委书记王宁出席发布会，并回答了记者提问。据悉，首届数字中国建设峰会将于 4 月 22 日至 24 日在福建省福州市举行。

22 日下午，省委书记于伟国、省长唐登杰在福州会见了上海汽车集团股份有限公司董事长陈虹、总裁陈志鑫一行。陈虹表示将充分发挥上汽技术和市场等优势，助力新福建建设。

24 日至 25 日，省长唐登杰带领省直有关部门负责同志赴南平市政和、武夷山、建瓯、延平等地调研，深入乡村农家、田间河岸、园区企业，与基层干部群众共商加快脱贫攻坚、保护生态环境、推动高质量发展的对策。

26 日，一季度全省工业运行分析调度会在福州召开，会议通报当前全省工业经济运行情况，以及首届数字中国建设峰会项目、军民融合项目对接情况，部署下一阶段工作。副省长郑新聪出席会议并讲话。

26 日，“城市建设 · 闽港论坛”在福州举行，副省长李德金、香港贸发局总裁方舜文出席开幕式并致辞。本次论坛由香港贸发局联合福建省有关单位共同主办，以“未来建设、建设未来”为主题，与会嘉宾就香港城市建设经验、闽港城市基建合作、城市规划设计及建筑文化等议题开展了交流讨论和项目对接。

27 日，省长唐登杰带领省直有关部门负责同志深入厦门市的园区、企业、高校，就加快实施创新驱动战略、推动高质量发展进行调研，要求厦门当好全省高质量发展的排头兵，充分发挥“头雁”效应。省委常委、厦门市委书记裴金佳，厦门市长庄稼汉分别参加调研。

30 日上午，第二十届投洽会第一次筹备工作会议在北京召开，商务部副部长兼国际贸易谈判副代表王受文，副省长隋军出席会议。

30 日，中央电视台“国家品牌计划——广告精准扶贫”项目福建推介产品发布会在福州举行。副省长李德金出席发布会并致辞。中央电视台副总编辑张宁介绍了“国家品牌计划——广告精准扶贫”项目有关情况。发布会上，中央电视台和福建省委宣传部签署了项目合作备忘录。我省寿宁高山茶、政和白茶、南平竹笋、建宁黄花梨、武平百香果、浦城大米、建阳橘柚等七种特色农产品列入央视免费推荐项目，近期将在中央电视台 8 个频道，每天每个产品播出不低于 20 次。

30 日，省长唐登杰到平潭调研，强调要深入贯彻习近平新时代中国特色社会主义思想和党的十九大精神，牢牢把握“一岛两窗三区”的战略定位，高质量推进平潭开发建设。

（摘编：李兵）

4 月

3 日，在全国国土绿化、森林防火和防汛抗旱工作电视电话会议后，我省紧接着召开全省电视电话会议，传达贯彻全国会议精神，动员部署下阶段工作。副省长李德金出席会议并讲话。

8日，省委书记于伟国在福州主持召开首届数字中国建设峰会现场推进会并讲话。省长唐登杰在会上讲话，省领导王宁、梁建勇、魏克良参加了会议。会上，福州市政府、省发改委的主要负责人先后汇报了首届数字中国建设峰会相关筹备工作进展情况，省、市有关领导和部门负责同志作了发言。

9日，省委书记于伟国、省长唐登杰在福州会见了中国工商银行董事长易会满一行。易会满表示将进一步融入福建发展大局，深化双方务实合作，加强金融服务创新，为福建发展提供有力金融支持。

10日，受省长唐登杰委托，副省长郑新聪主持召开第二季度防范重特大生产安全事故暨安委会全体成员视频会议，总结今年初以来全省安全生产工作情况、分析形势，部署安排下阶段安全生产重点工作。

10日，全省春季农业生产工作会议在福州召开。省委书记于伟国、省长唐登杰对会议作出批示，省委常委、政法委书记王洪祥，副省长李德金出席会议并讲话。

10日，副省长隋军在榕会见了来访的德国莱法州副州长兼经济部部长沃尔·魏辛一行。他对福建经济社会的快速发展表示赞赏，并希望今后双方进一步拓展在旅游、信息化、人工智能等方面的合作空间。

10日，省直有关部门负责人深入宁德市调研“四好农村路”建设情况。调研期间，还现场检查了沈海高速三屿互通、宁古高速六都互通工程和国道104线、国道237线改造项目，以及中铝铜冶炼基地等重大项目建设情况。

13日，4月份重大投资项目协调视频会召开。会议就当前重大投资项目、“五个一批”项目、投资工程包项目推进中存在的具体问题，明确了协调意见。

15日，首届数字中国建设峰会全要素演练在福州海峡国际会展中心举行。省领导王宁、梁建勇、魏克良，中央网信办有关负责人，检查了演练、峰会场馆布置布展情况。全要素演练分为临会演练、开幕式演练、巡馆演练、宣传演练、应急处置演练、数字信息体验演练、分论坛演练7大板块共19个场景，现场指挥部分为综合协调组、宣传报道组、会务保障组、安保维稳组等10个工作小组，全程参与演练活动。演练模拟了人脸识别入场、峰会开幕式、分论坛、应急处置、数字应用体验区、无人驾驶、宣传报道等场景和活动，工作人员按照流程体验了各个环节和场景，演练总体进展顺利。省直有关部门、福州市委市政府负责人，峰会省和福州市筹备工作领导小组工作人员，近千名峰会志愿者，部分新闻媒体记者，中青旅、中电子、中电科、依图科技等企业代表参加了演练。

16日，闽琼两省交流座谈会在福州举行，双方就深入学习贯彻习近平总书记在庆祝海南建省办经济特区30周年大会和博鳌亚洲论坛2018年年会开幕式上的重要讲话精神，进一步全面深化改革开放，加强区域交流合作，推动两省共同发展进行了深入交流。省委书记于伟国，海南省省长沈晓明出席座谈会并讲话。省长唐登杰在会上介绍了福建省情和自贸试验区建设情况。海南省人大常委会副主任许俊，省领导梁建勇、隋军、魏克良参加了会议。

17日，省委书记于伟国主持召开省委省政府推进高质量发展和落实赶超工作督查视频会议，研究分析全省经济运行情况，明确工作举措，督促抓好落实。省长唐登杰在会上做了具体部署。省委、省人大常委会、省政府、省政协领导参加了会议。各市、县（市、区）和平潭综合实验区管委会的党委、政府主要负责同志在各地分会场，通过视频参加了会议。

17日—18日，副省长李德金带领省直有关单位负责同志，赴泉州市永春、晋江、惠安等地调研农业农村工作和乡村振兴战略实施情况。

19日，省领导王宁、梁建勇、魏克良带领省直和福州有关部门负责同志到福州海峡国际会展中心，检查首届数字中国建设峰会场馆布置布展及其他筹备工作情况。

19日，全省第一季度外贸外资运行调度分析会在福州召开，会议认真贯彻落实省委、省政府推进高质量发展和落实赶超工作督查视频会议精神，研究外贸外资运行情况及下一步工作安排，副省长隋军出席会议并讲话。2018年第一季度全省外贸进出口 2879.2 亿元，同比增长 7.6%；实际利用外资 92.9 亿元，同比增长 5.8%。

17 日至 20 日，浙江省党政代表团来闽学习考察。17 日下午，闽浙两省在福州举行座谈会，就学习贯彻习近平新时代中国特色社会主义思想，进一步加强区域合作，推动两省共同发展进行深入交流。福建省委书记于伟国、省长唐登杰、省政协主席崔玉英，浙江省委书记车俊、省长袁家军、省政协主席葛慧君出席座谈会或参加有关活动。在闽期间，代表团先后赴福州、宁德、龙岩、厦门等地，考察了当地的高新技术产业、文化产业、社会事业和城乡发展情况，并瞻仰了古田会议会址。两省主要领导还一同看望了在闽浙商代表。省领导王宁、梁建勇、周联清、张广敏、魏克良，浙江省领导郑栅洁、陈金彪、周江勇、李卫宁、朱从玖、徐立毅参加了有关活动。

21 日，省委书记于伟国、省长唐登杰与来闽参加首届数字中国建设峰会的阿里巴巴集团董事局主席马云一行座谈，双方就进一步深化交流合作、共同推进数字经济发展进行深入交流。省领导王宁、隋军、魏克良参加了座谈。马云说，阿里巴巴与福建在科技合作、农村淘宝、进出口等方面已取得丰硕成果，建立了良好的合作关系，将进一步发挥自身优势，在企业上云、城市大脑、智慧物流、农村淘宝、社会治理等领域深化双方合作，加速落实新技术、新能源、新零售、新金融、新制造，助力福建产业转型升级，让更多福建制造走向全国、走向世界，为新福建建设作出更大贡献。

21 日，首届数字中国建设成果展览会开馆。省领导王宁，中央部委有关负责人，省直有关部门、福州市负责人等出席开馆仪式。本届展览会涵盖数字福建、电子政务、数字经济、数字社会体验等 4 个展馆，总面积超过 4 万平方米，包括百度、阿里巴巴、腾讯、京东等数字经济龙头企业在内共 293 个单位参展。本次展览会还设置了 2000 平方米的数字应用体验区，模拟交通出行、教育缴费、看病就医、政务服务、智慧社区、信用支付、不动产交易、24 小时图书馆、公园景点等便民服务场景，观众通过下载“e 福州” APP 即可现场体验福州数字生活。

21 日，副省长李德金带领省直有关单位负责同志，赴南平市建瓯、建阳、武夷新区等地调研乡村振兴工作。

22 日上午，首届数字中国建设峰会在福建福州开幕。开幕式上宣读了习近平的贺信。中共中央政治局委员、中央书记处书记、中宣部部长黄坤明出席峰会开幕式并发表主旨演讲。十二届全国政协副主席、国家电子政务专家委员会主任王钦敏出席开幕式。省委书记于伟国在开幕式上致辞。省长唐登杰主持开幕式。省委、省人大常委会、省政府、省政协领导，中央、国家有关部委领导，部分央企负责人，互联网领军企业及知名企业负责人等参加了开幕式。首届数字中国建设峰会 22 日至 24 日举行，由国家网信办、国家发展改革委、工信部、福建省政府共同主办，包括主论坛、分论坛、成果展览会、报告发布、最佳实践推介等环节。各省区市和新疆生产建设兵团网信部门负责人、行业组织负责人、产业界代表、专家学者以及智库代表等出席峰会。

22 日，首届数字中国建设峰会主论坛举行。论坛邀请了政府部门的领导、知名专家学者和领军企业代表等众多国内重量级嘉宾。十二届全国政协副主席、国家电子政务专家委员会主任王钦敏，北京理工大学副校长、中科院院士梅宏，中国移动集团董事长尚冰，中国电子科技集团董事长熊群力，腾讯公司董事局主席马化腾，华为公司董事长梁华，阿里巴巴董事局主席马云，新大陆科技集团 CEO 王晶，中共福建省委常委、福州市委书记王宁先后在论坛发言。会上，国家互联网信息办公室发布了《数字中国建设发展报告(2017 年)》。省委、省人大常委会、省政府、省政协领导，中央、国家有关部委领导，部分央企负责人，互联网领军企业及知名企业负责人等参加了论坛。

22 日，省委书记于伟国与来闽参加首届数字中国建设峰会的浪潮集团董事长兼 CEO 孙丕恕一行座谈，就发展云计算、大数据产业、深化双方合作交换了意见。省领导梁建勇、隋军、魏克良参加了座谈。孙丕恕说浪潮将利用自已的丰富实践经验和优势，积极参与数字福建建设，进一步加强双方战略合作，以更大的力度推动合作项目落地实施，助力福建经济转型升级。

22日，省委书记于伟国、省长唐登杰在福州与参加首届数字中国建设峰会的腾讯公司董事局主席兼首席执行官马化腾一行洽谈，从深化合作机制到服务经济民生，双方就共同做强做优数字经济产业进行了深入交流。省领导王宁、梁建勇、魏克良参加了洽谈。马化腾表示，将以“数字工匠精神”助力数字福建建设，加快推动“互联网+”的发展，当好各行各业的“数字化助手”，让老百姓共享数字经济带来的便利和成果。

22日，省委书记于伟国、省长唐登杰在福州与来闽参加首届数字中国建设峰会的紫光集团董事长赵伟国进行座谈。省领导、王宁、梁建勇、魏克良参加座谈。

22日，工业和信息化部与福建省人民政府在首届数字中国建设峰会上签署共同推进数字经济发展战略合作协议。工业和信息化部副部长陈肇雄、福建省人民政府副省长郑新聪代表双方签约。合作协议提出，工业和信息化部、福建省人民政府围绕制造强国、网络强国、数字中国战略部署，从支持福建省举办数字中国建设峰会、提升新一代网络基础设施能力、推动数据基础设施建设、推进大数据产业应用、促进工业数字经济发展、推动互联网行业筑链升级、加快电子信息制造业“增芯强屏”、优化升级软件产业、推动物联网产业应用发展等九个方面加强合作，支持福建省率先建成产业勃兴、创新活跃、社会智联的新时代数字经济发展格局。工业和信息化部、福建省人民政府将建立会商工作机制，及时通报工作进展，促进合作取得实效。

22日下午，省委书记于伟国、省长唐登杰与前来参加首届数字中国建设峰会的数字经济领军企业和专家代表在福州西湖之畔，齐聚一堂，共商数字经济发展大计。省领导梁建勇、隋军、魏克良参加了座谈。

22日下午，在首届数字中国建设峰会发布活动上，福州市被工业和信息化部授予“中国软件特色名城”称号。工信部副部长陈肇雄，省委常委、福州市委书记王宁，副省长郑新聪，以及工信部、网信办、国家发改委等部门相关领导出席授牌仪式。据介绍，福州市将软件名城创建和城市建设相结合，实现了软件和信息技术服务业的持续发展和创新提升，产业规模快速扩大，发展质量不断提升，达到了特色型中国软件名城要求。2017年，福州市软件业务收入1亿元以上企业突破200家、10亿元以上企业5家。

22日下午，受省长唐登杰委托，副省长隋军在榕会见了前来参加数字中国建设峰会的尼日利亚通信部部长阿德巴约·希图、塞尔维亚负责创新和技术发展的内阁部长奈纳德·波波维奇、尼日利亚总统特别助理阿德州克·欧热罗·阿德福利等一行。

22日晚，数字经济·闽江夜话活动在灯光璀璨的福州闽江上举办。省领导梁建勇、杨贤金、田湘利、郑新聪，以及我国数字经济领域的专家学者、企业家共100多人参加活动。活动分别在治理之舟、健康之舟、未来之舟、工业之舟、金融之舟等5艘游船上举行。

23日，由福建省人民政府、新华通讯社、国家文物局主办，以“数字海丝助力民心相通”为主题的首届数字中国建设峰会数字海丝分论坛在福州海峡国际会展中心举行。副省长李德金主持论坛并致辞，中央人民政府驻香港特别行政区联络办公室副主任陈冬，文化和旅游部党组成员、国家文物局局长刘玉珠作主题演讲。

23日，以“新型智慧城市：满足人民美好生活新期待”为主题的首届数字中国建设峰会新型智慧城市分论坛举行。副省长李德金出席论坛。本次论坛由国家发展改革委员会、国家互联网信息办公室主办。

23日，福建省政府与中国移动通信集团有限公司在福州签署了战略合作框架协议。省委书记于伟国、省长唐登杰，中国移动集团董事长尚冰出席了签约仪式。省政协副主席魏克良参加签约仪式。根据双方协议，中国移动将在福建全面构建新一代信息通信基础设施，深化移动互联网、云计算、大数据、物联网等信息技术的应用和推动。

23日，省委书记于伟国、省长唐登杰在福州与京东集团董事局主席兼首席执行官刘强东一行交流座谈，双方就进一步提升合作层次交换了意见。省领导王宁、梁建勇、隋军、魏克良参加座谈。刘强东表示，京东集团始终秉持强烈社会责任感，将与福建在精准扶贫、健康医疗、现代物流、农村电商等方面进一步深化合作，推动更多福建产品“走出去”“卖得好”，让老百姓获得更多数字红利。

23 日，省长唐登杰在福州分别与出席首届数字中国建设峰会的中化集团总经理张伟、中国电子信息集团董事长芮晓武座谈。张伟表示，中化集团将大力开展智慧工厂、智慧管道、智慧加油站等信息化建设和应用，继续加大在闽投资，加快在建项目建设，打造专属园区，延长产业链条，为推进新福建建设作出应有贡献。芮晓武表示，将充分发挥电子信息集团优势，加强与福建在健康医疗大数据、软件信息等领域合作，携手推进电子信息产业发展，做大做强数字经济，助推数字中国、数字福建建设。

23 日，由省政府和国家国防科技工业局主办，省数字办、国家国防科技工业局系统工程一司共同承办的卫星应用助力数字福建创新发展专题研讨会在福州举行。会上，举行了海丝卫星数据中心启动建设仪式。十二届全国政协副主席王钦敏出席研讨会，国家国防科技工业局副局长张建华主持会议并致辞。会上，中国科学院院士徐冠华、童庆禧，中国工程院院士潘德炉、王安、蒋兴伟，国际欧亚科学院院士何昌垂等专家和业界代表，共同研讨国家民用空间基础设施规划、卫星应用产业和“一带一路”空间信息走廊，分享卫星通信、导航和遥感领域新应用、新模式、新业态，为卫星应用助力新时代数字福建、数字中国创新发展建言献策。

23 日，以“构建以数据为关键要素的数字经济”为主题的首届数字中国建设峰会数字经济分论坛举行，安徽省委常委、合肥市委书记宋国权出席论坛。本次论坛由国家发改委、国家网信办和工信部联合主办，中国工程院院士、中国互联网理事会理事长邬贺铨、中国中化集团总裁张伟、宁波市副市长李关定、美团点评首席执行官王兴、58 集团首席执行官姚劲波、科大讯飞轮值总裁陈涛等政府主管部门领导、企业领袖、业界专家围绕习近平总书记和十九大报告关于发展数字经济的论述，从数字经济发展政策、网络基础设施建设与安全保障、智能制造与工业互联网创新实践、传统产业数字化转型与融合应用创新发展、公共服务领域数字创新应用等方面深入交流探讨，为促进中国数字经济的健康快速发展建言献策。

23 日，首届数字中国建设峰会数字福建分论坛举行。十二届全国政协副主席、国家电子政务专家委员会主任、数字福建专家委员会主任王钦敏作《数字福建的顶层设计和系统工程》主旨演讲。省委常委、组织部长胡昌升作“红色引擎”助推数字福建专题演讲。副省长杨贤金主持论坛并致辞。论坛上，数字福建建设两大重大平台“无线政务专网”和“福建省政务视频会议公共平台”正式开通。

23 日，省委书记于伟国与前来参加首届数字中国建设峰会的美团点评集团首席执行官王兴一行座谈。省领导梁建勇、隋军参加座谈。王兴说他们将更加积极融入数字福建建设，不断提升服务质量，深化拓展双方合作，努力促进家乡经济社会发展。

23 日下午，福建省数字经济招商签约活动在福州海峡国际会展中心举行，共签约 29 个重大数字经济项目。副省长郑建闽出席。其中，投资额 50 亿元以上大项目有：中国移动数字化服务产业园、华为漳州云计算数据中心及芯云谷产业园。项目涵盖互联网、物联网、云计算、大数据、VR/AR、人工智能、芯片、软件和信息技术服务、共享经济、电子商务、信息安全、互联网基础服务、公共支撑平台以及两化融合、智能制造等领域。技术含量高、投资规模大、产业带动强，市场前景广阔。省发改委、省经信委自 2017 年 12 月起开展数字经济项目征集工作。截至目前，共征集、梳理出数字经济重点项目总计 400 个，总投资 3440 亿元，其中：招商项目 115 个，总投资 697 亿元；拟签约项目 154 个，总投资 1306 亿元；拟开工项目 131 个，总投资 1437 亿元。

24 日，副省长李德金带领省直相关部门负责同志，赴漳州市芗城、漳浦等地调研乡村振兴工作。

25 日，省委书记于伟国主持召开省国家生态文明试验区建设领导小组暨省中央环保督察整改工作领导小组会议，传达学习贯彻习近平总书记关于建设生态宜居美丽乡村的重要指示精神，研究我省进一步落实中央环保督察反馈意见整改工作。省长唐登杰就抓好整改工作提出具体要求。省领导梁建勇、郑建闽参加了会议。

25 日，省长唐登杰主持召开省政府常务会议，深入学习习近平总书记关于优化营商环境的重要指示精神，研究《福建省对标国际先进提升营商环境行动计划》，决定报省委审定。会议研究了涉及著名商标制度的地方政府规章和规范性文件专项清理等工作，审议通过了《关于加快推进现代农作物种业发展的实施意见》和《福建省城镇人口密集区危险化学品生产企业搬迁改造实施方案》。

25 日，省委书记于伟国主持召开河湖长制工作会议，深入贯彻落实以习近平同志为核心的党中央关于全面推行河长制湖长制的重大战略部署，总结我省相关工作情况，研究部署下一阶段工作。省长唐登杰提出具体要求。省领导梁建勇参加会议。

26 日，副省长隋军在福州会见了新西兰驻广州总领事梅瑞琪一行。梅瑞琪对福建经济社会的快速发展表示赞赏，并希望能够加强与福建在科技、经贸、交通、农业、渔业等领域的交流合作，实现互利共赢。

27 日，“五一”国际劳动节来临之际，省委、省政府在福建会堂隆重举行大会，表彰全省各条战线劳动模范和先进工作者。省委书记、省人大常委会主任于伟国在会上讲话。省长唐登杰主持大会。省领导崔玉英、雷春美、王宁、胡昌升、刘学新、梁建勇、周联清、王洪祥、张广敏出席表彰大会。为表彰在新福建建设中各行各业涌现出的先进模范人物，进一步激发全省人民的劳动热情和创造活力，省委、省政府决定授予黄水儿等 388 人“福建省劳动模范”荣誉称号，授予曾承龙等 158 人“福建省先进工作者”荣誉称号。会上，蔡月英、林春生、林成传等代表受表彰的全体劳模和先进工作者作了典型发言。

27 日，上海烟草集团和上海汽车集团向我省基层医疗机构捐赠 10 辆爱心救护车。副省长杨贤金出席捐赠仪式并致辞。

28 日，福建省“千企帮千村”工作会议在榕召开。省委常委、统战部长雷春美，副省长李德金出席会议并讲话，省政协副主席薛卫民出席会议。会上还举行了“千企帮千村”结对帮扶签约仪式。

28 日，省委书记于伟国、省长唐登杰一行来到上汽宁德新能源乘用车项目工地，实地查看项目建设情况，并与宁德部分新能源汽车产业链企业负责人交流座谈，共商新能源和新能源汽车产业发展大计。省领导梁建勇，上海汽车集团股份有限公司董事长陈虹分别参加了有关活动。

（摘编：郑新贵）

5 月

2 日，我省召开视频会议，通报中央环保督察反馈意见整改落实情况，部署推进生态文明建设相关工作。省长唐登杰出席并讲话，省领导杨贤金、隋军、郑新聪、郑建闽、魏克良出席。

4 日，省长唐登杰主持召开省政府常务会议，研究《关于深化审评审批制度改革鼓励药品医疗器械创新的实施意见》《福建省深化环境监测改革提高环境监测数据质量实施方案》（送审稿）以及第十六届中国海峡项目成果交易会总体工作方案，决定报省委审定。审议并原则通过了《关于推进涉农资金统筹整合的实施方案》和《闽江流域山水林田湖草生态保护修复实施方案》。会议还研究了其他事项。

8日，全省河湖长制工作视频会议召开，深入贯彻党中央、国务院关于全面推行河湖长制的工作部署，安排部署全省工作。省委书记、省总河长于伟国出席会议并讲话。省长、省总河长唐登杰主持会议并作部署。省领导李德金、郑新聪、魏克良参加会议。省直有关单位主要负责人参加会议。各市、县（市、区）和平潭综合实验区管委会的党委、政府主要负责同志，市、县、乡各级河长，及各村主干在分会场通过视频参加会议。

9日起，由省委书记于伟国、省长唐登杰分别率领的省委省政府工作检查组，今日起在全省九个设区市和平潭综合实验区开展工作检查。今年的工作检查分两路、两个阶段进行，主要检查各地贯彻落实习近平新时代中国特色社会主义思想和党的十九大精神、习近平总书记关于福建工作的重要指示的情况，检查各地打好“三大攻坚战”、推动高质量发展与落实赶超目标、补齐民生短板、推进全面从严治党向纵深发展等方面工作的新进展、新经验、新成效。第二阶段检查结束后，检查组将在福州召开工作检查总结会。

9日下午，副省长郑新聪带队来到上海展览中心，实地检查首届中国自主品牌博览会福建馆、厦门馆，现场协调部署展馆布置等有关筹备工作。据了解，福建馆将以“清新福建品质生活”为主题，经筛选审核，遴选出17家知名自主品牌企业和3家具有发展潜力的创新型企业参会。厦门馆有13家代表厦门制造、厦门质量的品牌企业参展，将向与会者展示厦门市自主品牌发展成果，以及建设高颜值的生态花园之城、高素质的创新创业之城和“五大发展”示范市的成效。

10日，省长唐登杰带领省委省政府工作检查组搭乘动车，从闽北山区直抵滨海莆田，重点就发展平台经济、强化招商选资、推动高质量发展进行实地检查。

10日，首届中国自主品牌博览会暨中国品牌发展国际论坛在上海开幕，副省长郑新聪出席开幕式，并在论坛省市长对话环节介绍福建品牌建设工作情况。首届中国自主品牌博览会吸引全国各省份50多个参展代表团，600多家国内知名品牌企业、100多家创新型中小企业和20多个品牌服务机构齐聚展会。福建以“清新福建品质生活”为主题，分“衣食住行”四个板块设置福建馆。同日开幕的中国品牌发展国际论坛以“中国品牌世界共享”为主题，分主旨演讲和主题对话两部分。论坛旨在搭建国内外品牌发展交流平台，推动品牌发展全方位务实合作。

11日，省长唐登杰带领省委省政府工作检查组，跨海入岛，实地检查平潭综合实验区。

15日，省政府在漳州市召开九龙江流域河长制工作现场会，总结回顾过去一年九龙江流域保护管理工作，研究部署下阶段重点工作。副省长李德金出席会议，代表总河长听取相关设区市河长述职，并做工作部署。

15日，5月份重大投资项目协调视频会召开。会议就当前重大投资项目、“五个一批”项目、投资工程包建设推进中存在的具体问题，明确了协调意见。

16日，由中国证券投资基金业协会主办，福建省金融办、福建证监局、厦门证监局协办的首届“养老金与投资”论坛在福州举行。中国证券监督管理委员会副主席李超，全国社会保障基金理事会副理事长王文灵出席会议。本次论坛主题为“中国个人养老金：启航与展望”，旨在深入探讨个人养老金在中国的发展路径，提升养老金投资管理专业水平，广泛开展投资者教育。

14日至16日，安徽省党政代表团来闽学习考察。16日，闽皖两省在福州举行座谈会，就学习宣传贯彻习近平新时代中国特色社会主义思想，进一步加强区域合作，推动两省共同发展进行深入交流。福建省委书记、省人大常委会主任于伟国，安徽省委书记、省人大常委会主任李锦斌出席会议并讲话。福建省省长唐登杰、安徽省省长李国英分别介绍了本省经济社会发展情况。在闽期间，安徽省党政代表团一行先后前往厦门、宁德、福州等地，深入企业、园区、乡村，考察了自贸试验区建设、新兴产业培育、乡村振兴、脱贫攻坚以及“放管服”改革、城市规划建设等方面情况。福建省领导王宁、雷春美、裴金佳、梁建勇、张广敏、魏克良，安徽省领导邓向阳、陶明伦、刘莉、孙云飞、宋国权、沈强、孙丽芳参加了有关活动。

17日，省长唐登杰主持召开省政府常务会议，研究《福建省自然资源产权制度改革实施方案（试行）》《福建省农村人居环境整治三年行动实施方案》（送审稿），决定报省委审定；研究《福建省行政执法条例》（草案），决定提请省人大常委会审议；研究通过《福建省河道采砂管理办法修正案》。会议还研究了其他事项。

17日，21世纪海上丝绸之路博览会暨第二十届海峡两岸经贸交易会举行欢迎仪式，福州市投资环境推介会同时举行。省委副书记、福州市委书记王宁，副省长郑新聪，海峡两岸关系协会副会长李亚飞，中国人民对外友好协会副会长宋敬武，国家部委有关领导，外国使领馆官员，国外友城商协会、世界城地组织亚太区、重点客商代表等800多人出席活动。福州市市长尤猛军介绍了福州的投资环境，并欢迎海内外各界人士来榕投资兴业，共创辉煌。

18日，由农业农村部、浙江省人民政府主办的第二届中国国际茶叶博览会在杭州开幕。本届茶博会首次设立主宾省，福建作为唯一的主宾省参会，副省长李德金代表我省出席茶博会，并在第二届中国茶业国际高峰论坛上做了《清新福建，多彩闽茶》主题发言。本届茶博会上，我省安溪铁观音、武夷岩茶、福鼎白茶、福州茉莉花茶、坦洋工夫、政和白茶、漳平水仙、大田高山茶、天山绿茶、周宁高山云雾茶、寿宁高山茶、武平绿茶等12个区域公用品牌、93家茶叶企业参展，充分展示了多彩闽茶的无穷魅力。

18日，以“建设新福建·共创新机遇”为主题的国际资本投资福建对接会在福州举行，30个外资重点项目现场集中签约。受省委书记于伟国委托，省委副书记、省长唐登杰出席并致辞。省委副书记、福州市委书记王宁出席，副省长郑新聪主持。此次会议是我省连续举办央企、民企、海内外闽商产业项目对接以来，又一场重大招商引资活动，吸引来自23个国家和地区的100多位客商参会。截至目前，全省共对接世界500强、行业龙头、台湾百大企业等符合高质量发展要求的项目126个，总投资1470亿元，拟利用外资超618亿元。其中，对接合同项目89个，总投资1032.5亿元，涉及先进制造业、战略性新兴产业和现代服务业等领域。

18日至20日，2018中国建筑学会学术年会在泉州举行。19日，李德金副省长率省直有关部门负责人前往泉州与参加年会的何镜堂、崔愷等中国工程院院士和部分大师、专家座谈交流。本届中国建筑学会学术年会以“新时代本土建筑文化的融合与创新”为主题，探讨当下“大建筑”热点问题。同时，积极把脉泉州新城集聚和古城提质，为泉州未来城市发展建言献策。

19日，省企业与企业家联合会第八次会员代表大会暨省第十七届优秀企业家表彰大会在福州召开，省委书记于伟国、省长唐登杰对会议做出批示，副省长郑新聪、中国企业联合会常务副会长兼理事长朱宏任出席大会并讲话，省级老领导黄文麟、李川出席。当天的大会表彰了122位省优秀企业家，选举产生了新一届省企联理事会。

22日，省委省政府工作检查组再次启程。省长唐登杰一行来到宁德，重点围绕“抱好‘金娃娃’，发展大产业”进行实地检查。

23日，沿着福建美丽的海岸线，省长唐登杰带领的省委省政府工作检查组一路向南，来到福州实地检查连江县可门经济开发区、长乐千亿纺织集群领军企业景丰科技有限公司等。

25日，敖江流域河长制工作现场会在福州市有关县举行。副省长郑新聪出席并在述职和工作布置会上讲话。

28日，省委副书记、福州市委书记王宁主持召开全省主要涉农部门座谈会，听取各部门工作情况汇报，研究解决困难问题，部署下一阶段“三农”工作。副省长李德金参加会议。省农业厅、林业厅、水利厅等11家涉农部门单位主要负责人参加座谈会。

30日，2018年闽江流域河湖长制工作现场会在福州召开。会议期间，实地检查了福州黑臭水体治理、水源保护区整治、湿地保护等工作情况。

30日，省防指总指挥、副省长李德金带领水利、气象部门负责同志，赴三明市尤溪县、沙县、将乐县等地，走村入户、随机抽查防汛演练开展情况，并对下阶段工作提出要求。

31日，在收听收看国务院安委会贯彻落实《地方党政领导干部安全生产责任制规定》电视电话会议后，我省召开全省安全生产电视电话会议，贯彻落实全国会议精神，部署下一阶段安全生产工作。

31日，全省军民融合项目对接会在福州举行。省委书记于伟国、省长唐登杰，工信部副部长、国防科工局局长张克俭出席对接会并与军工央企主要负责人等进行座谈。对接会期间，福建省政府与国家国防科工局签署了战略合作协议和共建福州大学的协议，福建与军工央企共成功对接军民融合项目131个、总投资1090亿元。省领导檀云坤、杨贤金、郑新聪、魏克良，中核集团、中国兵装集团、中国核能电力股份有限公司、中国航空科工集团、中国兵器工业集团、中国电子科技集团等10多家军工央企主要负责人参加了有关活动。在对接会现场，各军工央企与我省有关部门、地市签署了19个具有代表性的合作项目，总投资587亿元，项目涵盖航天、电子信息、新材料、新能源、后勤保障等领域。

（摘编：朱明清）

6月

1日，省长唐登杰主持召开省政府常务会议，研究《福建省贯彻落实<关于推进城市安全发展的意见>的实施方案》和《福建省推进基本公共服务均等化行动计划（2018—2020年）》（送审稿），决定报省委审定；通过《福建省特色农产品优势区建设规划（2018—2020年）》。会议还研究了其他事项。

1日，2018年海峡（福州）渔业周·中国（福州）国际渔业博览会举行重点项目签约仪式。副省长李德金出席签约仪式。本届渔业周·渔博会签约项目共19个，总金额超210亿元，涵盖临海产业、交易中心建设、投资合作、船舶建造、海洋旅游、水产养殖、互联网平台建设、水产购销等产业。

5日至7日，由水利部副部长周学文带领的国家考核检查组，对我省2017年度落实最严格水资源管理制度情况进行重点抽查和现场检查，7日听取了我省工作汇报并反馈检查总体情况。副省长李德金出席汇报会。

7日，农业农村部总经济师张合成带领国家联合抽查组，对我省2017年度粮食安全省长责任制落实情况开展抽查考核。听取我省工作情况汇报，副省长李德金代表省政府作汇报。

9日下午，福州市举行防洪排涝应急大演练。省委副书记、福州市委书记王宁在市防汛指挥中心参加演练并点评，省防指总指挥、副省长李德金现场观摩指导。鼓楼、晋安、闽侯、闽清、福清5个县（市）区，大学城等重点区域，联排联调、通信、电力、卫计、园林等16个市防指成员单位，溪源水库管理处、省防汛机动救援队等共1800多人参与演练。演练情况通过高清视频向福州各县（市）区同步直播。

10日，省委书记于伟国、省长唐登杰在福州会见了国家林业和草原局局长张建龙一行。于伟国说，福建正在深入贯彻落实习近平总书记生态文明思想，不断深化林改，以更好实现生态美、百姓富的有机统一。希望国家林草局继续支持我省林业高质量发展，助力实现赶超。张建龙充分肯定福建在林业改革和发展工作中取得成绩，表示将进一步探索合作新途径，支持福建发展大局，为建设新福建提供有力支持。

10 日，2018 中国城市信用建设高峰论坛在福州开幕。国家发改委副主任连维良，新华社副社长刘正荣，省委副书记、福州市委书记王宁出席并讲话，省政协副主席魏克良，社会信用体系建设部际联席会议成员单位领导以及全国 200 多座城市的 1000 多名代表出席开幕式。开幕式上，启动了“信易 +”项目，成立了“守信激励创新行动”联盟，发布了首批 30 个守信激励创新试点城市名单等。本届论坛由国家发改委指导，新华社和福州市政府共同主办，主题为“信用让生活更美好”。

10 日至 13 日，省委书记于伟国、省长唐登杰率福建省党政代表团赴宁夏回族自治区，深入银川市闽宁镇等地，考察闽宁互学互助、对口协作情况。宁夏回族自治区党委书记石泰峰、自治区主席咸辉一同考察。省政协主席崔玉英参加考察。省领导王宁、胡昌升、裴金佳、檀云坤、郑建闽、魏克良，自治区领导姜志刚、纪峥、盛荣华、张柱参加活动。在宁期间，代表团分别赴固原市、银川市，考察了固原市“四个一”林草产业试验示范工程、隆德县人造花工艺公司、宁夏黄土地农业食品公司、国圣食品有限公司、宁夏泽艾堂生物科技公司、银川如意服装厂、贺兰神国际酒庄、银川中关村创新创业科技示范园、银川 IBI 育成中心、银川国际鲜花港、新平现代设施农业示范园区、共享装备股份公司等项目，并在将台堡红军长征会师纪念园接受了红色革命传统教育。

12 日，省直有关部门负责人到福州市检查地铁运营、建设和长途汽车客运安全生产工作情况。

13 日，闽宁互学互助对口扶贫协作第二十二次联席会议在宁夏银川举行。会议深入学习贯彻习近平总书记扶贫开发重要战略思想和关于东西部扶贫协作的重要讲话精神，进一步推进闽宁对口扶贫协作工作。省委书记于伟国，宁夏回族自治区党委书记石泰峰出席会议并讲话。省长唐登杰、省政协主席崔玉英出席会议，自治区主席咸辉主持会议。省领导王宁、胡昌升、裴金佳、檀云坤、郑建闽、魏克良，自治区领导姜志刚、纪峥、盛荣华、张柱、彭友东、董玲、许尔锋、李彦凯等参加会议。会上，副省长郑建闽与自治区政府副主席许尔锋签署了联席会议纪要。两省区有关部门负责人签署了合作协议，宁夏有关地区与福建企业签订了一批项目合作协议。

14 日，鲤鱼溪国家级鱼文化主题公园共建暨部省联合增殖放流活动在周宁县举行。农业农村部副部长于康震和副省长杨贤金出席活动。活动现场，农业农村部渔业渔政管理局与周宁县人民政府签订共建鲤鱼溪国家级鱼文化主题公园协议。同时，举行部省联合增殖放流活动，在鲤鱼溪投放鲤鱼 1500 尾，并将陆续在周宁县各放流点投放 150 余万尾鱼。

15 日，6 月份重大投资项目协调视频会召开。会议就当前重大投资项目、“五个一批”项目、投资工程包建设推进中存在的具体问题，明确了协调意见。

15 日下午，第十六届中国·海峡项目成果交易会开幕前夕，省直有关部门领导前往福州海峡国际会展中心，实地检查展馆，现场协调部署有关筹备工作。省政协副主席魏克良，省直有关单位、各设区市有关负责同志参加了检查。

16 日，异地商会会长及重要客商代表座谈会在福州举行。副省长郑新聪，省政协副主席、省工商联主席王光远出席座谈会。座谈会上，8 位异地商会会长和重要客商代表围绕加快产业高质量发展、改善民营企业营商环境、提高政府服务效率等提出意见建议。

15 日，省有关领导在福州会见机械科学研究总院集团有限公司董事长王德成，双方签署深化科技产业合作（2018—2020）协议。双方自 2014 年 5 月签署共建机械科学研究总院海西（福建）分院合作协议以来，共承担各类科研任务 35 项、科技成果转化 21 项，圆满完成共建目标。

16 日，福建省第八届民营企业产业项目洽谈会在福州举办。副省长郑新聪出席活动。会上，设区市、工业园区、企业、第三方招商机构代表分别进行招商政策宣传和项目推介，计划总投资额达 335. 5 亿元的 24 个民企产业项目现场签约。据统计，今年初以来，全省经信系统在有关部门协同配合下累计开展专场招商活动 62 场次，新对接民营企业产业合同项目 900 项，计划总投资 4885 亿元。

18 日，第十四届粮食产销协作福建洽谈会在福州开幕。副省长李德金、国家粮食和物资储备局副局长卢景波出席会议并讲话。本届粮洽会上，我省企业与主产省（区）粮食企业共签订粮食购销合同（协议）306 项，数量达 645 万吨；征集粮食科技项目成果 268 项，对接科技项目 26 项。

18 日，2018 年国家生态文明试验区（福建）创新与发展论坛在福州举行。副省长郑建闽出席论坛并致辞。本次论坛以“汇聚绿色新动能助力高质量发展”为主题，邀请知名学者专家、企业家出席，为福建生态文明建设献言献策，现场还对接了一批在生态环保产业领域具有前沿技术的项目，促进绿色发展。

18 日，第十六届“6·18”高校项目成果对接签约仪式举行。副省长杨贤金出席活动。厦门大学、华侨大学、福州大学、福建师范大学、福建农林大学等 22 所省内高校同地方政府、相关企业和有关部门现场签约 47 项科技成果和战略合作协议。据了解，今年“6·18”高校项目成果签约总金额再创新高，达 14.1 亿元，比去年增加了 123. 8%。

18 日，茶产业绿色发展高峰论坛在榕举行。副省长李德金、中国工程院院士陈宗懋出席了论坛。李德金表示，福建茶历史悠久、文化璀璨、名品荟萃、质量上乘，既有深厚的历史文化底蕴，更有勃勃的发展生机。福建始终秉承质量兴茶、品牌强茶理念，大力发展名优茶生产，推进生态茶园建设，提升产品质量水平，培育壮大龙头企业，打造知名品牌，茶产业得到又好又快发展。2017 年，全省毛茶产量 45.2 万吨、产值 235 亿元，茶产业综合产值 937 亿元，均居全国第一位。今年，福建茶产业有望在全国率先实现产值超千亿元的目标。

18 日，福建金融服务高质量发展交流对接会在“6·18”金融服务馆举办。对接会由福建省金融办、人行福州中心支行、福建银监局、福建证监局、福建保监局联合主办，兴业证券协办。会上，正式公布了 2017 年度福建省金融创新项目。我省兴业证券、金牌橱柜、美图、星云股份，以及正式宣布落地福州的猪八戒网等企业代表，围绕“企业与资本市场的故事”“金融如何支持企业发展壮大”等热点问题进行演讲。兴业证券、中行福建省分行、国开行福建省分行、“6·18”基金等共 21 个产融项目现场集体签约，签约金额达 270 亿元。

18 日，省政府与中国工程院在福州签署了共建中国工程科技发展战略福建研究院合作协议。省委书记于伟国、省长唐登杰，中国工程院院长、院士李晓红，中国工程院院士周济出席签约仪式并共同为福建研究院揭牌。唐登杰、李晓红代表双方在合作协议上签字。省领导梁建勇、周联清，中国工程院副院长、院士何华武出席签约仪式。

19 日，由省科技厅、中科院科技促进发展局、中科院上海分院、中科院海西研究院联合主办的“中科院科技成果推介暨转化平台签约仪式”在福州海峡国际会展中心举行。副省长杨贤金出席并致辞。签约仪式上，福建中科海西科技成果转化创业投资基金，中科院海西研究院光电产业基地，中科院上海有机所、中科院遥感地球所、中科院宁波材料所、中科院海洋研究所、中科院心理研究所等的产业化中心，中科院 STS 福建中心莆田分中心，中科院海西育成中心三明分中心等，共 9 个中科院转化平台签约落地。随后，中科院系统的 4 家研究所分别做了成果推介。

19 日，由省发改委、省科技厅、中国科学院海西研究院、“6·18”组委会办公室共同主办的“人工智能产业发展论坛”在福州海峡国际会展中心举行。论坛上，“福建省人工智能产业技术创新战略联盟”揭牌，32 个人工智能项目签约。中科院院士，国网信通、华为、SKYMIND 等国内外知名企业代表在论坛上做主题演讲。

19 日，福建省养老项目推介会暨签约仪式在福州海峡国际会展中心举行。副省长李德金出席推介会并致辞。签约仪式上，省民政厅与中国交建、华润置地、建投嘉浩、福建中医药大学分别签署战略合作协议。同时，九市一区现场签约 30 个项目，总投资超过 255 亿元。现场还举行了 26 家五星级居家养老社区养老服务照料中心授牌仪式。

19 日下午，受省委书记于伟国、省长唐登杰委托，副省长李德金在福州会见了来访的巴布亚新几内亚农业与畜牧业部长本尼·艾伦和东高地省省长彼得·努姆一行。本尼·艾伦和彼得·努姆表示，巴新十分重视与中国的友好关系，希望今后福建与巴新及东高地省进一步提升在农业等领域的友好合作，实现优势互补，合作共赢。

22日，省长唐登杰主持召开省政府常务会议，研究了《关于进一步加快建设海洋强省的意见》，决定报省委审定；通过了《福建省“智慧海洋”工程实施方案》。立足于规范发展、防范风险，决定出台《关于进一步规范政府和社会资本合作（PPP）项目的实施意见》。会议还研究了《关于<福建省促进散装水泥发展条例>等三项涉及“放管服”改革的地方性法规修正案（草案）》，决定提请省人大常委会审议。

22日，全省商务形势分析暨运行调度会在福州召开。会议通报1—5月全省商务运行情况，部署下阶段工作。副省长郑新聪出席会议并讲话。他肯定了今年1—5月全省商务工作。他指出，全省各级商务系统要紧紧围绕高质量发展和实现赶超目标，全面践行开放发展新理念，推动形成全面开放新格局，促进商务工作持续健康发展。

25日，省委书记于伟国、省长唐登杰在福州会见了嘉里集团创始人郭鹤年先生一行。省委常委、宣传部部长、秘书长梁建勇参加会见。

26日，省直有关部门负责人到平潭调研检查重点项目建设和安全生产工作，还实地调研了南岛语族文化遗址公园等项目推进情况。

27日，省委书记于伟国主持召开专题会议，研究部署进一步推进平潭开放开发工作。省长唐登杰出席并讲话。省领导梁建勇、周联清、魏克良、张兆民参加会议。会议听取了平潭综合实验区近期工作情况及下一步工作安排。

27日，全省生态环境保护大会和国家生态文明试验区建设推进会在福州举行。省委书记于伟国、省长唐登杰出席会议并作讲话。会议深入学习贯彻习近平新时代中国特色社会主义思想和党的十九大精神，全面贯彻落实习近平生态文明思想，按照全国生态环境保护大会的部署要求，对我省加强生态环境保护、打好污染防治攻坚战、推进国家生态文明试验区建设作出部署。省领导王宁、雷春美、胡昌升、刘学新、裴金佳、梁建勇、周联清、王洪祥、苏保成、张广敏、檀云坤、杨贤金、李德金、田湘利、郑新聪、魏克良、杜源生，省法院院长吴偕林、省检察院检察长霍敏出席会议。省直有关部门和各设区市、平潭综合实验区主要负责同志参加了会议，三明市、省财政厅、省法院负责同志做交流发言。

27日，全省网络安全和信息化工作会议和数字福建建设推进会在福州召开。省委书记于伟国强调，要深入学习贯彻习近平总书记在全国网络安全和信息化工作会议上的重要讲话精神，自觉用习近平网络强国战略思想统揽福建网信事业发展，加快推进数字福建建设，让网络更安全、更清朗，更好推动高质量发展，更好造福百姓。省长唐登杰主持会议。省领导王宁、雷春美、胡昌升、刘学新、裴金佳、周联清、王洪祥、苏保成、张广敏、檀云坤、田湘利、魏克良、杜源生，省法院院长吴偕林、省检察院检察长霍敏参加会议。省委常委、宣传部部长、秘书长梁建勇在会上对贯彻落实会议精神做了具体安排。有关方面及单位负责同志在会上作了交流发言。

28日，在收听收看全国深化“放管服”改革转变政府职能电视电话会议后，省长唐登杰主持召开全省视频会议，贯彻落实全国会议精神，部署推进我省深化“放管服”改革转变政府职能工作。副省长李德金、田湘利、郑新聪出席会议。唐登杰强调，纵深推进我省“放管服”改革，要持续深化简政放权，进一步完善权责清单制度，进一步简化企业开办，抓好工程建设项目审批制度改革，放宽准营限制和市场准入，把该放的放彻底、放出动力活力。要持续加强有效监管，坚持明规矩于前、寓严管于中、施重惩于后，落实各部门监管责任，全面推行“双随机一公开”，探索“互联网＋监管”新模式，加强基层监管能力建设，加快构建守信激励和失信惩戒机制，把该管的管到位、管出公平秩序。要持续提升政务服务，按照“马上办、网上办、就近办、一次办”要求，深入推进审批服务便民化和“减证便民”行动，大力推进“互联网＋政务服务”，加快建设服务型政府，让企业和群众到政府办事像网购一样方便。

28日至29日，甘肃省党政代表团来闽学习考察。28日，两省在福州召开扶贫协作座谈会，就进一步深化双方对口扶贫协作、推动闽甘共同发展进行深入交流。福建省委书记、省人大常委会主任于伟国，甘肃省委书记、省人大常委会主任林铎在会上讲话。福建省委副书记、省长唐登杰出席座谈会。29日，两省还在厦门召开了厦门市和临夏州扶贫协作座谈会，深入推进两地对口协作工作。在闽期间，代表团先后赴福州、厦门，考察了定西农特馆、腾龙鞋业、玉晶光电和厦门软件园三期等项目。甘肃省领导宋亮、王嘉毅，福建省领导王宁、裴金佳、魏克良，厦门市市长庄稼汉参加了有关活动。

29日，省委书记于伟国、省长唐登杰在福州会见了中国三峡集团董事长卢纯一行。于伟国说，福建正深入学习宣传贯彻习近平新时代中国特色社会主义思想，加快实现高质量发展和赶超目标。希望双方在已有的良好基础上，进一步加快项目建设，在清洁能源开发利用等领域拓展合作，实现企地互利共赢。卢纯表示，三峡集团十分看好福建的区位特点和发展前景。

30日，省长唐登杰在福州会见了中铝集团党组书记、董事长葛红林一行。唐登杰代表省委、省政府对中铝集团长期关心支持福建发展表示感谢，对中铝东南铜业宁德40万吨铜冶炼基地项目点火试车表示祝贺，希望双方按照高质量发展的要求，坚持发展产业和保护环境并重，推动产业向价值链高端迈进，完善合作机制，提升合作水平，实现共同发展。葛红林表示，中铝集团将积极践行央企责任，进一步加大在福建的投资力度，优化产业布局，集群协同发展，助推新福建建设。

30日，中铝宁德40万吨铜冶炼基地项目顺利点火试车。副省长郑新聪，中铝集团党组书记、董事长葛红林实地察看中铝宁德基地生产控制中心，详细了解铜冶炼工艺流程，仔细询问试生产期间存在的问题，强调要做好安全管控工作，要求严格落实各项环境保护措施，加强粉尘治理，务必确保废水、粉尘、废气等污染物达标排放，固体废物得到有效处置。双方还就进一步深化合作、加快推进项目建设进行交流。

（摘编：黄国实）

7月

3日，省政府召开第三季度防范重特大生产安全事故暨安委会全体成员视频会议。会议指出，今年初以来，全省各级各部门认真履行责任，与去年同期相比，实现了事故起数、死亡人数、较大事故“三个继续下降”，但个别行业、个别地区生产安全事故出现多发倾向，安全生产责任落实不够到位，部分重点领域仍存在安全隐患等问题。

4日，十二届省政协常委会召开第三次会议，就“深化国家生态文明试验区建设”开展专题协商。省委书记于伟国讲话，省政协主席崔玉英主持会议。于伟国强调，生态文明建设是最普惠最长久的民生福祉。各级党委政府要深入学习贯彻习近平生态文明思想，担负起生态文明建设的重大责任，社会各方面也要共同支持、参与和推动。政协各级组织和政协委员要发挥优势，积极关心支持，更好地促进生态福建建设。省政协副主席王惠敏、魏克良、杜源生、王光远、阮诗玮，省政协秘书长陆开锦参加了会议。

6日，省直有关部门负责人到莆田调研生态环境保护工作，实地察看了涵江区江口污水处理厂、三棵树涂料公司 VOCs 污染治理工程和仓后路 VOCs 监测站。

7日上午，第二届21世纪海上丝绸之路青年发展论坛暨闽港青年菁英座谈会在榕举行。香港中联办副主任陈冬、副省长李德金、省国际文化交流中心理事长陈桦出席会议并讲话。省国际文化交流中心常务副理事长倪英达主持会议。

10日，农业农村部和省政府在福州举办2018年质量兴农万里行活动启动仪式。农业农村部党组成员宋建朝，副省长李德金出席活动并讲话。启动仪式现场发布《质量兴农万里行》主题宣传片和农产品质量安全执法监管十大典型案例，来自福建的20家茶叶企业代表共同签署《福建省茶产业绿色发展宣言》。

13日，省长唐登杰主持召开省政府常务会议，听取全省防抗第8号台风“玛莉亚”工作情况报告，研究部署灾后恢复生产和重建工作。会议研究了《福建省城乡生活垃圾管理条例（草案）》和《福建省高速铁路安全管理规定（草案）》，决定提请省人大常委会审议。会议还研究了第六批省引才“百人计划”遴选事宜。

13日，上半年全省工业经济运行分析调度会召开。副省长郑新聪出席会议并讲话。他指出，今年初以来我省工业和信息化发展稳中有进、稳中向好，呈现出规上工业增加值增速创两年新高、高质量发展态势明显、区域发展更加均衡等亮点，但也存在产业转型升级不快、项目接续不足、创新水平有待提高等薄弱环节。

13日，省委书记于伟国、省长唐登杰在福州会见了香港福州社团联会福建访问团一行。省领导雷春美、梁建勇、李德金参加会见。香港福州社团联会福建访问团一行表示，看到家乡经济社会蓬勃发展的大好形势，倍感振奋自豪。香港福州社团联会将始终高举爱国爱港爱乡旗帜，发挥自身的资源优势，引导广大在港闽籍乡亲积极投身家乡建设，为香港的繁荣稳定、为家乡的美好前景作出更大的贡献。

17日，省委书记于伟国主持召开省委省政府上半年经济形势分析会和新兴产业发展推进会，对以高质量发展实现赶超工作进行督查，并研究部署下半年经济工作。他强调，要对标以高质量发展实现赶超的任务要求，以爬坡过坎、滚石上山的勇气和干劲，抓重点、破难点，补短板、强弱项，确保年度各项目标顺利完成。省长唐登杰在会上作了具体部署。省委、省人大常委会、省政府、省政协领导参加了会议。各市、县（市、区）和平潭综合实验区管委会的党委、政府主要负责同志在各地分会场，通过视频参加了会议。

18日，福建省食安办、福州市食安办在福州联合举办2018年福建省暨福州市食品安全宣传周启动仪式，拉开2018年食品安全宣传周活动序幕。副省长郑新聪出席并宣布食品安全宣传周活动启动。

20日，7月份重大投资项目协调视频会召开。会议就当前重大投资项目、“五个一批”项目、投资工程包建设推进中存在的具体问题，明确了协调意见。

24日，省长唐登杰主持召开省政府常务会议，研究部署全面加强生态环境保护、坚决打好污染防治攻坚战等工作。会议审议通过了关于废止《福建省海域采砂临时用海管理办法》的决定、关于修改《福建省发展应用新型墙体材料管理办法》和《福建省实施〈实验动物管理条例〉的办法》的决定，研究了其他事项。

25日，第二十届中国国际投资贸易洽谈会第二次筹备工作会议在厦门召开。投洽会组委会常务副主任、商务部副部长兼国际贸易谈判副代表王受文，组委会副主任兼秘书长、副省长郑新聪出席会议并讲话。组委会副主任、厦门市市长庄稼汉出席会议。

31日，全省食品安全暨“一品一码”追溯体系建设工作推进会在福州召开。副省长郑新聪出席会议并讲话。会议组织代表观摩了闽侯南通海峡蔬菜批发市场、马尾名成水产品市场、华威新西营里农产品交易中心三个参观点“一品一码”追溯体系建设情况，会上九市一区和省直部门交流了工作情况。

31日—8月1日，省直有关部门负责人到南平，实地调研武夷山国家公园、武夷新区便民服务中心、交通基础设施、建瓯市农村公路建设养护等工作推进情况。

（摘编：唐民）

8 月

8 日，省委书记于伟国、省长唐登杰在福州会见了全国政协经济委员会副主任、信和集团主席黄志祥和全国政协常委、香港福建社团联会主席吴良好一行。副省长李德金参加会见。

8 日，西藏昌都·福建招商引资推介会在福州举行，西藏自治区政府副主席甲热·洛桑丹增、福建省政府副省长郑建闽出席推介会并致辞。据统计，此次推介会共签约项目 19 项，签约资金 40. 46 亿元，项目涵盖现代农业、光伏能源、现代服务业等领域。

10 日，省长唐登杰主持召开省政府常务会议，研究进一步加强安全生产、优化营商环境、推进脱贫攻坚、促进开发区高质量发展、做好“9·8”投洽会筹备等工作。会议还研究了其他事项。

11 日，副省长李德金带领省直有关单位负责同志，赴泉州石狮市调研乡村振兴工作。李德金一行先后察看美丽乡村、中心渔港、湿地公园建设等现场。他充分肯定近年来泉州特别是石狮市在城乡建设及一体化发展等方面取得的良好成效。

13 日，8 月份重大投资项目协调视频会召开。会议就当前重大投资项目、赶超项目、“五个一批”项目、两个协作区项目、投资工程包等建设推进中存在的具体问题，明确了协调意见。

13 日，全省外经贸政策通气会举行。副省长郑新聪出席会议并讲话。各设区市商务、经信、财政等部门负责人，全省 300 多家重点外贸企业主要负责人和财务管理人员，以及全省外贸主要商协会负责同志参加会议。省商务、外汇、海关、税务、信保、进出口银行等部门负责人分别做了政策解读。

16 日上午，省十三届人大常委会第五次会议举行联组会议，就我省城乡生活垃圾管理工作开展专题询问。省人大常委会副主任张广敏、黄琪玉、邓力平、潘征、吴洪芹、檀云坤，秘书长刘道崎和其他组成人员出席会议，部分全国人大代表、省人大代表、各设区市人大常委会负责人等列席会议。潘征主持。副省长李德金及省发改委、卫计委、教育厅、财政厅、环保厅、住建厅、水利厅、商务厅等有关部门负责人到场应询。

17 日，省长唐登杰主持召开省政府常务会议，审议《福建省大气污染防治条例（草案)》，决定提请省人大常委会审议；研究《福建省生态保护红线划定成果》（送审稿)。会议还研究了其他事项。

21 日，受省委书记于伟国、省长唐登杰委托，副省长李德金在福州会见了乌兹别克斯坦代表团一行。会见后，福建与花拉子模州签署了友城结好意向书。双方定于 23 日在榕举行商务论坛暨企业座谈会。

27 日，全省实施“放心游福建”服务承诺工作推进会在福州召开。会议以习近平新时代中国特色社会主义思想为指导，深入贯彻党的十九大精神，进一步落实省委省政府关于提升旅游服务质量、加强旅游市场监管的总体要求，研究部署深入推进以“放心游福建”服务承诺为核心的旅游综合服务监管工作。副省长郑新聪出席会议并讲话。会上，省旅发委负责人作工作报告；省卫计委、国土厅、税务局、工商局、质监局、文化厅、旅发委、食品药品监管局、物价局、福建海事局等 10 家单位做出旅游服务承诺，对符合快速办结的旅游投诉实现“1 天受理，7 天办结”。

29 日，第 20 届中国国际投资贸易洽谈会新闻发布会在北京举行。投洽会组委会常务副主任、商务部副部长兼国际贸易谈判副代表王受文，组委会副主任兼秘书长、副省长郑新聪出席发布会。本届投洽会展览面积将达 13 万平方米，预计将有超过 110 个国家和地区的 800 多个客商团组、约 5000 家企业超过 12 万名客商参会。目前组委会已收集了 2 万多个招商项目，安排约 3 万批次对接洽谈。

29 日，全省实施乡村振兴工作会议在福州召开。省委书记于伟国讲话强调，要坚持以习近平新时代中国特色社会主义思想为指导，深入学习领会习近平总书记关于“三农”工作的重要论述，认真贯彻落实习近平总书记对实施乡村振兴战略的重要指示、重要讲话精神，按照全国实施乡村振兴战略工作推进会部署要求，加快推进我省乡村振兴各项工作，努力开创新时代福建“三农”工作新局面。省长唐登杰主持会议。省政协主席崔玉英出席会议。省委副书记、福州市委书记王宁就贯彻落实会议精神做了具体部署。省领导胡昌升、裴金佳、梁建勇、王洪祥、张广敏、檀云坤、杜源生参加会议。省、市、县（区）各级实施乡村振兴战略领导小组成员单位负责人，各市、县（区）、平潭综合实验区党政主要负责人，各乡镇党委和政府、街道党工委和办事处主要负责同志在分会场通过视频参加了会议。会上，南平、三明、泉州、福州等市有关负责同志先后作了交流发言。

29 日，省委、省政府召开非公企业家座谈会。省委书记于伟国强调，要切实把思想和行动统一到习近平总书记的重要指示精神上来，统一到党中央对当前经济形势的分析判断和决策部署上来，倍加关心、倍加爱护、倍加支持企业家，积极构建“亲”“清”政商关系，全力打造一流营商环境，继续保持经济稳中有进、稳中向好的态势。省长唐登杰主持会议。省领导雷春美、梁建勇、王光远参加了座谈。

29 日，省长唐登杰在福州会见了一汽集团董事长、党委书记徐留平一行，对他们来闽考察表示欢迎，希望集团抓住福建发展良好机遇，积极参与新福建建设，提升福建制造业发展水平，助力以高质量发展实现赶超。徐留平表示，一汽集团将优化投资布局，加强与福建的合作，实现共同发展。

31 日，省长唐登杰主持召开省政府常务会议，通过《关于做好促进就业工作十七条措施的通知》《关于进一步支持全省中小企业发展十条措施的通知》和《提升城市供水水质工作方案》；研究《关于提请审议调整我省环境保护税适用税额的议案》（送审稿），决定提请省人大常委会审议。

31 日，省政府召开全省设施农业项目用地清理整治专项行动视频会议，副省长李德金出席会议并讲话。

（摘编：彭文荣）

9 月

5 日，第十二届泛珠三角区域合作与发展论坛暨经贸洽谈会在广州召开。副省长、省经贸代表团团长李德金率漳州片仔癀、云度新能源、星网锐捷等 11 家福建龙头企业代表组团参会。代表团参加了大会开幕式、论坛对话及“智慧链接，科技湾区”“开放时代，文化湾区”等分论坛活动，考察粤港澳大湾区，通过大会平台拓展经贸合作。

5 日，第十二届泛珠三角区域合作与发展论坛暨经贸洽谈会在广州开幕。省长唐登杰出席会议并就相关主题发言，表示要深入贯彻习近平新时代中国特色社会主义思想，把握粤港澳大湾区建设机遇，深化与泛珠各方的交流合作，助力建设经济繁荣、社会和谐、生态良好的泛珠区域，更好服务全国大局。副省长李德金及福建代表团成员出席大会。

5日，省长唐登杰在广州会晤了一同出席第十二届泛珠大会的香港特别行政区行政长官林郑月娥一行。副省长李德金参加会晤。

7日，在收听收看全国“大棚房”问题专项清理整治行动电视电话会议后，我省随即召开视频会议，部署贯彻落实国务院会议精神。副省长李德金出席会议并讲话。

7日上午，省长唐登杰来到厦门国际会展中心检查第二十届中国国际投资贸易洽谈会筹备情况，听取厦门市、省直部门相关筹备工作汇报，强调要提高政治站位，贯彻新发展理念，全力以赴落实落细各项筹备工作，确保本届投洽会圆满成功。裴金佳、郑新聪、庄稼汉等领导参加检查。

7日，“清新福建”旅游投融资合作与重大项目推介专场在厦门举行，现场34个项目集中签约，投资总额809.62亿元。副省长李德金出席活动。据悉，现场集中签约的34个项目中，合同项目7个，合计总投资276亿元；意向协议项目27个，合计总投资533.62亿元。这些项目呈现新业态产品成为主流、旅游综合项目备受关注、旅游投资规模逐渐扩大三大特点。值得一提的是，本次签约的项目平均投资额达23.81亿元，投资额30亿元以上项目12个。其中，中国莲峰海岸旅游区投资达100亿元，武夷山佳龙文旅项目达80亿元。本次活动由省旅游发展委员会主办，是第20届中国国际投资贸易洽谈会福建省政府团重要活动之一。

7日，印度尼西亚金锋集团向福州总医院新病房大楼捐赠300张病床。副省长杨贤金出席爱心捐赠仪式并致辞。

7日下午，省长唐登杰在厦门与前来参加第二十届中国国际投资贸易洽谈会的跨国公司高管、境外投资促进机构代表座谈，听建议、叙友情、话合作、谋发展。郑新聪、庄稼汉等领导参加座谈。

7日晚，第二十届中国国际投资贸易洽谈会“新丝绸之路发展交流会”在厦门举行。投洽会主宾国代表、捷克共和国众议院经济委员会主任拉迪姆·菲亚拉，主宾省云南省副省长张国华在会上致辞。来自世界各国，特别是“一带一路”沿线国家的嘉宾、客商，及外国驻华使领馆代表、各省市政府和企业家代表等出席交流会。

8日上午，第20届中国国际投资贸易洽谈会在厦门国际会展中心开幕。国家主席习近平向投洽会发来贺信。全国人大常委会副委员长曹建明在开馆式上宣读国家主席习近平的贺信。

毛里塔尼亚总统阿齐兹、捷克众议院经济委员会主任拉迪姆·菲亚拉、俄罗斯联邦卡累利阿自治共和国行政长官巴尔芬奇科夫等境外嘉宾，中央统战部副部长、国务院侨办主任许又声，福建省委书记于伟国，省长唐登杰等出席开馆式。曹建明启动“金钥匙”，为投洽会开馆。

本届投洽会由中华人民共和国商务部主办，联合国贸发会议、联合国工发组织、世界贸易组织、经济合作与发展组织、世界银行国际金融公司、世界投资促进机构协会、中国国际投资促进会联合主办。突出“贯彻新发展理念，融入一带一路，促进双向投资”主题，紧扣新时代国家发展战略，精心策划一系列大会活动。投洽会展览面积达13万平方米，由投资主题馆和产业招商馆两大部分组成。设置了投资中国、国际投资、现代服务业投资、人才·项目·资本合作、大健康产业、跨境电商、新兴产业、商业自媒体和版权投资等16个专业专题展区。其间将举办重点产业对接、重点区域对接、热点专题对接和中国企业“走出去”专场对接等四大类型150多场对接洽谈活动，安排3万多批次线上线下的对接洽谈，促进双向投资。

8日，2018国际投资论坛在厦门举行，本次论坛主题为“新挑战·新机遇，携手构建开放型世界经济”。全国人大常委会副委员长曹建明出席并发表主旨演讲。毛里塔尼亚总统阿齐兹出席并作演讲。省委书记、省人大常委会主任于伟国，商务部副部长兼国际贸易谈判副代表王受文，中央广播电视总台、中国国际广播电台副台长胡邦胜分别致欢迎辞。中央统战部副部长、国侨办主任许又声，省长唐登杰出席论坛。省委常委、厦门市委书记裴金佳主持论坛。

8日，由省发改委、商务厅主办的2018年现代服务业专场对接活动在厦门举行。对接活动以“高质量高品质”为主题，精心挑选、推出204个重点招商项目，总投资3154亿元，涉及物流、旅游、金融和总部经济等多个方面。其中，42个项目现场集中签约，总投资723.24亿元。自2016年以来，该项对接活动已持续举办三届，前两届跟踪对接项目共计184个，已建成项目32个，已落地实施项目105个。对接活动现场，福建福港综合物流园区等11个第三批省级服务业集聚示范区受牌。

8日，福建—菲律宾宿务省经贸旅游合作对接会在厦门举行。副省长郑新聪出席会议。会上，厦门国际商会与宿务工商会缔结友好协会的框架协议，厦门泰柯集团有限公司与厦门理工学院文化产业与旅游学院签署战略合作框架协议书。

8日，省委书记于伟国、省长唐登杰在厦门会见了台湾工业总会理事长、台塑集团总裁王文渊一行。省领导裴金佳、梁建勇，厦门市市长庄稼汉参加了会见。

8日，中国—捷克商业论坛在厦门举行。副省长郑新聪出席商业论坛并致辞。论坛上，捷克投资局、旅游局、奥洛穆茨州，以及捷克在华企业捷信、斯柯达等代表，重点推介了投资及旅游领域的合作机遇。2017年，福建与捷克外贸进出口27.1亿元，同比增长12.1%。2018年1—7月，进出口20.7亿元，同比增长39.3%。

8日，福建省与菲律宾宿务省在厦门签署合作备忘录，将在经济贸易、设施联通、人员往来、文教交流等方面加强合作，共同推进21世纪“海上丝绸之路”建设。省长唐登杰，宿务省省长希拉里奥·戴维德出席并见证备忘录签署。李德金、庄稼汉等领导参加活动。

11日，省委书记于伟国、省长唐登杰在福州会见了沙特基础工业公司副董事长兼首席执行官尤素福·阿尔—拜延一行。省领导檀云坤、郑新聪参加了会见。

13日，副省长郑新聪带队对敖江流域保护管理工作及各级河长履职情况开展巡查，紧接着在福州召开敖江流域河长制巡查工作整改督导会议，研究布置下一步工作。

12日至14日，省长唐登杰率领福建代表团访问菲律宾，出席福建—菲律宾经贸合作推介会和福建—宿务两省结好签署仪式，拜访当地政要，代表省委省政府和省委书记于伟国，代表3900多万家乡人民，看望乡亲和外派教师，走访菲华社团，畅叙情谊、洽谈合作、共谋发展，携手促进福建与菲律宾的合作向更高层次、更高水平发展。中国驻菲律宾大使赵鉴华出席相关活动。

15日至16日，省长唐登杰率福建代表团在印度尼西亚考察访问，代表省委省政府和省委书记于伟国走访印尼华社、看望乡亲，拜会中国驻印尼大使肖千，与福建“走出去”的企业家代表交流座谈，共商进一步扩大福建对外开放、助推“一带一路”建设之策。

17日，中央扫黑除恶第4督导组副组长、国家市场监管总局副局长甘霖在福州听取我省推进市场监管和扫黑除恶工作汇报。副省长郑新聪主持会议并讲话。

17日至18日，省直有关部门负责人，深入检查南三龙铁路、龙岩市交通建设和矿山安全生产情况，并在龙岩市召开9月份重大投资项目协调会。9月份重大投资项目协调会强调，要紧紧围绕以高质量发展实现赶超，全力抓好第四季度施工黄金期，加大项目攻坚力度，加大正向激励力度，盯住开工建设、技改提升、增资扩产、签约落地等重点环节，保持项目滚动接续的良好态势，确保完成今年目标任务，并为明年打好基础。

17日至19日，省长唐登杰带领的福建代表团来到本次考察访问东南亚的最后一站马来西亚，拜会当地政要，出席中国·福建—马来西亚经贸合作推介会，考察厦门大学马来西亚分校，看望乡亲、走访华社，增进感情、洽谈合作、共谋发展。

18日至20日，福建省副省长郑建闽率领调研工作组赴新疆昌吉州考察对接援疆工作。新疆维吾尔自治区政协副主席马雄成，昌吉州党委书记王国和参加有关活动。20日下午，福建省对口支援昌吉州工作座谈会在昌吉市召开。

19日至20日，首届企业家昌吉行——产业援疆与产业发展圆桌会议在新疆昌吉举行。国内著名经济学家、知名企业代表、福建省商界精英和345家疆内外企业负责人参会，为产业援疆与产业发展把脉，共商发展大计。在当天的签约仪式上，共有20个项目签约，总签约额199.73亿元，涉及装备制造、新能源新材料、文化旅游、商贸物流等领域。

27日，省政府召开全省视频会议，对政策性粮食库存数量和质量大清查工作进行动员部署。副省长李德金出席会议并讲话。

28日，省长唐登杰主持召开省政府常务会议，部署国庆黄金周安全生产工作，研究制定消防安全责任制实施办法，确定再取消10项省级行政许可事项，同意修订《福建省省级政府集中采购目录及限额标准》。会议还研究了其他事项。

28日，在收视全国森林草原防灭火工作电视电话会议后，省政府即召开全省视频会议，安排部署秋冬季森林防灭火工作。副省长李德金出席会议并讲话。

28日，中共福建省委军民融合发展委员会办公室在福州揭牌。省军区司令员王滨出席揭牌活动。

28日，2018年中国平潭·企业家科学家金融家创新论坛在平潭举行，论坛以“聚焦新兴产业共商融合发展”为主题。第十二届全国政协副主席王钦敏，副省长郑建闽，省政协副主席王光远，原副省长、平潭创新论坛理事长李川，以及海峡两岸近600位企业家、科技家和金融家等出席论坛。

30日，省委、省政府迅速召开全省推进“五个一批”项目攻坚会议。省委书记于伟国强调，坚持高质量发展落实赶超，项目是关键。各级领导干部要当好项目攻坚的“特战队”，带领广大干部群众集中力量抓项目，打好项目攻坚这场“硬仗”，确保年度各项任务圆满实现，为高质量发展落实赶超奠定坚实基础。省长唐登杰主持会议。省领导王宁、雷春美、胡昌升、刘学新、裴金佳、梁建勇、周联清、檀云坤、李德金、田湘利、郑新聪、郑建闽、杜源生出席会议。各市、县（区）、平潭综合实验区党政主要负责人，有关部门负责同志等在分会场通过视频参加了会议。会上，福州、厦门、泉州、宁德等市有关负责同志先后介绍了推进“五个一批”项目工作的经验做法。

（摘编：于新光）

10月

7日，省委书记、省人大常委会主任于伟国率福建省代表团前往中央人民政府驻香港特别行政区联络办公室，拜会香港中联办主任王志民。香港中联办副主任黄兰发、陈冬，省领导梁建勇、李德金参加了会见。

7日，省委书记、省人大常委会主任于伟国率领福建省代表团抵达香港，与广大闽籍乡亲共叙乡情，拜会老朋友、结识新朋友，促进闽港交流合作不断深化。当晚，全国政协副主席梁振英，香港特别行政区行政长官林郑月娥，中央人民政府驻香港特别行政区联络办公室主任王志民，与代表团一行共同参加了香港福建社团联会第十一届会董会就职典礼。

8日，省委书记、省人大常委会主任于伟国前往香港礼宾府拜会香港特别行政区行政长官林郑月娥。双方就进一步推进闽港全方位交流合作进行了深入交谈。香港特别行政区政务司司长张建宗，省领导梁建勇、李德金等参加了会见。

8日，省委书记、省人大常委会主任于伟国在香港与嘉里集团创始人郭鹤年先生亲切会面。于伟国对嘉里集团多年来支持福建经济社会发展所作贡献表示感谢。他说，郭先生是著名闽籍企业家，多年来始终关心祖国和家乡的发展，热心公益、回馈桑梓，为家乡建设发展作出了积极贡献。当前，福建正深入学习贯彻习近平新时代中国特色社会主义思想，深入推进改革开放，加快建设新福建，机遇良好、商机巨大。希望嘉里集团一如既往地积极支持和参与家乡建设，深化拓展与福建的交流合作。我们将打造良好营商环境，为在闽落地的各类项目提供优质服务。省领导梁建勇、李德金参加会见。

9日，按照自然资源部的统一部署，国家自然资源督察上海局在福州召开2018年土地例行督察意见反馈暨公开约谈会，并与省政府联合公开约谈5个县（市）、区。副省长郑建闽、国家自然资源督察上海局局长韩海青出席会议并讲话。

17日，省长唐登杰主持召开省政府常务会议，研究首届中国国际进口博览会我省交易团筹备工作；审议《关于分类推进人才评价机制改革的实施意见》《关于提高技术工人待遇的实施意见》（送审稿），决定报省委研究；听取2017年度福建省粮食安全省长责任制考核情况汇报，部署2018年度考核工作；审议通过了《福建省农村留守儿童关爱保护办法》《关于改革国有企业工资决定机制的实施意见》《关于进一步加强行政规范性文件制定和监督管理工作的通知》《关于机构改革涉及省政府规章规定的行政机关职责调整问题的决定》。

19日，全省促进中小企业发展工作领导小组会议暨工业运行分析会及工业和信息化“五个一批”项目推进会在福州召开。副省长、省促进中小企业发展工作领导小组副组长郑新聪出席会议并讲话。郑新聪强调，要发挥好省促进中小企业发展工作领导小组的统筹协调作用，明确责任分工，加强督促督查，抓好促进中小企业发展系列政策的落实；要抓紧解决当前中小企业面临的突出的问题，下大力气细化落实一段时期以来省政府出台关于进一步支持全省中小企业发展的十条措施等一系列政策，加大金融支持力度，减轻企业负担，增强创新能力，服务保障好企业，提升中小企业“专精特新”能力。

19日至20日，全省实施乡村振兴战略现场推进会在永春召开。省委副书记、福州市委书记王宁，副省长李德金出席会议并讲话。省委实施乡村振兴战略领导小组成员单位，各设区市和平潭综合实验区，以及各县（市、区）负责人，约220人参加会议。永春、永泰、平和、光泽、长汀、屏南6个县和福清市港头镇草柄村做了典型发言。与会人员实地参观了永春仙夹镇龙水村、岵山镇茂霞村、五里街镇大羽村、旅游集散中心等乡村建设示范点。

20日，副省长李德金带领省直相关部门负责同志，赴安溪县调研乡村振兴战略实施情况。李德金实地察看了现代农业、“植物工厂”、茶叶企业、乡村建设、污水处理等现场，充分肯定了近年来泉州市尤其是安溪县在发展特色富民产业、开展农村人居环境整治、推动茶产业健康发展等方面取得的良好成效，要求泉州市和安溪县认真梳理总结典型经验，因地制宜找准工作切入点，加快推进乡村振兴战略的实施。

22日，省政府召开第四季度防范重特大生产安全事故暨安委会全体成员视频会议，总结今年以来安全生产工作情况，部署第四季度重点工作。

23日，副省长李德金带领省直相关部门负责同志赴平潭，现场督导检查打击违法开采海砂工作，并在海监执法船上召开座谈会，研究部署联合打击违法采砂整治专项行动。

24日，省长唐登杰主持召开省政府常务会议，审议《福建省实施乡村振兴战略规划（2018—2022年）》《福州新区总体规划（2018—2035年）》（送审稿），决定报省委研究；通过《福建省打赢蓝天保卫战三年行动计划实施方案》；通过《关于推进全省工程建设项目审批制度改革的若干意见》，决定再下放一批省级行政许可等事项，推动我省营商环境进一步优化。会议还研究了其他事项。

25日，省委书记于伟国主持召开省委省政府三季度经济形势分析会暨坚持高质量发展落实赶超工作督查会。于伟国强调，要深入学习宣传贯彻习近平新时代中国特色社会主义思想，认真贯彻落实省委十届六次全会的部署要求，全力冲刺、攻坚克难、狠抓落实，确保完成全年目标任务，为加快高质量发展落实赶超打下坚实基础。省长唐登杰在会上作了具体部署。省委、省人大常委会、省政府、省政协领导参加了会议。

26日，全省开发区工作暨商务领域“五个一批”项目工作推进会举行，以推进开发区改革创新，推动利用外资增量和质量双提高。副省长郑新聪出席会议并讲话。会上，厦门火炬高新区管委会、宁德市商务局、晋江市政府分别做经验介绍。

30日，省委书记、省自贸试验区工作领导小组组长于伟国主持召开中国（福建）自贸试验区工作领导小组第九次会议，传达学习贯彻习近平总书记对自由贸易试验区建设做出的重要指示精神，传达学习李克强总理重要批示和自由贸易试验区建设五周年座谈会精神，研究我省贯彻意见；研究进一步推进中国（福建）自由贸易试验区改革创新措施，研究推进中国（福建）自由贸易试验区深化行政审批制度改革的措施。省长、省自贸试验区工作领导小组第一副组长唐登杰参加会议。

31日，省长唐登杰主持召开省政府常务会议，听取我省“十三五”规划《纲要》实施情况中期评估报告（送审稿），决定提请省人大常委会审议；研究涉及产权保护的省政府规章和省政府、省政府办公厅发布的有关规范性文件清理工作，通过《关于建立城乡居民基本养老保险待遇确定和基础养老金正常调整机制的实施意见》。会议还研究了其他事项。

（摘编：刘海元）

11月

1日，全省深化落实第四次全国经济普查工作视频会议在福州召开。

2日，由中共中央台办、文化和旅游部、国家广播电视总局、福建省人民政府主办，厦门市人民政府、台湾亚太文化创意产业协会承办的第十一届海峡两岸（厦门）文化产业博览交易会在厦门国际会展中心开幕。文化和旅游部党组成员、副部长张旭，福建省委常委、秘书长、宣传部长梁建勇，青海省副省长张黎，福建省副省长杨贤金、省政协副主席薛卫民，新党主席郁慕明等出席并参观展览。

本届文博会秉承“一脉相承，创意未来”主题，总展览面积7.3万平方米，设展位3500个，推出40余场活动和30多个分会场，首次设立省市与文化名企强企板块，首次举办中国文旅产业（IP）投资对接交流大会，首次推出“文博大讲堂”系列活动，首次建立文博会专家智库。对台特色仍是本届文博会的最大亮点之一，424家台湾企业、926个台商展位联手展示上万件展品，台湾企业参展数量较往年持续增长。展会首次设立台湾生活馆，汇聚了最具代表性的台湾文创企业。

5日，省长唐登杰在上海会见了出席首届中国国际进口博览会的日本贸易振兴机构理事长石毛博行一行。副省长郑新聪参加会见。

6日，省长唐登杰在上海国家会展中心走访了首届中国国际进口博览会部分主宾国馆和参展企业展台。唐登杰一行先后走访了医疗器械和医药保健展区美国赛默飞世尔科技，日用消费和家用电器展区台湾嘉捷科技集团，钻石和宝石精品馆国际琥珀联盟、印度KGK集团，智能及高端装备展区台湾友嘉集团、德国西门子、法国施耐德等企业，并参观了国家贸易投资综合展展厅中国馆和英国、加拿大、意大利等3个主宾国馆，与展馆及企业负责人交流，听取高新技术产品等介绍，积极宣传推介福建。

6日，第十四届海峡两岸（三明）林业博览会暨投资贸易洽谈会在三明开幕。副省长李德金，国家林业和草原局总经济师张鸿文，中国国民党原副主席蒋孝严，省政协副主席、三明市委书记杜源生出席。本届林博会启动了“中国家具综合实力100强品牌”申报活动，还举办海峡两岸林业电子商务大会、海峡两岸人才对接交流、绿色金融论坛、林区精准扶贫交流、海峡两岸插花艺术交流、摄影展等活动。成果丰硕，共对接项目112个，总投资210.3亿元，拟利用外资1.6亿美元。当日共有29个重点项目签约，总投资98.05亿元，拟利用外资7200万美元。

6日下午，福建交易团、中国医药保健品进出口商会、东浩兰生集团于首届中国国际进口博览会期间在上海联合举办福建省高端装备、医疗医药进口对接会。副省长郑新聪出席活动。

6日，中国侨联副主席李波、省政府党组成员郭宁宁在福州会见参加“海外侨胞故乡行·走进福建”活动的嘉宾。旅菲各校友会联合会现任（第十一届）主席丁劲樟表示，将珍惜此次故乡之旅，当好中菲友谊的桥梁纽带，凝聚广大海外侨胞力量为新福建建设多作贡献。

8日，省委军民融合发展委员会召开第二次会议，传达学习贯彻习近平总书记在十九届中央军民融合发展委员会第二次全体会议上的重要讲话精神，传达学习全国军民融合发展工作座谈会精神，总结我省军民融合深度发展有关工作，研究相关制度规则，对当前和今后一个时期全省军民融合发展作出部署。省委书记、省委军民融合发展委员会主任于伟国主持会议。

9日，在收听收看完全国2019年春节前保障农民工工资支付工作视频会议后，我省紧接着召开全省保障农民工工资支付工作视频会议。副省长李德金出席会议并讲话。

9日，省政府党组书记、省长唐登杰主持召开省政府党组会议，深入学习习近平总书记在广东考察时关于全面深化改革扩大开放、首届中国国际进口博览会开幕式、中共中央政治局会议、民营企业座谈会、中央军民融合发展委员会第二次会议上的重要讲话精神等，部署省政府党组贯彻意见。

9日，省政府召开全省非洲猪瘟防控工作视频会议，对我省非洲猪瘟防控工作进行再动员、再部署、再落实。副省长李德金出席会议并作讲话。

10日，由省女企业家协会主办的“改革开放四十年巾帼闽企谱华章”论坛在福州举行。省委常委、组织部长胡昌升出席并讲话，省人大常委会副主任吴洪芹、省政府党组成员郭宁宁、省政协副主席洪捷序，省十二届人大常委会副主任刘群英，省级老同志王美香、叶家松、陈桦，中国女企业家协会常务副会长兼秘书长黄文林出席活动。会上，表彰了“十佳创新企业”、“十佳生态企业”、“十佳爱心企业”、优秀单位会员和优秀会员，并为省女企家协会第九届理事会负责人授职务牌。

10日至11日，省长唐登杰带领省直有关部门负责人到南平浦城、松溪、政和等地调研，强调要深入贯彻习近平总书记的重要指示，把精准扶贫作为实施乡村振兴战略的优先任务，坚持精准方略，着力产业兴旺，落实帮扶政策，凝聚各方力量，坚决打赢脱贫攻坚战。

11日至12日，副省长李德金带领省直有关部门负责人，赴莆田市调研乡村振兴、动物疫病防控等工作，并召开非洲猪瘟防控工作现场办公会。

12日，全省国有企业改革座谈会在福州召开。副省长、省国有企业改革领导小组组长郑新聪出席会议并讲话。会议传达全国国有企业改革座谈会主要精神，并通报全省国企改革进展情况。部分地市和国有企业代表在会上交流发言。

13日，省委书记于伟国、省长唐登杰在福州与交通运输部部长李小鹏进行座谈，进一步深化部省合作，共同研究推进福建交通运输高质量发展。随后，唐登杰、李小鹏分别代表双方共同签署了《加快福建交通运输发展2018—2020年合作协议》。省领导梁建勇参加座谈。

14日，在收听收看全国冬春农田水利基本建设电视电话会议后，我省紧接着召开全省电视电话会议，动员部署我省贯彻落实工作。副省长李德金出席会议并讲话。

14日，省长唐登杰在福州会见了中国海洋石油集团有限公司党组书记、董事长杨华一行，感谢中海油长期以来对福建经济社会发展的大力支持。他希望双方认真贯彻新发展理念，着眼长远发展，发挥互补优势，进一步在清洁能源综合利用、海洋资源开发保护及海洋装备制造等方面提升合作层次水平，实现互利共赢、共同发展。

14日至15日，省直有关部门负责人赴永泰、大田、三元，实地调研永泰抽水蓄能项目，莆炎高速福州段、三明段，兴泉铁路华兴段等重点项目建设情况，福能集团上京矿区仙亭煤矿等项目安全生产情况以及大田县"河长制"落实情况。

12日至16日，全国人大常委会副委员长、中华全国总工会主席王东明率调研组来闽，分别就"十三五"规划纲要实施情况中期评估和工会工作开展专题调研。省委书记、省人大常委会主任于伟国，省长唐登杰与调研组一行在福州进行了座谈。全国人大财经委主任委员徐绍史、副主任委员尹中卿，全国人大代表黄茂兴，全国总工会党组书记、副主席、书记处第一书记李玉赋等参加调研。王宁、裴金佳、梁建勇、黄琪玉、邓力平等陪同调研或参加有关活动。

14日至16日，副省长李德金带领省直相关部门负责同志赴南平市松溪、浦城、武夷山等地，调研乡村振兴和脱贫攻坚工作。

16日，省长唐登杰主持召开省政府常务会议，审议《关于进一步加强水土保持工作的意见》（送审稿），研究永泰等5个县退出省级扶贫开发工作重点县专项评估检查事宜，决定报省委研究；听取了第五届福建省工艺美术大师评选情况汇报。会议还研究了其他事项。

17日至18日，副省长李德金带领省直有关部门负责同志赴漳州市平和、南靖、龙海等地，实地调研了特色农业产业发展、畜禽粪污资源化利用和国有农场、国有林场改革等工作，并检查指导全国畜禽养殖废弃物资源化利用现场会筹备工作。调研期间，李德金还察看了第十二届中国蘑菇节现场，与参展参会的部分国外专家学者和企业代表座谈交流，希望充分利用蘑菇节这一平台，加强交流合作，深化产业和技术对接，推动食用菌产业科学健康发展。

18日，第三届世界妈祖文化论坛暨第二十届中国湄洲妈祖文化旅游节在莆田湄洲岛开幕。全国政协副主席、民革中央常务副主席郑建邦出席并宣布论坛开幕。中国侨联原主席、中华妈祖文化交流协会第一届、第二届副会长林兆枢，自然资源部总规划师李永杰，省政府党组成员、副省长郭宁宁，省政协副主席、民盟福建省委会主委阮诗玮等出席论坛。本届论坛由文化和旅游部、自然资源部、中国社会科学院、澳门特别行政区政府、福建省政府共同主办，以"妈祖文化·海洋文明·人文交流"为主题，吸引全球60个国家和地区的近300位海内外嘉宾莅临。

19日，省委书记于伟国、省长唐登杰在福州会见了中国三峡集团董事长雷鸣山一行。于伟国说，福建认真贯彻落实习近平总书记关于能源工作的重要论述，深入推进国家生态文明试验区建设，大力发展清洁能源产业，努力构建清洁、高效、安全、可持续的现代能源体系，与三峡集团合作基础坚实、前景广阔。希望双方深入推进务实合作，打造风电全产业链，共同推动清洁能源造福"一带一路"沿线国家人民，实现互利共赢。

19日，11月份重大投资项目协调视频会召开。会议就当前推进"五个一批"项目攻坚中存在的具体问题，明确了协调意见。

22日，全省地方法人金融机构廉政建设专题会议在福州召开，推动全省金融系统全面加强党风廉政建设，落实主体责任，强化内控管理，防范从业风险，以永远在路上的精神把全面从严治党引向深入。省政府党组成员郭宁宁主持会议并讲话。

23日，全国畜禽养殖废弃物资源化利用现场会在福建漳州召开，中共中央政治局委员、国务院副总理胡春华出席会议并讲话。他强调，加快推进畜禽养殖废弃物资源化利用是改善农村人居环境的重要任务，要深入贯彻习近平总书记的重要指示精神，按照党中央、国务院决策部署，坚持政府支持、企业主体、市场化运作的方针，坚持源头减量、过程控制、末端利用的治理路径，全面推进畜禽养殖废弃物资源化利用，加快构建种养结合、农牧循环的可持续发展新格局，为促进乡村全面振兴提供有力支撑。

省委书记于伟国、省长唐登杰分别陪同调研或参加会议。中央农办主任、农业农村部部长韩长赋主持会议。国家发展和改革委员会副主任张勇出席会议。国务院机关党组成员高雨，财政部党组成员、副部长程丽华，农业农村部副部长于康震，省领导王宁、檀云坤、李德金分别参加了有关活动。中央和国家有关部委领导，31个省区市有关负责同志等参加了会议。

24日，农业农村部和省政府在莆田召开非洲猪瘟防控工作座谈会，对我省的防控工作再部署、再落实。农业农村部副部长于康震、副省长李德金出席会议并讲话。于康震充分肯定了我省和莆田市前一阶段非洲猪瘟防控工作及取得的成效，要求进一步充分认识非洲猪瘟防控工作的艰巨性、复杂性和长期性；要严防死守，以最坚决的措施彻底扑灭已发生的疫情，确保不形成区域性流行；要统筹兼顾，保障生猪产业发展和猪肉市场稳定。

26日，省长唐登杰主持召开专题座谈会，与来自海内外的交通运输现代服务业知名企业代表深入交流，听取大家意见建议，共商加快福建交通运输现代服务业之策。中国快递协会会长、交通运输部原副部长高宏峰出席座谈会。

26日，闽澳经贸交流会在福州举行。澳门中联办副主任姚坚、副省长郭宁宁出席交流会。会上，福建省进出口商会与澳门中国企业协会签署合作备忘录。

27日，省交通运输现代服务业项目对接会在福州举行。中国快递协会会长、交通运输部原副部长高宏峰出席会议并致辞。项目对接会集中签约了8大类20个重点项目，总投资约405亿元。

27日，2018年中国（福建）人才创业周在福州启动。省委常委、组织部长胡昌升，副省长郑建闽出席开幕式。本届活动由中共省委组织部、省人社厅、海峡人才市场和福州市政府共同主办，活动聚焦产业支撑，围绕创新驱动和转型升级，紧盯我省电子信息、装备制造、生物医药、新能源、新材料等主导产业、新兴产业需求，重点邀请海内外创新团队核心研发人员、专利项目持有人和优秀留学生等参会对接，其中海外人才均具有硕士及以上学历，博士学历逾65%。经过前期推介，已有近300家园区、企事业单位与225名海外人才落实预对接意向。

27日，副省长郭宁宁在福州会见马来西亚沙捞越州首席部长拿督巴丁宜·阿邦佐哈里一行。当日，福建网龙网络公司与沙捞越州教育部门签署数字教育合作协议。

28日，副省长李德金、田湘利带领省直有关部门负责人赴福州市马尾区，现场督导检查打击违法开采海砂工作，并在福建海警执法船上召开专题会，研究部署打击海上非法采砂整治专项行动有关工作。

28日，闽港合作会议第三次会议在福州举行。副省长郭宁宁、香港特别行政区政府政务司司长张建宗出席会议并讲话。会后，双方签署了《闽港合作会议第三次会议纪要》。闽港有关单位部门还分别签署了《关于闽港携手参与国家“一带一路”建设合作协议》《福厦泉国家自主创新示范区与香港科技园公司创新合作框架协议》及《关于香港青年武夷山生物多样性保护实习计划的框架协议》。

28日，经省委批准，由省委组织部、省委军民融合办和省委党校共同承办的全省军民融合深度发展专题培训班在福州开班。

29日，省长唐登杰主持召开省政府常务会议，听取国务院第五次大督查反馈意见整改落实情况报告，部署推进后续整改工作；审议《关于加快民营企业发展的若干意见》《关于完善促进消费体制机制，进一步激发居民消费潜力的实施方案》（送审稿），决定报省委研究。会议通过《全省口岸通关进一步提效降费，促进跨境贸易便利化实施方案》，研究部署进一步抓好宁德市海上养殖综合整治等工作。

29日，省委书记于伟国，省长唐登杰在福州会见了中国通用技术集团党组副书记、总经理陆益民一行。于伟国说，发展新材料等战略性、基础性产业，是福建加快产业转型升级，推动高质量发展落实赶超的重要任务。通用技术集团有很好的产业发展基础、技术人才优势和国际化战略眼光。希望双方优势互补，在纺织新材料、高端装备制造、医药健康产业等方面找到新的合作点，取得新的合作成效。

29日，省政府打击治理电信网络新型违法犯罪工作联席会议在福州召开。副省长、省政府打击治理电信网络新型违法犯罪工作联席会议总召集人田湘利出席会议并讲话。他指出，当前我省电信网络新型违法犯罪形势非常严峻，打击治理工作还存在一些问题和短板，正处在攻坚克难、持续深化的关键阶段。

29 日，福州市民营经济发展大会在海峡国际会展中心召开。省委副书记、福州市委书记王宁出席并讲话，副省长郑新聪出席会议。60 家受表彰的民营企业负责人在主席台上就座，近 1000 位民营企业家出席会议。恒申集团、中景石化、比特大陆、网龙网络、海源复材等 5 家企业负责人在会上交流发言，福州海关、中国进出口银行福建省分行以及福州市法院、税务、行政服务中心等部门负责人就支持民营企业发展作表态性发言。

30 日，第四届“海上丝绸之路”（福州）国际旅游节在福州开幕。文化和旅游部党组成员王晓峰，省委副书记、福州市委书记王宁，副省长杨贤金，中国报业协会理事长张建星，毛里求斯驻华大使李淼光、黑山驻华大使布兰科·佩罗维奇，以及马来西亚、新西兰等“一带一路”沿线国家和地区的旅游业界人士 300 多人参加开幕式。本届海丝旅游节由文旅部、福建省政府联合主办，福州市政府、福建省文化和旅游厅承办，将持续至 12 月 31 日。主要活动包括福建旅游生活展、“海丝连世界·欢乐游福州”花车巡游等。

（摘编：肖启辉）

12 月

1 日晚，副省长郭宁宁在福州会见由希腊驻华大使任团长的 14 国驻华外交官组成的“重走丝绸之路”外交官团。郭宁宁代表省政府对外交官团来访表示欢迎，并介绍了福建省情和经济社会发展情况。

2 日，全省安全生产工作视频会议在福州召开。会议要求，要全力抓好岁末年初安全生产工作，坚持问题导向，盯紧盯牢事故多发地区和行业领域，持续深化交通运输、煤矿、非煤矿山、建筑施工、危险化学品、烟花爆竹、消防安全、乡镇船舶、特种设备、旅游等重点行业领域安全专项整治，全力以赴抓好各项安全防范责任措施落实，强化隐患“清零”，坚决防范和遏制重特大生产安全事故发生，切实维护好人民群众生命财产安全，为坚持高质量发展落实赶超营造安全稳定的环境。

3 日，2018 两岸企业家峰会年会古雷石化产业合作发展论坛在漳州举行。来自海峡两岸的企业家代表、专家学者共聚一堂，共商石化产业合作。省人大常委会副主任、漳州市委书记檀云坤出席论坛，副省长郑建闽到会并致辞。当天，与会的部分两岸企业家代表、专家学者还参观了古雷石化基地。

4 日，2018 两岸企业家峰会年会在福建厦门举行。中共中央政治局常委、全国政协主席汪洋出席并发表演讲。他指出，两岸企业家峰会是两岸重要的民间交流合作平台。今年恰逢大陆改革开放 40 周年，年会以“融合新举措共享新商机”为主题，对于深化两岸经济交流融合、共享两岸和平发展商机具有特殊的意义。

中共福建省委书记于伟国在致辞中说，福建是两岸交流合作先行先试区、两岸经贸合作最紧密区域。我们全面贯彻落实习近平总书记关于对台工作的重要论述，秉承“两岸一家亲”的理念，认真落实国家 31 条惠及台湾同胞的措施，全面落实我省 66 条惠及台胞具体措施，广大台胞台企获得感不断提升。

这是两岸企业家峰会成立以来的第六次年会。两岸企业家峰会大陆方面理事长郭金龙、副理事长张平，中共中央台办、国务院台办主任刘结一，海协会会长张志军，省长唐登杰、省政协主席崔玉英，以及两岸企业家峰会台湾方面理事长萧万长、副理事长江丙坤等出席。1000多位两岸企业界人士参会。

4日，省委书记于伟国、省长唐登杰在厦门会见了前来参加2018两岸企业家峰会年会的富士康科技集团创办人暨总裁郭台铭一行。省委常委周联清，厦门市长庄稼汉等参加会见。

5日，全省科学技术奖励大会在福建会堂举行。省委书记于伟国出席并讲话。他强调，要坚持以习近平新时代中国特色社会主义思想为指导，深入学习贯彻习近平总书记关于科技创新的重要论述，深入实施创新驱动发展战略，汇聚各方力量，为坚持高质量发展落实赶超、加快新时代新福建建设作出更大贡献。省长唐登杰主持会议。

省领导王宁、梁建勇、吴洪芹、郑新聪、薛卫民出席会议。会议宣读了2017年度福建省科学技术奖励和专利奖励的决定并进行颁奖。获得2017年度福建省科学技术奖的有自然科学奖9项、技术发明奖7项、科技进步奖174项；2017年度福建省专利奖共有43项。江莉龙、黄世霖等代表获奖人员做了发言。

4日至5日，2018两岸企业家峰会年会的八场专题论坛之一的金融产业合作推进小组专题论坛举行，来自两岸金融领域的百余名企业家代表齐聚一堂，就“金融开放，金融合作，金融创新”主题展开讨论。副省长郭宁宁出席活动并致辞。

在成果展示环节，两岸企业家峰会台湾方面理事长萧万长、两岸企业家峰会大陆方面副理事长张平、两岸企业家峰会台湾方面秘书长陈瑞隆、金融组大陆方面召集人李礼辉、金融组台湾方面召集人魏启林、副省长郭宁宁、金融组台湾方面副召集人李纪珠等领导和嘉宾还现场见证项目签约及揭牌。五个项目在论坛期间集中展示。

6日，十二届省政协常委会第六次会议在福州召开，围绕“优化营商环境”主题开展专题协商。省长唐登杰出席并讲话，省政协主席崔玉英主持会议。会上，省政协副主席洪捷序代表专题调研组作重点发言，从我省优化营商环境基本情况、存在主要问题、对策建议等方面进行了全面阐述。聚焦会议主题，15位与会的省政协常委（委员）、企业家、专家学者积极议政建言，从激发民营经济发展动力、落实惠企政策、加快推进“互联网+政务服务”、改善劳动力市场执法环境、深化“放管服”改革等角度踊跃发言。省发改委、省委编办、省工信厅、商务厅、住建厅等部门负责人现场协商对话，回应委员建议，提出下一步工作举措。

省政协副主席王惠敏、薛卫民、张兆民、王光远、阮诗玮、刘献祥，秘书长陆开锦出席会议。

8日，副省长李德金带领省直相关部门负责同志，赴福州闽清县、罗源县调研乡村振兴工作，实地察看“三农”服务平台建设、特色产业发展、美丽乡村建设、传统村落保护等情况。

10日，省委书记于伟国、省长唐登杰在福州与来闽调研的工业和信息化部部长苗圩一行，就深入推进部省合作、深化福建产业转型升级进行座谈。省领导梁建勇、郑新聪参加了座谈。

11日，兴业银行与中国银行在北京签署全面合作协议。中国银行董事长陈四清、行长刘连舸，福建省副省长郭宁宁，兴业银行董事长高建平、行长陶以平出席签约仪式。

11日，省长唐登杰在福州会见了中国兵器装备集团公司总经理龚艳德一行，表示要深入贯彻习近平总书记军民融合发展战略思想，立足福建红色资源丰富、区位优势突出、工业基础良好等特点，进一步深化与中国兵装等军工企业的对接合作，推动一批科技含量高、带动作用强、市场前景好的军民融合项目落地福建，为高质量发展落实赶超提供新动能。龚艳德介绍了兵装集团发展情况，表示将充分发挥军工央企优势，加强与福建的交流合作，共同推动军民融合深度发展。

13日，省长唐登杰主持召开省政府常务会议，通过《关于进一步做好当前和今后一个时期促进就业工作的实施意见》《福建省基本公共服务领域省与市县共同财政事权和支出责任划分改革实施方案》。会议还研究了其他事项。

14日，副省长李德金带领省直有关部门负责同志，赴宁德古田县调研脱贫攻坚和乡村振兴工作。李德金实地察看了金翼之家乡村旅游项目、滨河公园和新丰河防洪堤改造项目、食用菌研究院、民富“三农”综合服务平台等，充分肯定了近年来古田县在发展食用菌等农业特色产业、精准扶贫精准脱贫、农村人居环境整治等方面取得的良好成效。

15日，全省重大投资项目月度协调会暨优化营商环境推进视频会召开。会议要求，各级各部门要紧紧围绕全年重大项目建设目标任务，全力冲刺，确保完成。要加大项目攻坚力度，加快破解要素保障、审批、征迁等难点问题，在确保安全质量前提下，推动重大项目加快建设。要抓紧谋划明年的重点项目和投资计划安排，加强协调调度，努力实现明年“开门红”。会议就当前推进“五个一批”项目攻坚过程中存在的具体问题，明确了协调意见。

18日，“不忘初心奋发图强——新中国工业档案文献展”福州巡展在福建省档案馆开展，副省长郑新聪出席并致辞。本次展览由国家档案局中央档案馆、工业和信息化部、福建省政府主办，福建省档案局（馆）、福建省工业和信息化厅、工业和信息化部工业文化发展中心承办及福建省直机关工委支持。来自中央档案馆以及各省（区、市）综合档案馆和有关企业保存的档案、文献、照片、实物等1300余件档案，回顾了从1931年中国共产党领导创办官田中央兵工厂以来中国工业的风雨历程。据悉，新中国工业档案文献展在全国10个城市巡回展出，9月29日在沈阳首展，福州巡展为第六站，展期从2018年12月18日至2019年1月18日。

18日，第五届福建文创晚会在福州朱紫坊历史文化街区举办。省委常委、秘书长、宣传部长梁建勇，副省长杨贤金参加晚会并为获奖代表颁奖。作为推动我省文化创意产业发展的重要抓手，福建文创奖评选活动已连续举办了五届。本届文创奖评选活动共有来自海内外600多家文创企业、30余所高校的1624件作品参评，作品涵盖文化旅游、非遗文创、工艺创新、文博创意、数字多媒体设计等领域。经评审，共评出各类别金奖5件、银奖10件、铜奖14件，以及“最具市场潜力奖”3件。

18至19日，省直有关部门负责人赴三明市宁化县调研扶贫开发工作。调研会强调，要深入学习贯彻习近平新时代中国特色社会主义思想和党的十九大精神，坚持稳中求进工作总基调，坚持新发展理念，坚持高质量发展落实赶超，坚决打好三大攻坚战，促进宁化县经济社会持续健康发展。要建立健全长效机制，加大产业、就业、搬迁、教育、健康扶贫力度，提高脱贫质量；要围绕实施乡村振兴战略，在选派机制、服务机制、扶持机制上下功夫，深入推行科技特派员制度；要不断完善领导机制、治理机制和扶持政策，持之以恒推进水土流失治理；要深化供给侧结构性改革，突出重点，大力培育发展特色产业；要坚持因地制宜，持续推进美丽乡村建设；要全面深化医改、林改，不断增强人民的获得感、幸福感、安全感。

18日至20日，副省长李德金带领省直相关部门负责同志，先后赴柘荣、周宁、政和、延平等地调研乡村振兴工作，实地察看了特色产业发展、现代农业建设、美丽乡村建设、水利工程建设、林权制度改革等情况。

19日至20日，郭宁宁副省长率省直有关部门负责同志赴龙岩调研普惠金融有关工作。郭副省长一行深入上杭农商银行清平乐、吴地红军小镇农村普惠金融服务点及龙岩农商银行调研走访，出席福建农信联社和龙岩市首家“农村金融信用县”授牌仪式，召开普惠金融座谈会。会上，郭宁宁副省长听取了龙岩市、上杭县政府及市级金融机构工作情况汇报，对下阶段普惠金融工作提出五点要求。

20日至21日，郭宁宁副省长率省直有关部门负责同志赴漳州调研台资园区建设、台资企业发展及金融服务台企工作。郭副省长一行实地察看了古雷开发区规划馆、腾龙翔鹭石化项目、炼化一体化项目、古雷作业区港口码头、漳州台商投资区、福建福欣特殊钢有限公司、泰山企业（漳州）食品有限公司、福建思特电子有限公司等园区项目和企业，调研园区开发建设、企业经营发展、金融服务需求与意见，并召开台资企业金融服务座谈会。会上，郭宁宁副省长听取了漳州市政府、有关部门和金融机构负责人工作汇报，充分肯定近年来漳州市在防范化解金融风险、金融服务台企等方面工作所取得的成效，并对下阶段工作提出建议要求。

24日，“丝路海运”在厦门港海天码头正式开行。“丝路海运”运营平台——福建丝路海运运营有限公司正式成立，厦门港务控股集团发布了港口服务标准，中国远洋海运集团、厦门港务控股集团、福建交通运输集团等共同发起成立“丝路海运”联盟的倡议，得到了南昌铁路集团、地中海航运、达飞轮船等50余家知名航运物流企业积极响应。

25日于伟国唐登杰调研重点项目建设情况。我省各地正在建设中的1150个省级重点项目现场如火如荼。25日上午，省委书记于伟国、省长唐登杰深入福州市闽侯县、晋安区，调研南三龙铁路开通准备情况，以及省妇产医院和省委党校、行政学院新校区项目建设情况，看望慰问建设一线的广大职工。于伟国强调，要认真学习贯彻习近平总书记在中央经济工作会议上的重要讲话精神，坚持稳中求进工作总基调，坚定信心，攻坚克难，真抓实干，充分发挥重点项目建设对推动有效投资稳增长的重要作用，坚持高质量发展落实赶超，努力为明年开好局打下坚实基础。省领导王宁、胡昌升、梁建勇、杨贤金分别陪同调研。

26日，中共福建省委十届七次全会在福州召开。全会主要任务是，认真学习贯彻习近平总书记在庆祝改革开放40周年大会上的重要讲话精神，从改革开放40年的伟大实践中汲取力量、坚定信心，进一步动员全省人民以习近平新时代中国特色社会主义思想和党的十九大精神为指导，坚持高质量发展落实赶超，在更高起点上推动新时代改革开放再出发。

省委书记于伟国代表省委常委会向全会作报告。省委副书记、省长唐登杰作有关文件说明。省委副书记王宁，省委常委雷春美、胡昌升、刘学新、周联清、苏保成，省委委员、候补委员出席会议。

26日晚，省委书记于伟国、省长唐登杰在福州会见了国务院国有资产监督管理委员会副主任翁杰明、国家电力投资集团有限公司董事长钱智民一行。

27日，省政府与省总工会举行第31次联席会议，共商新时代工会工作创新发展，共促高质量发展落实赶超。省长唐登杰主持会议并讲话。省人大常委会副主任、省总工会主席黄琪玉，副省长郑新聪出席会议。

27日，省委经济工作会议在福州召开。省委书记于伟国主持会议并讲话，贯彻落实中央经济工作会议精神，总结今年经济工作，分析当前经济形势，部署明年经济工作。省委副书记、省长唐登杰对做好明年经济工作进行具体安排并作总结讲话。

会议确定，2019年要突出抓好以下重点工作任务。

一是继续打好三大攻坚战。打好防范化解重大风险攻坚战，要把防范化解金融风险和服务实体经济更好结合起来，坚持结构性去杠杆基本思路，控制不良贷款、化解政府债务、整治金融违规。打好精准脱贫攻坚战，要把推动贫困地区、贫困人口脱贫与巩固脱贫成果更好结合起来，坚持精准方略、持续用力推进，攻克难中之难、促进稳定脱贫，确保一村不漏、一人不落。打好污染防治攻坚战，要把改善环境质量与推动绿色发展更好结合起来，推动生态文明试验区建设取得新突破。

二是推动制造业高质量发展。抓创新支撑，把更多创新机制建立起来、更多创新平台搭建起来、更多创新成果利用起来、更多创新人才吸引过来。抓铸链育群，推进三大主导产业高质量发展，大力发展先进制造业和战略性新兴产业，重点支持一批新兴产业重点项目、龙头企业和示范工程，推动新能源汽车、稀土、石墨烯等产业和数字经济快成长、上规模。加快先进制造业与现代服务业深度融合，促进产业链前后延伸。

三是持续扩大消费需求和有效投资。拓展服务消费和实物消费，完善政策体系、放宽市场准入，推进提质扩容、提档升级。优质产业是硬支撑，高质量项目是硬基石。要发挥投资关键作用，强化“五个一批”项目工作机制，争取有更多大项目、好项目列入国家大盘子。要深挖基础设施投资，加强工业投资，大抓技改投资，激发民间投资。

四是加快闽东北、闽西南两大协同发展区建设。完善协同机制，以市场化方式推进城市群、港口群、产业群建设。推进产业协作，抓好一批重大协作项目建设，大力发展湾区经济。推进教育、医疗卫生和文体资源共享，加快公共管理事务一体化，推进区域环境污染联防联控联治。

五是全面深化市场化改革、扩大高水平开放。扎实抓好省委十届七次全会确定的进一步深化改革扩大开放措施落地。要大力创新体制机制，敢于“动奶酪”，增强改革的有感度和推进力。要积极融入“一带一路”，提高引进来与走出去水平，扩大进出口贸易、推动稳中提质。深入贯彻落实中央惠及台胞政策和我省措施，勇于先行先试，拓展闽台交流合作渠道，优化台商服务。

六是加快实施乡村振兴战略。突出抓好特色现代农业建设，大力实施特色现代农业“五千工程”，着力抓粮食生产、品种引领、品质提升、品牌打造、龙头带动。实施产业兴村强县示范行动，加快建设特色产业小镇。

七是切实保障和改善民生。坚持尽力而为、量力而行，完善制度、守住底线，着力解决人民群众最关心最直接最现实的利益问题。落实就业优先战略和更加积极的就业政策，推动房地产市场平稳健康发展，补齐教育、医疗卫生、养老等社会事业短板，深入开展扫黑除恶专项斗争，维护社会稳定。

省委、省人大常委会、省政府、省政协领导，全国人大、政协专委会领导，省法院、省检察院领导，驻闽部队领导，省级老同志等出席会议。

27 日，省委书记于伟国、省长唐登杰在福州会见了中国进出口银行董事长胡晓炼一行。

28 日，全省发展和改革工作视频会议召开。会前省委书记于伟国、省长唐登杰对发展改革工作作出批示，充分肯定一年来全省发改系统取得的工作成效，对明年工作提出了明确要求。

28 日，省政府召开常务会议，省长唐登杰主持会议，研究贯彻中央经济工作会议和省委十届七次全会、省委经济工作会议精神。会议研究了《关于福建省 2018 年预算执行情况及 2019 年预算草案的报告》《关于福建省 2018 年国民经济和社会发展计划执行情况及 2019 年国民经济和社会发展计划草案的报告》《2019 年为民办实事项目建议方案》（送审稿）；听取 2018 年全省食品安全工作情况汇报，部署 2019 年食品安全工作；通过《福建省运输结构调整工作实施方案》。

29 日，省政府安委会召开全省安全生产工作视频会议，部署岁末年初安全生产工作。

29 日，全省各界人士新年茶话会在福州举行。省委书记于伟国、省长唐登杰、省政协主席崔玉英等省委、省人大常委会、省政府、省政协领导与各界人士欢聚一堂，辞旧迎新，共话发展。于伟国在致辞中代表省委、省政府向全省人民和所有关心支持新福建建设的各界人士致以节日问候和美好祝愿。崔玉英主持茶话会，并代表省政协向各界人士和全省人民致以新年祝福。省政协副主席、省工商联主席王光远代表省各民主党派、工商联和社会各界人士在会上致辞。

（摘编：赵小真）

第三篇

行业分析

福建省农业概况

2018年，福建省农业生产呈现稳中有进、稳中向好的发展态势。全年全省实现农林牧渔业总产值4229.52亿元，比上年增长3.5%。其中，农业产值1653.45亿元，增长4.7%；林业产值389.00亿元，增长4.1%；牧业产值718.42亿元，下降2.1%；渔业产值1318.20亿元，增长5.1%；农林牧渔服务业产值150.44亿元，增长5.8%。

一、农业生产保持平稳

（一）粮食生产稳中有增

2018年，全省粮食播种面积1250.27万亩，比上年增加0.44万亩；亩产398.78公斤，增加9.00公斤，增长2.3%；总产量498.58万吨，增加11.43万吨，增长2.3%。分季节看，春粮、秋粮增产，早稻减产。其中，春粮21.61万吨，增长4.8%；早稻67.06万吨，下降7.8%；秋粮409.91万吨，增长4.1%。分品种看，谷物、豆类和薯类实现全面增产。其中，谷物412.67万吨，增长1.6%；豆类10.83万吨，增长8.9%；薯类75.08万吨，增长5.9%。分地区看，7市增产，2市减产。按增产幅度高低排名：南平119.93万吨，增长4.4%；三明93.37万吨，增长3.7%；福州45.94万吨，增长2.7%；莆田18.26万吨，增长2.3%；泉州48.50万吨，增长2.0%；宁德46.99万吨，增长1.8%；龙岩82.00万吨，增长0.1%；漳州41.29万吨，下降1.0%；厦门2.29万吨，下降6.2%。

（二）其他经济作物保持增长

2018年，全省蔬菜产量1366.70万吨，比上年增长5.8%。食用菌产量126.28万吨，增长2.5%。其中，香菇、黑木耳产量分别增长3.2%和4.2%，蘑菇、白木耳产量比上年有所下降。园林水果产量639.82万吨，增长6.4%。其中，龙眼、荔枝、香蕉、菠萝、桃、李、梨、葡萄产量分别增长25.8%、10.8%、8.7%、65.2%、11.3%、12.8%、4.8%和6.3%；枇杷、苹果和杨梅产量有所下降。茶叶总产量41.83万吨，增长5.9%。其中，红茶4.90万吨，增长3.4%；绿茶12.62万吨，增长7.3%；青茶21.59万吨，增长3.1%。

二、林业生产和改革成效明显

（一）森林资源丰富

根据第九次全国森林资源清查通报，福建省森林面积1.21亿亩，森林覆盖率66.8%，居全国首位；森林蓄积量7.29亿立方米，居全国第7位。全省共有木本植物1943种、脊椎动物1693种，均占全国三分之一，是我国生物多样性最为丰富的省份之一。

（二）保护地体系健全

全省现有武夷山世界文化与自然双遗产和泰宁世界自然遗产2处，总面积约184.50万亩。武夷山国家公园作为全国首批国家公园体制试点之一，截至2019年6月，经自然资源部门确权登记总面积942.02平方公里，建立自然保护区93处（国家级17处、省级23处、市县级56处）、保护小区3300多处，保护面积约1360万亩；海洋市级特别保护区3处，总面积约51.23万亩；建立风景名胜区54处（国家级19处、省级35处），总面积约354.15万亩；省级以上森林公园157处（国家级30处、省级127处），总面积约264.89万亩；建成地质公园25处（世界级2处、国家级16处、省级7处），总面积约660.90万亩；建立国家海洋公园7处，总面积约35.54万亩；国家湿地公园8个（含试点5个），总面积约10.89万亩。

（三）林业产业发达

2018年，全省商品材产量573.65万立方米；竹林面积1709万亩，其中毛竹1619万亩，毛竹产量6.01亿根。木（竹）材、花卉苗木、人造板、木质活性炭、木制家具等主要林产品产量均居全国前列。截至2018年末，全省共有省级林业产业化龙头企业152家、境内外上市林业企业33家。

（四）林改全国先行

2017年5月，在福建开展集体林权制度改革15周年之际，习近平总书记对福建林改作出重要指示，充分肯定了福建林改成就了绿水青山，富裕了千万林农。2018年1月，习近平总书记又通过中办转达了对福建省武平县捷文村群众的关心关怀。福建省委、省政府始终牢记习近平总书记的嘱托，坚持不懈地推进和深化集体林权制度改革，探索开展了重点生态区位商品林赎买、普惠林业金融服务等一批新的改革试点。截至2018年末，通过赎买、置换、租赁、改造提升等多种方式完成赎买等改革面积27.2万亩，建立林权收储机构47家，为林农发放“福林贷”“惠林卡”等普惠林业金融贷款16亿元。

三、畜牧业生产进入调整阶段

2018年，福建生猪受非洲猪瘟疫情、环保整治以及前期猪价持续低迷等多重因素影响，生猪生产总体呈下降趋势，仍处于生产调整阶段，养殖区域和养殖资源将得到进一步调整优化，并逐渐完成产业转型升级。家禽存栏全年先增后减，出栏及肉产量全年实现增长。

（一）生猪生产情况

2018年，全省生猪出栏1421.34万头，比上年下降11.5%；猪肉产量113.12万吨，下降11.9%。生猪存栏799.90万头，下降13.2%，其中能繁母猪存栏74.5万头，下降16.7%。

（二）家禽生产情况

2018年，全省家禽出栏95537.65万只，禽肉产量136.76万吨，出栏量及肉产量均比上年增长4.5%。家禽存栏16908.84万只，下降8.9%。家禽存栏下降的主要原因是价格上涨集中出栏所致。受非洲猪瘟疫情影响，市场猪肉供应量与消费量均大幅下降，禽肉成为主要的替代产品，消费市场利好，养殖户抓住市场机遇集中出栏，未能及时补栏。

四、渔业生产保持增长

2018年，全省水产品产量782.12万吨，比上年增长5.0%。其中，淡水产品产量87.08万吨，增长6.0%；海洋捕捞216.22万吨，下降0.4%；海水养殖478.83万吨，增长7.5%。

五、闽台合作持续推进

2018年，全省闽台农产品贸易总额超过21.2亿美元，比上年增长12.8%，呈现稳定增长态势；福建省新批台资农业项目45个，合同利用台资1.2亿美元。福建省累计批办台资农业项目2681个，合同利用台资39.5亿美元，农业利用台资的数量和规模继续稳居全国各省市区首位。

在闽台人才、资金、科技、市场等要素资源对接方面，福建省率先开展在闽台胞农业专业技术职务资格评审，引导台胞参加执业兽医资格考试，支持台湾规划设计师、文化创意团队参与特色小镇、美丽乡村建设，引导漳浦、漳平等地聘请台湾专才担任台创园管委会管理岗位职务。此外，制定扶持政策，加大资金奖补力度，支持钜宝生物、森源兰惠、台禾农业等一批龙头企业。

在推进台湾农民创业园建设方面，2018年，福建省6个国家级台创园充分发挥优势，引导发展“一园一特色”，积极对接项目，促进产业提升，共引进台资农业企业32个，合同利用台资5500万美元。重点推进漳浦兰花产业园二期等一批带动性强的项目建设，完成投资7.3亿元。在大陆29个国家级台创园综合评价中，福建省台创园包揽前六名。福建成立专门管理机构，制定专项扶持政策，实施贷款贴息、电价减收、专项补助等优惠政策。累计有589家台资企业入园，创业台胞1929人，引进台资11.1亿美元，年产值超过60亿元人民币。

在闽台农业示范推广方面，突出台湾农业良种和关键技术的集成示范推广，诏安火龙果、永春柑橘、邵武百香果、沙县茶叶等闽台合作特色产业不断发展壮大。2018年，闽台农业合作推广示范县共引进台湾农业良种109个、台湾农业五新技术50项，辐射推广面积约17.1万亩，开展台湾农业技术培训620人（次）。

在闽台基层农业交流方面，积极开展“台湾农民福建行”“台湾青年农民中华农耕文化福建行”及“台湾高校学生校外教学实践”等专题活动。2018年邀请台湾农业团组232批3000多人次来闽参访，同时组织18批100多人赴台进行现代农业合作考察。依托海峡论坛，每年突出一个主题进行产业对接，福建省300多个乡镇与台湾200多个乡镇开展直接交流，成功对接318个农业项目。

六、特色现代农业高质量发展

山多地少，户均耕地面积不及全国平均水平的三分之一，但生态环境优越，农业多样性资源丰富。这是福建农业资源禀赋的基本面，也决定了福建发展现代农业的基本思路——深挖本土资源禀赋，全产业链推进优势特色产业发展。近年来，福建省以延伸产业链、拓展农业多种功能为重点，推进农产品精深加工和流通，开发农业旅游、康养等多种功能，培育发展新产业新业态。推进品牌强农，坚持品种引领、品质提升、品牌打造，切实走好福建农业品牌提升之路；实现安全发展，坚持“产出来”“管出来”两手抓，坚持从田间到餐桌全链条严监管、全过程可追溯，把食品安全监管工作落实到一企一业、一品一单；突出绿色兴农，坚持生态优先、绿色发展，加快建设生态农业，不断增强特色产业可持续发展能力。目前已经形成茶业、水产、花卉苗木、林竹、水果、禽畜、蔬菜等七大优势产业，全产业链总产值已达1.1万亿元，其中已有五大产业实现了超过千亿元的产值。特色产业产值占农林牧渔业总产值的85%以上。其中，毛茶产量、产值均居全国第一；食用菌栽培种类居全国之冠、产量居全国第三；特色畜牧业规模化、标准化生产水平居全国前列；水产品产量居全国第三，远洋渔业综合实力居全国第一；蔬菜、水果等特色农产品也在全国占据重要位置，特色农产品出口额长期保持全国前三位。

未来，在做强做优做大七大优势产业的基础上，福建还将加大食用菌产业、乡村旅游业、乡村物流业的培育力度，计划到2020年实现十大产业全产业链产值均超千亿元。同时，福建正在谋划实施特色现代农业提质增效“五千工程”，到2022年全省培育1000个省级以上农业产业化龙头企业，支持建设1000个优质农产品标准化示范基地，建成1000个农产品产地初加工中心，新增“三品一标”农产品1000个，培育“一村一品”特色产业示范村1000个。

福建省农林牧渔业总产值

(2017—2018年)

单位：万元

年 份	合 计	农 业	林 业	牧 业	渔 业	农林牧渔服务业
2017	39471590	15270010	3277342	7504921	12020530	1398787
2018	42295209	16534486	3889991	7184247	13182040	1504446

（摘编：福建省企业信息中心）

福建省工业概况

2018年，福建省全部工业增加值为14183.20亿元，比上年增长8.9%。其中，规模以上工业增加值增长9.1%，超过年度目标任务1.1个百分点，增速为2015年以来最高，位居全国第6位，东部地区第1位。在规模以上工业中，分经济类型看，国有控股企业增长11.4%；国有企业增长7.8%，集体企业下降1.5%，股份制企业增长10.3%，外商及港澳台商投资企业增长6.9%；私营企业增长9.7%。分轻重看，轻工业增长8.9%，重工业增长9.2%。分门类看，采矿业增长7.8%，制造业增长8.9%，电力、热力、燃气及水生产和供应业增长11.9%。分行业看，规模以上工业的38个行业大类中有15个增加值增速在两位数。其中，计算机、通信和其他电子设备制造业增长14.2%，印刷和记录媒介复制业增长13.8%，燃气生产和供应业比上年增长12.7%，专用设备制造业增长12.4%，皮革、毛皮、羽毛及其制品和制鞋业增长10.7%，文教、工美、体育和娱乐用品制造业增长10.2%，家具制造业增长10.2%。分主导产业看，三大主导产业实现增加值增长8.3%。其中，机械装备产业增长7.7%，电子信息产业增长14.2%，石油化工产业增长5.6%。从高耗能行业看，六大高耗能行业增长9.4%，占规模以上工业增加值的比重为25.2%。从新兴产业看，工业战略性新兴产业增长6.7%，占规模以上工业增加值的比重为21.1%；高技术制造业增长13.9%，占规模以上工业增加值的比重为11.3%；装备制造业增长9.7%，占规模以上工业增加值的比重为22.9%。

2018年，全省列入统计的420种产品中，有294种产量实现增长，占比为70.0%，增速10%以上的有183种，占产品种数的43.6%。部分电子产品、集成电路、新能源汽车等产品产量较快增长。其中，智能手机增长1.3倍、多功能乘用车增长71.4%、平板电脑增长67.3%、新能源汽车增长38.1%、锂离子电池增长20.1%。

2018年，全省707项省级工业新增长点项目累计实现新增产值1620亿元，完成年度计划的136.8%。

2018年，全省规模以上工业销售产值增长13.4%，增速较上年回升0.4个百分点；实现工业品产销率97.16%，总体保持在97%以上正常水平；工业品出厂价格指数上涨2.8%。

2018年，全省规模以上工业出口交货值增长10.8%，增速较上年回升1.7个百分点；32个出口行业中有30个行业实现增长，其中木材加工（23.4%）、化学原料制品（19.8%）、非金属矿物制品（19.4%）等14个行业增速超10%。

2018年，全省规模以上工业企业实现利润总额3537.14亿元，比上年增长16.1%。分经济类型看，国有控股企业376.55亿元，增长5.6%；国有企业1.44亿元，增长13.4倍；集体企业2.56亿元，下降7.2%；股份制企业2263.37亿元，增长19.2%；外商及港澳台商投资企业1231.28亿元，增长10.9%；私营企业1060.89亿元，增长19.6%。分行业看，新增利润主要来源于非金属矿、有色金属、纺织、化学材料等行业。2018年，在规模以上工业企业中，非金属矿物制品业实现利润总额比上年增长37.0%，有色金属冶炼和压延加工业增长67.0%，纺织业增长20.5%，化学原料和化学制品制造业增长61.9%。这4个行业新增利润合计对全省规模以上工业新增利润贡献率达到46.4%。

2018年，全省规模以上工业企业资产负债率

51.1%，比上年下降1.0个百分点；主营业务收入利润率为6.9%，比上年提高0.2个百分点，分别比一季度、上半年、前三季度高0.6个百分点、0.6个百分点和0.4个百分点。

2018年，全省规模以上工业企业每百元资产实现的主营业务收入149.23元，比上年提高6.70元；人均主营业务收入128.10万元，提高16.70万元。2018年，全省规模以上工业企业每百元主营业务收入中的成本和费用合计为92.86元，比上年减少0.13元。其中，每百元主营业务收入中的成本为86.17元，分别比一季度、上半年、前三季度减少了0.60元、1.00元和0.76元。

2019年上半年，全省规模以上工业增加值同比增长8.6%。上半年，福建省工业生产呈现以下特点：

一是生产运行总体平稳，增加值增速高于全国平均水平。受春节假期前移、增值税下调、重点企业订单排产调整等因素影响，全省规模以上工业生产增速在月度间有所波动，但从累计增速上看，总体保持平稳运行态势。上半年，全省规模以上工业增加值同比增速比全国平均水平快2.6个百分点。

二是行业增长面扩大，主要行业贡献突出。上半年，38个大类行业中有34个行业增加值同比增长，增长面达89.5%，比一季度扩大2.7个百分点。分行业看，全省上半年工业经济增长主要拉动力为：计算机、通信和其他电子设备制造业，化学原料和化学制品制造业，非金属矿物制品业，电气机械和器材制造业，有色金属冶炼和压延加工业，皮革、毛皮、羽毛及其制品和制鞋业，黑色金属冶炼和压延加工业等行业，这7个大类行业拉动规模以上工业增加值增速4.8个百分点。

三是超六成工业产品产量保持增长，部分较高附加值和新兴产品产量增长快速。上半年，全省列入统计的419种产品中，有271种产量实现同比增长，增长面为64.7%，其中，平板电脑、智能手机、智能手表、轿车、移动通信基站设备、环境污染防治专用设备、光电子器件、环境监测专用仪器仪表、微型计算机设备等高附加值和新兴产品产量呈现两位数以上快速增长。

四是产业结构持续优化，高技术产业比重提升。上半年，全省高技术产业增加值同比增长13.9%，增速高于规模以上工业5.3个百分点，占规模以上工业比重为11.5%，比上年同期提高0.9个百分点。其中，光学仪器制造、锂离子电池制造、化学药品原料药制造、通信终端设备制造、计算机零部件制造、光电子器件制造等高端制造业增加值同比分别增长43.5%、43.0%、33.1%、29.1%、24.6%和16.4%。

五是工业产品出口增长稳定。上半年，全省规模以上工业出口交货值同比增长10.0%，增幅比1—5月提高0.9个百分点，比一季度回落0.1个百分点。32个有工业产品出口的大类行业中24个行业同比增长。其中，工业产品出口规模位居前三位的计算机通信和其他电子设备制造业、皮革毛皮羽毛及其制品和制鞋业、纺织服装服饰业出口交货值同比分别增长9.3%、9.6%和8.9%。

注：本文数据为快报数。

福建省规模以上工业企业主要指标

（2017—2018年）

单位：亿元

年份	企业单位数（个）	总产值	资产总计	流动资产合计	主营业务收入	利润总额	税金总额
2017	17348	50061.66	34591.63	17494.17	45658.46	3221.82	1493.86
2018	17347	57732.35	36858.81	18968.09	50640.07	4180.27	1613.05

食品加工及食品制造业

2018年，福建省规模以上农副食品加工业实现主营业务收入3057.67亿元，实现利润总额229.05亿元；食品制造业实现主营业务收入1644.80亿元，实现利润总额188.91亿元。截至2018年末，全省规模以上农副食品加工业和食品制造业资产总额分别为1506.05亿元和1013.37亿元。2018年福建省规模以上农副食品加工业及食品制造业主要经济指标见下表。

2018年，福建省食品工业持续保持稳定增长态势，罐头、水产品、精制茶烘焙、糖果、蜜饯等特色产业发展规模、质量品牌居全国前列，打造形成了漳州、福州、泉州3个超千亿食品产业集群。在列入统计的27种主要食品中，有20种产品产量有增长，占比约74%；增长达到10%以上的有10种，占比约37%。其中，产量在全国位居前十的分别是糖果、罐头位居第1位；冷冻水产品位居第2位；果汁和蔬菜汁饮料类、精制茶位居第3位；酱油、配合饲料位居第6位；鲜、冷藏肉，软饮料位居第7位；饲料位居第8位；精制食用植物油、碳酸饮料类（汽水）位居第9位；包装饮用水、食品添加剂、速冻米面食品位居第10位。

水产品加工业

水产品加工业在福建省农副食品加工业中占有较大比重。2018年，福建省水产品产量782.12万吨，比上年增长5.0%。其中，淡水产品产量87.08万吨，增长6.0%；海洋捕捞216.22万吨，下降0.4%；海水养殖478.83万吨，增长7.5%。从出口来看，据海关公布的数据显示，2018年福建省水产品出口总额达63.74亿美元，增长9.5%，占全国水产品出口总额的比重达28.6%，位居全国第一。

2018年，福建省海洋与渔业系统紧紧围绕加快海洋强省建设这一重大历史任务，通过创新工作机制，实施项目带动，加强基础建设，突出重点，攻坚克难，全力推动海洋与渔业工作再上新台阶。着力推进海洋经济高质量发展，助推六大湾区建设，打造蓝色产业园区，加快“智慧海洋”工程建设，加快构建现代海洋经济体系；推动现代渔业提质增效、转型升级。全年全省大黄鱼、石斑鱼等十大特色品种产值超过950亿元；水产品网上销售额超过4.5亿元；全省渔业经济总产值约3000亿元，居全国第4位；水产品总量782万吨，比上年增长5.0%，增量居全国第1位；渔民纯收入约21417元，增长9.4%。

从全国看，2018年，我国渔业转型升级迈出坚实步伐，渔业发展总体稳定向好，产业结构进一步优化，产品质量逐步提升，水产品外贸实现了稳定增长，双指标创历史新高。据海关公布的数据显示，2018年全国水产品进出口总量954.42万吨，进出口总额371.88亿美元，分别比上年增长3.3%和14.4%，进出口总量和总额均创历史新高。全年贸易顺差74.65亿美元，比上年收窄23.39亿美元。

从贸易方式看，2018年，全国水产品一般贸易出口量308.34万吨，出口额164.49亿美元，分别比上年增长0.4%和5.2%，分别占水产品出口量和出口额的71.3%和73.7%。其中，头足类、罗非鱼、鳗鱼、藻类、大黄鱼是一般贸易主要出口品种。在以上主要产品中，鳗鱼表现抢眼，出口量达4.64万吨，出口额为11.30亿美元，分别增长12.0%和31.2%；大黄鱼扭转去年出口量、出口额双降的形势，分别增长24.4%和34.3%；罗非鱼出口企业成功开拓了非洲、墨西哥等其他国际市场，出口量、出口额分别增长9.3%和11.6%；淡水小龙虾面对供不应求的国内市场，出口量、出口额分别下降42.5%和11.5%。

从加工方式看，2018 年，面对生产要素成本上涨、加工原料价格大幅波动、东南亚等国同构竞争加剧等因素影响，我国水产品来进料加工贸易顶住压力、迎难而上，出口额达 55.66 亿美元，比上年增长 5.8%；出口量达 105.96 万吨，减少 2.0%。其中，进料加工出口量 86.71 万吨，下降 2.5%，出口额 42.47 亿美元，增长 5.1%；来料加工出口量 19.25 万吨，出口额 13.18 亿美元，分别增长 0.3% 和 8.3%。

2018 年，我国水产品进出口实现较快增长，并带动了进出口规模达到新的历史高点，主要归于以下几方面因素。

一是渔业发展质量逐步提升，水产品国际竞争力不断增强。2018 年，我国渔业转型升级迈出坚实步伐，渔业发展总体稳定向好，产业结构进一步优化，水产品质量逐步提升，虽然我国水产品出口量比上年微减 0.4%，但优势出口水产品国际竞争力进一步增强，全年仍实现出口额 223.26 亿美元，增长 5.6%，再创历史新高。

二是下调进口关税、居民消费升级共同促进水产品进口稳定增长。为扩大开放、满足群众需求，倒逼产品提质、产业升级，2018 年我国较大范围下调日用消费品进口关税。其中，自 7 月 1 日起，将养殖类、捕捞类水产品进口关税平均税率由 15.2% 降至 6.9%。另外，随着供给侧结构性改革深入推进，改革开放力度加大，人民生活持续改善。2018 年我国国内生产总值比上年增长 6.6%，全国居民人均可支配收入实际增长 6.5%。支撑消费升级的社会基础不断夯实，人民群众对高质量水产品的需求和购买力日益提升，促进我国水产品进口稳定增长。

三是各项自贸协定及经贸合作协议有序推进“一带一路”建设为水产品外贸带来新机遇。2018 年，我国各项自贸协定工作稳步推进，包括与智利、新加坡正式签署自贸协定升级《议定书》、与格鲁吉亚自贸协定正式生效实施等。优惠贸易安排方面还正式签署《中国与欧亚经济联盟经贸合作协定》，进一步减少了欧亚地区非关税贸易壁垒，提高了贸易便利化水平，为我国与联盟及其成员国水产品企业和人民带来实惠。2018 年，我国与欧亚经济联盟水产品进出口总量及进出口总额分别比上年增长 6.7% 和 35.7%，达 127.33 万吨和 27.81 亿美元。我国与“一带一路”沿线国家水产品进出口总量达 311.43 万吨，进出口总额达 90.21 亿美元，分别增长 11.6% 和 26.3%，高于同年我国水产品贸易整体增速。

四是加强打击水产走私正关产品数量飙升。2018 年，海关总署在全国范围内组织开展了打击走私“国门利剑 2018”联合专项行动，重拳打击冻品走私犯罪活动，连续侦破重特大案件。在严打高压态势下，猖獗的走私得到遏制，正关水产品量额齐增，市场环境更为公平公正。

糖果、巧克力及蜜饯制造业

2018 年，我国糖果产量为 288.34 万吨。从全国各省市产量来看，2018 年全国有 26 个省市生产糖果，产量排名前十的地区是：福建省、广东省、湖南省、湖北省、安徽省、上海市、河南省、河北省、四川省、山东省。其中，福建省糖果产量达 84.94 万吨，占全国糖果总产量的 29.5%，位居全国第 1 位；广东省糖果产量为 73.29 万吨，位居全国 2 位；湖南省糖果产量为 21.64 万吨，位居全国第 3 位。

泉州市是全国最大的生产和出口糖果基地之一。近年来，泉州糖果企业面对一些国家保护主义单边主义抬头，国际市场技术壁垒高筑、企业成本不断攀升等不利因素下，加大开拓国际市场力度，目前产品热销东盟、欧美、中东、非洲、南美洲等 90 多个国家地区，出口国家数量比 2017 年增加 20 个；以永大、久久王、福派园等企业为龙头，由 35 家出口糖果企业组成的产业集群初具规模，产品种类丰富齐全，国际市场竞争力不断提升。同时，企业加强技术创新，大量引进欧洲、美国、日本等先进的制糖新设备，并在加强新产品开发力度上下大工夫，提高附加值，如燕麦巧克力、爽口片、果汁淀粉糖等均获国外客户认可，出口糖果产品正以更多高质量的“泉州出品”拓展国际市场。据海关统计数据显示，2018 年泉州关区共出口糖果类产品 34879 吨，货值 7.39 亿元，分别比上年增长 19.6% 和 16.9%，出口货值占福建省出口糖果总量的 61.5%。其中，出口“一带一路”沿线国家合计2.49亿元，增长14.5%，占泉州出口糖果总值的33.7%。

罐头食品制造业

2018年，福建省罐头制造业实现主营业务收入332.48亿元，比上年增长8.1%；产量316.18万吨，增长7.3%。

漳州是中国“罐头之都”，罐头产业发展至今已有60多年历史，其罐头出口量约占全国总出口量的20%，连续30年果蔬罐头出口量位居全国第一，企业利用“一带一路”的持续升温以及中国与东盟自贸区建设、中澳等国签署自由贸易协定等有利契机，继续扩大东南亚、澳大利亚以及中国台湾等新兴市场份额，同时积极开拓欧盟、拉美和非洲等国际市场，进一步形成多元化的市场格局。从主要产品看，近年来漳州重视扶持发展食用菌产业，着力打造全国著名的食用菌主产区，目前全市每年食用菌产业总产值达100亿元以上，双孢蘑菇罐头、白背木耳加工出口量分别约占全国出口总量的80%和90%，成为名副其实的“中国菇都”“中国罐头之都”“世界食用菌名城”“世界食用菌罐头之都”。

2018年，漳州检验检疫局积极采取三项措施促进蘑菇罐头顺利出口。一是加强源头管理，发挥政府总体安全保障作用。积极推动漳州市政府启动漳州市出口食用菌质量安全示范市创建工作，促进政府在出口罐头源头管理上落实质量总体责任。二是加强过程管控，发挥企业安全保障主体作用。严格要求相关企业认真做好风险评估管理工作，不断完善自检自控方案，加强从原料至成品整个过程的质量安全管控，突出企业质量主体责任。三是加强检验监管，发挥检验检疫部门监督管理作用。充分发挥技术专业优势，检查指导企业采取有效质量安全控制措施，认真开展出口蘑菇罐头的监督抽检，保证产品符合进口国规定要求。

福建省规模以上农副食品加工业主要经济指标

（2018年）

单位：亿元

主要指标	规模以上企业	大中型企业
企业单位数（个）	1135	154
资产总计	1506.05	803.13
固定资产净值	349.57	186.91
主营业务收入	3057.67	1301.43
利润总额	229.05	100.40
利税总额	290.11	126.22

福建省规模以上食品制造业主要经济指标

（2018年）

单位：亿元

主要指标	规模以上企业	大中型企业
企业单位数（个）	608	126
资产总计	1013.37	564.87
固定资产净值	175.50	90.33
主营业务收入	1644.80	889.68
利润总额	188.91	117.68
利税总额	232.81	144.46

酒、饮料和精制茶制造业

2018年，福建省规模以上酒、饮料和精制茶制造业实现主营业务收入1030.50亿元，利润总额104.37亿元。截至2018年末，福建省规模以上酒、饮料和精制茶制造业资产总额达600.36亿元。2018年福建省规模以上酒、饮料和精制茶制造业主要经济指标见下表。

饮料制造业

2018年，全国软饮料产量为15679.21万吨。从全国各省市产量来看，2018年全国有31个省市生产软饮料，产量排名前十的地区分别是：广东省、四川省、湖北省、河南省、浙江省、陕西省、福建省、江苏省、贵州省、吉林省。其中，广东省软饮料产量为2960.43万吨，占全国软饮料总产量的18.9%，产量位居全国第1位；四川省产量为1625.80万吨，位居全国第2位；湖北省产量为912.50万吨，位居全国第3位。

精制茶加工业

福建是中国著名的特种茶产区，茶树品种资源极为丰富，拥有国家级茶树良种26个、省级良种18个，无性系良种推广面积达96%以上，远高于全国46%的平均水平。

近年来，福建茶产业龙头企业队伍不断扩大，成为茶产业的最大发展动力之一。天福茗茶、八马、华祥苑、武夷星、品品香、春伦等茶叶龙头企业在茶叶精制加工方面为福建茶产业的快速发展起到了良好的示范带动作用，大闽食品（漳州）有限公司、福建仙洋洋食品科技有限公司等茶叶企业在提取茶多酚、茶多糖、茶色素等茶有效成分的深加工方面不断突破与创新，成为茶产业转型升级的重要推动力。据中国茶叶流通协会公布的数据显示，2018年福建省拥有茶园面积310.80万亩，位居全国第5位，干毛茶产量达40.16万吨，位居全国第1位，产值达257.36亿元，位居全国第2位。

从全国看，2018年受宏观经济下行压力影响，整体市场环境不佳，消费升降级彼此博弈。面对内销市场消费不振，贸易壁垒严重阻碍出口，产业效益提升进入瓶颈期的不利局面，我国茶业总体仍然保持稳中有进的态势，具体表现为以下几个方面。

一是茶园面积稳中略增。2018年，全国18个主要产茶省（区、市）茶园面积4395.60万亩，比上年增加123.00万亩，比上年增长2.9%，增幅略有下降。其中，面积超300万亩的省份有贵州、云南、四川、湖北、福建；采摘茶园面积3400.00万亩，增加190.00万亩。江西、湖北、湖南、四川、云南、陕西等省结合精准扶贫，新发展茶园面积均达到10万亩以上。

二是茶叶产量持续增。2018年，全国干毛茶产量为261.60万吨，比上年增加12.0万吨，比上年增长4.8%。产量排名前五位的省份是福建、云南、湖北、四川、湖南；增产逾万吨的省份有四个，分别是贵州、湖南、湖北、四川。全国名优茶产量增加4万吨左右，产业效益稳步提升。

三是农业产值稳步提。2018年，全国干毛茶总产值首次突破2000亿元大关，达到2157.30亿元，比上年增加207.70亿元，比上年增长10.7%。干毛茶产值逾200亿元的省份是贵州、福建、四川、浙江，产值增长超过30亿元的省份是贵州、四川。

四是茶类结构更趋优。2018年，绿茶、黑茶、红茶、乌龙茶、白茶、黄茶产量分别为172.24万吨、31.89万吨、26.19万吨、27.12万吨、3.37万吨、0.80万吨；除乌龙茶外，各茶类产量均有不同程度增长。从产量占比看，绿茶、黑茶、乌龙茶、红茶、白茶、黄茶占全部茶类产量的比重分别为65.8%、12.2%、10.4%、10.0%、1.3%、0.3%；其中，绿茶、乌龙茶产量比重持续下降，白茶、黄茶增长较快，分别比上年增长33.7%和45.5%。

五是绿色模式加快应用。各产区以实施茶叶绿色高质高效创建、有机肥替代化肥试点为抓手，加快集成推广病虫害绿色防控、农药减施增效技术、“有机肥＋配方肥”以及“茶—沼—畜”等绿色生产模式，创建高标准生态茶园，夯实绿色发展基础。有机茶等认证产品数量上升、供应充足。

六是优势品牌加快形成。各省多措并举，多层次、多角度、多形式宣传推介，加快打造特色区域公用品牌和企业品牌。湖南省打造“五彩湘茶”，重点推介湖南红茶；江西省整合“四绿一红”区域品牌，形成狗牯脑、婺源绿茶、庐山云雾、浮梁茶、宁红茶联动；贵州省树立“贵州绿茶”“贵州红茶”“贵州抹茶”“贵州黑茶”核心品牌，成立遵茶集团，为产业发展注入新动能。

七是茶叶内销稳中有进。2018年，全国茶叶国内销售量达到191.00万吨，比上年增加9.30万吨，比上年增长5.1%；市场内销额达到2661.00亿元；销售均价为139.30元/公斤，增长5.2%。从产品结构来看，2018年，内销市场中各茶类板块轮动的局面有所改善，格局相对稳定。绿茶仍是主导茶类，占各茶类销售总量的比重为63.1%，黑、红、白茶发展迅速，其中，黑茶占比达14.0%，红茶占比近10.0%，白茶占比1.5%，并有占据更大市场份额的趋势。

八是出口茶叶再创新高。2018年，全国茶叶出口总量达36.50万吨，比上年增长2.7%；出口均价4.87美元/公斤，增长7.3%；受出口均价大幅上涨影响，出口额达17.80亿美元，增长10.1%。从出口量看，除红茶出口量为3.30万吨、减少7.2%以外，其余茶类出口量均有不同幅度增长。其中，绿茶继续雄踞榜首，出口量达30.29万吨；乌龙茶出口量增幅最大，达17.2%；在出口均价方面，普洱茶是唯一下降的茶类，其均价为9.44美元/千克，下降13.0%；而乌龙茶的出口均价则为9.52美元/千克，上升30.7%；分主要省份看，2018年，全国茶叶出口量前五位的省份分别为浙江（16.85万吨）、安徽（5.92万吨）、湖南（3.64万吨）、福建（2.41万吨）、江西（1.34万吨）。其中，出口量增长超过4000吨的省份有浙江、福建和江西，其中，浙江省出口量增长超过5500吨。在出口额方面，排名前五位的省份分别为浙江（5.23亿美元）、福建（3.46亿美元）、安徽（2.47亿美元）、湖北（1.45亿美元）、湖南（0.95亿美元）。其中，福建省出口额增长超过1亿美元。受茶类出口均价影响，福建省出口额排名第2位（出口量第4位），江西省出口额排名第8位（出口量第5位）。从出口地区看，2018年，全国茶叶出口至128个国家或地区。茶叶出口超过万吨的国家或地区有12个，与上年持平；出口集中度高，排名前二十的国家或地区占全国茶叶出口总量的82.4%。

福建省规模以上酒、饮料和精制茶制造业主要经济指标

（2018年）

单位：亿元

主要指标	规模以上企业	大中型企业
企业单位数（个）	577	85
资产总计	600.36	333.45
固定资产净值	189.39	103.93
主营业务收入	1030.50	527.44
利润总额	104.37	58.40
利税总额	139.02	80.94

纺织及纺织服装、服饰业

纺织行业一直是福建传统支柱产业。2018 年，福建省纺织产业保持平稳较快增长。全年全省规模以上纺织业实现主营业务收入 3090.35 亿元，利税总额 246.53 亿元，利润总额 193.10 亿元；规模以上纺织服装、服饰业实现主营业务收入 2307.57 亿元，利税总额 256.30 亿元，利润总额 190.88 亿元。全年全省纺织产业实现销售产值比上年增长 11.7%。其中，泉州增长 14.9%、福州增长 8.2%、莆田增长 20.5%。截至 2018 年末，福建省纺织产业规模超 7000 亿元，居全国第 5 位，已形成化纤、纺纱、织造、染整、服装、纺机等完整产业链和产业集群发展格局。其中，化纤产能约 850 化吨，居全国第 3 位；棉纺纱锭约 1300 万锭，居全国第 6 位。2018 年福建省规模以上纺织业和纺织服装、服饰业主要经济指标见下表。

2018 年，福建省加快推进纺织产业向高质量发展转型升级，成效显著。才子服饰、七匹狼、长源纺织、经纬新纤科技等 7 家企业入选工信部重点跟踪培育的纺织服装品牌企业，闽瑞环保纤维通过工信部行业规范条件公告。同时，工信部门还积极组织纺织、鞋业等行业协会、重点企业赴尤溪、长汀等地开展项目对接，促进泉州、三明两地纺织行业、重点企业对接融合，促进福大光催化污水处理技术等先进生产工艺和污水处理技术在石狮印染集聚区推广应用，加快产业技术成果转化。此外，华飞服饰、正麟高纤、龙峰纺织等纺织企业进一步加快实施智能制造示范试点项目，景丰科技年产 20 万吨差别化功能性纤维项目、百宏聚纤年产 11 万吨超仿棉涤纶长丝生产项目成为省级智能制造样板工厂示范项目，海天、柒牌等企业成功申报工信部智能制造试点示范项目，九牧、特步等一批行业骨干企业实施新型互联网生产组织模式，取得了良好的效益。

2018 年，福建省纺织品出口 487.9 亿元，比上年增长 4.3%；鞋类出口 711.6 亿元，增长 2.5%；服装出口 853.5 亿元，下降 2.8%。

2019 年 1 月，福建省工商联发布了 2018 福建省民营企业 100 强榜单。其中，纺织服装企业共有 20 家上榜，占总数的 1/5；位居前十的民营企业中，3 家为纺织企业。

近年来，泉州政府增加扶持力度，加快推进以“机器换工”为重点的智能化、数控化改造，并以“平台 + 项目 + 人才”方式引进和建设了中科院海西研究院泉州装备所、华中科技大学泉州智能制造研究院、哈工大福建（泉州）工程技术研究院等高端公共创新服务平台，引进了中国纺织科学研究院、国家纺织服装产品质量监督检验中心等国字号科研机构来晋设立分机构。通过多种方式支持纺织服装企业全面推进智能制造和升级提升。2018 年，有 700 多家规模以上纺织服装企业参与智能化、数控化改造。其中，41 家纺织鞋服企业纳入市级以上智能制造示范企业。

分企业观察，2018 年 7 月，福建百宏聚纤科技实业有限公司“涤纶长丝熔体直纺智能制造数字化车间”项目顺利通过验收，在行业内率先实现了全流程的智能化自动化生产线。借助自动化设备的数字化、网络化、模块化，百宏聚纤不仅节省了成本，提高了生产效率，还避免了由于人工失误造成的产品质量问题，降低了产品的不良品率。

晋江市华宇织造有限公司的生产车间已经和“互联网 +”对接，生产基本实现自动化控制，在大幅减少人工操作的同时，不断提升产品质量和生产效率，开机率从实施前的 70% 提高至 90%；产品不良品率从实施前的 25% 下降至 5%；设备能耗降低 23.5%；柔性化定制产品占比由实施前的 50% 提高到 70%。柒牌（中国）有限公司的“西服生产数字化车间”项目总投资 1.85 亿元，针对西服产业在生产工艺、制造装备、在线控制等方面的技术瓶颈，车间创新整合了现代化信息技术、系统分析等先进智能制造技术，建设了国内服装行业自动化程度领先的生产车间。柒牌“西服生产数字化车间”，实现了生产制造和管理数字化、可视化，生产执行层/过程控制层/企业管理层一体化、信息化。福建龙峰纺织科技实业有限公司与同济大学合作，建设日处理量1.2万吨的中水回用系统，经处理后的水质可达到国家二级水质标准，总水回收率可超95%，剩余的水还可以用来浇灌花草和喷灌等，既保证了企业生产经营中的环保生态，也为企业节能大量资源成本。浩沙实业（福建）有限公司的染色技术获得新突破，“经轴连续循环染色节水关键技术及产业化”项目荣获了“纺织之光”2018年度纺织科技奖一等奖。通过设备改造，企业生产效率提升、流程缩短，节约了染料、人工、水电成本，相比传统工艺，1吨面料的染色成本降低了60%，染色效率提升了60%，节约用水80%。在不增加排污量的前提下，提升了企业产能。

从全国看，2018年，我国纺织行业坚持新发展理念，认真落实高质量发展要求，积极应对国内外形势变化，以供给侧结构性改革为主线，加快推动产业结构调整与转型升级，行业发展保持了总体平稳、稳中有进的良好态势。

一是生产缓中有进。2018年，全国3.7万户规模以上纺织企业工业增加值比上年增长2.9%，增幅较上年放缓1.9个百分点。分行业看，除棉纺织及印染精加工行业外，其他主要子行业生产均保持较好增长态势，化纤行业工业增加值增长7.6%，服装、家纺和产业用纺织品行业工业增加值分别增长4.4%、3.7%和8.6%，纺机行业工业增加值增长9.5%。二是内销快速增长。2018年，全国限额以上服装鞋帽、针纺织品类零售额增长8.0%，增速较上年提高0.2个百分点。网上零售继续保持快速增长，2018年全国网上穿着类商品零售额增长22.0%，增速高出上年1.7个百分点。三是出口持续回暖。2018年，我国纺织品服装出口总额为2767.3亿美元，增长3.5%，增速较上年提高2.0个百分点。其中，纺织品国际竞争力稳定，出口额增长8.1%，增速高出上年3.6个百分点，占纺织品服装出口总额的比重由上年的41.1%提高到43.0%。四是质效稳步提升。2018年，全国规模以上纺织企业实现主营业务收入53703.5亿元，增长2.9%，增速较上年放缓1.3个百分点；实现利润总额2766.1亿元，增长8.0%，增速较上年提高1.1个百分点；销售利润率为5.2%，较上年提高0.2个百分点。其中，化纤行业主营业务收入和利润总额分别增长12.4%和10.3%，成为纺织行业经济增长的重要支撑。五是投资稳中有增。2018年，全国纺织行业固定资产投资完成额增长5.0%，较上年略下降0.2个百分点。分行业观察，纺织业固定资产投资完成额增长5.1%；化纤业固定资产投资完成额增长29.0%，连续8个月保持高速增长；服装业固定资产投资完成额下降1.5%，但同比降幅呈现整体收窄走势。

福建省规模以上纺织业主要经济指标

（2018年）

单位：亿元

主要指标	规模以上企业	大中型企业
企业单位数（个）	927	210
资产总计	1681.07	1020.05
固定资产净值	427.13	264.96
主营业务收入	3090.33	1928.83
利润总额	193.10	127.24
利税总额	246.53	163.24

福建省规模以上纺织服装、服饰业主要经济指标
（2018 年）
单位：亿元

主要指标	规模以上企业	大中型企业
企业单位数（个）	1300	295
资产总计	1291.04	893.41
固定资产净值	235.67	160.11
主营业务收入	2307.57	1404.60
利润总额	190.88	129.87
利税总额	256.30	172.94

皮革、毛皮、羽毛及其制品和制鞋业

2018 年，福建省规模以上皮革、毛皮、羽毛及其制品和制鞋业实现主营业务收入 3879.40 亿元，利润总额达 333.06 亿元，实现利税总额 436.65 亿元。2018 年福建省规模以上皮革、毛皮、羽毛及其制品和制鞋业主要经济指标见下表。

2018 年，随着市场的消费升级，下游客户需求从原来的单品海量订单向少批量、多批次、多品种的订单转变。兴业皮革科技股份有限公司积极应对，加大研发投入，以产品利润为中心，主动调整产品结构，在原有鞋面用皮革和包袋用皮革的基础上，横向拓展新领域寻求新增长点，增加了军用皮革，2018 年度军用皮革销售取得了巨大的突破；公司充分发挥软硬件的优势，实现了技术和市场的承接，积极拓展外销市场，通过引进团队，成功进入了多个国际品牌的供应商目录库，与 Earth、Ninewest（玖熙）、Polo（保罗）、Zara（飒拉）、Prada（普拉达）、Bally（巴利）等品牌建立合作关系，外销比例实现了大幅度的提高。2018 年，公司实现营业收入 18.07 亿元，比上年下降 14.5%；实现净利润 1.16 亿元，增长 1.6 倍；实现经营性现金流 3.85 亿元，增长 9.8 倍。

从全国看，2018 年，我国皮革行业面临严峻的外部形势，市场增长动力偏弱，环保监管日趋严格，企业成本居高不下，行业增长压力加大。承压前行的皮革行业，深入推进转型升级，抓住新技术、新模式、新业态等变革机遇，总体保持运行平稳，但稳中趋缓。全年全国规模以上皮革、毛皮、羽毛及其制品和制鞋业实现工业增加增速 4.7%，完成主营业务收入 12092.5 亿元，完成利润总额 721.0 亿元。截至 2018 年末，我国规模以上皮革、毛皮、羽毛及其制品和制鞋业资产总额达 6511.3 亿元。

2018 年，我国规模以上轻革产量 4.96 亿平方米，比上年下降 20.7%。其中，皮革鞋靴产量 36.33 亿双，下降 1.0%。从各省市产量来看，2018 年有 19 个省市生产皮革鞋靴，产量排名前十的地区分别是福建省、浙江省、广东省、湖南省、河南省、山东省、重庆市、江苏省、江西省、安徽省。其中，福建省皮革鞋靴产量为 189601 万双，位居第 1 位，占全国总产量的 52.2%；浙江省皮革鞋靴产量为 56148 万双，位居第 2 位；广东省皮革鞋靴为 44958 万双，位居第 3 位。

2018 年，我国鞋类出口下降。全年出口总额为 444.58 亿美元，比上年下降 2.5%。从鞋类出口的国家和地区看，对第一大市场——美国的出口保持了 1.2% 的微增，占比为 27.0%，而对欧盟、非洲出口则有所下降。对欧盟出口下降 0.6%，占比为 22.7%。其中，对英国出口同比大幅下降 35.8%；对非出口占比为 7.4%，下降3.6%。

2018年，我国皮革主体行业的进口增幅明显，全年进口111.42亿美元，比上年增长13.3%。其中，鞋的进口额为41.45亿美元，箱包的进口额为29.15亿美元，占皮革行业进口总额的63.4%，分别增长29.7%和27.7%。成品革进口下降11.8%，半成品革进口下降6.7%，已鞣毛皮进口下降24.3%。分地区观察，行业进口主要集中在上海、广东、江苏三地，合计占比75.6%。其中，上海主要以制品进口为主，占我国鞋类进口总额的42.6%，箱包进口总额的70.2%；而广东以原料进口为主，占我国成品革进口额的53.0%，半成品革进口额的37.8%。江苏占我国鞋类进口总额的39.2%。从进口的地区或国家看，东盟占我国鞋类进口总额的65.0%，占已鞣毛皮进口总额的85.2%；欧盟是我国鞋类进口第二大来源地，占比23.1%；同时也是我国成品革的第一大来源地，占比28.8%。

据中国轻工业经济运行及预测预警系统数据显示，2018年12月，全国皮革行业景气指数86.91，处在“渐冷”区间，较11月下降0.18点。分项景气指数中，出口、资产景气指数环比下降，主营业务收入、利润指数均环比上升。其中，主营业务收入景气指数87.61，位于“渐冷”区间，较上月上升0.25点；出口景气指数为96.38，位于“稳定”区间，较上月下降2.63点；资产景气指数为86.88，位于“渐冷”区间，较上月下降0.62点；利润景气指数81.12，位于“渐冷”区间，较上月上升0.02点。

福建省规模以上皮革、毛皮、羽毛及其制品和制鞋业主要经济指标

（2018年）

单位：亿元

主要指标	规模以上企业	大中型企业
企业单位数（个）	1293	485
资产总计	1677.22	1294.89
固定资产净值	308.94	218.53
主营业务收入	3879.40	2875.86
利润总额	333.06	262.57
利税总额	436.65	340.53

木材加工和木、竹、藤、棕、草制品业

2018年，福建省规模以上木材加工和木、竹、藤、棕、草制品业实现主营业务收入1243.35亿元，利润总额达65.41亿元。2018年福建省规模以上木材加工和木、竹、藤、棕、草制品业主要经济指标见下表。

2018年，全省林业产业总产值达5924亿元，比上年增长18.4%，总产值前三位的地区是：三明市、泉州市、南平市，分别完成1135亿元、1060亿元和893亿元。全省林竹全产业链产值4064亿元（包括林业旅游与休闲服务产值948亿元），增长21.9%；花卉苗木全产业链产值738亿元，增长14.9%。

截至2018年末，全省省级林业产业化龙头企业152家、境内外上市林业企业33家。

从全国看，2018年，我国规模以上木材加工和木、竹、藤、棕、草制品业工业增加值增速为2.8%，完成主营业务收入9165.4亿元，完成利润总额475.3亿元。截至2018年末，我国规模以上木材加工和木、竹、藤、棕、草制品业资产总额达5403.9亿元。

据国家林业和草原局统计，2018年全国林业产业稳中有进、稳中向好，产业总产值达7.33万亿元、比上年增长2.9%；林产品进出口贸易额达1600亿美元，各类经济林产品产量达1.57亿吨。

我国是世界上木材及木制品的生产大国、消费大国。从木材产量看，近年来，由于国家逐步加强环境保护力度以及一线城市木材使用量的减少，我国木材产量基本稳定在8500万立方米左右，2015年略有下降，为7200.29万立方米；到2018年木材产量为8811万立方米，增长4.9%。分地区观察，东部地区林业产业总产值为33114亿元，中部地区林业产业总产值为19606亿元，西部地区林业产业总产值19488亿元，东北地区林业产业总产值为4064亿元。受我国整体经济形势影响，各地区增速均有所放缓，但中、西部地区林业产业增长势头依然强劲，增速分别达到8.8%和12.0%。东部地区林业产业总产值所占比重最大，占全部林业产业总产值的43.4%。受国有林区天然林商业采伐全面停止和森工企业转型影响，东北地区林业产业总产值连续4年出现负增长。林业产业总产值超过4000亿元的省份共有9个，分别是广东、山东、福建、广西、浙江、江苏、湖南、江西和安徽。其中，广东省林业产业总产值独占鳌头，是林业产业总产值唯一超过8000亿元的地区。

福建省规模以上木材加工和木、竹、藤、棕、草制品业主要经济指标

（2018年）

单位：亿元

主要指标	规模以上企业	大中型企业
企业单位数（个）	789	58
资产总计	383.17	120.36
固定资产净值	114.55	34.86
主营业务收入	1243.35	285.88
利润总额	65.41	7.59
利税总额	90.02	15.16

家具制造业

2018年，福建家居行业总体发展较为平稳。全年全省省规模以上家具制造业实现主营业务收入568.77亿元，利润总额43.11亿元，利税总额57.46亿元。2018年，福建出口家具34.48亿美元，比上年增长10.6%。2018年福建省规模以上家具制造业主要经济指标见下表。

从全球看，我国不仅是全球最大的家具出口国，也是全球最大的家具生产国，占全球家具生产量的39%，超过第二大国——美国18个百分点。

从全国看，2001—2010年，家具行业处于增长期，2011—2018年，家具行业处于调整期。截至2018年末，我国家具行业规模以上企业达6300家，全年完成主营业务收入7011.88亿元，比上年增长4.3%；完成利润总额425.88亿元，增长4.3%；产量达71277.36万件，下降1.3%；出口额为555.77亿美元，增长8.1%；进口32.90亿美元，增长7.8%。2018年，我国家具行业出口交货值与主营业务收入的比例约为25%；出口额中对美出口占比约为42%。

2018 年，我国前十大家具企业营业收入比上年增长 15.8%，比行业平均水平高出 11.3 个百分点。2019 年 1—5 月，我国家具制造业出口交货值为 711 亿元，同比增长 3.5%，增速同比提高 2.6 个百分点。

福建省规模以上家具制造业主要经济指标

（2018 年）

单位：亿元

主要指标	规模以上企业	大中型企业
企业单位数（个）	344	56
资产总计	272.68	137.12
固定资产净值	58.46	25.84
主营业务收入	568.77	257.09
利润总额	43.11	20.40
利税总额	57.46	26.53

造纸和纸制品业

造纸业作为重要的基础原材料产业，在国民经济中占据重要地位，造纸业关系到国家的经济、文化、生产、国防各个方面，其产品用于文化、教育、科技和国民经济的众多领域。从全球看，2018 年世界造纸工业发展格局发生深刻变化，产业结构调整和转移进一步加快，新兴经济体国家发挥后发优势，实现跨越式发展，成为世界造纸工业的主要增长点。同时，造纸工业正加快技术进步，朝着高效率、高质量、高效益、低消耗、低污染、低排放的现代化大工业方向持续发展，呈现出企业规模化、技术集成化、产品功能化、生产清洁化、资源节约化、环保低碳化、林纸一体化、管理信息化和产业全球化，以及绿色发展的突出特点。

2018 年，福建省规模以上造纸和纸制品业共有规模以上工业企业 444 个，实现主营业务收入 1163.55 亿元，实现利润总额 104.98 亿元，实现利税总额 135.19 亿元。2018 年福建省规模以上造纸和纸制品业主要经济指标见下表。

据福建省造纸行业协会公布的数据显示，2018 年全省纸浆完成产量 38.38 万吨；机制纸及纸板完成产量 771.41 万吨，产量在全国排名继续居第 5 位，其中未涂布印刷书写用纸完成产量为 28.21 万吨，涂布类印刷用纸完成产量 10.40 万吨，卫生用纸原纸完成产量 31.72 万吨，包装用纸及纸板完成产量约 578.6 万吨，特种纸及纸板完成产量约 51.2 万吨，浆粕完成产量 3.27 万吨；纸制品完成产量 440.51 万吨。从主要生产企业产能规模看，截止 2018 年末，产能 100 万吨以上（有批文）的企业有 1 家［联盛纸业（龙海）公司年产能达 200 万吨］，产能 50 万吨以上的企业有 5 家，产能 30 万吨以上的企业有 8 家，产能 20 万吨以上的企业有 14 家，产能 10 万吨以上的造纸企业有 22 家。从主要生产企业产量完成情况看，2018 年实际产量达 10 万吨以上的造纸企业有 15 家，产量合计达到 576.39 万吨，占全省造纸总产量 74.7%，比上年增长 0.8%。其中，实际产量 30 万吨以上的 4 家大中型造纸企业合计产量达到 420.11 万吨，占全省造纸总产量 54.5%，比上年增长 8.0%；实际产量 100 万吨以上的大型造纸企业为联盛纸业（龙海）公司，2018 年造纸产量达到 181.33 万吨，占全省造纸总产量 23.5%。

2018年，全省造纸及纸制品行业主要生产企业加速整合，竞争力有所提升。2018年5月，第二届中国品牌发展论坛暨中国品牌价值百强榜发布，恒安集团“心相印”品牌以78.1亿元的价值荣登2018中国品牌价值百强榜。据福建省工信厅公布的2018年福建省工业和信息化省级龙头企业名单中，全省造纸和纸制品业共有17家企业入围，其中泉州15家、三明1家、漳州1家，具体分别是：联盛纸业（龙海）有限公司、玖龙纸业（泉州）有限公司、福建省青山纸业股份有限公司、晋江冠朗集团有限公司、泉州华祥纸业有限公司、福建省晋江优兰发纸业有限公司、福建希源纸业有限公司、福建恒利纸业有限公司、中天（中国）工业有限公司、怡佳（福建）卫生用品有限公司、福建恒安集团有限公司、晋江恒安家庭生活用纸有限公司、晋江恒安心相印纸制品有限公司、福建恒安卫生材料有限公司、福建恒安家庭生活用品有限公司、恒安（中国）卫生用品有限公司、恒安（中国）纸业有限公司。2018年，据福建省工信厅公布的福建省第二批制造业单项冠军企业（产品）名单中，全省造纸和纸制品业共有3家企业和产品入围，分别是吉特利环保科技（厦门）有限公司生产的一次性纸浆模餐具、福建恒安集团有限公司生产的纸制品，福建省青山纸业股份有限公司生产的纸袋纸。据福建省纸业协会发布的数据显示，2018年全省造纸产量前八名的企业分别为：联盛纸业（龙海）公司（产量为181.33万吨，下同）、福建优兰发集团实业公司（90.78万吨）、福建联盛纸业公司（84.0万吨）、玖龙纸业（泉州）公司（64.0万吨）、青山纸业（26.88万吨）、恒安（中国）纸业（26.07万吨）、福建利树集团（21.4万吨）、漳州盈晟纸业（17.1万吨）；主营业务收入前八名的企业分别为：联盛纸业（龙海）公司、福建优兰发集团实业公司、福建联盛纸业公司、玖龙纸业（泉州）公司、福建铙山纸业集团、青山纸业、福建利树集团、恒安（中国）纸业；利润总额前八名的企业分别为：联盛纸业（龙海）公司、玖龙纸业（泉州）公司、福建联盛纸业公司、福建优兰发集团实业公司、青山纸业、恒安（中国）纸业、漳州友利达纸业、漳州盈晟纸业。

分设区市观察，漳州市通过五项措施推动造纸和纸制品业绿色转型。一是调整产品结构。积极发展高、中档生活用纸等短线产品，加快低档印刷书写纸、包装纸及纸板等产品升级换代；提高各类加工原纸质量，实现与重点加工纸厂协调配套，大力开发特种用纸和工业加工纸；限制质量低劣、市场滞销产品发展。依靠科技进步，加大对重点产品投资力度，提高产品技术含量，增强优势企业竞争能力。淘汰落后生产工艺与设备，减少低档产品生产能力。二是优化企业组织结构。对重点企业通过扩建和改造，逐步达到合理经济规模，实现大型企业集团化，中小型企业特色化，企业经济类型多元化；通过调整、改组改造、淘汰等措施，使一批中小造纸企业发挥各自优势，以产品特殊性及多品种充实市场，拓宽生存与发展空间；对市场竞争弱、产品质量差、市场无需求、环境污染严重又无力治理的小企业坚决关停。三是促进清洁化生产。积极开发和采用清洁生产新工艺、新技术、新设备和检控技术，坚持“厂内为主，厂外为辅”的方针，实现“综合防治”。落实重点污染源造纸企业环境防治规划；解决草浆环境污染治理；做好九龙江流域造纸企业的污染防治工作。对新、改、扩建工程要实施清洁生产工艺技术，全过程控制、防治污染，并实行“三同时”建设方针，做到项目建成投产时，“三废”严格按照国家排放标准达标排放。对造纸产生的“固废”，由有条件的龙头企业或其他企业，投资建设高技术含量的处理厂实行有偿服务，对治理无望的企业坚决关闭。四是提高行业集中度。以台商投资区为中心，龙海市、长泰县为两翼的造纸及纸制品核心集聚带为重点，以联盛纸业、敦信纸业、希源纸业等企业为龙头，利用现有的造纸及纸制品龙头企业的基础优势，加大招商引资力度，着力引进中高档生活用纸、印刷包装用纸、文化用纸生产企业以及纸箱生产等配套企业，构建纸品制造的原材料和成品流通批发平台，延长纸品制造业产业链条，增强支柱产业的核心竞争力。五是发展园区经济。根据九龙江流域综合整治的要求，利用南靖县现有造纸及纸制品工业的基础，加强统筹规划，以区域布局优化和产业结构升级为目标，以特色产品和龙头企业为核心，结合资源和区位优势，科学规划、合理定位产业集群和骨干企业发展方向，设置造纸及纸制品专业工业园区，推进产业特色化、差别化、集聚化发展。在环保、技术、节能、效益等方面设置企业准入门槛，严格入园标准。在园区内，实行统一供水、供电、供气，集中治污，有效整合资源，实现降低能耗。

从全国看，2018 年，受供给侧改革、环保政策和下游需求的影响，再加上原材料成本处于高位、中美贸易战等冲击，使议价能力较低、环保不达标的中小型企业面临被淘汰的风险加大，全行业盈利能力下降。2018 年，全国规模以上造纸和纸制品业实现营业收入 14012.8 亿元，比上年增长 8.5%；利润总额 766.4 亿元，下降 8.5%；亏损企业数量达 1045 家，亏损面为 15.6%。

从产量看，2018 年全国机制纸及纸板产量为 11660.58 万吨。从全国各省市产量来看，2018 年全国有 30 个省市生产机制纸及纸板，产量居前十位的省市依次为：广东、山东、浙江、江苏、福建、河南、安徽、湖南、湖北、重庆。其中，广东产量为 2094.55 万吨，占全国总产量的 18.0%，位居全国各省市首位；山东省产量为 2033.67 万吨，位居第 2 位；浙江省产量为 1869.05 万吨，位居第 3 位。2018 年，全国纸浆产量前十位的省市分别是：山东、广东、湖南、江苏、河北、河南、福建、浙江、安徽、湖北。其中，山东产量为 349.90 万吨，位居全国各省市首位。

近年，国务院先后颁布了《造纸工业技术进步“十二五”指导意见》《造纸产业发展政策》《中共中央国务院关于全面推进集体林权制度改革的意见》等重要文件，提出造纸工业未来技术进步的重点以及造纸工业必须走绿色发展之路。可以预见未来我国造纸及纸制品行业结构将进一步调整优化，走出以行业发展主线，以科技创新、资源节约和环境友好为行业目标的新态势。在国家大政策支持下，进入新一轮的高速发展。

福建省规模以上造纸和纸制品业主要经济指标

（2018 年）

单位：亿元

主要指标	规模以上企业	大中型企业
企业单位数（个）	444	73
资产总计	890.57	577.59
固定资产净值	256.04	182.47
主营业务收入	1163.55	679.65
利润总额	104.98	70.43
利税总额	135.19	88.24

印刷和记录媒介复制业

2018 年，福建省规模以上印刷和记录媒介复制业共有规模以上工业企业 252 个，实现主营业务收入 407.04 亿元，利润总额为 29.41 亿元。2018 年福建省规模以上印刷和记录媒介复制业主要经济指标见下表。

截至 2018 年末，全省印刷企业总量约 2900 家，比上年的 2985 家减少 85 家。2900 家印刷企业中，出版物印刷企业约 195 家，包装装潢印刷企业约 1900 家，其他印刷品印刷企业约 730 家，排版制版装订专项印刷企业约 35 家，专兼营数字印刷企业约 40 家。此外，印刷工业年产值 5000 万元以上规模印刷企业约 190 家，通过绿色印刷认证企业约40家，国家印刷示范企业2家，上市印刷企业5家，新三板挂牌印刷企业5家。

2018年，全省印刷工业实现总产值（不包括打印复印店）约640亿元，比上年增长5.3%；销售收入约630亿元，增长4.8%；工业总产出约651亿元，增长5.0%；利润总额约43亿元，增长2.4%；从业人员数量约10.6万人，下降3.8%。分类别观察，出版物印刷业实现总产值约90亿元，增长2.3%，在印刷总产值中占比14.1%；包装装潢印刷业实现总产值约527亿元，增长8.4%，在总产值中占82.3%；其他印刷品印刷业实现总产值约32亿元，增长约10.3%，在印刷总产值中占比4.6%。

2018年，尽管受到经济大环境不景气和上下游产业需求下降等诸多因素影响，全省印刷业积极转型升级，取得了一定的进展。一是产业集聚不断加强，具体表现为：（1）区域集聚不断深化。全省印刷产业形成以厦门、泉州为中心，辐射漳州、福州、莆田等沿海地区的印刷产业带，印刷产值占全省总产值的90%以上。（2）生产集聚不断优化。形成了许多以印刷产业为主或覆盖全产业链的工业园区，如泉州市形成了四大印刷产业集中区，规模最大的有晋江的中国印刷包装产业园区；莆田市形成了涵江区、城厢华林工业区等集中区等。（3）规模集聚不断强化。尽管企业数和从业人数减少，但印刷业总产值依然保持稳定增长，印刷企业规模实力在不断增强，生产效率在不断提高。二是转型升级步伐较快。截至2018年末，全省绿色印刷企业总数达40家，比上年增长20.0%，保持较快增长态势。受环保政策的倒逼，绿色印刷正由产品绿色化向生产全流程绿色化升级，初步形成了协会牵头、企业参与、统一规划、因地制宜、整体改造的新模式，既保证达标排放又节省成本。如石狮市富兴包装材料有限公司引进环保型凹版印刷机，采用水性油墨彩色印刷材料和新的生产工艺建设数字化环保生产车间。此外，2018年，全省新增专兼营数字印刷企业10家，增长33.0%。部分企业技术水平已达国内领先水平，如中煌立体文化有限公司进一步完善“3D图像UV直打印技术”，目前已发展成为专业从事3D立体技术研发、产品设计、生产、整体运用方案推广为一体的省级科技型企业。三是积极实施“走出去”战略。积极推动全省印刷产品及服务出口，主要包括以金鹰（福建）印刷有限公司等为代表的出版物出口、以艾派集团（中国）有限公司等为代表的笔记本和文化用品出口、以福建东南艺术纸品股份有限公司等为代表的纸制品出口、以厦门合兴包装印刷股份有限公司为代表的外包装、手提袋出口等，2018年对外出口加工贸易额已突破50亿元大关。

分企业观察，据《印刷经理人》杂志发布的“2018中国印刷包装企业100强排行榜”显示，厦门合兴包装印刷股份有限公司以2017年销售收入63.23亿元，位列百强榜第2位。

从全国看，2018年全国印刷和记录媒介复制业继续保持稳定增长态势，规模以上工业企业实现营业收入6471.1亿元，比上年增长5.2%，在文化及相关43个产业类别中，规模以上工业企业营业收入占全国文化及相关产业规模以上企业营业收入的7.2%；实现利润总额425.6亿元，增长6.1%。截至2018年末，全国印刷和记录媒介复制业共有9.8万家企业、270.4万从业人员。

从近十年发展情况看，全国印刷业发展呈现以下特点：一是总产值增长速度逐年放缓。2012年增速跌破两位数，为9.6%；2013—2015年，增速分别为9.3%、5.3%、3.6%；2016年增速创近年新低，为2.7%；随后触底反弹，2017年和2018年印刷业增速分别为4.6%和5.4%，“U”型发展态势基本显现。二是人均产值创新高。2009年，全国印刷业总产值仅为6367.7亿元，2018年增加到1.27万亿元，增长了1.0倍；印刷从业人员从2009年的378.3万人，下降到2018年的270.4万人，绝对量减少约100万人；印刷企业数量由2009年的10万多家，减少到2018年的9.8万家，十年来企业数量下降并不明显；但行业人均产值由2009年的17万元增长到2018年的47万元，人均产值再创新高，增长了1.8倍。三是印刷业集约程度创5年新高。2018年，全国年产值5000万元以上印刷包装企业的总产值为7661亿元，占印刷业总产值超过60%。其中，2018年规模以上重点企业（产值超过5000万元）总产值比上年增长10.6%，增幅比全国印刷企业平均增幅高出5.2个百分点。根据《印刷经理人》杂志公布的数据显示，2018年中国印刷包装100强企业总产值为1304亿元。尽管数量仅占全部印刷企业数量的0.01%，但总产值占比超过10%。

从市场布局观察，印刷行业企业呈现出明显的地域性特征，以广东为中心的珠三角、以上海和江浙为中心的长三角和以京津为中心的环渤海三大地区形成了三大产业带。上述三大区域亦是全国经济较具活力的区域，印刷出版、食品饮料、日化等行业较为发达。此外，闽南地区、胶东半岛一带作为电子、轻工业的聚集地，也聚集了较多的包装印刷企业。从企业分布来看，珠三角、长三角、环渤海三大产业带聚集了全国70%的印刷行业企业，这些企业的主营业务收入占到全国总量的80%。此外，在某些细分领域如报纸印刷、烟标印刷、标签印刷、票据印刷等，存在数量庞大的中小印刷企业，产品同质化较高，加剧了市场竞争。为进一步提高产业集中度，国家新闻出版广电总局发布的《印刷业“十三五”时期发展规划》明确提出，“十三五”期间，国家印刷示范企业、中小特色印刷企业辐射引领能力进一步增强，产业集中度继续提高。到“十三五”期末，规模以上重点印刷企业的产值占印刷总产值的60%以上，培育若干家具有国际竞争力的大型印刷企业集团。

福建省规模以上印刷和记录媒介复制业主要经济指标

（2018年）

单位：亿元

主要指标	规模以上企业	大中型企业
企业单位数（个）	252	29
资产总计	209.33	90.36
固定资产净值	46.93	16.16
主营业务收入	407.04	155.58
利润总额	29.41	8.79
利税总额	39.42	13.58

文教、工美、体育和娱乐用品制造业

2018年，福建省规模以上文教、工美、体育和娱乐用品制造业共有规模以上工业企业1020个，实现主营业务收入1922.80亿元，实现利润总额161.48亿元。2018年福建省规模以上文教、工美、体育和娱乐用品制造业主要经济指标见下表。

体育用品制造业

近年来，福建省体育产业已从较为单一的用品制造业，逐步转型为以体育用品业为支柱，体育场馆为依托，体育健身、竞赛表演、体育旅游、体育中介和培训市场等协调发展的产业结构体系，成为福建经济发展的新动能。据初步测算，2018年福建省体育产业总产出约4295亿元，比上年增长13%；增加值约1496亿元，增长13%，占福建省2018年GDP比值为4.2%。目前，福建体育用品制造业发展进入从“制造”向“智造”转型的新阶段，产业集聚效应初显，体育消费也由不定期的尝试性消费向有规律消费方式转变。2019年，福建出台了《福建省关于促进体育产业高质量发展的若干措施》，提出要加快推进福建省体育产业高质量发展，促进体育用品制造业转型升级，补齐体育服务业发展短板，加快全产业链发展，确保2025年福建省体育产业增加值达到3000亿元，体育服务业占比30%。

从全国看，2018年全国体育产业总规模2.4万亿元，比上年增长9.1%；实现增加值8800亿元，增长12.8%。预计未来三年内行业整体将继续维持稳健的增长水平，体育产业增加值有望在2020年突破1万亿元。从制造业看，2018年全国规模以上文教体育用品制造业完成主营业务收入3169.77亿元，增长7.3%，高出全国轻工业平均增速1.3个百分点，但增幅下降1.9个百分点；完成出口交货值974.19亿元，增长9.5%，增幅提高2.5个百分点。在国家一系列鼓励消费的政策推动下，文体用品制造企业积极响应“三品”战略，努力拓展国内市场，推动国内市场消费升级。2018年，文教体育用品外销占比30.7%，内销占比69.3%，内销市场对行业的拉动作用显著。从三大子行业看，2018年全国文教办公用品制造业实现主营业务收入1464.22亿元（占46.2%），增长5.0%，实现利润总额107.11亿元（占49.7%）；体育用品制造业实现主营业务收入1250.59亿元（占39.5%），增长9.9%，实现利润总额78.58亿元（占36.5%）；游艺器材及娱乐用品制造业实现主营业务收入454.96亿元（占14.4%），增长8.1%，实现利润总额29.61亿元（占13.8%）。从行业指标增速变化看，行业利润增长加快，盈利能力提高，行业主营业务收入利润率多年来首次超过轻工业平均水平；出口交货值增长未受中美贸易摩擦影响，实现稳定增长；财务费用由于过去两年连续高速增长基数较大，2018年有较大幅度回落，融资贵难题有所缓解；但行业亏损面和资产负债率比2017年有所提高。2019年，仍需进一步增强经济活力，加快传统产业提升改造，继续推动文教体育用品制造业向高质量发展。

玩具制造业

福建是全国玩具出口的主要省份。2018年，福建玩具实现出口额47.1亿元，比上年增长11.5%。我国是玩具出口大国，全球约75%的玩具在我国生产，国内玩具市场发展一定程度上受全球玩具行业景气度影响。从全球看，受货币贬值、贸易战、经济不景气等因素影响，玩具产业增速放缓。2018年，全球玩具市场产品销售额约为875亿美元，比上年下降2%。2018年全国玩具产业遇到严峻考验，跨国企业美国玩具反斗城破产，陆续关闭在英国和美国的数百家零售门店；中美贸易战乌云笼罩，市场信心受到打击；以出口为导向的全国玩具企业产品库存明显上升，利润下降，甚至“增产不增收”。2018年，全国玩具出口金额仅增长4.5%，增幅下降了26.5个百分点。其中，玩具出口大省广东出口金额与上年持平，而2017年增幅为68.8%。

尽管全国玩具产业要面对不少困难，但未来发展仍广阔光明。玩具作为创意产品，只要企业不断推陈出新，整个市场就会活跃起来。此外，动漫影视IP对玩具的销售也有很强的带动。按有关资料显示，动漫影视IP衍生玩具已占全国30%的市场份额。

工艺美术品制造业

福建是工艺美术大省。泉州和莆田等设区市是福建工艺美术制造业的主要产区。其中，泉州市的工艺美术产业是当地五大传统产业和十大文化产业之一，全市现有陶瓷工艺、石玉雕工艺、木根雕工艺、藤铁工艺、香制品等30多项技艺品种。其中，德化陶瓷、惠安石雕、江加走木偶头、李尧宝刻纸、泉州花灯等10项工艺美术技艺入选国家非物质文化遗产保护名录。泉州市委、市政府历来高度重视工艺美术产业发展，特别是“十二五”以来，采取有力措施，充分挖掘优势，深入实施项目带动和品牌战略，鼓励企业开展技术创新和艺术创新，工艺美术产业呈现平稳较快增长态势。惠安、德化、安溪、丰泽、鲤城、永春等重点产区分别获评“世界石雕之都”“世界陶瓷之都”“中国藤铁工艺之都——安溪”“中国树脂工艺之乡——丰泽”“中国民间工艺品之都——鲤城”“中国香都·永春达埔”等特色区域荣誉称号，石玉雕、陶瓷、藤铁等较具规模的工艺美术产业集群初具雏形。2016年2月，泉州市正式出台《泉州市工艺制品产业转型升级路线图》，提出至2020年工艺制品产值超千亿元的发展目标。2018年，泉州市共有规模以上工艺美术企业383家，完成销售产值1021.77亿元，约占全省总量的60%，首次突破千亿元大关，提前两年实现超千亿元的发展目标，成为泉州市继纺织服装、鞋业、建材家居、食品饮料等之后又一个千亿产业集群。

莆田工艺美术历史悠久，享誉海内外，是全国工艺美术重点产区。据资料显示，当地有工艺美术企业7000多家，从业人员30多万人。2018年，莆田市工艺美术产业拥有规模以上企业300家，完成规模工业总产值465.1亿元。

福建省规模以上文教、工美、体育和娱乐用品制造业主要经济指标

（2018年）

单位：亿元

主要指标	规模以上企业	大中型企业
企业单位数（个）	1020	187
资产总计	797.94	374.42
固定资产净值	177.44	88.63
主营业务收入	1922.80	874.61
利润总额	161.48	73.68
利税总额	209.03	95.60

化学原料和化学制品制造业

2018年，福建省规模以上化学原料和化学制品制造业共有规模以上工业企业733个，实现主营业务收入2146.46亿元，实现利润总额207.34亿元，实现利税总额257.34亿元。2018年福建省规模以上化学原料和化学制品制造业主要经济指标见下表。

分主要产品观察，福建省规模以上化学原料和化学制品制造业主要产品中，硫酸产量为226.69万吨，比上年增长20.7%；农用氮、磷、钾化学肥料（折纯）为68.16万吨，增长12.5%；烧碱为37.06万吨，增长3.4%；纯碱为24.94万吨，与上年持平。

从全国看，2018年全国规模以上化学原料和化学制品制造业累计实现出口交货值4429.4亿元，比上年增长15.4%；实现营业收入72065.9亿元，增长9.2%；利润总额为5146.2亿元，增长15.9%。2018年，全国化学原料和化学制品制造业产能利用率为74.2%，比上年下降2.8个百分点，比全国工业平均水平低2.3个百分点，其中四季度产能利用率为72.3%，下降5.4个百分点。

分主要产品观察，2018年1—11月全国化肥完成产量5409.37万吨，同比下降4.8%。其中，农用氮磷钾化学肥料产量为5169.2万吨，下降4.8%。分地区观察，2018年1—11月全国农用氮磷钾化肥产量前十位的地区分别是湖北、青海、贵州、河南、内蒙古、山东、四川、山西、云南、新疆。其中，湖北省农用氮磷钾化肥产量为612.76万吨，同比下降22.8%，占全国农用氮磷钾化肥总产量的11.9%，居各省市首位。从出口情况看，2018年全国共出口化肥2393.5万吨，比上年下降0.4%；出口金额69.99亿美元，增长了16.3%；化肥出口在经过2016、2017年的低迷后，依旧未能摆脱萎缩走势。

福建省规模以上化学原料和化学制品制造业主要经济指标

（2018 年）

单位：亿元

主要指标	规模以上企业	大中型企业
企业单位数（个）	733	66
资产总计	1856.95	827.02
固定资产净值	528.95	314.61
主营业务收入	2146.46	798.71
利润总额	207.34	81.00
利税总额	257.34	102.34

医药制造业

近年来，福建省医药产业发展增速加快、质量向好，行业龙头企业加快培育，研发创新步伐加快。2018 年，全省规模以上医药工业实现主营业务收入 335.57 亿元，比上年增长 17.0%；实现利润总额 51.57 亿元，增长 18.6%。截至 2018 年末，福建省规模以上医药制造业共有规模以上工业企业 150 个。2018 年福建省规模以上医药制造业主要经济指标见下表。

为加快推进医药产业向高质量发展转型升级，进一步提升产业核心竞争力和综合实力，2019 年 5 月，福建省工信厅、发改委、教育厅、科技厅、财政厅、商务厅、卫健委、医保局、药监局发布《关于印发促进医药产业高质量发展六条措施的通知》，从培育壮大产业规模、推动研发平台建设、支持企业创新发展、提升质量技术水平、加强市场供应保障、强化组织协调服务等方面促进医药产业健康发展。

从全国看，2018 年，全国规模以上医药制造业实现营业收入 24264.7 亿元，比上年增长 12.4%，增幅比全国工业平均水平高出 3.8 个百分点。实现利润总额 3094.2 亿元，增长 9.5%，但增幅比全国工业平均水平低 0.8 个百分点。

从出口情况看，2018 年，我国医药保健品进出口总额 1148.51 亿美元，比上年下降 1.6%。其中，出口 644.22 亿美元，增长 6.0%，继续保持增长。分产品观察，全年全国中药类出口金额 39.09 亿美元，增长 7.4%；出口均价增长 16.7%，带动了中药类出口额增长。从中药出口分类看，占比超过 50% 的植物提取物增长较快，出口额为 23.68 亿美元，同比增幅达 17.8%；中成药次之，出口额 2.64 亿美元，增长 5.5%；中药材及饮片出口价格增长幅度较小，仅为 2.0%，但出口数量下降明显，降幅达 11.3%，传统市场东南亚持续低迷是造成中药材及饮片出口数量负增长的主要原因。而西药出口结构优化，制剂类产品出口占比增加。2018 年，全国西药类产品出口 368.83 亿美元，增长 4.0%。其中，原料药出口 300.48 亿美元，增长 3.2%；受外需疲软等因素影响，对美国、欧盟、印度等主要市场分别增长 8.9%、3.6% 和 1.7%，增速有所放缓。制剂出口 41.00 亿美元，比上年增长 18.6%。对欧盟、澳大利亚、美国等市场增长强劲，其中出口至欧盟市场的制剂增长迅猛，2017 年增幅 53.5%；2018 年增幅再创新高达 80.3%。

2018 年，全国 ANDA 获批数量再创历史新高，共获得 71 个 ANDA 批准，其中 16 个为暂时性批准。截至 2018 年底，我国企业共有 455 个有效批准文号（不含暂时性批准文号），囊括不同企业的近 200 个产品。

从进口情况看，医药产品进口首次下降。据

前瞻产业研究院发布的《中国医药行业市场前瞻与投资战略规划分析报告》数据显示，2018 年，全国医药类产品进口额 504.29 亿美元，比上年下降 9.8%。下降的主要因素是西药类产品尤其是西药制剂和生化药的进口额大幅下滑。其中，位居全国进口医药产品之首的西药制剂进口额为 130.30 亿美元，下降 24.1%；位居进口第 4 位的生化药进口额为 47.53 亿美元，下降 41.2%。虽然医药产品进口额大幅下降，但进口数量小幅增长。全年全国西药制剂进口量不降反增，比上年增长 1.8%。2018 年，17 种抗癌药大幅降价并纳入国家医保目录，一致性评价以及“4 +7 集采”等一系列政策加速企业竞争，进而导致进口药品价格下降。全年西药制剂进口均价比上年下降 25.4%，生化药进口均价下降 36.3%。

近年来，随着国内企业国际化的步伐加快，贸易摩擦不断加剧。2018 年 4 月始，美国先后三次宣布对我国出口美国的约 2000 亿美元的产品加征关税。目前，美方最终实施的征税清单已经排除原料药和制剂产品，仅保留 27 个医疗器械类产品，大部分为核磁共振、CT、超声、直线加速器、心脏起搏器等先进医疗设备。此外，2018 年，出口的医药产品还遭遇来自印度和美国的反倾销、337 调查等贸易摩擦案件 8 件次，涉及糖化甜菊糖苷、甘氨酸、扑热息痛、血胆固醇测试仪等产品。据有关专家预测，2019 年，随着中美贸易摩擦的缓和，以及进口博览会的拉动，全国医药进口量将会呈现稳步增长态势，医药进口金额将逐渐恢复正向增长。

福建省规模以上医药制造业主要济经指标

（2018 年）

单位：亿元

主要指标	规模以上企业	大中型企业
企业单位数（个）	150	30
资产总计	368.29	216.93
固定资产净值	71.61	39.76
主营业务收入	335.57	160.75
利润总额	51.57	35.52
利税总额	66.18	44.51

橡胶和塑料制品业

2018 年，福建省规模以上橡胶和塑料制品业共有规模以上工业企业 780 个，实现主营业务收入 1732.22 亿元，实现利润总额 120.65 亿元。2018 年福建省规模以上橡胶和塑料制品业主要经济指标见下表。从主要产品看，2018 年全省规模以上轮胎外胎产量 4206.67 万条，比上年增长 3.8%；塑料制品产量 449.54 万吨，增长 4.4%。2018 年福建省规模以上橡胶和塑料制品业主要经济指标见下表。

从全国看，2018 年全国规模以上橡胶和塑料制品业主要经济指标均保持增长，但增幅均低于全国工业平均水平。其中，实现营业收入 24845.2 亿元，增长 3.6%，比全国平均水平低 5.0 个百分点；实现利润总额 1248.6 亿元，增长 3.6%，比全国平均水平低 6.7 个百分点。

分行业观察，塑料制品业方面。2018 年，全国塑料制品业以供给侧结构性改革为主线，以科技创新为动力，着力推动高质量发展，总体保持稳中有进的发展态势。一是产量保持平稳增长。2018 年，全国塑料制品行业完成产量 6042.15 万吨，比上年增长1.1%。其中，产量最高的是塑料薄膜，产量为1180.36万吨，占塑料制品行业产品产量的19.5%；增长率最高的是泡沫塑料，产量为242.43万吨，增长10.0%，其次是人造革合成革，产量为299.5万吨，增长3.1%。分省份看，全国塑料制品生产主要集中在广东、浙江、江苏、福建、湖北、安徽、四川、河南、山东、河北等省份。其中，产量最高的是广东省，产量为1002.13万吨，占16.6%；其次是浙江省，为803.47万吨，占13.3%。增长率最高的是福建省，产量为449.54万吨，增长16.1%，其次是安徽省，产量为405.01万吨，增长12.8%。二是效益持续增长。受禁废令、环保整治、中美贸易摩擦等不利因素的影响，2018上半年，全国塑料制品行业利润总额增长率低；下半年，在调结构转方式等积极措施作用下，负面因素造成的不利影响开始消化，行业增长情况明显好于上半年，利润逐月回升，特别是12月份同比增幅达25.7%，全年利润增幅回升。2018年，全国塑料制品行业完成主营业务收入18061.75亿元，增长5.0%；实现利润总额950.40亿元，增长3.3%；主营业务收入利润率为5.3%，降低0.7个百分点。三是出口稳中向好。2018年，全国塑料制品行业完成出口交货值2309.35亿元，增长7.2%。其中，塑料零件及其他塑料制品制造业出口交货值为934.01亿元，占塑料制品行业的40.4%；日用塑料制品制造业出口交货值477.83亿元，占20.7%。

近年来，在“一带一路”政策的大背景以及大中型企业勇于开拓创新下，全国塑料制品业的功能得到有效提升，塑料制品出口量稳步增加，但是仍旧存在缺乏产品规范、监管缺失等问题，造成产品质量不一，这也在一定程度上影响出口。随着塑料行业逐渐成熟，塑料制品精度提高，预计2023年全国塑料制品制造市场营业收入规模将达到3.29万亿元。

橡胶制品业方面。2018年，我国橡胶工业经济运行总体保持平稳。由于国内汽车产销量下降，物流运输方式调整，橡胶轮胎制品市场受到相应影响。全年我国橡胶轮胎外胎产量为8.16亿条，比上年增长1.0%，增速较上年下降4.4个百分点。橡胶轮胎出口量、出口金额保持增长，但增速有所放缓。全年新的充气橡胶轮胎出口48622万条，比上年增长0.6%，增速较2017年下滑2.6个百分点；出口金额151.10亿美元，增长6.7%，增速较上年下降3.1个百分点。

福建省规模以上橡胶和塑料制品业主要经济指标

（2018年）

单位：亿元

主要指标	规模以上企业	大中型企业
企业单位数（个）	780	128
资产总计	1084.31	572.39
固定资产净值	312.02	198.57
主营业务收入	1732.22	823.39
利润总额	120.65	59.00
利税总额	163.40	80.87

非金属矿物制品业

截至2018年末，福建省规模以上非金属矿物制品业拥有企业1730个，占全部规模以上工业的比重为10.0%，资产总额达2528.92亿元，占全部规模以上工业的比重为6.9%。全年实现主营业务收入3724.11亿元，占全部规模以上工业的比重为7.4%；实现利润总额383.90亿元，占全部规模以上工业的比重为9.2%。从主要产品产量看，全年水泥产量8783.18万吨，砖产量215.80万块，平板玻璃产量4949.48万重量箱，均比上年有所增长；花岗石板材产量8847.91万平方米，比上年有所下降。2018年福建省规模以上非金属矿物制品业主要经济指标见下表。

从全国看，2018年，建材行业认真贯彻落实党中央、国务院决策部署，深入推进供给侧结构性改革，化解过剩产能取得进一步成效，经济效益明显提升，产业结构逐步优化，行业运行总体保持稳中向好态势，主要呈现以下特点：

一是生产保持适度增长。2018年，建材工业增加值比上年增长4.3%。其中，2018年1—4月略有下降，之后开始回升，呈现前低后高态势。主要产品产量保持增长，其中，水泥产量21.8亿吨，比上年增长3.0%，平板玻璃产量8.7亿重量箱，增长2.1%，商品混凝土产量增长12.4%。

二是价格水平稳步回升。2018年，建材产品全年均价比上年增长10.5%，在上年企稳回升的基础上继续上涨。其中，2018年12月当月建材价格指数为115.4，比上年同期增长6.5%。全国通用水泥平均出厂价格396.7元/吨，增长22%，平板玻璃平均出厂价75.7元/重量箱，增长3.5%。

三是经济效益明显提高。2018年，建材工业规模以上企业完成主营业务收入4.8万亿元，比上年增长15.0%，利润总额4317亿元，增长43.0%，销售利润率9.0%。其中，水泥主营业务收入8823亿元，增长25.0%；利润总额1546亿元，增长114.0%。平板玻璃主营业务收入761亿元，增长7.2%；利润总额116亿元，增长29.0%。卫生陶瓷、防水材料、玻璃纤维及制品、石灰石膏制品、非金属矿利润总额分别增长15.9%、26.6%、29.2%、41.5%、10.3%。

四是固定资产投资实现增长。2018年，规模以上非金属矿采选业固定资产投资比上年增长26.7%，非金属矿制品业固定资产投资增长19.7%。全年固定资产投资增长主要来源于技术改造及环保领域，新建扩能项目投资占比较少，其中民间投资占全行业投资比重超过90%。

五是产业结构逐步优化。2018年，大型建材企业推进联合重组，推动产业集中度明显提高。其中，前十家水泥企业（集团）熟料产能集中度已达64%，比2015年提高12.0个百分点。建材新兴产业加快发展，传统建材业比重有所下降。

水泥制造业

2018年，福建省水泥产量8783.18万吨，占全国水泥产量的比重为4.0%，居各省市第15位；产量比上年增长4.0%，增幅居各省市第8位。

分企业观察，福建龙麟集团有限公司是一家以水泥生产为主业，集余热发电、商品混凝土搅拌、运输物流、环境治理、参与金融等多元化投资的综合企业集团，是国家发改委、工信部、国土资源部、中国人民银行批准的全国60家水泥工业结构调整重点支持企业、全国建材60家重点调度联系企业、全国两化融合促进节能减排试点示范企业、福建水泥首家碳交易企业，也是福建省建材产业振兴方案龙头骨干企业、福建省五大水泥集团之一。公司现有新型干法回转窑带纯低温余热发电生产线3条、商品混凝土搅拌站3座、“漳浦龙麟建材工业园”1个，固定资产30亿元，水泥产能800万吨，商品混凝土产能300万方。2018年，公司实现主营业务收入31.91亿元。

从全国看，我国水泥产量已连续十多年位居世界第一。近年来，随着淘汰落后产能、错峰生产、行业自律措施的实施，全国水泥产量在2014年达到24.8亿吨的高峰点后，开始逐年下降，2018年降至21.77亿吨。加上2016年以来房地产投资增速的回暖，水泥行业供需结构明显改善，2016年以来水泥行业整体效益同比得到大幅提升。据国家统计局公布的数据显示，2018年全国规模以上水泥企业实现水泥总产量21.8亿吨，比上年增长3.0%；实现利润总额1546亿元，增长76.3%，创历史新高。

砖瓦、石材等建筑材料制造业

2018年，全国石材进出口合计呈下降趋势。全年进出口合计91.89亿美元、4385万吨，比上年分别下降了4.4%、10.7%。其中，出口65.20亿美元、2925万吨，比上年分别下降了4.3%、14.8%；进口26.69亿美元、1460万吨，比上年分别下降了4.4%、0.3%。

从出口看，我国石材出口的前三个国家和地区仍然是韩国、美国和日本。其中，第一是韩国，对其出口额12.33亿美元；第二是美国，对其出口额达到6.96亿美元；第三是日本，对其出口额4.33亿美元。这三个国家占据了我国天然石材出口的40%左右。越南、印度、德国、阿联酋、荷兰、英国、比利时、中国台湾、中国香港、波兰、法国、俄罗斯等国家和地区是我国石材出口的次重要地区，对其出口额在数千万元至三亿美元之间不等。

从进口看，我国进口大理石国家仍以土耳其居首。2018年，我国从土耳其进口大理石7.77亿美元，390万吨。紧随其后的分别是：埃及89万吨、1.04亿美元；意大利57万吨、1.67亿美元；伊朗77万吨、1.38亿美元；希腊40万吨、0.88亿美元等。

陶瓷制品制造业

近年来，随着城镇化加速、装修装饰需求向高端发展的推动，我国陶瓷砖产量也在逐年的增长，我国已经成为世界上陶瓷砖最大的生产国。据统计，2018年全国陶瓷砖总产量达91.9亿平方米，比上年增长1.8%。其中，瓷质砖产量66.3亿平方米，增长0.8%，陶质砖产量25.6亿平方米，增长4.9%。

2018年，全国卫生陶瓷产量20659.69万件，比上年增长1.0%。分地区观察，2018年全国有17个省市生产卫生陶瓷制品，产量排名前十的地区依次是河南、广东、河北、福建、湖北、湖南、重庆、四川、广西、江西。其中，河南省卫生陶瓷制品产量7559.97万件，居各省市第1位，占全国总产量的36.6%；广东省卫生陶瓷制品产量为4364.3万件，位居第2位；河北省卫生陶瓷制品产量为2719.35万件，居第3名；福建省以1564.20万件的产量居第4位。

在陶瓷砖产量增长的同时，行业营业收入、利润总额也在不断增加。数据显示，2018年，我国陶瓷砖行业的主营业务收入达到6010.4亿元，比上年增长7.5%。其中，建筑陶瓷规模以上企业主营业务收入2993.5亿元，增长8.0%；卫生陶瓷规模以上企业主营业务收入778.1亿元，增长7.0%。利润方面，2018年我国陶瓷砖行业实现利润总额396.3亿元，比上年增长10.2%。其中，建筑陶瓷规模以上企业利润总额176.0亿元，增长9.2%；卫生陶瓷规模以上企业利润总额60.6亿元，增长15.9%。

福建省作为国内重要的陶瓷产区，产能一直非常大，如今已经超越山东，仅次于广东，坐稳了国内陶瓷产区的第二把交椅。据统计，福建产区瓷砖年产量高达24.6亿平方米，产值613亿。整个福建产区共有生产企业258家，生产线556条。其中，泉州产区拥有规模企业202家，生产线450条；闽清有规模企业39家，生产线54条；漳州有生产企业15家，生产线48条；厦门有生产企业1家，生产线3条，罗源有生产企业1家，生产线7条（在建、投产2条）。

福建省规模以上非金属矿物制品业主要经济指标

（2018年）

单位：亿元

主要指标	规模以上企业	大中型企业
企业单位数（个）	1730	285
资产总计	2528.92	1412.67
固定资产净值	588.37	306.77
主营业务收入	3724.11	1580.56
利润总额	383.90	205.53
利税总额	502.19	259.46

冶金行业

冶金行业包括黑色金属矿采选业、有色金属矿采选业、黑色金属冶炼和压延加工业、有色金属冶炼和压延加工业4个行业。

截至2018年末，福建省规模以上冶金行业企业数为389个，资产总额达3098.97亿元。全年实现主营业务收入4251.61亿元，实现利润总额413.95亿元。分行业观察，黑色金属矿采选业企业数为76个，资产总额为111.21亿元，实现主营业务收入194.08亿元，实现利润总额8.12亿元；有色金属矿采选业企业数为43个，资产总额为47.06亿元，实现主营业务收入64.46亿元，实现利润总额8.01亿元；黑色金属冶炼和压延加工业企业数为131个，资产总额为1117.09亿元，实现主营业务收入1901.65亿元，实现利润总额198.97亿元；有色金属冶炼和压延加工业企业数为139个，资产总额为1823.61亿元，实现主营业务收入2091.42亿元，实现利润总额198.85亿元。2018年福建省规模以上冶金行业主要经济指标见下表。

福建省三钢（集团）有限责任公司是福建钢铁行业的龙头企业，已形成年产钢1100万吨和以钢铁业为主、多元产业并举的跨行业、跨地区、跨所有制的大型企业集团，旗下拥有三明本部、泉州闽光、罗源闽光、漳州闽光四个钢铁生产基地。截至2018年末，三钢集团有职工1.6万人，总资产407.12亿元，全资及控股子公司15家（其中福建三钢闽光股份有限公司为上市公司），紧密型企业2家。近年来，三钢集团深入践行国家供给侧结构性改革，坚持创新驱动，强化结构调整，积极推进公司向钢铁制造服务型企业转型，着力打造全行业最具竞争力的一流企业。2018年，三钢集团产钢1168.20万吨，实现营业收入570.16亿元，利税合计130.55亿元。

紫金矿业集团股份有限公司是一家以金、铜、锌等金属矿产资源勘查和开发为主的大型矿业集团，主营的金、铜、锌金属资源储量和矿产品产量均已进入国内矿业行业前三甲，资产规模和销售收入超过1000亿元，是我国矿业行业效益最好、控制金属矿产资源最多、最具竞争力的大型矿业公司之一。公司现有主要投资项目分布在全国18个省区和海外11个国家。在国内，拥有福建上杭紫金山金铜矿、吉林珲春金铜矿、新疆阿舍勒铜矿、黑龙江多宝山铜矿、新疆乌恰锌矿等一批主力矿山；在海外，有巴布亚新几内亚波格拉金矿、刚果（金）科卢韦齐铜矿、俄罗斯图瓦锌矿等8个在产矿山，在建的刚果（金）卡莫阿铜矿、塞尔维亚Timok铜矿为世界级超大型高品位铜矿，卡莫阿铜矿铜金属资源储量4249万吨，是非洲第一大、全球第四大铜矿。公司目前海外控制资源、矿产品产量和利润在集团占比均超过三分之一，已成为我国在海外矿产品产量和资源储量最多的企业之一。截至2018年末，公司资产总额达1128.79亿元，较上年末增长26.4%。其中，境外资产422.08亿元，占总资产的比重为37.4%。全年公司实现销售收入1059.94亿元，比上年增长12.1%。在2019年《福布斯》“全球2000强”中排名第889位及其中的全球有色金属企业第10位、全球黄金企业第1位，在2018年《财富》“中国500强”中排名第82位。

从全国看，各主要行业运行情况如下：

一、钢铁矿业

宏观经济总体平稳，生产、投资、出口有效拉动，支撑了钢铁生产和消费的稳定增长，粗钢日产水平屡创新高。供给侧结构性改革持续推进，“去、严、防”和专项督查、环保安全监管执法，为钢铁行业创造了良好市场环境。钢铁企业推进绿色改造升级，加强内部管理，努力降本增效，行业总体运行平稳，为铁矿石市场的稳定运行和国内矿山的发展创造了良好条件。2018年，全国规模以上企业粗钢产量92826万吨，比上年增长

6.6%；钢材产量110552万吨，增长8.5%；生铁产量77105万吨，增长3.0%。钢材出口6934万吨，比上年下降8.1%；进口1317万吨，下降1.0%。市场供需总体基本平衡，钢材价格在合理区间波动运行。行业效益保持较高增长，财务状况继续改善，销售利润率超过工业行业平均水平。全行业主要呈现以下特点：

1. 国内矿山生产基本稳定。2018年，全国规模以上企业累计铁矿石原矿产量76337.40万吨，比上年下降3.1%；协会统计的铁精粉产量23300万吨，下降6.7%。其中70家重点大中型企业铁矿石原矿32948万吨，下降4.0%，铁矿石成品矿10926万吨，下降3.3%。

2. 进口和库存保持高水平。2018年，全国累计进口铁矿石106447万吨，继续维持高水平。2018年12月末全国主要港口进口铁矿石库存量1.42亿吨，比上年末减少499万吨，下降3.4%，库存总量较年内最高库存量下降2126万吨，但历史看仍然处于高位，市场供大于求的基本面略有改善。

3. 铁矿石消费稳中有增。由于电炉钢产量和高炉废钢用量的增加，导致粗钢产量明显增长的情况下，生铁产量没有明显增长。2018年规模以上企业累计生铁产量77105万吨，比上年增长3.0%，比粗钢低3.3个百分点，生铁产量增长增加铁矿石消费约3700万吨，废钢用量增加替代铁矿石消费约6000万吨。

4. 结构性矛盾依然突出。2018年，全国进口矿减少1022万吨，其中从巴西、澳大利亚进口增量约4500万吨，其余减少大约5500万吨，高品矿供应明显增加。但在超低排放、环保限产、钢厂高利润和焦煤焦炭价格处于强势的情况下，企业偏向增加高品低铝矿来改善高炉运行、提升铁水产量、减少污染排放，高品矿配比处于高水平，高低品矿价差整体水平有所提升。

5. 价格在合理区间波动运行。铁矿石价格基本符合预期，总体偏弱、低位波动运行，80%的时间在63—75美元/吨区间运行。2018年普氏价格指数平均69.46美元/吨，比上年下降2.6%；进口矿平均到岸价70.96美元/吨，下降0.2%；钢厂采购国产铁精矿587.90元/吨，上涨3.1%。从品种结构上看，中品位矿价格波动较大，低品位矿价格持续低位，高品位矿价格比较坚挺，块矿价格高于粉矿价格，同品质国产铁精矿价格低于进口矿价格。

6. 固定资产投资缓中趋稳。黑色金属采选业固定资产投资结束连续46个月的大幅下滑，增长由负转正，2018年黑色金属采选业完成固定资产投资789.5亿元，比上年增长5.1%，其中民间投资增长明显，增长21.2%。但总体来看投资信心仍然不足，矿山为了维持当前规模，适当扩大了改造和新建投入，加大了安全环保治理，支撑整个行业固定资产投资由降转增。

总体来看，2018年国内铁矿企业生产稳中有降，进口和库存处于高位，铁矿石消费稳中有增，高品低铝资源供应偏紧，价格在合理区间波动，固定资产投资缓中趋稳，经济运行仍然处在下行态势，企业经营效益不及预期。同时，环保治理、技术进步、企业改革和管理全面加强，资产负债率同比大幅下降，运行质量和效率明显提升，正在脚踏实地、稳中向好地向实现高质量发展迈进。

二、有色金属行业

2018年，全国有色金属行业生产运行主要呈现以下特点：

1. 产量平稳增长，投资有所恢复。2018年，十种有色金属产量5688万吨，比上年增长6.0%。其中，铜、铝、铅、锌产量分别为903万吨、3580万吨、511万吨、568万吨，分别增长8.0%、7.4%、9.8%、-3.2%；铜材、铝材产量分别为1716万吨、4555万吨，分别增长14.5%、2.6%。全年完成固定资产投资比上年增长1.2%。其中，矿山采选投资下降8.0%，冶炼及加工领域投资增长3.2%，由规模扩张转向加大环保、安全等技改以及高端材料、新技术等研发。

2. 价格高位震荡回落，行业效益大幅下降。2018年，铜、铅现货均价分别为50689元/吨、19126元/吨，比上年分别上涨2.9%、4.1%，涨幅比上年分别回落26.0个百分点、22.0个百分点，铝、锌现货均价分别为14262元/吨、23674元/吨，比上年分别下降1.8%、1.7%。规模以上有色企业主营业务收入54289亿元，比上年增长8.8%；利润总额1855亿元，下降6.1%。其中，采选业利润总额416亿元，与上年持平；冶炼业、加工业利润总额分别为679亿元、756亿元，分别下降10.2%、5.6%，尤其是铝行业利润总额下滑40.1%，成为拖累行业效益的主因。

3. 进出口形势有所变化，境外投资取得积极进展。全年出口未锻轧铝及铝材580万吨，比上年增长20.9%。随着禁止洋垃圾入境政策实施，废铜进口比上年下降32.2%，精铜进口增长15.5%。海外资源开发积极推进，中铝集团、五矿集团、中金岭南、魏桥等境外项目取得新进展。

4. 供给侧结构性改革深入推进，行业转型升级不断加快。控产能、调结构取得成效，330多万吨电解铝产能通过产能置换转移至内蒙古、云南等能源丰富地区，中铝整合云南冶金，山东魏桥控股鲁丰股份等联合重组不断推进。去杠杆取得进展，行业资产负债率62.2%，比上年下降0.6个百分点。补短板不断加快，7050全尺寸铝合金厚板获得装机许可，铝空气电池、纳米陶瓷铝合金等实现产业化，铜、铝等冶炼能耗不断下降，绿色发展水平不断提高。

福建省规模以上冶金行业主要经济指标

（2018年）

单位：亿元

主要指标	规模以上企业	大中型企业
企业单位数（个）	389	65
资产总计	3098.97	2779.59
固定资产净值	792.54	659.85
主营业务收入	4251.61	3238.74
利润总额	413.95	365.99
利税总额	514.39	449.23

通用设备制造业

2018年，福建省规模以上通用设备制造业实现主营业务收入1271.53亿元，实现利润总额112.57亿元；截至2018年末，全省规模以上通用设备制造业资产总额达915.00亿元。2018年福建省规模以上通用设备制造业主要经济指标见下表。

分企业观察，福建省威诺数控有限公司作为福建高端数控机床制造领军企业，现有国家专利68项，发明专利6项，其中“复式龙门铣床”发明专利荣获“中国专利优秀奖”，“七轴龙门式复合加工中心”和“大型对称件（阀门）高效柔性双动柱卧式加工中心”两项产品经国家鉴定为“填补国内空白，技术达到国际先进水平”。以WN—LF2015—2为代表的对头镗铣系列机床融合了多项国家发明专利，经过10多年市场验证，产品已为沃尔沃工程机械、日本竹内、韩国现代等工程机械知名企业服务，并形成系列生产、规模化应用，替代国外进口机床。福建达宇重型数控机床有限公司是一家集研发、设计、制造、销售、服务于一体的专业生产高精度数控机床企业。公司以MTK84、MZK84、MGK84系列高精度数控轧辊磨床，数控振动抛光机，MK10、MGK10系列高精度数控无心磨床，MGK13系列高精度外圆磨床为主导产品。公司已形成以福建达宇为核心，以江苏无锡、浙江一带为加工基地的一整条完整的高精度数控磨床生产产业链。大通互惠集团有限公司是一家集科、研、工、贸一体化阀门行业全产业链的高科技型企业。作为新兴的阀门专业制造商，大通互惠是国内首家具备自主知识产权的超低温阀门生产企业，在“中国制造2025”战略部署下，积极变革，抢占先机，实现转型升级。该公司是目前国内同行业最大单体阀门制造企业，在全国率先成功研发4000米深海阀门和零下196度超低温阀门产品，填补了国内高端阀门产品空白，开启了工业4.0的生产模式，是漳州智能制造发展的旗帜和标杆，公司研发的阀门产品已出口30多个国家和地区。

从全国看，2018年通用设备制造业在国家宏观经济环境稳定增长的大环境下，深化供给侧改革，坚持稳中求进，持续推进产业结构优化和创新发展，加强内部管理、加大技术创新力度，行业经济运行稳中有升，主要指标保持平稳增长。据中国通用机械工业协会公布的数据显示，2018年全国主要通用设备行业呈现以下特点：一是工业增加值稳步增长，但增幅回落。2018年通用设备行业中泵、阀门、压缩机行业工业增加值比上年增长8.3%，增幅比上年回落3.7个百分点；风机工业增加值增长10.6%，提高0.6个百分点；其他通用机械工业增加值增长18.0%，回落2.5个百分点。二是主营业务收入、利润总额平稳增长。2018年规模以上主要通用设备行业实现主营业务收入7989.73亿元，比上年增长10.7%，增幅比上年提高0.9个百分点；利润总额553.68亿元，增长15.1%，提高0.3个百分点；主营业务利润率6.9%，提高0.3个百分点。分主要行业看，泵行业主营业务收入1814.72亿元，比上年增长9.6%；利润总额134.78亿元，增长8.2%；主营业务利润率7.4%，下降0.1个百分点。风机行业主营业务收入744.92亿元，比上年增长13.9%；利润总额40.05亿元，增长3.7%；主营业务利润率5.4%，下降0.5个百分点。压缩机行业主营业务收入1675.39亿元，比上年增长5.8%；利润总额109.89亿元，增长12.0%；主营业务利润率6.6%，上升0.4个百分点。阀门行业主营业务收入1997.22亿元，比上年增长13.2%；利润总额148.07亿元，增长28.8%；主营业务利润率7.4%，上升0.9个百分点。气体分离及液体设备行业主营业务收入741.82亿元，比上年增长18.8%；利润总额51.67亿元，增长17.5%；主营业务利润率7.0%，下降0.1个百分分点。三是重点企业生产销售利润增长，增速较上年回落。据对153家通用设备重点企业统计，共完成工业总产值829.32亿元，比上年增长8.6%，增幅比上年回落2.9个百分点；实现营业收入827.25亿元，增长9.6%，回落2.3个百分点；实现利润总额62.25亿元，增长8.0%，较上年大幅回落；全年累计订货量970.18亿元，增长8.1%，回落9.6个百分点；应收账款增长3.8%，回落3.6个百分点；产成品库存增长25.7%，提高14.7个百分点。

福建省规模以上通用设备制造业主要经济指标

（2018年）　　单位：亿元

主要指标	规模以上企业	大中型企业
企业单位数（个）	592	80
资产总计	915.00	550.39
固定资产净值	171.53	93.98
主营业务收入	1271.53	595.00
利润总额	112.51	66.08
利税总额	143.86	82.27

专用设备制造业

2018年，福建省规模以上专用设备制造业实现主营业务收入1041.54亿元，实现利润总额102.66亿元；截至2018年末，全省规模以上专用设备制造业资产总额达880.74亿元。2018年福建省规模以上专用设备制造业主要经济指标见下表。

分企业观察，2018年在“中国制造2025”战略背景下，福建专用设备制造业进行了新一轮转型升级，泉州专用设备企业主动适应新常态，逐渐在改革中摸索出新的前进方向。位于霞美滨江机械基地的群峰智能机械股份公司，多年来已自主研发多套全自动砌块成型生产线，掌握智能砖机领域各项成熟技术，广泛应用于工程机械领域。2018年公司销售总量稳步提升，其中外贸出口比上年增长近40%。全年获得实施的国家标准1项，行业标准3项，参与修订中的标准4项；获得国家专利达34项，申请中专利49项，在同行企业中处于领先地位。福建泉工股份有限公司是一家专业从事制砖机械设备研发、生产和销售的高新技术企业，业务涵盖混凝土砌块设备、加气混凝土设备及装配式建筑预制设备，现已发展为国内较具规模的跨国性制砖一体化解决方案运营商，拥有德国策尼特公司、奥地利策尼特模具公司、印度合资公司等成员企业，企业总资产10亿，年产值超6亿，拥有各类工程师、技术人员500多人。作为国内砖机行业的龙头企业，在融合德国先进技术的基础上，积极创新、研发，形成自己的核心技术。截至2018年末，公司已荣获140多项产品专利，其中5项为国家知识产权局授权的发明专利。在“工业4.0”思潮下，泉工股份积极探索以“互联网+”思维来提升企业，进行工业化与信息化“两化融合”，公司最新自主研发的智能装备云服务平台系统，依托先进的互联网技术，能为世界上任何角落客户提供及时的远程维护。晋工机械有限公司大胆提出差异化创新战略，依托产学研合作，开发出轮式装载机、轮式叉装机及液压挖掘机三大系列产品，并形成规模化的产业结构。其中，叉装机市场占有率超过50%，稳居国内市场第一。液压挖掘机有6、15、24、37吨级履带式和7、9、10吨级轮式系列几十种规格产品，畅销国内外市场，深受客户青睐。其中，JGM906、JGM915挖掘机为泉州市科技计划项目，并获得市科技进步奖项；JGM937挖掘机为福建省区域重大项目；叉装机智能控制系统为泉州市数控一代开发项目，变速箱智能检测实验台为泉州市科技计划项目；轮式叉装机及前移式叉装车获得了福建省科技进步三等奖。截至2019年7月，公司共拥有5项发明和40多项实用新型技术专利。

从全国看，2018年全国规模以上专用设备制造业完成工业增加值比上年增长10.9%；实现主营业务收入29126.80亿元，增长11.0%；实现利润总额2035.10亿元，增长15.8%。截至2018年末，全国规模以上专用设备制造业资产总额达39752.70亿元，比上年末增长9.2%。

2018年，我国工程机械类专用设备制造业保持良好发展势头，挖掘机、装载机等工程机械产品销量均保持了两位数的增长，多家工程机械龙头企业利润翻番。据中国工程机械工业协会挖掘机分会的统计数据显示，2018年，纳入统计的25家主机制造企业，共计销售各类挖掘机械产品20.34万台，比上年增长高达45%。其中，国内市场销量（统计范畴不计港澳台）18.42万台，比上年增长41.1%；出口销量1.91万台，增长97.5%。分企业观察，2018年，三一重工股份有限公司实现净利润约为60亿元左右，比上年增加一倍。公司利润实现大幅增长主要受下游基建需求拉动、国家加强环境治理、设备更新需求增长以及人工替代效应等多重因素的推动，挖掘机械、混凝土机械、起重机械、桩工机械等设备销售实现强劲增长。中联重科股份有限公司开创了国内工程机械行业整合海外资源的先河，利用资本杠杆，在全球范围内整合优质资产，实现快速扩张，并构建全球化制造、销售、服务网络。中联重科先后并购英国保路捷公司、意大利 CIFA 公司、德国 M—tec 公司、荷兰 Raxtar 公司、德国 Wilbert 公司。其中，并购的世界第三大混凝土机械制造商意大利 CIFA 公司，让公司成为国内工程机械国际化的先行者和领导者，该宗并购整合也作为经典案例进入哈佛大学课堂。多年来公司成功研制出全球起重能力最大 2000 吨全地面起重机、全球最长 101 米碳纤维臂架混凝土泵车、全球最大水平臂上回转自升式塔式起重机、全球最高的登高平台消防车、全国首台 3200 吨级履带式起重机等一大批世界标志性产品。2018 年度，中联重科继续推进 4.0 产品工程，严控成本、费用，产品整体毛利率持续提升，整体费用率稳步下降，盈利能力不断增强，实现净利润约为 20 亿元左右，比上年增长 50% 以上，专用设备行业平均净利润增长率达 40%。徐州工程机械集团将技术创新融入发展血脉，诞生了一批代表国内乃至全球先进水平的产品：两千吨级全地面起重机、四千吨级履带式起重机、700 吨液压挖掘机、12 吨级国内最大的大吨位装载机、百米级亚洲最高的高空消防车、第四代智能路面施工设备等，在全球工程机械行业产生了颠覆式影响。徐工集团 9 类主机、3 类关键基础零部件市场占有率居国内第 1 位；5 类主机出口量和出口总额持续位居国内行业第 1 位；汽车起重机、大吨位压路机销量全球第 1 位。2018 年徐工集团推出的起重机械新品“徐工风电双子星”熠熠生辉，这对几乎覆盖了当前所有风电机型和施工环境的“双子星”组合分别为 XCA1600 全地面起重机和 XGC11000 履带起重机。XCA1600 是全球首款覆盖 140 米高的超级全地面起重机，兼具吊装效率高、重载转场强、操控智能等诸多性能优势；XGC11000 履带起重机是行业唯一可覆盖 160 米高的履带起重机，拥有行业首创的宽截面折叠臂技术。除了 2 台千吨级起重机以外，还推出了多款同样彰显徐工强大技术研发实力的起重机械新品，满足所有大型装配式建筑及桥梁、电力、石化冶金等工程吊装施工需求。

福建省规模以上专用设备制造业主要经济指标

（2018 年）

单位：亿元

主要指标	规模以上企业	大中型企业
企业单位数（个）	563	63
资产总计	880.74	454.17
固定资产净值	145.12	52.58
主营业务收入	1041.54	352.08
利润总额	102.66	39.32
利税总额	128.89	49.99

汽车制造业

2018 年，福建省规模以上汽车制造业实现主营业务收入 1292.87 亿元，实现利润总额 101.60 亿元；截至 2018 年末，全省规模以上汽车制造业资产总额达 952.11 亿元。2018 年福建省规模以上汽车制造业主要经济指标见下表。

2018 年，福建省委、省政府提出“建设新能源汽车强省”目标，大力发展新能源汽车，加快产业转型升级。目前，新能源技术路线涵盖了纯电动汽车、插电式混合动力汽车、增程式电动车、氢燃料电池汽车、清洁能源等汽车，实现了多元化；新能源汽车产品从金龙集团的新能源客车，到东南汽车的DX3EV400和E500车型，已经涵盖商用车、乘用车两大类别，实现全系列化，覆盖大中轻微型客车、轿车、SUV、MPV等各个领域。市场推广应用方面，提前超额完成前两年“电动福建”交车任务，还畅销全国各省市区，销量位居全国行业前列。截至2018年末，全省累计推广应用新能源汽车71570辆（折合标准车23万辆），其中公交车12227辆，提前完成福建省传统燃油公交车的更新任务。产业发展方面，全省新能源汽车整车生产企业9家（上汽集团宁德分公司，厦门大、小金龙，福州东南汽车，莆田云度汽车，龙岩新龙马，福州新福达，泉州西虎汽车，三明重汽海西汽车），基本涵盖了所有类别的新能源汽车产品。2018年，全省实现新能源汽车生产量和销售量分别为2.46万辆和2.52万辆，比上年增长18.6%和46.2%。

分企业观察，2018年，在整体相对低迷的行业态势中，厦门金龙汽车集团股份有限公司表现亮眼，全年出口各型客车10239辆，比上年增长27.2%，出口量位居行业首位；出口金额超过2.5亿美元，增长约25%，无论是大中客车还是轻客出口，均居行业出口前三，持续稳固了行业领先地位。东南（福建）汽车工业有限公司近年来不断强化“原创设计”以及自主研发实力，推出了DX7Prime、DX3X酷绮等多款精品SUV，不仅满足了众多国内消费者多元化的用车需求，更积极开拓海外市场，产品已远销至全球五大洲，累计出口数量近2万辆。2018年以来，公司重点拓展中南美洲市场，已在厄瓜多尔、哥伦比亚、秘鲁、智利、哥斯达黎加、玻利维亚等国家建立比较完善的销售网络以及售服体系。

从全国看，2018年全国规模以上汽车制造业工业增加值比上年增长4.9%；实现主营业务收入80484.60亿元，增长2.9%；实现利润总额6091.30亿元，下降4.7%。截至2018年末，全国规模以上汽车制造业资产总额达79176.20亿元，比上年末增长6.3%。

2018年，全国汽车行业积极推进转型升级，推动行业高质量发展。同时，全国汽车产业面临较大压力，行业主要经济效益指标增速趋缓，增幅回落。全年汽车行业运行主要呈现四大特点：一是产销总量有所下降。据中国汽车工业协会公布的数据显示，2018年全国汽车产销量分别为2780.92万辆和2808.06万辆，比上年下降4.2%和2.8%。其中，乘用车产销量分别为2352.94万辆和2370.98万辆，下降5.2%和4.1%；商用车产销量分别为427.98万辆和437.08万辆，增长1.7%和5.1%。二是新能源汽车高速增长。2018年新能源汽车产销量分别完成127.05万辆和125.62万辆，增长59.9%和61.7%。其中，纯电动汽车产销量分别完成98.56万辆和98.37万辆，增长47.9%和50.8%；插电式混合动力汽车产销量分别完成28.33万辆和27.09万辆，增长122.0%和118.0%。三是出口保持较快增长。2018年全国汽车出口量104.1万辆，比上年增长16.8%，继续呈现较快增长态势。四是重点企业销量占主导地位。2018年，汽车销量排名前十位的企业集团销量合计为2503.63万辆，占汽车销售总量的89.2%，比上年提高0.6个百分点。从汽车总销量排名看，前十位的企业依次是上汽、东风、一汽、北汽、广汽、长安、吉利、长城、华晨和奇瑞。与上年相比，长安销量下降较快，东风、北汽和长城降幅略低，其他六家企业呈不同程度增长，其中吉利增速更快。从汽车品牌销量排名看，品牌汽车销量排名前十家企业依次是：上汽、吉利、长安、东风、北汽、长城、奇瑞、一汽、广汽和比亚迪。与上年相比，比亚迪、吉利和奇瑞销量增速较快，上汽和广汽增速略低，其他五家企业呈一定下降，东风和北汽降幅居前。

分企业观察，据上海汽车集团股份有限公司公布数据显示，2018年上汽集团整车销售705.17万辆；比上年增长1.8%。从自主品牌看，销量逆势大增。2018年，上汽乘用车（荣威、MG）实现全年销量70.19万辆，增长34.5%，特别是MG品牌，2018年实现全球销量27万辆，增长100%。在具体车型方面，除了荣威RX5、荣威i6、MGZS、全新MG6等车型热销外，刚刚上市不久的荣威i5在12月份单月销量突破2万辆。从合资品牌看，销量依旧强势，上汽大众夺冠。上汽大众2018年销量206.51万辆，比上年增长0.1%，连续第四年蝉联乘用车市场销量冠军。从新能源汽车销量看，上汽新能源继续保持高速增长的节奏，实现全年销量14万辆，增长120%，连续第五年销量“翻番”，其中有9.6万辆来自于自主品牌荣威和名爵。广州汽车集团股份有限公司公布的数据显示，2018年广汽集团汽车生产量达219.4万辆，比上年增长8.8%；销售量为214.79万辆，增长7.3%；自主乘用车全年累计销售新车53.52万辆，增长5.2%。2018年，广汽传祺先后推出GA4、GS4中期改款以及全新GS5等车型，虽然只投放了三款新车，在车市整体低迷的态势下，仍凭借较完善的产品体系全年销量突破50万辆。

福建省规模以上汽车制造业主要经济指标

（2018年）

单位：亿元

主要指标	规模以上企业	大中型企业
企业单位数（个）	371	71
资产总计	952.11	692.96
固定资产净值	201.42	141.50
主营业务收入	1292.87	908.12
利润总额	101.60	75.25
利税总额	146.00	109.34

铁路、船舶、航空航天和其他运输设备制造业

2018年，福建省规模以上铁路、船舶、航空航天和其他运输设备制造业实现主营业务收入290.72亿元，实现利润总额5.52亿元；截至2018年末，全省规模以上铁路、船舶、航空航天和其他运输设备制造业资产总额达344.98亿元。2018年福建省规模以上铁路、船舶、航空航天和其他运输设备制造业主要经济指标见下表。

船舶制造业是福建省铁路、船舶、航空航天和其他运输设备制造业中的主要行业。据海关公布的数据显示，2018年，福建省出口各类船舶62.1亿元，比上年增长1.2倍，出口值创2015年以来新高。船舶行业出口主要呈现以下几个特点：一是总体呈波动上升趋势。2018年以来，除4月和6月出口值比上年下降外，其余月份均增长明显，尤其是12月出口11.5亿元，比上年增长30.9倍，环比增长2.3倍。二是以加工贸易方式出口为主。2018年福建省以加工贸易方式出口船舶58.6亿元，增长1.2倍，占同期福建省船舶出口总值的94.4%；一般贸易出口3.5亿元，增长79.6%。三是国有企业为主力军。2018年福建省国有企业出口船舶52.4亿元，增长1.6倍，占同期福建省船舶出口总值的84.5%。同期，民营企业出口8.6亿元，增长25.8%，占13.9%；外商投资企业出口1亿元，下降37.1%。四是出口市场以东盟、香港、安哥拉和马绍尔群岛为主。2018年，福建省对东盟出口船舶17.8亿元，下降11.5%；对香港出口11.6亿元，增长12.1倍；对非洲出口5.9亿元，2017年同期无出口；对马绍尔群岛出口5.8亿元，增长2.7倍，上述四者出口合计占同期福建省船舶出口总值的66.1%。五是出口品种以不以航行为主的船舶、海工船和散货船为主。2018年全省出口灯船、消防船、起重船等不以航行为主的船舶15.6亿元，比上年增长88.7%；出口拖轮及顶推船12.6亿元，增长52.7%；出口载重量≤10万吨的机动散货船11.1亿

元，增长1.5倍，上述三者出口合计占同期福建省船舶出口总值的63.3%。

分企业观察，2018年，福建省船舶工业集团有限公司积极开展技术改造和科技创新，完成工业总产值36.54亿元，实现出口值22.35亿元。福船集团权属企业厦门船舶重工股份有限公司，积极践行“高效造船、数字造船、绿色造船”。2018年厦船重工为泉州安盛船务有限公司批量建造的“仁建日照”号2400TEU、“仁建厦门”号2400TEU集装箱船正式交付；为维京客轮承建的首制2800客邮轮型客滚船开工，这是一艘能够代表未来方向的邮轮船舶，能让乘客体验全新的、舒适度极高的船上各类先进设施；为英国船东SiemCarCarriers建造的第二艘7500车LNG汽车滚装船开工，标志着高端产品进入批量建造。福建东南造船有限公司本着“质量为先，市场为先”的宗旨，不断提升产品质量，已成为中国东南海岸线上脱颖而出的一支重要造船力量。2018年公司建造的75M平台供应船SK719顺利交付离港，创下了仅隔2天再出口一艘海工辅助船的新成绩。公司承造的DN85M—3海底支持维护船具有直升机平台、舱底月池；配有四点定位锚系统、多个船员房间及特殊人员房间；100t—15m大型起重吊机，可吊运较大的货物及设备；设有大容积的泥浆舱、水泥罐、钻井水舱、燃油舱及大面积的载货甲板；设有对外消防系统，可为他船进行救助等，是集多功能于一体的船舶，标志着该公司产品向高科技型迈进。

从全国看，2018年全国规模以上铁路、船舶、航空航天和其他运输设备制造业完成工业增加值比上年增长5.3%；实现主营业务收入11661.20亿元，增长4.0%；实现利润总额673.00亿元，增长5.8%。截至2018年末，全国规模以上铁路、船舶、航空航天和其他运输设备制造业资产总额达16398.50亿元，比上年末增长1.3%。

据工信部公布的数据显示，2018年全国造船完工3458万载重吨，比上年下降14%；承接新船订单3667万载重吨，增长8.7%；全国完工出口船3164万载重吨，下降13.6%；承接出口船订单3205万载重吨，增长13.9%。主要呈现以下几个特点：一是国际市场份额保持领先，骨干船企竞争优势明显。2018年，我国船企利用国际航运市场小幅上涨，新船市场持续活跃的契机，积极开拓市场。国际市场份额继续保持领先地位，全年造船完工量、新接订单量和手持订单量在全球市场所占份额（按载重吨计）分别为43.2%、43.9%和42.8%；船舶行业产业集中度持续提高，全国前十家企业造船完工量占全国总量的69.8%，比上年提高11.5个百分点；新接订单向优势企业集中趋势明显，前十家企业新接订单量占全国总量的76.8%，比上年提高3.4个百分点；骨干船舶企业竞争优势明显，各有5家企业进入世界造船完工量、新接订单量和手持订单量前十强。二是产品结构持续优化，企业创新能力不断提升。2018年，我国骨干船舶企业紧跟市场需求，产品结构持续优化，批量承接绿色环保型矿砂船和支线集装箱船订单，同时在2500客位豪华客滚船、7800车位汽滚船、8.4万立方米超大型液化气船、1.86万立方米液化天然气（LNG）加注船、4.8万吨半潜重吊船、极地探险邮轮等高技术、高附加值船型市场取得新的进展。骨干企业加大技术创新和攻关力度，不断提高产品研发和建造能力，2万TEU级集装箱船批量交付，建成全球首艘40万吨智能超大型矿砂船、全球首艘安装风帆装置的30.8万吨超大型原油船、8000车位汽车滚装船、极地凝析油船、LNG双燃料1400TEU集装箱船、35万吨海上浮式生产储卸油装置（FPSO）等一批高端船舶和海工项目，国产大型豪华邮轮建造进入正式实施阶段、自主建造的极地科考破冰船下水、“深海勇士”号载人深潜器完成深海试验。三是充分发挥市场机制，有效压减过剩产能。2018年，国际新造船市场竞争激烈，需求不足和产能过剩的矛盾仍然存在。在市场机制和政府引导的共同作用下，国内一批管理能力差、产品质量低、经营效益不好的企业逐步被市场淘汰。近年来，主要央企集团和地方骨干民营企业通过推动老厂区搬迁、优化存量产能、内部资源整合、调整产品和产业结构，累计压缩、压减造船产能约2000万载重吨，船舶行业过剩产能得到有效压减。据统计，2018年中国造船产能利用监测指数（CCI）为607点。四是坚持创新驱动战略，船配产品研发取得新突破。2018年，全国船舶配套企业坚持创新驱动战略，努力提升产品制造能力和研发水平。关键核心技术研发取得突破，绿色环保智能低速柴油机、首台搭载废气再循环装置低速柴油机、首台国产25兆瓦双燃料燃气轮机发电机成功交验；关键配套产品研发水平有所提升，世界最大22000TEU集装箱船用曲轴成功下线，我国第一个自主可控的全球海事宽带卫星通信网络正式开通；优质产品品牌建设取得新进展，EX340系列超长冲程低速柴油机、ACD320双燃料发动机、CHD622船用高速大功率柴油机等自主品牌获得市场认可。

福建省规模以上铁路、船舶、航空航天和其他运输设备制造业主要经济指标

（2018年）

单位：亿元

主要指标	规模以上企业	大中型企业
企业单位数（个）	166	28
资产总计	344.98	240.92
固定资产净值	72.23	44.37
主营业务收入	290.72	143.23
利润总额	5.52	-4.69
利税总额	16.85	0.79

电气机械和器材制造业

截至2018年末，福建省规模以上电气机械和器材制造业共有规模以上工业企业668个，其中大中型企业129个；全年实现主营业务收入2193.75亿元，实现利润总额237.58亿元，实现利税总额295.54亿元。2018年福建省规模以上电气机械和器材制造业主要经济指标见下表。

福建电气机械和器材制造业经过多年的发展，产生了一批技术水平较高、竞争能力较强的名牌产品，如闽东电机、厦门中压开关柜、南平电线电缆、福州大通漆包线等。电机电器行业中“中小型电机、输配电设备、电线电缆、新能源电池”四大主要产业形成了初具规模的产业集群，即闽东电机电器产业集群，厦门输配电设备产业集群，南平电线电缆产业集群以及福安、南安电池产业集群，有力地支撑了行业的持续发展。其中，在近年国际市场不景气的背景下，宁德市出台一系列配套措施和实施方案，优化产业环境，助力企业创新，推动闽东电机电器产业向高端化、集群化和规模化发展。福安市政府出台多项配套政策措施，从龙头企业给予重点扶持，改制上市给予奖励，引进人才方面给予奖补，标准化厂房租金方面提供优惠，上缴税收、用电增长方面给予奖励，技术改造创新方面给予补助，融资方面帮助争取优惠利率和提供担保增信，基金方面给予协调支持，支持电机电器产业创新发展。众多企业也与中科院电工所、清华大学等高校和科研院所建立长期技术合作关系。同时，还通过新设立的福建省电机行业技术开发基地、福安电机工程研究院及6个研发中心，为电机电器企业提供技术开发和培训等服务，一批技术含量高、附加值高的电机电器产品纷纷面世，市场占有率在欧美高端市场保持30%以上的增速。目前，闽东电机产业形成了以福安市、福鼎市和东侨经济技术开发区为主的产业集聚区。产业基础不断夯实，产品结构日趋优化，产业质效也得到提升。截至2018年7月末，宁德市规模以上企业达299家，高新技术企业达14家，创新型企业达65家，全行业有数百家企业通过ISO9001、9002质量体系认证和美国UL认证等。此外，为推动和支持鼓励企业引进先进生产设备和工艺，提升企业核心竞争力，2019年，福安电机电器产业由“福建省外贸转型升级基地”升格入选为“国家级外贸转型升级基地”。

分企业观察，2018年，南平太阳电缆股份有限公司通过持续发展省内县级分销网络，积极发展省外代理网络，提升太阳电缆产品在县级市场的占有率，经过合并优化后福建省授权专卖店增加到160家，通过专卖店营销模式实现销售收入26.02万元，比上年增长3.8%；新增省外代理商37个，代理商数量增加到200个，省外销售大区8个，营销网络覆盖全国主要大中型城市。2018年，公司实现营业总收入51.05亿元，增长24.7%；实现利润总额1.62亿元，增长10.2%；实现净利润1.22亿元，增长10.2%。闽东电机集团股份有限公司全年实现营业收入2.54亿元，增长16.4%；截至2018年末，闽东电机资产总额达2.98亿元，比上年末增长1.5%。2018年6月，“闽东电机”商标被列入福建省重点培育和发展的国际知名品牌。

从全国看，2018年全国规模以上电气机械和器材制造业实现营业收入64643.30亿元，比上年增长6.7%；实现利润总额3758.00亿元，增长1.0%。

随着基础设施建设和电力能源投入的发展，我国电气成套设备需求量逐年增加，产品升级换代速度加快，型号也增多，技术性能有了明显的提高，生产设备及加工工艺有了明显改进。凭借比国外同类产品更高的性价比和服务优势，国产品牌已经在国内市场竞争中占据主导地位。从未来趋势看，电气机械和器材制造业将朝着信息化、集成化、智能化的方向发展。

福建省规模以上电气机械和器材制造业主要经济指标

（2018年）

单位：亿元

主要指标	规模以上企业	大中型企业
企业单位数（个）	668	129
资产总计	2277.14	1737.26
固定资产净值	391.80	306.73
主营业务收入	2193.75	1537.25
利润总额	237.58	189.09
利税总额	295.54	229.88

计算机、通信和其他电子设备制造业

截至2018年末，福建省规模以上计算机、通信和其他电子设备制造业共有规模以上工业企业607个，其中大中型企业187个；全年实现主营业务收入4087.82亿元，实现利润总额230.85亿元，实现利税总额297.29亿元。2018年，为推动全省工业数字经济创新发展，福建省政府办公厅发布了《关于加快全省工业数字经济创新发展的意见》提出，到2020年，产业规模持续壮大，电子信息产业规模超过1.2万亿元，年均增长12%以上。数字化转型效果明显，互联网、大数据、人工智能和实体经济深度融合，工业企业智能化改造步伐加快，示范应用加快推进，新模式、新业态不断涌现。2018年福建省规模以上计算机、通信和其他电子设备制造业主要经济指标见下表。

分主要产品观察，全年产量增长比较快的有：发光二极管（产量比上年增长1.4倍，下同）、智能手机（1.3倍）、液晶显示屏（25.1%）、锂离子电池（20.1%）、计算机整机（17.6%，其中平板电脑增长67.3%）、电子元件（17.0%）。

分企业观察，宸鸿科技保持全球触控组件龙头地位，冠捷、捷联、友达等下游企业年产值超过百亿元。为补齐产业链缺失环节，近年来全省持续引进一批重点项目，加快“填屏”步伐，其中天马微2017年底产值过百亿元，京东方2018年产值过百亿元，华佳彩于2018年6月实现3万片/月金属氧化物面板的设计产能。三安光电、乾照光电位居全国LED芯片竞争力前列，三安光电市场占有率达到全球第一。在中游封装领域，厦门华联电子、信达光电、开发晶、厦门多彩电子和天电等龙头企业实力较强。

从全国来看，2018年，我国电子信息制造业面对错综复杂的国内外形势，按照高质量发展要求，加快结构调整和转型升级，行业运行呈现总体平稳、稳中有进态势。各项指标实现较快增长，生产与投资增速在工业各行业中保持领先水平，出口形势明显好转，效益质量持续提升。2018年，全国计算机、通信和其他电子设备制造业完成工业增加值比上年增长13.8%；实现主营业务收入105966.20亿元，增长9.0%；利润总额为4781.00亿元，下降3.1%。截至2018年末，全国计算机、通信和其他电子设备制造业企业数为16656个，比上年末增长5.7%；资产总计达101613.20亿元，增长15.5%。

分行业观察，一是通信设备制造业。2018年，全国通信设备制造业工业增加值比上年增长13.8%，出口交货值增长12.6%，主营业务收入增长9.6%，受上年基数较高等因素影响，利润总额由上年增长38.0%转为下降11.8%。该行业主要产品中，手机产量比上年下降4.1%，其中智能手机下降0.6%。二是电子元件及电子专用材料制造业。2018年，全国电子元件及电子专用材料制造业完成工业增加值增长13.2%，出口交货值增长14.0%，主营业务收入增长10.9%，利润总额增长20.6%。主要产品中，电子元件产量增长12.0%。三是电子器件制造业。2018年，全国电子器件制造业完成工业增加值增长14.5%，出口交货值增长7.0%，主营业务收入增长9.9%，利润总额由上年的增长27.9%转为下降9.8%。主要产品中，集成电路产量增长9.7%。四是计算机制造业。2018年，全国计算机制造业完成工业增加值增长9.5%，出口交货值增长9.4%，主营业务收入增长8.7%，利润总额增长4.7%。主要产品中，微型计算机设备产量下降1.0%，其中笔记本电脑产量增长0.6%，平板电脑产量增长2.8%。

福建省规模以上计算机、通信和其他电子设备制造业主要经济指标

（2018年）

单位：亿元

主要指标	规模以上企业	大中型企业
企业单位数（个）	607	187
资产总计	3731.06	3256.33
固定资产净值	1099.64	1022.17
主营业务收入	4087.82	3463.53
利润总额	230.85	200.51
利税总额	297.29	255.43

仪器仪表制造业

截至2018年末，福建省规模以上仪器仪表制造业共有规模以上工业企业158个，其中大中型企业22个；全年实现主营业务收入231.65亿元，实现利润总额19.52亿元，实现利税总额25.14亿元。2018年福建省规模以上仪器仪表制造业主要经济指标见下表。

仪器仪表行业是高端装备制造行业中的重要子行业，主要应用于环境监测、交通管理、气象观测等领域。经过多年的发展，我国仪器仪表行业市场化程度较高，行业发展形势较好。据中国仪器仪表学会分析仪器分会公布的数据显示，截至2018年末，全国仪器仪表共有4355家企业，销售收入为8091.57亿元，比上年增长8.6%；实现利润总额780.49亿元，增长6.9%；利润率9.7%，下降0.2个百分点；销售收入增长对毛利增长的贡献率为98.0%，毛利率上升0.04个百分点，贡献度为2.0%；出口交货值1295.39亿元，增长3.9%。

分行业观察，工业自动控制系统装置制造业是仪器仪表制造业中的主要子行业。2018年，工业自动控制系统装置制造业效益较好，实现主营业务收入达3383.49亿元，比上年增长11.3%，占全行业比重为41.8%；实现利润总额326.91亿元，增长9.7%，占全行业41.9%；出口交货值292.92亿元，增长2.6%，占全行业比重为22.6%。电工仪器仪表制造业实现主营业务收入601.94亿元，增长4.9%，占全行业比重为7.4%；实现利润总额46.17亿元，下降18.0%，占全行业比重为5.9%；出口交货值79.88亿元，增长4.6%，占全行业比重为6.2%。实验分析仪器制造业实现主营业务收入318.33亿元，增长8.0%，占全行业比重为3.9%；实现利润总额45.46亿元，增长20.2%，占全行业比重为5.8%；出口交货值62.65亿元，增长16.5%，占全行业比重为4.8%。光学仪器制造业实现主营业务收入531.42亿元，增长14.9%，占全行业比重为6.6%；实现利润总额60.49亿元，增长23.2%，占全行业比重为7.8%；出口交货值196.96亿元，增长3.7%，占全行业比重为15.2%。

从全国发展趋势看，未来有五大有利因素将促进仪器仪表行业发展。一是国家产业政策支持。进入"十三五"以来，《"十三五"先进制造技术领域科技创新专项规划》《国家环境保护标准"十三五"发展规划》《"十三五"国家战略性新兴产业发展规划》《国务院关于印发"十三五"国家科技创新规划的通知》均对仪器仪表、测量技术的发展进行了扶持和鼓励，有利于测量测试仪器仪表行业的发展。二是"一带一路"沿线国家对电力检测仪器仪表有着蓬勃需求。未来十年，全球电力领域投资金额将达7.2万亿美元，而其中"一带一路"沿线国家的投资规模将超过万亿美元，这将为我国电力电工类的测量测试仪器仪表产品创造庞大的市场。三是国内环境监测体系日渐完善。近年来，全国相继出台了一系列强化污染防治的措施，环保监测因子不断拓展，环境监测体系日渐完善。对一系列的大气监测设备，如多功能的空气质量检测仪、VOCs检测仪、温湿度测试仪、CO检测仪等产品及配套服务有着良好的市场机遇。四是医疗理念和方式的转变。未来，具备APP、智能监控等智能化功能是家用医疗测量测试仪器生产商增强用户黏性的关键因素。而且随着我国人口老龄化趋势、健康管理意识不断强化，家用医疗测量测试仪器的需求将不断加大。五是行业技术水平不断提升。目前，各种新型测量仪器在基本的测量功能之外，拥有越来越强的智能处理能力，能够承担自动调零、自校准、自标定功能，同时能对被测量信号进行信号处理，具备逻辑判断和信息处理能力。这些智能化设备的开发与传感器技术、芯片技术、信号处理等技术快速发展息息相关，传感器技术与算法、程序相结合的模块化开发，大大拓展了仪器仪表的应用深度和广度。

福建省规模以上仪器仪表制造业主要经济指标

（2018 年）　　　　单位：亿元

主要指标	规模以上企业	大中型企业
企业单位数（个）	158	22
资产总计	174. 31	62. 42
固定资产净值	25. 63	11. 90
主营业务收入	231. 65	85. 61
利润总额	19. 52	7. 91
利税总额	25. 14	9. 92

（摘编：福建省企业信息中心）

福建省建筑业概况

2018年，福建省建筑业持续保持较快速度增长，全省共完成建筑业总产值11549.00亿元，跃居全国第7位；增幅达15.6%，位居全国第3位。全年建筑业完成增加值3080.96亿元，现价增幅13.8%，可比价增幅6.7%。福州、厦门和泉州分别完成产值3938.00亿元、2165.00亿元和1784.00亿元，占全省总产值的68.3%。漳州、龙岩、泉州产值增幅居全省前列，分别为18.1%、18.0%、17.0%。八个建筑之乡继续发挥产业龙头作用，完成建筑业总产值3306.61亿元，占全省总量的28.6%。全省特级、一级总承包资质企业完成建筑业总产值6063.98亿元，占全省总量的52.5%。拓展省外市场成效显著，全省完成省外产值5014.00亿元，比上年增长19.7%，占全省建筑业总产值的43.4%，比上年提高了1.5个百分点。省外入闽建筑业企业在福建省完成产值952.00亿元，占在地建筑业总产值的12.7%。全年新签合同额13708.00亿元，增长20.6%。2017—2018年福建省建筑业企业主要经济指标见下表。

为了适应把握引领经济发展新常态，加快推进建筑业转型升级，促进建筑业持续健康发展，福建省住房和城乡建设厅印发了《2018年福建省建筑业工作要点》。该《工作要点》提出：一是推广新型建造方式。贯彻落实省政府办公厅《关于大力发展装配式建筑的实施意见》，推进建筑产业现代化工程包投资建设，新开工建设装配式建筑面积不少于600万平方米。推动龙岩、莆田、南平、宁德、平潭等地加快建成投产装配式建筑产业基地，实现全省各设区市基地全覆盖，力争全年实现新增预制混凝土构件（PC构件）产能100万立方米以上。加快标准体系建设和技术研发，推广使用装配式建筑部品部件。研究制定福建省装配式建筑评价标准，推行装配式建筑信息化管理，开发建设信息管理平台，实现全省装配式建筑全过程管理信息追踪和维护。组织开展装配式建筑业务培训和现场观摩会，加强行业人员培训，加大力度开展装配式建筑宣传。二是规范建筑市场秩序。完善福建省建设行业信息公开平台，推进工程建设领域信息共享公开，提升监管信息化水平。修订建筑施工企业信用评价标准，优化评价指标。制定工程履约担保体系试点项目建设单位信用评价办法，组织福州、厦门开展试点工作。推行项目劳务实名制管理，完善防止农民工工资拖欠长效机制。实施建筑市场“黑名单”制度。落实建筑市场“双随机”动态监管机制，完善与司法机关“两法”衔接机制，形成合力，联合打击违法发包、工程转包、挂靠、违法分包等建筑市场违法行为。三是健全工程招投标制度。在房屋建筑和市政基础设施工程全面实施电子化招标投标，适时推行远程异地评标。优化省公共资源交易电子行政监督平台，推行招投标监管电子化，调整招投标投诉受理方式。研究制定工程货物评标办法，出台工程总承包招投标指导意见，结合装配式建筑的实施，完善装配式建筑招投标政策。出台取消工程建设项目招标代理机构资格认定加强事中事后监管的规范性文件。组织开展招标代理机构信用评价，制定信用评价结果应用办法，规范招标代理机构行为。四是加强工程计价管理。是进一步充实建筑新业态计价依据，颁布房屋建筑工程和装配式建筑工程概算定额。补充完善工程总承包、装配式建筑、综合管廊、海绵城市、绿色建筑等新业态计价依据。调整《福建省建设工程造价电子数据交换导则》，适应电子化招投标监管的需要。出台福建省人工材料设备机械数据标准，通过工料机数据平台发布材料市场价格，加强与第三方合作，推进造价信息共建共享。完善造价咨询企业信用综合评价系统，组织开展造价咨询企业信用综合评价，研究制定信用综合评价结果运用办法。继续完善定额问题解答与造价纠纷调解网络平台，进一步提升定额解答服务水平。

从全国看，2018 年，全国建筑业企业（指具有资质等级的总承包和专业承包建筑业企业，不含劳务分包建筑业企业，下同）完成建筑业总产值 23.50 万亿元，比上年增长 9.9%；完成竣工产值 12.10 万亿元，增长 3.4%；签订合同总额 49.40 万亿元，增长 12.5%，其中新签合同额 27.30 亿元，增长 7.1%；房屋施工面积 140.90 亿平方米，增长 7.0%；完成房屋竣工面积 41.40 亿平方米，下降 1.3%；实现利润 8104.00 亿元，增长 8.2%。截至 2018 年末，全国有施工活动的建筑业企业 95400 个，比上年末增长 8.3%；从业人数 5563.30 万人，增长 0.5%；按建筑业总产值计算的劳动生产率为 37.30 万元/人，增长 7.4%。

注：本文数据均为快报数。

福建省建筑业企业主要经济指标

（2017—2018 年）

项　　目	2017	2018
一、企业单位数（个）	4668	5581
二、总产值（亿元）	10478.31	11941.56
竣工产值	5436.37	7524.64
三、房屋施工面积（万平方米）	65711.82	72704.00
#本年新开工	22064.13	24959.34
四、房屋竣工面积（万平方米）	16895.04	17644.24
#住宅	10851.18	11509.56
五、年末从业人员（万人）	464.50	488.76
六、全员劳动生产率（元/人）		
按总产值计算	225584	244332
七、工资总额（亿元）	2411.64	3088.42
八、财务指标（亿元）		
资本金合计	1532.61	1738.66
流动资产年末数	4527.86	5415.35
固定资产原值	669.79	714.45
企业总收入	9136.61	10284.93
工程结算收入	9068.35	10176.50
工程结算成本	8236.02	9260.61
利润总额	341.85	393.80
利税总额	708.62	845.25

（摘编：福建省企业信息中心）

福建省服务业概况

批发和零售业

2018年，福建省社会消费品零售总额14317.43亿元，比上年增长10.8%。按销售单位所在地统计，城镇消费品零售额12895.72亿元，增长10.5%；乡村消费品零售额1421.71亿元，增长13.3%。按消费形态统计，商品零售额12869.97亿元，增长10.9%；餐饮收入额1447.46亿元，增长10.0%。

在限额以上企业商品零售额中，建筑及装潢材料类零售零售额比上年增长27.9%，粮油食品类增长21.4%，服装鞋帽针纺织品类增长19.7%，金银珠宝类增长19.2%，家具类增长18.6%，文化办公用品类增长15.7%，化妆品类增长13.7%，石油及制品类增长11.5%，日用品类增长11.1%，家用电器和音响器材类增长9.6%，汽车类增长7.7%，体育、娱乐用品类增长7.4%，通讯器材类增长4.6%。

全年限额以上批发和零售企业实现网上商品零售额995.55亿元，比上年增长19.5%，拉动全省社会消费品零售总额增长1.3个百分点，占全省社会消费品零售总额的比重为7.0%，比上年提高0.6个百分点。

分企业观察，福建东百集团是一家拥有62年历史的公司，现已发展成为商业零售及仓储物流双轮驱动的模式，公司商业零售的经营模式主要包括联营、自营和租赁。2018年，公司来自商业零售业务的收入为18.90亿元，占总收入的比例超六成，比上年增长49.6%。其中，福州地区百货商场零售收入增长55.4%，福州地区购物中心零售收入增长17.6%，厦门地区购物中心零售收入下降24.1%。2019年，公司将持续推进商业零售调改升级，进一步优化组织架构、创新管理方式，推动商业零售与仓储物流的有机融合深化与京东集团等企业的战略合作，探索线上与线下业务有效协同的发展路径；搭建数据化平台，挖掘数据在线下体验的价值；在巩固福建商业零售领军地位的同时，开拓全国的商业零售市场。

新华都购物广场股份有限公司于2008年在深圳证券交易所成功上市。作为一家上市零售企业，在长期经营过程中，新华都购物广场股份有限公司逐步形成超市（含邻聚）、百货、体育、海物会以及久爱致和电子商务等业态格局。2018年，公司营业收入68.50亿元，实现扭亏为盈。其中，直营店营业收入52.93亿元，占公司营业收入的77.3%；第三方销售平台的交易额（GMV）为13.11亿元，营业收入为11.30亿元。截至2018年末，公司门店数为143家，其中超市127家、百货7家、体育9家。

从全国看，全年社会消费品零售总额380987亿元，比上年增长9.0%。按销售单位所在地统计，城镇消费品零售额325637亿元，增长8.8%；乡村消费品零售额55350亿元，增长10.1%。按消费形态统计，商品零售额338271亿元，增长8.9%；餐饮收入额42716亿元，增长9.5%。

在限额以上企业商品零售额中，粮油、食品类零售额比上年增长10.2%，饮料类增长9.0%，烟酒类增长7.4%，服装、鞋帽、针纺织品类增长

8.0%，化妆品类增长9.6%，金银珠宝类增长7.4%，日用品类增长13.7%，家用电器和音像器材类增长8.9%，中西药品类增长9.4%，文化办公用品类增长3.0%，家具类增长10.1%，通讯器材类增长7.1%，建筑及装潢材料类增长8.1%，石油及制品类增长13.3%，汽车类下降2.4%。

2018年，全国实物商品网上零售额70198亿元，比上年增长25.4%，占社会消费品零售总额的比重为18.4%，比上年提高3.4个百分点。

注：本文数据均为快报数。

铁路、道路、水上、航空运输业

2018年，面对复杂严峻的国内外环境，福建省交通运输行业坚决贯彻省委省政府以及交通运输部的决策部署，凝心聚力，攻坚克难，实现了全省交通运输高位运行、稳中有进的良好局面。

一、基础设施不断完善

（一）公路

截至2018年末，全省公路里程108901.28公里，比上年末增加889.67公里。公路密度89.70公里/百平方公里，增加0.73公里/百平方公里。全省公路养护里程108901.28公里，占公路里程的100%。

全省四级及以上等级公路里程92463.73公里，比上年末增加1166.89公里，占公路总里程的84.9%，比上年末提高0.38个百分点，其中二级以上公路里程17393.37公里，增加525.12公里，占公路总里程16.0%，提高0.35个百分点。全省海西高速公路网里程5344.04公里，比上年末增加116.29公里。国道10727.10公里（其中高速公路3647.82公里），省道5426.89公里（其中高速公路1481.99公里），专用公路122.71公里，农村公路92624.57公里（其中县道15123.53公里、村道35596.49公里）。

（二）水路

内河航道方面，截至2018年末，全省内河航道里程3245.28公里。其中，等级航道1268.65公里，占总里程的39.1%（其中四级及以上高等级航道443.8公里，占总里程的13.7%）。各等级内河航道通航里程分别为：一级航道107.84公里，二级航道20.25公里，三级航道52.05公里，四级航道263.66公里，五级航道204.57公里，六级航道46.18公里，七级航道574.1公里。各水系内河航道通航里程分别为：闽江水系1972.8公里，九龙江水系454.43公里，其他水系818.05公里。

港口方面，截至2018年末，全省港口拥有生产用码头泊位524个，比上年末减少64个。其中，沿海生产用码头泊位482个，减少20个（其中新建等增加15个，报废等核减35个）；内河港口生产用码头泊位42个，减少44个（报废等核减44个）。

全省（沿海）港口拥有万吨级及以上泊位181个，比上年末增加10个。其中1万—3万吨级（不含3万吨级）泊位66个，3万—5万吨级（不含5万吨级）泊位28个，5万—10万吨级（不含10万吨级）泊位55个，10万吨级以上泊位32个，分别比上年增加2个、1个、5个、2个。

全省万吨级及以上泊位中，专业化泊位94个，通用散货泊位43个，通用件杂货泊位17个，比上年末分别增加3个、5个、2个。

（三）民航

截至2018年末，全省共有颁证民用航空机场6个，与上年末持平。

（四）铁路

截至2018年末，全省铁路营业里程3509.5公里，比上年末增长10.1%，货物量3517.72万吨公里，增长10.8%。

二、运输能力日益增强

（一）公路运输

2018年，全省完成营业性客运量3.41亿人、212.04亿人公里，比上年分别下降9.3%、6.9%。完成营业性货运量9.66亿吨、货物周转量1289.52亿吨公里，分别增长1.0%和6.2%。

（二）城市客运

截至2018年末，全省拥有公共汽电车运营线路1907条，运营线路总长度33128.3公里，比上年末增加126条、1947.1公里。其中，公交专用车道246.2公里，增加33.4公里；BRT线路长度60.4公里，与上年末持平。全省轨道交通运营线路2条，运营线路总长度53.6公里，减少2.9%。城市客运轮渡运营航线9条，减少1条；运营航线总长度62公里，减少7.5公里。

全年完成城市客运量287584万人次，比上年下降5.7%。其中，公共汽电车完成216581万人次，下降4.8%（其中BRT客运量9801万人次，下降10.3%）；公共汽电车运营里程10.84亿公里，增长0.8%；轨道交通完成10252万人次，运营里程3214.8万车公里，增长145.9%；巡游出租车完成57726万人次，下降17.3%；客运轮渡完成3026万人次，增长1.6%。

（三）水路运输

2018年，全省完成客运量1928.64万人，比上年增长0.2%；旅客周转量2.75亿人公里，下降1.1%。全省完成货运量3.69亿吨、货运周转量6209.37亿吨公里，分别增长10.2%和14.4%。其中，内河运输完成货运量2592万吨、货物周转量15.73亿吨公里；沿海运输完成货运量3.30亿吨、货物周转量5746.27亿吨公里；远洋运输完成货运量1245万吨、货物周转量447.37亿吨公里。

（四）对台运输

2018年，全省闽台海上直航完成客运量215.37万人，比上年增长10.1%；完成货物吞吐量1827.96万吨，增长2.3%；集装箱吞吐量76.81万个标准箱，增长4.7%。完成闽台空中直航客运量94.74万人次，增长8.2%。直接通邮完成函件量203.58万件，下降11.1%。

（五）民航运输

2018年，全省民航完成旅客运输量3329.82万人次、553.29亿人公里，比上年分别增长11.6%和14.8%；完成货邮运输量26.98万吨、6.64亿吨公里，分别增长9.1%和23.1%；完成旅客吞吐量4944.22万人次，比上年增长14.6%；完成货邮吞吐量54.42万吨，增长3.7%。

（六）铁路运输

2018年，全省铁路客货运输增长，完成旅客发送量1.21亿人，比上年增长4.1%；货物发送量3517.72万吨，增长10.8%。

三、安全生产形势持续稳定

2018年，全省交通运输系统安全生产形势持续稳定，各项安全生产指标均控制在省政府下达的年度考核指标之内。道路运输发生客运事故31起，死亡34人、受伤16人，事故起数、死亡人数和受伤人数同比分别下降8.8%、17.1%、20.0%。其中，发生较大事12起，死亡3人，事故起数占省政府年度考核指标的20%。内河水上交通未发生事故，无人员死亡。公路水路建设领域全年发生生产安全事故2起，死亡2人。综治内保全年未发生刑事案件、危害国家安全和社会政治稳定的案（事）件、职工违法犯罪、不稳定事端和突发事件。

四、固定资产投资加强

2018年，全省完成公路水路交通固定资产投资907.44亿元，比上年下降1.1%。其中，全省53个扶贫县完成公路水路交通固定资产投资514.50亿元，增长2.9%。

（一）公路建设

2018年，全省完成公路建设投资734.14亿元，比上年下降1.9%。其中，高速公路建设完成投资311.14亿元，下降4.9%。普通公路完成投资423.00亿元，增长0.4%，其中：国省道建设完成投资181.08亿元，建成350公里；农村公路网建设与改造完成投资84.27亿元，增长37.7%，完成农村公路建设改造2811公里。53个扶贫县完成公路建设投资469.36亿元，增长0.8%。

（二）水运建设

2018年，全省水运工程完成投资投资106.04亿元，比上年增长1.5%。其中，港口项目94.96亿元，增长4.1%；航道项目11.08亿元，下降16.7%，新增货物通过能力3363万吨（其中新建等增加3658万吨，报废等核减295万吨）。53个扶贫县完成水运建设投资31.04亿元，增长75.7%。

（三）运输站场建设

2018年，全省运输站场建设完成投资35.51亿元，比上年增长2.7%。其中运输枢纽站场建设完成投资34.19亿元，增长1.5%；乡镇综合运输服务站建设完成投资1.31亿元，增长48.3%。53个扶贫县完成站场建设投资14.11亿元。

（四）交通支持系统建设

2018年，全省交通支持系统建设完成投资1.36亿元，比上年下降51.1%。其中，信息化项目5085万元，港口支持保障（装备、基地项目）建设6728万元，交通综合执法建设1795万元。

（五）铁路建设

据福建省国资委公布的数据显示，2018年，全省在建合资铁路完成投资218.50亿元，完成年度计划的100%。其中，福平铁路完成投资22亿元，完成年度计划的100%；南龙铁路完成投资13亿元，完成100%；衢宁铁路（福建段）完成投资23亿元，完成100%；浦梅铁路（建宁至冠豸山段）完成投资29亿元，完成100%；兴泉铁路（福建段）完成投资65亿元，完成100%；福厦铁路客运专线完成投资65亿元，完成100%。合福铁路完成投资1.5亿元，完成100%。

（六）公共运输配套设施建设

2018年，全省公共运输配套设施建设完成投资30.39亿元，比上年增长11.2%。其中，城市公交车车辆更新购置18.51亿元，公交站场建设5.19亿元，客运车辆更新购置1.95亿元，货运车辆购置4.74亿元。

注：以上除铁路部分的数据均来自2018年福建省交通运输行业发展统计公报。

邮政业

2018年，福建省邮政业实现了持续健康发展，保持了总体平稳、稳中有进的良好态势。全省邮政行业业务总量近500亿元，收入突破250亿元，快递业务量突破20亿件，对全省经济社会发展的贡献率明显增强。

2018年，福建省邮政行业业务总量499.04亿元，比上年增长27.0%。全年邮政行业业务收入（不包括邮政储蓄银行直接营业收入）259.54亿元，增长21.6%。邮政寄递服务业务量完成9.19亿件，增长2.0%；邮政寄递服务业务收入完成13.23亿元，下降7.9%。函件业务量完成0.93万件，下降19.6%。包裹业务量完成56.61万件，下降11.7%。订销报纸业务完成70206.08万份，增长0.5%。订销杂志业务完成2626.36万份，下降9.4%。汇兑业务完成55.44万笔，下降39.9%。

2018年，全省快递服务企业业务量完成21.16亿件，比上年增长27.4%；快递业务收入完成206.68亿元，增长27.6%。快递业务收入占行业总收入的比重为79.6%，比上年提高3.7个百分点。其中，同城快递业务量完成2.97亿件，增长35.9%；实现业务收入21.83亿元，增长34.1%。异地快递业务量完成17.78亿件，增长26.1%；实现业务收入125.11亿元，增长29.9%。国际/港澳台快递业务量完成0.41亿件，增长27.2%；实现业务收入26.91亿元，增长14.9%。

分注册类型观察，2018年，全省国有快递企业业务量完成2.13亿件，实现业务收入28.57亿元；民营快递企业业务量完成18.86亿件，实现业务收入166.71亿元；外资快递企业业务量完成0.18亿件，实现业务收入11.41亿元。国有、民营、外资快递企业业务量市场份额分别为10.1%、89.1%和0.8%，业务收入市场份额分别为13.8%、80.7%和5.5%。

截至2018年末，全省邮政行业拥有各类营业网点10255处，其中设在农村的3575处；快递服务营业网点8782处，其中设在农村的2559处；全省拥有邮政信筒信箱7584个，比上年末减少655个；全省拥有邮政报刊亭总数448处，减少230处。

截至2018年末，全省邮政邮路总条数1040条，比上年末增加84条。邮路总长度（单程）712096公里，增加255380公里。全省邮政农村投递路线3481条，增加196条；农村投递路线长度

（单程）102319公里，增加3598公里。全省邮政城市投递路线1909条，减少15条；城市投递路线长度（单程）41175公里，增加170公里。全省快递服务网路条数4790条；快递服务网路长度（单程）1321285公里。

从全国看，2018年，邮政行业业务总量12345.20亿元，比上年增长26.4%。邮政行业业务收入（不包括邮政储蓄银行直接营业收入）7904.70亿元，增长19.4%。邮政寄递服务业务量累计完成237.10亿件，增长0.6%；邮政寄递服务业务收入累计完成368.30亿元，增长4.2%。函件业务量完成26.70亿件，下降15.2%。包裹业务量完成2407.60万件，下降9.4%。订销报纸业务完成172.80亿份，下降2.2%。全年订销杂志业务完成7.70亿份，下降2.2%。汇兑业务完成2520万笔，下降32.7%。

2018年，全国快递服务企业业务量完成507.10亿件，比上年增长26.6%；快递业务收入完成6038.40亿元，增长21.8%。占行业总收入的比重为76.4%，提高1.5个百分点。全年同城快递业务量完成114.10亿件，增长23.1%；实现业务收入904.70亿元，增长23.6%。全年异地快递业务量完成381.90亿件，增长27.5%；实现业务收入3101.90亿元，增长23.4%。全年国际/港澳台快递业务量完成11.10亿件，增长34.0%；实现业务收入585.70亿元，增长10.7%。同城、异地、国际/港澳台快递业务量占全部比例分别为22.5%、75.3%和2.2%，业务收入占全部比例分别为15.0%、51.4%和9.7%。

分区域观察，东、中、西部地区各项快递业务均保持了持续稳定的增长势头，中、西部地区业务增长持续提速，市场份额继续上升。全年东部地区完成快递业务量405.00亿件，比上年增长24.6%；实现业务收入4830.80亿元，增长20.4%。中部地区完成快递业务量62.40亿件，增长34.8%；实现业务收入678.00亿元，增长26.9%。西部地区完成快递业务量39.70亿件，增长35.5%；实现业务收入529.60亿元，增长28.9%。东、中、西部地区快递业务量比重分别为79.9%、12.3%和7.8%，快递业务收入比重分别为80.0%、11.2%和8.8%。

分省市观察，快递业务量收排名前五位的省份合计在全国占比较上年有所下降。快递业务量排名前五位的省份依次是广东、浙江、江苏、上海和北京，其快递业务量合计占全部快递业务量的比重达到65.4%，比上年下降2.1个百分点。快递业务收入排名前五位的省份依次是广东、上海、浙江、江苏和北京，其快递业务收入合计占全部快递业务收入的比重达到66.6%，下降1.9个百分点。

分城市观察，快递业务量排名前十五位的城市依次是广州、金华（义乌）、上海、深圳、杭州、北京、东莞、苏州、成都、泉州、揭阳、武汉、温州、宁波和南京，其快递业务量合计占全部快递业务量的比重达到57.5%。快递业务收入排名前十五位的城市依次是上海、广州、深圳、北京、杭州、金华（义乌）、东莞、苏州、成都、武汉、天津、南京、宁波、泉州、郑州，其快递业务收入合计占全部快递业务收入的比重达到60.8%。

注：以上数据均来自2018年全国及福建省邮政业统计公报。

福建省邮政业业务基本情况

（2017—2018年）

项　　目	2017	2018
函件（亿件）	1.16	0.93
邮政业务总量（亿元）	392.86	499.04
快递业务量（万件）	166110.69	211613.44
集邮业务（万枚）	5112.36	3591.63

住宿和餐饮业

截至2018年末，福建省拥有限额以上住宿和餐饮业企业2059个，比上年末增长7.4%。全年实现营业收入482.44亿元，比上年增长16.6%。

一、住宿业

截至2018年末，全省拥有限额以上住宿业企业967个，床位数213091个，餐位数370772位。企业以私营企业为主，私营企业数占全省限额以上住宿业企业的比重为64.0%，床位数比重为53.8%，餐位数比重为51.7%。全年限额以上住宿业企业实现营业额2407258万元。

截至2018年末，全省共有星级饭店323家，比上年末减少了12家。分设区市看，泉州市拥有78家，数量居全省首位，其次是厦门市，拥有63家，再次是福州市，拥有42家。分星级看，五星级50家、四星级146家、三星级115家、二星级11家、一星级1家。其中，厦门市拥有五星级饭店18家，居全省首位，泉州市13家，居第2位，福州市8家，居第3位。泉州市拥有四星级饭店34家，居全省首位，厦门市23家，居第2位，福州市21家，居第3位。

从全国看，2018年第四季度，全国星级饭店统计管理系统中共有星级饭店10375家，8842家星级饭店通过省级文化和旅游行政部门审核，其中包括一星级54家，二星级1457家，三星级4209家，四星级2315家，五星级807家。

在全国50个重点旅游城市中，共有3414家星级饭店通过省级文化和旅游行政部门数据审核。其中，五星级饭店563家，占全国五星级饭店总数的69.8%；四星级饭店1050家，占全国四星级饭店总数的45.4%；三星级饭店1388家，占全国三星级饭店总数的33.0%；二星级饭店402家，占全国二星级饭店总数的27.6%；一星级饭店11家，占全国一星级饭店总数的20.8%。

二、餐饮业

截至2018年末，全省拥有限额以上餐饮业企业1092个，营业面积1859631平方米，餐位数625108位。企业也是以私营企业为主，私营企业数占全省限额以上餐饮业企业的比重为81.9%，床位数比重为64.9%，餐位数比重为74.3%。全年限额以上餐饮业企业实现营业额2417114万元。

面对新的形势，全省餐饮业企业不断转变经营方式，积极创新发展，促进餐饮市场结构优化，餐饮市场日趋活跃。2018年，全省社会消费品零售总额中，餐饮收入达1447.46亿元，比上年增长10.0%，增幅比上年提高1.1个百分点，拉动全省社会消费品零售总额增长1.0个百分点，比上年提高0.1个点。

从全国看，中国饭店协会发布的《2019中国餐饮业年度报告》显示：2018年，全国餐饮收入42716亿元，比上年增长10.7%，高于同期社会消费品零售总额增速。从排名看，在消费升级和互联网新技术的推动下，餐饮业态细分、模式创新成为新的趋势，正餐企业前五十强企业营业额合计超过1100亿元。从营业额增长率、门店数量增长情况、营业面积变动、员工数量变动、门店变动等指标来看，较大规模的餐饮企业规模持续扩大，中大型企业仍然处于持续扩张阶段，餐饮业集中化程度不断提升，品牌企业影响力不断扩大。分业态看，餐饮业大众消费已经达到80%，快餐、团餐、火锅、小吃、商场餐饮、休闲餐饮生意红火。正餐高质量、特色化发展特点明显；团餐成为增长最快的餐饮业态；火锅品类增长放缓，直营成为主流；快餐在中央厨房和供应链支持下集中度不断提高；在线外卖市场保持高速增长；新餐饮成为行业创新主要驱动力。

电信业

2018年，福建省信息通信业深化服务“数字福建”建设，行业发展开创新局面。据初步统计，全省基础电信业完成业务总量2027亿元，比上年增长125.9%；完成业务收入447亿元，其中非话业务收入393亿元，占全部收入比重的87.7%；完成投资106亿元，超额完成6%。

截至2018年末，全省电话用户总数达5286万户，其中移动电话4554万户，4G用户3633万户；互联网用户达5474万户，其中固定宽带用户1629万户，移动互联网用户3845万户；固定宽带家庭普及率达到116%，居全国第2位，移动宽带用户普及率达到101%，居全国第8位。接入备案网站17.1万个，居全国第7位；主办者共备案网站19.5万个，居全国第10位；域名注册总量超过1000万。

2018年，全省加快信息通信基础设施建设，全面支撑数字经济新发展，持续推进宽带网络提速降费。截至2018年末，全省城市光网覆盖率达265%，城市光端口占比达98%，100M以上宽带用户占比达74%，建成高水平光网城市。深化4G网络覆盖，推进通信站址补盲增强。跟进发展5G网络和应用试验，先后启动5G基站、小规模组网基站、SA（独立组网）5G实验网建设并拓展相关应用。加大降费力度，全面取消手机流量“漫游”费，惠及用户2636万户，家庭宽带、中小企业专线、手机流量上网费用降幅分别达48%、34%、51%。同时，优化福州国家级互联网骨干直联点。互联带宽由双向180G扩展至540G，互联网省际出口带宽达到20T，比上年增长95%。建成“宽带地图”监测系统，全省固定宽带平均接入速率达90M，4G用户平均接入速率达49M。深入实施缩小数字鸿沟行动。率先开展海岛电信普遍服务试点，全面完成三批次3891个试点行政村的建设任务，实现全省行政村光纤和4G通达。

从全国看，2018年全国电信业务总量达到65556亿元（按照2015年不变单价计算），比上年增长137.9%。电信业务收入累计完成13010亿元，增长3.0%。其中，固定通信业务收入完成3876亿元，增长9.1%，在电信业务收入中占29.8%，占比较上年提高1.7个百分点；移动通信业务实现收入9134亿元，增长0.6%，在电信业务收入中占70.2%。

在互联网应用的替代作用及取消长途漫游资费双重影响下，2018年，话音业务收入完成1776亿元，比上年下降25.7%，在电信业务收入中的占比降至13.7%，比上年下降4.2个百分点。

融合业务快速发展，数据和互联网业务收入占比稳步提高。2018年，固定数据及互联网业务收入完成2072亿元，比上年增长5.1%，在电信业务收入中占比由上年的15.6%提升到15.9%；移动数据及互联网业务收入6057亿元，增长10.2%，在电信业务收入中占比从上年的43.5%提高到46.6%。IPTV业务收入比上年增长19.4%；物联网业务收入比上年大幅增长72.9%。

2018年，全国电话用户净增1.37亿户，总数达到17.5亿户，比上年末增长8.5%。全年净增移动电话用户达到1.49亿户，总数达到15.7亿户，移动电话用户普及率达到112.2部/百人，比上年末提高10.2部/百人。全国已有24个省市的移动电话普及率超过100部/百人。固定电话用户总数1.82亿户，比上年末减少1151万户，普及率为13.1部/百人。

截至2018年末，全国移动宽带用户（即3G和4G用户）总数达13.1亿户，全年净增1.74亿户，占移动电话用户的83.4%。4G用户总数达到11.7亿户，全年净增1.69亿户。三家基础电信企业的固定互联网宽带接入用户总数达4.07亿户，全年净增5884万户。其中，光纤接入（FTTH/O）用户3.68亿户，占固定互联网宽带接入用户总数的90.4%，较上年末提高6.1个百分点。宽带用户持续向高速率迁移，100Mbps及以上接入速率的固定互联网宽带接入用户总数达2.86亿户，占固定宽带用户总数的70.3%，占比较上年末提高31.4个百分点。

软件和信息技术服务业

近年来，福建省软件产业健康快速发展。福州市利用获批“中国软件特色名城”有利契机，加强组织领导，精准制定政策，强化项目招商，加快园区建设，一大批软件和信息技术服务业平台和配套设施如雨后春笋般发展壮大，全方位推动软件和信息技术服务业加快发展。2018年，福州市软件业实现主营业务收入1360亿元，比上年增长16.2%，约占全省的47%。厦门火炬高新区软件与信息服务业营业收入突破1000亿元。2019年6月，由中国电子信息行业联合会公布了“2019软件与信息技术服务综合竞争力百强企业”，其中，福州福大自动化科技有限公司（位居第40位）、新大陆科技集团有限公司（位居第42位）、福建网龙计算机网络信息技术有限公司（位居第47位）、厦门信息集团有限公司（位居第75位）、厦门吉比特网络技术股份有限公司（位居第82位）、厦门市美亚柏科信息股份有限公司（位居第99位）。

为了落实《福建省人民政府关于深化“互联网+先进制造业”发展工业互联网的实施意见》，2019年3月4日，福建省工业和信息化厅出台了《关于加快工业软件产业发展七条措施的通知》（闽工信政法〔2019〕39号），将重点扶持工业软件产业发展，支持有条件的区域发展工业软件园区，引导软件企业面向工业企业提供软件与信息技术服务，支持先进制造企业输出领先的行业信息化解决方案，培育壮大工业软件企业主体；通过资金补助等形式，支持工业企业通过主辅分离、投资入股、自主创新等多种形式发展工业软件，支持软件和信息技术服务企业大力发展工业软件；大力推广和应用具有自主创新技术的首版次工业软件，支持工业软件企业参与省外公开招标，对省内工业企业选用省内工业软件或自行研发工业应用软件进行改造升级的予以补助；重点培育安全可靠的工业互联网App、通用工业App和企业专用工业App，支持优秀工业App及应用解决方案在行业内的推广应用。此外，《通知》还从完善工业软件的人才和公共技术服务体系、加大财政和金融扶持力度、加强统筹协调与分工合作等方面出台具体举措，为福建省工业软件行业加快发展营造良好的环境。

从全国看，2018年，软件和信息技术服务业总体保持平稳较快发展，产业规模进一步扩大，盈利能力稳步提升，行业就业形势保持稳定，产业服务化、平台化、融合发展态势更加明显，主要呈现以下特点。

一是产业规模进一步扩大。截至2018年末，全国软件和信息技术服务业规模以上企业3.78万家，比上年末增加2881家，全年完成软件业务收入63061亿元，比上年增长14.2%。据国家统计局数据显示，2018年信息传输、软件和信息技术服务业增加值比上年增长30.7%，增速居国民经济各行业之首，占GDP比重达3.6%，已成为经济平稳较快增长的重要推动力量。

二是盈利能力稳步提升。2018年，全国软件和信息技术服务业实现利润总额8079亿元，比上年增长9.7%。从重点监测的龙头软件企业看，利润总额增长19.6%，销售利润率9.2%，全行业正在形成具有实力的大企业和充满活力的小企业协同发展的良好局面。

三是从业人数平稳增加。截至2018年末，全国软件和信息技术服务业从业人员为643万人，比上年末增加25万人，增长4.2%；占我国城镇就业总人数的1.5%，比上年末稍有提升；软件和信息技术服务业从业人员工资总额增长13.4%，人均工资增长8.8%。

四是出口保持增长。2018 年，全国软件和信息技术服务业实现出口总额 554.50 亿美元，比上年增长 0.8%，占全行业业务收入的 6% 左右，其中软件外包服务出口增长 5.1%。

五是新兴业态拉动软件业加快发展。我国特有的人口基数庞大、互联网普及程度高、基础数据资源丰富等特点，有力促进了云计算、大数据以及人工智能技术的快速落地和应用发展。2018 年，云计算相关的运营服务收入比上年增长 21.4%，在信息技术服务中占比达 30.0%；电子商务平台技术服务收入比上年增长 21.9%，占比 13.9%，两项收入直接拉动软件和信息技术服务业增长 4.9 个百分点，成为产业增长的最重要动力来源。同时，云计算、大数据和人工智能技术也全面影响到传统软件开发领域，使开发、交付和盈利等模式转型，引发计算平台重构并带来新的市场空间，使平台软件、APP 软件等快速兴起，软件产品实现收入增长 12.1%。

六是新兴信息技术与传统产业融合加深，为经济发展注入新动能。新一代信息技术在经济社会各领域开展广泛应用和模式创新，支撑制造业、农业、金融、能源、物流等传统产业优化升级，为传统产业“赋智赋能”，出现越来越多的典型应用案例；特别是在工业领域的应用加快，2018 年工业软件收入比上年增长 14.2%，工业互联网正在成为新一轮工业革命和产业变革的焦点；支持智慧城市、智慧交通、智慧社区、智慧医疗等建设，帮助解决社会管理和民生问题的同时，创造出新的市场需求，据对重点龙头软件企业的监测显示，交通、安防领域的信息技术需求增长明显。

银行业

2018 年，福建省金融业认真贯彻落实稳健的货币政策，各项改革深入推进，货币信贷和社会融资规模适度增长，融资结构持续改善，银行业稳健运行，服务实体经济的能力和效率进一步提高。

一、银行业规模平稳增长

截至 2018 年末，福建省银行业金融机构资产总额 9.9 万亿元，比上年末增长 3.3%；机构个数 6622 个，增长 1.3%；从业人员 12.3 万人，增长 1.0%；法人机构数 141 个，增加 4 个（3 家为村镇银行、1 家为消费金融公司）。分类别来看，2018 年福建省大型商业银行、股份制商业银行、城市商业银行、小型农村金融机构、邮政储蓄数量分别为 2292 家、914 家、243 家、1929 家、1062 家。

二、存款增速持续走低，金融机构吸收存款压力增大

受经济增长放缓、企业尤其国企去杠杆、表外业务强监管、区域资金归集能力偏弱等因素影响，2018 年福建省存款增速明显放缓。截至 2018 年末，全省本外币各项存款余额 4.6 万亿元，比上年末增长 3.9%，增速创 1991 年来新低。全年存款增加 1726.11 亿元，比上年大幅少增 1873.68 亿元。年末余额贷存比与比年初增量贷存比分别高达 101.5%、263.2%。在存款增速走低及实体经济亟需加大信贷支持背景下，金融机构吸收存款压力增大。

三、贷款平稳增长，普惠领域信贷增势良好

截至 2018 年末，全省本外币贷款余额 4.7 万亿元，比上年末增长 11.0%。全年全省贷款新增 4543.60 亿元，比上年多增 431.17 亿元。地方法人金融机构大力支持省内经济发展，年末人民币贷款增速为 19.8%，创近年新高。

2018 年，中国人民银行福州中心支行将普惠金融发展列为首要推动的重大决策，以宁德、龙岩两地为试点，推动福建省申报全国普惠金融改革试验区，大胆创新、勇于实践，补齐金融短板。一是加大对乡村振兴战略的金融支持力度。扎实推进农村“两权”抵押贷款试点。年末全省直接支农的农户贷款余额 4131.06 亿元，比上年末增长

13.8%；农村“两权”抵押贷款余额114.9亿元，比上年末增长144.48%；在全国率先推出普惠制林业金融产品——“惠林卡”。二是加强金融精准扶贫工作。推出“担保金·扶贫贷”“惠农宝·扶贫贷”“万通宝·扶贫贷”等3个专属金融产品。年末全省金融精准扶贫贷款余额198.13亿元，比上年末增长26.2%。三是加强信用体系建设。年末全省建立小微企业信用档案户11.36万户，其中2.73万户企业获得银行融资。与此同时，积极贯彻落实健全货币政策和宏观审慎政策双支柱调控框架的决策部署，充分运用多种货币政策工具，发挥宏观逆周期调节作用，加强政策预调微调，引导金融机构加大对实体经济尤其是民营企业、小微企业的支持力度。

四、人民币贷款利率下半年明显回落，小微企业融资成本下降

2018年，福建省市场利率定价自律机制高效运行，引导金融机构科学合理定价，全省贷款利率走势平稳。全年人民币贷款加权平均利率6.03%，比上年上升17个基点，其中，对企业贷款加权平均利率5.28%，比上年上升20个基点。在存款竞争加大背景下，全年人民币整存整取定期存款加权平均利率2.07%，比上年上升8个基点，金融机构负债成本提高，制约社会融资成本下行。对此，下半年中国人民银行福州中心支行加大金融服务实体力度，深化对民营、小微企业等经济重点领域和薄弱环节的金融支持。在政策引导下，下半年贷款利率明显回落，12月全省人民币贷款加权平均利率5.82%，比7月下降49个基点，其中，对企业贷款加权平均利率5.14%，比7月下降38个基点，对小微企业贷款利率5.45%，比7月下降61个基点，小微企业融资贵问题得到缓解。

福建省部分银行发展概况

◆中国工商银行福建分行　中国工商银行福建分行（以下简称“工行福建分行”）是中国工商银行辖属一级分行，下辖11家二级分行、452家营业网点，为近14万对公客户和1600万个人客户提供全面、专业、优质的金融服务。

2018年，工行福建分行牢牢把握福建“十三五”规划和“六区叠加”等战略机遇，主动融入地方经济发展大局，坚持服务实体，严守风险底线，加快转型创新，履行社会责任，各项工作稳中有进。截至2018年末，工行福建分行存款余额超3200亿元，贷款余额超3700亿元，特别是聚焦重点项目、普惠金融、零售信贷等关键领域精准发力，贷款投放超500亿元，有力支持了地方经济社会建设，充分展现了国有大行的责任担当。在巩固提升传统业务的同时，工行福建分行还积极践行以客户为中心，因需而变、因时而变，在投融资一体化、智慧银行、资产托管、财富管理、消费金融和国际结算等领域不断推陈出新，有效满足了客户多元化的金融服务需求。

◆福建海峡银行　福建海峡银行成立22年以来，伴随中国经济的快速增长，在广大客户和社会各界的大力支持下，福建海峡银行抓住福建省、福州市多区叠加重大战略机遇，实现持续稳健发展。

一是经营业绩稳健。截至2018年末，福建海峡银行总资产超1530亿元，存款余额超1035亿元，贷款余额超680亿元；除了在总部福州地区外，已在厦门、泉州等省内各设区市和浙江温州设立9家分行，成为服务区域经济发展的重要金融机构。二是业务特色明显。福建海峡银行始终坚守“服务地方经济、服务民营和小微企业、服务城乡居民”的鲜明市场定位，以为客户提供多元化金融服务为目标，打造了涵盖公司金融、零售金融、贸易金融、金融市场、资产管理、投资银行、信用卡等特色金融服务品牌，形成了多元化的业务增长模式和良好的品牌形象。近年来，福建海峡银行积极服务地方经济建设，深耕服务区域内的小微、零售市场，做精做优地方特色行业，独家承办并发行600多万张福州市“市民卡”，成为国家首批信易+联盟成员单位，开展“e福州”九大场景应用对接和支付结算服务，成立普惠金融部，大力发展普惠金融。三是信用评级提升。福建海峡银行坚持树立全面风险管理理念，不断完善全面、全员、全流程的风险管理体系，风险管理能力持续增强。近年来，福建海峡银行的经营管理能力和发展前景得到了权威评级机构的认可，2017年福建海峡银行主体评级由AA上调至AA+。四是信息透明度高。福建海峡银行建立了完备的经营信息披露机制，及时、准确、完整地披露各项经营信息，确保股东和公众能及时了解银行经营状况。聘请国内外知名的会计师事务所对对外披露的年度报告进行严格审计，确保信息披露的完整性和准确性。

◆兴业银行股份有限公司（以下简称“兴业银行”）是经国务院、中国人民银行批准成立的首批股份制商业银行之一，也是中国首家赤道银行。截至2019年9月，兴业银行拥有45家一级分行（含香港分行）、2032家分支机构，与全球1400多家银行建立代理行关系，建立健全网上银行、电话银行、手机银行、微信银行等线上渠道，形成了虚实结合、覆盖全国、衔接境内外的客户服务网络，跨市场、线上下、本外币、离在岸、投融资的综合化金融服务体系。稳居全球银行30强、世界500强。

近年来，兴业银行以“商行+投行”为抓手，提升“结算型、投资型、交易型”建设能力，深化推进以“轻资本、轻资产、高效率”为方向的经营转型，稳中有进、进中向好，高质量发展态势持续显现。截至2018年末，总资产6.71万亿元，较年初增长4.59%；全年实现营业收入1582.87亿元，比上年增长13.1%；净利润606.20亿元，增长6.0%；不良贷款率1.57%，较年初下降0.02个百分点，关注类贷款占比2.05%，较年初下降0.26个百分点，实现了规模、质量、效益的协调发展。

证券业

2018年，福建多层次证券市场平稳发展，融资功能进一步提升，上市公司质量持续提升。截至2018年末，全省共有证券期货机构656家，其中，法人证券公司3家、法人期货公司5家、法人基金公司3家、区域性股权市场2家。全省法人证券公司总资产1668.2亿元，净资产440.2亿元，分别比上年末下降1.7%、2.0%；全省法人期货公司总资产182.9亿元，净利润2.4亿元，分别下降6.3%、24.0%。闽台合资金圆统一证券、闽港合资百富证券设立进程加快。

一、直接融资取得新发展

2018年，全省上市、挂牌企业、非上市企业累计实现直接融资1902.98亿元，比上年下降4.5%。其中2家公司实现首发上市，首发融资71.50亿元；上市、挂牌公司通过发行普通股、ABS融资等方式实现股权和债券再融资1831.48亿元，下降2.7%。

银行间市场发债成效明显。全年福建省企业在银行间市场发债217期，筹资1340.8亿元，比上年分别增加69期和354.10亿元。债券品种持续创新，福建三安集团发行民营企业债券融资支持工具在全国率先突破，厦门象屿集团成功发行10亿元永续中期票据，福建阳光集团成功发行5亿元并购票据，福建漳龙集团成功发行5亿元扶贫中期票据，华电福新能源股份有限公司成功发行6.8亿元绿色资产支持票据。厦门象屿集团已向交易商协会提交15亿元的商业地产抵押贷款支持票据的注册申请材料。与此同时，厦门银行、厦门农商银行、福建海峡银行、泉州银行共成功发行145亿元小微企业专项金融债；兴业银行成功发行两期共600亿元绿色金融债券；厦门国际银行成功发行100亿元一般金融债；长乐农商银行发行2亿元二级资本债。

二、上市公司质量持续提升

截至2018年末，全省共有境内上市公司133家，较上年末增加1家，总市值1.4万亿元。全省（不含厦门）上市公司家数、总股本和总市值分列全国第12位、第9位和第8位。全年14家次上市公司开展并购重组涉及金额37.7亿元，并购重组活跃度有所下降。

三、场外市场建设深入推进

截至2018年末，全省新三板挂牌企业共373

家。按市值观察，前100位的企业中，4家企业市值超20亿元，市值在3亿元及以下、3亿—4亿元、4亿—5亿元、5亿—7亿元、7亿—20亿元的分别有16家、30家、18家、19家、13家。

福建省部分证券公司发展概况

◆兴业证券股份有限公司　2018年，面对复杂多变的外部环境，兴业证券股份有限公司（以下简称“兴业证券”）上下紧紧围绕建设一流证券金融集团的战略目标，保持定力、攻坚克难、扎实工作、逆势布局，一手抓转型、打基础，加强顶层设计，重塑分公司经营管理体制，强化集团战略和业务协同，优化组织架构和业务发展体系，全面推进集团经营能力再造；一手防风险、稳发展，集中力量防范化解业务风险，不断提升优势业务发展水平，主动调整基础业务发展模式，积极开拓创新业务发展机遇，积蓄发展新动能。2018年，兴业证券在证券公司分类评级中重返A类券商行列；证券研究业务稳定在行业第一梯队；投资能力得到进一步加强；债券承销业务连续四年位于行业前十，连续三年获评上交所年度优秀公司债券承销商；财富管理业务转型稳步推进，经纪业务逆市增长；托管与外包业务规模与份额双双提升，运营能力得到专业认可；基金管理等核心业务继续保持行业优势，蝉联“金牛基金公司”等行业权威奖项；国际化战略布局加快，兴证国际成功转板；集团协同机制初步搭建，协同活力持续释放。

截止2018年末，兴业证券总资产1551.38亿元，较年初增长1.4%；净资产353.08亿元，较年初下降1.6%；归属于母公司净资产325.05亿元，较年初下降2.8%。2018年，实现营业收入64.99亿元、净利润5.75亿元，归属于母公司股东的净利润1.35亿元。

保险业

2018年，福建省保险市场保持良好发展态势，助推经济与保障民生作用增强。截至2018年末，福建省已搭建覆盖全省的保险机构网络体系，辖区内保险公司主体增至60家，各层级分支机构达到2244家，比2012年增加96家。保险专业中介主体156家，各级保险专业中介机构网点394家，是2012年的两倍。福建保险法人机构设立取得突破。保险从业人员约32.2万人，是2012年的3倍。

一、规模持续增长

截至2018年末，全省保险业总资产2632.4亿元，比上年末增长10.7%，全年累计实现保费收入（指原保险保费收入，下同）1081.4亿元，比上年增长4.8%。其中，财产险保费收入315.3亿元，人身险保费收入766.1亿元，分别增长4.6%和4.9%。

党的十八大以来，福建保险业综合实力显著增强。福建省辖区保险业保费收入与资产总量双双成功实现翻番，分别由2012年的384.8亿元、943.8亿元增至2018年的870.9亿元、2099.9亿元，年均增速为14.6%。保险深度和密度由2012年的2.3%、1140元/人增至2.8%、2467元/人，业务质量、业务结构指标总体好于全国。财产险市场连续九年保持盈利，2019年6月末承保利润率高出全国2.9个百分点，车险综合费用率低于全国平均水平。人身险市场业务结构持续改善，寿险业务新单期缴率高出全国平均水平28个百分点，综合退保率、简单退保率均低于全国平均水平。

二、服务实体经济力度逐步增强

2018年，全省信用保证保险保费提供风险保障约3210亿元，其中出口信用险为全省提供收汇风险保障268.9亿美元；政策性农业保险提供风险保障逾3000亿元，累计赔款支出近5亿元；小贷险累计支持小微企业增信融资8.1亿元，保险资金支农支小试点支持新增融资7735万元。开展首台（套）重大技术装备保险补偿机制试点，提供风险保障6亿元。支持马尾造船厂深水多功能水下支持船等项目取得2018年国家首台（套）重大技术装备保险补偿补助。建立科技型中小微企业贷款保证保险机制。2018年，出口信保福建分公司承保辖内企业超过2500家，支持出口金额达132.62亿美元，比上年增长14.0%，借助出口信用保险帮助企业实现保单融资18.1亿美元，比上年增8.5%。开展环境污染强制责任险试点，2018年环境污染责任险投保企业超过370家，累计提供风险保障5亿元。

三、民生保障水平稳步提升

2018年，全省累计承担风险总额58.5万亿元，累计赔付支出346.3亿元，分别增长31.7%和6.3%。保险密度2744.0元/人，增长4.0%，保险深度3.0%。全省城乡大病保险参保人数达2339万，保费收入9.1亿元，参与城乡居民基本医保经办服务共537万人次报销医疗费用27.1亿元。商业健康保险累计赔付支出50.6亿元，增长19.2%。责任保险共提供风险保障达3.9万亿元。商业保险公司承办城乡居民大病保险和城镇职工大额商保业务实现全覆盖，为273万人次参保群众报销13.9亿元。税延养老保险和个人税优健康保险业务稳步增长，税延养老保险实现保费收入2155.1万元，占全国市场份额的13%。辖内人身险公司推出11款农村小额人身保险，为全省990.26万人次农村消费者提供合计1412亿元的人身保险保障。2018年，交强险业务为690.8万辆机动车提供保险保障，共为73.3万次交通事故提供了经济补偿。辖内共设立9个交通事故快速处理中心，简化事故处理和保险理赔、缓解城市交通拥堵。创新开发建档立卡贫困户家庭经营综合险、特色产业扶贫保险。截至2018年末，已开办农险产品条款60余项，业务涵盖农村住房公路、森林综合、种植业、养殖业、渔工渔船等领域。

福建省部分保险公司发展概况：

◆中国人寿保险股份有限公司福建省分公司

中国人寿是国内最大的国有金融保险集团。集团现有8家直属单位，为广发银行单一最大股东，业务范围涵盖寿险、财险、企业和职业年金、银行、基金、资产管理、财富管理、实业投资、海外业务等多个领域，初步形成由保险、投资、银行三大板块构成的综合金融布局。集团公司连续16年入选《财富》杂志“世界500强”榜单，2018年排名第42位；连续12年入选世界品牌500强，品牌价值高达3253.72亿元。

中国人寿保险股份有限公司福建省分公司（以下简称“中国人寿福建分公司”）是中国人寿保险股份有限公司在福建省的分支机构，下辖9个市级分公司，77个县（市、区）支公司，458个营销服务部，销售网络覆盖全省。2018年，中国人寿福建分公司效益稳步提升，总保费突破了200亿大关，市场份额稳居全省寿险市场首位，公司经营指标绩效考核排名位列全国系统三级架构分公司前列，成为福建保险市场首家、全国系统第9家过200亿平台的省级分公司。

◆中国平安保险（集团）股份有限公司福建分公司

中国平安保险（集团）股份有限公司是中国第一家股份制保险企业，至今已发展成为融保险、银行、投资三大主营业务为一体、核心金融与互联网金融业务并行发展的个人金融生活服务集团之一。2018年《福布斯》“全球上市公司2000强”中名列第10位，美国《财富》世界500强第29位，全球金融机构市值第6位，全球保险集团市值第1位，全球保险品牌第1位。

平安人寿福建分公司经过25年的高速发展，如今已经成为福建最大的人寿保险公司之一，拥有8家中支机构，14家支公司和145家营销服务部，为超过300万的客户提供服务。在为股东、员工、客户创造价值的同时，平安人寿福建分公司也在积极履行企业社会责任，持续推进教育慈善、环境保护及志愿者服务等公益事业，在福建地区树立了较好的企业品牌形象。

◆海峡金桥财产保险股份有限公司

海峡金桥财产保险股份有限公司（以下简称“海峡保险”）是福建省首家且唯一一家国有法人全国性保险公司，数据显示，自2016年8月23日获批开业来，海峡保险坚持深耕福建，3年共实现保费收入10.47亿元，累计承担风险总额达6201亿元，累计支付赔款4.5亿元，小额案件结案率达99.3%。

福建省保险系统机构数

（2017—2018 年）

年　份	财产保险公司			人寿保险公司		
	机构数（个）	职工人数（万人）	代理制销售人员数（万人）	机构数（个）	职工人数（万人）	代理制销售人员数（万人）
2017	1051	1.99	4.95	1394	1.51	20.20
2018	1077	2.13	5.20	1408	1.50	20.55

福建省保险公司业务经济技术指标

（2017—2018 年）　　单位：亿元

年　份	保险金额		保费收入		赔款及给付	
	财产保险公司	人寿保险公司	财产保险公司	人寿保险公司	财产保险公司	人寿保险公司
2017	305902.30	138553.06	325.56	706.51	175.34	150.32
2018	416443.45	168687.78	344.06	737.37	194.13	152.14

房地产业

2018 年，房地产市场调控政策密集出台，调控政策体系不断完善。房地产开发投资和企业资金来源增长平稳，房屋销售面积呈平稳回落态势。全年完成房地产开发投资 4940.34 亿元，比上年增长 3.0%，增速比上年回落 1.5 个百分点。其中，住宅投资 3456.86 亿元，增长 6.8%，占房地产开发投资的比重为 70.0%。

房屋开发方面。2018 年，房地产开发企业房屋施工面积 32825.97 万平方米，比上年增长 2.8%；其中，住宅施工面积 21031.59 万平方米，增长 3.2%。房屋新开工面积 7205.35 万平方米，增长 30.3%；其中，住宅新开工面积 5073.73 万平方米，增长 32.6%。房屋竣工面积 3739.02 万平方米，下降 12.4%；其中，住宅竣工面积 2347.24 万平方米，下降 18.8%。全年房地产开发企业土地购置面积 1286.82 万平方米，增长 40.4%。

商品房销售方面。2018 年，商品房销售面积 6213.40 万平方米，比上年增长 6.1%；其中，住宅销售面积 4781.58 万平方米，增长 5.6%。商品房销售额 6579.49 亿元，增长 15.3%；其中，住宅销售额 5074.52 亿元，增长 20.8%。截至 2018 年末，商品房待售面积 1879.13 万平方米，比上年下降 9.6%。其中，住宅待售面积 522.87 万平方米，下降 18.8%。

企业到位资金方面。2018 年，房地产开发企业到位资金 6551.03 亿元，比上年增长 1.9%。其中，国内贷款 856.00 亿元，增长 9.7%；利用外资 3.58 亿元，下降 80.4%；自筹资金 2660.60 亿元，增长 14.6%；其他资金 318.07 亿元，下降 15.7%。

从全国看，全年房地产开发投资 120264 亿元，比上年增长 9.5%，比上年提高 2.5 个百分点。其中，住宅投资 85192 亿元，增长 13.4%，比上年提高 4.0 个百分点。住宅投资占房地产开发投资的比重为 70.8%。分地区观察，2018 年，东部地区房地产开发投资 64355 亿元，比上年增长 10.9%；中部地区投资 25180 亿元，增长 5.4%；西部地区投资 26009 亿元，增长 8.9%；东北地区投资 4720 亿元，增长 17.5%。

2018年，全国商品房销售面积171654万平方米，比上年增长1.3%，比上年回落6.4个百分点。其中，住宅销售面积增长2.2%，办公楼销售面积下降8.3%，商业营业用房销售面积下降6.8%。商品房销售额149973亿元，增长12.2%，比上年回落1.5个百分点。其中，住宅销售额增长14.7%，办公楼销售额下降2.6%，商业营业用房销售额增长0.7%。分地区观察，2018年东部地区商品房销售面积67641万平方米，比上年下降5.0%；销售额79258亿元，增长6.5%。中部地区商品房销售面积50695万平方米，增长6.8%；销售额33848亿元，增长18.1%。西部地区商品房销售面积45396万平方米，增长6.9%；销售额31127亿元，增长23.4%。东北地区商品房销售面积7922万平方米，下降4.4%；销售额5740亿元，增长7.0%。

截至2018年末，商品房待售面积52414万平方米，比上年末减少6510万平方米。其中，住宅待售面积比11月末减少393万平方米，办公楼待售面积增加93万平方米，商业营业用房待售面积减少166万平方米。

福建省房地产开发投资完成情况

（2017—2018年）

项　　目	2017	2018
企业数（个）	3240	3351
完成投资额（亿元）	4794.23	4940.34
本年实际到位资金（（亿元）	6426.29	6551.03
#国内贷款	780.62	856.00
利用外资	18.28	3.58
自筹资金	2321.35	2660.60
施工面积（万平方米）	31939.55	32825.97
本年新开工面积（万平方米）	5528.75	7205.35
#住宅	3826.31	5073.73
本年房屋竣工面积（万平方米）	4266.69	3739.02
土地购置面积（万平方米）	916.44	1286.82
商品房销售面积（万平方米）	5854.05	6213.40
#住宅	4526.13	4781.58

旅游业（旅行社业）

福建是全国著名侨乡，有海外侨胞、华裔700多万人。大量华侨、华裔扶老携幼回乡探亲、寻根访祖、旅游，是福建稳定的国际客源市场。福建自然景观和人文景观都十分丰宫，既有山川之胜．又有园林之美，历史悠久，古迹众多。泉州是著名历史文化古城，早在中世纪就驰誉海外，被意大利旅行家马可·波罗称为“东方大港”。福州、漳州也是历史文化名城。厦门鼓浪屿风光秀丽，有“海上花园”之称。“奇秀甲东南”的武夷山，是我国重点风景名胜区之一，碧水丹山，名闻遐迩，吸引了越来越多的国内外游客。

截止 2018 年 12 月末，全省旅行社共计 992 家，全省更换电子导游证人员数量 17352 人。其中，福州 3285 人，厦门 4983 人，泉州 1483 人，宁德 1270 人，南平 2487，三明 1221 人，龙岩 988 人，漳州 861 人，莆田 626 人，平潭 148 人。

2018 年，福建省实现旅游总收入 6634.58 亿元，比上年增长 30.5%。国际旅游外汇收入 90.92 亿美元，增长 19.8%。其中接待入境游客 901.24 万人次，比上年增长 16.2%。其中，接待外国人 344.19 万人次，增长 17.5%；台湾同胞 363.50 万人次，增长 16.0%；港澳同胞 193.55 万人次，增长 14.4%。在入境旅游过夜游客 813.59 万人次，增长 17.6%。全年接待国内旅游人数 45138.93 万人次，增长 20.3%；国内旅游收入 6032.95 亿元，增长 32.0%。

分企业观察，福建省旅游发展集团是福建省唯一一家产业要素健全、产业链条完整、经营网络齐备的综合性旅游集团，是福建省连续两年唯一上榜中国旅游集团 20 强的企业，2017 年位列中国旅游集团 17 强。自成立以来，省旅游集团致力福建省旅游产业高质量发展的探索和实践。按照“构建平台整合资源、跳出旅游做大旅游”的运作方式，以六大板块支撑的“四个一”发展战略（一大产业、一大平台、一大贸易、一大精品：即发展旅游产业，建设类金融证券平台，做好国际贸易，打造文化精品）为出发点，全面推进“3113”产业发展布局（在福州、厦门、武夷山构建三大旅游集散中心，全省建设 10 个旅游基地，全国打造 100 个多样化休闲旅游目的地，形成蓝色海丝、绿色生态和红色文化三大主题多样的精品旅游线路，最终形成以点带线、以线连片、以片结网的大旅游、大产业、大发展的新格局）。此外，省旅游集团注重挖掘优质旅游资源，围绕产品体系建设，打造旅游目的地升级版。以投资多主题旅游小镇为重点，以供给侧改革为主线，聚焦旅游主业项目，完善旅游产品体系，通过并购、托管、直接投资等方式谋划项目投资建设，打造旅游全产业链。重视旅游与文化相结合、旅游与生态相结合、旅游与精准扶贫相结合，推动福建省旅游从观光游向休闲游、度假游和精品游的转型升级，打造福建省旅游示范产品。积极实施“旅游 +”战略，推动旅游与城镇化、新型工业化、农业现代化和现代服务业融合发展，全力打造“旅游 + 特色产业”休闲旅游样板。

从全国看，2018 年国内旅游市场持续高速增长，入境旅游市场稳步进入缓慢回升通道，出境旅游市场平稳发展。全年国内旅游人数 55.39 亿人次，比上年增长 10.8%；入出境旅游总人数 2.91 亿人次，增长 7.8%；全年实现旅游总收入 5.97 万亿元，增长 10.5%。初步测算，全年全国旅游业对 GDP 的综合贡献为 9.94 万亿元，占 GDP 总量的 11.04%。旅游直接就业 2826 万人，旅游直接和间接就业 7991 万人，占全国就业总人口的 10.3%。

福建省旅游业发展情况

（2017—2018 年）

项　　目	2017	2018
国内旅游人数（万人次）	37534.00	45138.93
住宿设施接待人数	15446.41	17798.79
居民家庭接待人数	3459.48	4417.20
一日游游客人数	18628.18	22922.93
国内旅游收入（亿元）	4570.77	6032.95
外省游客消费	2327.09	3011.85
本省多日游游客消费	1535.40	2010.35

续表

项　　目	2017	2018
一日游游客消费	708.28	1010.75
国内游客构成（%）		
一、按性别分		
男	52.5	49.2
女	47.5	50.8
二、按年龄分		
14 岁以下	1.0	1.4
15—24 岁	30.2	31.6
25—44 岁	57.6	56.3
45—59 岁	10.1	9.7
60 岁以上	1.1	1.0
国内游客消费构成（%）		
交给旅行社	5.5	5.1
长途交通	21.7	22.7
住宿	22.5	22.7
餐饮	17.5	17.1
购物	16.0	16.1
游览	6.5	6.1
娱乐	5.2	4.5
市区交通	4.0	4.1
其他	1.1	1.6

（摘编：福建省企业信息中心）

第四篇

工业园区

福建省省级（以上）开发区名录

福建省省级（以上）开发区名录

序　号	类　　别	开发区名称
1	国家级经济技术开发区	福州经济技术开发区
2		福清融侨经济技术开发区
3		厦门海沧台商投资区
4		东山经济技术开发区
5		漳州招商局经济技术开发区
6		漳州台商投资区
7		泉州经济技术开发区
8		泉州台商投资区
9		龙岩经济技术开发区
10		东侨经济技术开发区
11	海关特殊监管区	福州保税区
12		福州出口加工区
13		福州保税港区
14		厦门象屿保税区
15		厦门象屿保税物流园区
16		厦门海沧保税港区
17		泉州综合保税区
18	国家级高新技术产业开发区	福州高新技术产业开发区
19		厦门火炬高技术产业开发区
20		漳州高新技术产业开发区
21		泉州高新技术产业开发区
22		三明高新技术产业开发区
23		莆田高新技术产业开发区
24		龙岩高新技术产业开发区
25	省级高新技术产业园区	福州高新技术产业园区（福州软件园）
26		泉州半导体高新技术产业园区
27		南平高新技术产业园区（闽北经济开发区）
28		武平高新技术产业园区（武平工业园区）

续表

序号	类别	开发区名称
29	省级经济开发区（工业园区）	福州福兴经济开发区
30		福州金山工业园区
31		闽侯青口汽车工业园区
32		罗源湾经济开发区
33		福清江阴经济开发区
34		福清龙田经济开发区
35		连江经济开发区
36		长乐经济开发区
37		厦门同安工业园区
38		厦门翔安工业园区
39		漳州金峰经济开发区
40		漳州蓝田经济开发区
41		长泰经济开发区
42		漳州古雷港经济开发区
43		诏安工业园区
44		云霄常山经济开发区
45		平和工业园区
46		华安经济开发区
47		晋江经济开发区
48		洛江经济开发区
49		永春工业园区
50		德化陶瓷产业园区
51		安溪经济开发区
52		惠安经济开发区
53		南安经济开发区
54		惠安惠东工业园区
55		泉港石化工业园区
56		泉惠石化工业园区
57		三明经济开发区
58		三元经济开发区
59		尤溪经济开发区
60		梅列经济开发区
61		泰宁工业园区
62		宁化华侨经济开发区
63		将乐经济开发区
64		三明现代物流产业开发区

续表

序　号	类　　　别	开发区名称
65	省级经济开发区（工业园区）	建宁经济开发区
66		明溪经济开发区
67		大田经济开发区
68		清流经济开发区
69		三明埔岭汽车工业园区
70		莆田湄洲湾北岸经济开发区
71		莆田华林经济开发区
72		荔城经济开发区
73		仙游经济开发区
74		湄洲湾国投经济开发区
75		南平工业园区
76		光泽工业园区
77		邵武经济开发区
78		浦城工业园区
79		建瓯工业园区
80		松溪经济开发区
81		政和经济开发区
82		顺昌工业园区
83		漳平工业园区
84		上杭工业园区
85		连城工业园区
86		永定工业园区
87		龙岩稀土工业园区
88		龙雁经济开发区
89		福安经济开发区
90		宁德三都澳经济开发区
91		福鼎工业园区
92		周宁工业园区
93		古田工业园区
94		屏南工业园区
95		寿宁工业园区
96		柘荣经济开发区
97		霞浦经济开发区

备注：国家发展改革委等6部门联合公布的《中国开发区审核公告目录》（2018年版）中的福州台商投资区、福州元洪投资区、厦门集美台商投资区、厦门杏林台商投资区、湄洲岛国家旅游度假区、武夷山国家旅游度假区等6家其他类型国家级开发区，商务部不进行综合发展水平考核评价。

（摘编：黄国实）

国家经济技术开发区概况

福州经济技术开发区

福州经济技术开发区为国家级经济技术开发区，基础设施建设投入加大，琅岐环岛路西北段（二期）实现贯通，城开国际海岛度假综合园初具规模，自贸区琅岐片区基础设施前期工作顺利启动。马尾大桥、东绕城高速公路、东部快速通道等重点项目建设加快推进。闽江防洪防潮工程福州段（一期）堤身全线闭合，天台水库主体工程启动建设，完成岱溪下游排洪渠整治和迷云山塘工程。城乡面貌进一步提升，建成天马山休闲公园（二期）和魁岐溪边公园，完成区内6个内涝点整治及君竹河黑臭水体治理，新建济安西路立体停车场及馆东路停车场，新改扩建玉藻路等10条道路。建成船政格致园，完成马限山景观提升及人防隧洞展示工程。青少年活动中心、档案馆如期竣工，马尾综合体育馆投入使用。

产业特色效益凸显。物联网产业加快发展，建成全国第一家物联网开放实验室，打造了全国首个基于NB—IoT技术的应用智慧小区，NB—IoT商业应用成果世界领先，建成物联网产业促进中心，全年新增物联网认定企业39家。海洋产业规模持续扩大，引进深海时代、海文铭等海洋产品、冷链物流项目。全区142家规模以上工业企业实现总产值978.8亿元，规模以上工业综合增加值能耗同比下降17.9%。

招商引资成效显著。开展“招商2017”专项行动，全年引进落地招商项目246个，总投资额498.32亿元，全面完成市政府下达的15项招商指标任务，全市排名第6名。从项目规模看，5亿元以上大项目共24个，总投资额328.59亿元，其中内资项目19个，总投资额261.55亿元；外资项目5个，总投资额67.04亿元。从行业分布看，金融业项目85个投资额，288.91亿元，占35%；商贸服务业项目128个投资额139.52亿元，占52%；物联网项目25个投资额19.11亿元，占10%；旅游业项目2个投资额5.5亿元，工业项目5个投资额44.58亿元；农林水利类项目1个投资额0.7亿元。从项目性质看，内资项目215个，投资额395.72亿元；外资项目31个，投资额102.6亿元。

科技创新成果丰硕。区内高新技术企业达87家，同比增长26.1%。全区共申请专利1518件，其中发明专利596件；授权专利1004件，其中发明专利287件，发明专利授权量比上年同期增长59.4%。“星云电子”等4家企业被确定为“福建省知识产权优势企业”；“三鑫隆”等2家企业被授予“福州市知识产权示范企业”。“基于有线数字电视机顶盒中间件系统”等2项发明专利被评为2017年福州市专利奖金奖，“解码扫描组件及其解码方法”等3项发明专利被评为2017年福州市专利奖优秀奖。“靠谱智能游戏直播平台”等12个项目获得省级立项；“新型低成本高速率电力无线通信系统”等17个项目获得市级立项。马尾区双创示范中心正式揭牌运营，全区市级众创空间达到7家，省级众创空间2家。

生态环保强力执行。环境安全大检查、“清水蓝天”、危险废物检查、环境执法大练兵等专项执法行动，在全区范围内开展拉网式排查工作，重点对企业污染设施运行情况、危废转移联单执行情况、应急预案编制情况、事故状态下应急处置措施情况、风险评价情况进行现场检查。全年查处环境违法企业34家，罚款101.9万元。

青洲、快安、长安3家污水处理厂全年处理污水1971.9万吨，平均日处理5.4万吨。年内，琅岐污水处理厂投入试运行；完成万利环宇有限公司的油改天然气治理工作；实施排污许可制度，对辖区内的16家企业核发了排污许可证；推进排污权工作，全年共出具企业主要污染物排放指标购买条件审核意见5家，核定企业初始排污权4家。

全区实施《马尾区水污染防治2017年度计划》、《马尾区河长制实施方案》和《马尾区人民政府办公室关于进一步完善畜禽养殖污染整治长效管理机制的通知》。区环保局与区检察院联合开展饮用水源监管专项督查，打击饮用水源保护区内危害饮用水安全的违法行为。完成拟保留养猪场的标准化改造工作，加强对拟保留养猪场的日常监管，全面拆除不予保留的畜禽养殖场。

管理服务精准高效。以争创“全国质量强市示范城市”为抓手，深入实施质量强区战略。牵头筹建全国电子信息（微电子物联网）产业知名品牌创建示范区。组织专业机构编制2年筹建规划上报国家质检总局，向社会征集创建宣传口号500余件，宣传标识18件，并牵头该项目参加全国区域品牌价值评价工作。指导区内企业正主导或参与制修订各级标准104项，其中国际标准4项、国家标准74项、行业标准15项、地方标准11项；促成福州物联网开放实验室与省标院达成战略合作协议，推动物联网产业发展；成功指导琅岐榕升休闲农庄获得《国家农业良好规范（GAP）认证》证书，促进琅岐岛生态绿色农业发展，加快产业升级；联合省标院深入企业推动冷链物流服务标准化建设，推行标准化冷库管理示范建设，自主制定标准114项，标准覆盖率达90%以上，顺利通过“福建省服务业标准化试点”验收。扎实开展工业产品生产许可获证企业监管，对正常生产获证的17家企业开展评级工作，工业企业产品质量抽检合格率（不含食品）达100%。加强计量器具监管。组织对全区石油化工、冶金、冷库、建材等重点领域计量器具使用企业进行抽查，共检查安全用计量器具538件，检定证书均在有效期内。2017年指导坤兴海洋股份有限公司申报并获得“中国驰名商标”，福光水务等10个商标被认定为“福建省著名商标”，创高安防技术等8个商标被认定为“福州市知名商标”，星云电子等公司的7项产品获“2016年度福建名牌产品”，福州三鑫隆铸业有限公司、福建星云电子股份有限公司2家公司获2016年福州市产品质量奖。根据《关于扶持工业企业创建品牌的二条措施》及《关于执行质量品牌有关奖励政策的通知》（榕市场监管质量〔2017〕246号）要求，共发放企业品牌奖励金198.5万元。加强特种设备安全监察，保障安全生产。扎实开展电梯整治年工作，加强安全生产基础建设。对红山、兴闽、亭江中石油等石油化工、液氨制冷10家，气瓶及移动式压力容器充装3家、城镇燃气2家等行业领域使用的锅炉、压力容器和压力管道等特种设备使用单位实施重点监督检查；2017年共检查使用单位136家，查出安全隐患89项，发出特安监察指令书18份。通过努力，马尾区政府质量工作考核获评全市A级第二名。

以创建国家食品安全城市为契机，为舌尖安全撑起保护伞。指导创建省市级食品加工小作坊各1家，省级流通环节食品质量可追溯体系示范点2家，全区食品卫生监督量化分级管理覆盖率和公示率均达到100%；推进全区“明厨亮灶”餐饮服务电子监管实现全区覆盖，改造272家，其中视频厨房62家；建成3个食品安全小型快速检测实验室；顺利保障两会、高考、“5·18”、“6·18”和海峡青年节等重大活动期间2万余人次食品餐饮安全。组织监督抽检368批次，合格率99.2%，快速检测2777批次，合格率100%，全区食品安全形势稳中向好，公众满意度显著提升。指导建成全省首个水产品“一品一码”可视化追溯交易平台，作为先进经验在全国畜禽水产品专项治理现场会上做交流，并代表福州市接受国家食药总局、市区人大检查，均获充分肯定。全省首创为全区中小学校投保食品安全责任险，举办全市首次突发食品安全事件现场实景演练，提升食品安全事件应急能力。强化“三品一械”安全监管。监督抽检药品31批次，保健食品2批次，化妆品8批次，抽查企业“三落实、两有证、一检验、一预案”等情况和维保现场12次，圆满完成上级抽检任务；切实做好药械、保健食品企业风险分级管理工作。对辖区6家医疗器械生产企业、105家医疗器械经营企业，3家药品批发企业和连锁总部，58家药品零售企业，94家医疗机构，116家保健食品经营企业进行风险评定。

经济发展势头强劲。2017 年，开发区完成地区生产总值494.55 亿元，增长 9.2%；规上工业增加值272.86 亿元，增长 8%；一般公共预算总收入 35.12 亿元，增长 2.2%，其中地方一般公共预算收入 23.94 亿元，增长 11.6%；实际利用外资 3.14 亿美元，增长 7.1%；出口总额 193.81 亿元，增长 5.3%；社会消费品零售总额 184.61 亿元，增长 14.6%；固定资产投资 353.76 亿元，增长 14.2%；城镇居民人均可支配收入 45152 元，增长 9%；农村居民人均可支配收入 23153 元，增长 9%。

（摘编：赵小真）

福清融侨经济技术开发区

福清融侨经济技术开发区创办于 1987 年，1992 年经国务院批准成为全国第二批国家级经济技术开发区。园区紧邻福清市中心城区，324 国道、沈海高速贯穿全区，福州新港码头、元洪码头、长乐国际机场临近周边，区内水电路、网络通讯、排污管网等基础设施和教育、医疗卫生、文化娱乐等公共设施配套完善。经过 30 多年发展，融侨区已经拥有“国家级经济技术开发区”“国家显示器产业园”“国家新型工业化产业示范基地”“国家平板显示高新技术产业化基地”四张国家级名片，培育了福耀玻璃、冠捷电子等一批国内外知名企业。2018 年全区完成规上工业产值 938.76 亿元，规上工业企业增至 151 家；完成工业固投 84.68 亿元；外资到资 3.09 亿元；完成规上工业税收 11.56 亿元；出口总额 276.54 亿元；进口总额 81.58 亿元。园区入选福建省十大开发区，综合发展水平在全国 219 个国家级经济技术开发区中位列第 91 位。

转型升级再上台阶。一是落实兑现扶持政策，2018 年，园区兑现企业自主创新、品牌创建、人才引进、技术改造、企业上市、智能制造等各项政策扶持资金 1.36 亿元；区内 13 家企业获得出口补助共 2732 万元，京东方公司进口设备退税 2.23 亿元。二是加大企业研发投入。2018 年，全区规上企业研究与试验发展经费支出 17.5 亿元，同比增长 20%；新增省级以上研发机构 5 个，累计 15 个，同比增长 50%。三是推进企业技术改造。重点推动企业引进先进设备和专业技术人才，推进“机器换工”。福州京东方光电投入 6.7 亿元实施铜工艺改造，进一步降低功耗、提高产品画质；福耀玻璃投入 3.6 亿元实施智能工厂建设，改造升级后的产线，生产工位由 75 个减少到 27 个，生产效率提高 35%，产品不良率降低 30%，工厂整体能耗降低 40%。2018 年全区新增 3000 万元以上技改项目 11 项，总投资 24.49 亿元。四是推进企业品牌创建。2018 年，全区新认定高新技术企业 14 家（其中 6 家为重新认定），累计 31 家，同比增长 34.78%；高新技术企业实现产值 251.28 亿元，同比增长 122.56%；新增发明专利 135 个，同比增长 75.32%；PCT 专利申请量实现零的突破，达到 47 个（含 2017 年 12 个未报）。五是培育孵化器和众创空间。扶持福清市互联网产业园建设发展，引进互联网企业及知识产权服务中心、创客学院、众创空间、孵化器及其他创业配套服务。截至 2018 年底，产业园入驻企业达 85 家；园区管委会创业中心孵化器共引进 8 家中小微科技型企业入驻培育，其中融云物联网已孵化完成，从事高清视频监控系统和物联网技术应用研发，取得 2 项专利、20 多项软件著作权，其产品在“智慧福清”和园区物联网建设中被推广应用；榕融芯微电子，自主成功开发 ARM 内核的 CPU 图像处理芯片，拥有专利 15 项，处于中试和小批量出货阶段。六是推进制造业主辅分离。福耀集团剥离汽车售后服务业务，组建福建三锋汽车服务有限公司，为车主提供汽车玻璃更换、维修服务，延伸汽车养护、汽车金融等后市场服务。

招商引资突出产业。以电子信息、精密汽车部件、光学等三大产业作为园区的重点发展产业，开展三大产业上下游产业链精准招商。2018 年新增备案项目 152 个，总投资 608.9 亿元，其中投资 1 亿元以上项目 43 个，总投资 596.09 亿元；列入“招商 2018”项目 30 个，总投资 574.59 亿元；在谈项目 27 项，总投资 399.99 亿元。

项目建设有序推进。2018 年全区新开工项目 26 个，竣工项目 20 个。完成京东方二期项目 884.5 亩项目用地的限建区调整、林地报批、用地审批、房屋征收、养殖场拆迁、河道改造、军用光缆搬迁、坟墓搬迁、土地平整等工作；冠捷、捷星人才公寓已建成并投入使用，为企业中高管及技术人员提供住宿配套；设立园区职工文体活动中心，建筑面积近2000平方米，丰富员工业余生活。

主导产业优势凸显。2018年，园区电子信息产业完成产值584.63亿元，同比增长23.37%，占全区规上产值总量62.28%；精密汽车部件产业完成产值62.70亿元，同比增长4.06%，占全区规上产值总量6.68%；光学产业完成产值4.39亿元，同比增长5.3%，占全区规上产值总量0.47%。三大产业的规上产值占全区总量69.42%。

要素资源有力盘活。一是着力推进“两违”整治、处置低效用地。全区历史遗留的23宗（其中，出让地4宗，道路绿化代征地和边角地19宗）批而未供用地已全部供地；9宗供而未建项目已全面开工；7宗因城市规划调整或业主原因无法建设的项目，3宗完成收储，剩下4宗正在开展收储评估。二是利用闲置厂房开展产业链“零地招商”，拉网式开展全区闲置厂房排查摸底、登记造册，通过有效对接，实现“僵尸企业”腾笼换鸟、起死回生，同时也实现园区重点产业的产业链多级配套，构筑产业发展成本洼地。

生态环保严格执行。一是修编园区总规和规划环评，对三大产业及其配套以外的项目，原则上不引入、不供地，对现有“三高一低”（高投入、高能耗、高污染、低效益）项目，引导企业异地搬迁、改造转型。二是推进“污水零排河”百日攻坚，全区110家在产污染排放企业，具备纳管条件的92家企业已实行雨污分流纳管排放，市政管网暂未配套到位的18家企业，也都达标排放，在建的22个项目分别安排相应干部跟踪督促，确保工地污水不乱排。三是推进企业节能减排，鼓励企业采用新工艺、新设备、新能源、新材料，全面完成园区企业燃煤锅炉整治工作。福耀集团屋顶分布式光伏发电项目，装机容量13.51兆瓦，发电1023小时，年发电量1382.73万千瓦时，相当于每年节约3882.63吨标准煤、减少0.99万吨二氧化碳和364吨二氧化硫排放。四是加快完善园区基础设施配套，推进南部片区污水管网建设维护以及城北组团片区水电路、污水管网、网络通讯等设施建设。2018年，全区基础设施建设投入超过10亿元。

管理服务不断创新。探索推行安全生产社会化服务改革，购买第三方专业机构排查企业安全隐患服务，安全标准化实现规上企业全覆盖；建立园区干部职工全员挂钩服务企业制度，分片区包干联系企业项目，开展服务企业“双保”行动；落实外资审批制度改革，设立外资审批服务窗口，推行网上审批，构建“部、厅、区”三级审批网络“直通车”，2018年共完成外资企业变更备案53项、设立备案11项、增资备案1项；推进“证照分离”试点改革，承接省级下放审批事项20项，并全部对口授权；积极破解企业缺工问题，开展2期企业HR培训班，共帮助企业引进人员约2000名；调处劳资纠纷11起；协调解决453名企业员工子女入学。

（撰稿：林煜杰）

厦门海沧台商投资区

厦门海沧台商投资区为国家级开发区，2017年基础设施建设有效推进，编制嵩屿码头至新阳大桥滨海地区、东孚新城等7个片区规划，策划生成项目310个。完成海沧湾6.4公里沿线夜景工程，临港新城日益成为成熟城区，东孚新城空间规划体系进一步完善，香草特色小镇启动建设。角嵩路、海翔大道、马青路海新互通等重要项目实现全面通车，海沧海底隧道、海沧货运通道、新324国道等项目加快推进并取得重大实质性进展。新开工建设海沧柯井路、厦门现代住宅产业园市政配套工程，临港新城三期北片区配套道路工程西园南路（孚莲路—东孚南路）等15个项目，完善了东孚、海沧湾、信息产业园等重点城区路网。建成投用路外公共停车场9个，完成投资2910万元，新增车位1118个。新增市政道路7.7公里、雨水管24公里、污水管15.4公里、自来水管6公里、燃气8公里、动工建设地下综合管廊10.8公里。智慧城区建设有效推进，实现全区地理信息“一张图”管理。续建老旧小区改造项目13个，新开工老旧小区改造项目3个，完成投资4204万元。

产业特色效益凸显。全年实现工业总产值1099.88亿元，增长7.0%（现价，下同）；工业增加值321.18亿元，增长5.2%。产值超亿元的企业有140家，实现工业产值984.35亿元，占规模以上工业总产值的93.0%。重点发展集成电路、生物医药、新材料三大产业。士兰微电子、通富微电子等项目成功签约，EDA设计服务公共平台投入运营，绿芯半导体、集微网等10个项目相继落户，成功举办集微半导体峰会。生物医药产业创新优势明显，规模以上生物医药企业完成工业总产值122.45亿元，占全区规模以上工业总产值的11.6%。厦门生物医药港入选国家级小微企业创业创新基地；新获批第二类、第三类医疗器械产品分别占全省的38.5%、62.5%；特宝等4个项目入选国家"十三五"重大新药创制项目；力品药业生产场地通过美国FDA检查、高端制剂产品获得FDA批准，均为全省首例；艾德、大博相继上市。新材料产业稳步发展，三元正极材料、石墨烯浆料项目顺利投产。佳格葵花油、法拉电子等11个项目竣工投产，新增产能超过100亿元；通达三期等35个增资扩产项目顺利推进；以威迪亚、松霖、钢宇、盈趣为龙头的智能家居产业，以及金龙、捷太格特、厦钨新能源等汽车及其配件产业集聚效应更加明显。

招商引资做新做实。全年新批外商投资项目129个，新增总投资45.28亿元，实际到资18.24亿元，增长4.10%。合同利用外资41.05亿元，实际利用外资18.24亿元，增长4.1%。共引进500万元以上内资项目1229个，注册资本达529亿元，完成年度目标（100亿元）的529%，增长（349亿元）52%。其中，新设企业986个，注册资本358亿元；增资企业243个，增资金额171亿元。创新"政府+园区+基金投资公司+专家委员会"机制，组建三家招商及产业服务公司，打造服务产业的专业化平台。酒类、毛燕、黄金等7大重点平台加快建设，汽车整车进口口岸仅用6个月建成验收投用，跨境电商直购进口业务落地实施。与匈牙利第五大城市佩奇市达成建立友好合作关系意向。

科技创新成果增长。2017年，共组织实施科技计划项目10批，安排科技项目47个，投入科技资金10316.2万元。至年底，资格有效国家级高新技术企业146家，高新技术产业占规上工业产值比重达67%。创新创业空间有效扩展，孵化面积近4.5万平方米，累计为930家初创企业（团队）提供孵化服务，创客人数累计超过3600人。据不完全统计，众创空间入驻企业共吸引投融资4560万元，拥有授权专利76件、计算机软件著作权17项。率先全省开展生物医药职称评审改革，高层次创新创业人才数量保持全省领先，新入围国家"千人计划"创业人才数占全省近一半，入选第五批省"百人计划"人数占全市近一半。创新成果稳步增长，专利授权量1600件，有效发明拥有量1015件，总量同比增长23.5%；新增2个福建省名牌、4个厦门市优质品牌。

生态环保高度重视。通过ISO14001环境管理体系认证，公众生态文明建设满意度达96.2%，厦门市唯一获评全国首批生态文明建设示范区。做好配合中央环保督察各项工作，有效解决一批生态环境突出问题。基本完成过芸溪小流域上、中游综合治理，水质接近地表水IV类标准；新阳主排洪渠黑臭水体初步消除；海漂垃圾综合治理取得实效，海沧湾岸线整治及生态修复工程成为国家蓝色海湾示范工程；海绵城市试点建设扎实推进。率先厦门市完成挥发性有机物治理，完成黄标车淘汰、工业锅炉整治任务，建成远海、海润码头绿色岸电项目，空气质量优良率达96.4%，空气质量综合指数厦门市各区第三。累计新增建成区园林绿地73.89公顷，改造绿地32.1公顷；完成8500亩造林任务，占厦门市40%以上。相继建成海沧湾公园、市民公园、大屏山郊野公园南入口景区、海沧自贸公园、洪塘公园等一批精品公园，花海风景林建设有序推进。

管理服务优质高效。深化"放管服"改革，清理规范行政审批、中介服务比例分别达22.2%、39.9%；行政审批、公共服务事项100%上网，162个事项全流程网上办理，1089个事项实现"一趟不用跑"或"最多跑一趟"；"就近办、马上办"便民服务改革经验全省推广。率先推出"微申报"，实现群众办事在线申报、办事预约、进度查询、服务评价等服务。国有企业分类改革基本完成。落实并出台一批降成本措施，服务业"营改增”效应显现，增量配电业务改革被列为国家发改委第二批试点。创新口岸监管机制和进口食品快检模式，企业名称登记管理改革经验在全市推广。

经济发展质量提升。2017 年，投资区完成地区生产总值 609.15 亿元，增长 5.2%；规模以上工业总产值 1058.88 亿元，增长 5.5%（现价）；固定资产投资（不含农户）431.46 亿元，增长 0.3%；区级财政总收入 164.09 亿元，增长 6.3%，区级财政收入 34.2 亿元，增长 18.2%。完成进出口总额 554.93 亿元，增长 23.2%，其中出口 388.42 亿元，增长 18.3%；进口 166.51 亿元，增长 43.4%。

（摘编：朱明清）

东山经济技术开发区

东山经济技术开发区为国家级开发区，下设两个园区，分别是海洋生物科技园和玻璃和新材料产业园，2017 年基础设施建设投入加大。（一）海洋生态科技园：（1）道路建设。建成通车 3 条路：科技大道一期、科技大道二期、海昌路建成通车，科技大道一期绿化、路灯配套完成。续建 1 条路：海顺路继续进行路基施工，部分路段开始地下管网铺设。新开工 5 条路：海发路、海祥路、海瑞路等 3 条路于 6 月份开工建设；南港东路等 2 道路在 10 月底开工建设，海瑞路、海发路等 3 条道路实现科技大道至海顺路间路基贯通。（2）长山尾污水处理厂：于 2 月初完成施工单位和监理单位招投标，施工中标金额 1.28 亿元，5 月份正式开工建设，土建工程正在施工中。（3）配套工程：区内水、燃气、电力缆化管网与道路建设同步推进，沿南港东路 10KV 第二回路架空线路年底前架设完成，规划沙盘展示厅初步建成，骏燊项目用地海堤加固工程、3#纳潮沟改道工程顺利通水。（二）玻璃及新材料产业园：按“七通一平”标准化完成园区一级开发，建成覆盖全园区的道路、供电及配套管网等公用基础设施，为园区发展提供硬件保障。目前，一期基础设施累计已完成投资 5.8 亿元，主要完成：土方回填 1251 亩；建成光伏一路；园区主入口绿化景观工程及 110KV 红铜Ⅰ、Ⅱ25#—30#杆迁改工程；开闭所工程；完成自来水、强电、弱电、燃气、网络管道铺设工程；推进“一区两园”基础设施 PPP 项目（主要是园区 7 条市政道路建设）；加快建设城垵污水处理厂；光伏一路、光伏二路、景观大道完成铺设及绿化。

重大项目强力推进。（一）海洋生态科技园：积极为企业落地提供用电用水入户、规划建设审批、政策指导等服务，逐步搭建管理服务平台，构筑服务支撑体系。建立联系企业制度，常态化开展的走访调查，及时掌握企业动态，有针对性地为企业排忧解难，服务企业开工建设需要。2017 年，华昌食品公司复工建设，污水处理厂开工建设，海魁水产工业园、超正食品等 4 家在建企业进展顺利，其中海尚食品建成投产、超正项目正在进行设备安装。宽广、茂兴科技等 7 家企业完成供地，开始进行前期工作。（二）玻璃及新材料产业园：园区产业定位清晰，进驻园区项目严格按照标准化要求，必须符合国家玻璃和高新技术产业导向及东山县产业发展规划，投产后达到国家工业环保、消防和安全生产等有关要求。目前园区已投产项目 4 个，总投资 8.2 亿元（伟安玻璃 2.6 亿元、光耀玻璃 1.6 亿元、安东实业 2 亿元、厦门合声钢琴实业 2 亿元）；已动工项目 1 个，总投资 0.5 亿元（慧民电池）；已签约项目有 14 个（光耀玻璃二期 1 亿元、德坤渔具 1.2 亿元、钱金家具 0.5 亿元、铜兴渔具 2 亿元、陈必桂渔需 0.5 亿元、庆忠金属 1 亿元、利航 0.3 亿元、百捷新材料、玻璃家具、宏达凯包装、春凯编织、威远矿业、永丰网具、福建备捷）正在洽谈中的项目有上海屋面光伏发电、利航、厦门石墨烯、漳州智能机器人等多个项目，园区产业集聚效应正逐步显现。

招商引资创新模式。明确责任抓招商。园区及时成立招商领导小组，制定全员招商办法，列出招商计划表，明确每个月重点的招商对象。创新模式抓招商。一是突出定点招商。主动出击，赴有关地区与有明确投资意向的重点企业对接洽谈，促进了项目快速签约落地。二是突出信息招商。依托网络、手机、电视、报刊等媒体，大力宣传推介开发区，积极捕捉各类招商信息，有针对性地跟踪联系，努力促进项目对接。三是突出产业招商。结合开发区产业定位，围绕开发区水产品加工业、玻璃制造业等产业的主导产业，精心设计项目，重点瞄准世界500强、国内500强、民营500强等企业，采用高密度、多频率、不断线的小分队招商方式，千方百计引进了一批新兴战略产业龙头项目。四是突出亲情招商。发挥东山籍在外成功人士、经济能人和在东山工作过的各级领导的推介、引荐、招商作用，努力争取该县在外企业家回乡投资兴业。优化环境抓招商。改善服务环境，提供“保姆式”服务，全力协调解决项目建设中的困难和问题，进一步缩短项目建设周期。坚持“走出去”和“请进来”相结合。引进符合开发区产业定位、有利于经济结构调整、科技含量高、辐射能力强、能有效推动产业聚集和延伸产业链的项目。2017年园区招商任务数7个，目前已签约世界500强企业国家电投集团北京电力公司、科拓、宽广等9个项目，完成任务数的128.6%。首次引进世界“500强项目”落户开发区，实现新的突破，引进东山县首家世界五百强企业，国电投集团公司的美丽海岛智慧能源项目，目前已签框架协议。

管理服务拓宽领域。2017年，区安办组织开展建筑施工、特种设备、危险化学品、消防、道路交通、人员密集场所等方面的安全生产大检查等各项专项整治行动，对发现的隐患和问题要求及时整改或移送行业主管部门，并形成规范台账，实现闭环管理。园区累计组织检查14次，出动人员176人次，发现隐患64处，已整改63处，检查发现存在重大安全隐患1处，目前已报告提请县安办进行处理。以“安全生产月”为契机，通过设立宣传栏、举行宣传教育活动2次，悬挂横幅10条，发放宣传单给企业50余份等各种形式，深化宣传教育，提升全民安全意识；安全生产月期间协助龙生食品公司开展应急救人演练1次，指导腾新食品公司开展消防安全应急演练1次，参演人员200余人。抓重点项目领导挂钩和责任的落实，强化领导帮扶企业，坚持每月召开重点项目建设调度会，对纳入全区调度的县重点项目建设情况进行调度，详细了解每个项目手续办理情况、工程进展情况、项目存在问题，对每个项目存在的问题进行认真梳理，并加以解决，突出精准施策，一企一策。

经济发展逐年增长。2017年，开发区实现规模以上工业产值195.94亿元，比增17.63%；工业增加值16.67亿元，比增15.14%；外贸出口50.3亿元；财政总收入完成2.78亿元，其中，本级财政收入完成1.59亿元。

（摘编：陈建闽）

漳州招商局经济技术开发区

漳州招商局经济技术开发区总体规划面积56.17平方公里，为国家级经济技术开发区，全区分为临港工业区、行政科教商住区、高科技产业开发区、港口工业区等四个功能区。建区26年来，全区已形成交通机械制造业、金属制造加工业、粮油食品加工业三个临港产业集群。开发区自然岸线全长28公里，其中—8米以下深水岸线13公里。已建成投入使用的码头泊位共有16个，其中3.5万吨级以上泊位10个，2个15万吨级集装箱泊位市福建省目前最大的集装箱泊位。所辖招银口岸为国家一类口岸和首批对台直航口岸之一。目前位于开发区第四区的3#泊位为厦门湾最大的深水散杂货泊位，现已交工验收，具备开港条件。开发区拥有四通八达的海陆空立体交通网络：机场、铁路均在1小时圈内。快艇往返厦门实现公交化，与厦门仅15分钟航程。区内疏港公路连接纵贯全国南北的324、319国道及沿海高速公路。连接漳州开发区与厦门的厦漳跨海大桥2013年5月建成通车，连接漳州开发区第四区的漳州港尾铁路建成后将有效缓解港区快速集疏运问题。厦漳城际轨道R3线可行性研究报告已通过联合审查，环评公示已基本完成，开工指日可待。区内“厦大系列”教育资源优越，其中，厦大附中为省一级达标高中，全区实行15年免费教育；全国首例经营性用海项目“中国双鱼岛”总面积2.2平方公里，已完成造岛，预计到2024年完成全面开发建设。

重大项目成果丰硕。截至2017年底，双鱼岛累计实现投资19.85亿元，完成土地“换大证”工作，市政工程一期完工，整体开发方案基本形成；芯云谷一期实现投资2.3亿元，华为漳州云计算数据中心展示中心正式开放，芯云谷双创平台加快打造；招商局创业广场，IDC、爱果冻、泰智会等产业孵化器已开业运营；策划检测认证园、科技金融园等产业开发区；推进产融结合，推动福建省现代服务业基金、生态智慧基金在区内注册设立。

产业特色效益凸显。产业结构不断优化。开发区积极培育海工装备、港航物流等产业，豪氏威马、诺尔其中、路易达孚、嘉吉饲料、伟成油脂等一批临港工业不断延伸产业链；同时，继续围绕现有粮油食品加工、金属制品加工等产业集群，加大相关配套项目的引进和技改力度；着力布局智能汽车小镇、泛信息技术产业、旅游产业、大健康产业、临港产业五个百亿元产业集群，项目进展显著。港口经济有新发展。以港航物流供给侧改革为抓手，积极探索港口业务发展新模式。深化闽赣海铁联运合作，打造“6+3+N”物流新模式，进一步降低物流成本。2017年海铁联运发运量达18万吨，居全省港口首位。全港货物吞吐量2403万吨，集装箱吞吐量41万标箱。

招商引资重点突出。2017年，开发区出台了多项扶持办法，从政策层面助力招商工作。同时，聚焦五大百亿元主导产业，组织开展各项招商引资、论坛等相关活动，主动招商。开发区“一把手”亲自抓招商，全年陆续引进了智能汽车小镇、腾讯云等招商引资项目23个，涵盖文化创意、互联网、先进制造业等高端产业业态，产业导向实现转型升级；举办了包括第八届海峡媒体峰会、ESCC电竞场馆联赛年度总决赛等较具规模的招商引资论坛、研讨会等活动；同时，通过参加厦洽会、花博会、北京服贸交易会等一系列展会，做好开发区的招商和推介工作；除传统产业招商外，开发区积极围绕AR/VR、影视文创等项目，开展产业链招商。

科技创新有效推进。“一区多园”建设加快。打造以芯云谷为主，创业广场为辅的泛信息技术产业园，截至2017年底，虚拟现实互动数据中心、华为漳州云计算数据中心正式投入运营；爱果冻科技数字内容工厂、泰智会产业加速器正式启动；策划医疗养生园，首个健康医疗项目六维健康管理中心成功落地。积极推进产融结合，组建产业基金助推产业聚集。2017年4月12日，福建省现代服务业产业发展投资合伙企业（有限合伙）在开发区注册成立，截至2017年底，现代服务业基金首次出资1.36亿元已到位，正式启动投资运作；2017年4月26日，开发区招科创新生态智慧创业投资基金合伙企业（有限合伙）在漳州开发区工商注册成立；同时，积极探索设立双鱼岛商业开发基金。通过“产业孵化”、“金融孵化”，助推实现产业开发区可持续发展。

管理服务注重人才。积极利用省市人才政策，统筹推进各类人才队伍建设，先后引进5位管理类高层次人才，18位“211”“985”工科类青年专业人才，全年申报福建省工科类青年专业人才9人，省级高层次人才2人。构筑引才聚才新平台，积极为区内企业送政策，建通道，通过建立企业人才政策联络员机制，为区内企业引进人才提供有力的政策保障。开发区管理体制与国际接轨，实行一个窗口对外的管理模式，按照国际惯例和准则建立完善的管理体制和公平竞争机制。开发区管理者们以“投资者的成功才是我们的成功”为宗旨，为投资者提供从项目报批到开业投产的全方位、全天候优质服务，为投资者营造方便、快捷、仁爱、安全的生产和生活环境。

经济发展质量提升。2017年，开发区完成地区生产总值42.1亿元，增长7%；一般公共预算收入21.02亿元，与2016年基本持平；其中，地方一般公共预算收入13.73亿元；外贸出口总值26.05亿元，增长86.23%；社会消费品零售总额7.44亿元，增长9.23%；规模工业总产值71.15亿元，增长8.02%；规模工业增加值17.31亿元，增长7.71%；全社会固定资产投资58.87亿元。

（摘编：吴汉良）

泉州经济技术开发区

泉州经济技术开发区为国家级开发区，投资环境不断优化，一是提升形象。切实抓好中央环保督察反馈意见整改落实，全区上下齐心协力抓好创卫复审迎检工作，树立具备指路、明确管理区域和提醒群众遵守卫生纪律的多功能地界牌，集中力量开展城乡结合部、农贸市场等关键点专项整治行动，完善环卫基础设施，生态环境、市容市貌焕然一新。围绕“住在公园里的开发区”的目标，组织实施景观提升工程，对道路景观、公园绿地、夜景照明进行全面改造升级。投入资金1.5亿元加快实施吉泰路改造升级和A区慢行道建设。在园区主路口具备路标功能的精品建筑项目建设，提升园区对外城市形象。二是提升品质。围绕“名学校、名校长、名老师”，加快市二实小开发区校区建设，扩容开发区实验学校，让创业者及务工人员子女“有学上，上好学”；深化医联体建设，开展双向转诊、分级诊疗工作，通过购买医疗服务，大力扶持清濛医院升级，让员工群众“有医就，就好医”；完善污染物集中处理等环保设施，淘汰落后产能，强化节能减排，推行清洁生产，防治大气污染，规范处理废物，加强环境保护、推进生态文明建设，成功创建绿色开发区，为创业者提高生态福利，让员工朋友“有得住，住得好”。三是提升稳定。全力以赴做好重大活动安保维稳，实现检查覆盖率、问题整改率“两个100%”。强化社会综合治理，实现园区社会治安高清监控视频全覆盖，密度居全市首位；推行完善“片区普查，部门专查”的安全生产网格化检查体系，全面深化“六打六治”打非治违和专项整治，充分运用“智慧安监”平台实行分类分级管控，扎实开展安全生产大排查、大整治、大检查，全区安全生产形势平稳，未发生一般性以上安全生产事故，国务院督察零问题、零信访。2017年，开发区被联合国工业发展组织授予“绿色开发区”荣誉称号，成为全国第5个、全省第1个获此殊荣的开发区；被国家科技部授予“国家火炬无线通信特色产业基地”；提前143天完成黄标车淘汰整治任务指标居全市第一；公众评议得分全市第一；强力解决分别遗留19年和18年的崇荣街、旧铺农贸市场等城市管理“老大难”问题，实现园区面貌大改观。

科技创新推进改革。积极组织实施技术改造，推进智能制造，帮助企业应用“数控一代”实现改造升级，不断提高供给质量和效率，促进供需有效对接。今年新增省级科技小巨人领军企业7家、高新技术企业3家，两项科技创新企业累计已经分别达到15家和26家，高新技术产业产值占全区工业总产值的62.8%；九牧王服装个性化服装智能生产线自动化率达65%以上；黑金刚研发的柔性智能制鞋生产线，实现传统鞋业制造向智能化、个性化、自动化、平台化转变；锐驰公司智能无屏电视核心部件光机项目顺利推进。

转型升级多措并举。把招大商定格为重头戏，重奖招商引资者，最高奖励1亿元。利用政府招商平台，加快吐故纳新，有效盘活资源。一是僵尸企业换项目。一批占用土地、厂房资源但已未能产生效益的企业成功置换华景、舒柏锐、聚慧丰、开心米奇等优质项目，并快速投产达效，实现产值10亿元，税收5000多万元。中关村盛世光明集团、全球酒店行业综合排名第二的维也纳国际酒店、万科、世界500强企业协鑫集团等一批优质项目先后签约。另外，还成功洽谈对接了投资额20亿元的京东集团京东云。二是空置用地换业主。组织开展空置土地和厂房清理，建设数据库，鼓励支持业主以转让等方式盘活空置土地，清濛园区191120平方米空置厂房成功盘活136200平方米，盘活率为71%。派克鞋业易主引进投资4亿元的友臣食品项目，嘉庆轻工通过租赁空置厂房1.2万平方米，嫁接高端外贸出口生产企业，有效实现换产换能。三是困难企业换股权。引导管理不善、活力不足的企业，通过股权重整置换等方式，调整优化公司法人治理结构，帮助企业迎来新的发展机会。长城国瑞证券有限公司对区内问题企业SH公司运用“债务重组+并购重组”方式化解资金困难，促进企业重组再生。出台优惠政策引导支持纺织、鞋服等传统产业深化电商应用，特步公司成为全国两化融合示范企业，九牧王入股韩都衣舍携手推广销售男装品牌，海泰克、道诚等2家电子商务公司成为市级电子商务示范企业，电子信息综合提升工程等“互联网+”项目正有序推进。建设2.5产业园、圣弗兰产业综合体等新业态载体，打造一批咖啡梦工厂、时尚梦工厂、创客中心等开发区版众创空间。引导企业通过创新营销模式实现转型发展，规上企业100%开展电商业务。帮助企业与上下游各产业链的尖端品牌战略合作，形成全产业链商业模式。

新园建设步伐加快。坚持以点带面、整体推进，加快官桥园区建设，新的互动发展载体加速形成。一是设施建设方面。完成进区大道南段及东西主干道东段竣工验收和北三路工程预验收及西三路工程建设；北八路完成雨污水管网及水泥稳定层施工，占工程量的45%；园区中路一期项目顺利开工。停工长达五年之久的B1地块土石方平整工程已基本完工，完成年度计划投资100%。F地块土石方平整竣工验收及C—1—01地块土石方平整也已完成。完成起步区道路绿化工程。采用PPP模式实施园区下洋溪整治及周边配套项目，启动再生水厂建设。二是要素保障方面。加快土地征收报批。联合官桥镇先后开展两次保护性施工，有效解决制约起步区“锁咽喉”工程瓶颈的B地块及周边项目300亩用地问题；完成252亩土地的移交，解决72亩争议地历史遗留问题；完成353亩林地报批工作以及605亩土地农转用报批工作。落实建设资金保障。通过购买理财产品、工程量质押、协调银行贷款利息互付、协调返还分配土地出让金、加大筹融资力度等方式，筹措园区建设资金8亿元，有效解决园区建设资金问题。三是项目引进落地方面。贯彻落实“大招商、招大商”工作方案，成功引进联东U谷、平安物流、保利协鑫、金榕纸桶等行业龙头企业，储备意向入驻项目34个。

金融创新成效凸显。一是推进挂牌融资。2017年，海峡股权泉州交易中心新增挂牌企业104家，累计挂牌企业606家，新增融资额18.16亿元，累计实现直接融资32.76亿元，挂牌企业和融资额居全省各地级市首位。二是创新基金使用。实施国有产业基金使用机制改革，由国有产业基金入股参股高新技术企业和投资购买根据企业订单量身定制的理财产品，相关企业税收贡献增长76%。三是提高资产证券率。“一厂一策”帮扶上市，名品电子、黑金刚公司成功登陆新三板，东南光电被列入新三板创新层企业。4家企业启动股份改制，19家企业列入省级、市级重点上市后备企业，6家企业列入泉州市场外市场挂牌后备企业。四是稳定金融市场。采取由区属国有企业参与司法拍卖收购不良资产抵押物、“债务重组+并购重组”促风险大户重生等方式，有效压降不良贷款，提前三个月完成市下达的年末不良贷款率5%目标。实施区内银行机构风险防控化解激励考评，兑现奖励1000万元。协调解决20家企业资金链问题，涉及金额6亿元，为企业提供“过桥”转贷91笔，涉及金额4.66亿元。

经济发展质量提升。2017年，全区完成GDP173.54亿元，比增9.7%；工业增加值154.15亿元，比增9.0%；第三产业增加值18.34亿元，比增15.6%；全社会固定资产投资27.75亿元，比增22%；社会消费品零售额61.12亿元，比增16.9%；一般公共预算总收入13.58亿元，比增5.5%；一般公共预算收入7.58亿元，比增4.8%；实际利用外资（验资口径）7046万美元，比增11.1%；出口商品总值64.77亿元，比增4.9%。全区GDP、第三产业增加值、全固定资产投资增幅位居泉州市第一，社会消费品零售总额增幅位居第二，工业增加值增幅位居第三。

（摘编：王增丰）

泉州台商投资区

泉州台商投资区为国家级开发区，投资环境不断优化。一是推进生态文明建设。全区17条河流（湖）全面推行河长制管理，河流断面水质、水生态、水环境面貌得到有效改善。建立全区农村环境卫生“一清一保一机制”，全区垃圾无害化处理7.9万吨，垃圾无害化处理率达100%。在全市环境卫生考评中，连续34个月位居全市第一。全区337家石材企业关停退出，实现石材加工行业整体退出。淘汰黄标车105辆，提前一个季度完成全年黄标车淘汰任务。二是加快城市配套建设。启动百崎湖东片区、蓝色经济培育区等城市生活配套区建设。加强住房保障工作，玉坂安置小区、锦厝安置小区基本建成；金屿安置小区已封顶，湖东安置小区、后港安置小区项目进展顺利。全区“五纵五横”道路网络加快推进；324国道工程已拓改完成，福厦铁路客运专线前期工作有序开展。完成台商公交中心枢纽站建设，新增定制公交线路3条，全区行政村公交覆盖率达87.2%。投入1340万元建设48个公共自行车租赁点，投放自行车1440辆。全年实施各类污水处理项目34个，累计完成投资6292万元，完成污水管道施工约25.99公里；全区78个行政村2511个三格化粪池已全部完成新建、改造任务。三是提升城乡管理水平。建立道路园林绿化日常管养、户外广告管理、城市排水许可审批等城市管理长效机制，完善城市管理体系。拆除“两违”面积50.41万平方米，提前超额完成年度任务，位居全市前列。大力践行“721工作法”，推行“城管驿站”服务执法，探索精细化管理新路径。补齐“智慧”数字化城市建设设施短板，推动“数字城管”向“智慧城管”提档升级，提升城乡管理水平。围绕“一纵三横”E字形网格化的总体框架，推行区、镇、村、组四级联创网格化管理体系，投入2900多万元推进全区78个行政村“天网”工程建设。

项目建设有力推进。一是重点项目进展顺利。2017年，204个区级重点项目完成投资163.08亿元，其中在建项目完成投资156亿元，完成年度计划的128.4%。43个省市重点项目完成投资106.37亿元，完成年度计划的124.5%，其中29个在建项目完成投资89.22亿元，完成年度计划的127.9%，进度排名全市第一。丰树物流、海霞路等55个项目新开工建设，完成年度计划的117%；洛阳大道、装备制造研究所等45个项目建成（或部分建成），完成年度计划的150%。二是攻坚任务完成较好。143个列入省级“五个一批”项目完成投资116.93亿元，完成年度计划的120.4%，并获省级正向激励奖励。区级项目多项攻坚任务超时序进度完成，新增谋划生成项目47个，完成年度计划的117.5%；新增招商（谋划转签约）项目40个，完成年度计划的200%；完成28个征迁项目，完成房屋征收面积33.18万平方米。三是项目保障有效落实。强化资金保障，争取到政府债券资金2.9亿元，政府置换债券资金64.89亿元，争取到省、市免息财政调度金1.5亿元；成功通过上海证券交易所申报审核，获批公司债11亿元，在银行间交易商协会成功注册中期票据20亿元。全年合计新增授信资金183.45亿元，新增下柜资金102.7亿元。强化用地保障，及时做好项目用地出让和划拨工作，重点保障市委党校、烯石新材料、海江大道、海城大道、泉东大道、湖安路等重大项目用地需求，全年共出让土地23宗，划拨土地46宗，面积1461.5亩，经省政府批准农用地转用和土地征收15个批次，批准面积1461亩。建立全区大督查工作机制，按照“前期工作”“征地拆迁”“项目配套”等不同类别，专题协调化解项目实施障碍。

招商引资机制创新。一是创新招商工作机制。以“全区一盘棋”的思想统筹推进全区招商工作。2017年，新签订烯石新材料、八仙过海、中建方程棚户区改造、华夏幸福产业新城开发建设、桃城建工总部等投资协议及框架协议项目15个，总投资超千亿元。目前重点在谈项目25个，总投资近百亿元。二是深化经贸交流合作。主动考察和对接重点在谈台资项目，带队赴广东、山东等地考察重点意向投资项目。专门组织三个招商小分队，前往北京、上海、广东、山东、浙江、江苏、厦门、福州等地开展点对点招商活动。组织参加境内外展销62场，“6·18”展会上对接合同项目47个，总投资29.3亿元，分别比上届增长20.5%和726.3%，投资额增长率位居全市第二，超亿元项目5个，实现零的突破。组织参加第九届世界惠安泉港泉州台商投资区同乡联谊会、香港泉州台商投资区同乡会及马来西亚同乡会换届等活动。三是促进招商项目落地。设立重大招商项目前期服务部，组建区、镇两级企业服务中心，实现重大招商项目全程“无缝对接”。紧盯山东大型综合旅游等重大项目，实行“月嫂式”服务，及时帮助协调解决项目存在问题，促进尽快落地。及时约谈进度滞后的梓晶微、五赫兹等项目业主，了解项目年度建设计划及资金安排情况，要求项目业主提出建设计划，明确投建投产时间节点。对受市场因素影响而改变投资意向的及时调整并回收土地。

产业结构合理科学。一是农业经济稳步发展。大力发展农林渔经济，促进农业增效、农村发展、农民增收。全年实现农业总产值8.53亿元。二是工业经济持续做强。加强经济运行分析调控，推动产业转型升级。全年实现规模以上工业增加值159.98亿元，增长8.7%。25个工业大类行业中有23个保持同比增长，支柱产业继续保持两位数增长。全区共有规上企业217家，其中产值超亿元企业175家。三是第三产业加快发展。2017年全区第三产业增加值63.43亿元，同比增长12.5%。14个区级第三产业重点项目完成年度投资34.38

亿元。八仙过海项目新增投资计划30亿元，一期建设加快推进，世茂蓝色海湾、海丝艺术公园、洛阳古桥古街旅游效应显著，全区接待游客人数、旅游总收入分别增长17.6%和24.5%。加快培育和引进电子商务龙头企业，2017年电子商务销售额超5.5亿元。商品房成交面积27.15万平方米，同比增长212.43%，其中商品住房成交面积26.04万平方米，同比增长219.51%；货运周转量、货运量分别同比增长11.84%、16.04%。加快发展特色产业，培植规模木雕企业42家，2017年创造产值1.8亿元。

管理服务理念先进。建设“一站式”行政服务“超市”，将分散在区内各窗口单位和分中心大厅的行政审批与公共服务集中入驻行政服务中心，共设立120个窗口，推行周六、周日轮班制度；创新项目折叠审批机制，相关经验做法被国办刊物采用，获国务院李总理批示肯定。建设“项目管家”平台，智能管控项目流程全过程；建设“中介超市”平台，在全市率先实现中介委托交易“一趟不用跑”。深入推进事中事后监管改革，实行“双随机、一公开”，实施跨部门联合抽查。区公共资源交易中心被授予“2017年度全国公共资源交易平台整合优秀基层单位”荣誉称号。进行了两轮清理规范区级前置中介服务事项，精简率达19%；探索“审管分离”、“一枚印章管审批”行政管理新模式，成功获批省级相对集中行政许可权改革试点单位。

经济发展质量提升。2017年，投资区实现地区生产总值260.54亿元，增长8.6%；工业增加值175.30亿元，增长8.1%；固定资产投资完成202.85亿元；一般公共预算总收入13.37亿元，一般公共预算收入8.25亿元；社会消费品零售总额增长11.5%；第三产业增加值增长12.5%；实际利用外资完成4627万美元；出口商品总额增长15.1%。11项主要经济指标中有3项指标增速排名全市前列，9项指标增速高于全市平均水平。

（摘编：严志东）

龙岩经济技术开发区

龙岩经济技术开发区（龙岩高新区）为国家级开发区，投资软环境不断改善，打造项目聚集洼地，在项目预审时，实行多部门联审制，将环境影响评价作为能否入园的首要考虑因素，对不符合国家产业政策，严重污染环境、破坏生态、浪费资源的项目实行“一票否决”制度，打造可持续发展的绿色软环境。对入驻项目实行“一个项目，一个领导挂钩，一个部门跟踪，一个推进方案，一个联络人”的保姆式服务机制，实现项目入驻全程有人服务，随时随地为项目入驻解决实际困难和问题。出台招商引资项目管理办法，对入园项目不同阶段在财政、金融、人才、科技等方面给予政策支持。强化硬环境，打造项目投资高地，完善基础设施保障。推进南北环路的贯通、园区污水管网接入市污水处理管网进行集中处理等基础设施建设。加快用地的报批工作，有计划地对已征拆的土地尽快进行“三通一平”等扫尾工作，收储一批可供建设的“熟地”，缩短项目落地建设周期。按照产业的生产标准，在对厂房建设要求充分调研的基础上，有规划地建设一批标准厂房，做好筑巢引凤工作；梳理开发区现有的闲置厂房，建立收储、置换、租赁等土地利用机制，采取产权变更、产能换代、股权置换等方式进行腾笼换鸟。

产业特色效益凸显。全力打造以龙工机械为龙头的智能机械产业、以龙马环卫为龙头的专用车产业、以龙净环保为龙头的环境科技三大主导产业（简称“333产业”），产业做强做大，通过引导企业与龙岩市政府签订“一企一策”鼓励龙头企业做强做大。全年专用车、智能机械、环境科技产业实现总产值183.59亿元，增长7.8%（全区20个大类行业中，有15个行业总产值实现正增长），其中以龙工机械为龙头的智能机械产业完成产值41.37亿元、比增34.4%，以龙马环卫为龙头的专用车产业持续保持15%的高增速。78家规模工业企业中产值超亿元有37家，占全区规模以上工业企业的47.4%，累计实现产值224.26亿元，比增17.1%。出台中小微工业企业扶持政策，在融资租赁、用工用地、技改升级上给予重点跟踪扶持，16家中小微企业全年完成产值28.01亿元、比增64.5%。新增规模以上工业企业4家、新上规模营利性服务业企业5家，易动力、龙合智能通过福建省“专精特新”中小企业认定。4家企业进入军队物资供应商库（龙基机械、龙马环卫、畅丰专汽、欧麦香食品），全年实现民品参军销售1.1亿元。

科技创新强力推进。全年新增4家高新技术企业、4家省科技小巨人领军企业，科创园、龙腾汽车研究院新增孵化企业11家，在孵企业66家，发明专利授权33件、比增37.5%。组织14家企业参加第五届省创新创业大赛暨第四届龙岩创新创业大赛，龙合智能等7家公司顺利进入第五届省创新创业大赛复赛。龙马环卫入选首批服务型制造示范企业、龙净环保荣获全国“制造业单项冠军示范企业”。

招商引资成效喜人。充分利用“6·18”海交会、“9·18”洽谈会、“11·8”机博会、军民融合中电科专场对接会等平台深入对接，共签约项目77个，其中10亿元以上项目2个，5亿—10亿元项目3个，招商引资成效居龙岩市前列。

生态环保投入加大。1—8月，投入整治资金1.19亿元，关闭拆除生猪养殖场面积92.94万平方米，清栏减栏生猪16.25万头。全面推进河长制工作，共聘请河道专管员75人、保洁员375人，投入520万余元开展清淤河道20余次；全区各镇断面监测水质从劣Ⅴ类水质提升到Ⅲ类水质，部分指标数值上优于Ⅱ类。完成黄标车淘汰444辆，123家违规企业整改工作，拆除土法石灰窑16家、淘汰机砖厂16家，辖区内空气质量达标天数比例为100%。完成水土流失治理面积1.8万亩，新增矿山恢复治理面积8.8公顷、植树造林7500亩。全部办结并整改完成中央督察组转办的9件信访件。2017年获省级绿色开发区环境、质量管理体系论证。

管理服务精准到位。按照“小政府、大社会”、“小机构、大服务”的理念，深入开展“不忘初心、牢记使命”主题活动，激发干部职工干事创业的热情和干劲，引导干部职工把心思用到求实效上、把精力用到抓落实上、把劲头用到破解难题上，着力在招商引资、项目建设、征地拆迁、资金筹措等方面营造齐抓共管、协同作战、比学赶超的工作氛围。积极做好企业人才服务工作，举办各类技能培训班4期，为园区企业招聘普工1000多人。开展“暖心除夕宴”活动，帮助春节期间留守企业职工解决日常就餐问题和除夕聚餐。启动实施行政服务中心实体大厅建设，大力推进开发区“相对集中行政许可权”改革试点，申报行政权力事项160项，获授权责事项38项，其中行政许可17项，行政监督检查14项，公共服务6项，其他权责事项1项。

经济发展质量提升。2017年，全区实现规模以上工业总产值292.98亿元、比增10.3%，财政总收入完成9.98亿元、比增19.66%（财政收入基数含原六乡镇及商务、金融中心，下同），其中地方财政收入5.7亿元、比增20.31%；规模以上工业增加值48.38亿元，比增2.4%。500万元及以上固定资产投资60.8亿元、比增28.2%，其中，工业项目完成投资31.6亿元、比增33.2%；房地产开发完成投资7.3亿元、比增52.6%。实现限上商品销售额100.96亿元、比增50.3%。社会消费品零售总额3.15亿元、比增16.5%。

（摘编：林开龙）

东侨经济技术开发区

东侨经济技术开发区的前身是1997年在东湖塘华侨农场基础上成立的闽东华侨经济开发区。1999年5月经省政府批准成为省级经济开发区。2006年4月，闽东华侨经济开发区与闽东工业园区整合更名为福建东侨经济技术开发区。2012年12月，经国务院批准升级为国家级开发区。经过21年的发展，已成为宁德市本级产业发展的重要载体和中心城市建设的主要平台。现辖区域包括主城区和工业集中区。规划面积40.7平方公里，其中市区规划面积16.7平方公里，工业区规划面积24平方公里（完成开发约15平方公里），下辖侨兴社区、兰亭社区、华侨新村社区、富春社区、兰溪社区、大门山社区、万安社区、锦绣社区、亿利社区9个社区，聚集人口约15万（含流动人口）。

投资环境优化提升。新建城市道路8公里，完成疏港路改扩建工程一、二标段，新建雨污管网21.6公里，新增公共停车泊位232个、公厕11座。赤鉴湖公园一期建成投用，二期基本完工。网球中心顺利落成，实验小学二期完成部分交付使用。推出保障性住房、标准厂房、电子商务中心及市政道路工程PPP项目，总投资额达9.87亿元。完成北区污水处理厂二期扩容工程，动工建设25孔闸除险加固工程，新增东湖栈道二期等休闲设施，新建城市绿道4公里，提升绿化景观35.64公顷。以“创文明城、迎省运会”活动为载体，深入实施“八大文明工程”，通过完善创建机制、实行网格化管理、强化领导挂钩和单位共建，较好地完成了创城各项任务。保持“两违”治理高压态势，拆除违建113宗8.15万平方米，超额完成年度任务。积极抓好中央、省环保督查反馈问题的整改落实，完成东湖塘北港清淤整治工程，基本消除黑臭水体问题。淘汰黄标车44辆，超额完成市里下达的年度任务。顺利通过绿色开发区验收评审，入选全省首批绿色开发区示范区。围绕教育、文化、医疗、养老、民生基础设施等领域补短板，确定53个民生补短板项目。全年公开为民办实事18项，民生支出4.91亿元，增长30.5%，占公共财政支出的54%。加快推进中小学扩容工程，新增学位1920个。宁师附二小被认定为全国中小学中华优秀传统文化艺术传承学校。新建兰亭、万安、锦绣、华侨新村等社区综合文化服务中心。流动人口动态调查准确率99.43%，在全国参加调查的县级单位中综合排名第四位。继续加快实施保障性安居工程，完成配租配售494套。

产业发展效益凸显。通过产业链招商、以商招商、飞地招商，对接签约项目38个，吸引内资189.04亿元、外资1.15亿美元。新兴产业持续壮大，新能源湖西产业园数码项目建成投产，EV项目部分竣工即将投产，厦钨正极材料、广荣机电、杉杉负极材料、龙榕山包装、卓高隔离膜等产业链项目开工建设，侨云电子、新嘉拓涂布机、安费诺连接器、永成双海动力、凯利、华普胜能源等项目顺利投产，产业集群化发展更加明显。新能源、生物医药两大产业占规上工业总产值比重超过82%，对经济增长贡献率达115%。时代新能源、新能源科技、星宇科技分别摘得福建省首批制造业单项冠军企业（产品）。传统产业加快转型，完成工业技改投资42.39亿元，比增24.8%，完成年计划的163%。蔡氏水产、华港饲料等12家企业被确定为2017—2019年度农业产业化市级龙头企业。安波电机获评“全国中小型电机行业优秀企业”，其超高效永磁电机及控制系统入选工信部“智能制造新模式应用”项目；亚南电机与广西玉柴携手合作，智能电站项目成功落地“一带一路”国家。现代服务业发展提质增效，服务业增加值占GDP比重达26.8%。房地产业健康发展，完成投资26.69亿元，同比增长19.2%，开工面积59.27万平米、较上年增长104%，竣工面积43.92万平方米、较上年下降35%，商品房销售面积62.95万平方米，同比增长2.61%，商品房去化周期降至10个月。

改革创新不断深化。实施“放管服”和“多证合一”商事登记制度改革，发出全市首张“45证合一”营业执照。推行“一趟不用跑”和“最多跑一趟”办事清单制度，进一步降低市场主体准入成本。探索“互联网+政务服务”审批模式，推进智能审批、全程网办。整合办税流程，实现国地税联合办税。全年新增市场主体3495户，注册资本91.04亿元，分别较上年增长57.4%、79.4%，市场主体准入增幅居全市首位。实施城市执法体制改革，推行环卫保洁市场化管理，不断改进城市管理工作。实施售电侧改革，被省政府列入全省首批购售电业务改革试点园区。

经济发展质量提升。2017年，全年完成地区生产总值109.12亿元，比增19.02%；公共财政总收入24.48亿元，比增29.21%（增幅居全市首位），其中地方公共财政收入13.68亿元，比增27.4%（增幅居全市首位）；完成规上工业总产值430.13亿元、比增27.9%，规上工业增加值92.23亿元、比增28.65%（增幅居全市首位）；全社会固定资产投资88.34亿元，比增14.48%（增幅居全市第四）；完成出口总值43.28亿元，实际利用外资4159万美元。12个省市级重点项目，完成投资73.64亿元，超年度计划36个百分点，在全市重点项目建设评比中位居第一。全年新增“五个一批”项目141个、总投资1197.44亿元，在“五个一批”投资综合考评中位列全市第二。在全国219个国家级开发区综合考评中位列第七十四位，在全省开发区综合考评中进位到第五位，入选福建省十大重点开发区。

（摘编：李兵）

海关特殊监管区概况

福州出口加工区

福州出口加工区于2005年6月经国务院批准成立，是国家级开发区和海关特殊监管区，位于福州市区东面闽江出海口，坐落于马尾区亭江镇。自福建自贸试验区成立以来，福州出口加工区以改革创新为核心，着力推动口岸通关便利化和贸易发展方式创新，充分发挥保税物流、保税加工、保税服务三大功能，重点发展跨境电子商务、保税物流、冷链物流、保税加工贸易等产业，全力打造集跨境电商、保税仓储、冷链物流、保税加工贸易于一体的外向型产业集聚区。园区总体规划面积1.14平方千米，分期建设，首期0.436平方公里于2006年12月通过验收，2008年3月封关运作；二期0.223平方公里于2017年12月28日通过验收；其余0.481平方公里为水域及滩涂，我省已于2016年9月向国务院申请核减。2017年，园区完成进出口总额9.32亿元，其中出口总额8.16亿元，进口总额1.16亿元；完成保税物流货运量45.86万吨，进出区货值21.72亿元，税收收入（含海关税收及代征税）4.38亿元；完成固定资产投资总额6.87亿元，工业产值1.68亿元；跨境电商进口总额约1.06亿元，跨境电商销售单30.54万票，跨境电商销售额1.27亿元。

项目建设强力推进。按照马尾区委、区政府“攻坚2017”行动和“海上福州”建设的决策部署，倒排时序，挂牌作战，一线攻坚，全力推动跨境电子商务保税物流仓库、科乐通冷链物流集散中心、出口加工区二期基础和监管设施、汉吉斯冷链枢纽暨跨境电商等重点项目建设，取得阶段性成效。

出口加工区二期基础和监管设施。项目按照《海关特殊监管区域基础和监管设施验收标准》的有关规定，对福州出口加工区0.659平方公里用地范围内（一期以及二期规划范围内陆域部分）进行整改、建设和完善，重点推进加工区视频监控系统和报警系统、信息化管理系统、二期规划支路及海关巡逻道、二期围网修复、一期海关巡逻道路整治等工程建设工作。2017年项目累计完成投资约5800万元。同时，认真做好迎检部门沟通、申请和资料汇编等各项迎检准备工作，促使福州出口加工区（二期）于2017年12月28日顺利通过验收。

招商引资成效明显。围绕加工区功能定位和产业发展规划，全力以赴做好招商引资，招商成效明显。2017年新增注册企业117家，注册资本37.046亿元，其中3000万元以上企业13家，外资企业9家，合同外资1.522亿美元，实际利用外资折合人民币1.313亿元。科乐通冷链物流、洛基山西洋参集散地、aoe世界风情小镇保税物流中心、菜鸟电商等4个大项目好项目相继落地建设。提前谋划跨境电商保税物流仓库的对外招商工作，研究制定了区内保税仓库招商工作思路，明确保税仓库功能定位、招商主攻方向和招商重点工作内容。重点跟踪对接中海仓、京东、菜鸟网络、网易考拉、费舍尔等有意向使用仓库的企业。注重以商招商，强化对已落户企业的对外招商服务工作，积极推进融达通与菜鸟、中海仓与京东、科乐通与东盛、汉吉斯与禾信等企业合作项目对接工作。

跨境电子商务保税物流仓库。总投资约2.9亿元，用地面积约54亩，总建设面积6.13万平方米。2017年项目累计完成投资2.126亿元；其中1

#楼于9月提前封顶，现正进行内外墙粉刷，铝合金门窗安装、消防喷淋系统安装；2#楼于10月提前封顶，现进入砌体施工阶段，坡道混凝土结构现已完成三层施工。

科乐通冷链物流集散中心。项目由福建省科乐通冷链物流有限公司建设，总投资15亿元，用地总面积200.5亩。项目建成集港口运输、办公总部、食品包装、加工服务、多温区储存、交叉转运、订单配货、全程物流配送和增值服务等多功能、综合性的大型食品加工配送和贸易集散中心。2017年项目累计完成投资2.953亿元，占“攻坚2017”年计划投资的246.1%，超序时进度144.2%。目前，已完成一期工程的场地土方平整、配套道路、临建设施、围墙建设和室外管网施工；一期仓库和A—4综合楼桩基工程全部完工，A—4综合楼二层楼面砼浇筑完成，正在进行仓库基础施工。

汉吉斯冷链枢纽暨跨境电商。项目由福建汉吉斯冷链物流有限公司承建，总投资7.8亿元，用地面积73.9亩，新建10万吨级－24℃低温冷库、5万吨0—5℃恒温温冷库、电子商务商品生产车间、欧盟认证的精深加工车间、自贸生产中心、研发及数控中心，总建筑面积约15.3万平方米。2017年项目累计完成投资1.787亿元。目前，已完成一期地下室工程、二期桩基工程。

跨境电商快速增长。做好跨境电商服务（监管）平台建设，积极拓展跨境电商业务种类，2017年4月23日顺利拓展了跨境直购进口业务，增加了新的电商通关渠道。2017年完成跨境直购业务8230票，销售额约458万元。引入菜鸟电商项目，完成与福州市跨境电商公共服务平台技术对接后，优化了跨境电商平台系统运作模式，有效解决了支付信息推送等难题。同时，区内企业融达通公司将在台湾建立海外仓库，优化供应链服务，加强闽台经贸合作。目前，园区跨境电子商务新业态初具规模，跨境电商日均交易2500多单，日交易额60万元以上。此外，菜鸟网络已开始试运营，中海仓供应链也将投入运营，菜鸟和中海仓正式运营后，预计跨境电商日交易单可达6000单以上，日交易额180万元以上。

（摘编：郑新贵）

国家级高新技术产业开发区概况

福州高新技术产业开发区

福州高新区是1991年获批的全国首批国家级高新区，2013年7月起托管闽侯县南屿镇和上街镇建平等5个村，2016年6月，经国务院批复同意，启动国家自主创新示范区建设。2017年，福州高新区托管区域内完成固定资产投资187.5亿元，工业固定资产投资54亿元，实际利用外资2.21亿美元，出口247.37亿元，规上工业产值800亿元，一般公共预算总收入21.4亿元。2017年，在全国国家高新区中排名第32位。

投资环境逐步优化。全年完成交地299.87亩，拆迁76万平方米，建设投资118.30亿元。乌龙江大道一期、高新大道AB标段、创新路、3号、4号、13号路等9条主干道路和区实验小学、轮船港等项目征迁取得突破，国家知识产权专利审查协作分中心、国家地球空间信息产业基地、创新园二期、仙芝楼、福耀模具、斯坦利等项目加快建设。12月9日启动“产业项目集中交地月”行动，集中推进省光电产业基地、福大百特、榕基软件等26个产业项目征迁交地。

招商引资重点突出。对接北京世纪金光半导体、熔城半导体、华为手机、源磊LED封装、中车APM、省属企业科研集中区、众赢智能影像产业基地等重点项目，全年招商考评共认定项目125项，总投资约453亿元。园区新增各类注册企业713家，新认定省级众创空间3家，高新技术企业6家，恒锋信息、艺根新材、光速达科技、睿能科技、永福电力设计5家企业上市，中科院海西研究院关联企业中科光汇、中科芯源、中科3D打印等4家光电企业落地发展。

创新引智政策支持。认真落实市政府推动新一轮经济创新发展十项政策，出台支持企业发展、创新创业和扶持集成电路、LED、地球空间信息等产业发展的“7+8”系列政策，兑现政策奖励1882.4万元。深化与大学城产学研融合发展，组建高新区发展战略智囊团队，首期试点招聘规划、环保、安监等领域专技人才9名，出台引才专项政策和人才公寓使用管理办法，海西园人才公寓一期约8500平方米共180套即将交付使用。

生态环保严格执行。拆除“两违”29.3万平方米，完成40个省级宜居环境项目投资8亿元，全面展开29个村（居）生活污水垃圾治理、公厕建设等工作，渣土、地材运输专项整治中查扣违法车辆208部、立案198宗。

投融资机制不断创新。理顺福州高新区投资控股有限公司、福州新南建设开发有限公司股权关系，全部归属高新区自有；注册成立福州高新区国有资产运营公司，三家公司作为高新区做大做强项目和投融资运作的“三驾马车”；对接多家金融机构，谋划设立高新区产业发展基金，争取通过财政杠杆作用撬动30—50亿元社会资本加入；确函中科院海西研究院出资共同组建中科院海西研究院科技成果转移转化基金，占基金规模的30%；布局创新园二期17号楼作为高新区金融大楼，草拟金融机构招商奖励政策，吸引各类金融机构入驻。

（摘编：吴汉良）

厦门火炬高技术产业开发区

2018年，厦门火炬高技术产业开发区推进高质量发展落实赶超，以“双千亿”工作为抓手，区域引领辐射和带动作用进一步增强。

新动能产业规模不断壮大。一是产值规模持续扩大。新增亿元以上企业27家，新增入区企业1752家，同比增长48.2%，企业总数达6565家，为2020年迈入万家企业高新区奠定坚实基础。新增“五个一批”亿元以上项目138个，居全市第三，新增开工产业项目总数排名全市第一。软件与信息服务业蓬勃发展，厦门软件园全年新增注册企业945家，全年园区营收1001.2亿元，同比增长19.4%。二是千亿产业链发展态势良好。平板显示结构持续优化，半导体和集成电路产业、计算机与通信设备产业保持高速增长。平板显示产业在工信部国家新型工业化示范基地细分评价中排名第一，被评为全国十大集成电路优秀产业园，软件园连续两年综合评价排名全国第七，成长性指标全国第一。三是产业质量不断提升。净增国家级高企120家，占全市净增数的57.7%。储备市级上市后备企业111家，占全市42%；省级重点上市后备企业54家，占全市近一半。新增企业技改项目261个，新增智能化改造项目83个，获市里标准专精特新企业50家，占全市近一半。软件园前沿产业蓬勃发展，移动互联网、云计算、大数据、人工智能产业10大领头企业全年营收达95.5亿，数字文化产业新增规模以上企业8家。四是招商机制不断完善。国企招商主体作用显现，以5家国有企业为依托组建招商力量，明确招商专业方向，形成合力。协同湖里、集美、翔安等区共同引进凌阳、闳康集成电路等项目17个。提交市政府研究重大招商项目13个，累计引进天虹半导体设备等新项目614个，促成增资项目229个，其中亿元以上项目12个。已签约开工落地自建项目43个，5亿元以上重大项目有宸鸿新一代触控、天马5.5代AMOLED、戴尔易安信扩展等8个。

国家自创示范区不断推进。一是创新创业亮点纷呈。新增瞪羚企业35家，总数达60家，位列全国第8位，比上年跃升3位。获批建设“大中小企业融通”特色载体，获财政部资金支持。新增美亚柏科、乾照光电2家国家级企业技术中心；天马微公司入选国家技术创新示范企业；3个专利获评二十届中国专利优秀奖；入选国家知识产权示范企业3家，知识产权优势企业4家。二是创业孵化不断升级。创业中心获得“中国技术创业协会科技创业孵化贡献奖”，是福建省唯一获奖的科技企业孵化器。新增市级专业科技企业孵化器4个，占全市57%，新增4个省级众创空间。3家国家级孵化器新增入孵企业230余家，孵化毕业36家。三是引才育才成效良好。创业中心入选国家创新人才培养示范基地。新引进和培育国家省市各类高层次人才410人（次），居全市第一，其中千人计划3人、台湾特聘专家54人；拨付各类人才创业扶持资金7608.65万元。搭建境外学生来厦实习通道，完成首批火炬台湾实习生计划。四是双创生态日益完善。成立高新区知识产权服务中心，协助乾照光电、弘信电子等企业开展专利导航等相关工作。加大“创新券”扶持力度和覆盖范围，新增26家高水平创新券服务机构。全面提升科易网技术交易运营成效，新促成115个技术项目落地，增长82%。设立清华大学半导体工业技术研究院，在以色列设立中以合作项目（厦门）孵化中心及高新区驻以色列办事处，协同市人才发展中心成功在硅谷举办厦门市第二届海外创业大赛。产业协作模式进一步优化，健康医疗大数据产业联盟全年增加会员8家，人工智能产业技术与应用联盟正式成立。

园区建设快速推进。一是载体平台建设全面提速。同翔产业基地起步区投资41亿元，新增636亩招商用地，已落户24个产业项目，园区集群效应初步呈现。软件园三期建成面积160万平方米，入驻企业超千家，员工突破2万人，全年实现营收176.1亿元。二是园区生活配套日臻完善。嘉福人才公寓交房535套；软件园三期人才公寓投入使用2771套，配套商家95家，开通18条公交（专线）线路，地铁1号线站点开通；火炬国际学校开工建设。三是园区安全稳定发展。贯彻落实安全生产责任制，扎实做好市安全生产巡查组反馈问题的整改工作。落实综治责任制，接收处置12345平台信访件155件，完成351家小微企业安标年度评审任务。配合属地政府稳妥处置宸鸿科技因劳务公司与外派员工纠纷引发的群体性事件，以及奥力龙等5家企业因破产、拖欠工资等原因引发的供应商、员工维权等矛盾纠纷。

营商环境更加优化。一是不断推出服务企业

新举措。进一步简化企业行政许可、备案材料，审批服务事项通过“智慧火炬”平台或市级平台，百分百实现“最多跑一趟”。加强“火炬政务协同系统”建设，19项区级政策兑现项目实现网上审批。二是深入企业“大走访”。共走访企业2013家，协调解决企业困难和问题1927项。新开展的房易贷、税易贷业务，破解企业无抵押贷款难问题，覆盖中小企业600多家，融资余额累计超过6亿元。积极兑现政策扶持资金26.56亿元，助力产业快速发展。三是驻区服务主动作为。税务局实现办税服务“四升级”，升级叫号系统、窗口服务、办税模式和办税团队；开创“公职律师+大企业”个性化服务。市场监管处缩短企业办理时效，为企业快速办理注册名称核准、债转股、吸收合并登记等服务。海关高崎办事处率先启动“以企业为单元”加工贸易监管新模式，开设辖区首本金关二期保税物流帐册。翔安海关试点开展保税料件跨关区存放业务，获批石墨盘进口关税降低5%的税政，推进口岸“提效降费”。国土工作处为落地项目土地招拍挂全程跟踪保障服务，定期对项目闲置土地加强后续监管。四是国有企业发挥主力军作用。信息集团完成软件园三期、市头区片等固投33.3亿元；招商项目72个，落地项目17个，新注册企业629家；成功举办第十一届厦门国际动漫节。火炬集团完成固投35.67亿元；招商项目66个，落地项目39个，总投资27.5亿元，注册资本9.62亿元；交付同翔基地起步区1650亩的项目用地。创业中心完成固投12.74亿元，新引进企业203家。软投公司完成固投5.87亿元，引进企业126家。招商中心引进企业641家，合同利用内资110亿元（含自贸区招商），合同利用外资65.64亿元。

经济发展再上台阶。主要经济指标居全市前列。全年工业总产值2729亿元，增速11.26%，高于全市2个百分点；规上工业增加值643.68亿元，增速9.6%，居全市第二位；固定资产投资230亿元，增速26.1%，居全市第二位；实际利用外资30.59亿元，居全市第一位；高新技术产值占全区规上工业总产值比重82.7%，高于全市10个百分点。软件与信息服务业营收首次突破一千亿元。国家双创示范基地建设成效受到国务院办公厅的表彰；招商中心公司化改制获省政府主要领导点赞，公司化运营管理机制在全省推广；国家级高新区综合排名全国第15名，较上年跃升5位，连续4年争先进位。

（摘编：王增丰）

漳州高新技术产业开发区

漳州高新技术产业开发区为国家级开发区，投资环境良好。一是区位条件优越。园区南依台湾海峡，北临龙岩，东接厦门，西靠汕头，位于福建省漳州市主城区跨江南扩区域，与老城区隔江相望，共享城市资源。二是内外交通便捷。综合交通枢纽城市优势明显，龙厦、厦深铁路贯穿全区，设有厦深铁路客运站和龙厦铁路草坂货运枢纽站。厦漳城际轨道R1、R3线的终点设在新区东北两个方位。漳龙高速、沈海高速复线、漳州南绕城高速等穿境而过，分布4个高速公路落地互通。区内道路主框架呈“三横六纵”分布，主干道南江滨路、圆山大道与厦漳同城大道相连接，构建厦漳半小时经济圈。三是配套设施齐全。总投资28.6亿元，投资建设博物馆、艺术馆、规划展示馆、图书馆、科技馆、歌剧院、奥林匹克体育中心，大大提升高新区文化生活品质。区内自来水厂、污水处理厂、电力、天然气等基础配套一应俱全。四是生态人文优美。作为“田园都市、生态之城”的核心区，园区在生态、人文等资源上具有明显的优势。五是政务服务高效。创新设立“商务110”商机对接中心平台，完善“快速反应、部门联动、高效落实”的运转机制，为客企提供一站式的投资服务。在全省率先开展项目“会审制”改革，整合跨部门、跨领域、跨地域的审批事项，将投资建设项目涉及的准入、开工审查、竣工验收69个审批环节，简化为“准入会商、开工会审、竣工会审”3个会商会审程序，打破逐一申报、互为前置的壁垒，最大化促进项目建设提速提效。在此基础上，设立“益企办”服务中心，实行投资建设项目全程帮扶，实现招商引资高效对接。

产业特色布局合理。园区深入实施创新驱动发展战略，大力发展智能制造、电子信息、生物医药、智慧健康、现代服务业等高新技术产业，重点培育文化创意产业，形成“5+1”产业布局。优化政策打造招商引资“凹地”，积极谋划古湖智慧谷和千亿级集成电路产业园建设。集中成片打造特色产业平台，投资26.5亿元，实施健康食品产业示范园、智能制造产业示范园、中盟科技园等产业平台项目建设，总建筑面积将达56.5万平方米。2017年10月，中盟科技园一期厂房主体封顶并开盘预售。

招商引资领导重视。一是在招商成果方面，坚持一把手抓招商，区主要领导全年共带队前往北上广深等发达城市对接招商15次，对接项目70多个，积极参加“6·18”海交会、“9·18”厦洽会、“11·18”花博会，不断提升高新区的知名度和影响力。一年来，各项指标均超序时进度完成，在全市五个开发区排名第一，全市综合排名第二；其中新增在谈项目94个，总投资达703亿元；签约项目27个，总投资71.02亿元。二是在创新招商模式方面，“商务110”商机对接中心入选商务部等十三部委向全国复制推广的24项试点经验之一；融合科技的“VR”招商模式获得了市领导及商务部门的肯定，并成为全市推广的经验做法。三是在全省开发区综合发展水平评价方面，在全省开发区综合发展水平评价考核中位居全省第十、全市第一。良好的招商工作成效获得了省、市近300万元的奖励资金。四是在招商政策方面，园区出台招商引资工作实施方案、招商引资若干措施、促进总部经济和楼宇经济发展的若干措施、支持和促进工业企业转型升级措施、规模以上企业“退城入园”征收工作方案等一系列政策，招商思路、产业政策蓝图更加清晰；出台扶持建筑业、促进工程勘察设计和中介服务行业加快发展的相关政策，吸引全国各地100多家优质建筑企业入驻，助推财税收入持续增长。

科技创新成效显著。2017年，园区兑现高新技术企业、省级孵化器企业新认定奖励等资金约300多万元，拉动企业研发投入900多万元，有效确保“政策不睡觉、落地见成效”，让前来高新区的创业者充分享受高新发展红利。在此基础上，积极引导和鼓励股权投资、天使投资、风险投资等各类创新创业基金入驻，解决小微企业“融资难”问题。同时，大力推进人才兴区战略，引进国家技术发明一等奖获得者熊传兵、地热院士滕吉文、多吉等高层次专家，实现高新区人才资源战略一大突破。挖掘盘活存量资源，建立低成本、便利化、全要素、开放式的科技创新创业平台。通过改造已有“三旧厂房”，把众创空间和创新型孵化器合为一体，打造创新型众创园，为具有高新科技特色的初创企业提供全链条、全方位创业孵化服务。将原华艺钟表厂建设成为漳州第一个物联网示范园，配套有专家楼、展厅、餐厅等设施。将原大华蜜饯厂厂房改造为甲骨文双创基地，为周边地区的高校和企业提供云计算、大数据、互联网+等培训服务。在运营模式上，引入Oracle（甲骨文）公司等世界先进的第三方专业运营管理团队，确保科技平台“高新”、高效运营。目前，众创园、甲骨文、物联网示范园3个科技平台入驻企业已超过百家。为进一步鼓励科技研发，园区在甲骨文双创基地成功举办第三届海峡两岸工业设计创新大赛的基础上，鼓励区内企业积极参加各类科技创新赛事和评审认定，并取得良好成绩。其中，昌达光电荣获第二届国际第三代半导体创新创业大赛企业组冠军，漳州高新区众创园百草堂星创天地获科技部认定，福建欧柏亚日化有限公司、福建省梦娇兰日用化学品有限公司2017年入选“福建省科技小巨人领军企业培育发展库”。

生态环保投入加大。全年投资24.1亿元，实施“一湖两海”（即：南山文化生态园、水仙花海、荔枝海）、“一台一路”（即：凤凰山观景平台、龙江南路景观花带工程）、南山水岸、圆山林下生态园等生态项目。全年累计新建绿道10.5公里，新增公共绿地面积450亩、花海面积355亩、水体面积350亩，生态环境的“高颜值”逐步展现。在建设过程中，注重保持生态本底，因地制宜，采用“城市双修”“疏林草地、景观花带”“三少三多”等理念和手法来建设，发扬工匠精神精雕细琢，打造精品工程；推行“工程总承包”模式，南山文化生态园、龙江南路景观花带工程等项目创造了当年度谋划、当年度开工、当年度竣工的“高新效率”。

管理服务做新做实。2017年，园区围绕“三抓三比”、“十项竞赛”工作开展“抓招商”活动，在优化投资环境、提高项目服务水平上下足功夫。10月，“商务110”商机对接中心平台模式作为全市构建开放型经济新体制试点首批典型经验，获得商务部等十三部委发文推广，同时该做法也获得了市领导的签批肯定。平台热线电话开通以来，共提供项目服务和商务咨询2500多个；入库项目达500多个，总投资额6000多亿元。“会审制”改革持续深化，并有武林棚户区改造项目等38个项目实施了会商会审，有效缩减了项目审批流程，加快项目推进速度。此举得到国务院推进职能转变协调小组办公室发文推广，并得到省领导、市领导签批肯定。为进一步优化投资环境，加快重大项目建设，园区成立的“益企办”项目服务平台，共承接25个项目，帮扶解决上百个问题，并完成甲骨文双创基地、杭萧钢构、力鼎光学镜头、龙江新苑等15个项目帮扶工作，其中龙江新苑项目完成前期审批事项节省约100多个工作日。

经济发展效益提升。2017年，漳州高新区一区五园实现地区生产总值633.69亿元，占漳州市17.78%；实现规模以上工业增加值220.83亿元，占漳州市13.62%；区内固定资产投资总额342.59亿元，占漳州市10.29%。其中高新技术企业65家，创业服务中心、研发中心、孵化器、众创空间合计31个，有效发明专利386项，并拥有世界五百强企业4家。初步形成了支撑国家高新区建设的产业基础和漳州市培育新兴产业的示范基地。

（摘编：肖启辉）

泉州高新技术产业开发区（石狮园）

泉州高新技术产业开发区（石狮园）为国家级开发区，项目建设强力推进，2017年，园区承担各类重点项目共53个，其中社会投资项目23个，全年固定资产投入81877万元；基础设施重点建设项目28个，全年投入8487万元。工业项目方面，已完工项目6个：其中通达电子二期、科达电子二期、佳峰展示道具已投产；中益制药项目正在调试；森德妇幼、腾辉鞋饰项目已完工；在建项目10个：其中华冠鞋服辅料、恩乐饮料项目正进行基础承台等施工，欧铂斯LED光电工业园、真发齿轮项目项目进行主体施工，木依羊项目、无线Wi－Fi网络智能电能表（大宏）项目、石狮海洋船舶北斗卫星导航系统及通讯设备飞通（福建）生产基地已封顶；硕派建材项目正在进行水电及消防施工；豪安特无缝提花机械制造项目正在收尾；办理前期手续项目5个：通达三期、永信二期、电力工程设计办公基地、宏信食品、千宏机械等项目。基础配套设施方面，已完工的项目7个：东园电力设施完善工程、机械装备园主干一路南段工程、通富路及孵化基地南侧道路完善工程、污水处理厂配套污水收集管网铺设工程、机械装备园基础设施完善工程，石湖码头尾水排水管道拆除工程（一期、二期共673米）、道路交通安全设施提升工程；在建项目3个：电子信息园道路完善工程完成至90%；污水处理厂技改工程土建部分基本完成（该项目目前需在生物反应池接入DN700管道一条，由于生物反应池无法清空，管道无法接入，需修改施工方案）；莲农路建设项目（镇前路至泰山东路段）即将办好开工手续进行施工。此外还有邱下村便利服务中心（职工活动中心）、邱下村支路改造等14个项目正在办理前期手续，以及因征地和规划调整而暂缓的项目4个。

产业特色优势凸显。2017年，园区以发展“中国制造2025”为契机，加快实施“数控一代”“智能一代”，以现有智能硬件产业为基础，规划建设2.1万亩智能装备产业园。近年来，园区已涌现出通达电器、科达电器、富达科技、飞通通讯等一批竞争力较强的智能产业优势企业，将充分发挥这些龙头企业的支撑引领作用，逐步形成产业链上下游配套集聚发展新格局，打造智能移动终端、智能家居产品、北斗产业应用项目等特色和优势产业。其中，以通达电器为核心的企业集群，先后引进嘉泰、富士东升、川其等11家配套企业，逐步形成百亿元产值的智能产业集群；以永信科技为主的企业集群，其下游应用项目永盛电脑绣花、欧式绣品、康飞科技等先后落地生产，以培育龙头带动产业发展的新方式取得初步成效。同时，园区加快探索生物医药、节能环保、新材料等新兴产业，其中海洋生物科技园已形成一条集船舶制造、渔业通讯、海洋食品加工、海洋生物制药等较为完整的海洋科技发展产业链，研发能力较强的华宝海洋生物，其“N－乙酰氨基葡萄糖等海洋甲壳多糖衍生物”项目被财政部和国家海洋局评为“国家海洋经济创新发展区域产业化重点示范项目”。

招商引资成效显著。2017年，园区注重产业多元化、产业集聚化以及产业可持续发展，着力发展一批技术领先、特色鲜明、竞争力强的产业集群。先后引入科达陶瓷粉末注塑成型、恩乐饮料、华宝壳寡糖、华宝欧米伽—3、千宏机械、开蓝食品、华冠环保科技、永信二期、通达三期等多个企业项目落地投建，总投资达10多亿元，此外，总投资20亿元的安通控股新项目已与市政府签订协议，正式落户高新区并取得部分用地；项目总投资15亿元的颉轩手机镜头生产项目确认落地，项目分两期进行，两期投产后预计总年产值可达25亿元，年纳税额达1.85亿元；银基烯碳新材集团投资3亿元的5亿Wh动力电池自动化PACK生产线、电机电控项目和新能源汽车整车集成管理系统已落户园区创新创业中心，投产后将实现年产值15亿元，预计创税5000万元。目前仍有涉及光电一体、环保设备、生物医药、海洋食品等多个项目正在积极洽接当中。此外，园区充分发挥创新创业引导功能，依托省级科技企业孵化器，先后引入了得宝染料科技、中益制药、威廉针织研究院、金丝路智能家居、创鑫节能科技等多家现代科技型企业。加大闲置厂房盘活力度，今年来已有华绿纸业、佳南热熔胶、鼎丰食品等项目入驻闲置厂房。

科技创新扎实推进。园区大力倡导科技创新，推动园区知识产权体系建设，扎实开展科技发展基础性工作，组织对2017年度知识产权奖获奖的企业和单位进行表彰，共有31家企业252个项目受到表彰，奖励资金达83.8万元，2017年累计专利申请量448件，专利授权量297件，有效发明专利129件，园区企业专利创造量逐年上升。

转型升级水平提升。园区大力倡导工艺升级和技术研发，企业科研能力不断加强，工艺水平不断提升，技术创新取得阶段性成果。现有国家高新技术企业15家，占全市高新技术企业总数的65%，国家星火计划龙头企业技术创新中心1家，国家火炬计划重点高新技术企业3家，省工程技术研究中心3家，省创新型企业7家，省科技小巨人领军企业12家。2017年，通达电器新增获评为国家级知识产权优势企业；新力元反光材料获评为省知识产权优势企业、泉州知识产权试点企业；广汇龙环保科技入选首批省级新型研发机构、泉州新型研发机构；泓一实业的涂层蛋糕、威化棒生产线扩建项目、汇星机械的互联网＋数控信息化电脑提花机项目入选省级两化融合重点项目；鑫隆机械、科达电器、酷瑞电气等6家企业获评省科技小巨人领军企业；汇星机械、百冠机械、台瑞机械、永信科技等企业多个项目入选泉州数控一代和高端装备设备名单。此外，得宝染料科技与武汉纺织大学达成合作共同研发中温活性染料低盐低碱染色工艺优化项目，中科院海西院泉州装备制造所已初步确定飞通、永信两家公司与其进行项目对接，海洋科技园通过“泉州现代农业科技创新公共服务平台建设”项目验收。

经济发展稳步增长。2017年，园区实现规模以上工业产值229.7亿元，实现固定投资43.12亿元，合同利用外资4354万元，实际利用外资金额4.82亿元。

（摘编：刘海元）

三明高新技术产业开发区

三明高新技术产业开发区为国家级开发区，分为金沙园和尼葛园。

一、金沙园概况

金沙园内学校、医院、市场、公租房等基础设施配套健全。2017年，园区实施龙湖提升改造工程调整周边布局，产生潜在的经济效益10亿元；金沙第二小学项目完成科技楼、1#教学楼五层墙体砌筑；金沙幼儿园完成主体结构封顶。园区二期基础设施建设，完成台地平整600亩；总投资1200万元的二期主干路网，挂网招标；启动污水处理厂前期工作，一期污水处理厂提升改造工程、二期污水处理厂和管网进入规划设计阶段；与安然燃气公司签约，投资7000万元，建设供热、供气设施，协调供水、供电部门，确保入驻企业建设、生产的需求。

产业特色效益凸显。突出抓好高端装备、生

物医药、快递物流产业发展。2017年，实施26个县重点项目，其中省重点项目4个，市重点项目6个，全年完成投资22.9亿元，开工项目11个，竣工项目12个，增资项目5个。高端装备产业：中机院海西分院建成“一基地、一中心、二平台”，即制造业中小微企业双创示范基地，激光加工中心，热处理和云制造服务平台；签约光纤激光、钣金、家具智能柔性生产线、厦门大学增减材复合加工中心、三钢集团转炉自动测温取样系统、智能水泥装车系统等合作项目。三明双轮化机与德国克劳斯玛菲公司签订管理服务提升协议，正式启动总投资10亿元的三明双轮化机智能化注塑机项目。厦工传动项目喷漆车间搭建完成。金杨科技企业扩产增效加快推进，设备选型安装。培育汇华缸套、傲农生物、科飞新材等一批成长型企业发展。生物医药产业：金沙园生物医药产业园全面启动，生物医药产业园规划于8月完成专家评审，签约引进了5个项目，续建艾迈博项目；汇天药业项目完成项目可研报告及总平设计；吉阿生物、澜海生物、原道生物项目签约入园。金沙园与蒲公英制药技术论坛签订蒲公英双创园项目合作协议。快递物流及其他产业：发展电商企业45家，引进快递货运企业30家，中通、申通、天天、百世汇通四家快递企业的三明、南平分拨中心设在金沙园，园区快递企业日均分拨快递16.5万件，占三明市日均分拨量55%。占地4万平方米的文峰物流园基本建成，百世快运、壹米滴答、EMS邮政特快专递等入驻园区。依托沙县6.3万家沙县小吃店，推动食品产业发展，小吃中央厨房项目动工建设，一品鑫水饺生产项目投产。

招商引资重点明确。2017年，园区重点围绕装备制造、生物医药、新能源、新材料产业开展定位、定向招商。成功主办“4.9沙县（北京）招商推介会”“7.31杭州异地商会莅沙项目推介”“11.4厦门异地商会莅沙项目推介”“11.10沙县（深圳）招商推介会”4场招商推介会。参加省市“港澳招商推介会”，县“3.18福州招商会”“7.6深圳招商会” “9.18厦洽会” “11.6林博会”“12.8沙县小吃旅游文化节”等10多场招商活动。中乐供应链智能仓储、智能制造产业化、汇天制药、未来生物、激光切割机、茶饮料、纺织服装等一批重大项目签约入园，全年新签约项目16个，签约金额59.69亿元。在谈项目30个，策划项目21个。

服务企业多措并举。设立500万元的产业发展专项资金，对企业技改、税收贡献、电费、燃气费、燃煤锅炉整治、企业并购重组等方面给予奖励补贴；落实人才政策，对人才个税、住房等方面给予优惠；推进企业资产按揭贷款，完成金杨科技、正元化工等四家企业资产按揭贷款1.3亿元；开展设备租赁服务，为中机数控等2家企业提供设备租赁，合同金额1300万元；组织企业申报人才、项目各项政策50余项；组织材料申报省级专家服务基地、国家级孵化器和省级新型工业化产业示范基地复核，其中新型产业化示范基金获得省里奖励100万元。通过中机院海西分院、生产力促进中心、博士后工作站、云创集成公司等5家机构为企业提供科技服务。央企海西分院建立的“6·18虚拟研究院机械装备分院”，汇聚机械总院16个二级单位的100余项科研成果和100余名专家，打造涵盖检测、加工、认证等八大功能的服务综合体。“6·18虚拟研究院机械装备分院”平台目前已累计发展会员企业500余家，技术服务1000项次，帮助企业申请专利600余项。利用云制造服务平台、国家激光加工中心海西分中心、双创协同中心，整合共建无损检测中心、高端清洁热处理中心等配套服务资源，先后为园区及周边县市企业完成自动化生产线改造升级10余项，综合实现企业成本下降40%。

经济发展稳步增长。2017年，金沙园81家规模以上工业企业实现产值325亿元，同比增幅12.8%，园区税收1.7亿元；完成固定资产投资41亿元，其中基础设施完成投资11亿元；新签约项目16个，签约金额59.69亿元；闲置厂房二次招商11个，有效盘活闲置厂房8.77万平方米；新增规模以上企业4家。

二、尼葛园概况

投资环境逐步优化。在硬环境方面，投资5000余万元，修建北部新城一期主干道1.1公里，年前可完成路基基础。修建和兴橡胶—飞大路的人行道860米，绿化提升改造面积30000平方米；新建园区职工文体活动中心等。在软环境方面，完善领导干部挂包帮扶工作机制，扎实开展融资帮扶、营销帮扶、科技帮扶和困难帮扶等工作，今年来，挂包小组共征求到企业意见建议 15 条，企业反映和提请解决问题 52 条，累计为企业解决新产品营销、融资贷款、企业招工、职工子女入学等问题 67 件次。挂包帮扶工作得到园区企业肯定好评。

产业特色优势显现。园区依托现有要素资源、产业规模优势，培育龙头企业，延伸产业链条，配套产业服务，促进产业聚集，形成园区橡胶轮胎、产业纤维、高新材料和林竹家具特色主导产业。发挥规模优势，培育以建新轮胎为龙头的橡胶化工主导产业，依靠科技进步，激励宝华林公司为龙头的传统纺织产业改造提升，加快新范、新越集团企业发展，集聚园区高新材料产业，以永林森源为中心，壮大林竹家具地方特色产业。园区共有企业 112 家，其中规模以上企业 66 家，尼葛集中区入驻企业 60 家，其中规模以上 31 家。

招商引资高度重视。把招商引资作为园区工作的首要任务，全力以赴，多点发力，大胆探索，创新方式，围绕纺织、橡胶、新材料、林竹四大主导产业，抓好前期策划、招商宣传、招商推介和招商对接，先后派出 13 批次招商小分队前往山西太原、陕西西安、上海、浙江安吉，省内福州、厦门、泉州等地开展招商推介，共对接洽谈 27 个项目，招商签约中瑞装备备件制造、中铁物资太原轨枕、信明橡胶输送带、宝华林高性能产业用聚乙烯醇、阿兰士塑胶、和兴橡胶外胎等 6 个项目。

科技创新有效推进。实施科技创新驱动战略，协助企业申报国家高新技术企业，申报参评发明专利、著名品牌、驰名商标等。园区新增高新技术企业 3 家，目前拥有 3 个博士后工作站（永林、科宏、家丰），9 家国家高新技术企业（宝华林、科宏、森美达、中瑞、新越、金声、超然、阿兰士、中科宏业），9 家省科技小巨人（科宏、森美达、超然、宝华林、大帝新材料、建新、中瑞、新越、日发），省级（企业）工程技术研究中心 5 个，省级科技型企业 14 家（特维斯、中瑞、天清、新越、超然、圣恒食品、大帝新材料、节节通、金声、中科宏业、永安林业、科宏、建新、钛产业研究院），4 个驰名商标（宝华林、天清食品、永林蓝豹、家丰）。

管理服务机制创新。年初制定下发了《挂包帮扶企业工作职责和督查考评办法》，按四大产业落实挂包帮扶工作机制，细化帮扶内容、帮扶要求、帮扶责任、督查考评，按照“一企一策”的办法，采取有针对性的、切实可行的帮扶措施，协助企业解决困难和问题。如协助科宏生物抓好三氯蔗糖健康食品开发和食品推广营销，在永安竹博会、三明林博上设展，得到了市领导肯定和消费者好评。为解决企业招工难问题，6 月中旬派出招工小组赴四川对接代理招工事宜，已达成合作，陆续招聘 120 余名员工。为了帮助企业治理废气异味，与企业、环保局一起，先后到三明、广州、上海等地，探索了乳酸菌喷雾法和 UC 紫外线光分解法处理异味气体，目前已在宝华林、天清食品、英汉染整、华伟纺织等企业推广，取得一定成效。为解决融资难题，管委会认真落实三明市政府创新推出的企业资产按揭贷款（简称园区贷）政策，积极为园区企业做好调查推荐、资产评估复核、贷款资金监管以及贷款贴息审核上报工作。先后为园区企业推荐 13 笔园区贷 4.365 亿元，其中已有 7 家企业取得银行贷款 8 笔 2.69 亿元，银行正在审核 5 笔 1.675 亿元。按照《三明市园区企业资产按揭贷款贴息资金管理办法》规定，共上报 4 家已获园区贷并符合贴息条件的企业，申报贴息补助金额 27.2 万元。

经济发展成效喜人。2017 年，尼葛园完成规模以上工业产值 248 亿元，其中集中区完成规模以上工业产值 124 亿元，完成固定资产投资 18.94 亿元，完成招商引资任务数 6.8 亿元，完成比率 113.3%。园区税收总量约 11000 万元，实得财力约 6300 万元，增长 50%。园区通过中国质量认证中心管理体系认证，荣获全省首批“绿色开发区示范区”荣誉称号；被评为永安市 2017 年度工作考评一等奖，永安市重点工程一等奖，“五比五晒”项目竞赛活动先进单位、“四百”活动先进单位、“治五风创五优”活动先进单位、平安建设先进单位。

（摘编：彭文荣）

莆田高新技术产业开发区

莆田高新区为国家级高新区，规划面积11.05平方公里，区域跨江口镇、三江口镇、国欢镇和赤港华侨经济开发区等四个乡镇（管委会）。

产业特色布局科学。高新区主要发展电子信息、装备制造和食品加工三大主导产业。电子信息产业上，不断加强与台湾电子信息产业合作力度，分别与中华映管、台联电等台资企业合作成立华佳彩高新技术面板、福联砷化镓芯片等龙头项目，形成以华佳彩、福联、安特等为龙头的电子信息产业集群，为国家火炬液晶显示产业基地。装备制造产业上，新引进的云度新能源汽车项目实现投产，汽车动力系统、保险杆等汽车部件配套企业陆续配齐，整车制造产业链条初步形成，以云度新能源汽车、威诺数控、中涵机动力等为龙头的装备制造产业集群进一步发展壮大。食品加工产业上，不断深化与百威英博等跨国企业的合作力度，通过雪津迁建扩产，现成为目前亚洲单体产能最大、全球装备技术领先的啤酒工厂，同时向啤酒上下游的麦芽、饮料、商标包装、物流配套等产业链延伸，形成以百威雪津、中粮两片罐、新黑龙食品、方家铺子为龙头的食品加工产业集群。

招商引资成果丰硕。2017年，高新区一批提质增效的大项目陆续落地投产。总投资240亿元的华佳彩高新科技面板项目一期生产线已量产，创造了一年完成厂房建设、18个月实现产品成功点亮的“华佳彩速度”；总投资27亿元的百威英博雪津迁建项目正式竣工投产；总投资30亿元福联集成电路项目已建成一条月产能3000片的6英寸砷化镓集成电路芯片生产线；总投资18亿元的云度新能源汽车项目已获得工信部准入批复成为单独新批第二家新能源乘用车生产企业，首款车型π1正式下线，市场前景广阔；新引进HDT高效太阳能电池项目，总投资125亿元，正在实施一期建设，建设产能1GW，力争至2020年三期全面投产后，将成为产能达10GW的全球最大的HDT高效太阳能电池生产基地，为莆田绿色能源产业注入强劲的新动力；计划投资8亿元的佳华电子级超金属膜基材项目等项目即将开工建设，陆续砷化镓衬底、开发晶、汽车配件等产业链配套项目正在积极对接落地。同时，高新区积极响应“大众创业、万众创新”的号召，着力建设莆田高新区创客梦工场。创客梦工场是高新区与创业共同体公司联袂打造的优质众创空间，面积约2300平方米，可同时容纳50个优秀创业团队入驻孵化。目前陆续入驻烯爱新材料、中泽环保、爱创机器人、蔓贝尔环保等26个创业项目，新加坡国立大学苏州研究院的国家“千人计划”专家袁于人博士的斯奥生物科技项目也将落户入驻。2017年经莆田市发改、经信、科技三个部门联合认定为市级众创空间。

科技创新能力提升。高新区通过产学研合作桥梁搭建、科研机构培育，积极推进科技服务平台建设，有效保障企业自主创新能力不断提升。

科研平台建设方面，出台《扶持国家级研发机构暂行办法》，鼓励和支持研发平台建设。高新区已设立并认定省级科技企业孵化器1个，中科院海西研究院莆田中心正式启动，设立了新能源汽车研究院；联合机械科研总院、哈尔滨焊接研究所、郑州机械研究所等科研单位共建装备制造研究院；福联集成电路的射频与功率芯片制造工程研究中心8月正式获省发改委授牌设立。目前陆续认定省级创新型企业7家，省级工程技术研究中心10家，省级重点实验室2家，省级企业技术中心12家。福建省利邦环境工程有限公司被认定2017年福建省“专精特新”中小企业。出台和落实《扶持高新技术企业发展暂行办法》，鼓励和支持企业提升科技创新水平。2017年共复核8家、新上报认定7家高新技术企业，高新技术企业总数达30家，总量超全市一半。

科研成果转化方面，通过产学研合作桥梁，引导和鼓励企业加强自主知识产权建设，提升企业创新竞争力。2017年成立莆田科协院士专家成果对接中心和中关村天合科技成果转化中心莆田分中心，实现莆田与北京213家中关村开放实验室、北京市科协210家学会、中国科协200多家学会资源等一大批科技成果、专家，科技资源共享。企业的科技创新意识和自主研发能力不断提升，其中：（1）华佳彩高新科技面板自主研发的金属氧化物技术面板在面板行业内创下金属氧化物自制技术、金属氧化物FHD高阶产品、0.3t玻璃直投量产、0.1t+0.1t水平全板薄化、金属氧化物+AMOLED五项世界第一。（2）新世纪电子材料有限公司制定的《互联结构材料试验方法第1部分：一般性能和化学性能实验方法》、《互联结构材料试验方法第2部分：机械性能实验方法》、《互联结构材料试验方法第3部分：电气性能、环境性能和其它性能实验方法》三项国家行业标准获批。（3）钜能电力有限公司已申请150多项高效太阳能电池方面的专利，HDT高效太阳能电池是目前中国量产的最高水平太阳能电池，产品具有核心自主知识产权打破国外技术垄断。（4）福建省威诺数控有限公司参与机械科学研究总院牵头的"用于航空航天制造的数控机床铸焊结构床身设计制造关键技术研究与应用"国家科技重大项目，发明专利"复式龙门铣床"荣获第十九届中国专利优秀奖等。

管理服务创新模式。高新区实行处级领导挂钩企业责任制，为企业需求得到解决、项目建设快速推进提供全方位的保障。一是帮助解决企业融资难、融资贵等问题，高新区一方面鼓励引导企业进入场外市场挂牌，2017年新增万佳机车、新黑龙食品、佳宜电子3家企业在海峡股权交易中心挂牌交易，企业进入场外市场挂牌工作走在全市前列；另一方面创新金融产品，推行企业资产按揭贷款服务模式，用企业土地、厂房作为抵押物贷款，已组织并初步审核通过超威电子、奇丰电子、红太阳精品等企业的按揭贷款申请。二是加强闲置土地梳理和盘活，采用企业土地、厂房租用或鼓励企业合作参股的形式，充分利用企业闲置土地，缓解招商引资用地和企业扩大再生产用地难题。

经济发展质量提升。莆田高新区聚集电子信息、装备制造、食品加工等企业共396家，其中规模以上企业167家，年产值超亿元企业96家，高新技术企业30家。2017年实现工业总产值702.6亿元，规模以上工业产值678亿元；在全国157家国家级高新区排名中位列106位（2016年），成功列入2017年度福建省联系支持10个重点开发区之一，福建省（第二批）循环经济示范试点单位，被认定为"国家级新型工业化产业示范基地"、"莆田通用设备制造产业人才聚集基地"、"全国火炬统计工作先进单位"等。

（摘编：于新光）

龙岩高新技术产业开发区（长汀产业园区）

龙岩高新技术产业开发区长汀产业园区，规划面积1413平方公里，下辖腾飞区、工业新区两个园区。其中腾飞区规划面积9.01平方公里，工业新区规划面积5.12平方公里，供地企业179家（腾飞区124家、工业新区55家），供地总面积7720亩。至2017年底，园区共落户企业300多家，其中规模以上工业企业115家，亿元企业32家，从业人员近4万人。

历经二十多年的发展，主动承接了经济发达地区的产业转移，持续引进安踏、盼盼、金龙稀土、长城鞋业、鸿程、荣耀等知名企业入驻，形成以纺织服装、稀土、文化旅游等三个主导产业，现代农业、医疗器械、电子商务等三个重点产业，新能源、健康养老等两个新兴产业的"332"产业新格局，走出了一条加快山区县工业化、城镇化发展的新路子，被省、市领导肯定为"长汀现象、长汀模式、长汀经验、长汀精神"。2004年被授予省级先进工业园区称号，2005、2006连续两年被省发展研究中心评为全省"县域经济发展十佳"第一名，2009年被评为"海西十佳品牌工业园区"，2011年跻身百亿园区行列。

投资环境不断优化。围绕园区内主导产业和龙头企业，开展与企业生产经营管理和销售相关的研发测试、设备共用、检验检测、投资融资等支撑服务。园区针对产业配套服务体系不健全，测试、设备共用、检验检测等服务业发展滞后，做了全面规划，使这些因素得到进一步改善，促进了生产性产业链及产业集群的进一步发展，通过加强园区公共服务体系建设，一是减少了园区内企业的生产成本，增强了企业竞争力，让龙头企业做大做强；二是产业关联度得到提高，进一步完善产业链，形成集群效应；三是园区所应该具有的集聚、辐射和带动功能得到有效发挥；四是确保园区内所有企业，构筑并形成产业链的整体竞争力。通过园区公共服务平台建设，可以有效地完善园区产业服务体系，延伸产业链条，促进产业集聚。园区现有建设第三方服务企业28家，开展的第三方服务有：针纺织产业综合服务、第三方物流服务、信息化服务、科技中介、法律、金融、审计等第三方综合服务。因第三方服务更加专业，且无需企业自己雇佣相应的人才，可为企业减少生产管理成本和费用。

产业特色效益凸显。做强纺织服装、机械电子、稀土、农副产品加工、医疗器械等产业，力争工业对经济增长的贡献率达到55%以上。

科技创新成果丰硕。拥有中国名牌产品5个，中国驰名商标6件，省名牌产品15个，省著名商标10件，市知名商标22件，省级高新技术企业5家，福建省新产品1个，市级企业技术中心11个。

管理服务落实到位。严格落实项目目标管理责任制和县级领导干部联系重点项目制度，强化领导干部联系项目、牵头部门实施项目的责任机制，健全完善重大项目储备库管理机制、协调联动推进机制、激励考评通报机制，增加项目带动实效，增强跨越发展后劲。

经济发展态势良好。2017年，园区工业企业实现产值202.36亿元，增加工业产值31.46亿元，比增18.4%。其中：规模以上工业企业实现产值191.32亿元，增加工业产值31.12亿元，比增19.4%；规模以下工业企业实现产值11.05亿元，增加工业产值3452万元，比增3.2%。园区规模以上工业企业产值占全县的93.2%，拉动全县规模以上工业经济增长18.2%，贡献率达90%。园区新签订项目3个，新开工项目3个，增资项目3个，建成投产项目2个，谋划项目2个。产业园区完成工业固投11.8亿元，占全年任务的102%。

（摘编：唐民）

福建省级高新技术产业园区概况

福州高新技术产业园区

福州高新技术产业园区为省级开发区，着手“海西硅谷”规划，主要范围为鼓楼区行政区划下的铜盘和洪山2个编制单元，总面积1759公顷，约2.64万亩。通过规划，拟构建“一轴、两镇、四区、一长廊”的空间结构，力争在2020年规划区域实现软件业务收入1500亿元，高新技术产业增加值占地区生产总值的比重达20%；新增5个超十亿元企业，打造3个百亿产业集群（行业应用、互联网服务、智能制造），其中争取2个国家级智慧产业集群。以“海西硅谷”规划核心发展区为中心，向北与荆溪电子信息产业延伸发展，向西与闽江对岸大学城形成智力对接，向东南通过与物联网产业基地、东南大数据产业园、滨海新城等的合作，形成环闽江智慧产业长廊。

招商引资成果丰硕。在2017年“抓招商、促发展”专项行动中，园区共完成招商引资项目42项，总投资额172.31亿元。引进华为云平台、百度创新中心、谷歌体验平台、闽台两岸软件与集成电路产业基地等好项目、大项目。

管理服务热情周到。人才服务：2017年，园区在荣获“省级专家服务基地”荣誉的同时，增加“千人计划”专家一名。钱塘小学软件园教学点顺利开学、侨城广场人才公寓实现竣工。创业服务：园区成功获得2017年度福建省“国家新型工业化产业示范基地”评比第二名、福州市“创业创新示范中心”等荣誉称号。公共服务：积极建设政务服务平台，通过“掌上软件园”APP、政务服务中心、党群服务中心三点共面，形成线上、线下窗口联动。打造“五凤论见”平台，建立政府、企业、研究机构的沟通渠道，至今已举办37期，被中央统战部作为全国新阶工作品牌，在全国范围推广。加大政策宣传力度，协助企业积极兑现市、区政策，2017年园区兑现各类政策奖励总金额3247万元，位列鼓楼区首位、福州市前列。同时顺利推进近百家企业申请使用华为开发云平台、基金大厦等平台项目投入使用。打造“智慧园区”，完成“三网一库”管网信息管理系统、园区微信公众号等线上服务和管理平台建设，实现主干道无线WIFI覆盖、重点区域“光纤到桌面”。

经济发展增长强劲。2017年，园区技工贸总收入648亿元，比增25%；上缴税收17亿元，比增15%；上缴地方财政1.01亿元，比增8.5%；实际利用外资1692万美元，比增23.4%；营利性服务业收入50亿元，比增50%；内资注册企业数170家，比增16%；出口3.81亿元，比增3%。园区顶点（603383）、睿能科技（603933）两家企业成功在上交所上市。

（摘编：陈建闽）

南平高新技术产业园区
（闽北经济开发区）

南平高新技术产业园区（闽北经济开发区）为省级开发区，项目建设有序推进，对项目建设树立“抓项目前期重于抓项目工期”、“抓施工队伍的选择重于抓施工队伍管理”的理念，对项目可研采取社会化购买服务，确保项目可研阶段加快；对拟开工项目设计提前委托设计咨询，设计至初步成果，嫁接使用，节约时间；对投资额较小的项目进行打包捆绑，一体运作，综合招标，对投资额较大的项目，推进EPC、PPP等建设运营模式，节约招标时间，提前项目的开工时间。围绕“2018 年底有序启动行政中心搬迁”目标，集中集聚、集中力量加快南林核心区、将口片区、兴田片区的基础设施和社会事业项目建设。目前，在建项目正有序推进，特别是涉及搬迁的大项目全力加速推进。如：云谷小区一期 87 栋楼已全面进入内装修阶段，计划 2018 年 4 月份完成内外装修，2018 年 8 月份交付使用；二期正在开展土石方工程。轨道交通 1 号线计划 2018 年 12 月底完成线下工程，2019 年 12 月底完成线上部分并运行通车等。

招商引资成果丰硕。全年引进总投资超 1 亿元，招商引资签约合同 21 个；总投资 2000 万元招商引资开工项目 22 个，在谈项目 13 个。围绕兴田片区旅游养生产业和新岭片区高新技术产业，瞄准央企、强企，对接大项目、好项目。重点对接并签约了武夷山鲁能胜地、上海交通大学（南平）现代教育示范园区项目、芭蕾雨奥特莱斯、南平市安全食品谷项目、悠谷有机、京东商城等一批大项目；特别是闽铝轻量化、巨电新能源、软件园一期等项目，实现了当年签约、当年开工、当年投产，创造了新区速度。加强互联网招商，京东·绿色武夷特色馆 11 月 16 日正式开馆，首批已有 5 个品类 25 家企业加盟，并成立武夷绿色产品 O2O 联盟，打造武夷绿色品牌，建立绿色产品可溯源机制。重点对接了航天空间技术研究院，在新区拟成立的军民融合空间技术研究中心，目前已有 4 家新区企业、2 家南平企业，与五院对接了技术成果转化。协助科技局引进大闽科技孵化器，推动平台招商。

管理服务多措并举。提升服务优化存量，推动企业品牌创建、科技创新、两化融合，为海源汽车碳纤维车身部件、巨电大容量动力锂电池、俊威空气过滤器等项目补助近 649 万元；对困难企业因企施策，实行点对点帮扶，帮助企业正常发展；建立武夷新区甲供甲控产品目录，将新区工业企业生产的 40 余种产品列入目录，帮助企业拓宽市场，企业发展态势总体平稳。

经济发展稳步增长。2017 年，开发区完成固定资产投资 189.5 亿元，增长 8.1%；完成规模以上工业产值 29.14 亿元，增长 18.3%；税收收入 3.35 亿元，增长 7.1%。

（摘编：李兵）

武平高新技术产业园区

武平高新技术产业园区于 2015 年 11 月申报，2017 年 2 月通过省政府审批设立，是全省首个县域省级高新区。高新区核定总面积 7.86 平方公里（包括起步区：岩前工业园 3.47 平方公里；拓展区：县城工业园 2.9 平方公里、十方工业园 1.49 平方公里），三个园区规划面积 26.64 平方公里（岩前园区 7.52 平方公里、县城园区 14.37 平方公里、十方园区 4.75 平方公里）。重点发展新型显示、智能终端、不锈钢加工及制造业、新材料、农林产品深加工等主导产业，积极发展现代物流、科技服务、“互联网 +”等现代服务业。

基础设施提升优化。投入 1.6 亿元完善园区基础设施，主要抓高新区规划完善和提升，特别是产业规划、产城融合规划、科技研发规划、服务配套功能规划等完善和提升。同时，完善提升园区基础设施建设，提高基础设施建设标准，特别是园区道路、人行道、绿化、亮化、排水、排污等，建设产城融合的生态园区，成为投资商投资兴业向往的园区。

产业特色效益凸显。重点发展新型显示、智能终端、不锈钢加工及制造业、新材料、农林产品深加工等主导产业，积极发展现代物流、科技服务、“互联网 +”等现代服务业。大力发展壮大不锈钢产业，不断完善产业配套、延伸产业链条、扩张产业集群，不锈钢产业从早期制管、制板企业延伸至各类建筑型材、整体家居等领域，已培育产值亿元以上不锈钢企业 4 家、5 亿元以上企业 3 家，涌现出以“新三板”上市企业、“不锈钢家居第一股”钢泓科技为代表的一批龙头企业。

招商引资成效颇丰。新签约项目 19 个（龙兴宠物家具、绿色环保型装饰材料、福思科技、顺鑫机动车检测、静态膨胀剂、金普达电子、金汇莱、宏鑫电子、双龙电子、导电膜生产项目、罐头食品生产线、鑫珍金厂房屋顶分布式光伏发电项目、合信创展厂房屋顶分布式光伏发电项目、商用显示器及模组生产项目、神华厂房屋顶分布式光伏发电项目、年产3万吨生活用纸项目、正德厂房屋顶分布式光伏发电项目、园区物流服务项目、年产2000吨果蔬食品加工项目）、新开工项目12个（全美精工、龙兴宠物家具、岳凯科技、绿色环保型装饰材料、福思科技、省级科技孵化器、静态膨胀剂、金普达电子、金汇莱、十方天然气站建设项目、鑫珍金厂房屋顶分布式光伏发电项目、年产3万吨生活用纸项目）、新投产项目8个（全美精工、龙兴宠物家具、宇田汽配、钢泓不锈钢橱柜、福思科技、都市菜园农产品深加工、鑫珍金厂房屋顶分布式光伏发电项目、驰达电信网络领域用材生产项目）。

科技创新捷报频传。高新区揭牌成立以来，新获批星河电路（福建）有限公司、福建坤孚股份有限公司、福建合信创展科技有限公司、新洲（武平）林化有限公司、福建省武平县龙兴木业有限公司、福建省武平县宇田汽配零部件工业有限公司、福建奥华厨洁炊具制品有限公司等7家国家级高新技术企业。福建坤孚股份有限公司汽车镁合金轻量化项目荣获中国（福建赛区）第六届创新创业大赛暨第四届龙岩市创新创业大赛一等奖；第六届中国创新创业大赛中，福建正德光电科技有限公司结构导光板项目荣获优秀企业奖。截至2017年底，拥有国家级高新技术企业11家，高成长企业6家，省级科技型企业15家，省级企业技术中心1个，市级企业技术中心14个，龙头企业4家，新培育6家企业为高新技术企业后备企业。2017年高新区获授权专利71项，新申报专利75项。积极鼓励支持企业技术创新、技术改造、技术升级、规模生产，提升企业核心竞争力，如鼓励正德、新洲林化加快高新技术研发，星河扩建技改后增产增效、效益倍增等。新培育岳凯科技、世能科泰等12家规上企业，新上合信创展、义精木业、茂增木业等3家亿元企业。钢泓不锈钢、吉美汽工、众森不锈钢等9家企业被列入2017年度省重点上市后备企业，正德科技、合信创展成功与韩国LG签订合作协议，希科厨房、安兴食品等企业实现民品参军，钢泓科技成功创建首个省级企业技术中心。

管理服务效率提高。在招商项目洽谈阶段通过提供高效服务，来吸引客商、感动客商，力促项目落地；在项目建设阶段协助企业办理工商注册、立项、土地招拍挂、建设许可、施工许可、环评手续办理、用水、用电等手续，严格按照“六个一”项目工作机制要求，积极实施“一线工作法”，成立专门服务小组，定期督促检查正德中科量子点项目、坤孚镁合金车身项目、合信创展、金鲨、嘉汇等重点项目建设情况，着力解决项目建设中的困难和问题，力促项目早竣工早投产；全方位做好企业生产过程中的各项服务。一是通过在省外设点招工、建立区校——校企合作实训基地等多种途径帮助企业解决招用工问题。为企业牵线搭桥，联合工行、武平信用联社等金融机构搭建融资平台，积极帮助企业实现金融对接，解决融资难问题。

经济发展稳步增长。截至目前，高新区入园企业共有157家，总投资达183亿元，规模工业企业89家，亿元产值企业33家。2017年实现工业总产值132亿元、同比增长21.24%，缴交税收2.92亿元、同比增长29.2%，实现用电量5.43亿度。其中。不锈钢产业项目21个，产值31.35亿元、同比增长9.55%。

（摘编：郑新贵）

福建省级经济开发区（工业园区）概况

福州福兴经济开发区

福州福兴经济开发区为省级开发区，基础设施建设不断推进，614地块收储实现阶段性进展，完成横屿村、三友制衣、农工商集团、鳝溪农场、中国轻工等地块收储交地，总面积175亩。完成樟林路、埠兴支路污水管网铺设，缓解了开发区内涝问题。路网建设逐步推进，福光路1标段已建成通车；红光路主车道已建成，现正进行非机动车道扫尾；后屿路改扩建已完成。

项目建设有序展开。福州福兴经济开发区资产运营开发有限公司注册并运营，4月28日，资产运营公司完成工商注册，并成功开展了上洋村厂房的试点工作。运营公司的成立，为提升开发区产业层级搭建了一个新的平台。中茶大厦扩建项目、盛丰物流分拨中心建设项目紧跟落实。

招商引资成效显著。镇及开发区招商注册、备案项目共106项，总投资306.8587亿元。其中，3亿元以上项目44项，总投资269.31亿元；5亿元以上项目20项，总投资189.13亿元；30亿元以上项目1项。招商落地项目数和考评总分均列晋安区第一。全球家居零售业巨头宜家家居成功落地，12月20日，宜家（中国）投资有限公司以挂牌方式拿下原鸿福纺织公司出让地，标志着全球最大的家居用品零售商瑞典宜家正式落户开发区。

科技创新有力推进。深入对接市、区新一轮经济创新发展十大政策，帮助企业争取省、市、区各类科技项目经费800多万元，配套各项企业奖励200余万元。推动科技创新、品牌引领，高意、海峡环保等5家企业成功申报市级科技项目，钜立、德格索兰4家企业列入省、市知识产权优势（示范）企业，高意光学、海王福药、钜全汽车等3家企业工作站成为福州市首届“双十佳院士（专家）工作站”。

生态环保高度重视。超额完成绿化提升工作，开展“种大树，造绿荫”行动，福光南路、红光路新种大树120多棵，种植炮仗花19300余株，长达2823米，园区绿化率由33%提升到40%。水系治理顺利进行，配合相关部门实施福兴河、陈厝河、新厝河黑臭水体的整治，所涉及的征迁交地任务全部完成。开发区环评报告通过省环保厅审查，11月7日，《福州福兴经济开发区控制性详细规划环境影响报告书》通过了省环保厅组织的审查小组会议的审查。

经济发展态势良好。2017年，开发区经济总体保持平稳发展态势。完成规模以上工业产值195.96亿元，增长8%；工业固定资产投资21亿元；实际利用外资6137.9万美元；自营出口97.4亿元。区内德通容器等6家企业列入市级新增长点企业，高意光学、华科光电等企业新增投资15亿元。2月13日，茶花现代家居用品股份有限公司（茶花股份603615）在上海证券交易所成功上市，是区内第一家主板上市企业。新增总部企业1家，喜相逢汽车服务公司获评入选福州市第三批总部企业，至此，开发区共有3家企业入选总部企业。

（摘编：朱明清）

福州金山工业园区

福州金山工业园区地处福州市仓山区，是福州市委、市政府开发利用城市资源打造都市工业经济的试点区。园区主体开发始于2000年，是福建省人民政府批准，福州市人民政府直接兴办开发建设的省级开发区。2009年，仓山区政府接手园区进行日常的管理和服务，更名为福州金山工业园区（原名福州金山工业集中区）。园区现有占地面积约13500亩（9.01平方公里），其中工业用地8400亩，规划工业配套用地约5100亩（其中：调整为房地产用地4400亩），包括五个片区即金山片、桔园洲片、浦上片、福湾片和义序片。

基础设施日臻完善。园区已经完成多条快速、宽阔的干道建设，形成总体交通骨架；供电配置设计双回路，220KV变电站各一座；福州西区水厂和金山水厂为工业区提供两套供水系统，日供水能力15万吨；工业区污水管网已接入市政污水管道，日排污能力6万吨，并已开通金山污水处理厂及城门污水处理厂；在工业园区各片区内均设有垃圾转运站或垃圾处理设施；电话装机容量1万门；设计配套管道液化气。

项目建设全面推进。园区全年共有在建项目34项，完成投资16.36亿元。福建星网锐捷网络有限公司的“面向高等教育公共服务的大数据示范应用”等重点项目全面推进。

产业特色凸显优势。园区内优质企业聚集，世界500强日本电产集团控股子公司利莱森玛、通讯行业百强企业星网锐捷、中华老字号北京同仁堂、全国农业龙头企业海欣食品、知名品牌淘帝童装等重点企业形成的机械制造、电子信息、生物医药、食品加工、纺织服装等支柱性产业，营利性服务业和跨境电商业务蓬勃发展。

招商引资成果显著。园区全年完成招商项目37个，超额完成仓山区下达的18项的招商任务，引进投资额63.96亿元，其中，完成1—5亿元以上项目10项，5亿元以上项目1项。其中克里贝尔生物医药产业园项目投资额达36亿元，被列为省重点项目，恩歌产业园，鸿博光电照明产品研发，星网锐捷物联网微功耗芯片研发等项目，都是园区招商的重要成果，为推动园区发展注入活力。

经济发展质量提升。2017年，园区实现规模工业产值405.96亿元，工业增加值108.46亿元；工业固定资产投资13.49亿元；其他营利性服务业收入9.64亿元；地方财政收入3.01亿元，财政总收入5.53亿元；社会消费品零售额实现33.88亿元；资质建筑业实现产值2.02亿元。全年新提升规上工业企业18家、限上商贸企业18家，有资质建筑企业4家，规上服务业企业35家。园区现有企业1813家，其中工业企业540家，服务业企业1144家，其他类型企业129家，共有员工8万多人，上市企业7家（星网锐捷、中能电气、鸿博股份、联合动力、海欣食品、海源机械、福大自动化），新三板上市企业5家（森达电气、锐达互动、海药股份、圣力智能、浩达智能），上市后备企业3家（瑞达精工、壹刻食品、美菰林），“国家级企业技术中心”企业1家（星网锐捷），“省级企业技术中心”企业11家，“市级企业技术中心”10处。

（摘编：黄国实）

闽侯青口汽车工业园区

闽侯青口汽车工业园区为省级开发区，规划面积56平方公里，规划工业用地16平方公里，已开发工业用地12平方公里，主要发展汽车、机械、电子等工业，汽车产业占主导地位。园区作为以汽车研发、整车及零部件生产为主导的汽车产业新城及海峡西岸汽车制造业生产基地，充分发挥“东南汽车”和“奔驰汽车”的龙头带动作用，实施自主品牌和国际品牌并重发展战略。全区共落户企业280多家，拥有东南（福建）汽车工业有限公司、福建奔驰汽车有限公司二家整车厂及180多家配套厂和海峡汽车文化广场及4S品牌专营区。至2017年，到园区投资兴业的有德国戴姆勒汽车公司、美国克莱斯勒汽车公司、加拿大麦格纳公司、日本三菱汽车公司、日本三井物产株式会社、台湾中华汽车公司、台湾六基集团公司、台湾中华台亚公司、日本荻原模具、爱德克斯等二十多个国家、地区的知名企业。

基础设施不断完善。2017年共安排23个项目建设实施，其中续建13项（水利工程6项、道路工程4项、绿化工程1项、装修工程2项），新开工10项（道路工程5项、水利项目3项、路灯工程1项、绿化工程1项）。在建项目以千家山生态主题公园、白水路改造、双龙河、三港河河道整治、东台河下游段河道整治、河道清淤、龙琯路、龙洋路道路工程等项目建设为重点，累计完成投资约3.3亿元。拟建项目重点推进东台大道至陶精路污水干管、东南大道（三期）、祥谦大道及支线、陶精路道路改造等项目前期工作，目前陶精路道路改造、峡南社区、新建社区、枕峰村、泮洋村供水工程、洋下片区岸线防护补充工程已完成招投标工作，其余拟建项目将逐步推进。

项目建设强力推进。重点推进东南汽车多用途乘用车（DX系列）技改、东南（福建）汽车DK01新能源汽车、海峡汽车文化广场等项目。东南汽车多用途乘用车（DX系列）技改项目，2017年度计划投资0.65亿元，DX3运动版4月19日在上海车展上市，完成投资1.0825亿元，提前超额完成攻坚任务。东南（福建）汽车DK01新能源汽车项目，已完成固投4亿元，已投产并试生产安装106台样车。海峡汽车文化广场项目，金淘湾项目2017年度计划投资3.5亿元，已完成投资3.58亿元，占目标任务102.3%。重点推进民生项目千家山生态主题公园，2018年2月正式投入使用。

招商引资精准推进。一是推动东南汽车DX系列技改项目、电咖牌电动汽车项目，奔驰汽车V系列车型投产、量产；二是引进配套企业福建海通星升、盛富强、福翔、铨达；对接洽谈了上汽集团延锋汽车内饰系统项目、北汽集团海纳川汽车零部件项目和宁波华翔汽车车门系统项目等项目；三是在新能源汽车引进洽谈方面有新的进展。2017年1月以来，以北汽集团入股福建奔驰汽车有限公司和东南汽车技改提升车型为契机，大力引进汽车配套企业。奔驰汽车增产1万多辆，做好跟踪服务工作，超额完成全年产量1.8万辆的目标。

管理服务质量提升。为增强服务企业的渠道，加强服务企业的成效，通过微信服务平台，一是发布政府各项政策、通知，扩充企业获取信息的途径；二是搜集企业意见和建议，增进园区与企业之间的联系。创新工作，提升服务质量。由于园区在项目审批等职能由市县里统管，在为企业办理各类证件等硬性服务上多方协调，找准工作的切入点和突破口，积极和相关部门联系，加强沟通与交流，压缩办结时间，提高工作效率，对入区企业，主动服务，提升服务质量。

经济发展成效喜人。2017年全区完成规模以上工业产值453.17亿元，其中，汽车行业规上工业产值336.58亿元。东南汽车产量162097辆，产值114.04亿元；奔驰汽车产量23983辆，产值90.28亿元。完成税收10.28亿元，固定资产投资66.11亿元，外资实际到资2213万美元。汽车4S店累计销售汽车26420辆，销售金额46.09亿元。

（摘编：唐民）

罗源湾经济开发区

罗源湾经济开发区为省级开发区，2018年主要任务是：积极抢抓福州“五区叠加”重大战略机遇，统筹推进经济、政治、文化、社会和生态文明建设，坚持做大总量与提升质量并重，做优增产与盘活存量并举，加速经济战略性转型升级，构建以战略性新兴产业为引领，先进制造业为主导，现代服务业为支撑的产业体系，培育壮大产业集群，推动产业智能化、高端化发展，打造千亿临港产业基地，实现跨越赶超。围绕上述任务，重点抓好以下工作：

围绕一个中心。2018年紧紧围绕十九大提出的新目标、新任务、新要求，紧密团结在以习近平同志为核心的党中央周围，用习近平新时代中国特色社会主义思想武装头脑、指导实践、推动工作，掀起学习宣传贯彻党的十九大精神热潮。

坚持两手抓。一手抓重点项目攻坚克难，一手抓提振干部干事创业精气神。

决战三重点。为贯彻落实县委县政府工作部署，提升企业发展信心，促进各项经济指标的稳步增长，开发区管委会立足开发区实际情况，主要做好三个决战。重点决战一季度开门红、双过半、年度目标任务全面完成这三个重要时间节点。

提升四大产业。以提升发展层次和水平为中心，加快项目建设，促进产业升级，扩大经济总量，着力提升四大产业基地。

狠抓五大建设。加强党的建设、加强廉政建设、加强生态文明建设、深化平安和谐园区建设、加强工青妇群团组织建设。

（摘编：于新光）

福清江阴经济开发区

福清江阴经济开发区为省级开发区，投资环境不断优化。港口泊位：江阴港区6—7#、8—9#码头工程有序推进，两个项目分别于2017年9月和7月获得《水上水下施工许可证》批复，目前在抓紧开展陆域回填、沉箱预制等工作。11#码头于2017年4月投入试运行，并于11月初完成竣工验收。12#码头于2017年5月投入运营，9月通过了通航核查，并实现了对外开放。园区配套：完成了赤厝220kV变电站填方工程、原中化项目用地填方工程，以及林芝路水渠改线工程、港前路东段建设和应急消防池工程建设。保税港区4、5#码头围网、新海关大楼围墙改造、国际物流区巡逻通道、海关监控中心升级改造工程已完工，扩建进口汽车保税仓储堆场4.6万平方米。年底推进华兴路延伸段、华兴支路建设的前期工作，以及区内部分道路的路灯照明、消防栓、道路修复和绿化提升等一批园区基础配套项目建设，加工贸易区和国际物流园内的道路、69电力提升改造工程也在抓紧推进中。继续实施东部填海工程，多方探讨东部物流园区填海造地的PPP建设方案，推进该项目前期工作，为东部片区产业发展拓展承载空间。

项目建设有力推进。全区列入福建省重点项目12项、福建省行动计划项目13项、福州市重点项目18项、福州市“攻坚2017”项目15项、福清市“三大行动计划”项目36项、福清市“攻坚2017”项目31项。2017年，中江石化年产35万吨聚丙烯装置于4月投入试生产，与京东方配套的东进世美肯项目7月中旬竣工投产。在建的有总投资40亿元的三峡海上风电装备产业园、总投资20亿元的美得丙烷脱氢项目，以及投资3.4亿元的中安环保、投资0.7亿元的达嘉利塑胶制品等项目。福能（江阴）化学园子项目中总投资35亿元的大型煤气化、总投资10亿元的环氧氯丙烷、总投资37.7亿元的TDI、烧碱扩建和总投资1.65亿元的福化环保等项目正加快建设，总投资126亿元的康乃尔MDI项目正在开展项目核准的前期工作。整车口岸配套的重点项目银河国际汽车园一期2号、3号整车大卖场已封顶，年内投入使用并启动包括整车大卖场、汽车检测线、汽车保税仓储等区域功能。此外，总投资4.1亿元的富仕新材料二氯氧钛、总投资40亿元的中景二期、总投资34亿元的美得二期、总投资5.19亿元的榕青汇绿色建筑产业园以及总投资19.76亿元的新福兴新能源汽车玻璃产业园、总投资42亿元的友谊新材料科技园等项目已落地动建。

招商引资做实做大。2017年，签订正式投资合同项目17个，其中总投资10亿元以上的项目有6个；已备案项目20个。年底对接洽谈有望落地项目16个。此外，还积极对接洽谈闽投售电公司、科瑞医药、鸿生集团、宝钢集团、缘泰石油化工集团、美国乙烷公司、东方电气集团、阿石创新材料公司等一批企业；同时积极争取“创之源”红木产业项目、华夏勇士汽车升级改造项目、3C认证服务中心二期、圣博中星整车进口、韵达快递等项目入驻保税港区，招商引资项目资料库不断充实和丰富。

科技创新成效显著。2017年，国电江阴电厂等3家企业获增产增效奖励，万泉塑业等3家企业获规下转规上补助，天辰耀隆、和特供热获节能奖励，宝利特制革获评国家知识产权优势企业、省院士工作站，濠锦化纤的聚酯废料再生聚酯瓶片技术获列“科技计划项目”。

管理服务精准高效。2017年8月，园区与福建师范福清分校签订战略合作框架协议，并举行产业学院授牌仪式，正式成立化工新材料产业学院、化工新材料产业研究院和化工新材料产业实训基地，为园区发展提供了人才服务支撑。在省内率先启动“证照分离”试点工作，并组织市职能单位对“证照分离”改革涉及的170项行政许可进行全面摸底，重新梳理公布新的审批程序、办事指南，组织召开部门推进会和政策解读会，建立信息沟通和督查推进长效机制。持续承接行政审批工作，承接的省、福州市权限已达251项，截至年底已累计办结各类行政审批74件，均在承诺时限内办结。

经济发展质量提升。2017年，开发区完成规上工业产值212.43亿元，比增31.2%；固定资产投资83.64亿元，比增24.54%；实际外资到资

6730万美元；税收收入4.93亿元，比增146%。江阴港集装箱吞吐量突破155.43万标箱，比增22.67%；完成进出口贸易额58.19亿美元，比增13.28%；完成江阴铁路支线货物进出港59.47万吨，比增195.46%；到港外贸汽车突破1万辆，比增24.89%。

（摘编：彭文荣）

连江经济开发区

连江经济开发区为省级开发区，全年基础设施建设累计完成投资2.52亿元，其中，丹江大道路基土石方工程、山岗片区区间二路工程已竣工；西北经济区给水管道工程、污水管道工程开工动建，燃气管网工程正在办理公路局审批手续。山岗片区排水工程、排污工程和普洛斯一桥工程完成工程招投标；丹港大道、产业大道、桂美路、兰云路启动规划设计等前期工作；作为现代高端电子产业代表的裸眼3D终端显示器项目一期296亩用地的林业获批，中马建材项目林地报批工作启动；中国海峡（连江）康复辅具产业园的规划工作启动。粗芦岛防洪排涝工程完成总量的97%；污水处理厂其尾水排海工程竣工验收并投入使用；全长为5公里的粗芦岛环岛公路二期项目（即塘下—龙沙—国道228接线段）、铭林钢构地块东侧海堤工程规划设计工程已经启动；投资600万元建成了从龙楻水库至粗芦岛6公里长的日供水5000吨的DN300自来水管道工程，并同县海峡水业公司协调启动了日供水1万吨粗芦岛水厂二期项目的规划设计工作。

项目建设有序推进。2017年，开发区有11个市县"攻坚2017"项目，共完成年度投资18.42亿元，完成年度计划投资16.5亿元的116.63%，超序时进度11.63个百分点。其中，福凯塑胶项目1号厂房和综合楼封顶；宜联管业项目完成招拍挂手续；航天发展（二期）、普洛斯物流（连江）仓储项目开工动建；宏东水产品交易中心项目进展顺利，按序时推进；粗芦岛防洪排涝工程完成总量的97%，科辉机械、德力动漫等项目均能达到序时推进。

招商引资成效卓越。开发区全年共签约落地爱莱格游艇、瑞福莱城市冷链速配、铭林钢构、升兴水产、新航食品、宜联管业、福宗实业、佳昆食品、中马装配建材等9个项目，用地总面积约882.74亩，总投资达50亿元。

转型升级创新开展。2017年，开发区在做好园区"筑巢引凤"的同时，努力推进琯头园区"腾笼换鸟"，认真摸底琯头园区现有土地资源和空置厂房情况，实现了福泰钢铁和福州城建集团以及钰龙轧钢和瑞福莱城市冷链物流顺利"嫁接"，瑞鑫电缆、聚力达机械等项目也在琯头园区实现了产业升级，海王药业地块实现政府收储，冠海造船公司破产重组工作已启动，天汇无纺布公司按有关协议正在整修，拟引进省著名品牌金盾消防门项目。主动对接县土地中心，加快青塘片区工业用地征迁收储力度，"二产"转"三产"提升转换工作顺利推进，完成了瑞鑫电缆、金山药业、港发机电、龙强龙机等12家企业工业用地的政府收储工作，面积约700亩；正在洽谈收储的有东海漆业等17家，面积约475亩。

经济发展逐年增长。2017年，开发区实现规模以上工业产值365.45亿元，比增18.9%；完成固定资产投资57亿元，实际利用外资150万美元，对外直接投资1900万美元，进出口总额4.48亿美元，上缴税收2.01亿元，其中国税1.47亿元，地税0.54亿元。年工业产值2000万元以上的规模以上企业64家。高新技术企业11家，省科技小巨人领军企业7家，省创新型企业1家，省科技型企业15家，省级企业工程技术研究中心1家，省级企业技术中心2家，市级企业技术中心6家，市知识产权贯标企业1家，院士工作站2家，市专家工作站3家，市级众创空间1家，市级农业产业化重点龙头企业15家。

（摘编：刘海元）

长乐经济开发区

长乐经济开发区为省级开发区，基础设施建设有序开展，金纶大道拓宽改造工程已竣工，并完成预验收工作；滨海工业区二期供水及路灯建设工程完成路灯、变压器、电缆等主材政府采购，进入施工招投标程序；松下物流园区3#支路土地批次手续已报区国土局（为支持铁路征迁工作，已先行完成雨污管网工程）；滨旺路（中心区规划5#路）完成招投标手续，确定施工单位；职工活动中心（幼儿园）完成装修及附属工程建设。

项目建设成效喜人。全年安排重点项目24项，年度计划投资73.2亿元，完成投资82.7亿元。其中，7项在建项目完成投资15.8亿元，完成年度计划113.6%；10项计划新开工项目完成投资66.9亿元，完成年度计划112.8%。金纶三四期加弹、永丰针纺、中储粮项目等全部8项在建项目均已完成或超过年度投资任务，完成投资49.6704亿元，完成年度计划109.41%；华讯亚太商业项目等4个前期项目均按序时进度推进。大数据项目：引入“无创心电”、“坐视布管”等本地大数据项目，成为中国东南大数据产业园第一批项目落地最快、入园人数最多的企业；国家骨干互联网直连点项目完成建设，6月投入运营；佳视信息、坐视布管、优美屋生态科技、蓥荣科技等项目完成装修工作并入驻数字产业园；浪潮东南运营总部项目完成公司注册、备案及项目用地选址工作，项目总评规划设计初步获滨海新城总指挥部同意，48亩项目用地获省国土厅批复，正在加紧挂牌前出让手续各项工作。

鑫海公司破产重整作为福州地区第1例民营企业破产案件，涉及900多个债权人、10家银行，约43亿债务，也是全省涉及债务最大的一个破产案件。2017年初正式启动破产重整工作，通过近1年的努力，先后完成鑫海系3家公司审计、评估工作，开展债权人债权申报、审核工作，对未履行完毕的合同进行处置，推进鑫海生产恢复工作。成功举行第一次、第二次债权人大会，重整计划草案经大会投票通过，并获得长乐人民法院正式裁定批准，进入执行阶段。

招商引资有力推进。园区引进建优美屋新生态科技、沃屋物联网、沃屋生态装修、福投新能源、榕冠建筑、炜晨贸易等14个项目，总投资85.65亿元；安排4项重点技改项目，完成投资15.06亿元；获批恒盛管业、慧宇纺织等23宗项目用地51.81公顷。

经济发展态势良好。开发区规划面积92.44平方公里，东临东海，面对台湾海峡，北至机场专用线，南至松下港区，西毗福北线。2017年，规模以上工业总产值1028亿元，增长8.29%；财政收入9.52亿元，增长39.26%；规上企业两税合计上缴4.61亿元，增长10.06%；固定资产投资135.02亿元，增长8.66%。11月，成功获批省首批购售电业务改革试点园区。

（摘编：肖启辉）

漳州金峰经济开发区

漳州金峰经济开发区为省级开发区，2017年主要任务是：以“三抓三比、十项竞赛”为契机，珍惜“经济建设主战场”的发展机遇，紧盯“打造全市乃至全省一流开发区”的目标，持续推进标准化工业园区建设，努力将金峰打造成产城融合、宜居宜业的现代化产业新城。围绕上述任务，重点完成了以下工作：先后编制完成了金宝园区发展总体规划、金宝园区排水防涝规划、金宝园区市政综合规划、金安片区控制性详细规划，并已通过专家评审；以金塘路建设为突破口，带动芝山安置房、石亭安置房、污水管网等公共工程配套，提升承载大项目落地能力；突出经济实体经济发展，以45个产业项目为重点，巩固和提升金峰经济建设主战场地位；共对接82个项目，其中签约项目21个，总投资额约105亿元；重点抓好金塘路和金安片区一期的土地报批及征迁工作，新征用土地2801.07亩，新增建设用地1007.1亩，收回土地110亩，供出土地958.8亩，特别是仅三个月完成金塘路征迁工作；建立“一对一”挂钩联系企业、产业项目、基础设施项目“三挂钩”制度，定期走访已接管的核心区内488家企业，实时督查产业项目及基础设施项目进展。

（摘编：王增丰）

漳州蓝田经济开发区

漳州蓝田经济开发区为省级开发区，投资环境不断优化，全年实施道路项目14个，新建道路里长5公里，开发区路网进一步拓展。提升开发区教育配套，新建总投资1.2亿元的开发区第二实验小学和总投资3000万元的龙文区机关幼儿园。完善人居配套，实施安置房项目3个，完成投资1.1亿元，建成惠山花园一期，启动惠山花园二期、科浦佳苑安置小区建设。开展公共租赁住房申请，阳光美地、翼特丽景城、宏景花园和香槟左岸4个小区共有336套公租房，供辖区企业无住房务工人员申请。

产业特色效益凸显。开发区产业布局为低能耗、轻污染及高新技术产业。经过几年的发展，着力打造食品饮料、家居日化、电子机械装备三大产业集群。开发区现拥有国家级高科技企业15家、国家火炬科技项目2个、博士后工作站2个、院士工作站6个。拥有中国驰名商标9个，省名牌产品、著名商标54个。

招商引资成效显著。中国移动漳州分公司、漳州金盾公司2家总部经济体签约落户开发区，助力开发区总部经济发展。奥佳华智能科技、和动力、正德丰、航天机电、青蛙王子等多个项目相继签约落户。联东U谷国际企业港二次招商进展顺利，累计签约95户共95套，全年有66家企业入驻经营。

科技创新注重品牌。开发区积极引导企业科技创新，做好品牌建设，2017年新增明鑫智能科技1家院士专家工作站，辖区院士工作站总数达6家。福建思特电子有限公司、福建科能电器有限公司、漳州市恒丽电子有限公司等3家企业列入福建省发改委2017年度省重点上市后备企业名单。

管理服务创新推进。加强政企互动，有效利用“互联网+”方式，通过建立企业微信群，及时高效地向企业推送惠企政策、相关通知，实现政企双向互动。通过开发区报，刊登惠企政策、法律法规等22篇。增强用工服务保障，举办“2017年度蓝田经济开发区企业用工推介新春大型招聘会”，辖区30多家企业参加，解决用工需求1000多名。丰富开发区文化生活，举办檀香社区新春灯谜游园活动、新春志愿者服务进社区、三八妇女节“传承好家训培育好家风”妇女讲座、“庆五一·迎五四”书法作品展等文体娱活动，丰富了辖区内群众的文化生活，增强企业员工归属感。积极化解矛盾纠纷，全年累计走访辖区企业近100多家，深入了解企业用工情况和企业生产经营状况，为开发区劳动关系和谐打下坚实基础，成功调处37起劳资纠纷，涉案人数64人、涉案金额483549元。

经济发展效益提升。开发区现有各类企业520多家，总投资超400亿元，其中规模以上企业105家。2017年，完成规模工业产值248.6亿元，比增14.7%；社会固定资产投资67.2亿元，同比下降1.2%；完成税收7.16亿元，比增6.24%。

（摘编：吴汉良）

长泰经济开发区

长泰经济开发区为省级开发区，基础设施建设投入加大，兴泰小学三期、兴泰社区卫生服务中心等一批生活配套设施顺利竣工，公租房实现378套建设和配租任务，园区的教育、医疗和住房配套水平进一步提升。投入400万元，结合建设标准化工业园区和美丽乡村，以“政府购买服务”的形式，推行“城乡垃圾整治一体化服务”做法，将市场化保洁面积从原先占全区的30%拓展到100%，做到辖区全覆盖，园区环境卫生得到有效管护。增建扩大污水处理厂一体化提升泵站规模，投资3450万元改造污水管网26.3公里，实现仙景、台湾、富豪、高强等园区闭管进入东区污水处理厂，污水收集处理率得到全面提高。

项目建设有效推进。23个重点项目全年完成投资52.1亿元，完成年任务的106.3%。新开工中赞木业、欣宝丰机械、立达信光电等20个项目，完成年任务8个的250%。新投产鸿星尔克、鑫华成机械、振华液压等16个项目，完成年任务8个的200%。发展后劲进一步增强。

招商引资成效卓越。坚持“一把手”招商，强化招商责任落实，先后到厦门、泉州等地招商10次，定位、定向、定点精准招商，总投资30亿元的立达信科技小镇、总投资3亿元的鑫立特蚊香、总投资1.5亿元的易辰达机械签约落地。新批办宠悦家具、中怡生物科技等13家内资企业，完成年任务9个的144%；新批办凯嘉科技、骐航实业等4家外资企业，完成年任务3个的133.3%。引进凯欣包装、晋美卫浴等8个项目，盘活腾源机械等8家企业267亩闲置土地；引进阿尔法照明等10个项目，盘活鸿源五金、圣明光电等8家企业

5.8万平方米闲置厂房，新引进的项目中有9个上亿元。

科技创新多措并举。利用全面推行双创工作的良好氛围，引导企业自主创新，组织企业创建科技研发平台，新增安安、三利达环保等高新技术企业2家，新创引高新技术企业、知名商标等品牌12个、7家企业入选省科技小巨人领军企业，专利申请数和授权数稳中有升的趋势，拥有有效发明专利156件，培育了立达信、华阳、万晖等近30家科技型企业，立达信获得国家工业设计中心，新增发明专利和实用新型专利100多个，新增产学研基地5个，新增企业中心、创新型中心6个，协助企业申领品牌创引补助300多万元。凯立、华阳等2家企业正在接受新三板上市辅导。组织企业参加省市创新创业大赛，新峰科技、诺奥环保家居等多家企业年度新增研发投入达500万元以上，立达信绿色照明股份有限公司“LED照明产品自动化组装生产线”项目和福建华阳超纤有限公司“汽车内饰用生态超纤新材料系列产品研发及产业化”项目荣获福建省科技进步三等奖。安安（中国）有限公司“福建省高性能鞋用超纤新材料研发企业重点实验室”通过福建省科技厅组织的专家评审。

经济发展稳步增长。2017年，全区共实现规模工业产值526.19亿元，增长19.5%；固定资产投资66.3亿元；工业投资57亿元；工业增加值88亿元；外贸出口59.9亿元，占年任务106.6%，全年新增规模工业企业6家，占长泰县60%，财政收入5.22亿元，增长13.5%。

（摘编：林开龙）

漳州古雷港经济开发区（绥安）

漳州古雷港经济开发区（绥安）为省级开发区，基础设施建设不断完善，2017年全区共投入基础设施建设5.1亿元，重点推进总长4050米的工业路（蓝理路）、总长1400米的工业南路及周边配套道路改造提升工程建设，以及黄仓园兴业路、麦埔路、麦亭路，旧镇园南通路、大南坂园锦向18米区间路等道路建设，以及路绿化、美化、亮化工程等工程建设。

项目建设有力推进。2017年围绕“五个一批”推进项目建设工作，积极协调项目落地的水、电、路等配套建设，以及征地扫尾及土地平整工作，促进项目落地投建。工业项目数60个，开工新建项目34个，开工率57%；市级重点项目6个全部开工建设，其中，际诺思、盈丰光伏2个项目已竣工投产；县级重点项目19个，开工建设16个，开工率88%。

产业特色布局合理。按照“各有侧重、突出特色、协调发展”的原则，对园区产业规划布局进行再优化再提升，突出产业特色，努力形成形成差异竞争、错位发展的良好态势。重点发展食品加工、轻纺制品、运动器材等三大主导产业，三大主导产业全年实现规模工业产值187.4亿元，占比77%。

招商引资领导重视。2017年，由主要领导带队外出招商12次，参加大型推介会和集中签约仪式4次，累计完成签约（含新批注册）项目44个，总投资43.7亿元，总注册资本12.12亿元，其中，外资项目14个，总投资1.8亿美元，注册外资9766万美元；内资项目30个，总投资31亿元。引办总投上亿元的工业项目9个，盘活闲置厂房约3.22万平方米。

科技创新成效丰硕。深入开展创新转型竞赛活动，积极引导、培育企业创品牌，鼓励企业进行技术创新。全年共有达华达玩具、桂宏工业等6家企业被确定为市级工业设计中心，伟伊化纤、同溢堂药业等9家企业被确定为高新技术企业，仂元工业、美丽家香等8家企业被确定为市级技术创新中心，腾睿电子商务服务中心被确定为省级众创空间，同溢堂药业、仂元工业等企业累计获得发明专利47项，盈丰食品、丰收园等21家企业获得省级名牌产品。

管理服务精准高效。在服务重点企业中，做好盈丰集团的保增长服务和致易电子卫星电视接收器生产贸易资质的报批服务，协调解决了伟伊化纤、舒香、泉兴和顶味等8宗项目用地的土地登记和办理相关证件问题，解决了伟伊化纤和丰滋雅办理《房屋所有权证》问题；在推进批而未供整改工作中，整改完成14宗，面积357.5亩；在推进闲置土地整改工作中，共查出闲置土地21宗，面积801.4亩，全部整改到位，有力促进项目整改到位并开工建设。

经济发展态势良好。2017年，全区实现规模工业产值244.3亿元，比增21.25%；实现固定资产投资50.05亿元，比增17.38%；税收收入4.84亿元，比增9.8%；出口创汇4.38亿美元，比增28.45%。

（摘编：陈建闽）

诏安工业园区

诏安工业园区为省级开发区，基础设施有力推进，已形成“五纵四横”的骨架道路网络系统，区内有110kv变电站两座，电力杆线网络齐全，电力供应充足。依托亚湖水库、龙潭水库及诏安县第二供水厂，园区生产生活用水需求满足，日可供水8万吨。不断完善和提升园区绿化水平，绿地覆盖率达到30%。园区通过建设农民工公寓、党群活动中心、职工文体中心、兴业园，配套建设隆华广场、华府怡景等房地产，满足周边核心企业人才的住房、休闲、娱乐等需求，为企业更好留住人才打下基础。

产业特色布局合理。A区：紧邻县城中心，面积2465亩，主要发展食品、纺织加工、电子轻工等传统产业。该区域已纳入县域中心发展范围，结合华府怡景、武夷名仕、版筑等房地产开发项目的建设，集聚人气，提升区域品味，着力建设商贸、商住、酒店、特色街区等服务配套。B区：明确为以婴童文化创意产业为主的专业园区，一期规划面积约1500亩，二期规划面积5000亩。重点规划建设集生产、仓储物流、商贸于一体的婴童用品专业化园区，拟将其打造为漳州最大的婴童用品产业基地。至今已引进福建星辉婴童用品有限公司，福建麦凯智造婴童文化股份有限公司、漳州市京丰婴儿用品有限公司、漳州市群隆婴童益智用品有限公司等15家婴童文化创意企业，年产值可达20亿元，年创税收4000万以上。C区：总体规划面积7000亩，首期开发1260亩，该区域重点发展轻工电子等新材料产业。

招商引资举措创新。一是领导带头招商。园区主要领导率领招商小分队定期不定期外出招商，拜访各地龙头企业、参与大型招商会等方式推介工业园区；二是抓产业招商。以现有产业为依托，扩大延伸产业链条、关联产业，以此配套形成招商项目开展对接；三是以商引商。依托已入驻企业的客户资源进行二次招商，如以福建绿之地投资有限公司为纽带，成功举办“福建诏安工业园区（闽粤经济合作先行区）2017年度春季招商推介会”，强化与潮汕客商的交流合作。2017年，园区共引进福建瑞升电子科技有限公司等12个新项目。

科技创新成效显著。园区科技创新能力强，期末高新技术企业数有3家，高新技术企业主营业务收入67856.6万元，增长352.73%；期末创业服务中心、研发中心、孵化器数3个。期末拥有有效发明专利数24个，福建名牌数量2个。

管理服务多措并举。开设“汇智讲堂”。结合园区服务企业的业务知识及当前政治、经济、文化、社会等热点、难点问题，邀请园区及县有关单位专家来进行专题讲座，提高园区政治思想素质及理论水平。园区为投资者提供“一站式全程服务”，按照“一个窗口承办、一条龙跟踪服务”的方式代办企业注册登记及基建等有关手续。协助漳州宏川雨具有限公司等8家企业办理不动产权证，保障企业合法权益；协助能裕实业等14个在建项目办理基建报批手续，保障项目尽早开工；协助瑞升科技等12个新落户项目办理注册登记和用地或厂房对接，保障项目早日落地。采取领导干部“一对一”挂钩帮扶机制，主动服务项目建设，深入现场一线办公，回应业主诉求，帮助企业解决发展中遇到的难题。

经济发展稳定增长。2017年，园区生产总值956374万元，增长18.32%；规模以上工业增加值376899.67万元，增长20.1%；全区纳税总额1.57亿元，增长23.62%；区内企业固定资产投资总额367478万元，增长52.89%；完成外贸出口额8500万美元，增长12.06%。在产业集聚方面，形成以婴童文化创意、富硒健康食品、轻工机械制造为主导产业，主导产业占园区总产值比率在75%以上。

（摘编：李兵）

云霄常山经济开发区

云霄常山经济开发区为省级开发区，2018年坚持稳中求进工作总基调，坚持高质量发展落实赶超，实施乡村振兴战略，持续深化“三抓三比、十项竞赛”，坚决打好三大攻坚战，推进常山社会经济持续健康发展。

聚力高质量发展，产业加快转型升级。招商引资持续推进，坚持“走出去”和“引进来”两手抓。每个月都落实“一把手”带队外出招商，由开发区党政主要??? 领导分别前往深圳、东莞、厦门等地招商22场次，走访60多家企业，接待来访客商100多人次，其中已签约6个项目，总投资37亿元，持续增强了发展后劲。工业创新动力持续增强，大力实施创新驱动发展战略。新增2家规模工业企业，并扶持了多家企业提升生产工艺和产品质量，进行智能制造改造，特别是东和食品、正霸新材料、欣亿达等企业全年产值增加10%以上，全区完成工业投资21.7亿元，持续增强了增长动力。现代农业持续提升，大力实施乡村振兴战略。加快梧园、柘林、白竹等示范村建设，成功创建国家现代农业示范区，天窗坪仙境农业、柘林百爱释迦等一批农业项目加快建设，完成高效节水灌溉项目4554亩，全区实现农林牧渔总产值3.8亿元。完成了农村土地经营权确权颁证，持续增加农民财产性收入。现代服务业持续发展。乌山天池旅游专线主要路段基本建成通车，天窗坪仙境山庄已基本建成开园，恒晟度假酒店开始运营，持续增大了第三产业占比。

突出抓项目建设，有效投资持续扩大。“五个一批”项目、赶超项目、省市重点项目和“三抓三比、十项竞赛”项目是我区经济高质量发展的支撑项目。2018年，我区围绕“工作抓重点，重点抓竞赛，竞赛抓项目”，全力以赴抓项目、扩投资、促赶超。深化“五个一批”项目建设，新增入库项目49个，总投资76.1亿元。加快推动赶超任务重大项目漳州南部生活垃圾焚烧发电厂及配套建设，完成投资近4亿元，2019年正式投入使用。加快推进省市重点项目，14个省市重点项目全部开工建设，完成投资19.5亿元，完成年度计划的118.5%。抓好“十项竞赛”活动，实施项目53个，全部开工建设，完成投资28.3亿元，完成年度计划的127.3%。

践行“生态＋”模式，城乡颜值全面提升。城乡环境不断改善。坚持以“生态＋”引领，践行“绿水青山就是金山银山”，全面落实党政领导环保目标责任制和河长制，持续开展“抓生态比城乡环境”，实施生态项目10个，完成投资5.6亿元，生态环境得到进一步优化。城市建设不断加快。完成房地产投资4.48亿元，新建君悦广场、东方巴厘等多个特色小区，新增商品房总建筑面积18万平方米，房地产市场呈现供销两旺的态势，东南亚风情小镇初现雏形，城市风貌得到进一步美化。市政设施不断完善。大力推进公共配套竞赛项目，完成投资8.9亿元，新增天然气管道9.5公里、污水管网10.5公里，扩容自来水供水规模1.5万吨/日，完成乌山片区供电设施建设，公共需求得到进一步满足。人居环境不断优化。开展了农村人居环境整治、铁路沿线环境整治、“大棚房”问题专项整治和“两违”综合治理百日会战，以市场运作的方式推进城乡生活垃圾保洁清运一体化，在建美丽乡村2个，新建改造公厕5座，新增城市停车位102个，拆违面积5936平方米，宜居环境得到进一步强化。

经济增长稳中向好。主要经济指标序时或超序时完成进度，其中地区生产总值完成38.55亿元，增长8%；固定资产投资完成40.82亿元，增长12.5%；规模工业总产值完成79.39亿元，增长9%；规模工业增加值完成21.12亿元，增长8.7%；财政总收入完成2.59亿元，增长16.2%；地方财政收入完成1.55亿元，增长12%；外贸出口完成33.1亿元，增长6.7%；实际到资7743万元；社会消费品零售总额完成8.27亿元；城镇居民人均可支配收入32447元，增长8.5%；农村居民人均可支配收入16812元，增长9.5%。

（摘编：郑新贵）

平和工业园区

平和工业园区为省级开发区，基础设施日臻完善。按照“基础先行”的理念，加快推进园区水、电、路等基础设施建设，以满足园区不断发展壮大的需要。西蝉大道作为西蝉生态木业产业园与工业园区连接的重要路段，路线起点于平和县西蝉至龙厦铁路漳州草坂货运中心公路西蝉公路出口处，与国道335线连成一线，是西蝉木业产业园主干道。项目总投资1.19亿元，主要建设长4.5公里、宽23.5米、双向四车道的水泥道路，配套建设给排水系统、电信通讯、路灯照明、环境绿化等工程。

项目建设强力推进。2017年，园区加快推动西蝉生态木业产业园、西蝉大道、两顺沥青等新建和在建项目，当前新建在建项目28个，总投资61.85亿元，年度计划投资25.09亿元，完成工业固投42.89亿元，占年度计划的170.92%；其中已投产工业项目17个；单个工业项目年度完成投资5000万元以上、1亿元以下的，共计7个；年度完成投资1亿元以上的，共计11个。

产业特色日益凸显。园区以新型建材、再生资源、生态木业为主导产业，发挥规划引领作用，促进集聚集约发展，壮大产业集群，积极培育发展以美艺陶、侨丰、华诚、澳利、彩联等为骨干支撑的新型建材产业集群，增加生产线，提高园区产业产值效益，以程盛、环盛等为骨干支撑的再生资源利用产业集群，以百得利为龙头牵引的新型材料产业集群。积极培育龙头企业闽佳鑫集团为骨干，带动西蝉新区生态循环木业产业发展，加快福建西蝉木业有限公司建设进度，引领做大木制家具和木材深加工产业，培育形成漳州市重要的木制家具出口基地，打造区域高端木业产业园。

科技创新初见成效。新增研发投入500万元以上企业数20家，完成率100%。新增高新技术企业数申报1家，完成率100%。漳州市天凯塑胶有限公司的高企申报材料已完成，并通过专家评审，目前正在公示阶段。新增规上高技术企业数1家。

管理服务措施得当。为了更好地招引企业入驻，为企业提供完善服务，园区现建有5个公共服务平台（党群活动服务中心、智慧园区信息平台、法律服务平台、黄井信用社、就业培训中心、电商服务平台），皆已投入使用，另有科技孵化器大楼正在加快建设中；同时园区还建有相应的邻里中心，包括已投入运营的人才公寓、科技大楼商服配套中心、企业服务中心、富海超市、亿丰嘉超市、大世界超市，以及规划完成正在建设中的商贸服务中心。

经济发展稳步增长。2017年，园区共完成固定资产投资43.55亿元，占年度计划的113.12%，增长27.54%；完成规模工业产值202.15亿元，增长23.7%；完成征地580亩；新引进项目16个，总投资56.06亿元；列入年度重点项目11个，完成投资20.20亿元，占年度计划的110.36%。

（摘编：朱明清）

华安经济开发区

华安经济开发区为省级开发区，位于南部丰山镇，区域面积78平方公里，规划面积62平方公里。先后荣获“全省优秀开发区”、“全省创先争优先进基层党组织”等荣誉称号，是漳州北部经济增长极、漳州汽配产业区、九龙生态经济区的核心组成部分、厦漳泉同城化大都市的后花园。

功能配套日臻完善。九龙大道、南北大道、下寨路、江滨路等主次干道构成三纵四横路网。一座220Kv变电站、3座110KV变电站构成一带三的供电格局。东西区各一座污水处理厂，文峰自来水厂已收购，路、水、电等基础配套基本完备。

规划布局日趋合理。开发区立足高起点，结合丰山小城镇建设，已完成62平方公里城镇建设规划、九龙工业园35平方公里控制性详规。严格按照产业布局，立足于引办大项目、好项目，抓龙头、筑链条，合理集约利用土地，坚持污染项目坚决不引，小项目原则不引，着力打造节能生态开发区。现已初步形成了“一区五园”（新社工业园、前宅工业园、长富工业园、龙翔工业园、九龙工业园）发展格局，形成了以先进装备制造、节能环保新型材料、绿色食品、家具家居、电子信息等5大产业为主，文化旅游休闲为辅的产业集群。

（摘编：黄国实）

晋江经济开发区

晋江经济开发区为省级开发区，基础设施日臻完善，2017年新启动和继续投建的市政配套建设项目约210个，计划总投资约3.0亿元。在路网建设方面，完成林山路、光明路、灵安路、新雅路等道路建设，进一步完善五里园路网；安东园市政配套设施建设道路、桥梁方面基本完成；新塘园“二纵六横”八条道路全部贯通，食品园“四横五纵”路网建设基本成形；时尚园南片区天竺路、广井路、支一路建成通车。在教育卫生方面，积极推动社区卫生服务中心与市医院、中医院对接，争取2018年上半年正式运营；加快完善园区教育事业，大力推进第八实验小学、五里幼儿园的建设，五幼主体顺利完成封顶，八小进行地下室底板建设，大山后小学正式纳入八小分校，一期工程完成主体建设；做好新塘园第九实验小学方案调整，启动安东幼儿园规划，推动第八实验幼儿园开展省示范学校的创建活动，引入金优嘉教育培训机构，批准设立一家民办幼儿园，全力满足园区员工子女教育培训需求。在其他配套方面，党群活动中心完成影院、健身房、培训室、商铺等功能区装修和设备采购，引进金逸影院、无极限健身等运营机构，力争春节前正式开业；做好体育公园足球场、篮球场、塑胶跑道改造建设，努力满足员工休闲娱乐需要。圆满完成安置房“幸福回迁”工作，172户征迁对象喜迁新居；大山后廉租房开始有序配租。此外，开展“公厕革命”，完成1个公厕改造，并投入30万元新建3个公厕。新开通五里公交枢纽站至动车站、SM至新塘园公交线路，不断满足企业员工出行需要。启动总投资3000万元晋江经济开发区智慧园区项目，实现基础设施和资源的共享运用。

项目建设强力推进。坚持以项目建设为核心，深入开展项目建设突围攻坚活动，成立三个项目突围攻坚小组，加快协调解决灵源、罗山、新塘、永和、龙湖等征地遗留问题，拨付征迁补偿款3000多万元，组织保障性施工10余场，全力保障项目落地建设、快速推进。83个重点项目完成年度投资115.41亿元，比增68.59%；其中，新增16个落地开工项目；新增11个（部分）建成投用项目；新增24个（部分）竣工项目。积极引导推动企业实行全方位的技术改造，扶持企业做大做强，46个重点技改项目完成投资额14.42亿，比增6.65%，其中23个项目竣工投产，新增高新技术企业12家，产值超亿元企业突破100家；积极对接筹划石墨烯产业园，协助引导企业与石墨烯产业结合，着力提升企业发展潜力。继续加大招商引资力度，新引进HDT整线输出、梧林田园风光、夜光达反光材料、伟泰化纤、恒泰纸品等5个大型优质项目，项目总投资额约达36亿元，不断增强园区发展后劲。

招商引资成果喜人。2017年开发区新引进HDT整线输出、梧林田园风光、夜光达反光材料、伟泰化纤、恒泰纸品等5个大型优质项目，项目总投资额约达36亿元，通过以商引商、以企引企，推动光伏、集成电路、电子商务等产业链不断完善。

管理服务措施有效。2017年，开发区始终坚持每月一次的工业调度会议和每季度召开一次党政商联席会议，帮助协调解决企业生产中遇到的问题和困难。加大惠企政策的宣传兑现力度，举办3期政策宣讲会，与灵源街道联合开展5期人才沙龙，协助102家入区企业申报各类优惠政策补助。2017年五里园被列入福建省第一批购售电业务改革试点园区，帮助企业享受更加优惠的用电服务。深入企业开展安全主题活动，持续扩大组织应急演练企业覆盖面，累计查处“三合一”场所42家，行政处罚28家，持续开展重点企业抽查督查265多家，累计排查隐患800多条。深入落实企业劳动合同签订制度，采用服务外包形式，充分发挥“新晋江人”服务中作用，该中心被授予2017年“泉州市级青年文明号”称号。2017年共有3个批次275亩已获得农转用征收批文；完成4宗约113.15亩林地项目审批手续，办理了19宗约417亩土地使用权证，办理了69宗4027亩用地的供地手续，协助企业办理25宗587亩国有土地使用权证，通过多种融资方式，已成功融资12.1亿，有效保障了项目建设的资金需求，通过退款退地（4宗）、收回闲置土地（2宗）、调整项目用地（3宗）、解决项目用地问题（13宗）等多种方式，盘活用地，有效推动项目建设。

经济发展潜力巨大。2017年开发区完成规上工业产值788.31亿元，比增15.9%，完成年度目标101.59%，超出目标12.31亿元；限上销售额完成169.70亿元，比增34.90%，完成年度目标109.81%，超出目标15.16亿元；零售额完成17.05亿元，比增21.16%，完成年度目标的107.64%，超出目标1.21亿元；固定资产投资完成185.19亿元，比增27.76%，完成调整后年度目标的101.75%（调整后年度目标182），超出目标3.19亿。积极引导推动企业实行全方位的技术改造，扶持企业做大做强，46个重点技改项目完成投资额14.42亿，比增6.65%，其中23个项目竣工投产，新增高新技术企业12家，产值超亿元企业突破100家；积极对接筹划石墨烯产业园，协助引导企业与石墨烯产业结合，着力提升企业发展潜力。

（摘编：唐民）

洛江经济开发区

洛江经济开发区是2006年4月经国家发改委批准，由原万安开发区、双阳华侨经济开发区整合而成的省级经济开发区。原规划面积13.37平方公里，2010年12月获省政府批准扩区，总规划面积增至23.24平方公里。含塘西片区、双阳片区、河市片区、河市西片区、河市白洋片区五大片区。其中已建成投产的有四个园区共8.2平方千米。扩区部分的河市西片区，总面积5.54平方公里。

项目建设有序推进。泉州市洛江区小总部经济区市政道路等基础设施PPP项目2016年完成立项并获批，2017年被列入福建政府和社会资本合作（PPP）省级项目库，总投资约2.5亿元，主要建设内容为洛江区小总部经济区内所有市政道路（塘西六路、塘西中路、汇鑫南路及园区道路等）、场地平整、配套景观等。朋虹街延伸（万虹路至滨江路段）市政工程PPP项目为市级重点建设项目，主要建设内容为项目投资范围内的道路工程、隧道工程、涵洞工程、雨水工程等，该项目自2016年8月份开展项目前期工作以来，按照前期工作审批流程，交叉作业，同步推进各项工作。另外，省级智能制造试点示范基地河市西片区加快建设，项目位于河市镇区西南面，北至河市南塘村，南至河市坛顶村，西至河市岭客村，东至河市老鹞寨，面积为5.54平方公里。该项目建设主要有五金机械园、福建刺桐监狱、安置房的工业园区。工作人员始终保持积极的工作态度和工作热情，发扬“5+2、白加黑”的精神，工作成效明显，一些重点项目推进取得关键性突破，形成良好态势，西环路二、三期工程、洛江监狱、机械产业园、河道整治等项目均在有序施工。

产业特色科学培育。大力发展新型业态。鼓励传统企业跨界融合，在现有产品中融入信息技术、节能环保、健康、体验等新元素，发展智慧化、绿色化、健康化新产业。支持天智合金、华普新材料等企业开发功能性专用材料、高性能环保材料，扶持德源轴承加快军工产品开发，引导信和新材料与哈工大合作的石墨烯项目进入产业化生产。支持建筑行业骨干企业提升资质等级、拓展经营领域，发挥示范作用和规模效应。着力壮大现代服务业。加快双阳物流园区入驻项目投建投产，抓好锦芳阳光商业城、嘉太酒类等项目建设。推动泉州国际商务城项目招商，支持中心城区工业厂房改造，引进培育创客空间、研发检测、融资租赁、创意设计、家政服务等现代服务业项目。推进各类电子商务创业园招商，扶持纺织鞋服等企业开拓境内外电商市场。积极引进各类金融保险机构，鼓励扩大金融服务网点，引导创新金融产品和业务。推进万虹路两侧“优二进三”，继续引进品牌汽车4S店入驻，争取布局商品交易市场。

招商引资重点突出。围绕智能装备上下游产业及生态旅游业、现代服务业，主动走出去“点对点”“面对面”开展招商，嘉泰科技、中力机械、鸿益砖机、南唐古镇养生文化旅游、爱琴海购物公园、泉州城市物流大脑基地、泉州绿色建筑产业园等一批重大项目达成意向、成功签约、落地建设。组织参加各类重大招商活动，对接项目80个、总投资25.6亿元；成功对接民企产业项目13项、总投资20亿元；实际利用外资4600万美元。

科技创新加大力度。全力做强智造基地。实

施产业转型升级路线图，以质的突破引领新一轮量的扩张，努力打造产业“升级版”。加快建设洛江智能装备产业园，重点推进河市西片区开发建设，完成霞溪工业区提升工程，完善华大科技创业园、洛江经济开发区三期等园区生产生活配套设施。扶持嘉泰数控、翰宏科技、嘉华智能科技等重点企业做大做强，推动嘉泰数控二期及3C钻攻中心项目、铁拓机械改扩建工程、维盾电气电力自动化产品基地等建设，力促一批智能装备项目投产。加快整合、盘活可利用闲置土地、厂房，引进智能装备上下游配套企业，争取再落地若干优质项目，促进全产业链条延伸和集聚发展。

管理服务措施得当。打好帮扶企业“组合拳”，落实促进工业稳定增长、增产增效电力奖励等政策，出台“智能装备8条”“建筑业6条”“石墨烯6条”和推进企业挂牌上市、促进人才集聚、扶持外经贸发展等专项政策，深入开展“促进项目落地、帮扶企业发展”活动，帮助企业协调解决困难问题。用好用足工业续贷周转金和企业应急保障周转金，帮助企业实现转续贷7.3亿元，促成银行机构对9家企业授信11.6亿元。

经济发展态势良好。2017年，开发区完成地区生产总值1526287万元，增长8.8%，财政收入129575万元。实际利用外资金额4665万美元，增长3.7%。第二产业再上台阶。规模以上工业企业达到114家，工业产值增长13%。省级智能制造试点示范基地河市西片区加快建设，制定园区入驻指导意见，促进智能装备产业集聚发展；嘉泰数控二期、铁拓机械扩建工程、精镁机械、维盾电气、机器人检测试验研发中心等一批重点项目动工建设；落实“百千5311”计划，加快传统优势产业“机器换工”，卫生用品行业产值增长26%。第三产业更趋活跃。开展“第三产业提升年”活动，第三产业增长速度再创新高，达到9.5%。商贸流通规模持续壮大，汽车服务业销售额超10亿、电商营业额达5亿元，分别增长41%、12%。

（摘编：于新光）

永春工业园区

永春工业园区为省级开发区，总规划面积1.57万亩，总规划工业用地面积9997亩，已开发工业用地8084亩，已出让工业用地6660亩。基础设施建设扎实推进，推投资1.2亿元，推进九牧永春智慧产业园一期基础设施建设，为引办实力企业做好前期准备工作。

招商引资措施有效。牵头抓好全县工业招商小组工作，时刻保持与乡镇的联合联动，在招商项目策划、项目洽谈和服务管理上齐心协力，努力作为。创新工作机制，完善一月一信息交流、重大项目“一对一”跟踪服务、项目即时会商、进度汇报等机制，保持和各乡镇的联合配合，对引办项目做好跟踪服务工作，安排专职力量，负责做好引办项目地块对接工作，全天候做好企业选址服务；集中力量，对福源机械地块进行重点清理，确保开工项目的顺利进行；抓紧骏发机械公司地块道路、排污和挡墙等设施的设计施工。2017年园区新入驻较大企业6家，特别是源福机械、骏发重工、华信机械、禾力重工和华贸机械等一批机械零配件制造企业落地或即将落地，将为园区发展培育新的产业增长点。其中禾力重工项目入驻，成为工业园区管委会近15年来第一家独立引办企业。

生态环保大力整治。围绕国家环保部督查和省、市、县有关工作要求，梳理整理2013年以来规划环评、污水集中处理、供热设施、固定（危化）废物管理及环保监管工作等环保档案。抓重点企业环保监管。采取“企业自查自纠为主、管委会定期巡查、县环保部门执法检查”相结合的方式，有效推行网格化环保及安全监管。将未环评、未验收的60多家企业列入重点企业，督促他们抓紧抓好环评、验收工作；召开专题培训会议，对燃煤锅炉企业的锅炉实行“一企一档”措施，督促他们运行污染防治设施，及时检查整改。整治污水处理和黑臭水体。下发文件要求所有园区企业雨污分流，从根本上加强治理污水为主的环保基础设施建设和整治。组织施工机械清理榜德工业园排洪沟黑臭水体及所有的排污管内污泥，对“三废一固”污染物特别是涉及排污企业进行专项整治，使园区的排污系统、管网保持畅通。

管理服务扎实有效。持续开展“进园入企，服务发展”活动，组建片区工作组，对探花山、榜德、生物医药、轻纺、轻工基地等进行分片管理，分头抓好各片区的工程建设、安全生产、环保和服务企业工作，得到企业好评。注重监测企业生产经营情况，引导企业技术改造，充分挖掘企业生产潜力。南德针织、万家美分别投资2500万元、2000万元，新增进口电脑织机，升级高档织物面料成衣片生产能力；恒福织造淘汰落后产能，升级改造棉纱生产线项目；泉永机械、永盛铸造继续扩容建设，提高生产能力；雷恩生化维生素A、胆维丁乳生产线技改项目开始投产等。

经济发展稳步增长。工业园区71家规模以上工业企业2017年用电量为20510.67万千瓦时，增长11.34%，上缴各项税收1.8亿元，至2014年以来税收贡献首度出现回升态势。

（摘编：彭文荣）

德化陶瓷产业园区

德化陶瓷产业园区为省级开发区，总体规划面积约22平方公里，下辖城东一、二、三、四期和鹏祥、宝美、诗墩、城东四期中小企业创业园等7个项目区，已建成区面积约10平方公里。整个园区建成后，将成为一个以工业为主、配套设施比较完善的产城融合新区，并作为国家循环化改造示范试点园区和承接泉州沿海产业转移园区。利用城市周边的山杂地集中建设工业项目区，请工业上山，利用荒坡开发“工业梯田”，使园区布局更加合理。2017年，园区共有县在建重点建设项目10个，完成投资28365万元，完成总任务数的100.35%。

产业特色效益显著。德化陶瓷以“白”见长，瓷雕技艺享誉天下，是我国三大古瓷都之一、民窑的典型代表，早在宋元时期就成为“海上丝绸之路”的重要出口商品，被誉为“中国白的故乡、瓷艺术的摇篮”，被列入国家首批非物质文化遗产保护项目。是全国最大的陶瓷工艺品生产和出口基地，获评中国瓷都、中国民间文化艺术之乡、中国陶瓷历史文化名城，荣膺全球首个“世界陶瓷之都”。德化县曾先后荣膺“中国陶瓷之乡”、“中国民间陶瓷艺术之乡”、“中国瓷都”、“中国陶瓷历史文化名城”、“世界陶瓷之都”等称号，德化的日用工艺陶瓷产业集群被评为“中国百佳产业集群”。

招商引资机制健全。积极组织参加招商活动，突出项目对接。同时，坚持“你投资，我服务，你赚钱，我发展”的工作思路。加快打造招商平台，把招商引资及项目对接工作纳入单位重要议事日程，常抓不懈。目前已落地招商项目美图铝业、景图玻璃等项目，美图铝业项目已实际到资25600万元，完成厂房建设约60000平方米。

生态环保模式突出。园区内企业均采用自建地下污水管网的形式，建成后全部接入县污水处理厂集中处理。园区生活垃圾由当地镇政府环卫站负责统一清理；工业垃圾由企业出资定期运至县级垃圾填埋厂集中进行处理。同时，园区开发建设十分注重绿色发展，绿地率达32.3%，绿化覆盖率达33.2%。园区2012年顺利通过国家发改委组织的专家评审，成为全省首个国家循环化改造示范点园区。独具特色的区域循环经济“德化模式”可归纳为“1+3+1”循环模式，“1”是指社会-经济-生态环境层面的良性大循环；“3”是指企业层面、产业层面、区域社会层面形成循环经济体系；“1”指废物回收利用体系，即“静脉行业”。在这个模式下初步形成了经济、社会和生态环境良性循环，初步实现了社会、经济和环境的共赢，目前项目已进入验收阶段。

管理服务多措并举。积极做好服务企业工作，加强对重点企业、重点项目的跟踪服务，通过定期走访联络，了解掌握企业生产经营状况，鼓励企业科技创新，提高核心竞争力，支持进园企业创新成长；进一步完善投资服务职能，指导和帮助企业用好、用活政策措施。完善基础配套设施，为企业提供良好发展环境。陶瓷产业总体上仍属于劳动密集型、资源消耗型产业，且大多属于订单加工生产出口，产品附加值较低，因此陶瓷产业发展正面临资源、人才因素的制约。国际金融危机使德化陶瓷产业受到极大冲击，德化陶瓷产业的转型升级成为摆在眼前的急迫课题。为此，政府及各部门将通过陶瓷产业园区的各个平台，充分发挥园区功能作用，优质服务、积极谋划、科学引导，提升德化陶瓷产品的文化含量、技术含量、质量品牌和市场占有率、出口竞争力。

经济发展稳步增长。2017 年，园区实现地区生产总值 114 亿元，规模以上工业增加值 41.1 亿元。累计入园企业 1635 家，纳税总额 8.8 亿元。园区形成了以陶瓷业为主导产业的发展模式，产业集聚水平高达 81%。

（摘编：刘海元）

惠安经济开发区（城南）

惠安经济开发区（城南）为省级开发区，投资环境不断优化，加大经费投入，组建园区行政执法中队和治安中队，做好园区环境卫生、食品安全等工作，进一步推进平安园区建设，规范园区正常生产生活秩序，营造良好的招商、营商、安商投资环境。

产业特色逐步凸显。入驻园区的生产企业达 120 家，其中规模以上企业 40 家，从业人员 2.8 万人，形成了以鞋服箱包、机械建材、食品饮料为主导的轻工产品生产基地，拥有匹克、美可纸业、中绿粗粮王、起步等知名品牌。

科技创新成效喜人。高新技术企业 5 家：泉州万华世旺超纤有限责任公司、泉州市科盛包装机械有限公司、惠安伟盛鞋业有限公司、福建惠安县惠兴工贸有限公司、华辉玻璃（中国）有限公司；省级企业研发中心 3 家：泉州万华世旺超纤有限责任公司技术中心（泉州万华世旺超纤有限责任公司）、福建省超细纤维合成革企业工程技术研究中心（泉州万华世旺超纤有限责任公司）、福建省智能包装机械企业工程技术研究中心（泉州市科盛包装机械有限公司）；市级企业研发中心 1 家：泉州市华辉玻璃企业工程技术研究中心（华辉玻璃（中国）有限公司）；有效发明专利 28 项；福建名牌产品 2 个；福建省著名商标 2 个。

生态环保加大理力度。依托城南行政执法中队，加大对摆摊设点、占道经营现象的整治力度，规范摆摊秩序，拆除违法搭建固定建筑物 20 座、户外违规广告牌 400 多块；以抓好省委省政府环境保护督察组督察反馈问题整改契机，抓紧做好园区规划环评工作，切实整治乱倒垃圾、焚烧垃圾现象，园区的卫生状况大为改观，每月考评分有较大提高。经济发展成效喜人。2017 年，园区实现工业产值 207.6 亿元，完成固定资产投资 3.97 亿元，完成工商税收入库 2.16 亿元，完成限额以上商品零售额 1.92 亿元。

管理服务找准定位。树立“保姆”意识，尽可能地为企业提供贴心的服务，协调解决园区煌泰城、祥福苑、万华家园、匹克阳光、公租房等居住小区管辖归属问题，以及 10 多户外来员工入户难、300 多名企业外来工子女就学难等困难问题。深入企业宣传解读政策，帮助企业用好各级政府出台的鼓励政策及扶持措施，促进匹克（中国）有限公司降低成本提质增效、灵山机械基地基础设施建设费用补助等一批惠企政策的落实，调动企业投资积极性。三是化解矛盾纠纷，保护企业和工人的合法权益。共协调解决各类劳资纠纷 15 起，涉及人数 348 人，为工人讨回欠薪 356 万多元。

经济发展态势良好。2017 年，园区实现工业产值 207.6 亿元，完成固定资产投资 3.97 亿元，完成工商税收入库 2.16 亿元，完成限额以上商品零售额 1.92 亿元。

（摘编：肖启辉）

南安经济开发区

南安经济开发区为省级开发区。根据地理分布和产业规划分为三个工业园，扶茂工业园、成功工业园、水暖工业园。扶茂工业园：经济开发区的核心园区，总规划用地（含项目集中区）24.2 平方公里，位于南安市区北部。成功工业园：规划面积 2.4 平方公里，位于南安市区西部。水暖工业园：位于南安市仑苍镇，紧邻扶茂工业园。总规划用地面积 16.9 平方公里，按产业配套、工艺流程和环保差异分设“一城三园”，即中国水暖城、美宇阀门园、高新技术园、辉煌工业园。

项目建设有序推进。扶茂工业园：截至 2017 年底，旧区现有企业（含个人户）1400 多家。新区已引进企业 46 家 57 个项目，计划总投资 100 多亿元，其中已投产企业 31 家，员工上万人，完成厂房和配套用房建设130多万平方米，预计46家企业全部达产后需要员工4万多人，初步形成以卫浴洁具、日用制品、消防器材等泛家居产业为主的综合园区。成功工业园：成功工业园是经济开发区开发建设最早，集工业、商贸、公建为一体的高新科技型轻污染综合性的工业园区。已完成一、二、三期开发建设，引进福建天广消防科技股份有限公司、福建省南安市成功果蔬食品有限公司等300多家企业（个体户）入驻。南安电子商务产业园运作顺利，获评2017年度泉州市电子商务示范园区。水暖工业园：全国规模最大、专业化程度最高的水暖工业区，入驻水暖阀门经销企业1200余家、水暖阀门生产企业72家。获中国名牌产品的企业3家、中国驰名商标5家（工商认定）、被认定为高新技术企业8家，国家级实验室2个，国家级工程技术中心1家，省级企业技术中心3个、泉州工程技术研究中心3个，9家企业被确定为南安市上市后备企业。2017年，中国水暖城再次获评“全国诚信示范市场”。

产业特色效益显著。主要引进泛家居产业链关联项目（水暖厨卫、卫生陶瓷、消防阀门、卫生陶瓷、家具灯饰、日用制品等）。水暖厨卫、卫生陶瓷产业是开发区的重要支柱产业，水暖厨卫产业集群是福建省唯一一个被国家工信部确定为产业集群区域品牌建设试点。南安经济开发区已成为全国发展潜力最大、配套最完整的水暖厨卫生产基地，入选中国百佳产业集群和泉州市九大千亿产业集群。南安经济开发区被国家工信部确认为国家新型工业化产业示范基地，被国家质检总局批准建设“全国水暖卫浴知名品牌创建示范区”。

科技创新初见成效。开发区作为全国水暖厨卫系列先进技术的引领者，拥有国家企业技术中心、国家检测中心3个和国家高新技术企业9家、国家级工业设计中心1个，省级龙头企业、高成长企业8家。全国五金制品标准化技术委员会厨卫五金分技术委员会落户九牧集团，中宇集团、申鹭达集团、辉煌水暖等企业作为国家陶瓷片密封水嘴行业标准的起草审定单位。

管理服务细致周到。一是建设完善开发区党群服务中心，为入驻企业提供土地报批、立项、规划、环评、工商、税务、人才、技术信息等一条龙和“店小二”式服务。二是为入驻企业提供融资服务，在土地使用权证办理过程中，由开发区下属投资公司为入驻企业提供过渡性信贷担保（担保额为已缴土地出让金的80%，至土地证办理完成可抵押）。三是为入驻企业提供工程建设的测量、规划、设计等技术咨询服务。四是为入驻企业提供信息、用工、商务等服务活动，协调相关部门帮助企业解决各种实际困难和问题。五是为入驻企业提供其他相关综合服务。

经济发展态势良好。开发区现有工商注册企业（含个体户）6700多家，其中外商投资企业32家，规模以上企业123家，2017年，实现规模以上工业产值581亿元，进出口总额4.4615亿美元，税金总额9.44亿元。

（摘编：吴汉良）

泉港石化工业园区

泉港石化工业园区为省级开发区，投资环境不断优化，配套设施完善。园区已先后累计投入资金30多亿元，现已形成了道路、供水、排水、供电、供气、供热、信息网络、大件运输、消防特勤、公用管廊和场地平整“十通一平”完善的配套条件。目前，园区蒸汽供应能力为788吨/小时，远期可达2200吨/小时，工业和生活供水能力为10万吨/日，污水集中处理能力1.25万吨/日，远期规划10万吨/日，码头装卸能力为3057万吨，公用管廊达12.3公里，管道总长250公里，满足了区内企业的生产建设需要。交通物流便捷。泉港海陆交通十分便捷，区位优势得天独厚。铁陆联运方面，福厦高速公路、高速铁路贯穿其中，进港铁路、化工铁路开通货运，漳泉肖铁路直达港区，实现港铁联运无缝对接，铁、陆联运优势凸显。码头泊位方面，肖厝港区是国家首批对台直航点，海岸线长56公里，拥有深水泊位36个，已建成30万吨级原油码头1个、10万吨级码头2个、5万吨级码头3个及若干个大件码头，另有在建八方码头1个10万吨级及2个3000吨级液体化工码头，2个5000吨级固体化工码头及1个7000吨级大件码头。仓储贮罐方面，总设计液体化工贮罐465万立方米，已建成液体化工贮罐达130万立方米。振戎石化液体保税仓库作为泉州关区唯一一家石化液体保税仓库，包含5个储罐，容积5.3万立方米。省内首个在郑州商品交易所交易甲醇期货交割仓库落户泉港石化工业区洋屿片区。

产业特色效益凸显。园区已形成以联合石化乙烯为原料，带动下游EO/EG、乙（烷）氧基化物、表面活性剂、聚醚多元醇、聚氨酯等项目的乙烯产业链；以丙烯为原料，带动下游聚丙烯、环氧丙烷等项目的丙烯产业链；以1，4-丁二烯为原料，带动下游丁二醇、丁苯橡胶、顺丁橡胶等项目的C4产业链；以苯为原料，带动下游环己酮，意向招商苯乙烯、己内酰胺等项目的苯产业链。近期，园区将重点以新引进龙头企业福建天佑能源科技有限公司200万吨/年劣质重油深加工综合利用项目生产的乙烯、丙烯、苯等十几种化工原料规划招商苯乙烯、环氧丙烷等项目，并进一步链化延伸园区产业链条，提高产品附加值。

招商引资成效显著。现已招商引进石化项目超过40个，仙境片区已招商完成联合石化炼化一体化、东鑫环己酮、天原化工聚苯乙烯树脂等项目。洋屿片区已招商落户福建联合石化、中石化、振戎石化、华星石化、东港石化等仓储、码头公司，服务园区入驻企业，提供港口物流服务。氯碱片区已招商投产氯碱公司离子膜烧碱、环氧丙烷、1，4-丁二醇及福橡公司丁苯橡胶及顺丁橡胶项目。同时，南山片区重点发展联合石化炼化一体化项目下游EO/EG、钟山化工表面活性剂、天骄化学聚醚多元醇、天佑200万吨/年劣质重油深加工综合利用等27个项目，总投资174.94亿元，已初步招商形成了“环氧乙烷-乙二醇/乙（烷）氧基化物-表面活性剂-聚醚多元醇/聚氨酯”等高新产业链条，实现了园区做强上游，做精下游精细化工的产业模式，并不断提高产品附加值，提升企业产品市场竞争力。

科技创新能力提升。2017年园区联合石化共完成280万吨/年柴油加氢质量升级改造、汽油质量升级项目（GBVI）——新建30万吨/年烷基化装置、酸性气排放标准升级项目——新建硫磺回收装置等项目技改升级。借助福州大学泉港石化学院、福建师范大学泉港石化研究院、国家阀门检测中心、国家油品检测中心等一系列知名院校、科研、教育检测服务机构，为入园企业提供化工生产、研发的咨询服务，相应建成一批省市级企业工程技术研究中心，加快园区科技创新推进力度，提升园区科技创新能力。

经济发展质量提升。2017年，园区石化产值815.26亿元，税收108.36亿元。初步形成以福建联合石化炼油乙烯为龙头，以聚丙烯、环氧乙烷、乙二醇等中游项目为延伸，塑胶、塑料和橡胶等下游项目为配套的循环经济产业链。

（摘编：王增丰）

三明经济开发区

三明经济开发区（原三明台商投资区）于2009年9月按“一区多园”组团方式筹建。2010年12月31日，福建省人民政府批准设立省级三明经济开发区，包括吉口、贡川两个园区。为加快市区融合、产城融合，市政府决定由三明经济开发区参与三元区大坂、荆西两个板块的建设，同时把东霞地块约400亩商住商服用地作为开发区的配套用地。至此，三明经济开发区共涉及五个板块，总体规划面积超过70平方公里。

基础设施日臻完善。共安排新建、续建基础设施项目15个，总投资约3.5亿元。其中吉口园重点推进自来水厂、丁坑水库、布溪安置房、污水管网及部分土方工程。同时，努力搭建战略性新兴产业技术支撑平台，与厦门大学、中南大学、中科院海西研究院达成合作意向，启动了三明市新能源产业技术研究院有限公司筹建工作。大坂园重点推进了一期1300亩中总投资2.8亿元的基础设施EPC等项目建设。

重点项目有力推进。总投资3亿元的三明厦钨新能源材料有限公司10000吨三元正极材料项目，于2017年7月10日开工建设，2018年10月投产试运行；总投资分别为4000万元、4000万元和3500万元的金明新材料4000吨钴酸锂生产线4.4V高电压技术改造项目、吉兴竹业竹基生物质新材料项目和金牛水泥固废协同处置项目均已投产。

产业布局优势凸显。充分发挥三明市的区位、交通枢纽、资源禀赋和产业基础优势，坚持“三产联动”，突出工业，凸显特色，构建以工业为主导，服务业和农业协同发展、紧密配套的新型产业发展格局。吉口园实施“强化主轴、壮大两翼、块状推进、连片发展”的区域战略，着力构建“一主一副，两轴两片”的整体空间功能结构，主要形成南北两大片区。其中，北片以发展工业为主，重点发展稀土深加工及应用产业、氟硅化工产业和新能源材料产业；南片以发展第三产业为主，重点发展文化、旅游、物流、商贸等产业。贡川园重点发展石墨、石墨烯、纺织、化工、机械加工（汽车零部件）等产业。

招商引资精准实施。2017 年以来，开发区围绕稀土、电池材料等主导产业积极开展精准招商。稀土新材料产业，全年开展小分队招商 5 次，组织了深圳专场招商活动，先后对接了广东稀土协会、广东同达集团、中科院海西研究院、武汉工程大学稀土专家池汝安教授团队等与稀土产业相关的企业、专家团队以及科研院所，与中科院海西研究院达成稀土应用研发成果与转化合作意向。新能源电池材料产业，主要依托上海东方龙招商中介，先后参加深圳、上海 4 场项目对接，先后对接包括桑德集团、惠州荣晖电子、深圳长河新电池、盛禾能源、康博微星电子、东莞艾特佳、安徽国能等在内的 12 家锂电池相关企业。其中，有 4 家企业组织到三明考察。与厦门大学杨勇教授团队、中南大学胡国荣教授团队达成搭建三明新能源材料技术研发平台的共识。氟新材料产业，主动对接市氟化工产业向下游延伸拓展以及三钢（集团）三化公司转型升级的需求，促成三钢（集团）三化公司年产 5 万吨电子级氟化氢项目落户岩前布溪。

管理服务模式创新。开发区历来重视园区管理和项目服务工作，致力于打造一个管理科学，服务高效的现代化工业园区。一是积极探索园区工程建设管理新模式。通过委托代建、EPC 等方式，让专业队伍做专业的工作，缓解园区工程技术人员不足的压力。二是强化园区安全生产管理和环保工作。严格落实国家和省、市安全生产有关规定，建立健全园区安全生产管理有关规定、制度，定期组织开展安全生产检查和宣传教育，增强企业和员工安全生产意识，严把安全生产关。三是贴心做好企业服务。

经济发展质量提升。全年规上工业总产值 143.25 亿元，比增 15.8%；完成税收 2.35 亿元；完成基础设施投资 2.01 亿元，比增 0.16%；完成企业固定资产投资 8.83 亿元，比增 17.5%；土地出让金完成 2463 万元；完成土地出让 272.8 亩，完成划拨地三宗 102.7 亩；新增开发用地面积 535 亩；获批土地面积 889 亩。

（摘编：严志东）

三元经济开发区

三元经济开发区成立于 2002 年 12 月，是经省政府批准，国家发改委公告的省级经济开发区，地处三元区辖区，2017 年，园区已开发面积 7840 亩，绿化覆盖率 14%，入园企业 115 家。

产业特色布局合理。开发区经过长期的发展，形成一区多园的组织结构，各园区产业定位明晰，发展前景广阔。荆东工业园。荆东工业园距三明市区 5 公里，以生物医药、电子、精密机械加工产业项目为主体，规划用地总面积 4000 亩，现已开发建设用地 2787 亩。汇华（含竹洲）工业园。汇华工业园位于三元区莘口镇溪口，以冶金机械加工业为支柱，规划用地总面积 1800 亩，已开发建设用地 1490 亩。台江工业园。台江工业园位于三元区台江片区，距三明火车站 2 公里，以机械制造、轻纺制品为主，总规划面积 1000 亩，已开发建设用地 693 亩。黄砂新材料循环经济产业园。黄砂新材料循环经济产业园是三明市市区联办重点园区，是市区唯一的化工产业专业园。园区位于市区西南部，总体规划面积 5556 亩，目前已完成一期 2056 亩用地的控制性详规编制及二期 3500 亩控制性详规初步方案，开发建设用地 2270 亩。智能机械装备产业园。智能机械装备产业园北至台江工业园及高铁南站；南邻荆西街道及红酒小镇；东畔沙溪，与三明学院和荆东工业园隔河而对；西接改线后的 534 国道；总规划面积约 5300 亩，一期规划用地面积约 2300 亩，建设铁路装备机械加工区、科研开发区和配套商住区；二期规划用地面积约 3000 亩，用于产业园长远发展需要。大坂现代物流园。大坂现代物流园位于三明市三元区泉三高速连接线旁，园区规划用地 3060 亩，集运输、中转、仓储、配送、电子商务等功能和综合服务于一体，已开发建设用地600亩。

招商引资突出重点。2017年，以重点产业“233”行动计划为指导，围绕延伸产业链，制订年度招商工作计划，策划招商引资项目，严守项目准入标准，不断提升产业集聚水平。新入园项目5个，分别为投资1000万元的力建洗涤拆迁安置项目、投资2000万元的安鑫液化气充装站项目、拟投资6亿元的福建圣力智能工业科技股份有限公司重组黎明重工项目、投资2960万元的春发工贸机制砂转型项目及汇盛重工整体搬迁项目，其中圣力智能、汇盛重工、春发工贸项目已开工或部分投产；与泉州机械配件行业协会、泉州市车辆零部件协会、厦门纳诺泰克有限公司、三明核电有限公司签订框架协议；力争铁路工务多功能作业车项目落户荆西园。

科技创新成效喜人。2017年，开发区科技服务平台和创新服务平台建设不断加强，共有有效发明专利21项，较2016年新增3项，专利涵盖电器、设备、药材、工艺等多个方面；区内共有省级高新技术企业7家，分别是福建汇华集团东南汽车缸套有限公司、三明市毅君机械铸造有限公司、福建省三明长兴机械制造有限公司、福建三农化学农药有限责任公司、福建融合药业有限公司、福建华灿制药有限公司、福建汇天生物药业有限公司；区内共有省级创业服务中心、研发中心、孵化中心、众创空间共7个，较2016年新增2个。

管理服务多措并举。一是不断加强管理。配合、协助职能部门做好园区环境保护、安全生产监督等工作，每年都与园区企业签订安全、环境、消防承诺书，并成立综合服务中心。二是着力深化服务。制定“进企业、办实事、解忧难”帮扶活动，围绕“政策宣传、项目建设、党群工作、解决问题”四个方面，建立为企业服务的长效工作机制；成立园区综合服务中心，对园区公共区域的消防、窨井盖、路面、行道树等基础设施开展日常巡查维护；走访园区企业，对闲置土地和厂房进行登记造册，发现企业生产异常情况，及时反馈。积极协调省发改委，将园区售电侧改革工作列入全省试点工业园区，从而降低园区企业生产用电成本，提高园区企业的竞争力。

经济发展质量提升。2017年，开发区实现规上工业总产值188.9亿元，比增16.5%；完成规上工业增加值约33.75亿元，比增16.38%；完成企业固定资产投资约52.9亿元；完成公共基础设施投资约1.87亿元，比增26.1%；新增开发用地585亩，比增6%；完成土地出让290亩，比增187.21%；缴交土地出让金4126万元，比增46.2%。

（摘编：赵小真）

尤溪经济开发区

尤溪经济开发区为省级开发区，2017年完成企业固定投资9亿元；规模以上工业产值158亿元，同比增幅16.3%；新增工业用地79公顷。工业企业用电量6亿千瓦时，占全县工业企业用电量72%以上。获2018年度全县综合评比第一名。

基础设施不断完善。城南园一平工程进展顺利，新增用地79公顷；城南安置区完成24户桩基工程，并完成配套施工水电安装；城南污水处理厂工程土建部分完成建设，工艺管道及设备按进度安装；配套的尾水排放工程已完成K0+000～K2+600段施工；污水处理厂西侧挡墙及边坡工程完成，应急池完成选址；城南园纬十西路道路工程开始施工；城南园4幢公租房完成施工及初验；1、3号楼完成配租；城西园桥头A区左侧地块开发进展顺利，部分楼盘已开盘发售；右侧地块成功拍卖，业主正在进行规划审批等开发前期工作；城西园人行道建设完成，路灯改造完成；城西污水处理厂投入运营。

重大项目有力推进。区内工业固定资产投资项目14个，其中新入库6个，完成投资9亿元。2018年开发区内县“五个一批”重点项目20个，其中谋划项目7个、签约项目3个、开工项目6个、投产项目4个。其中6个开工项目完成投资约4.56亿元。其中尤溪隆源多品种纤维混纺纱生产项目完成投资1.1亿元，尤溪鑫森锦纶纤维生产项目二期完成投资1.2亿元均完成年度任务。城南园德为公司重组取得重大突破，建行贷款已全面化解，新公司丰帝锦纶已恢复满负荷生产；德坤染整审批通过专家评审和省环保厅环评处审查，待省厅批准。

产业特色凸显作用。依托中国革基布名城、中国混纺纱名城，重点突出纺织产业的培育与壮大。2018 年，城南经编染整产业园建设有新的进展，区外 5 家染整企业已有 4 家签约入园，新组建的创益、格利尔、纳绮纺织已完成立项等前期工作，并入驻 2 家服装企业。经编染整产业园的建设，进一步延伸了纺织产业链。

双创示范通过验收。通过省市两级城西园小微企业创业基地和市级一县一特色尤溪轻纺高新产业城示范基地建设，城西工业集中区和城南工业集中区新增创业、就业人员 2000 多人，盘活停产企业闲置厂房面积 12.4 万平方米，化解各类银行贷款 7 亿元，吸引了众多创业主体总投资超 70 亿元。并顺利通过双创示范基地验收。

招商引资重点突出。坚持“以诚感人、以信招商”，引进产业关联度强、带动作用大、科技含量高的项目入园，发挥大项目的“榕树效应”和“磁场效应”。2018 年紧紧抓住长乐新区建设产业转移等有利契机，新引进旭源纺织项目、康星实业、鑫威服装、格利尔印染、创益染整、纳绮纺织、华达茶叶等 7 个项目，计划投资总 55 亿元。正在跟踪的还有长乐佳宇纺织器材配件项目、红外线碳化设备组装项目、工业刀具制造项目等，以及部分长乐经编、工程机械底盘项目有望签约。

体制改革创新机制。持续推进与兴业银行尤溪支行合作的企业资产按揭贷款金融服务，新增企业按揭贷款 2710 万元，3 家企业获得贷款支持，缓解了企业资金压力，降低融资成本。创新服务体制，完成 5 个项目农转用审批，审批面积 781 亩；供地项目 5 个，供地面积 259.1 亩；工业项目办理土地使用权证 4 个，办证面积 209 亩；新备案项目 6 个。

生态环保制度保障。致力绿色、环保开发区的建设工作，建立健全安全环保巡查制度、开展消防安全环保大排查大走访活动，主动落实整改国务院巡察组反馈的问题。城西污水处理厂投入运营，城南污水处理厂主体土建部分基本完成；新增绿化面积 25 公顷。

（撰稿：王启堡）

梅列经济开发区

梅列经济开发区为省级开发区，2018 年主要工作任务是：

全力推进园区征迁。全年完成土地报批 420 亩（已批 168 亩），完成林地报批 505 亩，完成土地收储 50 亩。土地挂牌出让 2 个项目 333 亩，土地出让金约 4024 万元。通过实施“征迁百日攻坚战”，分组分类各个击破征迁难点，共签订土地、房屋、青苗、杆线迁移等补偿协议 200 余份，其中畜禽整治 47 户 2.2 万平方米，建筑物征迁 13 户 2400 平方米，征收鱼塘 12 口约 50 亩，电力及通讯迁改 25 组。影响新城大道和生活配套服务区等园区重点建设项目施工的征迁难点全面突破，为重点项目持续推进提供有力保障。

努力完善基础设施。园区基础设施投资总额达 2.5 亿元。①总投资约 3.95 亿元的工业新城大道及小微企业创业园项目基本完工，其中，新城大道与 205 国道过境线对接，现已完成投资 1.7 亿元，改善了多年来制约园区发展的交通瓶颈；小微创业园（总建筑面积 8.5 万平方米）已基本完成工程验收，目前正在抓好招商引资；②启动实施总投资约 6 亿元的生活配套服务区项目，生活配套服务区 A 地块正在开挖基础孔桩，五条市政道路采用 EPC 建设模式实施；③实施完成了小蕉工业园 3 处地质灾害整治及 380 部分平台建设；④完善园区管网建设，园区 95% 以上企业接入管网。加强园区污水处理厂管理，年处理污水 9 万吨；⑤位于梅列区洋溪镇的信息产业园，总占地 1000 亩，一期 232.5 亩用地已完成土地平整，总投资 5.5 亿元的福建融光科技已进场施工。

大力推动项目建设。掀起“五比五晒”和“三竞赛三争当”工作热潮。①总投资 3.1 亿元的杭萧钢构生产项目，于 9 月正式建成投产。②总投资 3.5 亿元年产 20 万吨的台明球墨铸管二期顶管生产项目已建成投厂。③总投资 2.2 亿元的 PC 生产项目（混凝土装配式生产线），已于 2017 年 9 月开始建设。④总投资 6 亿元的百特（福建）智能装备生产项目，于 10 月份正式竣工投厂；⑤总投资 4 亿元的城市资源循环利用中心，完成土地摘牌，近期可开工建设；⑥总投资5.5亿元年产150万只车载高清光学模组及20万只车载军品雷达模组的融光车载模组项目，9月份进场施工。

有力谋划招商引资。新签约项目7个，其中亿元以上项目就有3个，分别是：总投资4亿元的城市资源循环利用中心、总投资1.2亿元的PC绿色住宅建设项目和总投资1亿元的机制砂生产项目。此外，以小微企业创业园为新平台，先后引进充电桩、轻钢别墅、眼镜胶板和高效节能泵阀等生产项目4个。

着力提升企业服务。建立入园项目专人对接服务的工作机制，完善企业“帮扶”工作平台。通过“国家级循环化改造示范园区”申报验收，获得国家财政专项补助资金7000万元。接下来，园区要用好用活这块资金，充分发挥循环化改造专项资金的撬动作用，进一步巩固循环化改造成果，着力发挥专项资金在基础设施建设和企业循环化改造方面的积极作用，打造高定位、高标准的循环化示范园区。

（摘编：林开龙）

泰宁工业园区

泰宁工业园区于2006年3月经省政府批准为省级工业开发区。园区为“一区三园”布局，“一区”即福建泰宁工业园区，“三园”即大洋坪、丰元、朱口三个工业园，规划面积18200亩。2017年，围绕“招商服务、优化环境、安定稳定”等园区重点工作，抓发展。

企业发展逐步向好。历年入园企业面对下行经济形势，针对自身情况，积极破解订单少、筹资难、招工难等困难，能基本确保生产运转，特别是三凯建材入选省科技小巨人领军企业。同时，新引进企业1家，第一季度引进小小兵食品租用将盛木业闲置厂房5000平方米；新增生产线企业1家，竹圣日用品新增雪糕棒项目生产线；重组企业1家，年初金湖酒业完成重组，重组后新建窖池300口，完成福系列白酒包装物和产品样式，已试生产；签约合作项目2个，分别是汉堂生物公司与泰宁扑生物公司合作生产虫草醇含片、纳豆片等产品，福建至善安智能公司利用园区内企业厂房屋面光伏发电；正在洽谈项目3个，分别为生产交通栅栏等防护设施项目、意向返乡创业梅口籍客商的盛仕盈纺织项目、尤溪天泰纺织布业项目。2017年，企业完成固定资产投资1.27亿元、工业产值26.6亿元、税收2112万元。

基础设施逐步完善。大洋坪工业园，完成路灯改造和长900米的七期道路（挡土墙、人行道、强弱电、供水排水排污等附属工程），正在按县工业“五品”思路调整完善园区总体规划，正在建设长800米的六期道路和四中垅水土保持综合治理项目；尤其是市重点的四中垅综合治理项目，总投资约3000万元，现已完成坝体主体工程、回填土方30余万方，占工程总量40%，从工程序时进度和机械、备材保障情况看，能在2018年底合同约定工期内全面竣工。朱口工业园，规划建设日处理1000吨污水处理场，一期500吨工程于10月开工建设，现已完成主体工程并购进相关设备。

生态环境逐步改善。园区平台环保落实上，除已逐步建设到位道路、挡土墙、供水排水排污管网等基础设施，正在加快推进四中垅水土保持综合治理、朱口工业园污水处理场两个重点项目外，2017年，还对园区各区域排水排洪明沟和下埋管网进行全面检查、疏通，疏通管道约500米；对重点区域山体、边坡、挡墙进行了土方修整和绿化，新增绿化面积2.5万余平方米；并新建垃圾中转站1处，购进运输垃圾三轮车1部，常年聘用园区环卫和管网巡查管护员2名。入驻企业环保落实上，一是按“管发展必须管环保”要求，一年来，围绕淘汰落后产能和推进企业清洁生产、二氧化碳排放和降低工业企业能源消耗巡查等专项工作，开展企业环保巡查60余人次，督促白酒、黄酒企业完成了污水处理设施，协调金湖酒业、回味鲜食品、鑫华纺织、恒泰纺织等企业共6台锅炉，正在采取布袋除尘或清洁能源替代等措施改造升级锅炉；二是为确保今后入驻企业符合环保要求，在入驻“环保关”上，严格执行《项目准入会审机制》，有选择性地引进污染少、效益好、税源高的企业项目。

（摘编：陈建闽）

宁化华侨经济开发区

宁化华侨经济开发区为省级开发区，投资环境不断完善，一是规划功能齐全。宁化华侨经济开发区按照“一区多园”、科学规划、优化布局的原则，设城南工业园、莲塘食品加工园、连屋生物产业园、城南化工园和闽赣物流园等五个专业园，总体规划面积28平方公里。其中城南工业园规划面积13.7平方公里，重点发展纺织服装、金属加工、家电制造、矿产品加工、新材料等产业；莲塘食品加工园规划面积3.8平方公里，重点发展农副产品精深加工业；连屋生物产业园规划面积5.7平方公里，重点发展生物萃取、生物制药等产业，精细化工园规划面积2.2平方公里，重点发展林产化工、精细化工类产业；闽赣物流园规划面积2.6平方公里，重点发展物流、仓储业。二是基础设施完善。开发区于2004年正式启动建设，截止2017年底，累计完成基础设施投资约14.3亿元，开发土地面积4.1平方公里，建成区内路网互通，供电、给排水、电视、电话、宽带等设施配套齐全。建成总建筑面积10.3万平方米小微企业孵化基地，有8栋标准厂房、2栋职工宿舍楼（含职工食堂）和1栋综合办公楼。开发区职工文体活动中心（体育馆）项目主体工程及室内装修完成；集中供热项目完成项目备案及土地出让工作。三是制定惠企政策。对开发区企业，制定了相应优惠政策以及奖励措施，促进企业发展。

项目建设有序推进。一是开发区管委会重点项目建设方面。河龙贡米产业园项目实际投资4000万元，完成一站式服务中心，烘干房、大米车间及5座平房仓的主体工程完成；打包车间、机修车间、水泵房地梁以下基础工程及地基强夯完成。物流园项目实际完成投资1800万元，完成征地371.8亩，完成土地报批199.2亩，完成土方平整20万立方米。开发区职工文体活动中心项目实际完成投资1200万元，完成主体全部工程及室内装修。二是开发区企业重点项目方面。福特科精密光学元件生产项目、永顺混凝土扩建项目等2个项目按期完成，通尔达电线电缆生产项目、骏菱装潢内饰材料生产项目等2个项目按计划实施建设。

产业特色凸显效益。开发区现有入驻企业达48家，其中规模以上企业33家，初步形成以长宁纺织、奔鹿纺织为龙头的纺织服装产业，以鑫宇金属、金江钨业为龙头的金属加工产业，以月兔空调为龙头的白色家电产业，以福特科精密光学元件为龙头的新兴材料产业，以扬晨食品、宁花科技、翠云茶业等为龙头的特色食品加工产业。

招商引资成果丰硕。开发区紧紧围绕产业发展规划，重点向“4+1”产业上下游产业链条延伸。一是落地项目硕果丰盛。签约落地项目共计9个，项目投资额合计9.3亿元，其中集中供热（2.6亿）、光伏发电（2.4亿）、奔鹿二期牛仔（3亿元）、骏菱工贸（0.5亿）等4个项目年内开工建设，永顺混凝土扩建项目（0.3亿）实现年内投产，合胜电子、龙英服饰、鑫威鞋业、宁嘉橡塑制品项目等4个入驻小微企业孵化区项目全部实现年内投产。二是拟签约项目后备足。近期拟签约项目2个，拟投资额合计10.5亿元，分别是：①宁兴碳素项目拟投资10亿元；②三美金铜杆连铸连轧生产项目拟投资0.5亿元。

管理服务政策保障。一是落实新政策。继续落实省、市、县关于促进工业企业稳定增长的各项惠企政策，帮助开发区企业拓展市场空间，力争使投产企业保持产销两旺；进一步完善企业人才服务政策，积极落实县葛藤人才行动计划等人才工作措施，为企业留人提供保障。二是创新服务意识。全力打造项目落地、开工、投产的“绿色通道”，优化服务方式，深化服务内容，简化手续、特事特办、提高效率，促进项目尽快开工建设。三是推进新金融。为企业解决融资难、贷款难问题，扎实推进开发区企业资产按揭贷款工作；同时积极引进投资服务平台和股权基金，规范开发区企业内控治理，助力培育开发区企业上市融资，做强做优开发区企业。四是加强人力吸纳。联合人社局、各乡镇等单位，加强宣传及通过高校合作推介，帮助企业招聘技术人才和普通员工，解决企业人才少、用工难问题。

经济发展稳步增长。2017年，开发区新增高新技术企业1家（福特科），新增规模企业1家（隆纺服饰），园区33家规模以上企业工业产值完成40.07亿元，同比增长23.4%，完成开发区资产按揭贷款1.05亿元，占年度计划任务（1亿元）的105.0%。主要经济指标任务均超额完成。

（摘编：李兵）

将乐经济开发区

将乐经济开发区为省级开发区，落实重点项目代办和企业零距离服务，加快项目建设审批办证，帮助协调解决困难、问题，促进在建项目早投产、投产企业早达产。2017年建成投产项目6个（缘福生物质、泰达高新材料1号高纯硅反应炉、万峰节能建材、积善节能、鸿燕化工、贝诗特生活用品）、抓紧推进13个（维德精密制造、景韬机械、金化成膜助剂、中研茶妆、宝盛琼脂、兴达琼脂、宝龙琼脂、万盛食品、心怀密食品、玉井坊食品、赛园食品、华鸿第污水预处理、玉源春生物科技）、前期准备3个（弗兰德压铸、创世纪铝业、松香松节油）。截至2017年底，76家入驻企业投产或部分投产46家、在建21家、已签约待建9家。

产业特色布局科学。在产业布局上，开发区以轻合金新材料、精细化工、大健康、节能环保等为主导产业，重点培育轻合金产业发展。轻合金产业主要涉及轻合金新材料、轻合金高端装备制造等领域，主要有轻合金产业孵化园、半固态研究所高铁动车门锁、泰达高硅铝合金、科源铝合金、金瑞高科和瑞奥麦特的压铸制造等项目，2017年完成工业总产值30亿元。精细化工产业主要有鸿燕化工、缘福木质素、金化成膜助剂、远大医药、万科药业等项目，2017年完成工业总产值10亿元。大健康产业主要有食品加工区、玉源春酵素、贝诗特生活用品、三明中研婴童护肤品、博声网络互助医疗等项目，目前都处在开工建设阶段。食品加工区主要集中有宝盛食品、兴达食品、宝龙食品三家琼脂企业及赛园食品、万盛食品、心怀蜜食品、玉井坊食品四家蜜饯企业，建设总投资12.5亿元。节能环保产业主要有集中供热、华鸿第三方污水预处理厂、嘉净环保污水处理设施等项目。

招商引资重点突出。抓好半固态轻合金、精细化工等产业链招商，重点打造轻合金特色产业。2017年，开发区共签约26个项目，投资总计45.3亿元。分别为：①博声互联网医疗器械项目，投资1.2亿元；②维德精密制造轻合金压铸件项目，投资3亿元；③玉源春酵素生产项目，投资0.6亿元；④景韬机械螺旋锥齿轮生产及设备生产项目，投资5.1亿元；⑤科信赢力胶水生产项目，投资1.2亿元；⑥旭牧联饲料添加剂项目，投资1.6亿元；⑦佳丰儿童房滑梯、木房建设项目，投资0.35亿元；⑧慧思通3D打印项目，投资0.6亿元；⑨宝龙食品琼脂项目，投资1.5亿元；⑩赛园蜜饯干果生产加工项目，投资1.8亿元；⑪玉井坊蜜饯干果生产加工项目，投资1.8亿元；⑫心怀蜜蜜饯干果生产加工项目，投资1.8亿元；⑬万盛蜜饯干果生产加工项目，投资1.8亿元；⑭东莞雷腾激光打印项目，投资1.2亿元；⑮金化科技醇脂十二成膜助剂生产项目，投资1.2亿元；⑯华鸿水务第三方污水预处理项目，投资2亿元；⑰福瑞华安种业生产项目，投资0.8亿元；⑱硕尔邦绿色装配式建设项目，投资2亿元；⑲中德顺轻合金压铸项目，投资2亿元；⑳泰日升轻合金压铸项目，投资1亿元；㉑4万吨岩棉生产项目，投资1.5亿元；㉒年产3万吨松香、松节油生产项目，投资1.3亿元；㉓轮胎裂解设备生产及低温真空裂解示范项目，投资1亿元；㉔弗兰德轻合金产品生产项目，投资6.6亿元；㉕稀土永磁无刷电机和电动空调压缩机整机生产项目，投资1.05亿元；㉖三华轴瓦厂退城入园建设项目，投资1.2亿元。

平台建设力度加大。轻合金产业园服务大楼主体完成准备进行装修；研发楼A栋建设完成，可交付使用，研发楼B、C、D栋基础开始施工；7—9厂房验收完成；1—6厂房基础施工完成，厂房钢架开始吊装；道路路网上网招标；四期土石方工程A、B标段挖方量260万立方米，平整土地约500亩；职工文体中心基础已完成；二期污水管网修复工程完成；2017年7月风灾后修复活动板房480平方米，公租房A栋、B栋及污水处理厂18扇门，85个灯头。对园区已安装的73个摄像头、51块道路标识牌、8块公交指示牌及237盏路灯进行了维护，确保路灯亮灯率达98%以上，并在重要交通路口安装了202米减速带与2面凸凸镜。委托县环卫站对园区所有的生活垃圾及企业的生产垃圾进行回收。

管理服务政策支持。一是积极对接扶持政策。2017 年累计为企业争取到上级补助 1800 多万元，多家企业获补技术创新、战略性新兴产业、技改专项补助及两化融合专项资金。累计帮助 10 余家企业争取用电、减税、市外招标、科技创新等优惠奖励资金近 1300 万元。申请出台《关于加快轻合金产业发展的六条措施》，从提升创新能力、支持市场开拓、扶持新产品研发、培育壮大产业、强化人才支撑、强化要素保障 6 个方面扶持轻合金产业发展。二是银企对接金融助力。2017 年协助宏和鞋业、鑫隆光伏、雄风电气、东南新材料、科源新材料等 8 家企业新增银行贷款 3430 万元。协助祥源纺织、鑫隆光伏、新航凯新材料、利源新材料、泰达高新、远大医药等 11 家企业办理银行按揭贷款 1.93 亿元。发挥应急周转金和金森小贷平台的“桥梁”作用，2017 年先后为泰达高新材料、宏和鞋业、祥源纺织等重点企业发放运行保障金贷款 28 笔，总额达 1.21 亿元。三是建立工业产业发展投资资金，增强开发区造血功能。2017 年工业产业发展基金共入股企业 5 家，鸿雁化工 8500 万元，贝诗特 1000 万，华安种业 960 万元，博声医疗 60 万元，集中供热 200 万元，合计 10720 万元。

经济发展逐年提升。2017 年，开发区内 76 家规模以上企业完成工业总产值 145.5 亿元；完成企业固定资产投资 48.5 亿元；完成税收 9540 万元。新增规模以上工业企业 13 家。截至 2017 年底，开发区共有企业 76 家，从业人员 7852 人，其中：积善园 53 家，从业人员 6304 人；北郊工业园 23 家，从业人员 1548 人。

（摘编：郑新贵）

三明现代物流产业开发区

三明现代物流产业开发区是省级开发区，位于三明生态新城核心区，紧邻动车站三明北站，包括陆地港综合区、物流总部区，规划建设面积 6 平方公里。2010 年 11 月，三明现代物流产业开发区被中国物流与采购联合会命名为“中国物流实验基地”和“常务理事单位”。

陆地港综合区。占地 959.5 亩，由厦门港务发展股份有限公司与福建三明生态工贸区生态新城集团有限公司共同出资组建，是福建省重点打造的四个陆地港之一。项目集港口功能、国际集装箱多式联运、中转及第三方物流功能于一体，以水、陆、空、铁多式联运为载体，以政府和海关、检验检疫部门、港口、船舶公司等单位合作为依托，配套三明二类口岸功能，形成闽西北“内陆港”，实现“一次报关、一次查验、一次放行”以及货物流、资金流、信息流的互联互通，成为高效率、低成本的综合物流平台。

陆地港仓储区。经过四年的建设经营，已初具规模，培育形成了“六仓一中心一堆场”八种业态，即：海关监管仓、公共保税仓、供应链监管仓、城际货运中转仓、电商分拨中心、公共仓储、进口商品直销中心、堆场（具备报关查验、装拆箱、空箱堆存、冷藏箱等业务操作能力的集装箱堆场），为三明的外向型经济提供了良好的硬件基础设施。仓储区内设进口商品直销中心，新建闽中快递物流园和冷链物流园，形成集仓储、电子商务、配送、物流、办公等为一体的现代综合性物流产业园，为闽中地区的水产品、畜禽产品、果蔬产、冷鲜产品（食品）的冷藏及商品的信息咨询、货运代理、仓储物流等提供服务。

陆地港商贸区。该区作为陆地港仓储区的商业服务配套，是集“商贸物流、批发零售、贸易展销、商务办公”等功能为一体的综合商务区，形成了港航、物流、贸易等企业聚集的产业孵化基地。目前已开始建设闽中快递园、专业市场、商贸步行街、商务办公区等。味民公社跨境电子商务项目和平行进口车交易中心项目计划年内入驻商贸区专业市场。

物流区域总部。目前，港务联检中心大楼已投入使用，软件研发中心、医药物流、电子商贸和三明电商产业园等物流项目正在建设。三明电商产业园一期 24 幢小商墅已建设完毕，部分企业已入驻。同时正规划建设闽中快递物流产业园，圆通速递、韵达等快递企业计划年内入驻。

（摘编：朱明清）

建宁经济开发区

建宁经济开发区2011年8月由省政府批准升格为省级经济开发区，范围包括从塔下到渡头沿濉溪两岸地块，北起渡头水库，南至塔下，西至寒坡岭，东至韩家园，总规划面积为15.27平方公里。

基础设施日臻完善。持续大力实施开发区路网、路灯、管网、信息化平台建设和标准化厂房等基础设施建设项目，开发区基础设施投入5.38亿元（2017年0.87亿元），已建成标准厂房195000平方米（2017年新建15000平方米）；完善开发区路桥管网8公里；开发区完成征地4218亩，开发土地面积达3342亩（2017年新开发土地面积210亩）；拥有企业服务中心大楼4200平方米、职工公寓30000平方米、配套文化场馆设施3000平方米。

产业特色布局合理。按照不同功能区划分为6个产业组团。即塔下特种纸、纸上下游关联及现代商贸物流产业组团；助家井特色食品、生物及生物医药产业组团；曲滩高端装备制造业、仓储及城市综合体产业组团；渡头机械、五金、水暖、纺织等器材加工产业组团；斗埕新能源、新材料及综合加工产业组团；韩家园信息、环保及轻工产业组团。

招商引资成效喜人。截至2017年底，共有入园企业41家，其中规模以上企业32家，投产企业35家，在建企业6家，投资亿元以上企业5家，已在“新三板”上市企业2家，为文鑫莲业、绿田食品。明一国际、双祥包装、禾丰种业、天力种业、六三种业建宁分公司、兴辉食品退成入园项目、绿森能源、大中石油装备、同越管件等一批企业先后入园。另外铙山纸业与青山纸业战略重组取得重大突破。这些项目的入驻，增强了园区发展后劲力。同时，按照县委县政府工作要求开展“解难题，促落实”攻坚行动，开发区积极行动起来，马上就干、真抓实干，明一国际、双祥包装等几个重点建设项目按时有序进行；其中福建兴辉食品纯净水、果汁饮料及农副产品加工项目按计划提前实现了竣工投产。双祥彩色包装有限公司实现当年投产。

管理服务措施得当。认真做好各项经济指标调度。按照生态文明建设的要求扎实做好招商引资、环保安全等工作。当好服务企业的全天候“保姆”，切实做到项目手续协助办理及服务跟踪；抓好挂钩联系企业服务机制，加大政策引领和企业扶持力度，真心实意为企业想办法、出思路、解难题，提升企业发展信心；抓好技改服务，重点是抓好明一国际、同越管件等19家顺利投产的企业，帮助企业更好发展，促进企业增产增效。

经济发展态势良好。园区现有入驻企业41家，规模以上企业32家（新增规模以上工业企业2家）。2017年，新增入园企业2家（双祥新型包装、暖万家，总投资2.5亿元）；完成工业总产值42.46亿元，占年度计划107.22%；固定资产投资9.46亿元，占年度计划113.98%；园区基础建设投资0.87亿元，占年度计划105%；实现税收7645万元，占年度计划100.7%。新增开发土地面积210亩；一定程度上提高了整个开发区的承载力。

（摘编：黄国实）

明溪经济开发区

明溪经济开发区为省级开发区，基础设施建设有力推进，完成明溪县东部新城（一期）大焦片区污水管网3.1公里铺设、雪峰片区污水管网3.2公里铺设；完成建筑面积0.2公顷职工文体活动中心建设；完成工业集中区东北侧挡墙工程；完成315KVA海斯福扩建项目施工临时用电；完成致格高压配电室、工业污水处理厂自来水工程、工业污水处理厂西侧防洪堤、工业集中区主干道（二期）1.65公里；完成海斯福扩建用地强夯工程3.9公顷。完成了苯达莫斯汀、氟新材料、六氟磷酸酯、全氟己酮等项目46.67公顷土地平整。2017年，征地45.26公顷，完成雪峰农场元明堂村民旧房征用和新房分配工作；完成土地审批或不动产登记（土地部分）的4个项目共24.64公顷；完成土地挂牌方案或供地的6个项目共27.88公顷；完成土地农转用或已上报审批的3个项目共8.09公顷；完成林地报批1个项目18.6公顷，为项目落地提供保障。

招商引资重点突出。围绕“新能源、新材料、新医药”三个重点产业，强化精准招商、点对点招商，通过“2·18”广东招商、“5·26”泉州招商、“6·18”福州招商、“9·8”厦门招商等平台，成功引进高端氟精细化学品生产项目和致格新能源锂电池研发生产项目，签订了新型扩散剂项目和军品用锂电池项目意向书。

生态环保有力推进。完成开发区气动支路、横一路道路绿化1公里；完成工业集中区一期B段锦浪支路、博诺支路绿化1公里；完成污水处理厂区绿化、博诺安科公司厂区绿化和锦浪公司厂区部分绿化、边坡绿化工程，生态文明建设水平进一步提升。四是新能源锂电池研发（中试）生产基地建设。完成主配电房土建工程、用电工程（一期）、室内地面工程、室外地面工程、屋面门窗改造工程、致格支路、临时排水工程等建设，完成1条锂电池生产线试生产，并投入生产。环保方面：积极配合中央、省、市、县环保督查，对工业污染防治、应急体系建设、工业废气治理、能源结构调整、固废（危废）管理等当前生态环境保护方面突出问题进行了整改和落实。进一步强化工业园区高风险企业的环境安全监管，持续开展环境风险评估工作，修订完善县经济开发区突发环境事件应急预案并开展环境应急演练。

安全生产严格执行。积极履行安全生产监督管理职责，与企业签订年度安全生产责任状。实行向第三方购买服务方式，聘请安全专业技术人员对辖区类企业检查指导，采用相应的风险评估确定安全风险等级，实施挂图作战。开展了三个阶段的安全生产大检查大排查活动，共检查、督查企业165家次，下发和转发安全生产文件累计103次，实现开发区安全生产形势持续稳定。

经济发展稳步增长。2017年，开发区规模以上企业实现产值60.90亿元，比增25.20%；实现税收7293.56万元。现入驻企业51家，其中高新技术企业4家，上市企业2家。

（摘编：唐民）

大田经济开发区

大田经济开发区为省级开发区，不断完善基础设施和配套设施建设。京口园投入资金180万元，完成535米的B平台支路建设；投入资金300多万元，完成二期供水工程；投资300万元的污水应急池完成基础开挖，计划2018年春节前完工；三期350亩未开发部分工程已完成设计、外业调查等，正在进行前期工作；配套物流项目，开发9号平台作为三明华夏物流公司用地，该公司注册资金300万元，已购置大型物流车辆5台。投资500多万元的职工文体中心完成建设并投入使用；社区卫生服务站完成装修并投入使用；开发区幼儿园已完成4层主体，计划2018年投入使用。上京园完成一期一标段420亩工业用地平台。罗丰园年内可新平整用地400亩。均溪园一期一标段正在实施，年内可平整用地800亩。为拓展园区发展空间，扩大园区建设规模，促进工业多元化发展，形成专业产业集群，开发区先后启动上京工业园、罗丰工业园、均溪工业园基础设施建设，已完成土地平整970亩，正进行其余4800亩土地开发的PPP招标工作；与京口工业园形成“一区多园”的建设模式，为全县工业经济集群发展奠定基础。

项目进展有序推进。一是新建及对接项目。新投产的中工塑胶今年有望纳入规模以上企业，在建的宇隆超纤、新盈彩铝正在加快建设，明年上半年可投产；飞鹰无纺布车间新增3条生产线；大联新上生产线1条及配套设施DMF“三效五塔”装置，建华新上1条生产线及4000平方米仓库投入使用。与夜视明“空心玻璃微珠”项目加快洽谈投资及合作事宜；利用福州滨海新城规划的契机，加强跟踪联系长乐市华逸隆、文申针织等意向搬迁企业；对接了泉州市机械配件行业协会、晋江市机械五金配件进出口商会和清华大学无人机、上海“双恒”、晋江“鹏发”、莆田“煌兴”等项目。二是逐步提升园区企业配套设施。根据市政府同意开发区实施蒸汽锅炉集中供热的意见，京口园与各企业主就加快园区企业燃煤锅炉的改造提升问题，组织到浦城参观学习，形成了集中供热方案，计划年内动工建设。

招商引资成果颇丰。针对各工业园功能定位和产业政策，京口园引进圣莉徕箱包项目，正在开展工商注册等前期工作，新中天环保项目、天然气供气项目、集中供热项目有序开展前期工作，可于年底前动工；上京园引进无人直升机项目，正开展初设等前期工作，泉州成裕机械公司等11家铸造企业已完成初步选址工作，将于近期签约后开展前期工作；罗丰园引进科华石墨项目，已完成工商注册及厂区平面设计；均溪园引进大圣陶瓷项目，已完成工商注册及厂区总平面布置图、效果图的设计。

企业服务扎实有效。一是坚持不懈地推进“服务型园区”建设。建立健全了《企业挂包工作制度》，深入推进“一线工作法”，进一步强化领导、部门及工作人员职责和责任，将工作任务和责任层层细化分解，突出“精准服务”，及时、全面掌握企业基本情况，动态了解企业生产经营状况，全力解决企业在生产建设中的实际困难。二是强化主动服务。实行入园企业手续资料全程代（协）办制度，及时高效为开发区企业办理需到外办理的行政审批等事项，及时协调解决项目落地、建设、生产过程中遇到的问题和困难，确保企业顺利建设。今年来，代办行政审批事项20多项；为企业在武陵、谢洋等乡镇发放招工信息500多份，协助企业招收工人200多名。三是融资服务。成立京诚资产经营公司，促成大联发展、三九军大与兴业银行达成贷款2笔、3100万元，已发放2533万元；促成育灯纺织与中国银行达成贷款额度1800万元。通过融资大联发展新建厂房1幢、新上生产线1条，正在建设DMF回收装置；三九军大加快厂房建设、设备购置和原材料的购买。

经济发展稳步增长。开发区现有23家企业入驻。2017年，完成工业产值29.58亿元，同比增长14.4%；实现税收1980万元，同比增长28.44%。

（摘编：于新光）

清流经济开发区

2006年起步于清流国家级台湾农民创业园金星加工区，2012年升格为省级经济开发区，开发区总规划面积12平方公里，按功能划分为“一区二园”。城南工业园位于龙津镇城南片区，总规划面积4平方公里，一期实施面积为1.5平方公里。计划基础设施投资5亿元。产业定位以发展新能源、新材料、食品加工、轻纺、建材、电子材料、生物科技、机械加工等二类、三类工业为主导的现代化生态产业区。现已开发面积1630亩，园区基础设施“五通一平”基本完成。2017年总投资约1700万元，主要为集美（清流）共建产业园厂房及其基础设施建设，其中1#、3#、5#厂房主体已封顶，正准备进行内外装修；2#厂房已完成3层楼板施工；研发楼已完成2层楼板施工；宿舍楼、食堂、电子实验室基础地梁承台施工已完成。金星工业园总规划面积3平方公里，于2005年10月开发建设，位于清流县嵩溪镇，产业定位为竹木加工、建材、机械加工、食品加工、有色金属冶炼和压延加工业和精细化工等二、三类工业为主等。金星园已初步形成“五通一平”3000亩，配套建设了110kV变电站及输变电工程和越水溪水库供水工程，道路、供排水管网、污水处理厂建设及“三电”工程，形成良好的基础设施配套。2017年投入200万元用于园区基础设施建设维护修缮和文体中心项目，完成文体中心建设和东面污水管改造升级。

招商引资政策支持。清流县县委、县政府出台《清流县招商引资若干规定（实行）》等政策，涵盖了财税支持、土地供给、规费减免、用工保障、配套政策等方面，给予来清投资的企业优惠。2017年，签约东莹化工环保型制冷剂生产、桥梁构建、BB弹生产、千叶百肽等四个项目，总投资达5.5亿元；在谈项目18个。

管理服务措施有力。开发区推行“保姆式”服务，一是推行“一个项目、一个挂包领导、一个微信群，一套人马”的服务工作机制。全程跟踪服务入园项目，及时协调解决项目建设过程中存在的困难和问题；二是提升园区按揭资产贷款融资服务。2017年为园区7家企业提供园区企业资产按揭贷款服务，共计为园区企业争取约1亿元的贷款，极大地缓解了园区企业融资需求。下一步将继续推广园区企业资产按揭贷款业务，为符合条件的企业提供更加良好的融资平台。三是做好企业资产按揭贷款贴息资金相关工作。争取将贴息资金兑现拨付给各相关企业，有效缓解企业融资难、贷款难的问题，将企业融资服务落到实处。

经济发展态势良好。2017 年，开发区共入驻企业 31 家，投产企业 29 家（规模以上企业 23 家），2 个在建项目。2017 年园区实现规模工业总产值 54.55 亿元，规模以上工业增加值 12.23 亿元，年创税 9912.5 万元。

（摘编：彭文荣）

三明埔岭汽车工业园区

三明埔岭汽车工业园区由三明、永安市两级政府共同开发，2013 年 12 月 1 日经福建省人民政府批准设立为省级经济开发区，是海西生态工贸区的重要组成部分，也是福建省现有两个专业汽车工业园区之一，列入工信部《海西先进制造业发展规划》汽车产业的重点园区。园区规划面积 20 平方公里，现已开发面积 6 平方公里，分为埔岭地块和洛溪地块。拥有 30 多家整车及零部件企业，其中规模以上企业 11 家，是福建省重要的汽车产业发展平台和汽车及零部件制造业基地。

基础设施日臻完善。征迁方面，完成投资 6750 万元，完成征地补偿 104 亩、完成征迁面积 13040 平方米。基建方面，完成投资 6320 万元，洛溪环路、吉洛支路完成路基工程，其中吉洛支路已完成部分路面工程；完成标准化厂房（二期）孔桩开挖，职工公寓、服务中心进入设计调整；洛溪新村市政配套设施建设有序推进。融资及金融服务，落实汽车产业专项资金来源渠道，列入三明、永安年度财政预算，每年 1500 万元。

产业特色效益凸显。一是龙头企业产销量实现新突破。海西公司生产销售得到大幅提升，产量比增 91%，完成年度目标 128%，销售比增 81.46%，完成年度目标 118%，其中出口比增 248%，营收比增 91%，增长态势强劲；中科动力产能得到迅速释放，产销量突破万辆，实现产销 11294 辆，同比增长 51.84%。二是产业链推进取得新进展。专用车及零部件配套产业对接项目取得新进展，产业聚集初步形成。签约汽车内外饰件、车厢、横梁、结构件、汽车燃料电池等项目 5 个，新开工福迪公司车厢上装、福坤公司汽车车厢、福铮公司汽车横梁及部件等项目 3 个，投产福坤公司汽车车厢、福铮公司汽车横梁及部件等项目 2 个。三是企业生产资质获得新突破。海西汽车公司新能源车、中科动力（福建）新能源汽车有限公司、福建福迪车辆制造有限公司专用车生产资质获得工信部批准。

招商引资重点突出。策划重点招商项目 30 个，签约项目 5 个，新开工项目 3 个，投产项目 2 个，引进配套项目 5 个（福环公司半挂车项目、福铮公司汽车横梁及部件项目、福坤公司汽车车厢项目、鸿鹏公司汽车底盘支架项目、海工公司汽车车桥项目、恒瑞德公司铝制车厢项目），引进市外资金 1.77 亿元。一是优化运作团队。围绕园区重点项目建设和企业供应链招商，促进产业聚集，成立总协调组和海西项目组、中科动力项目组、专用车项目组、基础设施项目组、落实《若干意见》及征迁、资金筹措项目组等 5 个专门项目组，组建海西汽车、新能源车和专用车 3 个招商小组，分工负责抓落实，不断提升工作实效。二是推进供应链招商。根据海西公司和中科动力两个龙头企业的配套需求，重新梳理招商重点项目，由指挥部及园区领导带队赴江苏、福州、厦门、泉州等地举办汽车零部件配套项目等专场招商推介会（活动）5 场（次），其中 6·18 对接项目 5 个，企业技术需求 2 个，参展产品 5 个，同时与泉州市汽车零部件行业协会、工程机械行业协会成员共 60 多家零部件企业到永安考察，目前已有 8 家企业和海西公司形成配套供应关系，还有 10 多家企业正进行深度对接。三是慧火工坊新入驻了新能源汽车两档变速器、燃料电池等项目。

管理服务热情细致。全年协助企业申报项目 8 个，争取项目资金 1127 万元；协助办理贷款 5800 万元，落实人才补贴 90 多万元，解决职工住房 190 套，争取购车补贴 260 万元；对海西公司、福迪公司、中科动力获得专用车生产资质以及销售和参展补贴等奖励进行审核，并报市政府研究奖励；组织企业申报三明市科技计划项目 6 个，新入园办理企业负责人《客商证》7 家，办理项目备案 15 家，代办注册服务企业 5 家。

经济发展质量提升。全年实现规模以上工业产值62.77亿元，同比增长15.1%；全社会固定资产投资15.10亿元，其中工业性固定资产投资12.79亿元；引进资金1.77亿元，实现外贸出口4908万美元，同比增长145.10%。

（摘编：刘海元）

莆田湄洲湾北岸经济开发区

莆田湄洲湾北岸经济开发区为省级开发区，基础设施不断完善，港口开发加快推进，东吴作业区获国务院批准正式开放，投资3亿元的东吴口岸联检中心正式动工建设。罗屿作业区9#、10#泊位完成重载调试，八方港口4—6#泊位复工建设。可堆存40万吨煤炭的全省首个港口大宗散货露天保税堆场正式启用，实现东吴港口中转枢纽功能由国内向国际拓展。集疏运体系更加完善，东吴西大道一期工程交工验收，东吴中大道二期绿化工程完成初步验收，国投、罗屿铁路支线以及荔港大道东吴段二期、金湖大道、海滨大道、纵一线G228项目（平海至山亭段）等项目加快推进。城乡污水整治工程加快推进，污水管网1号、5号泵站加快建设，建成污水配套管网88.6公里，新建、改造标准化三格式化粪池1945户。

项目建设强力推进。开发区深入开展“项目攻坚年”活动，全年共安排重点项目138个，累计完成投资283.27亿元，全面落实《建设美丽莆田行动纲要》，5个项目列入市三十项重点攻坚项目，完成投资9.86亿元。一批龙头产业项目取得重大突破，湄洲湾火电厂二期正式投入运营，国投湄洲湾煤炭码头及二期下水码头工程投产运营，闽润粮食物流基地码头工程顺利开工建设，哈纳斯LNG接收站项目完成核准前所有前期准备工作。妈祖国际健康城正式上马，并启动申请“两岸医疗合作先行区”工作，妈祖国际医疗健康小镇列入全省第二批特色小镇创建名单，一批高端专科医院、中关村医学工程转化中心、东南医学院等项目落地健康城。

城乡建设联动发展。妈祖城、大爱城、北江新城联动发展，妈祖城港里小镇4A景区工程项目正式动工建设，北江新城主体罗屿新城建成投入使用。深入推进美丽乡村共建，制定“十化”创建目标，东埔镇梯亭村、忠门镇后坑村被列为省级“千村整治、百村示范”美丽乡村建设村庄，山亭镇东仙社区从省定贫困村和基础薄弱后进村转变为美丽乡村示范村。鼎力全国文明城市创建，推进环保模范城市建设，城市管理、“两违”整治、环境卫生等专项考评持续保持全市前列。大力开展城市公园建设，推进戚继光公园、妈祖祖祠山公园等建设，加快建设城市街头绿地小游园、街心花园等“口袋”公园及广场，人均公园绿地面积达14.63平方米。以项目化方式运作造林绿化，全区完成造林绿化831.5亩。全面落实“河长制”，共有12条河道纳入河长制管理范围。以迎接中央环保督查为契机，重点整治“散乱污”企业，全面完成17辆黄标车淘汰任务，90家石材厂全部关停。

经济发展稳步提升。2017年，全区实现地区生产总值73.49亿元，增长9.3%；规模以上工业增加值15.73亿元，增长21.2%；三产比例为14.2：58.2：27.6。固定资产投资（不含农户）283.27亿元，下降9.2%；社会消费品零售总额12.45亿元，增长21.3%；财政总收入8.01亿元，增长12.8%；实际利用外资（验资口径）4400万美元，增长10%；农林牧渔业总产值18.23亿元，增长4.3%。

（摘编：林开龙）

莆田华林开发区

莆田华林开发区为省级开发区，2018年主要任务是：认真贯彻党的路线、方针和政策，坚持科学的发展观、贯彻实施城厢区委“双轮驱动、项目带动”战略，以建设设施完善、环境优美、极具竞争优势、区位优势的一流开发区为目标，全面履行“规划、建设、管理、服务”职能，打造开发区管委会行为规范、运转协调、公开透明、廉洁高效、执政为民的良好形象。围绕上述任务，重点抓好了以下工作：制定华林经济开发区建设发展目标、经济发展中、长期规划、产业发展规划；开发区内的统一规划、统一招商、统一开发、统一管理，协调管理开发区内社会治安综合治理工作；开发区内道路、防洪排涝、给排水、排污、通讯、供电及其他基础设施的开发建设与管理；承办城厢区委、区人民政府交办的其他事项。

（摘编：陈建闽）

荔城经济开发区

荔城经济开发区为省级开发区，2018 年主要任务是：持续推进开发区基础设施建设，加大服务企业力度，整合提升第三产业等。围绕上述任务，重点抓好以下工作：

持续推进开发区基础设施建设。通过加快九华路四期、后卓路二期、龙紫路，东川路延伸前期手续办理，争取实现开工，形成较为完善的开发区产业路网，不断拓展洞湖小区、龙山小区、东星小区的主通道，有力带动商贸用地腹地开发；以及福厦路两侧进行临面改造打造莆田市汽车贸易城，全面提升优化开发区投资环境。

加大服务企业力度。深入企业了解困难和需求，及时向上沟通协调，帮助企业解决生产、资金需求、用工等相关问题，帮扶企业渡过难关，促进企业发展。加大对闽中食品、三棵树涂料、才子服饰、海山机械等龙头企业培育扶持力度，扶持企业做大做强，全力协助才子服饰公司上市事宜和海山机械公司设备产品推广等，巩固发展以鞋革服装、化工材料、食品加工和机械制造四大产业为主的工业产业，着力打造百亿工业体系。

整合提升第三产业。一方面，通过优化提升西天尾汽车贸易一条街临面改造，另一方面，主动对接产城融合，依托总部经济区，大力引进银行金融办公、电子商务、商贸中介、研发设计等生产性服务产业，引进一些大企业经济总部落户总部区，形成企业总部聚集区和研发转化基地，努力打造集金融服务、商业商贸、科技与信息服务和研发设计等现代服务业于一体的总部经济区。

（摘编：李兵）

仙游经济开发区

仙游经济开发区为省级开发区，辖枫亭、郊尾、盖尾、园庄四个乡镇，区域总面积 313.01 平方公里，总体规划面积 81.7 平方公里，区内投入使用的 500kV 变电站 1 座、220kV 变电站 2 座、110kV 变电站 2 座，投入使用的日供水 3 万立方米的东溪供水工程以及日供水 50 万立方米的金钟水利枢纽工程。园沧路、和平北路道路工程已竣工。塔东路目前已完成路面 450 米，部分线路重新设计调整，调整后的路胚已完成平整，路面工程已完成施工单位招投标，正在准备签订施工合同及开展监理招投标。枫笏路提升改造工程四个标段，其中荷珠中桥已完工，其余 3 个标段正在推进。枫秀西路已签订施工及监理合同，完成项目部建设，正在办理监督及施工许可手续。园区内道路路面修复工程已完工。排洪防涝工程。新兴产业园辅道工程已竣工验收并交付使用。南片区防洪工程，建设水闸及排洪渠一座，已完成水闸整体浇筑 80%。高速路桥下低洼地改造工程已完工。海安寺头至厝头排洪渠工程，已完工并投入使用。

项目建设有序推进。2017 年列入重点项目 17 个（其中：其中在建重点项目 9 个、预备重点项目 5 个、前期重点项目 3 个）。涉及重点产业项目 9 家，已顺利开工建设项目 7 家（正建精密、益明纺织二期、日晶玻璃二期、仙港工业园污水管网工程、开发区基础设施、海滨海安填海造地工程、枫亭小城镇建设），正在推进和开展前期工作的项目 7 家（乐商电子二期、慈岳工业平台建设、成联包装二期、海安橡胶三期、海丰物流二期、开发区污水处理厂二期扩容、枫慈溪污水管网）。在建重点项目，涉及正建精密项目，已完成 2#厂房立柱，正在采购其他钢构构件及办理相关手续。益明纺织二期，厂房主体结构完成，下一步安装机械设备。日晶玻璃二期，露天仓储地块已平整投入使用，项目已竣工。乐商电子二期，将对二期项目重新启动与重新制定项目战略规划。对已签约项目进行全面摸底，并分门别类采取措施进行全面清理，因开发区规划调整建议业主调整项目或者解除投资协议，或因业主投资意愿不强的解除投资协议，已完成同山立实业协商解除投资协议事宜，配合县国土资源局通知催促新益建材、乐商电子二期、海丰物流二期等建设进度严重滞后的项目催促其加快建设进度，否则将按照合同约定收取违约金、直至回购收储。梳理已批存量土地25幅，面积2673.3亩，其中南片区5幅1334亩，北片区3幅227亩，五里岭片区2幅159亩，中心片区15幅953.3亩。2017年土地获批76.4亩（商服储备1号3.59亩，商服储备2号1.17亩，商服储备3号0.2亩，商服储备4号3.57亩，枫笏路拓宽段40.47亩，枫笏路拓宽段安置区27.4亩），艾利斯扩建、枫笏路拓宽段、园沧路等项目完成供地。

生态环保有力推进。环境流域整治。沧溪小流域整治工程，已完成总工程量90；环境绿化方面，园沧路绿化工程已竣工。滨海化工绿化隔离带，正在办理招投标手续。海丰路绿化工程已竣工。枫慈溪污水管网工程，已与枫慈溪流域整治工程包一并由县水务局统筹实施。枫亭污水处理厂二期配套管网工程，钰诚化学工业污水管工程，目前正在施工。

经济发展稳步提升。全区87家规模以上工业企业实现产值约240亿元，增长8.6%；完成固定资产投资约81亿元，增长15.71%；实现工业税收约2亿元，增长6.38%；新增规模以上工业企业7家，纺织鞋服产业、石化下游产业、机械制造业、工艺美术等四大主导产业产值占工业总产值的86%，年产值超亿元的企业44家，创税1000万元以上的企业4家。（其中核心区40家规模以上工业企业实现产值134亿元，与去年同期增量20亿元；完成固定资产投资32亿元，与去年同期增量3亿元；实现工业税收约1.4亿元，与去年同期增加0.08亿元）。

（摘编：郑新贵）

南平工业园区

南平工业园区为省级开发区，投资环境不断优化，项目建设推进加快，基础设施配套更加完善。一是园区交通基础设施建设和工业平台开发推进加快。年内完成从彦路一期路基工程90%、新港路一期路基工程总量85%。总投资达74.6亿元的南福路城市快速通道PPP项目于2017年12月18日动工建设。开发面积约9376亩的延平新城产业园区PPP项目已与中标社会投资人中国一冶集团有限公司签订项目合同，并于10月26日开工建设。南平港延平新城港区PPP项目已进入社会投资人确认阶段。二是园区配套设施建设全面推进。延平新城产业综合服务区完成公共服务平台大楼主体工程和一栋仓储用房建设，三元热电联产建设项目主体厂房已建成，南平古长（夏道）220kv输变电工程已动工建设，工业水厂项目前期工作基本完成。

招商引资措施有力。在继续推进平台招商、小分队招商的同时，立足园区实际，开展形式多样、有针对性的招商活动。立足园区产业基础，积极对接南铝、南孚、南纺、南缆等园区优势企业，重点开展电线电缆、电池配套、铝材精加工、纺织配套等产业链招商；依托新城资源优势，重点开展生物产业及林产化工产业招商；通过以商招商，将企业上下游合作伙伴引进园区，打造全产业链；积极实施回归工程，通过对接南平异地商会及异地南平商会，引导在外投资的闽北籍客商回乡投资创业。园区管委会全年参加浙江、江苏、深圳、福州、厦门等地招商活动20余次。南铝年产3万吨复合金属材料及递延深加工、蓖麻籽深加工产业化、三元硅胶及生物质炭棒、金山智能移动设备金属构件精加工等18个亿元以上重大产业及PPP投资项目完成招商引资合同签订。南纺高新材料产业园屋面分布式光伏、绿洲固废、三元热能中心、延平书院等17个2000万元以上招商引资项目开工建设。太阳高新电缆料、太阳建筑用线智能化改造、南纺高新材料产业园一期工程等重大产业项目竣工投产。

生态环保加强监管。狠抓安全安全生产与环保工作，深入推进平安园区绿色园区建设。调整充实园区安委会人员，加强园区安全生产和环保工作领导力量。采取政府购买服务的方式，引进专业机构配合开展工作，解决园区专业人员不足的问题。做好宣传、督促、指导等各项工作，持续推进企业安全生产标准化创建，全年新增安全生产标准化企业10家，园区创建企业总数增加到90家；以迎接上级环保督查为契机，强化园区环保工作。通过设立广告牌、下发文件等多种方式，开展环保宣传，增强园区企业环保意识。组织力量推进新老园区环保设施建设。水溪口交通枢纽至塔下污水处理厂的污水主管网建成，水溪口提升泵站完工。成功路至朱熹路污水主管网、两个提升泵站及小鸠泵站完工，江南污水处理厂一期主体工程完工，设备安装完成。

管理服务政策支持。紧扣企业需求，着眼助力企业发展壮大，精心做好服务工作。一是强化政策激励。向符合2016年延平新城产业发展奖励办法奖励条件的46家（次）园区企业发放扩能增产奖励金、新上规模奖励金、税收贡献奖励金、工业固投奖励金共计194万元。并明确继续沿用《关于加快延平新城产业发展奖励办法（修定）》，鼓励企业技改提升、增资扩产、做大做强。二是多举措帮助企业解决融资难、融资贵的问题。支持福建长庚新材料股份有限公司、南平美众针纺有限公司、南平福一轻工机械有限公司、南平市鑫达制衣有限公司等园区数十家企业办理封闭转贷业务。组织多家园区企业分批次参加3场政银企对接会。组织邮储、交通、兴业、工农中建等金融机构到园区企业开展资金需求调研，并评选出9家“南平工业园区信用示范企业”。进一步拓宽融资思路，通过汇票贴现、法拍贷、担保贷、信用贷等方式解决企业贷款抵押品不足的问题，为闽德铝业等企业筹措到急需的流动资金。三是帮助企业拓展营销市场。支持更多的园区企业进入南平市优选供应商名录，鼓励园区企业互相选用产品，拓宽产品营销渠道。积极探索“借船出海”营销思路，借助南孚、太阳电缆等园区龙头企业营销渠道，拓展园区企业产品销售渠道。鼓励园区企业自建电商旗舰店或通过园区电商平台拓展企业产品销售渠道。

经济发展稳步增长。2017年，园区完成规模工业产值246亿元，增长11.5%；规模工业增加值59亿元，增长9.1%；入库税收11.5亿元，与2016年基本持平；完成固投93.1亿元，增长26.3%。园区继续在市本级经济增长中发挥主力军作用。

（摘编：朱明清）

光泽工业园区

光泽工业园区为省级开发区，基础设施建设不断推进，和顺工业园内水、电、路、讯等基础设施完善，已有农业产业化国家重点龙头企业、南方规模最大的联合型肉鸡生产加工企业圣农集团等企业入驻。金岭工业园已建成金岭110千伏专用变1座，完成城区日供水2万吨至园区供水管道和园区连接城市污水处理厂管道铺设。已开发范围的道路、排水、排污、供水、供电、通讯已完善到位；建设标准厂房22幢，面积60000平方米，员工配套楼2幢，面积8160平方米；已开通城区至园区公交线路。园区共入驻企业57家，其中已投产42家，在建13家，签订入园合同2家。其中食品加工企业17家，竹木精深加工企业16家，工艺箱包企业4家，生物类项目企业3家，汽车配件生产企业5家，电子类及电力配件生产企业2家，发电企业2家，其他企业8家。

产业特色效益凸显。和顺工业园为食品加工专业园，以圣农集团为龙头，是我国规模最大、现代化程度最高的自繁、自养、自宰白羽肉鸡专业生产企业，已形成了集饲料加工、种鸡养殖、种蛋孵化、肉鸡饲养、肉鸡加工、食品深加工为一体的白羽肉鸡“全进链”的全产业链。金岭工业园作为承接发达地区产业转移，新上工业项目以及老企业提升改造后退城进园的集约化工业平台，是以食品加工为主导产业，以机械制造和传统资源加工为辅助产业的生态园区。

招商引资多措并举。2017年，充分借助“厦洽会”“茶博会”等大型招商活动平台，“以商招商”，围绕光泽县当前产业发展方向，积极宣传推介鸡肉和鸡骨提取、鳗鱼和肉类提取、宠物饲料生产、矿泉水生产、中药材深加工、竹产业及林下经济、旅游等招商重点项目。常年借助省上挂点扶贫单位、上级业务主管部门和结对的惠安县、光泽驻外商协会、光泽藉和在光泽工作过的成功知名人士开展委托招商，依托圣农集团等现有企业推进“以商招商”，实现招商引资常年化、常态化。

绿色发展成效喜人。和顺工业园内水、电、路、讯等基础设施完善，园内农业产业化国家重点龙头企业圣农集团已形成了集饲料加工、种鸡养殖、种蛋孵化、肉鸡饲养、肉鸡加工、食品深加工为一体的完整的白羽肉鸡全产业链。金岭工业园作为承接发达地区产业转移，新上工业项目以及老企业提升改造后退城进园的集约化工业平台，是以食品加工为主导产业，以机械制造和传统资源加工为辅助产业；园内结合现行地形地貌科学设置不同平台，保留部分山体高、植被好的原生态山体作为各产业功能区之间的天然屏障，打造“山中有园、园中有山”的生态园区。工业园区内工业建筑容积率1.6，单位土地单位土地平均投资强度3585万元/公顷，单位土地平均产出4831万元/公顷，园区内万元国内生产总值能耗较上年下降3.6%，完成县政府下达的节能减排目标；单位工业增加值能耗0.508吨标准煤/万元，单位工业增加值用水量7.1立方米/万元。2017年获得福建省商务厅组织评选的省级开发区综合发展水平评价第9名（全市第1名）。

管理服务热情细致。建立、健全园区系列管理措施，实行每周一例会制度，汇报工作、查找问题、提出对策。本着公开、公平、公正的原则，所有工程公开招标。加强施工管理，安排专人现场指导和督促，领导检查和监督，确保工程的进度和质量。建立重大事项的协调机制，设立园区建设联席会制度，定期不定期召开会议，协调解决园区项目建设和基础设施建设中的重大问题，建立入园企业高效服务机制，为入园企业提供“一站式、一条龙”服务。积极搭建银企合作平台，协助企业解决融资难问题，助推企业达产达效。

经济发展稳步增长。2017年，园区实现工业总产值817290万元，增长9%；税收11505万元，增长11.9%；解决就业17320人。

（摘编：黄国实）

邵武经济开发区

邵武经济开发区是省级开发区，创建于2003年2月，规划面积26.85平方公里，已开发面积10平方公里，其中建成6.5平方公里，在建3.5平方公里。基础设施日臻完善。电力资源充沛，现有供电能力220千伏安的安平变电站一座；供水充足，与市区供水系统相连，日供水量达3万吨的紫金山水厂已投产；道路管路网科学分布、全面互通；通讯设施畅通，广电、移动通信、互联网等覆盖全区；有4所幼儿园，（其中3家私办所幼儿园、1所公办幼儿园），八一希望小学、莲塘中学；设有农村信用社，多家存储点；建有“好又多”等多家超市；是闽北基础设施配套完善的多功能综合性产业园区之一。产业发展目标是建成“产城融合”的多功能综合性产业园区。坚持质量第一、效益优先，以推进供给侧结构性改革为主线，依托资源禀赋和产业基础，主动融入南平绿色产业发展，推动传统产业转型升级，促进产城融合发展。

开发区将抢抓黄金发展机遇，全面贯彻落实邵武市委、市政府决策部署，坚持稳中求进工作总基调，以“双抓双促”（抓招商促产业升级，抓项目促经济发展）为主线，大力开展招商引资和项目建设活动，巩固和提升“3+1”产业格局，加快推进“三区”战略升级版目标发展，重点抓好招商引资、项目建设、服务企业、产业转型升级、产城融合等工作，推动经开区经济社会稳定健康发展，努力将开发区建设成为林产加工和纺织服装的集聚区、产城融合的示范区。

经济发展态势良好。建区以来，经济开发区经过10多年不懈努力，已成为邵武力度最大、发展势头最猛、带动作用最强的区域之一。目前已吸引王斌、杜氏、味家、现代、振达机械等企业进驻，初步形成了以林产加工、纺织服装、机械电子为主导的产业齐头并进的发展格局。截至2017年底，经开区共有企业121家，其中投产的企业有107家（含停产半停产企业23家），在建企业14家，规上工业企业65家。固定资产投资40亿元，比增25%；财政收入完成13576万元，同比增长72.06%。

（摘编：唐民）

浦城工业园区

浦城工业园区为省级开发区，项目建设有序推进，浦潭生物专业园区完成征地4000亩，平整场地1800亩，已完成投资2.9亿元。已入驻浦城正大企业；永芳香料有限公司在园区购地120亩的用于年产5000吨合成香料系列产品的项目基本建成，2017年12月已竣工投产。绿康生化股份有限公司也在园区购地100亩，用于年产2400吨活性杆菌肽系列产品的项目。德兴纸业购地120用于再生纸项目投资建设。除以上四家企业外，尚有370亩平整用地可供企业即时入驻，2000亩生物产业规划用地可供企业时序入驻。形象进度35kv变电所竣工完成已送电运行；自来水厂、污水处理厂正在建设；园区集中供热建设项目已完成可研、招商签约工作；纵二路、横四路已全面完成。二期完成征地2142.36亩，正在做详细性控规；二期连接大桥已完成设计招投标工作。目前园区内集中供热、供水、集中污水处理、供电以及道路管网建设工作正在有序推进，可为入驻企业正式投产无缝对接，同时也为生物产业企业的入驻提供良好的前置条件。

产业特色凸显效益。浦潭生物专业园主导特色产业是生物医药产业。大力发展“三高一低”（高技术含量、高附加值、高投资密度和低污染）、节能、节水的化工产品，园区具有生物多样性，今后可以依拖这一优势和产业基础，吸纳国内外大型生物医药、生物制造企业入园，生物化工产业园区的建设，有利于促进化工产业集群的形成与产业结构优化升级，改善园区产业结构过轻，经济外贸依存度过高，经济风险过大的现状；有利于增强城市经济实力，提高城市竞争力，并推动园区产业结构调整战略目标的实现。浦潭生物专业园作为主要发展区域，其中生物化工产业在现有的基础上，做强做大，做深做精，控制布点新上企业，防止扩散污染和粗放经营；生物化工产业未来以重点发展饲料金霉素、盐霉素、生物农药、生物兽药等系列产品；大力扶持浦城正大、绿康、绿安等一批优势骨干企业的成长；抓好浦城正大生化搬迁扩建、绿康系列产品开发等项目的实施，逐步带动园区建设成为全省最大的生物化工产业基地。

科技创新加大力度。积极引导企业科技创新，加大新技术、新材料的开发利用力度，千方百计提高产品技术含量。积极为绿康生化、兴达化机、鑫隆达等企业的技术创新争取上级相关部门的支持，引领企业加大技术研发投入力度。培育一批在国内外市场具有影响力和竞争力的知名品牌，努力实现园区产品结构和技术水平的跨越式发展。

招商引资成果颇丰。2017年，园区突出产业招商，回归招商、以商引商，招引符合产业定位的高质量项目入园投资，形成产业集群好、服务配套全、对外吸引力强的招商引资集聚区。产业招商也侧重科技含量高、能量节约型、环保型等企业，共完成3个招商项目：投资4600万元的南平闽瓯铝业有限公司的铝加工、合金锭铸造技改项目（一期）；投资12000万元的福建同辉光学眼镜镜有限公司环焦渐进多焦点镜片生产项目；投资35145万元的福建浦城绿家能源有限公司的浦潭生物专业园区集中供热项目。

管理服务多措并举。一是培育规模企业，着力培育和发展新的经济增长点，鼓励企业做大做强，协助指导爱家家私等企业开展新增2017年“规上”企业资料准备工作。二是引导企业科技创新，加大新技术、新材料的开发利用力度，千方百计提高产品技术含量。积极为绿康生化、兴达化机、鑫隆达等企业的技术创新争取上级相关部门的支持，引领企业加大技术研发投入力度。三是培育一批在国内外市场具有影响力和竞争力的知名品牌，努力实现园区产品结构和技术水平的跨越式发展。绿康生化股份有限公司已于2017年5月3日成功上市，成为浦城县第一家主板上市企业，本次发行人民币普通股（A股）3000万股，每股发行价15.20元，募集资金4.56亿元，募集资金净额3.68亿元将用于2400吨/年活性杆菌肽系列产品扩建项目、技术中心扩建项目及补充流动资金。

经济发展稳步增长。2017年共有入园企业37家，规模以上企业23家，其中高成长企业2个，省级名牌产品数1个，累计完成工业总产值26.69亿元，增长6.8%；完成税收0.91亿元，增长14%；固定资产投资完成3.12亿元。

（摘编：于新光）

建瓯工业园区

建瓯工业园区为省级开发区，2016年，在“中国笋竹城”工业平台的基础上对全市工业平台进行整合，提出打造“一区三园”，即：建瓯市工业园区，城东工业园、丰乐工业园、莲花坪工业园。为强化对工业园区的领导和管理，完善园区管理体制机制，成立建瓯市工业园区管委会，作为市委市政府的派出机构，对工业园区实行统一招商、统一管理、统一运作。同时，成立建瓯市工业开发建设有限公司，作为工业园区开发建设实体；下设城东、莲花坪、丰乐3个子公司，分别负责3个平台的具体开发建设，工业开发公司与管委会合署办公。整合后的“一区三园”规划总面积为20平方公里，其中：城东园10平方公里，丰乐园6.67平方公里，莲花坪园3.33平方公里，统称建瓯市工业园区。目前，“一区三园”已建成面积4.8平方公里，共落户企业124家，投产82家，其中规上企业42家（城东28家，丰乐1家，莲花坪13家），产值上亿元工业企业32家，年纳税100万元以上工业企业14家。园区先后荣获全省循环经济试点园区、国家火炬计划特色产业基地、国家级竹制品外贸转型升级示范基地等荣誉称号。

基础设施配套完善。着力平台开发建设，投资2500万元完成3个园区共980亩的土地平整；优化路网结构，投入488万元完成城东园B区1号道路、C区8号道路、东安口至北环路人行道、C区36米主干道人行道及C区排洪渠箱涵边道等5条道路硬化及配套工程建设；结合当地历史文化，完成城东园建成区的道路命名工作；完善配套设施，完成园区主干道1010棵行道树的移植补植，添置主干道电网配套设施并对60多盏太阳能路灯进行维护，提升园区绿化美化亮化水平；投资890万元的全民建设活动中心项目、投资2100万元的莲花坪污水处理厂项目即将竣工；积极与市供电部门对接协调莲花坪工业园110kV变电站项目。

产业特色布局合理。园区根据发展调整优化产业布局，形成城东园以竹木加工为主导，中药制造、林产化工、新能源、废纸再生利用、汽车物流相配套，专业市场等公共服务设施综合发展，兼有部分生活居住的城市新区；丰乐园以食品加工、机械制造、电子信息为主导；莲花坪园以竹木加工、农产品加工为主导的产业集群化布局，促进产业集中积聚组团发展。

科技创新不断加强。全年新增高新技术企业1家，总数达到4家；新增科技小巨人企业1家，总数达到5家；新增渣浆线压力筛机封、废纸制浆造纸生产方法、重竹HDF复合地板生产工艺等有效发明专利数3个，拥有发明专利总数已达9个；拥有省级笋竹产品质量检测中心1家，省级高新技术企业孵化器1个，众创空间1个。新增精工齿轮、双龙戏珠等企业技术研发中心2个。园区孵化器与厦门大学共建“国家级竹产业技术研发中心”先后承担了国家星火计划、国家863计划等国家级科技项目10余项，被评为“国家火炬计划建瓯笋竹科技特色产业基地”。知识产权贯标工作进展顺利，拥有省级名牌产品5个。企业上市工作扎实推进，利树股份、鸿志兴包装、新武夷制药等3家企业先后在新三板挂牌，华宇集团和利树股份主板上市工作稳步推进。

招商引资成效喜人。引进亿元以上项目6个，分别是投资1.01亿元的农资物流园项目、投资1.8亿的福建建工集团建筑产业现代化生产基地项目、投资2亿元的源光电装汽车束线生产线项目、投资2.3亿元的福建大庄高性能重组竹材项目、投资3亿元的利树股份高强瓦楞纸二期生产线项目，协调重组了总投资4.8亿元的传化德峰公路港项目；千万级以上项目2个，分别是投资4000万元的天茂塑胶酚醛塑料项目、投资3400万元的百丰竹工艺品生产线项目。积极对接福建博海工程技术有限公司，经初步洽谈拟将总部企业落户园区；积极对接山西太原石墨烯团队，并取得实质性进展。全年实际利用外资638万美元，累计实现进出口额43103.92万元。

管理服务制度创新。推行干部挂企，开启服务之窗，管委会帮助引导和扶持企业做强做大，推行干部派驻重点企业制度，知企业所想、帮企业所需、解企业所难，及时破解企业发展难题。创新工作机制，搭建便企之桥，细化梳理企业办事流程，设立“一站式”代办服务窗口，实行一次性告知、全程代办服务制度，安排专人到各职能部门为企业办理行政审批，最大限度缩短办理时间。同时，园区一站式代办服务中心与市行政服务中心建立了协作配合工作机制，开辟了绿色通道。

经济发展稳步提升。2017年，园区实现生产总值88.46亿元，增长55.18%；规上工业企业实现总产值75.66亿元，增长17.9%；实现税收

11601.3万元，增长96.7%，全年税收突破亿元大关；完成固定资产投资23.99亿元，增长16.18%。全年投入1.2亿元开发建设资金，征地3660亩，是园区历年资金投入最多、征地面积最大的年度。

（摘编：赵小真）

松溪经济开发区

松溪经济开发区为省级开发区，园区内“七通一平”基础设施基本完成，已入驻企业57家。经过多年的建设发展，开发区软硬环境不断优化，入园企业享受各级政府优惠政策，基础设施日臻完善，开发区内交通发达，社会治安良好，服务水平不断提高。已成为我省投资兴业的热土。全年基础设施建设投资3.09亿元，其中滨河路完成1公里污水管网及排水管网建设，完成350米水稳层，总投资780万元；中兴五路完成路基换填及100米稳定层，总投资200万元；新建垃圾中转站、职工活动中心、非公企业党建活动中心等重点项目，道路、管网、绿化等工程也在顺利推进中。

项目建设有序推进。2017年，开发区继续加强项目建设，紧紧围绕“百日攻坚、四比六促”，开发区以重大重点项目为目标，全力推进龙竹工贸新建项目、超越新能源入驻项目、金源新能源入驻项目、华韵竹木增资扩产项目、闽瑞环保纤维第5、6条生产线、永顺机械增资扩产项目、维幅精工机械设备厂建设项目等重点项目的服务工作，确保开发区经济较快增长，实现全年任务目标。

管理服务细致热情。开发区紧紧围绕项目为纲的发展思路，重心下移，优前服务，要求园区工作人员全面了解园区企业的发展项目，建设项目的每个细节，制定详细的项目服务方案，确立专人负责跟进制，全面提升服务质量。同时，开发区管委会把服务企业、服务项目工作作为提升开发区工作核心竞争力重要位置，朝着“一站式、保姆式”目标做好服务工作，服务意识不断增强，服务水平不断提高。管委会把服务企业、服务项目工作作为提升开发区工作核心竞争力重要位置，朝着“一站式、保姆式”目标做好服务工作，服务意识不断增强，服务水平不断提高。

经济发展稳步增长。2017年，开发区实现规模以上工业产值39.26亿元，增长33.17%；完成固定资产投资14.93亿元，增长0.02%；创税3241.38万元。

（摘编：严志东）

政和经济开发区

政和经济开发区为省级开发区，2018年的主要任务是：招商选资加强对接。开发区继续以机电为主导产业、食品为辅助产业布局，重点围绕发电机（组）、水泵、汽摩配等三大产业链，做好做实招商选资工作，继续发挥以商招商、理事会招商、产业链招商，积极对接温州、台州、福清、上海、福安产业转移提升。围绕签约项目抓开工，开工项目抓竣工投产，投产项目抓增效。采取倒逼机制，紧抓关键节点，及时协调解决有关问题，推进入驻企业项目早建设。

基础设施建设加快。进一步加强对开发区基础设施建设投入，全力推进十大工程项目建设：二期灰场后片区市政工程、二期鸭姆垅片区市政工程、七星溪南路建设工程、污水处理厂建设配套工程、天然气输配管网和配套燃气工程、220万千伏变电站、公共租赁房一期建设工程、物流园建设工程、职工文体活动（培训）中心、二期边坡工程等。以每月为单位，倒排工期，做好工程建设节点任务管理，按时推进。

服务质量优化提升。开发区深化服务体系建设，全力践行“24小时办公，全天候服务”的服务宗旨。继续推行并审联批，为企业提供保姆式服务。加强“政银企”平台建设，与兴业银行、建行、民生银行、邮储银行、中国银行等金融机构开展助保贷业务合作，为机电企业争取总授信额度2亿元。

企业重组积极推进。4家企业重组成功（禹森、天然、新义恒，3家均已投产）。下一步，开发区将积极协调有关部门，进一步优化企业兼并重组市场环境，力争云天、幸达等企业重组成功；同时，加强对已签约未供地企业项目、已供地未开工企业项目采取倒逼机制，紧抓关键节点，及时协调解决有关问题，推进入驻企业项目早建设、早投产。

（摘编：王增丰）

顺昌工业园区

2015 年 9 月 9 日，顺昌工业园区经省政府批准设立，正式纳入省级经济开发区管理，总规划面积 2.45 平方公里，2016 年 5 月 9 日以顺昌工业园区（郑坊）为主体，由丰泽区和顺昌县共同投资，经省发改委、农业厅等部门联合批准设立产业园区——顺丰共建产业园区，推进山海协作建设发展。

基础设施不断完善。2017 年，园区大力推进基础设施建设（竣工项目 6 项，在建项目 3 项，前期项目 1 项），设立孵化园，筹建标准厂房及公租房三期，减轻项目入园投资成本，推动轻资产招商增强园区招商引力；同时不断优化园区投资软环境，强化政策与基础配套并进，做好园区企业服务中心体系建设。

产业特色布局科学。按照“四园一区”（光电产业园、食品产业园、竹产业园、创业孵化园、综合服务区）功能布局建设，以欧浦登（顺昌）光学有限公司（交互式触控一体机、各类特种玻璃及触摸屏面板的拳头产品，84 寸电容式触控教育玻璃黑板 2017 年已投产）和福建神农菇业股份有限公司（海鲜菇瓶栽一体化生产线技改项目，日产海鲜菇 25 吨的生产能力的食用菌瓶栽一体化生产线，2017 年已投产）为龙头的企业大力发展光电产业及食品产业，并以盈昌竹木及楚瑞竹木为骨干竹木企业，布局竹木产业链；推进各类研发中心、技术中心的建设，推进园区新型产业发展。

科技创新成果颇丰。2017 年，园区企业获得高新技术企业称号的有欧浦登（顺昌）光学有限公司，该企业申请了有效发明专利 6 个：一种提高尺寸生产线生产 OGS 触摸屏成品率的方法、一种弯曲触控显示屏及其制造工艺、一种全贴合弯曲触控显示屏及其制作工艺、一种基于多点触控屏的电视游侠遥控手柄的实现方法、一种全贴合曲面触控显示屏及其制造工艺、一种侧光式玻璃背光板及其制造工艺。福建神农菇业股份有限公司设立了“南平市级企业技术中心”研发中心，并创“神农白雪牌真姬菇”省级名牌产品同时推动上市并购上市。另外，福建顺昌兆丰生物科技有限公司也创“兆丰精灵 + 图形牌真姬菇”省级名牌产品。

招商引资政策优惠。县委县政府出台《入园项目管理服务办法》等系列招商优惠政策，积极创新招商模式，2017 年意向落地园区项目 11 个，签约项目 5 个（桃花江竹产品、绿森竹炭、竹福林竹加工、智能家居、一卡通闸机），增资扩产项目 2 个（欧浦登大尺寸触摸显示屏、神农三期）。以现有龙头和骨干企业为中心，积极推进企业增资扩产和延伸企业链条，努力打造循环化工产业平台，带动产业集群发展。

管理服务落实到位。根据工作需要，管委会设立办公室、规划建设股、企业服务股、环保监察股和安全生产股等 5 个内设机构，围绕建立高效运行机制的目标，健全完善园区议事、工作、请假、财务审批等相关制度，规范园区管理工作；设立园区企业服务中心，全天候为入园企业和落地项目提供服务。一是注重培植龙头企业，在政策上、服务上为企业提供全方面支持，促进企业转型升级，2017 年神农菇业三期和欧浦登大尺寸触摸屏等增效扩产项目均完成竣工投产；二是助力企业项目落地，向北京“一卡通”公司提供办公场所和员工宿舍，为其提供便利，积极帮助其完成入园审批，促成“一卡通”项目迅速落地产业园区，轻企业投资成本。

经济发展态势良好。2017 年以来，园区新征土地 860 亩，新建平台 1500 亩，启动基础设施项目 10 项，总投资 3.35 亿元，累计完成投资 8890 万元。园区正常经营的 7 家企业完成产值 35435 万元（统计口径），增长 30.63%。

（摘编：吴汉良）

漳平工业园区

漳平工业园区为省级开发区，2017 年园区逐步加大基础设施建设投入，增强“绿、亮、美”

工作力度，重点推进漳平木竹产业园、登榜工贸新区改造提升工程，累计基础设施投入3722.51万元。完成登榜改造提升基础设施建设项目（74.9亩）、东方雨虹（155.2亩）、木村美丽家园四期（62.5亩）等共292亩的土地报批工作。共盘活闲置厂房18.4万平方米，收回闲置用地506.8亩，促进兼并重组6家企业457.5亩。

产业特色优势明显。按照城市化的理念规划建设产业园区，推进轻纺产业、机械制造、新型材料、木竹加工业四大主导产业发展，促进园区进一步转型升级。在轻纺产业方面，重点培育天守、协龙、三达等龙头企业，力争总投资10亿元的三达功能性纤维生产项目早日签约，推进天守二期竣工投产，协龙色纱项目开工建设，培育上下游企业和关联配套企业，延伸产业链条，优化产业结构。在新型材料方面，重点推进东方雨虹防水材料项目、瑞森新材料项目、中宏科技新材料项目、防火涂料项目的建设进度，力争在新型建筑材料，高分子新材料、木材改性材料、防火防水新材料等产业发展有更大的突破，加快形成产业集聚。在木竹产业方面，重点推进木村三期扩建增资项目、青晨二期等项目，力争早日投产。同时加快建设中国·漳平木竹产业园区，提升产业园区影响力，尽快形成产业规模效应。在机械铸造产业方面，重点发展祺隆耐磨与台湾广泰集团展特种药芯焊丝及耐磨板生产合作项目，祺隆耐磨与比亚迪合作生产汽车铸件项目，提升产业链配套水平。

科技创新成效喜人。一是实施高新技术企业成长助推计划，木村、正盛、瑞森、天守、三达、溢泰、国强、汇创公司被列入国家高新技术企业（现有国家高新技术企业8个）。漳平木村林产有限公司、福建瑞森化工有限公司被列入省创新型企业。二是天守公司通过2016年省级工程技术研究中心认定。三是漳平工业园区获省知识产权局批准，设立“省知识产权服务工作站”。现有专利760件（发明35件、实用新型461件，外观设计264件）。

生态环保严格执行。一是建立健全环保机构，成立园区环保部，加强环境保护管理；二是由市入园项目审查论证小组负责对入驻项目涉及的产业政策、用地规模、环境影响评价、市政要求等事项进行论证，严格控制污染环境企业进入园区。三是严格监管已入园企业，项目投资合同中明确环保要求，要求已建成投产企业严格落实环保责任。按项目投资合同约定及环保相关规定，企业向环境排放的废水、废气、噪声、固体废物等污染物须达到环保排放标准。四是完成工贸新区污水处理站建设并投入运营；五是全面开展“一企一档”工作，收集企业环保方面信息，已初步建立数据库。

经济发展逐年增长。园区规模以上工业企业83家，企业用工人数7115人，全年完成规模以上工业产值119.81亿元，同比增长21.1%。全年企业入库税收合计1.825亿元，同比增长102.25%。全年园区企业用电总量15352.01万千瓦时，同比增长11.3%，占全市用电量18.3%。

（摘编：肖启辉）

上杭工业园区

上杭工业园区为省级开发区，投资环境逐步优化，园区地处上杭城区以南，交通便利配套设施齐全。每年逐步提高基础设施建设资金投入。园区内路网、配套设施建设不断完善。2017年边坡绿化、植补恢复和生态修复完成水土流失治理面积约150亩。园区始终坚持绿色发展、低碳发展、安全发展理念。围绕“以优越的投资环境吸引人、以优质的政府服务感动人、以优美的人居环境留住人”的服务理念，为园区内企业提供无微不至的服务，协调推进企业扶持政策的落实兑现，保持工业生产持续较快增长。

产业特色重点突出。以矿冶、机械两大产业为主导，重点发展有色金属材料精深加工，扶持高科技金属加工产业，目前园区内落户各类型企业78家，规模以上企业29家，园区内还创建了上杭县科技创业园，培育发展高新技术产业，部分有色金属精深加工企业也正在逐步进行技改，园区正逐渐从矿业、机械为主导的园区向绿色、环保、高精尖技术园区转型。

科技创新多措并举。园区内成立上杭县科技创业园，为高新技术企业培育与发展提供基础设施支持与发展空间。目前已进驻6家高新技术企业，后续还会逐渐引进各种高新技术企业入驻。后续将大力引进高层次科技人才、高素质管理人才、高技能实用人才和高水平创业团队入驻园区，为优质企业提供高级管理人才和高级专业技术人员提供便利，将进一步提升行业及园区的影响力，推进创新园区建设和吸引科技型中小企业入驻园区。

招商引资成效良好。新入园项目有电缆新材料生产项目、锂离子电池用高档电解铜箔生产扩建项目、福建上杭K金首饰自动化生产基地项目、连铸连铸铜杆生产项目、综合物流园项目。科技创业园入驻5家科技型中小企业。

生态环保严格执行。修订了《福建上杭工业园区管委会落实环境保护工作“党政同责、一岗双责”制度实施方案》，明确领导职责，齐抓共管。结合园区实际，制订了《福建上杭工业园区管委会环境网格化划分方案》，并与园区环境重点监管企业建立工业园区网格化环境保护监管体系，定期上报网格化监管情况。还加大环保基础设施投入力度，完成园区内工业废水集中处理工作，设备设施运行维护、园区配套道路铺设污水管网约2000米等环保基础设施建设。

管理服务细致周到。园区切实加强为企业发展综合协调服务职能。一是确立企业与工程项目挂钩责任制，明确挂钩工作职责和服务内容，保证企业与工程项目顺利进行，并随时跟踪督查项目工程进展情况。二是加强园区和企业干部学习教育，通过集中教育、开展培训会议等形式，提高管理干部的综合素质，显著提高为企业和工程项目的服务质量。三是切实从企业出发、从企业与企业员工便利出发，解决水、电、用工、食宿休闲等基础问题，为企业的持续、平稳发展保驾护航。

经济发展态势良好。2017年，园区完成工业总产值约236亿元，完成固定资产投资约19亿元，其中基础设施建设投资约1亿元。

（摘编：刘海元）

连城工业园区

连城工业园区为省级开发区，投资环境不断优化。①基础设施建设：食品园区4—3号道路工程已经竣工通车；4号路桥梁工程已建成通车；4—4号道路工程已开工建设；林坊溪排洪沟改造工程已完成立项、图纸设计和预算审核；食品加工园区集中供热项目已投产并向企业供气；食品加工园区污水处理厂已完成土地出让工作及施工图设计，项目已开工建设；海峡光电产业园达米拉及允升复合钢管项目土方平整工程已完成；光电产业园二期3号厂区规划建设已完成标准厂房方案评审工作，正在施工图纸设计。②国际物流园的建设：目前已完成480亩土地征地，31幢房屋的拆迁，坟墓、杆线已全部迁移，正进行场地土方平整，房屋主体工程已开工建设。③园区三期建设：启动连城工业园区第三期建设工作，对三期规划进行调整完善并初步与福清市对接建设福清产业园，目前已完成路网可研、修规设计等编制及评审工作。④其他建设：完善园区生活设施和公共交通设施，目前园区公交车已正式开通，海峡光电产业园生活区已投入使用，正在加强物业管理，园区其他生活设施不断完善中，园区形象得到较大改变。

招商引资成果喜人。①2017年园区新入园项目13个，大项目获突破：年产10万吨复合不锈钢管生产项目；LED及灯饰项目；新型纳米环保材料研发基地与生产线项目；手机方案解决项目；手机检测项目；年产1000吨单晶硅棒、1000吨多晶硅锭及5000万片显示屏镀膜溅射靶材用硅片生产线项目；钨钢棒生产项目；新能源电子元器件生产项目；新能源锂电池生产项目；中国·连城国际物流商贸城；塑料轻工制品生产线项目；建筑构件项目；手机3C配件项目。②2017年园区新开工企业10家：允升复合管业科技有限公司9月27日已开工建设；达米拉二期二层已浇筑混凝土；力传生物已开工建设；中慧捷成第一期已投入生产；泰尔光伏已完成设备安装并投入生产；中视电子开始装修厂房；亿方通科技开始装修厂房；中塑科技第一期已完成设备安装进行试产；金利泰食品已完成污水处理，投入试生产；紫老虎食品投入试生产。③重点技改项目7个：连城县中触电子有限公司10.1寸—85寸电容触摸屏生产项目，第一期已完成并投入量产；达米拉数码科技新型显示器智能化生产项目，二期厂房、研发中心已动工建设；福建赛特新材股份有限公司年产660万平方米真空绝热板扩建项目等技改项目已开工建设；晶诚光电总投资2000万元新上一条高精密切割生产线，目前已完成并投入生产；爱的电器气一气技改已完成，福安厂搬迁工作已启动；康莱宝二期厂房已开工建设；汇东光电二期进行设备调试，11月初投入生产，目前生产正常。④在谈项目10个：总投资10亿元的锂电池膜产业化项目；总投资5亿元的真空玻璃项目；背光模组项目；总投资1.5亿元的手机、触摸屏面板贴合生产线项目；总投资5000万元智能水表项目；总投资1.2亿元的印刷及包装项目；总投资5000万元的光电五金配件项目；总投资1.2亿元的触控一体机项目；总投资7000万元的显示屏玻璃盖板项目；总投资2亿元的高档石英板生产线项目。

管理服务细致诚信。①成立重点项目帮扶工作小组，主要领导亲自抓，分管领导具体抓，重点项目如复合钢管项目设立服务秘书，及时了解项目进展情况，帮助项目办理前期手续等服务工作。②2017年以来已按政策及时兑现汇东、冠睿、万乘、中塑等企业厂房租金和装修各类补助共计2484万元。③帮助企业招工宣传，及时了解企业招工情况，并及时发布企业招工信息至相关平台、电视台，并与人社局、各乡镇密切配合，帮助企业招工700多人，与县职业中学开展定向培训招工合作，与龙岩技师学院开展合作。并与以晴集团共同从贵州、云南引进200多名工人。利用园区的路灯灯杆广告及城区公共平台，加大对优质企业的宣传。④园区始终坚持“安全第一，预防为主”的方针，以落实安全生产责任制、建立健全工作机制为入手，以宣传、排查、监管为重点，积极各项工作，做到了安全生产工作警钟长鸣、常抓不懈，防患于未然，截至目前未发生因工重伤、死亡、重大火灾及生产事故。⑤出台鼓励和扶持商贸企业及其他盈利性服务业办法。在连城县减轻企业负担宣传周期间，园区管委会自11月15日起组织开展了减轻企业负担宣传活动，整理收集近年来的各项惠企政策，通过园区网站、微信公众号、宣传栏专刊等宣传平台，组织广大干部职工学习，并安排政策兑现工作小组深入企业进行政策宣讲、发放政策汇编材料，最大限度发挥政策效应。

经济发展稳步增长。2017年，园区（一园两区）实现规模以上工业产值50.1亿元，比增47.1%；税收1.37亿元，比增31%；固投60.09亿元，比增63.08%。

（摘编：彭文荣）

永定工业园区

永定工业园区原称莲花工业园区，位于永定北部高陂镇，创建于2002年10月，2012年起莲花工业园区委托永丰新区管理。永定工业园区为省级工业园区，核准建设面积为0.8平方公里，2014年9月，获省政府批复同意南扩申请，南部园区位于永定城区西南3公里处，东至老城中心区、南至梅坎铁路及S606省道、西至仙师兰岗一带、北至357国道永杭线，涉及凤城、城郊、金砂、西溪、仙师等5个乡镇，整个园区沿城区西北环路两侧拓展，总体规划用地面积13.68平方公里，均属低矮丘陵地貌，利用耕地少，主要由平山造地形成。

投资环境改造提升。根据工业园区规划布局，通过实施园区路网、管网、公共服务设施改造提升等工程，为园区产业项目提供承载的基础和支撑条件，不断优化园区发展环境。路网建设方面，完成了园区主干道西环路两边边沟及人行道建设，完善了入园区十字路口的红绿灯和红绿灯处到光电产业园主干道减速带等交通设施。管网建设方面，疏通了西环路沿线排水、排污管道，积极推进礼田片区城市建设板块排水、排污系统市政管网规划设计，解决C组团与该板块入驻项目的排水、排污问题；继续完善了园区B组团（含支路）至区污水处理厂之间的管道建设。配套设施方面，租赁鑫华通科技园有限公司2幢楼作为员工宿舍，解决了300余个员工的住宿；原胜达家私的3幢楼改建为职工宿舍楼，可供600余个员工居住；基本完成了光电信息产业园A区商住楼主体工程和附属设施建设；光电信息产业园内的绿化美化进一步提升，园区配套服务功能不断完善，企业生产、员工生活问题得到较好解决。

产业特色重点突出。园区通过引进项目，推进产业聚集。把园区建设成具有较强产业集聚能力和较高经济开发度的产业转移承接区域，具有独立自主知识产权和较强科技创新能力的以轻工产业为主的综合性生态工业园。产业培育依托工业园区光电信息产业园，重点培育发展光电信息主导产业，重点研发新一代信息技术，引入一批高端光电信息技术企业，研发信息通讯设备、操作系统与工业软件、智能制造核心信息设备、节能装备产品。

项目建设有效推进。光电信息产业园是永定工业园区重点打造的产业平台之一，项目总投资4.9亿元，规划用地152.21亩，规划建设16.58万平方米，包括建设14万平方米的标准工业厂房、研发中心和2.72万平方米的企业职工服务中心。项目分两期进行，其中，第一期建设16幢厂房（7.22万平方米）、4幢商住办公楼（2.72万平方米），至2017年底，16栋标准厂房已经全部投入使用，第二期项目建设将于2018年开始实施，2019年投入使用。

招商引资成效喜人。园区依托光电信息产业园，大力发展新一代信息技术、光纤光缆、智能终端、电子信息、电子设计等光电信息产业。截至2017年底，园区签约入园企业有34家。按产业属性分，光电信息企业有15家，食品加工企业有5家，其他制造企业有12家，电子商务企业有1家，物流企业有1家。其中，金叶纸品技改搬迁、永锋电子、全凯智能科技、祥亿电子、卓普电子、展兴电子、科普特电子、宝通智能机电、无机功能纳米、弘科户外登山用品、富鑫达电子、大郎厨具、信源通电子和飞拓箱包等15个项目已建成投产，联益电力、礼旗谷酒、天美仕户外旅游用品、竹缠绕复合压力管生产、燕窝加工、酵素生产、华协（香港）电子城建设等项目正在全力推进。

生态环保高效执行。按照园区水土保持方案，采取“边开发、边防范、边治理”的办法，对园区水土流失进行治理。一是对已开发的平台地块，采取永久性防治措施，及时砌挡土墙等措施进行防护，并逐步实施边坡植树、种草等恢复植被的措施；二是对正在开发建设的平台地块，采取临时性防治措施，在土方施工现场开挖临时排水沟、沉沙池和砂袋围堰等，对已平整好的平台地块及时压实，把因土方施工造成的水土流失减少到最底限度；三是督促入园企业加快建设进度，尽可能地缩短建设工期，并认真做好绿化达标，以减少土地裸露时间，切实减少工业园区的水土流失。四是坚持绿色集约发展，严格资源节约和环境准入门槛，科学制定工业园区土地利用率、建筑容积率、节能减排降碳等约束性指标要求，建立建全相应的评价考核机制，努力创建生态绿色工业园区。

（摘编：林开龙）

龙岩稀土工园区

龙岩稀土工园区为省级开发区，2017年围绕打造“全国稀土产业基地”目标，加快推进园区开发建设，求真务实、开拓进取，全力打好项目落地攻坚战，积极推动产业集聚发展。2017年全县完成稀土产业产值80.1亿元，比增66.5%。扎实打好项目落地攻坚战，持续推进“五个一批”项目和“325百日会战”工作。

签约一批：县下达任务数3个。已完成合同5个。①龙岩市安麦信磁钢有限公司磁钢机加工生产线项目，于2017年1月签约。②福建省长汀金龙稀土有限公司介电陶瓷钛酸钡粉体项目，于2017年1月签约。③福建鸣友新材料科技有限公司热转印稀土新材料生产项目，于2017年6月签约。④厦门欧斯拓科技有限公司钐钴永磁材料项目，于2017年9月签约。⑤北京雷生强式科技有限责任公司的闪烁及激光晶体军民融合生产线项目，于2017年11月9日签约。

开工一批：县下达任务数2个，已完成5个项目。已开工项目：①龙岩市安麦信磁钢有限公司的磁钢机加工生产线项目，于2017年2月开工建设，7月正式投产。②福建龙杰特电机有限责任公司智能环保清污设备生产项目，于2017年2月开工建设，目前，设备调试已完成，正式投产。③福建贝思科电子材料股份有限公司介电陶瓷钛酸钡粉体项目，2017 年 7 月开工建设，目前，正进行设备安装。④中石油长汀催化裂化催化剂项目，项目首期建设资金 4.2 亿元已到位。总承包单位中油二建公司 9 月 5 日已派前期人员来汀，现已完成建设工地活动板房等基础建设工作。项目于 2017 年 9 月 21 日开工建设。⑤福建鸣友新材料科技有限公司热转印稀土新材料生产项目，于 2017 年 12 月 29 日开工建设。

建成一批：县下达任务数 1 个，已完成 4 个。①福建省长汀金龙稀土有限公司高性能钕铁硼稀土永磁元器件项目，2016 年 9 月开工建设，2017 年 6 月正式投产。②龙岩市安麦信磁钢有限公司的磁钢机加工生产线项目，于 2017 年 2 月开工建设，7 月正式投产。③福建龙杰特电机有限责任公司智能环保清污设备生产项目，于 2017 年 2 月开工建设，8 月正式投产。④福建省长汀金龙稀土有限公司年产 3000 吨稀土永磁材料二期生产线项目，2016 年 9 月开工建设，目前一条年产 1000 吨的设备安装完成，已进行试生产。

谋划一批：县下达任务数 3 个。目前已完成 4 个项目并上报县发改局。

增资一批：县下达任务数 1 个。福建省长汀金龙稀土有限公司年产 3000 吨稀土永磁材料二期生产线项目，2016 年 9 月开工建设，目前一条年产 1000 吨的设备安装完成，已进行试生产。

（摘编：陈建闽）

福安经济开发区

福安经济开发区为省级开发区，2017 年准确把握阶段发展特征，着力产业转型升级，促进经济社会持续健康发展。

工业经济指标趋于稳定。在经济下行压力下，园区企业艰难运行，各项指标趋于平稳。2017 年全年工业总产值实现 60 亿元，其中规上工业企业总产值实现 53 亿元；全年固定资产投资入库 10.5 亿元；完成培育规上企业 3 家，限额以上商贸企业 2 家。各项经济指标下降态势得到缓解，工业经济触底反弹态势显现。

项目工作稳步推进。①工业项目：实施工业技改项目 2 个，总投资 3.636 亿元，新增工业项目 4 个，总投资 8708 万元，全年工业项目完成投资 4.1068 亿元。②基础建设项目：新建、续建基建项目共 5 个，总投资 2.3099 亿元，年度完成投资 2074 万元。③项目资金争取：向上争取项目资金 289 万元。其中 2016 年度省级新型工业化产业示范基地奖励资金 200 万元；2016 年度福建省国家级和省级开发区综合发展水平评价奖励资金 50 万元；省交通厅道安工程项目补助 39 万元。

招商引资取得新成效。充分发挥自身的区位、交通、政策优势，不断创优投资环境，强势推介、主动出击，大力推进招商引资工作。一是认真梳理了解国企央企和优质民企的发展目标和投资方向，及时准确捕捉信息，加强联系，争取前来考察、投资建设。二是立足于电机电器、金属制品、新能源等产业积极招引重点关联项目，打造产业基地和产业集群。2017 年共引进项目 12 个，到位资金 10.0045 亿。

征地安置工作迎难推进。征地方面，协调万家宝电器、元诚轴承项目用地 73 亩，补偿资金 180 多万元；一洲物流选址后太村 302 省道边地块，群众抵触情绪较大，开发区主要领导亲自挂帅，带领相关部门深入群众中反复动员、协调，现基本达成共识，即将签订征地协议；拆迁安置方面，共搬迁坟墓 14 座，协调处理拆迁、项目阻工各类问题 10 余起，确保项目平稳推进。

发展环境日益优化。①生态文明建设扎实推进。一是加强生态文明理念教育。强化国家关于环保法律法规和政策的宣传，加大对节能减排知识的普及，不断提高干部群众的生态文明意识；二是大力淘汰落后产能。积极响应上级关于取缔地条钢企业工作部署，对区内两家不达标炼钢企业进行拆除，努力构建低碳、绿色、环保、循环产业体系；三是持续改善生产生活环境。扩大区内环卫保洁范围，提高环境卫生整洁度。②综治维稳工作成效明显。一是深化“平安创建”活动。健全打防并举常态机制，深入开展平安单位、平安企业创建工作，平安建设群众满意度逐步提高；二是做好维稳和信访积案化解工作。做好涉军群体、地下天主教势力的稳控工作，全年没有发生越级上访事件；解决了罗翠容信访积案，得到市委和政法委的充分肯定。

（摘编：李兵）

宁德三都澳经济开发区

宁德三都澳经济开发区为省级开发区，基础设施不断完善，水、电、路、通讯等基础设施基本配套。区内的宁德港城澳作业区海关、进出口检验检疫、边检等口岸查验机构健全。2017年三都澳经济开发区按照市委、市政府提出的“开发三都澳、建设新宁德”中心任务，围绕“以港兴城、产城融合”的发展思路，组建的国有平台公司全面启动城澳作业区6－16#泊位连片开发项目。项目安征迁、清海、施工道路建设等工作正在有序推进，贯穿开发区的228国道开工建设，将进一步提升疏港公路等级。

产业特色效益凸显。开发区以发展港口物流、临港工业、建材加工、海洋产业为主体的港口开发区。城澳作业区7.5公里岸线规划建设1万—30万吨级泊位20个，开发区通过深水码头等基础设施连片开发项目的带动，形成与三都澳资源优势相匹配的机制砂石和装配式建筑两大产业。推进港口开发建设，提升港航服务水平，健全完善三都澳区域的港口集疏运体系。

招商引资重点突出。开发区突出产业项目，精准招商。城澳西1号泊位项目引进资金1.5亿元，重点抓紧抓好6—16#码头泊位的连片开发项目，已完成该项目的预可研。该项目总投资1000亿元，多家央企要求投资开发。通过连片开发，形成整体区位优势，打造成以码头开发为主的集建材、物流等综合性开发格局。

管理服务水平提升。继续实行班子成员挂钩联系企业制度，提高办事效率和服务水平。引导各类资金投资园区基础设施建设，增强园区的产业集聚能力，同时强化项目服务力度，着力推进区内企业安全生产标准化建设，提升项目开发、园区管理水平。

经济发展稳步增长。2017年，开发区实现地区生产总值16.5亿元，比增20.12%；规模以上工业企业总产值13亿元，比增85.25%；固定资产投资完成额2.1亿元，比增11.63%。

（摘编：郑新贵）

福鼎工业园区

福鼎工业园区为省级开发区，2017年主要任务是：按照市委、市政府提出的工作部署，发挥闽浙边界的区位优势，主动接受浙南乃至长三角地区的经济辐射和人才、资金、产业转移，坚持“稳中求进、以快为先”的发展原则，在经济下滑和市场低迷等严峻形势下，园区攻坚克难，稳步推进，取得较好成绩。围绕上述任务，重点完成了以下工作：抓产业，促发展，经济态势稳中有进；破难题、重实效，强力推进安征迁工作；大投入、巧运作，进一步完善基础设施配套；

上项目、挖潜力，不断发展新增长点；兴园区、重民情，强化落实服务企业措施；抓安全、重环保，推进园区平安和谐稳定。

（摘编：于新光）

周宁县工业园区

周宁县工业园区为省级开发区，2018年主要任务是：按照县委、县政府和上级部门的工作要求，结合县工业园区实际，坚持科学发展观，紧紧抓住机遇，以招商引资为核心，以项目建设为重点，以落实资金和加强自身建设为保障，强力推进园区快速、高效发展。围绕上述任务，重点抓好以下工作：加大园区基础建设和招商工作力度；持续有序推进重点项目建设；规范园区各项管理，不断优化投资环境。

（摘编：朱明清）

古田工业园区

古田工业园区为省级开发区，基础设施建设投入加大，2017年，园区公共基础设施投资总额4632万元，比增3.6倍。在完成西区凤凰小区路网排水一期工程基础上，重点进行凤凰小区河道改造工程和“双创”示范基地的建设。同时，西区路网一路（王田西路）与三路（局下路）路西改造工程投入全面施工。

产业特色发挥效益。东区聚集企业达171家，其中食用菌加工、销售、仓储、包装企业147家，含批发零售类企业130家，加工类企业13家，包装类企业4家。上述规模以上企业35家。西区主要发展轻工业，承接食品加工企业和符合园区规划的城区企业入园经营。禁止引进排放重金属和持久性有机污染的项目，鼓励使用清洁能源，提高工业用水重复利用率。

科技创新初见成效。东区内有宁德市级古田县食用菌研发中心1个，古田县电子商务产业孵化基地1家。福建省级名牌产品2个，分别为古田县顺达食品有限公司的"湖心泉+图形牌"古田银耳和福建省康旺食品有限公司的"康盛达牌银耳"。古田县恒春农业开发有限公司有效发明专利1项（专利证书号2677223号）。

生态环保重视执行。经福建省环境保护厅认定，从总体上看，规划符合我省相关区域政策，与古田县总体规划、生态功能区划、环境保护相关规划等较为协调，同时提出补充整改意见。2017年，根据省环保厅的整改要求，督促企业办理环保和环保工程竣工验收手续。东区雨水污水处理系统全部建成纳入古田城区污水处理体系。西区污水纳入古田城区污水处理体系的管道基本铺设完成。园区内危险与一般固体废物处理得到落实，实现垃圾集中处理。园区容积率1.5，绿化覆盖率12.23%。

管理服务落实到位。2018年，县委机构编制委员会确认"古田工业园区管理委员会"为县政府直属事业单位，有利理顺关系，强化管理。园区继续执行县委县政府制定的《促进工业发展23条》等文件，通过开展"三比一看"（比质量、比安全、比进度、看实效）和"一转三抓比贡献"（转作风，提振精气神，抓项目投资、抓动能转换、抓脱贫攻坚，推动上下创优争先，比学赶超，多做贡献）等活动，调动企业活力，提高生产能力。园区在企业服务上狠下力气，干部深入生产第一线，为企业排忧解难。2017年为5家企业解决融资转贷的困难问题，实行精准帮扶。领导干部"一对一"挂点扶持企业，建立"一个企业、两个保姆（处级分管县领导和所属乡镇、街道分管领导）"和"一个企业、两张卡片（企业联系卡、企业服务卡）"的代理服务机制。园区内非公企业党组织覆盖率3.53%。

经济发展态势良好。2017年，园区实现地区生产总值32.3亿元，比增7.3%。规模以上工业增加值2.8亿元，比增12%。企业固定资产投资1765万元，比增32.7%。产业集聚水平93%。对外贸易进出口总额8.5亿元，比增34.9%。

（摘编：唐民）

屏南工业园区

屏南工业园区为省级开发区，2018年园区主要任务是：立足三个省级工业集中区现有产业基础，对园区进行修编，通过科学布局，完善园区基础设施建设，推进集约以展，盘活闲置土地。围绕上述任务，重点抓好以下工作：争取完成110kV供电工程，10kV迁杆改线工程；完成溪角洋工业园区东侧道路及边坡防护；基本完成溪角洋工业园区南侧道路路基。

（摘编：彭文荣）

寿宁工业园区

2006年3月，寿宁工业园区被省政府确定为省级工业园区，打造以工业新材、精密铸造、汽摩配件、电机电器、农副产品加工等为主导产业的"工业走廊"。工业园区规划总面积25326亩，已开发8300亩，目前入驻企业90家，2017年实现工业总产值73.47亿元，税收1.82亿元。

产业特色重点培育。牢记习总书记对寿宁县提出的"马不停蹄办好工业"的殷切嘱托，依托溧宁高速公路在境内的三个互通口，规划建设南阳工业园区、际武工业集中区和三祥科技园，着力打造"道口经济""场站经济"，培育形成新材料、精密铸造、汽摩配件、电机电器、农副产品加工等主导产业，工业经济已成为推动寿宁加快发展绿色崛起的主引擎。

科技创新成效初显。完成三祥氧化锆年产10000吨生产线技改扩建、兴昌茶叶、春权模具等8家重点技改项目，总投资2.76亿元，福建恒力汽车空调有限公司被评为全国高新技术企业；2017年有效发明专利企业10家，专利数37项。

招商引资多措并举。积极探索多种行之有效的招商方式，创新招商工作机制，从全面出击向精准招商转变，增强招商引资的实效性；采取领导领衔招商，将重点项目、重要招商趣味、主导产业一一由县副处以上领导挂钩，明确责任目标，开展招商活动；同时采取以商招商，充分发挥县内已落户企业的桥梁纽带作用，延伸招商引资触角，引领带动更多客商落户；实行专业化招商，有针对性地对浙南等发达地区产业结构现状、转移产业进行研究，加强与行业龙头、产业龙头、外出乡贤对接联系，广泛搜集信息，制定项目引进“路线图”，组建招商小分队开展上门招商，并针对重点客商、重点项目量身打造个性化招商方案，开展一对一、点对点对接洽谈、跟踪落实。

生态环保严格执行。寿宁是国家级生态功能区，严格入园企业项目准入门槛，杜绝或限制引进污染大、能耗大的项目，同时淘汰一批在环保、节能方面存在较大问题且无力整改的企业项目；强化企业生产过程动态监管，对重点耗能、耗水、排放企业，按照“减量化”有限原则，进行节能改造、节能监察、能源审计。大力扶持发展绿色产业，引导和鼓励利用本地丰富资源的农副产品加工企业，延伸精深加工产业链，实现富民富县。建设污水、垃圾以及固废处理设施，加强运行管理，营造环保、生态、美洁的园区环境。推进循环经济发展，鼓励和扶持企业内部以及企业之间的副产品与能源梯级利用，实现环境效益、经济效益和社会效益同步提升。

管理服务强化职能。2014年，寿宁县编制委员会正式核编成立福建寿宁工业园区管理委员会，园区管理由原来以部门指导、乡镇管理为主，转变为以管委会统一管理为主、乡镇配合相结合的方式，强化了园区管委会的管理和服务职能。为促进南阳工业园区和际武工业集中区日常管理工作走上规范化轨道，给入园企业提供优质高效的服务，经县委常委会议定，县编委会于2017年7月14日批复成立“寿宁县南阳工业园区企业服务中心”和“寿宁县犀溪际武工业集中区企业服务中心”。

（摘编：刘海元）

柘荣经济开发区

柘荣经济开发区为省级开发区，项目建设有序推进，2017年，完成投资1.85亿元。在建项目。本草路项目，本草路一期全长2.022公里，宽18米，合同造价4216.36万元。工程于2016年8月重新启动建设，完成地下管网铺设及边坡护面墙、路肩墙、涵洞、路尾高边坡锚索建设及主路面硬化。兴业路项目，兴业路全长1.522公里，宽18米，内含中桥一座，总投资5728万元。完成施工便道建设，施工合同已签定，正在办理施工许可证，已具备全面开工条件。兴业路龙溪中桥已完成24个灌注桩，21片空心板梁预制，8根立柱，2个肋板，4个承台和4根系梁等基础建设。企业服务中心项目，项目用地11.5亩，建筑面积5596平方米，总投资1895万元。完成了项目前期工作、场地平整和土石方工程以及施工便道和施工用房的建设，正在办理施工许可证，已具备开工条件。110kv变电站项目，用地11亩，总投资3688万元，已完成了土石方、护坡挡墙和土建工程，完成投资1805万元，正在进行设备采购和安装阶段。项目前期工作。标准厂房项目。计划实施1.6万平方米标准厂房及配套设施建设，总投资4302万元。完成项目建议书、立项、可研评审，进入勘察、设计招标工作。园区基础设施路网及西源路、宝塔路延伸段、本草路延伸段项目。完成园区地形图及西源路沿线1:500地形图修补测工作，西源路线路方案设计及西源路、宝塔路、本草路延伸段的项目建议书编制并通过了发改部门的批复，可研报告已通过专家评审。并进入西源路、宝塔路、本草路延伸段项目部分工业用地、临时用地报批相关工作。同时完成生物医药循环经济产业园安置房及商业配套房项目可研编制工作。工业用地收储。完成征地737.7294亩。占任务73.8%，其中，收回地籍档案477.7294亩，分户测量面积260亩。

完成《柘荣县生物医药循环经济产业园控制性详细规划》修编。《柘荣县生物医药循环经济产业园控制性详细规划》于2013年委托福大建筑设计院编制完成，2015年9月由县政府审批，对生物医药循环经济产业园的建设发挥了重要作用。但在实施过程中原规划不尽合理，原规划中西源路属于园区内的重大基础设施，通过西源村，拆迁量大，无法实施，经县政府同意，我们又委托福建建筑规划设计院进行修编，目前已完成修编，并通过专家评审会。

招商引资成效良好。围绕“清新好柘荣，两城竞发展”战略，按照“大招商，招大商、招好商”的工作要求，主动创新招商思路，积极寻商、邀商、招商，取得了较好成效。2017年12月在福建省医药产业政策项目对接专场活动中，成功与福建省帝氏药业有限公司、宁德鑫旺药业包装有限公司签约。另外，正在洽谈项目3个，为福建泰康祥和医药有限公司；福建泰康祥和中药饮片有限公司；福建绿电能源技术开发公司分布式能源，煤改汽建设项目。意向项目1个，物流配送及电子商务。

经济发展逐年增长。2017年，开发区完成规上总产值78亿元，税收1.24亿元，吸纳就业人数9326人。累计完成投资约6亿元，建成日供水5000吨自来水工程、6公里管网工程，硬化园区内主干道8.7公里，建设35KV变电站2座，及第二污水处理厂日处理能力5000吨。开发区内所有企业通讯网络畅通，水、电、路、雨污管网、电网、通讯等主要设施日趋完善。

（摘编：肖启辉）

霞浦经济开发区

霞浦经济开发区为省级开发区，基础设施建设投入加大，2016年动工建设的开发区盐田路道路工程长约580米，宽18米，项目总投资2280万元，于2017年6月完成建设，并通过竣工验收。2017年10月启动开发区三期路网建设项目动工建设（包括崇儒路道路工程长311米，宽18米，项目投资1408万元；长德路道路工程长488米，宽12米，项目投资1788万元；长虹路道路工程长546米，宽12米，项目投资1870万元；长春路道路工程长144米，宽12米，项目投资473万元），努力做好开发区“七通一平”完善工作。启动开发区科技化楼建设项目前期工作，完善用电、用水、防洪排水和通讯等方面的配套建设，建成园区供气站和管网配套。一年来新增公共基础设施投入4931万元，晋安区支持经费20万元，园区累计基础设施投入4.3亿元。园区生产和生活废水处理率达100%，清洁能源使用率从75%提高到80%。完成投入小沙片区下沙自然村280亩已征地块土方回填工程；为园区项目建设创造良好条件。

项目建设有力推进。努力推进园区特色的食品加工、不锈钢制品、鞋革制品机械电子等产业发展。全年新开工项目5个（新奥燃气、蓝海洋水产、程祥水产、九华电机、核电站蓄水厂），续建项目6个（亨祺水产、朗普科技、天韵茶叶、龙辉水产、东孚农庄、弘昌汽车修理厂）；全年新建成投产（试生产）企业达3家（新奥燃气、程祥水产、弘昌汽车修理厂）。上年建成投产的鑫锋工贸、森博木业、双参堂食品等企业进一步提高产能。通过新规上企业培育、技改扩能、资源整合、壮大规模，鼓励支持初具规模企业开足马力，扩大产能，年内有福宁湾混凝土、双参堂食品等企业申报进入国家规上企业统计库，使在产规上企业总数增加到19个。

招商引资力度加强。积极发挥省级经济开发区的优势，加大现有存量土地的招商引资，按照县委大力发展食品加工产业精神，加强招商力度，多次组织招商小分队参与县委组织前往漳州、山东、河南等地开展食品加工生产项目招商活动。并组织小分队前往温州、长乐考察对接塑料模具、阀门制造、铜丝制品等招商项目。目前央企子公司华信天裕基金（北京）有限公司，上市公司厦门沃丰食品有限公司等投资食品加工物流仓储的较大招商已达成招商投资意向，正在协商办理供地手续。铜雕工艺品、铜丝制品、野湾食品等项目已在办理落地手续。全年签约投资项目8个，总投资额25亿元，为历年最多。全年企业新增固定资产投资17602万元。

生态环保高度重视。严格抓好各项目环保措施落实，力推不锈钢集中式污水处理厂的环保验收工作，全面实现大沙片区不锈钢集中式污水处理厂和伟邦合成革基地污水处理厂的污水处理达标后全部回用不外排，入园企业的生活污水全部接入县城污水处理厂处理，安排资金投入园区水循环系统建设和园区绿化，努力建设省级绿色环保生态工业区。

管理服务细致周到。积极开展“转职能、转方式、转作风，加强服务基层、企业、项目发展”活动，成立了园区精准帮扶工作队，定期或不定期深入园区各企业走访调研，对项目企业存在的23个困难和问题进行梳理和分类，建立台账，按照“一厂一议、一厂一策”等方式帮助企业解决发展问题。并以开展“三转一加强”活动为载体，大力推进行政服务满意工作，开展创建“平安园区”活动，加强警务室建设，紧抓过往园区车辆门禁管理，扎实做好防台防汛和减灾救灾工作。扎实开展园区安全生产标准化建设，引导投产企业开展企业安全生产标准化建设，全面开展安全隐患排查整改工作，组织安监、消防、经信、质监、环保等联合执法，严格整治出租厂房非法生产经营活动。尽最大努力解决企业的审批、建设、用工、融资等难题，积极营造务实高效的行政服务环境。

经济发展稳步增长。开发区积极发展食品加工、不锈钢制品、电子电气、轻工制造业、现代物流等产业。至2017年底园区内基本实现“七通一平”，已引进企业70家，总投入达52亿元，已建成投产企业32家（其中规上企业19家），正在建设项目25家，开展前期工作13家，2017年新建成投产企业6家，新增规上企业2家；完成固定资产投资22533万元；实现规模以上工业产值250100万元，工业增加值61265万元，当年新增产业项目工业增加值10782万元。

（摘编：吴汉良）

第五篇
品牌创建

2018 福建企业百强榜

2018 年 11 月 17 日，福建省企业与企业家联合会、福建日报社、福建省广播影视集团联合在福建会堂发布 2018 福建省企业百强榜单暨福建 IPTV“企业百强”专区上线（测试）。

2018 福建企业百强评选主要考核营业收入、企业净利润、资产总额、纳税总额等综合指标，评选对象包括我省国企、民企等各种所有制企业。百强入选门槛为 48.89 亿元，入选企业平均营业收入 283.39 亿元，其中年营业收入 1000 亿元以上 6 家，500 亿—1000 亿元 6 家，100 亿—500 亿元 48 家，48 亿—100 亿元 40 家。兴业银行、厦门国贸、厦门建发分别以 3074.56 亿元、2223.69 亿元、2202.52 亿元的 2017 年营业收入占据企业 100 强前三名。百强中民营企业 53 家，国企 47 家，根据地域分布，主要分布在福州（43 家）、厦门（31 家）和泉州（15 家）地区。行业分布以制造业（41 家）、建筑业（24 家）和服务业（21 家）为主。名单如下：

2018 福建企业百强榜

1. 兴业银行股份有限公司
2. 厦门国贸控股集团有限公司
3. 厦门建发集团有限公司
4. 厦门象屿集团有限公司
5. 阳光龙净集团有限公司
6. 国网福建省电力有限公司
7. 紫金矿业集团股份有限公司
8. 福晟集团有限公司
9. 福建省冶金（控股）有限责任公司
10. 福建省能源集团有限责任公司
11. 永辉超市股份有限公司
12. 青拓集团有限公司
13. 福建联合石油化工有限公司
14. 福建省农村信用社联合社
15. 均和（厦门）控股有限公司
16. 中化泉州石化有限公司
17. 恒申控股集团有限公司
18. 福建石油化工集团有限责任公司
19. 福建省汽车工业集团有限公司
20. 厦门航空有限公司
21. 福建永荣控股集团有限公司
22. 福建省金纶高纤股份有限公司
23. 泰禾集团股份有限公司
24. 中国移动通信集团福建有限公司
25. 厦门港务控股集团有限公司
26. 福建省电子信息（集团）有限责任公司
27. 厦门禹洲集团股份有限公司
28. 三盛集团有限公司
29. 中建海峡建设发展有限公司
30. 盛屯矿业集团股份有限公司
31. 宁德时代新能源科技股份有限公司
32. 福建恒安集团有限公司
33. 达利食品有限公司
34. 厦门路桥工程物资有限公司
35. 厦门中骏集团有限公司
36. 福建捷联电子有限公司
37. 福耀玻璃工业集团股份有限公司
38. 安踏体育用品集团有限公司
39. 福建圣农控股集团有限公司
40. 三宝集团股份有限公司
41. 中国电信股份有限公司福建分公司
42. 中交建宏峰集团有限公司
43. 福建高速公路集团有限公司
44. 福建建工集团有限责任公司
45. 龙岩烟草工业有限责任公司

46. 兴业证券股份有限公司
47. 厦门恒兴集团有限公司
48. 厦门夏商集团有限公司
49. 中建四局第四建筑工程有限公司
50. 宝钢德盛不锈钢有限公司
51. 厦门翔业集团有限公司
52. 福建省和顺碳素有限公司
53. 厦门天马微电子有限公司
54. 福建省交通运输集团有限责任公司
55. 福建正祥投资集团有限公司
56. 福建省国有资产管理有限公司
57. 厦门国际银行股份有限公司
58. 厦门烟草工业有限责任公司
59. 祥兴（福建）箱包集团有限公司
60. 福建省闽南建筑工程有限公司
61. 中国人民财产保险股份有限公司福建省分公司
62. 厦门市万科企业有限公司
63. 福建宁德核电有限公司
64. 中交一公局厦门工程有限公司
65. 厦门正新橡胶工业有限公司
66. 鹭燕医药股份有限公司
67. 福建海峡银行股份有限公司
68. 福建福清核电有限公司
69. 中国（福建）对外贸易中心集团有限责任公司
70. 冠城大通股份有限公司
71. 中建鑫宏鼎环境集团有限公司
72. 厦门航空开发股份有限公司
73. 泉州安通物流有限公司
74. 福建匹克集团有限公司
75. 福建实达集团股份有限公司
76. 福建省九龙建设集团有限公司
77. 中国联合网络通信有限公司福建省分公司
78. 厦门市明穗粮油贸易有限公司
79. 平安银行股份有限公司福州分行
80. 厦门住宅建设集团有限公司
81. 福建省第五建筑工程公司
82. 福建裕华集团有限公司
83. 厦门经济特区房地产开发集团有限公司
84. 泉州银行股份有限公司
85. 福建炼油化工有限公司
86. 厦门宏发电声股份有限公司
87. 福建百宏聚纤科技实业有限公司
88. 福建省惠东建筑工程有限公司
89. 福建省永富建设集团有限公司
90. 福建省中马建设工程有限公司
91. 福建省长乐市山力化纤有限公司
92. 中城建设有限责任公司
93. 福建省投资开发集团有限责任公司
94. 捷太格特转向系统（厦门）有限公司
95. 厦门海澳集团有限公司
96. 特步（中国）有限公司
97. 福建省东霖建设工程有限公司
98. 福建省华荣建设集团有限公司
99. 福建傲农生物科技集团股份有限公司
100. 华映科技（集团）股份有限公司

（摘编：吴汉良）

2018 福建省民营企业百强榜

2019年1月21日日，福建省工商联在福州举办2018福建省民营企业100强发布会，首次发布我省民营企业百强榜单。

本次评选由省工商联在全省各行业范围内组织实施，以民营企业自愿参加为原则，以2017年营业收入总额的高低为标准进行排名。2017年福建民营企业100强的平均营业收入达到114.05亿元，入围门槛是10亿元，营业收入最高达到1730.55亿元，有26家企业营业收入超过100亿元。

榜单中，阳光龙净、正荣集团、恒申控股、圣农控股、宁德时代新能源、三盛集团等20家企业，入围2018年中国民营企业500强，入围数量居全国第6位。

在产业结构方面，第三产业入围企业有35家，第二产业入围企业64家，第一产业入围企业1家。入围企业既涵盖传统产业又涉及新兴产业，既有制造业也有服务业，不少是行业单项冠军。

数据显示，民营企业贡献了我省67%的GDP、70%的税收、73%的科技成果、82%的就业岗位，企业数占96.2%，呈现“67789”局面。民营企业拥有国家级、省级企业技术中心29家和409家，分别占全省的78%和92%。我省在主板和中小板上市的民营企业占全省的73%；在“新三板”挂牌的民营企业330家，占全省的99.4%；在海外上市的24家企业，全部是民营企业。

2018 福建省民营企业100强榜单

序号	企 业 名 称	地区	主营业务领域	营业收入（万元）
1	阳光龙净集团有限公司	福州	综合类	17305490
2	正荣集团有限公司	福州	房地产业	9602612
3	福晟集团有限公司	福州	土木工程建筑业、房地产业、批发业	8010873
4	融信（福建）投资集团有限公司	福州	房地产业、民居服务业、建筑装饰和其他建筑业、住宿业	6672565
5	辉超市股份有限公司	福州	零售业	5858134
6	融侨集团股份有限公司	福州	房地产业，租赁业	4160000
7	均和（厦门）控股有限公司	厦门	综合类	3770506
8	恒申控股集团有限公司	福州	化学纤维制造业、房地产业、化学原料和化学制品制造业	3087620
9	福建永荣控股集团有限公司	福州	化学纤维制造业、批发业、房地产业、资本市场服务、居民服务业	2527052
10	福建省盆纶高纤股份有限公司	福州	化学纤维制造业	2488681
11	泰禾集团股份有限公司	福州	房地产业	2433116

续表

序号	企业名称	地区	主营业务领域	营业收入（万元）
12	厦门禹洲集团股份有限公司	厦门	房地产业、居民服务业、租赁业、住宿业	2170076
13	三盛集团有限公司	福州	房地产业、像胶和塑料制品业	2033468
14	宁德时代新能源科技股份有限公司	宁德	电气机械和器材制造业	1999686
15	福建恒安集团有限公司	泉州	造纸和纸制品业	1982502
16	达利食品集团有限公司	泉州	食品制造业，酒、饲料和精制茶制造业	1979911
17	福建捷联电子有限公司	福州	计算机、通信和其他电子设备制造业	1898517
18	福耀玻璃工业集团股份有限公司	福州	非金属矿物制品业	1871561
19	安踏体育用品集团有限公司	泉州	皮革、毛皮、羽毛及其制品和制鞋业，纺织服装、服饰业	1669249
20	福建圣农控股集团有限公司	南平	畜牧业，农副食品加工业	1604064
21	三宝集团股份有限公司	漳州	黑色金属冶炼和压延加工业	1513631
22	厦门恒兴集团有限公司	厦门	批发业、色金属矿采选业、房地产业、商务服务业	1508584
23	中交建宏峰集团有限公司	莆田	房屋建筑业	1468362
24	福州东福实业发展有限公司	福州	房地产业．综合类	1028479
25	祥兴（福建）箱包集团有限公司	福州	其他制造业、房地产业，教育，餐饮业，皮革、毛皮、羽毛及其制品和制鞋业	1026378
26	福建省闽南建筑工程有限公司	泉州	房屋建筑业．建筑装饰和其他建筑业	1010080
27	冠福控股股份有限公司	泉州	医药制造业．商务服务业．综合	973586
28	厦门宏发电声股份有限公司	厦门	电气机械和器材制造业	794318
29	冠城大通股份有限公司	福	州综合、房地产业、通用设备制造业	689698
30	厦门航空开发股份有限公司	厦门	批发业．房地产业．食品制造业	678456
31	大洲控股集团有限公司	厦门	综合、房地产业	656260
32	福建百宏聚纤科技实业有限公司	泉州	化学纤维制造业	586077
33	厦门宝拓资源有限公司	厦门	批发业、租赁业	585072
34	福建省专东建筑工程有限公司	泉州	房屋建筑业	579910
35	新大陆科技集团有限公司	福州	软件和信息技术服务业	544572
36	厦门海澳集团有限公司	厦门	批发业、仓储业、零售业	532049
37	福建省长乐市长源纺织有限公司	福州	纺织业	495520
38	福建傲农生物科技集团股份有限公司	漳州	农副食剐 DI 业、畜牧业	490266
39	福建吴航不锈钢制品有限公司	福州	黑色金属冶炼和压延加工业	488746
40	厦门立达信绿色照明集团有限公司	厦门	电气机械和器材制造业	475342
41	九牧厨卫股份有限公司	泉州	金属制品业	439207
42	斯兰集团有限公司	泉州	批发业	437780
43	福建省长乐币金源纺织有限公司	福州	纺织业	435258
44	华特控股集团有限公司	厦门	其他制造业、土木工程建筑业	429487

续表

序号	企 业 名 称	地区	主营业务领域	营业收入（万元）
45	奥崖华智能健康科技集团股份有限公司	厦门	制造业	429380
46	福建元成豆业有限公司	福州	农副食品加工业	429255
47	福建南平太阳电缆股份有限公司	南平	电气机械和器材制造业	409464
48	厦门三安光电有限公司	厦门	电子器件制造业	405000
49	厦门银祥集团有限公司	厦门	农副食刚 DI 业	399901
50	福建盼盼食品有限公司	龙岩	食品制造业	398358
51	福建网龙计算机网络信息技术有限公司	福州	软件和信息技术服务业	386762
52	特步（中国）有限公司	泉州	皮革、毛皮、羽毛及其制品和制鞋业	375169
52	厦门同昌集团有限公司	厦门	综合	366722
54	福建源盛纺织服务有限公司	福州	纺织服装、服饰业，租赁业	363849
55	福建省湄城建设工程有限公司	莆田	房屋建筑业	330359
56	万利达集团有限公司	厦门	计算机、通信和其他电子设备制造业	326719
57	福建省融旗建设工程有限公司	福州	房屋建筑业	310000
58	鼎丰集团＜中国）有限公司	厦门	综合	309921
59	福建七匹狼实业股份唷限公司	泉州	纺织服装、服饰业	308489
60	福建龙马环卫装备股份有限公司	龙岩	专用设备制造业，其他服务业	308483
61	福建省信通投资集团股份唷限公司	福州	综合	306704
62	福建巨岸建设工程有限公司	莆田	房屋建筑业	305565
63	弘信创业工场投资集团股份有限公司	厦门	商务服务业	300000
64	福建龙麟集团有限公司	龙岩	非金属矿物制品业	294061
65	融汇（福建）集团	福州	地产．化工	280116
66	福建匹克集团有限公司	泉州	纺织服装．服饰业	274126
67	福建经纬新纤科技实业有限公司	福州	化学纤维制造业	269574
68	三棵树涂料股份有限公司	莆田	化学原料和化学制品制造业	261846
69	通达（厦门）科技有限公司	厦门	橡胶和塑料制品业	248016
70	厦门科华恒盛股份有限公司	厦门	计算机、通信和其他电子设备制造业	241234
71	福建三叶集团有限公司	泉州	批发和零售	232893
72	盛辉物流集团有限公司	福州	道路运输业、仓储业、装卸搬运和运输代理业、租赁业	220000
73	福建鸿星尔克体百用品有限公司	泉州	皮革、毛皮、羽毛及其制品和制鞋业，纺织服务、服饰业，其他制造业	203413
74	兴业皮革科技股份有限公司	泉州	皮革．毛皮．羽毛及其制品和制鞋业	188596
75	香港祥龙集团	福州	皮革、毛皮、羽毛及其制品和制鞋业	184957
76	福建省泉州美岭集团有限公司	泉州	其他制造业	182785
77	福建省恒利集团有限公司	泉州	造纸和纸制品业	179010
78	福建泉州市嘉晟供应链有限公司	泉州	批发业	177324

续表

序号	企 业 名 称	地区	主营业务领域	营业收入（万元）
79	厦门源昌集团有限公司	厦门	房地产业	174657
80	东琦（厦门）石化有限公司	厦门	批发业	171241
81	才子服饰股份有限公司	莆田	纺织服装、服饰业	158511
82	四三九九网络股份有限公司	厦门	软件和信息技术服务业	155840
83	乔丹体育股份有限公司	泉州	皮革．毛皮．羽毛及其制品和制鞋业	155627
84	福建金牛水泥有限公司	三明	非金属矿物制品业	148083
85	厦门金牌厨拒股份有限公司	厦门	其他制造业	144197
86	厦门市美亚柏科信息股份有限公司	厦门	软件和信息技术照务业	133664
87	福建柒牌时装科技股份有限公司	泉州	纺织服装、服饰业	133558
88	福建省闽发铝业股份有限公司	泉州	有色金属冶炼和压延加工业	122864
89	阳光中科（福建）能源股份有限公司	泉州	电气机械和器材制造业，电力、热力生产和供应业	122455
90	利郎（中国）有限公司	泉州	纺织服装．服饰业	121683
91	福建福鼎海鸥水产食品有限公司	宁德	衣副食品工业	120228
92	福建省三明天元集团有限公司	三明	餐饮业	118326
93	福建奋卖铝业有限公司	福州	有色金属冶炼和压延加工业	114221
94	福建天马科技集团股份有限公司	泉州	衣副食品加工业	113635
95	厦门市建安集团有限公司	厦门	房屋建筑业	111458
96	厦门金都海湾置业有限公司	厦门	房地产业	110266
97	厦门华联电子股份有限公司	厦门	计算机．通信和其他电子设备制造业	108868
98	福建紫山集团股份有限公司	漳州	农副食品加工业，酒、饮料和精制茶制造业	104375
99	福建浔兴拉链科技股份有限公司	泉州	其他制造业	102721
100	福建德通金属容器股份有限公司	福州	印刷和记录媒介复制业，金属制品业	102350

（摘编：林开龙）

福建省营业收入前300家工业企业名单（2018年）

位次	企　业　名　称	位次	企　业　名　称
1	福建省电力有限公司	31	厦门烟草工业有限责任公司
2	福建联合石油化工有限公司	32	翔鹭石化（漳州）有限公司
3	中化泉州石化有限公司	33	福建泉州闽光钢铁有限责任公司
4	戴尔（中国）有限公司	34	福州京东方光电科技有限公司
5	福建青拓镍业有限公司	35	福建奔驰汽车有限公司
6	紫金矿业集团黄金冶炼有限公司	36	福建宏旺实业有限公司
7	联想移动通信科技有限公司	37	祥兴（福建）箱包集团有限公司
8	福建鼎信科技有限公司	38	宝钢德盛不锈钢有限公司
9	宁德时代新能源科技股份有限公司	39	福建宁德核电有限公司
10	福建省三钢（集团）有限责任公司	40	福建福欣特殊钢有限公司
11	宁德新能源科技有限公司	41	中海福建天然气有限责任公司
12	宸美（厦门）光电有限公司	42	福建省长汀金龙稀土有限公司
13	紫金铜业有限公司	43	福建甬金金属科技有限公司
14	福建捷联电子有限公司	44	福建福清核电有限公司
15	宸鸿科技（厦门）有限公司	45	联盛纸业（龙海）有限公司
16	正兴车轮集团有限公司	46	福建锦江科技有限公司
17	特步（中国）有限公司	47	纬恒（福建）轻纺有限公司
18	友达光电（厦门）有限公司	48	厦门银鹭食品集团有限公司
19	福建省金纶高纤股份有限公司	49	福建吴航不锈钢制品有限公司
20	厦门天马微电子有限公司	50	长乐力恒锦纶科技有限公司
21	戴尔（厦门）有限公司	51	福建中锦新材料有限公司
22	连江清禄鞋业有限公司	52	中宇建材集团有限公司
23	冠捷显示科技（厦门）有限公司	53	厦门太古飞机工程有限公司
24	福建三宝特钢有限公司	54	福建星网锐捷通讯股份有限公司
25	长乐恒申合纤科技有限公司	55	厦门厦钨新能源材料有限公司
26	龙岩烟草工业有限责任公司	56	柯林（福建）服饰有限公司
27	福建罗源闽光钢铁有限责任公司	57	福建龙净环保股份有限公司
28	福建鼎信实业有限公司	58	福建百宏聚纤科技实业有限公司
29	福建三宝钢铁有限公司	59	捷星显示科技（福建）有限公司
30	泉州明恒纺织有限公司	60	安踏体育用品集团有限公司

续表

位次	企 业 名 称	位次	企 业 名 称
61	厦门金龙联合汽车工业有限公司	97	福建华峰新材料有限公司
62	飞毛腿（福建）电子有限公司	98	九牧厨卫股份有限公司
63	福建元成豆业有限公司	99	福建泉州宝辉珠宝首饰有限公司
64	福建申远新材料有限公司	100	福建美明达鞋业发展有限公司
65	东南（福建）汽车工业有限公司	101	明达实业（厦门）有限公司
66	福建亿鑫钢铁有限公司	102	福建天辰耀隆新材料有限公司
67	华阳电业有限公司	103	福建恒利集团有限公司
68	石狮市佳龙石化纺纤有限公司	104	福建省中江石化有限公司
69	厦门金龙旅行车有限公司	105	漳州立达信光电子科技有限公司
70	福建明辉电力系统有限公司	106	福州开发区钜联鞋业有限公司
71	福建省辉源金属制品有限公司	107	福建正麒高纤科技股份有限公司
72	福建青拓实业股份有限公司	108	福建省东鑫石油化工有限公司
73	南靖万利达科技有限公司	109	福建省联盛纸业有限责任公司
74	福建省长乐市山力化纤有限公司	110	福建省长乐市泰源纺织实业有限公司
75	福建省石狮市通达电子有限公司	111	林德（中国）叉车有限公司
76	国网福建晋江市供电有限公司	112	福建华电可门发电有限公司
77	中国重汽集团福建海西汽车有限公司	113	厦门太古发动机服务有限公司
78	福建圣农发展股份有限公司	114	厦门三安光电有限公司
79	福建省长乐市长源纺织有限公司	115	福建铂阳精工设备有限公司
80	中铝瑞闽股份有限公司	116	紫金矿业集团股份有限公司
81	福建省闽发铝业股份有限公司	117	华能国际电力股份有限公司福州电厂
82	百威英博雪津啤酒有限公司	118	珠穆朗玛（中国）有限公司
83	福建省晋江福源食品有限公司	119	福建傲农生物科技集团股份有限公司
84	泉州福海粮油工业有限公司	120	福建南平太阳电缆股份有限公司
85	捷太格特转向系统（厦门）有限公司	121	福建公元食品有限公司
86	福建省长乐市锦源纺织有限公司	122	福建凯邦锦纶科技有限公司
87	福建省金燕海洋生物科技股份有限公司	123	三明厦钨新能源材料有限公司
88	福建省长乐市金源纺织有限公司	124	莆田市鑫龙鞋业有限公司
89	莆田市永丰鞋业有限公司	125	国投云顶湄洲湾电力有限公司
90	福建省长乐市第二棉纺织厂	126	泉州市燃气有限公司
91	福耀玻璃工业集团股份有限公司	127	福建圣农食品有限公司
92	路达（厦门）工业有限公司	128	漳州大北农农牧科技有限公司
93	厦门市三安半导体科技有限公司	129	厦门正新橡胶工业有限公司
94	华映光电股份有限公司	130	福建大唐国际宁德发电有限责任公司
95	福建中景石化有限公司	131	福建省南平铝业股份有限公司
96	金莱克（中国）体育用品有限公司	132	匹克（中国）有限公司

续表

位次	企 业 名 称	位次	企 业 名 称
133	福建欧美龙体育用品有限公司	169	福建省鸿山热电有限责任公司
134	福建德通金属容器股份有限公司	170	福建冠盖金属包装有限公司
135	欧浦登（顺昌）光学有限公司	171	福建省源威涤锦科技有限公司
136	金保利（泉州）科技实业有限公司	172	福建龙麟集团有限公司
137	福建省石狮市通达电器有限公司	173	福建新大陆电脑股份有限公司
138	漳州蒙发利实业有限公司	174	漳州旗滨玻璃有限公司
139	福州大通机电有限公司	175	福州吴航钢铁制品有限公司
140	福建省国联混凝土有限责任公司	176	厦门正新海燕轮胎有限公司
141	神华福能发电有限责任公司	177	福州翔隆纺织有限公司
142	达利食品集团有限公司	178	福建翔升纺织有限公司
143	国电泉州热电有限公司	179	泉州市泉港富兴钢板有限公司
144	福建省南安市鑫源鞋业有限公司	180	福建华锦实业有限公司
145	福建省晋江市浩沙制衣有限公司	181	蜡笔小新（福建）食品工业有限公司
146	达运精密工业（厦门）有限公司	182	开发晶照明（厦门）有限公司
147	福建景丰科技有限公司	183	福建凯航再生资源有限责任公司
148	厦门金鹭特种合金有限公司	184	厦门 ABB 低压电器设备有限公司
149	赛得利（福建）纤维有限公司	185	福建省东南电化股份有限公司
150	厦门厦顺铝箔有限公司	186	闽太消防科技股份有限公司
151	厦门钨业股份有限公司	187	厦门翔鹭化纤股份有限公司
152	福州龙福食品有限公司	188	福建省长乐市华亚纺织有限公司
153	莆田市力天红木艺雕有限公司	189	福建泉州群发包装纸品有限公司
154	福建龙峰纺织科技实业有限公司	190	晋江市慷慨橡塑制品有限公司
155	福建上润精密仪器有限公司	191	厦门 ABB 开关有限公司
156	漳州华荣纸业有限公司	192	厦门厦工机械股份有限公司
157	福建省长乐市新华源纺织有限公司	193	腾龙特种树脂（厦门）有限公司
158	申鹭达股份有限公司	194	三六一度（中国）有限公司
159	福建永春县图图服饰有限公司	195	福建省长乐市正隆纺织有限公司
160	福建圣农发展（浦城）有限公司	196	福建南平南孚电池有限公司
161	福建佳通轮胎有限公司	197	厦门盈趣科技股份有限公司
162	福建上杭太阳铜业有限公司	198	福建力道鞋服有限公司
163	稻兴电子科技（厦门）有限公司	199	福建雯峰珠宝有限公司
164	福建罗源小蕉轧钢有限公司	200	厦门松下电子信息有限公司
165	福建省晋江市陈埭安盛鞋服有限公司	201	奥佳华智能健康科技集团股份有限公司
166	福建经纬新纤科技实业有限公司	202	福建亚伦电子电器科技有限公司
167	福建省永安万年水泥有限公司	203	中平神马（福建）科技发展有限公司
168	龙工（福建）机械有限公司	204	福建晋江天然气发电有限公司

续表

位次	企 业 名 称	位次	企 业 名 称
205	福建省长乐市华源纺织有限公司	241	福建省海安橡胶有限公司
206	福建福马食品集团有限公司	242	福建省闽中有机食品有限公司
207	金强（福建）建材科技股份有限公司	243	厦门华特集团有限公司
208	仙游县元生智汇科技有限公司	244	漳平红狮水泥有限公司
209	福建晶安光电有限公司	245	福建省长乐市金磊纺织有限公司
210	中海福建燃气发电有限公司	246	福建战地吉普户外服饰有限公司
211	福建省万达汽车玻璃工业有限公司	247	福建经纬集团有限公司
212	际诺思（厦门）轻工制品有限公司	248	福建恒利纸业有限公司
213	福建莱克石化有限公司	249	福建万华实业有限公司
214	福建省莆田荔兴轻工实业有限责任公司	250	福建联迪商用设备有限公司
215	万利（中国）有限公司	251	华昌珠宝有限公司
216	泉州星竹鞋材有限公司	252	辉煌水暖集团有限公司
217	福建龙马环卫装备股份有限公司	253	福建固美金属有限公司
218	福建大东海实业集团有限公司	254	福建森源家具有限公司
219	福建荣盛钢结构实业有限公司	255	福建飞越鞋服有限公司
220	利郎（中国）有限公司	256	厦门 TDK 有限公司
221	福建乐隆隆食品科技有限公司	257	中港（福建）水产食品有限公司
222	福建莆田南华电路板有限公司	258	厦门宝钢精密钢材科技有限公司
223	玖龙纸业（泉州）有限公司	259	晋江市锦福化纤聚合有限公司
224	鸿一粮油资源股份有限公司	260	福建唐源合纤科技有限公司
225	安踏（中国）有限公司	261	厦门长塑实业有限公司
226	盈丰食品股份有限公司	262	厦门强力巨彩光电科技有限公司
227	厦门中禾实业有限公司	263	福建三宏环保科技有限公司
228	泉州闽华电器有限公司	264	厦门银祥油脂有限公司
229	祥达光学（厦门）有限公司	265	福建紫金铜业有限公司
230	福建新世纪电子材料有限公司	266	泉州华星燃气有限公司
231	泉州来亚丝卫生用品有限公司	267	金冠（中国）食品有限公司
232	锐珂（厦门）医疗器材有限公司	268	宝宸（厦门）光学科技有限公司
233	石狮市斯舒郎体育用品有限公司	269	福建冠睿电子科技有限公司
234	福建源盛纺织服装城有限公司	270	福建思嘉环保材料科技有限公司
235	石狮市大帝集团有限公司	271	漳州天福茶业有限公司
236	福建省永安林业（集团）股份有限公司	272	福建浔兴拉链科技股份有限公司
237	福建时代包装材料有限公司	273	中纺粮油（福建）有限公司
238	福建省谋成水泥发展有限公司	274	福建新福达汽车有限公司
239	福建宝华鞋业有限公司	275	国电福州发电有限公司
240	福建三钢小蕉实业发展有限公司	276	锦兴（福建）化纤纺织实业有限公司

续表

位次	企 业 名 称	位次	企 业 名 称
277	福建东海漆业有限公司	289	福建万鸿纺织有限公司
278	福建东山县顺发水产有限公司	290	福建鸿圣箱包有限公司
279	三六一度（福建）体育用品有限公司	291	晋江市特步体育用品有限公司
280	福建省闽华电源股份有限公司	292	百路达（厦门）工业有限公司
281	福建省长乐市金林生织造有限公司	293	泉州华尔宝树脂有限公司
282	福建省鑫东华实业有限公司	294	厦门阳光恩耐照明有限公司
283	福建日丰布业有限公司	295	泉州东风鞋帽有限公司
284	晋江太古飞机复合材料有限公司	296	惠安县宏源化纤织造有限公司
285	福州恒展电子有限公司	297	福建省信达光电科技有限公司
286	福建德胜能源有限公司	298	福建省德化县佳美工艺品有限责任公司
287	福州兴广恒玻璃有限公司	299	荣兴（福建）特种钢业有限公司
288	晋江市七彩狐服装织造有限公司	300	福建省长乐市金沙港针纺实业有限公司

摘编：刘海元）

福建省建筑业总产值前300家企业名单（2018年）

位次	企 业 名 称	位次	企 业 名 称
1	中建海峡建设发展有限公司	31	福建发展集团有限公司
2	福建六建集团有限公司	32	福建金鼎建筑发展有限公司
3	福建省泷澄建设集团有限公司	33	福建路港（集团）有限公司
4	中交建宏峰集团有限公司	34	海峡宏基建工集团有限公司
5	福建省闽南建筑工程有限公司	35	福建省兴岩建设集团有限公司
6	中建鑫宏鼎环境集团有限公司	36	福建巨岸建设工程有限公司
7	福建九鼎建设集团有限公司	37	中建协和建设有限公司
8	福建省永富建设集团有限公司	38	厦门中联永亨建设集团有限公司
9	福建建工集团有限责任公司	39	中交三航（厦门）工程有限公司
10	中建海峡（厦门）建设发展有限公司	40	福建来宝建设集团有限公司
11	中交一公局厦门工程有限公司	41	福建省惠五建设工程有限公司
12	中建四局第四建筑工程有限公司	42	中铁二十二局集团第三工程有限公司
13	中城建设有限责任公司	43	中建诺成有限公司
14	福建省永泰建筑工程公司	44	厦门特房建设工程集团有限公司
15	福建省华荣建设集团有限公司	45	福建卓越建设工程开发有限公司
16	福建闽清一建建设发展有限公司	46	福建省安泰建筑工程有限公司
17	福建省九龙建设集团有限公司	47	福建省中马建设工程有限公司
18	福建省第五建筑工程公司	48	福建联泰建设工程有限公司
19	福建省惠东建筑工程有限公司	49	福建新华夏建工有限公司
20	中铁一局集团厦门建设工程有限公司	50	福建省同源建设工程有限公司
21	名筑建工集团有限公司	51	福建远舟港湾建设工程有限公司
22	中核工建设集团第四工程局有限公司	52	中铁十七局集团第六工程有限公司
23	福建璟榕工程建设发展有限公司	53	中建三局（厦门）建设有限公司
24	福建省二建建设集团有限公司	54	福建省八方建筑工程有限公司
25	福建宏盛建设集团有限公司	55	厦门源昌城建集团有限公司
26	福建省东霖建设工程有限公司	56	新纪建工集团有限公司
27	泉发建设股份有限公司	57	福建成森建设集团有限公司
28	中建凯源集团有限公司	58	福建荣建集团有限公司
29	福建一建集团有限公司	59	恒晟集团有限公司
30	福建磊鑫（集团）有限公司	60	福建省恒基建设股份有限公司

续表

位次	企 业 名 称	位次	企 业 名 称
61	鑫泰建设集团有限公司	97	福建省晓沃建设工程有限公司
62	宏禹建设有限公司	98	福建省海天建设工程有限公司
63	福建省日誉建设集团有限公司	99	中建（福建）建设有限公司
64	福建省兴创建设集团有限公司	100	福建省泉州市东海建筑有限公司
65	福建省杭辉建设工程有限公司	101	福建七建集团有限公司
66	厦门安能建设有限公司	102	飞阳建设工程有限公司
67	福建省百盛建设发展有限公司	103	大成工程建设集团有限公司
68	方圆建设集团有限公司	104	厦门海投工程建设有限公司
69	中建富林集团有限公司	105	福建三建工程有限公司
70	中标建设集团股份有限公司	106	福建省长鸿建筑工程有限公司
71	福建森正建设有限公司	107	福建省榕源建设工程有限公司
72	中铁二十四局集团福建铁路建设有限公司	108	福建省高华建设工程有限公司
73	中国水利水电第十六工程局有限公司	109	海环科技集团股份有限公司
74	福建省融旗建设工程有限公司	110	福建省亿方建设工程有限公司
75	福建惠丰建筑工程有限公司	111	福建省中嘉建设工程有限公司
76	中铁海峡建设集团有限公司	112	福建省利恒建设工程有限公司
77	福建省涵城建设工程有限公司	113	福建省水利水电工程局有限公司
78	福建才溪建设集团有限公司	114	福建蓝海市政园林建筑有限公司
79	福建登凯成龙建设集团有限公司	115	福建华建工程建设有限公司
80	福建省透堡建筑工程有限公司	116	中铁（厦门）投资有限公司
81	福建省隆盛建设工程有限公司	117	福建华航建设集团有限公司
82	福州市一建建设股份有限公司	118	广田建设工程有限公司
83	福建路桥建设有限公司	119	中建大闽台建设发展有限公司
84	福建博业建设集团有限公司	120	福建省民益建设工程有限公司
85	福州建工（集团）总公司	121	中大（福建）工程建设集团有限公司
86	福州市第三建筑工程公司	122	福建省盛威建设发展有限公司
87	中晟海峡建设有限公司	123	永太建设集团有限公司
88	福建恒盛建筑集团有限公司	124	中交四航局第五工程有限公司
89	福建省荔隆建设工程有限公司	125	中建远南集团有限公司
90	中建八达建设有限公司	126	福建省明丰建设集团有限公司
91	福建省工业设备安装有限公司	127	福建普尔泰集团有限公司
92	福建省隧道工程有限公司	128	福建祥荣建设投资集团有限公司
93	福建省雄盛建筑工程有限公司	129	福建大华鑫建设工程有限公司
94	福建省五洲建设集团有限公司	130	中东建设集团有限公司
95	中建力天集团有限公司	131	福建省惠三建设发展有限公司
96	福建永东南建设集团有限公司	132	中交鹭建有限公司

续表

位次	企 业 名 称	位次	企 业 名 称
133	中建华鸿建设发展有限公司	169	泉州市亿民建设发展有限公司
134	福建省国泰建设有限公司	170	福州弘顺兴盛建筑劳务有限公司
135	福建第一公路工程集团有限公司	171	福建京源建设工程有限公司
136	福建省南安市第一建设有限公司	172	福建省交建集团工程有限公司
137	亿晟建设有限公司	173	恒亿集团有限公司
138	中铁（福州）投资有限公司	174	厦门电力工程集团有限公司
139	福建弘祥建设工程有限公司	175	福州亿力电力工程有限公司
140	福州市城投建筑有限公司	176	厦门市诚红建筑劳务有限公司
141	福能联信建设集团有限公司	177	莆田中建建设发展有限公司
142	福建省吴航建筑工程有限公司	178	福建上杭广厦建设有限公司
143	福建省国筑建设工程有限公司	179	福建泉州市二建工程有限公司
144	厦门树鑫建设集团有限公司	180	厦门市吉兴集团建设有限公司
145	中建旷博（福建）有限公司	181	福建省闽鑫建设工程有限公司
146	向阳建设实业有限公司	182	福建省世新工程营造有限公司
147	福建省禹澄建设工程有限公司	183	厦门市仁得建筑劳务有限公司
148	中建闽泰建设开发有限公司	184	福建省闽西交通工程有限公司
149	泉州东林建工有限公司	185	福建煜生集团有限公司
150	神州建设集团有限公司	186	龙岩市西安建筑工程有限公司
151	福建巨铸建筑工程有限公司	187	仙游县建工投资集团有限公司
152	福建华通路桥建设有限公司	188	中庚汇建设发展有限公司
153	福建冶地恒元建设有限公司	189	福建省中木建设集团有限公司
154	福建联谊建筑工程有限公司	190	福建晟亿集团有限公司
155	福建筑兆建设有限公司	191	福建省金通建设集团有限公司
156	福建联美建设集团有限公司	192	福建省明通建设集团有限公司
157	中城投集团第八工程局有限公司	193	漳州市建筑工程有限公司
158	中汇建筑集团有限公司	194	福建永旺建设集团有限公司
159	恒富建设集团有限公司	195	福建中凯建设工程有限公司
160	福建兴港建工有限公司	196	福建泉润建设工程有限公司
161	福建铭泰集团有限公司	197	厦门市政工程有限公司
162	福建兴万祥建设集团有限公司	198	凯辉集团（福建）有限公司
163	福建易顺建筑工程有限公司	199	聚煌集团有限公司
164	福建省隆恩建设集团有限公司	200	福建省恒鼎建筑工程有限公司
165	福建省埕坤建设集团有限公司	201	厦门市建安集团有限公司
166	福建华轩建设有限公司	202	福建省巨龙建设工程有限公司
167	福建恒声建设集团有限公司	203	福建中浩市政园林有限公司
168	福建省桃城建设工程有限公司	204	福建省送变电工程有限公司

续表

位次	企 业 名 称	位次	企 业 名 称
205	中星联丰建设集团有限公司	241	福建省泰宏建设工程有限公司
206	福建省永泰县第三建筑工程有限公司	242	福建省城弘建设集团有限公司
207	福建省惠一建设工程有限公司	243	砖文建设集团有限公司
208	福建省闽盛建设工程有限公司	244	福建承昌建设工程有限公司
209	中磐建设集团有限公司	245	中港城建（福建）建设发展有限公司
210	福建省港口工程有限公司	246	紫金矿业建设有限公司
211	福建省中禹水利水电工程有限公司	247	福建国辉建设工程有限公司
212	宏晖建设工程有限公司	248	华辉建工集团有限公司
213	福建旭建市政园林工程有限公司	249	福建大舟建设集团有限公司
214	福建创邦建筑工程有限公司	250	厦门市捷安建设集团有限公司
215	锦禾建设集团有限公司	251	中耀建设（福建）有限公司
216	福建福阳建筑工程有限公司	252	福建省土木建设实业有限公司
217	福建省宏旺建设有限公司	253	海峡金岸集团有限公司
218	福建省闽楚建设工程有限公司	254	福建地矿建设集团公司
219	闽晟集团城建发展有限公司	255	福建省龙祥建设集团有限公司
220	厦门思总建设有限公司	256	福建博成建筑工程有限公司
221	福建省龙津建筑工程有限公司	257	福建漳龙建投集团有限公司
222	福建省兴盛建设工程有限公司	258	福建省上杭县宏庄建筑工程有限公司
223	福建省榕圣市政工程股份有限公司	259	亿创电力建设集团有限公司
224	海峡福环建工集团有限公司	260	福建汇达建筑工程有限公司
225	福建省莆田市联发建筑工程有限公司	261	福建省泉州市第一建设有限公司
226	福建省邮电工程有限公司	262	福建省浦口建筑工程有限公司
227	福建省拓安建设工程有限公司	263	福州永隆盛建筑劳务有限公司
228	福建屹立建设工程有限公司	264	厦门华宇众城建设工程有限公司
229	福建省顺天亿建设有限公司	265	福建拓海建设工程有限公司
230	福建新纪建设集团有限公司	266	福州第七建筑工程有限公司
231	福建省顺安建筑工程有限公司	267	福建省实盛建设工程有限公司
232	福建众诚建设工程有限公司	268	泉州市广厦建筑劳务有限公司
233	福建省金福建筑工程有限公司	269	厦门市大方舟建设有限公司
234	厦门集三建设集团有限公司	270	福建省福新建设工程有限公司
235	福建省昊立建设工程有限公司	271	福建省百川建设发展有限公司
236	福建章诚隆建设工程有限公司	272	福建兴磊建设有限公司
237	福建径坊建造工程有限公司	273	福建省冠辉建设工程有限公司
238	福建省麒麟建设工程集团有限公司	274	福建金川建筑工程有限公司
239	福建兴宏宇建设有限公司	275	龙岩市恒达工程有限公司
240	福建省新华都工程有限责任公司	276	厦门鲁班源房屋营造有限公司

续表

位次	企 业 名 称	位次	企 业 名 称
277	福建胜奇工程建设有限公司	289	福建省高德工程建设有限公司
278	福建省日晟建设工程有限公司	290	福建省溪石建筑工程有限公司
279	厦门鹭恒达建筑工程有限公司	291	展文建设有限公司
280	福建省华昊市政工程有限公司	292	福建省燕城建设工程有限公司
281	福建省华旭园林工程有限公司	293	福建永宏建设工程有限公司
282	福建省海坛建设工程有限公司	294	厦门茂华建工有限公司
283	福建省骏业市政工程有限公司	295	福建勤马建设工程有限公司
284	福建省崇禹水利水电建设工程有限公司	296	福建省华舜水利水电工程有限公司
285	福建省东昇建设工程有限公司	297	福州闽龙铁路工程有限公司
286	福州闽铄水利水电工程有限公司	298	厦门市鑫佑昌建筑劳务有限公司
287	福建中联建设工程有限公司	299	福建省樟榕建设工程有限公司
288	福建建隆建设工程有限公司	300	福建中冶永行建设工程有限公司

（摘编：黄国实）

福建省主营业务收入前300家贸易企业名单（2018年）

位次	企 业 名 称	位次	企 业 名 称
1	厦门建发股份有限公司	31	福建省烟草公司福州市公司
2	厦门国贸集团股份有限公司	32	漳州路桥物资发展有限公司
3	福建省福化工贸股份有限公司	33	福建达利发展有限公司
4	厦门象屿物流集团有限责任公司	34	厦门信和达电子有限公司
5	厦门信达股份有限公司	35	福安市青拓商贸有限公司
6	中石化森美（福建）石油有限公司	36	厦门港务贸易有限公司
7	福建兴大进出口贸易有限公司	37	福建省烟草公司漳州市公司
8	福建中烟工业有限责任公司	38	盛屯金属有限公司
9	中化石油成品油销售有限公司	39	晋江锦兴贸易有限公司
10	福建三安集团有限公司	40	福建青企实业有限公司
11	福建炼油化工有限公司	41	厦门宝拓资源有限公司
12	福建闽海石化有限公司	42	盛屯矿业集团股份有限公司
13	福建阳光集团有限公司	43	厦门同歆贸易有限公司
14	中国石油天然气股份有限公司福建销售分公司	44	厦门航空开发股份有限公司
15	成大物产（厦门）有限公司	45	厦门市明穗粮油贸易有限公司
16	厦门象屿铝晟有限公司	46	均和（厦门）能源有限公司
17	厦门象屿化工有限公司	47	福建省烟草公司厦门市公司
18	永辉超市股份有限公司	48	晋江辉豪化工有限公司
19	厦门京东东和贸易有限公司	49	福建石油化工集团华南联合营销有限公司
20	均和（厦门）控股有限公司	50	中国航油集团福建石油有限公司
21	福建省福能电力燃料有限公司	51	厦门市信达安贸易有限公司
22	中石化化工销售（福建）有限公司	52	福建三钢国贸有限公司
23	福化工贸（漳州）有限公司	53	厦门信和达供应链有限公司
24	中国石化销售有限公司福建石油分公司	54	龙工（中国）机械销售有限公司
25	福建省烟草公司泉州市公司	55	福建创世化工有限公司
26	中拓（福建）实业有限公司	56	厦门海峡供应链发展有限公司
27	福建百纳实业有限公司	57	福建闽侯永辉商业有限公司
28	福建信通贸易有限公司	58	福建省榕江进出口有限公司
29	福建湛华智能科技有限公司	59	厦门合兴包装印刷股份有限公司
30	福清中金有色金属材料有限公司	60	福建裕华石油化工有限公司

续表

位次	企 业 名 称	位次	企 业 名 称
61	中化石油福建有限公司	97	福建省三明钢联有限责任公司
62	厦门启润实业有限公司	98	福建华锦贸易有限公司
63	福州民天实业有限公司	99	福建匹克能源有限公司
64	福建山福国际能源有限责任公司	100	福清市天业再生物资有限公司
65	泉州展志钢材有限公司	101	鑫东森集团有限公司
66	福建传祺海油石化有限公司	102	漳州市龙文区好又鲜贸易有限公司
67	中国工艺福建实业有限公司	103	厦门万翔物流投资有限公司
68	福建力聚物流有限公司	104	泉州经济技术开发区网商虚拟产业园电子商务有限公司
69	福建省烟草公司三明市公司		
70	斐乐服饰有限公司	105	福建盛世欣兴格力贸易有限公司
71	厦门嘉晟供应链股份有限公司	106	漳州市龙文区鲜鲜旺贸易有限公司
72	晋江市大长江钢管实业有限公司	107	象屿宏大供应链有限责任公司
73	福州喜盈门实业有限公司	108	福建省烟草公司宁德市公司
74	福建省超盛化工工贸有限公司	109	福建新华发行（集团）有限责任公司
75	厦门安踏有限公司	110	晋江市进出口有限公司
76	厦门特步投资有限公司	111	福清市众汇汽车进出口贸易有限公司
77	厦门象屿同道供应链有限公司	112	厦门路桥工程物资有限公司
78	厦门路桥国际贸易有限公司	113	全骏达实业有限公司
79	厦门乔丹发展有限公司	114	福建苏闽石油有限公司
80	晋江市恒丰进出口贸易有限公司	115	厦门嘉联恒进出口有限公司
81	均达升（厦门）控股有限公司	116	福建漳龙三宝进出口有限公司
82	福建省烟草公司龙岩市公司	117	紫森（厦门）供应链管理有限公司
83	斐乐体育有限公司	118	福建省平行进口汽车交易中心有限公司
84	国投京闽（福建）工贸有限公司	119	福建恒安集团厦门商贸有限公司
85	福清江阴港银河国际汽车进出口贸易有限公司	120	福建省福润水泥销售有限公司
86	厦门金圆产业发展有限公司	121	福建省传祺能源科技有限公司
87	国投京闽（莆田）工贸有限公司	122	福州中维实业有限公司
88	福建省烟草公司南平市公司	123	福建唯酷信息工程有限公司
89	福建国海燃料有限公司	124	宁德海螺水泥有限责任公司
90	厦门安踏电子商务有限公司	125	福州麦多万嘉超市有限公司
91	福建南方建材发展有限公司	126	厦门海翼国际贸易有限公司
92	福建永荣控股集团有限公司	127	晋江裕福集团有限公司
93	紫金矿业物流有限公司	128	福建省晋江市长城石化有限公司
94	福建省烟草公司莆田市公司	129	紫金矿业集团（厦门）金属材料有限公司
95	福建闽台农产品市场有限公司	130	神华（福建）能源有限责任公司
96	均和（厦门）供应链管理有限公司	131	新中冠智能科技股份有限公司

续表

位次	企　业　名　称	位次	企　业　名　称
132	国药控股福州有限公司	166	中粮粮油厦门有限公司
133	福建省路路达石油制品有限公司	167	坤健控股（厦门）有限公司
134	厦门黄金投资有限公司	168	福建柯普森物流发展有限公司
135	福建省南安市华龙石油有限公司	169	莆田启峰木业有限公司
136	厦门市嘉晟对外贸易有限公司	170	福建申远贸易有限公司
137	福州中宝汽车销售服务有限公司	171	中海石油福建新能源有限公司
138	福清市驰辰汽车进出口贸易有限公司	172	厦门宏发电声科技有限公司
139	厦门元庆生贸易有限公司	173	厦门鑫通贸易有限公司
140	厦门三裕丰能源有限公司	174	厦门象屿兴宝发贸易有限公司
141	厦门恒兴集团有限公司	175	厦门海沧保税港区供应链有限公司
142	福建泉州市嘉晟供应链有限公司	176	莆田市众鞋网络科技有限公司
143	福州高泽贸易有限公司	177	厦门象屿农产品有限责任公司
144	福建新孚能源有限公司	178	厦门育哲集团有限公司
145	隆鑫集团（福建）有限公司	179	福建同春药业股份有限公司
146	中国石油天然气股份有限公司福建泉州销售分公司	180	福建金一文化发展有限公司
		181	厦门欧美勒贸易有限公司
147	福建省润通汽车销售服务有限责任公司	182	冠捷（福州保税区）贸易有限公司
148	华东（福建）石油有限公司	183	住重中骏（厦门）建机有限公司
149	福建省长乐市中海石化储运有限责任公司	184	厦门大亮贸易有限公司
150	厦门市海澳石油有限公司	185	厦门艿江进出口有限公司
151	福建汇丰物流有限公司	186	厦门航开保税贸易有限公司
152	福州开发区新电燃料有限公司	187	福建昊润石化有限公司
153	达芙妮投资（集团）有限公司	188	厦门信息集团商贸有限公司
154	厦门西海控股有限公司	189	国药控股福建有限公司
155	福建三木建设发展有限公司	190	福建省三钢钢城工贸有限公司
156	厦门海投经济贸易有限公司	191	新储（厦门）农业有限公司
157	福建嘉木沥青有限公司	192	鹭燕医药股份有限公司
158	福建省福农农资集团有限公司	193	福建天仕石化有限公司
159	厦门金钼电子科技有限公司	194	中国石油天然气股份有限公司华南化工销售厦门分公司
160	中国石油天然气股份有限公司福建福州销售分公司	195	福州新港石化有限公司
161	泰地集团（厦门）石油有限公司	196	福建省粮油食品进出口集团有限公司
162	厦门展志钢铁有限公司	197	厦门博钦贸易有限公司
163	福建三棵树建筑材料有限公司	198	福建省恒一发展集团有限公司
164	荣鑫盛（厦门）商贸有限公司	199	厦门宝达纺织有限公司
165	福建福泰钢铁有限公司	200	厦门夏商国际贸易有限公司

续表

位次	企业名称	位次	企业名称
201	厦门新五菱汽车销售有限公司	237	道普（厦门）石化有限公司
202	福建苏宁易购商贸有限公司	238	福建省莆田富力进出口有限公司
203	新恒基（厦门）投资控股有限公司	239	厦门恒兴晟贸易有限公司
204	厦门国贸纸业有限公司	240	厦门轨道物资有限公司
205	厦门大正贸易有限公司	241	福州永力通汽车贸易有限公司
206	厦门启铭贸易有限公司	242	晋江昌博贸易有限公司
207	启润物流（厦门）有限公司	243	厦门市鹭欣嘉贸易有限公司
208	泉州港丰能源有限公司	244	连江县众谐贸易有限公司
209	晋江宝华钢材有限公司	245	泉州福宝汽车销售服务有限公司
210	福建科宝金属制品有限公司	246	厦门盛屯金属销售有限公司
211	福州联合闽津茶业有限公司	247	福州展志钢铁有限公司
212	厦门瑞悦隆供应链管理有限公司	248	中国卷烟销售公司厦门卷烟调拨站
213	均和（厦门）股权投资基金有限公司	249	厦门万翔网络商务有限公司
214	厦门匹克体育用品有限公司	250	福建新华都综合百货有限公司
215	福建斯兰供应链服务有限公司	251	厦门金达威集团股份有限公司
216	福州开发区鸿宇实业有限公司	252	福州智硕商贸发展有限公司
217	福州威石艺术品贸易有限公司	253	泉州市闽品汇网络技术有限公司
218	福建高速中化石油有限公司	254	福建阳光集团厦门进出口有限公司
219	万烽（厦门）能源有限公司	255	厦门禹港有限公司
220	福州开发区恒成实业有限公司	256	厦门市东之星汽车销售有限公司
221	福建省医药有限责任公司	257	福建星之宝汽车销售服务有限公司
222	厦门安踏贸易有限公司	258	厦门国林林产品有限公司
223	泉州新华都购物广场有限公司	259	福州鹭燕医药有限公司
224	福建联众化工有限公司	260	厦门象屿供应链有限责任公司
225	漳州兴路贸易有限公司	261	美宁电商（福建）企业管理有限公司
226	福建九州通医药有限公司	262	厦门夏商粮食发展有限公司
227	福建亿汇化工有限公司	263	福州福杭电子有限公司
228	福建省南平市立远贸易有限公司	264	福建省储备粮管理有限公司
229	福州轻工进出口有限公司	265	厦门新纸源电子商务有限公司
230	福州朝畅贸易有限公司	266	福建漳龙商贸集团有限公司
231	晋江市新长江精密钢管制造有限公司	267	福建省宝旺进出口贸易有限公司
232	厦门融银贸易有限公司	268	泉州亲亲商贸有限公司
233	福建省嘉拓建材有限公司	269	福建七匹狼实业股份有限公司
234	中国石油天然气股份有限公司福建厦门销售分公司	270	福州天赐建材有限公司
235	厦门誉联集团有限公司	271	连江县国寅贸易有限公司
236	厦门伟美义贸易有限公司	272	厦门海澳石化仓储有限公司

续表

位次	企业名称	位次	企业名称
273	福建华峰实业有限公司	287	福建省泉州市幸福网店商城有限责任公司
274	晋江市和亨进出口贸易有限公司	288	中储北方（厦门）油品国际贸易有限公司
275	福建省旅贸实业有限公司	289	漳州大正企业发展有限公司
276	厦门中艺抽纱进出口有限公司	290	福清市兴茂再生物资有限公司
277	福建新紫金医药有限公司	291	厦门松泰实业有限公司
278	漳州市联益废纸购销有限公司	292	厦门空港航星汽车维修服务有限公司
279	连江县东震贸易有限公司	293	中国厦门国际经济技术合作公司
280	福州龙泽投资有限公司	294	福州迪光商贸有限公司
281	厦门片仔癀宏仁医药有限公司	295	沃尔玛深国投百货有限公司福州山姆会员商店
282	厦门兴海龙石油有限公司	296	中化（泉州）石油销售有限公司
283	福建省漳州市对外贸易有限责任公司	297	厦门乾照光电科技有限公司
284	福州捷旺商贸有限公司	298	福建省南安市进出口有限公司
285	漳州伊莱福食品有限公司	299	泉州市展宏电子商务有限公司
286	厦门庆通新材料科技有限公司	300	厦门天邻缘电子商务有限公司

（摘编：严志东）

福建省2018年高新技术企业名单

一、福建省2018年第一批高新技术企业名单

2019年2月18日福建省科学技术厅、福建省财政厅、国家税务总局福建省税务局下发《关于认定福建省2018年第一批高新技术企业的通知》（闽科高〔2019〕5号）提出，根据《高新技术企业认定管理办法》（国科发火〔2016〕32号）（以下简称《认定办法》）和《高新技术企业认定管理工作指引》（国科发火〔2016〕195号）有关规定，以及《关于福建省2018年第一批高新技术企业备案的复函》（国科火字〔2019〕45号），现认定福州美成祥机电设备有限公司等492家企业为福建省2018年第一批高新技术企业，发证日期为2018年11月30日。高新技术企业资格有效期3年。

福建省2018年第一批高新技术企业名单

（发证日期：2018年11月30日）

序号	企业名称	证书编号	地区
1	福州美成祥机电设备有限公司	GR201835000004	福州
2	福建亿能达信息技术股份有限公司	GR201835000005	福州
3	普天国脉网络科技有限公司	GR201835000007	福州
4	福州慧林网络科技有限公司	GR201835000009	福州
5	福建第一时间信息科技有限公司	GR201835000012	福州
6	福建数联信息技术有限公司	GR201835000014	福州
7	福州钜立机动车配件有限公司	GR201835000015	福州
8	福州拉维斯文化发展有限公司	GR201835000016	福州
9	福州开睿动力通信科技有限公司	GR201835000020	福州
10	福建尚健科技信息有限公司	GR201835000023	福州
11	福州冉冲网络科技有限公司	GR201835000025	福州
12	福州威普软件技术有限公司	GR201835000027	福州
13	福州乐天网络技术有限公司	GR201835000029	福州
14	福州鼎瀚软件有限公司	GR201835000031	福州
15	福建嘉博联合设计股份有限公司	GR201835000033	福州
16	福建省东锅节能科技有限公司	GR201835000036	福州
17	福建银讯金服科技有限公司	GR201835000037	福州
18	福建祥龙塑胶有限公司	GR201835000038	福州
19	福建合诚科技发展有限公司	GR201835000039	福州

续表

序号	企　业　名　称	证书编号	地区
20	福建中科兰剑智能装备科技有限公司	GR201835000043	福州
21	福建金源泉科技发展有限公司	GR201835000045	福州
22	福建华网信息科技有限公司	GR201835000046	福州
23	福建晶辉环境科技有限公司	GR201835000050	福州
24	福建大丰收灌溉科技有限公司	GR201835000051	福州
25	福建北极星电力科技有限公司	GR201835000053	福州
26	福州酷克网络科技有限公司	GR201835000056	福州
27	福州艾迪莫网络科技有限公司	GR201835000057	福州
28	福建闽冠伟业智能科技有限公司	GR201835000059	福州
29	福州承昌机械有限公司	GR201835000061	福州
30	福建坤华仪自动化仪器仪表有限公司	GR201835000063	福州
31	福州计信科技有限公司	GR201835000064	福州
32	中铝瑞闽股份有限公司	GR201835000066	福州
33	福建捷思金属科技发展有限公司	GR201835000068	福州
34	福州亿维格电子有限公司	GR201835000071	福州
35	福州恒奥信息科技有限公司	GR201835000072	福州
36	福州长榕弹簧有限公司	GR201835000076	福州
37	福建礼恩科技有限公司	GR201835000077	福州
38	福州众联信息科技有限公司	GR201835000085	福州
39	中国电建集团航空港建设有限公司	GR201835000086	福州
40	福建力和万讯信息技术有限公司	GR201835000090	福州
41	福州同创微波通讯技术有限公司	GR201835000093	福州
42	福建正孚软件有限公司	GR201835000094	福州
43	福建帝视信息科技有限公司	GR201835000095	福州
44	福州兴博新中大软件有限公司	GR201835000096	福州
45	福州鑫奥特纳科技有限公司	GR201835000097	福州
46	福建大智网络科技有限公司	GR201835000098	福州
47	福州皇家地坪有限公司	GR201835000099	福州
48	天一同益电气股份有限公司	GR201835000100	福州
49	福建随行软件有限公司	GR201835000106	福州
50	福建三易云通信息科技有限公司	GR201835000108	福州
51	福建点芯在线网络技术有限公司	GR201835000113	福州
52	福建恒嘉环保设备有限公司	GR201835000114	福州
53	福州帝天信息科技有限公司	GR201835000116	福州
54	福建新大陆通信科技股份有限公司	GR201835000117	福州
55	福建闽晟勘测规划有限公司	GR201835000118	福州
56	福建大泽网络科技有限公司	GR201835000119	福州
57	福州中科讯档案技术有限公司	GR201835000120	福州

续表

序号	企业名称	证书编号	地区
58	天瑞康健（福州）信息科技有限公司	GR201835000121	福州
59	银付通（福建）信息科技有限公司	GR201835000123	福州
60	福州奇子网络科技有限公司	GR201835000124	福州
61	福州松佳电子技术有限公司	GR201835000125	福州
62	福建第一时间物联网科技投资有限公司	GR201835000128	福州
63	福州众致力信息科技有限公司	GR201835000133	福州
64	长乐华精密工业有限公司	GR201835000137	福州
65	福建首信企业管理咨询有限公司	GR201835000142	福州
66	福州法莫优科机械科技有限公司	GR201835000143	福州
67	福建和蓝环保科技集团有限公司	GR201835000146	福州
68	福州领视网络科技有限公司	GR201835000147	福州
69	福州一鼎信息科技有限公司	GR201835000150	福州
70	中绘云图信息科技有限公司	GR201835000151	福州
71	福建棋乐网络科技有限公司	GR201835000152	福州
72	福建鼎联网络科技有限公司	GR201835000154	福州
73	福州赛瑞特新材料技术开发有限公司	GR201835000157	福州
74	福建顺生信息技术有限公司	GR201835000158	福州
75	威尔（福建）生物有限公司	GR201835000160	福州
76	福州汉强电子有限公司	GR201835000161	福州
77	福建通联照明有限公司	GR201835000162	福州
78	福建渔家傲养殖科技有限公司	GR201835000163	福州
79	福州甜甜圈网络科技有限公司	GR201835000164	福州
80	福建泰坤电子有限公司	GR201835000167	福州
81	福建水立方三维数字科技有限公司	GR201835000168	福州
82	福建广德信息科技有限公司	GR201835000169	福州
83	福建花巷营养科技股份有限公司	GR201835000171	福州
84	福建龙源环境工程技术有限公司	GR201835000174	福州
85	福建省巨易智能电气有限公司	GR201835000179	福州
86	福建易路通科技有限公司	GR201835000180	福州
87	福建晟扬管道科技有限公司	GR201835000182	福州
88	福州分啦网络科技有限公司	GR201835000187	福州
89	福州点金互娱网络科技有限公司	GR201835000188	福州
90	福州长和信息技术有限公司	GR201835000191	福州
91	福建省金皇环保科技有限公司	GR201835000192	福州
92	福州年盛信息科技有限公司	GR201835000193	福州
93	福建中科晶创光电科技有限公司	GR201835000200	福州
94	福州市规划设计研究院	GR201835000203	福州
95	福州汇思博信息技术有限公司	GR201835000204	福州

续表

序号	企　业　名　称	证书编号	地区
96	福建信通捷网络科技股份有限公司	GR201835000205	福州
97	福建南亿智能科技有限公司	GR201835000207	福州
98	福州联迅信息科技有限公司	GR201835000210	福州
99	福州鹏飞制冷设备有限公司	GR201835000212	福州
100	福州微澜信息科技有限公司	GR201835000217	福州
101	福州正阳饲料有限公司	GR201835000219	福州
102	福建闽科环保技术开发有限公司	GR201835000223	福州
103	福州可源电子有限公司	GR201835000224	福州
104	福州畅利智能科技有限公司	GR201835000226	福州
105	福建省东南电化股份有限公司	GR201835000227	福州
106	福州金锻工业有限公司	GR201835000228	福州
107	福建宏晟照明电器有限公司	GR201835000230	福州
108	福建华鼎智造技术有限公司	GR201835000231	福州
109	福建勤工机电科技有限公司	GR201835000232	福州
110	福州易联星拓通信科技有限公司	GR201835000235	福州
111	福建品全智能物联网络科技有限公司	GR201835000237	福州
112	福州和达电子科技有限公司	GR201835000238	福州
113	福州亿纵电子科技有限公司	GR201835000242	福州
114	福建通用同溢电气有限公司	GR201835000243	福州
115	福建省致青生态环保有限公司	GR201835000244	福州
116	恒锋信息科技股份有限公司	GR201835000245	福州
117	福建省中明技术开发有限公司	GR201835000246	福州
118	福建环奥电梯科技股份有限公司	GR201835000250	福州
119	福建国通星驿网络科技有限公司	GR201835000252	福州
120	福建汉氏联合干细胞科技有限公司	GR201835000253	福州
121	福建视维时代信息技术有限公司	GR201835000254	福州
122	福建省林业勘察设计院	GR201835000258	福州
123	福建省晨曦信息科技股份有限公司	GR201835000260	福州
124	福建中科光汇激光科技有限公司	GR201835000261	福州
125	福建瑞趣创享网络科技有限公司	GR201835000265	福州
126	福州木头软件有限公司	GR201835000269	福州
127	福建省福芯电子科技有限公司	GR201835000271	福州
128	福建尚德新能源科技有限公司	GR201835000274	福州
129	福州海王福药制药有限公司	GR201835000275	福州
130	福州科力恩生物科技有限公司	GR201835000280	福州
131	福建六壬网安股份有限公司	GR201835000281	福州
132	福州聚信网络技术有限公司	GR201835000285	福州
133	福建省建筑设计研究院有限公司	GR201835000289	福州

续表

序号	企业名称	证书编号	地区
134	福建丰盛农林科技集团有限公司	GR201835000290	福州
135	福建紫讯信息科技有限公司	GR201835000291	福州
136	福州严创环境科技有限公司	GR201835000292	福州
137	福州易趣网络科技有限公司	GR201835000294	福州
138	福建省福船海洋工程技术研究院有限公司	GR201835000295	福州
139	福建腾力电力发展有限公司	GR201835000298	福州
140	福州市寻实惠网络科技有限公司	GR201835000301	福州
141	福建天闻教育发展有限公司	GR201835000302	福州
142	福建三维时空软件股份有限公司	GR201835000303	福州
143	福州智贸信息技术有限公司	GR201835000305	福州
144	福州永通电线电缆有限公司	GR201835000306	福州
145	福建非常同步教育科技有限公司	GR201835000309	福州
146	福州新益自动测控设备有限公司	GR201835000310	福州
147	福建凯米网络科技有限公司	GR201835000311	福州
148	福建省恒大大网络科技有限公司	GR201835000312	福州
149	福建省数字福建云计算运营有限公司	GR201835000313	福州
150	常裕（福州）汽车内装工业有限公司	GR201835000318	福州
151	福州悦尚网络科技有限公司	GR201835000321	福州
152	福建优仕信息科技有限公司	GR201835000323	福州
153	福州冠洲电子有限公司	GR201835000324	福州
154	福建中网电气有限公司	GR201835000327	福州
155	福建数林信息科技有限公司	GR201835000329	福州
156	福建佳视数码文化发展有限公司	GR201835000331	福州
157	福州福启橡塑有限公司	GR201835000332	福州
158	福建东亚环保科技股份有限公司	GR201835000335	福州
159	福建省爱善环保科技有限公司	GR201835000339	福州
160	福建海峡中创网络信息技术股份有限公司	GR201835000341	福州
161	福建我家网络科技有限公司	GR201835000343	福州
162	福建亿兆自动化设备有限公司	GR201835000344	福州
163	丽声助听器（福州）有限公司	GR201835000346	福州
164	福州三龙喷码科技有限公司	GR201835000347	福州
165	福州珂麦表业有限公司	GR201835000348	福州
166	福州锐景达光电科技有限公司	GR201835000353	福州
167	福州博峰智能电器有限公司	GR201835000354	福州
168	福建金联数字科技有限公司	GR201835000355	福州
169	福建库易信息科技有限责任公司	GR201835000356	福州
170	福建龙悦恒盛信息科技有限公司	GR201835000357	福州
171	福州市连江鑫博食品机械有限公司	GR201835000363	福州

续表

序号	企业名称	证书编号	地区
172	福州澳星同方净水业有限公司	GR201835000364	福州
173	福州市共振无界网络科技有限公司	GR201835000365	福州
174	福建凌跃科技发展有限公司	GR201835000370	福州
175	福州绿邦环保有限公司	GR201835000371	福州
176	福州噜噜贝教育咨询有限公司	GR201835000372	福州
177	福州弘智信息科技有限公司	GR201835000376	福州
178	福州联合理想信息科技有限公司	GR201835000384	福州
179	福建奋安铝业有限公司	GR201835000385	福州
180	福建海屹舰船设备有限公司	GR201835000387	福州
181	福清市新富创机械有限公司	GR201835000389	福州
182	福建正味生物科技有限公司	GR201835000390	福州
183	福建学成创想信息科技有限公司	GR201835000392	福州
184	福州剑讯网络科技有限公司	GR201835000393	福州
185	福州嘟嘟信息科技有限公司	GR201835000394	福州
186	福州中美捷恩西电子科技有限公司	GR201835000396	福州
187	福州依仕捷喷码系统科技有限公司	GR201835000398	福州
188	福建知鱼科技有限公司	GR201835000399	福州
189	福州普贝斯智能科技有限公司	GR201835000400	福州
190	福州中澳科技有限公司	GR201835000405	福州
191	福州维尔德义齿制作有限公司	GR201835000407	福州
192	福建美柯不锈钢制品有限公司	GR201835000408	福州
193	福州北科大舟宇电子有限公司	GR201835000417	福州
194	福建中电合创电力科技有限公司	GR201835000420	福州
195	福建万润新能源科技有限公司	GR201835000421	福州
196	福建爱巴士网络科技有限公司	GR201835000422	福州
197	福建省中广达特种设备科技有限公司	GR201835000423	福州
198	福州京东方光电科技有限公司	GR201835000426	福州
199	福建富兰光学有限公司	GR201835000427	福州
200	福建资讯通信息科技有限公司	GR201835000428	福州
201	福建云峰网络科技有限公司	GR201835000434	福州
202	福州川大软件科技有限公司	GR201835000435	福州
203	福建聚车信息科技有限公司	GR201835000436	福州
204	福州杰亚信息技术有限公司	GR201835000437	福州
205	福建省泰昌信息技术有限公司	GR201835000438	福州
206	福建中检华日食品安全检测有限公司	GR201835000439	福州
207	福建省博都信息科技有限公司	GR201835000442	福州
208	福建亿芯源半导体股份有限公司	GR201835000444	福州
209	福建原点时空信息科技有限公司	GR201835000447	福州

续表

序号	企业名称	证书编号	地区
210	福州六方机电有限公司	GR201835000448	福州
211	福建弘策软件有限公司	GR201835000450	福州
212	福建乐游网络科技有限公司	GR201835000451	福州
213	福州云豆网络科技有限公司	GR201835000452	福州
214	福建谦吉网络科技有限公司	GR201835000453	福州
215	福建福诺移动通信技术有限公司	GR201835000455	福州
216	福建省环境保护设计院有限公司	GR201835000457	福州
217	福建省新能海上风电研发中心有限公司	GR201835000460	福州
218	福建元科机械有限公司	GR201835000462	福州
219	福州创源同方水务有限公司	GR201835000464	福州
220	福建柯宁环保科技有限公司	GR201835000466	福州
221	福建海诚信息影像软件科技开发有限公司	GR201835000468	福州
222	福建朗乾坤环保科技有限公司	GR201835000469	福州
223	福建榕基软件工程有限公司	GR201835000471	福州
224	福清展旭电子有限公司	GR201835000473	福州
225	福州大北农生物技术有限公司	GR201835000474	福州
226	福州白鲸网络科技有限公司	GR201835000476	福州
227	福建森源电力设备有限公司	GR201835000478	福州
228	福建滴咚共享科技股份有限公司	GR201835000482	福州
229	福建三能节能科技有限责任公司	GR201835000483	福州
230	福建施可瑞医疗科技股份有限公司	GR201835000485	福州
231	福建互创云计算科技有限公司	GR201835000487	福州
232	福建省光速达物联网科技股份有限公司	GR201835000488	福州
233	福建大娱号信息科技股份有限公司	GR201835000489	福州
234	中国电建集团福建工程有限公司	GR201835000490	福州
235	福建虹彩信息技术有限公司	GR201835000491	福州
236	福建省长汀县中旭机械设备有限公司	GR201835000001	龙岩
237	福建工航新型管业有限公司	GR201835000017	龙岩
238	华达（福建龙岩）环卫科技有限公司	GR201835000019	龙岩
239	福建天守纺织新材料有限公司	GR201835000052	龙岩
240	福建亿松机械有限公司	GR201835000073	龙岩
241	福建东电电力设备有限公司	GR201835000089	龙岩
242	武平飞天电子科技有限公司	GR201835000132	龙岩
243	福建省高创机械股份有限公司	GR201835000140	龙岩
244	武平紫金矿业有限公司	GR201835000156	龙岩
245	福建新佳鑫实业有限公司	GR201835000159	龙岩
246	福建钜铖汽车配件有限公司	GR201835000165	龙岩
247	龙岩文伍车桥制造有限公司	GR201835000218	龙岩

续表

序号	企　业　名　称	证书编号	地区
248	福建清景铜箔有限公司	GR201835000247	龙岩
249	福建省帆盛机械有限公司	GR201835000268	龙岩
250	福建致尚生物质材料发展有限公司	GR201835000276	龙岩
251	福建原动力信息技术有限公司	GR201835000284	龙岩
252	福建德尔科技有限公司	GR201835000304	龙岩
253	福建爱的电器有限公司	GR201835000320	龙岩
254	金绿源（中国）生物科技有限公司	GR201835000322	龙岩
255	龙岩壹站橙名网络科技有限公司	GR201835000336	龙岩
256	建筑帮（龙岩）信息科技有限责任公司	GR201835000375	龙岩
257	福建金鑫钨业股份有限公司	GR201835000379	龙岩
258	福建钢泓金属科技股份有限公司	GR201835000380	龙岩
259	福建龙岩闽雄生物科技股份有限公司	GR201835000383	龙岩
260	龙岩新奥生物科技有限公司	GR201835000402	龙岩
261	龙岩亿丰机械科技有限公司	GR201835000413	龙岩
262	龙工（福建）桥箱有限公司	GR201835000432	龙岩
263	福建中兴电子科技有限公司	GR201835000458	龙岩
264	福建亿钻机械有限公司	GR201835000461	龙岩
265	普仑斯（福建）泵业有限公司	GR201835000003	南平
266	福建永晶科技股份有限公司	GR201835000107	南平
267	福建仁宏医药化工有限公司	GR201835000185	南平
268	福建省政和县源鑫矿业有限公司	GR201835000190	南平
269	福建武夷俊威净化科技有限公司	GR201835000251	南平
270	福建诚安蓝盾实业有限公司	GR201835000362	南平
271	福建省益震科技有限公司	GR201835000391	南平
272	福建顺昌虹润精密仪器有限公司	GR201835000410	南平
273	福建省神六保健食品有限公司	GR201835000414	南平
274	武夷星茶业有限公司	GR201835000433	南平
275	宁德时代电机科技有限公司	GR201835000032	宁德
276	福建闽东电机股份有限公司	GR201835000079	宁德
277	福建广生堂药业股份有限公司	GR201835000148	宁德
278	三祥新材股份有限公司	GR201835000184	宁德
279	宁德市星宇科技有限公司	GR201835000208	宁德
280	福安市中虹机电技术开发有限公司	GR201835000248	宁德
281	宁德嘉拓智能设备有限公司	GR201835000259	宁德
282	福建裕能电力成套设备有限公司	GR201835000297	宁德
283	福建欧诺创能新材料科技股份有限公司	GR201835000300	宁德
284	宁德山水测绘有限公司	GR201835000319	宁德
285	福建京科科技有限公司	GR201835000328	宁德

续表

序号	企业名称	证书编号	地区
286	宁德新能源科技有限公司	GR201835000360	宁德
287	福建省新天地信勘测有限公司	GR201835000368	宁德
288	福建正茸农业科技股份有限公司	GR201835000381	宁德
289	百能数控设备（福建）有限公司	GR201835000459	宁德
290	福建方维信息科技有限公司	GR201835000277	平潭
291	宗仁科技（平潭）有限公司	GR201835000283	平潭
292	福州永鑫塑料包装用品有限公司	GR201835000358	平潭
293	福建省汽车工业集团云度新能源汽车股份有限公司	GR201835000006	莆田
294	莆田市涵兴食品有限公司	GR201835000067	莆田
295	新万鑫（福建）精密薄板有限公司	GR201835000075	莆田
296	福建省威诺数控有限公司	GR201835000078	莆田
297	莆田市坚强缝制设备有限公司	GR201835000092	莆田
298	莆田市佳阳电子有限公司	GR201835000112	莆田
299	福建中兴专用车制造有限公司	GR201835000129	莆田
300	福建奇丰电子有限公司	GR201835000144	莆田
301	福建海山机械股份有限公司	GR201835000155	莆田
302	莆田市涵江永德兴电子石英有限公司	GR201835000214	莆田
303	莆田市威特电子有限公司	GR201835000264	莆田
304	莆田市万鑫模具有限公司	GR201835000272	莆田
305	全冠（福建）机械工业有限公司	GR201835000340	莆田
306	福建省劲德电源科技有限公司	GR201835000369	莆田
307	福建省智胜矿业有限公司	GR201835000454	莆田
308	三六一度（中国）有限公司	GR201835000002	泉州
309	泉州永骏自动化科技有限公司	GR201835000008	泉州
310	福建三翔实业有限公司	GR201835000011	泉州
311	泉州市展鸿自动化科技有限公司	GR201835000013	泉州
312	晋江妙客食品有限公司	GR201835000018	泉州
313	福建鑫邦新材料科技有限公司	GR201835000021	泉州
314	福建环宇通信息科技股份公司	GR201835000026	泉州
315	伟顺（中国）机电设备有限公司	GR201835000028	泉州
316	泉州亚林新材料科技有限公司	GR201835000034	泉州
317	泉州麦科信息技术有限公司	GR201835000042	泉州
318	泉州市巨将防盗设备有限公司	GR201835000044	泉州
319	福建广聚电气技术设备有限公司	GR201835000047	泉州
320	泉州阳光创艺陶瓷股份有限公司	GR201835000048	泉州
321	泉州市云瑞软件科技有限公司	GR201835000054	泉州
322	晋江市亿泰隆化纤制造有限公司	GR201835000055	泉州
323	惠安伟盛鞋业有限公司	GR201835000060	泉州

续表

序号	企　业　名　称	证书编号	地区
324	石狮市佳鑫精密机械有限公司	GR201835000065	泉州
325	泉州禾逸电子有限公司	GR201835000069	泉州
326	福建海之讯航运科技股份公司	GR201835000081	泉州
327	福建龙峰纺织科技实业有限公司	GR201835000082	泉州
328	福建网链科技有限公司	GR201835000084	泉州
329	胜利阀门有限公司	GR201835000087	泉州
330	福建路通管业科技股份有限公司	GR201835000088	泉州
331	泉州俩肥猫网络科技有限公司	GR201835000091	泉州
332	泉州兆科电子有限公司	GR201835000101	泉州
333	德化恒瀚艺品有限公司	GR201835000102	泉州
334	泉州市法智星软件有限公司	GR201835000103	泉州
335	石狮市青灿兴五金工艺品有限公司	GR201835000104	泉州
336	翡柯机械（福建）有限公司	GR201835000105	泉州
337	福建省泉州市味博食品有限公司	GR201835000109	泉州
338	福建省高技汽车服务有限公司	GR201835000111	泉州
339	泉州坤泰机械精工制造有限公司	GR201835000122	泉州
340	泉州智造者机械设备有限公司	GR201835000127	泉州
341	福建泉州世光照明科技有限公司	GR201835000141	泉州
342	福建省荣诚光电科技有限公司	GR201835000149	泉州
343	晋江市超骏机械有限公司	GR201835000153	泉州
344	泉州市航嘉信息科技有限公司	GR201835000166	泉州
345	福建省捷辉信息科技有限公司	GR201835000170	泉州
346	泉州兰台信息科技有限责任公司	GR201835000177	泉州
347	米亚索乐装备集成（福建）有限公司	GR201835000178	泉州
348	晋江市火炬油压机械有限公司	GR201835000183	泉州
349	东南管阀股份有限公司	GR201835000186	泉州
350	中天（中国）工业有限公司	GR201835000194	泉州
351	泉州鸿展模具制造有限公司	GR201835000195	泉州
352	福建省石狮市中兴科技有限公司	GR201835000196	泉州
353	怡佳（福建）卫生用品有限公司	GR201835000198	泉州
354	泉州市天龙环境工程有限公司	GR201835000202	泉州
355	福建省山格农业综合开发有限公司	GR201835000206	泉州
356	泉州索爱膜科技开发有限公司	GR201835000209	泉州
357	福建省中科生物股份有限公司	GR201835000211	泉州
358	福建恒安卫生材料有限公司	GR201835000213	泉州
359	石狮市福旺达五金有限公司	GR201835000215	泉州
360	福建枫林信息技术有限公司	GR201835000216	泉州
361	嘉泰数控科技股份公司	GR201835000220	泉州

续表

序号	企业名称	证书编号	地区
362	福建泉州金灿五金制造有限公司	GR201835000221	泉州
363	福建华南重工机械制造有限公司	GR201835000225	泉州
364	安踏（中国）有限公司	GR201835000229	泉州
365	福建龙易配信息科技有限公司	GR201835000233	泉州
366	福建立信换热设备制造股份公司	GR201835000234	泉州
367	福建省麦雅数控科技有限公司	GR201835000236	泉州
368	福建省南安市巨轮机械有限公司	GR201835000249	泉州
369	石狮市华宝海洋生物化工有限公司	GR201835000256	泉州
370	福建省晋江市和盛机械有限公司	GR201835000257	泉州
371	威洁（石狮）中水回用技术有限公司	GR201835000262	泉州
372	福建蓝蜻蜓护理用品股份公司	GR201835000266	泉州
373	泉州嘉德利电子材料有限公司	GR201835000270	泉州
374	福建福格电气有限公司	GR201835000273	泉州
375	泉州市诺伊曼信息科技股份公司	GR201835000278	泉州
376	福建科达衡器有限公司	GR201835000279	泉州
377	福建长荣自动化设备有限公司	GR201835000282	泉州
378	福建澳尤机电有限公司	GR201835000286	泉州
379	泉州市泉永机械发展有限公司	GR201835000288	泉州
380	福建省威尔陶瓷股份有限公司	GR201835000296	泉州
381	福建晋工机械有限公司	GR201835000299	泉州
382	福建果园网络科技股份有限公司	GR201835000307	泉州
383	福建省铭兴激光科技有限公司	GR201835000308	泉州
384	泉州市科盛包装机械有限公司	GR201835000317	泉州
385	石狮市鹏工汽车教学设备有限公司	GR201835000326	泉州
386	晋江山水橡塑机械制造有限公司	GR201835000330	泉州
387	福建省东方水泥制品有限公司	GR201835000333	泉州
388	福建省德化县冠鸿陶瓷有限公司	GR201835000334	泉州
389	泉州市奥维电子有限公司	GR201835000337	泉州
390	福建省辉锐电子技术有限公司	GR201835000349	泉州
391	德化县万盛陶瓷有限公司	GR201835000350	泉州
392	晋江市恒松机械制造有限公司	GR201835000351	泉州
393	石狮市新华塑料机械有限公司	GR201835000352	泉州
394	福建泉州海滨防护装备有限公司	GR201835000359	泉州
395	福建省凯仕达运动服饰有限公司	GR201835000361	泉州
396	福建金石能源有限公司	GR201835000382	泉州
397	福建省云天支付服务有限公司	GR201835000386	泉州
398	福建省德化同鑫陶瓷有限公司	GR201835000395	泉州
399	晋江市深沪键升印刷有限公司	GR201835000403	泉州

续表

序号	企　业　名　称	证书编号	地区
400	福建泰兴特纸有限公司	GR201835000404	泉州
401	晋江安能建材制造有限公司	GR201835000406	泉州
402	福建南烽防火科技有限公司	GR201835000412	泉州
403	福建百宏聚纤科技实业有限公司	GR201835000416	泉州
404	晋江双龙制罐有限公司	GR201835000419	泉州
405	晋江九鼎除尘烘烤设备有限公司	GR201835000424	泉州
406	泉州市康电光电科技有限公司	GR201835000425	泉州
407	福建省德化县卓越陶瓷有限公司	GR201835000429	泉州
408	福建铁拓机械有限公司	GR201835000431	泉州
409	泉州巨能机械有限公司	GR201835000441	泉州
410	南安市德林机械制造有限公司	GR201835000443	泉州
411	福建省锋源盛纺织科技有限公司	GR201835000446	泉州
412	泉州市海恩德机电科技发展有限公司	GR201835000449	泉州
413	泉州卓恩网络科技有限公司	GR201835000456	泉州
414	泉州海天材料科技股份有限公司	GR201835000463	泉州
415	科达阀门科技有限公司	GR201835000470	泉州
416	泉州华数机器人有限公司	GR201835000472	泉州
417	泉州市顺风耳电子科技有限公司	GR201835000475	泉州
418	福建触众网络科技有限公司	GR201835000477	泉州
419	泉州鑫豪工程机械科技有限公司	GR201835000480	泉州
420	新纪元（福建）体育用品有限公司	GR201835000481	泉州
421	泉州市德化县丰弘机械有限公司	GR201835000484	泉州
422	三明市冶金机械轧辊有限公司	GR201835000030	三明
423	福建新航凯材料科技有限公司	GR201835000040	三明
424	福建远大医药科技有限公司	GR201835000080	三明
425	福建德隆硬质合金有限公司	GR201835000110	三明
426	福建光华百斯特生态农牧发展有限公司	GR201835000135	三明
427	福建省将乐县长兴电子有限公司	GR201835000136	三明
428	永安千禾生物能源有限公司	GR201835000138	三明
429	福建禾丰种业股份有限公司	GR201835000145	三明
430	福建雄风电气有限公司	GR201835000172	三明
431	福建硅光通讯科技有限公司	GR201835000173	三明
432	福建三凯建筑材料有限公司	GR201835000175	三明
433	福建鑫绿林产品开发有限公司	GR201835000176	三明
434	福建中翔纳米科技有限公司	GR201835000181	三明
435	福建省中瑞装备制造科技有限公司	GR201835000197	三明
436	福建和其祖林业科技有限公司	GR201835000222	三明
437	中机数控科技（福建）有限公司	GR201835000240	三明

续表

序号	企 业 名 称	证书编号	地区
438	三明索富泵业有限公司	GR201835000287	三明
439	三明市三真药业有限公司	GR201835000325	三明
440	东南新材料股份有限公司	GR201835000338	三明
441	福建省汇华集团三明内配有限公司	GR201835000342	三明
442	中机铸材科技（福建）有限公司	GR201835000345	三明
443	福建省云创集成科技服务有限公司	GR201835000366	三明
444	福建省三明巨丰化工有限公司	GR201835000374	三明
445	福建奥翔体育塑胶科技股份有限公司	GR201835000397	三明
446	福建建宁日鑫菌业科技有限公司	GR201835000418	三明
447	福建正邦环保科技材料有限公司	GR201835000440	三明
448	三明人人网络科技有限公司	GR201835000486	三明
449	三明市金达机电设备有限公司	GR201835000492	三明
450	福建埃蓝特智能科技有限公司	GR201835000010	漳州
451	福建粤海饲料有限公司	GR201835000022	漳州
452	漳钢（漳州）工贸有限公司	GR201835000024	漳州
453	福建融诚检测技术股份有限公司	GR201835000035	漳州
454	漳州华锐光电科技有限公司	GR201835000041	漳州
455	漳州拓奇实业有限公司	GR201835000049	漳州
456	漳州泰里斯体育器材有限公司	GR201835000058	漳州
457	漳州众鑫橡胶有限公司	GR201835000062	漳州
458	龙海特尔福汽车电子研究所有限公司	GR201835000070	漳州
459	艾而丹（漳州）光电科技有限公司	GR201835000074	漳州
460	漳州捷龙自动化技术有限公司	GR201835000083	漳州
461	漳州立达信灯具有限公司	GR201835000115	漳州
462	漳州香洲皮革有限公司	GR201835000126	漳州
463	福建皓尔宝新材料科技有限公司	GR201835000130	漳州
464	福建标新易开盖集团有限公司	GR201835000131	漳州
465	福建毅宏游艇股份有限公司	GR201835000134	漳州
466	福建三智智能网络科技有限公司	GR201835000139	漳州
467	福建通用机器人科技有限公司	GR201835000189	漳州
468	福建新峰科技有限公司	GR201835000199	漳州
469	福建合信包装有限公司	GR201835000201	漳州
470	漳州市安莉高分子科技股份有限公司	GR201835000239	漳州
471	福建省春天生态科技股份有限公司	GR201835000241	漳州
472	福建世卓电子科技有限公司	GR201835000255	漳州
473	鑫威铝业（漳州）有限公司	GR201835000263	漳州
474	福建三宝钢铁有限公司	GR201835000267	漳州
475	福建省联盛纸业有限责任公司	GR201835000293	漳州

续表

序号	企　业　名　称	证书编号	地区
476	大闽食品（漳州）有限公司	GR201835000314	漳州
477	福建太尔集团股份有限公司	GR201835000315	漳州
478	三实电器（漳州）有限公司	GR201835000316	漳州
479	漳州市东方智能仪表有限公司	GR201835000367	漳州
480	漳州锐腾电器有限公司	GR201835000373	漳州
481	漳州市灿华电子科技有限公司	GR201835000377	漳州
482	漳州市博嘉自动化机械设备有限公司	GR201835000378	漳州
483	真固源（福建）水性涂料科技有限公司	GR201835000388	漳州
484	漳州市钜钢精密机械有限公司	GR201835000401	漳州
485	漳州友商软件有限公司	GR201835000409	漳州
486	福建九为生物技术有限公司	GR201835000411	漳州
487	福建利利普光电科技有限公司	GR201835000415	漳州
488	漳州市凯盛环境工程有限公司	GR201835000430	漳州
489	福建佳隆胶带有限公司	GR201835000445	漳州
490	漳州蒙发利实业有限公司	GR201835000465	漳州
491	漳州市鼎鑫电子科技有限公司	GR201835000467	漳州
492	海峡彩亮（漳州）光电有限公司	GR201835000479	漳州

二、福建省2018年第一批更名高新技术企业名单

2018年6月21日福建省科学技术厅、福建省财政厅、国家税务总局福建省税务局下发《关于公布福建省2018年第一批更名高新技术企业名单的通知》（闽科高〔2018〕15号）提出，根据《高新技术企业认定管理办法》（国科发火〔2016〕32号）和《高新技术企业认定管理工作指引》（国科发火〔2016〕195号）的有关规定，现对2018年第一批27家企业变更高新技术企业名称予以公布，其高新技术企业证书编号和有效期不变。

福建省2018年第一批更名高新技术企业名单

序号	原企业名称	更名后企业名称	证书编号	发证日期
1	福建高中压阀门科技有限公司	福建泉牌阀门科技股份有限公司	GF201535000003	2015/7/31
2	福建省电力勘测设计院	中国电建集团福建省电力勘测设计院有限公司	GR201535000297	2015/9/21
3	福建启胜电子科技有限公司	福建启胜博通电子科技有限公司	GR201535000099	2015/9/21
4	福建太尔电子科技股份有限公司	福建太尔集团股份有限公司	GR201535000058	2015/9/21
5	福建英辉玻璃钢科技有限公司	福建英辉新材料科技有限公司	GR201535000134	2015/9/21
6	龙岩强龙金属纤维有限公司	福建强纶新材料股份有限公司	GR201535000147	2015/9/21
7	海翔（福建）机械制造有限公司	海翔（福建）环保科技有限公司	GR201635000001	2016/12/1
8	福建睿和信息技术有限公司	福建睿和科技有限公司	GR201635000454	2016/12/1
9	福建科立讯电子有限公司	福建科立讯通信有限公司	GR201635000365	2016/12/1

续表

序号	原企业名称	更名后企业名称	证书编号	发证日期
10	福建岩土工程勘察研究院	福建岩土工程勘察研究院有限公司	GR201735000149	2017/10/23
11	机械科学研究总院海西（福建）分院	机械科学研究总院海西（福建）分院有限公司	GR201735000223	2017/10/23
12	龙岩市经纬测绘有限公司	经纬空间信息科技有限公司	GR201735000231	2017/10/23
13	福建龙泰竹业股份有限公司	福建龙泰竹家居股份有限公司	GR201735000262	2017/10/23
14	福州翰扬环保科技有限公司	福建清芯科技有限公司	GR201735000156	2017/10/23
15	福建中农牧生物医药有限公司	福建中农牧生物药业有限公司	GR201735000023	2017/10/23
16	福建侨龙专用汽车有限公司	福建侨龙应急装备有限公司	GR201735000036	2017/10/23
17	福建省冶金工业设计院	福建省冶金工业设计院有限公司	GR201735000160	2017/10/23
18	福州中网信通信科技有限公司	中网数信科技有限公司	GR201735000601	2017/11/30
19	福建中试所电力调整试验有限责任公司	福建省亿力建设工程有限公司	GR201735000584	2017/11/30
20	福州合亿医疗设备有限公司	福建合亿医疗科技有限公司	GR201735000710	2017/11/30
21	福建华兴科技有限责任公司	福建博思电子政务科技有限公司	GR201735000479	2017/11/30
22	泉州市师傅邦网络科技有限公司	泉州市师傅邦网络科技股份公司	GR201735000366	2017/11/30
23	福安市欧美达电器有限公司	福建欧美达电器有限公司	GR201735000487	2017/11/30
24	福建闽华防水材料工程有限公司	福建闽华建材科技发展有限公司	GR201735000525	2017/11/30
25	福建方圆智能科技股份有限公司	联誉信息股份有限公司	GR201735000274	2017/11/30
26	福建国邦树脂有限公司	福建国邦新材料有限公司	GR201735000305	2017/11/30
27	福建富士通信息软件有限公司	中电福富信息科技有限公司	GR201735000492	2017/11/30

三、福建省2018年第二批高新技术企业名单

2019年2月18日福建省科学技术厅、福建省财政厅、国家税务总局福建省税务局下发《关于认定福建省2018年第二批高新技术企业的通知》（闽科高〔2019〕6号）提出，根据《高新技术企业认定管理办法》（国科发火〔2016〕32号）（以下简称《认定办法》）和《高新技术企业认定管理工作指引》（国科发火〔2016〕195号）有关规定，以及《关于福建省2018年第二批高新技术企业备案的复函》（国科火字〔2019〕46号），现认定长乐力天针纺有限公司等437家企业为福建省2018年第二批高新技术企业，发证日期为2018年11月30日。高新技术企业资格有效期3年。

福建省2018年第二批高新技术企业名单

（发证日期：2018年11月30日）

序号	企业名称	证书编号	地区
1	长乐力天针纺有限公司	GR201835000493	福州
2	福建省福永德环境科技有限公司	GR201835000495	福州
3	福州三鑫隆铸业有限公司	GR201835000499	福州
4	福建惠林机械有限公司	GR201835000500	福州
5	福建福光股份有限公司	GR201835000501	福州

续表

序号	企业名称	证书编号	地区
6	福建睿能科技股份有限公司	GR201835000502	福州
7	福建省凯蓝信息科技有限公司	GR201835000503	福州
8	福建科林检测技术有限公司	GR201835000506	福州
9	福州清净环保设备有限公司	GR201835000508	福州
10	福建永易信息科技有限公司	GR201835000510	福州
11	福州路雅鞋业有限公司	GR201835000511	福州
12	福建东水食品股份有限公司	GR201835000512	福州
13	福建数海纳源信息科技有限公司	GR201835000513	福州
14	福建虎翼网络科技有限公司	GR201835000517	福州
15	福建优迪电力技术有限公司	GR201835000520	福州
16	中富通集团股份有限公司	GR201835000524	福州
17	福州赛孚玛尼环保科技有限公司	GR201835000527	福州
18	福建海创天成信息科技有限公司	GR201835000531	福州
19	福建中科锐创光电科技有限公司	GR201835000533	福州
20	旭成（福建）科技股份有限公司	GR201835000537	福州
21	福州科迪电子技术有限公司	GR201835000538	福州
22	福建神威系统集成有限责任公司	GR201835000548	福州
23	福建胜亚模具有限公司	GR201835000550	福州
24	福清赢禾电子科技有限公司	GR201835000554	福州
25	福建博思软件股份有限公司	GR201835000555	福州
26	福建省够兄弟科技有限公司	GR201835000556	福州
27	福州趸牵网络科技有限公司	GR201835000563	福州
28	福州杰泰文化传播有限公司	GR201835000564	福州
29	福州福大经纬信息科技有限公司	GR201835000565	福州
30	福建大道之行教育科技有限公司	GR201835000566	福州
31	福建宏创科技信息有限公司	GR201835000567	福州
32	福建省长乐市华拓五金有限公司	GR201835000569	福州
33	福建省立讯信息科技有限公司	GR201835000572	福州
34	福州艾瑞数码影像有限公司	GR201835000573	福州
35	福建兴科球集团有限公司	GR201835000574	福州
36	福建品成建设工程顾问有限公司	GR201835000575	福州
37	福州标顺信息科技有限公司	GR201835000576	福州
38	福建福铭食品有限公司	GR201835000577	福州
39	福州精锐生物技术有限公司	GR201835000578	福州
40	福建东龙针纺有限公司	GR201835000579	福州
41	福建可比信息科技有限公司	GR201835000582	福州

续表

序号	企业名称	证书编号	地区
42	福建天宏创世科技有限公司	GR201835000583	福州
43	福建海源自动化机械股份有限公司	GR201835000584	福州
44	福建毅天自动化科技有限公司	GR201835000587	福州
45	福建省气柜设备安装有限公司	GR201835000591	福州
46	福建珠江埃诺教育管理有限公司	GR201835000592	福州
47	福州慧邦机械设备有限公司	GR201835000593	福州
48	福州欧易得电子有限公司	GR201835000598	福州
49	福州盈科水处理工程有限公司	GR201835000601	福州
50	福建万鸿纺织有限公司	GR201835000604	福州
51	福建海教网络科技有限公司	GR201835000605	福州
52	福建三一造血技术有限公司	GR201835000607	福州
53	福建三元达科技有限公司	GR201835000608	福州
54	福州百晶光电有限公司	GR201835000609	福州
55	福建省博特生物科技有限公司	GR201835000610	福州
56	福建省五星信息科技有限公司	GR201835000615	福州
57	福建省力得自动化设备有限公司	GR201835000617	福州
58	维构科技（福建）有限公司	GR201835000618	福州
59	福建宝中海洋工程股份有限公司	GR201835000622	福州
60	福建八通智能科技有限公司	GR201835000623	福州
61	福州微星数码科技有限公司	GR201835000624	福州
62	福建京华电气设备有限公司	GR201835000625	福州
63	福建省维博士网络信息技术有限公司	GR201835000627	福州
64	福建弧聚网络科技有限公司	GR201835000628	福州
65	福建凯威斯发电机有限公司	GR201835000629	福州
66	福州创腾信息技术有限公司	GR201835000630	福州
67	福建蓝昊生物科技有限公司	GR201835000631	福州
68	福州欣翼通网络技术有限公司	GR201835000635	福州
69	中国电建集团福建省电力勘测设计院有限公司	GR201835000636	福州
70	福建智昇网络科技有限公司	GR201835000637	福州
71	福建金网达信息科技有限公司	GR201835000638	福州
72	福州广泰机械设备有限公司	GR201835000639	福州
73	福建深纳生物工程有限公司	GR201835000641	福州
74	福州兴诺机械工业有限公司	GR201835000645	福州
75	贡享本草（永泰）生物科技有限公司	GR201835000647	福州
76	福建天视信息科技有限公司	GR201835000649	福州
77	福建互联星空网络科技有限公司	GR201835000650	福州

续表

序号	企业名称	证书编号	地区
78	福州晨征光电有限公司	GR201835000651	福州
79	福州闽台机械有限公司	GR201835000652	福州
80	福建明业新能源科技有限公司	GR201835000653	福州
81	福建开辉机械工程有限公司	GR201835000656	福州
82	福建福顺半导体制造有限公司	GR201835000660	福州
83	福建融云物联网科技有限公司	GR201835000664	福州
84	福州华鹰重工机械有限公司	GR201835000666	福州
85	福州伯瑞电源科技有限公司	GR201835000667	福州
86	福建美营自动化科技有限公司	GR201835000668	福州
87	福州日兆信息科技有限公司	GR201835000669	福州
88	福州世纪通联计算机技术有限公司	GR201835000672	福州
89	福建软智宏医信息技术有限公司	GR201835000673	福州
90	福建百旺金赋信息科技有限公司	GR201835000678	福州
91	福州随易约网络科技有限公司	GR201835000679	福州
92	福建省交通建设工程试验检测有限公司	GR201835000681	福州
93	海峡大数据（福建）交易有限公司	GR201835000682	福州
94	福建钦榕环保科技有限公司	GR201835000684	福州
95	福建欧普特工业标识系统有限公司	GR201835000688	福州
96	福州庆林环保科技开发有限公司	GR201835000689	福州
97	福州墨林网络科技有限公司	GR201835000690	福州
98	福建中电能源股份有限公司	GR201835000694	福州
99	福州讯晟软件技术开发有限公司	GR201835000696	福州
100	福建盛荣船舶设备制造有限公司	GR201835000698	福州
101	福建星网视讯信息科技有限公司	GR201835000699	福州
102	福建力禾电子科技有限公司	GR201835000700	福州
103	瀚海无限（福建）网络科技有限公司	GR201835000702	福州
104	福建省新闽科生物科技开发有限公司	GR201835000703	福州
105	福州飞钱网络科技有限公司	GR201835000705	福州
106	福建省航韩机械科技有限公司	GR201835000706	福州
107	福州卓达环保科技有限公司	GR201835000707	福州
108	福建华科光电有限公司	GR201835000709	福州
109	福州永华信信息科技有限公司	GR201835000710	福州
110	福州海能达通信技术有限公司	GR201835000714	福州
111	福州金威航信息科技有限公司	GR201835000715	福州
112	福建榕融芯微电子科技有限公司	GR201835000716	福州
113	福建风林火山信息技术有限公司	GR201835000719	福州

续表

序号	企业名称	证书编号	地区
114	福建泉牌阀门科技股份有限公司	GR201835000721	福州
115	福州微猪信息科技有限公司	GR201835000722	福州
116	福州玮烨智能科技有限公司	GR201835000723	福州
117	福建创识科技股份有限公司	GR201835000727	福州
118	福建索天信息科技股份有限公司	GR201835000728	福州
119	福建昊晟软件科技有限公司	GR201835000730	福州
120	福州慧美丰科技有限公司	GR201835000732	福州
121	福建创杰信息科技有限公司	GR201835000734	福州
122	福州极客微创信息技术有限公司	GR201835000735	福州
123	福州市枫业林业技术咨询有限公司	GR201835000739	福州
124	福建省沃特宝环保科技有限公司	GR201835000741	福州
125	福州爱立德软件技术有限公司	GR201835000742	福州
126	福建四合文化传媒有限公司	GR201835000745	福州
127	福建森达电气股份有限公司	GR201835000746	福州
128	福建省苍乐电子企业有限公司	GR201835000749	福州
129	福建省天奕网络科技有限公司	GR201835000750	福州
130	福州国化智能技术有限公司	GR201835000753	福州
131	福建开创高科信息科技有限公司	GR201835000756	福州
132	福建华佗有约信息技术有限公司	GR201835000757	福州
133	福州市远东谷米信息科技有限公司	GR201835000758	福州
134	福州掌易信息科技有限公司	GR201835000760	福州
135	福州宜美电子有限公司	GR201835000763	福州
136	福州吉修科技有限公司	GR201835000765	福州
137	福州触动网络科技有限公司	GR201835000767	福州
138	福建米客互联网科技有限公司	GR201835000769	福州
139	福建安吉达智能科技有限公司	GR201835000771	福州
140	福州泽钦信息科技有限公司	GR201835000772	福州
141	福州鸿基自动化设备有限公司	GR201835000777	福州
142	福州闲时间网络科技有限公司	GR201835000779	福州
143	福建省至融信息科技有限公司	GR201835000780	福州
144	福建耀星文化发展有限公司	GR201835000784	福州
145	福清市益兴堂卫生制品有限公司	GR201835000787	福州
146	福建宏宇电子科技有限公司	GR201835000788	福州
147	福建富盈信息科技有限公司	GR201835000792	福州
148	福清市伊鑫机械有限公司	GR201835000793	福州
149	福州联创智信科技有限公司	GR201835000796	福州

续表

序号	企业名称	证书编号	地区
150	福州优强软件科技有限公司	GR201835000797	福州
151	福州捷灵科技有限公司	GR201835000800	福州
152	福建春晖服装科技有限公司	GR201835000803	福州
153	福州市惠友企业信息咨询有限公司	GR201835000804	福州
154	科盟（福州）电子科技有限公司	GR201835000806	福州
155	福建露申利皋信息科技有限公司	GR201835000807	福州
156	福建富民云外包服务有限公司	GR201835000808	福州
157	福建光阳蛋业股份有限公司	GR201835000810	福州
158	万农高科集团有限公司	GR201835000811	福州
159	福州创杰机械有限公司	GR201835000812	福州
160	福州田木智能科技有限公司	GR201835000815	福州
161	福建省微森信息科技有限公司	GR201835000816	福州
162	福州清山压铸有限公司	GR201835000819	福州
163	福建光通互联通信有限公司	GR201835000822	福州
164	福州康为网络技术有限公司	GR201835000823	福州
165	福建光宇环保科技有限公司	GR201835000824	福州
166	福州商摶软件有限公司	GR201835000827	福州
167	福建守源新能源科技有限公司	GR201835000828	福州
168	福建中科光芯光电科技有限公司	GR201835000829	福州
169	福州泉运制版有限公司	GR201835000833	福州
170	福州佳宸生物科技有限公司	GR201835000834	福州
171	福建星网物联信息系统有限公司	GR201835000835	福州
172	中铝南铝（福建）铝结构技术开发有限公司	GR201835000836	福州
173	智恒科技股份有限公司	GR201835000838	福州
174	长威信息科技发展股份有限公司	GR201835000840	福州
175	福州市居正软件有限公司	GR201835000841	福州
176	福建三元达网络技术有限公司	GR201835000843	福州
177	福建源鑫环保科技有限公司	GR201835000845	福州
178	福州龙锋智能设备有限公司	GR201835000846	福州
179	福建志桔光信息技术有限公司	GR201835000847	福州
180	福州新密机电有限公司	GR201835000850	福州
181	福州云舢网络科技有限公司	GR201835000852	福州
182	福建陆海工程勘察设计有限公司	GR201835000855	福州
183	福州卓立信息科技有限公司	GR201835000857	福州
184	福建省华厦能源设计研究院有限公司	GR201835000858	福州
185	福建领域信息技术有限公司	GR201835000861	福州

续表

序号	企业名称	证书编号	地区
186	罗源追风网络科技有限公司	GR201835000863	福州
187	福建晨轩电子科技有限公司	GR201835000866	福州
188	福州邦泰金研金刚石工具制造有限公司	GR201835000869	福州
189	福建海医汇医疗科技有限公司	GR201835000870	福州
190	绿华能源（福建）有限公司	GR201835000878	福州
191	福州汇航电子科技有限公司	GR201835000881	福州
192	福建锦江科技有限公司	GR201835000882	福州
193	福州翔飞航空科技有限公司	GR201835000884	福州
194	福建安洁儿科技股份有限公司	GR201835000885	福州
195	福建德兴节能科技有限公司	GR201835000886	福州
196	福建闽光软件股份有限公司	GR201835000888	福州
197	福州精益精科技有限责任公司	GR201835000890	福州
198	福建千顺达信息科技有限公司	GR201835000892	福州
199	福州惟实信息科技有限公司	GR201835000897	福州
200	福建星瑞格软件有限公司	GR201835000899	福州
201	福建科彤光电技术有限公司	GR201835000900	福州
202	智立方（福建）信息技术有限公司	GR201835000901	福州
203	福建阿古电务数据科技有限公司	GR201835000902	福州
204	福州微世创信息科技有限公司	GR201835000903	福州
205	福州锐洁源电子科技有限公司	GR201835000904	福州
206	福州世纪巅峰信息技术有限公司	GR201835000905	福州
207	福建维锐尔信息科技有限公司	GR201835000910	福州
208	福州隆杰称重设备有限公司	GR201835000911	福州
209	福建福缘生物科技有限公司	GR201835000912	福州
210	福州胜澳能源材料科技有限公司	GR201835000915	福州
211	福州友宝电子科技有限公司	GR201835000916	福州
212	福建星河在线信息科技有限公司	GR201835000918	福州
213	胜田（福清）食品有限公司	GR201835000919	福州
214	福建智高科技股份有限公司	GR201835000922	福州
215	福建天澜环保科技有限公司	GR201835000923	福州
216	福建源发电力勘察设计有限公司	GR201835000924	福州
217	福州创实讯联信息技术有限公司	GR201835000926	福州
218	福建实达电脑设备有限公司	GR201835000929	福州
219	谊美吉斯光电科技（福建）有限公司	GR201835000523	龙岩
220	福建省一线网络技术有限公司	GR201835000544	龙岩
221	福建省飞驰科技股份有限公司	GR201835000557	龙岩

续表

序号	企业名称	证书编号	地区
222	龙工（福建）机械有限公司	GR201835000558	龙岩
223	福建省龙岩盛通液压有限公司	GR201835000568	龙岩
224	立邦（福建）滤清器制造有限公司	GR201835000570	龙岩
225	龙岩市众成信息技术有限公司	GR201835000588	龙岩
226	福建省亿翔电力设备有限公司	GR201835000590	龙岩
227	福建省天连化纤织造有限公司	GR201835000596	龙岩
228	福建固尔特矿用汽车有限公司	GR201835000612	龙岩
229	福建智慧海西信息技术有限公司	GR201835000642	龙岩
230	龙岩市勘察测绘大队	GR201835000654	龙岩
231	福建强纶新材料股份有限公司	GR201835000686	龙岩
232	福建省汇创新高电子科技有限公司	GR201835000695	龙岩
233	福建紫金矿冶测试技术有限公司	GR201835000736	龙岩
234	龙岩市海德馨汽车有限公司	GR201835000768	龙岩
235	福建省格兰尼生物工程股份有限公司	GR201835000778	龙岩
236	福建时迅信息科技有限公司	GR201835000789	龙岩
237	福建省青晨竹业有限公司	GR201835000814	龙岩
238	福建瑞博恩环境科技有限公司	GR201835000849	龙岩
239	福建上杭志成电子实业有限公司	GR201835000856	龙岩
240	福建绿科建设集团有限公司	GR201835000867	龙岩
241	福建艾狮特新材料科技有限公司	GR201835000871	龙岩
242	龙岩市安特环保有限公司	GR201835000874	龙岩
243	福建快指信息科技有限公司	GR201835000875	龙岩
244	福建省得力机电有限公司	GR201835000906	龙岩
245	龙岩卓越新能源股份有限公司	GR201835000913	龙岩
246	福建亿林节能设备股份有限公司	GR201835000914	龙岩
247	福建南平市元乔木业有限公司	GR201835000535	南平
248	仙芝科技（福建）股份有限公司	GR201835000717	南平
249	福建省馨和纳米硅业有限公司	GR201835000764	南平
250	福建省圣新能源股份有限公司	GR201835000790	南平
251	邵武市美菰林卫生用品有限公司	GR201835000860	南平
252	福建建阳龙翔科技开发有限公司	GR201835000887	南平
253	福建闽东新能源动力科技有限公司	GR201835000526	宁德
254	屏南县惠荣农业科技有限公司	GR201835000547	宁德
255	福建海丝标准信息科技有限公司	GR201835000585	宁德
256	福建华日汽车配件有限公司	GR201835000586	宁德
257	福建惠丰电机有限公司	GR201835000738	宁德

续表

序号	企业名称	证书编号	地区
258	宁德东恒机械有限公司	GR201835000752	宁德
259	福建品品香茶业有限公司	GR201835000864	宁德
260	宁德市鼎诚水产有限公司	GR201835000891	宁德
261	福建平潭旭坤实业有限公司	GR201835000560	平潭
262	福建省硕威工程咨询有限公司	GR201835000620	平潭
263	福建分云智能科技有限公司	GR201835000711	平潭
264	福建卓翼能源科技发展有限公司	GR201835000830	平潭
265	平潭长远利益信息技术有限公司	GR201835000894	平潭
266	福建莆田市涵江珍宝电子塑胶有限公司	GR201835000497	莆田
267	福建省莆田市永展机械有限公司	GR201835000530	莆田
268	莆田市万佳机动车配件股份有限公司	GR201835000571	莆田
269	莆田市涵江区初日化工有限公司	GR201835000589	莆田
270	莆田市大大科技有限公司	GR201835000600	莆田
271	福建省中电网络科技有限公司	GR201835000613	莆田
272	莆田市多容光学电子有限公司	GR201835000643	莆田
273	百威英博雪津啤酒有限公司	GR201835000663	莆田
274	莆田市城厢区星华电子模具有限公司	GR201835000713	莆田
275	福建联众云医疗科技有限公司	GR201835000733	莆田
276	得利高（莆田）机械有限公司	GR201835000794	莆田
277	福建省新东方机械有限公司	GR201835000801	莆田
278	莆田萨拉曼户外用品有限公司	GR201835000831	莆田
279	赛得利（福建）纤维有限公司	GR201835000893	莆田
280	莆田市汇龙海产有限公司	GR201835000895	莆田
281	锐马（福建）电气制造有限公司	GR201835000921	莆田
282	福建恒劲科博测控技术有限公司	GR201835000496	泉州
283	福建联达市政机械制造有限公司	GR201835000504	泉州
284	晋江市恒威机械制造有限公司	GR201835000505	泉州
285	福建省菲莱特信息技术有限公司	GR201835000507	泉州
286	福建太平洋制药有限公司	GR201835000509	泉州
287	闽太消防科技股份有限公司	GR201835000515	泉州
288	泉州市菱盛制冷科技有限公司	GR201835000516	泉州
289	晋江市远大服装织造有限公司	GR201835000528	泉州
290	福建钧石能源有限公司	GR201835000529	泉州
291	福建闽山消防有限公司	GR201835000532	泉州
292	高斯康实业有限公司	GR201835000534	泉州
293	晋江名仕纺织机械设计有限公司	GR201835000536	泉州

续表

序号	企业名称	证书编号	地区
294	福建省三星电气股份有限公司	GR201835000539	泉州
295	晋江市恒溢雨具有限公司	GR201835000540	泉州
296	泉州银艺机械有限公司	GR201835000542	泉州
297	泉州玺堡家居科技有限公司	GR201835000545	泉州
298	福建路驰环保科技股份有限公司	GR201835000546	泉州
299	石狮市宝翔针织机械有限公司	GR201835000551	泉州
300	向兴（中国）集团有限公司	GR201835000553	泉州
301	泉州三宝电子有限公司	GR201835000559	泉州
302	福建众辉环保设备有限公司	GR201835000561	泉州
303	福建省闽旋科技股份有限公司	GR201835000562	泉州
304	福建省德化佳旺达陶瓷有限公司	GR201835000580	泉州
305	泉州高品医学检验实验室有限责任公司	GR201835000594	泉州
306	泉州开普勒车用电机有限公司	GR201835000595	泉州
307	晋江市中德顺机械有限公司	GR201835000599	泉州
308	泉州华茂光电有限公司	GR201835000602	泉州
309	福建英辉新材料科技有限公司	GR201835000603	泉州
310	福建信达机械有限公司	GR201835000606	泉州
311	泉州梅洋塑胶五金制品有限公司	GR201835000611	泉州
312	峰安皮业股份有限公司	GR201835000616	泉州
313	泉州恒兴能源节能技术有限公司	GR201835000619	泉州
314	泉州市世创机械制造有限公司	GR201835000626	泉州
315	泉州迪特工业产品设计有限公司	GR201835000632	泉州
316	嘉亨家化股份有限公司	GR201835000634	泉州
317	福建兴翼机械有限公司	GR201835000640	泉州
318	泉州市泰智机械发展有限公司	GR201835000644	泉州
319	泉州市恒兴工业机械有限公司	GR201835000646	泉州
320	泉州市恋乡文化发展有限公司	GR201835000648	泉州
321	高特控股集团有限公司	GR201835000655	泉州
322	泉州市洛江区汇丰妇幼用品有限公司	GR201835000657	泉州
323	百润（中国）有限公司	GR201835000659	泉州
324	福建信龙机械科技股份有限公司	GR201835000661	泉州
325	泉州市天发食品机械有限公司	GR201835000662	泉州
326	福建南安市新东源石业有限公司	GR201835000665	泉州
327	福建惠安县惠兴工贸有限公司	GR201835000671	泉州
328	福建省德化煜坤陶瓷有限公司	GR201835000674	泉州
329	泉州领布机械科技有限公司	GR201835000675	泉州

续表

序号	企业名称	证书编号	地区
330	福建省闽发铝业股份有限公司	GR201835000676	泉州
331	福建吃饱没网络科技有限公司	GR201835000677	泉州
332	惠安港德海洋生物科技有限公司	GR201835000687	泉州
333	鸿安消防设备有限公司	GR201835000692	泉州
334	福建建利达工程技术有限公司	GR201835000701	泉州
335	福建泰克通信有限公司	GR201835000704	泉州
336	泉州玉环模具有限公司	GR201835000708	泉州
337	泉州市科信精密模具有限公司	GR201835000712	泉州
338	福建省太古陶瓷有限责任公司	GR201835000718	泉州
339	福建飞通通讯科技股份有限公司	GR201835000724	泉州
340	福建绿滢生态农林发展有限公司	GR201835000725	泉州
341	泉州时刻防盗电子有限责任公司	GR201835000729	泉州
342	福建玮晟机械有限公司	GR201835000731	泉州
343	福建省德化艺飞工艺品有限公司	GR201835000737	泉州
344	福建省咭咭文化传播有限公司	GR201835000740	泉州
345	福建省晋江新德美化工有限公司	GR201835000743	泉州
346	福建翰达流体控制设备有限公司	GR201835000744	泉州
347	泉州毅通信息科技股份有限公司	GR201835000747	泉州
348	福建省起航智能工程有限公司	GR201835000748	泉州
349	福建省百顺卫生用品有限公司	GR201835000751	泉州
350	泉州新日成热熔胶设备有限公司	GR201835000754	泉州
351	匹克（中国）有限公司	GR201835000755	泉州
352	石狮市鑫隆针织机械有限公司	GR201835000761	泉州
353	福建省德化县腾艺陶瓷有限公司	GR201835000762	泉州
354	泉州市名品电子股份有限公司	GR201835000766	泉州
355	福建中美友拓科技发展有限公司	GR201835000770	泉州
356	晋江源泰皮革有限公司	GR201835000773	泉州
357	泉州华大超硬工具科技有限公司	GR201835000774	泉州
358	南安市华泰消防器材有限公司	GR201835000781	泉州
359	福建省百凯经编实业有限公司	GR201835000783	泉州
360	福建永信数控科技股份有限公司	GR201835000786	泉州
361	泉州市铁通电子设备有限公司	GR201835000791	泉州
362	福建广汇龙环保科技有限公司	GR201835000798	泉州
363	福建庆烨电子有限公司	GR201835000799	泉州
364	力达（中国）机电有限公司	GR201835000813	泉州
365	福建新视觉光电科技有限公司	GR201835000817	泉州

续表

序号	企业名称	证书编号	地区
366	皇宝（福建）环保工程投资有限公司	GR201835000818	泉州
367	晋江市溢泰织造机械有限公司	GR201835000820	泉州
368	泉州科缔恒电子科技有限公司	GR201835000821	泉州
369	福建泉盛电子有限公司	GR201835000832	泉州
370	功夫动漫股份有限公司	GR201835000842	泉州
371	泉州市秉德智能科技有限公司	GR201835000851	泉州
372	泉州市中天石油化工机械制造有限公司	GR201835000859	泉州
373	泉州迈商科技有限公司	GR201835000865	泉州
374	福建省德化臻南陶瓷有限公司	GR201835000873	泉州
375	福建省兴达阀门制造有限公司	GR201835000876	泉州
376	泉州运城制版有限公司	GR201835000877	泉州
377	泉州市鲤城祥业玻璃钢有限公司	GR201835000880	泉州
378	石狮市闽士达电子技术有限公司	GR201835000883	泉州
379	福建省金鹿日化股份有限公司	GR201835000889	泉州
380	福建华清电子材料科技有限公司	GR201835000896	泉州
381	蓉中电气股份有限公司	GR201835000907	泉州
382	金冠食品（福建）有限公司	GR201835000908	泉州
383	泉州众锦源精密机械有限公司	GR201835000917	泉州
384	福建美斯拓机械设备有限公司	GR201835000920	泉州
385	福建省德化福杰陶瓷有限公司	GR201835000927	泉州
386	福建三利达环保科技有限公司	GR201835000498	三明
387	福建君儒艺智能科技有限公司	GR201835000522	三明
388	福建鸿燕化工有限公司	GR201835000621	三明
389	三明市毅君机械铸造有限公司	GR201835000680	三明
390	福建吉兴竹业有限公司	GR201835000693	三明
391	福建省三明同晟化工有限公司	GR201835000720	三明
392	三明市缘福生物质科技有限公司	GR201835000776	三明
393	福建省三明正元化工有限公司	GR201835000802	三明
394	中科动力（福建）新能源汽车有限公司	GR201835000839	三明
395	福建凯思达电子有限公司	GR201835000494	漳州
396	长泰鑫润橡塑有限公司	GR201835000514	漳州
397	漳州市玉山电子制造有限公司	GR201835000518	漳州
398	福建鸿业船艇有限公司	GR201835000519	漳州
399	福建鸿大革业有限公司	GR201835000521	漳州
400	福建二菱电子有限公司	GR201835000525	漳州
401	万宝龙（漳州）金属制品有限公司	GR201835000541	漳州

续表

序号	企业名称	证书编号	地区
402	漳州凯星机械有限公司	GR201835000543	漳州
403	福建众辰精密机芯有限公司	GR201835000549	漳州
404	漳州和泰电光源科技有限公司	GR201835000552	漳州
405	禾瑞（漳州）助剂有限公司	GR201835000581	漳州
406	漳州市万思刻电子有限公司	GR201835000597	漳州
407	福建中科网络科技有限公司	GR201835000614	漳州
408	漳州市天趣数控设备有限公司	GR201835000633	漳州
409	漳州市兴宝机械有限公司	GR201835000658	漳州
410	诺奥（福建）环保家居用品有限公司	GR201835000670	漳州
411	漳州市英姿钟表有限公司	GR201835000683	漳州
412	漳州市益民生物科技股份有限公司	GR201835000685	漳州
413	漳州长峰电脑设备有限公司	GR201835000691	漳州
414	福建麦凯智造婴童文化股份有限公司	GR201835000697	漳州
415	福建明鑫智能科技股份有限公司	GR201835000726	漳州
416	漳州市桥南印刷有限公司	GR201835000759	漳州
417	漳州东刚精密机械有限公司	GR201835000775	漳州
418	福建云星电子有限公司	GR201835000782	漳州
419	福建省乐普陶板制造有限公司	GR201835000785	漳州
420	漳州凯邦电子有限公司	GR201835000795	漳州
421	漳州市华威电源科技有限公司	GR201835000805	漳州
422	福建明鑫机器人科技有限公司	GR201835000809	漳州
423	福建四元影像科技有限公司	GR201835000825	漳州
424	漳州市英格尔农业科技有限公司	GR201835000826	漳州
425	润科生物工程（福建）有限公司	GR201835000837	漳州
426	福建和动力智能科技有限公司	GR201835000844	漳州
427	福建欧瑞园食品有限公司	GR201835000848	漳州
428	福建省绿麒食品胶体有限公司	GR201835000853	漳州
429	格联特（漳州）轻工制品有限公司	GR201835000854	漳州
430	漳州市天锐网络服务有限公司	GR201835000862	漳州
431	福建深通信息技术服务有限公司	GR201835000868	漳州
432	福建绿力生物科技有限公司	GR201835000872	漳州
433	福建恒冠机电设备有限公司	GR201835000879	漳州
434	福建吉邦电子有限公司	GR201835000898	漳州
435	福建安泰新能源科技有限公司	GR201835000909	漳州
436	漳州市永良针纺机械有限公司	GR201835000925	漳州
437	漳州正邦农牧科技有限公司	GR201835000928	漳州

四、福建省2018年第二批更名高新技术企业名单

2018年7月31日福建省科学技术厅、福建省财政厅、国家税务总局福建省税务局下发《关于公布福建省2018年第二批更名高新技术企业名单的通知》（闽科高〔2018〕24号）提出，根据《高新技术企业认定管理办法》（国科发火〔2016〕32号）和《高新技术企业认定管理工作指引》（国科发火〔2016〕195号）的有关规定，现对2018年第二批16家企业变更高新技术企业名称予以公布，其高新技术企业证书编号和有效期不变。

福建省2018年第二批更名高新技术企业名单

序号	原企业名称	拟更名后企业名称	证书编号	发证日期
1	福建可比软件有限公司	福建可比信息科技有限公司	GF201535000049	2015/7/13
2	万农高科股份有限公司	万农高科集团有限公司	GR201535000060	2015/9/21
3	泉州华硕实业有限公司	嘉亨家化股份有限公司	GR201535000158	2015/9/21
4	福建南安市泉盛电子有限公司	福建泉盛电子有限公司	GR201535000248	2015/9/21
5	福建省中能泰丰特种保温技术有限公司	福建省中能泰丰节能环保科技限公司	GR201535000249	2015/9/21
6	泉州市功夫动漫设计有限公司	功夫动漫股份有限公司	GR201535000274	2015/9/21
7	中富通股份有限公司	中富通集团股份有限公司	GR201535000002	2015/9/21
8	泉州奇鹭物联网科技有限公司	福建奇鹭物联网科技股份公司	GR201635000082	2016/12/1
9	福州永越自动化工程有限公司	福建永越智能科技股份有限公司	GR201635000297	2016/12/1
10	福建省万维智能科技有限公司	万维智能科技有限公司	GR201635000316	2016/12/1
11	福建北卡科技有限公司	北卡科技有限公司	GR201635000388	2016/12/1
12	晋江市海纳机械股份有限公司	晋江海纳机械有限公司	GR201635000347	2016/12/1
13	福建四创软件有限公司	四创科技有限公司	GR201735000010	2017/10/23
14	福州高图信息技术有限公司	福建高图信息技术有限公司	GR201735000093	2017/10/23
15	福州葫芦弟弟电子商务有限公司	福建葫芦文化产业发展有限公司	GR201735000120	2017/10/23
16	泉州市弘力电气设备有限公司	福建弘力电气有限公司	GR201735000656	2017/11/30

（摘编：吴汉良）

2018 年福建省工业和信息化省级龙头企业名单

2018 年 9 月 15 日福建省经济和信息化委员会下发《关于发布 2018 年福建省工业和信息化省级龙头企业名单的通知》提出，为贯彻落实《福建省人民政府办公厅关于印发新一轮促进工业和信息化龙头企业改造升级行动计划（2018—2020 年）》（闽政办〔2018〕50 号），经企业申报、各有关单位审核推荐和网上公示，现将福建省能源集团有限责任公司等 358 家 2018 年福建省工业和信息化省级龙头企业（含子公司）名单予以发布。

2018 年福建省工业和信息化省级龙头企业名单

序号	企业名称	所在地区	大类行业	细分行业
1	福建省能源集团有限责任公司	福州		
2	1 福建煤电股份有限公司	龙岩		
3	2 福建省永安煤业有限责任公司	三明		
4	3 福建省鸿山热电有限责任公司	泉州		
5	4 福建晋江天然气发电有限公司	泉州		
6	5 福建省福能新能源有限责任公司	莆田		
7	6 福建南纺有限责任公司	南平	煤炭开采和洗选业	煤炭开采和洗选业
8	7 福建水泥股份有限公司	福州		
9	7.1 福建水泥股份有限公司炼石水泥厂	南平		
10	7.2 福州炼石水泥有限公司	福州		
11	7.3 福建永安建福水泥有限公司	三明		
12	7.4 福建安砂建福水泥有限公司	三明		
13	7.5 福建省永安金银湖水泥有限公司	三明		
14	福建元成豆业有限公司	福州	农副食品加工业	饲料加工
15	福建傲农生物科技集团股份有限公司	漳州		
16	1 漳州傲农牧业科技有限公司	漳州	农副食品加工业	饲料加工
17	2 龙岩傲农饲料有限公司	龙岩		
18	3 福州傲农生物科技有限公司	福州		
19	福建长德蛋白科技有限公司	福州	农副食品加工业	饲料加工
20	泉州福海粮油工业有限公司	泉州	农副食品加工业	植物油加工
21	中纺粮油（福建）有限公司	漳州	农副食品加工业	植物油加工

续表

序号	企业名称	所在地区	大类行业	细分行业
22	福建圣农控股集团有限公司	南平		
23	1 福建圣农发展股份有限公司	南平		
24	2 福建圣农发展（浦城）有限公司	南平		
25	3 福建圣农食品有限公司	南平	农副食品加工业	屠宰及肉类加工
26	4 欧圣实业（福建）有限公司	南平		
27	5 福建欧圣农牧发展有限公司	南平		
28	6 福建海圣饲料有限公司	南平		
29	天怡（福建）现代农业发展有限公司	莆田	农副食品加工业	屠宰及肉类加工
30	福建东山县顺发水产有限公司	漳州	农副食品加工业	水产品加工
31	福建福鼎海鸥水产食品有限公司	宁德	农副食品加工业	水产品加工
32	福建新福水产集团有限公司	漳州	农副食品加工业	水产品加工
33	福州旭煌食品有限公司	福州	农副食品加工业	水产品加工
34	漳州市东好水产食品有限公司	漳州	农副食品加工业	水产品加工
35	福建新华东食品有限公司	漳州	农副食品加工业	水产品加工
36	漳州泉丰食品开发有限公司	漳州	农副食品加工业	水产品加工
37	如意情集团股份有限公司	厦门	农副食品加工业	蔬菜加工
38	福建省晋江福源食品有限公司	泉州	食品制造业	烘培食品
39	达利食品集团有限公司	泉州	食品制造业	烘培食品
40	蜡笔小新（福建）食品工业有限公司	泉州	食品制造业	糖果巧克力制造
41	福建久久王食品工业有限公司	泉州	食品制造业	糖果巧克力制造
42	福州龙福食品有限公司	福州	食品制造业	方便食品制造
43	福建安井食品股份有限公司	厦门	食品制造业	方便食品制造
44	福建紫山集团股份有限公司	漳州	食品制造业	罐头食品制造
45	安发（福建）生物科技有限公司	宁德	食品制造业	其他食品制造
46	百威英博雪津啤酒有限公司	莆田	酒、饮料和精制茶制造业	酒制造
47	厦门烟草工业有限责任公司	厦门	烟草制品业	卷烟制造
48	福建省长乐市长源纺织有限公司	福州	纺织业	棉纺织及印染
49	福建金源纺织有限公司	福州	纺织业	棉纺织及印染
50	福建省长乐市锦源纺织有限公司	福州	纺织业	棉纺织及印染
51	福州翔隆纺织有限公司	福州	纺织业	棉纺织及印染
52	福建龙峰纺织科技实业有限公司	泉州	纺织业	棉纺织及印染
53	福建新华源发展集团	福州		
54	1 福建省长乐市新华源纺织有限公司	福州	纺织业	棉纺织及印染
55	2 福建省长乐市华源纺织有限公司	福州		
56	3 福建省长乐市恒源纺织有限公司	福州		
57	福建经纬集团有限公司	福州	纺织业	棉纺织及印染

续表

序号	企业名称	所在地区	大类行业	细分行业
58	福建锦程高科实业有限公司	福州	纺织业	化纤织造及印染
59	福建华峰新材料有限公司	莆田	纺织业	针织编织物
60	福建浔兴拉链科技股份有限公司	泉州	纺织业	产业用纺织制成品制造
61	福建源盛纺织服装城有限公司	福州		
62	1 福州融裕行纺织织造有限公司	福州	纺织服装、服饰业	机织服装制造
63	2 福州茂盛投资有限公司	福州		
64	福建柒牌时装科技股份有限公司	泉州	纺织服装、服饰业	机织服装制造
65	九牧王股份有限公司	泉州	纺织服装、服饰业	机织服装制造
66	才子服饰股份有限公司	莆田	纺织服装、服饰业	机织服装制造
67	利郎（中国）有限公司	泉州	纺织服装、服饰业	机织服装制造
68	莆田市金利莱斯服饰织造有限公司	莆田	纺织服装、服饰业	机织服装制造
69	福建省晋江市浩沙制衣有限公司	泉州	纺织服装、服饰业	针织编织服装
70	晋江市七彩狐服装织造有限公司	泉州	纺织服装、服饰业	针织编织服装
71	福建宏远集团有限公司	泉州	纺织服装、服饰业	针织编织服装
72	兴业皮革科技股份有限公司	泉州	皮革制品和制鞋业	皮革加工
73	1 福建瑞森皮革有限公司	泉州		
74	祥兴（福建）箱包集团有限公司	福州	皮革制品和制鞋业	皮革制品制造
75	特步（中国）有限公司	泉州	皮革制品和制鞋业	制鞋业
76	连江清禄鞋业有限公司	福州	皮革制品和制鞋业	制鞋业
77	安踏体育用品集团有限公司	泉州	皮革制品和制鞋业	制鞋业
78	莆田市鑫龙鞋业有限公司	莆田	皮革制品和制鞋业	制鞋业
79	安踏（中国）有限公司	泉州	皮革制品和制鞋业	制鞋业
80	贵人鸟股份有限公司	泉州	皮革制品和制鞋业	制鞋业
81	莆田启明鞋业有限公司	莆田	皮革制品和制鞋业	制鞋业
82	三六一度（中国）有限公司	泉州	皮革制品和制鞋业	制鞋业
83	乔丹体育股份有限公司	泉州	皮革制品和制鞋业	制鞋业
84	泉州鸿荣轻工有限公司	泉州	皮革制品和制鞋业	制鞋业
85	莆田市辉特体育用品有限公司	莆田	皮革制品和制鞋业	制鞋业
86	福建协丰鞋业有限公司	莆田	皮革制品和制鞋业	制鞋业
87	莆田标准木业有限公司	莆田	木材加工和制品业	木材加工
88	福建省永安林业（集团）股份有限公司	三明	木材加工和制品业	人造板制造
89	1 福建森源家具有限公司	三明		
90	联盛纸业（龙海）有限公司	漳州	造纸和纸制品业	造纸
91	玖龙纸业（泉州）有限公司	泉州	造纸和纸制品业	造纸
92	福建省青山纸业股份有限公司	三明	造纸和纸制品业	造纸
93	晋江冠朗集团有限公司	泉州	造纸和纸制品业	造纸

续表

序号	企业名称	所在地区	大类行业	细分行业
94	1 泉州华祥纸业有限公司	泉州		
95	2 福建省晋江优兰发纸业有限公司	泉州	造纸和纸制品业	造纸
96	3 福建希源纸业有限公司	泉州		
97	福建恒利纸业有限公司	泉州	造纸和纸制品业	纸制品制造
98	中天（中国）工业有限公司	泉州	造纸和纸制品业	纸制品制造
99	怡佳（福建）卫生用品有限公司	泉州	造纸和纸制品业	纸制品制造
100	福建恒安集团有限公司	泉州		
101	1 晋江恒安家庭生活用纸有限公司	泉州		
102	2 晋江恒安心相印纸制品有限公司	泉州		
103	3 福建恒安卫生材料有限公司	泉州	造纸和纸制品业	纸制品制造
104	4 福建恒安家庭生活用品有限公司	泉州		
105	5 恒安（中国）卫生用品有限公司	泉州		
106	6 恒安（中国）纸业有限公司	泉州		
107	舒华体育股份有限公司	泉州	体育用品制造业	体育用品制造
108	福建联合石油化工有限公司	泉州	石油加工业	精炼石油产品
109	中化泉州石化有限公司	泉州	石油加工业	精炼石油产品
110	福建石油化工集团有限责任公司	福州		
111	1 福建省东南电化股份有限公司	福州	化学原料和化学制品制造业	基础化学原料制造
112	2 福建湄洲湾氯碱工业有限公司	泉州		
113	3 福建省福橡化工有限责任公司	泉州		
114	福建天辰耀隆新材料有限公司	福州	化学原料和化学制品制造业	基础化学原料制造
115	三明厦钨新能源材料有限公司	三明	化学原料和化学制品制造业	基础化学原料制造
116	瓮福紫金化工股份有限公司	龙岩	化学原料和化学制品制造业	基础化学原料制造
117	三棵树涂料股份有限公司	莆田	化学原料和化学制品制造业	涂料制造
118	福建中锦新材料有限公司	莆田	化学原料和化学制品制造业	合成材料制造
119	福建中景石化有限公司	福州	化学原料和化学制品制造业	合成材料制造
120	福建省中江石化有限公司	福州	化学原料和化学制品制造业	合成材料制造
121	腾龙特种树脂（厦门）有限公司	厦门	化学原料和化学制品制造业	合成材料制造
122	长春化工（漳州）有限公司	漳州	化学原料和化学制品制造业	合成材料制造
123	漳州片仔癀药业股份有限公司	漳州	医药制造业	中成药生产
124	1 福建片仔癀化妆品有限公司	漳州		
125	赛得利（福建）纤维有限公司	莆田	化学纤维制造业	纤维素纤维制造
126	恒申控股集团有限公司	福州		
127	1 长乐恒申合纤科技有限公司	福州	化学纤维制造业	锦纶纤维制造
128	2 长乐力恒锦纶科技有限公司	福州		
129	3 福建申远新材料有限公司	福州		

续表

序号	企业名称	所在地区	大类行业	细分行业
130	福建锦江科技有限公司	福州	化学纤维制造业	锦纶纤维制造
131	福建凯邦锦纶科技有限公司	福州	化学纤维制造业	锦纶纤维制造
132	福建景丰科技有限公司	福州	化学纤维制造业	锦纶纤维制造
133	福建恒捷实业有限公司	福州	化学纤维制造业	锦纶纤维制造
134	福建省金纶高纤股份有限公司	福州	化学纤维制造业	涤纶纤维制造
135	福建百宏聚纤科技实业有限公司	泉州	化学纤维制造业	涤纶纤维制造
136	福建省长乐市山力化纤有限公司	福州	化学纤维制造业	涤纶纤维制造
137	福建正麒高纤科技股份有限公司	泉州	化学纤维制造业	涤纶纤维制造
138	福建经纬新纤科技实业有限公司	福州	化学纤维制造业	涤纶纤维制造
139	厦门翔鹭化纤股份有限公司	厦门	化学纤维制造业	涤纶纤维制造
140	晋江市锦福化纤聚合有限公司	泉州	化学纤维制造业	涤纶纤维制造
141	福建佳通轮胎有限公司	莆田	橡胶和塑料制品业	橡胶制品
142	福建省海安橡胶有限公司	莆田	橡胶和塑料制品业	橡胶制品
143	正新（漳州）橡胶工业有限公司	漳州	橡胶和塑料制品业	橡胶制品
144	建新轮胎（福建）有限公司	三明	橡胶和塑料制品业	橡胶制品
145	厦门长塑实业有限公司	厦门	橡胶和塑料制品业	塑料制品
146	厦门建霖健康家居股份有限公司	厦门		
147	1 厦门英仕卫浴有限公司	厦门		
148	2 厦门百霖净水科技有限公司	厦门	橡胶和塑料制品业	塑料制品
149	3 厦门立霖卫浴有限公司	厦门		
150	4 漳州建霖实业有限公司	漳州		
151	福融辉实业（福建）有限公司	福州	橡胶和塑料制品业	塑料制品
152	福建百宏高新材料实业有限公司	泉州	橡胶和塑料制品业	塑料制品
153	福建恒杰塑业新材料有限公司	福州	橡胶和塑料制品业	塑料制品
154	天守（福建）超纤科技股份有限公司	龙岩	橡胶和塑料制品业	塑料制品
155	福建龙麟集团有限公司	龙岩		
156	1 福建龙麟环境工程有限公司	龙岩	非金属矿物制品业	水泥和石膏制造
157	2 漳浦龙麟水泥有限公司	龙岩		
158	3 龙岩市华麟混凝土有限公司	龙岩		
159	漳平红狮水泥有限公司	龙岩		
160	1 大田红狮水泥有限公司	三明		
161	2 龙海红狮水泥有限公司	漳州	非金属矿物制品业	水泥和石膏制造
162	3 漳州紫金建材有限公司	漳州		
163	4 南安红狮水泥有限公司	泉州		
164	溪石集团发展有限公司	泉州	非金属矿物制品业	砖瓦石材等建筑材料
165	金强（福建）建材科技股份有限公司	福州	非金属矿物制品业	砖瓦石材等建筑材料

续表

序号	企业名称	所在地区	大类行业	细分行业
166	福耀玻璃工业集团股份有限公司	福州	非金属矿物制品业	玻璃制造
167	1 福建省万达汽车玻璃工业有限公司	福州		
168	漳州旗滨玻璃有限公司	漳州	非金属矿物制品业	玻璃制造
169	莆田市日晶玻璃制品有限公司	莆田	非金属矿物制品业	玻璃制品制造
170	九牧厨卫股份有限公司	泉州	非金属矿物制品业	陶瓷制品制造
171	福建福欣特殊钢有限公司	漳州	黑色金属冶炼和压延加工业	炼钢
172	福建省三钢（集团）有限责任公司	三明	黑色金属冶炼和压延加工业	钢压延加工
173	1 福建罗源闽光钢铁有限责任公司	福州		
174	2 福建泉州闽光钢铁有限责任公司	泉州		
175	三宝集团股份有限公司	漳州	黑色金属冶炼和压延加工业	钢压延加工
176	1 福建三宝钢铁有限公司	漳州		
177	2 福建三宝特钢有限公司	漳州		
178	宝钢德盛不锈钢有限公司	福州	黑色金属冶炼和压延加工业	钢压延加工
179	福建甬金金属科技有限公司	宁德	黑色金属冶炼和压延加工业	钢压延加工
180	福建宏旺实业有限公司	宁德	黑色金属冶炼和压延加工业	钢压延加工
181	福建三钢小蕉实业发展有限公司	三明	黑色金属冶炼和压延加工业	钢压延加工
182	1 福建天尊新材料制造有限公司	三明		
183	2 福建天尊铸业有限公司	三明		
184	福建凯景新型科技材料有限公司	漳州	黑色金属冶炼和压延加工业	钢压延加工
185	福建青拓设备制造有限公司	宁德	黑色金属冶炼和压延加工业	钢压延加工
186	福州吴航钢铁制品有限公司	福州	黑色金属冶炼和压延加工业	钢压延加工
187	福建吴航不锈钢制品有限公司	福州	黑色金属冶炼和压延加工业	铁合金冶炼
188	福建青拓镍业有限公司	宁德	有色金属冶炼和压延加工业	常用有色金属冶炼
189	福建鼎信实业有限公司	宁德	有色金属冶炼和压延加工业	常用有色金属冶炼
190	紫金矿业集团股份有限公司	龙岩	有色金属冶炼和压延加工业	贵金属冶炼
191	1 紫金铜业有限公司	龙岩		
192	2 紫金矿业集团黄金冶炼有限公司	龙岩		
193	3 福建紫金铜业有限公司	龙岩		
194	福建鼎信科技有限公司	宁德	有色金属冶炼和压延加工业	有色金属压延加工
195	福建省闽发铝业股份有限公司	泉州	有色金属冶炼和压延加工业	有色金属压延加工
196	中铝瑞闽股份有限公司	福州	有色金属冶炼和压延加工业	有色金属压延加工
197	厦门钨业股份有限公司	厦门	有色金属冶炼和压延加工业	有色金属压延加工
198	1 厦门金鹭特种合金有限公司	厦门		
199	2 厦门虹鹭钨钼工业有限公司	厦门		
200	3 厦门嘉鹭金属工业有限公司	厦门		
201	4 厦门朋鹭金属工业有限公司	厦门		

续表

序号	企业名称	所在地区	大类行业	细分行业
202	5 宁化行洛坑钨矿有限公司	三明		
203	6 福建省长汀金龙稀土有限公司	龙岩	有色金属冶炼和压延加工业	有色金属压延加工
204	7 厦门厦钨新能源材料有限公司	厦门		
205	8 三明厦钨新能源材料有限公司	三明		
206	福建省南平铝业股份有限公司	南平		
207	1 福建省南铝板带加工有限公司	南平	有色金属冶炼和压延加工业	有色金属压延加工
208	2 福建省华银铝业有限公司	南平		
209	厦门厦顺铝箔有限公司	厦门	有色金属冶炼和压延加工业	有色金属压延加工
210	福建奋安铝业有限公司	福州	有色金属冶炼和压延加工业	有色金属压延加工
211	福建冠盖金属包装有限公司	莆田	金属制品业	集装箱及金属包装容器制造
212	昇兴集团股份有限公司	福州	金属制品业	集装箱及金属包装容器制造
213	漳州中集集装箱有限公司	漳州	金属制品业	集装箱及金属包装容器制造
214	路达（厦门）工业有限公司	厦门	金属制品业	建筑、安全用金属制品制造
215	厦门松霖科技股份有限公司	厦门	金属制品业	建筑、安全用金属制品制造
216	百路达（厦门）工业有限公司	厦门	金属制品业	建筑、安全用金属制品制造
217	福建统一马口铁有限公司	漳州	金属制品业	金属表面处理及热处理加工
218	福建祥鑫股份有限公司	福州	金属制品业	铸造及其他金属制品
219	林德（中国）叉车有限公司	厦门	通用设备制造业	物料搬运设备制造
220	福建联迪商用设备有限公司	福州	通用设备制造业	文化、办公用机械制造
221	玉晶光电（厦门）有限公司	厦门	通用设备制造业	文化、办公用机械制造
222	龙工（福建）机械有限公司	龙岩	专用设备制造业	采矿冶金建筑专用设备制造
223	福建晋工机械有限公司	泉州	专用设备制造业	采矿冶金建筑专用设备制造
224	永春县泉永机械配件有限公司	泉州	专用设备制造业	采矿冶金建筑专用设备制造
225	福建龙净环保股份有限公司	龙岩		
226	1 福建龙净脱硫脱硝工程有限公司	厦门	专用设备制造业	环保专用设备制造
227	2 龙岩龙净环保机械有限公司	龙岩		
228	3 厦门龙净环保技术有限公司	厦门		
229	东南（福建）汽车工业有限公司	福州	汽车制造业	汽车整车制造
230	福建奔驰汽车有限公司	福州	汽车制造业	汽车整车制造
231	厦门金龙联合汽车工业有限公司	厦门	汽车制造业	汽车整车制造
232	厦门金龙旅行车有限公司	厦门	汽车制造业	汽车整车制造
233	中国重汽集团福建海西汽车有限公司	三明	汽车制造业	汽车整车制造
234	福建龙马环卫装备股份有限公司	龙岩	汽车制造业	改装汽车制造
235	正兴车轮集团有限公司	漳州	汽车制造业	汽车零部件及配件
236	1 华安正兴车轮有限公司	漳州		
237	厦门日上集团股份有限公司	厦门	汽车制造业	汽车零部件及配件

续表

序号	企业名称	所在地区	大类行业	细分行业
238	1 厦门新长诚钢构工程有限公司	厦门		
239	2 厦门日上钢圈有限公司	厦门	汽车制造业	汽车零部件及配件
240	3 厦门日上金属有限公司	厦门		
241	4 新长诚（漳州）重工有限公司	漳州		
242	福州六和机械有限公司	福州	汽车制造业	汽车零部件及配件
243	云集（福建）实业有限公司	福州	铁路船舶运输设备制造业	铁路运输设备制造
244	福建省船舶工业集团有限公司	福州		
245	1 福建省马尾造船股份有限公司	福州		
246	2 厦门船舶重工股份有限公司	厦门		
247	3 福建东南造船有限公司	福州		
248	4 福建福宁船舶重工有限公司	宁德	铁路船舶运输设备制造业	船舶及相关装置制造
249	5 福人木业（福州）有限公司	福州		
250	6 福人木业（莆田）有限公司	莆田		
251	7 福建福船一帆新能源装备制造有限公司	漳州		
252	厦门 ABB 开关有限公司	厦门	电气机械和器材制造业	输配电及控制设备制造
253	厦门宏发电声股份有限公司	厦门		
254	1 厦门宏发电力电器有限公司	厦门		
255	1.2 厦门宏发电力电子科技有限公司	厦门		
256	2 厦门精合电气自动化有限公司	厦门	电气机械和器材制造业	输配电及控制设备制造
257	3 厦门宏发汽车电子有限公司	厦门		
258	5 厦门金越电器有限公司	厦门		
259	4 厦门宏发开关设备有限公司	厦门		
260	5 厦门宏远达电器有限公司	厦门		
261	6 漳州宏发电声有限公司	漳州	电气机械和器材制造业	输配电及控制设备制造
262	7 厦门宏发信号电子有限公司	厦门		
263	厦门科华恒盛股份有限公司	厦门	电气机械和器材制造业	输配电及控制设备制造
264	1 漳州科华技术有限责任公司	漳州		
265	阳光中科（福建）能源股份有限公司	泉州	电气机械和器材制造业	输配电及控制设备制造
266	福州大通机电有限公司	福州	电气机械和器材制造业	电线电缆制造
267	福建南平太阳电缆股份有限公司	南平		
268	1 福建上杭太阳铜业有限公司	龙岩	电气机械和器材制造业	电线电缆制造
269	1.1 福建南平太阳铜业有限公司	南平		
270	宁德新能源科技有限公司	宁德	电气机械和器材制造业	电池制造
271	宁德时代新能源科技股份有限公司	宁德	电气机械和器材制造业	电池制造
272	飞毛腿（福建）电子有限公司	福州	电气机械和器材制造业	电池制造
273	福建南平南孚电池有限公司	南平	电气机械和器材制造业	电池制造

续表

序号	企业名称	所在地区	大类行业	细分行业
274	福建省闽华电源股份有限公司	泉州	电气机械和器材制造业	电池制造
275	漳州蒙发利实业有限公司	漳州	电气机械和器材制造业	家用电力器具制造
276	厦门华联电子股份有限公司	厦门	电气机械和器材制造业	家用电力器具制造
277	福建铂阳精工设备有限公司	泉州	电气机械和器材制造业	非电力家用器具制造
278	福建省电子信息（集团）有限责任公司	福州	计算机、通信和其他电子设备制造业	计算机、通信和其他电子设备制造业
279	1 福建星网锐捷通讯股份有限公司	福州		
280	2 福建省星云大数据应用服务有限公司	福州		
281	3 福建升腾资讯有限公司	福州		
282	4 四创科技有限公司	福州		
283	厦门美图移动科技有限公司	厦门	计算机、通信和其他电子设备制造业	通信设备制造
284	国脉科技股份有限公司	福州	计算机、通信和其他电子设备制造业	通信设备制造
285	厦门亿联网络技术股份有限公司	厦门	计算机、通信和其他电子设备制造业	通信设备制造
286	福建省石狮市通达电器有限公司	泉州	计算机、通信和其他电子设备制造业	广播电视设备制造
287	厦门强力巨彩光电科技有限公司	厦门	计算机、通信和其他电子设备制造业	广播电视设备制造
288	1 厦门强力巨彩显示技术有限公司	厦门		
289	冠捷显示科技（厦门）有限公司	厦门	计算机、通信和其他电子设备制造业	非专业视听设备制造
290	新大陆科技集团有限公司	福州	计算机、通信和其他电子设备制造业	非专业视听设备制造
291	1 福建新大陆电脑股份有限公司	福州		
292	2 福建新大陆支付技术有限公司	福州		
293	3 福建新大陆自动识别技术有限公司	福州		
294	4 福建新大陆软件工程有限公司	福州		
295	5 福建新大陆通信股份有限公司	福州		
296	南靖万利达科技有限公司	漳州	计算机、通信和其他电子设备制造业	非专业视听设备制造
297	福州瑞芯微电子股份有限公司	福州	计算机、通信和其他电子设备制造业	集成电路制造
298	宸美（厦门）光电有限公司	厦门	计算机、通信和其他电子设备制造业	显示器件制造
299	友达光电（厦门）有限公司	厦门	计算机、通信和其他电子设备制造业	显示器件制造
300	宸鸿科技（厦门）有限公司	厦门	计算机、通信和其他电子设备制造业	显示器件制造
301	厦门天马微电子有限公司	厦门	计算机、通信和其他电子设备制造业	显示器件制造

续表

序号	企　业　名　称	所在地区	大　类　行　业	细　分　行　业
302	华映科技（集团）股份有限公司	福州	计算机、通信和其他电子设备制造业	显示器件制造
303	1 华映光电股份有限公司	福州		
304	1.1 福州华映视讯有限公司	福州		
305	2 福建华冠光电有限公司	福州		
306	福州京东方光电科技有限公司	福州	计算机、通信和其他电子设备制造业	显示器件制造
307	祥达光学（厦门）有限公司	厦门	计算机、通信和其他电子设备制造业	显示器件制造
308	厦门三安光电有限公司	厦门	计算机、通信和其他电子设备制造业	半导体照明器件制造
309	开发晶照明（厦门）有限公司	厦门	计算机、通信和其他电子设备制造业	半导体照明器件制造
310	福建天电光电有限公司	泉州	计算机、通信和其他电子设备制造业	半导体照明器件制造
311	漳州立达信光电子科技有限公司	漳州	计算机、通信和其他电子设备制造业	光电子器件制造
312	1 漳州立达信灯具有限公司	漳州		
313	2 漳州立达信光电有限公司	漳州		
314	福州高意通讯有限公司	福州	计算机、通信和其他电子设备制造业	光电子器件制造
315	厦门盈趣科技股份有限公司	厦门	计算机、通信和其他电子设备制造业	其他电子器件制造
316	长鸿光电（厦门）有限公司	厦门	计算机、通信和其他电子设备制造业	电子元件及电子专用材料制造
317	宝宸（厦门）光学科技有限公司	厦门	仪器仪表制造业	光学仪器制造
318	雨中鸟（福建）户外用品有限公司	泉州	日用杂品制造业	日用杂品制造
319	福建兴达船业有限公司	福州	金属制品、机械和设备修理业	船舶、航空航天设备修理
320	晋江太古飞机复合材料有限公司	泉州	金属制品、机械和设备修理业	船舶、航空航天设备修理
321	福建宁德核电有限公司	宁德	电力热力生产和供应业	电力生产
322	华阳电业有限公司	漳州	电力热力生产和供应业	电力生产
323	福建华电可门发电有限公司	福州	电力热力生产和供应业	电力生产
324	神华福能发电有限责任公司	泉州	电力热力生产和供应业	电力生产
325	1 福建晋江热电有限公司	泉州		
326	2 神华福能（福建雁石）发电有限责任公司	龙岩		
327	福建大唐国际宁德发电有限责任公司	宁德	电力热力生产和供应业	电力生产
328	国投云顶湄洲湾电力有限公司	莆田	电力热力生产和供应业	电力生产
329	福建太平洋电力有限公司	莆田	电力热力生产和供应业	电力生产
330	国电福建电力有限公司	福州	电力热力生产和供应业	电力供应

续表

序号	企业名称	所在地区	大类行业	细分行业
331	中海福建天然气有限责任公司	莆田	燃气生产和供应业	燃气生产和供应业
332	泉州安通物流有限公司	泉州	多式联运和运输代理业	运输代理业
333	中国厦门外轮代理有限公司	厦门	多式联运和运输代理业	运输代理业
334	厦门国贸泰达保税物流有限公司	厦门	多式联运和运输代理业	运输代理业
335	福建省交通运输集团有限责任公司	福州	装卸搬运和仓储业	装卸搬运
336	1 福建省海运集团有限责任公司	福州		
337	四三九九网络股份有限公司	厦门	互联网和相关服务业	互联网信息服务
338	厦门网宿有限公司	厦门	互联网和相关服务业	互联网信息服务
339	福建中海创集团有限公司	福州	软件和信息技术服务业	软件和信息技术服务业
340	1 福州福大自动化科技有限公司	福州		
341	厦门信息集团有限公司	厦门	软件和信息技术服务业	软件和信息技术服务业
342	1 厦门信息港建设发展股份有限公司	厦门		
343	2 厦门路桥信息股份有限公司	厦门		
344	咪咕动漫有限公司	厦门	软件和信息技术服务业	软件开发
345	福建网龙计算机网络信息技术有限公司	福州	软件和信息技术服务业	软件开发
346	国网信通亿力科技有限责任公司	厦门	软件和信息技术服务业	软件开发
347	1 福建亿榕信息技术有限公司	福州		
348	2 福建网能科技开发有限责任公司	福州		
349	3 厦门亿力吉奥信息科技有限公司	厦门		
350	中电福富信息科技有限公司	福州	软件和信息技术服务业	软件开发
351	厦门市美亚柏科信息股份有限公司	厦门	软件和信息技术服务业	软件开发
352	1 厦门美亚中敏科技有限公司	厦门		
353	南威软件股份有限公司	泉州	软件和信息技术服务业	软件开发
354	厦门亿力吉奥信息科技有限公司	厦门	软件和信息技术服务业	软件开发
355	福建榕基软件股份有限公司	福州	软件和信息技术服务业	软件开发
356	1 福建榕基软件工程有限公司	福州		
357	福建天晴数码有限公司	福州	软件和信息技术服务业	软件开发
358	厦门美图之家科技有限公司	厦门	软件和信息技术服务业	软件开发

（摘编：李兵）

福建省省级新型研发机构名单

一、福建省第二批省级新型研发机构名单

2018年4月19日福建省科学技术厅下发《关于公布第二批省级新型研发机构的通知》闽科政〔2018〕7号提出，为贯彻落实《福建省人民政府办公厅关于鼓励社会资本建设和发展新型研发机构若干措施的通知》（闽政办〔2016〕145号）精神，根据《福建省科学技术厅关于组织申报第二批省级新型研发机构的通知》（闽科政〔2017〕12号）要求，在自主申报、设区市科技局推荐的基础上，经组织专家评审、实地核查和公示后，确定福建省特种设备检验研究院等21家单位为我省第二批新型研发机构。

各新型研发机构要建立健全以市场为导向的新型管理体制和运行机制，积极推进以技术创新为核心的全面创新，不断提升自主创新能力，加速促进技术转移转化，充分发挥示范、引领和带动作用。各级科技管理部门要加强对新型研发机构的指导和服务，协调落实相关扶持政策，支持引导新型研发机构持续创新发展。

序号	单位名称	所属地区
1	福建省特种设备检验研究院	省属
2	福建新大陆电脑股份有限公司	福州
3	福州林景行信息技术有限公司	福州
4	福建省轻工业研究所	省属
5	福建省纤维检验局	省属
6	福建四创软件有限公司	福州
7	福建（泉州）哈工大工程技术研究院	泉州
8	福建奥通迈胜电力科技有限公司	福州
9	福建联迪商用设备有限公司	福州
10	嘉园环保有限公司	福州
11	福建亚丰种业有限公司	福州
12	宁德时代新能源科技股份有限公司	宁德
13	福建省新能海上风电研发中心有限公司	福州
14	福建卫斯特环保科技有限公司	三明
15	福建省福船海洋工程技术研究院有限公司	福州
16	龙海特尔福汽车电子研究所有限公司	漳州
17	福建中科光芯光电科技有限公司	福州
18	福建冠城瑞闽新能源科技有限公司	福州

续表

序号	单位名称	所属地区
19	福建福君基因生物科技有限公司	福州
20	福建禾丰种业股份有限公司	三明
21	中铅东南材料院（福建）科技有限公司	福州

二、福建省第三批省级新型研发机构名单

2018 年 12 月 12 日福建省科学技术厅 下发《关于公布第三批省级新型研发机构的通知》（闽科政〔2018〕19 号）提出，为贯彻落实《福建省人民政府办公厅关于鼓励社会资本建设和发展新型研发机构若干措施的通知》（闽政办〔2016〕145 号）精神，根据《福建省科学技术厅关于组织申报第三批省级新型研发机构的通知》（闽科政〔2018〕8 号）要求，在自主申报、设区市科技局推荐的基础上，经组织专家评审、实地核查和公示后，确定锐捷网络股份有限公司等 19 家单位为我省第三批新型研发机构，名单如下：

福建省第三批省级新型研发机构名单

（排名不分先后）

序号	单位名称	所属地区
1	锐捷网络股份有限公司	福州
2	福建省数字福建云计算运营有限公司	福州
3	福建福大百特科技发展有限公司	福州
4	福建雪人股份有限公司	福州
5	福建弘扬软件股份有限公司	福州
6	力品药业（厦门）有限公司	厦门
7	厦门蓝斯通信股份有限公司	厦门
8	厦门蓝湾科技有限公司	厦门
9	福建省中孚检测技术有限公司	漳州
10	中纺协检验（泉州）技术服务有限公司	泉州
11	泉州市绿色低碳研究院	泉州
12	泉州海西动漫研究院有限公司	泉州
13	泉州高品医学检验实验室有限责任公司	泉州
14	福建省汽车工业集团云度新能源汽车股份有限公司	莆田
15	福建兵工装备有限公司	三明
16	福建南环检测技术有限公司	龙岩
17	福建易动力电子科技股份有限公司	龙岩
18	福建广生堂药业股份有限公司	宁德
19	宗仁科技（平潭）有限公司	平潭

（摘编：彭文荣）

福建省企业技术中心名单

一、福建省第二十三批省企业技术中心名单

2018年7月9日福建省经济和信息化委员会、福建省科学技术厅、福建省财政厅、国家税务总局、福建省税务局、福州海关 、厦门海关下发《关于公布福建省第二十三批省企业技术中心名单的通知》提出，根据企业申请，按照《福建省企业技术中心认定管理办法》（闽经信技术〔2017〕164号文）要求，经研究，同意莆田市恒达机电实业有限公司技术中心等7家企业技术中心为福建省第二十三批省企业技术中心。

福建省第二十三批省企业技术中心名单

序号	企业名称	技术中心名称
1	莆田市恒达机电实业有限公司	莆田市恒达机电实业有限公司技术中心
2	中城投集团第八工程局有限公司	中城投集团第八工程局有限公司技术中心
3	厦门安能建设有限公司	厦门安能建设有限公司技术中心
4	中铁二十二局集团第三工程有限公司	中铁二十二局集团第三工程有限公司技术中心
5	福建省东霖建设工程有限公司	福建省东霖建设工程有限公司技术中心
6	福建省融旗建设工程有限公司	福建省融旗建设工程有限公司技术中心
7	福建宏盛建设集团有限公司	福建宏盛建设集团有限公司技术中心

二、福建省第二十四批省企业技术中心名单

2018年10月15日 福建省经济和信息化委员会、福建省科学技术厅、福建省财政厅、国家税务总局福建省税务局、福州海关、厦门海关下发《关于公布福建省第二十四批省企业技术中心名单的通知》提出，根据企业申请，按照《福建省企业技术中心认定管理办法》（闽经信技术〔2017〕164号文）要求，经研究，同意福建星云电子股份有限公司等25家企业技术中心为福建省第二十四批省企业技术中心，名单如下：

福建省第二十四批省企业技术中心名单

序号	企业名称	技术中心名称
1	福建星云电子股份有限公司	福建星云电子股份有限公司技术中心
2	慧翰微电子股份有限公司	慧翰微电子股份有限公司技术中心
3	福州六和机械有限公司	福州六和机械有限公司技术中心
4	福建安特微电子有限公司	福建安特微电子有限公司技术中心
5	福建骏鹏通信科技有限公司	福建骏鹏通信科技有限公司技术中心
6	福建三农新材料有限责任公司	福建三农新材料有限责任公司技术中心

续表

序号	企 业 名 称	技术中心名称
7	福建威而特旋压科技有限公司	福建威而特旋压科技有限公司技术中心
8	星河电路（福建）有限公司	星河电路（福建）有限公司技术中心
9	厦门亿联网络技术股份有限公司	厦门亿联网络技术股份有限公司技术中心
10	厦门艾德生物医药科技股份有限公司	厦门艾德生物医药科技股份有限公司技术中心
11	华尔达（厦门）塑胶有限公司	华尔达（厦门）塑胶有限公司技术中心
12	协成科技股份有限公司	协成科技股份有限公司技术中心
13	厦门弘信电子科技股份有限公司	厦门弘信电子科技股份有限公司技术中心
14	福建省高华建设工程有限公司	福建省高华建设工程有限公司技术中心
15	福州市第三建筑工程公司	福州市第三建筑工程公司技术中心
16	福建省昊立建设工程有限公司	福建省昊立建设工程有限公司技术中心
17	福建璟榕工程建设发展有限公司	福建璟榕工程建设发展有限公司技术中心
18	中城建设有限责任公司	中城建设有限责任公司技术中心
19	中建鑫宏鼎环境集团有限公司	中建鑫宏鼎环境集团有限公司技术中心
20	厦门市捷安建设集团有限公司	厦门市捷安建设集团有限公司技术中心
21	福建七建集团有限公司	福建七建集团有限公司技术中心
22	福建省兴岩建设集团有限公司	福建省兴岩建设集团有限公司技术中心
23	泉发建设股份有限公司	泉发建设股份有限公司技术中心
24	福建省惠东建筑工程有限公司	福建省惠东建筑工程有限公司技术中心
25	福建第一公路工程集团有限公司	福建第一公路工程集团有限公司技术中心

三、福建省第二十五批省企业技术中心名单

2018年12月29日福建省工业和信息化厅、福建省科学技术厅、福建省财政厅、国家税务总局福建省税务局、福州海关、厦门海关《关于公布福建省第二十五批省企业技术中心名单的通知》提出，根据企业申请，按照《福建省企业技术中心认定管理办法》（闽经信技术〔2017〕164号文）要求，经研究，同意智恒科技股份有限公司等18家企业技术中心为福建省第二十五批省企业技术中心，名单如下：

福建省第二十五批省企业技术中心名单

序号	企 业 名 称	技术中心名称
1	智恒科技股份有限公司	智恒科技股份有限公司技术中心
2	福建金科信息技术股份有限公司	福建金科信息技术股份有限公司技术中心
3	福建友谊粘胶带集团有限公司	福建友谊粘胶带集团有限公司技术中心
4	福建和盛塑业有限公司	福建和盛塑业有限公司技术中心
5	宝钢德盛不锈钢有限公司	宝钢德盛不锈钢有限公司技术中心
6	福建兴航机械铸造有限公司	福建兴航机械铸造有限公司技术中心
7	福州瑞华印制线路板有限公司	福州瑞华印制线路板有限公司技术中心
8	福清市新大泽螺旋藻有限公司	福清市新大泽螺旋藻有限公司技术中心

续表

序号	企　业　名　称	技术中心名称
9	福建岳海水产食品有限公司	福建岳海水产食品有限公司技术中心
10	福建鸿丰纳米科技有限公司	福建鸿丰纳米科技有限公司技术中心
11	福建中锦新材料有限公司	福建中锦新材料有限公司技术中心
12	福建天广消防有限公司	福建天广消防有限公司技术中心
13	龙合智能装备制造有限公司	龙合智能装备制造有限公司技术中心
14	龙岩阿赛特汽车零部件制造有限公司	龙岩阿赛特汽车零部件制造有限公司技术中心
15	福建省龙祥建设集团有限公司	福建省龙祥建设集团有限公司技术中心
16	厦门鲁班源房屋营造有限公司	厦门鲁班源房屋营造有限公司技术中心
17	福建金鼎建筑发展有限公司	福建金鼎建筑发展有限公司技术中心
18	福建荣建集团有限公司	福建荣建集团有限公司技术中心

（摘编：于新光）

第六批福建省省级工业设计中心企业名单

2018 年 8 月 3 日福建省经济和信息化委员会下发《关于公布第六批福建省省级工业设计中心名单的通知》提出，根据《福建省经济和信息化委员会关于组织申报2018 年（第六批）省级工业设计中心的通知》（闽经信函服务〔2018〕350 号），按照《福建省省级工业设计中心认定管理办法》（闽经信政法〔2018〕99 号）有关规定，经研究，同意福建联迪商用设备有限公司等 11 家企业的工业设计中心为第六批福建省省级工业设计中心，现予以公布。

第六批福建省省级工业设计中心企业名单

1. 福建联迪商用设备有限公司
2. 厦门优胜卫厨科技有限公司
3. 林德（中国）叉车有限公司
4. 厦门英仕卫浴有限公司
5. 厦门倍杰特科技股份公司
6. 福建集成伞业有限公司
7. 福建柒牌时装科技股份有限公司
8. 福建天广消防有限公司
9. 福建泉州顺美集团有限责任公司
10. 福建省三福古典家具有限公司
11. 龙岩畅丰专用汽车有限公司

（摘编：王增丰）

福建省2018年第一批省级技术转移机构名单

2018年8月24日福建省科学技术厅下发《关于确定2018年第一批省级技术转移机构的通知》（闽科成〔2018〕8号）提出，为推进我省技术转移体系建设，根据《福建省技术转移机构管理办法（暂行）》，经评估和研究，确定“福建省电子信息应用技术研究院有限公司”等14家机构为2018年第一批省级技术转移机构，名单如下：

2018年第一批省级技术转移机构名单

序号	单位名称	推荐单位
1	福建省电子信息应用技术研究院有限公司	福州市科技局
2	福州年盛信息科技有限公司	
3	福建省君诚信息科技有限公司	
4	福建五八三信息科技有限公司	
5	福州维亚企业咨询服务有限公司	
6	考克（福建）工业设计有限公司	
7	漳州市盛元企业管理有限公司	漳州市科技局
8	福建新竹科技咨询有限公司	泉州市科技局
9	泉州科知易科技有限公司	
10	福建师范大学泉港石化研究院	
11	机械科学研究总院（将乐）半固态技术研究所有限公司	三明市科技局
12	浦城县生产力促进中心	南平市科技局
13	福建省龙岩市科技开发中心	龙岩市科技局
14	福建省高新技术创业服务中心	省科技厅

（摘编：肖启辉）

2018 年福建省星创天地名单

2018 年 8 月 13 日福建省科学技术厅下发《关于公布 2018 年福建省星创天地名单的通知》（闽科星〔2018〕3 号）提出，根据《福建省星创天地管理细则（暂行）》及《福建省科学技术厅关于开展 2018 年福建省星创天地认定工作的通知》（闽科星函〔2018〕9 号）的有关要求，省科技厅组织开展了省级星创天地评审认定工作。经研究，确定福建省农业科学院数字农业星创天地等 14 家星创天地为 2018 年“福建省星创天地”，名单如下：

2018 年福建省星创天地名单

序号	星创天地名称	运营管理主体	负责人	地 区
1	福建省农业科学院数字农业星创天地	福建省农业科学院科技干部培训中心	赵 健	省属
2	溪客绿星创天地	福建省智慧品学创业创新研究院	吴兴荣	福州
3	方家铺子星创天地	方家铺子（莆田）绿色食品有限公司	方 敏	莆田
4	汇甜蜂业星创天地	福建省南安市都山生态农林专业合作社	姚清花	泉州
5	泉州祥山科技农业星创天地	德化县祥山大果油茶有限公司	林安娜	泉州
6	稻香园农业科技星创天地	福建省稻香园农业发展有限公司	庄荫家	泉州
7	德化县丰农汇星创天地	德化县英山珍贵淮山农民合作社	李金贵	泉州
8	连城兰花星创天地	福建连城兰花股份有限公司	饶春荣	龙岩
9	心农业新未来星创天地	永安市毛氏食品有限公司	毛明燕	三明
10	菌芝科技星创天地	福建省菌芝堂生物科技有限公司	张维元	三明
11	禾坪绿谷星创天地	福建和平古镇农业开发有限公司	危智诚	南平
12	凌云星创天地	福建华韵竹木有限公司	季伟亮	南平
13	瑞昌星创天地	政和县瑞昌工艺品有限公司	范榜瑞	南平
14	新味星创天地	福建新味食品有限公司	黄细忠	宁德

（摘编：李兵）

福建省新型工业化产业示范基地（第七批）名单

2018年1月2日福建省经济和信息化委员会下发《关于公布福建省新型工业化产业示范基地（第七批）名单的通知》（闽经信行政服务〔2018〕1号）提出，根据《福建省经济和信息化委员会关于印发福建省新型工业化产业示范基地申报创建工作办法的通知》（闽经信综合〔2016〕195号）和《关于组织申报2017年度省级新型工业化产业示范基地的通知》（闽经信函产业〔2017〕860号），经各设区市经信部门组织推荐，省经济和信息化委员会初审、专家评审，确定了福建省新型工业化产业示范基地（第七批）名单，现予公布，有关事项通知如下：

一、确定“纺织产业·福建尤溪经济开发区”园区为第七批福建省新型工业化产业示范基地，并予授牌。

二、各新型工业化产业示范基地要按照上报的创建工作方案和产业发展规划，推进自主创新和技术改造、两化融合、节能环保、安全生产、公共服务平台建设等方面的工作，完善产业配套和服务环境，不断提升发展质量和水平，使示范基地切实成为带动工业转型升级、推动工业做大做强的重要载体和骨干力量。

三、各地要加强对新型工业化产业示范基地发展的指导和监测，及时协调解决示范基地发展中遇到的困难和问题，研究制定并落实相关配套政策，加大要素和资源保障，支持示范基地的创建和发展。每年3月底前向省经济和信息化委员会报送上年度发展情况及本年度工作安排。

四、省经济和信息化委员会每年对上一年度批复认定的示范基地给予资金奖励，对批复满一年的示范基地开展综合评价工作，并根据评价结果给予奖励。

（摘编：黄国实）

福建省2018年省级科技成果产业化基地和产学研合作示范基地名单

2018年12月10日福建省科学技术厅下发《关于发布2018年省级科技成果产业化基地和产学研合作示范基地名单的通知》（闽科成〔2018〕18号）提出，根据《福建省科学技术厅关于组织申报2018年省级科技成果产业化基地和产学研合作示范基地的通知》（闽科成〔2018〕11号），经评估和研究，确定福建福光股份有限公司等8家单位为2018年省级科技成果产业化基地；确定福建省计量科学研究院等20家单位为2018年省级产学研合作示范基地，名单如下：

2018年省级科技成果产业化基地和产学研合作示范基地名单

省级科技成果产业化基地（8家）

序号	申报单位	推荐单位
1	福建福光股份有限公司	福建省电子信息（集团）有限责任公司
2	福建榕基软件股份有限公司	福州市科技局
3	漳州科华技术有限责任公司	漳州市科技与知识产权局
4	泉州佰源机械科技股份有限公司	泉州市科技局
5	福建省汽车工业集团云度新能源汽车股份有限公司	莆田市科技局
6	绿康生化股份有限公司	南平市科技局
7	福建龙净环保股份有限公司	龙岩市科技局
8	宁德新能源科技有限公司	宁德市科技局

省级产学研合作示范基地（20家）

序号	申报单位	推荐单位
1	福建省计量科学研究院	福建省质量技术监督局
2	福建省农业科学院农业工程技术研究所	福建省农业科学院
3	福建星网锐捷通讯股份有限公司	福建省电子信息（集团）有限责任公司
4	华侨大学机电及自动化学院	华侨大学
5	福建农林大学新农村发展研究院	福建农林大学
6	福建省中医药研究院	福建中医药大学
7	集美大学水产学院	集美大学
8	闽南师范大学物理与信息工程学院	闽南师范大学
9	福建工程学院机械与汽车工程学院	福建工程学院
10	闽江学院计算机与控制工程学院	闽江学院

续表

序号	申　报　单　位	推　荐　单　位
11	莆田学院信息工程学院	莆田学院
12	龙岩学院生命科学学院	龙岩学院
13	宁德师范学院生命科学学院	宁德师范学院
14	长乐恒申合纤科技有限公司	福州市科技局
15	正兴车轮集团有限公司	漳州市科技与知识产权局
16	泉州装备制造研究所	泉州市科技局
17	三明市农业科学研究院	三明市科技与知识产权局
18	福建省亚明食品有限公司	莆田市科技局
19	福建建阳龙翔科技开发有限公司	南平市科技局
20	宁德时代新能源科技股份有限公司	宁德市科技局

（摘编：唐民）

2018 年福建省小型微型企业创业创新示范基地名单

2018 年 12 月 21 日福建省工业和信息化厅、福建省财政厅下发《关于公布 2018 年福建省小型微型企业创业创新示范基地名单的通知》（闽工信中小〔2018〕33 号）提出，根据《福建省工业和信息化厅福建省财政厅关于开展 2018 年福建省中小企业公共服务示范平台和小型微型企业创业创新示范基地认定工作的通知》（闽经信中小〔2018〕181 号）文件精神，经企业（单位）自愿申报、设区市审核推荐、省工信厅审核并公示后，认定厦门市软件园三期创新社区、政和经济开发区创业基地等 2 个基地为福建省小型微型企业创业创新示范基地（以下简称示范基地），现将名单予以公布。示范基地有效期三年，有效期为 2019 年 1 月 1 日至 2021 年 12 月 31 日。未在此通知名单内 2015 年以前（含 2015 年）认定的示范基地，有效期至 2018 年底止。

2018 年福建省小型微型企业创业创新示范基地

序号	地市	基地名称	申报单位
1	厦门	厦门市软件园三期创新社区	厦门信息集团有限公司
2	南平	政和经济开发区创业基地	福建省政和同心经济开发区建设投资有限公司

（摘编：刘海元）

福建省 2018—2020 年省级城市副食品调控基地名单

2017 年 4 月 20 日福建省商务厅下发《关于公布 2018—2020 年省级城市副食品调控基地名单并下达指导性生产计划的通知》（闽商务市场〔2018〕22 号）提出，根据《福建省城市副食品调控基地管理办法》有关规定，经各地初审推荐，福建省商务厅审核认定并公示无异议，现将 2018 年 4 月—2020 年 4 月协议期内 329 家省级城市副食品调控基地名单予以公布，并下达年度指导性生产计划任务。

省级城市副食品（生猪）调控基地名单及指导性生产计划

序号	设区市	基　地　名　称	年上市生猪（万头）
1	福州	福建农凯畜牧实业有限公司	2.5
2		福清市丰泽农牧科技开发有限公司	1.5
3		福建省星源农牧科技股份有限公司	2
4		福建福丰生态农业股份有限公司	4
5		福建泉头畜牧综合养殖有限公司	2
6		长乐市海力农畜综合开发有限公司	2
7		福建闽清亚顺农业专业合作社	1.5
8		福建仁锋种猪有限公司	1.5
9		福州创世纪农业综合开发有限公司	2
10		罗源福田农业综合开发有限公司	2
11		罗源县中森畜牧综合开发有限公司	1.5
12		福州万宇农牧有限公司	2
13		福建省星源中德牧业有限公司	2
14	漳州	南靖县裕丰养殖有限公司	1.5
15		漳州市丰侨农牧开发有限公司	2
16		漳州温氏农牧有限公司南靖畜牧分公司	8
17		南靖县胜利畜牧有限公司	1.5
18		南靖县顺发种猪场	1.5
19		南靖和兴华侨畜牧发展有限公司	1.5
20		云霄县奕铭养猪有限公司	1.5
21		漳州杰成养殖有限公司	1.5
22		云霄县益泰农养殖有限公司	1.5

续表

序号	设区市	基地名称	年上市生猪（万头）
23	漳州	福建漳州绿野农业开发股份有限公司	2
24		云霄县东森畜牧有限公司	1.5
25		龙海市白水华美养猪场	2
26		漳州市华福农牧有限公司	1.5
27		福建趴趴跑生态农业综合开发有限公司	2
28		漳浦县禾牧农牧有限公司	2
29		福建省晋祥福畜业有限公司	3
30		漳浦山里香农业有限公司	2
31		漳州天裕家庭农场有限公司	1.5
32		漳浦县华润养殖有限公司	1.5
33		漳浦县三茂农业有限公司	1.5
34		南安市协兴良种养殖有限公司	1.5
35		南安市东田平成养猪有限公司	1.5
36		福建惠安县惠丰农牧有限公司	1.5
37		泉州宝盛养殖有限公司	2
38		福建南安市大岭养殖有限公司	2
39		南安诗山小五台养殖有限公司	1.5
40		龙峰园（福建）养殖有限公司	2
41		晋江紫滨农牧实业有限公司	2
42		晋江联兴农牧有限公司	2
43		泉州市洛江鸿发畜牧有限公司	2
44		晋江华昌农牧有限公司	2
45		南安横山养殖有限公司	1.5
46		南安市东星养殖业开发有限公司	1.5
47		南安市金龙养殖有限责任公司	1.5
48		福建南安市恒盛生态园有限公司	5
49		福建亚森农业综合开发股份公司	2.5
50		南安上锋养殖有限公司	1.5
51		安溪县城厢新威综合农场	2
52		泉州市雄益养殖有限公司	2
53	三明市	三明市再金养殖有限公司	1.5
54		三明市卢坪养殖有限公司	1.5
55		福建省恒祥农牧集团有限公司	3
56		三明市育生农牧开发有限公司	3
57		福建省三明市吉口农牧综合开发有限公司	3
58		三明市汇兴畜牧有限责任公司	1.5

续表

序号	设区市	基　地　名　称	年上市生猪（万头）
59	三明市	三明市食品集团楼源畜牧有限责任公司	2.5
60		福建省三明市天大农牧有限公司	2
61		三明市明顺农牧开发有限公司	2
62		三明市润禾畜牧良种有限责任公司	1.5
63		福建省清流闽新畜牧场	1.5
64		三明市华利种猪繁殖基地	1.5
65		大田县昌荣畜牧有限公司	1.5
66		大田县昌裕畜牧有限公司	1.5
67		福建光华百斯特生态农牧发展有限公司	10
68		尤溪县锦祥畜牧发展有限公司	2
69		宁化县金发养殖有限公司	1.5
70		宁化县康泰农业发展有限公司	3.5
71		福建省宁化县恒祥农牧有限公司	1.5
72		永安市元沙生态养殖有限公司	1.5
73		永安市红山养殖有限责任公司	1.5
74		将乐县福太猪育种有限公司	1.5
75		福建省泰宁永信农牧发展有限公司	1.5
76	莆田市	福建省莆田市优利可农牧发展有限公司	2
77		莆田市莆兴农牧发展基地	2
78		福建莆田鸿达牧业有限公司	10
79		福建省亿生农业开发有限公司	5
80	南平市	福建洪顺农牧技术发展有限公司	1.5
81		福建一春农业发展有限公司（南平）	8
82		南平市宏远养殖发展有限公司	2.5
83		南平市辉日生态农业科技有限公司	2
84		南平市福源畜牧发展有限公司	1.5
85		福建省华峰农牧科技发展有限公司	3
86		福建省建阳区恒大猪场	1.5
87		南平市建阳区信勇畜牧场	1.5
88		武夷山武夷畜牧有限公司	2.5
89		南平市科诚牧业发展有限公司	5
90	龙岩市	龙岩市欣兴农牧发展有限公司	
91		福建省龙岩市万龙原种猪发展有限公司	1.5
92		龙岩市恒业农牧有限公司	1.5
93		龙岩市昱兴畜牧有限公司	1.5
94		龙岩市瑞源畜牧发展有限公司	1.5

续表

序号	设区市	基　地　名　称	年上市生猪（万头）
95	龙岩市	龙岩市宏君源养殖有限公司	1.5
96		福建省三宝生态农业综合开发有限公司	2
97		龙岩市永定区亿青生态养殖有限公司	1.5
98		上杭县儒溪槐猪有限公司	2
99		龙岩市润发农业发展有限公司	1.5
100		长汀县吉龙生猪养殖有限公司	1.5
101		漳平市伟晟副食品有限公司	1.5
102		漳平市顺佳农牧发展有限责任公司	1.5
103		漳平市益民生态养殖有限公司	1.5
104	宁德市	宁德市南阳实业有限公司	3
105		福建省祥云牧业有限公司	3
106		屏南县吉龙农庄农业发展有限公司吉乐养殖分公司	2
107		屏南县好好吃农牧有限公司	2.5
108		福建宏源农业科技有限公司	1.5
109		福建省闽绿立体农业综合开发有限公司	3
110		寿宁县盛辉生猪养殖有限公司	1.5
111		宁德市盛和畜牧有限公司	2.5
112		福建省乾丰生态农业发展有限公司	1.5
113		霞浦县万家福农业专业合作社	1.5
114		福建源鑫农牧综合开发有限公司	2
115	平潭区	福建阳光生态农业集团有限公司	8
116		平潭县平原榕岚生态农牧有限公司	5
		总　计	264

省级城市副食品（蛋禽）调控基地名单及指导性生产计划

序号	设区市	基　地　名　称	年上市蛋品（万公斤）
1	福州市	福清市文华实业有限公司	250
2		福建鸭嫂食品有限公司	300
3		闽侯县森旺养殖场	80
4		福州茉琪农业综合开发有限公司	250
5		连江县丹阳镇华翔蛋鸡场	150
6		连江县丹阳镇兴达养鸡场	70
7		连江县东岱镇岱江禽畜场	40
8		福建同一农牧有限公司	350
9	漳州市	漳州市素一农牧有限公司	200
10		长泰明德蛋鸡养殖有限公司	100

续表

序号	设区市	基　地　名　称	年上市蛋品（万头）
11	漳州市	长泰县益众畜禽专业合作社	200
12		南靖绿明生态农业有限公司	30
13		云霄县凤得养殖有限公司	30
14		漳州市腾龙副食品发展公司	100
15		龙海市颜厝双怡养殖场	50
16		漳州碧山禽畜有限公司	30
17		漳州鑫居旺养殖有限公司	350
18		龙海市顺兴金定鸭有限公司	100
19		龙海市新龙家禽养殖专业合作社	20
20		龙海市海澄龙杰种鸭场	30
21		诏安县三益乌鸡生态放养专业合作社	20
22		漳浦县禾佳农牧发展有限公司	20
23		漳浦县龙雨生态养殖基地	20
24	泉州市	泉州市石古旺家农牧有限公司	20
25		南安市坪田顺联农林场	70
26		泉州市东林生态养殖有限公司	100
27		泉州市润山生态农业综合开发有限公司	50
28		福建泉州市玉丰畜牧有限公司彭殊养殖场	70
29		南安市罗东镇新明养殖综合场	70
30		晋江市绿色保健蛋品有限公司	200
31		福建省晋江市磁灶儒南养鸡场	120
32		南安市忠远种养综合场	80
33		泉州市集福生态养殖有限公司	50
34		福建省永春县阳升禽畜有限公司	300
35		德化县戴云黑鸡养殖有限公司	100
36	南平市	三明市正华达农牧有限公司	100
37		三明市欣源养殖有限责任公司	70
38		三明市连圣生态养殖有限公司	120
39		福建省大丰山禽业发展有限公司	500
40		福建省宏硕生态农业发展有限公司	20
41		大田县米桶山禽业有限公司	20
42		永安市闽燕家禽育种有限公司	100
43		永安市昌民禽业有限公司	500
44		福建顺昌鑫盛缘养殖有限公司	30
45		南平市延平区赤门畜禽养殖专业合作社	120
46		南平市易康生态农业发展有限公司	20

续表

序号	设区市	基地名称	年上市蛋品（万头）
47	南平市	南平市圣民禽业有限公司	50
48		南平市长圣禽业有限公司	50
49		南平市延平区桂盛鸡鸭养殖合作社	50
50	龙岩市	龙岩市宏昌畜牧有限公司	80
51		福建省龙岩市后田禽业有限公司	50
52		龙岩市福欣牧业发展有限公司	80
53		福建武平凤奔象洞鸡发展有限公司	70
54		武平县远耕象洞鸡养殖开发有限公司	30
55	宁德市	周宁县怡然生态农业专业合作社	20
56		福安市鑫叶农业发展有限公司	50
57		福安市鑫湖养殖专业合作社	30
58		福建鼎佳吉生态农业发展有限公司	20
59	平潭区	福州市绿洋生态农牧有限公司	200
		总计	6400

省级城市副食品（蔬菜）调控基地名单及指导性生产计划

序号	设区市	蔬菜基地名称	年上市蔬菜（万公斤）
1	福州市	福清市绿丰农业开发有限公司	2500
2		福清市绿叶农业发展有限公司	800
3		福建三华农业有限公司	500
4		福建省圣禾现代农业有限公司	2500
5		福州大宇农业发展有限公司	100
6		长乐文武砂瑞祥农场	150
7		福建省长乐市欣禾农业综合开发有限公司	150
8		长乐雪美农业开发有限公司	1500
9		闽清县绿尚农业开发有限公司	100
10	漳州市	长泰县宝绿蔬菜专业合作社	100
11		福建百汇绿海现代农业科技有限公司	500
12		福建源兴生态农业科技有限公司	500
13		漳州绿州农业发展股份有限公司	2500
14		漳州市云农农业发展有限公司	50
15		福建明晟农业发展有限公司	150
16		云霄县好康蔬菜农民专业合作社	100
17		龙海六桂堂果蔬专业合作社	50
18		漳州市芗城区田寮蔬菜专业合作社	100
19		诏安县太生蔬菜专业合作社	400

续表

序号	设区市	蔬菜基地名称	年上市蔬菜（万公斤）
20	漳州市	诏安县红坑蔬菜专业合作社	800
21		诏安县双澜蔬菜专业合作社	800
22		诏安县凤钦蔬菜专业合作社	600
23		诏安县和鑫果蔬专业合作社	600
24		漳州市旺辉农业发展有限公司	500
25		东山县江滨蔬菜专业合作社	100
26		福建省平和县世民果蔬专业合作社	150
27		漳州市丹东农业开发有限公司	200
28		漳州市创盈实业有限公司	500
29		漳浦县丰收园果菜有限公司	800
30		漳浦县亮泰农业开发有限公司	100
31		漳浦县进丰冷冻食品有限公司	600
32		漳浦绿泰盛蔬菜有限公司	600
33		漳州市龙文区绿圃蔬菜专业合作社	300
34	泉州市	永春县康绿隆果蔬有限公司	50
35		德化县英山珍贵淮山农民合作社	150
36		惠安县辋川镇马埭现代农业生产基地	200
37		晋江市东石镇潘山梓源综合农场	200
38		泉州市鲤城延陵果蔬开发基地	500
39		泉州西畴农业有限公司	50
40		泉州市洛江区宏美农业专业合作社	50
41		泉州市洛江区河市丰田农业果蔬种植场	100
42		利园农业技术（泉州）有限公司	500
43		晋江龙湖铭丰农业综合开发基地	100
44		晋江市东石镇绿兴农业开发场蔬菜基地	150
45		中绿（福建）农业综合开发有限公司	300
46		安溪县山格淮山专业合作社	1000
47		惠安县三增农业果蔬场	200
48	三明市	三明市三元区绿园蔬菜专业合作社	1500
49		三明市三元区沙阳蔬菜协会	3000
50		三明市三元区永发果蔬专业合作社	3000
51		三明金三元农业科技有限公司	500
52		三明市三元区富源果蔬专业合作社	50
53		清流县御品淮山有限公司	50
54		三明市赖坊历史文化名村开发有限公司	20
55		福建沈佳有机农业科技发展有限公司	500

续表

序号	设区市	蔬 菜 基 地 名 称	年上市蔬菜（万公斤）
56	三明市	尤溪县汤川龙翔反季节蔬菜专业合作社	500
57		大田县桃源镇无公害蔬菜基地	500
58		福建膳品源生态农业有限公司	20
59		建宁县马元大棚蔬菜专业合作社	100
60		三明市新绿金农业综合开发有限公司	150
61	莆田市	利农农业技术（莆田）有限公司	8000
62		福建省莆田市海滨现代农业有限公司	8000
63		莆田市东盛现代农业有限公司	3000
64		福建天兰农业综合开发有限公司	500
65		莆田市中天现代农业发展有限公司	500
66		福建省聚友农业发展有限公司	200
67	南平市	南平市延平区山南果蔬专业合作社	50
68		南平市建阳区龙华农业发展有限公司	50
69		建瓯市春旺林农专业合作社	150
70		建瓯市永盛农产品专业合作社	50
71		光泽县中坊吉农蔬菜专业合作社	50
72		南平市享通生态农业开发有限公司	1000
73		南平市跃农绿色蔬菜基地有限公司	1000
74		南平市明洋菌菜花专业合作社	100
75		南平市延平区虎山蔬菜专业合作社	500
76		南平市延平区恒丰果蔬专业合作社	150
77		南平市延平区大新蔬菜水果专业合作社	50
78		南平市延平区延丰食用菌专业合作社	50
79		浦城县枫溪高薪蔬菜专业合作社	200
80		顺昌县佳园果蔬农民专业合作社	50
81		顺昌县鲜绿果蔬农民专业合作社	50
82		顺昌县庄稼汉果蔬菌农民专业合作社	50
83		福建省建瓯市富头蔬果专业合作社	400
84		福建翠松现代农业开发有限公司	50
85		建瓯市小松镇利民果蔬专业合作社	200
86		南平市建阳区和平蔬菜专业合作社	400
87		武夷山市蔬菜协会	200
88		邵武市洪墩镇华富蔬菜种植农民专业合作社	400
89		光泽县武夷绿园蔬菜专业合作社	50
90		光泽县富民蔬菜专业合作社	50
91		松溪县华贵果蔬专业合作社	30
92		政和县巨峰农产品专业合作社	50

续表

序号	设区市	蔬菜基地名称	年上市蔬菜（万公斤）
93	龙岩市	龙岩市新罗区绿鲜山蔬菜种植农场	200
94		龙岩市绿欣农业发展有限公司	50
95		龙岩市新罗区天云山蔬菜种植基地	100
96		龙岩市太福农业发展有限公司	100
97		龙岩市晟达生态农业发展有限公司	150
98		福建天湖山生态农业有限公司	50
99		龙岩市上杭县先鲜家庭农场	50
100		上杭县众发蔬菜专业合作社	50
101		龙岩市上杭县大鹏蔬菜农民专业合作社	100
102		长汀县南山黄腾生态农业专业合作社	400
103		福建省长汀县宏兴蔬菜专业合作社	200
104		长汀县富源玫瑰花茶农民专业合作社	300
105		漳平市东坑蔬菜专业合作社	300
106		漳平市厚福蔬菜专业合作社	200
107		上杭县鑫中合农业科技有限公司	150
108		福建省田农农业发展有限公司	150
109		长汀县绿之梦家庭农场	50
110		长汀县蔬而美家庭农场	50
111	宁德市	宁德市绿峰农业有限公司	100
112		福建正天湖农业有限公司	150
113		福建省绿城农业科技有限公司	100
114		福建主播农业科技有限公司	300
115		古田县泮洋乡丰融果蔬专业合作社	100
116		福建白水农夫农业股份有限公司	50
117		寿宁县良旺蔬菜专业合作社	150
118		福建省绿鑫农业发展有限公司	400
119		福鼎市绿盛果蔬专业合作社	30
120	平潭区	福建省平潭县绿升综合农业有限公司	600
121		福建省平潭县绿色农业综合开发有限公司	100
122		平潭芦洋十八村生态农业开发有限公司	50
123		平潭县绿绿鑫蔬果农民专业合作社	400
124		平潭综合实验区佳家乐农民专业合作社	200
125		福建省绿祥生态农业开发有限公司	200
126		平潭县好收成农民专业合作社	1000
总计			650000

省级城市副食品（肉牛）调控基地名单及指导性生产计划

序号	设区市	基　地　名　称	年上市肉牛（头）
1	漳州市	漳州市康弘农牧有限公司	1000
2	漳州市	福建九里山畜牧发展有限公司	2000
3	漳州市	福建省东鲁畜牧有限公司	4500
4	漳州市	漳州市生态源畜牧有限公司	800
5	南平市	福建顺鑫鑫源食品有限公司	6200
		总　　计	14500

省级城市副食品（肉羊）调控基地名单及指导性生产计划

序号	设区市	基　地　名　称	年上市肉羊（头）
1	福州市	福清市冠兴农业综合开发基地	2000
2	漳州市	云霄县丰达园生态养殖专业合作社	2000
3	泉州市	泉州洛江茂源农业发展有限公司	4500
4	三明市	福建海宏达生态农业有限公司	2500
5	三明市	福建省兴源农牧开发有限公司（建宁县兴源养殖专业合作社）	2000
6	三明市	福建南方牧业有限公司	2500
7	三明市	沙县广丰农牧有限公司	2500
8	三明市	福建省祺云农牧有限公司	2500
9	南平市	武夷山市龙和生态养殖农民专业合作社	1500
10	南平市	顺昌县金富羊业发展有限公司	2500
11	宁德市	秋田农牧（福建）股份有限公司	5500
		总　　计	30000

省级城市副食品（肉禽）调控基地名单及指导性生产计划

序号	设区市	基　地　名　称	年上市肉禽（万羽）
1	福州市	福州养心生态农业开发有限公司	40
2	漳州市	漳州市富达农牧饲料有限公司	100
3	漳州市	漳州温氏农牧有限公司	60
4	漳州市	漳州日好农业开发有限公司（新增）	10
5	漳州市	南靖品原养殖有限公司	10
6	莆田市	莆田广东温氏家禽有限公司	200
7	南平市	建瓯市硒望园生态农业有限公司	10
8	龙岩市	永定区金砂金汝山生态虫子鸡养殖场	15
9	龙岩市	福建省长汀县远山河田鸡发展有限公司	15
10	龙岩市	龙岩市邹农生态养殖有限公司	10
11	龙岩市	上杭县旧县福村鸿建山鸡专业合作社	10
12	龙岩市	武平县金永诚农牧有限公司	20
		总　　计	500

（摘编：严志东）

福建省2018年省级示范物流园区名单

2018年5月25日福建省经济和信息化委员会下发《关于公布2018年省级示范物流园区名单的通知》提出，根据《福建省经济和信息化委员会关于印发福建省创建省级示范物流园区实施细则的通知》(闽经信服务〔2017〕144号)、《福建省经济和信息化委员会关于组织申报2018年省级示范物流园区的通知》(闽经信函服务〔2018〕24号）精神，经研究，同意将厦门邮件处理中心—厦门邮政电商物流园等5个园区列为2018年省级示范物流园区。现将名单予以公布，并就有关事项通知如下：

一、按照《2018年投资工程包实施方案》(闽政办〔2018〕30号文)、《关于进一步促进我省现代物流业发展若干措施》（闽经信服务〔2015〕350号文）及《福建省创建省级示范物流园区实施细则》(闽经信服务〔2017〕144号文）规定，对获评省级示范物流园区的，从省工业和信息化发展专项转移支付资金中给予一次性100万元奖励(厦门市获评园区由厦门市参照奖励)。

二、各地物流牵头部门要加强指导，推动示范园区进一步完善公共基础配套设施，提高园区运行效率，创新园区运作模式，提升园区信息化标准化水平，强化服务地方经济和产业集群的能力，力争创建国家级示范物流园区，切实在推动我省物流业发展中发挥示范带动作用。

三、各地物流牵头部门要对照国家级、省级示范物流园区创建办法，加强对辖区内物流园区的统筹规划和科学发展，努力培育建设一批布局集中、用地集约、功能集成的示范物流园区，为推进闽东北经济协作区和闽西南经济协作区的加快发展提供高质量的物流服务支撑。

2018年省级示范物流园区名单

序号	园　区　名　称	申　报　单　位	属　地
1	厦门邮件处理中心—厦门邮政电商物流园	中国邮政集团公司厦门市分公司	厦门
2	漳州盛辉物流公路港	漳州龙文盛辉物流有限公司	漳州
3	漳州开发区招银港物流园区	漳州招商局码头有限公司	漳州
4	海西石材物流园	海西物流股份有限公司	泉州
5	三明陆地港物流园区	三明港务发展有限公司	三明

（摘编：陈建闽）

2018年福建省4A级旅游景区、省级生态旅游示范区名单

2018年12月11日福建省旅游资源规划开发质量等级评定委员会发布《2018年福建省4A级旅游景区、省级生态旅游示范区名单公告》提出，根据《旅游景区质量等级管理办法》和《旅游景区质量等级的划分与评定》国家标准（GB/T17775—2003）、《国家生态旅游示范区管理规程》和《国家生态旅游示范区建设与运营规范》（GB/T26362），经有关设区市推荐、福建省旅游资源规划开发质量等级评定委员会组织评定，仙游县菜溪岩风景区、武平县狮岩景区、福建武夷温泉旅游景区达到国家4A级旅游景区标准，同意批准为国家4A级旅游景区；福清后溪生态旅游区达到省级生态旅游示范区标准，同意批准为省级生态旅游示范区。

（摘编：赵小真）

2018年福建省4A级旅游景区、省级旅游度假区名单

2018年4月8日福建省旅游资源规划开发质量等级评定委员会发布《2018年福建省4A级旅游景区、省级旅游度假区名单公告》提出，根据《旅游景区质量等级管理办法》和《旅游景区质量等级评定与划分》国家标准（GB/T17775－2003）、《旅游度假区等级管理办法》和《旅游度假区等级划分》国家标准（GB/T26358－2010），经有关设区市推荐、福建省旅游资源规划开发质量等级评定委员会组织评定，尤溪桂峰古村落景区达到国家4A级旅游景区标准，同意批准为国家4A级旅游景区；贵安温泉旅游度假区达到省级旅游度假区标准，同意批准为省级旅游度假区。

（摘编：赵小真）

福建省2018年省级露营公园、2018年省级养生旅游休闲基地、2018年省级体育旅游休闲基地名单

2018年9月20日福建省“旅游+”质量评定委员会发布《福建省“旅游+”质量等级评定委员会公告》提出，经自愿申报、实地考核、专家评审，省“旅游+”质量等级评定委员会认定2018年省级露营公园、省级养生旅游休闲基地以及省级体育旅游休闲基地。

2018年省级露营公园名单（11家）

1. 永泰青云山高速服务区露营公园
2. 厦门奥林匹克诺斯蒂文化体育公园
3. 漳浦火山岛露营公园
4. 泉港海丝梦湖露营公园
5. 泉港红星生态园露营公园
6. 武夷紫薇自驾车主题乐园
7. 南平市建阳（卧龙湾）武夷花花世界露营公园
8. 连城天一温泉度假村露营公园
9. 龙岩七彩蓝田生态农业休闲观光园露营公园
10. 龙岩梁野山景区露营公园
11. 宁德1537乐途露营公园

2018年省级养生旅游休闲基地（14家）

1. 福州春伦茉莉花茶文化创意产业园
2. 漳浦天福石雕园
3. 泉州洛江紫楹山庄
4. 泉州永春牛姆林
5. 泉州德化九仙山
6. 建宁贡莲小镇
7. 泰宁状元茗舍
8. 清流县林畲乡桂花小镇
9. 尤溪北宅养生茗舍
10. 莆田九鲤湖景区
11. 浦城匡山生态景区
12. 永定天子生态旅游区
13. 龙岩通宝客家本草小镇
14. 福安市白云山庄园

2018年省级体育旅游休闲基地（10家）

1. 福州侠客谷青少年户外运动教育基地
2. 厦门凯歌体育健康城
3. 龙海鹭凯生态庄园
4. 安溪志闽生态旅游区
5. 德化桃仙溪
6. 永安市山地自行车露营公园
7. 涵江区萩芦镇秋水谷体育旅游休闲基地
8. 福建云灵山旅游景区
9. 建瓯市小松镇湖头村体育旅游休闲基地
10. 漳平永福大陆阿里山景区

（摘编：林开龙）

2018年福建省科技小巨人领军企业新增培育名单

2018年5月29日福建省科学技术厅、福建省发展和改革委员会、福建省经济和信息化委员会、福建省财政厅下发《关于公布2018年省科技小巨人领军企业新增培育名单等情况的通知》提出，根据省政府办公厅《关于印发培育科技小巨人领军企业行动计划（2016—2020年）的通知》（闽政办〔2016〕18号，以下简称《行动计划》）和省科技厅、发改委、经信委、财政厅《关于组织开展2018年科技小巨人领军企业遴选和认定工作的通知》（闽科企金〔2018〕2号）的要求，经各设区市遴选推荐、省科技小巨人领军企业培育工作联席会议审核确认，福建易联众医联信息技术有限公司等522家企业符合条件，列入“科技小巨人领军企业培育发展库”；对已入库的中能电气（福清）有限公司等31家省科技小巨人领军企业进行企业名称变更；取消福耀（福建）玻璃包边有限公司等3家省科技小巨人领军企业资格。

2018年新增省科技小巨人领军企业培育名单（略）

（摘编：郑新贵）

2018年福建省重点上市后备企业名单

2018年4月16日福建省发展和改革委员会下发《福建省发展和改革委员会关于印发2018年省重点上市后备企业名单的通知》提出，为更好地推进我省企业上市和挂牌工作，积极做好上市后备资源培育，充分发挥资本市场对促进我省经济转型升级的重要作用，根据《福建省发展和改革委员会关于报送2018年度省重点上市后备企业的通知》（闽发改股证〔2018〕25号），省发改委在各地和省直有关部门推荐的上市后备企业基础上，经过认真筛选，确定了643家2018年省重点上市后备企业，现予印发。

2018年省重点上市后备企业名单（略）

（摘编：唐民）

福建省品牌培育管理体系有效运行及示范企业名单

2018年9月25日福建省经济和信息化委员会下发《关于确定品牌培育管理体系有效运行及示范企业名单的通知》提出，根据《福建省经济和信息化委员会关于开展2017年工业企业品牌培育试点工作的通知》（闽经信技术〔2017〕487号）要求，2017年度省工业品牌培育试点企业依据国家工信部编制的《品牌培育管理体系实施指南》《评价指南》等要求，完成了企业内部培训、初始评价、体系文件建立、体系试运行以及自我评价等工作。在此基础上，省经信委委托省质量管理协会组织专家对试点企业进行外部评价。根据专家外部评价结果，经研究，现确定福建省亚明食品有限公司等14家企业为品牌培育管理体系有效运行企业，福建省亚明食品有限公司、福建福船一帆新能源装备制造有限公司、三六一度（中国）有限公司、福州万德电气有限公司等4家企业为品牌培育管理体系运行示范企业。各示范和合格企业要继续深入开展品牌培育活动，切实提高企业品牌培育能力，提升企业品牌竞争力和品牌附加值。

品牌培育管理体系有效运行企业名单

序号	企　业　名　称	序号	企　业　名　称
1	福建省亚明食品有限公司	8	厦门钨业股份有限公司
2	福建福船一帆新能源装备制造有限公司	9	福建海源自动化机械股份有限公司
3	三六一度（中国）有限公司	10	漳平市国联玩具礼品有限公司
4	福州万德电气有限公司	11	信泰（福建）科技有限公司
5	福建晟扬管道科技有限公司	12	福建连城健尔聪食品有限公司
6	福建天马科技集团股份有限公司	13	福建奋安智能门窗系统有限公司
7	福建和盛塑业有限公司	14	福建省威盛机械发展有限公司

品牌培育管理体系运行示范企业

序号	企　业　名　称	序号	企　业　名　称
1	福建省亚明食品有限公司	3	三六一度（中国）有限公司
2	福建福船一帆新能源装备制造有限公司	4	福州万德电气有限公司

（摘编：彭文荣）

福建省2018年技术先进型服务企业名单

2019年1月14日福建省科学技术厅、福建省财政厅、国家税务总局福建省税务局、福建省商务厅、福建省发展和改革委员会下发《关于公布福建省2018年技术先进型服务企业认定名单的通知》(闽科高〔2019〕3号)提出、根据《福建省技术先进型服务企业认定管理办法(试行)》(闽科高〔2018〕2号),福建省技术先进型服务企业认定管理机构开展了2018年技术先进型服务企业认定工作,认定福州点金信息技术有限公司、百美顺利(福州)物流科技管理有限公司和晋江太古飞机复合材料有限公司等3家企业为福建省2018年技术先进型服务企业。

(摘编:刘海元)

2018 年福建省“专精特新”中小企业名单

福建省工业和信息化厅、福建省财政厅于 2018 年 12 月 21 日下发《关于公布 2018 年福建省“专精特新”中小企业名单的通知》（闽工信中小〔2018〕32 号）提出，根据《福建省经济和信息化委员会福建省财政厅关于印发 <福建省“专精特新”中小企业认定管理暂行办法> 的通知》（闽经信中小〔2017〕113 号）、《福建省人民政府关于支持全省中小企业发展十条措施的通知》（闽政〔2018〕17 号）、《福建省工业和信息化厅福建省财政厅关于开展 2018 年福建省“专精特新”中小企业认定申报工作的通知》（闽经信中小〔2018〕160 号）等文件精神，经企业自愿申报、设区市审核推荐、省工信厅审核并公示后，认定方菱桥隧模架（福州）有限公司等 200 家企业为福建省“专精特新”中小企业，现将名单予以公布。

2018 年福建省“专精特新”中小企业名单

序号	所属地市	企业名称	序号	所属地市	企业名称
一、符合专业化条件 70 家					
1	福州	方菱桥隧模架（福州）有限公司	20	漳州	福建金浦汽车悬架有限公司
2	福州	福建天海通信科技集团有限公司	21	漳州	福建和进食品制罐工业有限公司
3	福州	威尔（福建）生物有限公司	22	漳州	漳州香洲皮革有限公司
4	福州	渤海石油装备福建钢管有限公司	23	漳州	漳州金立电子有限公司
5	福州	福州腾景光电科技有限公司	24	漳州	漳州华锐光电科技有限公司
6	福州	福州大通机电有限公司	25	漳州	大通互惠集团有限公司
7	厦门	厦门四信通信科技有限公司	26	漳州	福建华塑新材料有限公司
8	厦门	厦门倍杰特科技股份有限公司	27	漳州	漳州市永良针纺机械有限公司
9	厦门	厦门捷讯汽车零部件有限公司	28	漳州	福建欣宇卫浴科技股份有限公司
10	厦门	厦门至恒融兴信息技术有限公司	29	漳州	漳州市澳捷光学科技有限公司
11	厦门	厦门捷昕精密科技股份有限公司	30	泉州	福建田中机械科技股份有限公司
12	厦门	大禾众邦（厦门）智能科技股份有限公司	31	泉州	信和新材料股份有限公司
13	厦门	厦门能强电子有限公司	32	泉州	福建弘力电气有限公司
14	厦门	厦门信达物联科技有限公司	33	泉州	福建晋江市光宇鞋模有限公司
15	厦门	厦门市数字引擎网络技术有限公司	34	泉州	福建申利卡铝业发展有限公司
16	厦门	厦门物之联智能科技有限公司	35	泉州	阳光中科（福建）能源股份有限公司
17	漳州	漳州佳龙科技股份有限公司	36	泉州	泛科轴承集团有限公司
18	漳州	漳州宇杰智能包装设备有限公司	37	泉州	泉州龙豪服饰织造有限公司
19	漳州	漳州建晟家具有限公司	38	泉州	福建省三净环保科技有限公司

续表

序号	所属地市	企业名称	序号	所属地市	企业名称
39	泉州	泉州市名品电子股份有限公司	55	南平	福建省南平市元禾化工有限公司
40	三明	三明市蓝天机械制造有限公司	56	南平	福建圣达波纹管有限公司
41	三明	福建翔丰华新能源材料有限公司	57	南平	福建创四方电子有限公司
42	三明	超然（福建）新材料科技有限公司	58	龙岩	龙工（福建）桥箱有限公司
43	三明	福建华橡自控技术股份有限公司	59	龙岩	福建丰力机械科技有限公司
44	三明	福建省三明正元化工有限公司	60	龙岩	福建宏贯路桥防腐科技股份有限公司
45	三明	福建岩兴气体有限公司	61	龙岩	福建宏祥科技有限公司
46	三明	飞鹰实业（三明）有限公司	62	龙岩	福建上杭志成电子实业有限公司
47	三明	福建秦朝木业科技有限公司	63	龙岩	福建赛特新材股份有限公司
48	莆田	莆田市远航包装饰品有限公司	64	龙岩	连城县中触电子有限公司
49	莆田	莆田市涵江区永辉塑胶有限公司	65	宁德	福建志恒电子有限公司
50	莆田	福建省亚明食品有限公司	66	宁德	福安市神威电机有限公司
51	莆田	福建东南艺术纸品股份有限公司	67	宁德	福安市聚光铜业有限公司
52	南平	福建远翔新材料股份有限公司	68	宁德	巨龙光学（福建）有限公司
53	南平	福建闽瑞环保纤维股份有限公司	69	平潭	福建方维信息科技有限公司
54	南平	南平华孚电器有限公司	70	平潭	平潭综合实验区 e 家家居服务股份有限公司
二、符合精细化条件 47 家					
1	福州	福建金山生物制药股份有限公司	23	泉州	蓉中电气股份有限公司
2	福州	福州永通电线电缆有限公司	24	泉州	泉州市南安特易通电子有限公司
3	福州	福建恒杰塑业新材料有限公司	25	泉州	泉州洁通管业有限公司
4	福州	福建奋安铝业有限公司	26	泉州	力声（福建）通信股份有限公司
5	福州	福建柯宁环保科技有限公司	27	泉州	力达（中国）机电有限公司
6	福州	福建中网电气有限公司	28	三明	福建省尤溪县红树林木业有限公司
7	福州	福建金龙腾动力机械有限公司	29	莆田	福建恒而达新材料股份有限公司（原莆田市恒达机电实业有限公司）
8	厦门	厦门扬森数控设备有限公司			
9	厦门	厦门万泰凯瑞生物技术有限公司	30	莆田	景田（福建）食品饮料有限公司
10	厦门	厦门科恒塑胶有限公司	31	莆田	福建省莆田市荔城纸业有限公司
11	厦门	厦门托普拉材料科技有限公司	32	莆田	福建禾欣中裕新材料有限公司
12	漳州	漳州市玉山电子制造有限公司	33	南平	福建省华银铝业有限公司
13	漳州	福建利利普光电科技有限公司	34	南平	南平金牛水泥有限公司
14	漳州	格联特（漳州）轻工制品有限公司	35	南平	福建省南平市新华安制衣有限公司
15	漳州	福建绿力生物科技有限公司	36	南平	福建省南铝板带加工有限公司
16	漳州	漳州三利达环保科技股份有限公司	37	南平	福建品匠茶居科技有限公司
17	漳州	阿斯福特纺织（漳州）有限公司	38	南平	福建省碧诚工贸有限公司
18	泉州	联誉信息股份有限公司	39	南平	福建龙泰竹家居股份有限公司
19	泉州	泉州市琪祥电子科技有限公司	40	南平	福建省建瓯市富晶宝微粒有限公司
20	泉州	福建鼻涕虫婴儿用品有限公司	41	南平	福建华韵竹木有限公司
21	泉州	泉州恒毅机械有限公司	42	龙岩	龙岩市海德馨汽车有限公司
22	泉州	晋江市远大服装织造有限公司	43	龙岩	福建漳平市德诺林业有限公司

续表

序号	所属地市	企 业 名 称	序号	所属地市	企 业 名 称
44	宁德	安发（福建）生物科技有限公司	46	宁德	福建宏旺实业有限公司
45	宁德	福建大西新能源电机科技股份有限公司	47	宁德	福建隽永天香茶业有限公司
三、符合特色化条件 50 家					
1	福州	福建源光电装有限公司	26	泉州	福建省菲莱特信息技术有限公司
2	福州	福建吉艾普光影科技有限公司	27	泉州	泉州市顺风耳电子科技有限公司
3	福州	福建久策气体集团有限公司	28	泉州	福建铁拓机械有限公司
4	福州	福建摩尔软件有限公司	29	泉州	福建永信数控科技股份有限公司
5	福州	福建云脉教育科技股份有限公司	30	泉州	福建省富达精密科技有限公司
6	福州	福建大娱号信息科技股份有限公司	31	泉州	福建新力元反光材料有限公司
7	福州	福州富莱仕影像器材有限公司	32	泉州	福建泉工股份有限公司
8	福州	福建慧舟信息科技有限公司	33	泉州	福建明佳机械科技股份有限公司
9	福州	福建新大陆自动识别技术有限公司	34	泉州	福建群峰机械有限公司
10	福州	福建弘扬软件股份有限公司	35	泉州	福建南王环保科技股份有限公司
11	福州	福建深纳生物工程有限公司	36	泉州	福建省德化县华茂陶瓷有限公司
12	福州	福建兴航机械铸造有限公司	37	泉州	德化县宏顺陶瓷有限公司
13	福州	福建省天晴互动娱乐有限公司	38	三明	福建福迪车辆制造有限公司
14	厦门	吉特利环保科技（厦门）有限公司	39	三明	福建鸿丰纳米科技有限公司
15	厦门	厦门立达信照明有限公司	40	三明	福建省三明同晟化工有限公司
16	厦门	厦门卓网信息科技股份有限公司	41	三明	沙县宏盛塑料有限公司
17	厦门	厦门微信软件有限公司	42	莆田	蛤老大（福建）食品有限公司
18	厦门	厦门一品威客网络科技股份有限公司	43	南平	福建省顺昌县饶氏佰饪食品有限公司
19	厦门	厦门博聪信息技术有限公司	44	龙岩	福建钢泓金属科技股份有限公司
20	漳州	漳州视瑞特光电科技股份有限公司	45	龙岩	福建固尔特矿用汽车有限公司
21	漳州	漳州市利利普电子科技有限公司	46	宁德	福建华日汽车配件有限公司
22	漳州	福建省梦娇兰日用化学品有限公司	47	宁德	福建盈浩工艺制品有限公司
23	漳州	漳州仂元工业有限公司	48	宁德	福建品品香茶业有限公司
24	漳州	福建省金农威饲料有限公司	49	宁德	福建浴百通生物工程有限公司
25	漳州	福建金竹竹业有限公司	50	宁德	福建省闽东力捷迅药业有限公司
四、符合新颖化条件 33 家					
1	福州	福建宏宇电子科技有限公司	11	厦门	厦门众联世纪科技有限公司
2	福州	福建亿榕信息技术有限公司	12	厦门	厦门市福工动力技术有限公司
3	福州	福建通力达实业有限公司	13	厦门	厦门赛诺邦格生物科技股份有限公司
4	厦门	厦门长塑实业有限公司	14	厦门	厦门东顺涂料有限公司
5	厦门	环创（厦门）科技股份有限公司	15	厦门	科技谷（厦门）信息技术有限公司
6	厦门	中航太克（厦门）电力技术股份有限公司	16	厦门	赛凡信息科技（厦门）有限公司
7	厦门	厦门市智联信通物联网科技有限公司	17	漳州	漳州科晖专用汽车制造有限公司
8	厦门	厦门快商通科技股份有限公司	18	漳州	绿新（福建）食品有限公司
9	厦门	厦门倍洁特建材有限公司	19	漳州	东山县启昌冷冻加工有限公司
10	厦门	厦门宝太生物科技有限公司	20	泉州	功夫动漫股份有限公司

续表

序号	所属地市	企业名称	序号	所属地市	企业名称
21	泉州	泉州建华建材有限公司	28	莆田	莆田市涵江区依吨多层电路有限公司
22	泉州	福建一品嘉云创信息技术股份有限公司	29	南平	福建建阳龙翔科技开发有限公司
23	泉州	伟顺（中国）机电设备有限公司	30	龙岩	福建省格兰尼生物工程股份有限公司
24	泉州	福建省时代天和实业有限公司	31	龙岩	福建国强新型环保建材有限公司
25	泉州	泉州家世比家具有限公司	32	宁德	福建亚南电机有限公司
26	泉州	泉州迈特富纺织科技有限公司	33	宁德	安特洛（福安市）电机有限公司
27	三明	机械科学研究总院海西（福建）分院有限公司			

（摘编：肖启辉）

福建省2018年度省级工业企业质量标杆名单

2018年10月29日福建省经济和信息化委员会下发《关于发布2018年度省级工业企业质量标杆名单的通知》提出，根据《福建省经济和信息化委员会关于开展2018年质量标杆活动的通知》（闽经信函技术〔2018〕478号），通过企业申请、有关单位推荐和专家评审，经研究，确定厦门金龙联合汽车工业有限公司等12家企业的质量管理典型经验为2018年度省级质量标杆。

2018年度福建省工业企业质量标杆名单

（排名不分先后）

序号	“质　量　标　杆”名　称
1	厦门金龙联合汽车工业有限公司实施个性化定制质量管理模式的经验
2	安波电机（宁德）有限公司实施卓越绩效管理模式的经验
3	福建浔兴拉链科技股份有限公司实施基于个性化定制、柔性化生产的F2F管理经验
4	厦门中药厂有限公司实施" GMP与精益六西格玛相结合" 的质量管理实践经验
5	莆田市恒达机电实业有限公司实施基于过程的双引擎驱动“2+1”质量管理的经验
6	紫金矿业集团黄金冶炼有限公司实施改进与创新的质量管理经验
7	阳光中科（福建）能源股份有限公司实施数字化车间提升质量管理的经验
8	福建省闽发铝业股份有限公司满足客户定制化需求的P2P智能制造的经验
9	武夷星茶业有限公司实施茶产业创新及标准化质量管理体系的经验
10	福建省佳美集团公司基于斑纹窑变技术创新的工艺瓷质量管理经验
11	三六一度（中国）有限公司实施MES制造执行系统PMP+MBO的经验
12	福建福船一帆新能源装备制造有限公司应用IS09001体系和智能化过程管理打造绿色新能源装备的经验

（摘编：吴汉良）

2018 年度福建省“绿色流通先进单位（商场、超市）”名单

2018 年 12 月 14 日福建省商务厅发布〔2018〕年第 2 号公告发布 2018 年度福建省“绿色流通先进单位（商场、超市）”名单。

1. 福建东百集团股份有限公司东百东街店
2. 漳州润良商业有限公司大润发龙文店
3. 漳州新华都百货有限责任公司胜利西路店
4. 中闽百汇（泉州）商贸管理有限公司中闽（百汇）商场涂门街店
5. 泉州新华都购物广场有限公司丰泽店
6. 泉州居然之家家居建材有限公司
7. 莆田市新华都万家惠购物广场有限公司体育中心店
8. 福建陆加叁商贸有限公司荔能店
9. 莆田市冠超商贸有限公司
10. 福建省邵武市华兴壹号超市有限公司关东店
11. 南平新华都购物广场有限公司建瓯市宏发店
12. 南平市建阳区大润发商业有限公司大润发超市建阳店
13. 龙岩新华都购物广场有限公司美食城店
14. 福建省米兰春天量贩有限公司米兰春天体育中心店
15. 宁德市新华都购物广场有限公司宁德财富店
16. 福安市万家隆超市有限公司万家隆超市
17. 宁德市福万佳超市有限公司福万佳超市

（摘编：王增丰）

福建省2018年安全生产标准化二级商贸企业

2018年10月24日福建省商务厅发布《2018年安全生产标准化二级商贸企业公告》（商务厅公告〔2018〕1号）提出，根据《福建省商贸企业安全生产标准化评审工作管理办法（试行）》（闽商务流通〔2015〕5号）的规定，经福建省连锁经营协会考评，福建永辉超市有限公司泉州泉港永嘉天地店为安全生产标准化二级商贸企业，现予以核准公告。有效期自公告之日起3年。

2018年12月13日福建省商务厅发布《2018年安全生产标准化二级商贸企业（第二批）公告》（商务厅公告〔2018〕3号）提出，根据《福建省商贸企业安全生产标准化评审工作管理办法（试行）》（闽商务流通〔2015〕5号）的规定，经福建省连锁经营协会考评，漳州新华都百货有限责任公司漳州西洋坪店、延安广场店、金峰店为安全生产标准化二级商贸企业，现予以核准公告。有效期自公告之日起3年。

（摘编：严志东）

福建省2018年度“十佳”文明旅游单位和个人名单

2019年2月13日福建省旅游协会发布《2018年度“十佳”文明旅游单位和个人名单公告》提出，为倡导文明旅游新风尚，树立文明旅游先进典型，弘扬文明旅游正能量，在省委文明办、省文化和旅游厅指导下，省旅游协会组织开展了2018年“清新福建·文明旅游”先进单位和个人系列评选活动。经过各地推选、网络征集和专家评审、公示，遴选出福建省“十佳文明旅游企业”、“十佳文明游客”和“十佳文明导游”。名单公告如下（排名不分先后）：

一、十佳文明旅游企业

福建金汤湾海水温泉度假区
福州云顶旅游区
龙岩市古田旅游区
福建太姥山景区
漳州宾馆有限公司
泉州酒店
宁德山水大酒店
厦门航空国际旅行社
莆田市假日旅行社
福建中旅旅行社

二、十佳文明游客

徐荫奎　杨　鹰　金　妮　米寒玉　周富广
江丽容　潘纪晓　李美秀　陈秋萍　王秀清

三、十佳文明导游

简师映　向贵生　杨远彬　骆枫红　闫小惠
孙　晶　罗　燕　林玉婷　杜　娟　卢　倩

（摘编：赵小真）

福建8县市入选“2018中国营商环境百强”

2018年9月13日东南网报道：《求是》杂志社创办的中央级大型政经类月刊《小康》杂志发布了“2018中国营商环境百强区县排行榜”，我省有8个县市入选，分别是：晋江（第15位）、石狮（第45位）、南安（第46位）、福清（第54位）、连江（第66位）、罗源（第76位）、惠安（第90位）、德化（第93位）。入选数仅次于浙江（14个）、江苏（11个）、山东（10个）和广东（9个），排名第五位。

在同期发布的“中国五大区域营商环境指数”排行榜上，沿海六地（上海市、江苏省、浙江省、福建省、广东省、海南省）得分遥遥领先，高居榜首；京津冀鲁四省（北京市、天津市、河北省、山东省）位列第二。

（摘编：于新光）

福建省新增6县为“互联网+”区域化链条化试点

2018年省发改委在首批10个试点基础上，进一步扩大实施“互联网+”区域化链条化试点，通过竞争性评审方式确定新增古田、尤溪、闽侯、德化、上杭、泰宁等6个县分别探索开展“互联网+食用菌”“互联网+油茶”“互联网+木家居艺术”“互联网+陶瓷”“互联网+金铜”“互联网+旅游”等产业试点。

试点以政府主导、企业主体，围绕建设多功能行业垂直公共平台、提升企业信息化改造水平、推动企业接入平台开展应用、支持企业“走出去”发展、加快构建网络化政府等5个方面开展，拟在2年期限内构建以互联网、大数据、物联网等新一代信息技术为创新驱动力量的传统优势产业集群，大力释放经济新动能，着力打造经济新引擎，助力传统产业插上“互联网+”翅膀。

（摘编：林开龙）

福建7个品牌上榜中国品牌200强

2018年12月24日福州新闻网报道：胡润研究院近日发布“最具价值中国品牌200强”名单，贵州茅台、淘宝、腾讯分列前三。此次福建共有7个品牌上榜，数量排名全国第六，其中兴业银行以335亿元的品牌价值成为福建最具价值的品牌。

此次最具价值中国品牌200强的上榜门槛为30亿元，100强的上榜门槛为110亿元，均与上年相同，品牌价值超过1000亿元的有14个。

福建品牌价值最高的是兴业银行，为335亿元，在全国排第38位。此外，达利以170亿元的品牌价值排全国第75位，安踏以145亿元的品牌价值排全国第85位，片仔癀以95亿元的品牌价值排全国第108位，永辉以85亿元的品牌价值排全国第114位，阳光城、美图均以35亿元的品牌价值排全国第178位。

我省上榜的品牌中，价值增幅最大的是片仔癀，增加50%以上，兴业银行和达利的品牌价值也增加两成多。

（摘编：陈建闽）

福建20家民营企业入选中国民营企业500强

2018年8月29日东南网报道：全国工商联发布2018中国民营企业500强榜单，榜单由民营企业自主申报、全国工商联审核、按营业收入降序排列产生，华为、苏宁、正威国际位居榜单前三位。福建有20家民营企业入选榜单，上榜数居全国第6位。

上榜的20家民营企业分别是阳光龙净、正荣集团、福晟集团、融信（福建）集团、永辉超市、融侨集团、均和集团、恒申控股、永荣控股、金纶高纤、泰禾集团、厦门禹洲、三盛集团、时代新能源、恒安、达利、福建捷联电子、福耀、安踏、圣农。

与2017年相比，我省上榜企业呈现一些新亮点，上榜数倍增，从去年的10家增加至20家，阳光龙净、融信、永辉超市、恒申控股、泰禾、三盛、时代新能源、达利、安踏、圣农10家企业新上榜；二是进入百强企业大幅提升，从去年的1家增加到5家；三是上榜制造业企业倍增，从去年5家增加至10家。

（摘编：李　兵）

第六篇 专业人才

2018年福建省享受国务院政府特殊津贴人员名单

福建日报APP－新福建2019年1月15日报道：据中国组织人事报网站今天消息，2018年享受国务院政府特殊津贴人员名单已经国务院批准，部分人员名单公布。公布的名单中，福建81人上榜，名单如下：

王克坚　厦门大学
王　宏　厦门船舶重工股份有限公司
王宗国　中化泉州石化有限公司
王育平　福建宁德市星宇科技有限公司
王　焱　厦门大学附属心血管病医院
王　锋　福建省农业科学院生物技术研究所
韦建刚　福建工程学院
叶凌飞　福建省三钢（集团）有限责任公司
白鸿柏　福州大学
任建林　厦门大学附属中山医院
任　斌　厦门大学
全　毅　福建社会科学院
刘明华　福州大学
庄艺真　福建农林大学
朱顺痣　厦门理工学院
江曙曜　厦门日报社
严松福　建省东海海洋研究院
何宏舟　集美大学
吴志成　国网泉州供电有限公司
吴超鹏　厦门大学
张云龙　厦门奥佳华智能健康科技集团有限公司
张祖柱　福建平潭综合实验区交通与建设局
张　健　中科院福建物质结构研究所
张原福　建龙净环保股份有限公司
张辉福　建星网锐捷通讯股份有限公司
李小冰　福建龙马环卫装备股份有限公司
李小荣　福建师范大学
李步洪　福建师范大学
李　清　厦门华美达长升大酒店
杨学太　福建泉州迪特工业产品设计有限公司
杨旺利　福建福安市林业科学技术推广中心
苏先进　福建漳州科华技术有限责任公司
苏志英　厦门市妇幼保健院
连紫华　福建德化友滨陶瓷研究所
邱仁辉　福建农林大学
邵东生　福建省福州第三中学
陈　刚　福建省立医院
陈庆河　福建省农业科学院植物保护研究所
陈志雄　福建龙溪轴承股份有限公司
陈剑洪　福建泉州市农业科学研究所
陈新凤　福建师范大学
陈　椿　福建医科大学附属协和医院
周卫东　厦门特宝生物工程股份有限公司
周大旺　厦门大学
周君力　福建省厦门第一中学
周　策　福建省南平铝业股份有限公司
屈广清　泉州师范学院
林元福　建省妇幼保健院
林玉登　福建上润精密仪器有限公司
林春生　福建福光股份有限公司
林高安　厦门金鹭特种合金有限公司
林群英　福建莆田学院附属医院
欧建德　福建明溪县林业科技推广中心
俞金树　福建省鸿山热电有限责任公司
姚进辉　福建省计量科学研究院
胡福磊　中化泉州石化有限公司
胡熠中　共福建省委党校
胥文玲　福建幼儿师范高等专科学校
唐定中　福建农林大学

唐素萍　福建省福州儿童医院
郭子雄　华侨大学
郭春芳　福建教育学院
陶　静　福建中医药大学
高孔长　福建新龙马汽车股份有限公司
常海涛　福建南平南孚电池有限公司
麻秀星　厦门建研集团股份有限公司
黄文红　福建省射击射箭运动管理中心
黄如良　福建天广中茂股份有限公司
黄志群　福建师范大学
黄种持　福建省水产研究所
黄爱民　福建医科大学
黄族健　福建南纺有限责任公司
黄　跃　福建三明市第一医院
黄　斌　福建商学院
黄勤楼　福建省农业科学院畜牧兽医研究所
彭水军　厦门大学
温　青　福建师范大学附属中学
滕　达　厦门市美亚柏科信息股份有限公司
潘丽贞　福建省南平市人民医院
潘惊石　福建省工艺美术研究院
潘耀民　福建省建筑设计研究院有限公司

（摘编：郑新贵）

福建省享受教授、研究员待遇高级农艺师人员名单

福建省人力资源和社会保障厅于2018年2月11日下发《关于批准确认郑亨万等26位高级农艺师享受教授、研究员待遇的通知》（闽人社批复〔2018〕85号）提出，经研究，批准确认由省农业技术人员第十一届享受教授、研究员待遇高级农艺师评审委员会评审通过的郑亨万等26位高级农艺师享受教授、研究员待遇，确认时间为2018年2月11日，现予公布。

郑亨万等26位享受教授、研究员待遇高级农艺师人员名单

一、三明市（7人）

（一）享受教授、研究员待遇的高级农艺师

尤溪县种子站：郑亨万

大田县种子站：刘连生

三明市农业科学研究院：马彬林

沙县农业技术推广站：廖盛水

尤溪县植保植检站：廖燕俸

（二）享受教授、研究员待遇的高级畜牧师

三明市动物疫病预防控制中心：邱位木

清流县动物疫病预防控制中心：魏国桢

二、漳州市（1人）

享受教授、研究员待遇的高级农艺师

长泰县农业局经作站：王阿桂

三、泉州市（1人）：

享受教授、研究员待遇的高级农艺师

泉州市种植业管理站：高俊杰

四、莆田市（2人）

享受教授、研究员待遇的高级农艺师

莆田市种子管理站：邱国清

莆田市涵江区萩芦镇农业服务中心：许晶明

五、南平市（1人）

享受教授、研究员待遇的高级农艺师

南平市延平区植保植检站：应德文

六、龙岩市（7人）

（一）享受教授、研究员待遇的高级农艺师

连城县农业技术推广站：吴振新

龙岩市永定区种子管理站：卢锦荣

龙岩市长汀县农业技术推广站：戴南火

连城县经济作物技术推广站：罗水鑫

武平县土壤肥料技术站：危天进

（二）享受教授、研究员待遇的高级畜牧师

龙岩市上杭县畜物技术推广站：蓝锡仁

（三）享受教授、研究员待遇的高级兽医师

龙岩市农产品质量安全检验检测中心：邬良贤

七、宁德市（5人）

（一）享受教授、研究员待遇的高级农艺师：

屏南县经济作物技术推广站：李关发

宁德市农业科学研究所：郑宜清

霞浦县植保植检站：王兰芳

宁德市古田县土肥技术站：林万树

（二）享受教授、研究员待遇的高级农经师

宁德市经营管理站：张贵珍

八、平潭综合实验区（1人）

享受教授、研究员待遇的高级农艺师

平潭综合实验区市政园林有限公司：叶志勇

九、福建省农业厅（1人）

享受教授、研究员待遇的高级农艺师

福建省食用菌技术推广总站：杨淑云

（摘编：朱明清）

福建省享受教授、研究员待遇高级工程师名单

福建省人力资源和社会保障厅于2018年2月11日下发《关于同意柯瑞荣等86位高级工程师享受教授、研究员待遇的通知》（闽人社批复〔2018〕84号）提出，经研究，批准确认由2017年度福建省享受教授、研究员待遇高级工程师评审委员会评审通过的柯瑞荣等86位高级工程师享受教授、研究员待遇，确认时间为2018年2月11日，现予公布。

柯瑞荣等86位享受教授、研究员待遇高级工程师名单

一、福建省环境保护厅

福建省固体废物及化学品环境管理技术中心：柯瑞荣

二、福建省住房和城乡建设厅

福建省建筑工程技术中心：林顺建

三、福建省交通运输厅

福建省交通规划设计院：吴江鸿、刘碧容、陈友贤

福建省交通建设质量安全监督局：林同钦

四、福建省林业厅

福建省林业调查规划院：刘友多

福建省洋口国有林场：黄金华

五、福建省质量技术监督局

福建省产品质量检验研究院：刘友华、林伟、邱秀玉、戴明

福建省计量科学研究院：陈心东

福建省标准化研究院：卢江海

福建省锅炉压力容器检验研究院：丘性通

六、福建省地质矿产勘查开发局

福建省地质工程勘察院：兰坚强、邓鼎兴

福建省核工业二九五大队：黄辉

七、福建省煤田地质局

福建省121地质大队：郑富龙

八、福建省高速公路有限责任公司

福建省高速公路有限责任公司南平管理分公司：蔡建辉

九、福建省能源集团有限责任公司

福建省鸿山热电有限责任公司：俞金树

十、福建建工集团有限责任公司

福建建工集团有限责任公司：刘晓群、王辉

福建省建筑设计研究院：潘海洪、林蔚然、李兵、林朝旭

福建省建筑科学研究院：叶增平、黄祖华、郑翔、管小健、林美、周敏

福建清华建筑设计院有限公司：陈则忠

十一、福建省冶金（控股）有限责任公司

福建省冶金工业设计院有限公司：黄华

福建省南平铝业股份有限公司：冯东升

福建省三钢（集团）有限责任公司：罗志文

厦门钨业股份有限公司：聂洪波

十二、福建省汽车工业集团有限公司

福建奔驰汽车有限公司：陈春生

十三、国网福建电力公司

国网福建省电力有限公司：林静怀、胡永洪

国网福建省电力有限公司电力科学研究院：黄道姗、李学永、林焱、吴丹岳

国网福建省电力有限公司经济技术研究院：林章岁

国网福建省电力有限公司福州供电公司：郑佩祥、黄旭明

国网福建省电力有限公司泉州供电公司：王铮

国网福建省电力有限公司检修分公司：张孔林

福建水口发电集团有限公司：林峰、曾季弟

福建电力交易中心有限公司：刘文彬

福建和盛高科技产业有限公司：王庆华

十四、福建师范大学

福建师范大学环境科学与工程学院：王菲凤

十五、福州市

福州市规划设计研究院：罗景烈、阙平、余美文、王文奎、高昭良、林起忠、兰志武

福州市地铁建设工程质量安全监督站：林震

福州地铁集团有限公司：叶晨立

嘉园环保有限公司：黄开坚

十六、厦门市

厦门市建筑科学研究院集团股份有限公司：林燕妮

厦门市城市规划设计研究院：林振福、何子张、王开春

厦门市建设工程造价管理站：林金典、方全

厦门华联电子股份有限公司：沈亚锋

厦门市产品质量监督检验院：庄鹏

十七、漳州市

福建省平和天马国有林场：曾瑞金

漳州市测绘设计研究院：洪锦山

漳州市水产技术推广站：尤颖哲

十八、泉州市

泉州市林业技术推广中心：陈金章

福建省安溪白濑国有林场：周宗哲

泉州市标准化研究所：林清山

十九、莆田市

莆田市水产技术推广站：黄建辉

二十、三明市

福建省沙县官庄国有林场：郑双全

福建省泰宁国有林场：刘森勋

三明市交通建设集团有限公司：张燕清

二十一、南平市

建瓯市林业技术推广中心：陈柳英

二十二、龙岩市

龙岩市林业调查规划所：卢春英

紫金矿业集团股份有限公司：孙忠梅

（摘编：唐民）

福建省农业技术高级职务任职资格名单

福建省人力资源和社会保障厅于2018年6月5日下发《关于批准确认钟昌穗等228位同志农业技术高级职务任职资格的通知》（闽人社批复〔2018〕176号提出，经研究，批准确认由省第二十二届农业技术高级职务评审委员会评审通过的钟昌穗等228位同志农业技术高级职务任职资格。任职资格确认时间为2018年6月5日，请予公布。

钟昌穗等228位农业技术高级职务任职资格人员名单

福州市（11人）

高级农艺师：钟昌穗、周蓉、林原、周秀琴、黄瑞卿、廖海霞

高级畜牧师：林云琴

高级兽医师：林传钦

高级农经师：方国霖、林宗潘、黄颖

厦门市（6人）

高级农艺师：陈艺婷、梁兵兵、陈龙杰、陈丽娟

高级兽医师：邵金龙、李谓娟

宁德市（36人）

高级农艺师：郑小燕、吴斌兵、洪晓红、陈秀平、阮芳菲、郑夏梅、江宗安、吴美英、雷振华、陈勇、陈尧荣、林新容、刘凤葵、林美娥、黄秀琴、钟长科、王丽芬、张传华、钟国平、薛少彬、郭清、彭来真、陈峰、张宇兰、王怀震

高级畜牧师：刘松莲

高级兽医师：黄波、王彩华、张秀芳

高级农经师：陈耀、胡晓华、洪飞艳、平晓荣、郑盛贵、郭光耀、郑日红

莆田市（3人）

高级农艺师：史伯洪、陈金耀

高级农经师：薛聿用

泉州市（14人）

高级农艺师：黄看治、李维明、陈益民、陈春香、潘建铮、蔡永助、黄锦昌、黄金树、

高级畜牧师：潘东建

高级兽医师：刘庆生

高级农经师：高丹红、施文品、肖清水、苏宜会

漳州市（16人）

高级农艺师：叶敬用、陈国平、黄云勇、林进路、高洋帅、黄美玲、陈井山、曾保忠

高级畜牧师：林映升、李鸿泰、周可才

高级兽医师：林跃华、刘树根、林长江

高级农经师：朱金堆、黄永祥

龙岩市（12人）

高级农艺师：吴海明、柯小彬、曾茶秀、林能功、巫绵继、谢立红、李斌、杨秉业、罗坤

高级兽医师：陈书华、江天杰

高级农经师：刘玲莉

三明市（64人）

高级农艺师：郑小苹、林安宁、林玉婷、李昭明、聂秋兰、郑建摧、傅德余、林增贵、陈凤招、罗起柳、陈红卫、王立洪、邱剑华、黄隆峰、饶泉根、王周欣、罗跃梁、陈美娇、肖兰芝、张淑梅、邹光庆、余明志、苏仁先、黄颜明、杨如成、许梅榕、马求凤、丛艳静、熊伟、林光柱、黄福生、刘建密、黄培枝、曹建娜、陈巧红

高级畜牧师：林晓钦

高级兽医师：程浩、刘世榜、郑名喜、李中朋、魏邦福、肖秀汇、陈吉俩、张良荣、郭贤聪、余辉祥、邓庆辉、邓建平、翁国华、吴水金、陈景樵、魏祥明、蔡火长、章金雄

高级农经师：冯英、马文娟、廖新华、陈少

宇、肖得尚、郭家堪、陈华、严发旺、黄长生、陈水根

南平市（59人）

高级农艺师：葛小妹、付爱、谢珍宝、何浦梁、王雪云、伍梅英、张常春、吴尧美、苏天宝、谢贤胜、吴生顺、朱国兴、徐丽华、周敬广、江世辉、左永清、詹恒春、郑智华、赖先洪、鲜春华、姜浩明、吴守清、兰义忠、叶和、张见明、余朝勤、张明泰、邱居望、朱华德、蔡翠芳、林丽红、王郁、黄智明、陈圣桂

高级兽医师：林开勇、沈锦华、张彩兰、黄毅诚、范国寿、廖秀华、吴文群、张兴忠、周红英、叶培芝、刘有龙、周培成、蔡健雄

高级农经师：杨永珍、许智伟、朱少群、林幼妹、杜文广、陈学鹏、陈秀凤、林国铭、何际东、张建华、巫元发、许达安

中国海峡人才市场（5人）

高级农艺师：李洪龙、吴在铁

高级兽医师：陈景容、林金玉、陈玉文

福建农林大学（1人）

高级农艺师：罗海凌

省农业厅（1人）

高级兽医师：江秀红

（摘编：黄国实）

福建省高级工程师职务任职资格人员名单

一、孙晓华等53位同志高级工程师职务任职资格人员名单

福建省人力资源和社会保障厅于2018年1月22日下发《关于批准确认孙晓华等53位同志高级工程师职务任职资格的通知》（闽人社批复〔2018〕30号）提出，经研究，批准确认由省工程系列测绘、土地规划利用专业高级职务任职资格评审委员会评审通过的孙晓华等53位同志高级工程师职务任职资格。任职资格确认时间为2018年1月22日，请予公布。

孙晓华等53位同志高级工程师职务任职资格人员名单

（一）测绘专业（45人）

省测绘地理信息局：孙晓华、张新雯、郑桂成、刘双江、黄晓冬、张寿选、陈德权、赵同昇

省地矿局：陈哲锋、吴瑞姣、卢昌茂

省煤田地质局：郭仁安、任航科、黄国富

省招标采购集团：罗华坊

省冶金控股公司：朱炜斌

海峡人才市场：蔡云镫、胡凤锦、陈肖毅、张震、柯伟钰、邱春晓、吴志团、邱健丽、张娟娟、曹中森、陈林坡、苏诗培

厦门市：林志哲、叶永志

漳州市：陈丽慧、李欣、周建毅、赵少兵

泉州市：孔志鹏、颜英任

三明市：朱升起、张美花

南平市：王明青、李芳

龙岩市：吴炳灵、王学强、林蔚凯

宁德市：苏维聪、黄国春

（二）土地规划利用专业（8人）

省国土资源厅：肖金华

省农业厅：白丽月

省地矿局：张烽文、王勇德

漳州市：张美亮

泉州市：张金前

三明市：罗彩云、李尔蔚

二、刘建锋等104位同志高级工程师职务任职资格人员名单

福建省人力资源和社会保障厅于2018年1月26日《关于批准确认刘建锋等104位同志高级工程师职务任职资格的通知》（闽人社批复〔2018〕51号）提出，经研究，批准确认由省工程技术人员水利水电专业高级职务任职资格评委会评审通过的刘建锋等104位同志高级工程师职务任职资格。任职资格确认时间为2018年1月26日，请予公布。

刘建锋等104位同志高级工程师职务任职资格人员名单

（一）省水利厅（21人）：刘建锋、朱能兵、陈恩、陈达、官云鹏、吴雄锋、陈文祥、唐丽芳、吴清泉、柴鹏、林红、倪连钧、邹如樑、李天赐、林鑫明、李孙武、陈玉萍、陈小甫、郑梅青、洪新秀、曾伟

（二）省教育厅（2人）：侯才水、叶红

（三）共青团福建省委（1人）：肖松飞

（四）福建建工集团有限责任公司（1人）：陈明照

（五）海峡人才市场（5人）：罗玉龙、谢凌烽、洪琪、念坚、罗益涛

（六）厦门市（1人）：张晓芬

（七）漳州市（9人）：张建成、徐淑钦、段飞、詹文芳、陈建生、陈伟达、李建辉、洪琰、方云峰

（八）泉州市（25人）：李高明、吕吉生、李

志勇、林美香、陈少挺、戴琪凤、黄宗毅、许春玲、蔡吉娜、张桂林、寇华榕、郑彦莺、许春燕、吴珍珍、林宇丽、郑英伟、苏月霞、连玲玲、曾连灯、蔡剑波、黄岁钿、王声波、陈华厦、林丽蓉、张小泉

（九）莆田市（4人）：许顺天、邹志德、范卫斌、蒋玉钟

（十）三明市（18人）：严希培、陈峰华、黄显光、郑伟榕、郑光耀、张芳玉、赖世江、吴华东、黄婷婷、周元芳、邓茂潘、田光鹏、肖上光、傅祥笔、陈南京、伍玉云、钱丽新、曹仰海

（十一）南平市（9人）：黄文贵、任铭建、黄建青、黄华仙、李典维、叶能平、吴发旺、周连富、邹宪美

（十二）龙岩市（2人）：雷赞舟、罗兴华

（十三）宁德市（5人）：黄周建、何华、郑其顺、李松兴、王剑瑜

（十四）平潭综合实验区（1人）：林心坤

三、陈新敏等13位同志机械专业高级工程师职务任职资格考核通过人员名单

福建省人力资源和社会保障厅于2018年2月2日《关于批准确认陈新敏等13位同志机械专业高级工程师职务任职资格的通知》（闽人社批复〔2018〕70号）经研究，同意确认由省非公有制企业高级专业技术职务考核委员会考核并审议通过的陈新敏等13位同志机械专业高级工程师任职资格。任职资格确认时间为2018年2月2日，请予公布。

陈新敏等13位同志机械专业高级工程师职务任职资格考核通过人员名单

（一）厦门市（1人）：陈新敏

（二）漳州市（1人）：庄海洋

（三）泉州市（3人）：傅山龙、翁少华、黄文才

（四）莆田市（2人）：颜翠芝、陈志勇

（五）南平市（2人）：吴德智、林桥福

（六）所属商协会（4人）：郭进东、陈小林、黄振宗、吴晓曦

四、柯清筑等16位同志管理专业高级工程师职务任职资格考核通过人员名单

福建省人力资源和社会保障厅2018年2月2日《关于批准确认柯清筑等16位同志管理专业高级工程师职务任职资格的通知》（闽人社批复〔2018〕72号）提出，经研究，同意确认由省非公有制企业高级专业技术职务考核委员会考核并审议通过的的柯清筑等16位同志管理专业高级工程师职务任职资格。任职资格确认时间为2018年2月2日，请予公布。

柯清筑等16位同志管理专业高级工程师职务任职资格考核通过人员名单

（一）福州市（1人）：柯清筑

（二）漳州市（1人）：林　东

（三）泉州市（5人）：陈耀从、黄永发、吴永河、苏亚帅、臧二伟

（四）南平市（2人）：曾文军、陈志鸿

（五）所属商协会（7人）：陈融圣、詹桂堡、张笔清、冯敏、曹旭、周志民、洪荫治

五、连厦鹏等7位同志电子专业高级工程师职务任职资格人员名单

福建省人力资源和社会保障厅于2018年2月2日《关于批准确认连厦鹏等7位同志电子专业高级工程师职务任职资格的通知》（闽人社批复〔2018〕68号）提出，经研究，同意确认由省非公有制企业高级专业技术职务考核委员会考核并审议通过的连厦鹏等7位同志电子专业高级工程师职务任职资格。任职资格确认时间为2018年2月2日，请予公布。

连厦鹏等7位同志电子专业高级工程师职务任职资格人员名单

（一）厦门市（2人）：连厦鹏、李开坤

（二）漳州市（3人）：张志鹏、李林、许良刚

（三）龙岩市（1人）：黄华斌

（四）所属商协会（1人）：陈融洁

六、夏芳文等144位同志建筑专业高级工程师任职资格考核通过人员名单

福建省人力资源和社会保障厅于2018年2月2日下发《关于批准确认夏芳文等144位同志建筑专业高级工程师任职资格的通知》（闽人社批复〔2018〕69号）提出，经研究，同意确认由省非公有制企业高级专业技术职务考核委员会考核并审议通过的夏芳文等144位同志建筑专业高级工程师

任职资格。任职资格确认时间为2018年2月2日，请予公布。

夏芳文等144位同志建筑专业高级工程师任职资格考核通过人员名单

（一）土木工程施工高级工程师（72人）

福州市（28人）：

夏芳文（装饰装修）、董祖周、黄周泉（市政）、何书平、李晶（市政）、蒋清松（市政）、林正农、卢仕乐、谢新潮（市政）、吴本晶、胡金跃、张良（市政）、林银（市政）、冯引（市政）、王俊、刘木火（市政）、黄晓锋（市政）、刘公针（市政）、许为明（市政）、庄彬民（市政）、陈光（市政）、陈启添、林财明（市政）、张丁寿（市政）、吴裕胜、杨成、郑友谈、陈浩宇

厦门市（6人）：

陈贵才、许先华、黄九成、陈文杨、许庆山、刘峥财

泉州市（21人）：

姚盛博（路桥）、蔡建鹤、陈泽民、叶祥祥（市政）、蔡天恩、翁进喜、方晓云（市政）、许治忠、许福来、潘添福、颜雅莎、

叶秋玲、吴金炤、杨亚聪、陈为彬、洪伟堂、郑成文（市政）、潘成典、林涌超、肖坤元、王恭富

三明市（1人）：赖世江（路桥）

南平市（2人）：余传明、许王生（路桥）

龙岩市（5人）：黄银海（路桥）、罗学勇、张丽芹（钢结构）、邱文俊、邱学东（市政）

宁德市（2人）：朱祖宁、上官迎春

所属商协会（7人）：

陈金龙（路桥）、王塔山（路桥）、潘云怀（路桥）、方正（市政）、苏营（市政）、曾华议（市政）、张巍

（二）建筑设备安装高级工程师（4人）

福州市（1人）：黄忠亮（给排水）

漳州市（1人）：吴志鹏（电气）

泉州市（2人）：王国良（弱电）、黄永明（给排水）

（三）建筑工程管理高级工程师（53人）

福州市（23人）：

朱江深、徐华、陈家云、林家府、唐兴武、陈剑宇、林银佛、华为群、林荣、林灿、林新、张强、莫保明、王誌庆、赵元顺、王翰斌、程开丰、刘煜、齐丹、章壮志、黄树峰、孙福才、叶金文

厦门市（5人）：王大伟、程执宁、王新元、张朝旭、陈辉

漳州市（8人）：叶福郎、林石狮、张孔源、吴萍、杨东庆、

叶天仁、陈建新、黄和民

泉州市（8人）：张章斌、陈洁民、周华安、朱万坤、陈克成、许传兴、陈少耕、罗武庆

南平市（2人）：陈佐堂、陈隆文

龙岩市（3人）：江海、李开友、钟恭富

宁德市（3人）：陈宝国、陈锦、蔡长通

所属商协会（1人）：陈秀星

（四）园林绿化高级工程师（14人）

福州市（6人）：

叶积荣、陈珺、陈羡德、饶建明、李潮开、陈贵

厦门市（2人）：林志强、陈清海

漳州市（1人）：殷志伟

龙岩市（1人）：林其钟

所属商协会（4人）：陆细平、张勇辉、黄俊婷、李城炜

（五）建筑材料高级工程师（1人）

泉州市（1人）：吴詹勇

七、方兴福等43位同志高级工程师职务任职资格人员名单

福建省人力资源和社会保障厅于2018年2月2日下发《关于批准确认方兴福等43位同志高级工程师职务任职资格的通知》（闽人社批复〔2018〕74号）提出，经研究，批准确认由省工程技术人员能源专业高级职务任职资格评委会评审通过的方兴福等43位同志高级工程师职务任职资格。任职资格确认时间为2018年2月2日，请予公布。

方兴福等43位同志高级工程师职务任职资格人员名单

（一）福建省能源集团有限责任公司（28人）：方兴福、王炳城、许秋华、詹王政、陈新镔、黄国瑞、吴文耀、曹生伟、周福堂、钟能文、

涂友源、陈荣万、潘培庆、兰华贞、祝伟岗、李世杰、曾庆全、吴安顺、欧炳容、王戬、郑波明、廖燕坂、李茂燕、周姣、叶国灿、黄建胜、谌贤星、马考红

（二）福建石油化工集团有限责任公司（2人）：黄桂兰、陈华泽

（三）福建省煤田地质局（5人）：汤慧、黄兵、李永真、杨梓懂、王霆

（四）福建省投资开发有限责任公司（1人）：张骏

（五）福建省冶金（控股）有限责任公司（1人）：陈　志

（六）福建建工集团总公司（2人）：陈乘鑫、陈新秀

（七）海峡人才市场（1人）：邬文泰

（八）三明市（2人）：陈吉铪、魏心华

（九）龙岩市（1人）：李德兴

八、吴凌等65位同志高级工程师职务任职资格人员名单

福建省人力资源和社会保障厅于2018年2月7日下发《关于批准确认吴凌等65位同志高级工程师职务任职资格的通知》（闽人社批复〔2018〕77号）提出，经研究，批准确认由省工程技术人员质量专业高级职务任职资格评委会评审通过的吴凌等65位同志高级工程师职务任职资格。任职资格确认时间为2018年2月7日，请予公布。

吴凌等65位同志高级工程师职务任职资格人员名单

（一）省质量技术监督局：吴凌、陈伟、岳木林、沈阳、朱金红、凌美英、陈有昌、何孟杭、谢勇、许晖、赵波、魏琳琳、陈忠良、薛金、赖征创、张伟、杨峥山、许杰、叶辉、叶南昌、严智勇、刘飞、苏敦育、蒋石锁、刘明全、章振华、钟金华、陈玉堂、陈曦、李晓宁、何祖恩、蔡曦葵、廖静云、刘毅、王文钦、杨庆、孙彦锋、叶晓亮、郑雪雅、李伟程、李财清、黄利明、郑志坚、黄凯、张是标、陈凌飞、邱伟星、卢伍鋆、陈中明、张恩斌、魏祯、郑开新

（二）海峡人才市场：任霖光

（三）福州市：刘胜、张鑫桐、郑江琳、陈晓燕

（四）漳州市：郑建俊

（五）泉州市：林晶

（六）三明市：江萍萍

（七）南平市：吴晶、陈建煌、周建兴

（八）龙岩市：刘小刚

（九）宁德市：林丽容

九、林起庆等34位同志高级工程师职务任职资格人员名单

福建省人力资源和社会保障厅于2018年2月12日下发《关于批准确认林起庆等34位同志高级工程师职务任职资格的通知》（闽人社批复〔2018〕86号）提出，经研究，批准确认由省工程技术人员地勘专业高级职务任职资格评委会评审通过的林起庆等34位同志高级工程师职务任职资格。任职资格确认时间为2018年2月12日，现予公布。

林起庆等34位同志高级工程师职务任职资格人员名单

（一）福建省地质矿产勘查开发局

福建省闽北地质大队：林起庆、黄文华

福建省闽西地质大队：魏红萍

福建省闽东南地质大队：王惠泉、沈育志

福建省第二地质勘探大队：刘凯、邹仙荣

福建省第八地质大队：丘文

福建省闽南地质大队：黄丁琪、郑银昌、彭江苏

福建省地质工程勘察院：王文生

福建省地质工程大队：陈俊新、王金森、陈爱和

福建省地矿建设大队：林兴、王友彬、林峰

福建省地质测试研究中心：李荃

福建省地质调查研究院：瞿承燚、郑宝瑞、刘凯、周国武、余青

福建省地质测绘院：陈哲锋、吴瑞姣、接晶、林金标、阮国峰、李立生

福建省核工业二九四大队：胥文瑜

（二）三明市

三明市国土资源规划所：黄欣蓉

（三）龙岩市

紫金矿业集团股份有限公司：龚建生、刘绍锋

十、刘燕飞等14位同志高级工程师职务任职资格人员名单

福建省人力资源和社会保障厅于2018年2月13日下发《关于批准确认刘燕飞等14位同志高级

工程师职务任职资格的通知》（闽人社批复〔2018〕89号）提出，经研究，批准确认由省工程技术人员水产专业高级职务任职资格评委会评审通过的刘燕飞等14位同志高级工程师职务任职资格。任职资格确认时间为2018年2月13日，现予公布。

刘燕飞等14位同志高级工程师职务任职资格人员名单

（一）福建省海洋与渔业厅

福建省水产技术推广总站：刘燕飞、廖碧钗

（二）厦门市

厦门市同安区农业技术推广中心：廖丽松

（三）漳州市

云霄县水产技术推广站：林主成

（四）三明市

大田县水产技术推广站：陈昌瑞

大田县建设镇水产技术推广站：林兴铃

沙县畜牧水产技术推广中心：林海

宁化县河龙乡畜牧兽医水产站：张标金

宁化县泉上畜牧兽医水产站：钟辉洪

（五）南平市

浦城县仙阳镇畜牧兽医水产站：崔文姝

顺昌县岚下乡农服务中心：兰金明

武夷山市新丰街道三农服务中心：邱勇

（六）宁德市

宁德市富发水产有限公司：韩坤煌

（七）平潭综合实验区

平潭综合实验区海洋与渔业技术中心：周小文

十一、罗耀发等13位同志高级工程师职务任职资格人员名单

2018年2月13日福建省人力资源和社会保障厅下发《关于批准确认罗耀发等13位同志高级工程师职务任职资格的通知》（闽人社批复〔2018〕88号）提出，经研究，批准确认由省工程技术人员轻纺专业高级职务任职资格评委会评审通过的罗耀发等13位同志高级工程师职务任职资格。任职资格确认时间为2018年2月13日，现予公布。

罗耀发等13位同志高级工程师职务任职资格人员名单

（一）福建省轻纺（控股）有限责任公司（2人）

福建省轻工业研究所：陈长兴、林学清

（二）福建省质量技术监督局（2人）

福建省纤维检验局：李玲、叶远静

（三）海峡人才市场（2人）

海欣食品股份有限公司：郑红

福建佰翔天厨食品有限公司：唐胜春

（四）泉州市（5人）

龙之族（中国）有限公司：罗耀发

福建宏远集团有限公司：陈进国

福建凤竹纺织科技股份有限公司：张鑫、樊蓉

福建晋江优兰发纸业有限公司：余仕发

（五）南平市（1人）

福建长庚新材料股份有限公司：廖长庚

（六）宁德市（1人）

宁德市科学技术咨询服务中心：陈启英

十二、程雪松等63位同志高级工程师职务任职资格人员名单

2018年6月5日福建省人力资源和社会保障厅下发《关于批准确认程雪松等63位同志高级工程师职务任职资格的通知》（闽人社批复〔2018〕174号提出，经研究，批准确认由省工程技术人员电子专业高级职务任职资格评委会评审通过的程雪松等63位同志高级工程师职务任职资格。任职资格确认时间为2018年6月5日，现予公布。

程雪松等63位同志高级工程师职务任职资格人员名单

（一）福建省卫生和计划生育委员会

福建省立医院：程雪松、黄基

（二）福建省科学技术厅

福建省科学技术信息研究所：张章学

（三）福建省国资委

福建捷联电子有限公司：郭小琴

（四）福建省广播影视集团

福建省广播影视集团：陈文棋、张龙辉

福建省广播电视传输发射中心一〇四台：徐家康

福建省广播电视传输发射中心三〇三台：叶晓倩

福建省广播电视传输发射中心六〇三台：李新喜

（五）福建省电子信息（集团）有限责任公司

锐捷网络股份有限公司：单宝灯、黄冠华、

唐鸿凯、杨英、王湧

福建星网锐捷通讯股份有限公司：高计丰、高如正、鲍豹、汤周文、郑芳友、刘旺

福建省电子信息应用技术研究院有限公司：吴剑锋

福建星海通信科技有限公司：王中锋

（六）福建广电网络集团股份有限公司

福建广电网络集团股份有限公司：温志峰

福建广电网络集团股份有限公司福州分公司：林尊杰

福建广电网络集团股份有限公司罗源分公司：叶浩强

（七）福建省高速公路有限责任公司

三明福银高速公路有限责任公司：叶剑谋

（八）福建省招标采购集团有限公司

福建省六一八信息技术有限公司：金锋

（九）福州大学

福州大学测试中心：汤炎甫；

（十）中国海峡人才市场

福建东南广播电视网络有限公司：薛秀惠

福建国光电子科技股份有限公司：葛宝全、黄惠东

飞毛腿（福建）电子有限公司：王维乐

广东省电信规划设计院有限公司福州分公司：吴志芳、侯海风

福州高意光学有限公司：闫青艳、卢秀爱、贺坤

福建捷联电子有限公司：黄玉琴、王夷、罗明、张诗晖

福建瑞之付微电子有限公司：黄汀生

福建睿能科技股份有限公司：张国利、郭文进

福州易联星拓通信科技有限公司：陈昭胜

福建通力达实业有限公司：钟李锋

冠捷显示科技（厦门）有限公司：陈演义、周江潮、邱升薇、宁工程、黄长荣

厦门井华电气设备有限公司：余景华

（十一）漳州市

漳州科华技术有限责任公司：林艺成

（十二）泉州市

惠安县广播电视台：刘祖聪

福建先创电子有限公司：罗舒曼

福建晶安光电有限公司：谢斌晖

（十三）三明市

宁化县广播电视转播台（高山台）：肖德根

大田县石牌镇文化体育中心站：陈开放

三明福特科光电有限公司：吴小春

（十四）南平市

南平市第一医院：余晓松

（十五）龙岩市

福建龙净环保股份有限公司：邓秀梅

福建望诚电子有限公司：魏林海

（十六）宁德市

福安市广播电视事业局：施强

十三、江学书等41位同志高级工程师职务任职资格人员名单

2018年7月4日福建省人力资源和社会保障厅下发《关于批准确认江学书等41位同志高级工程师职务任职资格的通知》（闽人社批复〔2018〕209号）提出，经研究，批准确认由省工程技术人员科技管理专业高级职务任职资格评委会评审通过的江学书等41位同志高级工程师职务任职资格。任职资格确认时间为2018年7月4日，现予公布。

江学书等41位同志高级工程师职务任职资格人员名单

（一）福建省经济和信息化委员会

福建省节能监察（监测）中心：江学书

（二）福建省发展和改革委员会

福建省经济信息中心：战思宇、卓颋

（三）福建省海洋与渔业厅

福建省海洋预报台：林竹明

（四）福建省安全生产监督管理局

福建省安全生产执法总队：唐丰

（五）福建省科学技术协会

福建省科技馆：陈戈、林晨

（六）福建建工集团有限责任公司

福建省建筑工程质量检测中心有限公司：刘慧颖

（七）福建省能源集团有限责任公司

福建煤电股份有限公司：赖涛

（八）福建省船舶工业集团有限公司

福建福船投资有限公司：潘泽民

（九）福建省电子信息（集团）有限责任公司

福建星网锐捷通讯股份有限公司：陈凤、邹应双

（十）兴业银行股份有限公司

兴业银行股份有限公司：刘奕明

（十一）福建省农村信用社联合社

福建省农村信用社联合社：康贤军

（十二）中国海峡人才市场

中检集团福建康泰测试评价技术有限公司：涂勇涛

福建日报社：陈敏

福建省福投新能源投资股份公司：郑志

福建榕基软件股份有限公司：陈明平

冠捷显示科技（厦门）有限公司：麻美虹

（十三）中央储备粮福建分公司

中央储备粮福州直属库：徐瑞财

（十四）中国人民银行

中国人民银行福州中心支行：陈榕

（十五）中国电信股份有限公司福建分公司

中邮科通信技术股份有限公司：范叔亮

（十六）漳州市

东山经济技术开发区生态工业园服务中心：施通池

漳州市九龙江河道防洪排涝管理处：戴建泉

福建龙溪轴承（集团）股份有限公司：曾凡沛、陈佶

漳州市龙文区环境保护监测站：李术英

（十七）泉州市

泉州市洛秀开发建设有限公司：陈文海

福建纳川管业科技有限责任公司：陈碧林

福建省安溪县生产力促进中心：陈文才

泉州市孚恩环境工程有限公司：高德提

惠安县泉惠环保工程有限公司：邓朝红

南安市农业机械管理站：黄春福

泉州市计算机学会：陈煜军

（十八）三明市

尤溪县农业机械化技术推广站：陈爱芳

（十九）莆田市

福建省莆田市科学技术情报研究所：黄尤来

（二十）南平市

武夷山市新丰街道“三农”服务中心：吴林凤

浦城县古楼乡“三农”服务中心：娄开正

浦城县濠村乡“三农”服务中心：郑东杰

浦城县石陂镇“三农”服务中心：金美璐

（二十一）龙岩市

龙岩市新罗区农业机械化技术推广服务站：詹淮村

十四、李智安等40位同志高级工程师职务任职资格人员名单

2018年7月20日福建省人力资源和社会保障厅下发《关于批准确认李智安等40位同志高级工程师职务任职资格的通知》（闽人社批复〔2018〕221号）提出，经研究，批准确认由省工程技术人员化工专业高级职务任职资格评委会评审通过的李智安等40位同志高级工程师职务任职资格。任职资格确认时间为2018年7月20日，现予公布。

李智安等40位同志高级工程师职务任职资格人员名单

（一）福建石化集团公司

福建省石油化学工业设计院：李智安、林薇、欧俊峰

福建省化学工业科学技术研究所：林天斌、余林强

福建省东南电化股份有限公司：陈克华、林寿平

（二）福建省国资委

福州正先安全科技咨询服务有限公司：黄任华

福建锦兴环保科技有限公司：刘洪春

（三）海峡人才市场

液化空气（福州）有限公司：董大为

中检集团福建康泰测试评价技术有限公司：陈晶铃

福耀玻璃工业集团股份有限公司：沈俊龙

中国科学院福建物质结构研究所：李广伟

福建科瑞环境监测有限公司：王革

中国检验认证集团福建有限公司：吴剑光

（四）泉州市

泉州市环境卫生管理处：吕荣谋

泉州市排水管理中心：张芳蕾

（五）漳州市

漳州旗滨玻璃有限公司：章凯

（六）龙岩市

紫金矿业集团股份有限公司：朱德才

福建龙净环保股份有限公司：张军

（七）三明市

福建三农新材料有限责任公司：余道腾

福建省泰宁县金湖炭素有限公司：邓世水

（八）南平市

福建青松股份有限公司：叶国梁

（九）宁德市

福鼎市环境保护监测站：师丽丽

宁德新能源科技有限公司：崔航、何平、徐磊敏、袁庆丰、王可飞

宁德时代新能源科技股份有限公司：卢艳华、李伟、金海族、陈小波、韩昌隆、付成华、柳娜、魏奕民、吴梦尧、黄起森、邹启凡

十五、潘力等29人通信专业高级工程师名单

2018年11月1日福建省人力资源和社会保障厅下发《关于批准确认潘力等29人通信专业高级工程师任职资格的通知》（闽人社批复〔2018〕362号）提出，经研究，批准确认由省通信专业高级职务任职资格评审委员会评审通过的潘力等29人高级工程师的任职资格。任职资格确认时间为2018年11月1日，请予公布。

潘力等29人通信专业高级工程师名单

（一）中国移动通信集团福建有限公司（18人）：潘力、陈飞、洪燕明、许金晶、林凤城、吕月坪、陈锡清、游尔青、李绿森、李频钟、康郑永青、陈嘉平、刘良军、林玉广、叶蕴芳、王希、陈平、华晓辉

（二）中国联合网络通信有限公司福建省分公司（4人）：吴涛、王玉香、林锦莺、胡海燕

（三）国家计算机网络与应急技术处理协调中心福建分中心（1人）：陈平阳

（四）中国铁塔股份有限公司福建省分公司（1人）：阮千万

（五）中国海峡人才市场（5人）：徐海峰、王军裕、刘家涛、王昂、高勇

十六、林彬等17位同志高级工程师职务任职资格人员名单

2018年11月15日福建省人力资源和社会保障厅下发《关于批准确认林彬等17位同志高级工程师职务任职资格的通知》提出，经研究，批准确认由省工程技术人员建筑机电设备安装专业高级职务任职资格评委会评审通过的林彬等17位高级工程师职务任职资格。任职资格确认时间为2018年11月15日，现予公布。

林彬等17位同志高级工程师职务任职资格人员名单

福建省工业设备安装有限公司：林彬、张潭、陈建兵、陈强、林必贵、林顺明、林锡宝、刘彩辉、涂建春、吴龙水、夏盛流、谢玉坤、许志松、朱玉成

福建省三安机电工程有限公司：乐闽来、王黎斌、徐剑

十七、卢宗玮等60位同志高级工程师职务任职资格人员名单

2018年12月14日福建省人力资源和社会保障厅下发《关于批准确认卢宗玮等60位同志高级工程师职务任职资格的通知》（闽人社批复〔2018〕421号）提出，经研究，批准确认由省工程技术人员冶金专业高级职务任职资格评委会评审通过的卢宗玮等60位同志高级工程师职务任职资格。任职资格确认时间为2018年12月14日，现予公布。

卢宗玮等60位同志高级工程师职务任职资格人员名单

（一）福建省冶金（控股）有限责任公司（52人）

福建省三钢（集团）有限责任公司：卢宗玮、李忠良、林国太、张启明、蔡恒斌、姚建军、阮受立、胡远刚、李红、魏重增、许智平、郑芳垣、田金超、黄文辉、饶丽文、林勇、洪丽格、刘家炜、廖星星、刘建平、周文波、甘佐文、杨洪颖、严有瑜、朱邦产、马克允、陈木金

厦门钨业股份有限公司：刘春佳、蒋香草、傅东辉、池秀银

厦门虹鹭钨钼工业有限公司：侯海涛、方漳云

厦门厦钨新能材料有限公司：曾雷英、郑超、马跃飞、佘秋勇

厦门金鹭特种合金有限公司：龙本夫、蒋志金

福建省长汀金龙稀土有限公司：崔红岩

福建省南平铝业股份有限公司：郑恒崇、胡伦车

福建马坑矿业股份有限公司：董军庭、洪国平

福建省稀有稀土（集团）有限公司：陈超

福建省连城锰矿有限责任公司：朱吉春

福建省阳山铁矿有限责任公司：李文藻

福建省冶金工业设计院有限公司：徐开武、赵于杰、翁玉水、周扬杰、连小安

（二）厦门市（3人）

紫金矿业建设有限公司厦门设计分公司：黄建鑫、袁元勋、王众

（三）龙岩市（5人）

紫金矿业集团股份有限公司：贺登平、吴卫煌、杨远坤、张华辉

福建紫金矿冶测试技术有限公司：龙秀甲

十八、确认温耀明同志医药专业高级工程师职务任职资格

2018年12月26日福建省人力资源和社会保障厅下发《关于批准确认温耀明同志医药专业高级工程师职务任职资格的通知》（闽人社批复〔2018〕437号）提出，经研究，批准确认由省医药工程专业副高级职务任职资格评审会评审通过的温耀明同志医药专业高级工程师职务任职资格。任职资格确认时间为2018年12月26日，现予公布。

（摘编：彭文荣）

第二批福建省工程技术论证专家库专家名单

2018年5月15日福建省住房和城乡建设厅办公室下发《关于公布第二批福建省工程技术论证专家库专家名单的通知》（闽建办筑〔2018〕10号）提出，根据《关于施工招标工程特殊性认定和类似工程业绩设置事项的通知》（闽建筑〔2017〕39号）和省建筑业协会的推荐，省厅确定黄尚敏等42人入选福建省工程技术论证专家库，现将名单予以公布。

第二批福建省工程技术论证专家库专家名单

序号	专家姓名	性别	所在单位	职称	注册师种	从业主要领域
1	黄尚敏	男	福建省工业设备安装有限公司	教高	一级注册建造师	建筑安装
2	杨润洁	男	福建省工业设备安装有限公司	高工	一级注册建造师（机电、市政）	机电设备安装
3	林　巍	男	福建省工业设备安装有限公司	高工	一级注册建造师	建筑机电施工
4	柯友财	男	中建海峡建设发展有限公司	高工	机电一级建造师	机电安装
5	吴志鸿	男	中建海峡建设发展有限公司	高工	机电一级建造师	机电安装
6	黄金城	男	中建海峡建设发展有限公司	高工	机电一级建造师	机电安装
7	王　震	男	中建海峡建设发展有限公司	工程师	机电一级建造师	机电安装
8	王赛华	女	福建建工集团有限责任公司	教高	一级注册建造师	工程施工管理
9	陈圣洪	男	福建建工集团有限责任公司	高工	注册电气工程师 一级建造师	建筑机电工程安装 消防工程施工
10	张世全	男	福建建工有限责任公司	高工	一级注册建造师（机电）	建筑机电工程施工
11	林忠东	男	福建一建集团有限公司	高工	一级注册建造师	消防施工 电子与智能化施工 建筑机电施工
12	吕卫东	男	福建省第五建筑工程公司	高工	一级注册建造师	建筑机电施工
13	林新恭	男	福建省第五建筑工程公司	高工	二级注册建造师	建筑机电施工
14	杨仁光	男	福建六建集团有限公司	高工	否	建筑机电施工
15	林忠松	男	福建省二建建设集团有限公司	高工	否	建筑机电安装施工
16	林友芝	男	厦门新洋达工程技术有限公司	高工	否	建筑机电工程设计或施工
17	钟建太	男	中建海峡建设发展有限公司	高工	机电一级建造师	机电安装
18	黄戒元	男	福建泉州市消防安全工程有限责任公司	高工	临时一级建造师	消防
19	孙跃民	男	福建泉州市消防安全工程有限责任公司	高工	临时一级建造师	消防
20	马晋生	男	福建泉州市消防安全工程有限责任公司	高工	临时一级建造师	消防

续表

序号	专家姓名	性别	所在单位	职称	注册师种	从业主要领域
21	马晋龙	男	福建泉州市消防安全工程有限责任公司	高工	临时一级建造师	消防
22	柳德宝	男	福建省林业勘察设计院	教高	国家注册公用设备师、国家注册监理工程师	暖通空调、热能动力（消防）
23	吴　镝	男	福建省建筑科学研究院	教高	国家注册公用设备师	消防设计
24	张　昭	男	福建省安开消防工程公司	高工	一级注册建造师、注册消防工程师	消防工程
25	杨奇祥	男	茂荣集团股份有限公司	高工	一级机电注册建造师、一级注册消防工程师	消防施工
26	胡锦胜	男	福建乐欣工程发展有限公司	工程师	机电注册临时一级建造师	消防工程
27	郑立斌	男	福建乐欣工程发展有限公司		机电注册一级建造师	消防工程
28	褚子辉	男	福建乐欣工程发展有限公司	工程师	机电注册一级建造师	消防工程
29	蔡耀庭	男	福建泉州市消防安全工程有限责任公司	高工	一级机电工程建造师	消防
30	翁秀霞	女	万友消防工程集团有限公司	高工	机电注册临时一级建造师	消防工程安装
31	林卫东	男	福建省建筑设计研究院有限公司	教高	注册电气工程师	建筑电气与智能化设计
32	林能影	男	福建省建筑设计研究院有限公司	教高	注册电气工程师	消防设计、智能化设计、建筑机电工程设计
33	林洪钟	男	福建省建筑设计研究院有限公司	教高	注册电气工程师	建筑电气、智能化、消防设计
34	谢进国	男	福建省建筑设计研究院有限公司	教高	注册电气工程师	建筑电气
35	蔡永明	男	福建省建筑设计研究院有限公司	教高	注册电气工程师（供配电）	民用建筑电气，照明领域
36	陈汉民	男	福建省建筑设计研究院有限公司	教高	注册电气（供配电）	建筑电气；消防；电子和智能化
37	缪希仁	男	福州大学电气工程与自动化学院	教授	注册自动化工程师	建筑智能化
38	陈天铭	男	福州市规划设计研究院	教高	注册电气工程师（供配电）	建筑电气 建筑智能化
39	甘建峰	男	福州市建筑设计院	教高	注册电气工程师（供配电）	建筑电气设计（含智能化）
40	韩晓安	男	厦门合立道工程设计集团股份有限公司	教高	注册电气工程师	建筑智能化
41	洪友白	男	厦门合立道工程设计集团股份有限公司	教高	电气工程师	电气与智能化设计
42	杜勇	男	厦门合立道工程设计集团股份有限公司	教高	国家注册电气工程师	建筑机电、智能化、消防设计

（摘编：刘海元）

福建省预拌混凝土论证专家库专家名单

2018年8月1日福建省住房和城乡建设厅办公室下发《关于公布福建省预拌混凝土论证专家库专家名单的通知》（闽建办建函〔2018〕60号）提出，经各设区市建设局（建委）推荐，省厅确定黄文巧等53人入选福建省预拌混凝土论证专家库，现予以公布。根据《福建省预拌混凝土质量管理标准（2018年修订版）》（闽建建〔2018〕27号）规定，对大体积混凝土的地下室底板、桥梁承台，当掺和料掺量需要超过《福建省预拌混凝土质量管理标准（2018年修订版）》规定的掺量时，建设单位应组织专家论证，论证专家应从该专家库中抽取。

福建省预拌混凝土论证专家库专家名单（53人）

序号	姓名	性别	工作单位	业务工作年限（年）	专业	职称	设区市
1	黄文巧	男	福建省建筑科学研究院	37	建筑材料	教授级高工	福州市
2	何希铨	男	福建省建筑工程质量检测中心有限公司	33	建筑材料工程	教授级高工	
3	周　敏	男	福建省建筑工程质量检测中心有限公司	14	材料学	教授级高工	
4	彭宏敏	男	闽侯恒信混凝土有限公司	26	工业与民用建筑	高级工程师	
5	游前强	男	福建省建材（控股）有限责任公司	16	土木工程	高级工程师	
6	许尚春	男	福州宏昌混凝土有限公司	21	硅酸盐工程	高级工程师	
7	陈　明	男	华润混凝土（福清）有限公司	16	土木工程	高级工程师	
8	周维勋	男	长乐军航混凝土有限公司	22	工业与民用建筑	高级工程师	
9	林　敏	男	福州市建筑科学研究所	31	建筑材料及制品	高级工程师	
10	田忠政	男	福建省永正工程质量检测有限公司	33	道路桥梁工程	高级工程师	
11	林发明	男	福建博海工程技术有限公司	28	工程管理	高级工程师	
12	何世华	女	福建省建筑科学研究院厦门分院	30	分析化学	教授级高工	厦门市
13	翁德平	男	厦门市路桥建材有限公司	30	胶凝材料	高级工程师	
14	张小洪	男	厦门百城建材有限公司	32	建筑材料工程硅酸盐材料专业化	高级工程师	
15	邱宏科	男	中国建材检验认证集团厦门宏业有限公司	20	硅酸盐工程	高级工程师	
16	刘隆兴	男	中国建材检验认证集团厦门宏业有限公司	18	建筑材料工程	高级工程师	
17	李志勇	男	厦门华信混凝土工程开发有限公司	14	无机非金属材料工程	高级工程师	
18	纪淑卿	女	厦门翔义混凝土有限公司	24	硅酸盐工程玻璃	高级工程师	
19	潘忠祥	男	厦门合诚工程检测有限公司	34	胶凝材料及制品	高级工程师	
20	林金宗	男	福建上若工程技术有限公司	20	无机非金属材料	高级工程师	
21	林燕妮	女	健研检测集团有限公司	32	建筑工程	教授级高工	

续表

序号	姓名	性别	工作单位	业务工作年限（年）	专业	职称	设区市
22	兰扬华	男	健研检测集团有限公司	20	无机非金属材料	高级工程师	厦门市
23	林升庆	男	厦门美益集团有限公司	23	无机非金属材料	高级工程师	
24	叶仲春	男	厦门路桥翔通股份有限公司	24	无机非金属材料	高级工程师	
25	尤仲鹏	男	厦门智欣建材集团有限公司	31	混凝土材料及制品	高级工程师	
26	林锦兴	男	厦门三航混凝土有限公司	22	建筑材料与制品	高级工程师	
27	韩承臻	男	宁德市鑫亚商贸有限公司	33	土木工程	高级工程师	宁德市
28	陈兴国	男	福建省大永固建材有限公司	28	工业与民用建筑	高级工程师	
29	温晓海	男	泉州路桥翔通建材有限公司	19	材料科学与工程专业	高级工程师	泉州市
30	钟　民	男	泉州成泰混凝土发展有限公司	20	矿山建筑	高级工程师	
31	吴詹勇	男	中泰（福建）混凝土发展有限公司	20	生产管理	高级工程师	
32	周利江	男	泉州市建邦混凝土开发有限公司	33	建筑材料工程	高级工程师	
33	吴德立	男	龙海市旭诚建材有限公司	17	土木工程专业	高级工程师	泉州市
34	罗全洪	男	龙海翔通宝达建材有限公司	20	硅酸盐工程	高级工程师	
35	许永有	男	漳州市龙池混凝土工程有限公司	21	土木工程	高级工程师	
36	陈志友	男	漳州路桥翔通建材有限公司	22	采矿工程专业	高级工程师	
37	王向东	男	漳州路桥翔通建材有限公司	25	水泥工艺专业	高级工程师	
38	周　翔	男	福建省建筑工程质量检测中心有限公司漳州分公司	13	建筑工程专业	高级工程师	
39	陶新明	男	福建省建筑工程质量检测中心有限公司漳州分公司	11	建筑材料学	高级工程师	
40	吴　萍	女	福建融诚检测技术股份有限公司	19	工程造价专业	高级工程师	
41	黄德棋	男	福建省建筑科学研究院	18	岩土工程专业	高级工程师	龙岩市
42	罗　列	男	福建省建筑科学研究院	13	道路与桥梁专业	高级工程师	
43	林鑫华	男	福建省龙岩建友混凝土有限公司	20	土木工程专业	高级工程师	
44	范孟岭	男	龙岩市景棋混凝土有限公司	23	建材与制品专业	高级工程师	
45	王钰城	男	龙岩市华麟混凝土有限公司	21	硅酸盐（水泥）工程	高级工程师	
46	郑　伟	男	福建省磐石混凝土工程有限公司	21	工业与民用建筑	高级工程师	三明市
47	张　梁	男	宁化县客家混凝土有限公司	13	工程管理	高级工程师	
48	陈益平	女	三明市建诚建设工程检测有限公司	15	土木工程	高级工程师	
49	林　芬	女	三明市建诚建设工程检测有限公司	30	工民建	高级工程师	
50	陈　锋	男	福建省建筑工程质量检测中心有限公司平潭分公司	19	土木工程	高级工程师	平潭综合实验区
51	宋小川	女	福建中荣混凝土有限公司	20	化工工程	高级工程师	
52	杨　枫	男	福建工大建设工程检测有限公司	20	工业与民用建筑	教授级高工	
53	田建平	男	福建工大建设工程检测有限公司	23	土木工程	高级工程师	

（摘编：肖启辉）

第四批福建省工程勘察设计大师名单

福建省住房和城乡建设厅于2018年7月23日下发《关于公布第四批福建省工程勘察设计大师名单的通知》提出，省勘察设计协会根据《福建省工程勘察设计大师评选办法》，评出了林琛等10名“福建省工程勘察设计大师”。为发挥大师的带头示范作用，营造比学赶超的氛围，推动我省设计水平提升，应省勘察设计协会要求，现将名单予以公布。

第四批福建省工程勘察设计大师名单

序号	姓名	性别	单　　位	专　业
1	林　琛	女	福建省交通规划设计院	勘察
2	林金洪	男	福建华东岩土工程有限公司	勘察
3	程宏伟	男	福建省建筑设计研究院有限公司	给排水
4	高学珑	男	福州市规划设计研究院	给排水
5	吴树延	男	福建省水利水电勘测设计研究院	水工建筑
6	何光同	男	福建省水利水电勘测设计研究院	水工建筑
7	胡崇武	男	厦门中平公路勘察设计院有限公司	路桥工程
8	卓郑炜	男	中国电建集团福建省电力勘测设计院有限公司	电厂热能动力
9	郭筱莹	女	福建省建筑设计研究院有限公司	暖通空调
10	林洪钟	男	福建省建筑设计研究院有限公司	建筑电气

（摘编：吴汉良）

福建省船舶系列高级专业技术职务任职资格名单

福建省人力资源和社会保障厅于2018年1月22日《关于批准确认宋国华等4位同志海洋船舶系列高级专业技术职务任职资格的通知》（闽人社批复〔2018〕28号）提出，根据交通运输部办公厅《关于公布全国海洋船舶系列高级专业技术职务任职资格2017年度评审结果的通知》（交办人教〔2017〕204号），现将由全国海洋船舶系列高级专业技术职务任职资格评审委员会评审通过的宋国华等4位同志船舶系列高级专业技术职务任职资格予以公布，任职资格确认时间2018年1月22日。

宋国华等4位同志船舶系列高级专业技术职务任职资格名单

一、高级船长（1人）

厦门海隆对外劳务合作有限公司：宋国华

二、高级轮机长（1人）

厦门海洋职业技术学院：付乾坤

三、高级引航员（2人）

厦门港引航站：李明、高晓东

（摘编：王增丰）

福建省高级经济师职务任职资格人员名单

一、邵李津等13位同志高级经济师职务任职资格考核通过人员名单

福建省人力资源和社会保障厅于2018年2月2日《关于批准确认邵李津等13位同志高级经济师职务任职资格的通知》（闽人社批复〔2018〕67号）提出，经研究，同意确认由省非公有制企业高级专业技术职务考核委员会考核并审议通过的邵李津等13位同志高级经济师职务任职资格。任职资格确认时间为2018年2月2日，请予公布。

邵李津等13位同志高级经济师职务任职资格考核通过人员名单

（一）福州市（3人）：

邵李津、林清、严锦华

（二）漳州市（1人）：邓春艳

（三）泉州市（6人）：

吴炳全、伍月琴、张会琴、高鹏、蔡荣法、刘大海

（四）南平市（2人）：

江银强、王潭

（五）所属商协会（1人）：陈爱清

二、陈兆勋等200位高级经济师职务任职资格人员名单

2018年9月10日福建省人力资源和社会保障厅下发《关于批准确认陈兆勋等200位同志高级经济师职务任职资格的通知》（闽人社批复〔2018〕311号）提出，经研究，批准确认由省经济专业高级职务任职资格评委会评审通过的陈兆勋等200位同志高级经济师职务任职资格。任职资格确认时间为2018年9月10日，请予公布。

陈兆勋等200位高级经济师职务任职资格人员名单

（一）福建省经济和信息化委员会

福建省机械科学研究院：陈兆勋

福建省电子产品监督检验所：冷萍

（二）福建省发展和改革委员会

福建省经济信息中心：丁海燕

（三）福建省卫生和计划生育委员会

福建省立医院：王秋蓉

福建省老年医院：陈旭

福建省肿瘤医院：谢枫

福建省疾病预防控制中心：费芳

（四）福建省科技厅

福建省高新技术创业服务中心：刘旭

（五）福建省人力资源和社会保障厅

福建省职业技能鉴定指导中心：陈梅

（六）福建省交通运输厅

福建省交通规划设计院：肖月霞

（七）福建省林业厅

福州植物园：李秀

（八）福建省水利厅

福建省水利水电勘测设计研究院：陈新龙

福建省水利投资开发集团有限公司：林啸

（九）福建省质量技术监督局

福建省计量科学研究院：杨晓兰

福建省产品质量检验研究院：罗春英

（十）福建省体育局

福建体育职业技术学院：翁巧红

（十一）福建省地质矿产勘查开发局

福建省闽西地质大队：钟添春

福建省第二地质勘探大队：林漳宝

福建省地质测绘院：章雅芳

（十二）福建省煤田地质局

福建省196地质大队：黄美蓉

（十三）福建省投资开发集团有限责任公司

福建省投资开发集团有限责任公司：尹荣梁、段静静

福建省华兴集团有限责任公司：林祖希

（十四）福建省能源集团有限责任公司

福建省福能集团总医院：杨小春

福建水泥股份有限公司：王振兴

福建省城乡综合开发投资有限责任公司：阙福和

福建省鸿山热电有限责任公司：陈上燕

福建晋江天然气发电有限公司：张清明

福建省天湖山能源实业有限公司：刘雪梅

（十五）福建省冶金（控股）有限责任公司

福建省三钢（集团）有限责任公司：余朝明

福建三钢闽光股份有限公司：张桢炜、郭凌欢

福建省南平铝业股份有限公司：游艳芳、林联聪

（十六）福建省交通运输集团有限责任公司

福建省海运集团有限责任公司：施怡燕

（十七）福建省电子信息（集团）有限责任公司

福建省电子信息（集团）有限责任公司：钟军

福建星网锐捷通讯股份有限公司：黄苏

福建省电子信息应用技术研究院有限公司：陈伟新

（十八）福建建工集团有限责任公司

福建建工集团有限责任公司：林豆豆、何琼、陈亚莉

福建七建集团有限公司：陈艺玲

中国武夷实业股份有限公司：陈扬龙

福建省建科工程技术有限公司：林晓珩、张飏

（十九）福建省高速公路有限责任公司

福建省高速公路经营开发有限公司：陈宽睿

福建发展高速公路股份有限公司泉厦分公司：林华娟

福建省高速公路有限责任公司漳州管理分公司：王志雄

（二十）福建省广播影视集团

福建省广播影视集团：林涓

（二十一）福建日报报业集团

福建日报社：周昕

（二十二）福建省招标采购集团有限公司

福建省招标采购集团有限公司：王维斌

（二十三）兴业银行股份有限公司

兴业银行股份有限公司：郭梅亮

（二十四）福建省农村信用社联合社

福建省农村信用社联合社：郭士林、苏宝华、肖俊忠

福建长乐农村商业银行股份有限公司：陈熙

泉州农村商业银行股份有限公司：钟远绍

福建南安农村商业银行股份有限公司：梁福坚

福建漳平农村商业银行股份有限公司：蓝宗文

建宁县农村信用合作联社：黄水波

（二十五）福建医科大学

福建医科大学附属协和医院：郑强

（二十六）中国海峡人才市场

兴业证券股份有限公司：孙国雄、魏东晞

中国中投证券有限责任公司：吴永新

中国检验认证集团福建有限公司：陈宁劼

福州市一建建设股份有限公司：陈琼

福建日报社：王萌

厦门亿力吉奥信息科技有限公司：蓝丽娟

平潭综合实验区交通投资集团有限公司：黄贵文

（二十七）中国移动通信集团福建有限公司

中国移动通信集团福建有限公司：刘杰

（二十八）中国电信股份有限公司福建分公司

中国电信股份有限公司福建分公司：韩圣竹

中国电信股份有限公司宁德分公司：叶永强

福建省邮电规划设计院有限公司：潘芳芳、谢日莺、张宏锦

（二十九）厦门市

厦门市信息中心：王进道

（三十）漳州市

福建龙溪轴承（集团）股份有限公司：范二金、游春兰

漳州职业技术学院：康溪顺

漳州蓝田经济开发区朝阳园区管理中心：蔡旭海

福建省平和国强国有林场：郑清凤

华安县林业局仙都林业管理站：黄少卿

漳州市芗城区芝山镇农村经济服务中心：兰

少泉

漳州市房产交易中心：蔡苏赟、谢登峰

南靖县招商引资办公室：陈淑娟

福建漳州城投集团有限公司：刘春鹁

漳州市中小企业发展服务中心：柯建阳

南靖县机关事业单位社会保险管理中心：魏木荣

丝耐洁（福建）口腔健康科技有限公司：林瑛

南靖县人事人才公共服务中心：林华妹

漳州市机关事业单位社会保险中心：方敏津

漳州市住房公积金管理中心：林金顺

漳州市建设执业资格注册管理中心：林淑惠

（三十一）泉州市

泉州晚报社：董欣育、雷静、洪金铍

鲤城区企业服务中心：廖伟成

泉州市泉港区经信综合行政执法大队：柯江琴

南安市丰州镇农业服务中心：肖清水

南安市诗山镇农业服务中心：叶尧春

泉州市不动产登记中心：刘逸云、何琪

泉州台商投资区重点项目服务中心：荣跃

泉州市装饰装修工程质量监督站：刘铸

泉州市洛秀开发建设有限公司：杨炎坤

南安市医院：李洪兵

泉州市教育资源配置中心：徐淑美

泉州市公路局晋江分局：柳剑飞

泉州市城建国有资产投资有限公司：王振伟

泉州台商投资区水务投资经营有限公司：林明成

泉州市就业和人才人事公共服务中心：曾爱兰

泉州市泉港区石化产业管理服务中心：张智婷

鲤城区就业和人才人事公共服务中心：曾小燕

南安市博士后科研工作站管理中心：傅博

福建省南安五台山国有林场：潘文娥

永春县水土保持试验站：李小燕

泉州市德化县人力资源服务中心：郑志新

南安市就业和人才人事公共服务中心：王春玲

泉州德诚资产评估有限责任公司：高才清

德化县价格认定局：陈明玲

（三十二）三明市

三明市公路局：廖才林、翁海琼

大田石牌超限运输检测站：涂双锋

大田县重点项目建设管理办公室：池青梅

尤溪县节能监察（监测）中心：陈国花

福建尤溪经济开发区综合服务中心：张世荣

尤溪县林业行政执法大队；刘万震

尤溪县林业局八字桥林业站：傅树塔

尤溪县林业局洋中林业站：黄玉、洪英

永安市测绘管理站：上官明宗

尤溪县重点项目建设办公室：郭宜灯

福建尤溪经济开发区综合服务中心：陈孝成

尤溪县林业规划队：郭志敏

尤溪县水电工程管理站：谢有书

尤溪县测绘管理站：朱村

建宁县退休干部活动中心：周艳萍

大田县机关事业社会保险管理中心：陈志清

大田县奇韬林业工作站：陈联度

明溪县电视转播台：范玉生

尤溪县社会管理综合治理服务中心：林青

尤溪县城乡居民社会养老保险管理中心：林直文

尤溪县职工维权服务中心：陈天湖

尤溪县乡镇审计办事处：陈秀梅

尤溪县生产力促进中心：张登权

尤溪县人民政府国有资产管理委员会办公室：杨光勇

尤溪县西城镇农业服务中心：陈少宇

（三十三）莆田市

莆田市城厢区信息中心：陈俊莺

莆田市不动产登记中心：陈琳

莆田市国土资源局涵江分局：方永辉

莆田市房地产管理中心城厢分中心：林启元

莆田产业技术研究院：郭荔清

莆田市城厢区劳动就业中心：郑靖

莆田市城厢区东海镇劳动保障事务所：朱清厚

莆田市荔城区黄石镇人民政府：郑志雄

莆田市旅游质量监督管理所：林荔珊

莆田市涵江区国有资产营运中心：何志华

（三十四）南平市

南平实业集团有限公司：王静

武夷山风景名胜区管理委员会综合服务中心：黄培兴

浦城县公共资源交易中心：梁芬

浦城县废旧物资回收公司：张毅忠

南平市延平区重点项目建设领导小组办公室：兰帝文

福建省南平市公路局建阳分局：郑袁富

顺昌县国土资源与测绘地理信息中心：兰才兴

浦城县河滨街道村镇规划建设服务中心：郭家妹

建瓯市徐墩镇政府村镇规划建设服务中心：叶蒎

武夷山市二轻工业总会：张祖荣

邵武市人民医院：肖鹿君

邵武市社会劳动保险管理中心：黄珊

政和县人力资源公共服务中心：陈雯

南平市住房公积金管理中心：蔡其昌、章瑜

南平市武夷新区科技创意产业园服务中心：林九生

（三十五）龙岩市

龙岩市人事考试中心：张磊

福建省龙岩市地质灾害防治中心：邱媛

龙岩市原中央苏区政策研究对接办公室：刘翩翩

福建安澜水利水电勘察设计院有限公司：林敏

紫金矿业集团股份有限公司：范大游

连城县农业综合开发办公室：罗永东

龙岩市新罗区政府投资项目评审中心：陈笑霞

福建龙净环保股份有限公司：肖向荣

龙岩市第一医院：康乐汀

福建厦门龙岩山海协作经济区行政服务中心：章丽清

龙岩市汇元发展有限公司：陈明盛

武平县财政投资评审中心：兰卫群

龙岩市住房公积金管理中心：吴兴琼

上杭县财政国库支付中心：温福来

（三十六）宁德市

宁德市公共资源交易中心：丁筱频

宁德市公路局：刘晓燕

宁德市医院：程丽丽

宁德市蕉城区行政服务中心：丁瑞珍

霞浦县渔业经营管理站：范建平

古田县劳动就业管理中心：池万荣

寿宁县人事人才公共服务中心：许兴隆

宁德技师学院（宁德市闽东高级技工学校）：龚明夏

宁德市蕉城区财政局计算机信息中心：林晨

福鼎市基本建设工程预决算审核中心：林涛

屏南县古峰镇企业服务中心：杨华梅

周宁县林业基金管理站：杨幼玉

（摘编：严志东）

福建省高级审计师职务任职资格人员名单

福建省人力资源和社会保障厅于2018年1月24日《关于批准确认陈晨等5位同志高级审计师职务任职资格的通知》（闽人社批复〔2018〕46号）提出，经研究，批准确认由省审计专业高级职务任职资格评委会评审通过的陈晨等5位同志高级审计师职务任职资格。任职资格确认时间为2018年1月24日，请予公布。

陈晨等5位高级审计师职务任职资格人员名单

福建师范大学（1人）：陈晨

国网福建省电力有限公司（1人）：吴文明

厦门市（1人）：戴材梁

泉州市（1人）：许志猛

龙岩市（1人）：黄志萍

（摘编：严志东）

福建省高级统计师职务任职资格人员名单

2018年11月15日福建省人力资源和社会保障厅下发《关于批准确认林辉玲等4位同志高级统计师职务任职资格的通知》（闽人社批复〔2018〕384号）提出，经研究，批准确认由省第二十一届高级统计师任职资格评审委员会评审通过的林辉玲等4位同志高级统计师职务任职资格。任职资格确认时间为2018年11月15日，请予公布。

林辉玲等4位高级统计师职务任职资格人员名单

一、漳州市

长泰县政府投资审计中心：林映惠

二、泉州市

晋江市统计计算中心：林辉玲

三、三明市

永安市普查中心：代丽锦

四、龙岩市

连城县能源监测统计中心：刘文彬

（摘编：赵小真）

福建省高级专业技术资格人员名单

2018年6月28日福建省人力资源和社会保障厅《关于批准确认黄世霖等57位同志高级专业技术资格的通知》（闽人社批复［2018］203号）提出，经研究，批准确认由福建省第一届特殊人才高级职称认定（评审）委员会认定（评审）通过的黄世霖等57位同志高级专业技术资格，资格确认时间为2018年6月28日。

黄世霖等57位同志高级专业技术资格人员名单

一、享受教授、研究员待遇高级工程师

（一）福州市

丁万年　锐达互动科技股份有限公司

陈　兵　福州鑫图光电有限公司

陈明志　福建北卡科技有限公司

吴孝彬　福建奥通迈胜电力科技有限公司

陈庆堂　福建天马科技集团股份有限公司

康心汕　福建海西新药创制有限公司

胡　堃　华瑞（福建）生物科技有限公司

（二）厦门市

滕　达　厦门市美亚柏科信息股份有限公司

吴世雄　厦门市美亚柏科信息股份有限公司

杨晓峰　厦门三五互联科技股份有限公司

王建钦　厦门科塔电子有限公司

郑　政　智恒（厦门）微电子有限公司

傅建辉　金桥网络通信有限公司

林桂江　厦门新页科技有限公司

ZHAO JIANHUI（赵建辉）　瀚天天成电子科技（厦门）有限公司

冯淦瀚　天天成电子科技（厦门）有限公司

朱　槿　厦门优莱柏网络科技有限公司

黄　剑　赛凡信息科技（厦门）有限公司

陈思恩　科技谷（厦门）信息技术有限公司

潘小和　矽照光电（厦门）有限公司

叶　英　力品药业（厦门）有限公司

陈桂勇　厦门中生朗捷生物技术有限公司

陈　怡　厦门天和至医疗器械有限公司

朱海健　力赛生物医药科技（厦门）有限公司

陈敬龙　厦门微科格瑞生物科技有限公司

钟喜生　爱芯环保科技（厦门）股份有限公司

董　虎　数岩科技（厦门）股份有限公司

董绍胜　厦门加岩高分子材料有限公司

（三）泉州市

李　俊　福建省德腾智能科技有限公司

王树林　福建钧石能源有限公司

聂泳忠　西人马（厦门）科技有限公司

王华南　晋江凯燕新材料科技有限公司

许清池　泉州市陶源环保科技有限公司

胡　波　伟志股份公司

许　志　福建新峰二维材料科技有限公司

陈锦辉　福建海创医药科技有限公司

（四）莆田市

林秋云　莆田市海源实业有限公司

（五）南平市

伊良熺　福建南平南孚电池有限公司

（六）龙岩市

白云龙　福建龙马环卫装备股份有限公司

何红勤　龙岩希科厨房设备成套有限公司

（七）宁德市

林永寿　宁德时代新能源科技股份有限公司

王小建　宁德时代新能源科技股份有限公司

朱凌波　宁德时代新能源科技股份有限公司

冯　铸　宁德新能源科技股份有限公司

（八）福州大学

严　群　福州大学

（九）中国中化集团公司

张　强　中化泉州石化有限公司

二、享受教授、研究员待遇高级农艺师

（一）漳州市

林志平　漳州市英格尔农业科技有限公司

（二）泉州市

吴超峰　晋江市天泽农业开发有限公司

三、高级工程师

（一）厦门市

WANG YONG（王 勇）　厦门市美亚柏科信息股份有限公司

（二）泉州市

蔡金鑫　福建盼盼食品有限公司

四、高级经济师

（一）福州市

蒋　维　福建瑞达精工股份有限公司

（二）厦门市

张　涛　厦门硅谷火炬投资管理合伙企业（有限合伙）

庄辉阳　厦门唯科模塑科技有限公司

（三）三明市

张有祥　东南新材料股份有限公司

（四）宁德市

黄世霖　宁德时代新能源科技股份有限公司

五、高级工艺美术师

（一）厦门市

黄硕文（端木文）　国之服（厦门）福州设计有限公司

（二）泉州市

陈荣浩　泉州市荣兴丝绸材料研究院有限公司

（摘编：于新光）

福建省高级工艺美术师任职资格人员名单

福建省人力资源和社会保障厅于2018年2月2日下发《关于批准确认张旭明等32位同志高级工艺美术师职务任职资格的通知》（闽人社批复〔2018〕71号）提出，经研究，同意确认由省非公有制企业高级专业技术职务考核委员会考核并审议通过的的张旭明等32位同志高级工艺美术师职务任职资格。任职资格确认时间为2018年2月2日，请予公布。

张旭明等32位同志高级工艺美术师职务任职资格考核通过人员名单

一、泉州市（29人）

张旭明、谢锦阳、郑明忠、程力钦、王国权、陈梗生、郑金星、张遵山、吴学文、陈建阳、林星育、庄晓阳、陈武聪、林东兴、林东星、苏义友、苏建堆、徐桂梅、柯上通、陈文德、王韩英、曾兴枝、叶云凤、周德健、蔡国海、孙敏强、朱芳芳、叶永祯、毛录贵

二、莆田市（2人）

黄福忠、黄福镇

三、南平市（1人）

栗云

（摘编：林开龙）

福建省技校系列副高级职务任职资格名单

福建省人力资源和社会保障厅于2018年1月5日《关于批准确认戴扬财等36人技校系列副高级职务任职资格的通知》（闽人社批复〔2018〕2号）提出，经研究，批准确认2016年度福建省技工院校高级专业技术职务任职资格评审委员会评审通过的戴扬财等36人技校系列副高级职务任职资格。任职资格确认时间为2018年1月5日。

戴扬财等36人技校系列副高级职务任职资格名单

一、高级讲师（30人）

（一）省人社厅：戴扬财、吴美兰、林萍、郑晓燕、胡韵琴、陈宇、董影、黄素兰

（二）福州市：郑银华、陈宇、郭凤玲、陈真、张敏、陈行、叶仙儒

（三）厦门市：冯红果、洪丽颖

（四）宁德市：林莉、阮芬芳、黄志琛

（五）泉州市：赵火文、郑丽香、林明江、肖雪鑫、黄志元

（六）龙岩市：刘沪珍、温丽琴、饶文良、季明红

（七）三明市：陈燕巧

二、高级实习指导教师（6人）

（一）福州市：张榕宾

（二）宁德市：唐卫兵

（三）厦门市：吕明霞、朱建风、叶军令

（四）龙岩市：郭志翀

（摘编：陈建闽）

福建省第一批外贸导师名单

2018 年 9 月 20 日福建省商务厅下发《关于公布第一批外贸导师名单的通知》（闽商务外贸〔2018〕29 号）提出，为贯彻落实《福建省增强外贸发展后劲实施方案》（闽商务外贸〔2018〕8 号）精神，高效实施我省“助力万企成长”外贸辅导工作，壮大我省外贸主体队伍，增强企业国际竞争力，经推荐审核，决定聘任郭学军等 52 人为第一批外贸政策导师，李铃静等 20 人为第一批外贸实务导师，名单现予以公布。

第一批外贸政策导师名单

1. 郭学军　国家外汇管理局福建省分局
2. 杨雄富　福建省税务局
3. 吴银霞　海关总署福州原产地管理办公室
4. 郑玉萍　福州海关
5. 余建铭　福州海关
6. 许心凌　福州海关（原福建检验检疫局）
7. 黄　斌　福州海关（原福建检验检疫局）
8. 林勇湫　福州海关（原福建检验检疫局）
9. 郑　劲　福州海关
10. 黄家东　福州海关
11. 林继亮　福州海关
12. 谢炜炜　福州海关（原福州检验检疫局）
13. 高　戈　海关总署福州原产地管理办公室
14. 黄金临　海关总署福州原产地管理办公室
15. 刘方浩　福州海关
16. 陈文苗　福州海关
17. 林川力　福州海关
18. 黄超辉　福州海关（原福州检验检疫局）
19. 黄海龙　福州海关（原福州检验检疫局）
20. 林　峰　福州海关（原福州检验检疫局）
21. 李巧苹　福州海关（原福州检验检疫局）
22. 陈嘉晓　福州海关
23. 李　娜　福州海关
24. 傅晓桦　福州海关（原福州检验检疫局）
25. 陈晓燕　福州海关（原福州检验检疫局）
26. 张总泽　福州海关（原福州检验检疫局）
27. 张海滨　厦门海关
28. 骆志攀　厦门海关
29. 李学能　厦门海关
30. 王蕤宇　厦门海关
31. 方志远　厦门海关
32. 范　磊　厦门海关
33. 邵薇薇　厦门海关
34. 黄如建　厦门海关
35. 方　雄　厦门海关
36. 陈宜荣　厦门海关
37. 黄　伟　厦门海关
38. 王静莉　厦门海关
39. 姜　玲　厦门海关
40. 杨　涛　厦门海关
41. 张文安　厦门海关（原泉州检验检疫局）
42. 肖　丹　厦门海关（原泉州检验检疫局）
43. 刘李雄　厦门海关（原泉州检验检疫局）
44. 余金鸿　厦门海关（原龙岩检验检疫局）
45. 林水山　中国出口信用保险公司福建分公司
46. 高　瑜　中国出口信用保险公司福建分公司
47. 陈莹莹　中国出口信用保险公司福建分公司
48. 石　磊　中国出口信用保险公司福建分公司
49. 程其其　中国出口信用保险公司福建分公司泉州办事处

50. 詹海辉　中国出口信用保险公司福建分公司漳州办事处

51. 李　清　中国人民财产保险股份有限公司福建省分公司

52. 戴丽明　中国人民财产保险股份有限公司福建省分公司

第一批外贸实务导师名单

1. 李铃静　中国武夷实业股份有限公司
2. 莫　烨　厦门国贸集团股份有限公司
3. 姜　嵘　厦门嘉晟集团
4. 蔡　航　厦门金龙联合汽车工业有限公司
5. 陈　芸　厦门金龙联合汽车工业有限公司
6. 卢慧华　厦门金龙联合汽车工业有限公司
7. 李　辉　厦门金龙联合汽车工业有限公司
8. 汤明华　漳州市华际贸易有限公司
9. 林巧玲　立兴集团有限公司
10. 简集石　诺尔起重设备（中国）有限公司
11. 庞艳红　福建泉州顺美集团有限责任公司
12. 吴太育　福建泉州中太进出口有限公司
13. 周　娟　东南（福建）汽车工业有限公司
14. 陈仕天　梅花（晋江）伞业有限公司
15. 欧阳军　德艺文化创意集团股份有限公司
16. 王　斌　德艺文化创意集团股份有限公司
17. 蓝振清　福建省漳州市对外贸易有限责任公司
18. 李　翼　福建省旅贸实业有限公司
19. 姜　昱　中国银行福建省分行
20. 张王宏　台湾超捷国际物流股份有限公司

（摘编：李兵）

第三批福建省技能大师名单

2018年3月30日福建省人力资源和社会保障厅下发《关于公布第三批福建省技能大师名单的通知》（闽人社文〔2018〕81号）提出，根据《中共福建省委人才工作领导小组关于公布福建省第三批福建省优秀人才“百人计划”人选的通知》（闽委人才〔2018〕3号），孙梓清等30位优秀高技能人才入选第三批省技能大师，名单公布如下：

一、福州市（3人）

孙梓清　东南（福建）汽车工业有限公司

张榕宾　福州第一技师学院

余春洲　福建省首邑木雕有限公司

二、厦门市（3人）

刘金宾　厦门厦顺铝箔有限公司

吴荣锋　厦门厦工机械股份有限公司

郭朝阳　厦门集装箱码头集团有限公司

三、漳州市（2人）

吴海鹰　龙海市海鹰美容美发有限公司

欧阳艳君　漳浦县欧阳艳君剪纸工作室

四、泉州市（1人）

周爱民　安溪茶叶协会

五、莆田市（1人）

何金华　仙游县度尾锦尚华精品工艺厂

六、南平市（3人）

刘安兴　武夷山香江茶业有限公司

林　荣　福建省南平铝业股份有限公司

胡敬辉　福建南平太阳电缆股份有限公司

七、龙岩市（1人）

丘友青　龙岩技师学院

八、宁德市（2人）

林有希　福建省天湖茶业有限公司

林陵祥　福建盈盛号金银饰品有限公司

九、平潭（1人）

郑祥增　平潭县交通运输管理所

十、省属（央属）单位（13人）

叶宗贤　福建闽东电机股份有限公司

叶凌飞　福建省三钢（集团）有限责任公司

冯福彬　福建兵工装备有限公司

李　彬　福州港台江港务公司

李伟才　福建省福橡化工有限责任公司

吴飞龙　国网福建省电力有限公司福州供电公司

余清龙　福建省马尾造船股份有限公司

陈　舒　中国电信股份有限公司福建直属运营分公司

陈文学　福建东南造船有限公司

陈庆国　南昌铁路局福州车辆段

钟强光　福建海峡科化股份有限公司龙岩分公司

黄　亮　国网福建省电力有限公司厦门供电公司

程堂华　厦门虹鹭钨钼工业有限公司

（摘编：郑新贵）

2018 年福建省烹饪职业技能竞赛总成绩前十名选手名单

2018 年 11 月 1 日福建省商务厅、福建省人力资源和社会保障厅、福建省总工会《关于 2018 年福建省烹饪职业技能竞赛成绩的通报》（闽商务服务业〔2018〕29 号）提出，按照《关于举办 2018 年福建省烹饪职业技能竞赛的通知》（闽商务服务业〔2018〕21 号）精神，2018 年 9 月 26—27 日，福建省商务厅联合福建省人力资源和社会保障厅、总工会在福州连江成功举办 2018 年福建省烹饪职业技能竞赛总决赛。现对中式烹调师、中式面点师 2 个职业竞赛总成绩前十名的选手名单予以通报。

2018 年福建省烹饪职业技能竞赛总成绩前十名选手名单

一、中式烹调师前十名选手名单

第一名　杜逢胜　泉州惠安县达利世纪酒店

第二名　邱道良　龙岩长汀县冠良大酒店

第三名　林　雄　漳州东山县春秋本味酒楼

第四名　周观荣　福建崇三楼酒店管理有限公司

第五名　林志强　福州美伦大饭店

第六名　胡享福　福州国惠大酒楼（五里亭店）

第七名　陈子健　荣誉酒店集团

第八名　赵文忠　福建鲤鱼洲酒店

第九名　陈　强　泉州晋江市晋兴职业中专学校

第十名　林选南　宁德柘荣县金都大酒楼

二、中式面点师前十名选手名单

第一名　杨丽红　福州黎明职业技术学院

第二名　张建华　福州悦华酒店

第三名　郑　洁　福州黎明职业技术学院

第四名　李丽娜　泉州南安红星职业中专学校

第五名　叶配伶　福州北海饭店

第六名　花泽鑫　泉州南安红星职业中专学校

第七名　庄小瑚　泉州南安红星职业中专学校

第八名　胡丛河　东部战区陆军机关食堂

第九名　张雨彤　福州黎明职业技术学院

第十名　陈　滢　福州北海饭店

（摘编：朱明清）

2018年福建省家政服务业职业技能竞赛总成绩前十名选手名单

2018年11月1日福建省商务厅、福建省人力资源和社会保障厅、福建省总工会、福建省妇联下发《关于2018年福建省家政服务业职业技能竞赛成绩的通报》（闽商务服务业〔2018〕28号）提出，按照《福建省商务厅　福建省人力资源和社会保障厅　福建省总工会　福建省妇联关于举办2018年福建省家政服务业职业技能竞赛的通知》（闽商务服务业〔2018〕22号）精神，2018年10月14—16日，福建省商务厅联合省人社厅、总工会和妇联在福州成功举办2018年福建省家政服务业职业技能竞赛总决赛。现对育婴员和家政员2个职业竞赛成绩前十名的选手名单予以通报。

2018年福建省家政服务业职业技能竞赛总成绩前十名选手名单

一、育婴员成绩前十名选手名单

第一名　林丹丹　厦门家乐红家政服务有限公司

第二名　林艺玲　漳州市群力劳务服务有限公司

第三名　李雪琴　龙岩心连心家政服务有限公司

第四名　杨　杰　厦门家乐红家政服务有限公司

第五名　刘树文　福建巾帼家政服务有限公司

第六名　刘灵芝　福州中青家政服务有限公司平潭分公司

第七名　张凌燕　福州市艾护有家家政服务有限公司

第八名　陶超男　漳州市群力劳务服务有限公司

第九名　王春红　厦门孕育年华家政服务有限公司

第十名　蒋建霞　福州市艾护有家家政服务有限公司

二、家政服务员成绩前十名选手名单

第一名　李晓云　泉州黄丽家政服务有限公司

第二名　向玉华　泉州乐乐家政服务有限公司

第三名　崔桃桃　厦门小羽佳家政股份有限公司

第四名　张　允　厦门拼扫保洁服务有限公司

第五名　赖高凯　龙岩市隆博家政服务有限公司

第六名　甘守荣厦门阿布屋家政服务有限公司

第七名　何金莲　南平市建阳区佳源家政服务有限公司

第八名　郑小华　宁德市树人家政服务有限公司

第九名　刘　娟　福建省家政服务有限公司

第十名　张贵玉　福州市家兴家政服务有限公司

（摘编：赵小真）

第七篇 区域概况

2018年福州市发展概况

党的十八大以来，福州市委、市政府以习近平同志为核心的党中央提出的新发展理念为引领，以供给侧结构性改革为主线，全力打好“三大攻坚战”，扎实推进“项目年”“招商年”“三产年”行动，全面展开“数字福州”“海上福州”“平台福州”建设，加快推进经济结构战略性调整和经济转型升级，全市经济逐步迈入高质量发展新阶段，经济综合实力明显增强，产业结构持续优化升级，区域协调发展呈现新格局。2018年，福州市实现地区生产总值7856.81亿元，比上年增长8.6%，高出全省平均水平0.3个百分点，居全省九地市第3位，次于泉州（8.9%）、漳州（8.7%）。其中，第一产业实现增加值494.66亿元，增长4.3%，占地区生产总值的比重为6.3%，拉动全市地区生产总值增长0.3个百分点；第二产业实现增加值3204.90亿元，增长8.4%，占地区生产总值的比重为40.8%，拉动全市地区生产总值增长3.6个百分点；第三产业实现增加值4157.26亿元，增长9.2%，占地区生产总值的比重为52.9%，拉动全市地区生产总值增长4.7个百分点。

农　业

2018年，福州市加快转变农业发展方式，推动农业供给侧结构性改革，加大强农惠农富农力度，农业农村经济整体呈现平稳健康发展态势。全年全市实现农林牧渔业总产值876.59亿元，比上年增长4.3%，总量持续位居全省九地市之首，增幅高出全省平均水平1.8个百分点，居全省九地市第2位。其中，农业产值270.08亿元，增长4.4%；林业产值30.40亿元，增长7.8%；渔业产值484.86亿元，增长5.1%；农林牧渔服务业产值28.52亿元，增长5.9%；牧业产值62.84亿元，下降1.4%。全年农业生产呈现以下特点：

一、农业生产喜获丰收

一是粮食生产稳定。全年粮食播种面积125.00万亩，比上年增长1.0%，粮食产量45.94万吨，增长2.7%。二是蔬菜生产增势强劲。全年蔬菜种植面积192.26万亩，比上年增长5.0%，产量370.66万吨，增长5.4%。三是食用菌产业积极推广“公司+农户”“公司+合作社+农户”“合作社+农户”股份合作等形式，逐步建立食用菌产业园带动区域农业发展，食用菌产量持续保持较快增长。全年食用菌产量22.37万吨，比上年增长7.5%。四是茶叶、水果产量增速高于全省平均水平。全年茶叶产量4.03万吨，比上年增长7.0%，水果产量77.54万吨，增长8.3%。

二、畜牧生产有序推进

2018年，全市畜牧业生产布局继续优化，畜禽养殖污染得到整治，有效控制了生猪和家禽生产，大力发展草食动物促进畜牧业生产优质发展。全市畜牧业生产量减质升，淘汰落后产能，规模化程度不断提高，生产向区域化、集约化、规范化方向发展。全年肉蛋奶总产量30.18万吨，比上年下降15.1%。肉类总产量18.18万吨，下降5.9%。其中，猪肉产量13.94万吨，下降3.2%；禽肉产量3.15万吨，下降17.1%；牛肉产量0.31万吨，增长6.0%；羊肉产量0.56万吨，下降6.3%。牛奶产量0.67万吨，增长19.5%。

三、水产品产量较快增长

2018年，福州市继续着力打造大黄鱼、石斑鱼、鳗鲡、对虾、牡蛎、鲍鱼、海带、紫菜、海参等特色水产品品牌，持续推进特色渔业亿元产业链。全年水产品产量258.40万吨，比上年增长5.1%。养殖产量保持较快增长。其中，海水养殖产量163.90万吨，增长8.2%；淡水养殖产量22.90万吨，增长9.8%。捕捞产量继续贯彻《农业部关于加强国内渔船管控和渔业资源总量管理要求》稳步调整。其中，海洋捕捞产量70.00万吨，下降2.8%；淡水捕捞产量1.30万吨，增长2.3%。

四、农业产业化稳步发展

福州市农业产业化龙头企业从2000年的100家发展到2018年的294家。其中，挂牌院士（专家）工作站企业225家，“国家农产品加工技术研发中心认定企业”7家。年末全市拥有国家级农业标准化示范区13个，省级农业标准化示范区23个，市级农业标准化示范区24个。2018年，294家农业产业化龙头企业实现销售收入842.70亿元，比上年增长5.1%。

五、农业生产方式不断转型升级

截至2018年末，全市设施农业面积居全省九地市首位。其中，设施蔬菜面积23.80万亩，建成千亩以上蔬菜钢架大棚基地19个，并带动设施食用菌、设施渔业、设施畜牧业发展，农业靠天吃饭的局面正在逐步改变。全年新建设施农业3000亩，新增国家数字农业试点项目1个、省级现代农业产业基地17个，打造美丽乡村300个，提升美丽乡村示范村100个，美丽乡村覆盖率位居全省第1位。

工　业

2018年，面对逐步加大的下行压力，福州市通过狠抓运行监测分析，打好政策组合拳，帮扶减停产企业等稳增长措施，全市规模以上工业主要指标保持平稳增长。主要呈现以下特点：

一、企业规模壮大，工业经济总量不断跃升

截至2018年末，全市工业企业达13385家，其中规模以上工业企业2240家。在规模以上工业企业中，高技术企业达180家，占全市规模以上工业的比重为10.9%，对规模以上工业增加值增长的贡献率达18.0%；战略性新兴企业达236家，占全市规模以上工业的比重为23.9%，对规模以上工业增加值增长的贡献率达24.1%。国家级高新技术企业突破千家，达1027家，省级科技小巨人领军企业达329家。

伴随着企业数量的增长以及企业规模的壮大，全市工业经济总量不断跃升。2018年，全市工业总产值近万亿元，工业增加值达2416.16亿元。分规模观察，大中型企业增加值增幅7.1%，占全市规模以上工业的比重达68.8%，拉动规模以上工业增加值增长5.2个百分点，对规模以上工业增加值增长的贡献率达57.8%；小微型企业增加值增幅11.9%，占全市规模以上工业的比重达31.2%，拉动规模以上工业增加值增长3.8个百分点，对规模以上工业增加值增长的贡献率达42.2%。分行业看，纺织业，计算机、通信和其他电子设备制造业等十大行业增加值增幅达9.5%，比全市规模以上工业平均水平高出0.5个百分点，占规模以上工业的比重达70.9%，拉动规模以上工业增加值增长5.3个百分点，对规模以上工业增加值增长的贡献率达58.9%。

二、企业产销两旺，收入增长步伐稳健

2018年1—12月，全市规模以上工业经济效益综合指数为331.11%，比上年提高26.24个百分点。主营业务收入保持两位数增长，2018年1—12月实现主营业务收入8712.08亿元，比上年同期增长10.5%，企业效益增长的内生动力加强。实现利润总额509.51亿元，增长5.5%。规模以上工业的35个行业大类中，34个行业实现盈利，20个行业利润总额比上年同期增长。

三、企业经营风险有所下降

2018年1—12月，全市规模以上工业企业资产负债率为54.7%，比上年同期下降1.5个百分点，2015年以来首次降至55%以下。企业财务费用同比下降，2018年1—12月财务费用95.36亿元，下降2.4%。利息支出增长环比减缓趋势明显，全年利息支出89.45亿元，比上年同期增长16.9%，增幅比2018年1—6月、2018年1—9月分别减缓0.6个百分点、5.1个百分点。

四、资金周转率有效提高

2018年1—12月，全市规模以上工业企业存货765.89亿元，比上年同期下降0.2%。产成品296.51亿元，增长3.5%，增幅比上年同期下降5.1个百分点。应收账款815.73亿元，增长3.4%，增幅比上年同期下降 6.4 个百分点。应收账款和产成品两项共占用资金 1112.24 亿元，占流动资产的比重为 32.1%，比上年同期下降 0.8 个百分点。产成品存货周转天数 13 天、应收账款平均回收期 31.2 天，比上年同期分别缩短 0.7 天、1.4 天。

五、工业产能迅猛增长

全市列入统计的 215 种工业产品中，有 142 种产品产量实现增长，增长面达 66.0%。其中，钢材产量 880.64 万吨，占全省总产量的 30.2%；化学纤维产量 426.01 万吨，占全省总产量的 61.3%；发电量 715.97 亿千瓦时，占全省总产量的 66.4%；汽车产量 12.33 万辆，占全省总产量的 51.5%。

六、新兴产业快速发展

2018 年，福州市高技术产业、战略性新兴产业增加值占全市规模以上工业的比重分别为 10.9%、23.9%，对规模以上工业增加值增长的贡献率分别达 18.0%、24.1%。在产能扩大的同时，全市工业产品积极向节能型、智能型转变，符合消费升级要求的新兴工业产品产量快速增长。全年液晶显示屏产量为 2962.8 万片，比上年增长 103.5%；合成纤维单体产量 76.38 万吨，增长 84.9%；互感器产量 8.61 万台，增长 65.6%；电子计算机整机产量 457.29 万台，增长 16.8%；光电子器件产量 22261.3 万只，增长 15.1%；新能源汽车产量 3619 辆，增长 14.4%；锂离子电池产量 2.96 亿只，增长 13.7%；电动自行车产量 12136 辆，增长 10.0%；新型能源（核电、风电等）发电量达 326.04 亿千瓦时，占全部发电量的 45.5%。

七、民营经济活力凸显

2018 年，福州市陆续出台民营企业扶持措施 36 条，落实 21 项 121 条惠企政策，共有 13 家企业进入中国民营企业 500 强，新增 2 家百亿企业，10 家企业进入上市程序，恒申集团成为全球最大的己内酰胺生产企业。截至 2018 年末，全市规模以上工业中，私营企业达 1315 家，占全市规模以上工业企业数的半壁江山，共吸纳就业人数 28.81 万人，主营业务收入超过国有、集体、外商投资等经济，占规模以上工业经济总量的比重达 36.8%，对稳定增长、促进创新、增加就业、改善民生等诸多方面起到了重要作用。

八、园区建设日益完善

近年来，福州市持续推进各工业园区供电、供水、供气、道路、通信、消防和固废处理等基础设施建设，全市拥有福州软件园、福州经济技术开发区、融侨经济技术开发区、元洪投资区、台商投资区、保税物流园区、滨海工业集中区、江阴工业集中区、罗源湾经济开发区、连江经济开发区等 10 多个国家、省级重点园区，为全市经济产业化建设夯实发展基础。伴随着园区建设全面提速，产业发展逐步向园区集中。2018 年，国家自主创新示范区福州片区推出两批 13 项改革创新措施，福州软件园扩建 6 个分园，海西高新技术产业园、闽台（福州）蓝色经济产业园、临空经济区、数字福建（长乐）产业园等新兴产业园区建设步伐不断加快，海西高新技术产业园定位以高端研发、科技孵化和总部经济为主体，闽台（福州）蓝色经济产业园着重发展临海装备制造产业、海洋生物产业、海洋服务产业等三大产业，临空经济区面向国际的门户枢纽，以临空高端制造业和临空服务业为主导。迁移产业园区建设陆续见成效，耀隆化工、东南电化、青岛啤酒、福抗药业等中心城区企业向福清江阴开发区、可门经济开发区、元洪投资区等特色工业园区搬迁，企业成长空间进一步拓展。截至 2018 年末，全市市级以上工业园区（九大园区）内规模以上企业达 720 家，占全市规模以上工业企业的 32.2%，工业经济总量占全市规模以上工业的 37.7%。

九、区域发展更趋协调

“北翼”的罗源、连江形成以冶金、建材、食品、轻工、电力、能源、水产加工等为主的产业集群，“南翼”的福清、长乐形成以电子信息、纺织、冶金、机械等为主的产业集群。2018 年，全市规模以上工业总产值超 500 亿元的县（市、区）达到 7 个。其中，南北“两翼”工业（福清、长乐、罗源、连江）实现增加值占全市规模以上工业的比重达 56.8%，对全市规模以上工业增加值增长的贡献率达 61.3%，拉动规模以上工业增加值增长 5.5 个百分点。

建筑业

截至2018年末，福州市拥有建筑业企业1391家，拥有从业人员179.36万人。全年完成增加值797.27亿元，比上年增长7.0%，完成产值3938.00亿元，实现总收入3630.78亿元，实现利润总额106.34亿元。各项指标均居全省九地市第1位。

分企业观察，2018年，福建九鼎建设集团有限公司、福建省华荣建设集团有限公司、福建省永泰建筑工程公司、福建省永富建设集团有限公司获得国家建筑工程施工总承包特级资质。其中，福建九鼎建设集团有限公司是福建省建筑业龙头企业，集团公司业务范围遍及全国。公司连续多年荣获“全国建筑业先进企业”“全国优秀施工企业”“全国守合同重信用企业”等多项荣誉称号，14项工程荣获“闽江杯”优质工程和多项“全国、省级安全文明标准化工地”称号，并荣获了5项发明专利、12项实用新型专利、2项国家级工法、11项省级工法并主编或参编了多项省、部级规程。企业产值及上缴税费等均居全省同行业前列，企业信用综合评价持续名列全省前茅。2018年11月，福建省企业与企业家联合会、福建日报社、福建省广播影视集团发布了“2018福建企业百强名单”。中建海峡建设发展有限公司、福建省永富建设集团有限公司、福建省中马建设工程有限公司、中城建设有限责任公司、福建省华荣建设集团有限公司荣获“福建企业百强”荣誉称号。

为进一步优化营商环境，2018年12月福州市建委推出减少施工许可证办理条件，竣工验收备案“大提速”，实行“多图一审”，简化用水报装程序，简化用气报装程序五大举措，为企业“减负”。其中，施工许可证办理条件“大瘦身”方面，大力简化建筑工程施工许可证办理手续，前置条件从17项简化为7项。取消施工现场管理人员备案、监理工程登记备案、施工条件证明、农民工工伤保险参保证明、建设单位资金到位证明等10项申报材料。“人防审查意见”不再作为办理施工许可证的前置条件，对施工许可证和人防防护设计审查予以并联办理。实行全流程网络化办理施工许可证，审批时限压减到2个工作日。竣工验收备案“大提速”方面，竣工验收备案事项已由2个工作日压缩为即办，取消“建设单位出具的环境保护设施竣工验收报告”“住宅分户验收资料汇总表”等申请要件。计划开展竣工限时联合验收，建设项目竣工后，各相关部门不再单独开展质量竣工验收监督及专项竣工验收，由建设部门牵头，组织规划、消防、人防等部门统一进行现场查验，统一限时出具验收意见。实行“多图一审”方面，建立设计方案合并审查机制，将房屋建筑、市政工程与建设、规划、消防、人防、通信等部门相关的技术审查，统一委托施工图审查机构开展。

服务业

2018年，福州市服务业实现增加值4157.26亿元，总量居全省九地市首位，比上年增长9.2%，增幅比地区生产总值高出0.6个百分点，对地区生产总值增长的贡献率达54.9%，比第二产业高出12.8个百分点。服务业已成为全市经济稳定增长的重要支撑。

分行业观察，服务业发展主要呈现以下特点：

一、消费市场提质升级

一是消费品质不断提升。吃、穿等基本生活类商品消费质量提高，人们对食品的需求逐渐从“吃得饱”向“吃得好”转变，对服装的需求逐渐从穿得暖向追求品质和品牌转变。2018年，全市限额以上粮油、食品、饮料、烟酒类商品实现零售额548.02亿元，比2008年增长8.3倍，年均增长24.9%；服装、鞋帽、针纺织品类商品实现零售额186.72亿元，比2008年增长5.2倍，年均增长20.1%。汽车类商品消费热度不减。截至2018年末，全市汽车保有量为155.25万辆（含三轮汽车和低速货车），比上年末增长31.2%，其中私人汽车保有量112.19万辆，增长9.6%。全市轿车保有量79.71万辆，比上年末增长9.1%，其中私人轿车保有量72.84万辆，增长8.0%。居住类商品消费增长迅速，家具类、建筑装潢类、家电音像器材类商品销售保持较快增长。2018年，全市限额以上家具类商品实现零售额99.46亿元，比

2002年增长366.7倍，年均增长44.7%；建筑及装潢材料类商品实现零售额204.31亿元，比2002年增长246.7倍，年均增长41.1%；家用电器和音像器材类商品实现零售额133.41亿元，比2002年增长19.9倍，年均增长20.9%。二是服务消费快速发展。在餐饮消费方面，私房菜、创意料理等个性化消费成为餐饮消费热点，餐饮市场向更高层次快速发展。2018年，全市限额以上餐饮业实现营业额136.23亿元，是2003年的9.4倍，年均增长16.1%。在文化、娱乐类消费方面，随着社会和经济的发展，人们消费时不仅关注对物质需求的满足，更注重追求更高层次的精神需求的满足。2018年，全市限额以上文化办公用品类商品实现零售额75.02亿元，比2002年增长36.3倍，年均增长25.4%；体育、娱乐用品类商品实现零售额14.56亿元，比2002年增长43.2倍，年均增长26.7%。三是商业模式更加丰富。2018年，全市共有城市商业综合体14家，拥有商户2300多个；全部可出租（使用）面积111.24万平方米，实际营业面积94.26万平方米；商户从业人员2.11万人；全年客流总量2.43亿人次，商户实现销售额（营业额）97.80亿元，客流量和销售额（营业额）分别比2015年增长47.9%和33.4%。四是新兴业态不断涌现。2018年，全市限额以上零售企业中，专业店536家，实现零售额797.80亿元，占全市限额以上消费品零售额的26.5%；专卖店449家，实现零售额734.37亿元，占全市限额以上消费品零售额的24.4%；超市及大型超市133家，共实现零售额389.66亿元，占全市限额以上消费品零售额的12.9%；家居建材商店68家，实现零售额138.06亿元，占全市限额以上消费品零售额的4.6%；网上商店69家，实现零售额120.47亿元，占全市限额以上消费品零售额的4.0%；百货店66家，实现零售额89.55亿元，占全市限额以上消费品零售额的3.0%。2018年，全市限额以上零售企业连锁经营门店总数达48个，实现零售额444.27亿元，占全市限额以上消费品零售额的14.8%。

二、金融业稳居龙头地位

近年来，以互联网为代表的现代信息科技，特别是移动支付、云计算、社交网络和搜索引擎等，助推金融产品和服务不断创新，将金融业的发展推向另一个高潮。2018年，全市金融业增加值比上年增长1.2%，占服务业的比重为15.0%，对服务业增加值增长的贡献率为6.5%。截至2018年末，全市金融机构本外币、人民币各项存款余额分别为14204.30亿元和13827.40亿元，分别比上年末增长4.5%和5.3%。年末股民资金开户数达364.24万户，全年新增53.21万户。

三、信息服务业活力凸显

随着“互联网+”时代的来临，全市大力发展现代服务业，积极推进软件产业发展、“数字福州”智慧城市建设等，网络普及率越来越高，互联网覆盖面持续扩大，信息服务业发展迅速，涌现出一批行业龙头企业。福建网龙计算机网络信息技术有限公司、福建游龙网络科技有限公司入选2018年中国互联网企业百强榜。福建省电子信息（集团）有限责任公司、福州福大自动化科技有限公司入选2018中国电子信息企业百强榜。在2018年召开的首届数字中国建设峰会上，福州市被工业和信息化部授予“中国软件特色名城”称号。截至2018年末，全市互联网宽带接入用户（不含手机上网用户）335.40万户，比上年末增加49.54万户，比2011年末增长212.7%；全市电话用户总数1107.15万户。2018年，以软件开发等为主的规模以上软件和信息技术服务业实现营业收入266.16亿元，比上年增长12.4%，对规模以上服务业营业收入增量的贡献率达19.8%，拉动增长2.3个百分点。其中，软件开发业实现营业收入175.48亿元，增长25.3%。

四、租赁和商务服务业发展迅猛

2018年，规模以上商务服务业实现营业收入289.08亿元，总量规模居规模以上服务业各行业首位，占规模以上服务业的20.2%；比上年增长25.7%，对规模以上服务业营业收入增长的贡献率达39.6%，拉动规模以上服务业营业收入增长4.6个百分点。其中，咨询与调查、安全保护服务等行业发展较快，营业收入分别增长71.4%和38.7%。近年来，受个性化出行、城市交通建设等影响，租赁业创新经营模式，业务规模扩大，行业快速发展。2018年，规模以上租赁业实现营业收入4.87亿元，比上年增长46.1%。其中建筑工程机械与设备经营租赁、汽车租赁营业收入分别比上年增长53.1%和37.7%。

五、体育健身、健康咨询等新业态成为发展亮点

2018年，福州市规模以上健康服务业实现营业收入29.21亿元，比上年增长31.6%，增幅比规模以上服务业平均水平高出20.0个百分点。其中，体育健身服务业实现营业收入6.07亿元，增长50.5%，对健康服务业营业收入增长的贡献率为29.0%；健康咨询服务业实现营业收入2.87亿元，增长182.3%，对健康服务业营业收入增长的贡献率为26.4%。

六、旅游服务业保持较快增长

2018年，福州市规模以上旅游服务业实现营业收入170.74亿元，比上年增长11.1%。其中，旅游出行实现营业收入101.89亿元，增长14.3%，对旅游服务业营业收入增长的贡献率为74.4%；旅游综合服务实现营业收入59.89亿元，增长11.4%，对旅游服务业营业收入增长的贡献率为35.8%。全市接待境内外游客（含一日游）8233.31万人次，比上年增长22.2%。其中，接待境外游客、国内游客人数分别为161.95万人次和8071.35万人次，分别比上年增长23.2%和22.2%。实现旅游总收入、旅游外汇收入分别为1170.38亿元和18.06亿美元，分别比上年增长33.2%和20.4%。旅游经济外向度持续提高。截至2018年末，全市拥有星级酒店42家，星级酒店客房8036间，A级景区46个，全年经福州口岸赴台旅游3.02万人次。在旅游休闲消费方面，随着人们休闲观念的转变，自由行、自驾游、跟团游已成为休假、度假的主要选择，旅游市场得到较好发展。特别是《福州市加快全域旅游发展三年行动计划（2018—2020年）》的出台，全市明确提出了发展全域旅游，致力于将福州建设成国际国内重要的休闲、养生、度假旅游目的地，旅游经济进入了新一轮黄金发展期。

七、文化产业繁荣发展

互联网等新媒体的应用和普及，带来思想交流的碰撞，经济社会的快速发展也促进了文化事业的繁荣兴盛。截至2018年末，全市文化系统共有文化馆、艺术馆13个，艺术表演团体9个，公共图书馆13个，图书馆藏书量达1037.11万册，博物馆、纪念馆38个，收藏文物17.04万件。2018年，规模以上文化艺术业，广播、电视、电影和影视录音制作业营业收入分别比上年增长123.7%及14.4%。

八、健康养老服务崛起

社会经济的不断发展，生活方式的不断改变，促使传统医疗模式逐渐向“防、治、养”模式转变。随着人口老龄化进程加快，亚健康状态日益普遍，健康养老服务业迎来巨大的增长空间，康养行业快速崛起。近年来，福州市积极开展养老服务体系建设工作，出台推进健康养老服务业发展的各项政策，通过资源的合理配置，推动养老服务提质增效。积极发挥福州大数据产业园优势，实施智慧养老工程，推进养老服务创新。促进医养融合发展，推进公共卫生体系建设，大力发展居家社区养老服务，打造“15分钟养老圈”，有效打通医养结合最后一公里。截至2018年末，全市共有医疗卫生机构4173个，卫生技术人员5.72万人，医疗床位37455张。2018年，全市规模以上卫生行业实现营业收入15.40亿元，增长16.7%。

九、居民服务业发展迅速

近年来，随着居民和家庭服务需求快速增长，福州市积极出台《推进家政服务业补短板实施方案》多项政策措施，促进居民服务业领域扩张，居民服务业发展迅速。2018年1—12月，全市规模以上居民服务业实现营业收入22.73亿元，比上年增长44.0%，比全省平均水平高出12.2个百分点；实现营业利润1.04亿元，增长16.1%。其中，洗染服务、托儿所服务、家庭服务和养生保健服务发展较快，营业收入分别增长82.3%、75.9%、361.0%和55.6%。

（摘编：福建省企业信息中心）

2018年厦门市发展概况

2018年，厦门市着力稳增长、促改革、调结构、惠民生、防风险，以“双千亿”工作为抓手，推进高质量发展落实赶超，经济社会保持平稳健康发展。全年实现地区生产总值4791.41亿元，比上年增长7.7%。其中，第一产业增长2.6%，第二产业实现增加值1980.16亿元，增长8.1%，对GDP增长的贡献率为45.2%，拉动GDP增长3.5个百分点；第三产业实现增加值2786.85亿元，增长7.5%，对GDP增长的贡献率为54.6%，拉动GDP增长4.2个百分点；三次产业结构为0.5∶41.3∶58.2。

农　业

2018年，厦门市扎实推进“三农”工作，聚焦厦门“高素质的创新创业之城、高颜值的生态花园之城”目标定位，突出都市农业、现代农村、新型农民的特色，有效实现农业增效、农民增收、农村发展，农业和农村经济保持了较好的发展态势。

一、农林牧渔业总产值稳步增长

2018年，全市实现农林牧渔业总产值47.24亿元，比上年增长2.3%。其中，农业产值22.60亿元，增长7.2%，占农林牧渔业总产值的47.8%；林业产值0.28亿元，下降15.9%，占0.6%；牧业产值11.08亿元，下降16.0%，占23.5%；渔业产值8.04亿元，增长28.6%，占17.0%；农林牧渔服务业产值5.24亿元，增长1.0%，占11.1%。

二、农产品产量总体趋势稳中有升

得益于近年来厦门市大力发展设施农业、鼓励农户发展高质量种植业及出台生猪牛蛙退养种植水果蔬菜等扶持政策，全市种植业增幅明显。2018年，全市蔬菜产量51.45万吨，比上年增长7.7%；水果种植面积9.05万亩，水果产量7.24万吨，增长8.0%，其中龙眼产量增长32.4%；花卉中的盆景园艺增长2.1倍；食用菌总产量2.88万吨，增长7.6%。

（一）林业产量恢复往年正常水平

2018年，全市共完成植树造林总面积6.8万亩，比上年增长8.5%。

（二）畜牧业生产规模缩小

全市生猪散养已全部清退，生猪存出栏有较明显的减幅。2018年，全市肉总产量6.15万吨，比上年下降19.9%。其中，出栏31.78万头，下降23.5%；存栏14.77万头，下降25.2%。家禽出栏1213.32万头，下降14.5%；存栏186.67万头，下降71.7%。

（三）渔业实现大幅增产

2018年，厦门渔业产值70.20亿元，比上年增长52.8%，其中渔业加工及制造产值23.13亿元、渔业流通和服务业产值35.15亿元。渔业产值中，捕捞产值3.91亿元，养殖产值3.88亿元，苗种产值4.12亿元。水产品总产量7.05万吨，增长28.6%，其中水产养殖1.99万吨，捕捞产量5.06万吨。生产对虾苗2077亿尾，下降0.7%。水产加工量12.81万吨，下降4.3%。夏商国际水产交易中心总交易量17.0万吨，增长99.1%；交易额103.19亿元，增长2.1倍。

全市现有远洋渔业企业5家、远洋渔船106艘，作业海域分布北太平洋以及几内亚、缅甸、莫桑比克，拥有印度尼西亚、缅甸、几内亚等8个境外远洋渔业基地。2018年，全市远洋渔业捕捞总产量4.76万吨、产值3.07亿元。

三、都市现代农业较快发展

2018年，全市7家企业入选全国农业产业化龙头企业500强；农民人均收入增幅快于城市居民0.7个百分点。

工　业

2018年，面对国内外复杂多变的形势，厦门市工业经济坚持稳中求进总基调，着力推进供给侧结构性改革，促进工业稳增长和主导产业转型升级成效明显，工业运行态势稳中向好，总体保持高质量发展。全年规模以上工业完成工业总产值6392.32亿元，实现工业增加值1611.35亿元，比上年增长8.8%，增加值增速创近四年来最好水平。规模以上工业增加值增速超过GDP增速1.1个百分点，对全市经济增长的拉动作用进一步增强。

一、工业生产稳中有升

（一）外商及港澳台投资企业增加值占比近六成

按登记注册类型划分，外商及港澳台投资企业实现工业增加值937.71亿元，占全市规模以上工业增加值的58.2%，比上年增长7.0%，其中台资企业完成工业增加值497.17亿元，占全市规模以上工业增加值的30.9%，增长5.6%。股份制企业实现工业增加值673.58亿元，增长11.3%；国有控股企业完成工业增加值268.61亿元，增长18.5%。

（二）超八成行业保持增长

按国民经济行业划分，在35个工业行业中，增加值增长的有30个行业，占85.7%。其中，家具制造业、医药制造业、食品制造业增长较快，增加值分别增长20.8%、18.8%、15.8%。增加值比重较大的行业是：计算机、通信和其他电子设备制造业，电气机械和器材制造业，橡胶和塑料制品业，分别实现工业增加值569.28亿元、149.94亿元、95.78亿元，分别增长12.9%、5.9%和4.9%，三大行业合计实现增加值815.01亿元，占全市规模以上工业增加值的50.6%。

（三）规模以上高新技术产业增幅高于全市水平

2018年，全市规模以上高新技术产业完成工业总产值4552.72亿元，实现工业增加值1093.99亿元，占全市规模以上工业增加值的67.9%，比上年增长9.3%，高出全市规模以上工业平均增幅0.5个百分点。其中，计算机、通信和其他电子设备制造业，电气机械和器材制造业，橡胶和塑料制品业三大行业合计实现增加值777.89亿元，占全市规模以上高新技术产业增加值的比重为71.1%。

（四）超六成规模以上工业企业实现增产

2018年，全市1896家规模以上工业企业中，有1185家企业增产，占62.5%，合计实现产值增量867.14亿元，其中有143家企业增量上亿元。全年全市实现工业出口交货值2283亿元，比上年增长6.5%，出口交货值率37.5%；从企业数量上看，全市规模以上有出口业务企业1024家，实现出口增长的企业631家，占61.6%。

（五）亿元以上企业产值所占比重超九成

2018年，全市产值超亿元的工业企业725家，比上年增加47家，工业经济整体实力进一步增强。合计完成工业总产值5845.4亿元，占全市规模以上工业总产值的91.4%，比上年增长11.6%。其中，产值超十亿元的企业106家，合计实现工业总产值4074.7亿元，占全市规模以上总产值的63.7%，增长10.3%；产值超百亿元企业9家。

（六）制造业3条产业链产值超千亿元

2018年，全市制造业中，除平板显示产业链外，新增计算机与通讯设备、机械装备两条千亿产业链，三条产业链分别实现产值1314.87亿元、1204.44亿元、1037.05亿元，分别比上年增长7.9%、14.5%和5.6%。机械装备产业链中，汽车产业链、输配电及控制设备产业链、航空工业产业链、工程机械产业链、船舶工业产业链分别完成产值416.12亿元、351.21亿元、141.47亿元、112.71亿元、15.55亿元。此外，新材料产业链完成产值888.78亿元，增长14.8%；农副产品与食品加工、LED、水暖及厨卫产业链分别完成产值301.38亿元、230.61亿元、176.97亿元。产业链产值增长较快的是计算机与通讯设备产业链、生物与新医药产业链。

（七）电子、机械两大支柱行业占近七成

2018年，全市两大支柱行业合计完成工业总产值4443.99亿元，比上年增长10.5%，占全市规模以上工业总产值的69.5%，比重比上年提高1.4个百分点，工业行业集中度进一步提高。其中，电子行业完成工业总产值2520.99亿元，增长11.3%，占规模以上工业总产值的39.4%，比上年提高1.7个百分点；机械行业完成工业总产值1923亿元，增长9.5%，占规模以上工业总产值的30.1%。

二、工业发展效益发展质量良好

（一）供给侧结构性改革成果继续显现

2018年，全市高耗能制造业实现低速增长，增加值增速仅为1.6%；部分产能过剩行业产品产量下降，全市规模以上工业产品产量中，纺织面鞋下降58.9%，铝材下降5.9%，钢化玻璃下降19.3%，橡胶轮胎外胎下降4.0%。实体经济去产能、去库存效果显现。

（二）企业亏损面有所收窄

2018年，全市工业经济效益综合指数254.07，比上年提高11.52个点。全年有299家规模以上工业企业亏损，亏损面15.8%，比上年下降1.7个百分点。全年全市规模以上工业实现主营业务收入6084.99亿元，比上年增长10.4%；实现利润总额337.61亿元，下降1.6%；实现利税总额509.55亿元，增长2.1%。从投入产出效率看，每百元资产实现的主营业务收入为99.84元，增长1.2%。

（三）企业劳动生产率不断提高

2018年，全市规模以上工业企业全员劳动生产率为26.14万元/人，比上年增长11.9%。在工业经济整体效益不佳的情况下，劳动生产率进一步提高，一方面反映了工业经济由劳动密集型向技术密集型转型的趋势，全年全市规模以上工业企业平均用工人数比上年下降了1.9%；另一方面，投资驱动也是一个因素，全年全市规模以上工业企业人均资产为100.8万元/人，增长11.2%。

建筑业

2018年，厦门市建筑业市场呈现稳健增长的态势。全年全市实现建筑业总产值2164.93亿元，比上年增长16.9%，房屋建筑施工面积达10149.07万平方米，增长11.4%。

从建筑业总产值构成来看，2018年，全市建筑工程产值2060.65亿元，比上年增长17.5%；安装工程产值、其他建筑业产值分别为98.48亿元和5.80亿元，分别增长24.1%、下降69.3%。

从签订的合同额看，截至2018年末，全市建筑业企业签订的合同额4125.96亿元，比上年末增长22.0%。其中，本年新签合同额2452.70亿元，增长33.1%；上年结转合同额1673.25亿元，增长8.8%。

从登记注册类型看，2018年，全市内资企业建筑业总产值2154.90亿元，比上年增长17.1%；港澳台商企业建筑业总产值9.45亿元，下降21.8%；外商企业建筑业总产值0.58亿元。

从就业情况看，截至2018年末，全市从事建筑业活动的从业人员人数79.18万人，比上年末增长23.6%。其中，工程技术人员8.0万人，增长19.9%；现场施工人员41.61万人，增长11.8%。

2018年，厦门市建筑业生产运行特点如下：

一、省外市场占有率提升

2018年，全市建筑业在外省完成的产值869.04亿元，比上年增长44.0%，占全市建筑业总产值的40.1%，拉动全市建筑业总产值增长14.3个百分点。建筑业企业在外省完成产值的项目遍布全国30个省（自治区、直辖市）。其中，广东、江西和安徽3个省份的项目集中度最高，分别完成产值183.24亿元、90.95亿元和70.53亿元，合计占在外省完成产值的15.9%。

二、工程储备量增长

2018年，全市新签合同额2452.70亿元，比上年增长33.1%。其中，特、一级资质建筑企业竞争优势突出，签订合同额超10亿元的企业共50家，比上年增加4家；签订合同额超100亿元企业共9家，增加4家。房屋新开工面积3135.88万平方米，增长24.1%。房屋新开工面积、新签合同额的快速增长，为建筑业后续生产提供了有效的工程储备量保障。

三、民营企业持续壮大

截至2018年末，全市建筑业民营企业782家，占全市建筑业企业的97.9%；全年完成建筑业总产值2006.18亿元，占全市的92.7%，比上年增长17.1%；房屋施工面积9501.68万平方米，占全市的93.6%；从业人员平均人数72.83万人，占全市的89.9%。全市产值前100强企业中民营企业达92家。

四、特、一级企业发展步伐加快

截至2018年末，全市建筑业特级企业3家、一级企业138家，特、一级企业数占全市建筑业企业数的17.3%，比上年末增加33家。全年特、一级企业合计完成建筑业总产值1459.12亿元，占全市的67.4%，比上年增长21.3%，拉动全市建筑业总产值增长13.8个百分点；签订合同额、房屋建筑施工面积、从业人员平均数占全市比重均超过60%，分别为69.4%、77.5%和65.4%。特、一级企业已成为厦门市建筑业生产经营的主力军。

服务业

2018年，厦门服务业在全市经济发展中继续发挥主导作用，新动能平稳发展，营商环境改善明显，内生动力不断增强，服务业发展稳中向好。

一、持续发挥主导作用

2018年，厦门市GDP三次产业结构为0.5∶41.3∶58.2，与上年比例基本持平，服务业比重为全省九设区市中最高；服务业实现增加值2786.85亿元，比上年增长7.5%，对GDP的贡献率为54.6%，比第二产业高9.5个百分点，拉动GDP增长4.2个百分点，较上年提高0.5个百分点，继续保持主导地位。其中，营利性服务业全年呈现增速回升态势，成为第三产业中比重最大、速度最快的行业，实现增加值549.84亿元，增长12.9%，占服务业增加值的比重为19.8%，对GDP增长的贡献率为17.5%，拉动GDP增长1.4个百分点；非营利性服务业贡献逐步提升，实现增加值486.06亿元，增长10.7%，对GDP贡献率为12.2%，较上年提高4.6个百分点，拉动GDP增长0.9个百分点，占服务业增加值的比重为17.4%。运输、仓储及邮政业实现增加值365.64亿元，增长10.5%，对GDP增长的贡献率为10.9%，拉动GDP增长0.9个百分点。营利性服务业和非营利性服务业、运输、仓储及邮政业对服务业GDP贡献率超过七成（74.2%），是拉动服务业增长的主要力量。

二、投资、消费、进出口“三驾马车”齐头并进

2018年，厦门市服务业投资力度持续加大，比上年增长9.4%，其中交通运输投资增长较快，达到42.0%，比全市平均水平高31.9个百分点，拉动全市投资增长7.8个百分点；社会事业投资增长18.1%，其中教育行业投资增长33.4%，卫生和社会工作投资增长41.3%，科学研究和技术服务业投资增长1.6倍。消费升级稳中提质，全市实现商品零售额1371.61亿元，增长5.9%，其中女性消费为主的衣着类和金银珠宝类分别增长30.1%和22.8%，实现较好增长。进出口增速逐渐回稳，全市实现外贸进出口6002.05亿元，增长3.2%，受中美贸易摩擦影响，出口增长2.6%。

三、营商环境进一步提升，企业经营预期乐观

伴随“放管服”的深入推进，厦门市降税减负力度加大，全年厦门规模以上其他营利性服务业总税收26.04亿元，较上年减少496.9万元，是全省唯一下降的设区市；单位税负（每万元税负）由第一季度的463.79元下降为421.2元，较上年下降13.7%，降幅排名全省第2位。2018年厦门综合信用指数在36个省会及副省级城市排名第2位，营商环境经国家发改委评定居全国试点城市第2位。规模以上重点服务业企业生产经营景气状况第四季度调查结果显示，四季度厦门市规模以上服务业企业对下季度经营状况预期指数为66.7%，继续位于高景气区间，对国家宏观经济形势的预期指数也为66.7%，企业对国家宏观形势具有较高的信心。

厦门市服务业部分行业运行情况：

——高技术服务业和科技服务业。2018年，厦门市规模以上高技术服务业和科技服务业分别实现营业收入426.67亿元、316.72亿元，分别比上年增长10.1%和13.2%，对规模以上服务业的贡献率分别为27.1%和25.6%。其中，互联网平台行业实现营业收入45.90亿元，占该行业大类营收的43.6%，增长43.3%，成为拉动互联网和相关服务业增长的主要力量。“互联网+”与各行业各领域深入融合。“互联网+零售业”，全年限额以上主要电商企业通过互联网实现零售额270.63亿元，占限额以上零售额的25.4%，增长8.0%；"互联网+物流业"，全年完成快递业务量3.03亿件，增长24.4%；"互联网+服务业"，全年互联网及相关服务业实现营业收入增长18.2%；"互联网+金融业"，融资租赁等新兴业态快速发展，租赁引进飞机103架，金额70.5亿美元。

——生活性服务业。2018年，厦门生活性服务业实现营业收入609.51亿元，比上年增长12.3%，实现营业利润79.98亿元，增长37.7%；与居民生活息息相关的4个行业经营势头良好，居民服务、修理和其他服务业，教育，卫生和社会工作，文化、体育和娱乐业营业收入分别增长24.0%、39.8%、16.9%和12.1%，均保持两位数增长，高于规模以上服务业平均水平。其中，影视节目制作营业收入增长166.3%，技能培训、教育辅助及其他教育营业收入增长43.8%。

——交通运输业。2018年，厦门市交通运输、仓储和邮政业增加值365.64亿元，比上年增长10.5%。旅客运输量1.01亿人次，增长0.4%；旅客周转量529.84亿人公里，增长13.1%；货物运输量3.17亿吨，增长4.6%；货物周转量2083.08亿吨公里，增长13.8%；港口货物吞吐量2.17亿吨，增长2.9%；集装箱吞吐量1070.23万标箱，增长3.1%，排名稳居全国第7位，世界第14位，厦门集装箱航线增加到146条；空港运输平稳增长，空港旅客吞吐量2655.34万人次，增长8.5%，空港货邮吞吐量34.55万吨，增长2.0%；铁路旅客发送量2795.55万人次，增长6.9%，铁路货物发送量820.52万吨，增长3.7%，在2017年开通运营地铁1号线的基础上，2018年2号线实现洞通并完成全部车站主体结构，3、4号线和6号线马銮湾片区段建设进展顺利。

——金融业。金融保险业成为厦门市第三产业规模第二的行业，全年实现增加值524.17亿元，占第三产业的18.8%，对GDP增长的贡献率为7.7%，拉动GDP增长0.6个百分点。截至2018年末，厦门市金融机构分别实现本外币存、贷款余额10995.00亿元和10554.05亿元，分别比上年增长3.7%和8.3%。截至2018年末，全市各类银行业金融机构主体48家。

——旅游会展业。2018年，厦门市旅游会展业实现总收入1660亿元，比上年增长17.8%；旅游服务业实现营收94.57亿元，增长13.0%。全年共接待境内外游客8900.32万人次，增长13.7%；旅游总收入1402.12亿元，增长20.0%。其中，接待入境游客430.43万人次，增长11.4%，占接待总人数的4.9%。入境过夜游客282.18万人次，增长13.2%；旅游创汇39.40亿美元，增长22.3%。接待国内游客8469.89万人次，增长13.8%；过夜国内游客3686.60万人次，增长11.2%。国内旅游收入1141.38亿元，增长20.0%。截至2018年末，全市共有旅游住宿单位2666家。其中，星级酒店63家，五星级酒店18家。全年举办各类展览活动229场，展览总面积237.83万平方米，增长8.6%。举办50人以上的商业性会议9262场，增长12.1%；参会总人数188.32万人，增长12.1%。会展经济总体效益403.03亿元，增长5.7%。

——批发和零售业。2018年，厦门市批发和零售业实现增加值394.08亿元，比上年增长2.8%，拉动GDP增长0.27个百分点；实现社会消费品零售总额1542.42亿元，比上年增长6.6%。

——住宿和餐饮业。2018年，厦门市住宿和餐饮业实现增加值97.32亿元，比上年增长3.9%，拉动GDP增长0.08个百分点。

（摘编：福建省企业信息中心）

2018 年漳州市发展概况

2018 年，漳州市完成地区生产总值 3947.63 亿元，比上年增长 8.7%；一般公共预算总收入 352.06 亿元，增长 8.1%，地方一般公共预算收入 218.75 亿元，增长 7.2%；规模工业增加值 1531.6 亿元，增长 9.2%；固定资产投资 2604.39 亿元，增长 11.4%；外贸出口 533.85 亿元，增长 4.2%；实际利用外资 45.70 亿元；社会消费品零售总额 1111.60 亿元，增长 13.1%；居民消费价格总水平上涨 1.7%；城镇居民人均可支配收入 35997 元，增长 7.9%；农村居民人均可支配收入 18186 元，增长 9.1%；城镇登记失业率 2.5%；人口自然增长率 8.5‰。

农　业

漳州市地处福建省南部，是传统的农业大县。近些年来，漳州市以国家现代农业示范区为引领，加快建设一批核心示范园，形成“一区多园”的发展格局。全市拥有省市级农民创业园、台湾农民创业园、现代渔业产业园等各级农业园区 71 个、规划面积 220 万亩，园区年产值超 400 亿元；并大力发展品牌农业。重点发展水果、水产、蔬菜、花卉、茶叶、畜禽、食用菌、林竹、中药材等九大特色产业，5 个产业全产业链产值均超百亿元，着力打造“一县一品”。

2018 年，漳州市深入实施乡村振兴战略，全市实现农林牧渔业总产值 801.87 亿元，比上年增长 4.5%，增幅居全省第 1 位。其中，农业总产值 345.50 亿元，增长 5.5%；林业总产值 36.15 亿元，增长 5.8%；牧业总产值 104.61 亿元，下降 1.7%；渔业总产值 273.56 亿元，增长 5.3%；农林牧渔服务业总产值 42.05 亿元，增长 6.5%。全市农业生产呈现稳中向好的态势：

一、总量第二，增幅第一

2018 年，漳州市实现农林牧渔业总产值 801.87 亿元，比上年增长 4.5%，总量占全省 19.0%，全省第二；增幅全省最高，比全省平均水平高出 1.0 个百分点。

二、主要农产品稳中有增

2018 年，漳州市主要农产品比上年不同程度上升，其中蔬菜、园林水果、茶叶、水产品等的增长均超过 5%，呈现稳中有增的良好趋势，市场供应充足，总体效益较好。

三、牧业结构日益优化

一是由传统的分散养殖逐步转型为规模养殖，不断提高农民收益。二是产品结构日益优化。从畜禽产品构成看，猪肉占肉类总产量的比重有所下降；禽肉占比上升较为明显。禽蛋产量快速增长，在肉蛋奶的比重也大幅度上升，不断满足人民日益增长的物质生活需求。

四、林业生产顺利发展

一是造林任务超额完成。据林业部门统计，2018 年漳州市共完成植树造林总面积 15.73 万亩，占任务数的 122.6%。二是主要林产品产量增长较快，其中竹笋干产量 36470 吨，比上年增长 5.6%；木材产量 208.71 万立方米，增长 9.4%；篙竹产量 1864 万根，增长 31.5%；小竹材产量 31.04 万吨，增长 21.7%。

五、渔业生产较快发展

一是水产品总产量较快增长。据漳州市海洋与渔业局数据显示，全市水产品总产量比上年增长 5.4%；海水产品 165.26 万吨，增长 5.6%；淡水产品 28.06 万吨，增长 4.3%。二是养殖空间进一步拓展。大力推进高优养殖渔业，拓展湾外养殖、陆上工厂化养殖、淡水区域养殖等重点养殖新区域。三是积极打造“六条鱼”（石斑鱼、南美白对虾、罗非鱼、鲈鱼、鲍鱼、河鲀）产业基地。发扬水产养殖潜力，继续开展渔业健康养殖示范创建活动。扩大生态养殖规模，按照“六条鱼”产业分布，围绕“六条鱼”，着力打造6个产业基地。四是积极创建特色渔业品牌，通过申报“六条鱼”地理标志证明商标，全国“特色之乡”等认定平台，推出具有漳州特色的区域性水产品牌。五是远洋渔业继续稳健增长。继续坚持实施“走出去”战略，全市现有远洋渔业企业3家，已下水远洋渔船26艘并赴外海生产。

工　业

近年来，漳州市充分利用政策环境，坚持实施高质量发展战略，大力推进结构调整和转型升级，工业总量不断扩大，产业结构不断优化，企业核心竞争力日益增强，新兴动能不断迸发，质量效益稳步提升，工业成为推动全市经济不断向前发展的强大引擎。

一、工业加快生产，企业效益稳步提高

截至2018年末，全市规模以上工业企业2269家，比上年末减少5家。其中，年产值超过5亿元、50亿元、100亿元的企业分别为208家、9家和5家。

2018年，全市工业增加值1577.89亿元，比上年增长9.0%，其中规模以上工业增加值增长9.2%。在规模以上工业中，分经济类型看，国有企业增长12.1%，集体企业增长10.7%，股份制企业增长11.5%，外商及港澳台商投资企业增长4.0%，私营企业增长9.6%；分轻重行业看，轻工业增长8.3%，重工业增长10.4%；分门类看，采矿业下降1.8%，制造业增长9.0%，电力、热力、燃气及水生产和供应业增长15.0%。

规模以上工业的36个行业大类中，有10个行业增加值增速在两位数以上。其中，酒、饮料和精制茶制造业比上年增长11.3%，木材加工和木、竹、藤、棕、草制品业增长14.0%，印刷和记录媒介复制业增长12.0%，石油加工、炼焦和核燃料加工业增长48.5%，化学原料和化学制品制造业增长45.1%，医药制造业增长16.4%，黑色金属冶炼和压延加工业增长10.0%，计算机、通信和其他电子设备制造业增长12.6%，电力、热力生产和供应业增长14.8%，燃气生产和供应业增长26.3%。规模以上工业“4+4”产业实现增加值1163.60亿元，增长10.0%。其中，四大主导产业实现增加值919.99亿元，增长9.4%，分别为食品工业412.12亿元，增长9.3%；装备制造业265.30亿元，增长2.0%；特殊钢铁业113.62亿元，增长10.0%；石化工业128.94亿元，增长29.8%。四大新兴产业实现增加值437.43亿元，增长11.5%，分别为生物医药产业23.01亿元，增长15.8%；新材料产业318.74亿元，增长9.9%；电子信息产业81.70亿元，增长15.6%；新能源产业15.43亿元，增长14.8%。高技术产业产值417.45亿元，增长10.9%，占规模以上工业总产值的比重为7.4%。

2018年，全市规模以上工业企业实现主营业务收入5351.18亿元，比上年增长12.0%；实现利润总额540.49亿元，增长25.3%；实现利税总额684.39亿元，增长5.2%。工业产销率为98.3%，下降1.4个百分点。全员劳动生产率为34.46万元/人，增加5.00万元/人。

二、加快产业转型升级，推动工业经济再提速

（一）抓龙头、筑链条、建集群

近年来，漳州市突出建链强链补链，形成石油化工、特殊钢铁、装备制造、食品工业四大主导产业和电子信息、新材料、新能源、生物与新医药四大战略性新兴产业“4+4”产业格局，3个产业集群产值规模突破千亿元，5家企业产值超百亿元。在石化产业方面，漳州举全市之力推进古雷石化基地建设，推进PTA、PX恢复生产，两岸最大石化产业合资合作项目古雷炼化一体化百万吨乙烯、芒果项目等一批重大项目落地建设，努力打造世界一流石化基地。在特殊钢铁产业方面，聚集了福欣特钢、三宝钢铁、三钢闽光等一批龙头企业，即将形成产值上千亿的产业集群。

（二）抓创新、促转型、提质量

近年来，漳州市加大创新平台建设、企业技改扶持、高技术企业奖补力度，促进传统产业转型升级，加快发展新产业新技术新业态。2018年，漳州四大战略性新兴产业总产值达到1582亿元，高新技术产业产值达到1865亿元。如产业研究院方面，正在推动古雷与厦大合作共建石化研究院，三宝钢铁与中冶建研院共建钢铁产业研究院，龙溪轴承与机械研究总院共建装备制造研究院，力争每个重点产业至少有一个产业研究院。分企业观察，福建龙溪轴承（集团）股份有限公司积极与机车制造商合作，通过不断改进技术，取得重大突破，研发成功的产品性能与国外进口产品处于同一水平，而价格只是国外企业同类产品的一半。成为工信部第一批制造业单项冠军示范企业。正兴车轮集团已成为全球最大的商用车轮制造企业，其检车年产50万套铝车轮已成为世界第一条全自动化铝合金锻造卡车轮圈生产线。大通互惠集团有限公司的LNG超低温阀门列入工信部《2018年工业强基重点产品和工艺示范应用推进计划》，全省仅两家入选。

（三）抓融合、调结构、增效益

通过抓二产带一产，以工业化理念发展农业，推动农业标准化、专业化、产业化，漳州被列为全国首批“国家农业可持续发展试验示范区暨农业绿色发展试点先行区”。通过抓二产促三产，加速聚集人流、物流、资金流和信息流，推动服务业发展质量提高、比重提升，第三产业增幅连续四年位居全省第一。

三、工业园区取得长足进步，为高质量发展奠定坚实的基础

漳州市现有工业园区21个，其中国家级4个（东山经济技术开发区、漳州招商局经济技术开发区、漳州台商投资区、漳州高新区）；经省政府确认且列入省级开发区名录的8个（金峰、蓝田、长泰、古雷港、常山、华安经济开发区和诏安、平和工业园区）；经县级以上人民政府批准设立并成立管委会的9个（漳浦绥安经济开发区、云霄云陵工业开发区、龙海经济开发区创业园、南靖高新园、龙海东园工业区、漳浦赤湖工业园、诏安金都工业集中区、漳浦前亭工业园、漳浦万安工业园等，其中绥安、云陵开发区分别与古雷港、常山开发区共用省级开发区牌子）。

工业园区成为漳州市工业发展的重要聚集地和增长极。如龙海工业园瞄准厦门退二进三企业，突出装备制造、健康产业等重点；漳浦万安工业园重点发展食品产业，以盈丰、大茂、海新等企业为龙头，延伸食品加工产业链。同时，园区企业根据自身功能定位，建立上下游基地，引进相关配套企业，进一步形成较为完整的产业链，实现集聚集群发展。

漳州市工业园区在产业发展、基础设施、体制机制等方面都取得长足进步，为高质量发展奠定了坚实的基础。主要体现在：一是产业支撑能力增强。二是基础设施不断健全。2018年，全市建设公共配套项目518个，完成投资510.4亿元，超出年度投资计划12.2个百分点，园区服务企业的能力显著提高。三是管理体制机制日趋完善。全市工业园区结合实际，建立统一精简高效的工业园区管理体制，其中大部分园区按照政府派出机构的模式，设立园区管委会。如漳州招商局经济开发区、台商投资区等园区采取政区合一模式，统一行使经济管理和行政管理职权，有效提升了服务企业和项目建设的效率。在服务企业方面，普遍建立起园区企业服务中心，为园区企业和项目提供咨询、审批、代办、协调等事项“一条龙”服务，营商环境不断优化。

四、突出智能制造，推动“漳州制造”智能升级

突出智能制造，择优认定一批智能制造重点企业，推动“漳州制造”智能升级。龙溪轴承入选工信部第一批制造业单项冠军示范企业，宏泰机电项目入选工信部智能制造综合标准化与新模式应用项目，猛狮新能源“基于智能化锂电池新型智慧工厂建设”入选工信部2018年物联网集成创新与融合应用项目。截至2018年末，全市已建有万利达、恒丽、大闽等127家企业技术中心，灿坤、太龙、紫山等44家工业设计中心，正兴、明鑫智能、傲农生物等89家智能制造企业。

五、致力建设工业强市和网络强市

围绕推进供给侧结构性改革主线，漳州市以融合为导向，激发工业发展活力，推动工业跨越发展和信息化腾飞，致力建设工业强市和网络强市。截至2018年末，全市列入省级两化融合项目库项目77个，计划总投资120亿元，已有42家企业通过工业部两化融合管理体系贯标认证。重点培育宏泰机电、科能集团等工业互联网应用标杆企业，打造富顺光电“LED应用产品研发和检测（验）公共服务平台”、猛狮新能源“互联网+动力锂电池智慧工厂”等一批公共服务平台。加快推动新一代信息技术与制造技术融合发展。

六、八大“支持”助力工业经济高质量发展

1. 支持重大工业项目落地投建。对当年实际投资额达到10亿元、30亿元、50亿元的重大工业项目，分别给予100万元、300万元、500万元的一次性奖励。

2. 支持企业做大做强。对首次进入全国制造业500强的工业企业，给予200万元的一次性奖励。对年主营业务收入首次突破100亿元、50亿元、30亿元、10亿元的工业企业，分别给予100万元、50万元、30万元、20万元的一次性奖励。对新增、新上的规模工业企业分别给予30万元、20万元的一次性奖励。

3. 支持智能制造。对获得国家、省级智能制造试点示范的企业，分别给予100万元、50万元的一次性奖励；对获得国家智能制造创新中心、分中心的，分别给予300万元、100万元的一次性奖励。鼓励支持重点建设工程和政府投资项目优先使用首台（套）产品。对新研发且经认定为国内首台（套）重大技术装备的，按不超过该装备销售额的60%给予补助；对新研发且经认定为省内首台（套）重大技术装备的，按不超过该装备销售额的30%给予补助；单项补助金额最高不超过300万元。对购买漳州市企业开发生产的、列入国家或省首台（套）重大技术装备目录的自主产品，按给予买方实际交易额的10%补助，补助金额最高不超过20万元。对新通过国家级信息化和工业化融合管理体系标准认定的工业企业，给予20万元的一次性奖励。

4. 支持研发成果转化。对于向研发单位购买专利技术，并委托研发单位实施中试的项目，经认定为国内先进水平或领先水平的，项目投产验收后，按工业企业开展中试实际发生费用的20%给予补助，补助金额最高不超过20万元。对于与研发单位（机构）共建中试车间的工业企业，项目投产验收后，按新增设备实际投资的5%给予补助，补助金额最高不超过50万元。对新认定为国家、省级重点（工程）实验室、工程（技术）中心、企业技术中心、工业设计中心等公共创新平台、公共服务平台的，给予国家级100万元、省级50万元的一次性奖励。对新获批国家级博士后工作站（流动站）、省级院士专家工作站的工业企业，给予60万元的一次性建站奖励。对在站期间经中期考核和出站评定合格的博士后研究人员，每人每年发放生活补助8万元；对在漳州市从事科研工作，且与市用人单位签订3年以上劳动合同的出站博士后，给予一次性安家补助20万元。

5. 支持做优工业品牌。对获得中国商标金奖、入围中国商标金奖提名的企业，分别给予500万元、200万元的一次性奖励；对获得驰名商标行政保护的企业给予100万元的一次性奖励。对首次获得中国质量奖、提名奖的企业或组织，分别给予100万元、50万元的一次性奖励；对首次获得福建省政府质量奖的企业或组织，给予50万元的一次性奖励；对首次获得漳州市质量奖的企业或组织，给予20万元的一次性奖励。对首次获得中华老字号的企业，给予50万元的一次性奖励；对首次获得福建省老字号的企业，给予5万元的一次性奖励。支持标准化建设。对参与国际标准、国家标准、行业标准、福建省地方标准制订或修订工作的单位，分别给予50万元、20万元、10万元、5万元的一次性奖励；对获得福建省标准贡献奖一、二、三等奖的单位，分别给予15万元、5万元和3万元的一次性奖励。对列入工信部制造业单项冠军企业（产品）的给予50万元一次性奖励；对列入工信部制造业单项冠军培育企业或省级制造业单项冠军企业（产品）的给予20万元一次性奖励。

6. 支持市场开拓。鼓励工业企业参加各类展会。对参加政府组织、列入年度计划展会的，在省级展位费补助基础上，单个企业单一展会境内及港澳台展会补助1万元，国外展会补助2万元，“漳州味世界行”活动在国外展会补助基础上增加补助1万元。鼓励工业企业应用电商开拓市场，对工业企业分立成立独立电商公司，并将电商销售额纳入限额以上贸易业统计的，给予10万元奖励；对电商销售额达到2000万元以上的，按1%给予最高不超过40万元奖励。

7. 支持企业融资。在“两个不低于”（对于小企业信贷投放，增速不低于全部贷款增速，增量不低于上年）的前提下，银行业金融机构当年对小微企业的贷款每新增1亿元，市级财政给予补助10万元；对为工业企业提供贷款担保的担保机构，按年度担保额的8‰比例予以风险补偿；为流通企业提供贷款担保的担保机构，按年度担保额的5‰比例予以风险补偿。推进工业企业补办不动产权属登记及产权分割。开辟绿色通道，建立健全工作机制，2020年底前完成漳州市具备条件的工业企业不动产权属登记补办工作。积极开展产权分割工作，进一步盘活利用闲置土地和厂房，有效增加企业可抵押资产。

8. 支持校企共建。开展企业公益培训。组织开展成长型企业研修班、专精特新企业创新研修班等多层次公益课程，给予每人次300元补助；鼓励规模工业企业引进有专业资质的管理咨询机构开展战略管理、精益生产、品牌策划、信息化建设等服务，在项目实施验收后，按企业获得该项服务实际发生的费用总额，给予不超过50%补助，单个企业每年最高补助额不超过30万元。鼓励市属高校成立产业领域内工业技术研究机构、服务机构，加大研发投入，对市属高校按研发投入比上一年度增加额的10%给予补助，最高不超过100万元。对经认定为省级示范性校企共建实训基地的，按照实训基地仪器设备值的30%给予补助，最高不超过50万元。

建筑业

近年来，漳州市政府加大了对建筑业的引导和扶持力度，通过制定政策措施优化产业发展环境，以建筑产业现代化为方向指引，抓准增长点挖掘新动能，持续推动企业转型升级，促进产业集聚融合，打造企业集团，拓展域外市场，全市建筑业发展势头良好。截至2018年11月，漳州市有建筑业企业818家，规模以上企业不断增加，其中特级资质企业1家，为全省16家特级资质企业之一；一级总承包资质企业35家，二级总承包资质企业115家。产业规模不断发展壮大，继2012年总产值突破200亿元，2014年突破300亿元，2015年突破400亿元，2017年突破500亿元，2018年漳州市完成建筑业总产值617.62亿元，比上年增长18.1%。全年全市建筑业实现增加值309.37亿元，比上年增长7.1%，增幅位居全省首位，继2015年后再次摘得桂冠。建筑业增加值占GDP比重7.8%，对GDP增长的贡献率为6.3%，拉动经济增长0.54个百分点。

分地区观察，龙海市是福建省八大“建筑之乡”之一，建筑业也是龙海市的传统优势产业、优势产业和支柱产业，全市完成建筑业总产值达到漳州市建筑业总产值的50%左右。为营造更好的政策环境、发展空间，加大扶持力度，2018年6月，龙海市出台了《龙海市人民政府关于加快建筑业发展的若干意见》，在现有政策的基础上，从加快企业总部建设、创造良好条件、加大奖励扶持力度、推进建筑产业现代化等四大方面，进一步扶持企业升级创优、做大做强，持续推进龙海市建筑业发展。

服务业

为加快服务业发展提速增效，2018年以来，漳州市政府大力培育服务业增量主体，提升存量水平，补齐发展短板。

一、出台政策支持

漳州市发改委牵头起草《漳州市人民政府关于进一步加快服务业提升发展十二条措施的通知》和《关于落实〈漳州市人民政府办公室关于进一步激发民间投资活力十二条措施的通知〉有关奖励事项的实施细则》。其中，《服务业十二条措施》重点对漳州市GDP增长起着重要支撑和拉动作用的服务业“四上”企业进行分类奖励，奖励面涉及商贸业、交通运输快递业、其他营利性服务业、物业房地产业、生产性服务业等。

二、突出扶持重点

积极指导，及时组织，按程序申报年度省级预算内服务业引导资金工作。漳州市共获得省级服务业预算内补助资金总额达1160万元，占全省服务业预算指标总额近三分之一。

三、加大招商力度

积极落实2017年“9·8”服务业项目对接会

签约项目，跟踪项目进展情况。截至 2018 年 10 月，有已落地项目 3 个，总投资 8.01 亿元，已签订合同协议项目 9 个，总投资 87.90 亿元，意向对接项目 6 个，总投资 20.30 亿元。对接组织 2018 年“9·8”服务业项目对接会签约项目，芗城区华铺农产品电商物流产业园项目、龙海市华侨大酒店项目、南靖绿世界休闲旅游项目等 28 个项目总投资额达 216 亿元。

2018 年，漳州市有古城休闲集聚示范区、东南花都健康养生园等 2 个园区被评为 2018 年省级现代服务业集聚示范区，全市省级服务业集聚区已达 9 个，位列全省第三。普洛斯漳州物流园区、招银冷链物流园区、南靖土楼休闲区等 8 家企业获得省级服务业发展引导资金 1160 万元。

2019 年 3 月，漳州市公布了 2019 年服务业重点项目，芗城三宝物流园项目、高新区甲骨文双创基地（二期）等 135 个项目列入市级服务业重点项目，单个项目投资额均在 1 亿元以上，全部项目总投资额达到 1814.64 亿元，2019 年度投资 378.93 亿元。其中，芗城华埔现代农业产业园、芗城正兴智慧健康养老院、漳浦七星海国际滨海旅游度假区、龙海食品博览园工程、台商区丰树漳州现代物流园、东山海洋世界及配套项目、长泰宝龙集团健康项目、台商投资区宝湾国际物流园项目等 61 个项目为 2019 年新建项目。所有项目均涉及漳州市服务业“6+6”重点领域，生产性服务业 55 个，其中现代物流 15 个，电子商务 5 个，商务服务 24 个，科技服务 8 个，金融服务 2 个，信息服务 1 个。生活性服务业 80 个，其中旅游休闲 42 个，商贸流通 8 个，文化体育 18 个，养老服务 6 个，健康医疗 4 个，家庭服务 2 个。

漳州市服务业部分行业运行情况：

——批发零售业。2018 年，漳州市批发和零售业增加值 175.78 亿元，比上年增长 8.3%；全年社会消费品零售总额 1111.60 亿元，增长 13.1%。其中，限额以上消费品零售额 558.75 亿元，增长 18.0%；限额以下消费品零售额 552.85 亿元，增长 8.6%。

在限额以上企业商品零售额中，家具类零售额 19.21 亿元，比上年增长 44.5%，服装鞋帽针纺织品类零售额 27.98 亿元，增长 12.2%，粮油食品饮料烟酒类零售额 147.37 亿元，增长 26.7%，通讯器材类零售额 2.14 亿元，增长 20.9%，汽车类零售额 67.44 亿元，增长 10.7%，金银珠宝类零售额 3.71 亿元，增长 45.6%，家用电器和音像器材类零售额 30.09 亿元，增长 14.5%，化妆品类零售额 4.08 亿元，下降 2.6%，日用品类零售额 14.54 亿元，增长 15.8%，石油及制品类零售额 38.97 亿元，增长 8.3%，体育、娱乐用品类零售额 0.85 亿元，下降 29.2%。

——交通运输业。2018 年，漳州市货物运输总量 8349.53 万吨，比上年下降 10.1%。沿海港口货物吞吐量 4948.06 万吨，增长 4.7%。铁路、公路、水路共完成客运量 2878.75 万人次，下降 9.3%。截至 2018 年末公路通车里程 1.26 万公里，比上年增加 0.02 万公里，比上年末增长 1.8%，其中高速公路通车里程 595 公里，与上年持平。截至 2018 年末，全市汽车保有量（含三轮汽车和低速货车）53.36 万辆，增长 13.6%，其中私人汽车保有量 47.42 万辆，增长 13.4%；轿车保有量 29.26 万辆，增长 13.5%，其中私人轿车保有量 27.42 万辆，增长 13.7%。新增 4 家 3A 级物流企业；新增盛辉物流公路港、漳州开发区招银港物流园等 2 家省级示范物流园区。

——邮政业。2018 年，漳州市邮政业务总量 27.15 亿元，比上年增长 31.8%。全年完成邮政函件业务 710.65 万件，包裹业务 3.99 万件，快递业务量 11725.67 万件。

——电信业。截至 2018 年末，漳州市电信业务总量 195.82 亿元，比上年增长 125.2%。电话用户总数 575.32 万户，其中固定电话用户 76.26 万户，移动电话用户 499.06 万户。全市互联网用户 585.17 万户，增长 12.5%，其中固定宽带用户 170.82 万户，增长 20.7%，移动互联网用户 414.35 万户，增长 9.4%，移动电话基站 24171 万个，下降 4.3%。

——金融业。2018 年，漳州市金融业增加值 153.00 亿元，比上年增长 6.3%。截至 2018 年末，全市金融机构本外币各项存款余额 2980.55 亿元，比年初增加 125.65 亿元；金融机构本外币各项贷款余额 2620.33 亿元，增加 136.24 亿元。其中，涉农贷款余额 1167.53 亿元，减少 56.17 亿元；县域贷款余额1485.93亿元，增加100.99亿元；小微企业贷款余额357.06亿元，减少78.1亿元。引进了泰隆村镇银行等4家商业银行。证券业方面，2018年漳州市新增芗城牛崎头生物科技公司等5家在主板、新三板、海交中心挂牌的企业；长泰三利达公司等3家企业通过定增实现股权融资。保险业方面，2018年漳州市内外资保险公司保费收入79.89亿元，比上年增长9.3%，其中寿险保费收入52.67亿元，健康险和意外伤害险保费收入11.43亿元，财产险保费收入27.22亿元。支付各类赔款及给付28.31亿元，其中寿险业务给付11.48亿元，健康险和意外伤害险赔款及给付1.10亿元，财产险赔款16.83亿元。

——房地产业。2018年，漳州市房地产业增加值215.08亿元，比上年增长7.3%。全年房地产投资完成额712.72亿元，增长41.3%，其中住宅投资545.87亿元，增长60.2%；房屋施工面积4353.84万平方米，增长8.4%，其中住宅施工面积3163.79万平方米，增长11.0%；房屋新开工面积1120.73万平方米，增长42.7%，其中住宅新开工面积866.74万平方米，增长46.4%；房屋竣工面积680.52万平方米，增长5.1%，其中住宅竣工面积483.44万平方米，增长4.2%。

——旅行社及相关服务业。2018年，漳州市接待国内旅游人数3881.96万人次，比上年增长21.0%；接待入境游客70.39万人次，增长15.3%。其中，接待外国人17.42万人次，增长10.8%；台湾同胞30.99万人次，增长11.5%；港澳同胞21.98万人次，增长25.24%。全年旅游总收入521.23亿元，增长33.7%。其中，国内旅游收入483.37万元，增长35.8%；国际旅游收入5.72亿美元，增长14.0%。截至2018年末，A级旅游景区18家，比上年增加2家；新增龙海鹭凯生态庄园、南靖梅林镇科岭红色旅游景区等2家单位为国家3A级旅游景区等。

（摘编：福建省企业信息中心）

2018年泉州市发展概况

2018年，泉州市坚持稳中求进，落实新发展理念，传承弘扬“晋江经验”，深化供给侧结构性改革，制定实施赶超三年行动计划，打好三大攻坚战，做好“六稳”工作，全力推进产业升级、城乡统筹、民生改善。全年全市实现地区生产总值8467.98亿元，按可比价格计算，比上年增长8.9%，经济总量连续20年保持全省第一。其中，第一产业增加值201.80亿元，增长2.3%；第二产业增加值4885.01亿元，增长8.7%；第三产业增加值3381.16亿元，增长9.5%。第一、二、三产业对GDP增长的贡献率分别为0.6%、57.9%和41.5%，分别拉动GDP增长0.1个百分点、5.1个百分点和3.7个百分点。三次产业比例为2.4∶57.7∶39.9。按常住人口计算，人均地区生产总值97614.00元（按年平均汇率折合14751美元），比上年增长8.1%。

农　业

泉州市依山面海，山海资源丰富，发展特色现代农业具有得天独厚的区位优势。近年来，泉州市围绕着党中央推动“三农”工作理论创新、实践创新、制度创新，持续深化农业供给侧结构性改革，加快推进农业现代化。2018年，全市农业持续稳定发展，产业结构不断优化。

一、农林牧渔全面发展

2018年，泉州市完成农林牧渔业产值364.23亿元，比上年增长2.3%，增速分别比1—3季度和上年同期提高0.4个百分点和1.3个百分点。其中，农业产值142.78亿元，增长5.0%；林业产值5.91亿元，增长6.1%；牧业产值70.92亿元，下降2.1%；渔业产值135.46亿元，增长1.8%；农林牧渔服务业产值9.16亿元，增长6.7%。农、林、牧、渔业结构比重分别为39.2%、1.6%、19.5%和37.2%，保持着持续协调的发展。

二、特色农产品发展较快

近年来，泉州市牢牢抓住农业生产的区域性特点，立足实际、因地制宜，不断推进重点特色农产品品种结构的调整优化，开发出具有区域特色和较高市场竞争力的农产品，区域化、规模化、集约化、特色化格局日益显现。目前，安溪、南安、永春、德化分别获“中国乌龙茶之乡”“中国龙眼之乡”“中国芦柑之乡”“中国早熟梨之乡”荣誉称号。“一乡一业一村一品”的规模化主导产业发展迅速，形成了茶叶、蔬菜、水果、畜禽、水产、林竹、花卉苗木等7个优势特色产业，全市7类12种农产品列入农业农村部《特色农产品区域布局规划》。晋江成为全国最大的冬春季胡萝卜出口基地。2018年全市水产品、乌龙茶、芦柑、龙眼、德化梨、蔬菜、食用菌、马铃薯、畜禽产品、花卉等优势农产品占农林牧渔总产值的比重达86.9%。

三、渔业生产稳步发展，水产品供应充裕

2018年，泉州市继续着力发展养殖，突出建设海洋农牧化工程，控制捕捞强度，培育发展远洋渔业，加强水产加工业的技术改造，提高产品技术含量，增强海水产品精深加工能力和市场竞争力，推进海洋渔业产业化经营。泉州远洋渔业自2012年起步，短短6年时间实现了“从无到有、从小到大”的跨越式发展。作业渔船由4艘增加至2014年的33艘、再到2018年的58艘。作业范围从单一的北太平洋渔场到目前覆盖太平洋、印度洋公海及朝鲜北部海域。逐步形成由简单的“捕捞+运输”到“捕捞+加工+运输”的远洋渔业经营模式，并不断在向规模化、多元化方向发展

2018年，泉州市水产品总产量107.83万吨，比上年增长1.8%。其中，淡水产品产量1.49万吨，增长1.6%；海水产品产量106.34万吨，增长1.8%，其中海洋捕捞72.39万吨，增长1.8%，海水养殖33.95万吨，增长1.8%。

四、农业竞争力不断加强

农业产业化是现代农业的发展方向，是调整农业产业结构，提高农业竞争力的重要手段。截至2018年末，全市拥有国家级、省级农业产业化龙头企业9家和107家；无公害农产品446个、绿色食品142个、有机食品12个，农产品地理标志产品13个；福建十大农产品区域公用品牌2个，有效期内福建名牌农产品11个。

五、积极推动优势特色产业集聚区

2018年，以园区、功能区、产业带为平台，泉州积极推动优势特色产业向适宜发展区域集聚，先后创建安溪县国家现代农业示范区、惠安台湾农民创业园、7个省级农民创业园（示范基地）、11个市级以上现代农业产业园。截至2019年初，已吸引650家（个）农业龙头企业、农民合作社、家庭农场入驻产业园、创业园及示范基地投资创业，累计实施项目205个、完成投资32亿元，项目建设涵盖茶叶、蔬菜、食用菌、水果、畜禽等优势特色农产品。

六、培育新型主体，带动农户增收

2018年，泉州培育新型农业经营主体，重点扶持农业产业化龙头企业，以加工销售型龙头企业为依托，普遍实行“龙头企业+合作社+基地+农户”的经营模式，采取合同订单、种苗供给、技术指导、保价收购等契约化合作形式，与37.5万户农户建立较为紧密的利益联接关系，带动农户增收55亿元。截至2019年初，全市拥有228家市级以上龙头企业，龙头企业固定资产达140亿元，销售收入538亿元，其中超亿元龙头企业89家，4家入选全国农业龙头企业500强。实施“百社百村带千户行动”，加强农民合作社规范化建设，壮大家庭农场群体，促进小农户与现代农业发展有机衔接。全市登记注册农民合作社5665家（其中，国家级示范社13家）、家庭农场1561家，合作社成员9.2万个，带动农户36万户。

工　业

2018年，泉州市坚持稳中求进的工作总基调，贯彻新发展理念，落实高质量发展要求，以供给侧改革为主线，推进工业持续健康发展。截至2018年末，全市共有规模以上工业企业4643家，其中产值超亿元有2692家，超十亿元以上有281家；大中型工业企业共有1188家，企业数居全省第一；形成了纺织服装、鞋业、石油化工、机械装备、建材家居、食品饮料、工艺制品等七大产值超千亿产业集群。

一、行业增长面基本稳定

2018年，全市规模以上工业增加值比上年增长9.1%，增速比上年加快0.8个百分点，与全省持平，居全省第3位。工业生产总体平稳，结构持续优化，高质量发展基础不断夯实。

在规模以上工业37个大类行业中，有35个行业增加值比上年增长，增长面达到94.6%，比上年扩大13.5个百分点。其中，非金属矿物制品业（增长13.0%）、纺织业（增长12.3%）、文教工美体育和娱乐用品制造业（增长13.7%）、通用设备制造业（增长14.3%）等15个行业实现两位数以上的增长。其中，规模以上中型工业企业实现增加值1286.16亿元、增长8.3%，小型工业企业实现增加值1353.31亿元、增长14.6%，对全市规模以上工业增加值增长的贡献率分别达30.9%和52.9%；规模以上民营工业企业完成工业增加值3549.20亿元，占全市规模工业的90.7%，增长9.5%，分别比国有控股企业、全市平均水平高3.6个百分点、0.4个百分点，对规模以上工业增加值增长贡献率达94.4%，拉动全市规模以上工业增加值增长8.6个百分点。

二、工业结构呈现积极变化

2018年，全市重工业占比提升，规模以上重工业完成增加值1499.04亿元，占规模以上工业增加值比重达38.3%，比上年提高1.0个百分点；重化产业增加值达1112.83亿元，占规模以上工业增加值比重由上年的27.3%提升至28.4%；全市规模以上高新技术产业增加值占规模以上工业增加值的比重16.3%，占比提高1.3个百分点；规模以上新一代信息技术产业增加值增长16.3%，继续保持两位数的较快增长，增速快于全市平均水平7.2个百分点；规模以上机械装备产业增加值增长11.4%，增速加快0.8个百分点，快于全市平均水平2.3个百分点。

三、工业生产稳中趋升

2018年，全市工业增加值增速从一季度的7.8%提高至8.9%，比上年提高1.2个百分点，高于年度考核目标1.2个百分点；其中规模以上工业增加值增速从1—2月的8.0%提高至9.1%，居全省第3位，与1—3季度持平，比上年提高0.8个百分点。全市525家规模以上工业龙头企业共完成产值6769.51亿元，增长15.7%，增速加快0.8个百分点。

四、工业产销衔接水平提升

2018年，全市规模以上工业企业产品销售率为96.4%，为年内最高水平，比上年提高0.5个百分点，比1—3季度提高0.2个百分点。

五、传统产业保持较快发展，新动能效应初显

2018年，泉州市规模以上工业传统产业实现增加值2621.17亿元，比上年增长10.1%，增速比全市规模以上工业平均水平高1.0个百分点。其中，纺织鞋服业增长9.7%，建材家居增长11.7%，食品饮料业增长8.5%，纸业印刷增长7.2%；规模以上工业新一代信息技术产业增加值增长16.3%，生物医药产业增加值增长11.8%，增速分别比全市规模以上工业平均水平高7.2个百分点和2.7个百分点。

六、工业企业效益显著提高

2018年，泉州市规模以上工业企业实现利润总额1284.98亿元，比上年增长19.2%，增速提高1.6个百分点。12月份新增利润122.19亿元，增长27.5%，增速提高13.0个百分点；实现主营业务收入利润率为8.4%，提高0.2个百分点；人均主营业务收入为118.10万元，提高18.20万元；工业资产利润率为16.0%，提高1.8个百分点。

七、工业投资增速位居全省首位

2018年，全市工业投资比上年增长33.3%，增速提高13.7个百分点，比全省平均水平高15.9个百分点，位居全省首位。具体呈现如下特点：一是投资总量占比显著提高。2018年，全市工业投资占全市固定资产投资比重31.6%，提高7.9个百分点，对全市固定资产投资增长贡献率达到63.4%，拉动固定资产投资增长9.0个百分点，成为全市固定资产投资增长的主要动力。其中制造业投资占工业投资93.1%，增长34.9%，对工业投资的贡献率达到96.2%。二是传统轻工企业和新兴科技企业齐头并进。从行业类别来看，传统轻工企业继续加快升级转型，酒、饮料和精制茶制造业，皮革、毛皮、羽毛及其制品和制鞋业，家具制造业，造纸及纸制品业工业投资分别增长111.4%、30.2%、198.3%和83.5%；新兴科技企业持续加大发展力度，化学原料及化学制品制造业、计算机通信和其他电子设备制造业、仪器仪表制造业、废弃资源综合利用业工业投资分别增长80.0%、45.2%、643.9%和35.9%。三是先进制造业投资保持较快增长。从工业投资的内涵来看，先进制造业包括装备制造、汽车、钢铁、石化、船舶制造等行业，2018年保持较快的增长势头，全市先进制造业投资增长39.3%，占工业投资比重42.0%，对工业投资的贡献率达到47.4%，拉动工业投资增长15.8个百分点。

八、多种经济成分共同发展

（一）国有企业在优化调整中发展壮大

2018年，规模以上国有控股工业企业实现工业总产值达1398.54亿元，比1952年现价增长超过4万倍。国有企业不断优化战略布局，在关系国民经济命脉的重要行业和关键领域保持主导地位。2018年，电力热力生产、水的生产和供应业中，国有控股企业主营业务收入占所在行业的比重分别高达96.6%和53.1%；在黑色金属加工、石油加工等原材料工业领域，国有控股工业所占比重在也达46.2%和38.1%。国有企业为推进泉州工业化和现代化做出了巨大贡献。

（二）民营经济逐渐成为支撑泉州经济发展的主力军

2018年，泉州市规模以上民营工业企业数占规模以上工业企业的比重达98.5%，资产总计、主营业务收入和利润总额占比分别达86.3%、92.5%和93.7%。民营经济已经成为泉州经济的中坚力量。

（三）港澳台商投资企业为泉州工业经济持续

发展注入活力

2018年末，泉州规模以上港澳台商投资工业企业已达986家，吸纳就业人数达42.30万人，实现主营业务收入4141.06亿元。港澳台资企业不仅带来了资金、技术、人才，更是输入了先进的理念和管理经验，成为泉州工业经济发展的重要参与者。

（四）外商投资企业成为经济建设不可或缺的重要力量

2018年，泉州规模以上外商投资工业企业已达300家，吸纳就业人数达11.19万人，实现主营业务收入1846.72亿元。

建筑业

2018年，泉州市建筑业企业在各级政府扶持政策的大力支持下继续保持强力势头，全市建筑业实现增加值540.45亿元，比上年增长6.8%。全市资质等级以上的建筑企业有719个，完成建筑业总产值1783.53亿元，增长17.0%。建筑业总产值达到亿元及以上的企业179家，其中5亿元及以上的企业62家。全市建筑房屋施工面积9264.94万平方米，增长3.8%；房屋竣工面积3044.71万平方米，增长0.6%。

一、建筑工程仍占主导地位

从建筑业总产值构成来看，2018年，全市建筑工程产值在全市建筑业总产值中占据主导地位，建筑工程产值占建筑业总产值的比重，除一季度占比89.0%，其他月份占比均保持在90.0%以上，成为影响全市建筑业总产值的主要因素。全年全市建筑工程产值达1631.99亿元，比上年增长17.3%，占建筑业总产值比重91.5%；安装工程产值123.14亿元，增长2.9%，占建筑业总产值比重6.9%；其他产值为28.40亿元，增长117.6%，占建筑业总产值比重1.6%。

二、对外开拓势头强劲

近年来，泉州市建筑业企业对外开拓势头强劲，积极抢占和开辟省外市场，成效显著。走出去、谋发展已成为泉州市建筑业企业实现产值增长、增强实力的重要途径。截至2018年末，全市在外省有工作量的建筑企业223家，比上年末增加11家。在外省完成的产值首次突破千亿元大关，达到1003.95亿元，比上年增长18.5%，对全市建筑业总产值增长的贡献率为60.5%，拉动总产值增长10.3个百分点。

三、装配式建筑发展卓有成效

2018年，为推动装配式建筑发展，泉州市住建局采取各项有效措施，通过设计阶段认定的PC装配式建筑项目20个，面积约83.4万平方米。

一是从装配式建筑项目类型多样化稳步推进。从住宅、学校、医养、办公、标准化厂房等多类型项目稳步推进，取得良好的试点示范效应，目前90%以上的项目已开工建设，开工面积达74万平方米。

二是建设推进装配式生产基地扩充产能。2018年，已新建成泉州建筑产业化有限公司PC生产基地并实现当年投产，全市PC构件年生产能力达25万立方米以上，基本满足装配式建筑PC构件市场需求。目前正筹划泉州绿色建筑创新产业园（惠安园区约300亩）建设，该项目已列入省重点建设项目。

三是制定政策加强管理。将设计阶段认证项目的名录以文件的形式给予公开，并在加强房地产项目预售管理、装配式建筑质量安全管理、预制混凝土部品部件源头管控上提出要求，确保装配式建筑项目顺利实施。出台《关于装配式建筑应用推广期间房屋建筑工程招投标有关问题的通知》，就装配式建筑的“发包模式、招标方式、评估方法”等细化措施，加强对全市装配式建筑项目招投标指导和约束。

四是加大宣传力度营造氛围。在泉州主流媒体报道装配式建筑相关内容8次，同时通过参建各方企业网站、微信公众号等自媒体多渠道宣传，从基地生产、项目建设、名目公布、行业会议、样板观摩等，多角度、全方位介绍泉州市装配式建筑产业进展，让市民群众更多了解装配式建筑。

为保证建筑行业稳定发展，推动产业升级转型，2018年11月，泉州市住建局印发《泉州市建筑行业跨越发展三年行动实施方案》。《方案》提出进一步深化全市建筑业“放管服”改革，将78家市属建筑业企业管理权限下放至属地行业主管部门，并搭建建筑业企业资质晋升平台，提出至

2020年，全市力争新增获批特级企业5家、新增一级企业20家。同时大力开展将培训，支持企业申报省级装配式建筑工人培训基地。并对拟申报特级和一级总承包的企业实行“点对点”帮扶，搭建资质晋升平台，大力提升本地建筑业企业竞争实力，并联合有关部门组织企业赴市外、省外、“一带一路”沿线国家开展推介活动，为建筑业企业嫁接央企国企等大型企业、对外开拓市场牵线搭桥。

为提升泉州市建筑业的规模总量、质量效益和发展潜能，泉州市住建部门还将紧抓基础设施投资回升的机遇，在项目投资带动上着力。对于PPP项目，要求中标企业要在项目所在地设立具有独立法人资格的项目公司；对于总承包项目，总承包单位在进行专业工程分包时，应分包给本地企业；对于民营房地产项目，要探索新的政策措施，鼓励将施工业务发包给本地有实力的建筑业企业。

在优化营商环境方面，为破解建筑业企业“融资难”，泉州市住建部门将协调金融机构在建筑业企业授信额度、保函条件和出具保函费率等方面给予优惠和支持，探索形成建筑企业以建筑材料、机械设备、在建工程项目和应收账款等作为抵质押物进行融资的机制。各地也将着力在全市范围内构建统一开放的建筑市场秩序，及时依法打击查处施工企业涉嫌转包、挂靠、违法分包及拖欠农民工工资行为，净化建筑市场环境。

服务业

2018年，泉州市积极改善营商环境，加大服务业招商引资力度，推动制造业服务化水平，促进服务业持续健康发展。

一、服务业占比继续提升

2018年，泉州市第三产业实现增加值3381.16亿元，比上年增长9.5%，居全省第3位。占GDP比重达39.9%，创历年新高，比上年提升0.4个百分点。

二、消费品零售总额增速名列前茅

2018年，泉州市实现社会消费品零售总额3407.89亿元，比上年增长12.3%，增速比全省平均水平高1.5个百分点，增速保持在全省第2位。其中全市限额以上民营单位实现零售额1309.55亿元，占全市限额以上零售额的88.0%，增长18.1%，高于平均水平0.9个百分点，对限额以上零售额增长贡献率达91.7%，拉动全市限额以上零售额增长15.8个百分点。

三、消费需求总体稳定

从全市消费品类看，在统计的23类商品中，21类商品实现正增长，增长面达91.3%，14类保持两位数的高速增长。基本生活类商品成为拉动消费增长的重要动力，限额以上饮料类、服装类商品零售额分别比上年增长20.3%、25.4%，对全市限额以上零售额增长的贡献分别为9.8%和23.6%，合计拉动全市限额以上零售额增长5.7个百分点。传统零售业态销售有所回暖，全市限额以上有店铺零售额增长15.3%，提高0.4个百分点。其中，大型超市、专卖店分别增长3.0%和15.4%，增速提高2.6个百分点和4.2个百分点。

四、第三产业投资保持平稳发展

2018年，全市第三产业完成投资比上年增长6.1%，占固定资产投资比重达66.6%，对全市固定资产投资增长的贡献率为30.9%，拉动固定资产投资增长4.4个百分点，其中社会事业投资增速较快，信息传输软件和信息技术服务业、水利环境和公共设施管理业、卫生和社会工作、文化体育和娱乐业投资分别增长25.9%、49.6%、66.4%和93.2%。

泉州市服务业部分行业运行情况：

——房地产业。2018年，全市房地产开发投资额791.41亿元。按工程用途分，商品住宅投资569.62亿元，比上年增长29.4%；办公楼投资26.87亿元，下降37.2%；商业营业用房投资80.65亿元，下降19.1%。商品房销售面积1415.77万平方米，增长13.8%。商品房销售额1227.39亿元，增长30.5%。

——交通运输、仓储业。2018年，全市交通运输、仓储和邮政业实现增加值540.41亿元，比上年增长7.7%。全年全市共新建、改建公路364公里。截至2018年末，全市公路通车总里程达17696公里，增加39公里。其中，二级及二级以上高级公路里程2819公里，高速公路里程652公里。公路密度达160.87公里/百平方公里。全市铁路总里程360公里，其中高铁里程86.97公里。全年全市货物运输量31259.35万吨，比上年增长8.8%；客运量7030.07万人次，下降8.4%。全市港口完成货物吞吐量12832.37万吨，下降1.2%，其中外贸货物吞吐量3889.89万吨，增长0.6%；集装箱吞吐量240.39万标箱，增长7.2%。

——邮政电信业。2018年，全市完成邮电业务总量675.72亿元，比上年增长87.5%。其中，邮政业务总量210.17亿元，增长32.2%；电信业务总量465.54亿元，增长131.1%。全市电话用户总数1166.99万户，其中固定电话用户159.19万户；移动电话用户1007.80万户，其中4G电话用户818.75万户，净增长111.33万户，移动宽带用户普及率为102.22%，提高13.65个百分点。全市电话普及率为134.1%，其中固定电话普及率18.30%，移动电话普及率115.84%。全市互联网用户1205.14万户，增加133.54万户，其中：固定宽带用户351.18万户，增加59.15万户，固定宽带家庭普及率为116.65%，提高36.67个百分点；移动互联网用户853.96万户，增加74.39万户。

——金融业。截至2018年末，全市金融机构本外币各项存款余额6947.84亿元，比上年末增长0.8%，其中人民币各项存款余额6867.04亿元，增长1.3%。人民币存款中，住户存款余额3779.73亿元，增长7.6%；企业存款1833.8亿元，下降3.8%。全市金融机构本外币各项贷款余额6393.05亿元，增长5.3%，其中人民币各项贷款余额6375.46亿元，增长5.5%。人民币贷款中，个人消费贷款余额1858.91亿元，当年新增323.16亿元，其中住房贷款余额1422.37亿元，当年新增287.77亿元。

（摘编：福建省企业信息中心）

2018年三明市发展概况

2018年，三明市坚持稳中求进工作总基调，坚持新发展理念，坚持高质量发展落实赶超，着力推进供给侧结构性改革，经济社会发展保持稳中有进、稳中向好的良好态势。全年实现地区生产总值2353.72亿元，比上年增长7.5%。其中，第一产业增加值273.98亿元，增长4.0%；第二产业增加值1237.90亿元，增长8.4%；第三产业增加值841.84亿元，增长7.6%。第一产业增加值占地区生产总值的比重为11.6%，第二产业增加值比重为52.6%，第三产业增加值比重为35.8%。人均地区生产总值91406元，比上年增长6.9%。

农　业

2018年，三明市农业生产总体平稳。全年全市农林牧渔业总产值460.45亿元，比上年增长4.1%，增幅比上年回落0.2个百分点，增幅比全省平均水平高出0.6个百分点。分县市观察，全年宁化县农林牧渔业总产值42.96亿元，可比增长4.4%。其中，农业产值24.69亿元，增长4.7%；林业产值11.02亿元，增长5.3%；畜牧业产值4.70亿元，增长2.9%；渔业产值1.52亿元，增长4.7%；农林牧渔服务业产值1.03亿元，增长5.0%。农林牧渔业实现增加值26.14亿元，增长4.4%。永安市农林牧渔业总产值55.04亿元，增长4.9%。尤溪县农林牧渔业总产值73.65亿元，增长3.2%。其中，农业产值43.05亿元，增长6.7%；林业产值19.41亿元，下降2.7%；牧业产值7.65亿元，增长1.0%；渔业产值2.44亿元，增长4.8%；农林牧渔服务业产值1.11亿元，增长6.5%。清流县完成农林牧渔业总产值35.31亿元，增长4.2%，其中农业产值19.75亿元，增长7.9%，林业产值5.31亿元，下降2.7%，牧业产值4.29亿元，增长2.1%，渔业产值5.71亿元，增长4.5%，农林牧渔服务业0.23亿元，增长5.7%。2018年，全市农林牧渔业发展呈现以下特点：

一、农业生产扎实开展

2018年，全市农业产值258.79亿元，比上年增长5.5%，增幅比上年提高1.2个百分点。粮食生产稳定，粮食播种面积239.26万亩，增长0.9%；粮食产量93.97万吨，增长3.8%；蔬菜增势强劲，蔬菜种植面积109.05万亩，产量179.06万吨，分别增长4.1%和5.8%；食用菌产量增幅较高，全年食用菌产量12.81万吨，增长5.5%。

二、林业增长较缓

2018年，全市林业产值116.02亿元，比上年增长1.9%，增幅比上年下降1.8个百分点。木材产量363.01万立方米，下降11.8%；毛竹产量1.82亿根，增长3.2%；篙竹产量1.12亿根，增长2.4%；小竹材产量15.04万吨，增长8.0%；竹笋干产量13.43万吨，增长7.7%。

三、畜牧业增幅下滑

2018年，全市牧业产值51.79亿元，比上年增长2.9%，增幅比上年下降1.9个百分点。受环保因素影响，生猪出栏量大幅下降，全年猪肉产量9.31万吨，下降8.6%。

四、渔业增幅平稳

2018年，全市渔业产值22.89亿元，比上年增长4.5%，水产品总产量10.68万吨，增长4.5%。超额完成省政府下达的高标准农田目标任务。2018年省政府下达三明市高标准农田建设任务为25万亩，其中由农业部门实施承担建设41100亩，山垅田复垦与改造工程项目2100亩；新增千亿斤粮食生产能力规划田间工程建设项目3900亩。截至2018年末，全市已通过国土资源部农村土地整治监测监管系统验收阶段报备的高标准农田建设规模为59869亩，其中山垅田复垦与改造工程项目2100亩，完成率133%；新增千亿斤粮食生产能力规划田间工程建设项目57069亩，完成率146%，超额完成省政府下达的高标准农田目标任务。

五、农产品安全得到有效保障

2018年以来，三明市加大农产品质量安全监督抽检工作力度，引入“双随机”抽检机制，对12个县（市、区）251家生产主体生产的蔬菜、水果、食用菌、茶叶、禽肉、禽蛋、猪肉、生鲜乳等8类产品进行抽检，监测农兽药残留、重金属和非法添加物参数103个，抽检样品548个，其中抽检蔬菜样品256个、水果抽检样品123个、食用菌抽检样品36个、茶叶抽检样品46个、畜禽产品抽检样品87个。检测结果显示，蔬菜、水果、食用菌、茶叶、禽肉、禽蛋、猪肉、生鲜乳等548个样品抽检合格率均为100%，比上年提高了0.3个百分点，有力保障了食用农产品安全。

六、农民合作社发展稳中有增

截至2018年末，全市已在工商登记注册的合作社总数达6074家，比上年末增加327家。分县市看，永安、尤溪、大田、宁化、建宁、沙县六地登记数量最多，均超过500家，分别为910家、800家、755家、709家、570家和563家；其他县（市、区）数量依次为：清流445家、将乐389家、泰宁380家、明溪303家、三元176家、梅列74家。截至2018年末，全市获评省级示范社196家，评选市级示范社268家。

七、特色现代农业高质量发展

2018年以来，三明市不断优化产业布局，创建三元早熟蜜柑、永安莴苣、建宁莲子等12个省级特色农产品优势区，推动特色产业向优势区集聚。一是发展高优农作物种苗产业园。全市以研发、展示、孵化、推广、休闲为工作重点，围绕水稻种子、花卉种苗、药用植物种苗、蔬菜种苗等四条产业链，着力抓好荷花兰种质扩繁、蔬菜种植及鱼虾菜共生系统设施建设、森源国兰（台湾）新品种繁育种植等项目建设，重点扶持神州克劳沃园艺、世纪民生蔬菜、田字一号农业科技、森彩生态农业等龙头企业，形成“育、繁、推”一体化的种苗产业链条，努力打造全省技术领先、品种优新的高优农作物种苗产业园。二是打造国家级台湾农民创业园。2018年，清流国家级台湾农民创业园建设完善四大产业功能区，其中花卉苗木产业区新增鲜切花种植面积3000亩、兰花种植面积500亩；特色养殖产业区引进台湾优良畜禽、鱼类等新品种和先进的养殖管理技术，打造全省最大的蛋鸡、淡水鱼（鳗鱼）养殖产业基地；农林产品加工区推动台湾优质大米、清流豆腐皮、茶叶等闽台合作农特产品加工项目建设，逐步完善和提升赖坊闽台农产品加工基地功能；生态休闲旅游区借鉴台湾民宿，融入台湾元素，重点打造樱花观光园、兰花文化博览园、葡萄采摘园等一批生态休闲观光农业项目。到2020年，力争园区台资企业总数达65家以上，实现产值10亿元。三是建设省级农民创业园（示范基地）。依托全市2个农民创业园和9个农民创业示范基地，重点围绕茶叶、水果、蔬菜、食用菌、畜禽、种业等六个特色产业，以集聚效应稳步提升、科技创新持续发展、品牌影响逐步扩大为目标，加快建设沙县中梁肉兔产业园、建宁县贡莲小镇和农产品精深加工、三元区牲畜屠宰肉制品加工及冷链物流等项目，重点扶持祥云生物科技、禾丰种业、状元茗茶、福之羊生态农业科技等龙头企业，积极发展品牌农业、生态农业、智慧农业，集聚现代农业生产要素，推动园区建设向规模化、集约化、产业化发展。

八、休闲农业有序发展成效明显

2018年，全市休闲农业发展较好，不仅有效解决了农村富余劳动力的流动问题，而且也增加了农民收入，取得了较好的经济和社会效益。截至2018年末，全市共有农家乐、休闲农庄、休闲农业园区和民俗村在内的休闲农业经营主体564个，比上年新增6个；从业人员数1.31万人，其中农民就业人数1.15万人；年接待710.46万人次，年营业收入7.25亿元，年利润总额1.43亿元。有66家500万以上规模企业，比上年新增2

家，投资资产总额达27.8亿元。此外，家庭农场保持快速发展。截至2018年末，全市在工商登记注册的家庭农场总数达3444家，增加799家，继续保持高增长。其中，清流、大田、沙县三地登记数量最多且均超过400家，分别为468家、442和409家；其他县（市、区）数量依次为：梅列32家、三元171家、永安376家、明溪256家、宁化296家、建宁327家、泰宁136家、将乐235家、尤溪296家。截至2018年末，三明市获评的省级示范场有115家，居全省前列；获评的市级示范场有188家。

工　业

近年来，三明市工业坚持高质量发展落实赶超，坚持供给侧结构性改革主线，突出抓好主导产业，全力推进三明老工业基地“老树发新枝”，为加快建设新三明提供了强劲工业支撑。2018年，三明市全部工业实现增加值1012.09亿元，比上年增长8.9%，其中规模以上工业增加值增长8.9%。规模以上工业中，分经济类型看，国有控股企业增长8.4%，国有企业下降0.5%，集体企业增长15.2%，股份制企业增长9.0%，外商及港澳台商投资企业增长1.4%，私营企业增长8.9%；分轻重看，轻工业增长10.2%，重工业增长8.2%。分门类看，采矿业增长11.4%，制造业增长8.7%，电力、热力、燃气及水生产和供应业增长6.8%。工业产品销售率98.95%，下降0.09个百分点。

分县市看，尤溪县工业经济逆势上扬。2018年，全县在库规模以上工业企业159家，比上年减少3家；规模以上工业增加值增长8.3%；产销率98.5%，下降0.1个百分点；全社会工业用电量10.94亿千瓦时，增长7.7%；规模以上工业主营业务收入295.40亿元，增长15.6%；规模以上工业经济效益综合指数达333.7%，提高48.0个百分点。永安市全年规模以上工业增加值增长8.8%；规模以上工业实现主营业务收入960.34亿元，增长13.4%；实现利税30.88亿元，增长39.8%；亏损面为6.0%，扩大1.1个百分点；工业企业产品销售率98.0%；经济效益综合指数404.3%，提高40.1个百分点。清流县工业生产平稳增长，规模以上工业累计完成总产值138.71亿元，增长9.4%。氟化工、林产化工、轻纺电子等主导产业完成总产值76.18亿元，占全部规模以上工业产值的54.9%。其中，氟化工累计完成总产值34.03亿元，占全部规模以上工业产值的24.5%；林产化工累计完成总产值32.70亿元，占全部规模以上工业产值的23.6%；轻纺电子工业累计完成总产值9.45亿元，占全部规模以上工业产值的6.8%。工业经济效益提高。全县规模以上工业企业经济效益综合指数为422.0%，提高46.8个百分点；工业产品销售率为99.2%，提高1.0个百分点；资产负债率42.9%，下降2.2个百分点。全县规模以上工业企业实现利润总额8.87亿元，增长23.1%；实现利税12.31亿元，增长17.5%。宁化县全年工业实现增加值46.98亿元，增长9.3%，其中规模以上工业增加值增长9.3%。在规模以上工业中，采矿业增长18.7%，制造业增长18.1%，电力、热力、燃气及水生产和供应业增长16.3%。工业产品销售率99.2%，提高0.2个百分点。

分季度看，生产增速逐季加快。2018年，全市规模以上工业增加值同比增速由一季度的7.5%、上半年的8.5%、前三季度的8.6%提升至全年的8.9%，增速比上年加快0.8个百分点，比全省平均水平低0.2个百分点。

分行业观察，全年行业变化呈现以下主要特点：一是半数行业两位数增长。全市38个工业大类行业中，有37个行业增加值实现增长，增长面达97.4%，仅有1个行业负增长。其中，20个行业呈两位数增长，占全部工业大类行业的52.6%。二是工业向中高端迈进。装备制造业增加值比上年增长14.7%，高技术产业增加值增长20.7%，增速分别高出全市规模以上工业5.8个百分点和11.8个百分点；占规模以上工业比重分别为16.3%和3.0%，分别提高4.7个百分点、0.2个百分点。三是“四大”传统产业增速“两高两低”。规模以上工业四大传统产业增加值增长10.4%，增幅比规模以上工业高出1.5个百分点。其中，机械产业和林产产业两位数增长，增幅分别为14.9%和11.8%；冶金和纺织产业增幅较低，分别为6.2%和5.2%。四是高耗能行业占比下降，增速放缓。全市高耗能行业增加值占全部规模以上工业的30.1%，比重下降2.4个百分点；增幅为3.8%，比全市规模以上工业低5.1个百分点。

从价格看，PPI前高后低。2018年，全市工业生产者出厂价格指数（PPI）由一季度的108.3%、上半年的107.6%、前三季度的106.8%回落至全年的105.6%，涨幅比全省平均水平高出2.8个百分点。12月，PPI同比下降0.2%，环比下降0.6%，主要行业黑色金属冶炼和压延加工业单月同比由前11个月的持续上涨转为下降12.1%，环比下降5.1%。

2018年，全市加大服务企业工作力度，建立市领导、市直部门和银行主要负责人挂包服务企业机制，深入企业“一对一”精准传导政策、精细指导帮扶，切实解决企业诉求，营造良好发展环境，助力工业企业提升生产效应。全市入库工业增值税在2016年、2017年分别增长18.4%、26.9%的基础上，2018年仍增长7.5%，高出全省平均水平3个百分点，入库工业增值税总额达37.84亿元。转型升级再提速。近年来，全市着眼传统产业提质增效，先后启动实施3轮企业技改行动计划，推动企业改进工艺技术，提升产业竞争力，2016—2018年全市共实施投资千万元以上重点技改项目943个、完成投资615.13亿元，建成投产或部分投产640个，全市规模以上工业企业技改面达95%以上，50%以上的企业生产设备达到行业先进水平。发展后劲再增强。全市坚持“走出去”嫁接高枝与“请进来”引凤入巢并重，赴长三角、珠三角、京津冀等重点区域，全方位开展项目招商，特别是2019年以来，成立了工作专班加快推进福建天华智能克劳斯玛菲、中纺院天丝、中国兵器装备集团合作等12个工业领域重点招商项目落地。着力抓好市区工业，市委市政府安排9位市领导挂包市区九大专业特色工业园区，合力推动市区工业发展，市区工业增加值占全市的比重从2015年的22.1%提升到2018年的24.5%。此外，全市主动对标国际国内先进经验，组织开展“六最”营商环境对标活动，坚持刀刃向内、自我革命，力争打造审批最少、流程最短、成本最低、服务最好、门槛最矮、诚信最优的国内一流营商环境。2018年，全市将企业开办时间缩短至6.5个工作日，比国务院所确定的省级（会）城市企业开办时间还短2个工作日；制定《三明市项目并联审批流程实施方案》，项目审批时限由原来的98个工作日压缩至28个工作日。“多证合一”改革有序推进。2015年6月，三明市开始复制推广福建自贸试验区“一照一码”登记制度，在全市范围内实施“三证合一”改革。2016年8月，推行“五证合一”改革，后又分别于2017年9月、2018年6月将合并证照事项增加至18项和31项。同时，还复制推广了上海浦东新区“证照分离”改革做法，在三明高新技术产业开发区（永安尼葛园、沙县金沙园）开展为期1年的“证照分离”改革试点，对98项行政审批事项，采取完全取消审批、审批改为备案、实行告知承诺等措施，着力破解“办照容易办证难”“准入不准营”等问题，切实降低制度性交易成本，营造稳定公平透明的营商环境。

建筑业

2018年，三明市全社会建筑业实现增加值225.81亿元，比上年增长6.1%。全市具有资质等级的总承包和专业承包建筑业企业完成建筑业总产值704.65亿元，增长13.2%；房屋施工面积3688.90万平方米，下降15.3%；房屋建筑竣工面积640.77万平方米，下降53.7%。

分县市观察，宁化县全年建筑业实现增加值20.84亿元，比上年增长5.9%，全县具有资质等级的总承包和专业承包建筑业企业完成建筑业总产值60.47亿元，增长10.3%。清流县全社会建筑业增加值171331万元，增长8.2%。尤溪县全社会建筑业实现增加值25.00亿元，增长4.0%，全县具有资质等级的建筑业企业25家，实现总产值18.68亿元，下降17.6%；实现利润11.01亿元，增长1.1倍；房屋建筑施工面积145.61万平方米，下降33.1%，其中新开工面积95.99万平万米，下降6.9%。永安市建筑业实现总产值85.82亿元，增长2.3%；全市57家资质等级以上建筑企业，房屋建筑施工面积677.44万平方米，下降4.6%；房屋建筑竣工面积245.84万平方米，增长29.8%。

2019年4月，三明市印发了《2019年三明市建筑业工作要点》，对全市建筑业发展提出要求，主要是：一是引导产业转型升级。贯彻落实省厅建筑业龙头企业实施计划，积极扶持福建一建集团创百亿龙头企业。支持企业拓宽业务领域，鼓励符合条件的企业晋升资质等级。支持企业走出去发展，重点拓展域外市场。引导民营企业规范发展，支持大型民营企业做大做强，中小总承包企业向专业承包市场领域发展。挖掘装修市场潜力，扶持有实力的装饰装修专业承包企业。推动建筑劳务企业转型，发展专业企业，逐步实现建筑工人公司化、专业化管理。制定出台《进一步促进建筑业加快发展壮大的若干意见》。二是推进招投标网上运行。全面实行电子化招投标，加强招投标全过程监管，进一步规范电子投标文件雷同认定工作，强化标后合同履行监督，严肃查处排斥潜在投标人、围标串标等违法违规行为。积极推广应用投标保证金电子保函。按省上要求落实计价软件实名制管理。做好招投标投诉处理工作。制定出台进一步完善保证金管理的措施，切实减轻企业负担。三是规范建筑市场秩序。组织开展建筑市场专项治理行动，严厉查处转包违法分包等建筑市场违法违规行为，保持查处违法违规行为的高压态势。进一步加强市场和现场联动，加大对质量安全事故责任企业和人员的处罚力度。开展建设领域人员“挂证”清理工作。查处补录业绩弄虚作假行为，严肃处理相关单位和责任人。健全建筑市场各方主体信用记录，实施建筑市场黑名单制度，加快形成“诚信激励、失信惩戒”的市场竞争机制。四是推进建造方式和组织方式改革。积极推动建筑产业现代化工程包建设，全年力争完成投资10000万元，其中，梅列区4000万元、三元区2500万元、永安市、沙县各1000万元、尤溪、大田、泰宁县各500万元。采用装配式建造的建筑在整体项目中应当先开工建设，力争全年装配式建筑占新建建筑比例达到15%。继续推行工程总承包组织方式。跟踪总结试点项目和试点企业好的做法，贯彻落实住建部、省住建厅出台的工程总承包政策。五是推动欠薪问题解决。引导建设单位按合同约定支付工程款（进度款），结合政府清偿欠款，引导企业依法维权。着力预防行业欠薪行为，运用建筑工人实名制管理平台落实项目劳务实名制管理。实现农民工工资专用账户全覆盖，推动银行代发工资落实。切实落实工资保证金差异化管理制度，严厉打击欠薪行为。

服务业

2018年，三明市服务业稳中趋缓。分季度看，全市服务业增加值同比增速由一季度的8.7%、上半年的7.7%放缓至全年的7.6%，增速比上年下降3.5个百分点，比全省平均水平低1.2个百分点。主要特点：一是营利性服务业高位趋缓。作为服务业各行业发展最快的营利性服务业增加值增长24.8%，比上年减缓7.5个百分点。二是房地产业增速回升。房地产业增加值增长6.9%，比上年提高2.2个百分点。三是五行业低位增长。批发和零售业，交通运输、仓储和邮政业，住宿和餐饮业，金融业，非营利性服务业增加值增长率均在5%以下，其中金融业增加值仅增长0.7%，大幅减缓5.0个百分点。

2018年，全市通过实施《现代服务业创新发展行动计划（2018—2020年）》及服务业“双百工程”项目建设，以提高质量和核心竞争力为目标，聚焦全市服务业重点领域和发展短板，以培育新热点、拓展新模式和发展新业态为重点，进一步做大做强现代物流、商贸服务、休闲旅游三大主导产业，积极培育科技信息、文化创意、电子商务三大先导产业，提升发展健康养老、金融服务、房地产三大配套产业，努力构建优质高效、充满活力、竞争力强的现代服务产业新体系。全年实施服务业项目100项，年度投资达102亿元。其中，大田牲畜定点屠宰场及冷链一体化建设、清流龙郡华联购物广场、宁化天家福购物广场等29个项目开工建设，中储棉永安储备库、沙县快递物流产业园、尤溪特色产业商品流通市场、大田永兴达机动车驾驶员考训中心等24个项目建成或部分建成。着力推进服务业招商对接活动，围绕服务业重点领域，不断谋划充实招商项目库，推荐36个项目列入全省现代服务业重点招商项目册，全年招商对接项目58个，总投资206亿元，其中落地项目13个、合同协议项目22个、意向对接项目23个。进一步加大规模以上服务业企业培育工作力度，将规模以上服务业企业培育列入服务业年度发展计划，对年度新增的规模以上营利性服务业企业，给予每家3万元的奖励。全年全市新增规模以上服务业企业28家，带动全市营利性服务业营业收入增长30.5%。

三明市服务业部分行业发展情况：

——交通运输、仓储和邮政业。2018年，全市交通运输、仓储和邮政业完成增加值132.31亿元，比上年增长3.7%。公路通车里程15273公里，增长0.7%，其中高速公路735公里，高速公路通车里程居全省前列。截至2018年末，全市汽车保有量27.97万辆，比上年末增长14.9%，其中私人汽车保有量24.86万辆，增长15.4%。轿车保有量16.65万辆，增长16.0%，其中私人轿车保有量15.71万辆，增长16.2%。全年全市邮政业务总量9.18亿元，比上年增长21.4%；邮政业务收入7.67亿元，增长9.6%。邮政函件业务124.74万件，下降23.6%；包裹业务2.36万件，下降26.5%。快递业务3011.18万件，增长26.7%。全市电信业务总量92.28亿元，增长133.5%；电信业业务收入20.25亿元，下降1.8%。截至2018年末，全市电话用户总数292.33万户，固定电话用户39.95万户；移动电话用户252.37万户，其中4G电话用户192.52万户，净增27.24万户，移动宽带用户普及率为74.6%，比上年提高10.3个百分点。全市电话普及率为113.3%，其中固定电话普及率15.5%，移动电话普及率97.8%。全市互联网用户303.86万户，增加34.82万户，其中固定宽带用户91.92万户，增加15.70万户，固定宽带家庭普及率为35.6%，提高6.0个百分点；移动互联网用户211.94万户，增加19.12万户。全市互联网用户普及率为117.8%，提高11.1个百分点。

——旅游业。2018年，全市接待入境游客9.56万人次，比上年增长23.0%。其中，接待外国人3.44万人次，增长11.2%；台湾同胞4.89万人次，增长35.8%；港澳同胞1.23万人次，增长14.2%。国际旅游外汇收入0.97亿美元，增长35.7%。全年接待国内旅游人数3303.09万人次，增长20.1%；国内旅游收入323.90亿元，增长34.3%。旅游总收入330.33亿元，增长34.3%。

分县区观察，泰宁县大力推进旅游发展全域化、旅游供给优质化、旅游治理规范化、旅游参与全民化，旅游产业经济实现了新变化、新发展。全年共接待游客553万人次，比上年增长21.0%；实现旅游总收入45亿元，增长23.0%。主要有以下特点：一是自主营销成效凸显。实行旅游自主营销，在福州地铁投放全省首列旅游全景包车广告，持续投放高速公路服务区亮角落、动车站座椅和城市公交车身广告，通过五洲传播中心全球推介泰宁，高频次、高密度亮相央视直播，进一步擦亮“中国静心之地福建泰宁”旅游品牌。创新观影式旅游推介，推出特色旅游线路，长三角地区团队游客量实现了大幅增长。开展全民大营销行动，全县58个单位招徕会务培训、写生创作、联谊聚会及赛事活动等团队共570批次、5.2万人次，优化了游客结构，宾馆酒店入住率比上年提高了8.0个百分点。二是节庆活动丰富多彩。成功举办环大金湖世界华人山地马拉松赛、全国马拉松游泳系列赛等体育赛事，精心组织“小城过大年”“骑游大龙”“大田农趣会”“大源傩民俗节”等民俗活动，策划开展泰宁淘气节、寻找最美婚纱情侣、抖音短视频大赛等主题活动，参与承办“文化和自然遗产日”福建非遗、“中国旅游日”三明主会场、全国重阳书画展等系列活动，扩大了泰宁旅游品牌影响力。三是景区提升扎实推进。耕读李家被评定为国家3A级旅游景区，智慧旅游（一期）正式启用，静心书院、夕阳红康养中心投入营业，新建20艘观光游艇，新增金湖观光载重气球、寨下大峡谷溯溪、地博苑松鼠园等体验互动项目。金湖上坊岛建设完工，峨嵋峰景区建成拓展区步道、科考线路。四是行业管理再上台阶。建立旅游纠纷多元化解机制，挂牌成立大金湖生态环境司法保护中心，委托第三方开展游客满意度调查和暗访，旅游联合执法长效机制建立健全，旅游行业综合监管全面加强。五是乡村民宿助力振兴。全域民宿旅游发展成为美丽乡村建设重要抓手，出台扶持民宿加快发展办法，状元茗舍、晟境未茗等主题民宿投入营业。梅口乡被评为全省三星级乡村旅游休闲集镇，张地村、廖元村成为省级乡村旅游特色村，官江村、南会村列入省级乡村旅游扶贫重点村。泰宁铁皮石斛、上青游浆豆腐分别荣获国家地理标志保护产品、国家地理标志商标称号。六是生态优势日益彰显。建立产业准入负面清单制度，调整划定风景区开发建设生态红线，全面实行金湖流域“河湖长制”，持续开展景区“节柴改燃”、天然林生态补偿试点，实施遗产地松材线虫病防治，景区空气清新指数常年居全省前列。泰宁世界地质公园荣获全国中小学研学实践教育基地、全省中小学生研学实践教育基地、全市中小学生研学旅行示范基地，泰宁入选中国森林美景摄影地、全省首批摄影目的地，水际村荣获“中国最美森林人家”称号。

——金融业。截至2018年末，全市金融机构本外币各项存款余额1748.03亿元，比上年末增长4.4%，增幅比上年末回落7.2个百分点，比全省平均水平高出0.5个百分点；本外币各项贷款余额1367.87亿元，增长4.2%，增幅小幅回升0.4个百分点，比全省平均水平低6.8个百分点。全年内外资保险公司保费收入54.14亿元，比上年增长9.8%；支付各类赔款及给付16.85亿元，增长10.1%。

——批发零售业。2018年，全市社会消费品零售总额为588.50亿元，同比增幅由一季度的11.4%、上半年的12.4%、前三季度的12.7%放缓至全年的10.3%，增速比上年回落0.7个百分点，比全省平境均水平低0.5个百分点。其中，限额以上企业零售额291.51亿元，增长14.0%，增幅回落1.6个百分点；限下企业和个体户零售额296.99亿元，增长7.0%，增幅回升0.2个百分点。限额以上企业实现网上零售额48.70亿元，增长18.8%。在限额以上企业商品零售额中，服装、鞋帽、针纺织品类零售额增长19.7%，汽车类增长15.5%，中西药品类增长11.7%，日用品类增长10.2%，石油及制品类增长9.9%，粮油、食品类增长8.6%。全年呈现以下特点：一是网上商品零售额增幅回落较大。占全市限额以上企业零售额16.7%的网上商品零售企业零售额为48.7亿元，增长18.8%，增幅回落3.4个百分点。其中，12月份全市限额以上企业通过公共网络实现的商品零售额4.06亿元，同比下降25.7%。二是家用电器和音像器材类增幅回落较大。家用电器和音像器材类零售额为21.42亿元，增长8.6%，增幅回落0.6百分点。其中，12月份限额以上企业家用电器和音像器材类零售额2.3亿元，下降4.6%。三是文化办公用品类零售额增幅回落。全市限额以上文化办公用品类零售额增长6.6%，增幅回落12.3个百分点。其中，12月份限额以上文化办公用品类零售额同比下降19.2%。

——房地产业。2018年，三明市房地产投资销售两旺。房地产开发投资呈两位数增长，全年全市房地产开发投资比上年增长11.2%，增幅比全省平均水平高出8.2个百分点，比上年提高6.6个百分点，其中住宅投资增长19.3%，增幅提高15.0个百分点；商品房新开工面积增加较多，全年新开工面积231.36万平方米，增长38.2%；商品房销售旺盛，全市商品房销售面积267.22万平方米、商品房销售额184.73亿元，分别增长13.0%、38.3%，增幅比全省平均水平分别高出6.9个百分点和23.0个百分点；商品房库存明显减少，全市商品房待售面积78.96万平方米，下降11.1%，其中待售1—3年35.62万平方米，下降16.6%。

（摘编：福建省企业信息中心）

2018年莆田市发展概况

2018年，莆田市坚持稳中求进工作总基调，以供给侧结构性改革为主线，打好“三大攻坚战”，全力推动高质量发展落实赶超，新动能加快培育，城市加快更新升级，经济社会保持健康平稳发展，荣获“国家森林城市”称号，创成“全国水生态文明城市”。全年实现地区生产总值2242.41亿元，比上年增长8.3%。其中，第一产业增加值116.27亿元，增长2.4%；第二产业增加值1179.91亿元，增长8.5%；第三产业增加值946.23亿元，增长8.6%。第一产业增加值占地区生产总值的比重为5.2%，第二产业增加值比重为52.6%，第三产业增加值比重为42.2%。全年人均地区生产总值77325元，比上年增长8.1%。

农　业

2018年，莆田市农林牧渔业完成总产值217.10亿元，比上年增长2.5%。粮食种植面积45.31万亩，增加0.41万亩，其中稻谷面积28.17万亩，减少0.86万亩；油料种植面积18.46万亩，增加0.20万亩；蔬菜种植面积29.42万亩，增加1.21万亩。2018年莆田市农林牧渔业总体生产平稳，呈现以下特点：

一、农业生产形势较好

（一）粮食产量呈现增长态势

自2000年以来，随着经济的不断发展，种粮相对效益不断下降，农民种粮积极性不断减弱，全市粮食播种面积和产量呈逐年下降。2018年，莆田市出台了对规模种植中稻、晚稻和甘薯、马铃薯、玉米、大豆等旱地粮食作物20亩以上的合作社、农业企业和家庭农场等经营主体进行财政补贴政策，每亩补贴300元，调动了农民种粮积极性，粮食播种面积开始止跌回升，粮食产量也随之增长。全年全市粮食播种面积为453130亩，由上年的下降4.1%转为增长0.9%；粮食产量达182605吨，由上年的下降1.7%转为今年的增长2.3%。

（二）主要经济作物产量有增有减

1. 蔬菜生产情势良好。2018年，莆田市各级统筹推进“菜篮子”工程建设，积极发展现代设施蔬菜，蔬菜播种面积不断扩大，产量稳步增加。2018年，全市蔬菜播种面积为307927亩，播种面积比上年扩大25753亩，增长9.1%；产量为595476吨，增加27788吨，增长4.9%。其中，以便于运输储存的瓜类、根茎类、茄果类蔬菜增长较快，瓜类、根茎类、茄果类蔬菜播种面积分别增长了20.0%、14.5%和14.7%。

2. 茶叶产量逐年增加。近几年，全市陆续扩大茶叶种植面积，且随着茶叶种植管理的跟进、种植技术的投入、茶树龄的增加、生产茶叶的茶树分枝增多，茶叶产量逐年增加。截至2018年末，全市共有茶树种植面积18187亩，比上年末增加2022亩，增长13.0%，其中采摘面积为17107亩，增加942亩，增长6.0%。2018年，全市茶叶产量为4235吨，增加191吨，增长4.7%。其中，红茶产量为467吨，比上年增加74吨，增长18.8%；绿茶产量为200吨，比上年增加9吨，增长4.7%；青茶产量为3499吨，比上年增加106吨，增长3.1%。

3. 水果产量有增有减。2018年初，全市出现低温和强冷空气，部分山区甚至出现下雪的极寒天气，枇杷、香蕉和杨梅幼果受冻减产，特别是早钟枇杷等早熟品种受冻严重，部分农户甚至颗粒无收。龙眼、柚和柿子因恰逢生产大年和适宜的生长期气候而喜获丰收。2018 年，全市园林水果产量为 172995 吨，比上年减少 47621 吨，下降 21.6%。其中，枇杷产量为 58356 吨，减少 62827 吨，下降 51.8%；香蕉产量为 6660 吨，减少 464 吨，下降 6.5%；杨梅产量为 1824 吨，减少 356 吨，下降 16.3%；龙眼产量为 23075 吨，增加 3406 吨，增长 17.3%；柚产量为 51102 吨，增加 8766 吨，增长 20.7%；柿子产量为 7156 吨，增加 402 吨，增长 6.0%。

4. 食用菌生产效益下降，生产规模不断萎缩。近几年来，由于受人工费用等生产成本提高影响，全市食用菌生产效益不断下降，食用菌产量受之影响呈逐年下降趋势。2018 年，全市食用菌产量为 39240 吨，比上年净减 21432 吨，下降 35.3%。其中，蘑菇产量 35093 吨，净减 19941 吨，下降 36.2%；姬松茸产量 1871 吨，净减 1292 吨，下降 40.8%；香菇产量 1495 吨，净减 344 吨，下降 18.7%。食用菌生产占用耕地面积 6121 亩，减少 3900 亩，下降 38.9%；蘑菇种植面积 3785869 平方米，减少 2903234 平方米，下降 43.4%；蘑菇单产为每平方米 9.3 公斤，增长 12.7%。

二、林业生产顺利发展

2018 年，莆田市新增林木育苗面积 6325 亩，比上年增加 625 亩，增长 11.0%；全市完成造林面积为 84573 亩，增加 5329 亩，增长 6.7%；林木抚育和管理投入加大，全市抚育和管理林木 457953 亩，增加 54431 亩，增长 13.5%；全市共采伐木材 146401 立方米，减少 5491 立方米，下降 3.6%。其中，原木 104947 立方米，减少 43131 立方米，下降 29.1%。

三、畜牧业生产情况

2018 年，莆田市肉蛋奶总产量 13.51 万吨，比上年下降 4.4%。肉类总产量 10.50 万吨，下降 4.8%。其中，猪肉产量 6.68 万吨，下降 13.0%；禽肉产量 3.72 万吨，增长 14.2%；牛肉产量 0.02 万吨，增长 5.0%；羊肉产量 0.08 万吨，增长 8.2%。年末生猪存栏 38.58 万头，下降 23.5%；生猪出栏 83.45 万头，下降 12.0%。牛奶产量 0.24 万吨，增长 5.7%。

（一）生猪出栏大量减少

2018 年四季度，全市发生非洲猪瘟疫情，生猪存出栏出现大量减少，猪肉产量也随之大幅下降，导致畜牧业肉类总产量下降。全年全市生猪出栏 83.45 万头，下降 12.0%；生猪肉产量为 66764 吨，下降 13.0%。

（二）家禽出栏增长

2018 年，莆田市家禽出栏 27024670 只，比上年增长 14.2%；家禽肉产量为 37237 吨，增长 14.2%。

四、水产品生产情况

2018 年，莆田市水产品产量 93.87 万吨，比上年增长 4.2%。其中，淡水产品产量 2.73 万吨，增长 5.9%；海洋捕捞 10.48 万吨，下降 0.6%；海水养殖 80.66 万吨，增长 4.7%。受泉港发生碳九泄漏事件，全市四季度水产品产量明显减少，导致全市水产品全年增幅有所回落。

工　业

2018 年，面对依然复杂的国内外经济环境，莆田市全面贯彻落实中央、省各项决策部署，抓龙头、铸链条、建集群，做优做大产业，不断深化供给侧结构性改革，以高质量发展助推赶超跨越。全市主要工业经济指标位居全省前茅，工业经济质量稳步提高。2018 年，全市全部工业增加值 934.96 亿元，比上年增长 8.9%。其中，规模以上工业增加值增长 9.1%。在规模以上工业中，分经济类型看，国有控股企业增长 27.5%；国有企业下降 32.1%，集体企业增长 28.7%，股份制企业增长 10.6%，外商及港澳台商投资企业增长 6.6%；私营企业增长 6.5%。分轻重看，轻工业增长 7.5%，重工业增长 13.2%。分门类看，采矿业下降 9.6%，制造业增长 8.5%，电力、热力、燃气及水生产和供应业增长 20.7%。工业产品销售率 99.00%，增加 0.04 个百分点。全年规模以上工业企业实现利润总额比上年下降 1.3%。其中，国有控股企业下降 88.4%；国有企业下降 73.2%，集体企业增长 50.0%，股份制企业下降 3.4%，外商及港澳台商投资企业增长 5.1%；私营企业增长 4.3%。规模以上工业企业资产负债率 53.03%，下降 0.51 个百分点；每百元主营业务收入中的成本为 87.83 元，主营业务收入利润率为5.6%。

一、工业生产形势稳中向好

（一）亿元企业贡献率较高

2018年，全市超亿元工业企业工业增加值增长16.8%，增速高于规模以上工业平均增速7.7个百分点，对规模以上工业经济增长的贡献率为142.1%，拉动规模以上工业增加值增长12.9个百分点。

（二）重点产业稳中有升，集聚效益明显

2018年，全市第一大制鞋产业工业增加值增长11.0%，对规模以上工业经济增长的贡献率为32.3%，拉动规模以上工业增加值增长2.9个百分点。主要原因：一是内销市场的开拓。以东方猎狼、大诚、三威、祥冠、力奴等鞋企为主的足力健老人鞋和安踏等内销订单大幅增加。二是鑫龙、永丰等龙头鞋业，外销订单充足，保持稳定增长。三是国际体育盛会带来的订单效应。全市“33”产业工业增加值增长9.1%，对规模以上工业经济增长的贡献率为53.8%，拉动规模以上工业经济增长4.9个百分点。电子信息和高端装备产业发展势头强劲。其中，电子信息产业工业增加值增长32.5%，对规模以上工业经济增长的贡献率为17.1%，拉动全市规模以上工业经济增长1.5个百分点；高端装备产业工业增加值增长16.0%，对规模以上工业经济增长的贡献率为9.0%，拉动全市规模以上工业经济增长0.8个百分点。

（三）重工业持续发力，中小企业支撑给力

2018年，全市规模以上重工业增加值比上年增长13.2%，增速高出轻工业增速5.7个百分点，对规模以上工业经济增长的贡献率为37.8%，拉动规模以上工业增加值增长3.4个百分点。全市规模以上中小型企业贡献给力，贡献率破百。2018年，全市规模以上中小型企业工业增加值增长12.9%，增速高出规模以上工业平均增速3.8个百分点，占全市规模以上工业增加值的79.6%，对规模以上工业经济增长的贡献率为101.7%，拉动规模以上工业经济增长9.3个百分点。

（四）工业用电量较快增长

2018年，全市工业用电量83.90亿千瓦时，比上年增长21.2%，增幅位居全省九设区市首位。扣除抽水蓄能后，全市工业用电量累计增长20.4%，增幅位居全省九设区市首位。其中，制造业用电量增长24.7%。

二、工业结构持续优化

（一）重点产业态势较好

莆田市重点培育的7个制造业产业，全年累计完成工业产值2834.7亿元，比上年增长12.6%，对全市规模工业贡献率89.8%。7个重点产业均为正增长，其中电子信息（36.6%）、高端装备（21.5%）、纺织化纤新材料（10.8%）等新兴产业及鞋服产业（13.8%）实现两位数快速增长，其中，鞋服产业全年完成产值1012亿元，成为全市首个突破千亿产业；工艺美术（4.6%）、食品加工（4.3%）持续低位增长。

（二）重点企业增势良好

2018年，华峰新材料、赛得利差别化纤维等22家省级龙头和云度、佳通轮胎等37家省级高成长企业，累计完成产值853.9亿元，比上年增长14.6%，对全市规模工业贡献率为30.9%，拉动全市规模以上工业3.7个百分点。

（三）新投产企业贡献较大

2018年，华佳彩、云度、元生智汇、上海电气等24个新投产项目，累计新增产值138.6亿元，对规模以上工业增长贡献率为31.6%。

（四）新增长点贡献突出

2018年1—12月，上海电气、元生智汇、华佳彩、华锦实业等139个市级新增长点项目累计完成产值1137.6亿元，比上年增长24.6%，累计新增产值224.4亿元，完成年计划的113.0%。

建筑业

2018年，莆田市建筑业企业面对复杂严峻的宏观经济形势，主动适应新形势新常态，全市建筑业总体呈“缓中有稳、稳中有忧”的发展趋势。

一、建筑业总体增速明显回落

2018年，莆田市建筑业企业（指具有资质等级的总承包和专业承包建筑业企业，不含劳务分包建筑业企业，下同）完成建筑业总产值716.95亿元，比上年增长9.4%，增速回落14.2个百分点。增速回落的原因：2018年全市大型PPP或EPC项目几乎都被央企中标，而反观本地企业，

行业整体规模小，承包工程范围窄，项目中标概率低，现状堪忧，严重影响全市建筑业产值增长。从产值构成看，2018 年全市建筑工程产值完成 686.76 亿元，比上年增长 8.6%，回落 15.8 个百分点；占总产值比重高达 95.8%，回落 0.7 个百分点。装饰装修产值完成 7.24 亿元，下降 39.3%，回落 18.8 个百分点；占总产值比重仅 0.6%，回落 0.5 个百分点。

2018 年，莆田市建筑业实现增加值 250.79 亿元，比上年增长 6.8%（可比价），增速比 1—11 月提高 0.5 个百分点，超过全省平均水平；占全市 GDP 比重高达 11.2%，比重提高 0.8 个百分点，对莆田市经济增长的贡献率 8.6%，拉动 GDP 增长 0.7 个百分点，在各行业中贡献居第 3 位，建筑业支柱产业地位依然巩固。

由于招投标市场的全面开放，本地企业综合竞争力不强，2018 年建筑行业压力加大，建筑业总产值增速从 2018 年初起呈现逐月回落的态势，8 月增速放缓至个位数，9 月增速滑落至最低点仅 6.0%，之后有缓慢回暖趋势，但 2019 年增速下行压力依然存在。

二、大型企业拉动产值增长作用明显

2018 年，中交建宏峰、巨岸建设等 9 家大型企业产值均超过 20 亿，合计完成产值 333.81 亿元，数量占比不到 2.0% 的企业完成全市产值的 46.6%，贡献率达 56.2%，拉动建筑业总产值增长 5.3 个百分点。大型建筑企业将经营的触角逐步伸向建筑行业的各个领域，随着供给侧改革的逐步推进，这些思变进取的企业实力将不断增强，在建筑行业发挥更大的作用。

三、外拓工程几乎覆盖全国各省（区、市）

从市场分布看，2018 年，全市建筑业在外省完成产值 263.07 亿元，比上年下降 0.8%，增速回落 24.6 个百分点，占总产值比重 36.7%，比重下降 3.8 个百分点。尽管外拓产值缓慢下降，外省完成产值依然发挥重要作用。在省外承揽工程施工已覆盖 29 个省（区、市），仅在西藏未承建工程，在江西、广东、重庆等三省（市）完成产值均超过三十亿，合计 111.28 亿元，占全部外拓产值的 42.3%，占比提高 4.9 个百分点。

服务业

加快发展现代服务业是改善供给质量，提高供给效率，促进经济转型升级的必然要求，也是拓展需求空间，激活潜在需求，激发新消费市场的有效途径。近年来，莆田市高度重视现代服务业发展，把加快发展服务业作为转变经济发展方式、推动供给侧改革、优化经济结构的突破口，加强宏观管理，着力发展电子商务，推动传统业态转型升级，着力发展总部经济、楼宇经济，推动新型业态加快发展；加强政策引导，激发市场主体创业创新活力，取得明显成效。

莆田市服务业部分行业发展情况：

——交通运输业。截至 2018 年末，全市公路通车里程 6536.38 公里，比上年末增长 0.3%。其中，高速公路通车里程 262.51 公里，与上年持平。全年货运量 6432.35 万吨，比上年增长 6.9%，货物周转量 952172.76 万吨公里，增长 9.4%。全年客运量 3454.40 万人，下降 12.1%；旅客周转量 435118.44 万人公里，下降 3.2%。全年沿海港口新增货物通过能力 323.34 万吨；沿海港口完成货物吞吐量 3378.25 万吨，增长 10.6%。其中，外贸货物吞吐量 1363.96 万吨，增长 17.0%。集装箱吞吐量 24657.00 标箱，增长 49.8%。截至 2018 年末，全市汽车保有量 34.64 万辆（含三轮汽车和低速货车），比上年末增长 14.1%，其中私人汽车保有量 31.27 万辆，增长 13.3%。全市轿车保有量 20.28 万辆，增长 14.6%，其中私人轿车保有量 18.95 万辆，增长 14.0%。

——邮政电信业。2018 年，全市邮电业完成业务总量 82.49 亿元，比上年增长 46.1%。其中，邮政业务总量 4.69 亿元，增长 31.8%；电信业务总量 77.80 亿元，增长 47.0%。邮政业完成邮政函件业务 434.59 万件，包裹业务 1148.09 万件，快递业务量 1144.99 万件。截至 2018 年末，全市电话用户总数 383.75 万户，其中固定电话用户 66.58 万户；移动电话用户 317.16 万户，其中 4G 电话用户 242.24 万户，净增 43.06 万户。全市互联网用户 261.00 万户，增加 22.29 万户。

——旅游业。2018 年，全市接待入境游客

46.86万人次，比上年增长4.3%。其中，接待外国人7.04万人次，下降0.8%；台湾同胞30.07万人次，增长0.7%；港澳同胞9.74万人次，增长22.5%。国际旅游外汇收入4.12亿美元，增长0.4%。全年接待国内旅游人数3347.19万人次，增长19.7%；国内旅游收入323.68亿元，增长35.8%。旅游总收入350.97亿元，增长31.9%。

——金融业。截至2018年末，全市银行业金融机构本外币各项存款余额1803.12亿元，增速与上年末持平；金融机构本外币各项贷款余额1857.51亿元，比上年末增长3.4%。农村合作金融机构人民币各项贷款余额219.85亿元，增长12.3%。中资金融机构人民币个人消费贷款余额713.28亿元，增长14.3%。莆田市境内A股上市公司2家，与上年持平，总市值73.25亿元，比上年下降30.7%；新三板挂牌企业4家，与上年末持平。全年全市内外资保险公司保费收入58.64亿元，比上年末增长9.8%，其中财产险保费收入16.13亿元；人身险保费收入42.51亿元（寿险保费收入33.59亿元，健康险和意外伤害险保费收入8.92亿元）。

——房地产业。2018年，全市房地产业发展平稳，主要呈现以下特点：一是房地产开发投资下降，增速总体呈S形波动。全年全市房地产开发企业共完成投资358.22亿元，比上年下降7.9%，前三个季度增幅分别为8.3%、-6.1%和-5.2%。房地产开发投资总量占全省的比重为7.3%，下降0.8个百分点。二是全市均价突破万元。据住建网签数据显示，2018年全市商品房销售均价10044元/平方米，增长16.3%，其中商品住房均价10123元/平方米，增长20.8%。商品住房销售均价按区域分，除仙游县基本持平外，市本级各区域都呈不同幅度的上升。其中，城厢区13929元/平方米，增长14.0%；荔城区13037元/平方米，增长18.5%；涵江区9415元/平方米，增长16.0%；秀屿区6467元/平方米，增长17.5%；仙游县6169元/平方米，增长1.3%。三是去库存成效明显。2018年，莆田市商品房屋待售面积155.55万平方米，下降9.6%，去库存化周期约5个月。其中，住宅待售面积66.81万平方米，下降5.4%；待售1—3年（含1年）面积42.46万平方米；待售3年以上（含3年）面积72.55万平方米，增长349.2%。四是土地拍卖节奏加快。2018年7月1日，莆田市出台精准调控稳定房地产市场的通知，其中既设定了未来三年各区域房价调控目标，也提出将“优化土地供应管理”。在这一政策刺激下，莆田土地拍卖速度加快，特别是在11—12月，两个月拍出8幅地块，拍地总金额超过20亿元。

（摘编：福建省企业信息中心）

2018 年南平市发展概况

2018 年，南平市紧紧围绕加快绿色发展推动高质量发展落实赶超这一战略目标，坚持新发展理念，坚持以供给侧结构性改革为主线，落实“六稳”工作要求，有效应对外部环境深刻变化，深化“四比六促”“项目突破年”活动，加快实施“八项行动”，坚决打好三大攻坚战，经济保持平稳发展。全年实现地区生产总值 1792.51 亿元，按可比价格计算，比上年增长 6.6%。其中，第一产业实现增加值 291.05 亿元，增长 0.8%；第二产业实现增加值 775.80 亿元，增长 8.3%（其中工业实现增加值 573.74 亿元，增长 8.7%）；第三产业实现增加值 725.66 亿元，增长 7.5%。人均地区生产总值 66760 元，比上年增长 6.0%。

农　业

2018 年，南平市在政策扶持和产业推动下，农林牧渔业完成总产值 514.02 亿元，比上年增长 0.8%，增幅分别比三季度、二季度、一季度提高 0.7 个百分点、2.1 个百分点和 7.5 个百分点，实现总产值增速由负转正。其中，种植业产值为 196.63 亿元，增长 4.1%；林业产值 105.35 亿元，增长 4.7%；畜牧业产值 174.26 亿元，下降 4.8%；渔业产值 20.05 亿元，增长 5.1%；农林牧渔服务业产值 17.73 亿元，增长 6.0%。

一、农业生产形势较好

（一）粮食生产平稳增长

2018 年，南平市完成粮食播种面积 288.35 万亩，比上年减少 89.8 万亩。粮食总产量 119.93 万吨，增长 1.9%。其中，春收粮食产量 1.57 万吨。增长 1.9%；夏收粮食产量 7.95 万吨，减少 3.5%；秋收粮食产量 110.42 万吨，增长 5.1%。

（二）主要经济作物保持增长

1. 蔬菜生产形势良好。2018 年，南平市通过积极争取设施农业用地、推进设施农业补贴、加快温室大棚进度等举措，带动蔬菜产量增长。全年蔬菜产量共 138.38 万吨，比上年增长 5.9%。

2. 茶叶生产规模扩大。2018 年，南平市大力推广品牌优势，不断加大改植换种和更新复壮力度，扩大茶叶种植规模，茶叶产业区域化、集约化水平、种植管理水平和技术不断提高，全年茶叶产量共 7.24 万吨，比上年增长 6.7%。

3. 水果产量稳步提升。2018 年，全市加大科技指导力度，进一步提高从业者专业技术水平，积极推进果木品种更新和病虫害防治，全年水果产量 35.59 万吨，比上年增长 6.3%。

4. 食用菌生产情况良好。作为南平市农业特色优势产业，通过品种结构调整，改进栽培模式，加大技术指导，确保了食用菌生产综合效益，全年食用菌总产量 13.65 万吨，比上年增长 9.2%。

5. 油料作物增减不一。全年全市油料作物总产量 1.03 万吨，比上年增长 5.0%。其中，花生产量 0.86 万吨，增长 9.3%，油菜籽产量仅 0.13 万吨，下降 20.0%，降幅较大。

二、林业生产顺利发展

截至 2018 年末，南平市森林覆盖率、森林蓄积量分别达到 78.0% 和 1.68 亿立方米，生态环境质量保持全国、全省前列。全年共完成植树造林 24.59 万亩，其中“二带一区”造林 4.95 万亩、其他人工造林更新 19.64 万亩。完成森林抚育 93.22 万亩；封山育林 45.23 万亩；集约人工林栽培 6.38 万亩。现有林改培 32.81 万亩，商品林赎买 43.22 万亩，发展林下经济 1.17 万亩。通过林权流转平台完成林地林木流转变更 4514 宗地、

71.75 万亩，完成林权交易 2484 宗地、面积 34.73 万亩，交易金额 8.58 亿元；通过林权贷款担保收储服务平台完成的林权抵押担保 309 宗地，面积 5.06 万亩，抵押贷款金额 0.68 亿元。

三、畜牧业生产向好发展

2018 年，南平市家禽出栏 5.19 亿只，比上年增长 4.9%；兔出栏 39.67 万头，增长 1.3 倍；羊出栏 14.38 万只，增长 19.4%。肉类总产量 85.01 万吨，下降 3.4%。其中，猪肉产量 11.63 万吨，下降 36.5%；禽肉产量 72.60 万吨，增长 5.2%；牛肉产量 0.18 万吨，增长 21.0%；羊肉产量 0.20 万吨，增长 21.0%。禽蛋产量 7.43 万吨，增长 6.7%；牛奶产量 11.22 万吨，增长 4.0%。但受其他地方猪瘟疫情影响，养殖户积极性受到较大影响，全年生猪出栏 144.63 万头，下降 38.5%。

四、渔业生产较快发展

2018 年，南平市水产品产量 8.54 万吨，比上年增长 4.5%。淡水养殖产品产量 7.26 万吨，增长 5.1%，其中池塘产量 4.75 万吨，增长 5.7%；水库产量 1.62 万吨，增长 5.4%。分县市观察，2018 年，顺昌县农业局组织水产技术推广站科技人员下乡 21 场次，接受养殖户技术咨询与技术服务 600 多人次，诊治渔业病害 280 多例，有效率 85% 以上；举办新型职业农民（水产养殖工）暨 2018 年基层水产推广体系建设培训班 1 场次，接受培训人数 65 人；举办基层水技推广指导员培训班 1 场次，接受培训人数 20 多人；举办水产品质量安全“一品一码”追溯体系培训班 1 期，接受培训人数 20 多人；组织全县水产科技人员和养殖业者参加省、市主管部门举办的水产实用技术培训班 7 期，接受培训人数 30 多人次。据统计，2018 年顺昌县水产养殖面积 7215 亩，产量 4609 吨，分别增长 1.9% 和 3.2%。

工　业

2018 年，南平市积极应对经济下行压力，着力稳定工业基本盘、促进工业创新发展、培育扶持龙头企业、优化企业服务环境，全市工业经济保持稳中有进、稳中向好的良好发展态势。

一、工业增速稳中向好

2018 年，全市规模以上工业增加值比上年增长 8.8%，超额完成市委、市政府确定的年度目标任务。工业投资增长 23.3%，增幅列全省第 3 位，其中技改投资增长 34.8%，增幅列全省第 2 位；工业税收入库 33.2 亿元，增长 4.4%；工业用电量 76.1 亿千瓦时，增长 12.0%，增幅居全省第 3 位。2018 年 1—11 月，规模以上工业实现利润总额增长 25%，增速高出全省平均水平 9.6 个百分点；单位 GDP 能耗达到省上下达“十三五”目标任务的序时进度要求。全年共获得省上正向激励奖金 1050 万元，居全省第 3 位。分经济类型看，国有企业增长 140.4%，集体企业下降 7.4%，股份制企业增长 8.9%，外商及港澳台投资企业增长 7.2%，私营企业增长 10.4%。分轻重工业看，轻工业增长 11.1%，重工业增长 5.7%。工业产品销售率 97.0%，下降 0.4 个百分点。

分行业观察，2018 年，南平市规模以上工业的 36 个行业大类中 16 个增加值增速在两位数。其中，废弃资源综合利用业比上年增长 88.8%，印刷和记录媒介复制业增长 52.6%，黑色金属冶炼和压延加工业增长 46.4%，黑色金属矿采选业增长 37.4%，仪器仪表制造业增长 32.1%，汽车制造业增长 26.9%。规模以上工业企业实现主营业务收入 1945.89 亿元，增长 9.8%；实现利润总额 125.53 亿元，增长 33.4%；上交税金总额 48.87 亿元，下降 8.5%；亏损企业亏损面为 4.7%，亏损企业亏损总额 2.97 亿元，下降 38.4%。传统产业方面，2018 年，南平市农副食品加工业比上年增长 15.5%，酒、饮料和精制茶制造业增长 23.0%，木材加工和木、竹、藤、棕、草制品业增长 16.3%。七大绿色产业方面，截至 2018 年末，南平市规模以上工业企业 880 个，占全市规模以上工业企业的 79.2%。其中，386 家现代绿色农业产业增长 13.1%，321 家先进制造产业增长 12.1%，50 家数字信息产业增长 10.8%，90 家文化创意产业增长 8.3%，57 家生物产业下降 0.4%。

二、传统产业产积极培育新增长点

（一）推进重点项目建设

2018 年，南平市健全完善项目建设、督查工作机制，实行一季一督查，重点督查项目开工、竣工。全市滚动实施142项总投资达498.4亿元的市级重点工业投资（技改）项目，全年完成投资85.8亿元，占年计划的108.2%，海源新材料聚丙烯微孔发泡材料生产项目等43个项目新开工建设，南铝板带年产3万吨复合金属材料及递延深加工项目等40个项目建成投产。建立省级新增长点项目跟踪落实机制，59项年计划新增产值3000万元以上省级新增长点项目全年累计新增产值70.67亿元。其中，欧圣农牧发展、顺昌和兴实业等企业的6个项目累计新增产值均超亿元。围绕新一代信息技术、新材料、高端装备制造、节能环保、新能源、生物与新医药等领域，实施19项省级战略性新兴产业重点项目，全年完成投资26.0亿元。

（二）加大招商引资力度

围绕七大绿色产业发展，坚持“请进来”与“走出去”结合，开展多种形式的招商活动。2018年，全市共对接民企产业合同项目155项，总投资488亿元，超额完成省定任务目标。赴温州开展专场招商活动，签约6个项目，总投资6.3亿元，涉及精密铸造、纺织及鞋类加工等领域。在杭州举办南平市“先进制造和数字信息产业”专场招商活动，建阳含氟化学品中试研究基地项目等9个项目现场签约，总投资达24.7亿元，项目涉及先进制造、数字信息、新材料、节能环保等多领域。在武夷新区举办新能源汽车产业链对接会，搭建全市特别是武夷新区新能源汽车企业与全省汽车厂商的对接平台，推动全市新能源汽车龙头企业和产业集群发展。

（三）推进产业项目建设

2018年，全市牵头推进先进制造业、数字信息产业发展，滚动组织实施一批带动力强、效益好的重点支撑项目。列入先进制造业发展规划重点支撑项目38项，总投资165.03亿元，全年累计完成投资29.43亿元，完成年度计划124.76%。列入数字信息产业发展规划重点支撑项目20项，总投资265.2亿元，全年完成投资9.7亿元。

三、加快产业转型升级

（一）大力实施绿色制造工程

2018年，南平铝业等6家企业列入省上用能权试点范围，并扩大至有色、石化、化工、平板玻璃、钢铁等行业。积极推动重点能耗在线监测系统建设，加强能源消费总量和强度“双控”形势分析和预测预警，进一步提升重点用能单位节能管理信息化和精细化水平。

（二）全面提升改造工业园区

2018年，南平市贯彻落实省委、省政府关于补齐发展短板扩大有效供给和实施补短板投资工程包的决策部署，全市共13个园区、13个项目列入省级工业园区改造升级工程包，完成投资11.55亿元，完成年计划的104.2%。大力推动工业园区循环化改造，邵武金塘精细化工园区、建瓯·中国笋竹城2个园区入选第一批省级循环经济示范园区名单。

（三）积极推动两化深度融合

2018年，南平市引进一批信息化龙头企业，实施一批信息化重点项目，依托武夷智谷软件园发展软件和信息技术服务业，吸引浪潮集团、中软国际等46家企业入驻。南平市工业互联网产业联盟成立，南平浪潮大数据产业园已开园。推进新一代信息技术在企业生产制造和经营管理的互相融合，实施69个省级两化融合重点项目，总投资达107.18亿元，全年完成投资25.78亿元。40家企业通过工信部两化融合管理体系贯标体系认证，太阳电缆被工信部列为2018年两化融合管理体系贯标试点企业。积极推进信息消费，完成28个数字家庭示范村建设。

四、工业企业研究与试验发展（R&D）经费投入力度持续加大

2018年，南平市规模以上工业企业研究与试验发展（R&D）经费投入18.83亿元，比上年增加2.79亿元，增长17.4%，增幅居全省第5位。R&D经费投入强度（R&D经费与GDP的比值）达到1.05%，提高0.02个百分点，再创历史新高。按R&D人员（全时工作量）计算的人均经费为40.69万元，增加2.1万元。

分活动类型观察，全年全市应用研究经费为0.18亿元，比上年增长4.9倍；试验发展经费18.65亿元，增长16.5%。应用研究和试验发展经费所占比重分别为1.0%和99.0%。

分活动主体观察，全年全市各类企业经费支出18.28亿元，比上年增长16.5%；政府资金支出0.24亿元，下降15.2%；其他资金0.3亿元，

增长3.2倍。企业、政府、其他资金投入研发经费支出所占比重分别为97.1%、1.3%和1.6%。

分产业部门看，全年全市先进制造和数字信息产业研发投入增长较快。其中，先进制造产业R&D经费5.84亿元，比上年增长15.6%，投入强度（与主营业务收入之比）为0.2%；数字信息产业R&D经费4.24亿元，增长12.8%，投入强度为0.2%。

五、加大政策支持力度

为了更好地支持南平市工业企业加快发展，2018年南平市出台了《南平市进一步促进工业企业发展的八条措施》（以下简称《八条措施》）普惠性政策。《八条措施》从实施企业梯度培育、鼓励企业创新、加大财政支持力度、做好企业融资服务等八个方面，进一步加大对全市工业企业发展的支持力度，推动南平市工业经济发展。

一是在实施企业梯度培育方面，对新建投产入统的工业企业，年销售产值达2000万—5000万元、5000万元及以上的，分别给予10万元、20万元奖励。支持企业股份制改造和上市融资，给予各种类型的上市、待上市企业50万—200万元奖励。

二是在鼓励企业创新升级方面，对各类研发中心以及省“专精特新”中小企业，分别给予10万—100万元奖补。对正式挂牌的“618”协同创新院技术分院给予一次性20万元建设补助，有入驻境内外知名高校、科研院所5家以上且入库高层次人才达30名以上的，再给予一次性30万元建设补助。

三是在加大财政支持力度方面，市、县财政整合并逐年增加工业发展专项资金，市本级产业基金首期规模不低于30亿元，各县（市、区）设立规模不低于2亿元的产业发展基金，通过股权投资、融资租赁、厂房代建等形式，对企业进行扶持，促进项目业主投资“轻资产化”。

四是在做好企业融资服务方面，加大金融机构对实体经济的流动性支持，要求各银行业金融机构，放宽对相关优质企业的贷款政策，取消企业使用政府转贷基金约束条件。对金融机构实行量化考核，重点考核工业类贷款、无还本续贷等指标，考核结果应用于评选表彰和全市财政性资金的存放、行政事业单位开户银行的选择。支持融资担保租赁，建立政银担三方协调机制和银担风险共担机制，对相关机构给予相应风险补偿，做大担保公司担保倍数，为企业提供增信服务。

五是在强化工业用地保障方面，创新供地方式，对工业用地采取“先租后让”或“租让结合”的供应方式和弹性年限出让政策；降低用地成本，对符合一定条件的项目和企业，采取执行不低于土地等别全国最低价标准的70%、分期缴交土地出让金、企业原有厂房改造增加容积率不增收地价等方式给予政策倾斜；补办权属登记，对符合一定条件的已完工工业项目开辟绿色通道，多措并举解决土地、房产办证历史遗留问题，增加企业可抵押资产；鼓励集约用地，对高于相应用地控制指标的，给予相应奖励。

六是在减轻企业负担方面，实行灵活用电结算方式，对优质工业企业客户实行周期抄表结算电费；简化企业用电办理手续，缩短办理时限，争取符合条件的企业参加电力直接交易落实惠企税费政策，严格执行国家相关税费减免政策，加强涉企收费监督检查，持续清理规范涉企保证金。降低物流成本，用好现代物流业发展资金，支持物流企业向园区集聚，对新建5000㎡以上分拨中心、标准化仓储设施的给予不超过100万元补助；清理取缔各项不合理收费。降低用工成本，调整企业职工待遇增长保障制度，落实失业保险援企稳岗政策。

七是在优质高效服务企业方面，用好工业互联网，推动“互联网+先进制造业”深度融合，补贴企业“上云上平台”。加强政企互通，建立产值亿元以上规模工业企业法人联系名录库，构建沟通协调机制和诉求办理机制。保障外来工子女享受义务教育权利，把外来工子女教育纳入南平市教育保障覆盖范围。强化协调服务，政府成立促进中小企业发展工作领导小组，持续开展“百名局长帮扶百家企业”活动，加大政府性公建项目优先采购地产名优工业品力度。服务企业用工需求，加大引进高校毕业生力度，加强产业经济技能型人才队伍建设。支持企业开展直补培训和区外培训、设立就业见习基地和大师工作室，推行“校企双制、工学一体”，开展重点特色专业和职业技能等各类培训。

八是在加强企业正向激励方面，定期开展市级突出贡献、创新升级优秀企业和优秀企业家等评选表彰、表扬活动，加强对优秀企业家先进事迹和突出贡献的宣传报道，营造尊重企业家价值、鼓励企业家创新、发挥企业家作用的舆论氛围。坚持以党建引领企业发展，使党的组织和政治优势转化为企业发展优势，实现党的建设与企业发展双赢的格局。

建筑业

2018 年，南平市建筑业发展取得较好成效，对全市经济社会发展、城乡建设和民生改善作出了重要贡献。全年全社会建筑业实现增加值 202.07 亿元，比上年增长 7.1%。全市资质等级以上的总承包和专业承包建筑业企业完成建筑业总产值 184.16 亿元，增长 15.4%，占全市 GDP 的 10.3%。固定资产投资（不含铁路）比上年增长 10.7%，居全省第 7 位。其中，项目投资增长 9.7%，房地产开发投资增长 17.5%。

2016 年，南平市出台《南平市人民政府关于促进建筑业转型升级加快发展的九条措施（试行）的通知》，对本市建筑业企业晋升资质等级、增加产值税收、引进优秀人才、创建优质工程、市外优良建筑业企业落户南平市等 9 个方面进行奖励，这些奖励金对于企业资金周转、员工待遇提升起到了很大帮助，也进一步增强了本地建筑业企业在南平生产经营活动的信心。“九条措施”实施以来，有效促进了全市建筑业发展壮大。三年来，南平市建筑业企业从 396 家发展到 807 家，其中施工总承包企业增加了 336 家（施工总承包一级企业增加了 4 家）。

分区域观察，2018 年，各地积极响应全市建筑业发展部署，积极转型升级，调整产业结构，行业发展保持平稳增长。邵武市建筑业实现增加值 21.70 亿元，比上年增长 23.7%。资质以上建筑业企业共 33 家，实现建筑业总产值 15.01 亿元，增长 40.0%；签订施工合同 28.93 亿元，增加 7.88 亿元，增长 37.4%，其中本年新签订合同 18.84 亿元，增长 42.7%。全市资质以上企业房屋建筑施工面积 152.8 万平方米，增长 36.6%，其中本年新开工面积 70.8 万平方米，增长 71.4%。全市总承包和专业承包建筑业企业平均劳动生产率为 26.6 万元，增加 1.3 万元，增长 5.1%。政和县全年全社会建筑业实现增加值 43127 万元，增长 20.6%。全县具有资质等级的总承包和专业承包建筑业企业完成建筑业总产值 47333 万元，增长 31.4%；房屋建筑施工面积 33.52 万平方米，增长 19.9%；房屋建筑竣工面积 15.02 万平方米，增长 74.4%。建瓯市全社会建筑业实现增加值 294004 万元，增长 9.2%。全市资质内建筑业企业 45 家，完成施工产值 19.09 亿元，增长 44.5%；项目施工面积 67.35 万平方米，增长 17.3%；竣工产值 13.73 亿元，增长 133.3%，年末从业人员 8849 人，增长 54.7%；全员劳动生产率 21.58 万元，下降 16.4%。松溪县全社会建筑业实现增加值 7.59 亿元，增长 24.8%。全县资质等级以上的总承包和专业承包建筑业企业 22 家，完成建筑业总产值 24.10 亿元，增长 1.5 倍；房屋建筑施工面积 139.51 万平方米，增长 2.1 倍；房屋建筑竣工面积 137.29 万平方米，增长 2.1 倍。光泽县全年全社会实现建筑业增加值 3.69 亿元，增长 10.7%。全县具有资质等级的建筑业企业 23 家，完成建筑业总产值 3.36 亿元，增长 17.1%；实现利润 3692 万元，增长 108.4%；税金总额 829 万元，增长 72.3%。顺昌县全年建筑业完成增加值 10.33 亿元，增长 18.9%。县内建筑施工企业完成产值 4.25 亿元，增长 6.9%。

服务业

2018 年，供给侧结构性改革深入推进，有力地推动了南平市服务业企业转型升级，行业发展稳中向好。全年服务业实现增加值 725.66 亿元，比上年增长 7.5%，比三季度提高 0.2 个百分点、比二季度回落 0.4 个百分点、比一季度回落 1.6 个百分点。其中，批发零售业增长 5.7%，交通运输、仓储和邮政业增长 5.2%，住宿餐饮业增长 3.9%，房地产业增长 5.1%，其他服务业增长 11.4%。

南平市服务业部分行业发展情况如下：

——房地产业。2018 年，南平市房地产开发投资累计完成 190.61 亿元，比上年增长 17.5%，增幅比全省平均水平提高 14.5 个百分点，居全省第 3 位。全市 262 家房地产开发企业累计商品房销售面积 365.53 万平方米，增长 4.0%；商品房销售额 242.22 亿元，增长 15.3%。全市房地产去库存形势良好，2018 年全市商品房待售面积 110.98 万平方米，减少 45.52 万平方米，下降 29.1%。

——交通运输业。截至 2018 年末，南平市公路通车里程 1047 公里，继续位居全省第 1 位。全年货运量 3744.58 万吨，比上年下降 3.9%；货物周转量（不含铁路、民航）132.48 亿吨公里，增长 6.0%；旅客运输量 2619.25 万人，下降 0.7%；旅客周转量（不含铁路、民航）12.53 亿人公里，增长 4.2%。截止 2018 年末，全市汽车保有量 26.59 万辆，其中载客汽车保有量 21.52 万辆，载货汽车保有量 4.89 万辆。全市轿车保有量 13.87 万辆。

——邮政业。2018 年，全市邮电业务总量 108.26 亿元，比上年增长 106.8%。其中，邮政业务总量 10.93 亿元，增长 14.3%；电信业务总量 97.33 亿元，增长 127.4%。全年邮政业完成邮政函件业务 353.14 万件，包裹业务 6.23 万件，订销报纸业务 6493.48 万份，订销杂志业务 206.86 万份，汇兑业务 7.59 万笔；快递业务量 3494.26 万件，增长 16.4%。截至 2018 年末，全市固定电话用户总数达到 40.88 万户，比上年末减少 1.53 万户；移动电话用户数 272.03 万户，增加 12.15 万户；互联网用户数 95.29 万户，增加 15.28 万户。

——批发零售业。2018 年，全市社会消费品零售总额 675.09 亿元，比上年增长 9.7%，位居全省第 7 位。从小类行业看，批发业实现零售额 29.44 亿元，增长 16.0%；零售业实现零售额 573.47 亿元，增长 9.5%；住宿业实现零售额 6.64 亿元，增长 11.7%；餐饮业实现零售额 65.53 亿元，增长 8.6%。从结构看，限额以上企业实现消费品零售额 197.85 亿元，增长 6.3%。其中，粮油、食品类零售额 31.02 亿元，增长 10.3%；汽车类零售额 46.72 亿元，增长 6.4%；石油及制品类零售额 41.23 亿元，增长 6.0%。限额以下批零住餐业累计实现消费品零售额为 477.24 亿元，增长 11.2%。

——银行业。截至 2018 年末，全市金融机构本外币各项存款余额 1858.30 亿元，比上年末增长 5.4%。其中，住户储蓄存款 1028.08 亿元，增长 8.4%，占本外币存款余额的 55.3%。金融机构本外币贷款余额 1384.46 亿元，增长 6.0%。其中，人民币各项存款余额 1846.68 亿元，增长 5.3%；各项贷款余额 1381.74 亿元，增长 6.0%。人民币金融存贷比为 133.7%，下降 1.4 个百分点，从贷款投放方向看，新增贷款主要投向住户贷款，全年住户贷款余额 692.66 亿元，增长 7.7%。

——旅游业。2018 年，全市共接待旅游总人数 4991.82 万人次，比上年增长 20.3%，旅游总收入 790.08 亿元，增长 33.4%，其中旅游创汇 3.20 亿美元，增长 24.1%。接待境外旅游人数 46.48 万人次，增长 25.5%。

——医疗卫生业。截至 2018 年末，全市共有卫生机构 549 个，其中医院 53 个，卫生院 113 个。各类卫生技术人员 16760 人，其中医院 10882 人、卫生院 2803 人；病床位共 16054 张，其中医院 11965 张、卫生院 2854 张。

（摘编：福建省企业信息中心）

2018年龙岩市发展概况

2018年，龙岩市坚持新发展理念，坚持高质量发展落实赶超，按照市委新时代新担当新作为“大督查大落实”要求，统筹推进稳增长、促改革、调结构、惠民生、防风险，经济社会发展取得新成效。全年实现地区生产总值2393.3亿元，按可比价格计算，比上年增长7.6%。其中，第一产业增加值244.08亿元，增长3.6%；第二产业增加值1147.27亿元，增长8.4%；第三产业增加值1001.95亿元，增长7.7%；人均地区生产总值90655元，比上年增长7.4%。三次产业结构由2017年的10.6∶47.7∶41.7调整为2018年的10.2∶47.9∶41.9。

农　业

2018年，龙岩市扎实推进农业供给侧结构性改革，持续优化农业产业结构、产品结构和生产结构，全市农业保持平稳发展。全年农林牧渔业完成总产值421.35亿元，比上年增长3.6%（按可比价计算，下同）。其中，农业产值154.81亿元，增长4.6%；林业产值57.66亿元，增长4.8%；牧业产值188.68亿元，增长2.1%；渔业产值10.64亿元，增长7.6%；农林牧渔服务业产值9.55亿元，增长5.8%。

一、种植业生产保持平稳

2018年粮食播种面积191.45万亩，比上年下降1.3%；粮食产量82.00万吨，增长0.1%。其中，稻谷播种面积172.20万亩，下降1.8%，产量75.25万吨，下降0.4%；甘薯播种面积9.84万亩，增长4.1%，产量4.16万吨，增长6.2%；马铃薯播种面积3.95万亩，增长4.5%，产量1.25万吨，增长5.4%。蔬菜播种面积82.03万亩，增长5.1%；产量141.37万吨，增长5.8%。茶叶总产量2.20万吨，增长4.7%；水果产量37.62万吨，增长10.9%；食用菌总产量4.67万吨，增长6.5%。

二、林业发展形势较好

（一）主要林产品产量保持较快增长

据林业局统计，2018年全部木材采伐总量280.42万立方米，比上年下降0.9%；毛竹采伐量9758万根，增长12.4%；篙竹采伐量5840万根，增长20.7%；竹笋干产量2.25万吨，增长6.2%。

（二）森林覆盖率居全省首位

2018年，全市共争取造林绿化补助资金1.5亿元，完成植树造林16.4万亩，占全年任务的143.2%。全市森林覆盖率达78.9%，继续居全省首位。2018年完成荒山造林面积达1.58万亩，更新造林面积9.35万亩，封山育林面积438.89万亩，幼林抚育面积97.56万亩，成林抚育面积146.15万亩，龙岩成为南方重点集体林区和福建省三大重点林区之一。2018年，全市林业用地面积2367万亩，占土地面积的82.8%。

（三）林改、园区项目居全国前列

近年来，龙岩市加大力度，推进林权制度改革，涌现出武平集体林权制度改革、长汀水土流失治理等全国先进典型。一些产业示范园、林场良种基地建设也取得较好成效。武平、连城、长汀3个国家林下经济示范县，漳平市户外木竹制品产业示范园被国家林业和草原局认定为国家林业产业示范园区。龙岩作为全国马尾松主产区和优良种源区，建立了漳平五一国有林场、上杭白砂国有林场2个国家重点林木良种基地和漳平五一国有林场国家级马尾松种质资源保护库，马尾松良种繁育研究水平处于全国领先地位。

（四）生态富民产业蓬勃发展

2018年，全市林下经济经营面积达970万亩，实现产值190.4亿元，比上年增长11.4%。全市花卉苗木种植面积达22万亩，实现产值68.6亿元，增长14.3%。

三、畜牧业生产结构调整加快

2018年，全市肉蛋奶总产量65.25万吨，比上年增长0.8%。肉类总产量60.85万吨，增长0.7%。其中，猪肉产量33.88万吨，下降4.8%；牛肉产量0.44万吨，增长15.6%；羊肉产量0.24万吨，增长24.3%；禽肉产量25.41万吨，增长8.3%。蛋产量4.2万吨，增长2.7%。奶类产量0.20万吨，增长10.8%。全市畜牧业生产呈“生猪下降，家禽和草食动物增长”格局。2018年生猪出栏435.29万头，下降3.3%。家禽和草食动物快速发展，家禽出栏1.69亿只，增长8.3%；羊出栏16.28万头，增长24.2%；牛出栏3.87万头，增长15.5%。

四、渔业生产增长较快

2018年，全市充分利用水域资源，推广名优特休闲渔业养殖，推动渔业生产结构调整，渔业生产不断朝着绿色、健康的方向发展。全年水产品总产量5.73万吨，比上年增长7.6%。其中，淡水养殖产品产量4.90万吨，增长8.8%；江河捕捞产量0.83万吨，增长1.4%。分品种看，鱼类产量5.40万吨，增长7.6%；虾蟹类、贝类产量合计0.07万吨，下降6.7%；其它水产品产量0.26万吨，增长近3.0倍。

五、一二三产业融合发展

（一）休闲农业加快发展

近年来，全市大力推进农业与乡村旅游等产业深度融合，加快培育农业经营新业态、新模式。全市现有中国最美休闲乡村2个、福建省最美休闲乡村8个；全国休闲农业与乡村旅游示范县3个、示范点2个；福建省休闲农业示范乡镇7个、示范点23个；福建省“水乡渔村”19家。全市现有休闲农业经营主体845个（其中农家乐511家、休闲观光农庄334家），从业人数18010人，2018年共接待游客853.59万人次，营业收入达11.1亿元。

（二）数字农业稳步推进

2018年以来，全市推进信息进村入户建设，将建设1400多个益农信息社开展信息服务、便民服务、公益服务。加快发展农产品电子商务，全市现有从事农产品电子商务5393人，农产品电子商务交易额26亿元。加强12316信息服务，开发推广小程序，拓展平台功能，共接受咨询服务3542人次，科技下乡2908人次。

（三）品牌农业发展成效显现

近年来，龙岩市围绕促进产业振兴大力发展品牌农业，培育发展“三品一标”农产品（无公害、绿色、有机和地理标志农产品），截至2018年末，全市“三品一标”产品有效认证数达327个，其中无公害农产品256个，绿色食品38个，有机农产品20个，地理标志产品13个；全市农业企业共创建中国驰名商标9个，中国名牌农产品1个。创建绿色食品原料基地11.5万亩，获省十大区域公用品牌1个，品牌农产品2个。龙岩市的“龙岩斜背茶”“河田鸡”获农业部地理保护标志登记。

（四）农业对外合作交流持续深化

2018年，全市新批办农业利用外资项目18家，合同利用外资5961.68万美元，其中台资农业企业16家，合同利用台资5020.27万美元。全市累计批办台资农业企业158家。完成农产品出口13248万元。漳平台湾农民创业园工作持续领先，2017、2018年在全国台创园建设发展第三方综合评价中蝉联第一。

六、区域特色产业发展亮点纷呈

（一）地瓜产业

连城县是“中国红心地瓜干之乡”，地瓜种植、深加工是全县农业产业化支柱产业，产销的地瓜干系列产品占据全国80%以上市场份额，被誉为“世界薯都”。为推进连城地瓜产业升级发展，连城县按照“建基地、扶龙头、抓项目、打品牌、拓市场”的思路，持续做大做强地瓜产业。2018年，连城县地瓜种植面积10万亩，地瓜全产业链产值近80亿元。全县共有地瓜干加工销售企业29家，其中规模以上加工企业28家，省级重点龙头企业8家。生产的地瓜干内销全国600多个城市，并出口日本、韩国、欧美等国家和地区，全县销售量约占全国地瓜干消费量的80%以上。“连城红心地瓜干”品牌价值高达35.92亿元，已被评为“消费者最喜爱的中国农产品品牌”“全国农产品品牌价值百强”和“福建师大农产品公用品牌”。

（二）百香果产业

近年来，龙岩市各地积极发展百香果产业，把好三关推动产业发展。一是品种关。福建省认定的百香果品种“福建百香果1号、2号、3号”三个主栽优良品种全部由本市申请认定；建立6个百香果苗木繁育中心，年培育苗木500万株以上。2018年百香果种植面积达5万多亩，产量达6万多吨，面积和产量居全省第一。二是品质关。目前全市建立4个省级标准化示范基地、2个市级百香果产业园，有百香果加工企业12家，获得SC生产许可证企业7家，有4个百香果分检中心。三是品牌关。申请百香果农产品地理标志登记保护、“新罗百香果”地理标志商标；拍摄“百香果”专题片在中央电视台七套农经栏目播出，拍摄“武平黄金果”广告专题片在中央电视台八个频道滚动播出1个月。

（三）富硒农产品产业

客家硒都位于连城县，富硒土地面积达853平方公里，占全县国土面积33.1%。丰富的客家文化、丰美的自然环境、丰沛的旅游资源、丰饶的特色产品构成了连城发展富硒农业产业的绝对优势。截止2018年末，全县共发展富硒农业种植养殖基地约4万亩，培育富硒农产品经营主体80多家，从业人员6600多人，年实现产值约14亿元。全县初步形成了富硒大米、富硒赤稻米、富硒葡萄、富硒百香果、富硒红衣花生、富硒宣和雪薯、富硒铁皮石斛、富硒金线莲、富硒白鸭蛋、富硒河源鸡、富硒姬玉菇等为支柱的富硒农业产业。

工　业

2018年，龙岩市以供给侧结构性改革为主线，着力稳增长、促改革、调结构，工业经济总体保持稳中有进的发展态势。全部工业增加值891.67亿元，比上年增长8.8%。其中，规模以上工业增加值增长9.0%。分门类看，采矿业增长2.8%，制造业增长10.2%，电力、热力、燃气及水生产和供应业增长4.8%。工业产品销售率98.0%，比上年回落0.8个百分点。

一、总体运行保持稳中有进

（一）多数行业保持较快增长速度

2018年，全市规模以上工业的37个行业大类中有28个行业增加值实现增长，增长面为75.7%，其中有13个行业增加值增速在两位数。增速排名靠前的行业主要有：计算机、通信和其他电子设备制造业增长34.7%，仪器仪表制造业增长30.9%，家具制造业增长30.3%，印刷和记录媒介复制业增长28.6%，专用设备制造业增长23.3%，有色金属冶炼和压延加工业增长20.2%，通用设备制造业增长19.7%，非金属矿采选业增长17.4%。

（二）重点产业支撑作用显著

2018年，全市规模以上工业九大重点产业合计增加值占规模以上工业增加值的比重达96.9%，增加值比上年可比增长9.0%。其中，有色金属产业增长18.6%，机械制造产业增长12.5%，能源精化产业增长3.0%，农副产品加工产业增长10.5%，烟草产业增长4.6%，纺织产业下降4.4%，建材产业增长10.6%，光电新材料产业增长19.8%，生物医药产业增长12.6%。

（三）规模以上企业利润增速较快

2018年，全市规模以上工业企业实现利润总额168.56亿元，比上年增长45.0%。其中，国有企业0.41亿元，增长33.5%；集体企业0.67亿元，下降26.5%；股份制企业137.93亿元，增长44.1%；外商及港澳台商投资企业27.57亿元，增长51.2%。规模以上工业企业资产负债率50.4%，比上年下降2.6个百分点；每百元主营业务收入中的成本为85.02元，主营业务收入利润率为6.5%。

（四）股份制企业引领增长

2018年，全市规模以上工业股份制企业增加值比上年可比增长10.3%，增速居各经济类型之首，比上年上升1.4个百分点，对规模以上工业增长的贡献率达95.1%。

（五）亿元企业贡献突出

2018年，全市规模以上工业产值超亿元企业有474家，比上年增加32家。实现增加值占规模以上工业增加值的比重为86.0%，对规模以上工业增长的贡献率达112.9%，比上年提高14.9个百分点。

（六）新兴行业快速增长

2018年，全市规模以上工业高技术产业增加值增长18.8%，增幅高出全市平均水平9.8个百分点；占规模以上工业增加值的比重为4.3%。其中，电子信息行业增势迅猛，全年计算机、通信和其他电子设备制造业增加值增长34.7%，增幅高出全市平均水平25.7个百分点。

（七）工业企业创新活跃，创新比重最高

2018年，全市调查3221家规模以上企业，有创新企业1032家，创新比重为32.0%，比上年提高3.4个百分点。其中工业企业1129家，有创新企业550家，创新比重为48.7%，比上年提高5.1个百分点。在产品创新、工艺创新、组织创新和营销创新等4种创新中，工业企业更注重产品创新和工艺创新，2018年工业企业实现产品创新或工艺创新的企业占比为41.4%，其中产品创新占比为27.4%、工艺创新占比为32.0%，都明显高于全市平均水平。从行业分布看，创新聚集度较高的行业主要集中在技术密集型行业。在创新活动企业数超过20家的行业中，工业企业创新活动占比最高的五大行业分别是计算机、通信和其他电子设备制造业（81.0%）、汽车制造业（64.9%）、通用设备制造业（64.4%）、食品制造业（63.8%）和专用设备制造业（58.0%），均属技术密集型行业。

二、重点产业发展亮点纷呈

（一）有色金属产业

有色金属作为龙岩市三大主导产业之一，在“双培育”行动计划开展以来，全市加快金铜产业、稀土产业发展，着力培育有色金属产业，打造“有色金属之城”。2018年，龙岩市出台具体的产业发展政策，扶持企业做大做强，一年多来取得了明显成效。2018年有色金属产业实现较快发展，实现产值740亿元，其中金铜产业产值达646.2亿元。全市有色金属产业集群也不断壮大，主要依靠龙头企业带动相关产业链的发展。在金铜产业方面，以紫金铜业、紫金黄金冶炼、瓮福紫金、太阳铜业等企业为龙头，稳步提升铜矿采选、冶炼规模和水平，发展精细、高端金铜产业精深加工，积极拓展铜、稀贵金属、循环经济、金铜配套、锂电池材料等5个金铜产业链；稀土产业方面，以金龙稀土为龙头，突破延伸稀土永磁材料、发光材料、催化材料、储氢材料、中重稀土合金5条稀土新材料及其应用产业链。

（二）汽车、工程机械、环保机械产业

经过多年的培育和累积，龙岩市机械产业形成了汽车产业、工程机械产业、环保机械产业三大产业集群，多种产品市场占有率和技术水平居国内领先地位，涌现出中国龙工、龙马环卫、龙净环保等颇具名气和实力的企业。

1. 多管齐下打造“中国专用汽车名城”。据汉阳专用汽车研究所统计，龙岩专用车企业数排全国地级市第4位，约占全省50%。有9款产品位居行业细分车型前三甲，14款产品进入行业细分前六名。龙岩专用车产品附加值明显高于全国平均水平，部分专用车产品价值超过200万元。其中，福建龙马环卫装备股份有限公司整体规模和技术实力居全国环卫车领域第2位，是国内首家专注于环卫领域的上市公司，在中高端环卫保洁车市场占有率超过20%；龙岩市海德馨汽车有限公司是国内领先的应急汽车方案专业服务商，其抢险救援照明车居全国第1位，产品市场占有率达67.4%；龙岩畅丰专用汽车有限公司研制的客车型移动储能充电车，填补了国内高档发电车产品的空白。

2. “服务+制造”拓展产业发展新空间。福建龙马环卫装备股份有限公司是集城乡环境卫生系统规划设计、投资、设备提供、运营为一体的环境卫生整体解决方案提供商，同时也是国内首家专注于环卫领域的主板上市公司。在环卫行业十五年的深耕细作与不断创新，使其成为环卫行业的领军企业。从2015年起，龙马环卫公司开始提出“服务+制造”的概念，通过服务的融入，把装备制造往下游延伸。经过几年的发展，在服务型制造方面，福建龙马环卫装备股份有限公司针对行业特点，与互联网、物联网、大数据、云计算等新兴技术结合，打造了智慧环卫运营平台，通过技术的加入，最终实现提升环卫作业和管理质量，增加效率和降低成本的目的。福建龙马环卫装备股份有限公司已被工信部评为“服务型制造示范企业”。

3. 政策帮扶，推动企业快发展。龙岩市委、市政府高度重视龙头企业的发展，2017 年出台“一企一策”等帮扶企业发展，针对性地指定出台适应企业发展需求的政策和措施，全力支持企业抢抓行业发展机遇，推动企业快发展。得益于政府的政策支持和相关的保障措施，2018 年以来，龙工控股有限公司抢抓工程机械行业回暖的发展机遇，各子公司开足马力，各业务板块均得到大幅提升，集团全年累计完成产值达 130 亿元，合并报表销售收入近百亿元。其中龙工龙岩基地 5 家制造型子公司完成产值近 50 亿元，3 家贸易型子公司实现销售收入 60 多亿元，比上年增长近 80%。龙工品牌产品出口额 1 亿美元以上，增长超过 60%，远销中南美洲、东南亚、中东、俄罗斯等 60 多个国家和地区。主导产品销量增长全部高于行业平均水平，市场地位得到进一步巩固和加强。其中龙工牌装载机市场占有率稳居行业首位；龙工叉车位居国内同行业前三位；挖掘机、路面机械及龙工系列核心零部件产品也都同步实现较大幅度增长。

（三）电子信息产业

近年来，龙岩市全力突破一批重大电子信息制造业项目达产达效，助力企业进一步发展壮大。2018 年全市有电子信息制造业规模以上企业近 70 家，产值突破百亿元以上，已形成一定发展规模。主要包括新型显示和智能终端、LED、印刷电路板、网络通信、电池等 5 个细分行业。2018 年电子信息产业增速在全市九大工业产业中排名第一。

1. 龙头企业培育发展壮大。冠睿电子、正德光电、志成电子等 5 家企业列入市“双培育”重点工业龙头企业。其中，冠睿电子是龙岩市首家电子信息制造业领域产值突破 10 亿元企业，企业已有 9 条“手机、平板电脑等智能终端产品”整机组装生产线实现投产，每天可生产 6000 多部手机。

2. 重点成长型中小微企业发展加速。全市有 22 家企业列入市重点成长型中小微企业培育计划，占全市重点培育企业数的 22%。其中，达米拉数码科技、逢兴机电产值已超 3 亿元，星河电路、金时裕电子产值超亿元，科普特电子、晶诚光电、祥亿电子也保持快速发展势头。

3. 重点技改项目建设稳步推进。省级技改方面，12 个省级电子信息产业技改投资项目总投资 34 亿元，2018 年度计划投资 7.6 亿元。其中中慧捷成人行智能通道闸安防管理系统、上杭太阳电缆数据线缆、卫东新能源动力电池等 8 个项目已进入设备安装调试和小批量生产阶段。市级技改方面，10 个市级电子信息产业技改投资项目总投资 22 亿元，2018 年度计划投资 5.7 亿元。其中：祥亿电子技改搬迁、深圳富鑫达电子整体搬迁、新型 RFID 射频电子标签等 6 个项目已投产。

建筑业

2018 年，龙岩市建筑企业加强管理，把握机遇，积极深挖本地市场，大力实施“走出去”战略，建筑业生产经营保持平稳发展态势。全社会建筑业实现增加值 255.6 亿元，比上年增长 6.9%（可比价）。全市资质等级以上的总承包和专业承包建筑企业完成建筑业总产值 1071.89 亿元，增长 18.0%；房屋建筑施工面积 5330 万平方米，增长 7.0%；房屋建筑竣工面积 1979 万平方米，增长 4.3%。

2008 年以来，全市共有 36 个项目获得“鲁班奖”“华东六省一市结构工程示范奖”“闽江杯”等奖项，上杭登凯豪庭项目、深圳世界之窗给排水工程等受到业界和社会各界的高度赞誉。全市共有建筑业资质企业 804 家，其中年产值超亿元的 172 家，施工总承包企业 245 家（一级 37 家、二级 103 家、三级 105 家）。一大批建筑业企业走出龙岩、走出福建，走出国门，在外承揽业务，取得骄人业绩，带动龙岩市建筑业快速健康发展。

分地区观察，上杭县建筑业历史悠久，建筑技艺声名远扬，才溪镇素有“三千榔头八百斧”的美誉，已荣获首批“中国建筑之乡”称号，成为龙岩享誉国内外的一张靓丽名片。近年来，上杭县建筑业成为龙岩市行业龙头，被列为当地“两个千亿”主导产业之一。据上杭县住房和城乡建设局数据显示，2018 年，上杭县实现建筑总产值 506.37 亿元，比上年增长 14.7%，产值继续保持位居龙岩市第 1 位。其中，在地建筑业产值

183.21亿元，增长18.8%。完成税收约5.32亿元，增长约50%，占全县财政总收入的14.5%。全县共有建筑施工资质企业160家，亿元以上企业达73家，吸纳农民工达8万余人，约占全县劳动力的18%。

分主要企业观察，龙岩交通建设集团有限公司是交发集团为提升企业核心竞争力，打造建安地产品牌，加快交通基础设施和房地产项目建设，根据市委、市政府三资运作精神整合成立的二级集团公司，是龙岩市唯一的一家市属国有公路工程施工总承包企业。公司具有集公路建造、桥梁隧道建设、房屋建筑、市政公用工程、地基与路面、土石方、建筑装修装饰工程、工程勘察设计及公路养护等一条龙的建安体系运作水平。目前具有公路工程施工总承包一级资质、建筑工程施工总承包二级资质、交通设计资质、市政公用工程施工总承包三级资质及钢结构工程、建筑装修装饰工程、公路路面工程、公路路基工程等多项专业承包二级资质。截至2018年末，交建集团企业资产总额16.74亿元，净资产3.65亿元，公司员工150人，专业技术人才110人，中高级职称人员55人，一级建造师执业资格证13人，二级建造师执业资格证37人，本科以上学历占78.4%，中级以上职称占30%。福建省恒基建设股份有限公司自成立以来始终坚持“精心施工、优质高效、安全文明、健康环保、预防为主、持续发展”的管理方针，先后承建了“深圳锦绣中华”“中国民俗文化村”“世界之窗”“广州世界大观园”等大型风景游览区给排水工程及福建、广东、江苏、四川、广西、湖南、湖北、河南、河北、贵州、甘肃、安徽、江西、西藏、重庆、天津等十几个省市的一大批城市基础设施等建设工程项目，业务已拓展至全国。福建省杭辉建设工程有限公司系国家房屋建筑工程施工总承包一级企业。现有员工1万多人。多年来，为了更好地拓展公司业务，先后分别在福州、厦门、泉州、漳州、南平、三明、广东、广西、云南、沈阳、上海等地成立了分公司，为企业健康稳定发展，奠定了良好的基础。福建成森建设集团有限公司现已发展成集建筑施工、房地产开发、市政建设、矿山冶炼、园林绿化、设计中心、科技中心于一体的大型综合性集团公司。集团下辖6个子公司、设立地域分公司10家，业务跨国拓展到塔吉克斯坦等。成森集团坚持以人为本，不断强化聚才、育才、用才的人才理念，凝聚了一大批专业技术过硬、能征善战的“成森人”，目前各类工程管理人员有1000多人。

服务业

2018年，龙岩市规模以上服务业营业收入首破百亿，达108.01亿元，比上年增长13.4%，增速比上半年、前三季度分别提升3.5个百分点、1.5个百分点。

一、规模以上服务业保持较好增长态势

（一）营业收入增速“九升一降”

2018年，全市规模以上服务业十个行业门类中，营业收入增速“九升一降”，好于上年的“八升两降”。其中，科学研究和技术服务业营业收入增速比上年有所加快。28个行业大类中，23个行业大类的营业收入实现正增长，增长面达82.1%。

（二）企业税负有所减轻

2018年，龙岩市规模以上服务业企业税收负担有所减轻，全市362家企业三项税金合计支出3.91亿元，比上年减少0.26亿元，下降6.3%；每百元营收税负为3.6元，比上年减少0.8元。

（三）就业人员有所增加，职工薪酬稳步提高

2018年，全市规模以上服务业平均从业人员为3.67万人，比上年增加0.21万人，增长5.9%。职工薪酬比上年增长13.8%，高出平均从业人员增速7.9个百分点，职工薪酬稳步提高。

二、各行业发展态势稳中向好

——房地产业。2018年全市房地产开发投资252.31亿元，比上年增长36.3%。其中，商品住宅投资189.80亿元，增长42.7%；办公楼投资0.96亿元，增长1.3%；商业营业用房投资23.71亿元，增长30.8%。年末商品房待售面积208.09万平方米，比上年末增加42.65万平方米。全年300个省市重点项目，与上年持平；完成投资847.1亿元，占年度计划114.5%；实现新开工项目78个；实现新建成或部分建成项目58个。

据龙岩KK网房产频道统计，2018年龙岩中心

城区商品房总签约量为 24876 套，总签约面积为 212.79 万平方米，商品住宅总签约量为 16098 套，比上年增长 15.9%。从月份来看，龙岩楼市在传统旺季“金三银四”“金九银十”两个阶段销量明显上升。从楼盘来看，紫金山体育公园（含融信、绿城）和莲东经济适用房 F 组团均破单盘成交量 1000 大关，位列榜单冠亚军。其中，紫金山体育公园（含融信、绿城）商品住宅成交量达 1223 套，一举夺下排行榜榜首之位；龙地·世纪榕华、美伦·生态城、龙津大时代、城发·福郡、建发富力·玺院等购房者关注度颇高的楼盘也紧随其后，均为榜单前十。

——交通运输业。2018 年全市公路货物运输周转量 135.71 亿吨公里，比上年增长 6.0%；公路旅客运输周转量 10.94 亿人公里，下降 8.9%。截至 2018 年末，全市公路通车总里程为 14549 公里，比上年增长 0.8%，其中高速公路 662 公里。铁路营业长度 592 公里，其中电气化长度 360.76 公里。全市机动车保有量 103.28 万辆，增长 6.6%。其中，汽车类 43.31 万辆，增长 11.9%；小型类汽车 41.33 万辆，增长 11.9%。

——邮政业。全年邮政行业业务总量完成 10.77 亿元，比上年增长 11.5%。全年邮政行业业务收入（不包括邮政储蓄银行直接营业收入）完成 7.33 亿元，增长 9.1%。

分具体业务观察，一是邮政寄递服务业务。2018 年邮政寄递服务业务量累计完成 4573.82 万件，比上年下降 0.2%；邮政寄递服务业务收入累计完成 4721.86 万元，下降 0.02%。分类型看，函件业务持续下降，全年函件业务量完成 256.07 万件，下降 23.3%；包裹业务下降，全年包裹业务量完成 1.95 万件，下降 29.6%；报刊业务小幅下降，订销报纸业务完成 3644.66 万份，下降 2.0%，订销杂志业务完成 219.46 万件，下降 13.0%；汇兑业务持续萎缩，汇兑业务完成 2.43 万笔，下降 32.3%。二是快递业务。全年快递服务企业业务量完成 3972.74 万件，比上年增长 8.9%；快递业务收入完成 4.22 亿元，增长 16.1%。快递业务收入在行业中占比有所增长，快递业务收入占行业总收入的比重为 57.6%，提高 3.5 个百分点。分类型看，同城快递业务持续增长。全年同城快递业务量完成 548.57 万件，增长 4.7%；实现业务收入 0.55 亿元，增长 17.7%。异地快递业务持续增长。全年异地快递业务量完成 3397.65 万件，增长 9.4%；实现业务收入 2.63 亿元，增长 10.9%。国际/港澳台快递业务增速加快。全年国际/港澳台快递业务量完成 26.52 万件，增长 46.0%；实现业务收入 0.14 亿元，增长 49.3%。国有快递企业市场份提升。全年国有快递企业业务量完成 707.56 万件，实现业务收入 6914.00 万元；民营快递企业业务量完成 3265.18 万件，实现业务收入 35248.01 万元。国有、民营快递企业业务量市场份额分别为 17.8%、82.2%，业务收入市场份额分别为 16.4%、83.6%。

——批发零售业。2018 年，全市社会消费品零售总额 907.42 亿元，比上年增长 11.6%。按构成分组，限额以上企业商品零售额 584.09 亿元，增长 14.8%；限额以下企业商品零售额 323.33 亿元，增长 6.2%。按商品形态分组，餐饮收入 86.94 亿元，增长 9.5%；商品零售额 820.48 亿元，增长 11.8%。

在限额以上企业商品零售额中，汽车类零售额比上年增长 12.5%，粮油类增长 29.1%，肉禽蛋类增长 18.7%，服装类增长 13.1%，日用品类增长 3.3%，文化办公用品类增长 21.6%，通讯器材类增长 16.3%，化妆品类增长 23.5%，金银珠宝类下降 0.4%，中西药品类增长 53.4%，家用电器和音像器材类增长 11.1%，家具类增长 25.4%，建筑及装潢材料类增长 25.0%。

——银行业。截至 2018 年末，全市金融机构本外币各项存款余额 1914.42 亿元，比上年末增长 2.9%；金融机构本外币各项贷款余额 1867.67 亿元，增长 12.2%。其中，农村合作金融机构人民币存款余额 514.12 亿元，增长 7.4%；人民币贷款余额 316.49 亿元，增长 13.3%。

2018 年，龙岩股份制银行积极支持制造业发展。一是持续加大信贷投放力度。截至 2018 年末，龙岩股份制银行制造业贷款余额为 37.91 亿元，增长 63.4%，增速高出全辖银行业机构平均增速 52.4 个百分点。二是积极助推产业升级。兴业银行龙岩分行推出低融资成本的风险补偿技改贷款和技改基金，助力制造型企业完成转型升级。截至2018年末，累计投放技改基金8.33亿元，节约企业成本2400万元。三是优化金融服务。通过产品创新、运用大数据等方式优化金融服务。

——保险业。2018年，全市保险企业各项保费收入60.07亿元，比上年增长13.9%，其中，财产险保费收入21.86亿元，增长5.3%；人寿险保费收入38.21亿元，增长19.5%。全年财产险赔款支出12.38亿元，增长29.6%；人寿险赔款支出6.95亿元，下降0.1%。

——旅游业。2018年，龙岩市旅游总收入453.81亿元，比上年增长36.4%。其中，国内旅游收入443.60亿元，增长36.4%；旅游外汇收入1.54亿美元，增长37.9%。全年接待旅游总人数4607.76万人次，增长21.8%。其中，国内旅游人数4588.29万人次，增长21.8%；接待入境游客19.47万人次，增长18.6%。

2018年，全市旅游坚持以旅游供给侧结构性改革为主线，围绕“放心游福建首选到龙岩——2018年优质旅游年”主题，立足市场需求、转变发展方式、丰富旅游产品、着力实施“七大工程”，提升旅游业发展质量。主要重点打造四条精品旅游线路：一是红色旅游精品线路。以古田会址为龙头，带动长汀红色旧址群、才溪乡调查纪念旧址、古田（吴地）红军小镇、东肖红色旧址群、永定金砂红色旧址、漳平象湖红色旧址、刘亚楼将军故居、松毛岭战地旧址等红色景区发展，打造百里红色文化旅游长廊。二是客家旅游精品线路。以客家文化为纽带，连接永定土楼、长汀历史文化名城、培田古村落、连城四堡古书坊、上杭李氏大宗祠、武平中山古镇，加快永定做大福、姑田游大龙、罗坊走古事等民俗活动旅游产品的开发，打造闽粤赣客家文化旅游长廊。三是生态旅游精品线路。以冠豸山为核心，整合梅花山生态旅游区、龙硿洞、梁野山、九鹏溪、永福樱花园以及周边温泉、漂流、骑行、自驾、房车等旅游资源，打造绿色清新的生态文化旅游精品线路。四是美食文化精品线路。以推广长汀中国客家菜之乡、连城中国客家美食名城为代表的龙岩美食品牌，加强客家美食资源的挖掘和传统烹饪技艺的传承，打造客家美食盛宴精品旅游线路。

（摘编：福建省企业信息中心）

2018年宁德市发展概况

2017年，宁德市围绕“开发三都澳、建设新宁德”中心任务，着力开展“一转三抓比贡献”活动，开拓创新、扎实工作，经济社会发展总体平稳，质量效益明显提升。全年实现地区生产总值1942.8亿元，比上年增长8.1%。其中，第一产业增加值295亿元，增长4.3%；第二产业增加值968.95亿元，增长8.3%；第三产业增加值678.85亿元，增长9.7%。第一产业增加值占地区生产总值的比重为15.2%，第二产业增加值比重为49.9%，第三产业增加值比重为34.9%。全年人均地区生产总值66878元，比上年增长7.8%。

农　业

2018年，宁德市在政策扶持和产业推动下，农林牧渔业发展较快增长。全年全市农林牧渔业产值526.48亿元，比上年增长4.3%（按可比价计算，下同），增幅位居全省第5位。其中，农业产值211.21亿元，增长3.7%；林业产值31.12亿元，增长3.0%；牧业产值27.15亿元，下降11.0%；渔业产值246.83亿元，增长7.1%；农林牧渔服务业10.17亿元，增长5.2%。实现农林牧渔业增加值300.26亿元，增长4.3%。

一、农业生产形势较好

（一）粮食生产平稳增长

2018年，全市粮食作物播种面积133.63万亩，比上年增长0.5%。粮食产量46.99万吨，比上年增长1.8%。其中，春收粮食3.21万吨，增长0.6%；夏收粮食2.02吨，增长7.4%；秋收粮食42.38万吨，增长3.2%。稻谷播种面积89.96万亩，下降1.3%。其中，早稻1.99万亩，增长31.8%；中稻84.15万亩，增长1.0%；晚稻3.81万亩，下降4.8%。稻谷产量36.78万吨，增长0.2%。其中，早稻0.75万吨，下降50.3%；中稻34.56万吨，下降1.8%；晚稻1.48万吨，下降0.7%。甘薯5.11万吨，增长9.7%；马铃薯3.52万吨，增长2.6%；大豆0.9万吨，增长28.6%。

（二）主要经济作物保持增长

1. 蔬菜生产形势良好。宁德市积极争取设施农业用地政策支持，推进设施农业补贴，全市各地设施农业温室大棚建设进度加快，带动蔬菜产量增长。全年蔬菜面积85.62万亩，比上年增长4.7%；蔬菜产量94.23万吨，产量比上年增长5.4%

2. 食用菌生产情况良好。食用菌作为宁德市农业特色优势产业，近年来，通过品种结构调整，改进栽培模式和技术，确保了食用菌生产综合效益。全年食用菌产量（干鲜混合）18.99万吨，增长3.9%。实现产值62.89亿元，比上年增收63046万元，增长11.1%。珍稀菌种产量快速增长，竹荪、姬松茸、杏鲍菇类分别增长70.0%、75.0%和5.6%。大宗产品中，茶薪菇产量3.18万吨，增长7.7%；菇香菇产量2.25万吨，增长0.5%；蘑菇产量2.09万吨，下降1.3%；白木耳产量4.07万吨，下降1.0%。

3. 药材生产规模扩大。全年药材播种面积13.50万亩，比上年增长5.8%；药材产量4.36万吨，比上年增长4.7%；实现药材产值11.35亿元，比上年增长14.5%。主要品种是太子参和黄栀子。其中，太子参面积8.60万亩、产量1.12万吨，比上年分别增长10.0%和12.0%，创产值8.52亿元，比上年增长13.6%。

4. 茶叶产量较快增长。宁德市茶叶种植管理水平和技术不断提高，产量不断增长。2018年，全市茶园总面积达88.39万亩，其中新植茶园面积1.71万亩；茶叶总产量9.98万吨，比上年增长6.6%；实现茶叶总产值35.48亿元，比上年增收3.45亿元，比上年增长10.8%。其中，宁德市大力推广“福鼎白茶”品牌优势，不断加大改植换种和更新复壮力度，扩大茶叶种植规模，茶叶产业区域化、集约化水平不断提高，白茶呈现两位数高位增长，全年白茶产量2.13万吨，增长42.0%；绿茶产量5.31万吨，下降0.3%；红茶产量2.24万吨，下降0.7%；青茶产量0.3万吨，增长5.4%。

5. 园林水果增减不一。2018年全市年末实有水果面积55.12万亩，比上年末增加3.45万亩，增长6.7%；全年水果产量48.49万吨，增长0.8%。其中，柑橘类增长9.5%、杨梅增长19.6%、桃增长5.8%、葡萄增长3.8%、荔枝下降42.0%。

二、林业生产顺利发展

据林业部门统计，2018年全市共完成植树造林总面积11.62万亩，完成任务数的115.0%。全年木材产量105.0万立方米，比上年基本持平。其中，商品材产量17.24万立方米，增长8.9%；自用材产量87.78万立方米，下2.3%。分产品观察，近年来，宁德市出台大力推进竹业发展的意见和措施，有力地促进了宁德市竹业生产发展。全年毛竹产量3606万根，比上年增长6.7%；篙竹产量1239万根，增长18.9%。小竹材产量9.57万吨，增长0.8%。竹笋干作为纯天然绿色食品，近年来市场需求量大，产量保持较快增长。竹笋干产量1.78万吨，增长5.3%。

三、畜牧业生产情况

2018年，全市肉蛋奶总产量10.51万吨，比上年下降11.8%。肉类产量8.19万吨，下降15.2%。其中，禽肉产量1.25万吨，增长3.2%，牛肉产量0.04万吨，增长5.4%；羊肉产量0.17万吨，增长14.8%；猪肉产量6.68万吨，下降18.6%。

（一）生猪存、出栏下降

近几年，宁德市开展畜禽污染整治，生猪存、出栏逐年下降。2018年，受其他地方猪瘟疫情的影响，养殖户补栏积极性受到一定程度影响。全年全市生猪出栏83.27万头，比上年下降18.1%；生猪存栏50.45万头，下降12.3%。能繁母猪存栏4.51万头，下降8.0%。

（二）禽出栏增长、存栏下降

2018年，全市全年禽出栏808.75万只，比上年增长3.2%。禽存栏506.97万只，下降17.6%。

（三）草食动物较快发展

近年来，牛、羊肉的市场需求量不断加大，养殖效益较好，养殖户养殖积极性较高，福建省各地积极扶持引导发展草食动物。2018年全市肉牛出栏3413头，比上年增长6.8%；肉牛存栏4257头，增长16.0%。羊出栏11.5万头，增长12.6%；羊存栏8.98万头，增长15.9%。

四、渔业生产较快发展

近年来，宁德市大力发展湾外渗水大网箱、塑胶网箱、南美白对虾高位池养殖和陆上工厂化等养殖，促进渔业稳定健康发展。2018年，全市水产品产量96.73万吨，比上年增长7.3%。其中，海水产品92.08万吨，增长7.1%；淡水产品4.65吨，增长10.4%。名优产品快速增长，其中，鲈鱼增长11.1%、大黄鱼增长9.1%、海参增长11.0%、鲍鱼增长4.5%、南美白对虾增长8.6%。

五、乡村特色产业链规模壮大

近年来，宁德市委、市政府旗帜鲜明，立足产业特色，规划先行、精准实策，像抓四大主导产业一样抓“8+1”产业振兴，力争2020年全市培育形成7个超百亿、2个加快向百亿目标迈进的全产业链，乡村特色产业链总规模突破1600亿元。

在“2019中国茶叶区域公用品牌价值评估”榜单中，福鼎白茶以44.96亿元的品牌价值荣获“2019中国茶叶区域公用品牌价值十强”第4位，并被授予“最具品牌带动力”和“最具品牌经营力”的品牌。这是福鼎白茶连续十年进入“十强”后，创下的又一品牌价值新高。宁德市不仅拥有福鼎白茶，还有福安“坦洋工夫”红茶、蕉城“天山茶”、寿宁高山茶等闽东好茶。2018年全市茶叶总产量9.98万吨，实现总产值35.48亿元，茶叶品牌影响力、产业区域化、集约化水平不断提升，“中国茶叶之乡”声名远扬。

“中国食用菌之都”古田，工厂化栽培全力示范推广，通过“公司+合作社+农户”经营模式，引进培育精深加工龙头企业，开发食用菌上下游产业链产品，实现“县域工厂化”。以古田食用菌产业为典型代表，2018 年全市食用菌鲜菇产量 103.53 万吨，产值 64.85 亿元，食用菌从业人口、产量、产值均在全省排名第一。

“南国葡萄之乡”福安，葡萄产区遍布该市 13 个乡镇 129 个村庄，已成为全省栽培面积最大、产量最高、效益最好的葡萄生产基地，也是我国东南沿海最大的葡萄生产基地。以产业为基础，福安市赛岐葡萄现代农业产业园破土而兴，以现代设施葡萄为主题，以同三高速象环至下广段沿线为轴，将象环千亩现代设施葡萄产业核心区、苏阳千亩设施葡萄科技示范片、大盘千亩设施葡萄标准化生产示范片、下广千亩设施葡萄高效生态栽培示范片等三中心片区连接沿线葡萄成万亩设施葡萄特色产业带，魅力无穷。

“云端之城”周宁，立足高山气候，发展培育花卉苗木企业，高海拔花卉苗木产业风生水起，年总产值 7000 多万元。全市以实施现代农业（花卉）生产发展项目建设为抓手，重点发展山区高山冷凉型花卉、沿海绿化苗木等，壮大花卉苗木产业。

工　业

2018 年，面对复杂严峻的经济环境，宁德市上下按照党中央决策部署，以全面实施“一二三”发展战略为主线，以提高发展质量和效益为中心，着力推进工业经济高质量发展，呈现生产形势稳中向好、结构持续优化、效益明显提高的运行态势。

一、工业生产形势稳中向好

2018 年以来，宁德市规模以上工业发展实现探底回升，保持平稳较快增长态势，增速从年初的 7.8% 上升至 9.2%，增幅较上年提高 7.4 个百分点，比全省平均水平高 0.1 个百分点，居全省首位。工业生产明显回暖，2018 年每个月的规模以上工业增加值累计增速均高于上年同期。

（一）百亿企业贡献率高达 90.6%

2018 年，全市产值超百亿工业企业共 7 家，比上年增加 2 家，实现增加值占全市规模以上工业增加值总量的 56.6%，比上年增长 13.5%，增幅比全市平均水平高 4.3 个百分点，对全市规模以上工业增长贡献率达 90.6%，拉动增长 8.3 个百分点。

（二）主要行业（产业）支撑有力

2018 年，宁德市 8 个主要工业行业（产业）发展优势突出，对工业经济发展支撑有力。8 个行业企业数共计 865 家，占全市规模以上工业企业数的 78.2%，全年增加值占全市规模以上工业增加值的 94.7%，比上年增长 10.5%，增幅高出全市平均水平 1.3 个百分点，对全市规模以上工业增长贡献率达 107.0%，拉动全市规模以上工业增长 9.8 个百分点。分行业看，8 个行业（产业）呈现“五升三降”态势。其中，电机电器、冶金、发电供电、合成革和医药化工 5 个行业增加值分别比上年增长 16.6%、15.8%、7.9%、7.2%、4.4%。5 个行业合计对全市规模以上工业增加值的增长贡献达 118.1%，拉动全市增长 10.9 个百分点；食品、建材和船舶修造 3 个行业增加值分别比上年下降 5.0%、22.0%、27.8%。

随着宁德重大项目接续落地建设，2018 年，宁德市四大主导产业发展迅猛。不锈钢新材料产业方面，依托青拓集团、福建联德、甬金科技、宏旺实业、海利科技等龙头企业，不锈钢粗钢产能占全国的 20%、全球的 10%，初步建成 200 系、300 系、400 系产品全覆盖、从“原料—冶炼—热轧—冷轧深加工—不锈钢制品”的不锈钢全产业链，着力打造全球最大的不锈钢新材料产业基地，全年实现产值 1020 亿元，成为 2018 年宁德首个千亿产业集群。锂电新能源产业方面，依托宁德时代和宁德新能源科技两大龙头，基本形成以璞泰来、杉杉、厦钨、青美、国泰、阿李等 30 多个产业链项目为配套，涵盖正、负级材料、隔离膜、电解液及电池构件材料的产业集群，产能规划目标达 150GWH。目前，宁德市锂离子动力电池和消费类电池产品出货量均为全球第一，并正在对接引进一批产业龙头及产业链项目，着力打造全球规模最大、技术领先的锂电新能源产业基地。新能源汽车产业方面，2018 年 3 月成功引进建设上汽宁德基地项目，项目用地 6000 亩，一期投资 50 亿元，产能 30 万辆，主要布局车型为荣威、名爵品牌的新能源和传统能源乘用车，已带动30家一级配套商落地建设，2019年6月份第一台车下线、7月份一期建成投产，二期预留同等规模产能，着力打造东南沿海最具竞争力的新能源汽车产业基地，力争2020年产值达500亿。铜材料产业方面，中铝40万吨铜冶炼基地项目，拥有目前国内铜冶炼行业最大规模的单条生产线，工艺先进环保，项目已点火试产，年内全面投产，湖北声荣铜渣利用项目即将动工建设，深入对接正威集团铜材料下游精深加工项目，着力打造东南沿海最先进的铜产业基地，力争到2020年产值达300亿元。同时，依托宁德核电、霞浦核电、霞浦海上风电、周宁抽水蓄能等清洁能源龙头企业和项目，着力打造东南沿海重要的清洁能源基地；电机电器、食品加工、合成革、冶金特钢等传统特色优势产业依靠创新技改加快转型升级；生物医药、海洋高新等新兴产业加快培育发展，产业发展后发优势逐渐凸显。

（三）产销衔接良好

2018年，全市规模以上工业企业产销率达到99.0%，比上年提高0.7个百分点，高出全省平均水平1.8个百分点，居全省第2位。实现出口交货值286.11亿元，比上年增长14.8%。

（四）民营企业成为拉动工业增长的主要动力

2018年，宁德市规模以上民营工业企业1056家，实现增加值增长9.4%，比上年提高8.3个百分点；对全市规模以上工业增长的贡献率由上年的56.3%提高到86.8%，增加值占比由上年的84.9%提高到85.2%，拉动全市增长8.0百分点。制造业中，民营经济的支柱作用尤为突出，增加值占规模以上制造业的比重高达96.7%，比上年提高0.4个百分点，对全市制造业增长拉动达8.9个百分点。形成了宁德时代新能源、青拓集团等一批产业龙头企业。为优化营商环境，支持民营企业发展，激发市场主体活力，宁德市还持续推进“放管服”改革，出台一系列促进民营企业加快发展的政策措施，民间资本更加活跃。2018年，宁德市民间投资领域主要集中在房地产业和制造业，两个行业的民间投资所占比重分别为42.0%和36.2%。

（五）工业用电量较快增长

2018年，宁德市工业用电量为112.00亿千瓦时，比上年增长14.9%，居全省第2位。其中，制造业用电量为102.42亿千瓦时，占工业用电量的91.4%，增长15.7%。

二、工业结构持续优化

（一）工业向中高端迈进

2018年，全市规模以上制造业增加值比上年增长9.4%，增幅比上年提高7.9个百分点，对全市规模以上工业增长的贡献率为87.6%，比上年提高12.9个百分点。其中，装备制造业增加值增长14.5%，增加值占全市规模以上制造业的比重为41.1%，拉动全市制造业增长5.6个百分点。

（二）高技术产业发展迅猛

2018年，全市规模以上战略性新兴产业增加值比上年增长10.9%，比全市平均增速快1.7个百分点，对全市规模以上工业增加值增长的贡献率为74.2%，拉动增长6.8个百分点。高技术产业全年增加值增长24.6%，连续3个月保持20%以上增速运行，推动全市规模以上工业增速持续提升，对全市规模以上工业增加值增长的贡献率为61.8%，拉动全市经济增长5.7个百分点，比1—11月提高0.3个百分点。

（三）新增企业增强发展后劲

2018年，全市80家新增规模以上工业企业增加值比上年增长253.0%，占全市规模以上工业增加值的2.3%，贡献率11.6%，拉动全市规模以上工业增长1.5个百分点，拉动力较一季度、上半年和前三季度分别提高1.1个点、0.9个点、1.0个点。

三、企业效益明显向好

2018年，全市规模以上工业企业实现利润总额222.35亿元，比上年增长27.9%，增速高出全省平均水平11.8个百分点。国有企业、外商及港澳台商投资企业、股份制企业利润总额均增长20%以上。规模以上工业企业资产负债率60.6%，比上年下降2.0个百分点；主营业务收入利润率为7.7%，提高1.0个百分点。

建筑业

2018年，宁德市积极出台各项政策，不断加大扶持力度，推进建筑业产业结构调整和转型升级，全市建筑业生产保持平稳较快发展。

一、建筑业总体运行情况

（一）建筑业产值稳步增长

2018 年，宁德市资质总承包和专业承包建筑业企业（以下简称“建筑业企业”）完成产值 189.46 亿元，比上年增长 13.1%，增幅分别比上半年和上年同期提高 8.9 个百分点和 12.7 个百分点。建筑工程产值 174.00 亿元，增长 14.3%；安装工程产值 15.20 亿元，增长 10.3%。

（二）新签合同额增速大幅提高

2018 年，宁德市建筑业企业签订合同额 357.50 亿元，比上年增长 32.9%，增幅比上年同期提高 31.2 个百分点。其中，本年新签合同额 262.16 亿元，增长 52.5%，增幅比上年同期提高 56.4 个百分点。签订合同额保持大幅增长，为全市建筑业发展提供了有力支撑。

（三）房屋新开工面积较快增长

2018 年，宁德市建筑业企业共完成有房屋建筑施工面积 1307.66 万平方米，比上年下降 9.2%。其中，本年新开工面积 403.15 万平方米，增长 22.6%，增幅比上年提高 34.2 个百分点。

（四）企业个数持续增加

截至 2018 年末，全市资质内建筑业企业个数为 285 家，比上年末增加了 94 家，比上半年末增加了 71 家。2018 年新入库企业 99 家，99 家新进建筑企业完成产值 12.5 亿元，拉动全市建筑业产值增长 7.5 个百分点，成为推动全市建筑业的新增长点。

二、建筑业产值结构特点

从产值构成看，建筑工程产值为主导。2018 年，全市建筑业产值中，建筑工程占比达 91.9%，安装工程和其他产值仅占总产值比重的 8.0% 和 0.1%。

从资质等级看，三级资质企业产值拉动明显。截至 2018 年末，全市一、二级企业 72 家，比上年末增加 27 家；全年完成产值 109.63 亿元，比上年增长 6.8%，占总产值的比重为 57.9%；三级资质企业 213 家，完成产值 79.83 亿元，增长 22.9%，拉动建筑业总产值提高 8.9 个百分点，占总产值的比重由上期的 38.8% 提高到本期的 42.1%。

分行业来看，房屋和土木工程建筑业为主。2018 年，全市建筑业企业中，房屋建筑业行业产值 97.93 亿元，占建筑业总产值 51.7%；土木工程建筑行业产值 83.15 亿元，占 43.9%。宁德市建筑业仍以传统的房屋和土木工程建筑业为主。

从市场分布看，企业在省内完成产值份额较大。2018 年，宁德市建筑业企业在外省完成产值 60.82 亿元，比上年下降 5.2%；在省内完成产值 128.64 亿元，增长 24.4%，占总产值比重的 67.9%。

服务业

2018 年，全市服务业实现增加值 678.85 亿元，比上年增长 9.7%。其中，批发和零售业增加值 78.75 亿元，增长 3.9%；交通运输、仓储和邮政业增加值 97.34 亿元，增长 7.5%；住宿和餐饮业增加值 28.47 亿元，增长 0.1%；金融业增加值 87.01 亿元，增长 18.2%；房地产业增加值 54.44 亿元，增长 0.5%。全年规模以上服务业企业营业收入比上年增长 6.4%，营业利润增长 69.1%。

宁德市服务业部分行业发展概况：

——房地产业。2018 年，全市房地产开发完成投资 189.36 亿元，比上年增长 11.6%，增幅比上年提高 16.8 个百分点，高出全省平均水平 8.6 个百分点，结束连续 3 年投资负增长的情况。其中，其中，土地购置费 67.10 亿元，增长 50.5%，拉动全市房地产开发投资提高 13.3 个百分点。按工程用途分，住宅完成投资 148.24 亿元，增长 10.8%；办公楼完成投资 2.29 亿元，比下降 37.5%；商业营业用房 17.91 亿元，增长 4.3%；其他完成投资 20.91 亿元，增长 39.6%。

2015—2017 年，受房地产去库存政策影响，市场需求大量释放，2016 年和 2017 年商品房销售面积增速均超过 30%，特别是 2017 年销售面积创历史最高水平达 307.23 万平方米。到 2018 年，在较高的基数和限购限售政策下，商品房销售面积较上年减少。全市房地产开发企业销售商品房 274.16 万平方米，比上年下降 10.8%，其中，住宅销售 254.19 万平方米，比上年下降 11.1%。按住宅类型分，90 平方米以下住宅下降 22.1%；

90—144 平方米住宅下降 2.5%；144 平方米以上住宅下降 49.3%。

2018 年，宁德市开发企业资金回笼情况良好，全市房地产开发企业本年到位资金 286.01 亿元，比上年增长 18.7%，增幅较上年提高 9.7 个百分点。其中，定金及预收款和个人按揭贷款占比超六成，且增速迅猛，分别为 100.09 亿元和 79.10 亿元，比上年增长 75.4% 和 23.4%。此外，国内贷款 10.75 亿元，比上年下降 48.2%；自筹资金 93.34 亿元，比上年增长 2.2%。

——交通运输业。截至 2018 年末，宁德市公路通车里程 12095.6 公里，比上年末增加 290.27 公里，其中，等级公路 11163.3 公里，占通车总里程 92.3%；高速公路 557 公里，增加 105.89 公里。全年货运量 4802 万吨，比上年增长 0.1%；货物周转量 149.81 亿吨公里，增长 8.5%。全年港口完成货物吞吐量 3289.83 万吨，增长 15.3%。其中，外贸货物吞吐量 1300.88 万吨，增长 23.9%。集装箱吞吐量 9.61 万标箱，增长 12.0%。截至 2018 年末，全市共有生产性泊位 60 个，其中万吨级以上泊位 10 个。

2018 年，宁德市公路和水运客运量 6235 万人，比上年下降 12.9%。旅客周转量 27.44 亿人公里，下降 4.1%。宁德站铁路旅客发送量 259.22 万人，比上年增长 4.6%。福鼎、霞浦、福安站铁路旅客发送量分别为 173.7 万人、1630 万人、104.7 万人，比上年分别增长 3.8%、0.8%、7.1%。

截至 2018 年末，全市民用汽车保有量 24.17 万辆（包括三轮汽车和低速货车），比上年末增长 14.1%，其中私人汽车保有量 21.38 万辆，增长 14.5%。全市轿车保有量 13.83 万辆，增长 13.6%，其中私人轿车保有量 12.90 万辆，增长 14.1%。

——邮政电信业。2018 年，宁德市完成邮电业务总量 127.81 亿元，比上年增长 105.6%。其中，邮政业务总量 16.62 亿元，增长 34.6%；电信业务总量 111.19 亿元，增长 123.3%。邮政业全年完成邮政函件业务 168.32 万件，包裹业务 2.52 万件；快递业务量 6673.83 万件，比上年增长 42%。截至 2018 年末，全市电话用户总数 343.2 万户，本年累计增加 9.4 万户，其中，固定电话用户 41.5 万户，减少 2.3 万户；移动电话用户 301.7 万户，增加 11.7 万户。互联网用户 361.8 万人，增长 53.5%。

——批发零售业。2018 年，宁德市社会消费品零售总额 611.11 亿元，比上年增长 8.1%。按行业分，批发业零售额 25.84 亿元，下降 5.1%；零售业零售额 531.64 亿元，增长 9.5%。按消费类型统计，商品零售额 558.33 亿元，增长 8.7%。

在限额以上企业商品零售额中，化妆品类零售额比上年下降 8.7%，服装鞋帽针纺织品类增长 32.0%，中西药品类增长 28.4%，金银珠宝类增长 66.9%，粮油食品类增长 17.7%，日用品类下降 25.9%，文化办公用品类下降 5.7%，家具类增长 1.9%，通讯器材类下降 14.3%，体育、娱乐用品类下降 25.1%，家用电器和音像器材类增长 19.4%，汽车类下降 20.0%，石油及制品类增长 7.7%，建筑及装潢材料类增长 58.3%。全年限额以上企业实现网上零售额 40.18 亿元，比上年增长 27.5%。

——银行业。截至 2018 年末，宁德市全部金融机构本外币各项存款余额 1843.03 亿元，比上年末增长 20.6%。全部金融机构本外币各项贷款余额 1744.29 亿元，比上年末增加 166.76 亿元，增长 10.6%。其中制造业贷款新增 4.26 亿元，是 2015 年以来首次实现增长。

年末金融机构人民币各项贷款余额 1738.35 亿元，比上年末增加 166.98 亿元，增长 10.6%。个人消费贷款余额 640.06 亿元，比上年末增加 103.41 亿元，增长 19.3%。其中，个人短期消费贷款余额 103.41 亿元，增加 12.42 亿元；个人中长期消费贷款余额 536.65 亿元，增加 90.99 亿元。

年末主要农村金融机构（农村信用社、农村合作银行、农村商业银行）人民币各项贷款余额 278.10 亿元，比上年末增加 22.68 亿元。中资金融机构人民币个人消费贷款余额 640.06 亿元，比上年末增加 103.41 亿元，增长 19.3%。

——证券业。截至 2018 年末，宁德市股民资金开户数为 24.90 万户，比上年末增加 11.55 万户。全年股票、权证、基金与债券交易量达 1683.9 亿元，比上年增加 467.4 亿元。

——保险业。截至2018年末，宁德市共有保险公司28家，其中财产险15家，人身险13家。各类保险公司全年保费收入49.7亿元，比上年增长13.0%。其中，人身险保费收入37.39亿元，增长15.6%；财产险保费收入12.31亿元，增长5.7%。支付各类赔付及给付20.24亿元。其中，人身险业务给付13.28亿元；财产险赔付6.96亿元。

——旅游业。2018年，宁德市接待游客总人数3252.91万人次，比上年增长22.6%，旅游总收入343.98亿元，增长35.3%。其中，接待国内旅游人数3248.09万人次，增长22.6%；接待入境旅游人数4.82万人次，增长20.2%。

（摘编：福建省企业信息中心）

2018 年平潭综合实验区发展概况

2018 年，平潭综合实验区坚持高质量发展落实赶超为总基调，深入开展“大干 120 天，打好七大攻坚战”行动，全区经济动力和潜力不断释放，基本实现稳中有升、健康发展。全年实现地区生产总值 254.28 亿元，比上年增长 8.7%。其中，第一产业实现增加值 34.55 亿元，增长 1.0%；第二产业实现增加值 71.85 亿元，增长 3.8%；第三产业实现增加值 147.88 亿元，增长 13.1%。三次产业结构由上年的 16.1∶28.3∶55.6 调整为本年的 13.6∶28.3∶58.1。从三次产业对经济增长贡献率及拉动情况看，第一产业贡献率为 1.6%，拉动 GDP 增长 0.1 个百分点；第二产业贡献率为 12.4%，拉动 GDP 增长 1.1 个百分点；第三产业贡献率为 86.0%，拉动 GDP 增长 7.5 个百分点。

农　业

2018 年，全区完成农林牧渔业总产值 65.21 亿元，比上年增长 1.2%。其中，种植业产值 3.97 亿元，下降 6.7%；林业产值 0.25 亿元，增长 78.2%；畜牧业产值 3.27 亿元，下降 10.9%；渔业产值 53.65 亿元，增长 3.1%；农林牧渔服务业产值 4.07 亿元，增长 4.6%。全年农业生产呈现以下特点：

1. 种植业生产呈现下降趋势。2018 年，全区粮食播种面积 52728 亩，比上年增加 1107 亩，增长 2.1%；经济作物种植面积 88883 亩，减少 2152 亩，下降 2.4%。粮食与经济作物的种植结构由上年的 40.7∶59.3 调整为本年的 37.3∶62.7。全年薯类种植面积 49703 亩，比上年增加 552 亩，增长 1.1%；花生种植面积 48461 亩，增加 8903 亩，增长 22.5%；蔬菜种植面积 38513 亩，减少 10765 亩，下降 27.9%。全年粮豆总产量 16755 吨，比上年增产 496 吨，增长 3.0%；花生产量 6935 吨，增产 1088 吨，增长 18.6%；蔬菜产量 64359 吨，减产 6320 吨，下降 8.9%；园林水果产量 2544 吨，增产 429 吨，增长 20.2%；西瓜产量 2348 吨，减产 1098 吨，下降 31.8%。

2. 畜牧业生产大幅回落。2018 年，全区生猪出栏数 11.95 万头，比上年下降 3.4%；各种肉类总产量 10259 吨，下降 7.2%；鲜蛋总产量 6804 吨，下降 28.9%。年末生猪存栏 5.26 万头，比上年末下降 11.8%；家禽存栏 59.32 万只，下降 39.5%；牛存栏 2985 头，增长 38.1%；羊存栏 12925 头，下降 28.5%。

3. 渔业生产总体有所好转。2018 年，全区水产品总产量 42.33 万吨，比上年增长 3.0%。其中，鱼类和甲壳类产量分别为 13.52 万吨和 1.33 万吨，增长 2.0% 和下降 5.0%，藻类、贝类（不含其他类）产量分别为 6.69 万吨和 21.96 万吨，增长 8.9% 和 10.4%。总产量中，国内海洋捕捞产量 12.02 万吨，下降 7.9%；海水养殖产量 30.29 万吨，增长 8.1%；内陆养殖产量 185 吨，与上年持平。

工　业

2018 年，全区规模以上工业总产值增幅由上年的下降 19.2% 转为增长 1.2%，增加值增幅由上年的下降 20.1% 转为增长 3.9%。分门类观察，制造业增长 7.8%，电力、热力及水的生产和供应业下降 18.3%。分行业观察，计算机、通信和其他电子设备制造业增长 568.2%，电气机械和器材制造业增长45.8%，非金属矿物制品业增长33.6%，农副食品加工业下降19.0%。全社会用电量9.09亿千瓦时，比上年增长8.9%，其中工业用电量1.52亿千瓦时，增长6.1%。全年规模以上工业产品销售率94.93%，经济效益综合指数227.13，资产负债率95.06%。

建筑业

2018年，全区完成建筑业总产值178.06亿元，比上年增长7.5%，实现增加值64.95亿元，增长3.7%，对全区地区生产总值增长的贡献率达10.9%，拉动全区地区生产总值增长0.9个百分点。建筑业增加值在总量上仍超过第一产业，依然是全区最大的产业。截至2018年末，全区具有资质以上建筑业企业97家。其中，总承包和专业承包63家，劳务分包企业34家。

（摘编：福建省企业信息中心）

第八篇
经济数据

说明：本篇内容摘自《2019 福建统计年鉴》，采用近 3 年的数据（除说明外）。

（摘编：赵小真）

综　　合

全省法人单位数和从业人员数（2017 年）

项　　目	法人单位数（个）			从业人员数（万人）
		单产业法人	多产业法人	
按登记注册类型分	**870050**	**840028**	**30022**	**1867.33**
内资	853575	824321	29254	1649.51
国有	43311	38533	4778	135.16
集体	8740	7822	918	18.11
股份合作	2468	2356	112	8.31
联营	1034	995	39	2.40
国有联营	188	181	7	0.42
集体联营	418	396	22	1.01
国有与集体联营	84	82	2	0.25
其他联营	344	336	8	0.72
有限责任公司	157369	153291	4078	458.49
国有独资公司	1853	1622	231	27.67
其他责任有限公司	155516	151669	3847	430.82
股份有限公司	7987	7265	722	61.10
私营	523045	514710	8335	837.18
私营独资	76177	75483	694	76.66
私营合伙	19355	19187	168	21.56
私营有限责任公司	417967	410758	7209	715.36
私营股份有限公司	9546	9282	264	23.60
其他	109621	99349	10272	128.77
港澳台商投资	10994	10516	478	141.41
合资经营（港或澳、台资）	2255	2123	132	34.41
合作经营（港或澳、台资）	195	188	7	0.87
港、澳、台商独资经营	8043	7736	307	99.22
港、澳、台商投资股份有限公司	308	287	21	4.24
其他港澳台商投资	193	182	11	2.67
外商投资	5481	5191	290	76.41
中外合资	1373	1296	77	21.25
中外合作	91	83	8	0.73
外商独资	3533	3356	177	49.44

续表

项　　目	法人单位数（个）			从业人员数（万人）
		单产业法人	多产业法人	
外商投资股份有限公司	257	240	17	2.55
其他外商投资	227	216	11	2.44
按机构类型分	**870050**	**840028**	**30022**	**1867.33**
企业	748141	732373	15768	1654.04
事业单位	28939	26881	2058	81.99
机关	9183	6817	2366	31.23
社会团体	18185	17860	325	23.20
其他	65602	56097	9505	76.87
按行业分	**870050**	**840028**	**30022**	**1867.33**
农、林、牧、渔业	55999	55762	237	59.94
农业	29876	29777	99	33.60
林业	6860	6797	63	7.55
畜牧业	7541	7511	30	6.93
渔业	6429	6411	18	6.60
农、林、牧、渔服务业	5293	5266	27	5.26
采矿业	3024	2976	48	11.62
煤炭开采和洗选业	301	289	12	3.94
石油和天然气开采业				
黑色金属矿采选业	322	310	12	1.44
有色金属矿采选业	348	343	5	1.18
非金属矿采选业	1908	1889	19	4.91
开采辅助活动	31	31		0.02
其他采矿业	114	114		0.13
制造业	152699	150680	2019	676.92
农副食品加工业	6717	6602	115	30.03
食品制造业	4901	4781	120	21.81
酒、饮料和精制茶制造业	5295	5173	122	17.52
烟草制品业	15	14	1	0.60
纺织业	5855	5791	64	34.14
纺织服装、服饰业	14634	14438	196	76.12
皮革、毛皮、羽毛及其制品和制鞋业	10512	10420	92	94.87
木材加工和木、竹、藤、棕、草制品业	6241	6174	67	19.73
家具制造业	4385	4327	58	12.86

续表

项　　目	法人单位数（个）			从业人员数（万人）
		单产业法人	多产业法人	
造纸和纸制品业	4198	4171	27	16.00
印刷和记录媒介复制业	3504	3457	47	9.64
文教、工美、体育和娱乐用品制造业	9896	9762	134	39.47
石油加工、炼焦和核燃料加工业	197	189	8	1.20
化学原料和化学制品制造业	4403	4305	98	15.42
医药制造业	664	636	28	4.07
化学纤维制造业	269	268	1	4.27
橡胶和塑料制品业	7747	7685	62	28.88
非金属矿物制品业	16107	15933	174	59.90
黑色金属冶炼和压延加工业	1261	1248	13	10.35
有色金属冶炼和压延加工业	729	710	19	6.16
金属制品业	10343	10238	105	26.93
通用设备制造业	6779	6694	85	21.31
专用设备制造业	6767	6703	64	16.72
汽车制造业	1962	1925	37	13.74
铁路、船舶、航空航天和其他运输设备制造业	1175	1159	16	5.54
电气机械和器材制造业	7142	7043	99	32.14
计算机、通信和其他电子设备制造业	3904	3813	91	37.09
仪器仪表制造业	1260	1236	24	6.07
其他制造业	4279	4248	31	11.40
废弃资源综合利用业	715	704	11	1.11
金属制品、机械和设备修理业	843	833	10	1.84
电力、热力、燃气及水生产和供应业	7465	7236	229	16.11
电力、热力生产和供应业	6219	6039	180	12.80
燃气生产和供应业	232	208	24	0.74
水的生产和供应业	1014	989	25	2.56
建筑业	36498	34405	2093	408.65
房屋建筑业	8689	7689	1000	248.39
土木工程建筑业	6103	5560	543	68.64
建筑安装业	3528	3322	206	11.85
建筑装饰和其他建筑业	18178	17834	344	79.77
批发和零售业	274120	268935	5185	207.00
批发业	178536	176030	2506	124.26

续表

项目	法人单位数（个）	单产业法人	多产业法人	从业人员数（万人）
零售业	95584	92905	2679	82.73
交通运输、仓储和邮政业	19128	18202	926	43.33
铁路运输业	112	109	3	0.87
道路运输业	9087	8755	332	21.85
水上运输业	1405	1308	97	3.79
航空运输业	91	78	13	2.32
管道运输业				
装卸搬运和运输代理业	6237	5980	257	7.83
仓储业	1107	1072	35	1.44
邮政业	1089	900	189	5.23
住宿和餐饮业	13252	12773	479	31.53
住宿业	4771	4651	120	13.98
餐饮业	8481	8122	359	17.55
信息传输、软件和信息技术服务业	31233	30877	356	32.95
电信、广播电视和卫星传输服务	797	707	90	6.40
互联网和相关服务	6218	6175	43	4.55
软件和信息技术服务业	24218	23995	223	22.00
金融业	5360	4867	493	17.19
货币金融服务	1289	1063	226	9.74
资本市场服务	2127	2093	34	2.10
保险业	610	391	219	4.54
其他金融业	1334	1320	14	0.80
房地产业	19921	18782	1139	37.64
房地产业	19921	18782	1139	37.64
租赁和商务服务业	90980	89587	1393	75.56
租赁业	5815	5745	70	3.70
商务服务业	85165	83842	1323	71.86
科学研究和技术服务业	34023	33171	852	30.47
研究和试验发展	8981	8922	59	5.44
专业技术服务业	14279	13612	667	17.51
科技推广和应用服务业	10763	10637	126	7.52
水利、环境和公共设施管理业	5574	5405	169	10.95
水利管理业	918	883	35	1.00

续表

项　　目	法人单位数（个）	单产业法人	多产业法人	从业人员数（万人）
生态保护和环境治理业	882	855	27	0.83
公共设施管理业	3774	3667	107	9.12
居民服务、修理和其他服务业	15312	14978	334	18.83
居民服务业	6072	5905	167	8.73
机动车、电子产品和日用产品修理业	5670	5552	118	5.06
其他服务业	3570	3521	49	5.03
教育	18066	16928	1138	59.92
教育	18066	16928	1138	59.92
卫生和社会工作	8546	8191	355	18.98
卫生	6937	6607	330	17.66
社会工作	1609	1584	25	1.32
文化、体育和娱乐业	16348	16142	206	17.20
新闻和出版业	366	356	10	0.84
广播、电视、电影和影视录音制作业	1508	1469	39	2.34
文化艺术业	7133	7077	56	5.76
体育	2050	1994	56	2.11
娱乐业	5291	5246	45	6.16
公共管理、社会保障和社会组织	62502	50131	12371	92.55
中国共产党机关	1304	1173	131	1.87
国家机构	17149	14548	2601	40.42
人民政协、民主党派	294	280	14	0.44
社会保障	613	611	2	0.65
群众团体、社会团体和其他成员组织	25275	24935	340	28.91
基层群众自治组织	17867	8584	9283	20.27

各设区市按机构类型分的法人单位数（2017 年）

单位：个

地　区	法人单位数	企业法人	事业法人	机关法人	社团法人	其他法人
福建省	870050	748141	28939	9183	18185	65602
福州市	171664	153076	4724	1534	2944	9386
厦门市	167110	160593	1318	481	1870	2848
莆田市	38177	31626	1684	575	925	3367

续表

地　区	法人单位数	企业法人	事业法人	机关法人	社团法人	其他法人
三明市	48965	34616	3192	1198	1860	8099
泉州市	194707	177189	4312	1224	3089	8893
漳州市	84720	70247	4008	1224	1684	7557
南平市	60992	44640	4270	1103	2147	8832
龙岩市	41894	31252	2465	790	2102	5285
宁德市	61821	44902	2966	1054	1564	11335

各设区市按营业状态分的企业法人单位数（2017 年）

单位：个

地　区	企业法人单位数	营业	停业（歇业）	筹建	当年关闭	当年破产	当年注销	注册未经营	其他
福建省	748141	559999	25829	138147	11344	640	255	5188	6739
福州市	153076	117331	3812	27739	2100	70	26	886	1112
厦门市	160593	118578	4353	34955	697	59	63	960	928
莆田市	31626	20420	1157	9252	637	29	10	16	105
三明市	34616	28368	1200	3126	1445	73	2	33	369
泉州市	177189	143976	7105	19688	2036	139	118	1193	2934
漳州市	70247	38813	3248	25600	1473	66	10	542	495
南平市	44640	33385	2449	7224	821	111	4	357	289
龙岩市	31252	25491	784	2547	1004	35	18	1177	196
宁德市	44902	33637	1721	8016	1131	58	4	24	311

各设区市按行业门类分的法人单位数（2017 年）

单位：个

项　　目	福建省	福州市	厦门市	莆田市	三明市	泉州市	漳州市	南平市	龙岩市	宁德市
农、林、牧、渔业	55999	6798	2370	2004	7131	6880	8182	8210	4368	10056
采矿业	3024	234	22	49	731	448	315	323	702	200
制造业	152699	17627	23587	6934	5909	56875	17136	8350	5086	11195
电力、热力、燃气及水生产和供应业	7465	727	145	202	1400	997	896	1063	1205	830
建筑业	36498	9087	7241	1509	1618	7136	3770	2525	1672	1940
批发和零售业	274120	56126	64739	13928	11858	64677	22627	14890	11008	14267
交通运输、仓储和邮政业	19128	3914	4760	616	1039	3502	2225	1294	742	1036
住宿和餐饮业	13252	3054	3332	442	534	2658	1137	688	681	726
信息传输、软件和信息技术服务业	31233	8606	9945	1023	1166	5074	1993	1553	841	1032

续表

项　目	福建省	福州市	厦门市	莆田市	三明市	泉州市	漳州市	南平市	龙岩市	宁德市
金融业	5360	990	1531	172	256	906	323	418	236	528
房地产业	19921	4243	4406	797	1057	3513	2241	1386	1070	1208
租赁和商务服务业	90980	26965	23308	2766	3669	14467	7073	5636	3172	3924
科学研究和技术服务业	34023	9769	7537	812	1549	6003	3186	2144	1499	1524
水利、环境和公共设施管理业	5574	863	704	249	609	745	805	632	440	527
居民服务、修理和其他服务业	15312	3733	3672	463	623	2956	1525	980	590	770
教育	18066	3704	2446	940	977	3838	2403	1449	1197	1112
卫生和社会工作	8546	2020	664	283	806	1018	530	676	403	2146
文化、体育和娱乐业	16348	3408	3066	606	980	3448	1702	1274	896	968
公共管理、社会保障和社会组织	62502	9796	3635	4382	7053	9566	6651	7501	6086	7832
国际组织										

各设区市按登记注册类型分的企业法人单位数（2017 年）

单位：个

地区	企业法人单位数	内资企业	#国有企业	#集体企业	#股份合作企业	#联营企业	#有限责任公司	#股份有限公司	#私营企业	港澳台商投资企业	外商投资企业
福建省	748141	731742	5852	6061	2353	760	157146	7947	519053	10948	5451
福州市	153076	149693	1360	1873	490	217	28556	1909	110070	2098	1285
厦门市	160593	155493	708	372	383	87	40248	1434	109282	3152	1948
莆田市	31626	31078	242	288	117	46	19297	367	9222	369	179
三明市	34616	34348	481	531	108	47	2221	321	29166	191	77
泉州市	177189	172834	734	772	476	142	29016	1612	132231	3183	1172
漳州市	70247	68309	821	826	277	58	12485	664	49506	1409	529
南平市	44640	44357	669	710	249	64	9164	669	29608	184	99
龙岩市	31252	30872	436	350	173	56	5845	666	21072	281	99
宁德市	44902	44758	401	339	80	43	10314	305	28896	81	63

就业基本情况

项　目	2010 年	2017 年	2018 年
就业人员合计（万人）	**2241.59**	**2805.74**	**2791.37**
第一产业	636.54	609.21	584.98
第二产业	820.89	996.97	982.23
第三产业	784.16	1199.56	1224.15
就业人员构成（%）			
第一产业	28.4	21.7	21.0

续表

项目	2010 年	2017 年	2018 年
第二产业	36.6	35.5	35.2
第三产业	35.0	42.8	43.8
按城乡分就业人数（万人）			
城镇单位就业人员	**507.14**	**672.48**	**705.36**
#国有单位	155.51	160.71	155.75
集体单位	16.58	10.33	9.97
股份合作单位	8.14	4.48	5.41
联营单位	1.95	0.74	0.45
有限责任公司	87.40	290.97	332.76
股份有限公司	31.28	46.27	51.17
港澳台商投资单位	110.25	94.68	87.61
外商投资单位	81.88	58.13	55.50
城镇私营和个体从业人员	**338.64**	**697.53**	**691.24**
乡村就业人员	**1395.81**	**1435.72**	**1394.77**
城镇单位在岗职工人数（万人）	**485.94**	**566.62**	**588.80**
国有单位	145.74	133.44	128.45
城镇集体单位	15.38	7.62	7.55
其他单位	324.83	425.56	452.79
私营单位从业人员数（万人）	**362.67**	**527.75**	**579.79**
城镇登记失业人数（万人）	**14.49**	**17.15**	**17.33**
城镇登记失业率（%）	**3.77**	**3.87**	**3.71**

城镇单位企业、事业、机关年末在岗职工人数

单位：万人

年份	总计	企业	事业	机关
2016	569.57	459.61	75.77	32.00
2017	566.62	455.58	76.43	32.19
2018	588.80	477.25	75.75	33.10

按登记注册类型分城镇单位职工平均工资（2017 年）

单位：元

年份	平均货币工资（元）				指数（上年=100）			
	总计	国有单位	集体单位	其他单位	合计	国有单位	集体单位	其他单位
2016	63138	80833	59466	57629	107.5	109.7	109.7	106.4
2017	69029	91651	65427	61790	109.3	113.4	110.0	107.2
2018	76266	103649	74621	68238	110.5	113.1	114.1	110.4

私营单位从业人员平均劳动报酬

单位：元

项　　目	2010	2017	2018	2018 年比上年增长（%）
合　计	**21039**	**48830**	**52930**	**8. 4**
按国民经济行业分				
农、林、牧、渔业	18670	39158	40488	3. 4
采矿业	20428	43443	48945	12. 7
制造业	20082	47228	52325	10. 8
电力、燃气及水的生产和供应业	21435	35919	38695	7. 7
建筑业	23914	52565	55760	6. 1
交通运输、仓储和邮政业	21681	48501	50855	4. 9
信息传输、计算机服务和软件业	27749	71818	78363	9. 1
批发和零售业	21512	44275	48181	8. 8
住宿和餐饮业	16881	35981	40428	12. 4
金融业	32156	56615	58423	3. 2
房地产业	24411	50564	54779	8. 3
租赁和商务服务业	20618	47734	50329	5. 4
科学研究、技术服务和地质勘查业	23329	52929	56024	5. 8
水利、环境和公共设施管理业	18073	37121	40299	8. 6
居民服务和其他服务业	19168	36684	41385	12. 8
教育	24306	37534	38301	2. 0
卫生、社会保障和社会福利业	23527	48847	53030	8. 6
文化、体育和娱乐业	19582	34232	38296	11. 9
公共管理和社会组织	17113	32866		
按三次产业分				
第一产业	18670	39158	40488	3. 4
第二产业	20940	49629	53948	8. 7
第三产业	21502	46164	50088	8. 5

农　　业

主要年份农业生产条件

年份	农业机械动力（万千瓦）	耕地灌溉面积（千公顷）	化肥施用量（吨）	农药使用量（吨）	农村用电量（万千瓦小时）	农用塑料薄膜使用量（吨）
2016	1269．09	1055．37	1238417	55387	3844476	62424
2017	1232．42	1064．84	1163227	52167	3883797	62415
2018	1228．27	1085．18	1107377	49143	4038675	60002

农业基础设施

项　　目	2010	2017	2018
1. 农业机械使用			
机耕地面积（千公顷）	908.68	1072.39	901.55
机械播种面积（千公顷）	25.77	159.69	174.67
机械收获面积（千公顷）	222.74	500.05	509.90
2. 化肥施用量（万吨）			
按折纯量计算	121.04	116.32	110.74
氮肥	47.74	44.35	41.94
磷肥	17.06	16.47	15.53
钾肥	24.67	23.05	21.91
复合肥	31.56	32.45	31.36
3. 农用塑料薄膜使用量（万吨）	**5.71**	**6.24**	**6.00**
#地膜使用量	2.66	3.19	3.14
4. 农用柴油使用量（万吨）	**83.17**	**83.61**	**82.37**

农作物播种面积

单位：千公顷

年份	合计	粮食作物	#谷物	#稻谷	非粮作物	#油料作物
2016	1589.33	832.83	661.96	630.90	756.50	73.46
2017	1592.10	833.22	660.19	628.59	758.88	72.46
2018	1621.42	833.51	653.23	619.61	787.91	75．42

水产品养殖面积

单位：千公顷

项　　目	2010	2017	2018
总　　计	**231.47**	**241.92**	**248.01**
海水养殖	137.64	155.74	162.11
#滩涂养殖	55.21	49.71	47.99
淡水养殖	93.83	86.18	85.90
#池塘养殖	34.36	36.00	34.50
湖泊养殖	0.80	0.60	0.62
河沟养殖	4.91	4.18	3.96
水库养殖	51.63	43.89	43.42

年末各类园林水果实有面积

单位：公顷

项　　目	2010	2017	2018
园林水果合计	**425824**	**310447**	**331792**
#柑　桔	77007	47567	50103
龙　眼	53284	30757	32351
荔　枝	27390	15733	15409
香　蕉	19583	10359	11321
枇　杷	26365	19477	19613
菠　萝	2123	789	1229
橄　榄	8436	5862	8154
柿	16009	8254	8625
桃	18071	9925	10963
李	27079	22434	24302
梨	18141	13674	13753
葡　萄	5659	8845	9672
杨　梅	13799	10442	9014

农林牧渔业总产值和指数

单位：个

年份	农林牧渔业总产值（亿元）					农林牧渔业总产值指数（1952 年 = 100）				
	总产值	#农业	#林业	#牧业	#渔业	总指数	#农业	#林业	#牧业	#渔业
2016	3784.24	1474.49	318.28	768.11	1091.29	1965.6	1068.5	4484.7	2782.5	6540.0
2017	3947.16	1527.00	327.73	750.49	1202.05	2039.3	1110.3	4667.9	2841.9	6827.0
2018	4229.52	1653.45	389.00	718.42	1318.20	2110.9	1162.7	4860.7	2781.0	7173.8

农林牧渔业分类产值和增速

单位：万元

项　　目	数值（万元）		比上年增长（%）	
	2017	2018	2017	2018
农林牧渔业总产值	**39471590**	**42295209**	**3.7**	**3.5**
农业产值	**15270010**	**16534486**	**3.9**	**4.7**
谷物及其他作物	2363344	2399974	3.5	2.7
谷物	1309443	1308512		
薯类	329889	358778		
油料	199438	218435		
豆类	72016	77847		
棉花	77	66		
麻类	10	8		
糖料	35816	33687		
烟草	251155	234463		
其他农作物	165499	168177		
蔬菜、食用菌及花卉盆景园艺作物	7506179	8110338	1.5	4.4
#蔬菜	4441871	4789255		
食用菌	1965954	2168448		
花卉	815551	854330		
水果、坚果、茶、饮料和香料作物	4780731	5327899	7.0	6.0
#水果	2455612	2876950		
园林水果	2364616	2790069		
果用瓜	90996	86881		
茶叶	2262535	2360433		
香料原料	2388	1076		
中草药材	619756	696275	-2.3	6.6
林业产值	**3277342**	**3889991**	**4.1**	**4.1**
林木的培育和种植	353689	382952	9.1	-3.1
木竹采运	1420313	1720978	3.2	7.6
#村及村以下	1094246	1257502		
林产品	1503340	1786061	3.8	2.6
牧业产值	**7504921**	**7184247**	**2.1**	**-2.1**
牲畜饲养	478242	493393	5.0	4.8
牛	160247	175399		
羊	185335	178230		
奶类	132660	139765		
#牛奶	123862	130840		
猪的饲养	2947299	2362319	-10.0	-11.5
家禽饲养	3877267	4111242	9.9	3.7
肉禽	3276845	3502568		

续表

项　　目	数值（万元）		比上年增长（%）	
	2017	2018	2017	2018
禽蛋	600422	608674		
捕猎野兽、野禽	39826	33708	-5.0	-16.9
其他畜牧业	162287	183584	8.5	11.7
渔业产值	**12020530**	**13182040**	**4.4**	**5.1**
海水产品	10384879	11322733	4.5	5.0
淡水产品	1635651	1859307	3.5	5.4
农林牧渔服务业产值	**1398787**	**1504446**	**5.3**	

主要农业产品产量

单位：万吨

年　份	粮　　食	油　　料	蔬　　菜	园林水果
2016	477.28	19.41	1256.78	548.51
2017	487.15	19.55	1292.18	601.14
2018	498.58	21.24	1366.70	639.82

粮食总产量及单产

年份	粮食总产量（万吨）		粮食单产（公斤/亩）	
	产量	#稻谷	产量	#稻谷
2016	477.28	386.61	382	409
2017	487.15	393.19	390	417
2018	498.58	398.31	399	429

非粮作物总产量及单位播种面积产量

年份	总产量（万吨）				单产（公斤/亩）			
	油料	花生	甘蔗	烤烟	油料	花生	甘蔗	烤烟
2016	19.41	18.60	28.83	11.80	172	182	3636	141
2017	19.55	18.73	26.37	11.62	180	186	3559	147
2018	21.24	20.32	26.13	10.68	188	195	3552	147

茶叶园林水果实有面积及产量

年份	面积（千公顷）		产量（万吨）	
	茶　　叶	园林水果	茶　　叶	园林水果
2016	204.43	304.52	37.29	548.51
2017	207.11	310.45	39.49	601.14
2018	210.89	331.79	41.83	639.82

各类茶叶　园林水果　食用菌产量

单位：吨

项目	2010	2017	2018
茶叶	258289	394941	418337
#红茶	12765	47398	49012
绿茶	97054	117537	126175
青茶	140022	209387	215855
园林水果	4950288	6011447	6398230
#柑桔	1038022	850207	3392242
龙眼	200967	203645	256108
荔枝	127584	128747	142683
香蕉	605545	387087	420757
枇杷	247500	357841	304931
菠萝	25113	14472	23909
橄榄	61166	127304	131562
柿	97226	97694	103097
桃	157890	128023	142457
李	205776	272958	307952
梨	157860	166632	174669
苹果	309	12	
葡萄	100444	196137	208422
杨梅	110240	180665	161497
食用菌	762663	1231553	1262792
#蘑菇	341758	409043	383256
香菇	92345	125554	129522
白木耳	30589	44601	44314
黑木耳	35491	61051	63606

林业牧业水产品产量

年份	造林面积（千公顷）	肉类总产量（万吨）	猪出栏数（万头）	奶类产量（万吨）	水产品产量（万吨）
2016	10. 30	279. 97	1988. 59	13. 36	711. 33
2017	8. 09	264. 91	1606. 10	13. 54	744. 57
2018	6. 52	256. 06	1421. 34	14. 31	782. 12

主要林产品产量

项　　目	2010	2017	2018
木材产量（万立方米）	1455. 38	1455. 22	1423. 78
毛竹采伐量（万根）	26602	55413	59501
篙竹采伐量（万根）	14787	29470	31767
油桐籽（吨）	23244	28013	29009

续表

项　　目	2010	2017	2018
油茶籽（吨）	94815	184041	199477
乌桕籽（吨）	532	440	419
棕片（吨）	14847	17112	17424
松脂（吨）	87758	111804	115706
笋干（吨）	215123	370246	393662
山苍籽（吨）	12174	15898	16166
板栗（吨）	80793	49034	84404

主要畜禽产品产量

项　　目	2010	2017	2018
肉类产量（万吨）	**192.61**	**264.91**	**256.06**
#猪肉	155.36	128.37	113.12
牛肉	1.69	1.72	1.94
羊肉	1.62	1.94	2.04
禽肉	31.44	130.82	136.76
兔肉	1.85	1.27	1.41
牛奶产量（万吨）	**12.91**	**13.11**	**13.82**
羊奶产量（万吨）	**0.33**	**0.42**	**0.49**
蜂蜜产量（万吨）	**0.86**	**1.45**	**1.58**
禽蛋产量（万吨）	**30.54**	**46.50**	**44.32**
猪出栏数（万头）	**2080.38**	**1606.10**	**1421.34**
出栏率（%）	151.4	141.3	154.2
羊出栏数（万头）	118.47	138.29	144.28
出栏率（%）	125.2	145.1	162.1
牛出栏数（万头）	**16.80**	**15.97**	**17.87**
家禽出栏数（万只）	**19934.33**	**91460.58**	**95537.65**
家兔出栏数（万只）	**1825.38**	**849.98**	**937.77**

淡水产品产量

单位：万吨

项　　目	2010	2017	2018
淡水产品产量	**97.58**	**82.12**	**87.08**
#养殖产量	88.81	75.22	80.09
按类别分			
#淡水鱼类	81.18	67.83	71.91
虾蟹类	8.36	7.96	8.41
贝类	5.89	4.65	4.76
主要品种产量			

续表

项　　目	2010	2017	2018
淡水鳗	9.15	8.15	9.60
草鱼	19.44	15.98	16.77
鲢鱼	8.26	6.91	7.45
鲤鱼	6.58	5.40	5.81
罗非鱼	13.68	12.07	11.71

海水产品产量

单位：吨

项　　目	2010	2017	2018
海水产品产量	**5132598**	**6624580**	**6950449**
#鱼类	1787085	1994793	2004670
虾蟹类	388610	512861	507055
贝类	2221429	2876563	3068398
藻类	599357	1025595	1120449
#海水养殖产量	3038990	4453172	4788297
#鱼类	170308	362950	391007
虾蟹类	95816	196405	202077
贝类	2171544	2835432	3028196
藻类	598225	1023955	1118653
主要品种产量			
大黄鱼	75660	157709	169027
带鱼	240362	158682	150909
鲳鱼	62817	62195	64797
鳓鱼	15425	12769	11659
马鲛鱼	54226	44863	41814
鲷鱼	76902	93154	99992
鲐鱼	62656	314987	306294
鳗鱼	70186	64985	62671
墨鱼	30085	32176	33397
海蜇皮	11819	14953	14423
对虾	72282	147140	151438
毛虾	56383	55045	58093
梭子蟹	89261	117948	113880
蛏	193708	261819	279485
蛤	288793	385371	433699
蚶	37469	52937	61458
牡蛎	1456106	1799061	1894204
海带	452096	712486	768304
紫菜	51313	62151	74628

主要年份工业总产值

单位：亿元

年份	总计	#国有企业	#集体企业	#轻工业	#重工业
2016	47275.84	121.90	130.19	23713.86	23561.88
2017	50061.66	135.58	128.00	25111.30	24950.36
2018	57732.35	142.54	132.81	29502.35	28230.01

工业总产值指数

年份	工业总产值指数（1952=100）					工业总产值本年比上年增长（%）				
	总计	#国有企业	#集体企业	#轻工业	#重工业	1 总计	#国有企业	#集体企业	#轻工业	#重工业
2016	991075.9	94811.7	13348615.9	668016.4	3434720.2	8.6	5.5	-1.7	8.5	8.8
2017	1068291.8	136333.2	13792967.3	728773.7	3589425.1	7.8	43.8	3.3	9.1	4.5
2018	1168711.2	145331.2	14289514.1	795820.9	3937599.3	9.4	6.6	3.6	9.2	9.7

规模以上工业企业主要指标

单位：亿元

年份	企业单位数（个）	资产总计	流动资产合计	主营业务收入	利润总额	税金总额
2016	17262	32081.30	16286.10	42537.24	2889.26	1453.86
2017	17348	34591.63	17494.17	45658.46	3221.82	1493.86
2018	17347	36858.81	18968.09	50640.07	4180.27	1613.05

规模以上工业企业主要经济效益指标

单位：%

年份	总资产贡献率	资产负债率	流动资产周转次数（次/年）	工业成本费用利润率	全员劳动生产率（元/人）	产品销售率
2016	14.63	52.30	2.64	7.29	261519	96.36
2017	14.61	51.95	2.64	7.55	273389	97.13
2018	16.68	51.58	2.70	8.93	288928	97.27

规模以上工业企业主要经济指标

单位：亿元

年份	固定资产原价				固定资产合计			
	合计	国有	集体	其他	合计	国有	集体	其他
2016	16342.12	129.55	15.17	16197.40	9931.69	87.03	9.86	9834.80
2017	17685.00	234.81	14.25	17435.94	10530.68	123.90	6.93	10399.85
2018	20143.13	191.81	44.22	19909.16	10902.29	99.13	24.97	10778.69

续上表

单位：亿元

年份	主营业务收入				利税总额				利润总额			
	合计	国有	集体	其他	合计	国有	集体	其他	合计	国有	集体	合计
2016	42537.24	102.16	114.65	42320.42	4343.12	6.26	8.50	4328.36	2889.26	1.55	4.48	2883.23
2017	45658.46	117.19	105.07	45436.20	4715.68	4.38	7.16	4704.14	3221.82	0.18	3.82	3217.82
2018	50640.07	73.65	162.73	50403.69	5793.33	8.31	11.57	5773.45	4180.27	5.34	7.29	4167.64

规模以上工业企业单位数

单位：个

项　　目	2010	2017	2018
合　计	**19227**	**17348**	**17347**
按轻重分			
轻工业	10654	10137	10171
重工业	8573	7211	7176
按注册类型分			
内资企业	13524	13807	14020
港澳台商投资企业	3705	2377	2181
外商投资企业	1998	1164	1146
按经济类型分			
国有	273	183	127
集体	584	113	95
其他	18370	17052	17125
#外商及港澳台商投资	5703	3541	3327
按经济组织分			
独资	5631	2890	2772
合作、合伙	681	236	168
股份有限公司	444	722	708
有限责任公司	12471	13500	13699

续表

项　　目	2010	2017	2018
按规模分			
大型	124	437	451
中型	2116	2810	2699
小型	16987	13316	13144
微型		785	1053

主要年份规模以上工业企业主要工业产品产量

年份	化学纤维（万吨）	原煤（万吨）	发电量（亿千瓦小时）	粗钢（万吨）	水泥（万吨）	化学肥料（万吨）	汽车（辆）	移动通信手持机（万部）	微型计算机设备（万部）
2016	685.21	1346.68	1812.95	1516.80	8091.20	51.83	220171	2568.63	847.36
2017	674.38	1107.00	2062.63	1882.85	8444.19	24.01	281198	578.25	998.42
2018	694.88	918.87	2342.54	2100.70	8783.18	68.16	239457	1362.14	1183.63

规模以上工业企业主要工业产品产量

单位：个

项　　目	2010	2017	2018
原煤（吨）	24427250	11070044	9188727
铁矿石原矿量（吨）	23272585	19898351	20678899
硫铁矿（折硫35%）（吨）	99177	396791	418365
原盐（吨）	333929	226053	229984
配混合饲料（吨）	4830171	10959282	9008548
食用植物油（吨）	1684343	2297033	2112446
罐头（吨）	2032091	3289296	3161780
啤酒（千升）	1887767	1624186	1502750
软饮料（吨）	3869623	5931404	6558563
精制茶（吨）	103310	264711	290807
卷烟（万箱）	168.75	166.40	171.03
纱（吨）	1847365	5226354	5692147
布（万米）	312003	908827	1079394
棉布（万米）	39708	87089	79511
棉混纺交织布（米）	110002	444522	581000
纯化纤布（米）	162292	377216	418883
印染布（万米）	391229	493620	562377

续表

项　　目	2010	2017	2018
毛线（吨）	5020	1903	1653
服装（万件）	292273	434515	472008
轻革（平方米）	43511617	29349253	27293033
皮革鞋靴（万双）	114358	189157	189601
人造板（立方米）	9979320	14516439	15463601
胶合板	4248677	8866656	9479959
纤维板	1936396	2260214	2258064
刨花板	2075427	1002000	1145679
机制纸及纸板（吨）	4320636	7799045	7714140
焦炭（吨）	1430462	1576820	1741830
硫酸（折100%）（吨）	597822	1878257	2266877
盐酸（含量31%以上）（吨）	70749	181815	199891
烧碱（折100%）（吨）	201120	379476	370605
纯碱（吨）	177867	255686	249400
合成氨（吨）	1021305	852316	630538
农用化肥（吨）	578746	240096	681608
#氮肥（吨）	553717	126681	512260
#尿素（吨）	329370	31732	352
磷肥（吨）	25028	113415	169348
油漆（吨）	319064	889749	990527
塑料（吨）	1524961	2356009	3249061
合成洗涤剂（吨）	39705	173108	220789
化学原料药（吨）	7266	20974	20714
中成药（吨）	6534	20339	21861
化学纤维（吨）	2061509	6743826	6948837
轮胎外胎（条）	27876136	40513456	42066676
塑料制品（吨）	1663088	4307298	4495432
水泥（吨）	59212000	84441930	87831847
砖（万块）	303443	2085761	2158018
花岗石板材（平方米）	145464187	102460366	88479131
平板玻璃（重量箱）	27653500	47392680	49494791
生铁（吨）	5588053	9379205	9823080
粗钢（吨）	10868830	18828508	21006964

续表

项　　目	2010	2017	2018
钢材（吨）	13405616	27257399	29159450
铁合金（吨）	240768	207905	203702
十种有色金属（吨）	138774	462125	477617
金属切削机床（台）	3146	7961	8989
起重机械（吨）	4655	10610	13186
叉车（台）	11081	20832	20970
泵（台）	8358576	4444911	3968621
气体压缩机（台）	50472	65965	71048
轴承（万套）	11108	14317	14346
汽车（辆）	194963	281198	239457
#载货汽车	8005	29526	33001
改装汽车（辆）	16222	11361	9368
民用钢质船舶（载重吨）	727031	1029943	948388
交流电动机（千瓦）	5827571	5750733	4145500
变压器（千伏安）	5728012	6400144	8249785
电力电缆（千米）	105487	265592	152464
电话单机（台）	8452845	1981941	2147385
微型电子计算机（台）	7382707	9984245	11836288
集成电路（万块）	1158.40	22441.00	20283.20
彩色电视机（台）	9031009	9532977	9794931
照相机（台）	4510909	1535793	1276639
钟（台）	85595769	100913900	112079904
发电量（万千瓦小时）	13563200	20626329	23425429
#水电	4536900	3246676	2314724

规模以上工业企业

项　　目	企业单位数（个）	资产总计	负债合计	固定资产原价	固定资产净值
合　计	**17347**	**368588084**	**190116057**	**201431303**	**109022904**
#国有控股企业	485	93771030	57172409	70510774	42505964
#亏损企业	877	26825645	17758525	16137463	9004481
按轻重分					
轻工业	10171	147902474	68502930	65033198	33265528
重工业	7176	220685610	121613127	136398105	75757376
按经济类型分					
国有	127	22717826	13240999	26413924	13340036
集体	95	674014	340402	518884	293300
股份	2720	121497807	66474713	63576900	40235516
私营	11067	107150172	50142421	51786239	26481482
外商及港澳台商投资	3327	116496894	59906306	59126653	28666856
其他	10	17281	6115	7791	5446
按登记注册分					
内资企业	14020	252091189	130209751	142304650	80356048
港、澳、台商投资	2181	66655553	32194411	31893512	15025979
外商投资企业	1146	49841341	27711895	27233141	13640877
按经济组织分					
独资企业	2772	72399446	34400009	36948703	17418508
合作、合伙	168	2522065	908850	1046467	485992
股份有限公司	708	59407962	28647440	17897527	10268580
有限责任公司	13699	234258611	126159758	145538607	80849824
按规模分					
大型企业	451	147645156	80852752	85256327	49295341
中型企业	2699	104107695	51007349	55247458	28710595
小型企业	13144	107445023	52338640	58338344	29535778
微型企业	1053	9390209	5917316	2589174	1481191
按行业分					
煤炭开采和洗选业	66	1204605	447019	597416	359488
石油和天然气开采业					
黑色金属矿采选业	76	1112116	561916	897484	551716
有色金属矿采选业	43	470610	214843	496336	257828
非金属矿采选业	159	1290582	398332	1080224	495616
其他采矿业					

主要指标（2018年）

单位：万元

所有者权益合计	营业收入	主营业务收入	利润总额	利税总额	所得税费用	应交增值税
178485541	**512643652**	**506400714**	**41802747**	**57933281**	**3840955**	**10852596**
36598619	59222730	58150752	3844327	8329318	792076	2519541
9067115	16696394	16207932	–1313356	–1019166	36275	205034
79399283	257726275	254767625	21279085	29116653	1508239	4993378
99086258	254917377	251633089	20523663	28816628	2332716	5859217
9476828	15976403	15681744	427219	2633644	65765	679161
333612	2238045	2130872	102592	162967	5662	42686
55023089	114978537	112946478	10569123	14488746	1246181	3181675
57007485	219411447	217844144	17714166	22894416	1170258	3975221
56604373	159898886	157657142	12974920	17737807	1352590	2973050
11165	50901	50901	5971	6399	353	309
121881168	352744766	348743572	28827828	40195474	2488365	7879546
34461133	94887221	93652604	8181784	10491199	785323	1770112
22143240	65011665	64004538	4793136	7246608	567266	1202937
37999427	110172360	109062719	8766236	11163154	811000	1837790
1613215	3983727	3953898	647894	778878	66032	106561
30774316	38423196	36919730	4207719	5357876	430019	907499
108098583	360064369	356464368	28180897	40633374	2533904	8000746
66806197	159327341	156818943	14619577	22207467	1692998	4296281
53100340	147256312	144938915	11900105	15570732	1053936	2834954
55106112	199056177	197726627	14895024	19630346	1072482	3623600
3472891	7003822	6916230	388041	524736	21539	97761
757586	1020278	988439	152230	235983	12436	63568
550200	1944565	1940779	81239	137907	6996	40340
255767	649177	644634	80126	134737	10542	30571
892251	2562795	2559101	206045	292001	20601	49458
–						

续表

项　　目	企业单位数（个）	资产总计	负债合计	固定资产原价	固定资产净值
农副食品加工业	1135	15060537	7541141	6198442	3495667
食品制造业	608	10133656	3832896	3245345	1755027
酒、饮料和精制茶制造业	577	6003611	2253694	3576921	1893935
烟草制品业	7	2557706	790229	1503082	534448
纺织业	927	16810704	8197756	8955240	4271278
纺织服装、服饰业	1300	12910363	4975433	4568867	2356746
皮革、毛皮、羽毛及其制品和制鞋业	1293	16772229	7938031	5945986	3089417
木材加工和木、竹、藤、棕、草制品业	789	3831721	1571606	3233577	1145479
家具制造业	344	2726782	1300509	1045859	584592
造纸和纸制品业	444	8905690	5132350	5274821	2560407
印刷和记录媒介复制业	252	2093312	929651	952380	469281
文教、工美、体育和娱乐用品制造业	1020	7979435	3346192	3399721	1774415
石油、煤炭及其他燃料加工业	43	9833507	5271763	8549509	4406463
化学原料和化学制品制造业	733	18569489	11119907	10209863	5289457
医药制造业	150	3682849	1200582	1664989	716122
化学纤维制造业	104	8499478	5256849	6146546	2760593
橡胶和塑料制品业	780	10843114	5086866	6062720	3120202
非金属矿物制品业	1730	25289151	11356144	11408628	5883703
黑色金属冶炼和压延加工业	131	11170948	6172233	6548514	3784357
有色金属冶炼和压延加工业	139	18236058	11117303	5134876	3331473
金属制品业	811	9153287	4280001	4489076	2272414
通用设备制造业	592	9150012	3988219	3444826	1715316
专用设备制造业	563	8807417	4728131	3159113	1451153
汽车制造业	371	9521056	5330256	4282976	2014191
铁路、船舶、航空航天和其他运输设备制造业	166	3449775	2124207	1259991	722313
电气机械和器材制造业	668	22771433	11570058	6543137	3917966
计算机、通信和其他电子设备制造业	607	37310604	20407612	17527005	10996351
仪器仪表制造业	158	1743056	609738	456425	256314
其他制造业	152	1584696	537337	449707	274024
废弃资源综合利用业	58	459484	254341	204139	128784
金属制品、机械和设备修理业	29	1118496	391959	712408	419674
电力、热力生产和供应业	218	41107473	26356586	48377603	27712093
燃气生产和供应业	39	2526252	1517596	1489755	925462
水的生产和供应业	65	3896794	2006772	2337796	1329141

所有者权益合计	营业收入	主营业务收入	利润总额	利税总额	所得税费用	应交增值税
7519391	30861813	30576663	2290537	2901090	94177	508187
6300759	16502048	16448003	1889105	2328086	126823	367899
3749917	10382384	10304977	1043744	1390169	56651	222660
1767477	2722864	2547069	91603	1852320	28313	303661
8612945	31186422	30903299	1930971	2465271	100043	405630
7934927	23194949	23075694	1908826	2562970	157410	520632
8834198	38890056	38793964	3330596	4366450	215965	776919
2260113	12454765	12433514	654141	900227	39973	182832
1426272	5704019	5687653	431140	574565	29930	112317
3773339	11789015	11635483	1049791	1351945	77693	236859
1163660	4093250	4070365	294106	394200	24211	77902
4633243	19331662	19227988	1614808	2090341	109347	351867
4561744	14468462	14347812	1231874	3411799	199410	1093527
7449581	21648695	21464587	2073389	2573411	195330	407609
2482266	3380856	3355745	515711	661833	62136	117096
3242629	12828358	12271170	722129	864240	37707	96671
5756247	17702607	17322193	1206517	1634029	97587	329918
13933005	37613870	37241063	3839047	5021928	334764	891092
4998715	19332589	19016528	1989667	2441756	303118	372783
7118754	21356870	20914204	1988461	2429527	207830	370908
4873040	16106750	15812882	1087065	1439741	85431	276658
5175586	12810902	12715256	1125122	1438618	85369	238093
4079286	10494806	10415393	1026622	1288886	143657	198092
4190798	13157648	12928741	1015976	1460028	118205	309754
1325567	2924495	2907198	55171	168456	13599	85759
11201371	22673349	21937534	2375807	2955428	283312	456614
16902990	41456191	40878227	2308476	2972931	267968	523260
1133318	2338694	2316541	195243	251387	20915	46355
1047357	2589411	2574486	178495	240425	11563	49309
205143	1637341	1634520	93386	236561	2197	126557
726537	2304260	2302376	211982	241576	19713	20049
14750885	18531718	18344658	1233298	1869471	187901	536149
1008656	3280568	3197226	193991	239315	40339	34516
1890022	715151	664750	86312	113673	11798	20526

规模以上工业企业主要经济效益指标（2018年）

单位:%

项目	总资产贡献率	资产负债率	流动资产周转次数（次/年）	工业成本费用利润率	产品销售率
合计	**16.68**	**51.58**	**2.70**	**8.93**	**97.27**
#国有控股企业	10.12	60.97	2.04	7.14	97.08
按轻重分					
轻工业	20.61	46.32	2.92	9.08	97.32
重工业	14.05	55.11	2.51	8.79	97.21
按经济类型分					
国有	12.70	58.28	3.47	3.02	98.90
集体	25.63	50.50	8.17	4.84	99.02
股份	13.07	54.71	2.09	10.11	96.12
联营	27.95	14.96	4.07	10.86	99.57
私营	22.33	46.80	3.55	8.83	98.37
外商及港澳台商投资	15.97	51.42	2.35	8.86	96.41
其他	37.60	35.39	4.91	13.30	99.15
按登记注册分					
内资企业	17.01	51.65	2.90	8.97	97.66
港、澳、台商投资企业	16.53	48.30	2.37	9.40	95.98
外商投资企业	15.22	55.60	2.31	8.07	97.07
按经济组织分					
独资企业	16.02	47.51	2.51	8.64	96.78
合作、合伙	31.19	36.04	3.08	18.24	99.25
股份有限公司	9.78	48.22	1.19	12.05	95.96
有限责任公司	18.48	53.85	3.20	8.59	97.53
按规模分					
大型企业	16.02	54.76	2.25	10.19	96.46
中型企业	15.94	48.99	2.62	8.83	97.32
小型企业	19.22	48.71	3.38	8.13	97.81
微型企业	6.22	63.02	1.86	5.88	98.62
按行业分					
煤炭开采和洗选业	19.56	37.11	2.07	17.67	99.90
石油和天然气开采业					
黑色金属矿采选业	13.26	50.53	6.89	4.39	98.28
有色金属矿采选业	29.73	45.65	5.60	14.70	99.36
非金属矿采选业	23.24	30.86	6.27	8.88	98.83

续表

项　　目	总资产贡献率	资产负债率	流动资产周转次数（次/年）	工业成本费用利润率	产品销售率
其他采矿业					
农副食品加工业	20.52	50.07	3.32	8.04	97.59
食品制造业	24.13	37.82	3.07	12.71	98.19
酒、饮料和精制茶制造业	23.92	37.54	3.41	11.30	98.80
烟草制品业	72.36	30.90	1.53	7.84	96.35
纺织业	16.09	48.77	3.24	6.64	97.73
纺织服装、服饰业	20.39	38.54	2.85	9.01	95.60
皮革、毛皮、羽毛及其制品和制鞋业	27.10	47.33	3.61	9.37	97.62
木材加工和木、竹、藤、棕、草制品业	24.96	41.02	6.16	5.63	98.06
家具制造业	21.76	47.69	3.41	8.22	98.78
造纸和纸制品业	16.22	57.63	2.45	9.79	94.92
印刷和记录媒介复制业	19.98	44.41	3.81	7.74	98.25
文教、工美、体育和娱乐用品制造业	27.18	41.94	4.27	9.18	98.45
石油、煤炭及其他燃料加工业	35.73	53.61	3.72	10.19	91.95
化学原料和化学制品制造业	14.96	59.88	2.79	10.60	97.82
医药制造业	18.27	32.60	1.59	18.04	94.88
化学纤维制造业	12.00	61.85	3.09	5.97	94.46
橡胶和塑料制品业	15.98	46.91	2.98	7.34	98.17
非金属矿物制品业	20.71	44.91	2.81	11.30	98.15
黑色金属冶炼和压延加工业	22.81	55.25	3.54	11.60	99.04
有色金属冶炼和压延加工业	14.11	60.96	2.31	10.12	97.41
金属制品业	16.32	46.76	2.93	7.27	97.86
通用设备制造业	16.44	43.59	2.21	9.64	97.62
专用设备制造业	15.19	53.68	1.75	10.82	95.95
汽车制造业	16.05	55.98	2.13	8.42	97.84
铁路、船舶、航空航天和其他运输设备制造业	6.70	61.58	1.26	1.93	98.82
电气机械和器材制造业	13.24	50.81	1.43	11.75	97.28
计算机、通信和其他电子设备制造业	8.58	54.70	1.87	5.85	95.09
仪器仪表制造业	14.97	34.98	2.22	9.10	97.50
其他制造业	15.81	33.91	2.71	7.44	97.72
废弃资源综合利用业	53.41	55.35	5.57	6.12	98.53
金属制品、机械和设备修理业	22.48	35.04	4.43	10.10	97.54
电力、热力生产和供应业	6.27	64.12	3.11	7.12	99.63
燃气生产和供应业	10.23	60.07	4.41	6.14	99.89
水的生产和供应业	3.38	51.50	0.73	12.94	99.18

大中型工业企业

项　　目	企业单位数（个）	资产总计	负债合计	固定资产原价	固定资产净值	所有者权益合计
合　计	**3150**	**251752851**	**131860101**	**140503785**	**78005936**	**119906538**
煤炭开采和洗选业	15	792361	263881	313613	163128	528480
石油和天然气开采业						
黑色金属矿采选业	5	613680	356133	480112	360398	257547
非金属矿采选业	9	488004	61779	179578	161657	426226
其他采矿业						
农副食品加工业	154	8031306	4019599	3049395	1869138	4011707
食品制造业	126	5648745	1679889	1751308	903303	3968856
酒、饮料和精制茶制造业	85	3334547	1290042	1895811	1039348	2044506
烟草制品业	6	2545167	779440	1327414	528233	1765726
纺织业	210	10200544	4858206	5668034	2649642	5342337
纺织服装、服饰业	295	8934100	3138112	2962251	1601116	5795987
皮革、毛皮、羽毛及其制品和制鞋业	485	12948944	6100200	4301549	2185255	6848744
木材加工和木、竹、藤、棕、草制品业	58	1203554	559541	671851	348641	644013
家具制造业	56	1371172	720005	424530	258396	651167
造纸和纸制品业	73	5775935	3164753	3560069	1824706	2611182
印刷和记录媒介复制业	29	903556	366992	326431	161587	536564
文教、工美、体育和娱乐用品制造业	187	3744169	1617452	1607884	886327	2126716
石油、煤炭及其他燃料加工业	5	9309142	4968369	8393955	4302740	4340572
化学原料和化学制品制造业	66	8270185	4831627	5957940	3146102	3438558
医药制造业	30	2169295	513524	855356	397600	1655771
化学纤维制造业	35	7049935	4470060	5579166	2424501	2579875
橡胶和塑料制品业	128	5723868	2436001	3808669	1985667	3287867
非金属矿物制品业	285	14126651	6243255	5974056	3067667	7883395
黑色金属冶炼和压延加工业	30	9904603	5491379	5694997	3159624	4413224
有色金属冶炼和压延加工业	30	17277569	10608893	4708681	3078513	6668676
金属制品业	89	4519670	1932550	1812612	1000521	2587120
通用设备制造业	80	5503929	2272626	1781661	939810	3245097
专用设备制造业	63	4541693	2781291	1024171	525755	1760403
汽车制造业	71	6929566	4219547	2894725	1415044	2710018
铁路、船舶、航空航天和其他运输设备制造业	28	2409243	1575056	673077	443662	834188
电气机械和器材制造业	129	17372615	8849892	5047928	3067331	8522722
计算机、通信和其他电子设备制造业	187	32563261	17767782	15896950	10221685	14795478
仪器仪表制造业	22	624236	160845	201003	118982	463390
其他制造业	36	900905	278096	179909	93973	622809
废弃资源综合利用业						
金属制品、机械和设备修理业	7	813139	250327	561331	329393	562812
电力、热力生产和供应业	17	30804744	20675882	38163796	21750548	10128862
燃气生产和供应业	6	1928277	1194856	1175334	701007	733422
水的生产和供应业	11	2394879	1333593	1461017	842269	1061286

主要经济指标（2018）

单位：万元

项　　目	营业收入	主营业务收入	利润总额	利税总额	所得税费用	应交增值税
合　计	**306583653**	**301757858**	**26519682**	**37778199**	**2746934**	**7131235**
煤炭开采和洗选业	446982	415257	66863	114557	7332	34298
石油和天然气开采业						
黑色金属矿采选业	337959	334361	11932	25204	1166	9280
非金属矿采选业	295062	294578	49479	67499	2365	11499
其他采矿业						
农副食品加工业	13217961	13014332	1003962	1262211	45342	218316
食品制造业	8932106	8896757	1176791	1444611	80222	231605
酒、饮料和精制茶制造业	5328707	5274374	583967	809438	27793	140863
烟草制品业	2689690	2513894	90914	1851259	28313	303661
纺织业	19412876	19288344	1272414	1632381	72348	275354
纺织服装、服饰业	14149674	14046017	1298660	1729408	125470	344425
皮革、毛皮、羽毛及其制品和制鞋业	28841255	28758605	2625744	3405347	181517	580760
木材加工和木、竹、藤、棕、草制品业	2869852	2858825	75932	151637	10338	58405
家具制造业	2581624	2570889	203990	265252	15828	46670
造纸和纸制品业	6922449	6796460	704330	882393	53843	137768
印刷和记录媒介复制业	1566223	1555792	87871	135796	4088	39037
文教、工美、体育和娱乐用品制造业	8819912	8746126	736779	955954	59207	169202
石油、煤炭及其他燃料加工业	13507259	13418571	1179954	3332585	197378	1070599
化学原料和化学制品制造业	8111918	7987149	809953	1023386	79035	179892
医药制造业	1619967	1607462	355219	445087	48962	72826
化学纤维制造业	10523197	9996383	602341	714302	35142	78198
橡胶和塑料制品业	8411370	8233890	590023	808691	63276	166921
非金属矿物制品业	16125009	15805568	2055318	2594573	198769	417450
黑色金属冶炼和压延加工业	16801193	16552178	1780468	2190421	284665	341288
有色金属冶炼和压延加工业	15929065	15500858	1867494	2276641	196283	347100
金属制品业	6282404	6167602	456776	613143	48453	128265
通用设备制造业	6019402	5950012	660847	822700	58574	129709
专用设备制造业	3582159	3520764	393219	499947	89515	85156
汽车制造业	9261806	9081166	752517	1093398	89693	229044
铁路、船舶、航空航天和其他运输设备制造业	1439112	1432260	-46907	7898	2793	39547
电气机械和器材制造业	16013004	15372454	1890890	2298777	236295	321591
计算机、通信和其他电子设备制造业	35165334	34635327	2005142	2554310	240263	433739
仪器仪表制造业	864473	856097	79095	99247	7705	16829
其他制造业	1525284	1514494	101638	137770	8474	30675
废弃资源综合利用业						
金属制品、机械和设备修理业	1580471	1578930	139526	161981	16161	14753
电力、热力生产和供应业	15158273	15022861	731018	1187347	107377	386375
燃气生产和供应业	1782196	1719393	66093	94414	12335	21817
水的生产和供应业	357739	332031	41570	58072	4999	11917

国有控股工业企业

项　　目	企业单位数（个）	资产总计	负债合计	固定资产原价	固定资产净值	所有者权益合计
合　计	**485**	**93771030**	**57172409**	**70510774**	**42505964**	**36598619**
按隶属关系分						
中央企业	78	38388034	26105123	43126403	26248539	12282910
地方企业	407	55382996	31067286	27384371	16257425	24315708
按轻重分						
轻工业	91	6136211	2092248	3112118	1318950	4043962
重工业	394	87634819	55080161	67398656	41187014	32554657
按规模分						
大型企业	38	56215682	34112935	45273535	28578934	22102746
中型企业	97	20680205	12175338	13692450	7178914	8504866
小型企业	316	12577372	7293136	10173940	5998200	5284235
微型企业	34	4297771	3591001	1370850	749916	706771
按行业分						
#煤炭开采和洗选业	11	752339	234881	306747	160666	517458
黑色金属矿采选业	5	640568	367832	491811	364511	272736
有色金属矿采选业	10	199636	75341	209363	104292	124295
非金属矿采选业	12	554861	132494	208750	175136	422368
农副食品加工业	14	179330	142604	65323	41146	36726
食品制造业	11	621438	162330	115229	78810	459108
酒、饮料和精制茶制造业	11	132714	40377	120672	64869	92337
烟草制品业	6	2545167	779440	1327414	528233	1765726
纺织服装、服饰业	4	41569	7239	17192	6703	34330
木材加工和木、竹、藤、棕、草制品业	4	437899	271548	312713	156217	166351
造纸和纸制品业	3	542131	300732	722749	171627	241399
印刷和记录媒介复制业	12	212169	61137	99672	32521	151032
石油、煤炭及其他燃料加工业	3	3818436	2162689	2701220	1971637	1655747
化学原料和化学制品制造业	24	5360888	4384503	1762671	1234353	976384
医药制造业	10	829327	140042	135856	69603	689285
化学纤维制造业	4	166734	199818	165475	89508	-33083
非金属矿物制品业	49	1176207	706040	762789	430071	470166
黑色金属冶炼和压延加工业	7	4908640	1930954	3358120	1800596	2977686
有色金属冶炼和压延加工业	16	10536919	5977574	2359374	1515254	4559346
金属制品业	8	115884	66115	30168	20364	49768
通用设备制造业	11	587056	266520	182896	102934	320535
专用设备制造业	10	885196	782984	238170	122753	102211
汽车制造业	14	2701900	1820722	1059883	377688	881177
铁路、船舶、航空航天和其他运输设备制造业	8	2205457	1562497	624615	433905	642961
电气机械和器材制造业	13	721962	535711	286348	210548	186251
计算机、通信和其他电子设备制造业	27	10883940	6457791	5225332	4202997	4426149
废弃资源综合利用业	3	18467	5127	17229	8357	13340
金属制品、机械和设备修理业	5	130577	80019	42902	28501	50558
电力、热力生产和供应业	111	36430347	24498947	44488369	26234639	11931399
燃气生产和供应业	10	1747474	1063842	1028260	588708	683632
水的生产和供应业	41	3442741	1831252	1936471	1129141	1611488

主要经济指标（2018 年）

单位：万元

项目	营业收入	主营业务收入	利润总额	利税总额	所得税费用	应交增值税
合　计	**59222730**	**58150752**	**3844327**	**8329318**	**792076**	**2519541**
按隶属关系分						
中央企业	24464363	24171370	946740	3398920	167061	1393769
地方企业	34758368	33979382	2897587	4930398	625015	1125772
按轻重分						
轻工业	5295584	5015553	368999	2242955	76265	386630
重工业	53927146	53135199	3475329	6086363	715811	2132910
按规模分						
大型企业	37759171	37152318	2563336	6390143	526825	2009880
中型企业	10927904	10606749	631135	988292	151859	279108
小型企业	10268592	10131223	617512	906628	109678	226678
微型企业	267063	260462	32343	44255	3714	3874
按行业分						
#煤炭开采和洗选业	255333	223520	55498	91436	7875	27930
黑色金属矿采选业	233095	229497	6321	20518	1182	10351
有色金属矿采选业	293286	290090	53003	94179	9305	26287
非金属矿采选业	108659	105750	27800	38497	5893	7637
农副食品加工业	581951	577547	8492	12154	1769	2829
食品制造业	141128	136243	5981	13255	1283	5450
酒、饮料和精制茶制造业	126221	125419	9261	23199	2397	7280
烟草制品业	2689690	2513894	90914	1851259	28313	303661
纺织服装、服饰业	26789	26692	6730	113324102		
木材加工和木、竹、藤、棕、草制品业	314129	313381	-98732	-89786	619	6903
造纸和纸制品业	197343	186391	1819	10947	133	6578
印刷和记录媒介复制业	102683	99742	16434	22678	3605	5040
石油、煤炭及其他燃料加工业	5083516	5080071	217644	1148473	55605	800821
化学原料和化学制品制造业	1589971	1566597	204897	278327	48191	60901
医药制造业	418987	415748	192679	234956	31432	36355
化学纤维制造业	451982	382250	11575	28036	563	7901
非金属矿物制品业	1073253	1066519	135685	189747	23505	44007
黑色金属冶炼和压延加工业	6334666	6284474	911762	1183800	256032	233244
有色金属冶炼和压延加工业	8470176	8262597	499956	734679	45826	195867
金属制品业	267728	267313	5240	7271	292	1484
通用设备制造业	275390	254592	22648	30174	2712	5445
专用设备制造业	450262	440325	-6159	6445	51727	9841
汽车制造业	3326757	3275726	177348	358875	40590	92755
铁路、船舶、航空航天和其他运输设备制造业	521893	512266	-113369	-99700	-8007	9209
电气机械和器材制造业	409119	405221	-8545	-3722	-35	2753
计算机、通信和其他电子设备制造业	5881759	5791444	292970	411569	17891	99031
废弃资源综合利用业	43564	43530	8386	9246	108	725
金属制品、机械和设备修理业	144680	144567	10399	12006	1882	963
电力、热力生产和供应业	17054047	16873423	972762	1539931	139334	480044
燃气生产和供应业	1471018	1421918	31988	40322	8166	4221
水的生产和供应业	497054	449164	71839	92311	8336	15400

规模以上外商及港澳台投资工业企业主要经济指标（2018 年）

单位：万元

项　　目	企业单位数（个）	资产总计	负债合计	固定资产原价	固定资产净值	所有者权益合计
合计	**3327**	**116496894**	**59906306**	**59126653**	**28666856**	**56604373**
按登记注册类型分						
港、澳、台商投资企业	2181	66655553	32194411	31893512	15025979	34461133
合资经营企业	442	15428684	8159411	7069270	3669062	7269273
合作经营企业	13	177396	86869	61835	34227	90527
独资企业	1665	45027335	20990576	22415360	10285352	24036751
股份有限公司	61	6022138	2957556	2347047	1037338	3064581
外商投资企业	1146	49841341	27711895	27233141	13640877	22143240
中外合资经营企业	313	23466125	14576868	15055769	7687988	8889256
中外合作经营企业	13	425374	187799	285081	124387	237574
外资企业	773	24264062	12175841	11415348	5559212	12088221
外商投资股份有限公司	47	1685781	771387	476944	269290	928190
按轻重分						
轻工业	2240	56328317	27233935	24065955	11702036	29094377
重工业	1087	60168578	32672371	35060698	16964821	27509996
按规模分						
大型企业	213	50759307	26252501	27545389	12849874	24520598
中型企业	912	37200463	17996364	19471443	9909357	19204097
小型企业	2058	24308043	12116894	11210363	5535778	12191144
微型企业	144	4229081	3540548	899459	371846	688534
按行业分						
有色金属矿采选业	3	4232	263	469	272	3969
非金属矿采选业	5	34621	5765	21984	14509	28856
其他采矿业						
农副食品加工业	140	3675014	1988354	1318840	595168	1686659
食品制造业	106	4065467	1593521	931155	491278	2471946
酒、饮料和精制茶制造业	50	2438828	1238161	1346659	717069	1200667
烟草制品业						
纺织业	227	5190858	2530945	2505767	1074817	2659912

续表

项　　目	企业单位数（个）	资产总计	负债合计	固定资产原价	固定资产净值	所有者权益合计
纺织服装、服饰业	436	6497371	2579718	2439986	1221659	3917652
皮革、毛皮、羽毛及其制品和制鞋业	357	8977253	4242973	3039892	1436765	4734279
木材加工和木、竹、藤、棕、草制品业	35	349653	130509	223051	67080	219144
家具制造业	60	806130	417476	272328	133868	388655
造纸和纸制品业	89	4237864	2459184	2153377	976288	1778680
印刷和记录媒介复制业	28	369753	153249	219401	92940	216503
文教、工美、体育和娱乐用品制造业	235	2655822	1080998	1350686	704451	1574823
石油、煤炭及其他燃料加工业	7	5352244	2762717	5600634	2282591	2589527
化学原料和化学制品制造业	111	7232731	5591620	2679436	1762782	1641111
医药制造业	28	971834	334573	393039	190498	637261
化学纤维制造业	32	3602317	2324122	2704854	1169710	1278195
橡胶和塑料制品业	184	5816573	2746156	3820483	1916186	3070417
非金属矿物制品业	4656761	4630051	541173	676673	42648	101279
黑色金属冶炼和压延加工业	3769013	3742155	236485	293754	17705	39955
有色金属冶炼和压延加工业	2155145	2093935	159132	185654	18255	19538
金属制品业	4053693	3935266	263459	361485	33429	80750
通用设备制造业	3874911	3839410	383821	510269	53122	103288
专用设备制造业	2552605	2529340	286950	355447	30491	54017
汽车制造业	8739876	8596549	733809	1062424	95421	216973
铁路、船舶、航空航天和其他运输设备制造业	454666	449349	24960	41040	4169	12749
电气机械和器材制造业	9772907	9583287	1158802	1400762	176278	184738
计算机、通信和其他电子设备制造业	24991194	24844647	767771	1077998	140230	238434
仪器仪表制造业	806966	801087	49645	64120	6112	12345
其他制造业	1727886	1717224	114900	154445	8572	32382
金属制品、机械和设备修理业	1670260	1668487	105167	122267	13304	10824
电力、热力生产和供应业	1375985	1301180	190970	238322	47372	39752
燃气生产和供应业	565445	502464	64678	74463	12259	6522
水的生产和供应业	132011	125535	-4731	109	1064	3592

续上表

单位：万元

项目	营业收入	主营业务收入	利润总额	利税总额	所得税费用	应交增值税
合计	**159898886**	**157657142**	**12974920**	**17737807**	**1352590**	**2973050**
按登记注册类型分						
港、澳、台商投资企业	94887221	93652604	8181784	10491199	785323	1770112
合资经营企业	22014379	21577741	1797230	2470313	209672	492595
合作经营企业	414120	414058	30174	38474	1204	6201
独资企业	66637853	66098030	5650136	7099471	493733	1118629
股份有限公司	5820870	5562775	704245	882942	80714	152688
外商投资企业	65011665	64004538	4793136	7246608	567266	1202937
中外合资经营企业	24920827	24413107	1858930	3449090	234562	532267
中外合作经营企业	591990	585484	64009	85276	13074	18436
外资企业	37778193	37328636	2701629	3495640	299757	613328
外商投资股份有限公司	1720656	1677312	168568	216602	19874	38907
按轻重分						
轻工业	84951207	83664367	7712740	9815211	613673	1624255
重工业	74947679	73992775	5262180	7922596	738916	1348795
按规模分						
大型企业	72639935	71671419	6541702	9262495	761815	1405542
中型企业	51070566	50386392	3913396	5086856	379802	885649
小型企业	35174167	34654744	2503119	3347078	207714	663880
微型企业	1014218	944586	16702	41379	3259	17979
按行业分						
有色金属矿采选业	24611	24611	3102	3321		100
非金属矿采选业	116529	116529	8189	20501	188	7340
其他采矿业						
农副食品加工业	6357531	6293794	482552	603127	19793	105567
食品制造业	5304281	5291562	764142	909209	39640	121362
酒、饮料和精制茶制造业	2819297	2762579	291580	439360	12951	91243
烟草制品业 纺织业	7523285	7373212	526223	673611	35680	108673
纺织服装、服饰业	10444608	10346766	899808	1197623	88810	237836

续表

项　　目	营业收入	主营业务收入	利润总额	利税总额	所得税费用	应交增值税
皮革、毛皮、羽毛及其制品和制鞋业	18820325	18786189	1993319	2472873	124285	367019
木材加工和木、竹、藤、棕、草制品业	658535	655718	37784	50542	4032	10180
家具制造业	1410051	1402684	93534	128517	5014	29381
造纸和纸制品业	3885099	3755746	309088	404471	29471	78540
印刷和记录媒介复制业	463897	461672	31602	47190	3229	12202
文教、工美、体育和娱乐用品制造业	5813810	5770039	471863	615260	29040	111612
石油、煤炭及其他燃料加工业	8027731	7949452	909327	2115666	139324	257055
化学原料和化学制品制造业	4751575	4631479	342013	436372	36500	76740
医药制造业	746210	737602	130098	163040	15974	26823
化学纤维制造业	5019411	4770130	220147	288953	28838	49799
橡胶和塑料制品业	6375423	6131105	381771	544380	38984	122309
非金属矿物制品业	4656761	4630051	541173	676673	42648	101279
黑色金属冶炼和压延加工业	3769013	3742155	236485	293754	17705	39955
有色金属冶炼和压延加工业	2155145	2093935	159132	185654	18255	19538
金属制品业	4053693	3935266	263459	361485	33429	80750
通用设备制造业	3874911	3839410	383821	510269	53122	103288
专用设备制造业	2552605	2529340	286950	355447	30491	54017
汽车制造业	8739876	8596549	733809	1062424	95421	216973
铁路、船舶、航空航天和其他运输设备制造业	454666	449349	24960	41040	4169	12749
电气机械和器材制造业	9772907	9583287	1158802	1400762	176278	184738
计算机、通信和其他电子设备制造业	24991194	24844647	767771	1077998	140230	238434
仪器仪表制造业	806966	801087	49645	64120	6112	12345
其他制造业	1727886	1717224	114900	154445	8572	32382
金属制品、机械和设备修理业	1670260	1668487	105167	122267	13304	10824
电力、热力生产和供应业	1375985	1301180	190970	238322	47372	39752
燃气生产和供应业	565445	502464	64678	74463	12259	6522
水的生产和供应业	132011	125535	-4731	109	1064	3592

建筑业和房地产投资

建筑企业基本情况

年份	单位数（个）	#国有	#集体	从业人员（万元）	#国有	#集体	总产值（亿元）	#国有	#集体
2016	4223	82	39	360.63	13.01	4.16	8986.78	549.98	97.01
2017	4668	81	35	464.50	19.95	4.99	10478.31	539.32	97.06
2018	5581	78	33	488.76	22.76	5.35	11941.56	635.62	129.06

续上表

年份	资产合计（亿元）	利润总额（亿元）	税金总额（亿元）	房屋建筑面积（万平方米）		按总产值计算的劳动生产率（元/人）
				施工面积	竣工面积	
2016	4921.27	282.60	299.75	62920.69	18121.20	225271
2017	5663.92	341.85	366.77	65711.82	16895.04	225584
2018	6703.65	393.80	451.45	72704.00	17644.24	244332

建筑企业主要经济指标

项　　目	2010	2017	2018
企业单位数（个）	**2606**	**4668**	**5581**
建筑业总产值（亿元）	**3062.17**	**10478.31**	**11941.56**
建筑业竣工产值	1742.46	5436.37	7524.64
房屋施工面积（万平方米）	**28406.86**	**65711.82**	**72704.00**
#本年新开工	14349.31	22064.13	24959.34
房屋竣工面积（万平方米）	**9095.78**	**16895.04**	**17644.24**
#住宅	5474.72	10851.18	11509.56
年末从业人员（万人）	**229.57**	**464.50**	**488.76**
全员劳动生产率（元/人）			
按总产值计算	134520	225584	244332
工资总额（亿元）	**713.35**	**2411.64**	**3088.42**
财务指标（亿元）			
资本金合计	511.59	1532.61	1738.66
流动资产年末数	1321.15	4527.86	5415.35
固定资产原值	327.21	669.79	714.45
企业总收入	2816.29	9136.61	10284.93
工程结算收入	2801.82	9068.35	10176.50
工程结算成本	2512.58	8236.02	9260.61
利润总额	87.91	341.85	393.80
#工程结算利润	168.45	668.14	757.87
利税总额	195.61	708.62	845.25

各种资质等级建筑企业主要经济指标（2018 年）

项　目	合计	#总承包	一级及以上	二级	三级	#专业承包	一级及	二级	三级及不分等级
企业单位数（个）	5581	3770	324	692	2752	1284	189	681	414
建筑业总产值（亿元）	11941.56	10649.16	6098.38	2423.18	2105.00	761.86	348.85	220.94	192.07
建筑业竣工产值	7524.64	7136.34	4871.23	1279.17	984.97	388.30	169.65	111.30	107.35
房屋施工面积（万平方米）	72704.00	71584.83	49740.56	13594.71	8249.57	1119.17	467.72	163.95	487.50
#本年新开工	24959.34	24480.75	15150.63	5503.99	3826.12	478.59	98.73	84.96	294.90
房屋竣工面积（万平方米）	17644.24	17374.22	10580.33	3990.93	2802.96	270.01	126.91	58.01	85.10
#住宅	11509.56	11451.72	7883.19	2348.56	1219.97	57.84	6.36	10.36	41.12
年末从业人员（万人）	488.76	392.54	224.35	87.54	80.30	27.71	11.90	8.71	7.10
全员劳动生产率（元/人）									
按总产值计算	244332	271295	271827	276837	262127	275014	293113	254012	270404
工资总额（亿元）	3088.42	2537.28	1500.23	561.95	472.03	165.47	65.18	53.77	46.52
财务指标（亿元）									
资本金合计	1738.66	1484.97	569.40	388.33	525.61	225.91	72.31	88.72	64.88
流动资产年末数	5415.35	4872.79	2609.85	1084.80	1170.93	542.56	227.42	168.72	146.42
固定资产原值	714.45	611.05	279.59	165.57	165.75	92.58	30.29	32.16	30.13
企业总收入	10284.93	9039.23	5176.10	2106.37	1732.70	703.25	294.45	218.59	190.21
工程结算收入	10176.50	8947.91	5148.49	2067.34	1708.02	686.51	288.74	209.99	187.79
工程结算成本	9260.61	8149.42	4767.79	1854.14	1503.69	590.70	246.25	179.55	164.90
利润总额	393.80	355.84	174.24	95.64	85.74	32.51	15.23	8.95	8.33
#工程结算利润	757.87	392.42	176.97	107.49	107.78	68.52	29.70	22.78	16.03
利税总额	845.25	761.91	377.97	201.35	182.30	59.80	28.01	16.61	15.18

按行业分建筑企业主要经济指标（2018 年）

项　目	房屋建筑业	土木工程建筑业	建筑安装业	建筑装饰和其他建筑业
企业单位数（个）	2802	1437	357	985
建筑业总产值（亿元）	8362.12	2697.64	234.93	646.86
建筑业竣工产值	4290.73	2919.22	140.09	174.61
房屋施工面积（万平方米）	66572.21	5860.15	87.01	184.64
#本年新开工	22316.39	2518.22	59.68	65.05
房屋竣工面积（万平方米）	15654.33	1876.77	59.31	53.83
#住宅	10494.31	953.38	19.99	41.88
年末从业人员（万人）	322.03	93.52	8.71	64.50
全员劳动生产率（元/人）				

续表

项目	房屋建筑业	土木工程建筑业	建筑安装业	建筑装饰和其他建筑业
按总产值计算	259680	288446	269776	100297
工资总额（亿元）	**2066.76**	**624.83**	**55.96**	**340.87**
财务指标（亿元）				
资本金合计	1055.43	474.08	91.84	117.31
流动资产年末数	3654.77	1222.68	307.87	230.04
固定资产原值	389.83	243.86	38.84	41.92
企业总收入	7021.74	2350.78	270.25	642.16
工程结算收入	6960.04	2322.37	258.09	636.00
工程结算成本	6345.49	2104.62	224.27	586.23
利润总额	276.41	89.97	13.42	14.00
#工程结算利润	286.64	124.01	25.44	28.35
利税总额	604.32	183.70	21.80	35.43

按经济类型分建筑企业主要经济指标（2018 年）

项目	国有经济	集体经济	港澳台经济	外商经济	其他经济
企业单位数（个）	**78**	**33**	**21**	**4**	**5445**
建筑业总产值（亿元）	**635.62**	**129.06**	**30.66**	**3.24**	**11142.98**
建筑业竣工产值	310.16	66.42	9.36	4.23	7134.48
房屋施工面积（万平方米）	**2369.81**	**1654.51**	**848.83**	**23.14**	**67807.71**
#本年新开工	697.36	554.62	803.96	9.01	22894.39
房屋竣工面积（万平方米）	**737.17**	**224.56**		**17.06**	**16665.45**
#住宅	541.46	157.67			10810.43
年末从业人员（万人）	**22.76**	**5.35**	**1.78**	**0.09**	**458.78**
全员劳动生产率（元/人）					
按总产值计算	279251	241355	172048	354603	242893
工资总额（亿元）	**157.72**	**32.29**	**7.92**	**0.93**	**2889.56**
财务指标（亿元）					
资本金合计	70.82	9.61	6.58	2.10	1649.54
流动资产年末数	480.17	37.56	21.64	9.07	4866.91
固定资产原值	63.79	3.76	1.06	0.53	645.30
企业总收入	502.73	90.76	26.66	5.53	9659.25
工程结算收入	494.97	90.41	26.51	5.52	9559.11
工程结算成本	463.77	85.59	22.30	5.06	8683.89
利润总额	13.38	2.46	0.70	-0.14	377.39
#工程结算利润	16.09	2.97	3.63	0.34	441.40
利税总额	28.49	4.31	1.27	-0.02	811.20

房屋竣工建筑面积（2018 年）

单位：万平方米

项　　目	竣工面积
合计	**17644. 24**
住宅房屋	11509. 56
商业及服务用房屋	1214. 47
商厦房屋（批发和零售用房）	524. 07
宾馆用房屋（住宿用房）	56. 14
餐饮用房屋（餐饮用房）	9. 15
商务会展用房屋	38. 29
其他商业及服务用房屋（居民服务业用房）	586. 83
办公用房屋	1029. 12
科研、教育、医疗用房屋	617. 08
科学研究用房屋	75. 45
教育用房屋	427. 06
医疗用房屋（卫生医疗用房）	114. 58
文化、体育、娱乐用房屋	147. 41
厂房及建筑物	2966. 35
#厂房	1343. 38
仓库	110. 21
其他未列明的房屋建筑物	50. 03

各设区市建筑企业数（2018 年）

单位：个

地　区	合计	#总承包	一级及以上	二级	三级	#专业承包	一级及	二级	三级及不分等级
全省	**5581**	**3770**	**324**	**692**	**2752**	**1284**	**189**	**681**	**414**
福州市	1391	767	88	177	501	390	63	181	146
厦门市	935	450	85	85	279	351	61	201	89
莆田市	511	443	23	47	373	52	1	38	13
三明市	408	366	23	56	287	27	2	8	17
泉州市	784	468	56	106	306	251	40	132	79
漳州市	361	285	16	61	208	58	4	39	15
南平市	403	352	3	34	315	35	5	14	16
龙岩市	489	399	23	90	286	75	12	38	25
宁德市	299	240	7	36	197	45	1	30	14

各设区市建筑企业从业人员数（2018 年）

单位：人

地　区	合计	#总承包	一级及以上	二级	三级	#专业承包	一级及	二级	三级及不分等级
全　省	**4887638**	**3925424**	**2243482**	**875420**	**803045**	**277124**	**119016**	**87077**	**71031**
福州市	1793619	1450309	891495	301760	256689	116105	56279	31665	28161
厦门市	1157817	659056	468396	83219	104329	63933	26423	18824	18686
莆田市	231481	223717	121465	44882	57370	3437	17	2692	728
三明市	272630	269481	110111	61650	97720	2388	700	268	1420
泉州市	612015	559654	360536	122101	77017	45112	23029	12947	9136
漳州市	246258	232066	106456	71227	54383	10487	320	6209	3958
南平市	72489	63005	7015	15662	40328	9298	2395	3447	3456
龙岩市	426736	402743	164986	149378	88379	20990	9714	8231	3045
宁德市	74593	65393	13022	25541	26830	5374	139	2794	2441

各设区市建筑企业房屋施工情况（2018 年）

单位：万平方米

地　区	房屋建筑竣工面积	房屋建筑施工面积	本年新开工
全　省	**17644.24**	**72704.00**	**24959.34**
福州市	7010.30	34033.29	11417.34
厦门市	1477.97	10147.07	3135.88
莆田市	1312.82	4780.79	1337.05
三明市	1150.17	3689.22	1324.05
泉州市	3073.45	9294.14	3528.46
漳州市	927.68	3196.90	989.34
南平市	336.23	959.13	400.74
龙岩市	1995.64	5335.83	2463.92
宁德市	359.98	1267.64	362.55

各设区市建筑企业总收入（2018 年）

单位：万元

地　区	企业总收入	#工程结算收入	#工程结算成本	#工程结算利润	#其他业务收入	#其他业务利润
全　省	**102849345**	**101765046**	**92606123**	**7548741**	**1084299**	**48680**
福州市	36307776	35706879	33043405	2270097	600897	16842
厦门市	21503975	21353427	19868557	1242083	150547	15682
莆田市	5819808	5757129	5031908	601197	62679	877

续表

地　区	企业总收入	#工程结算收入			#其他业务收入	
			#工程结算成本	#工程结算利润		#其他业务利润
三明市	5619828	5603469	4990072	441283	16360	-759
泉州市	16202704	16030046	14130146	1582050	172658	8169
漳州市	4491632	4459146	4027326	345011	32487	2023
南平市	1709990	1683697	1473123	178631	26293	2095
龙岩市	9561805	9541947	8567682	756789	19858	3414
宁德市	1631827	1629307	1473904	131601	2520	338

各设区市建筑企业利税总额（2018 年）

单位：万元

地　区	利税总额			产值利税率（%）	资产利税率（%）
		#利润总额	#工程结算税金及附加		
全　省	**8452535**	**3937986**	**1610182**	**7.1**	**13.7**
福州市	2467690	1063353	393377	5.8	10.1
厦门市	1202768	513309	242787	5.0	9.6
莆田市	622044	314258	124024	8.8	16.6
三明市	686674	267723	172114	9.7	24.5
泉州市	1720874	941830	317849	9.6	21.1
漳州市	455582	235958	86808	7.3	11.4
南平市	202734	104512	31943	10.7	16.0
龙岩市	949744	430312	217476	8.8	27.8
宁德市	144427	66731	23803	7.8	9.8

房地产开发企业（单位）主要指标

项　　目	2010	2017	2018
企业个数（个）	3634	3240	3351
内资企业	2926	2902	3043
#国有	216	349	384
集体	52	29	26
港澳台商投资企业	529	242	217
外商投资企业	179	96	91
土地开发及购置（万平方米）			
土地购置面积	1540.42	916.44	1286.82
本年完成投资（亿元）	**1818.86**	**4794.23**	**4940.34**
#住宅	975.13	3236.51	3456.86

续表

项 2017 目	2008	2005	2010
本年实际到位资金（亿元）	2631.31	6426.29	6551.03
#国内贷款	432.46	780.62	856.00
利用外资	18.17	18.28	3.58
自筹资金	1099.64	2321.35	2660.60
房屋建筑面积（万平方米）			
施工面积	14189.73	31939.55	32825.97
本年房屋竣工面积	2242.47	4266.69	3739.02
本年新开工面积	4679.56	5528.75	7205.35
#住宅	3399.53	3826.31	5073.73
商品房销售面积（万平方米）	**2575.62**	**5854.05**	**6213.40**
#住宅	2139.26	4526.13	4781.58

主要年份房地产开发企业（单位）主要指标

年份	本年完成投资（亿元）		商品房销售额（亿元）		商品房销售面积（万平方米）	
		#住宅		#住宅		#住宅
2016	4588.83	2999.29	4530.79	3793.41	4915.35	4134.46
2017	4794.23	3236.51	5705.19	4202.00	5854.05	4526.13
2018	4940.34	3456.86	6579.49	5074.52	6213.40	4781.58

房地产开发投资完成情况

年份	企业个数（个）	本年完成投资（亿元）	施工面积（万平方米）	竣工面积（万平方米）	商品房销售面积（万平方米）	商品房销售额（亿元）
2016	3177	4588.83	31064.14	3665.25	4915.35	4530.79
2017	3240	4794.23	31939.55	4266.69	5854.05	5705.19
2018	3351	4940.34	32825.97	3739.02	6213.40	6579.49

按各类分组房地产开发投资

单位：亿元

项　　目	2010	2017	2018
完成投资额	**1818.86**	**4794.23**	**4940.34**
按登记注册类型分			
国有	128.22	179.32	27.49
集体	27.66	2.48	0.04
股份合作	2.86		
联营	0.55		
有限责任公司	705.67	2604.00	1900.11

续表

项　　目	2010	2017	2018
股份有限公司	58.05	82.57	51.95
私营企业	586.39	1530.22	2653.02
港澳台商投资企业	227.76	279.56	219.02
外商投资企业	70.15	115.88	88.71
其他企业	11.55	0.20	**按构成分**
建筑工程	877.89	2738.96	2495.12
安装工程	53.72	387.30	264.51
设备工器具购置	9.39	39.52	53.75
其他费用	877.85	1628.45	2126.96 **按工程用途分**
商业营业用房	162.33	555.87	457.63
住宅	975.13	3236.51	3456.86
办公楼	49.67	282.37	215.55
其他	631.72	719.48	810.30
按隶属关系分			
中央	9.23	40.69	9.56
地方	1809.62	4753.54	4930.78
#省	24.14	44.13	50.62

按工程用途分房地产开发投资

单位：亿元

年份	本年完成投资	住　宅	#别墅、高档公寓	办公楼	商业营业用房	其　他
2016	4588.83	2999.29	120.56	339.01	590.95	659.58
2017	4794.23	3236.51	151.31	282.37	555.87	719.48
2018	4940.34	3456.86	138.64	215.55	457.63	810.30

商品房竣工面积

单位：万平方米

年份	房屋竣工面积	住　宅	#别墅、高档公寓	办公楼	商业营业用房	其　他
2016	3665.25	2420.45	127.02	182.15	457.34	605.31
2017	4266.69	2891.33	49.48	144.64	390.35	840.38
2018	3739.02	2347.24	87.79	261.45	374.56	755.78

商品房销售面积

单位：万平方米

年份	商品房销售面积	住宅	#别墅、高档公寓	办公楼	商业营业用房	其他
2016	4915.35	4134.46	104.45	181.16	305.47	294.26
2017	5854.05	4526.13	146.14	354.25	412.26	561.41
2018	6213.40	4781.58	182.37	304.59	457.83	669.40

房地产开发施工、竣工和销售情况（2018年）

项目	合计	住宅	#90平方米以下	#90－144平方米	#144平方米以上	#别墅、高档公寓	办公楼	商业营业用房	其他
房屋施工面积（万平方米）	**32825.97**	**21031.59**	**5437.62**	**12776.13**	**2817.84**	**871.37**	**2227.70**	**3484.18**	**6082.50**
#新开工面积	7205.35	5073.73	962.98	3667.89	442.86	175.74	236.26	557.08	1338.28
房屋竣工面积（万平方米）	**3739.02**	**2347.24**	**533.23**	**1543.56**	**270.45**	**87.79**	**261.45**	**374.56**	**755.78**
商品住宅竣工套数（万套）		**21.82**	**7.58**	**12.94**	**1.31**	**0.48**			
竣工房屋价值（亿元）	**1137.79**	**712.17**	**162.69**	**466.87**	**82.61**	**37.80**	**92.32**	**130.20**	**203.10**
出租房屋面积（万平方米）	**103.13**	**6.73**	**1.81**	**1.70**	**3.23**	**2.92**	**7.96**	**64.71**	**23.73**
商品房销售面积（万平方米）	**6213.40**	**4781.58**	**940.30**	**3264.65**	**576.63**	**182.37**	**304.59**	**457.83**	**669.40**
#现房销售面积	874.70	420.45	121.67	218.23	80.55	16.50	51.34	137.22	265.69
期房销售面积	5338.70	4361.13	818.63	3046.42	496.08	165.87	253.25	320.61	403.71
商品房销售额（亿元）	**6579.49**	**5074.52**	**1047.78**	**3275.91**	**750.83**	**264.87**	**480.77**	**585.29**	**438.91**
#现房销售额	709.42	333.14	92.64	134.67	105.83	27.13	76.19	167.81	132.28
期房销售额	5870.07	4741.39	955.14	3141.24	645.00	237.74	404.58	417.47	306.63
商品住宅销售套数（万套）		**44.68**	**13.10**	**28.52**	**3.07**	**1.02**			
年末待售面积（万平方米）	**1879.13**	**522.87**	**94.53**	**243.88**	**184.47**	**55.75**	**157.63**	**513.89**	**684.75**
#待售1—3年	741.24	172.04	30.71	88.09	53.24	16.65	89.11	196.90	283.20
待售3年以上	731.76	212.26	32.65	85.90	93.72	28.69	31.07	205.45	282.98

交通运输和邮电通信业

主要年份各类运输总量

年份	客运量（万人）	旅客周转量（亿人公里）	货运量（万吨）	货物周转量（亿吨公里）
2016	54237	987.52	120379	6074.83
2017	54118	1086.22	132252	6785.16
2018	51435	1153.28	136974	7652.89

运输线路长度（年底数）

单位：公里

项　目	2010	2017	2018
铁路营业长度	**2110**	**3187**	**3509**
#电气化长度	1498	2575	2872
公路通车里程	**91015**	**108012**	**108901**
#绿化里程	45906	92717	94487
#养护里程	91009	108012	108901
按行政等级分			
国道	4206	10625	10727
省道	6151	5340	5427
县级公路	13485	15067	15124
乡镇公路	35676	41810	41905
专用公路	486	123	123
按技术等级分			
#等级路里程合计	70655	91297	92464
高速公路	2351	5039	5155
一级	603	1161	1351
二级	7373	10669	10887
三级	6419	8532	8502
四级	53910	65897	66568
内河通航里程	**3245**	**3245**	**3245**

各类交通运输工具拥有量（年底数）

单位：个

项　目	2010	2017	2018
公　路 全社会机动车拥有量（辆）	**7246919**	**9661713**	**10427044**
#民用汽车	1996529	5582343	6239188
#载客汽车	1502963	4864625	5456288

续表

项　　目	2010	2017	2018
大型	24704	33241	35682
中型	39736	25037	23568
小型	1384498	4767594	5360949
微型	54025	38753	36089
载货汽车	451130	683473	747687
重型	64942	115143	130040
中型	47062	21236	21243
轻型	329155	544741	594600
微型	9971	2353	1804
水路			
内河			
客轮			
艘数（艘）	319	188	171
载客量（客位）	9395	7850	6877
货轮			
艘数（艘）	722	423	406
净载重量（吨位）	313962	246792	236963
沿海			
客轮			
艘数（艘）	259	239	244
总吨（吨位）	16617	24209	26819
载客量（客位）	15259	19706	21561
货轮			
艘数（艘）	952	827	898
总吨（吨位）	2593122	5082603	5912104
净载重量（吨位）	4061378	7548210	8798884
远洋			
货轮			
艘数（艘）	91	66	59
总吨（吨位）	818337	1186290	1176529
净载重量（吨位）	1297002	1917990	1831354

铁路运输情况

年份	营业长度（公里）	旅客发送量（万人）	旅客周转量（亿人公里）	货物发送量（万吨）	货物周转量（亿吨公里）
2016	3197	10496	338.61	2918	129.45
2017	3187	11624	373.61	3175	135.90
2018	3509	12096	385.20	3518	147.35

公路运输情况

年份	公路通车里程（公里）	汽车数（辆）	客运量（万人）	旅客周转量（亿人公里）	货运量（万吨）	货物周转量（亿吨公里）
2016	106757	4950939	39137	251.95	85770	1094.70
2017	108012	5582343	37585	227.83	95599	1214.05
2018	108901	6239188	34081	212.04	96576	1289.52

水路运输情况

年份	内河航运里程（公里）		客运量（万人）	旅客周转量（亿人公里）	货运量（万吨）	货物周转量（亿吨公里）
		#通航里程				
2016	3955	3245	2016	2.72	31668	4846.44
2017	3955	3245	1925	2.78	33453	5429.82
2018	3955	3245	1929	2.75	36854	6209.37

民用航空情况

年份	空港数（个）	旅客发送量（万人）	货物发送量（万吨）	旅客周转量（万人公里）	货物周转量（万吨公里）
2016	6	2587.34	23.39	3942475	42424
2017	6	2983.98	24.72	4819880	53948
2018	6	3329.82	26.98	5532934	66423

民用汽车拥有量

单位：个

年份	民用汽车总计（辆）	载客汽车				
			大型	中型	小型	微型
2016	4950939	4271132	32201	26919	4164053	47959
2017	5582343	4864625	33241	25037	4767594	38753
2018	6239188	5456288	35682	23568	5360949	36089

续上表

载货汽车					其他汽车	机动车驾驶员（万人）	
	重型	中型	轻型	微型			#汽车
644292	102384	23700	514666	3542	35515	1102.05	838.86
683473	115143	21236	544741	2353	34245	1184.85	931.76
747687	130040	21243	594600	1804	35213	1260.00	1017.37

私人汽车拥有量

单位：辆

年份	私人汽车（辆）	载客汽车	大型	中型	小型	微型
2016	4366767	3886916	462	5766	3834767	45921
2017	4928775	4438450	410	4664	4396505	36871
2018	5452399	4935482	374	4279	4896731	34098

续上表

年份	载货汽车	大型	中型	小型	微型	其他汽车
2016	459121	27296	13933	414521	3371	20730
2017	471448	27181	12253	429756	2258	18877
2018	498746	27844	11684	457487	1731	18171

沿海港口货物吞吐量

单位：万吨

年份	总计	福州港	厦门港	泉州港	宁德港	湄洲湾港	漳州港	吞吐总量指数（以1950年为100）
2016	50776.09	14515.66	20910.78	12560.57		2789.09		151934.1
2017	51995.49	14838.16	21116.25		12986.17	3054.91		155582.8
2018	55806.88	17876.32	21719.93		12832.37	3378.25		166987.4

邮电通信业务情况

年份	邮电业务总量（亿元）	邮政业务总量（亿元）	电信业务总量（亿元）	函件（亿件）	本地电话用户（万户）	移动电话用户（万户）
2016	889.21	300.69	588.52	1.09	815.70	4159.04
2017	1289.86	392.86	897.00	1.16	781.75	4295.03
2018	2523.03	499.04	2026.70	0.93	732.73	4553.52

邮电业务总量

年份	邮电业务总量（亿元）	电信业务总量（亿元）	快递业务量（万件）	集邮业务（万枚）	互联网用户（万户）
2016	889.21	588.52	128985.77	6222.02	4412.12
2017	1289.86	897.00	166110.69	5112.36	4882.36
2018	2523.03	2026.70	211613.44	3591.30	5474.00

电信主要通信能力

年份	长途电话业务电路（路）	局用交换机容量（万门）	移动电话交换机容量（万户）	移动电话基站（个）	光缆线路长度（公里）	长途光缆线路总长度（公里）
2016	7690864	400	7964	218757	1025649	24282
2017		280	5614	231161	1261460	23483
2018		278	7418	231133	1556948	25336

邮政业网点及邮递路线

项　　目	2016	2017	2018
营业网点（处）	7418	9308	10255
快递营业网点	6058	7916	8782
信筒信箱（个）	8368	8239	7584
农村投递路线（公里）	93164	98721	102319
城市投递路线（公里）	37707	41005	41175
邮政总长度（公里）	227354	456716	712096
航空邮路	129466	386390	585766
铁路邮路	1302		
汽车邮路	96088	69992	125997

设区市交通运输业基本情况（2018 年）

项目	客运量（万人）	旅客周转量（亿人公里）	货运量（万吨）	货物周转量（亿吨公里）	全社会机动车拥有量（万辆）	汽车
福建省	36009.32	214.8	133429.55	7498.9	1042.70	623.92
福州市	9670.45	48.9	30093.49	2502.3	161.37	135.15
厦门市	4692.78	24.3	30803.67	2076.6	157.14	133.31
莆田市	2634.40	25.5	5982.18	65.7	67.84	34.65
三明市	2102.11	14.3	10866.52	119.3	63.58	27.99
泉州市	4914.65	36.1	30163.87	2188.8	255.45	143.95
漳州市	2037.46	14.8	8318.98	128.2	107.45	53.65
南平市	1821.78	12.5	3597.57	132.5	71.31	26.61
龙岩市	1900.86	11.0	8801.24	135.7	103.22	43.32
宁德市	6234.85	27.4	4802.03	149.8	53.27	24.02
平潭综合实验区	812.09	4.2	2675.14	432.3	7.45	5.21

设区市邮电通信业务基本情况（2018 年）

项目	邮政业务总量（亿元）	电信业务总量（亿元）	本地电话用户（万户）	移动电话用户（万户）	互联网用户（万户）	快递业务（万件）	邮路单程长度（公里）
福建省	499.04	2026.70	732.73	4553.52	5474.00	211613.44	712096
福州市	97.40	491.50	156.14	996.19	1180.55	40904.89	334163
厦门市	70.36	328.70	109.98	631.38	795.62	30310.19	244943
莆田市	46.45	143.90	53.78	322.98	387.97	14273.24	1175
三明市	9.18	92.30	39.95	252.37	303.86	3011.18	4495
泉州市	210.17	465.50	159.19	1007.70	1205.15	97247.43	108372
漳州市	27.15	195.80	76.26	499.06	585.17	11725.67	4667
南平市	10.93	97.30	40.88	272.03	319.67	3494.26	6584
龙岩市	10.77	100.30	54.99	270.07	334.11	3972.74	4621
宁德市	16.62	111.20	41.55	301.74	361.91	6673.83	3076
平潭综合实验区	1.56	16.20	6.13	39.03	49.97	364.69	195

批发零售、住宿餐饮和旅游业

限额以上批发零售与住宿餐饮业企业基本情况

项目	2016	2017	2018
法人企业（个）	**13653**	**14390**	**15625**
批发和零售业	11820	12473	13566
住宿和餐饮业	1833	1917	2059
批发和零售业（亿元）			
商品购进总额	20947.86	25582.61	29063.79
商品销售总额	23004.04	28556.93	33737.85
商品库存总额	1177.17	1509.67	1454.68
住宿和餐饮业营业收入（亿元）	352.64	413.86	482.44

限额以上批发和零售企业基本情况（2018 年）

项　　目	法人企业（个）	商品购进额（万元）	商品销售额（万元）	期末商品库存额（万元）	#批发额（万元）
合计	**13566**	**290637918**	**337378499**	**265563894**	**14546759**
批发业	7156	241854006	273632526	260894470	10944627
按登记注册类型分					
内资企业	6947	228645328	258615771	248456887	10144421
#国有企业	57	4908683	7007353	6988210	253956
集体企业	25	265821	287776	275126	34433
有限责任公司	1334	81719273	94874944	92795209	4159217
股份有限公司	66	41695154	43033485	40642425	2140981
私营企业	5460	99995603	113345275	107705917	3553891
其他企业	4	57739	63807	46870	1944
港澳台商投资企业	126	5619584	6332685	5997480	411192
外商投资企业	83	7589095	8684070	6440103	389014
按行业分					
农、林、牧、渔产品批发	236	3168152	3451758	3299459	571115
食品、饮料及烟草制品批发	881	22039061	26285693	24358051	1324043
米、面制品及食用油批发	110	2775334	3059822	2830763	562025
烟草制品批发	17	7668126	10017195	10017195	201416
纺织、服装及家庭用品批发	1693	32673146	39241694	37820575	1272780
服装批发	449	7980085	9819066	9305807	375714
日用家电批发	91	1100048	1211678	1119482	125819
文化、体育用品及器材批发	214	4202381	4730107	4521078	128735

续表 1

项　　目	法人企业（个）	商品购进额（万元）	商品销售额（万元）	期末商品库存额（万元）	#批发额（万元）
医药及医疗器材批发	369	5667240	6543489	6169340	560078
矿产品、建材及化工产品批发	2614	151649412	167995043	160927548	5721245
煤炭及制品批发	195	13061079	13813042	13697314	366478
石油及制品批发	213	21749880	25139185	19744230	624705
金属及金属矿批发	573	69131757	72089917	71598051	2844872
建材批发	917	17298236	24269282	23386142	786764
化肥批发	75	1211423	1284779	1261315	103872
机械设备、五金产品及电子产品批发	857	15895181	17747411	16324368	1193493
汽车及零配件批发	189	3838639	4133248	3404896	377615
计算机、软件及辅助设备批发	67	764073	977089	928160	68357
贸易经纪与代理	46	1708009	2032956	2007306	73958
其他批发业	246	4851425	5604376	5466746	99181
零售业	6410	48783912	63745973	4669424	3602132
按登记注册类型分					
内资企业	6268	43995973	54347956	3681991	3170971
#国有企业	16	92044	107682	2737	2493
集体企业	66	328247	395213	60395	8669
有限责任公司	1202	14551470	17543230	1258550	1115844
股份有限公司	61	1806544	2518992	395724	68378
私营企业	4914	27185387	33744906	1957089	1974135
其他企业	4	26534	31391	7496	1274
港澳台商投资企业	81	1901863	2583493	204499	209939
外商投资企业	61	2886076	6814525	782934	221222
按行业分					
综合零售	591	6640754	7994856	145948	390457
百货零售	180	2048967	2772575	68682	101144
超级市场零售	295	4094400	4630209	24001	265993
食品、饮料及烟草制品专门零售	1119	4285967	5297151	421657	247077
纺织、服装及日用品专门零售	393	2577642	3737372	334421	186054
服装零售	117	802815	1239221	91872	92016
文化、体育用品及器材专门零售	243	1862300	2545595	326351	195308
图书、报刊零售	11	430448	445470	222141	55529
医药及医疗器材专门零售	170	1000285	1250431	94820	115302
西药零售	133	872462	1076959	75268	95337
中药零售	29	94405	109553	2156	18199

续表 2

项　　目	法人企业（个）	商品购进额（万元）	商品销售额（万元）	期末商品库存额（万元）	#批发额（万元）
汽车、摩托车、零配件和燃料及其他动力销售	1466	18417423	25626937	1748038	1426681
汽车新车零售	1035	14597585	17214173	420810	1306246
机动车燃油零售	249	2953296	7395324	1264899	54520
家用电器及电子产品专门零售	595	3151298	3725937	178751	226132
家用视听设备零售	43	241232	285966	6482	19097
日用家电零售	285	1894393	2184237	70677	137673
计算机、软件及辅助设备零售	142	400092	459716	43275	19887
通信设备零售	83	475930	520837	51861	41537
五金、家具及室内装饰材料专门零售	579	3529435	4083402	181946	273266
货摊、无店铺及其他零售业	1254	7318808	9484293	1237491	541856

限额以上批发和零售企业财务状况（2018 年）

单位：万元

项　　目	主营业务收入	主营业务成本	主营业务税金及附加	营业利润
合计	**293389725**	**272136688**	**1283937**	**8445212**
批发业	241041439	226474548	1033604	6394178
按登记注册类型分				
内资企业	227539271	214229906	1006943	5915916
#国有企业	6016818	4450721	611489	627187
集体企业	265689	248380	738	3162
有限责任公司	82603493	79450921	139848	1418663
股份有限公司	37658241	36434483	29474	543227
私营企业	100931931	93593767	224869	3316269
其他企业	59945	49245	505	6933
港澳台商投资企业	5574285	5057745	12554	228669
外商投资企业	7927883	7186897	14107	249592
按行业分				
农、林、牧、渔产品批发	3229127	3031682	7845	98379
食品、饮料及烟草制品批发	22613565	19482923	702622	1295450
米、面制品及食用油批发	2755543	2602202	3292	31750
烟草制品批发	8045052	6285075	667111	732296
纺织、服装及家庭用品批发	36223794	32519645	55753	1780481
服装批发	8858164	7782849	16954	439028
日用家电批发	1072793	995619	2534	23630

续表 1

项　　目	主营业务收入	主营业务成本	主营业务税金及附加	营业利润
文化、体育用品及器材批发	4202693	3914111	10402	125112
医药及医疗器材批发	5652751	5169081	13719	151587
矿产品、建材及化工产品批发	146572219	141411863	156857	2249085
煤炭及制品批发	11973377	11484325	11741	118347
石油及制品批发	22319417	21366772	24033	631304
金属及金属矿批发	62720494	61074385	53562	600392
建材批发	20970114	19886706	37863	461724
化肥批发	1198502	1120382	4530	23277
机械设备、五金产品及电子产品批发	15652219	14500262	40460	518308
汽车及零配件批发	3597536	3373694	10581	75895
计算机、软件及辅助设备批发	871820	813646	1369	19506
贸易经纪与代理	1835854	1752992	2709	45808
其他批发业	5059217	4691989	43239	129967
零售业	52348286	45662140	250333	2051034
按登记注册类型分				
内资企业	47259118	41443778	233086	1875554
#国有企业	95660	85783	422	1269
集体企业	376605	311054	2720	28369
有限责任公司	14548782	12900795	50109	428569
股份有限公司	2151578	1957104	5652	31880
私营企业	30052697	26159125	174123	1384268
其他企业	27874	24700	32	1004
港澳台商投资企业	2256879	1750079	9841	140367
外商投资企业	2832289	2468283	7406	35113
按行业分				
综合零售	7028215	5998315	37898	186270
百货零售	2431063	2049496	17679	111186
超级市场零售	4043629	3493780	15938	31922
食品、饮料及烟草制品专门零售	4741447	3843867	39410	358847
纺织、服装及日用品专门零售	3290876	2668274	13342	196396
服装零售	1076859	884760	4013	51699
文化、体育用品及器材专门零售	2231385	1871942	15976	134263
图书、报刊零售	379603	310386	109	21668
医药及医疗器材专门零售	1120436	942649	4278	42655
西药零售	964445	821213	3427	39749

续表 2

项　　目	主营业务收入	主营业务成本	主营业务税金及附加	营业利润
中药零售	99021	73633	659	219
汽车、摩托车、零配件和燃料及其他动力销售	18440960	16989822	60336	414893
汽车新车零售	15083233	13944840	50078	320458
机动车燃油零售	2491273	2269873	6224	59297
家用电器及电子产品专门零售	3179810	2834336	15087	89201
家用视听设备零售	260179	220675	1322	20418
日用家电零售	1822807	1636552	6279	28722
计算机、软件及辅助设备零售	410114	353742	3410	22865
通信设备零售	452288	412813	1008	7746
五金、家具及室内装饰材料专门零售	3689082	3241566	34588	165310
货摊、无店铺及其他零售业	8626076	7271370	29418	463200

亿元以上商品交易市场主要经济指标（2018 年）

项　　目	市场数（个）	摊位数（个）	营业面积（平方米）	市场成交额（万元）
总计	**114**	**50628**	**3205490**	**15609693**
按经营环境分				
封闭式	94	43798	2948693	13964651
露天式	6	1092	59787	817707
其他	14	5738	197010	827335
按营业状态分				
常年营业	113	50600	3203990	15597493
季节性营业	1	28	1500	12200
其他				
按经营方式分				
批发（或以批发为主）	48	26324	2288216	12417931
零售（或以零售为主）	66	24304	917274	3191762
按市场类别分				
综合市场	48	25041	792903	4378347
生产资料综合市场	1	200	5100	10530
工业消费品综合市场	3	5705	71638	829157
农副产品综合市场	36	14760	325939	2150371
其他综合市场	8	4376	390226	1388289
专业市场	66	25587	2412587	11231346

续表 1

项　　目	市场数（个）	摊位数（个）	营业面积（平方米）	市场成交额（万元）
生产资料市场	7	1854	369735	1654252
农产品市场	30	9175	736480	5428216
食品饮料及烟酒市场	4	3061	189228	231819
纺织、服装、鞋帽市场	6	6230	298729	1245040
日用品及文化用品市场				
黄金、珠宝、玉器等首饰市场	4	1856	241730	1001604
电器、通讯器材、电子设备市场	1	719	38000	91216
医药、医疗用品及器材市场	1	28	1500	12200
家具、五金及装饰材料市场	7	2128	437730	767893
汽车、摩托车及零配件市场	4	354	67600	646146
花、鸟、鱼、虫市场	2	182	31855	152960
旧货市场				
其他专业市场				

亿元以上商品交易市场成交情况（2018）

项　　目	出租摊位数（个）	市场成交额（万元）
总计	**44578**	**15609693**
粮油、食品类	21130	7944168
饮料类	2672	356337
烟酒类	352	298093
服装、鞋帽、针纺织品类	9518	1956932
服装类	7787	1618659
鞋帽类	1071	155813
针纺织品类	660	182460
化妆品类	95	16040
金银珠宝类	1420	916735
日用品类	1123	214382
五金、电料类	570	70178
体育、娱乐用品类	96	64804
书报杂志类	6	52
电子出版物及音像制品类	10	343
家用电器和音像器材类	387	58718
中西药品类	88	15905
#西药类	3	673
文化办公用品类	600	83498

续表

项　　目	出租摊位数（个）	市场成交额（万元）
中草药及中成药类	76	12985
家具类	705	313357
通讯器材类	89	5406
煤炭及制品类		
木材及制品类	438	77506
石油及制品类	2	62
化工材料及制品类	35	4139
金属材料类	97	396614
建筑及装潢材料类	2801	1766382
机电产品及设备类	148	7113
汽车类	345	646146
种子饲料类	181	37430
棉麻类		
其他类	1670	359353

限额以上住宿业企业基本情况（2018 年）

项　　目	法人企业（个）	床位数（个）	餐位数（位）
住宿业	967	213091	370772
按登记注册类型分			
内资企业	888	187040	319010
#国有企业	38	8939	16569
集体企业	4	601	1096
有限责任公司	205	57920	102617
股份有限公司	20	3939	6242
私营企业	619	114591	191758
港澳台商投资企业	50	15829	34880
外商投资企业	29	10222	16882
按行业分			
#旅游饭店	581	152302	305606
一般旅馆	365	57718	60161
民宿服务	4	565	821
其他住宿业	17	2506	4184

限额以上餐饮业企业基本情况（2018 年）

项　　目	法人企业（个）	年末餐饮营业面积（平方米）	餐位数（位）
餐饮业	1092	1859631	625108
按登记注册类型分			
内资企业	1048	1575340	549017
#国有企业	5	7721	2973
集体企业	2	4225	1720
有限责任公司	141	309069	64784
股份有限公司	4	4370	505
私营企业	894	1207455	464630
港澳台商投资企业	28	141280	36019
外商投资企业	16	143011	40072
按行业分			
正餐服务	997	1542660	500188
快餐服务	50	233686	88536
饮料及冷饮服务	14	17652	1669
餐饮配送及外卖送餐服务	13	16610	7491
其他餐饮业	18	49023	27224

限额以上住宿业和餐饮业企业经营情况（2018 年）

单位：万元

项　　目	营业额	客房收入	餐费收入	商品销售额	其他收入
合计	4824371	1099525	3433089	134622	157136
住宿业	2407258	1011516	1187412	77829	130500
按登记注册类型分					
内资企业	2003154	835223	992977	68641	106313
#国有企业	86842	39639	33142	329	13732
集体企业	6570	2812	3556		202
有限责任公司	788998	298480	414042	26833	49643
股份有限公司	40915	21954	16508	440	2014
私营企业	1068558	465778	521940	40910	39931
港澳台商投资企业	245677	105097	122770	4718	13093
外商投资企业	158427	71196	71665	4471	11094
按行业分					
#旅游饭店	1956262	747733	1029173	67343	112013
一般旅馆	419225	244167	147389	9950	17720

续表

项　　目	营业额	客房收入	餐费收入	商品销售额	其他收入
民宿服务	3424	1783	1467	11	163
其他住宿业	28346	17832	9383	525	605
餐饮业	2417114	88009	2245676	56793	26636
按登记注册类型分					
内资企业	1874739	78736	1729600	49363	17040
#国有企业	10337	1187	5578	3554	17
集体企业	2726	110	2351		266
有限责任公司	222581	19350	193041	5761	4429
股份有限公司	7042	426	6616		
私营企业	1623722	57663	1513683	40047	12328
港澳台商投资企业	233718	7302	215657	5392	5366
外商投资企业	308657	1971	300419	2038	4230
按行业分					
正餐服务	1714602	87974	1567896	43352	15380
快餐服务	605489		593481	2573	9435
饮料及冷饮服务	26725		22246	3543	937
餐饮配送及外卖送餐服务	16698		15545	1144	10
其他餐饮业	53598	35	46509	6181	874

限额以上住宿和餐饮业企业主要财务指标（2018 年）

单位：万元

项　　目	主营业务收入	主营业务成本	主营业务税金及附加	营业利润
合计	**4537729**	**2410157**	**59711**	**380115**
住宿业	2272803	1025014	38605	147872
按登记注册类型分				
内资企业	1887844	884914	32802	132423
#国有企业	81934	30898	753	4690
集体企业	6116	3811	47	505
有限责任公司	741544	323420	15194	53506
股份有限公司	37250	13053	437	2265
私营企业	1010367	511848	16105	71055
港澳台商投资企业	237781	85237	3755	5430
外商投资企业	147177	54862	2049	10019
按行业分				
#旅游饭店	1840034	812784	32883	112933

续表

项　　目	主营业务收入	主营业务成本	主营业务税金及附加	营业利润
一般旅馆	402499	193100	5368	34165
民宿服务	3355	2885	96	-1146
其他住宿业	26915	16246	258	1920
餐饮业	2264927	1385143	21106	232243
按登记注册类型分				
内资企业	1766436	1166044	19754	165752
#国有企业	9550	4625	69	969
集体企业	2522	1338	31	614
有限责任公司	213357	122075	1931	21935
股份有限公司	6705	3036	52	52
私营企业	1526027	1030490	17639	142189
港澳台商投资企业	216447	79500	687	47091
外商投资企业	282044	139599	665	19401
按行业分				
正餐服务	1619036	1007660	19375	166001
快餐服务	554070	319662	1187	64745
饮料及冷饮服务	25639	21051	141	-5084
餐饮配送及外卖送餐服务	15469	10348	56	173
其他餐饮业	50713	26423	348	6408

限额以上批发和零售业连锁企业基本经营情况（2018年）

项　　目	连锁总店数（个）	年末门店数（个）	直营店（个）	加盟店（个）	年末营业面积（平方米）	年末从业人员（人）	商品销售总额（万元）
总计	**181**	**11719**	**7090**	**4629**	**11669115**	**119655**	**16735387**
批发业	10	1199	292	907	377027	5740	540483
零售业	171	10520	6798	3722	11292088	113915	16194904
按登记注册类型分							
内资企业	163	8509	4043	4466	3299768	52122	5632282
#国有企业	5	216	216		244542	1925	959138
有限责任公司	67	2205	1836	369	1242459	20465	1904278
股份有限公司	14	1149	454	695	616444	4447	1175678
私营企业	75	4913	1511	3402	1139395	24776	1531374
港澳台商投资企业	5	1352	1198	154	7118467	52302	7018703
外商投资企业	13	1858	1849	9	1250880	15231	4084402

限额以上住宿和餐饮业连锁企业基本经营情况（2018 年）

项　　目	连锁总店数（个）	直营店（个）	加盟店（个）	连锁门店数（个）	营业面积（平方米）	年末从业人员（人）	营业收入（亿元）
总计	**23**	**732**	**573**	**159**	**219551**	**26767**	**38.40**
住宿业							
餐饮业	23	732	573	159	219551	26767	38.40
按登记注册类型分							
内资企业	15	281	122	159	44164	4458	8.63
#有限责任公司	7	133	44	89	24712	3056	7.08
私营企业	8	148	78	70	19452	1402	1.55
港澳台商投资企业	4	140	140		77985	7251	9.93
外商投资企业	4	311	311		97402	15058	19.84

入境游客人数

单位：人次

年份	合计	#外国人	台湾同胞	港澳同胞	#香港同胞
2016	6807912	2541193	2671983	1594736	1440834
2017	7754066	2928733	3132741	1692592	1523146
2018	9012403	3441938	3634961	1935504	1722028

接待游客人数及旅游收入

年份	入境旅游人数（人次）	#外国人	国际旅游外汇收入（万美元）	国内旅游人数（万人次）	国内旅游收入（亿元）	国内游客人均花费（元）
2016	6807912	2541193	662569	30864	3495	1132
2017	7754066	2928733	758803	37534	4571	1218
2018	9012403	3441938	909162	45139	6033	1337

入境外国游客人数

单位：人次

国别（地区）	2016	2017	2018
合计	**2541193**	**2928733**	**3441938**
亚洲小计	**1539786**	**1848225**	**2205587**
#日本	343113	429246	395819
菲律宾	97548	130415	128474
新加坡	248712	301589	330029

续表

国别（地区）	2016	2017	2018
泰国	36338	46757	50260
印度尼西亚	70858	87355	110532
马来西亚	374113	442061	534660
美洲小计	**421095**	**439290**	**510542**
#美国	303981	315287	363662
加拿大	68770	73972	81815
欧洲小计	**395016**	**433969**	**466796**
#英国	70189	69883	72020
法国	44309	46779	47572
德国	67181	69094	71940
意大利	36943	41501	40660
俄罗斯	27541	41359	47138
大洋洲小计	**125505**	**125027**	**149596**
#澳大利亚	77493	81087	100043
新西兰	33919	27001	31077
非洲小计	**59791**	**82222**	**109417**

国内旅游人数及旅游收入

项目	2016	2017	2018
国内旅游者人数（万人次）	**30864.30**	**37534.00**	**45138.93**
住宿设施接待人数	12882.67	15446.41	17798.79
居民家庭接待人数	2586.71	3459.48	4417.20
一日游游客人数	15394.91	18628.18	22922.93
国内旅游收入（亿元）	**3495.21**	**4570.77**	**6032.95**
外省游客消费	1797.25	2327.09	3011.85
本省多日游游客消费	1179.27	1535.40	2010.35
一日游游客消费	518.70	708.28	1010.75

国内游客消费构成

单位:%

项　　目	2016	2017	2018
交给旅行社	5.8	5.5	5.1
长途交通	22.3	21.7	22.7
住宿	21.0	22.5	22.7
餐饮	17.4	17.5	17.1
购物	15.7	16.0	16.1
游览	6.4	6.5	6.1
娱乐	5.8	5.2	4.5
市区交通	4.0	4.0	4.1
邮电通讯			
其他	1.6	1.1	1.6

注：2014 年及以后年份报表将“邮电通讯”归入“其他”类。

国内游客构成

单位:%

项　　目	2016	2017	2018
项目	**2016**	**2017**	**2018** 按性别分
男	53.0	52.5	49.2
女	47.0	47.5	50.8
按年龄分			
14 岁以下	0.6	1.0	1.4
15—24 岁	27.8	30.2	31.6
25—44 岁	60.0	57.6	56.3
45—59 岁	10.6	10.1	9.7
60 岁以上	1.1	1.1	1.0
按旅游目的分			
休闲观光度假	75.3	77.3	79.8
探亲访友	7.2	7.0	6.1
公务	8.1	6.7	5.6
经商	1.4	1.1	0.7
会议			
医疗	0.8	0.8	0.7
宗教朝拜	2.6	2.6	2.6
文化科技交流			
其他	4.7	4.4	4.5
按出游方式分			
单位组织	7.4	6.9	6.6
旅行社	4.5	3.9	3.4
个人亲友结伴	84.4	86.7	88.0
其他	3.8	3.2	2.0

各设区市国际旅游外汇收入

单位：万美元

地　　区	2016	2017	2018
福州市	134677	150076	180638
厦门市	323321	334758	389671
莆田市	27057	41055	41229
三明市	5713	7169	9726
泉州市	112640	135166	178411
漳州市	31468	50195	57202
南平市	16518	25765	31963
龙岩市	8640	11180	15421
宁德市	2165	2801	3413
平潭综合实验区	369	639	1488

各设区市入境游客人数

单位：人次

地　　区	2016	2017	2018
福州市	1086765	1314816	1619542
厦门市	2927156	3260269	3595810
莆田市	311406	449281	468560
三明市	65102	77705	95589
泉州市	1309964	1452592	1780388
漳州市	554700	610788	703945
南平市	370138	370262	464815
龙岩市	138984	164086	194664
宁德市	32922	40067	48164
平潭综合实验区	10775	14200	40926

金融保险

金融机构人民币各项存款和贷款余额

单位：亿元

年份	各项存款	#城乡居民储蓄存款	财政存款	各项贷款	#短期贷款	中长期贷款
2016	39275.82	14366.68	1230.32	36356.06	12620.98	21631.79
2017	42794.79	15213.62	1361.81	40484.93	14040.45	25317.11
2018	44677.70	16129.33	1305.78	45173.87	14726.54	28439.09

注：1. 2004 年起含外资银行。

金融机构年末人民币分项存贷款余额（2018 年）

单位：亿元

项　　目	数值	比上年增长（%）
金融机构各项存款余额	44677.70	4.4
境内存款	44202.66	4.5
住户存款	18278.38	10.2
储蓄存款	16129.33	6.0
保证金存款	35.61	-7.2
结构性存款	1283.07	34.9
非金融企业存款	13508.76	-4.0
企业活期存款	5102.86	-6.0
企业定期存款	1336.55	-20.3
企业保证金存款	1131.84	2.8
企业结构性存款	2485.73	-3.2
政府存款	8796.47	4.0
财政性存款	1305.78	-4.1
非银行业金融机构存款	3619.04	13.1
境外存款	475.04	-2.1
金融机构各项贷款余额	45173.87	11.6
境内贷款	45005.76	11.6
住户贷款	21437.23	15.4
短期贷款	6649.75	20.2
个人消费贷款	4535.35	25.4
个人经营性贷款	2114.40	10.6
中长期贷款	14787.48	13.3
个人消费贷款	11614.01	9.3
个人经营性贷款	3173.47	31.1

续表

项　　目	数值	比上年增长（%）
非金融企业及机关团体贷款	23515.60	8.3
短期贷款	8076.80	-5.1
单位经营贷款	7296.93	-5.8
单位固定资产贷款	71.63	2.3
单位并购贷款	3.71	25.8
贸易融资	702.28	4.1
中长期贷款	13651.61	11.3
单位经营贷款	2321.25	18.3
单位固定资产贷款	10904.19	10.5
单位并购贷款	320.25	-3.8
贸易融资	105.92	-0.7
融资租赁	57.35	64.9
票据融资	1697.52	99.9
各项垫款	32.31	-45.9
非银行业金融机构贷款	52.93	33.4
境外贷款	168.12	16.7

商业保险业务情况

单位：单位：万元

项　　目	2016	2017	2018
保险费收入	**9175913**	**10320749**	**10814264**
财产保险	2929528	3255619	3440568
#机动车辆险	2237359	2356181	2341765
企业财产险	118529	130419	143091
家庭财产险	14918	23616	25563
人身保险	6246386	7065130	7373696
人寿保险	4871931	5452601	5623298
健康保险	1190898	1402636	1515772
意外伤害	183557	209893	234626
有效保单赔款及给付金额	**3175600**	**3256595**	**3462672**
财产保险	1798965	1753421	1941317
#机动车辆险	1198341	1188163	1325636
企业财产险	174422	155430	86271
家庭财产险	24049	10431	12854
人身保险	1376635	1503175	1521355
人寿保险	1087134	1133735	1119674
健康保险	248242	321632	349853
意外伤害	41259	47807	51827

商业保险系统机构和人员数（2018 年）

项　　目	财产保险公司			人寿保险公司		
	机构数（个）	职工人数（人）	代理制销售人员数（人）	机构数（个）	职工人数（人）	代理制销售人员数（人）
保险公司	**1077**	**21268**	**51991**	**1408**	**15024**	**205506**
#省级分公司	46	3854	2488	46	4934	3790
中心支公司	149	7886	7674	129	5584	18990
支公司	407	7016	26193	277	2710	58786
营业部	6	135	5267	3	77	906
营销服务部	467	1924	10300	952	1532	122936

各设区市商业保险业务情况（2018 年）

单位：万元

地区	保险费收入	财产保险	人身保险	#机动车辆险	#企业财产险	#家庭财产险	人寿保险	健康保险	意外伤害
福建省	**10814264**	**3440568**	**2341765**	**143091**	**25563**	**7373696**	**5623298**	**1515772**	**234626**
福州市	3031224	895557	527845	45922	4337	2135666	1537744	523210	74712
厦门市	2105060	849996	575800	38402	2824	1255064	951946	256675	46443
莆田市	586419	161280	122131	5622	1593	425139	335913	78364	10862
三明市	541014	140466	98280	6112	1300	400549	340290	51709	8550
泉州市	2138700	632505	491877	23584	7246	1506195	1161156	299174	45865
漳州市	798931	272193	194713	8085	1857	526738	412468	96902	17368
南平市	522767	146705	95032	4910	1374	376062	312275	56105	7681
龙岩市	603126	218898	148576	6648	2930	384229	302263	69364	12602
宁德市	487023	122968	87511	3806	2103	364055	269244	84268	10544

续表

地区	有效保单赔款及给付金额	财产保险	#机动车辆险	#企业财产险	#家庭财产险	人身保险	人寿保险	健康保险	意外伤害
福建省	**3462672**	**1941317**	**1325636**	**86271**	**12854**	**1521355**	**1119674**	**349853**	**51827**
福州市	934208	507085	340391	14748	2192	427123	275092	139656	12375
厦门市	730167	456920	315894	32440	748	273247	197273	65216	10758
莆田市	188142	92821	67651	2370	679	95321	67067	25927	2327
三明市	168786	79056	51541	2536	951	89730	79297	7721	2712
泉州市	641680	349740	265831	21799	3247	291940	231592	49941	10407
漳州市	284448	168269	105616	6258	630	116179	94208	16873	5098
南平市	166158	89106	52835	2048	869	77052	64090	10865	2097
龙岩市	207764	125958	74414	1475	942	81806	65163	12999	3643
宁德市	141320	72362	51463	2598	2597	68958	45892	20656	2410

商业保险公司业务经济技术指标（2018 年）

单位：亿元

项目	保险金额	保费收入	赔款及给付
财产保险公司	**416443.45**	**344.06**	**194.13**
#企业财产险	27933.68	14.31	8.63
家庭财产险	8153.10	2.56	1.29
机动车辆险	80824.24	234.18	132.56
船舶险	1926.05	2.85	1.70
货物运输险	14603.15	3.72	2.34
特殊风险保险	879.75	2.10	0.25
建筑、安装工程	3399.36	5.37	2.33
责任险	39456.59	16.22	7.50
信用险	2445.60	7.96	5.49
保证保险	777.07	19.65	7.11
农业险	1132.58	5.60	4.44
人寿保险公司	**168687.78**	**737.37**	**152.14**
人身保险	**21506.42**	**562.33**	**111.97**
个人业务	20280.87	561.16	107.71
团体业务	1225.55	1.17	4.25
健康险	**84565.28**	**151.58**	**34.99**
人身意外伤害险	**62616.08**	**23.46**	**5.18**

对外经济

对外经济基本情况

项　　目	2010	2017	2018
海关货物进出口总额（人民币万元）	**73638807**	**115909803**	**123572859**
出口总额	48397273	71139158	76240740
进口总额	25241534	44770645	47332119
进出口差额	23155739	26368513	28908622
海关货物进出口总额（万美元）	**10878027**	**17103482**	**18757563**
出口总额	7149313	10493177	11568536
初级产品	529791	959318	1087755
工业制品	6619522	9533859	10480780
进口总额	3728715	6610305	7189027
初级产品	1024135	3069591	3343802
工业制品	2704521	3540680	3845207
进出口差额	3420598	3882872	4379509
外商直接投资			
新签合同数（个）	1139	2041	2419
合同投资金额（万美元）	737557	1487858	1591814
实际利用外资（万美元）	580279	857672	445477
外商投资企业工商注册情况			
年末注册数（个）	17886	28264	30144
投资总额（万美元）	12483059	26072064	27869529
注册资本（万美元）	6935845	15026839	16384415
对外承包工程（万美元）			
合同金额	8607	131113	64107
完成营业额	23531	113202	108458
对外劳务合作（万美元）			
劳务人员合同工资总额	20580	63631	78644
劳务人员实际收入总额	23209	88989	88658

注：1. 劳务人员合同工资总额、劳务人员实际收入总额，2012 年以前分别为对外劳务合作合同金额、对外劳务合作完成营业额。2. 外商投资企业年末注册数、投资总额、注册资本 2013 年以前不含其他外商投资企业和外商投资企业分支机构。

进出口总额

单位：万美元

年份	进出口总额（万美元）	出口	进口	进出口总额（万元人民币）	出口	进口
2016	15681939	10367250	5314689	103449561	68336561	35113001
2017	17103482	10493177	6610305	115909803	71139158	44770645
2018	18757563	11568536	7189027	123572859	76240740	47332119

按主要贸易方式分进出口商品贸易额（2018 年）

单位：万元、万美元

项　　目	总计（万元）	总计（万美元）
出口总额	**76240740**	**11568536**
#一般贸易	55169463	8376936
来料加工贸易	1892095	287478
进料加工贸易	14671622	2223467
保税监管场所进出境货物	1868601	283310
海关特殊监管区域物流货物	2542532	382926
进口总额	**47332119**	**7189027**
#一般贸易	34150625	5189502
来料加工装配贸易	1787476	271253
进料加工贸易	6440383	976045
来料加工装配进口的设备	308	45
外商投资企业作为投资进口的设备、物品	54514	8174
保税监管场所进出境货物	2319084	351619
海关特殊监管区域物流货物	2223342	338591
海关特殊监管区域进口设备	2157	338

按企业性质分进出口商品贸易额（2018 年）

单位：万元、万美元

项　　目	总计（万元）	总计（万美元）
进出口总额	**123572859**	**18757563**
出口总额	**76240740**	**11568536**
#国有企业	6436824	973226
集体企业	446705	67801
私营企业	42838886	6506688
外商投资企业	26516127	4020486
进口总额	**47332119**	**7189027**
#国有企业	15043528	2285582
集体企业	218457	33065
私营企业	13746429	2087161
外商投资企业	18312537	2781593

进出口主要分类情况（2018 年）

单位：万元、万美元

项　　目	总计（万元）	总计（万美元）
进出口总额	**123572859**	**18757563**
出口商品总额	**76240740**	**11568536**
初级产品	7179627	1087755
工业制品	69061113	10480780
进口商品总额	**47332119**	**7189027**
初级产品	21990804	3343802
工业制品	25341194	3845207
机电产品进出口	**41720558**	**6326374**
出口总额	27905717	4230779
进口总额	13814841	2095595
高新技术产品进出口	**20729956**	**3141325**
出口总额	10286183	1558470
进口总额	10443773	1582855
外商投资企业进出口	**44828664**	**6802079**
出口总额	26516127	4020486
进口总额	18312537	2781593
一般贸易进出口	**89320089**	**13566438**
出口总额	55169463	8376936
进口总额	34150625	5189502
加工贸易进出口	**24791576**	**3758243**
出口总额	16563717	2510945
进口总额	8227860	1247297

按主要国别（地区）分进出口商品贸易额（2018 年）

单位：万元、万美元

国别（地区）	出口总额（万元）	出口总额（万美元）	进口总额（万元）	进口总额（万美元）
总计	76240740	11568536	47332119	7189027
亚洲	34322249	5208922	25194734	3828784
#中国香港	4955627	751457	64658	9778
中国澳门	37316	5785	1	
中国台湾	3184385	483402	4674733	709338
日本	4279884	648685	2378157	359792
菲律宾	4194531	636983	562063	85404
泰国	1706402	259081	1110426	168137

续表

国别（地区）	出口总额（万元）	出口总额（万美元）	进口总额（万元）	进口总额（万美元）
马来西亚	1413508	214720	1525612	232182
新加坡	993815	151265	522835	79565
阿拉伯联合酋长国	973083	147827	92683	14120
欧洲	15194087	2306515	5430530	825597
#德国	2711060	411479	973706	147531
法国	975890	148412	280784	42386
意大利	1089996	165419	253761	38451
芬兰	84209	12804	131630	20104
英国	1839626	278890	398596	60343
丹麦	220142	33348	105048	16251
瑞典	289820	44010	83796	12696
瑞士	68994	10478	748595	115416
西班牙	1017847	154452	266330	40410
北美洲	17057327	2586277	5377182	818419
#加拿大	1036950	157324	1041135	157956
美国	16003788	2426377	4331046	659720
大洋洲	1682597	254693	4444759	675603
#澳大利亚	1340594	202926	3561328	541092

按类分进出口总额（2018 年）

单位：万元、万美元

项　　目	出口总额（万元）	出口总额（万美元）	进口总额（万元）	进口总额（万美元）
一、初级产品	**7179627**	**1087755**	**21990804**	**3343802**
食品及活动物	6342850	960483	2903193	441947
活动物	27	4	567	85
肉及肉制品	75365	11371	103822	15750
乳品及蛋品	9966	1515	530696	80744
鱼、甲壳及软体类动物及其制品	4151273	628857	416420	62824
谷物及其制品	23514	3520	644132	99516
蔬菜及水果	1469708	222427	285867	43044
糖、糖制品及蜂蜜	156624	23655	39222	5999
咖啡、茶、可可、调味料及其制品	279102	42247	36487	5508
饲料	38770	5925	695861	105777
杂项食品	138500	20962	150119	22700

续表

项　　目	出口总额（万元）	出口总额（万美元）	进口总额（万元）	进口总额（万美元）
饮料及烟类	60675	9206	318961	48367
饮料	46810	7098	317516	48146
烟草及其制品	13865	2108	1446	221
非食用原料	508335	77228	12269394	1859218
生皮及生毛皮	1092	169	160251	24366
油籽及含油果实	3298	492	1473585	224672
生橡胶	5074	768	321506	48904
软木及木材	39386	5983	1240331	188241
纸浆及废纸	4090	614	1496302	226471
纺织纤维（羊毛条除外）及其废料	196715	29959	56073	8476
天然肥料及矿物（煤、石油及宝石除外）	79780	12219	1493831	226822
金属矿砂及金属废料	23424	3449	5931365	896693
其他动、植物原料	155475	23575	96150	14573
矿物燃料、润滑油及有关原料	249175	38009	6370855	974891
煤、焦炭及煤砖	238047	36284	1723949	264742
石油、石油产品及有关原料	11128	1725	3614802	553402
天然气及人造气	.	.	1032104	156747
动植物油、脂及蜡	18592	2830	128401	19379
动物油、脂	9074	1379	18728	2815
植物油、脂	3385	520	97273	14713
已加工的动植物油、脂及动植物蜡	6133	931	12400	1851
二、工业制品	**69061113**	**10480780**	**25341194**	**3845207**
化学成品及有关产品	3016446	457568	5001393	758047
有机化学品	413005	62698	2228679	337840
无机化学品	738658	112249	286985	43469
染料、鞣料及着色料	66870	10192	84581	12825
医药品	211098	32027	12274	1839
精油、香料及盥洗、光洁制品	267677	40450	75028	11313
肥料	314899	47611	1	
初级形状的塑料	294854	44690	1708506	259072
非初级形状的塑料	390687	59277	213955	32513
其他化学原料及产品	317745	48228	391089	59131
按原料分类的制成品	15535637	2363416	4403091	666925
皮革、皮革制品及已鞣毛皮	110381	16756	205656	31263
橡胶制品	455640	69233	94149	14311

续表

项目	出口总额（万元）	出口总额（万美元）	进口总额（万元）	进口总额（万美元）
软木及木制品（家具除外）	1015898	154113	17494	2650
纸及纸板；纸浆、纸及纸板制品	715272	108678	253574	38539
纺纱、织物、制成品及有关产品	4866390	739485	931384	141603
非金属矿物制品	3318454	506089	348698	52844
钢铁	1290955	197064	1374189	207525
有色金属	1315557	199848	955588	144453
金属制品	2447091	372149	222360	33737
机械及运输设备	19079138	2891839	10873663	1650135
动力机械及设备	1378849	209731	841616	128185
特种工业专用机械	1129018	171273	1453934	218514
金工机械	106128	16035	138125	21004
通用工业机械设备及零件	2653998	402552	626608	94993
办公用机械及自动数据处理设备	1652498	250297	1281001	194457
电信及声音的录制及重放装置设备	4962533	750730	624906	94246
电力机械、器具及其电气零件	4814964	729593	4170979	633391
陆路车辆（包括气垫式）	1602003	243253	548248	83745
其他运输设备	779148	118375	1188248	181600
杂项制品	31409326	4764905	3350081	507551
活动房屋、卫生、水道、供热及照明装置	1480269	225160	13078	1987
家具及其零件、褥垫及类似填充制品	2993919	453328	149373	22455
旅行用品、手提包及类似品	1685373	256422	5088	763
服装及衣着附件	8529163	1293959	38117	5785
鞋靴	7119487	1079247	56944	8637
专业、科学及控制用仪器和装置	2543571	385771	2334847	353661
摄影器材、光学物品及钟表	916217	138816	549390	83366
未列名杂项制品	6141327	932202	203244	30896
未分类的商品及交易品	20566	3053	1712966	262548

人民币汇率（年平均价）

单位：元

年份	100 美元	100 日元	100 港元	100 欧元
2016	664.23	6.12	85.58	734.26
2017	675.18	6.02	86.64	763.03
2018	661.74	5.99	84.43	780.16

注：欧元自2002年开始进入市场流通。

外商直接投资合同数和合同金额

年份	合同数（项）	合资企业	合作企业	独资企业	合同外资金额（万美元）	合资企业	合作企业	独资企业
2016	2355	587	3	1759				
2017	2041	628	1	1405				
2018	2419	867	2	1536	1591814	391376	1426	1180204
全口径								
2016	1566337	512379	1140	1015696				
2017	1487858	461952	2660	1006257				
2018	1591814	391376	1426	1180204				

注：1997 年起外商直接投资含股份制。

按行业分外商直接投资合同数

单位：个

年份	总计	农业	工业	建筑业	交通运输仓储及邮电通信业	批发和零售贸易餐饮业	其他服务业
2016	2355	80	229	27	17	934	1068
2017	2041	57	212	33	21	631	1087
2018	2419	107	276	28	26	737	1245

按行业分外商直接投资合同金额

单位：万美元

年份	总计	农业	工业	建筑业	交通运输仓储及邮电通信业	批发和零售贸易餐饮业	其他服务业
2016	1566337	60688	377264	53100	167	283161	791957
2017	1487858	25612	397418	99249	18704	102566	844309
2018	1591814	52312	492241	33099	25668	211578	776916

分国别（地区）外商直接投资合同数和合同金额

国别（地区）	2016	2017	2018
合同数（个）	**2355**	**2041**	**2419**
#中国香港	531	530	684
中国澳门	23	25	50
中国台湾	1408	1074	1316
日本	8	15	23
菲律宾	6	6	5
泰国	6	5	3
马来西亚	13	42	39

续表

国别（地区）	2016	2017	2018
新加坡	38	51	39
印度尼西亚	5	4	8
德国	8	9	3
法国	2	3	4
英国	14	13	16
加拿大	16	19	20
美国	51	49	53
澳大利亚	25	22	16
合同金额（万美元）	**1566337**	**1487858**	**1591814**
#中国香港	994003	803295	945726
中国澳门	15848	2034	4748
中国台湾	292840	307108	221977
日本	10995	4994	4257
菲律宾	125	1002	184
泰国	1971	643	683
马来西亚	2018	11943	1541
新加坡	27411	39126	116136
印度尼西亚	－699	2172	－189
德国	1360	5464	157
法国	4	28	52
英国	641	11320	4116
加拿大	3427	11805	41301
美国	2971	14148	15778
澳大利亚	10737	2552	5873

注：当期外商投资企业减资或外商股权转让金额超过当期新批合同外资或外商投资企业增资金额，差额部分用负数表示。

实际利用外商直接投资金额

单位：万美元

年份	合计	合资企业	合作企业	独资企业
2016	819465	191096	307	515657
2017	857672	265543	1306	471358
2018	445477	154603	202	259092

分国别（地区）实际利用外商直接投资金额

单位：万美元

国别（地区）	2010	2017	2018
总计	**580279**	**857672**	**445477**
亚洲			
#中国香港	354634	432060	249171
中国澳门	5156	2897	62
中国台湾	23805	65886	9054
印度尼西亚	1883	512	33
日本	6287	30154	7165
新加坡	25545	42479	11122
韩国	3254	5202	3218
泰国	153	60	33
欧洲			
#英国	1007	779	90
德国	1443	280	339
法国	278	5	
俄罗斯		2	19
拉丁美洲			
#巴哈马	1769		
开曼群岛	12662	52874	60692
墨西哥	957	2	
英属维尔京群岛	42153	37266	12886
北美洲			
#加拿大	1099	4148	117
美国	5096	2865	3486
大洋洲			
#澳大利亚	1823	1543	32
新西兰	336	38	

注：2005 年及以后年份为全口径。

外商投资企业工商注册数

单位：个

项　　目	2016	2017	2018
总计	**28351**	**28264**	**30144**
按企业登记注册类型分			
#中外合资	4537	4739	5380
中外合作	190	140	133

续表

项　　目	2016	2017	2018
外商独资	16456	16474	17388
按行业分			
农、林、牧、渔业	736	745	812
采矿业	35	34	34
制造业	11696	10689	10247
电力、燃气及水的生产和供应业	203	213	218
建筑业	268	265	291
交通运输、仓储和邮政业	638	637	662
信息传输、计算机服务和软件业	1173	1243	1399
批发和零售业	6655	6650	7165
住宿和餐饮业	1268	1325	1387
金融业	385	429	505
房地产业	1117	1075	1070
租赁和商务服务业	2376	2547	3150
科学研究、技术服务和地质勘查业	1121	1566	2123
水利、环境和公共设施管理业	96	109	116
居民服务和其他服务业	246	230	242
教育	20	32	53
卫生、社会保障和社会福利业	13	25	46
文化、体育和娱乐业	302	448	614
其他行业	3	2	10
按国别（地区）分			
#中国香港	9095	8976	9228
中国澳门	424	445	466
中国台湾	6238	6815	8049
日本	484	433	432
英国	93	103	114
德国	88	82	76
加拿大	202	190	200
美国	704	646	651
澳大利亚	227	208	214

外商投资企业工商注册资本金

单位：万美元

项　　目	2016	2017	2018
总计	**13212653**	**15026839**	**16384415**
按企业登记注册类型分			
#中外合资	4516309	5499040	5995632
中外合作	108456	95412	93726
外商独资	7717032	8430865	9262721
按行业分			
农、林、牧、渔业	261609	290674	336736
采矿业	26532	26936	25936
制造业	6289411	6516630	6616701
电力、燃气及水的生产和供应业	253731	256481	256137
建筑业	149856	224018	262598
交通运输、仓储和邮政业	381020	406839	422068
信息传输、计算机服务和软件业	233797	264928	331362
批发和零售业	1042545	1249412	1411428
住宿和餐饮业	156378	152260	199198
金融业	443446	499104	547584
房地产业	1212906	1209355	1255992
租赁和商务服务业	1721568	2516375	2992761
科学研究、技术服务和地质勘查业	600401	785832	1034122
水利、环境和公共设施管理业	92572	144210	149199
居民服务和其他服务业	68365	164527	169922
教育	2871	21833	23664
卫生、社会保障和社会福利业	15762	23737	63985
文化、体育和娱乐业	252761	273567	282960
其他行业	7119	119	2062
按国别（地区）分			
#中国香港	7916418	8906249	9823928
中国澳门	148265	147890	154852
中国台湾	1304298	1623114	1906749
日本	148279	150116	158175
英国	134462	161644	168490
德国	34898	53301	53279
加拿大	42805	54497	95566
美国	247131	227542	235849
澳大利亚	117812	117799	124470

外商投资企业工商注册投资总额

单位：万美元

项　　目	2016	2017	2018
总计	**22631550**	**26072064**	**27869529**
按企业登记注册类型分			
#中外合资	8164446	10537604	10985537
中外合作	195591	177411	178465
外商独资	13506981	14478945	15768727
按行业分			
农、林、牧、渔业	440930	477715	518733
采矿业	54287	54668	52168
制造业	12181801	12684424	12896877
电力、燃气及水的生产和供应业	768670	774777	775424
建筑业	277580	405910	482713
交通运输、仓储和邮政业	748525	787524	800466
信息传输、计算机服务和软件业	471271	500139	579414
批发和零售业	1409078	1926947	2149863
住宿和餐饮业	266247	257139	393582
金融业	322523	373712	471624
房地产业	2144679	2140853	2200389
租赁和商务服务业	2005251	3469202	3799726
科学研究、技术服务和地质勘查业	810823	1105920	1597948
水利、环境和公共设施管理业	193401	331193	325429
居民服务和其他服务业	159996	320382	319322
教育	3220	59080	60912
卫生、社会保障和社会福利业	43258	53643	96026
文化、体育和娱乐业	320842	348669	346069
其他行业	9169	169	2844
按国别（地区）分			
#中国香港	13459444	15244547	16424954
中国澳门	237611	232051	241278
中国台湾	1885124	2333658	2623998
日本	308508	320140	331363
英国	158731	230974	237896
德国	68607	123668	123702
加拿大	67248	81051	194552
美国	431077	388355	395698
澳大利亚	143400	141330	147077

涉外税收主要指标

单位：万元

年份	合计	工商统一税	外商投资企业和外国企业所得税	个人所得税	城市房地产税	车船使用牌照税	其他各税
2016	10233969	6896807	2146357	391378	152080	4634	642713
2017	11452717	7585350	2390552	427001	190182	4928	854704
2018	11866512	7808392	2559616	496225	204706	5178	792395

注：1. 1988 年后含海关代征税；2. 工商统一税含增值税、营业税、消费税。

对外承包工程和劳务合作主要指标

年份	对外承包工程合同金额（万美元）	劳务人员合同工资总额（万美元）	年末在外人数（人）		
				承包工程	劳务合作
2016	58143	85110	60359	3967	56392
2017	131113	63631	75944	4518	71426
2018	64107	78644	64045	3400	60645

注：劳务人员合同工资总额，2012 年以前为对外劳务合作合同金额。

各设区市进出口商品总额（2018 年）

单位：万元、万美元

年份	进出口总额（万元）	进出口总额（万美元）	出口总额（万元）	出口总额（万美元）	进口总额（万元）	进口总额（万美元）
福州市	24532874	3733506	16586347	2525030	7946527	1208475
厦门市	60046908	9108180	33415050	5062660	26631858	4045519
莆田市	3713253	564239	2249838	341461	1463415	222778
三明市	1727259	265751	1649206	253886	78053	11865
泉州市	18543248	2812580	11932679	1807992	6610568	1004587
漳州市	6938815	1051602	5338181	809260	1600634	242342
南平市	1124169	169654	1069781	161444	54388	8209
龙岩市	2811731	427948	1678297	255535	1133433	172414
宁德市	3545015	534748	2166827	328241	1378188	206506
平潭综合实验区	589588	89356	154533	23026	435055	66330

各设区市外商直接投资合同数

单位：项

年份	福州市	厦门市	莆田市	三明市	泉州市	漳州市	南平市	龙岩市	宁德市
2016	483	1278	26	26	124	115	14	32	10
2017	362	1145	23	27	196	121	10	33	20
2018	514	1215	37	45	280	120	21	54	25

各设区市外商直接投资合同金额

单位：万美元

年份	福州市	厦门市	莆田市	三明市	泉州市	漳州市	南平市	龙岩市	宁德市
2016	163075	756798	64730	15610	135553	162953	14532	67468	8624
2017	586287	481683	2002	16026	68777	101942	22974	30317	7944
2018	397233	714111	14901	49253	181596	116530	17471	17304	9200

各设区市实际利用外商直接投资金额

单位：单位：万美元

年份	福州市	厦门市	莆田市	三明市	泉州市	漳州市	南平市	龙岩市	宁德市
2016	181372	222401	40020	17090	162780	116366	16249	29540	23120
2017	198525	237830	45413	18441	159194	121662	23446	32788	6708
2018	77987	172500	12629	3978	59584	82305	5807	4482	1814

各设区国民经济主要指标

福州市主要经济社会统计指标

年份	地区生产总值（亿元）	地区生产总值比上年增长（%）	三次产业结构	人均地区生产总值（元）	人均地区生产总值比上年增长（%）	年末人口总数（万人）	全社会从业人员（万人）	农林牧渔业总产值（亿元）	农林牧渔业总产值比上年增长（%）
2016	6197.64	8.5	7.9：41.8：50.3	82251	7.4	757	536	749.76	2.6
2017	7085.52	8.7	6.5：41.1：52.4	93047	7.6	766	562	818.79	3.7
2018	7856.81	8.6	6.3：40.8：52.9	102037	7.4	774	625	876.78	4.3

续上表

年份	工业增加值（万元）	工业增加值比上年增长（%）	社会消费品零售总额（万元）	固定资产投资总额（万元）	固定资产投资总额比上年增长（%）	一般公共预算总收入（万元）	一般公共预算总收入比上年增长（%）	城镇居民人均可支配收入（元）	农村居民人均可支配收入（元）
2016	19788331	6.7	37631418	52180695	6.6	9340591	10.1	37833	16346
2017	22271516	7.7	41938675	58233857	11.6	10057262	7.7	40973	17865
2018	24161565	8.8	46664607		11.7	11181104	11.2	44457	19419

厦门市主要经济社会统计指标

年份	地区生产总值（亿元）	地区生产总值比上年增长（%）	三次产业结构	人均地区生产总值（元）	人均地区生产总值比上年增长（%）	年末人口总数（万人）	全社会从业人员（万人）	农林牧渔业总产值（亿元）	农林牧渔业总产值比上年增长（%）
2016	3861.74	7.9	0.6：41.6：57.8	178910	5.8	392	137	43.70	-4.9
2017	4351.72	7.6	0.5：41.7：57.8	194997	4.1	401	139	43.85	2.1
2018	4791.41	7.7	0.5：41.3：58.2	204624	2.7	411	156	47.24	2.3

续上表

年份	工业增加值（万元）	工业增加值比上年增长（%）	社会消费品零售总额（万元）	固定资产投资总额（万元）	固定资产投资总额比上年增长（%）	一般公共预算总收入（万元）	一般公共预算总收入比上年增长（%）	城镇居民人均可支配收入（元）	农村居民人均可支配收入（元）
2016	13697077	5.4	12834596	21598097	14.4	10833443	8.2	46254	18885
2017	15473372	7.8	14467448	23814619	10.3	11874973	9.6	50019	20460
2018	16722323	8.5	15424224		10.1	12831856	8.1	54401	22410

漳州市主要经济社会统计指标

年份	地区生产总值（亿元）	地区生产总值比上年增长（%）	三次产业结构	人均地区生产总值（元）	人均地区生产总值比上年增长（%）	年末人口总数（万人）	全社会从业人员（万人）	农林牧渔业总产值（亿元）	农林牧渔业总产值比上年增长（%）
2016	3125.35	9.3	13.3：46.8：40.0	62196	8.4	505	316	708.38	3.7
2017	3528.53	9.2	11.3：48.1：40.7	69528	8.1	510	322	729.95	4.1
2018	3947.63	8.7	11.1：47.8：41.1	77102	7.7	514	333	801.87	4.5

续上表

年份	工业增加值（万元）	工业增加值比上年增长（%）	社会消费品零售总额（万元）	固定资产投资总额（万元）	固定资产投资总额比上年增长（%）	一般公共预算总收入（万元）	一般公共预算总收入比上年增长（%）	城镇居民人均可支配收入（元）	农村居民人均可支配收入（元）
2016	12201726	8.0	8755936	28279268	12.4	2876754	4.7	30726	15320
2017	14251851	8.1	9824346	33280999	17.7	3180788	10.6	33359	16676
2018	15778862	9.0	11116033	——	11.4	3520601	8.1	35997	18186

泉州市主要经济社会统计指标

年份	地区生产总值（亿元）	地区生产总值比上年增长（%）	三次产业结构	人均地区生产总值（元）	人均地区生产总值比上年增长（%）	年末人口总数（万人）	全社会从业人员（万人）	农林牧渔业总产值（亿元）	农林牧渔业总产值比上年增长（%）
2016	6684.79	8.0	2.8：58.8：38.4	78230	7.1	858	612	340.80	2.4
2017	7547.83	8.4	2.6：57.9：39.5	87613	7.5	865	617	348.44	1.6
2018	8467.98	8.9	2.4：57.7：39.9	97614	8.1	870	639	364.23	2.3

续上表

年份	工业增加值（万元）	工业增加值比上年增长（%）	社会消费品零售总额（万元）	固定资产投资总额（万元）	固定资产投资总额比上年增长（%）	一般公共预算总收入（万元）	一般公共预算总收入比上年增长（%）	城镇居民人均可支配收入（元）	农村居民人均可支配收入（元）
2016	35100357	6.9	27246536	37480062	10.0	7698618	-4.3	39656	17179
2017	39013369	7.7	30339515	41238048	10.0	7887628	2.5	42696	18606
2018	43464600	8.9	34078885		14.2	8610458	6.5	46111	20277

三明市主要经济社会统计指标

年份	地区生产总值（亿元）	地区生产总值比上年增长（%）	三次产业结构	人均地区生产总值（元）	人均地区生产总值比上年增长（%）	年末人口总数（万人）	全社会从业人员（万人）	农林牧渔业总产值（亿元）	农林牧渔业总产值比上年增长（%）
2016	1860.82	7.8	14.8：50.1：35.1	73261	6.9	255	179	405.10	3.8
2017	2102.64	8.0	11.9：52.1：36.0	82135	7.2	257	187	421.60	4.3
2018	2353.72	7.5	11.6：52.6：35.8	91406	6.9	258	194	460.45	4.1

续上表

年份	工业增加值（万元）	工业增加值比上年增长（%）	社会消费品零售总额（万元）	固定资产投资总额（万元）	固定资产投资总额比上年增长（%）	一般公共预算总收入（万元）	一般公共预算总收入比上年增长（%）	城镇居民人均可支配收入（元）	农村居民人均可支配收入（元）
2016	7518199	7.6	4806339	21417227	12.0	1343736	2.8	29677	13918
2017	8956174	7.7	5334337	24984975	16.7	1505833	12.1	32261	15212
2018	10120923	8.9	5884962		11.7	1657094	10.0	34862	16601

莆田市主要经济社会统计指标

年份	地区生产总值（亿元）	地区生产总值比上年增长（%）	三次产业结构	人均地区生产总值（元）	人均地区生产总值比上年增长（%）	年末人口总数（万人）	全社会从业人员（万人）	农林牧渔业总产值（亿元）	农林牧渔业总产值比上年增长（%）
2016	1823.43	8.9	6.9：56.1：37.0	63313	8.2	289	249	192.64	1.1
2017	2024.66	8.4	5.4：53.1：41.4	69936	7.8	290	235	205.89	3.1
2018	2242.41	8.3	5.2：52.6：42.2	77325	8.1	290	231	217.10	2.5

续上表

年份	工业增加值（万元）	工业增加值比上年增长（%）	社会消费品零售总额（万元）	固定资产投资总额（万元）	固定资产投资总额比上年增长（%）	一般公共预算总收入（万元）	一般公共预算总收入比上年增长（%）	城镇居民人均可支配收入（元）	农村居民人均可支配收入（元）
2016	8432110	7.8	6231302	19380779	11.8	1800915	-2.8	31818	15131
2017	8636251	7.7	6954108	22746497	17.4	2052035	13.9	34490	16492
2018	9349575	8.9	7634220		12.6	2259068	7.0	37169	17991

南平市主要经济社会统计指标

年份	地区生产总值（亿元）	地区生产总值比上年增长（%）	三次产业结构	人均地区生产总值（元）	人均地区生产总值比上年增长（%）	年末人口总数（万人）	全社会从业人员（万人）	农林牧渔业总产值（亿元）	农林牧渔业总产值比上年增长（%）
2016	1457.74	6.8	20.1：43.2：36.7	55009	5.9	266	196	503.74	3.9
2017	1620.54	7.6	17.2：43.1：39.7	60694	6.8	268	204	494.44	5.1
2018	1792.51	6.6	16.2：43.3：40.5	66760	6.0	269	210	514.02	0.8

续上表

年份	工业增加值（万元）	工业增加值比上年增长（%）	社会消费品零售总额（万元）	固定资产投资总额（万元）	固定资产投资总额比上年增长（%）	一般公共预算总收入（万元）	一般公共预算总收入比上年增长（%）	城镇居民人均可支配收入（元）	农村居民人均可支配收入（元）
2016	4622245	6.8	5566788	16943968	-4.5	1192609	-4.0	27818	13331
2017	5222409	7.5	6152590	19901500	17.5	1298422	8.9	30070	14558
2018	5737359	8.7	6750876		10.1	1476690	10.8	32484	15868

龙岩市主要经济社会统计指标

年份	地区生产总值（亿元）	地区生产总值比上年增长（%）	三次产业结构	人均地区生产总值（元）	人均地区生产总值比上年增长（%）	年末人口总数（万人）	全社会从业人员（万人）	农林牧渔业总产值（亿元）	农林牧渔业总产值比上年增长（%）
2016	1895.67	8.1	11.8：51.0：37.2	72354	7.3	263	202	373.88	3.8
2017	2153.13	8.2	10.6：47.7：41.7	81713	7.6	264	203	395.46	2.9
2018	2393.30	7.6	10.2：47.9：41.9	90655	7.4	264	203	421.35	3.6

续上表

年份	工业增加值（万元）	工业增加值比上年增长（%）	社会消费品零售总额（万元）	固定资产投资总额（万元）	固定资产投资总额比上年增长（%）	一般公共预算总收入（万元）	一般公共预算总收入比上年增长（%）	城镇居民人均可支配收入（元）	农村居民人均可支配收入（元）
2016	7659500	7.5	7290015	21880416	13.1	2660721	-1.4	30348	14429
2017	8025905	7.6	8131876	25191349	15.1	2742354	3.1	33022	15698
2018	8916675	8.8	9074193		12.7	2968014	6.4	35759	17154

宁德市主要经济社会统计指标

年份	地区生产总值（亿元）	地区生产总值比上年增长（%）	三次产业结构	人均地区生产总值（元）	人均地区生产总值比上年增长（%）	年末人口总数（万人）	全社会从业人员（万人）	农林牧渔业总产值（亿元）	农林牧渔业总产值比上年增长（%）
2016	1600.29	7.3	16.5：50.4：33.1	55566	6.6	289	218	463.78	3.3
2017	1756.26	5.3	15.5：49.4：35.1	60665	4.8	290	218	487.06	4.2
2018	1942.80	8.1	15.2：49.9：34.9	66878	7.8	291	219	526.48	4.3

续上表

年份	工业增加值（万元）	工业增加值比上年增长（%）	社会消费品零售总额（万元）	固定资产投资总额（万元）	固定资产投资总额比上年增长（%）	一般公共预算总收入（万元）	一般公共预算总收入比上年增长（%）	城镇居民人均可支配收入（元）	农村居民人均可支配收入（元）
2016	6631650	7.6	5123472	12251483	-2.6	1550937	5.2	28164	13516
2017	7094307	2.1	5650870	12874200	5.1	1768532	14.0	30502	14722
2018	7904878	8.8	6111109		9.6	2007669	11.7	32921	16147

第九篇
涉企政策

福建省涉企政策选编

福建省人民政府办公厅关于进一步压缩企业开办时间的实施意见

闽政办〔2018〕70号

各市、县（区）人民政府，平潭综合实验区管委会，省人民政府各部门、各直属机构：

为进一步深化"放管服"改革，认真贯彻落实党中央、国务院关于优化营商环境、压缩企业开办时间的决策部署，根据《国务院办公厅关于进一步压缩企业开办时间的意见》（国办发〔2018〕32号）的精神，经省政府同意，现就我省开展进一步压缩企业开办时间工作提出如下实施意见：

一、总体要求

坚持以习近平新时代中国特色社会主义思想为指导，全面贯彻党的十九大精神，贯彻落实习近平总书记对福建工作的重要指示，牢固树立和贯彻新发展理念，按照党中央、国务院部署，深化"放管服"改革，坚持从实际出发，以企业和社会公众迫切希望解决的效率低、环节多、时间长等问题为重点，统一工作标准和工作要求，依法推进压缩企业开办时间工作，强化责任落实，提高服务效能，增加透明度和可预期性，提升办理企业开办事项的实际体验，进一步降低制度性交易成本，激发大众创业万众创新活力，提高群众和企业的获得感、满意度，加快打造法治化、国际化、便利化的营商环境。

二、工作目标

进一步简化企业从设立到具备一般性经营条件所必须办理的环节，压缩办理时间，将企业开办必备环节精简至3个（企业登记、刻制公章和申领发票）。2018年年底前，全省实现压缩企业开办时间至8天（指工作日，从企业设立登记窗口受理起算，下同）以内，其中福州市、厦门市、泉州市实现压缩至5天以内。2019年年底前全省实现压缩至5天以内。鼓励有条件的地方在立足本地实际、确保工作质量的前提下，进一步压缩企业开办时间。

三、工作措施和主要任务

各地要健全压缩企业开办时间长效机制，完善企业开办的制度规范，积极开展压缩企业开办时间工作，持续提升我省企业开办便利度。

（一）实施流程再造，大力推进"一窗受理、并行办理"。落实"多证合一"改革的要求，对纳入整合的事项，将申请人依次向各有关部门提交材料的传统办事流程改造为一次提交、同步办理、信息共享、限时办结的"一窗受理、并行办理"流程。积极推进工商电子营业执照在"互联网+"环境下跨区域跨领域跨行业应用。推进全省网上办事大厅和闽政通APP与工商企业登记信息系统对接，实现用户交叉认证和服务事项对接。依托省级政务数据汇聚共享平台，实现工商（市场监管）、公安、税务、人社、人行等部门间企业开办数据的共享交换，确保数据及时、完整、准确。

责任单位：省工商局、公安厅、人社厅、数字办，福建省税务局、厦门市税务局、人行福州

中心支行，各市、县（区）人民政府，平潭综合实验区管委会

积极推行行政审批标准化建设，建立统一规范的行政大厅服务制度。各级行政服务大厅要统一服务标准，设立自助服务区，提供网上办事设施和现场指导。有条件的行政服务中心可以在企业开办环节实行“一窗受理、后台流转”高效集成的“一站式”服务。

责任单位：各市、县（区）人民政府，平潭综合实验区管委会

（二）简化企业登记程序，提升注册便利化水平。推进企业名称登记管理改革，试点开展企业名称自主申报，除涉及前置审批事项或者企业名称核准与企业设立登记不在同一登记机关的以外，企业名称不再实行预先核准，申请人可以在办理企业登记时，以自主申报的企业名称一并办理。大力推进企业登记全程电子化应用，实行经营范围规范化填报，不断提升无纸化、智能化程度；实行企业注册地址申报承诺制度，进一步精简企业登记文书表格材料。2018 年年底前，全省登记机关实现压缩办理企业设立登记时间至 5 天以内，其中福州市、厦门市、泉州市实现压缩至 3 天以内。2019 年年底前在全省实现压缩至 3 天以内。

责任单位：省工商局，各市、县（区）人民政府，平潭综合实验区管委会

（三）将公章刻制备案纳入“多证合一”，提高公章制作效率。执行我省现有工商刻制备案管理并纳入“多证合一”整合事项目录。公安部门要将辖区内的公章刻制企业目录在办理企业登记事项的行政服务场所公布，严禁指定公章定点刻制，申请人可自主选择具有合法资质的公章制作单位。加快推动印章刻制治安管理信息系统应用工作，实时接收工商（市场监管）部门的企业登记数据，确保公章刻制企业在 1 天以内完成印章刻制，并按规定进行备案。

责任单位：省公安厅、工商局、发改委，各市、县（区）人民政府，平潭综合实验区管委会

（四）优化新办企业申领发票程序，压缩申领发票时间。税务部门要对新设立登记的企业在首次办理涉税事宜时进行登记信息确认。工商（市场监管）部门和税务部门要加强企业登记信息共享，确保企业登记信息及时实现部门间传送，省级税务部门要将信息实时分发至各级税务部门。各级税务部门窗口要实行联合办公，积极推出初次申领发票快捷办理服务，进一步优化发票申领程序，压缩发票申领时间。2018 年年底前，全省实现压缩新办企业首次申领发票时间至 2 天以内，其中福州市、厦门市、泉州市实现压缩至 1 天以内。2019 年年底前全省实现压缩至 1 天以内。

责任单位：福建省税务局、厦门市税务局，省工商局、发改委，各市、县（区）人民政府，平潭综合实验区管委会

（五）完善企业社会保障登记业务流程，提高参保登记服务效率。强化落实“多证合一、一照一码”改革效果，各级社保经办机构不再单独核发社会保险登记证，取消社会保险登记证的定期验证和换证制度，逐步采用统一社会信用代码进行登记管理。进一步完善数据共享和应用机制，做好企业社会保险登记和职工参保登记业务的衔接，推动职工参保登记业务网上办理，压缩办理时间，为企业提供更加便捷高效的登记服务。

责任单位：省人社厅，福建省税务局、厦门市税务局，各市、县（区）人民政府，平潭综合实验区管委会

（六）实行工商代办银行开户预约，提高企业银行开户效率。企业在工商（市场监管）部门办理登记时，可以同时自主选择商业银行网点预约银行开户，人行福州中心支行通过省审批信息共享平台接收企业信息并推送至对应的商业银行。商业银行提前介入，主动联系服务企业，提高开户的效率。人行福州中心支行核准后将企业开户核准结果等反馈至省审批信息共享平台供各部门应用。

责任单位：人行福州中心支行，省工商局、发改委，各市、县（区）人民政府，平潭综合实验区管委会

四、工作要求

（一）要强化责任落实，统筹推进工作。省工商局牵头推进我省压缩企业开办时间工作，相关部门要明确分工、协同配合，确保改革各个环节运行顺畅。工商（市场监管）部门负责压缩企业登记办理时间，公安部门负责指导、规范压缩公

章制作时间，税务部门负责压缩新办企业申领发票时间，人社部门负责完善企业社会保险登记业务流程，人行福州中心支行负责完善银行开户流程，各级行政服务中心负责行政服务大厅标准化建设，并根据当地实际情况推广服务中心“一窗受理、一站服务”等做法。相关部门要依法明确统一的工作要求和规范，推动工作落实。对于企业开办前后需要办理有关行政审批的，各部门要优化流程、简化手续、提高效率，加快解决“准入不准营”的问题。各市、县（区）人民政府和平潭综合实验区管委会要落实主体责任，理顺工作机制，实施流程再造，建立分工明确、定期协商、协同推进的工作机制，统筹推进相关信息系统建设，确保完成工作目标。

（二）要加强宣传培训，提升服务水平。各市、县（区）人民政府和平潭综合实验区管委会要采取多种形式，及时总结经验，组织做好本地推进压缩企业开办时间的宣传解读工作，引导企业和社会公众充分知晓改革内容。各有关部门要强化企业开办事项培训，切实提高工作人员的业务水平和能力。各级行政服务中心设立自助服务区，提供网上办事设施，加强现场指导，不断提高服务水平。

（三）要加强基础保障，确保工作实效。各部门要加强信息共享保障，实现信息实时上传接收，健全信息纠错机制，专人负责及时处理。要充分考虑压缩企业开办时间后窗口人员和系统设备的承载能力，全面加强窗口建设，激励窗口干部担当作为，吸引优秀干部到一线岗位，人员、设施、经费和技术保障到位，缓解窗口工作压力，确保工作取得实效。

（四）要加大督查力度，强化通报问责。省发改委、省统计局要及时关注全国统一标准的营商环境评价体系构建进展情况，会同省工商局等部门适时对各设区市和平潭综合实验区企业开办等情况进行评价。省工商局要会同相关部门加强对压缩企业开办时间工作的指导协调，组织开展督促检查，及时通报工作情况。对不积极、不作为、弄虚作假、隐瞒实情和工作滞后，造成严重不良影响的，要予以曝光并严肃问责；重大情况及时向省人民政府报告。各市、县（区）人民政府和平潭综合实验区管委会要及时制定完善本地区压缩企业开办时间工作的具体实施方案，明确任务、细化措施，抓好督查、强化落实。

福建省人民政府办公厅

2018 年 8 月 16 日

（此件主动公开）

福建省人民政府办公厅关于印发《福建省工业用地招标拍卖挂牌出让实施办法》的通知

闽政办〔2018〕49 号

各市、县（区）人民政府，平潭综合实验区管委会，省人民政府各部门、各直属机构，各大企业：

经省政府同意，现将修订后的《福建省工业用地招标拍卖挂牌出让实施办法》印发给你们，请认真贯彻执行。2007 年 7 月 2 日经省政府同意、由省政府办公厅印发的《福建省工业用地招标拍卖挂牌出让实施办法》（闽政办〔2007〕127 号）同时废止。

福建省人民政府办公厅

2018 年 6 月 1 日

（此件主动公开）

福建省工业用地招标拍卖挂牌出让实施办法

第一条 为规范工业用地招标拍卖挂牌出让行为，根据《国务院关于加强土地调控有关问题的通知》（国发〔2006〕31 号）、《招标拍卖挂牌出让国有建设用地使用权规定》（国土资源部令第 39 号）和国家有关土地管理的政策法规，结合本省实际，制定本办法。

第二条 政府出让工业用地，应通过招标、拍卖或挂牌方式提供国有土地使用权。但原划拨工业用地土地使用权人申请补办工业用地出让手续，或原划拨土地使用权人改变土地用途用于工业项目建设等法律、法规和规章允许协议出让的其他情形除外。

严禁违规运用行政手段指定供地对象和供地价格等。

第三条 工业用地招标拍卖挂牌出让应遵循下列原则：

（一）维护公开、公平、公正的市场秩序，防止不正当竞争；

（二）引导产业结构和布局优化，促进经济社会发展；

（三）严格工业用地出让条件，发挥市场配置土地资源的基础性作用，强化出让合同履行监管，防止土地囤积、闲置、低效利用，提高工业用地的节约集约水平和土地利用效益。

第四条 工业用地招标拍卖挂牌出让程序，适用《招标拍卖挂牌出让国有建设用地使用权规定》（国土资源部令第 39 号）、《招标拍卖挂牌出让国有土地使用权规范（试行）》（国土资发〔2006〕114 号）等规章、规范性文件规定。上述规章、规范性文件未作出规定的，适用本办法的规定办理。

第五条 市、县人民政府可根据本地实际情况，设立由国土资源、发展改革、经信、财政、环境保护、城乡规划（建设）、林业、商务等有关部门组成的工业用地出让议事协调机构，负责协调解决工业用地出让中的相关问题。市、县各有关部门依照职责分工，做好工业用地招标拍卖挂牌出让有关工作。

市、县国土资源部门负责本行政区域工业用地招标拍卖挂牌出让的组织实施。上级国土资源部门应对下级国土资源部门的工业用地招标拍卖挂牌出让工作进行监管指导。

第六条　拟投资工业项目的单位或个人，对具体地块有使用意向的，可提出用地预申请，并承诺愿意支付的土地价格和拟投资的产业类型、建设规模、投资强度、容积率、建筑密度、绿地率等土地使用条件。市、县国土资源部门经审查，提出工业用地预申请的单位或个人（以下简称预申请人）承诺的土地价格和土地使用条件符合国家关于土地价格、建设工程用地定额标准、供地政策和我省工业项目建设用地控制指标等有关规定，以及土地利用总体规划、城乡规划的，应在获批并实施农用地转用和土地征收后组织实施招标、拍卖或挂牌出让活动，并通知该宗地预申请人参加。预申请人应参加该宗地的竞买（投标），且报价不得低于承诺的土地价格。

第七条　市、县人民政府对提出用地预申请的工业项目组织审查汇总后，对符合区域规划和国家产业政策要求、需办理农用地转用和土地征收审批手续的，纳入当地年度土地利用计划，并按照规定办理批次农用地转用和土地征收审批手续。

第八条　市、县人民政府在获批并实施农用地转用和土地征收后，可分地块将工业用地预申请人承诺的拟投资的产业类型、建设规模、投资强度、容积率、建筑密度、绿地率、其他土地使用条件等作为出让条件，按照规定实施招标拍卖挂牌出让。

第九条　工业用地招标拍卖挂牌出让按照下列程序办理：

（一）拟订出让方案。市、县人民政府组织国土资源、发展改革、经信、财政、环境保护、城乡规划（建设）、林业、商务等有关部门，根据国民经济和社会发展规划、土地利用总体规划、城乡规划、国家产业政策、建设工程用地定额标准、工业项目建设用地控制指标等要求，以及提出用地预申请的工业项目落实情况，对已批准农用地转用和土地征收的国有土地分期分批编制具体地块出让方案，按照供地审批权限经市、县人民政府批准后组织实施。出让方案的内容应包括：产业类型、准入条件、规划设计条件（含开发区、工业园区规划）、环境保护要求，以及拟出让土地面积、建设规模、投资强度、容积率、建筑密度、绿地率、出让年限、开竣工期限、出让底价（标底）等土地使用综合条件。

（二）组织实施招标拍卖挂牌，确定竞得（中标）人。市、县国土资源部门或公共资源交易中心应根据招标拍卖挂牌出让国有建设用地使用权有关规定，以及经批准的工业用地出让方案，具体组织实施工业用地招标拍卖挂牌出让活动。确定竞得（中标）人后，由市、县国土资源部门或公共资源交易中心与竞得人签订《成交确认书》或向中标人发出《中标通知书》。竞得（中标）人缴纳的竞买（投标）保证金转作受让地块定金。

（三）签订土地出让合同，申领不动产权证书。竞得人应按照《成交确认书》、中标人应按照《中标通知书》约定的时间，与市、县国土资源部门签订国有建设用地使用权出让合同。受让人按照国有建设用地使用权出让合同的约定付清全部土地出让价款后，依法申请办理不动产登记，领取不动产权证书。

（四）办理项目核准（备案）、环境影响评价等相关手续。受让人应在国有建设用地使用权出让合同约定的动工开发日期前完成项目核准（备案）、环境影响评价等审批手续。有关行政主管部门应依据国有建设用地使用权出让合同约定的土地使用条件，办理项目核准（备案）、环境影响评价等审批手续。

第十条　工业用地招标拍卖挂牌出让底价（标底），应依照规定由土地所在市、县国土资源部门根据土地估价结果和政府产业政策等集体研究提出意见，报同级政府研究确定。

工业用地出让底价（标底）不得违反《全国工业用地出让最低价标准》等有关规定。

第十一条　发布工业用地招标拍卖挂牌出让公告，除载明《招标拍卖挂牌出让国有建设用地使用权规定》（国土资源部令第39号）规定的内容外，还应载明下列内容：

（一）项目准入条件，包括允许投资的工业项目类型、产业政策、环境保护要求和投资强度等；

（二）拟出让土地面积、土地用途、容积率、建筑密度、绿地率、所需生产服务设施用地可占比重等规划设计条件；

（三）拟出让宗地的现状、土地开发程度及土地价格内涵；

（四）拟出让宗地的竞得（中标）人未取得项目核准（备案）、环境影响评价批复文件的，按照约定不得办理抵押登记；

（五）在约定的动工开发日期前未取得项目核准（备案）、环境影响评价批复文件的，按照约定解除国有建设用地使用权出让合同，收回国有建设用地使用权。

第十二条 市、县国土资源部门须在规定期限内，按照及时、准确、真实、全面原则，在当地土地有形市场、中国土地市场网（www.landchina.com）和福建省国有土地使用权出让管理系统（网上交易模块）（www.fjgtzy.gov.cn）等同时公开发布工业用地招标拍卖挂牌出让计划、出让公告和出让结果。

第十三条 工业用地预申请人和其他竞买（投标）人应按照下列规定缴纳有关的保证金：

（一）福州市、厦门市、漳州市、泉州市、莆田市、平潭综合实验区及所辖各县（市、区）预申请人按照预申请用地面积每公顷不低于45万元的标准缴纳预申请保证金，单个项目预申请保证金最高不超过1000万元；三明市、南平市、龙岩市、宁德市及所辖各县（市、区）预申请人按照预申请用地面积每公顷不低于30万元的标准缴纳预申请保证金，单个项目预申请保证金最高不超过700万元。

（二）发布出让公告时，应明确出让宗地的竞买（投标）保证金，竞买（投标）保证金的确定不得违反国家的有关规定。工业用地预申请人已缴纳的预申请保证金转为竞买（投标）保证金，不足部分予以补缴。竞得（中标）人签订国有建设用地使用权出让合同后，其缴纳的竞买（投标）保证金可抵缴土地出让金。

（三）对境外投资者预申请工业用地的，允许其经批准开立专用保证金外汇账户，用于缴纳预申请保证金。

第十四条 工业用地预申请人或其他竞买（投标）人未竞得（未中标）用地的，出让人须在招标拍卖挂牌活动结束后5个工作日内退还其缴纳的竞买（投标）保证金（不计利息）。但工业用地预申请人或其他竞买（投标）人不按规定参加拟出让宗地竞买（投标）的，其所缴纳的竞买（投标）保证金不予退还。

第十五条 在约定的动工开发日期前未取得项目核准（备案）、环境影响评价批复文件的，按照约定解除国有建设用地使用权出让合同，并在扣除由竞买（投标）保证金转作受让地块土地出让金的30%后，退还其余已缴纳的土地出让金（不计利息）。

第十六条 市、县国土资源部门在工业用地招标拍卖挂牌出让中，可按照节约集约用地原则，根据初步计划的建设内容、建设规模和城乡规划（建设）部门出具的规划设计条件确定土地使用条件，然后通过竞单位面积地价的方式确定土地使用权人，再根据项目核准（备案）、环境影响评价、规划许可确认的工业项目类别、建设规模、投资规模、土地使用标准等，合理确定出让地块具体面积。

第十七条 租赁国有建设用地使用权进行工业项目建设的，参照本办法执行。

第十八条 竞买（投标）人提供虚假文件、隐瞒事实，或实施操纵、恶意串通等违法行为的，其竞得（中标）结果无效；给他人造成损失的，依法承担赔偿责任；构成犯罪的，依法追究刑事责任。

第十九条 受让人未按国有建设用地使用权出让合同约定的条件开发利用土地的，依照法律法规规定和合同约定追究违约责任。

第二十条 国家工作人员在工业用地招标拍卖挂牌出让活动中玩忽职守、滥用职权、徇私舞弊、泄露秘密，或以其他不正当手段排斥公平竞争的，依法给予行政处分；构成犯罪的，依法追究刑事责任。

第二十一条 本办法自印发之日起施行。2007年7月2日经省人民政府同意、由省人民政府办公厅印发的《福建省工业用地招标拍卖挂牌出让实施办法》（闽政办〔2007〕127号）同时废止。

福建省人民政府办公厅关于修改《福建省人民政府办公厅转发省工商局关于推进商标品牌工作若干措施的通知》的决定

闽政办〔2018〕36号

各市、县（区）人民政府，平潭综合实验区管委会，省人民政府各部门、各直属机构，各大企业，各高等院校：

根据《国务院法制办公室国家工商行政管理总局关于开展涉及著名商标制度的地方政府规章和规范性文件专项清理工作的通知》（国法〔2018〕5号）的要求，经省政府同意，决定对《福建省人民政府办公厅转发省工商局关于推进商标品牌工作若干措施的通知》（闽政办〔2013〕133号）作如下修改：

一、将文中第二点修改为“二、促进商标提质增值。…充分发挥高知名度商标企业带动效应，支持驰名商标企业组建集团、设立研发中心。根据市场运作和企业自主的原则，建设面向国内外的商标展示交易平台，提高商标资源的使用效益。以行业协会及行业内驰名商标企业为主体，发挥商标品牌在推动产业集聚、壮大产业集群的引领作用。”

二、将文中第三点修改为“三、合力推进商标工作。…充分发挥驰名商标、国际注册商标、地理标志商标、集体商标、老字号商标等重点商标在企业转型升级、产业结构调整、资源要素保障、促进农民增收中的重要作用。…”

三、将文中第五点修改为“五、加强商标专用权保护。围绕食品、药品、农产品等重点商品，围绕驰名商标、地理标志商标、涉外商标等重点商标，围绕网络、商标印制、定牌加工、展览展销会等重点领域开展行政执法。…”

本决定自发布之日起施行。

福建省人民政府办公厅

2018年5月2日

（此件主动公开）

福建省人民政府办公厅关于推进重大建设项目批准和实施领域政府信息公开的实施意见

闽政办〔2018〕25 号

各市、县（区）人民政府，平潭综合实验区管委会，省直有关单位：

为深入贯彻习近平新时代中国特色社会主义思想和党的十九大精神，全面落实《国务院办公厅关于推进重大建设项目批准和实施领域政府信息公开的意见》（国办发〔2017〕94 号）要求，推进我省重大建设项目批准和实施领域政府信息公开，积极主动回应社会关切，更好保障人民群众知情权、参与权、表达权、监督权，结合我省实际，提出以下实施意见。

一、突出公开重点，落实主体责任

本实施意见所称重大建设项目，是指按照有关规定由政府或政府投资主管部门审批或核准的，对经济社会发展、民生改善有直接、广泛和重要影响的固定资产投资项目（不包括境外投资项目和对外援助项目）。由政府或政府投资主管部门审批或核准的符合省、市、县重点项目申报条件的项目，应当纳入重大建设项目公开范围。

各级政府和有关部门要坚持“以公开为常态、不公开为例外”，严格按照有关规定和保密审查程序，做到该公开的信息坚决公开，该保守的国家秘密坚决保守住。所制作或保存的项目信息，除涉及国家秘密、商业秘密和个人隐私及其他依法不予公开的内容外，重大建设项目批准和实施过程中的信息要尽可能对外公开。

在重大建设项目批准和实施过程中，要以社会关注度高的信息为重点，以政府信息公开为先导，推动项目法人单位信息有效归集、及时公开。其中，批准服务信息、批准结果信息由批准重大建设项目和有关要件的各级政府和有关部门分别负责公开，招标投标信息由招标人或有关行政监督部门依法公开，征收土地信息由辖区政府和有关部门负责公开，重大设计变更信息由批准单位负责公开，施工有关信息、质量安全监督信息、竣工有关信息由制作或保存的部门按照职责分工分别负责公开。重点公开的 8 类信息主要内容包括：

（一）批准服务信息：申报要求、申报材料清单、批准流程、办理时限、受理机构联系方式、监督举报方式等信息。

责任单位：省、市、县（区）发改、经信、国土、海洋渔业、环保、住建（城乡规划）、交通运输、水利、农业、林业、人防、文物、气象、地震等部门

（二）批准结果信息：项目建议书审批结果、可行性研究报告审批结果、初步设计文件审批结果、项目核准结果、节能审查意见、建设项目选址意见审批结果、建设项目用地（用海）预审结果、环境影响评价审批文件、建设用地规划许可审批结果、建设工程规划类许可审批结果、施工许可（开工报告）审批结果、招标事项审批核准结果，取水许可、水土保持方案、洪水影响评价等涉水事项审批结果，建设项目使用林地及在林业部门管理的自然保护区建设审批结果，城市新

建民用建筑修建防空地下室审批、城市新建民用建筑易地修建防空地下室审批、城市地下空间开发（含地铁项目）兼顾人防需要审批结果等信息。

责任单位：省、市、县（区）发改、经信、国土、海洋渔业、环保、住建（城乡规划）、交通运输、水利、农业、林业、人防、国有自然资源资产管理、文物、气象、地震等部门

（三）招标投标信息：资格预审公告、招标公告、中标候选人公示、中标结果公示、合同订立及履行情况、招标投标违法处罚等信息。

责任单位：省、市、县（区）经信、住建、交通运输、水利、商务等相关行业主管部门及监督部门

（四）征收土地信息：征地告知书以及履行征地报批前程序的相关证明材料、建设项目用地呈报说明书、农用地转用方案、补充耕地方案、征收土地方案、供地方案、农用地转用和土地征收批复文件、征地批后实施中征地公告、征地补偿安置方案公告等信息。

责任单位：省、市、县（区）国土、国有自然资源资产管理等部门

（五）重大设计变更信息：项目设计变更原因、主要变更内容、变更依据、批准单位、变更结果等信息。

责任单位：省、市、县（区）发改、经信、住建、交通运输、水利等相关重大设计变更批准单位

（六）施工有关信息：项目法人单位及其主要负责人信息，设计、施工、监理单位及其主要负责人、项目负责人信息、资质情况，施工单位项目管理机构设置、工作职责、主要管理制度，施工期环境保护措施落实情况等信息。

责任单位：省、市、县（区）住建、交通运输、水利等相关行业主管部门

（七）质量安全监督信息：质量安全监督机构及其联系方式、质量安全行政处罚情况等信息。

责任单位：省、市、县（区）住建、交通运输、水利、人防等相关行业主管部门及质量安全监督部门

（八）竣工有关信息：竣工验收时间、工程质量验收结果，竣工验收备案时间、备案编号、备案部门、交付使用时间，竣工决算审核单位、审核结果、财务决算金额等信息。

责任单位：省、市、县（区）住建、交通运输、水利、海洋渔业、人防等相关部门

各市、县（区）人民政府、省有关部门应当参照本实施意见明确的内容，聚焦社会关注度高、与群众切身利益密切相关的项目，按照职责分工制定公开清单（见附件），明确本地区、本部门相关领域信息公开重点，进一步细化公开事项、内容、时限、方式、责任主体、监督渠道等，纳入主动公开基本目录，建立清单管理制度，不断加大公开力度。

责任单位：省有关部门，各设区市人民政府、平潭综合实验区管委会及相关部门

二、加强多方联动，拓展公开渠道

各级政府和有关部门要通过报刊、政府公报、政府网站、新媒体平台、新闻发布会等及时公开各类项目信息，并及时回应公众关切。充分利用投资项目在线审批监管平台、公共资源交易平台、“信用福建”网站等，推进重大建设项目批准和实施领域信息共享和公开。推动将重大建设项目批准和实施过程中产生的信用信息纳入全国信用信息共享平台，可向社会公开的，依法依规在各地区信用网站和“信用中国”网站公开。畅通依申请公开渠道，确保相关工作有序开展。各级行业主管部门要指导督促项目法人单位利用现场公示、网站公布等多种渠道对项目信息进行公开，方便公众查询和社会监督。

责任单位：省有关部门，各设区市人民政府、平潭综合实验区管委会及相关部门

三、增强公开时效，回应社会关切

重大建设项目批准和实施过程中产生的政府信息，确定为主动公开的，应严格按照《中华人民共和国政府信息公开条例》规定，自政府信息形成或变更之日起20个工作日内予以公开；确定为依申请公开的，应严格按照法定时限答复申请人；除法律法规另有规定外，行政许可、行政处罚事项应自作出行政决定之日起7个工作日内上网公开。法律、法规、规章对项目法人单位公开项目信息作出明确规定的，各级政府和有关部门要引导和监督项目法人单位依法按时公开项目信息；

法律、法规、规章未作出明确规定的，鼓励项目法人单位及时公开项目信息。

责任单位：省有关部门，各设区市人民政府、平潭综合实验区管委会及相关部门

四、强化组织保障，完善监管考核

（一）健全组织协调机制。各级政府和有关部门要高度重视，把重大建设项目批准和实施领域政府信息公开作为全面深化政务公开工作的重要内容和有力抓手，注重以点带面、示范带动，以公开提升项目批准、实施的透明度和效率，保障人民群众合法权益。省政府办公厅、省发改委牵头会同省直有关部门建立协调机制，明确责任分工，细化工作目标和措施，确保各项任务落到实处。各设区市人民政府、平潭综合实验区管委会要结合实际，制定本地区重大建设项目批准和实施领域政府信息公开的工作方案或实施细则，并于2018年5月底前报省政府办公厅。

（二）完善监督管理措施。各设区市人民政府、平潭综合实验区管委会、省发改委要定期对本地区、省直有关部门重大建设项目批准和实施领域信息公开工作开展监督检查，主要包括政府信息、项目法人信息的公开内容、公开渠道和公开时效等，并将检查结果每年12月上旬报省政府办公厅。各设区市人民政府、平潭综合实验区管委会、各有关部门应将本地区、本部门相关领域工作进展情况在政府信息公开工作年度报告中公布，主动接受社会公众、新闻媒体的监督。

（三）加大考核通报力度。各级政府和有关部门要把重大建设项目批准和实施领域政府信息公开工作作为政务公开工作绩效考核的重要内容，按照政务公开工作绩效考核相关规定，加大考核力度。对工作推动有力、取得明显成效的单位，要予以通报表扬；对未按照相关规定和要求履行职责的，要通报批评，并在年度考核中予以体现。

附件：重大建设项目批准和实施领域政府信息公开清单

福建省人民政府办公厅

2018年4月3日

（此件主动公开）

附件

重大建设项目批准和实施领域政府信息公开清单

序号	重点公开事项	公开主要内容	公开时限	公开方式（渠道）	公开责任主体	监督渠道	备注
1	批准服务信息	申报要求、申报材料清单、批准流程、办理时限、受理机构联系方式、监督举报方式等	实时公开	省网上办事大厅，投资项目在线审批监管平台，相关批准部门行政服务中心、门户网站等	省、市、县（区）发改、经信、国土、海洋渔业、环保、住建（城乡规划）、交通运输、水利、农业、林业、人防、文物、地震和市、县（区）气象等相关部门	社会公众、新闻媒体等	
2	批准结果信息						
	（1）	政府投资项目建议书审批结果、可行性研究报告审批结果	信息形成或变更之日起20个工作日内	省网上办事大厅，投资项目在线审批监管平台，行政服务中心，门户网站等	省、市、县（区）发改部门	社会公众、新闻媒体等	
	（2）	企业投资项目核准结果	信息形成或变更之日起20个工作日内	省网上办事大厅，投资项目在线审批监管平台，行政服务中心，门户网站等	省、市、县（区）发改、经信部门按职责分工负责	社会公众、新闻媒体等	
	（3）	固定资产投资项目节能审查意见	信息形成或变更之日起20个工作日内	省网上办事大厅，投资项目在线审批监管平台，行政服务中心，门户网站等	省、市、县（区）发改、经信部门按职责分工负责	社会公众、新闻媒体等	
	（4）	招标事项审批核准结果	信息形成或变更之日起20个工作日内	省网上办事大厅，投资项目在线审批监管平台，行政服务中心，门户网站等	省、市、县（区）发改、经信部门按职责分工负责	社会公众、新闻媒体等	
	（5）	初步设计文件审批结果	信息形成或变更之日起20个工作日内	省网上办事大厅，投资项目在线审批监管平台，行政服务中心，门户网站等	省、市、县（区）发改、交通运输、水利、农业和市、县（区）住建等相关部门	社会公众、新闻媒体等	（1）高速公路、国道、航道（防洪堤）初步设计文件审批结果，高速公路、航道（防洪堤）施工图设计文件审批结果，公开时限为自批复之日起7个工作日内。（2）单个项目总投资3000万元以上农业基本建设项目，公开时限为自批复之日起10个工作日内。

续表

序号	重点公开事项	公开主要内容	公开时限	公开方式（渠道）	公开责任主体	监督渠道	备注
	(6)	建设项目选址意见审批结果、建设用地规划许可审批结果、建设工程规划类许可审批结果	信息形成或变更之日起20个工作日内	省网上办事大厅，投资项目在线审批监管平台，行政服务中心，门户网站等	省、市、县（区）住建（城乡规划）相关部门	社会公众、新闻媒体等	
	(7)	施工许可（开工报告）审批结果	信息形成或变更之日起20个工作日内	省网上办事大厅，投资项目在线审批监管平台，行政服务中心，门户网站等	省、市、县（区）交通运输和市、县（区）住建（城乡规划）等相关部门	社会公众、新闻媒体等	高速公路施工许可为自批复之日起7个工作日内
	(8)	建设项目用地预审结果	依申请公开	依申请公开	省、市、县（区）国土部门	社会公众、新闻媒体等	
	(9)	建设项目用海预审意见	依申请公开	依申请公开	省、市、县（区）海洋渔业部门	社会公众、新闻媒体等	
	(10)	海域、无居民海岛使用批复	信息形成或变更之日起20个工作日内	省网上办事大厅，投资项目在线审批监管平台，行政服务中心，门户网站等	省、市、县（区）海洋渔业部门	社会公众、新闻媒体等	
	(11)	海洋工程建设项目环境影响报告书审查意见	信息形成或变更之日起20个工作日内	省网上办事大厅，投资项目在线审批监管平台，行政服务中心，门户网站等	省、市、县（区）海洋渔业部门	社会公众、新闻媒体等	
	(12)	环境影响评价审批文件	信息形成或变更之日起20个工作日内	省网上办事大厅，投资项目在线审批监管平台，行政服务中心，门户网站等	省、市、县（区）环保部门	社会公众、新闻媒体等	
	(13)	取水许可、水土保持方案、洪水影响评价等涉水事项审批结果等	信息形成或变更之日起20个工作日内	省网上办事大厅，投资项目在线审批监管平台，行政服务中心、门户网站等	省水利厅	社会公众、新闻媒体等	

续表

序号	重点公开事项	公开主要内容	公开时限	公开方式（渠道）	公开责任主体	监督渠道	备注
	（14）	建设项目使用林地及在林业部门管理的自然保护区建设审批	实时公开	省网上办事大厅，投资项目在线审批监管平台，行政服务中心，门户网站等	省林业厅和省国有自然资源资产管理局	社会公众、新闻媒体等	
	（15）	城市新建民用建筑修建防空地下室审批结果、城市新建民用建筑易地修建防空地下室审批结果、城市地下空间开发（含地铁项目）兼顾人防需要审批结果	信息形成或变更之日起20个工作日内	行政服务中心，门户网站等	项目所在市、县（区）人防部门	社会公众、新闻媒体等	
	（16）	重大建设工程文物保护和考古调查、勘探结果	信息形成或变更之日起20个工作日内	省网上办事大厅，投资项目在线审批监管平台，行政服务中心，门户网站等	省、市、县（区）文物部门	社会公众、新闻媒体等	
	（17）	防雷装置设计审核	信息形成或变更之日起20个工作日内	省网上办事大厅，投资项目在线审批监管平台，行政服务中心，门户网站等	项目所在市、县（区）气象部门	社会公众、新闻媒体等	
	（18）	地震安全性评价	信息形成或变更之日起20个工作日内	省网上办事大厅，投资项目在线审批监管平台，行政服务中心，门户网站等	省、市、县（区）地震部门	社会公众、新闻媒体等	
3	招标投标信息						
	（1）	资格预审公告、招标公告、中标候选人公示、中标结果公示、合同订立及履行情况	信息形成或变更之日起20个工作日内	省公共资源交易电子公共服务平台，以及国家或省指定媒介	招标人	社会公众、新闻媒体等	
	（2）	招标投标违法处罚信息	处罚作出之日起7个工作日内	门户网站	省、市、县（区）经信、住建、交通、运输、水利、商务等行业主管部门及监管部门	社会公众、新闻媒体等	

续表

序号	重点公开事项	公开主要内容	公开时限	公开方式（渠道）	公开责任主体	监督渠道	备注
4	征收土地信息	征地告知书以及履行征地报批前程序的相关证明材料、建设项目用地呈报说明书、农用地转用方案、补充耕地方案、征收土地方案、供地方案、农用地转用和土地征收批复文件、征地批后实施中征地公告、征地补偿安置方案公告等	信息形成、变更或省级公开用地批复之日起10个工作日内	省级征地信息平台，各级政府及相关部门门户网站	省、市、县（区）国土部门和省国有自然资源资产管理局	社会公众、新闻媒体等	（1）农用地转用和土地征收批复文件，国务院批准的在收到批文之日起10个工作日内，省政府批准的在批复之日起20个工作内；征地告知书、“一书四方案”（或“一书三方案”）等信息，由市、县国土资源主管部门在省级公开用地批复文件后，10个工作日内；征地批后公告、征地补偿安置方案公告等征地实施信息，由市、县国土资源主管部门在有关信息批准或形成生效之日起10个工作日内
5	重大设计变更信息	项目设计变更原因、主要变更内容、变更依据、批准单位、变更结果等	信息形成或变更之日起20个工作日内	省网上办事大厅，投资项目在线审批监管平台，行政服务中心，门户网站等	省、市、县（区）发改、经信、交通运输、水利和市、县（区）住建等相关重大设计变更批准单位	社会公众、新闻媒体等	
6	施工有关信息	项目法人单位及其主要负责人信息，设计、施工、监理单位及其主要负责人、项目负责人信息、资质情况，施工单位项目管理机构设置、工作职责、主要管理制度，施工期环境保护措施落实情况等	实时公开	省网上办事大厅，门户网站，施工现场等	省、市、县（区）交通运输、水利和市、县（区）住建等相关行业主管部门	社会公众、新闻媒体等	
7	质量安全监督信息						

续表

序号	重点公开事项	公开主要内容	公开时限	公开方式（渠道）	公开责任主体	监督渠道	备注
	（1）	质量安全监督机构及其联系方式等	信息形成或变更之日起20个工作日内	门户网站等	省、市、县（区）住建、交通运输、水利厅、人防等相关行业主管部门及质量安全监督部门	社会公众、新闻媒体等	
	（2）	质量安全行政处罚情况	作出行政处罚决定之日起7个工作日内	门户网站、"信用福建"网站等	省、市、县（区）住建、交通运输、水利厅、人防等相关行业主管部门和质量安全监督部门	社会公众、新闻媒体等	
8	竣工有关信息						
	（1）	竣工验收时间、工程质量验收结果，竣工验收备案时间、备案编号、备案部门、交付使用时间，竣工决算审核单位、审核结果、财务决算金额等	信息形成或变更之日起20个工作日内	省网上办事大厅，投资项目在线审批监管平台，门户网站等	省、市、县（区）住建、交通运输、水利等相关行业主管部门	社会公众、新闻媒体等	高速公路、国家重点水运工程项目竣工验收时间、竣工验收鉴定书公开时限为信息形成之日起7个工作日内
	（2）	防空地下室竣工验收时间、竣工验收结果、竣工验收备案时间、竣工验收备案编号、竣工验收备案部门等	信息形成或变更之日起20个工作日内	行政服务中心，门户网站等	项目所在市、县（区）人防部门	社会公众、新闻媒体等	
	（3）	填海造地工程竣工验收意见	依申请公开	依申请公开	省、市、县（区）海洋渔业部门	社会公众、新闻媒体等	

福建省人民政府办公厅关于加强出口食品农产品品牌培育提升工作的通知

闽政办网传〔2018〕2号

各设区市人民政府、平潭综合实验区管委会，省直有关单位，中央驻闽有关机构：

为提高我省出口食品农产品国际市场竞争力，经省政府领导同意，现就加强出口食品农产品品牌培育提升工作相关事项通知如下：

一、工作目标

通过培育提升，建立促进我省出口食品农产品品牌发展的长效机制，力争我省出口食品农产品品牌建设取得显著成效，企业品牌意识明显增强，品牌内涵明显提升，自主品牌产品出口占比明显提高，涌现一批在国际市场具有较强竞争力的知名品牌，品牌企业成为稳定我省外贸增长的中坚力量。

二、工作要求

（一）坚持政府引导、市场主导。结合各地产业优势和区域特点，科学谋划，整合资源，推动出口品牌健康发展，为当地优势产业迈向全球价值链中高端创造有利条件；以市场为导向，激发企业内生动力，引导企业转变竞争策略，从以价格竞争向扩大品牌影响力转变。

（二）坚持质量为基、典型示范。突出以质取胜，加强质量管理，夯实质量基础，培育自主品牌，引导产品和产业结构优化升级，以质量提升促进品牌发展，以品牌发展带动效益提升。通过质量品牌典型示范，带动更多企业参与品牌建设，不断扩大品牌建设企业的参与度与覆盖面。

（三）坚持标准引领、创新驱动。以标准为核心、以创新为动力，对标国际高水平，按照“企业品牌化、品牌标准化”的思路，将品牌标准提升作为品牌建设的关键，通过标准引领，推进技术创新、产品创新、管理创新和业态创新，推动企业构建品牌标准体系，培育具有核心内涵标准的自主品牌。

（四）坚持社会共治、协同推进。加强统筹规划，凝聚部门、企业、协会等各方共识与合力，各司其职，协同配合，推动形成横向联动、纵向落实、信息共享、齐抓共管的品牌建设工作格局，实现增品种、提品质、创品牌、赢市场。

三、工作任务

（一）巩固质量安全，夯实品牌基础

1. 完善公共体系建设。全面推进食品安全放心省建设，不断完善我省食品农产品质量安全公共管理；进一步深化出口食品农产品质量安全示范区建设，按照国际先进标准要求构建区域化管理体系，提升我省食品农产品质量安全整体保障水平。鼓励开展国家地理标志产品保护、生态原产地产品保护、农业标准化等示范区建设和认证，支持取得认证保护的产品纳入出口品牌建设，为促进出口食品农产品品牌建设创造良好的质量安全基础环境。

2. 强化全程监督管理。持续开展治理“餐桌污染”，强化从种植养殖源头到生产、销售全过程的质量安全监管，切实做好食品农产品质量安全风险监测和风险快速预警，提高风险防范能力。各地加强日常监督和年度考核，督促职能部门落实责任，确保各项监管措施落实到位。

3. 落实企业主体责任。做好对出口种植养殖企业和出口加工企业的备案管理、分类管理、信用管理等工作，督促企业有效落实主体责任。完善质量技术公共服务平台，积极为企业提供培训、检测、认证、咨询等服务，不断提升企业自检自控能力，全面提高出口企业质量安全管控水平。

（二）推进标准建设，增强品牌内涵

1. 完善管理体系。指导企业建立品牌长远发展规划，完善质量安全管理体系，夯实品牌发展基础条件。着力扶持发展茶叶、水果、蔬菜、食用菌、畜牧、水产等重点产业，选取具规模、上档次、有潜力的龙头企业，在初级农产品种植、养殖和加工过程中，积极推行国际通行的 GAP、GMP、HACCP、ISO9000、ISO22000 等管理体系，帮助企业健全完善生产技术规范和操作规程，督促指导企业管理体系的有效运行，鼓励企业开展相关体系认证及“三品一标”认证。

2. 建设品牌标准。抓住品牌标准核心，指导企业建立包含安全、质量、品质、工艺等要素在内的品牌标准体系。鼓励企业制定更为严格的企业品牌标准，申请企业专利，通过标准引领，增强品牌核心内涵，推进技术创新，创建自主品牌。

3. 构建区域品牌。在有条件的地区，地方政府根据当地产业特点，做好区域品牌产业发展规划，整合形成区域品牌标准，打造更具影响力和竞争力的区域品牌，推动区域品牌和企业品牌协同发展。出口食品农产品质量安全示范区将品牌培育提升作为示范区建设重要内容，打造出口示范区升级版，形成以标准、品牌、质量、效益为核心的出口竞争新优势。

（三）开展品牌宣传，扩大品牌影响

1. 加大品牌宣传力度。出口企业加大品牌宣传投入，讲好品牌故事，做好品牌营销。地方政府要加大区域品牌宣传，塑造良好的区域品牌形象。在重点出入境口岸试点设置自主品牌产品展销厅，在重点市场、新兴市场举办品牌展销、推介等活动，努力提高我省出口品牌在国际市场的影响力和竞争力。

2. 提升品牌推广能力。发挥行业协会桥梁作用，构建品牌服务平台，为企业提供品牌设计、品牌营销、品牌评价等专业服务。帮助企业培养引进品牌管理专业人才，大力推广先进营销理念、品牌管理模式和方法，重点增强企业在市场调研、产品定位、营销策划、传播宣传、公关服务等方面的能力和水平。相关部门要组织开展品牌知识培训和宣讲活动，提高企业品牌建设能力。

3. 推进“一标两市”工程。坚持“一套标准兼顾内外两个市场”原则，以出口标准为引领，推动内销与出口产品的标准并轨，依托质检总局“三同”公共服务平台，扩大出口品牌的社会影响力。鼓励出口品牌企业参与出口食品“三同”工程和示范企业创建，通过内外销市场的协同效应，促进企业品牌价值提升。

（四）加大政策扶持，促进品牌发展

1. 建立激励机制。各级政府特别是出口食品农产品示范区所在地政府做好本地区品牌建设发展规划，充分发挥各项品牌支持资金的作用，引导和扶持示范区建设和品牌发展。制定促进出口品牌发展的针对性措施，对年外贸业绩达到一定规模的企业品牌实施重点培育和鼓励扶持措施。实施质量品牌奖励制度，在出口退税、通关便利、资金扶持等方面给予更大支持。积极争取国家相关扶持政策，为品牌发展提供良好的政策服务环境。

2. 加大简政放权。加快职能转变，创新管理和服务方式，在注册备案、出口通关、对外注册推荐、原产地标识保护等方面实施便利措施。加大商事改革力度，实施“多证合一”等改革，简化行政审批事项，严格规范中介服务收费，推进行政许可标准化，优化审批流程，为品牌企业发展营造公平、规范、宽松的发展环境。

3. 实施品牌备案。检验检疫部门联合商务、农业、海洋渔业、质监等部门开展出口食品农产品品牌评价活动，经评价符合要求的由检验检疫部门予以备案。对备案品牌产品出口推行“即报、即核、即放”等通关便利措施。将自主品牌出口企业纳入企业质量信用分级分类管理，提升信用等级，带动企业品牌创建积极性。鼓励企业在海外实施品牌注册。加大冒用盗用企业自主出口品牌违法行为的打击力度，维护企业品牌形象和合法权益。

（五）促进扩大出口，实现品牌价值

1. 加强对外注册。指导帮助出口食品农产品品牌企业提升 HACCP、GAP 体系等先进管理体系应用水平，积极做好对国外推荐注册。对出口企业自主品牌加大对外推荐力度，拓宽对外注册国别、产品类别和企业数量，助推企业自主品牌打入国际市场。开展政府间双边或多边国际交流合作，积极参与认证认可国际标准规则制定和互认体系建设，推动与“一带一路”沿线国家标准转化或互认。

2. 培育品牌龙头。加强市场调研，摸清消费结构和需求，改进出口供给结构，减少原料出口占比，增加自主品牌产品出口，提高产品附加值。扶持品牌龙头企业开展精深加工，加快技术装备升级。支持品牌龙头企业利用技术、资源、品牌优势做大做强，促进资本向品牌集中、技术向品牌集成、人才向品牌集合，资源向品牌集聚，打造一批自主品牌龙头企业。

3. 搭建多元销售渠道。加快转变外贸方式，创新销售模式，尝试探索跨业态、跨领域商贸合作，拓展国际市场。搭建直销平台，支持品牌培育重点企业，按照“闽货供应商＋国际物流企业＋海外华人超市”模式，用好海外华人超市，建设海外直销网络平台，实现自主品牌“走出去”。搭建电商平台，依托电商平台扩大自主品牌宣传和产品销售，促进食品农产品出口贸易发展。

各级各有关部门要结合实际，研究细化具体措施，落实资金保障，强化考核管理，抓好组织实施。福建检验检疫局、厦门检验检疫局要牵头做好业务指导和协调工作，确保取得实效。

福建省人民政府办公厅

2018 年 1 月 11 日

（此件主动公开）

福建省人民政府办公厅关于推进绿色发展质量兴茶八条措施的通知

闽政办〔2018〕44 号

各市、县（区）人民政府，平潭综合实验区管委会，省人民政府各部门、各直属机构，各大企业，各高等院校：

为加快转变茶产业发展方式，全面推进绿色发展，实现质量兴茶、品牌强茶，现提出以下措施：

一、完善发展规划，促进绿色布局

坚持“一稳定、三提高”的总体发展思路，到 2022 年，全省茶叶面积稳定在 380 万亩左右，茶叶质量效益、产业竞争力、产业持续发展能力显著提高。立足当地茶业资源禀赋，坚持市场导向，深化供给侧结构性改革，完善茶产业规划，因地制宜，适地适种，适销适产，调整茶类结构，优化区域布局，适当增加乌龙茶、红茶、白茶比例，稳定茉莉花茶生产，调减绿茶份额，大力开发名优茶和特色茶。

责任单位：各市、县（区）人民政府，省农业厅

二、生态保护优先，突出绿色建园

坚持生态保护优先的原则，推进产业与生态相协调。严禁毁林种茶。严禁在坡度 25 度以上及水土流失严重、生态脆弱的山地新开垦茶园。无法进行生态改造的陡坡茶园，应当退茶还林。建设生态茶园，综合采取种树、留草、间作、套种、疏水、筑路、培土等措施，保持茶园水土，改善茶园生态，维护生态平衡，保护和增加生物多样性。到 2022 年，生态茶园占全省茶园面积 80% 以上。

责任单位：各市、县（区）人民政府，省农业厅、林业厅

三、优化农艺措施，推动绿色生产

加强茶树优异种质资源保护与利用，加快选育推广特色明显、抗性显著、品质优异的茶树新品种。强化茶园科学管理，倡导茶树健身栽培，及时采取适时修剪、分批采摘、中耕培土、冬季清园等措施，培育“茂大壮”茶树。严禁高度密植和过度矮化等掠夺性生产方式。全面推广有机肥替代化肥，鼓励茶园套种绿肥，增施有机肥，有效改良土壤，增强地力，促进提质增效，到 2022 年全省推广有机肥茶园面积超过 90%。全力推进茶园病虫害绿色防控，加强监测预警，强化统防统治，综合应用生态调控、农艺改良、物理防控、生物防治等措施，确保产品质量安全，到 2022 年全省茶园绿色防控全覆盖。

责任单位：各市、县（区）人民政府，省农业厅

四、推行清洁加工，提升绿色品质

提升茶叶加工水平，按照“生产环境清洁化、加工燃料清洁化、加工设备清洁化、加工流程清洁化”的要求，制定《福建省茶叶初制厂清洁化生产规范》，组织开展茶叶初制加工厂升级改造，重点推广电、气等能源和茶叶初制加工不落地机械化自动化生产线、自动化萎凋设备、离地晒晾青设备等，提高茶叶绿色加工的能力与水平，力争到 2022 年，全省茶叶初制加工厂全部完成升级改造。鼓励涉茶企业新建、扩建连续化自动化标准化精制加工生产线，引导品牌茶叶进行系列化多样化开发，提升产品档次。支持茶叶精深加工，

提取、利用茶多酚、茶多糖、茶色素等有效成分，鼓励开发茶饮料、茶日用品和茶保健品。

责任单位：各市、县（区）人民政府，省农业厅、经信委

五、加快科技创新，突出绿色支撑

加快茶产业发展核心技术的研究与推广。积极开展茶树优良品种选育与应用、生态茶园建设、有机肥替代化肥、茶树病虫害绿色防控、产地品质识别等关键技术攻关和成果转化。集成组装“有机肥+配方肥”、伏季休茶、光伏萎凋、茶叶初制加工自动化生产等技术模式，推广茶园耕作、栽培、采摘等先进机械。推进茶业产学研协作，加快茶叶大数据的研究和应用，应用物联网技术，建设智慧茶园，提升茶业绿色管理水平。

责任单位：省科技厅、农业厅、发改委、农科院、福建农林大学

六、严格质量管控，强化绿色保障

坚持质量兴茶，效益优先，促进茶业由增产导向向提质导向转变。进一步完善福建省农资监管平台，推行投入品登记备案和实名购买制度，提升茶园投入品信息化管理水平。全面落实茶叶生产主体质量安全责任，严格执行茶叶生产和销售记录档案制度，强化产品出厂检验。加快推进“一品一码”全过程追溯体系建设，实行源头赋码、标识销售。加大茶叶产品抽检力度，严厉打击违法使用禁限用农药的行为。建立茶叶病虫防治监督机制，实行有奖举报制度，推动茶叶生产主体严格自律、互相监督，自觉不使用化学农药。

责任单位：各市、县（区）人民政府，省农业厅、供销社

七、培育壮大龙头，打响绿色品牌

做强做大茶叶龙头，通过合资合作、兼并重组等方式打造“茶产业航母”，增强龙头企业对产业发展的支撑带动作用。组建福建茶产业绿色发展联盟，推进行业自律、信息共享、标准统一。培育茶业新兴业态，推行多样化营销，同步推进线上线下销售，支持开展特色农业小镇、茶庄园、茶旅游等三产融合发展模式。深入开展“清新福建 多彩闽茶”“闽茶海丝行”等主题宣传推介活动，加大品牌培育力度，着力提升安溪铁观音、武夷岩茶、福鼎白茶、政和白茶等茶叶区域公用品牌，打造一批具有全国影响的企业品牌，扩大品牌效应，增强闽茶品牌知名度、美誉度和忠诚度。

责任单位：各市、县（区）人民政府，省农业厅、商务厅、经信委、旅发委

八、加强政策扶持，加快绿色发展

各级各有关部门要围绕绿色发展质量兴茶的总体目标，出台扶持政策，整合项目资金，着力推进茶产业绿色发展。省级财政要统筹整合涉农资金，加大对生态茶园建设、茶树病虫害绿色防控、有机肥替代化肥、茶叶初制厂清洁化升级改造、自动化精深加工设备引进等的扶持力度。省发改委、科技厅要把绿色发展质量兴茶相关技术作为科研和成果转化的重点。人行福州中心支行、福建银监局、福建保监局要积极引导金融机构落实茶叶绿色发展的金融政策，加大信贷投放力度，推进茶叶自然灾害保险。

责任单位：各市、县（区）人民政府，省发改委、科技厅、财政厅、农业厅，人行福州中心支行、福建银监局、福建保监局

福建省人民政府办公厅

2018年5月20日

（此件主动公开）

福建省人民政府办公厅关于推进全省工程建设项目审批制度改革的若干意见

闽政办〔2018〕87 号

各市、县（区）人民政府，平潭综合实验区管委会，省人民政府各部门、各直属机构，各大企业，各高等院校：

为贯彻落实党中央和国务院关于深化“放管服”改革、优化营商环境的决策部署，根据《国务院办公厅关于开展工程建设项目审批制度改革试点的通知》（国办发〔2018〕33 号）和省委办公厅、省政府办公厅《关于印发〈福建省提升营商环境行动计划〉的通知》明确的目标任务，结合我省实际，经省政府同意，现就推进我省工程建设项目审批制度改革工作提出以下意见：

一、改革目标

（一）对工程建设项目审批制度进行全流程全覆盖改革。在审批流程上，涵盖从立项到竣工验收以及水、电、气、通信、广电网络等公共设施接入服务全过程；在工程项目类别上，覆盖房建市政工程、交通工程和水利工程，除特殊工程和交通、水利、能源等领域的重大工程外，都纳入改革范围，既覆盖政府投资工程，也覆盖社会投资工程；既覆盖新建改建扩建工程，也覆盖装饰装修工程；在办理事项上，既覆盖行政许可等审批事项，也覆盖技术审查、中介服务以及备案等事项。到2018 年底，厦门市完成工程建设项目审批制度改革试点任务，率先建成工程建设项目审批制度框架和管理系统。全省其他市、县（区）学习借鉴复制厦门试点经验和平潭综合实验区工程建设项目“四个一”审批模式，加快推进全省工程建设项目审批制度改革，实现审批流程再优化，审批环节再减少，全流程审批时间再压缩。房建市政工程项目审批时间压减一半以上，其中：政府投资项目减至 90 个工作日以内，社会投资项目减至 70 个工作日以内，小型投资项目减至 50 个工作日以内，装饰装修工程减至 20 个工作日以内。交通工程项目，审批时间压缩 60% 以上，减至 90 个工作日以内。水利工程项目审批时间由目前平均 260 个工作日减至 90 个工作日以内。

（二）2019 年，全省总结复制推广厦门试点经验，在确保工程质量和建设品质的前提下，最大限度简化事前审批环节，建立以信用监管为核心的事中事后监管新机制。在省、市、县（区）三级推广使用厦门工程建设项目审批管理系统。选择若干个县（市、区）开展农村工程建设项目审批制度改革工作。

（三）2020 年，实现“四个统一”：统一审批流程、统一数据平台、统一审批体系、统一监管方式，基本建成全省统一的工程建设项目审批和管理体系，做到省、市、县（区）三级审批平台横向纵向互联互通，审批过程和结果实时推送。

二、改革措施

（一）再造审批流程

1. 优化审批阶段。工程建设项目审批流程划分为立项用地规划许可、工程建设许可、施工许可、竣工验收等四个阶段；装饰装修工程审批流程包括施工许可、竣工验收等两个阶段。各地可按照“只少不多”原则，对审批阶段进行简化优化。其中：

（1）房建市政工程项目立项用地规划许可阶段主要包括项目审批核准备案、选址意见书核发、用地预审、用林审核、用地规划许可等；工程建设许可阶段主要包括设计方案审查、建设工程规划许可证核发等；施工许可阶段主要包括消防、人防等设计审核确认和施工许可证核发等；竣工验收阶段包括规划、土地、消防、人防等验收及竣工验收备案等。其他行政许可、涉及安全的强制性评估、中介服务、市政公用服务以及备案等事项按照工程建设项目序时进度，纳入相关阶段办理或与相关阶段并行推进。

（2）交通工程项目立项用地规划许可阶段主要包括选址意见书核发、用地预审、用海预审、行业意见、航道通航条件影响评价、可研报告批复等；工程建设许可阶段主要包括初步设计或一阶段施工图设计审批；施工许可阶段主要包括用林审核、用地批准手续、施工许可等；竣工验收阶段主要包括档案、环保、水保等单项验收或备案、竣工验收。

环境影响评价、海洋环境影响评价意见、防洪论证、水土保持方案审核、压覆矿产资源批复、通航安全评估、建设用地规划许可、建设工程文物保护和考古许可、岸线使用审批等其他许可、评估事项按照工程建设项目序时进度，纳入相关阶段办理或与相关阶段并行推进。

（3）水利工程项目立项用地规划许可阶段主要包括行业审查、移民安置规划审核、用地预审、规划选址、可研报告批复等；工程建设许可阶段主要包括取水许可、初步设计文件审查批复；施工许可阶段主要包括环境影响评价意见、洪水影响评价审批、水土保持方案审批、用地审核、用林审核、地震安全性评价、建设工程文物保护和考古许可等；工程验收阶段主要包括阶段验收和竣工验收。阶段验收主要包括枢纽工程导截流验收、水库下闸蓄水验收、引调排水工程通水验收、水电站（泵站）机组启动验收、部分工程投入使用验收等；竣工验收主要包括移民安置、水土保持设施、环境保护、工程档案等专项验收以及竣工决算审计。

2. 精简审批事项。清理不符合上位法和不合规的审批事项，凡无法律法规依据、自行设定的前置审批事项及审批所涉及的中介服务事项，一律取消。对保留的审批事项，减少审批前置条件，公布审批事项清单。凡是能由部门内部或部门共享获得的信息不再以审批或备案的形式要求申请人提供，转变为部门内部工作，强化审批服务及事中事后监管。

3. 调整审批时序。地震安全性评价在工程设计前完成即可，防洪论证、水土保持方案审批等其他评价事项在施工许可前完成即可。用地预审意见可作为使用土地证明文件申请办理建设工程规划许可证，用地（含林地、湿地）、用海批准等手续在施工许可前完成即可。将供水、供电、燃气、排水、通信、广电网络等市政公用基础设施报装提前到施工许可证核发后办理，在工程施工阶段完成相关设施建设，竣工验收后直接办理接入事宜。未经验收、验收不合格的，整改完成后再办理接入事宜。其中：施工用水用电手续在用地预审或签订土地出让合同后即可办理，供水、供电部门应在施工许可前配合完成施工用水用电接入事宜。

4. 实行并联审批。各阶段中的审批事项不互为前置、实行并联办理。每个阶段实行一家牵头、一张表单、一套机制、一份指南的审批模式，由牵头部门组织协调相关部门严格按照限定时间完成审批，做到一口受理、并联审批、限时办结、信息共享。其中：①立项用地规划许可阶段：对实行审批或核准管理的项目按照谁审批核准、谁负责牵头的原则，分别由发改、工信部门牵头；实行备案管理的项目由规划部门牵头。②工程建设许可阶段：房建市政工程项目由规划部门牵头；交通工程项目由交通运输部门牵头；水利工程项目由水利部门牵头。③施工许可阶段和竣工验收阶段：房建市政工程项目由建设部门牵头；交通工程项目由交通运输部门牵头；水利工程项目由水利部门牵头。④每个阶段由牵头部门建立工程项目阶段审批联合协调机制，制定统一的办事指南、申报表格，实行统一收件。实行牵头部门首接办件负责制，牵头部门负责组织各相关部门对有关申请事项进行协调或会审，相关部门应在承诺时限内，依法做出审查意见。同一阶段各相关部门逾期未做出审查意见，视为默认同意，因此出现的问题，牵头部门不承担相应责任，由逾期部门承担。

（二）完善审批体系

1．“一张蓝图”统筹项目实施。各市、县要加快建立“多规合一”业务协同平台，统筹各类规划。以“多规合一”的“一张蓝图”为基础，统筹协调各部门提出项目建设条件，建设单位负责落实建设条件要求，相关部门加强监督管理和考核评估。

2．“一个系统”实施统一管理。在现有信息平台基础上，按照国务院关于工程项目审批制度改革要求和再造的审批流程，通过整合提升，打造形成全省工程建设项目审批管理系统，覆盖各部门和市、县（区）、乡镇（街道）各层级，实现统一受理、并联审批、实时流转、跟踪督办、信息共享，审批全过程由各相关部门在线办理。其中，涉密工程按照有关保密要求执行。审批管理系统要与“多规合一”业务协同平台、各部门审批管理系统等信息平台互联互通，做到审批过程、审批结果实时传送。通过工程建设项目审批管理系统，加强对工程建设项目审批工作的指导和监督管理。

3．“一个窗口”提供综合服务。各市、县（区）要整合各部门和市政公用单位分散设立的服务窗口，设立工程建设项目审批综合服务窗口。建立完善“前台受理、后台审核”机制，综合服务窗口统一收件、出件，实现“一个窗口”服务和管理。

4．“一张表单”整合申报材料。各审批阶段均实行“一份办事指南，一张申请表单，一套申报材料，完成多项审批”的运作模式，牵头部门制定统一的办事指南和申报表格，每一个审批阶段申请人只需提交一套申报材料。不同审批阶段的审批部门应当共享申报材料和信息，不得要求申请人重复提交。

5．“一套机制”规范审批运行。建立健全工程建设项目审批配套制度，按房建、市政、交通、水利等工程类别编制审批流程图，明确部门职责，明晰工作规程，规范审批行为，确保审批各阶段、各环节无缝衔接。建立审批协调机制，协调解决部门意见分歧。建立督办督查制度，实时跟踪审批办理情况，对全过程实施督查。

（三）精简各阶段审批手续

1．精简立项用地规划许可阶段手续

（1）加强各类空间规划的协调衔接，推动“多规合一”。建立健全出让用地建设条件一次性集成公布、企业按条件建设、各部门依法监管的工作机制。用地建设条件应包括规划条件和人防、消防、绿色建筑等指标要求。实行选址意见书和用地预审意见联动办理。实行建设用地规划许可即时办理制度，招拍挂出让用地项目的建设用地规划许可证不再作为依申请事项，由规划部门在签订土地出让合同时，将建设用地规划许可证一并发给项目业主单位；划拨地项目的建设用地规划许可证凭项目批准、核准或备案文件即时办理。

（2）强化项目前期策划生成。各级政府按照项目3年滚动要求安排项目前期经费，确定一个部门牵头建立项目库。实行“一次征询”明确建设条件，由该牵头部门在工程建设项目首个审批阶段前，征询各相关部门意见后，一次性明确建设条件和审批方式，明确管理指标要求，细化涉及风貌保护、基础设施保护、安全保护项目特别论证的标准、程序和路径，做到“一次征询、一文告知”。针对城市控规明确的公共基础设施和社会事业项目，提前开展项目所涉及的环保、林地（湿地）、用地、地质灾害、占用砂石土、水土流失、海域使用等方面的前期论证评估。项目业主单位确定后，直接办理立项、用地预审、用海、用林审核、用地规划许可手续。经策划生成的项目，在审批阶段不允许擅自改变建设条件。对于未提前做前期策划论证评估的项目，创新优化投资项目评估审批流程，将各项目评估评价关键指标要素整合为一表，由各级政府确定一个部门实行统一受理、统一对有关评估评价关键指标要素进行审查，评估后需要主管部门召开专家评审会的，统一由各市、县（区）发改部门在可研批复时统一组织会审，以压缩审批时间。

（3）开展项目区域评估。推行由政府分区域统一组织对土地勘测、矿产压覆、水土保持、文物保护、洪水影响、气候可行性、地震安全性、地质灾害危险性、环境影响、节能评价、通航安全等事项实行区域评估，评估成果公开共享，以节省按项目分别进行评估所花时间。各类开发区按照中央关于深入推进审批服务便民化的要求，统一组织实行区域评估，替代按项目分别进行评估，切实减轻企业负担。对已经实施区域评估的，在该区域内的工程建设项目，相应的评估审批事项实行告知承诺制。对于不符合或需要突破区域评估结果的，相关审批事项按照原有规定程序办理。

2. 精简工程建设许可阶段手续

（1）精简工程项目土地证明文件。属于国有存量土地再利用的，可提交不动产权证（或房地产权证、国有土地使用证）或县级以上人民政府批准文件；属于新供应国有土地建设开发的，可提交国有土地划拨决定书或国有土地使用权出让合同及建设用地批准书；属于利用集体建设用地建设的，可提交建设用地批准书或县级以上人民政府批准用地文件。

（2）推行规划许可告知承诺制审批。对前期论证评估充分、规划条件明确的项目以及教育、医疗卫生、文化、体育、社会福利、工业厂房、政府投资的重点工程等七类建设项目，建设工程规划许可证实行告知承诺制审批；有条件的市、县（区），对其他建设项目，也可推行规划许可告知承诺制审批。项目建设单位按照规划部门告知的具体要求做出书面承诺并按要求提供资料的，规划部门直接做出审批决定。

（3）强化工程建设许可阶段的联合技术指导服务。由规划部门牵头，人防、消防、地质灾害防治、气象、市政配套设施、园林绿化、海绵城市建设以及供水、排水、供电、燃气、广电网络、通信等市政公用服务部门在工程建设许可阶段主动服务，对设计方案及后续的施工图设计提出意见，规划部门充分吸收各部门的意见，统筹协调纳入工程规划许可批复中，其他部门不再对设计方案进行单独审查。

（4）简化建筑设计方案评审。引导各地建立建筑设计方案评审专家委员会。规划部门制定设计方案评审项目分类管理负面清单，除重要区域、敏感地段各类建筑和重要公共建筑、标志性建筑的设计方案由规划部门组织评审外，其他建筑的设计方案重点评审景观艺术及风貌，原则上由业主单位自行委托组织专家委员会进行审查，规划部门不再组织评审。经2/3以上专家投票赞成的建筑设计方案，规划部门予以审批通过。同时，将专家组评审意见公布，提高公信力。

（5）合并施工期间规划放样验线手续。取消“建设项目开工前的规划验线”及“建设工程基础施工达到设计标高时复测检查”单独申报环节，将“建筑物放线（单体放样）”与“建设项目开工前的规划验线”事项合并办理，将“建筑物验线（±0.00验线）”与“建设工程基础施工达到设计标高时复测检查”事项合并办理。申请人只需申请“建筑物验线（±0.00验线）”、“建筑物放线（单体放样）”事项，由测绘单位将放样测绘成果共享给规划部门，规划部门依职权进行事中事后监管及双随机抽查。

（6）防空地下室防护专项审核告知服务事项不再作为依申请事项，转变为人防部门内部工作环节。取消项目临时用水的申请环节，取消项目施工用电及正式用电的申请环节，取消项目用气和广电信号接入的申请环节，由供水、供电、供气、广电网络部门在工程建设许可阶段的联合技术指导服务中提前指导项目使用水、电、气和广电信号的接入方案，减少后期设计反复。

3. 精简施工许可阶段手续

（1）推行施工许可证网上办理。将工程质量安全监督手续与施工许可证办理合并，不再进行施工场地踏勘。简化施工许可证办理申请材料。施工图审查合格后，建设单位凭施工合同和落实工程质量安全措施的承诺，办理施工许可证，建设部门同步安排质量安全监督工作，办理施工许可需提交的用地批准手续文件、工程规划许可证明材料、消防设计审核意见书等相关审批文件由建设部门通过部门信息共享获取。

（2）推行多审合一。将房屋建筑（含装修装饰）的施工图审查和消防设计、规划条件落实情况、人防防护设计、防雷装置设计、电信配套设施设计等技术审查统一委托同一家施工图审查机构审查，施工图审查机构应依据各类技术原审查部门的审查标准要求进行审查。实行电子图审，施工图审查各环节都在网络上进行，实现设计文件实时传输、在线审查，将审查结果推送建设、人防、通信等部门，在互认图审结果的基础上，对施工许可审批、消防设计审查、人防防护设计审查进行并联审批。

(3) 取消部分备案事项及相关申报材料。取消施工合同备案、建筑节能设计审查备案等备案事项；取消建设单位资金到位证明、农民工工伤保险证明、施工现场视频监控安装协议、无拖欠工程款承诺书等申报材料，改由建设主管部门通过事中事后监管予以落实。

4. 精简竣工验收阶段手续

(1) 推行多测合一。由自然资源部门牵头制定“多测合一”综合技术标准，规划、人防等有关部门根据各自职责提出本部门竣工验收监管所需的测绘内容清单和技术要求，纳入综合技术标准。项目所涉及的土地、规划、房产等测量（包括开工前的土地、规划测量和竣工后的土地、规划核验，房产实测等测量），改成由建设单位实行“一次委托、统一测绘、成果共享”。

(2) 实行联合核验。建设项目竣工后，各部门不再单独核验，由建设部门组织土地、规划、人防、市政公用（包括水、电、气、通信、广电网络）等部门和单位统一进行现场查验，统一形成现场查验意见之后，限时出具验收结论，建设单位统一领取。

(3) 取消“建设项目配套的市政工程设施竣工验收事项”“建设项目的附属绿化工程绿地率竣工验收事项”，改由规划部门在竣工验收阶段的规划条件核实中对市政配套设施及绿地率进行指标复核。“建设项目竣工土地复核验收”不再作为依申请事项，转变为自然资源部门的内部工作，通过部门信息共享竣工验收“多测合一”成果、项目开竣工时间、土地费用缴纳情况等信息，依职权主动完成土地复核验收工作。

（四）精简交通工程项目审批手续

1. 高速公路、普通国道、省级审批的港口、航道（防波堤）项目可研由省发改委牵头交通、自然资源、海洋等部门并联审批。普通省道项目可研审批由设区市（区）发改、交通部门参照执行。

2. 采用两阶段设计的项目，施工图设计由项目法人组织审定，交通或港口主管部门不再审批。高速公路、普通国道、省级审批的公共航道（防波堤）项目初步设计由省交通运输厅审批，普通省道项目初步设计审批由设区市（区）交通部门参照执行。政府投资的港口建设项目初步设计下放给沿海港口局审批。无大型结构物的公路、小型港口工程项目初步设计与施工图设计合并、直接开展一阶段施工图设计。

3. 高速公路及独立特大桥和特长隧道建设项目施工许可下放给设区市（区）交通部门。取消省级和省级以下有关部门审批、核准、备案的水运工程项目开工备案。

4. 企业投资港口工程竣工验收改由项目单位负责。农村公路、陆岛交通码头项目交工验收、竣工验收合并，在项目完工后一次性开展竣工验收。

5. 压缩公路、水运工程项目初步设计（或一阶段施工图设计）、施工许可、竣工验收等行政审批环节，对原来存在的“受理、初审、审核、审批、办结、送达”等审批环节统一压缩至“受理、审核、决定”3 个环节。

（五）精简水利工程项目审批手续

1. 下放可研审批权限，水利项目除新建中型水库、“五江一溪”防洪治理、跨设区市水利资源配置、国家要求由省级负责审批以及按照规定需要报国家审批的重大水利项目外，由市、县（区）负责审批。

2. 精简初设审批环节，水利工程初步设计由水行政主管部门审批。

3. 限时完成验收，进一步简化工程项目阶段验收和竣工验收的行政审批环节，在原有审批环节所需时间的基础上，压减一半以上的审批时间。

（六）精简小型工程建设项目审批手续

1. 小型工程建设项目（指建筑面积不大于5000 平方米、建筑高度不大于 8 米、功能单一、技术要求简单的建设项目及小型市政公用工程项目）审批流程简化为工程建设许可、施工许可、竣工验收三个阶段，其中：工程建设许可阶段仅办理建设工程规划许可证，免予景观艺术评审。施工许可阶段简化为仅办理消防设计审核、施工许可证。各项审批均实行告知承诺制。竣工验收阶段的工程质量验收及规划、消防等专项验收、竣工验收备案等事项合并实行联合验收。

2. 由政府计划安排的小型市政公用工程项目，

如：公厕、道路、绿化、水、电、气、通信、广电网络等小型工程或配套工程，实行以“工程包”方式整体打包、一次报批、分批实施的方式进行审批，减少审批频次、压缩时间，需要办理规划、施工等许可手续的，实行告知承诺制审批。

（七）强化事中事后监管

1．建立与工程建设项目审批制度改革相适应的监管体系。全面推行“双随机、一公开”监管，根据行业特点、监管需要和简易、可操作的原则，实施督查检查，提高监管执法效率，严肃查处违法违规行为。对于实施告知承诺制的审批事项，审批部门在规定时间内对项目建设单位的履行承诺情况进行检查，发现其未履行承诺的，撤销行政审批决定并追究申请人的相应责任。

2．加强信用体系建设。建立工程建设项目审批信用信息平台，建立黑名单制度，将企业和从业人员违法违规、不履行承诺的不良行为向社会公开，构建“一处失信、处处受限”的联合惩戒机制。

三、保障机制

（一）加强组织领导。建立工程建设项目审批制度改革联席会议制度，负责改革措施的组织推进与统筹协调，定期召集联席会议各成员单位进行工作会商，及时协调解决工作推进中的重点难点问题。联席会议由省政府分管领导担任召集人，成员单位包括省审改办、发改委、住建厅、工信厅、生态环境厅、自然资源厅、交通运输厅、水利厅、应急管理厅、林业局、海洋渔业局、人防办、气象局、通信管理局、地震局、文物局、海事局和省广电网络集团、电力公司。联席会议办公室设在省住建厅，承担联席会议日常工作，推动落实联席会议议定事项。各级各部门要高度重视，将工程建设项目审批制度改革作为提升我省营商环境的重要抓手，挂图作战，强力推进。要明确目标要求，完善工作机制，压实工作责任，确保实现改革目标。同时，要做好工程建设项目审批制度改革的宣传贯彻、信息公开和政策解读工作。

（二）明确职责分工。省发改委、数字办要指导完善审批平台建设，推进资源整合和信息共享。其他各成员单位要各司其职、密切协作、形成合力，按照任务分工，切实承担本部门的改革任务。要与“五个一批”项目相结合，制定本部门的具体实施方案，明确工作目标和措施，主动解决改革推进过程遇到的困难和问题，及时出台相应的配套政策和制度文件，全面贯彻落实各项改革措施，确保各项任务落到实处。

（三）强化考核评价。要将工程建设项目审批制度改革作为提升营商环境行动计划的重要内容，列入部门目标责任制考核。要建立考核评价机制，及时总结推广改革经验。要坚持目标导向和问题导向，以市场主体和群众切身感受为标准，进一步聚焦关键环节和突出问题，坚决改变一切不符合新发展理念、不符合高质量发展落实赶超的陈规陋习和管理方式，构建科学便捷高效的建设项目审批管理体系。各市、县（区）政府要加大对有关部门改革工作的组织推进力度，跟踪督促改革任务落实情况，对于工作推进不力、不配合改革、影响工程建设项目审批制度改革进程的，特别是未按时完成阶段性工作目标任务的，依法依规严肃问责。各部门要建立相应的工作机制，强化制度刚性，确保改革顺利推进。

（四）建立健全改革容错纠错机制。各级各部门要认真贯彻落实省委《关于进一步激励广大干部新时代新担当新作为的实施意见》有关要求，把改革中因缺乏经验、先行先试出现的失误错误，同明知故犯的违纪违法行为区分开来；把为推动改革的无意过失，同谋取私利的违纪违法行为区分开来。同时，加强廉政督查，防范工程建设项目审批制度改革过程中的徇私舞弊行为，切实将廉政规定落到实处。

福建省人民政府办公厅

2018 年 11 月 13 日

（此件主动公开）

福建省人民政府办公厅关于印发福建省运输结构调整工作实施方案的通知

闽政办〔2018〕98 号

各市、县（区）人民政府，平潭综合实验区管委会，省人民政府各部门、各直属机构，各大企业，各高等院校：

经省政府研究同意，现将《福建省运输结构调整工作实施方案》印发给你们，请认真贯彻执行。

福建省人民政府办公厅

2018 年 12 月 30 日

（此件主动公开）

福建省运输结构调整工作实施方案

为贯彻落实《国务院办公厅关于印发推进运输结构调整三年行动计划（2018—2020 年）的通知》（国办发〔2018〕91 号）及省委、省政府《关于全面加强生态环境保护坚决打好污染防治攻坚战的实施意见》的精神，打赢蓝天保卫战、打好污染防治攻坚战，提高综合运输效率、降低物流成本，结合我省实际，制定本实施方案。

一、总体要求

（一）指导思想

以习近平新时代中国特色社会主义思想为指导，全面贯彻落实党的十九大和中央经济工作会议精神，认真落实省委十届六次、七次全会和省委经济工作会议精神，牢固树立和贯彻落实新发展理念，坚持高质量发展落实赶超，标本兼治、综合施策，政策引导、市场驱动，重点突破、系统推进，以深化交通运输供给侧结构性改革为主线，推进大宗货物运输“公转铁、公转水”，不断完善综合运输网络，切实提高运输组织水平，减少公路运输量，增加铁路运输量，加快建设现代综合交通运输体系，奋力推进新时代新福建建设，更好地服务建设交通强国和决胜全面建成小康社会。

（二）工作目标

到 2020 年，全省货物运输结构明显优化，铁路、水路承担的大宗货物运输量显著提高，港口铁路集疏运量和集装箱多式联运量大幅增长。与 2017 年相比，全省铁路货运量增加 164 万吨、增长 5.2%；水路货运量增加 2500 万吨、增长 7.5%；沿海港口大宗货物公路运输量减少 164 万吨；多式联运货运量年均增长 20%；福州港、厦门港集装箱铁水联运量年均增长 10% 以上。

二、铁路运能提升行动

（三）提升主要物流通道干线铁路运输能力。加快实施《福建省“十三五”综合交通运输发展专项规划》《福建省中长期铁路网规划》，继续推进“三纵六横”铁路网建设，加快建设福厦、福平、衢宁、兴泉、蒲梅建宁至冠豸山段等铁路，提升鹰厦铁路北段（南平）、漳泉肖铁路和梅坎铁路部分路段等既有铁路综合利用效率，实施铁路干线主要编组站设备设施改造扩能，缓解部分区段货运能力紧张，提升路网运输能力。（省发改委、中国铁路南昌局集团有限公司牵头，地方各级人民政府和平潭综合实验区管委会负责落实。以下均需地方各级人民政府和平潭综合实验区管委会落实，不再列出）

（四）加快大型工矿企业和物流园区铁路专用线建设。支持煤炭、钢铁、电解铝、电力、焦化、汽车制造等大型工矿企业以及大型物流园区新建或改扩建铁路专用线，提升罗屿到三明、江西等内陆钢厂的铁路运输通道能力，推动宁德上汽集团生产基地铁路专用线、宁德漳湾铁路专用线建设。简化铁路专用线接轨审核程序，压缩接轨协议办理时间，完善铁路专用线共建共用机制，创新投融资模式，吸引社会资本投入。合理确定新建及改扩建铁路专用线建设等级和技术标准，鼓励新建货运干线铁路同步规划、设计、建设、开通配套铁路专用线。到 2020 年，全省大宗货物年货运量 150 万吨以上有条件的大型工矿企业和新建物流园区，铁路专用线接入比例达到 80% 以上。（省发改委、中国铁路南昌局集团有限公司牵头，省交通运输厅、自然资源厅、生态环境厅参与）

（五）优化铁路运输组织模式。优先保障煤炭、焦炭、矿石、粮食等大宗货物运力供给。优化列车运行图，丰富列车编组形式，加强铁路系统内跨局组织协调，开发当日达、次日达等多种运输产品，实现车船班期稳定衔接。在运输总量达到一定规模的通道，统筹安排客货运能，开发铁路货运班列、点到点货运列车、大宗货物直达列车等多频次多样化班列产品，构建快捷货运班列网络。推进铁路双层集装箱、驮背运输产品开发，提升通道配套设施设备能力。充分发挥高铁运能，在有条件的通道实现客货分线运输。（省发改委、中国铁路南昌局集团有限公司牵头）

（六）提升铁路货运服务水平。深化铁路运输价格市场化改革，建立健全灵活的运价调整机制，发挥市场配置资源的决定性作用。完善短距离大宗货物运价浮动机制。规范铁路专用线代维收费行为，推动降低专用线共用收费水平。减少和取消铁路两端短驳环节，规范短驳服务收费行为，降低短驳成本。推动铁路运输企业与煤炭、矿石、钢铁等大客户签订运量运能互保协议，实现互惠共赢。推动铁路运输企业与港口、物流园区、大型工矿企业、物流企业等开展合作，构建门到门接取送达网络，提供全程物流服务，并给予大客户联运优惠政策。（省发改委、中国铁路南昌局集团有限公司牵头，省市场监管局、交通运输厅参与）

三、水运系统升级行动

（七）加快闽江内河航运开发。统筹优化沿海集装箱、煤炭、矿石、原油、液化天然气、商品汽车等专业运输系统布局，提升水运设施专业化水平。坚持生态优先、绿色发展理念，以流域生态系统性保护和区域防洪防潮安全为前提，完善内河港口规划，加快推进闽江水口电站枢纽坝下水位治理与通航改善工程等项目建设。健全闽江全线通航保障机制。到 2020 年，力争实现“闽江口—南平—三明”航道通航，初步形成以闽江干流高等级航道为骨架的江海联运通道。（省交通运输厅牵头，省发改委、生态环境厅、水利厅、工信厅参与）

（八）推进集疏港铁路建设。加快实施《“十三五”港口集疏运系统建设方案》，着力推动港口集疏运体系建设，推进港口铁路支线和港后铁路通道建设，加快港区铁路装卸场站及配套设施建设，完善配套服务功能，打通铁路进港“最后一公里”。积极开展兴泉铁路与厦门铁路枢纽衔接方案研究论证，推进远海自动化码头铁路专用线建设，加快厦门港海沧港区铁路专用线前期工作。进一步发挥江阴港铁路支线、湄洲湾北岸铁路支线、湄洲湾南岸铁路支线功能和作用，加快实现可门港铁路支线全线贯通，推动实施漳州港尾铁路支线、连接江阴港和可门港的福州港口货运铁路外绕线，开展宁德白马港铁路支线、连接江阴港与湄洲湾港的货运铁路前期研究，依托沿海铁路和鹰厦、峰福、向莆、衢宁、兴泉铁路，构建覆盖全省的港口集疏运体系。到 2020 年，沿海重要港区铁路进港率超过60%。（省发改委、中国铁路南昌局集团有限公司牵头，省交通运输厅、自然资源厅、财政厅、生态环境厅参与）

（九）推动集疏港运输向铁路和水路转移。对标周边大港营商环境，进一步规范港口经营服务性收费，对实行政府定价的，严格执行规定的收费标准；对实行市场调节价的，督促落实价格法律法规和相关规定，不得违规加收任何价外费用。加大政策扶持力度，发挥铁路和水路运输优势，引导企业依托湄洲湾、罗源湾等大型码头泊位开展煤炭、矿石等大宗货物水水中转、海铁联运。完善以厦门港为核心的集装箱运输内支线网络布局，鼓励省内外贸集装箱从厦门港中转，积极引导泉州至厦门集装箱运输向水路转移，实现区域联动发展。2020年底前，福州港、厦门港的矿石、焦炭等大宗货物原则上主要改由铁路或水路运输。（省交通运输厅、发改委、中国铁路南昌局集团有限公司牵头，省生态环境厅、市场监管局参与）

（十）大力发展江海直达和江海联运。积极推动闽江江海直达和江海联运配套码头、锚地等设施建设，推进江海直达和江海联运发展。鼓励沿江内贸适箱货物集装箱化，吸引陆路货运转水路运输，促进干支直达运输。开展闽江江海直达船型研究，明确适应闽江干流海船进江和特定航线江海直达的船型标准。加快推进内河船型标准化，到2020年，平均吨位达到300载重吨以上，占内河运输船舶总吨位超50%。（省交通运输厅牵头，省工信厅参与）

（十一）深化闽台航运物流合作。推进闽台两岸物流通道建设，拓展闽台海上货运航线。积极发展对台海运快件业务，发挥厦门、平潭两岸海运快件试点城市作用，加快建设平潭对台邮件处理中心、京东厦门分拨中心、福州邮件处理中心等闽台快递基础设施项目。巩固发展客滚运输，促进闽台车辆通过滚装航线互通行驶。（省交通运输厅、邮政管理局、公安厅、福州海关、厦门海关按职责分工负责）

四、公路货运治理行动

（十二）强化公路货运车辆超限超载治理。健全货运车辆非法改装联合监管机制，杜绝非法改装货运车辆出厂上路。加大货物装载源头监管力度，重点排查矿山、水泥厂、港口、物流园区等货物集散地，向社会公布重点货运源头单位名单，严禁超限超载车辆出场（站）上路行驶。严格落实治理车辆超限超载联合执法常态化制度化工作要求，统一公路货运车辆超限超载认定标准，加大对大宗货物运输车辆超限超载的执法力度。推广高速公路收费站入口称重检测，优化国省干线公路超限检测站点布局，在公路重要路段和节点逐步设置超限超载不停车检测设施，完善农村公路限宽限高保护设施。加强科技治超，利用信息化手段加强车辆超限超载检测，探索利用不停车检测等科技设施开展治超非现场执法。建设全省治超联网管理信息系统，实现跨区域、跨部门治超信息资源交换共享，落实“一超四罚”。加强信用治超，严格落实“黑名单”制度，对严重违法超限超载运输当事人实施联合惩戒。到2020年底，全省高速公路全面实施收费站入口称重检测，高速公路货运车辆平均违法超限超载率不超过0.5%，普通公路货运车辆超限超载得到有效遏制。（省交通运输厅牵头，省工信厅、公安厅、市场监管局、高速公路集团参与）

（十三）大力推进货运车型标准化。巩固车辆运输车治理工作成果，稳步开展危险货物运输罐车、超长平板半挂车、超长集装箱半挂车治理工作。做好既有营运车辆情况排查，建立不合规车辆数据库，制定车辆退出计划，按照标准引导、疏堵结合、更新替代、循序渐进的原则强化执法监管，引导督促行业、企业加快更新淘汰不合规车辆，促进标准化车型更新替代。开展中置轴汽车列车示范运行，加快轻量化挂车推广应用，大力推广集装箱、周转箱、厢式半挂车等标准化运载单元和货运车辆。力争到2020年，全省厢式车辆所占比重达到50%以上，位居全国前列；省、市重点物流企业厢式车比重达到60%以上；全省重型车、专用车比重分别提高到40%和20%。（省交通运输厅牵头，省工信厅、公安厅、市场监管局参与）

（十四）推动道路货运行业集约高效发展。促进“互联网＋货运物流”新业态、新模式发展，深入推进无车承运人试点工作，健全完善无车承运人政策和制度，推动货运物流平台健康有序发展。积极引进一批优质无车承运企业全国总部或区域总部进驻我省，探索开展无车承运税务征管服务试点，打造无车承运人产业集群。到2020年，重点培育5家左右创新能力强、运营管理规范、资源综合利用效率高的无车承运人品牌企业。支持引导货运大车队、挂车共享租赁、甩挂运输、企业联盟、品牌连锁等集约高效的运输组织模式发展，发挥规模化、网络化运营优势，降低运输成本，有效整合分散经营的中小货运企业和个体运输业户。支持大型道路货运企业以资产为纽带，通过兼并、重组、收购、控股、加盟连锁等方式，拓展服务网络，延伸服务链条，实现资源高效配置，加快向现代物流企业转型升级。（省交通运输厅牵头，省税务局参与）

五、多式联运提速行动

（十五）加快联运枢纽建设和装备升级。推进具有多式联运功能的物流园区建设，建设一批具有公共服务属性和多式联运功能、运输组织无缝衔接的物流园区。规划布局公铁联运物流枢纽，加快福州杜坞、厦门前场等铁路物流基地、铁路集装箱办理站建设。进一步拓展高铁站场货运服务功能，完善货运配套设施。依托沿海大型集装箱港区、散杂货港区，加快湄洲湾罗屿、莆头物流园区等港口物流枢纽建设。加快推进厦门新机场和福州机场二期扩建工程项目，加快福州、厦门国家空港物流核心枢纽建设，拓展完善机场货运服务功能，加快空铁联运等多式联运模式发展，建立健全民航物流服务体系。优化内陆“无水港”布局，引导港口企业参与江西、湖南等内陆省份“无水港”建设。积极支持晋江、三明、武夷山、龙岩等陆地港发展，鼓励我省陆地港申请国际港口代码和航空代码，发挥陆地港在通关、拼箱、退税、签发提单、仓储、运输、提箱还箱等方面的“一站式服务”功能，集聚内陆地区和周边省份货源。到2020年，力争在沈海高速、福银高速、京台高速、厦蓉高速、长深高速、泉南高速等主干线高速公路沿线和具备货运功能的干线铁路建成2个以上货运枢纽及其配套的物流集中区，实现各设区市均有综合货运枢纽。

大力推广集装化运输，支持企业加快多式联运运载单元、快速转运设备、专用载运机具等升级改造，优先推广应用45英尺集装箱和35吨敞顶集装箱，促进集装化、厢式化、标准化装备应用。（省交通运输厅、发改委、福州海关、厦门海关、中国铁路南昌局集团有限公司、民航福建监管局、省邮政管理局按职责分工负责）

（十六）加快发展集装箱铁水联运。鼓励铁路、港口、航运等企业加强合作，促进海运集装箱通过铁路集疏港。在江阴、厦门湾等重点集装箱港区，优先打造“长途重点货类精品班列+短途城际小运转班列”铁水联运产品体系。鼓励铁路运输企业增加铁路集装箱和集装箱平车保有量，提高集装箱共享共用和流转交换能力，利用物联网等技术手段提升集装箱箱管和综合信息服务水平。（省发改委、中国铁路南昌局集团有限公司牵头，省交通运输厅参与）

（十七）提升“海丝核心区”设施联通水平。充分发挥我省区位优势，推进厦门、福州等地与成都、重庆、郑州、西安等中西部重要物流节点城市的对接合作，提升“中欧班列”运营效益。积极推进“丝路海运”建设，搭建带动沿海、辐射内陆、拓展台港澳、联通21世纪海上丝绸之路的国际航运服务新平台，构建与“中欧班列”无缝衔接、相得益彰的陆海内外联动、东西双向互济的国家贸易新通道。（省发改委、交通运输厅牵头，中国铁路南昌局集团有限公司参与）

（十八）深入实施多式联运示范工程。加快港口、物流园区配套的疏港公路、高快速公路建设，形成海铁联运为主、公海联运为辅的物流集疏运畅通体系。加大厦门前场大型铁路货场多式联运等示范工程项目建设的支持力度，加强示范工程运行监测，推动运输组织模式创新。积极培育集装箱铁水联运示范线路。鼓励福州、厦门、泉州等地骨干龙头企业在运输装备研发、多式联运单证统一、数据信息交换共享等方面先行先试，充分发挥引领示范作用。支持各地开展集装箱运输、商品车滚装运输、全程冷链运输、电商快递班列等多式联运试点示范创建。（省交通运输厅、发改委牵头，省高速公路集团、中国铁路南昌局集团有限公司、民航福建监管局、省邮政管理局参与）

六、城市绿色配送行动

（十九）推进城市绿色货运配送示范工程。重点支持厦门市开展城市绿色配送示范工程建设，大力推进智慧物流园、电商产业园等项目建设，引导各设区市规划建设绿色货运配送网络，完善干支衔接型快递物流园区（货运枢纽）、分拨中心和城市配送网络节点及配送车辆停靠装卸配套设施建设。引导邮政快递企业与电子商务、交通物流、供销、商超等加强合作，共享配送服务网络。鼓励邮政快递企业、城市配送企业创新统一配送、集中配送、共同配送、夜间配送等集约化运输组织模式。到2020年，各设区市和平潭综合实验区均建成1个城市绿色货运配送示范项目。加大对示范项目物流园区（货运枢纽）建设、绿色物流智慧服务平台建设等支持力度。（省交通运输厅牵头，省公安厅、商务厅、工信厅、财政厅、邮政管理局参与）

（二十）加大新能源城市配送车辆推广应用力度。加快新能源和清洁能源车辆推广应用，2019年起全省停止销售低于国六标准的汽柴油，到2020年城市建成区新增和更新轻型物流配送车辆中，新能源车辆和达到国六排放标准清洁能源车辆的比例超过50%。各地将公共充电桩建设纳入城市基础设施规划建设范围，加大用地、资金等支持力度，在物流园区、工业园区、大型商业购物中心、农贸批发市场等货流密集区域，集中规划建设专用充电站和快速充电桩。在重点物流园区、铁路物流中心、机场、港口等推广使用电动化、清洁化作业车辆。为新能源物流车优先发放允许在市内道路通行的通行证。政府投资的公共停车场（点）停放新能源汽车2小时以内免费，鼓励社会停车场（点）对新能源汽车停放给予优惠。（省工信厅、交通运输厅牵头，省公安厅、财政厅、自然资源厅、生态环境厅、中国铁路南昌局集团有限公司、民航福建监管局参与）

（二十一）推进城市生产生活物资公铁联运。充分发挥铁路既有站场资源优势，完善干支衔接的基础设施网络，创新运营组织模式，打造“轨道+仓储配送”的铁路城市物流配送新模式，提高城市生产生活物资运输中公铁联运的比例。支持福州、厦门、三明等城市开展城市生产生活物资公铁接驳配送试点，推动城市周边地区铁路外围集结转运中心和市内铁路站场转型升级为城市配送中心，构建“外集内配、绿色联运”的公铁联运城市配送新体系，及时总结经验并推广应用。（省发改委、交通运输厅、中国铁路南昌局集团有限公司按职责分工负责）

七、信息资源整合行动

（二十二）构建以多式联运信息交换共享为导向的物流信息体系。加快建设完善智慧交通数据平台，推进“铁公水空邮”、电子口岸、海关、市场监管等多种运输方式、多部门数据交换与汇聚，强化政务信息共享和业务协同。加快完善铁水联运信息交换接口标准体系，推进业务单证电子化，促进铁路、港口联运信息互联共享。推广应用车货动态匹配、集装箱定位跟踪等技术，促进多式联运全流程、各环节信息资源的互联共享。至2019年底，福州港、厦门港实现铁水联运信息交换共享；至2020年底，基本实现资质资格、认证认可、口岸查验、违法违章、信用评价、政策动态等服务信息一体化，基本实现全省多式联运公共信息交换共享。（省交通运输厅、省发改委牵头，省公安厅、商务厅（口岸办）、市场监管局、福州海关、厦门海关、中国铁路南昌局集团有限公司、民航福建监管局、省邮政管理局参与）

（二十三）加强运输结构调整信息报送和监测分析。建立健全运输结构调整指标体系，完善相关分析方法。建立货物运输“公转铁、公转水”运行动态、多式联运发展状态、新能源车辆推广应用等信息运行监测和报送机制，强化分析监测。各地、各相关部门要按照本实施方案明确的工作内容和任务目标，按季度总结形成运输结构调整工作情况报告，于每季度结束后7个工作日内报省交通运输厅、发改委、统计局。（省交通运输厅、发改委、统计局牵头，省工信厅、生态环境厅、中国铁路南昌局集团有限公司参与）

八、加大政策保障力度

（二十四）积极落实财政等支持政策。积极争取车购税资金、中央基建投资等资金，统筹推进公铁联运、海铁联运等多式联运发展，提升港口集疏运能力，加强物流园区、工矿企业等铁路专用线建设，为煤炭、矿石等大宗货物运输方式调整创造有利环境。鼓励社会资本设立多式联运产业基金，拓宽投融资渠道，加快运输结构调整和多式联运发展。鼓励各地对运输结构调整工作成效显著的工矿企业，在分解错峰生产任务时适当减少限产比例。对大力淘汰老旧车辆、推广应用新能源汽车的有关企业和人员依照有关政策及时给予经济补偿。加强省级服务业发展引导资金与现代物流业重大项目对接，推动我省现代物流业集聚发展。（省财政厅、发改委、交通运输厅、生态环境厅牵头，中国铁路南昌局集团有限公司参与）

（二十五）完善用地用海支持政策。加大铁路专用线用地支持力度，将国务院投资主管部门或国务院投资主管部门会同有关部门支持和认可的我省铁路专用线项目（不含物流园区），纳入占用永久基本农田的重大建设项目用地预审受理范围，按照相关规定办理用地手续。各地要在国土空间规划指导下组织编制港口集疏运铁路、物流园区和工矿企业铁路专用线建设方案，保障用地指标。对急需开工的铁路专用线控制性工程，属于国家重点建设项目的，按照相关规定向自然资源部申请办理先行用地。加大对“公转水”码头及配建工程的用海支持力度，对纳入港口总体规划和运输结构调整行动计划的铁水联运、水水中转码头及配建的防波堤、航道、锚地等项目，积极争取列入国家重大战略，在符合海域管理法律法规及围填海管理政策的情况下，重点保障用海需求。（省自然资源厅牵头，省交通运输厅、发改委、中国铁路南昌局集团有限公司参与）

九、加大督导考核力度

（二十六）加强组织领导。地方各级政府要切实加强组织领导，按照“一市一策、一港一策、一企一策”要求，组织编制本地区运输结构调整工作方案，细化分解目标任务，制定责任清单，健全责任体系，科学安排工作进度，出台配套政策，确保按时保质完成各项任务。省级建立运输结构调整工作联席会议机制，省交通运输厅、发改委要牵头加强统筹协调和组织调度，及时研究解决运输结构调整中的重大问题。（省交通运输厅、发改委牵头，各相关部门参与）

（二十七）加强跟踪督促。各级人民政府和省级有关部门要加强对运输结构调整工作的督促指导，建立健全运输结构调整工作跟踪落实机制。本实施方案重点项目纳入“五个一批”项目管理工作机制，加强动态分析，每季度进行情况通报。对于工作推进不力，特别是未按时完成阶段性工作目标任务的，依法依规严肃问责。（省交通运输厅、发改委牵头，各相关部门参与）

十、营造良好发展环境

（二十八）保障行业健康稳定发展。加强部门协同联动，强化货运市场和重点企业监测，及时掌握行业动态和各方诉求，做好分析研判和会商，有效化解和疏导矛盾。加大政策支持力度，完善从业人员社会保障、职业培训等服务，积极培育拓展新兴市场，推动货运行业创新稳定发展和转型升级。（省交通运输厅牵头，各相关部门参与）

（二十九）做好政策宣传和舆论引导。加大对运输结构调整工作的宣传报道力度，加强正面引导，及时回应社会关切，认真做好政策解读、专家咨询、培训宣贯等工作，广泛凝聚各方共识，为运输结构调整工作营造良好社会环境。（省交通运输厅、发改委牵头，各相关部门参与）

福建省农业厅 福建省发展和改革委员会 福建省财政厅 福建省国土资源厅 人行福州中心支行 福建省地方税务局 关于促进农业产业化联合体发展的实施意见

闽农综〔2018〕28号

各市、县（区）农业局、发改委（局）、财政局、国土资源局、人民银行、地方税务局，平潭综合实验区农村发展局、经济发展局、财政局、环境与国土局、人民银行、地方税务局：

为引导农业产业化联合体健康有序发展，现根据农业部、国家发展改革委、财政部、国土资源部、人民银行、税务总局《关于促进农业产业化联合体发展的意见》（农经发〔2017〕9号）精神，结合我省实际，制定如下实施意见。

一、总体要求

（一）指导思想。以习近平新时代中国特色社会主义思想为指导，深入贯彻党的十九大精神，紧紧围绕实施乡村振兴战略，立足福建发展实际，以帮助农民、提高农民、富裕农民为目标，以发展现代农业为方向，以创新农业经营体制机制为动力，积极培育发展一批带动作用突出、综合竞争强、稳定可持续发展的农业产业化联合体，成为引领我省农村一二三产业融合和现代农业发展的中坚力量，为实现“再上新台阶、建设新福建”提供强力支撑。

（二）基本原则

一是坚持市场主导。农户和各类新型农业经营主体是市场主体，必须遵循市场规律，发挥市场在资源配置中的决定性作用。既要在政策上扶持和引导，又要按照市场需求，促进多元融合，实现优势互补、共同发展。

二是坚持因地制宜。农业产业化联合体在不同区域、不同产业有多种表现形式，具有各自的适应性和发展空间。是否发展农业产业化联合体、选择哪种合作模式，都要尊重各新型农业经营主体和农民的意愿，不搞一刀切，不片面追求数量和规模，不讲求统一模式。

三是坚持民主合作。农业产业化联合体不是独立法人。各成员保持产权关系不变、开展独立经营，在平等、自愿、互惠互利的基础上，通过签订合同、协议或制定章程，建立内部平等对话、沟通协商机制，形成紧密型农业经营组织联盟，实行一体化发展。

四是坚持兴农富农。把带动产业发展和农民增收作为基本宗旨，打造产业链、提升价值链，挖掘农业增值潜力，发挥农业产业化联合体对普通农户的辐射带动作用，实现全产业链增值增效，让农民有更多获得感。

（三）目标任务。加快培育发展一批以农业龙头企业为引领、农民合作社为纽带、家庭农场为基础的农业产业化联合体，推动全省一体化农业经营组织联盟上规模、上水平，力争到2022年全省农业产业化联合体数量达到2000个，其中省级示范联合体200个以上。

二、推进农业产业化联合体发展工作重点

（一）建立多元主体分工协作机制

1. 增强龙头企业带动能力。落实农业产业化龙头企业各项扶持政策，组织开展重点龙头企业认定和运行监测，不断增强龙头企业对产业化联合体的引领带动能力。支持龙头企业应用新理念，建立现代企业制度，发展精深加工，建设物流体系，健全农产品营销网络，主动适应和引领产业链转型升级。鼓励龙头企业强化供应链管理，制定农产品生产、服务和加工标准，示范引导农民合作社和家庭农场从事标准化生产。引导龙头企业发挥优势，以"公司＋农民合作社＋家庭农场""公司＋家庭农场"等形式，联手农民合作社、家庭农场等新型农业经营主体组建农业产业化联合体，实行产加销一体化经营。

2. 提升农民合作社服务能力。引导农民合作社规范发展，组织创建一批管理科学规范、服务能力强、带动作用突出的农民合作社示范社。支持农民合作社联合社发展，鼓励通过品牌嫁接、股份合作、产业延伸等途径，依法组建跨区域、跨行业联合社。引导农民合作社拓宽合作领域，积极开展专业合作、信用合作、社企合作等，实现从产品合作向产业合作、全要素合作和生产全过程合作转变，使农民合作社成为农业产业化联合体的"粘合剂"和"润滑剂"。

3. 强化家庭农场生产能力。引导农村土地经营权向家庭农场等经营主体有序流转，发展适度规模经营。加快建立家庭农场基础台账，分级建立家庭农场示范场名录，健全家庭农场示范场认定办法。推进家庭农场与农民合作社、龙头企业开展产品对接、要素联结和服务衔接，实现节本增效。

4. 完善各成员协作制度。坚持民主决策、合作共赢，农业产业化联合体成员之间产权明晰、地位平等。引导各成员在充分协商基础上，制定共同章程，明确权利、责任和义务，提高运行管理效率。鼓励农业产业化联合体探索治理机制，制发成员统一标识，增强成员归属感和责任感。鼓励农业产业化联合体依托现有条件建立相对固定的办公场所，以多种形式沟通协商涉及经营的重大事项，共同制定生产计划，保障各成员的话语权和知情权。

（二）健全多类资源要素共享机制

1. 引导土地规范流转。加快健全完善县、乡农村土地经营权流转服务平台。加强流转合同管理，引导流转双方签订统一规范的书面流转合同。鼓励通过土地流转、土地入股、服务带动等多种形式扩大经营规模。支持家庭农场、农民合作社和龙头企业带动农户连片种植、规模饲养，并提供代耕代种、统防统治、代收代烘等全程化服务。

2. 推进资金有效流动。鼓励新型农业经营主体通过众筹、上市等方式拓宽融资渠道，推广运用政府和社会资本合作（PPP）模式，推动公共服务供给侧结构性改革，实现资本、资源等生产要素有效配置。支持龙头企业发挥自身优势，为家庭农场和农民合作社发展农业生产经营，提供贷款担保、资金垫付等服务。以农民合作社为依托，稳妥开展内部信用合作和资金互助，缓解农民生产资金短缺难题。鼓励农业产业化联合体各成员每年在收益分配前，按一定比例计提风险保障金，完善自我管理、内部使用、以丰补歉的机制，提高抗风险能力。

3. 促进科技转化应用。鼓励龙头企业加大科技投入，建立研发机构，推进原始创新、集成创新、引进消化吸收再创新，示范应用全链条创新设计，提升农业产业化联合体综合竞争力。引导各类创新要素向龙头企业集聚，支持符合条件的龙头企业建立农业领域相关重点实验室，申报农业高新技术企业。鼓励龙头企业提供技术指导、技术培训等服务，向农民合作社和家庭农场推广新品种、新技术、新工艺，提高农业产业化联合体协同创新水平。

4. 加强市场信息互通。鼓励家庭农场、农民合作社、龙头企业等新型经营主体合作建立集农产品生产、加工、流通和服务等于一体的农业供应链体系，发展种养加、产供销、内外贸一体化的现代农业。鼓励龙头企业找准市场需求、捕捉市场信号，依托联合体内部沟通合作机制，将市场信息传导至生产环节，优化种养结构，实现农业供给侧与需求端的有效匹配。积极发展电子商务、直供直销等，开拓农业产业化联合体农产品销售渠道。鼓励龙头企业强化信息化管理，把农业产业化联合体成员纳入企业信息资源管理体系，实现资金流、信息流和物资流的高度统一。

5. 推动品牌共创共享。鼓励农业产业化联合体统一技术标准，严格控制生产加工过程。鼓励龙头企业依托农业产业化联合体建设产品质量安全追溯系统，纳入国家、省农产品质量安全追溯管理信息平台。引导农业产业化联合体增强品牌意识，鼓励龙头企业协助农民合作社和家庭农场开展“三品一标”认证。扶持发展一村一品、一乡一业，培育特色农产品品牌。鼓励农业产业化联合体整合品牌资源，探索设立共同营销基金，统一开展营销推广，打造联合品牌，授权成员共同使用。

（三）完善多种形式利益共享机制

1. 加强利益联结。积极推广“保底收益＋按股分红”等模式，进一步完善订单带动、利润返还、股份合作等利益联结机制，让农业产业化联合体各成员分享农产品加工、销售环节收益。鼓励农业产业化联合体各成员每年在收益分配前，按一定比例计提风险保障金，完善自我管理、内部使用、以丰补歉的机制，提高抗风险能力。

2. 促进互助服务。鼓励龙头企业将农资供应、技术培训、生产服务、贷款担保与订单相结合，全方位提升农民合作社和家庭农场适度规模经营水平。引导农业产业化联合体内部形成服务、购销等方面最惠待遇，并提供必要的方便，让各成员分享联合体机制带来的好处。

3. 推动股份合作。鼓励农业产业化联合体探索成员相互入股、组建新主体等新型联结方式，实现深度融合发展。引导农民以土地经营权、林权、设施设备等自愿入股家庭农场、农民合作社或龙头企业，让农民共享发展收益。

4. 实现共赢合作。遵循市场经济规律，妥善处理好农业产业化联合体各成员之间、与普通农户之间的利益分配关系。创新利益联结模式，促进长期稳定合作，形成利益共享、风险共担的责任共同体、经济共同体和命运共同体。加强订单合同履约监督，建立诚信合作机制，实现利益共享、风险共担。

三、完善农业产业化联合体发展配套政策

（一）落实财政税收政策。现有支持农业龙头企业、农民合作社、家庭农场发展的相关项目资金，优先用于支持农业产业化联合体内符合条件的新型农业经营主体。运用好国家现有对新型农业经营主体税费等优惠政策，促进农业产业化联合体发展。组织开展精准培训，提高龙头企业负责人、合作社理事长、家庭农场主的经营管理水平。

（二）改善金融信贷服务。综合运用财政贴息、奖补、融资担保、扩大抵（质）押物范围等措施，加大对新型农业经营主体融合发展的信贷支持。支持银行、保险等金融机构开发符合农业产业化联合体需求的信贷产品、保险产品和服务模式。积极发展产业链金融，支持农业产业化联合体设立内部担保基金，放大银行贷款倍数。与金融机构共享农业产业化联合体名录信息，鼓励金融机构探索以龙头企业为依托，综合考虑农业产业化联合体财务状况、信用风险、资金实力等因素，合理确定联合体内各经营主体授信额度，实行随用随借、循环使用方式，满足新型农业经营主体差异化资金需求。鼓励龙头企业加入人民银行征信中心应收账款融资服务平台，支持新型农业经营主体开展应收账款融资业务。鼓励探索“订单＋保险＋期货”模式，支持符合条件的龙头企业上市、新三板挂牌和融资、发债融资。鼓励具备条件的龙头企业发起组织农业互助保险，降低农业产业化联合体成员风险。

（三）落实用地保障。支持农业产业化联合体参与农村基础设施建设。落实新型农业经营主体用地支持政策，保障农业产业化联合体用地需要。在编制年度建设用地计划时，优先支持龙头企业、农民合作社和家庭农场等新型农业经营主体建设农业配套辅助设施、开展农产品加工和流通。对新型农业经营主体发展较快、用地集约且需求大的地区，可倾斜安排年度新增建设用地指标。对引领农业产业化联合体发展的龙头企业所需建设用地，予以优先安排。

四、落实农业产业化联合体发展保障措施

（一）加强组织领导。加快培育发展农业产业化联合体是促进乡村振兴的重要举措，对构建现代农业经营体系、促进乡村产业兴旺意义重大。各地要加强组织领导，明确目标任务，切实把促进农业产业化联合体发展作为当前农业农村工作的重要内容，认真做好相关指导、扶持和服务等工作。

（二）开展示范创建。按照不同产业、不同类型，以产业联接、要素流动、利益共赢为根本，分级组织开展农业产业化联合体示范创建活动，建立和发布示范农业产业化联合体名录，定期开展运行监测，适时更新，促进整体经营管理水平提升。从2019年开始，省农业厅、省财政厅在各地评定市级联合体示范社的基础上，每年评定一定数量的省级联合体示范社。

（三）强化督促检查。组织对各地农业产业化联合体扶持发展工作情况开展督促检查，及时总结经验，发现问题，促进农业产业化联合体健康有序发展。按照有关规定，适时对在指导、扶持和服务联合体发展工作中做出显著成绩的单位和个人，给予表扬奖励。

（四）加大宣传引导。做好农业产业化联合体统计调查工作，建立农业产业化联合体信息库。组织第三方开展农业产业化联合体发展水平评价。充分运用各类新闻媒体加强宣传，大力宣传加强农业产业化联合体发展的重大意义，努力营造全社会关心、支持、参与联合体发展的良好氛围。

福建省农业厅
福建省发展和改革委员会
福建省财政厅
福建省国土资源厅
人行福州中心支行
福建省地方税务局
2018年1月26日

（此件主动公开）

福建省科学技术厅　福建省财政厅 国家税务总局福建省税务局关于 福建省企业研究开发费用税前加计 扣除异议项目鉴定的指导性意见

各设区市科技局、财政局、税务局，平潭综合实验区社会事业局、财政金融局、税务局：

为更好地激励和支持企业技术创新，根据《财政部　国家税务总局、科技部关于完善研究开发费用税前加计扣除政策的通知》（财税〔2015〕119号）《科技部　财政部　国家税务总局关于进一步做好企业研发费用加计扣除政策落实工作的通知》（国科发政〔2017〕211号）和《财政部　税务总局　科技部关于提高科技型中小企业研究开发费用税前加计扣除比例的通知》（财税〔2017〕34号）等有关规定，结合我省实际，特制定本意见。

一、本意见适用于本省申报企业研究开发费用税前加计扣除的居民企业（以下简称企业）。

二、企业研究开发费用加计扣除项目鉴定（以下简称研发项目鉴定）范围：税务机关对企业享受加计扣除优惠的研发项目有异议的、需要科技部门出具鉴定意见的项目。

对企业承担的省部级（含）以上科研项目，以及以前年度已鉴定的跨年度研发项目，不再需要进行鉴定。

三、研发项目鉴定部门：市级（含）以上科技部门组织专家或委托第三方评价机构进行鉴定。

四、研发项目鉴定内容：项目是否属于《财政部　科技部　国家税务总局关于完善研究开发费用税前加计扣除政策的通知》（财税〔2015〕119号）规定的研究开发活动。

五、研发项目鉴定程序和时间：

1. 转请鉴定。主管税务机关对有异议的研发项目（含以前年度备案享受优惠的项目），向所在县（市、区）科技部门出具转请对研究开发项目进行鉴定文书（附件1），及时送所在地县（市、区）科技部门，并向企业出具《税务事项通知书》（附件2）。县（市、区）科技部门在收齐申报材料后10个工作日内将项目鉴定资料送鉴定部门进行鉴定。

2. 组织鉴定。鉴定部门收到鉴定材料后应及时组织专家，采取会议或网络鉴定方式进行鉴定。鉴定专家组应由3名以上相关领域的产业、技术、管理等专家组成。

企业应保证提供的研究开发活动资料的真实性、准确性和完整性，并承担相应责任。

3. 出具和反馈鉴定意见。专家组出具专家鉴定意见，负责鉴定的部门审核专家意见，出具《企业研究开发费用税前加计扣除项目鉴定意见书》（附件3）。

鉴定部门应在收齐鉴定材料起30个工作日内完成项目鉴定，并通过原渠道将鉴定意见反馈税务部门。鉴定意见中应列明专家鉴定通过和未通过的项目清单。

4. 主管税务机关收到鉴定意见书后，在5个工作日内向企业告知鉴定结果。

六、对鉴定结果有异议的复核程序：

1. 税务部门对设区市科技部门的鉴定结果有

异议的，由设区市税务部门归集并呈报省级税务部门，再由省级税务部门转请省级科技部门出具复核意见。

2. 省级科技部门组织专家对鉴定结果进行复核，其复核结论为最终鉴定意见。

七、研发项目鉴定所需资料和提交方式：

以下资料除第1项由税务部门提交外，其他资料一式三份，由企业直接向科技部门提交。

1. 税务部门转请对研究开发项目进行鉴定文书（附件1）；

2. 自主、委托、合作研究开发项目计划书；

3. 企业有权部门关于自主、委托、合作研究开发项目立项的决议文件；

4. 自主、委托、合作研究开发专门机构或项目组的编制情况和研发人员名单；

5. 经科技行政主管部门登记的委托、合作研究开发项目的合同；

6. 企业研究开发项目情况表（附件4）；

7.《税务事项通知书》；

8. 鉴定部门要求的其他资料，如研究成果报告、知识产权证书或申报文件、新产品或新技术证明（查新）材料、检测报告等。

企业应在收到《税务事项通知书》的10个工作日内，将研发项目鉴定所需资料报送其在所在地的县（市、区）科技部门。逾期未报送的，视为放弃异议鉴定。因不可抗力等特殊情况，无法及时提供的，经企业向其在所在地的县（市、区）科技部门申请，可适当延长，但最长不得超过30个工作日。县（市、区）科技部门应当在5个工作日内作出是否延长的决定，并将情况同时函告同级税务机关。

八、鉴定部门开展研发项目鉴定，不得向企业收取任何费用，所需要的工作经费由同级财政部门纳入部门经费预算给予保障。

九、鉴定部门履行下列职责：

1. 决定鉴定方式，确定鉴定的组织形式及遴选鉴定专家，并在规定期限内组织完成项目鉴定工作；

2. 审核鉴定专家组提交的鉴定报告。如有明显偏差和重大缺陷，可责成原鉴定专家组补充鉴定和评价；

3. 对参加鉴定工作的专家，按有关规定发放咨询费；

4. 出具鉴定意见书。

十、鉴定专家应具备中、高级职称，具有较高的专业知识水平和实践经验，熟悉相关领域发展状况。专家在鉴定过程中应恪守职业道德，坚持独立、客观、公正、科学的原则开展项目鉴定工作。参与鉴定人员应按照有关保护知识产权的规定和办法执行。

十一、税务主管机关在履行对企业享受研发费用税前加计扣除政策后续管理过程中，要增强服务意识，简化管理方式，优化操作流程，依据相关政策及管理规定，强化有关事项的事前、事中、事后管理和服务，注重提高办事效率，不能以转请项目鉴定替代部门核查工作，避免增加企业负担。

税务主管机关转请鉴定的项目应是对财税〔2015〕119号文规定的企业研发活动难以辨析、确实需要通过专家鉴定的异议项目。对于申报材料不全等形式审查不通过的，应由税务主管机关通知企业补全后认真甄别，不能直接列入异议项目。转请鉴定文书应当列明异议理由，未列明异议理由或理由说明不清楚的，科技部门可不予受理。

十二、各设区市税务、科技部门应按职责做好年度企业享受加计扣除税收优惠情况及研发项目鉴定情况的统计，在每年度9月底前将统计结果相互通报，同时将统计情况报省级主管部门。

十三、各级科技、财政和税务部门要建立工作协调机制，切实加强落实企业研发费用加计扣除政策的事前事中事后管理和服务，引导企业规范研发项目管理和费用归集，确保政策落实、落细、落地。

十四、各级科技、财政和税务部门要通过各种方式为企业提供研发项目管理和研发费用归集等政策宣传、辅导等服务，切实加大政策落实力度。要督促广大科技型中小企业按照《科技型中小企业评价办法》（国科发政〔2017〕115号文件印发）规定，到“全国科技型中小企业信息服务平台”进行自主评价和登记，及时取得登记编号，确保纳税人政策落实“应享尽享”。

十五、各设区市在落实企业研发费用加计扣除政策过程中出现的问题以及意见和建议，及时报省科技厅政策法规处、国家税务总局福建省税务局企业所得税处。

十六、本意见自印发之日起执行。各设区市科技、财政和税务部门加强沟通协调，可结合本地区工作实际，制定具体实施细则。

附件：1. XX 税务局关于转请对研究开发项目进行鉴定的函（样式）（略）

2. 税务事项通知书（略）

3. 企业研究开发费用税前加计扣除项目鉴定意见书（样式）（略）

4. 企业研究开发项目情况表（略）

福建省科学技术厅
福建省财政厅
国家税务总局福建省税务局
2018 年 8 月 2 日

各设区市涉企政策选编

福州市人民政府办公厅印发关于加快工业数字经济创新发展的实施方案的通知

榕政办〔2018〕136号

各县（市）区人民政府，市直各委、办、局（公司），市属各高等院校，自贸区福州片区管委会：

《关于加快工业数字经济创新发展的实施方案》已经市政府研究同意，现印发给你们，请认真贯彻执行。

福州市人民政府办公厅
2018年6月29日

关于加快工业数字经济创新发展的实施方案

为贯彻落实《福建省人民政府办公厅关于加快全省工业数字经济创新发展的意见》（闽政办〔2018〕9号），进一步推动工业供给侧结构性改革，加快数字技术与实体经济深度融合，推动我市工业数字经济创新发展，现结合我市实际，制定本实施方案。

一、总体要求

以习近平新时代中国特色社会主义思想为指导，深入贯彻党的十九大精神，按照高质量发展的要求，坚持新发展理念，以促进工业创新发展为主线，以推动工业数字化转型为主攻方向，加快构建以数据为关键要素、以数字技术创新为核心驱动力、以现代信息网络为重要载体的工业数字经济，提升工业供给侧结构性改革质量。

坚持创新引领与融合发展，推动数字技术向工业各领域、各环节渗透，激发工业强劲发展动能。到2020年，电子信息产业规模超过3400亿元，年均增长12%以上。其中：电子信息制造业完成产值1800亿元以上，年均增长12%以上；软件和信息技术服务业完成主营业务收入1600亿元以上，年均增长12%以上。数字化转型效果明显，工业企业智能化改造步伐加快，示范应用加快推进，新模式、新业态不断涌现。到2025年，工业数字经济生态更加完善，产业规模与创新能力走在全省前列，人工智能等新兴数字技术深入应用，工业互联网建设全面推进，形成制造业数字化、网络化、智能化的发展体系。

二、夯实工业数字经济产业基础

着力电子信息制造业“增芯强屏”和终端产品创新，加快工业软件、物联网、大数据、人工智能等新兴技术产业化，推动信息技术产业高质量、集聚化发展。

（一）做强做优电子信息制造业

加快集成电路产业集聚。积极对接国家集成电路基金，加快布局集成电路先进制造和特色工艺制造，提升集成电路制造、封装、测试的总体水平和能力。重点推动已列入国家集成电路“十三五”重大生产力布局的福顺晶圆项目建成投产，推动已建成的福顺微电子、福顺半导体等企业的技术改造和工艺改进，推动熔城半导体等新增项目加快建设，加快我市集成电路产业集聚。

构筑新型显示产业链。以福清融侨经济技术开发区和福州经济技术开发区等国家级园区为依托，重点推动福州京东方二期柔性面板项目加快建设、福州京东方第8.5代新型半导体显示器件生产线项目量产，促进东旭光电玻璃基板、嘉捷触控屏等产业链配套项目的共生共赢发展，构筑国内领先的新型显示产业链。

加快计算机与信息通信产业升级。鼓励星网锐捷、新大陆、联迪商用等企业加快计算机外设和网络通信产品的研发升级，巩固提升瘦客户机、金融POS机等终端产品在国内的优势地位。推动与华为公司、中科院上海微系统所等龙头企业和科研院所的合作，加快发展NB－IOT窄带物联网等新一代网络通信技术，推动产业转型升级。推动中诺通讯智能终端项目加快落地，填补我市高端智能手机生产空白。

壮大半导体照明产业。加强外延片、芯片制造及高性能封装测试等关键技术的研发和引进，发展中高端、个性化、智能化的半导体照明产品和系统。重点引进源磊科技LED封测项目，实现与现有半导体照明产业链的有效衔接；推进兆元光电二期项目建设，实现LED外延片和芯片的达产扩能。

打造锂电池产业集群。支持锂电池产业加快发展，依托冠城瑞闽、飞毛腿、旭成科技等企业，打造集电池材料、电池、系统集成、充电技术和销售运营为一体的锂电池产业集群。依托星云电子等企业发展锂电池组检测设备及智能制造解决方案，为锂电池产业加快发展提供专业化服务。

责任单位：市经信委、市发改委、市科技局、市通管办，各县（市）区人民政府、高新区管委会

（二）创新提升软件与信息技术服务业

积极发展IC设计业。以福州软件园为载体，依托福建省集成电路设计中心（ICC）、华为云创服务中心、福州软件园基金联盟等公共服务平台的服务能力，为IC设计企业提供开发平台支撑和资金支撑；培育和壮大一批IC设计企业，加快开发设计多媒体芯片、移动智能终端芯片、数字电视芯片和网络通信芯片。

培育工业高端软件。鼓励软件企业跨界融合，推动基于网络的协同创新，加快工业软件自主研发。促进工业软件企业并购、重组，吸引国内外知名企业来榕设立研发机构。支持和推广工业控制通用技术平台以及数字化设计与仿真分析、MES、PLM等工业软件。实施工业APP工程，构建工业数据服务平台。

培育壮大动漫游戏产业。依托福州市动漫游戏产业基地和海西动漫创意之都，打造动漫公共技术研发中心和动漫游戏人才服务平台、项目选拔平台、国际文创孵化平台等公共服务平台建设。推动动漫内容创作、形象设计、版权交易的发展，培育拥有自主知识产权、具有较强影响力的本土精品动漫形象和品牌。支持原创动漫游戏产品出口，开拓国际市场。

提升软件园区发展水平。推进中国软件特色名城建设，按照“一核心、两支撑、多协同”载体建设目标，持续加快福州软件园、中国东南大数据产业园、中国（福州）物联网产业基地以及永泰智慧信息产业园（福州软件园永泰分园）的发展，将福州软件园复制拓展至三江口、高新区。加大财政资金保障力度，对软件园区范围内企业税收的地方留成，安排一定比例设立园区产业发展资金池，由园区管委会统筹用于产业发展。

支持引进国内外知名企业。通过市场开放、资源开发、技术采购、服务外包等方式，吸引知名软件企业和软件企业总部入驻软件园区，支持市内外软件企业深度合作，培育一批“单项冠军”和掌握核心技术的高成长企业。

扶持软件企业做大做强。对主营业务收入首次突破一定规模的软件企业，分档给予奖励；对

新取得国家信息系统集成及服务资质、首次通过CMM/CMMI认证的企业给予一定奖励；对获得国家级荣誉的软件企业给予一定的奖励。

支持创新创业平台建设。将软件业纳入制造业创新中心试点培育范围，支持骨干软件企业联合相关企业、科研机构组建软件创新中心，重点培育新大陆牵头组建省物联网智能感知应用创新中心、中海创牵头组建省工业云制造创新中心。支持在软件园区内建设提升一批软件业众创空间、孵化器和加速器，完善双创服务体系。

完善人才评价和激励方式。鼓励县（市）区政府和软件园区管委会参考《福建省引进高层次人才评价认定办法（试行）》的人才分类，突出软件行业特点和人才业绩与贡献导向，因地制宜制定软件人才评价标准，2020 年 12 月 31 日前，对符合条件的高层次软件人才按实际缴纳的个人所得税留存部分予以适当奖励。为符合条件的高层次人才居住、医疗、子女幼儿园、小学就学提供便利，支持在软件园区内设立优质幼儿园、小学分校（园）。

责任单位：市经信委、市发改委、市教育局、市科技局、市财政局、市国税局、市地税局、市文广新局、市人社局，各县（市）区政府、高新区管委会，福州软件园管委会

（三）加快新兴信息技术产业化

壮大传感器与物联网终端产业。以中国（福州）物联网产业基地为依托，加快中国（福州）物联网产业孵化中心和福州物联网开放实验室建设，完善海峡物联网应用促进中心功能。加快发展物联网感知、传输和应用产业，加强与窄带物联网标准制定及芯片设计龙头企业合作，推进高精度传感器、智能仪器仪表等技术研发与模式创新，建设物联网云创新中心。

促进大数据技术与服务创新。加快数据存储、清洗挖掘分析、自然语言理解等大数据技术研发；发展大数据技术外包和知识流程外包服务，开发行业应用模型，培育数据采集、分析、运营等新业态，探索发展数据流通交易新兴服务。重点支持数字福建（长乐）产业园联合优势企业打造国家级大数据智库，支持省电子信息集团组建大数据交易中心，争取建成大数据流通与交易技术国家重点工程实验室。

完善虚拟现实产业链。加强虚拟现实核心芯片、显示器件、光学器件、人机交互等关键技术环节的产学研联合攻关。加快 VR 产业链延伸，形成涵盖 VR 软硬件研发、内容运营平台等环节的完整 VR 产业链。依托数字福建（长乐）产业园的产业承载平台，开展“中国·福建 VR 产业基地”建设，形成独具品牌特色的 VR 创新孵化平台，打造 VR 产业全国领先的集聚区。

探索区块链技术创新。挖掘区块链技术价值，鼓励企业加入开源社区，利用国际开源技术资源进行再创新，推动区块链在社会治理、资产管理、公示公证、社会救助、知识产权、工业检测存证等领域的应用。

责任单位：市经信委、市大数据办、市发改委、市科技局、市市场监管局，市通管办，各县（市）区政府、高新区管委会，福州软件园管委会

（四）推动人工智能研发和产业化

加快人工智能芯片与算法研发。大力发展智能芯片，支持新大陆、瑞芯微等优势芯片设计企业开展类脑芯片基础理论、类脑信息处理等前沿技术研究。支持开展以深度学习为核心的计算机视觉、语音识别、自然语言处理、生物特征识别、新型人机交互、自主决策控制等算法和新算法研发。推动算法创新与芯片设计联合优化，开展针对垂直应用场景的专用人工智能芯片的研发和产业化，重点开发基于类脑芯片的智能系统以及 AI 终端解决方案，促进软硬件协同发展。

实施“先进制造＋人工智能”示范工程。支持福州大学、福建工程学院、中科院海西研究院等高等院校和优势科研机构，以及雪人股份、海源机械、鑫港纺机等高端装备制造企业，与人工智能企业合作，推动智能感知、模式识别、智能控制等智能技术的深入应用。鼓励机械装备、电子信息、纺织服装等行业率先推广应用人机协作、数据分析、智能感知等技术，培育一批人工智能创新应用试点企业。

实施“网联汽车＋人工智能”示范工程。鼓励福建奔驰、东南汽车与人工智能企业开展合作，建立联合实验室，推动基于网联汽车的人工智能数据模型研发。依托国家电网新能源汽车及充电

设施运行监测管理平台，加强网联汽车数据分析模型研发。依托慧翰微电子等车联网优势企业，与上汽、东风等国内外大型汽车集团合作，大力培育新兴的车联网产业。

实施“泛家居 + 人工智能”示范工程。支持冠林科技、星网锐捷、安明斯等智能家居企业集成应用人工智能技术，加快研发高感知、灵敏控制的传感设备和控制系统，提升家居产品的人机对话、行为交互、设备互联和协同控制等智能化水平。加强面向智能家居的生物特征识别、三维扫码、图像感知等传感技术攻关。推动家居智能终端、智能网关等产品研发与应用。

实施“安防监控 + 人工智能”示范工程。鼓励我市安防企业加强与人工智能企业合作，推动智能安防相关技术研发和产业化。支持面向工业安全、社会治安、自然灾害等领域智能感知技术的研发和成果转化，推进智能安防监控解决方案的应用部署。支持开展基于智能视频监控的公共安防区域示范，加快公共区域安防设备的智能化改造升级。

责任单位：市科技局、市发改委、市经信委，各县（市）区政府、高新区管委会

三、加快工业企业数字化升级步伐

深化信息化和工业化深度融合，加快数字技术与制造技术在更大范围、更深程度的渗透和创新应用，推动制造业加速向数字化、网络化、智能化发展。

（一）推动企业生产数字化转型

深入实施企业智能化改造。创建“中国制造2025”国家级示范区，在纺织化纤、机械装备、石油化工等优势行业实施数字化改造示范项目，加快大数据、物联网等新兴技术的深度集成应用，提升制造装备的数控化率和智能化水平。加快“机器换工”和智能制造样板工厂（车间）示范项目建设，力争每年新增2家以上省级智能制造样板工厂（车间）示范项目，到2020年，实施“机器换工”1500台（套）以上。

支持网络协同设计。推动福州高等学校、科研机构、工业企业、软件企业组建跨企业、跨领域网络协同设计中心，构建产业链协同研发体系。支持机械装备、纺织服装、工艺美术等企业采用基于互联网的开放式研发设计模式，创建开放式创新交互平台、在线设计中心。支持福耀玻璃、星网锐捷、雪人股份等大中型企业建立协同设计平台，推进工业设计资源网上开放共享。发挥福州软件园文化创意产业集聚优势，鼓励原创动漫、游戏设计企业将设计服务能力向工业企业延伸，推动工业设计发展。

鼓励个性化定制生产。鼓励新大陆、恒申合纤、中铝瑞闽等企业集成先进制造技术与互联网平台，利用互联网精准对接客户需求，提供定制化产品。支持高端装备、船舶、工程机械等行业提升高端产品和装备模块化设计、定制化服务能力。支持发展面向纺织服装、建材家居、工艺美术等优势行业的产品在线定制服务，培育个性化定制模式。

责任单位：市经信委、市发改委、市科技局，各县（市）区政府、高新区管委会，福州软件园管委会

（二）提升企业管理数字化水平

引导企业加快导入两化融合管理体系标准，支持电子信息、机械制造、纺织化纤、轻工食品、冶金建材、石油化工、生物医药等重点行业开展贯标工作，打造信息化背景下的企业新型竞争能力。总结两化融合试点示范企业的经验和成果，逐步形成具有可指导性、可复制性的实施方案和路径。至2020年，力争通过两化融合管理体系贯标认证企业100家以上。

责任单位：市经信委，各县（市）区政府、高新区管委会

（三）推动企业数字化服务化融合发展

培育一批智能制造咨询、设计与集成服务机构，提高整体解决方案与总集成总承包服务能力。支持工程机械、高端装备等企业向提供综合业务的服务商转型，提供产品监测追溯、故障诊断、远程维护、在线分析、大型设备融资租赁等服务。开展服务型制造试点示范工程，到2020年，培育30家服务能力强、行业影响大的服务型制造示范企业。

责任单位：市经信委、市发改委、市商务局，各县（市）区政府、高新区管委会

四、打造数据驱动的工业新生态

突出数据的基础资源作用和创新引擎作用，实施工业互联网创新发展战略，加快完善数字基础设施，建设工业数字化服务平台，保障数据安全，形成数据驱动型创新体系和发展模式。

（一）构建数据驱动能力

发挥省会中心城市数据资源、人才资源的禀赋优势，加强与国家部委、央企以及国内著名大数据相关企业合作，以云计算数据中心和大数据平台建设为切入点，推动大数据产业与传统产业融合发展。依托数字福建云计算中心（商务云），探索建立工业大数据中心，提升工业互联网服务能力。深化工业大数据创新应用，在机械制造、纺织化纤、石油化工行业率先开展试点，培育一批试点企业。

（二）培育工业数字化服务平台

以行业龙头企业为依托，依托福州市科技创新平台整合的各类科技共享资源、行业创新平台和创新载体的技术研发能力，采用先进的云技术架构，打造科技云服务。鼓励各类市场主体建设工业公共云服务平台，为中小企业提供企业管理软件、工业设计软件、工具库、零部件库等资源。推动行业组织、龙头企业、互联网企业建设电子商务平台，促进互联网企业与实体经济深度融合，打造新型商业生态。

（三）推进工业互联网设施建设

加大工业互联网基础设施投资力度，优化宽带网络基础，加速普及光纤网络，实施 IPv6 发展行动计划，推进低功耗广域网城乡普遍覆盖。升级移动通信网络基础，扩大 4G 覆盖广度和深度，跟进发展 5G 网络和应用试验。支持 NB－IoT 技术相关频段试验和业务试点，推动 NB－IoT 技术研发和应用，打造 NB－IoT 物联网应用样板点。

（四）增强工业数字安全能力

以星瑞格软件为依托，大力推进安全自主可控的高速安全存储产品的产业化，壮大产业规模。依托榕基、六壬等一批涉及信息安全软件骨干企业，推动数据安全、信息安全等产品和技术水平的发展，加快壮大信息安全产业。推动翔飞数字产业园项目落地建设，开展安全大数据处理服务及研发。开展重点行业工业控制系统及相关信息系统安全检查和风险评估，建立面向工业领域的信息安全评估保障体系。

责任单位：市经信委、市发改委、市大数据办、市数字办、市科技局、市商务局、市通管办，各县（市）区政府、高新区管委会

五、优化工业数字经济发展环境

（一）强化产业发展指导

聘请电子信息制造、物联网、云计算和大数据等领域专家学者、企业界人士，建立会议咨询制度，为全市工业经济技术及服务创新、产业发展及相关项目工程实施提供决策咨询服务。开展工业数字经济态势分析，准确掌握数字经济发展动态，引导产业健康持续快速发展。

（二）强化治理创新协调

建立符合市场规律的工业数字经济治理创新协调机制，营造公平竞争秩序。深化“放管服”改革，优化市场主体审批服务，推行以负面清单为主的产业准入制度，包容鼓励新产业、新业态、新模式有序发展。

（三）强化聚焦重点培育

统筹用好工业和信息化专项资金、互联网经济新增引导资金、科技项目经费等省、市级财政专项资金，集中支持工业数字经济基础设施提升、公共平台建设、政府购买服务、人才引进培养、重点孵化项目、技术创新项目等。发挥各类产业基金“倍增器”作用，支持市场前景好的企业和项目加快发展。

（四）强化精准招商引智

发挥“五区叠加”的区位优势，以建设滨海新城为突破口，着力在新一代信息技术、人工智能以及大数据、云计算、物联网、VR 等信息产业方面引进一批大项目、好项目。大力推进电子信息产业实施“增芯强屏”工程，积极促进本地集成电路、芯片研发企业与国际、国内行业龙头深度合作，提升“核芯”竞争力，进一步吸引新型显示产业上下游配套项目落地。加强榕台、中德产业对接合作，在新能源汽车、海洋工程装备、高技术船舶、高档数控机床等领域承接落地一批项目。加强信息经济高层次人才和团队引进，广泛吸引海外高层次人才来榕创新创业。依托省内高校、研究院等学术机构，积极培育、储备信息技术应用型人才，重点培养高水平、复合型人才。

(五) 强化全面开放合作

支持市内企业与省内外优势企业加强技术合作，开展工业数字经济协同创新和集成创新。响应“一带一路”倡议，主动融入全球产业生态圈，支持参与制定数字经济国际规则和标准，参与国际合作大型开源项目，推动平台型开源软件创新和应用开发。

(六) 强化示范宣传力度

加强工业数字经济试点示范，培育创建一批示范园区和示范项目，推广一批优秀成果与典型案例。举办数字经济专题培训班和研讨会，鼓励举办工业数字经济交流及赛事活动，吸引高层次人才来榕对接交流。树立工业数字经济强市形象，努力打造数字经济发展良好环境，扩大我市数字经济影响力。

责任单位：市经信委、市发改委、市数字办、市大数据办、市教育局、市科技局、市商务局、市人社局、市文广新局、市统计局、市通管办，各县（市）区政府、高新区管委会

厦门市人民政府办公厅关于印发扩大进口促进对外贸易平衡发展若干措施的通知

厦府办〔2018〕178 号

各区人民政府，市直各委、办、局，各开发区管委会，各有关单位：

《厦门市扩大进口促进对外贸易平衡发展若干措施》已经市政府同意，现印发给你们，请认真贯彻执行。

厦门市人民政府办公厅
2018 年 9 月 26 日

（此件主动公开）

厦门市扩大进口促进对外贸易平衡发展若干措施

为贯彻落实党中央、国务院关于推进互利共赢开放战略的决策部署，更好地发挥进口在满足社会消费升级需求、推动经济结构优化等方面的积极作用，实现优进优出，促进对外贸易平衡发展，根据《国务院办公厅转发商务部等部门关于扩大进口促进对外贸易平衡发展意见的通知》（国办发〔2018〕53 号文）要求，结合我市实际，制定如下措施。

一、完善进口经营体系

（一）壮大各类进口主体

增强我市进口龙头企业对国内市场辐射力，促进进口与国内流通相衔接，推动出口型企业向进出口并重转型发展。支持国有企业做大做强进口，发挥外资企业在引进先进技术、高新技术产品等方面的推动作用，提升民营企业进口竞争力和市场份额，实现国企、外企、民企进口同步发展。优化进口贸易方式，进一步提升一般贸易进口份额。

（二）促进跨境电商进口

借助我市获批跨境电商综试区试点城市契机，积极向国家争取“1210 保税备货进口”跨境电商试点政策，做大跨境电商进口规模。支持企业开展跨境电商直购进口，并对达到一定业务规模的企业给予一定补助。对开展跨境电商进口的平台企业，根据跨境电商进口额加大支持力度。

（三）做大融资租赁进口

支持融资租赁企业创新经营模式，扩大业务范围，提升服务水平，实现专业化、特色化、差异化发展。做大做强飞机租赁业务，拓展船舶融资业务，并结合社会办医和工业转型升级产生的需求扩大我市医疗设备、高端生产设备的融资租赁进口规模。完善财税政策，探索通过风险补偿、奖励、贴息等政策工具，促进融资租赁公司加大对中小微企业的融资支持力度。

㈣提升外贸综合服务

鼓励外贸综合服务企业完善信息服务平台，

扩展功能模块，对外贸综合服务企业升级信息化管理平台的费用按比例给予补助。推动外贸综合服务企业提升进口各环节的物流、金融、报关等专业集成服务水平，扩大进口服务对象范围。

二、优化进口商品结构

（一）扩大先进技术和设备进口

用好国家《鼓励进口技术和产品目录》政策，鼓励企业增资扩产和技改升级，扩大与我市主导产业和战略性新兴产业相配套的服务、先进技术设备、关键零部件进口规模，促进引进消化吸收再创新。开展重点产业链群招商工作，通过重大工业投资项目的落地带动我市大型成套生产设备和工业原料产品进口。

（二）做大大宗商品进口

完善我市大宗商品鼓励进口商品目录，引导企业扩大粮食、铁矿石、化工原料、石材等资源型大宗商品进口，有效扩大进口规模。对进口达到一定规模的大宗商品鼓励进口商品目录内商品，按进口规模给予企业一定补助。积极争取厦门自贸片区内 1 至 2 家企业获得原油进口资质。

（三）鼓励重要消费品进口

完善我市日用消费品鼓励进口商品目录，适应消费升级和供给提质需要，支持企业扩大日用消费品尤其是关系民生的产品进口。对进口达到一定规模的日用消费品鼓励进口商品目录内商品，按进口规模给予企业一定补助。

（四）加快发展服务贸易进口

创新财政支持服务贸易发展方式，加快设立厦门市服务贸易产业基金，继续争创国家服务贸易创新试点城市。完善政策扶持，对国家《鼓励进口服务目录》中的服务项目，按企业的服务进口额增量部分给予一定补助，推动与新一代信息技术、生物医药、高端装备制造、新能源等产业相配套的生产性服务贸易进口。落实税收优惠政策，对技术先进型服务企业减按 15% 征收企业所得税。

（五）巩固对台进口优势

加大对台进口政策支持力度，进一步巩固我市水果、食品、水产品等对台进口优势口岸地位。引导我市进口企业与台湾地区供应商开展合作，完善台湾商品供应和营销渠道，扩大进口规模。促进两岸物流创新合作，对厦台海运快件企业开展相关业务给予一定补助。

三、优化国际市场布局

（一）促进进口市场多元化发展

持续优化我市进口来源地多元化布局。扩大从发达国家进口先进技术产品范围，重点开拓“一带一路”沿线国家进口渠道，加大资源型产品和适应消费升级需求的特色优质产品进口。鼓励企业积极拓展相关进口替代渠道，充分利用我国与相关国家签订的自贸协定优惠安排，扩大进口规模。

（二）支持企业“走出去”带动资源型商品进口

支持有条件、有能力的企业“走出去”开展真实合规的境外投资合作，加大我国紧缺的资源性产品回运进口。对开展境外资源开发和农业、林业、渔业、牧业合作并将其所获权益产量以内的合作产品运回国内的，对从境外起运地至国内口岸间的运费及运保费给予一定补助。支持境外投资统保，对企业当年度汇出的不低于 300 万美元的境外股权投资统保保费给予一定补助。

（三）加快建设对外贸易海外联络渠道

修订完善《厦门市海外投资贸易服务联络点操作办法》，加强对海外投资贸易服务联络点的规范管理，充分发挥海外投资贸易服务联络点在我市开拓多元化国际市场、对外投资和招商引资等方面的信息资讯和联络平台作用。在现有印度、南非、俄罗斯、日本 4 个海外投资贸易服务联络点基础上，进一步优化拓展海外投资贸易促进渠道建设，继续以政府购买服务方式，力争在 2022 年前新增不少于 4 个海外投资贸易服务联络点。

（四）提升利用外资质量做大进口增量

完善招商引资机制，优化外商投资环境，全面落实准入前国民待遇加负面清单管理制度，扩大外资开放领域，重点引导外资持续向平板显示、集成电路、计算机及通讯设备等有较大进出口增量潜力的高端制造业聚集。对符合一定条件的新设和现有外资企业投资我市重点发展产业项目，给予最高 2000 万元的奖励。

四、发挥重要平台促进作用

（一）用好中国国际进口博览会平台

做好中国国际进口博览会厦门交易团的筹备和组织工作，发布采购需求清单，组织我市各类采购企业到展会货物贸易和服务贸易展区与参展商对接洽谈，提高采购成交实效。根据我市“双千亿”工作部署和进口重点需求，结合进口博览会境外参展企业名录，开展针对性的招商推介工作，对以厦门交易团名义组织的展会配套活动相关费用由市财政承担。在中国国际进口博览会官网一站式交易服务平台开设厦门专区，发布采购信息，打造“永不落幕”的进口平台。

（二）扩大汽车平行进口

积极争取扩大汽车平行进口试点企业数量，对试点企业实行动态调整。支持引进整车进口企业总部、区域总部、结算中心、大型汽车销售集团；支持海外货源、汽车金融、售后服务、仓储物流、零配件供应、电商平台、供应链管理和平台服务等重点企业发展。鼓励我市试点企业或代理企业依托海沧保税港区开展汽车平行进口业务，对从厦门口岸进口汽车整车达到一定规模的企业给予一定补助。

（三）打造口岸优势进口商品集散中心

支持厦门自贸片区重点平台建设，重点打造进口酒、燕窝、石材等口岸优势进口商品集散中心。发挥燕窝进口口岸优势，加快东南燕都产业园建设，推动其配套毛燕加工企业获得海关总署备案资质，扩大燕窝进口。支持厦门国际石材展做大做强，吸引更多境外知名石材生产加工企业参展，拓展国内销售渠道，共同促进厦门口岸石材进口业务发展。

（四）发挥特殊监管区域功能作用

积极争取国家进口贸易促进创新示范区，创新完善海关特殊监管区域的进口服务功能。支持企业在保税区内设立进口仓储商品展示、交易、分拨和物流配送中心，通过保税监管场所扩大物资进口和储备。

五、加强金融支持进口服务

（一）加大融资信贷支持

引导金融机构优化和创新进口信贷融资产品和服务，推进“关数 e”平台建设，应用金融云计算，为外贸企业核定纯信用授信额度，降低外贸企业的融资门槛。用好进出口银行等政策性银行优惠利率资金，发展进口项下的贸易融资。支持金融机构与担保机构、小额贷款公司、融资租赁公司合作，搭建服务中小企业的多层次金融平台，持续加大对中小企业进口的支持力度。

（二）加强进口信用保险服务

推动中国信保厦门分公司向总公司争取更大的政策和资源倾斜，研究创新进口保险产品，提升覆盖面，支持更多进口企业开展进口预付款承保业务。发挥信保公司的专业化和渠道优势，为企业提供可靠的进口信息咨询、风险分析服务。引导我市企业在进口贸易中积极投保，降低风险。

（三）完善企业进口结算业务

提升金融服务能力，支持有条件的企业在进口贸易和投融资业务使用人民币结算，规避汇率风险。简化跨境贸易人民币结算业务流程，银行可在“展业三原则”基础上，凭借境内企业的收付款指令直接办理经常项下的人民币跨境结算业务。简化银行为企业办理付汇审核单证和业务办理流程，提升进口付汇便利化水平。

六、持续改善进口营商环境

（一）提升通关便利化服务

实施进口货物提前报关奖励政策。推广货物通关分类管理，优化进口集装箱集拼货物拆箱流程，提升进口集拼货物整体效率。搭建进口商品质量追溯平台，实现来源可查、去向可追、责任可究。提升机场货站理货效率，对进境卸货空运货物实行 24 小时入仓理货和实现理货“随到随理”。

（二）推广无纸化作业

依托港务集团集装箱设备交接单电子化项目，在厦门全港区推广集装箱设备交接单无纸化工作，减少单证流转环节和时间。协调船公司、进出口企业和港口企业加快海运小提单电子化进程，试点实施小提单无纸化操作。降低海关通关无纸化使用门槛，试行进口集拼货物拆箱审批无纸化，简化集拼集装箱手续，提高集装箱流转效率。

（三）实施降本增效措施

梳理口岸业务流程，建立多渠道的口岸服务经营企业收费公开机制，营造公平收费环境。拓展物流信息智能化应用，推广集装箱智慧物流平台，推进厦门智慧物流公共服务平台建设。采取主管部门考核与第三方评价机构考核相结合，推进口岸服务企业信用评级试点工作。

（四）推进“单一窗口”升级

加快建设厦门国际贸易“单一窗口”3.0 版，进一步组织梳理、优化提升功能的系统应用和共享，持续推动厦门国际贸易“单一窗口”与国家“单一窗口”标准版的对接，打造厦门口岸公共信息服务生态圈。

漳州市人民政府办公室关于培育扶持新增新上规模工业企业的通知

漳政办〔2018〕127 号

各县（市、区）人民政府，漳州、常山、古雷开发区管委会，漳州台商投资区、漳州高新区管委会，市直有关单位：

为实现赶超目标，推动高质量发展，经市政府同意，特提出培育扶持新增新上规模工业企业政策措施。

一、支持新建项目投产上规模。统筹协调，加快推进新建项目建设，力促项目早开工、早投产、早达效、上规模。对新增规模工业企业，一次性给予每家企业奖励 20 万元，一次性给予企业所在的乡镇奖励 10 万元。

二、鼓励临界规模企业转规上。摸清家底，挂钩帮扶，促进规模以下成长型企业壮规模、转规上；鼓励临界规模企业拓展市场，积极参加省内外展销活动；支持应用知名电子商务平台促进产品销售；支持临界规模企业加快信息化技术改造，提升质量品牌建设能力；对新上规模工业企业，一次性给予每家企业奖励 10 万元，一次性给予企业所在乡镇奖励 5 万元。

三、完善工作推进机制。市经信委牵头负责全市新增新上规模工业企业培育扶持工作；市财政局、统计局要按照职责分工，协同推进，形成合力，力争今年全市新增新上规模工业企业 100 家以上。各县（市、区）人民政府、开发区（高新区、投资区）管委会要相应制定培育扶持措施，确保全年目标任务落实到位。

本措施涉及的奖励资金，按照受益财政原则，由同级财政负担。本措施自印发之日起执行，有效期至 2018 年 12 月 31 日止。

漳州市人民政府办公室

2018 年 9 月 25 日

（此件主动公开）

泉州市人民政府办公室关于扶持产业龙头企业和高成长企业做大做强的若干意见

泉政办〔2018〕66 号

各县（市、区）人民政府，泉州开发区、泉州台商投资区管委会，市人民政府各部门、各直属机构，各大企业，各高等院校：

为适应经济新常态，落实省委、省政府关于赶超发展的要求，加快推动产业龙头企业和高成长企业改造升级、持续做大做强，经市政府第 34 次常务会议研究，提出如下意见：

一、发展目标

贯彻福建省《新一轮促进工业和信息化龙头企业改造升级行动计划（2018—2020 年）》，培育一批创新驱动、主业突出、关联度大、带动性强的产业龙头企业。力争至 2020 年，工业产值达 10 亿—30 亿元、30 亿—50 亿元、50 亿—100 亿元和 100 亿元以上的产业龙头企业分别为 225 家、50 家、15 家和 10 家。

二、激励措施

（一）鼓励产业龙头企业做大做强

鼓励产业龙头企业围绕增资扩产、改造升级、延伸链条、补齐短板等方面建设实施项目，积极做大总量，实现高质量发展。对产业龙头企业工业产值首次超过 10 亿元、30 亿元、50 亿元和 100 亿元的，由受益财政一次性分别给予 30 万元、50 万元、100 万元和 200 万元奖励。

（二）激励产业龙头企业快速发展

鼓励产业龙头企业充分发挥技术、市场、品牌、人才、资金等优势，提升市场综合竞争力，推动产业龙头企业做大做强。对年度工业产值超过 10 亿元且增速达 15% 以上的产业龙头企业，按当年比上年度企业新增缴纳增值税和企业所得税市、县两级留成部分的 50% 给予奖励，由受益财政承担。

（三）扶持高成长企业跨越发展

精心培育一批制造业“瞪羚”企业、高新技术企业、创新型企业，在产业细分领域产生一批“隐形冠军”和“独角兽”企业，推动高成长企业做精做专。对年度工业产值超过 5000 万元且增速达 25% 以上的高成长企业，按当年比上年度企业新增缴纳增值税和企业所得税市、县两级留成部分的 60% 给予奖励，由受益财政承担。

三、组织实施

（一）加强领导。各级各部门要加强对产业龙头企业和高成长企业的培育、指导和协调工作。市经信委根据市级产业龙头企业和省级高成长企业名单，强化分级管理、分类指导，形成梯度发展态势，实施滚动管理。

（二）强化服务。各级各部门要加强对列入产业龙头企业和高成长企业重点培育对象的跟踪服务，建立和完善服务企业发展常态化机制，促进政府与企业的沟通协调和双向信息共享，对企业反映的困难和问题，做到“周协调、旬反馈”，及时有效地帮助企业解决有关困难和问题，在政策扶持、要素保障等方面给予倾斜扶持，加快培育一批规模大、实力强、带动和示范作用明显的产业领军龙头、“隐形冠军”和“独角兽”企业。

（三）落实职责。各县（市、区）人民政府和泉州开发区、泉州台商投资区管委会要明确工作机构，出台扶持产业龙头企业和高成长企业做大做强的实施方案，根据财力情况和特色产业，细化工作目标、工作步骤、扶持重点和工作措施，确保政策措施落到实处。各级各有关部门要按照“谁受益谁承担 ”原则，加强资金统筹，集中财力扶持产业龙头企业和高成长企业做大做强；同时做好专项资金管理和资金绩效评价，提高财政资金使用效益，切实发挥财政政策的杠杆作用和引导效应。

原有政策规定与本意见不一致的，以本意见为准。本意见中企业产值以企业向统计部门上报的数据为准；享受本意见奖励资金企业在前两个年度的产值、所缴纳增值税和企业所得税应稳步增长；企业所缴纳增值税和企业所得税之和的增速不低于企业产值增速；同一企业可同时享受本意见中“鼓励产业龙头企业做大做强”和“激励产业龙头企业快速发展”或“扶持高成长企业跨越发展”的条款奖励，但不能同时享受本意见中“激励产业龙头企业快速发展”和“扶持高成长企业跨越发展”的条款奖励；已享受市、各县（市、区）人民政府和泉州开发区、泉州台商投资区管委会“ 一企一策 ”或同类扶持政策规定的，按照从高不重复原则予以奖励。本意见按属地原则，由企业所在地经信部门和财政部门负责兑现，涉及市级承担部分，由市财政返还给县级财政。本意见由市经信委负责解释，自发文之日起组织实施，有效期至 2020 年 12 月 31 日 。

附件：2020 年各县（市、区）产业龙头企业培育目标任务分解表

泉州市人民政府办公室

2018 年 8 月 21 日

附件

2020 年各县（市、区）产业龙头企业培育目标任务分解表单位：家

各县（市、区）	100 亿元以上	50～100 亿元	30～50 亿元	10～30 亿元
鲤城区	0	1	1	3
丰泽区	0	1	1	4
洛江区	0	0	1	13
泉港区	2	0	4	22
石狮市	0	2	4	16
晋江市	4	6	21	77
南安市	2	1	9	35
安溪县	0	1	2	14
惠安县	2	0	3	19
永春县	0	0	2	7
德化县	0	0	0	5
泉州开发区	0	2	1	4
泉州台商投资区	0	1	1	6
合计	10	15	50	225

三明市人民政府关于印发三明市千亿产业集群培育计划的通知

明政〔2018〕13号

各县（市、区）人民政府，市直各单位：

《三明市千亿产业集群培育计划》》已经市政府常务会议研究同意，现印发给你们，请认真组织实施。

三明市人民政府

2018年9月11日

（此件主动公开）

三明市千亿产业集群培育计划

为贯彻落实省委、省政府关于推动高质量发展与实现赶超有机统一的决策部署，根据《中共三明市委三明市人民政府关于实施“一十百千万”工程推动高质量发展奋力实现赶超的意见》（明委发〔2018〕5号）文件精神，为培育壮大主导产业，特制定三明市千亿产业集群培育计划。

一、指导思想

以习近平新时代中国特色社会主义思想为指导，全面贯彻党的十九大精神，主动融入全省发展大局，落实市委、市政府“一十百千万”工程，认真践行新发展理念，加大供给侧结构性改革力度，大力推动产业转型升级，全力打造冶金及压延、汽车及机械装备、林产加工、纺织、新材料等五大千亿产业集群，为“再上新台阶、建设新三明”作出更大贡献。

二、目标任务

（一）冶金及压延产业

在2017年全市冶金及压延产业产值725亿元的基础上，计划2018年完成820亿元，比增13%；2019年完成900亿元，比增10%；到2020年实现千亿产业集群目标，打造成海西金属材料生产基地。重点培育提升三大细分产业：

1. 钢材精深加工产业。依托梅列金属新材料产业园，围绕三钢集团冶炼优势带动的钢材深加工产品，实施钢铁下游产业链延伸项目，重点突破高等级建筑结构用钢材、高性能装备零部件用合金钢、高强度船体结构钢等产品，延伸规模化工程钢结构、钢筋焊接网等制品，提高产品附加值。计划到2020年，钢材精深加工产业实现产值830亿元。

2. 轻合金制造产业。依托中国机械科学研究总院海西分院（将乐）半固态技术研究所开发先进半固态生产工艺，加快突破汽车轮毂、汽车及小型机械发动机缸体、汽车耐压活塞、汽车悬臂、手机框架、笔记本电脑外壳、空调压缩机壳体、通讯滤波器、LED散热器等轻合金半固态成型制品生产工艺，推动轻合金制造产业做大做强。计划到 2020 年，轻合金制造产业实现产值 120 亿元。

3. 有色金属产业。加快新产品研发，重点拓展真空镀膜板、太阳能集热器、反射镜等产品，推进钨制品精深加工，发展药用和电子铝箔、铝组合模板等铝金属制品，生产高性能、高精度、高附加值的铜杆、线、缆、箔、管、板带等铜精深加工产品，推动有色金属向产业链下游延伸。计划到 2020 年，有色金属产业实现产值 50 亿元。

（二）汽车及机械装备产业

在 2017 年全市汽车及机械装备产业产值 650 亿元的基础上，计划 2018 年完成 750 亿元，比增 16%；2019 年完成 875 亿元，比增 16%；到 2020 年实现千亿产业集群目标，打造成东南沿海重要的商用车和新能源汽车生产和出口基地、海西重要装备制造业基地、绿色高端铸锻产业基地。重点培育提升三大细分产业：

1. 汽车及零部件产业。充分发挥政府推动作用，加大新能源汽车推广应用力度，并依托埔岭汽车工业园和龙头企业，加快引进整车配套项目，形成“产品设计—零部件制造/采购—整车（机）—销售和服务”汽车产业链。计划到 2020 年，整车及零部件配套产业实现产值 300 亿元。

2. 机械产业。大力发展智能制造装备及零部件生产，引进培育智能装备、系统集成和设备服务企业，以数控技术、智能技术提升传统装备产品性能，促进装备制造业向智能化升级；积极引进智能测控装置生产企业、工业机器人集成应用企业、整体解决方案提供商，提升三明智能制造装备核心竞争力。计划到 2020 年，机械产业实现产值 500 亿元（不含铸造产业）。

3. 铸锻产业。发挥铸锻产业基础优势，整合产业优质企业，加快打造三明铸锻产业集群，打造建成国家级的铸锻生产基地，争取成为国内一流、能为装备制造产业提供配套服务的绿色铸锻城市。计划到 2020 年，铸锻产业实现产值 200 亿元。

（三）林产加工产业

在 2017 年全市林产加工产业产值 806.7 亿元的基础上，计划 2018 年完成 865 亿元，比增 7.2%；2019 年完成 930 亿元，比增 7.5%；到 2020 年，实现千亿产业集群目标，打造成全国闻名的现代林业产业基地。重点培育四大细分产业：

1. 木竹加工及人造板产业。重点发展“以竹代木”，开发竹重组材、炭化基材系列产品，发展杉木集成材系列及其深加工、精品木竹工艺品等产品；加快推动生态板材及板材的二次加工利用，大力发展定制家具、精制家具等家居用品生产。计划到 2020 年，木竹加工及人造板板块实现产值 710 亿元。

2. 林产化工及生物质利用产业。重点发展松香松节油系列深加工，延长产业链；重点开发医用活性炭等新型高附加值活性炭；加强紫杉醇、低聚木糖、木质素、无患子皂液等林业生物质开发利用；开发桉叶油、杉木油等香精香料系列深加工系列产品。计划到 2020 年，林产化工及生物质利用板块实现产值 90 亿元。

3. 制浆造纸产业。制浆重点向竹浆粕的开发利用方向发展，纸制品重点开发食品包装原纸、薄型纸、生活用纸、特种纸等产品。计划到 2020 年，制浆造纸板块实现产值 105 亿元。

4. 森林健康食品产业。重点发展以竹笋、油茶、森林饮料等为主的森林健康食品。计划到 2020 年，森林健康食品板块实现产值 95 亿元。

（四）纺织产业

在 2017 年全市纺织产业产值 520 亿元的基础上，计划 2018 年完成 650 亿元，比增 25%；2019 年完成 800 亿元，比增 23%；到 2020 年实现千亿产业集群目标，打造成为全国重要的纺织产业基地。集中打造和培育三大细分产业：

1. 高品质纱线和锦纶产业。依托尤溪经济开发区城西园和城南园，充分发挥 56 万锭高品质纱锭以及 21 万吨锦纶长丝的生产能力，持续做大做强新型高品质纱线及锦纶产业；加快整合织造及染整产业，推动产业向下游延伸。计划到 2020 年，高品质纱线和锦纶产业实现产值 400 亿元。

2. 高档面料产业。依托永安市尼葛工业园、宁化华侨经济开发区城南工业园、尤溪经济开发区城西园和城南园、大田经济开发区等专业园区，重点推进高档面料产业的开发与生产，培育发展一批高档面料生产支柱型企业。计划到 2020 年，高档面料产业实现产值 300 亿元。

3. 竹天丝产业。依托通用三明（永安）产业园，用好用足中国纺织科学研究院的研发技术，着力引资建设10万吨竹天丝生产项目；积极延伸上游配套10万吨溶解浆项目；全力拓展下游纺纱制造面料加工产业，重点推进10万吨竹天丝配套下游产业项目。计划到2020年，整个新型纤维产业上下游链条产业实现产值100亿元。

（五）新材料产业

在2017年全市新材料产业产值304亿元的基础上，计划2018年完成380亿元，比增25%；2019年完成600亿元，比增58%；到2020年实现千亿产业集群目标，打造成海西重要的氟新材料生产基地、海西重要的硅产业基地、海西稀土材料及高端应用产业的重要区域、东南沿海地区重要的石墨产业基地、国家级装配式建筑产业基地。具体目标为：

1. 氟新材料产业。依托三明黄砂循环经济产业园，明溪、清流氟新材料产业园和吉口循环经济产业园等四大园区平台，充分发挥我市丰富的萤石资源优势，通过实施新型含氟制冷剂、高端含氟无机盐、含氟聚合物及材料、含氟精细化学品等下游产品生产项目，加快拓展延伸氟新材料产业链，努力构建全省最具特色的氟新材料产业集群。计划到2020年，氟新材料产业实现产值200亿元。

2. 硅产业。依托沙县新材料产业园等发展平台，利用我市丰富的石英砂资源和良好的硅产业发展基础，提升功能性无机硅材料档次，发展硅合金材料和新能源硅材料，推动硅化工深加工系列项目落地建设，加快形成体系完善、创新驱动、绿色发展的产业集群。计划到2020年，硅产业实现产值200亿元。

3. 稀土新能源材料产业。依托三明稀土产业园，加快发展新能源锂电池正极材料产业，力争2020年前全市锂电池正极材料产能达3万吨以上。同时，推动稀土往产业链下游延伸，大力发展稀土分离、磁性材料、催化材料、储氢材料、金属调质剂、稀土陶瓷等领域，构建完整稀土产业链。计划到2020年，稀土新能源材料产业实现产值100亿元。

4. 石墨和石墨烯产业。依托永安市石墨和石墨烯产业园、大田县石墨和石墨烯产业园、三明市石墨和石墨烯产业孵化园等“一区三园”平台，加强与大型企业集团、高校及科研机构的战略合作，加快引进石墨和石墨烯产业高新技术企业，加强微晶石墨提纯、石墨和石墨烯复合材料的研发和应用，并带动本地企业生成实施石墨烯轮胎、石墨烯轴承润滑脂、石墨烯表面波探测、石墨烯连续纤维等转型升级项目，促进相关配套产业聚集发展。计划到2020年，石墨和石墨烯产业实现产值100亿元以上。

5. 新型建材产业。围绕延伸钢铁、水泥、新型墙体材料下游产业，大力发展商砼预制装配产业，加快实施钢结构建材、板型墙材等装配式建筑材料生产项目。同时，推广绿色环保新型建材，重点开发和推广新国标矩形孔烧结多孔砖、加气混凝土砌块等产品，推动全市新型建材产业加快发展。计划到2020年，新型建材产业实现产值超400亿元。

三、工作重点

（一）冶金及压延产业。推进钢材产业链延伸和产品结构调整，加快金属复合材料、轻合金制造、钨制品精深加工、铜铝金属制品和离心铸管等产业发展，持续壮大冶金及压延产业规模。重点做好以下三方面：

1. 加强龙头企业培育。扶持三钢集团、小蕉实业、明光新材、台明铸管、金瑞高科等企业发展壮大，重点引导三钢集团实施钢铁行业的兼并重组、产品结构调整升级和服务型制造，壮大成品线材、高端板材等钢铁产品规模，重点引入资源综合利用、服务型制造、电子商务、物流、金属深加工、金融、化工等项目，构建“炼钢—压延—钢材制品—钢铁产品服务”全钢链条，努力将三钢集团打造成为千亿企业集团。

2. 加快重点项目实施。改造提升存量项目，着力推进三钢集团节能减排、三钢闽光物联云商、维德精密制造轻合金生产等28个产业重点项目建设，促进产业调结构、促转型、壮规模、增实力；引进强链补链项目，围绕产业集群拓展，强化项目策划生成，每年滚动策划储备投资亿元以上冶金及压延产业集群项目10个以上。

3. 夯实产业发展基础。一是打造专业园区。

完善园区功能规划，加快园区开发建设，引进关联项目入驻，促进产业集聚配套。其中，三明金属材料深加工产业园突出发展特种钢精铸件、耐磨钢球、压力容器、波纹金属软管等项目；将乐轻金属半固态新材料专业园突出发展轻合金，重点推动轻合金产业孵化，将园区建成轻合金系列产品深加工基地。二是促进技术创新。以三钢集团省级企业技术中心及三菲铝业、瑞奥麦特、行洛坑钨矿、毅君铸造、三重铸锻等市级企业技术中心为依托，激发企业创新活力。三是建设研发平台。以建立健全研发机构为重点，集成学校、科研、企业、中介和咨询等单位的科研装备、设施场所、文献数据、科技成果、信息网络、人才队伍等科技资源，建立共建共享、相互协作、服务产业的科技创新平台。四是实施品牌带动。支持企业争创和经营品牌，鼓励企业参与制定国际、国家、行业标准，提升品牌综合竞争力和产品市场占有率。

（二）汽车及机械装备产业。加快汽车及零部件、机械装备、铸锻产业发展，壮大整车、整机制造规模，延伸高端机械装备和成套设备产品，发展高端装备铸锻、精密铸锻、半固态成型压铸、大型机械铸造，提升智能制造水平。重点做好以下四方面：

1. 培育壮大龙头企业。汽车产业 重点培育海西汽车公司、中科动力、三明齿轮箱、永安轴承、汇华缸套等龙头骨干企业，努力将海西汽车公司打造成为产值百亿的龙头企业；重点推动新能源电动汽车、全钢载重子午线轮胎发展，加快完善汽车零部件产业链条。机械装备产业重点培育双轮化机、月兔空调、厦工三重等整机装备龙头生产企业，扶持三洋机械、普诺维机械等重点成长型企业，努力将双轮化机、月兔空调打造成为产值百亿的龙头企业；推进机械科学研究总院海西分院高端装备产业园项目建设，着力打造海西重要装备制造业基地。铸锻产业重点培育提升三重铸锻、毅君铸造、金圣特钢等龙头企业，扶持宝山机械、华伦特重工、鑫鹭峰实业、博实铸造、恒丰工贸、台明铸管等重点成长型企业。

2. 推进重点园区建设。以埔岭汽车园为核心，建立永安载货汽车零部件配套工业园、海西汽车商用车生产基地；以三明生态工贸区为主，尤溪县、大田县、将乐县等相关工业集中区为辅，建成集高端装备制造、产业孵化和科研综合服务等三大功能的产业集群，特别要加快机械科学研究总院海西高端装备产业园、三明智能机械装备产业园等专业园区建设，不断提升承载项目能力。同时，以金沙园、小蕉工业园、将乐经济开发区及大田县机械铸造产业聚集区为发展平台，努力打造海西铸锻重要生产基地。

3. 推进重大项目建设。重点推进海西汽车中重卡总成开发、三明双轮化机克劳斯玛菲注塑机、月兔高效节能空调生产、台明球磨铸管生产、百特智能装备及物联传感器产业基地二期、金圣特钢生产、建新轮胎特种橡胶在全钢子午线轮胎生产中的研发应用、中科动力新能源汽车生产、清航装备无人机、鼎鑫铸造短流程铸造及机械加工、海西汽车商用车生产基地二期建设、中国机械科学研究总院海西分院、德普惠年产 300 台智能旋转模切设备产业化、厦工传动设备生产、中节能环保产业园、三明智能机械装备产业园、汽配（工程机械）产业园、金门油压智能化机组设备制造生产线、景韬机械数控机床、齿轮制造生产等一批重大机械装备产业项目，不断增强产业发展能力。

4. 加强产业链招商。着力推动装备产业向“绿色、高端、智能”发展，引进落地重点项目，促进产业加快集聚，打造海西重大成套和技术装备重要制造产业基地。其中：金属制品业方面，强化引进切削工具、模具、集装箱、金属容器、焊条等制造业企业；通用设备制造业方面，强化引进节能锅炉、内燃机、金属切削机械、起重运输设备、泵、风机、压缩机、冷冻设备、阀门、轴承、液压件、铸锻件等制造业企业；专用设备制造业方面，强化引进高端冶金、矿山设备、石化设备、轻纺设备、农林牧渔专用机械、水利机械、环保机械等制造业企业；交通运输设备制造业方面，强化引进混凝土泵车、装甲车、改装车，汽车发动机、变速器、转向系统、制动系统等关键总成及底盘、变速箱、车桥、离合器、轮毂、轮胎、汽车电子等关键零部件生产项目；电气机械及器材制造业方面，强化引进电动机、发电机、输配电及控制设备、电线电缆、新能源蓄电池制造业企业；电子通信设备制造业方面，强化引进通信设备、雷达、电子计算机、半导体器件、集成电路制造业企业；仪器仪表及文化、办公用机械制造业方面，强化引进工业自动化仪表、电工仪表、光学仪器、气象仪器、复印机及胶印机、量具量仪制造业企业；信息化与工业化深度融合方面，强化引进嵌入式软件、物联网、可编程控制器、计算机辅助设计／制造／工程、制造执行系统和生产管理信息化系统开发企业。

（三）林产加工产业。重点通过整合林业经营区面积，优化资源要素配置，把林业资源优势真正转化为产业发展优势，加速产业技术改造，提升林产加工业品质，构建具有三明特色的林产加工产业体系。重点做好以下四方面：

1. 突出龙头带动。重点支持青山纸业、永安林业、金森林业 3 家上市公司做优做强，发挥上市公 司的示范引领作用，同时重点培育和其昌竹业、森美达生物、铙山纸业、红树林木业等龙头骨干企业提质增效、做大做强，增强龙头企业在协作引领、产品辐射、技术示范、知识输出和营销网络等方面的核心作用，带动越来越多的中小企业朝规模化、集群化、专业化、高端化方向发展。

2. 抓实项目招商。根据我市林产加工产业发展优势和产业特色，重点在“以竹代木”和林业生物质利用等 2 个发展潜力大的领域做好总体谋划和项目策划。通过我市举办“ 11 · 6 ”海峡两岸林博会等契机，加强与知名大企业、集团的联系，争取引进科技含量高带动作用强的大项目、大企业。

3. 强化创新驱动。充分利用北京林业大学南方林区（ 福建三明 ）综合实践基地、三明林业产业院士专家工作站、南方制药博士后工作站等林业科技创新平台，支持企业加强产学研合作，提高林产加工产业科研能力和科技成果转化水平，重点推动金森林业与南京林业大学、缘福生物质利用与福州大学、吉兴竹业与中国林科院、源华林业与北京林业大学等合作项目建设，力争在林产加工领域打造一批创新龙头和科技领军企业。同时，加快企业技改提升步伐，指导企业开展标准化和质量体系认证、鼓励和支持企业发展核心自主知识产权、申请发明专利，支持企业申报国家和省级中小企业科技创新基金，引导企业创建国家高新技术企业、福建省科技型中小企业、福建省科技小巨人企业、福建省创新型企业等。

4. 强化品牌驱动。一是加快策划培育自主商标品牌。继续培育壮大现有永安林业“永林蓝豹”、青山纸业“青山”、铙山纸业“铙山”、和其昌竹业“和其昌”、沈郎油茶“沈郎乡”等一批知名商标品牌，并鼓励和支持知名品牌企业通过收购、兼并、控股等多种途径进行商标品牌重组，通过授权经营、连锁经营等方式，促进商标品牌做优、做大、做强，推动商标品牌经济发展。二是加快策划培育区域商标品牌集群。重点支持永安“全国竹产业知名品牌创建示范区”创建工作；鼓励商标品牌抱团发展、板块式发展，加快永安人造板及家具、清流智慧家居、明溪红豆杉产业、沙县松香松节油、沙县建宁泰宁笋制品、尤溪针叶木集成材、油茶（尤溪、宁化、大田）等区域特色商标品牌集群建设；支持地方和企业申报国家地理标志产品，加快地理商标注册。三是加快策划培育出口商标品牌。鼓励和引导针叶木集成材、木竹制品、林产化工等重点出口企业、知名商标品牌企业开展商标国际注册及专利申请，力争商标国际注册取得突破；开展出口免检、出口产品质量安全示范区建设和中国出口质量安全示范企业创建工作，鼓励和促进具有自主知识产权商标品牌的林产品出口，扩大高新技术产品、高附加值产品出口，提高自主品牌价值，提升国际知名度，促进优秀出口企业自主商标品牌建设。

（四）纺织产业。走差别化、功能化和产业联盟化道路，延伸拓展高附加值的纺织产业链条，推动产业向价值链高端发展。重点做好以下四方面：

1. 培育壮大龙头企业。重点围绕高品质纱线、超细旦锦纶、高强度维纶、绿色染整以及竹天丝等发展项目，鼓励顺源纺织、宝华林、隆源纺织、丰帝纺织、创益纺织、鑫森纺织、格利尔、祥源纺织、浩特纺织、宇隆超纤、华泰纺织等龙头企业不断做大规模，增强企业实力，提升行业竞争力，努力将顺源纺织打造成为产值百亿的龙头企业。

2. 加快建设专业园区。借力中国纺织科学研究院的资本、技术和人才等多方位优势，推动三明传统纺织产业转型升级，共同推进和开发建设“通用三明（永安）产业园”；进一步完善和提升尤溪城南园、永安尼葛园、大田京口轻纺新型面料专业园等园区基础设施建设，为持续承载高品质的纺织新项目大项目夯实基础；优化产业布局，加快尤溪印染集控区规划建设，实行集中供水、供热、供气和污染物的集中处理，推进当地现有5家印染企业“十三五”期间全部入园。

3. 加快建设重点项目。以差别化、功能化趋势为导向，积极引进推动竹天丝纤维生产项目，全力推进“三素分离”溶解浆项目产业化研发，构建具有三明特色的竹纤维产业链条。

4. 强化项目招商引资。优化营商环境，注重发挥纺织行业协会的桥梁作用，主动对接相关发达地区因产业调整的外迁转移好项目，加快引入先进生产装备，引进新技术、新工艺，不断开发高性能、差别化纺织新产品，延伸拓展产业新链条。

（五）新材料产业。以突破关键技术、提高核心竞争力、壮大产业规模为主攻方向，打造技术含量高、资源消耗少、经济效益好、发展潜力大的新兴产业集群，加快形成先进的规模化生产能力。重点做好以下四方面：

1. 强化龙头企业带动。重点围绕氟新材料、硅、稀土新能源材料、石墨和石墨烯、新型建材等产业，充分发挥龙头企业带动作用，重点引导三化公司、翔丰华、三明厦钨、三农公司、海斯福、东莹化工、正元化工、丰润化工、泰达新材料、金牛水泥等10家新材料龙头企业进一步做大做强，努力将三化公司、翔丰华、三明厦钨打造成为产值百亿的龙头企业，提升产业整体竞争力。力争到2020年，10家龙头企业实现产值目标254亿元，占新材料产业集群产值的25%以上。

2. 做实项目承载平台。进一步完善三明黄砂新材料循环经济产业园、明溪氟新材料产业园、清流氟新材料产业园、永安市石墨和石墨烯产业园、大田县石墨和石墨烯产业园、三明稀土产业园等正在开发建设的园区配套设施，为项目落地创造良好条件。加快推动吉口循环经济产业园、三明市石墨和石墨烯产业孵化园等新规划的园区建设，高起点编制园区规划和开展环境评价，为承载高质量发展的新项目打好基础。积极推动沙县硅产业循环经济园区的规划建设，为硅产业可持续发展提供保障。

3. 增强产业发展后劲。结合我市新材料产业发展实际，策划生成一批投资规模大、科技含量高、市场空间广、辐射带动强的大项目、好项目，借助“6·18”“9·8”等平台，引入先进制造工艺、生产技术、创新产品，延伸拓展产业链条，力争每年新签约新材料产业合同项目20项以上，总投资25亿元以上。

4. 激发企业创新活力。进一步完善创新平台体系，支持企业建立技术中心，强化企业创新主体地位，重点支持氟化工产业研究院、石墨烯研究院发展，推进企业与国内外高等院校、科研院所共建各级企业中心，提高企业的自主研发能力、对引进技术的消化吸收和再创新能力、科技成果产业化能力。支持具有业界影响力的企业牵头，以资本为纽带，联合具有较强研发能力的高校、科研院共同组建制造业创新中心。鼓励企业与高校、科研机构开展技术合作，实施以企业为主的产学研合作项目，促进项目成果转化。

四、保障措施

（一）强化服务保障。加强项目要素供给，强化项目建设全流程服务，重点突破资源整合、资金融通、审批、征地、环评等项目易卡壳环节。成立“特事特办”“一事一议”帮扶机制，及时协调解决工作推进过程中遇到的困难和问题。

（二）强化金融扶持。综合发挥市级企业发展专项资金、产业投资基金，支持产业创新转型。建立政银企对接合作平台，积极向金融机构推荐符合转型升级要求的重点项目，促进金融机构加大信贷支持力度，并给予贷款利率优惠。鼓励金融机构开展重组贷款等业务，支持产业兼并重组、整合过剩产能。支持企业通过上市、发债等方式，拓展直接融资。

（三）强化人才支撑。突出企业家创新转型主体作用，加强企业家队伍建设，培育和打造一支适应区域产业发展、不断创新作为的新型企业家团队。以高层次和高技能人才队伍建设为重点，实施三明市“海纳百川”高端人才集聚计划，重点支持工业领域引进和培养一批高层次人才、紧缺型人才、创新创业人才和实用型人才。加快培育人才聚集度高、贡献率大、科研成果居全省前列或核心技术产业化市场前景广阔的企业人才高地，加强院士专家工作站、博士后工作站建设，支持各类职业院校与工业企业联合培养面向生产一线的技术技能人才。

（四）强化督促考核。结合“五比五晒”项目竞赛活动，加强督查指导工作，对项目工作推进成效显著的单位和个人，予以通报表扬；对保障不力、服务缺失的单位，予以通报批评。

莆田市人民政府关于支持妈祖国际健康城发展若干措施的通知

莆政综〔2018〕15号

各县（区）人民政府（管委会），市直有关单位：

为贯彻落实健康中国战略，推动我市健康产业发展壮大，培育以妈祖国际健康城为核心的健康产业经济圈，打造“中国第一康城”和“两岸医疗合作先行区”，特制定以下措施。

第一条 入驻妈祖国际健康城，注册具有独立法人资格的高端专科医院及医疗机构，享受以下优惠政策：

1. 享受临床重点专科经费补助。临床重点专科被评为省级的，给予500万元补助（含省级以上补助）；被评为国家级的给予1000万元补助（含省级以上补助）。

2. 享受开业运行资费补助。专科医院、健康管理机构经卫生、财政等有关部门认定符合三级标准的，给予每床位10万元的标准奖励。医院运行后，取得三级医院资格第一或第二评审周期内，经卫生行政部门评审并获得三级甲等和三级乙等资质的，分别给予1000万元、600万元的一次性奖励。

3. 享受医疗用房租金补贴。入驻的单位其租金标准最高不超过20元/㎡/月（按照建设投资额的银行融资成本测算），前五年免租金，后五年租金按50%补贴。入驻的单位若改变用途的不予补贴。

4. 享受医疗设备租赁服务。由市医投公司统一对入驻的高端医疗机构提供医疗设备租赁服务。

5. 享受医技配套设施服务。由市医投公司在健康城统一规划建设检验中心、影像中心、消毒供应中心、供氧中心、医院污水处理中心等医疗辅助配套设施用房，为入驻医疗机构和企业提供公共服务。

6. 享受医疗基础团队服务。根据所引进高端医疗机构（或高端人才、高端技术）的需要，由市属医疗机构组建医护基础人才队伍和管理团队，统一提供服务保障。以需求为导向委托高校培养对口人才，建立相关专业人才库，强化医务人员专业培训，做好人才储备。鼓励高端医疗机构加入医疗集团，实现人才共享、技术支持。

第二条 入驻妈祖国际健康城，注册具有独立法人资格的药械研发机构及生产、仓储、物流、销售等企业，享受以下优惠政策：

1. 享受药械生产用房租金补贴。入驻单位其租金标准最高不超过10元/㎡/月，前三年租金给予100%补贴，后三年租金给予50%补贴。入驻的单位若改变用途的不予补贴。

2. 支持新药品种研发。进入临床研究的新药项目，在Ⅰ、Ⅱ、Ⅲ期研究阶段，分别给予50万元、100万元、150万元经费奖励，进入产业化阶段后再给予100万元奖励。

3. 支持仿制药开发生产。已经上市销售的仿制药产品在完成一致性评价工作并取得相关受理通知书的，每个品种给予50万元奖励；新申报的仿制药产品通过生物等效性临床试验或临床有效性试验并取得相关受理通知书的，每个品种给予50万元奖励。仿制药品种经由国家食品药品监督管理总局审议通过或批准，在进入产业化阶段后再给予100万元奖励。对列入国家基本药物目录中的化学药品仿制药口服固体制剂，其中需开展临床有效性试验和存在特殊情形的品种，在 2021 年底前完成一致性评价的，再给予 50 万元一次性奖励；对非国家基本药物的化学药品仿制药口服固体制剂，获得全国首家、第二家和第三家通过一致性评价的品种，分别再给予 100 万元、50 万元和 50 万元（其中，第二、三家企业必须在首家企业通过一致性评价的三年内完成）一次性奖励。

4. 支持医疗器械开发生产。取得第二类医疗器械注册证的产品，进入产业化阶段每个品种给予最高 40 万元的资金扶持；取得第三类医疗器械注册证的产品，进入产业化阶段每个品种给予最高 80 万元的资金扶持。对单个企业医疗器械开发注册资金扶持不高于企业的实际投资额，每年度累积扶持资金最高不超过 500 万元。

5. 鼓励筹集建设发展资金。鼓励商业银行探索开展知识产权质押贷款等非抵押类创新模式贷款，鼓励信用担保机构加大对知识产权质押贷款的担保支持力度。

6. 优先采购本地生产的药械产品。在本市注册、生产的药械产品在政策许可范围内优先增补进莆田市基本医保报销目录。

7. 鼓励筹建药物临床试验基地。鼓励莆田市第一医院、莆田学院附属医院和入驻妈祖健康城的三甲医院筹建药物临床试验基地，为药品研发机构和生产企业服务。

8. 支持企业总部建设。连续 3 年每年纳入本市统计核算的产值规模（营业收入）不低于 10 亿元或连续 3 年每年在本市内形成地方财力不低于 1000 万元的，可以在项目所在地申请独立建设企业总部。

9. 鼓励社会资本参与建设药械生产研发、仓储物流及药械展销馆等设施。对其符合入驻条件的机构和企业前三年租金给予 100% 补贴，后三年租金给予 50% 补贴，租金补贴标准最高不超过 10 元/㎡/月。对其建设资金银行贷款给予月 3‰的财政贴息补助 3 年，贴息补助总额不超过 500 万元。

第三条　在妈祖国际健康城注册和入驻的养老机构及企业，享受以下优惠政策：

1. 鼓励养老机构按照《福建省养老服务机构等级评定办法（试行）》开展等级评定，对获得 3 星、4 星、5 星的养老机构，每年分别给予 20 万、30 万、50 万元的等级补贴，补贴期限为 5 年，所需资金从市福彩公益金中安排。

2. 对非营利性养老服务机构用地，土地用途确定为公共管理与公共服务用地 - 医卫慈善用地（非营利性养老院、老年公寓）；对营利性养老服务机构用地，土地用途确定为商服用地 - 其他商服用地（营利性养老院、老年公寓），国有建设用地使用权出让价按照不低于评估备案地价的原则确定。

第四条　在妈祖国际健康城注册和入驻的科技创新型机构及企业，享受以下优惠政策：

被认定为国家高新技术企业、创新型企业和省级创新型企业的，分别给予 300 万元、100 万元奖励，所需资金由市财政承担；被认定为国家高新技术企业的，减按 15% 的税率征收企业所得税，其发生的职工教育经费支出，不超过工薪资金总额 8% 的部分，准予在计算企业所得税应纳税所得额时扣除，超过部分，准予在以后纳税年度结转扣除。符合条件的生物医药产品的技术转让，在一个纳税年度内，对技术转让所得不超过 500 万元的部分，免征企业所得税；对超过 500 万元的部分，减半征收企业所得税。

第五条　入驻妈祖国际健康城的专业人才，享受以下优惠政策：

1. 与妈祖国际健康城医疗机构或药械研发机构、生产企业签订服务期 5 年以上协议且每年在协议地累计工作 3 个月以上的，由北岸管委会免费提供一套北岸辖区内约 100 ㎡人才公寓居住。连续在莆工作 15 年以上的，可直接办理过户手续。

2. 引进的国家级、省级高层次医疗医技人才且最低服务年限达到 5 年的（其中每年服务时间累计：国家级不少于 30 天，省级不少于 60 天），分别给予 100 万元、50 万元（分年度、按比例由引进单位申请、发放）奖励。

3. 对入驻妈祖国际健康城相关医技人才及高级管理人才，以其所缴纳个人所得税地方财力部分为标准给予全额奖励，奖励年限暂定为五年。

4. 公安、外事、人社等部门优先办理落地企业人员的因公出境申请。对企业负责人、中层管理人员、专业技术人员等根据企业的申请，按规定为其办理往来香港商务一年多次或三个月多次、往来澳门商务三个月一次、往来台湾一年多次有效签注；因紧急商务活动急需办理出国、出境手续的，公安出入境管理部门及其他相关部门开辟绿色通道，优先予以审批办理。

5. 人才引进培养补助、薪酬补助、学费代偿、一次性安家补贴、免费入住人才周转房或租房补贴、申购限价房、购买商品房补助、家属工作安排、随迁子女就学、就近优先入学等其他人才支持政策按照我市人才队伍服务相关政策享受。

第六条 鼓励投资健康城。由市医投公司设立产业引导基金，参与资本可优先持有健康城股权，共同投资建设运营健康城，对健康城进行统一规划、统一招商，打造统一品牌。鼓励有实力的企业、团体、个人组建健康产业投资公司，投资前沿医疗技术转化企业；支持先进医疗团队以资本、技术入股专科医院或健康城，为其提供统一配套服务，统一培训医技人才。

第七条 入驻妈祖国际健康城的机构及企业，享受以下配套政策：

1. 自企业实际缴纳企业所得税年度起，第一个5年企业所得税市、区财力所得部分分别由市、区财政给予100%补贴，第二个5年给予80%补贴，第三个5年给予50%补贴。

2. 由莆田市成立医药产业发展服务工作组，跟踪负责医药产业政策研究，统筹协调各县区医药产业招商，做好企业的产品研发、注册、生产许可业务咨询和指导工作，组织药品、医疗器械供需、临床需求、市场发展高峰研讨及招商服务，提高研发产品的市场推广占有率和医药产业发展的精准性、靶向性。

3. 由市食品药品监管局成立专门服务小组，对药品、医疗器械、保健食品等生产企业，从签约落地起即介入提供产品注册和生产许可指导服务，帮助企业做好生产体系建设，并与国家、省食品药品监管部门保持密切沟通、联系，及时了解审评的动态进展，加快审评、审批进程。

4. 对企业研发的第三类创新型医疗器械和符合条件的第二类医疗器械，争取列入省食品药品监管局“专家帮促计划”，协调省食品药品监管局在医疗器械技术审评专家库中选取若干专家对企业进行建设指导和帮扶，并采取先期介入、专人负责、优先审评审批的方式支持有发展前景的医疗器械生产企业尽快做大做强。

第八条 入驻对象具体合作条款按照《莆田市招商引资项目合同书（范本）》执行。涉及补助、补贴、奖励、扶持等所需的资金，市、区财政各承担50%。对被认定为国内领先、国际一流的医疗机构，科技含量高、建设速度快、经济和社会效益好的重大项目，以及其他特殊项目，可由市、区政府按照“一事一议”的方式予以支持（国内领先、国际一流的医疗机构由市卫计委组织专家认定）。

第九条 本措施和已出台的优惠政策类同的或交叉的，企业可以按照就高的原则申请享受，也可以自愿选择一项享受，但不重复享受。

福建健康产业园、两岸智能医疗制造产业园参照本措施执行。

本文件由莆田市卫计委负责解释，本文件自发布之日起实施。

莆田市人民政府

2018年1月31日

南平市人民政府办公室关于印发南平市扶持“武夷山水”区域公用品牌发展政策（试行）的通知

南政办〔2018〕97 号

各县（市、区）人民政府，武夷新区管委会，市直有关单位：

《南平市扶持“武夷山水”区域公用品牌发展政策（试行）》已经市政府第 35 次常务会议研究同意，现印发给你们，请认真组织实施。

南平市人民政府办公室
2018 年 7 月 20 日

（此件主动公开）

南平市扶持“武夷山水”区域公用品牌发展政策（试行）

为深入贯彻党的十九大精神，牢固树立“绿水青山就是金山银山”理念，全面落实市委五届五次全会部署，加快推动“武夷山水”品牌建设，保障“武夷山水”品牌可持续发展，助力我市绿色发展、高质量发展，现结合实际制定本政策。各县（市、区）有关政策优先支持授权使用“武夷山水”品牌的企业。

本政策所指“武夷山水”品牌，是我市打造的区域公用品牌；本政策所指的企业，是指南平市武夷山水品牌运营管理有限公司（以下简称“品牌运营管理公司”）及其他在南平市辖区范围内办理工商注册、税务登记并被授权使用“武夷山水”商标品牌的企业。

一、加强品牌建设资金保障

由市本级财政筹集资金，设立“武夷山水”品牌建设专项基金。

1. 专项资金列入市财政年度预算（暂定 2019 年—2021 年），每年安排不少于 1000 万元，用于“武夷山水”品牌策划、宣传及市场营销、日常监管检测、配套设施投入、培训和服务等。

2. 对积极参与打造“武夷山水”品牌、富有特色和潜力的企业优先给予融资支持；积极引导产业基金支持“武夷山水”品牌授权使用企业的发展；产业基金管理办法由财政部门会同南平实业集团另行制定。

二、提供品牌培育及政府采购支持

3. 从 2018 年起，对于授权使用“武夷山水”品牌的企业在相关项目立项、审批（核准），企业技术改造、技术创新、职业培训，有机、绿色食品认证和市级及以上农业产业化龙头企业认定、推荐，新产品研究开发、建立技术研究中心、农村物流体系建设、参加各类会展、节庆、推介活动等，市直各部门和各县（市、区）在政策上给予倾斜和重点扶持。

4. 对于授权使用“武夷山水”品牌的企业及经营者，享受优先入库（重点商标培育库）、优先补助、优先采购等优惠，各级工会组织在采购职工福利时优先考虑“武夷山水”品牌产品。在政府采购、政府性投资建设的重点项目，获得财政资金支持的技术改造、技术创新项目等方面，同等条件下优先申报和安排给授权使用“武夷山水”品牌的企业。

三、设立相关奖励政策

5. “三品一标”认证奖励。授权使用“武夷山水”品牌的企业产品必须是已经获得绿色食品、有机食品、使用地理标志产品专用标志（国家地理标志保护产品、农产品地理标志、地理标志商标）等品牌的企业产品。对新获得绿色食品、有机食品以及使用地理标志产品专用标志的被授权企业，分别给予1万元、2万元、3万元的奖补。

6. 品牌推介补助。对授权使用“武夷山水”品牌的企业参加境外和国家级举办的展会、展览（销）会给予不超过实际摊位费50%的补助；参加省级举办展会、展览（销）会给予不超过实际摊位费30%的补助，上级已补助的不再重复补助，单次补助金额均不超过3万元。

7. “武夷山水”品牌店奖励。在重点城市、区域（福州、厦门、上海、杭州、北京、深圳、广州等中心城市）开设“武夷山水”品牌店，每家门店面积不低于30平方米，或在延平区、武夷新区等开设“武夷山水”品牌旗舰店或城市展示厅面积不低于50平方米，主要销售“武夷山水”产品的，由南平市武夷山水品牌建设工作领导小组办公室进行认定或授牌，并按销售渠道在南平的地方贡献额予以一定奖励，单店不超过10万元，对后续考评验收合格的继续给予扶持，最多连续扶持3年。

8. 配套基础设施投入奖励。授权使用“武夷山水”品牌的企业相关项目优先享受中央、省、市现代物流、冷链物流等发展扶持资金政策，具体扶持措施根据项目具体情况，在市经信委、商务局、交通运输局等部门相关行业政策中予以明确。

9. 享受信息化投入补助。授权使用“武夷山水”品牌的企业在推广应用品牌信息化领域的投入按照《南平市政府关于促进工业发展十五条措施的意见》（南政综〔2018〕40号）以及《南平市人民政府办公室关于印发加快武夷智谷软件园数字信息产业发展暂行办法的通知》（南政办〔2018〕23号）有关内容进行补助。

四、加大税收优惠力度

10. 企业纳入“武夷山水”品牌授权产品部分享受经营贡献奖励。“武夷山水”品牌评审委员会根据其产值、销量、税收及影响力等要素进行评定，对“武夷山水”品牌发展做出突出成绩、突出贡献的企业，由市财政局会同有关部门另行制定奖励措施予以明确。

五、完善品牌保护体系

11. 南平市“武夷山水”品牌建设工作领导小组办公室组织建立企业自我保护、政府依法监管、市场监督和司法维权保障“四位一体”的品牌保护体系。建立跨区域联合执法机制，依法严厉打击“武夷山水”品牌侵权违法行为。“武夷山水”品牌企业优先享受相关品牌保护业务培训，维权指导。

六、加强人才培育及技术支持

12. 实行“武夷山水”品牌建设人才引进计划与我市人才引进政策相结合，支持品牌企业引进品牌建设人才。授权使用“武夷山水”品牌的企业引进品牌建设高端人才，经南平市“武夷山水”品牌建设工作领导小组办公室认定后，可享受市人才政策；品牌企业优先享受品牌政策、理论、案例和技术培训，享受人才和技术支持；为品牌建设服务的公司入园区（武夷智谷）可以享受市政府和园区的系列优惠政策。

七、其他事项

13. 政策中涉及的奖励资金按现行财政体制分级承担。

本政策自印发之日起施行，对已出台的《南平市扶持“武夷品牌”品牌建设的政策措施》《南平市支持特色现代农业发展八条措施》和《南平市支持绿色产业发展十条政策》等系列优惠政策，如有相同奖励事项按“就高不重复”原则享受。

龙岩市人民政府关于金融支持工业企业加快发展十二条措施的通知

龙政综〔2018〕96 号

各县（市、区）人民政府，龙岩经济技术开发区（龙岩高新区）、厦龙山海协作经济区管委会，市直有关单位：

为进一步发挥金融服务保障作用，支持工业企业加快发展，助推产业兴市战略和“双培育”行动计划深入实施，特制定如下措施：

一、完善金融机构和类金融机构考评。（1）增加金融机构工业中小微企业贷款增幅和比重的考评分值与权重。（2）鼓励金融机构创新贷款品种，增加工业中小微企业贷款。即推广拓展债转股、订单质押、知识产权质押、设备抵押、小额无抵押贷款、税易贷、联贷联保等贷款品种，并予以考评加分。（3）推广落实无还本续贷政策，对工业中小微企业续贷笔数、金额占比均未达到25%，或者无还本续贷笔数、金额占比比上年均未提高 5% 的，予以考评扣分。（4）将政策性担保公司、银担合作、政府应急还贷资金使用、二次抵押对工业中小微企业支持情况等列入考评内容。（5）金融机构对因使用政府应急还贷资金的企业，不维持其原有信用等级的，予以考评扣分。（责任单位：市金融办、市财政局、市国资委、人行龙岩市中心支行、龙岩银监分局）

二、加强金融与工业企业精准对接。（1）金融机构建立工业企业贷款名单制管理，对列入名单管理的企业和工业重点项目，实行“一企一策”“一项目一策”。（2）搭建一站式投融资服务平台，及时梳理重点企业融资需求，推进企业融资需求和银行特色金融产品精准对接。（3）结合实施“双培育”行动计划、“双百培育”工程，积极引导工业企业与政策性银行加强对接，力争三年内政策性银行对我市工业项目贷款有较大突破。（责任单位：市经信委、市发改委、市金融办、人行龙岩市中心支行、龙岩银监分局）

三、盘活各类工业资产。（1）加大工业园区基金运作力度，加快盘活工业园区土地、厂房等闲置资产。（2）推动建立无间押制度，积极支持办理无间押业务，实现银行贷款抵押权无缝对接。（3）推动实行“二次抵押登记”，盘活抵押资产，解决工业企业抵押担保不足问题。（责任单位：市国土资源局、市林业局、市水利局、市工商局、市知识产权局等）

四、支持工业企业开展并购重组。（1）充分运用并购基金，支持上市公司、龙头企业通过并购或引进有实力的战略投资者做强做优做大。（2）对实施承债式兼并的市内兼并企业，并购资金超过 2000 万元的，按并购额的 5% 给予补助，补助金额最高不超过 150 万元。已享受市政府“一企一策”有关兼并重组政策的不再补助。（责任单位：市经信委、市财政局、市金融办）

五、支持企业上市融资。（1）充分运用新兴产业基金、新三板基金，支持推动企业新三板挂牌、国内外上市 IPO。（2）对首次公开发行股票募集用于龙岩市范围的项目资金总额 15 亿元以上的，一次性奖励 400 万元；资金总额 10 亿元—15 亿元（含 15 亿元）的，一次性奖励 300 万元；资金总额 5 亿元—10 亿元（含 10 亿元）的，一次性奖励 200 万元；资金总额 5 亿元以下（含 5 亿元）的，一次性奖励 100 万元。（3）对上市、新

三板挂牌企业增发并用于市域内投资的，按有关规定给予奖励。（责任单位：市发改委、市财政局）

六、支持工业企业债务融资。鼓励符合条件的工业企业运用发行企业债、公司债、可转债、私募债、短期融资券、中期票据等债务融资工具，每成功发行一期（短期融资券需发行1亿元以上）给予30万元奖励。（责任单位：市发改委、市金融办、人行龙岩市中心支行、市财政局）

七、充分发挥政府性还贷应急资金作用，对工业中小微企业优先倾斜支持。（1）市级还贷应急资金在对工业中小微企业支持占比30%以上的前提下，对新罗区、龙岩经济技术开发区、永定区企业使用还贷应急资金按累计使用量的0.3%，其他县（市）企业使用还贷应急资金按累计使用总量的0.15%给予承办的市属国有企业奖励，奖励总额不超过600万元，由市级财政预算安排拨付。（2）各县（市、区）可参照市级做法制定相关措施。（责任单位：市金融办、市财政局）

八、实行新落地工业优质项目全程全方位金融服务。在工业项目落地、企业改制上市、扩张并购、出现资金短缺等不同阶段情况时，天使基金、新三板基金和新兴产业基金、并购基金、岩海融资租赁及龙盛担保要及时对应跟进对接服务。（责任单位：市金融办、人才集团、汇金集团、龙盛担保）

九、加大政策性融资担保公司对工业中小微企业融资担保的支持。对当年为工业中小微企业提供担保贷款额占其融资担保比例50%以上（不含50%）的融资担保机构，由市级财政按省担保风险补偿额70%给予配套补助；工业中小微企业担保占比50%以下（含50%）的，市级财政不予以配套补助。（责任单位：市经信委、市财政局）

十、鼓励国有融资租赁支持工业中小微企业。对市、县（市、区）属融资租赁公司为我市工业中小微企业（项目）提供融资租赁服务的，按照不超过当年新增融资租赁投放金额的0.5%比例予以风险补偿，其中市属单个企业最高风险补偿不超过100万元，县（市、区）属单个企业最高不超过30万元。（责任单位：市经信委、市财政局）

十一、强化投融保联动机制。加强融资租赁、融资担保与政府主导的产业基金合作对接，缓解工业中小微企业融资难、融资贵问题。（责任单位：市财政局、市经信委、市国资委、市金融办）

十二、健全完善投融保尽职免责机制。市级国有投融保机构按有关政策和要求对企业给予扶持，决策流程完整、规范，相关工作人员无主观谋私故意和明显过失，受不可抗力因素影响等造成风险损失的，经核实确认后，依法依规适用容错免责。（责任单位：市国资委）

上述政策、措施由市金融办负责解释，从2018年1月1日起实施，有效期至2019年12月31日。除明确由市级财政承担外，其他相关补助、奖励资金按现行财政体制由受益财政承担。市级承担的奖补资金从部门相关专项资金中统筹安排。涉及金融机构考评内容的调整充实，由市金融办负责制定具体办法。

龙岩市人民政府

2018年6月15日

（此件主动公开）

宁德市人民政府关于印发宁德市促进生物与新医药产业发展五条措施的通知

宁政〔2017〕33 号

各县（市、区）人民政府，东侨经济技术开发区管委会，市政府各部门、各直属机构，各大企业，各大中专院校：

经市政府研究，现将《宁德市促进生物与新医药产业发展的五条措施》印发你们，请认真抓好贯彻落实。

宁德市人民政府

2017 年 12 月 20 日

（此件主动公开）

宁德市促进生物与新医药产业发展的五条措施

为加快推动我市生物与新医药产业结构优化和转型升级，促进产业健康发展、做大做强，特制定以下措施。

一、鼓励研发创新

（一）对新获评“国家级企业技术中心”“国家级重点实验室”“国家工程（技术）研究中心”“国家质量奖”的企业，由受益财政给予 200 万元的一次性奖励；新获得“驰名商标”“省政府质量奖”的企业，由受益财政给予 100 万元的一次性奖励；新获评“省级企业技术中心”“省（部）级重点实验室”“省级（企业）工程（技术）研究中心”的企业，由受益财政给予 50 万元的一次性奖励。

（二）积极吸引国内外生物与新医药省级以上公共实验室、国家重点实验室在宁德设立分支机构，鼓励国内外生物与新医药行业科研院所和生物与新医药企业来宁德创办研发中心，鼓励企业设立生物与新医药检测机构。对获得国家认证委或行业行政主管部门授予资质并验收合格的机构，由受益财政按投入研发设备购置金额的 10%（以完税发票为依据，不含税）给予不超过 100 万元的一次性奖励。

（三）对完成临床前研究并获得药物临床试验批件的药品，进入Ⅰ期临床试验的，由受益财政给予每个品种 20 万元的一次性奖励；进入Ⅱ期临床试验的，由受益财政给予每个品种 30 万元的一次性奖励；进入Ⅲ期临床试验的，由受益财政给予每个品种 50 万元的一次性奖励。

（四）支持企业开展中药良种繁育、良法种植、养殖技术的研发和应用，对获得省级及以上认定的新品种，由市财政给予 30 万元的一次性奖励。鼓励中药生产企业规模化生产地产药材，建设集初加工、精深加工为一体的生产基地，由受益财政给予适当奖励。

二、推进成果产业化

（一）在本市实现产业化生产的生物与新医药产品，除享受省里奖励外，对具有新药证书的生物制品和 1 类化学药品、1 类中药，由受益财政再给予每个品种 150 万元的一次性奖励；对 2、3 类化学药品、2 类中药，由受益财政再给予每个品种 80 万元的一次性奖励；对 4 类化学药品或国内首仿化学药品、具有独立知识产权的第二类医疗器械、3—6 类中药和国食健字号批准文号的保健食品，由受益财政再给予每个品种 50 万元的一次性奖励。

（二）根据国家药品上市许可持有人制度，申报并取得药品上市许可持有的相关批件，以本市为结算中心进行销售结算的药品，由受益财政给予每个品种 100 万元的一次性奖励。

（三）对获得新药证书、保健食品（生产）批准文号的生物与新医药企业，从本措施有效期内投产年度起，由受益财政连续 3 年按企业新产品每年缴纳的增值税和企业所得税构成地方留成部分的 40% 给予奖励。

（四）市里统筹从省级工业和信息化发展专项资金、市本级工业发展资金中优先安排资金，促进企业加快发展、做大做强。

三、提升产品质量

（一）全面实施并严格执行新版药品生产质量管理规范（GMP）和药品经营质量管理规范（GSP），健全药品安全追溯体系。鼓励企业申报美国、欧盟等发达国家 GMP 认证，对于取得美国、欧盟等发达国家 GMP 认证企业，由市财政给予 50 万元的一次性奖励。

（二）支持和加快仿制药质量和疗效一致性评价工作，对通过仿制药质量和疗效一致性评价的药品品种，在省级奖励的基础上，由市财政给予 100 万元的一次性奖励。

（三）引导鼓励生物与新医药企业实施技术标准战略，加强制标对标，参与标准制定修订，提升产品质量。市财政在省里奖励的基础上，对主导制定或修订国家标准的生物与新医药企业给予 30 万元的一次性奖励；对主导制定或修订行业标准的生物与新医药企业给予 20 万元的一次性奖励.

四、支持开拓市场

（一）积极争取将本市生物与新医药企业生产的 5 类及以上化学药品、6 类及以上中药和具有新药证书的生物制品按规定程序申报纳入福建省基本医疗保险药品目录；对已进入市级药品集中采购目录的本市生物与新医药企业生产的药品，可直接进入医疗机构采购使用；鼓励采购本地生产的中药饮片。

（二）对本地符合条件的医疗保健器材，同等条件下优先列入市政府采购目录，并在市内举办或承办的各类赛事和活动中予以采购。

（三）对新通过美国 FDA（或欧盟 CE）注册批准的化学药制剂和中药制剂，由受益财政给予每个品种 20 万元的一次性奖励；新通过东盟各国注册批准的化学药制剂、中药制剂和保健食品，由受益财政给予每个品种 10 万元的一次性奖励。

五、加大招才引智

（一）认真贯彻执行《关于实施“三都澳人才计划”的意见》（宁委发〔2017〕8 号）、《宁德市“天湖人才”评价认定办法》（宁委人才〔2017〕3 号）、《宁德市加快重点产业人才引进培养的八条措施》（宁委办发〔2017〕22 号）等政策文件。

（二）鼓励企业与本地高校联合定向培养生物与新医药人才，支持企业引进各层次应用型人才。与企业签订劳动合同的本科及以上药物制剂、药物分析应用型人才，由受益财政给予每人每月不低于 1000 元的补助。申报对象应提交真实有效的申报材料。

各县（市、区）人民政府、东侨经济技术开发区管委会可结合当地实际，制定实施细则。

本措施适用于在宁德市域内注册独立法人的符合国家产业政策的生物与新医药产业企业，市内奖励遵循从优且不重复享受原则，自发布之日起施行，有效期至 2020 年 12 月 31 日，由市经济和信息化委员会负责解释。

平潭综合实验区管委会关于印发平潭综合实验区招商引资奖励办法的通知

岚综管综〔2018〕164号

各片区项目建设指挥部，区直各单位，各区属国企：

经区党工委委员会议研究同意，现将《平潭综合实验区招商引资奖励办法》印发给你们，请认真组织实施。

平潭综合实验区管委会
2018年10月26日

平潭综合实验区招商引资奖励办法

为进一步拓宽招商引资渠道，充分调动社会各界参与我区招商引资工作，对为我区招商引资工作做出突出贡献的个人、团体或组织（以下简称引荐人）进行奖励，制定本办法。

一、奖励对象

本办法所称的“引荐人”，是指通过各种渠道向我区提供真实的重大项目投资意向，协助我区与投资商直接联系，在项目（企业）引进中起到实质性促成作用，将具有投资意向的区外投资商引荐到我区实现项目（企业）落户，切实履行了中介人职责并经《“首接首招”招商确认单》确认的国内外个人、团体或组织等（不含我区在编的行政事业干部）。

二、奖励标准

引荐人帮助我区新引入的企业，需符合《平潭综合实验区产业发展指导目录》要求。重大产业项目在区内完成注册登记并缴纳税收的，引荐人可按照下列标准获得奖励。

（一）重大产业项目招商奖励。对引进单个项目固定资产累计实际投资额（不含土地款，下同）在3000万元以上（含）的引荐人，按照单个项目固定资产累计实际投资额的6‰给予奖励。

重大产业项目需已纳入区固定资产投资统计报表，并且固定资产投资额需经区有关部门或第三方机构评估。

（二）外资、港澳台资招商奖励。重大产业项目中，属外资、港澳台资项目的，在符合前述奖励标准的条件下，对引荐人按照单个项目固定资产累计实际投资额的10‰给予奖励。

三、奖励兑现流程

（一）奖励兑现职责。区招商局牵头负责招商奖励兑现工作，区经济发展局、行政审批局、财政金融局、效能办按职责分工协助配合。

（二）奖励申请时限。奖励的申请时限为引进的重大产业项目竣工之日起2年内。

（三）奖励申请材料。

1. 引荐人为个人的，需提交本人身份证原件和复印件；引荐人为团体或组织的，需提交“营业执照”复印件或法人组织机构代码证复印件；同一个项目的引荐人为2个或2个以上的，视为一个引荐团队。引荐团队在申请奖励时，需提交引荐团队全部引荐人共同签名的委托书、团队全部引荐人的身份证复印件、具体办理人的身份证原件和复印件。

2. 申请重大产业项目招商奖励的，需提交所引荐项目的开竣工证明、会计事务所审核出具的固定资产累计实际投资额证明原件和复印件。

3. 申请外资、港澳台资招商奖励的，提交所引荐项目的开竣工证明、外资和港澳台资证明、会计事务所审核出具的固定资产累计实际投资额证明原件和复印件。

4. 审核通过的《“首接首招”招商确认单》。

5. 《平潭综合实验区招商引资项目（企业）引荐奖励申请表》。

（四）奖励兑现程序。

1. 申请。引荐人填写《平潭综合实验区招商引资项目（企业）引荐奖励申请表》并准备相关奖励申请材料，向区行政服务中心产业奖补窗口提出申请。

2. 审核。区招商局负责审核《平潭综合实验区招商引资项目（企业）引荐奖励申请表》、《“首接首招”招商确认单》、引荐项目（企业）的相关材料（含开竣工证明、龙头企业证明、固定资产累计实际投资额证明、“营业执照”复印件等）、引荐人相关材料，并出具审核意见；区行政审批局（行政服务中心）负责受理收件及材料流转，并出具审批意见。

3. 奖励金发放。区行政审批局依据审定后的《平潭综合实验区招商引资项目（企业）引荐奖励申请表》一次性向引荐人拨付奖励资金，引荐人为个人的，个人所得税由引荐人自行前往税务局依法缴纳，并将缴税依据反馈行政审批局备案。引进项目奖励金可分阶段发放，即项目开工后兑现奖励金的40%，竣工后兑现奖励金的60%。

4. 各项招商奖励按照就高和不重复奖励的原则进行奖励，单个项目（企业）只能享受一次引荐奖励。

四、本办法由平潭综合实验区招商局负责具体解释工作。

五、本办法自印发之日起执行，《平潭综合实验区管委会关于印发平潭综合实验区招商引资绩效考核奖励办法（试行）的通知（岚综管综〔2016〕33号）》同时废止。本办法实行前引入的项目（企业）仍参照岚综管综〔2016〕33号文件执行。

第十篇
表彰奖励

福建省受国家部委表彰并享受省部级劳动模范和先进工作者待遇人员名单

2018年4月13日福建省人力资源和社会保障厅、福建省公务员局下发《关于2017年4月至2018年3月我省受国家部委表彰并享受省部级劳动模范和先进工作者待遇人员名单的通知》（闽人社文〔2018〕94号）提出，现将2017年4月至2018年3月我省受国家部委表彰并享受省部级劳动模范和先进工作者待遇工作人员名单印发你们，请按有关规定给予办理享受相关待遇。

2017年4月至2018年3月我省受国家部委表彰并享受省部级劳动模范和先进工作者待遇人员名单（123人）

序号	姓名	受表彰时单位及职务	获得荣誉称号	表彰文号	表彰时间	备注
1	魏妹琴（女）	福建省福州市仓山区科学技术协会主席	全国科协系统先进工作者标兵	人社部发〔2017〕27号	20170401	
2	杨春波	福建中医药大学附属第二人民医院	国医大师	人社部发〔2017〕45号	20170531	
3	黄高雄	厦门市信访局接访处处长	全国信访系统先进工作者	人社部发〔2017〕53号	20170713	
4	吴治国	莆田市信访局办公室主任	全国信访系统先进工作者	人社部发〔2017〕53号	20170713	
5	陈三优	三明市信访局综合科科长	全国信访系统先进工作者	人社部发〔2017〕53号	20170713	
6	连宝富	南平市建阳区潭城街道严墩村卫生所乡村医生	全国卫生计生系统劳动模范	人社部发〔2017〕62号	20170814	
7	王文强	厦门市仙岳医院（厦门市精神卫生中心）院长、主任、党委副书记、主任医师、教授	全国卫生计生系统先进工作者	人社部发〔2017〕62号	20170814	
8	庄耀东	晋江市中医院院长、副主任医师	全国卫生计生系统先进工作者	人社部发〔2017〕62号	20170814	
9	刘景丰	福建医科大学孟超肝胆医院院长、主任医师、教授	全国卫生计生系统先进工作者	人社部发〔2017〕62号	20170814	
10	许景强	福州市晋安区医院院长、主任医师	全国卫生计生系统先进工作者	人社部发〔2017〕62号	20170814	
11	严玉莲（女）	龙海市中医院主任医师	全国卫生计生系统先进工作者	人社部发〔2017〕62号	20170814	
12	李如喜	宁德市福鼎市嵛山卫生院院长、主治医师	全国卫生计生系统先进工作者	人社部发〔2017〕62号	20170814	
13	杨立勇	福建医科大学附属第一医院院长、主任医师	全国卫生计生系统先进工作者	人社部发〔2017〕62号	20170814	

续表

序号	姓名	受表彰时单位及职务	获得荣誉称号	表彰文号	表彰时间	备注
14	杨辉煌	厦门市海沧区嵩屿街道社区卫生服务中心主任、副主任医师	全国卫生计生系统先进工作者	人社部发〔2017〕62号	20170814	
15	陈捷	福建中医药大学附属人民医院党委副书记、主任医师	全国卫生计生系统先进工作者	人社部发〔2017〕62号	20170814	
16	陈传昌	泉州市安溪县医院副院长、主任医师	全国卫生计生系统先进工作者	人社部发〔2017〕62号	20170814	
17	陈志强	龙岩市中医院院长、副主任医师	全国卫生计生系统先进工作者	人社部发〔2017〕62号	20170814	
18	陈国强	龙岩市第二医院主任医师	全国卫生计生系统先进工作者	人社部发〔2017〕62号	20170814	
19	林元（女）	福建省妇幼保健院副院长、主任医师	全国卫生计生系统先进工作者	人社部发〔2017〕62号	20170814	
20	林小周	漳州市漳浦县医院副院长、主治医师	全国卫生计生系统先进工作者	人社部发〔2017〕62号	20170814	
21	林述端	平潭综合实验区卫生计生局医政处副处长	全国卫生计生系统先进工作者	人社部发〔2017〕62号	20170814	
22	胡凤鹏	三明市尤溪县卫生计生局党委书记、局长	全国卫生计生系统先进工作者	人社部发〔2017〕62号	20170814	
23	涂东晋	福建省血液中心主治医师	全国卫生计生系统先进工作者	人社部发〔2017〕62号	20170814	
24	廖冬平	三明市将乐县总医院院长、主任医师	全国卫生计生系统先进工作者	人社部发〔2017〕62号	20170814	
25	潘建基	福建省肿瘤医院主任医师	全国卫生计生系统先进工作者	人社部发〔2017〕62号	20170814	
26	魏德英（女）	莆田市秀屿区南日镇卫生院护士	全国卫生计生系统先进工作者	人社部发〔2017〕62号	20170814	
27	陈勇	福建省举重运动管理中心教练员	全国体育系统先进工作者	人社部发〔2017〕63号	20170818	
28	陈美龙	福建省纪委第二纪检监察室副主任	全国纪检监察系统先进工作者	人社部发〔2017〕64号	20170822	
29	商黎霖（女）	福建省泉州市老龄工作委员会办公室副主任	全国老龄系统先进工作者	人社部发〔2017〕65号	20170823	
30	徐义平	泉州市委政法委副书记、综治办主任	全国社会治安综合治理先进工作者	人社部发〔2017〕67号	20170903	
31	邱建锋	福建省委维稳办副处长	全国社会治安综合治理先进工作者	人社部发〔2017〕67号	20170903	
32	张泉	平潭综合实验区党工委政法办主任	全国社会治安综合治理先进工作者	人社部发〔2017〕67号	20170903	
33	王豪杰	福清市教工委副书记、教育局副局长	全国社会治安综合治理先进工作者	人社部发〔2017〕67号	20170903	
34	陈少华	福建省漳州市龙文区人民法院执行局局长	全国模范法官	人社部发〔2017〕88号	20171124	

续表

序号	姓名	受表彰时单位及职务	获得荣誉称号	表彰文号	表彰时间	备注
35	郑　重	福建省莆田市人力资源和社会保障局局长	全国人力资源社会保障系统先进工作者	人社部发〔2017〕91号	20171129	
36	廖闽欣	福建省泉州市石狮市人力资源和社会保障局局长	全国人力资源社会保障系统先进工作者	人社部发〔2017〕91号	20171129	
37	邓卫江	福建省龙岩市上杭县人力资源和社会保障局局长	全国人力资源社会保障系统先进工作者	人社部发〔2017〕91号	20171129	
38	李泉水	厦门市建设局副总工程师	全国住房城乡建设系统先进工作者	人社部发〔2017〕93号	20171214	
39	曹素华(女)	福州市城乡建设委员会机关党委专职副书记	全国住房城乡建设系统先进工作者	人社部发〔2017〕93号	20171214	
40	苏庆福	泉州市住房和城乡建设局党组副书记	全国住房城乡建设系统先进工作者	人社部发〔2017〕93号	20171214	
41	余　飞	南平市住房和城乡建设局办公室主任	全国住房城乡建设系统先进工作者	人社部发〔2017〕93号	20171214	
42	陈　云	三明市尤溪县住房和城乡规划建设局副局长	全国住房城乡建设系统先进工作者	人社部发〔2017〕93号	20171214	
43	翁俊梅(女)	龙岩市建设工程质量监督站、龙岩市建筑安全生产监督站站长	全国住房城乡建设系统先进工作者	人社部发〔2017〕93号	20171214	
44	李思雄	平潭综合实验区交通与建设局城建处科员	全国住房城乡建设系统先进工作者	人社部发〔2017〕93号	20171214	
45	严良忠	福建省住房和城乡建设厅建筑业处主任科员	全国住房城乡建设系统先进工作者	人社部发〔2017〕93号	20171214	
46	郑君华(女)	长乐市城乡规划局技术科科长、监察室副主任	全国住房城乡建设系统先进工作者	人社部发〔2017〕93号	20171214	
47	黄世清	泉州市城乡规划局局长	全国住房城乡建设系统先进工作者	人社部发〔2017〕93号	20171214	
48	蔡传娟(女)	南平市城乡规划局规划科科长	全国住房城乡建设系统先进工作者	人社部发〔2017〕93号	20171214	
49	欧阳盛勇	三明市城乡规划局三元分局局长	全国住房城乡建设系统先进工作者	人社部发〔2017〕93号	20171214	
50	袁岸娟(女)	宁德市城乡规划局总工程师办公室主任	全国住房城乡建设系统先进工作者	人社部发〔2017〕93号	20171214	
51	林存华	莆田市环境卫生管理处主任	全国住房城乡建设系统先进工作者	人社部发〔2017〕93号	20171214	
52	金朝晖	莆田市排水管理处主任	全国住房城乡建设系统先进工作者	人社部发〔2017〕93号	20171214	
53	刘维刚	厦门市绿化管理中心规划建设科科长	全国住房城乡建设系统先进工作者	人社部发〔2017〕93号	20171214	
54	游建山	漳州市园林管理局局长	全国住房城乡建设系统先进工作者	人社部发〔2017〕93号	20171214	
55	林　星	福建省住房和城乡建设厅住房公积金监管处调研员	全国住房城乡建设系统先进工作者	人社部发〔2017〕93号	20171214	

续表

序号	姓名	受表彰时单位及职务	获得荣誉称号	表彰文号	表彰时间	备注
56	李　勇	福州市房屋征收工程处处长	全国住房城乡建设系统先进工作者	人社部发〔2017〕93 号	20171214	
57	张元坤	龙岩市城市管理综合执法支队北城大队主任科员	全国住房城乡建设系统先进工作者	人社部发〔2017〕93 号	20171214	
58	卓伟忠	厦门市城市管理行政执法支队二大队一中队中队长	全国住房城乡建设系统先进工作者	人社部发〔2017〕93 号	20171214	
59	曾国泉	泉州市城市管理行政执法局执法综合科科长	全国住房城乡建设系统先进工作者	人社部发〔2017〕93 号	20171214	
60	林碧盛	福州建工（集团）总公司工程部经理	全国住房城乡建设系统劳动模范	人社部发〔2017〕93 号	20171214	
61	庄发玉	福建建工集团有限责任公司副总工程师	全国住房城乡建设系统劳动模范	人社部发〔2017〕93 号	20171214	
62	孙碧庆	厦门市建安集团有限公司项目经理	全国住房城乡建设系统劳动模范	人社部发〔2017〕93 号	20171214	
63	蔡自力	福建省第五建筑工程公司总经理、党委书记	全国住房城乡建设系统劳动模范	人社部发〔2017〕93 号	20171214	
64	洪国华	福建众诚建设工程有限公司项目部经理	全国住房城乡建设系统劳动模范	人社部发〔2017〕93 号	20171214	
65	应国军	福建一建集团有限公司项目经理	全国住房城乡建设系统劳动模范	人社部发〔2017〕93 号	20171214	
66	赖茂顺	福州市水务管网维护有限公司工程师	全国住房城乡建设系统劳动模范	人社部发〔2017〕93 号	20171214	
67	郑贞盛	福州市红庙岭垃圾综合处理场重型机械操作手	全国住房城乡建设系统劳动模范	人社部发〔2017〕93 号	20171214	
68	陈水同	厦门市环境能源投资发展有限公司东部卫生填埋场库区管理组副组长	全国住房城乡建设系统劳动模范	人社部发〔2017〕93 号	20171214	
69	连华阳	厦门水务集团有限公司厦门营业所所长	全国住房城乡建设系统劳动模范	人社部发〔2017〕93 号	20171214	
70	陈润平	龙岩市环境卫生管理处工人	全国住房城乡建设系统劳动模范	人社部发〔2017〕93 号	20171214	
71	陈茂岁	宁德市柘荣县环境卫生管理处工人	全国住房城乡建设系统劳动模范	人社部发〔2017〕93 号	20171214	
72	蒋志晖	泉州市市政工程管理处工程科科长	全国住房城乡建设系统劳动模范	人社部发〔2017〕93 号	20171214	
73	陈志荣	莆田市生物质处理产业化管理处工人	全国住房城乡建设系统劳动模范	人社部发〔2017〕93 号	20171214	
74	陈世军	三明市三元区环境卫生管理处工人	全国住房城乡建设系统劳动模范	人社部发〔2017〕93 号	20171214	
75	范永鸿	南平市城市建设投资公司技术部主任	全国住房城乡建设系统劳动模范	人社部发〔2017〕93 号	20171214	
76	简志松	漳州市安晟物业服务有限公司总经理	全国住房城乡建设系统劳动模范	人社部发〔2017〕93 号	20171214	

续表

序号	姓名	受表彰时单位及职务	获得荣誉称号	表彰文号	表彰时间	备注
77	黄春风	福建省建筑设计研究院有限公司首席总建筑师	全国住房城乡建设系统劳动模范	人社部发〔2017〕93号	20171214	
78	林金炼	福建投资集团（福清）水务有限公司制水中心主任	全国住房城乡建设系统劳动模范	人社部发〔2017〕93号	20171214	
79	林玉腾	福建建工集团有限责任公司路桥分公司项管部副经理	全国住房城乡建设系统劳动模范	人社部发〔2017〕93号	20171214	
80	温秀珍（女）	龙岩市永定区环境卫生管理处工人	全国住房城乡建设系统劳动模范	人社部发〔2017〕93号	20171214	
81	陈纪淋	宁德市霞浦县环境卫生管理处工人	全国住房城乡建设系统劳动模范	人社部发〔2017〕93号	20171214	
82	张马九	福建省厦门市湖里区统计综合调查队副队长	全国统计系统先进工作者	人社部发〔2017〕94号	20171214	
83	刘德来	国家统计局南安调查队队长	全国统计系统先进工作者	人社部发〔2017〕94号	20171214	
84	张联财	泉州市南安市码头镇东大村7组，福建省南安市码头东联农业科技示范场场长	全国农业劳动模范	人社部发〔2017〕95号	20171222	
85	方　茂	福建省福州市长乐区猴屿乡象屿村，福建省福州市长乐茂丰农业专业合作社理事长	全国农业劳动模范	人社部发〔2017〕95号	20171222	
86	杨建海	福建省漳州市南靖县靖城镇郑店村，福建成发农业开发有限公司技术总监	全国农业劳动模范	人社部发〔2017〕95号	20171222	
87	童水文	福建省南平市延平区南山镇岩溪村桐梓园村，福建省南平市延平区南山镇岩溪村南山特色农产品专业合作社理事长	全国农业劳动模范	人社部发〔2017〕95号	20171222	
88	高伟民	福建省泉州市永春县石鼓镇吾江村，福建省泉州市永春县聚绿果蔬专业合作社果蔬生产技术员	全国农业劳动模范	人社部发〔2017〕95号	20171222	
89	丁绍文	福建省三明市建宁县溪口镇半元村源头组，福建省三明市建宁县文军种子专业合作社理事长	全国农业劳动模范	人社部发〔2017〕95号	20171222	
90	张祥建	福建省南平市建瓯市吉阳镇吉阳村七组，福建省南平市建瓯市光祥莲子专业合作社理事长	全国农业劳动模范	人社部发〔2017〕95号	20171222	
91	温晓红（女）	福建省龙岩市武平县平川镇河东居委会，福建省龙岩市武平县双喜稻米专业合作社理事长	全国农业劳动模范	人社部发〔2017〕95号	20171222	
92	骆　轩	福建省泉州市晋江市金井镇南江村，福建省泉州市晋江福大鲍鱼水产有限公司副总经理	全国农业劳动模范	人社部发〔2017〕95号	20171222	

续表

序号	姓名	受表彰时单位及职务	获得荣誉称号	表彰文号	表彰时间	备注
93	陈志仁	福建省三明市清流县嵩口镇沧龙村,福建省三明市清流县沧龙渔业专业合作社理事长	全国农业劳动模范	人社部发〔2017〕95号	20171222	
94	李吉明	福建省龙岩市连城县文亨镇亨明村,福建省龙岩市连城县吉明鱼苗养殖场场长	全国农业劳动模范	人社部发〔2017〕95号	20171222	
95	林映升	福建省漳州市畜牧技术服务站副站长、畜医师	全国农业先进工作者	人社部发〔2017〕95号	20171222	
96	李培德	福建省泉州市石狮市种子管理站站长、高级农艺师	全国农业先进工作者	人社部发〔2017〕95号	20171222	
97	章赞德	福建省三明市大田县农田建设与土肥技术推广站站长、高级农艺师	全国农业先进工作者	人社部发〔2017〕95号	20171222	
98	李荣正	福建省南平市建阳区莒口镇三农服务中心主任、兽医师	全国农业先进工作者	人社部发〔2017〕95号	20171222	
99	杨卓飞	福建省宁德市种子管理站站长、农业技术推广研究院	全国农业先进工作者	人社部发〔2017〕95号	20171222	
100	陈智敏	福建省莆田市动物疫病预防控制中心主任、高级兽医师	全国农业先进工作者	人社部发〔2017〕95号	20171222	
101	林雅贞(女)	福建省福州市罗源县起步镇农业服务中心主任、高级农艺师	全国农业先进工作者	人社部发〔2017〕95号	20171222	
102	林煜春	福建省龙岩市永定区坎市镇农业技术推广站站长、高级农艺师	全国农业先进工作者	人社部发〔2017〕95号	20171222	
103	刘亚良	福建省漳州市海洋与渔业局党组书记、局长	全国农业先进工作者	人社部发〔2017〕95号	20171222	
104	黄种持	福建省水产研究所所长、农业技术推广研究员	全国农业先进工作者	人社部发〔2017〕95号	20171222	
105	颜新春(女)	福建省泉州市德化县气象局局长	全国气象工作先进工作者	人社部发〔2017〕96号	20171222	
106	黄梅妹(女)	福建省莆田市仙游县气象局工程师	全国气象工作先进工作者	人社部发〔2017〕96号	20171222	
107	秦　争	南平市科学技术局工业科技科科长兼办公室主任	全国科技管理系统先进工作者	人社部发〔2017〕102号	20171229	
108	郑晓静(女)	莆田市科学技术局计划财务科科长	全国科技管理系统先进工作者	人社部发〔2017〕102号	20171229	
109	林泽生	福建省连城邱家山国有林场高级工	全国林业系统劳动模范	人社部发〔2018〕7号	20180109	
110	杨植棚	福建省华安金山国有林场高级工	全国林业系统劳动模范	人社部发〔2018〕7号	20180109	
111	杨开兴	福建省邵武市二都国有林场场长、高级工程师	全国林业系统劳动模范	人社部发〔2018〕7号	20180109	

续表

序号	姓名	受表彰时单位及职务	获得荣誉称号	表彰文号	表彰时间	备注
112	丘进清	福建省国有林场管理局局长、高级工程师	全国林业系先进工作者	人社部发〔2018〕7号	20180109	
113	罗国芳	福建省宁德市林业有害生物防治检疫站站长、高级工程师	全国林业系先进工作者	人社部发〔2018〕7号	20180109	
114	黄乃嵩	福建省福州市林业局森林防火办主任、高级工程师	全国林业系先进工作者	人社部发〔2018〕7号	20180109	
115	曹建华	福建省建瓯市东游中心供销合作社主任	全国供销合作社系统劳动模范	人社部发〔2018〕8号	20180110	
116	吴绍坤	福建省平和县安厚供销合作社主任	全国供销合作社系统劳动模范	人社部发〔2018〕8号	20180110	
117	翁　力	福建省福清市供销合作社主任	全国供销合作社系统先进工作者	人社部发〔2018〕8号	20180110	
118	傅冰洁(女)	福建省厦门市环境监察支队思明大队副主任科员	全国环境保护系统先进工作者	人社部发〔2018〕9号	20180201	
119	叶　展	福建华名华居家居股份有限公司车间主任	全国轻工行业劳动模范	人社部发〔2018〕19号	20180314	
120	黄美金	福建省南平市建阳区御窑陶瓷研究所技术总监	全国轻工行业劳动模范	人社部发〔2018〕19号	20180314	
121	陈振芳	福建盈浩工艺制品有限公司技术总监	全国轻工行业劳动模范	人社部发〔2018〕19号	20180314	
122	纪　糖(女)	厦门市公路局文曾站站长	全国绿化劳动模范	人社部发〔2016〕75号	20160818	
123	蔡干强	厦门市园林绿化工程质量监督站站长	全国绿化先进工作者	人社部发〔2016〕75号	20160818	

（摘编：林开龙）

2017 年度福建省科学技术奖获奖和专利奖名单

2018 年 10 月 24 日福建省人民政府下发《福建省人民政府关于 2017 年度福建省科学技术奖励和专利奖励的决定》（闽政文〔2018〕293 号）提出，为全面贯彻习近平新时代中国特色社会主义思想和党的十九大精神，深入实施科教兴国战略、创新驱动发展战略和知识产权强省建设，加快推进供给侧结构性改革，激励创新创业，鼓励发明创造，促进技术成果运用，根据《福建省科学技术奖励办法》和《福建省专利奖评奖办法》的规定，经福建省科学技术奖励委员会、专利奖评审委员会分别评审，省政府决定，对 2017 年度福建省科学技术奖和专利奖获奖项目予以奖励，具体如下：

一、福建省科学技术奖励

授予“过渡金属催化的原子经济性反应”等 2 项成果福建省自然科学奖一等奖，授予"无机发光材料电子结构、光学性能及应用"等 4 项成果福建省自然科学奖二等奖，授予"无线网络物理层安全博弈研究"等 3 项成果福建省自然科学奖三等奖；授予“三元动力电池和系统关键技术的开发及应用”等 5 项成果福建省技术发明奖二等奖，授予“大型建筑金属结构关节轴承节点工作机理研究”等 2 项成果福建省技术发明奖三等奖；授予“多场调控化合物半导体量子结构关键技术及其固态光源应用”等 16 项成果福建省科学技术进步奖一等奖，授予“高端干式机制砂生产装备关键技术开发及产业化”等 51 项成果福建省科学技术进步奖二等奖，授予“新型动力锂电池成膜添加剂的研发”等 107 项成果福建省科学技术进步奖三等奖。同时，对上述获奖者颁发奖状、证书和奖金。

二、福建省专利奖励

授予“用于检测人类 EGFR 基因突变的引物、探针及其使用方法”等 3 项专利福建省专利奖一等奖；授予“一种信号检测装置”等 10 项专利福建省专利奖二等奖；授予“一种西氏鲍与皱纹盘鲍种间杂交制种方法”等 30 项专利福建省专利奖三等奖，并对获奖专利的专利权人和发明人颁发奖牌、证书和奖金。同时，对在福建省境内实施的我省获第十八届、十九届中国专利优秀奖的“烧结烟气干法脱除方法及装置”等 32 项专利按省专利奖一等奖标准给予奖励；对获第十八届、十九届中国外观设计优秀奖的“手表（E1）”等 5 项外观设计专利按省专利奖二等奖标准给予奖励。

2017 年度福建省科学技术奖获奖名单
（190 项）

序号	项目名称	完成单位	完成人
自然科学奖（9 项）			
一等奖			
1	过渡金属催化的原子经济性反应	中国科学院福建物质结构研究所	苏伟平、魏　晔、胡　鹏、尚亚平、节晓明
2	孤儿核受体 TR3/Nur77 功能多样性及调控功能的化合物研究	厦门大学	吴　乔、林天伟、陈航姿、李　莉、李博安
二等奖			
1	无机发光材料电子结构、光学性能及应用	中国科学院福建物质结构研究所	陈学元、刘永升、涂大涛、朱浩淼、郑　伟
2	Banach 空间的非线性几何及其应用	厦门大学	程立新、张　文、程庆进
3	抗肿瘤药物新靶点 tRXRα 的发现与应用研究	厦门大学	张晓坤、苏　迎、周　虎、黄培强、刘　文
4	单线态氧的检测技术及其在光动力疗法中的应用	福建师范大学	李步洪、林慧韫、林黎升
三等奖			
1	无线网络物理层安全博弈研究	厦门大学	肖　亮、黄联芬、程　恩、唐余亮
2	作物病原真菌产孢及致病分子机理的研究	福建农林大学	王宗华、郑　武、周　洁、郑文辉、叶文雨
3	石斑鱼肠道功能微生物	集美大学	孙云章、叶继丹、杨红玲
技术发明奖（7 项）			
一等奖（空缺）			
二等奖			
1	三元动力电池和系统关键技术的开发及应用	宁德时代新能源科技股份有限公司、国网福建省电力有限公司宁德供电公司	黄世霖、陈伟峰、朱凌波、吴　凯、李白清
2	空间分辨腐蚀电化学仪器方法及应用	厦门大学、广州市本原纳米仪器有限公司、厦门乐钢材料科技有限公司	林昌健、卓向东、吴浚瀚、林理文、杜荣归
3	天然气化工清洁技术研发及靛蓝等特色产业链的构建	厦门大学、北京紫光英力化工技术有限公司、内蒙古泰兴泰丰化工有限公司	尹应武、张正西、毛永生、师雪琴、栾敏红
4	基于压电材料的超高层建筑钢－混凝土组合结构检测新技术与应用	华侨大学、湖南大学、中建二局第一建筑工程有限公司	许　斌、罗晓生、李婉琴、陈洪兵、王海东
5	水产健康养殖高效微生物制剂关键技术创新与应用	福建大北农水产科技有限公司、中国农业科学院饲料研究所、北京大北农科技集团股份有限公司	周志刚、杨雅麟、付维来、何夙旭、易敢峰
三等奖			
1	大型建筑金属结构关节轴承节点工作机理研究	福建龙溪轴承（集团）股份有限公司	陈志雄、杨炳华、颜杨丰、林燕森、陈朱池
2	热量表综合检定装置及关键技术的研发与应用	泉州七洋机电有限公司	刘明生、蒋韵坚、蒋冬兰、刘　维

续表

序号	项目名称	完成单位	完成人
科技进步奖（174 项）			
一等奖			
1	多场调控化合物半导体量子结构关键技术及其固态光源应用	厦门大学、厦门乾照光电股份有限公司、厦门华联电子股份有限公司、厦门光莆电子股份有限公司	康俊勇、陈凯轩、林 丞、林 伟、卓祥景、黄兆武、高 娜、李金钗、蔡端俊、黄 凯
2	软件定义的物联网管理关键技术及系统	福州大学、国网信通亿力科技有限责任公司、福建省宏科电力科技有限公司	郭文忠、陈 星、郑相涵、邹保平、陈 宏、赖安定、於志勇、刘耿耿、陈文康
3	北斗通信与导航终端关键技术研发与产业化	厦门大学、福州大学、厦门国海中森航电科技股份有限公司、福州福大北斗通信科技有限公司	石江宏、苏凯雄、陈凌宇、彭 敖、袁家德、陈根潮、张 建、余之喜、杨华炜、赖泽恒
4	反应精馏成套开发技术及工业应用	福州大学、天津大学	邱 挺、叶长燊、王红星、黄国强、杨 臣、赵素英、黄智贤、李 玲、郑辉东、王晓达
5	高性能耐硫变换催化剂和净化剂成套关键技术开发及产业化	福州大学、北京三聚环保新材料股份有限公司、福建三聚福大化肥催化剂国家工程研究中心有限公司	江莉龙、曹彦宁、李达林、魏可镁、马永德、林 科、郭玉峰、林性贻、詹瑛瑛、陈崇启
6	莲子精深加工关键技术的创新与应用	福建农林大学、福建绿田股份有限公司、湖南粒粒珍湘莲有限公司、福建文鑫莲业股份有限公司、江西致纯食品股份有限公司	郑宝东、曾绍校、张 怡、郭泽镔、卢 旭、刘文聪、胡红辉、陈荣华、帅 武、吴卫国
7	数控机床创新设计技术及应用推广	福建工程学院、嘉泰数控科技股份公司	彭晋民、苏亚帅、蒋新华、胡高尚、朱悦涵、李水才、余罗兼、李济泽、周景亮、陈世辉
8	薄壁高强铝合金活塞液态挤压铸造关键技术及应用	福建工程学院、福州钜全汽车配件有限公司、福州钜立机动车配件有限公司、福州钜全金属工业有限公司、厦门理工学院	王乾廷、陈文哲、张 丹、陈鼎宁、黎文峰、罗敏峰、陈秀玉、黄锦江、林国荣、王火生
9	鸭传染性浆膜炎病原学及诊防技术研究与应用	福建省农业科学院畜牧兽医研究所、北京大北农科技集团股份有限公司、福建出入境检验检疫局检验检疫技术中心	黄 瑜、程龙飞、陈红梅、郑 腾、李文杨、闫国晖、傅光华、施少华、万春和、林建生
10	再生稻高产高效清洁生产关键技术与应用	福建农林大学、福建省种植业技术推广总站	林文雄、张志兴、陈鸿飞、黄锦文、方长旬、林 建、徐倩华、傅志伟、卢 明、刘正忠
11	水仙新品种选育及产业化	福建农林大学、福建省农业科学院亚热带农业研究所、福建省亚热带园艺植物研究中心、龙海市宜春水仙花专业合作社、厦门市园林植物园、漳州市水仙花研究所	陈晓静、潘腾飞、何炎森、王少峰、申艳红、潘东明、刘顺兴、张文江、刘与明、张益强

续表

序号	项目名称	完成单位	完成人
12	松材线虫病传播媒介松墨天牛高效诱剂及配套技术研发与应用	福建农林大学、国家林业局经济发展研究中心、华南农业大学、重庆市森林病虫防治检疫站、福建省林业有害生物防治检疫局	张飞萍、王剑波、温秀军、严合章、林　强、陈红梅、黄文玲、周　旭、吴柏海、陈德兰
13	胃肿瘤微创外科诊治技术的应用和推广	福建医科大学附属协和医院	黄昌明、郑朝辉、李　平、谢建伟、林建贤、王家镔、陆　俊、陈起跃、曹龙龙、林　密
14	基于 MRI 的鼻咽癌临床分期和精确放疗的应用研究	福建省肿瘤医院、香港东区尤德夫人那打素医院	林少俊、李咏梅、陈韵彬、吴伟棠、宗井凤、郭巧娟、肖友平、邱素芳、许　昀、潘建基
15	急性 A 型主动脉夹层手术技术的改进	福建医科大学附属协和医院	陈良万、吴锡阶、戴小福、曹　华、董　疑、严亮亮、李虔桢、方冠华、张　蕙、林雁娟
16	毒力因子 OipA 应用于幽门螺杆菌高毒株感染诊断与预防	福建医科大学	佘菲菲、陈建森、吴小茜、张　静、李　能、林妙端、李　妮、陈　豪、陈月秀
		二等奖	
1	高端干式机制砂生产装备关键技术开发及产业化	华侨大学、福建南方路面机械有限公司	杨建红、黄文景、房怀英、汤　明、李建生、周建华、陈俊龙
2	高分辨率空间探测与工业检测光学系统研制及产业化	福建师范大学、福建福光股份有限公司、福建福特科光电股份有限公司	王　敏、肖维军、林　峰、林春生、梁秀玲、汪建平、陈冠楠
3	桥梁拉吊索损伤演化及其失效模式的声发射监测技术研究和应用	福建省建筑科学研究院、大连理工大学、同济大学	张文耀、夏　坚、杨　伟、叶　健、张　伟、黄祖华、赖苍林
4	市政污泥均化制备自保温绿色墙材的关键技术与产业化	福建工程学院、武汉理工大学、中国环境科学研究院、中节能东方双鸭山建材设备有限公司、福建闽盛新型建材有限公司、福州城建设计研究院有限公司	刘心中、蒋柱武、苏锦炎、张其武、张福江、何小松、翁仁贵
5	气体绝缘装备局部放电超宽带射频检测技术研发与应用	国网福建省电力有限公司电力科学研究院、华北电力大学、清华大学、国网福建省电力有限公司福州供电公司、国网福建省电力有限公司泉州供电公司、国网福建省电力有限公司厦门供电公司	陈金祥、齐　波、刘卫东、陈　新、郑书生、游　浩、陈朝晖
6	±320kV 大容量真双极柔性直流输电关键技术及示范应用	国网福建省电力有限公司、国网北京经济技术研究院、全球能源互联网研究院、国网福建省电力有限公司电力科学研究院、福建省电力勘测设计院、南京南瑞继保电气有限公司	郑家松、陈文兴、乐　波、贺之渊、陈国华、林国新、唐志军

续表

序号	项目名称	完成单位	完成人
7	基于云计算的电网地理信息服务平台研制与应用	国网福建省电力有限公司、厦门亿力吉奥信息科技有限公司、国网信息通信产业集团有限公司	王继业、叶　勇、赵　光、连纪文、吴　飞、吴文宣、曾　楠
8	智能用电在线监测数据采集、挖掘关键技术与应用	国网福建省电力有限公司电力科学研究院、中国电力科学研究院、国网重庆市电力公司电力科学研究院	钟小强、祝恩国、李学永、高　琛、孙洪亮、丁忠安、窦　健
9	微网储能关键技术开发及推广应用	漳州科华技术有限责任公司、中国人民解放军国防科技大学、厦门科灿信息技术有限公司、厦门科华恒盛股份有限公司	陈四雄、张　涛、姚美齐、赖永春、刘亚杰、曾春保、雷洪涛
10	聚烯烃包装薄膜功能化开发与产业化应用	厦门大学、厦门金汇峰新型包装材料股份有限公司	戴李宗、罗宇峰、曾碧榕、许一婷、袁丛辉、陈国荣、罗伟昂
11	东南 DX7 多用途乘用车	东南（福建）汽车工业有限公司	许　苘、宋名洋、于冯淼、金一峰、蒋延国
12	8500PCTC 汽车滚装船的研制	厦门船舶重工股份有限公司	曾震宇、黄得壮、谢荣炳、王树松、刘剑峰、张江兴、王　罡
13	匀相纳米晶硬质合金工业化制造技术	厦门金鹭特种合金有限公司、厦门钨业股份有限公司	吴其山、陈成艺、张守全、文　晓、聂洪波、龙本夫、王　年
14	基于大数据分析的高精细中厚板轧制控制技术集成	福建省三钢（集团）有限责任公司、福建三钢闽光股份有限公司、东北大学	谢永华、王　君、詹光曹、何纯玉、矫志杰、许智平、丁敬国
15	大挤压比铝合金型材精密挤压成型模具关键技术及应用	福建省南平铝业股份有限公司、福建工程学院	许剑银、吴永顺、张丽珠、刘　琼、郑云鹏、徐捷雄、闵爱武
16	模块化电梯关键技术研究与应用	福建省特种设备检验研究院、福州快科电梯工业有限公司、福建快科城建增设电梯股份有限公司	林　尧、张　凡、王旭东、刘季能、陈　洁、林忠武、陈　伟
17	复杂交互地层超长大直径钻孔灌注桩成套技术研究与应用	龙岩市西安建筑工程有限公司、浙江大学城市学院、福建省泷澄建设集团有限公司、福建省启荣建设工程有限公司、千易建设集团有限公司、福建省华荣建设集团有限公司	王新泉、徐化新、齐昌广、张党生、黄　芸、章永伟、黄恒近
18	复杂地质条件高风险特长超大断面隧道安全施工及灾害预警关键技术	福建工程学院、广西大学、中铁二十四局集团福建铁路建设有限公司、安徽理工大学、福建博成建筑工程有限公司、中铁隧道集团四处有限公司	吴　波、姚志雄、李栋伟、黄建华、臧万军、钱　凯、陈开端
19	环保型足尺建筑结构抗火试验平台	华侨大学、山东思达特测控设备有限公司、福建博成建筑工程有限公司、福建径坊建造工程有限公司、福建闽清一建建设发展有限公司	董毓利、王卫华、张大山、郭　琪、房圆圆、徐玉野、王玲玲

续表

序号	项目名称	完成单位	完成人
20	福州地铁1号线越江盾构隧道建设关键技术	福州地铁集团有限公司、西南交通大学、上海市基础工程集团有限公司	潘红卫、何　川、王士民、叶晨立、孙智勇、张　华、郑世兴
21	北斗/GNSS多模导航关键技术研究与应用	厦门雅迅网络股份有限公司、北京邮电大学	邓中亮、陈　挺、赖荣东、黄运峰、尹　露、杨　磊、陈茹涛
22	数字音乐网络传播运营云服务系统研发及推广应用	福建星网视易信息系统有限公司、福建星网锐捷通讯股份有限公司、华中科技大学、福建凯米网络科技有限公司	郑维宏、刘灵辉、林剑宇、涂　来、林鎏娟、刘　旺、田中敏
23	面向云计算的虚拟桌面技术合作研究	福建星网锐捷通讯股份有限公司、福建升腾资讯有限公司	张　辉、罗　伟、李　涛、杨荣尊、谢昭梁
24	基于大数据和物联网的智慧农业关键技术研发与应用	福建省农业科学院科技干部培训中心、福建省农业科学院植物保护研究所、福建鼎天农业科技股份有限公司、中国电信股份有限公司南平分公司、福建省南平市科技开发中心、泉州市科技开发中心	赵　健、陈　宏、邱荣洲、林九生、林章武、赵伯建、吴慧忠
25	公安监管信息化实战 & 应急指挥平台研发与应用	恒锋信息科技股份有限公司	魏晓曦、欧霖杰、熊炳中、陈朝学、戴新富、欧莉莉
26	土壤环境修复与系统调控技术研发及其应用	厦门理工学院、厦门市江平生物基质技术股份有限公司	黄国和、李永平、傅海燕、夏江平、安春江、姚　尧、阳艾利
27	南方典型花岗岩区水土流失阻控与生态修复的关键技术创新及应用	福建师范大学、长汀县水土保持事业局、福建省水土保持试验站	陈志彪、陈志强、岳　辉、陈善沐、朱鹤健、林敬兰、林　强
28	并联非对称永磁磁路的研究及其在智能家居控制用继电器的应用	厦门宏发电声股份有限公司	谭忠华、刘金枪、林　晶、蔡文智、曹宏江
29	大功率LED灯制造关键技术的研究及智能化控制	厦门理工学院、富顺光电科技股份有限公司	谢　安、何仲全、谢　丹、张旻澍、曹春燕、陈勇财
30	智能煎烤器系列产品研发及产业化	漳州灿坤实业有限公司	占毅信、李春华、陈冬梅、黄红珊、张海萍
31	国产废纸资源化综合利用技术的开发与应用	福建省晋江优兰发纸业有限公司、福建省益源废物利用有限公司	曹　旭、洪吉龙、柯金珍、甘木林、陈梅兰、何县香、郑明耀
32	大容量熔体直纺超细旦涤纶长丝工程技术的开发	福建百宏聚纤科技实业有限公司、东华大学、国网福建晋江市供电有限公司	谌建国、鲁传旺、陈阿斌、江振林、王朝生、叶敬平、许民川
33	微藻固碳多联产高附加值产品关键技术的研究与应用	福建师范大学、福清市新大泽螺旋藻有限公司、福州大学	陈必链、郑　行、何勇锦、王明兹、李林声、黄　键、郑振山
34	食品源抗氧化肽制备关键技术及产业化应用	福州大学、福建莆田市海一百食品有限公司	汪少芸、付才力、吴小涛、蔡　晟、蔡茜茜、赵立娜、林振宇

续表

序号	项目名称	完成单位	完成人
35	异位发酵床养殖粪污微生物治理工程化技术的研究与应用	福建省农业科学院农业生物资源研究所、中国农业科学院农业环境与可持续发展研究所、福建省畜牧总站、福建省农科农业发展有限公司、福建农林大学、厦门市江平生物基质技术股份有限公司	刘　波、余文权、耿　兵、史　怀、卓坤水、黄勤楼、陈倩倩
36	农业废弃物多级循环利用技术集成创新与示范	福建省农业科学院农业生态研究所、福建省农业科学院食用菌研究所、福建省农业科学院土壤肥料研究所、中国农业科学院农业资源与农业区划研究所、福建农林大学	王义祥、王煌平、卢政辉、胡清秀、翁伯琦、叶　菁、刘朋虎
37	枇杷花功效成分研究与综合利用	福建省农业科学院果树研究所	姜　帆、蒋际谋、陈秀萍、邓朝军、许家辉、陈天佑、周丹蓉
38	灵芝杂交新品种选育及其配套生产技术	福建农林大学、仙芝科技（福建）股份有限公司	吴小平、李　晔、刘新锐、邓优锦、陈锡桓、柯斌榕、叶丽云
39	毛竹林资源信息管理关键技术及土壤肥力保持机制研究与示范	福建农林大学、国际竹藤中心、三明学院	刘　健、余坤勇、范少辉、官凤英、姚　雄、王　帆、李增禄
40	兰属杂交育种与产业化关键技术研究	福建省林业科技试验中心、福建农林大学、三明市清龙生态兰花有限公司、厦门市江平生物基质技术股份有限公司	江瑞荣、兰思仁、陈孝丑、李秀娟、高小坤、赖文胜、张月娇
41	珍贵树种种业创新与工厂化育苗	福建省林业科学研究院、福建农林大学、福建省林业科技试验中心、福建省福清灵石国有林场、福建省国有来舟林业试验场	范辉华、李建民、陈存及、周志春、康木水、江瑞荣、陈齐明
42	高淀粉甘薯新品种泉薯9号的选育与应用	泉州市农业科学研究所	余成章、傅文泽、何文中、黄瑞方、王智卿、罗维禄、郑伯伟
43	澳洲龙纹斑种苗繁育与饲养技术集成创新及应用	福建省农业科学院农业质量标准与检测技术研究所、福建出入境检验检疫局检验检疫技术中心、福建天马科技集团股份有限公司、福建省农业科学院农业生态研究所	罗土炎、罗　钦、张志灯、刘　洋、饶秋华、林　虬、涂杰峰
44	喉嗓音内镜显微外科手术模拟应用研究	福建省立医院	陈　婷、JIANG JACK J、方　锐、张晓霞、郑　昊、陈梅香
45	先天性心脏病经导管介入治疗关键技术的改良与创新	福建医科大学附属协和医院	陈良龙、陈昭阳、陈琳艳、郭进建、陈婉华、郑　鸿、罗育坤
46	流感广谱表位的发现及流感抗原免疫诊断试剂的研制与应用	厦门大学、厦门国际旅行卫生保健中心、北京万泰生物药业股份有限公司、厦门万泰凯瑞生物技术有限公司	陈毅歆、杨坤宇、邱子欣、袁　权、葛胜祥、乔　杉、徐飞海
47	基于AMPK激活剂（二甲双胍）的胃癌治疗机制研究及临床应用	南京军区福州总医院、上海长征医院	房文铮、洪峻峰、于观贞、陈锦华、陈　曦、王杰军、欧阳学农

续表

序号	项目名称	完成单位	完成人
48	肝病相关干细胞技术基础及临床应用研究	南京军区福州总医院	李东良、吴志贤、曾芝雨、方　坚、江　军、陈晓梨、吴海聪
49	改善糖尿病达标管理模式的系列创新研究	南京军区福州总医院	徐向进、王爱民、陈　频、叶洪江、林忆阳、郭　雯、张　玲
50	乙型肝炎病毒剪接变异体的分离及致病机制研究	福建医科大学	陈婉南、林　旭、陈金烟、林建银
51	“锐捷网络”网络通信设备技术创新工程	锐捷网络股份有限公司	
	三等奖		
1	新型动力锂电池成膜添加剂的研发	中国科学院福建物质结构研究所、福建邵武创鑫新材料有限公司	吴茂祥、王文国、黄　韬、潘　荧、郑香珍
2	XG822FL 北美液压挖掘机	厦门厦工机械股份有限公司	黄鹤艇、王文龙、郑初源、苏跃强、赵永前
3	全自动长纤维增强热塑性复合材料（LFT－D）模压生产线	福建海源自动化机械股份有限公司	李良光、廖永辉、王　琳、施跃文、余建斌
4	新能源客车关键技术研发及产业化项目	厦门金龙联合汽车工业有限公司	徐一凡、刘强生、吴焜昌、朱武喜、李志强
5	LS2060GJ 汽车高架驱动前桥	晋江市连盛液压机械有限公司	肖宗礼、肖益友、肖有恒、陈根发、沈育虎
6	智能型中高压移动应急电源车	龙岩市海德馨汽车有限公司、国网福建省电力有限公司龙岩供电公司、国网福建省电力有限公司三明供电公司	李钦龙、张兴春、郑猷泉、蓝福寿、廖华年
7	大容量柔性直流输电系统并网运行关键技术及应用	国网福建省电力有限公司经济技术研究院、国网福建省电力有限公司、中国电力科学研究院、国网福建省电力有限公司检修分公司	林章岁、宋少群、林　毅、唐晓骏、林　韩
8	基于多元信息融合的配电网云化调度支撑系统关键技术与应用	国网福建省电力有限公司、积成电子股份有限公司、北京科东电力控制系统有限责任公司、中国电力科学研究院	陈宇星、殷自力、任晓辉、孙绪江、张君泉
9	电能质量监测及治理设备检测系统的研制与应用	国网福建省电力有限公司电力科学研究院、国网福建省电力有限公司三明供电公司、国网福建省电力有限公司福州供电公司、国网福建省电力有限公司泉州供电公司	蔡振才、吴丹岳、林　焱、吴敏辉、龚陈雄
10	自然灾害高发区域配电网快速供电恢复关键技术及应用	国网福建省电力有限公司电力科学研究院、中国电力科学研究院、国网福建省电力有限公司福州供电公司、厦门亿力吉奥信息科技有限公司	盛万兴、陈　彬、刘科研、孟晓丽、刁赢龙
11	输电线路杆塔安全接地关键技术及其应用	国网福建省电力有限公司、长沙理工大学、长沙信长电力科技有限公司、国网福建省电力有限公司经济技术研究院	李景禄、林瑞宗、李政洋、郑宗安、陈金发

续表

序号	项目名称	完成单位	完成人
12	耐腐蚀高导电率铝合金材料研制及架空导线工程应用	国网福建省电力有限公司电力科学研究院、全球能源互联网研究院、国网福建省电力有限公司三明供电公司、国网福建省电力有限公司经济技术研究院	韩　钰、陈云翔、李红英、陈保安、马　光
13	架空输配电线路抗风关键技术及应用	国网福建省电力有限公司电力科学研究院、中国电力科学研究院、国网福建省电力有限公司检修分公司、国网福建省电力有限公司莆田供电公司	杨风利、林德源、李　正、蔡建宾、张宏杰
14	基于北斗技术的光缆巡检系统	国网福建省电力有限公司莆田供电公司、国网福建省电力有限公司	徐丽红、李宏发、杨祖培、黄　咏、陈奇太
15	中小径流流域智能发电调度一体化系统	国网福建省电力有限公司龙岩供电公司、福建四创软件有限公司	卢晓明、钟秋添、林　榕、黄鸿标、林伟龙
16	中压蒸汽替代导热油炉在热定型机的应用	福建省石狮热电有限责任公司	俞金树、洪方明、吴剑恒、王士恩、骆忠平
17	大型轴流转浆水轮发电机组运行检修关键技术及应用	福建水口发电集团有限公司、北京中元瑞讯科技有限公司	庄　明、林家洋、张瑞清、黄建荧、魏运水
18	PDT 消防应急指挥系统解决方案	福建科立讯电子有限公司、科立讯通信股份有限公司	付文良、姚忠邦、陈　新、郭元正、林燕芹
19	曳引式电梯安全性及可靠性关键技术研究与应用	福建省特种设备检验研究院	曾钦达、郑祥盘、陈照春、张　伟、李晓宁
20	铸钢产品改性技术开发及应用	福州大学、三明市毅君机械铸造有限公司、福建兴航机械铸造有限公司	向红亮、陈忠振、郑明华、刘　东、何福善
21	铜尾矿碱选硫新工艺研究与工业应用	紫金矿业集团股份有限公司	鲁　军、甘永刚、巫銮东、李　广、廖德华
22	超大功率（>100W）单芯片 LED 光源技术开发及产业化	厦门市三安光电科技有限公司	梁兴华、张　洁、时军朋、杨力勋
23	应用于边海防的多光谱图像感知技术	罗普特（厦门）科技集团有限公司	陈延艺、陈延行、蔡渠棠、张　翔、孙申雨
24	智慧交通云服务系统	厦门蓝斯通信股份有限公司、厦门大学	王　宇、黄　悦、赖坤锋、朱　宏
25	非结构化数据国产化基础支撑软件关键技术研究	福建亿榕信息技术有限公司	倪时龙、王秋琳、宋立华、张　垚、闫丽飞
26	基于数字光纤双通道传输的 LTE 室内覆盖系统	中邮科通信技术股份有限公司	陈群峰、范叔亮、林　玮、谭金生、张健荣
27	基于照明物联网的城市公共智能管理平台研发及产业化	厦门理工学院、厦门市智联信通物联网科技有限公司、厦门市三安光电科技有限公司	朱顺痣、查利君、马　樱、谢大成、陈　思
28	高性能综合安全网关关键技术研究	福建师范大学、福建省海峡信息技术有限公司	许　力、陈　健、叶阿勇、蓝友枢、陈志德
29	联迪终端管理系统（TMS）	福建联迪商用设备有限公司	林福雄、陈　垚、唐胤曦、陈瑞兵
30	移动终端极速快充与长待机技术的研究及应用	联想移动通信科技有限公司、联想移动互联科技（厦门）有限公司	林文新、林　喆、王永亮、陈永斌、康志洪

续表

序号	项目名称	完成单位	完成人
31	智慧应急可视化指挥平台	长威信息科技发展股份有限公司	林韶军、陈征宇、黄炳裕、林文国、黄　河
32	极限石墨研究与开发	宁德新能源科技有限公司	谢远森、崔　航、汪　颖、袁庆丰、张成波
33	超高清高可靠性全彩LED显示屏的研发及产业化	厦门强力巨彩光电科技有限公司、厦门理工学院、厦门大学	王素彬、朱文章、朱丽虹、徐慧能、郭自泉
34	智能高品质LED照明系统创新技术及产业化	漳州立达信光电子科技有限公司、厦门大学、漳州市立达信绿色照明有限公司	李江淮、郭伟杰、吕毅军、刘丹青、骆锡钟
35	RK3288高性能移动互联网SoC芯片	福州瑞芯微电子股份有限公司	林峥源、方赛鸿、陈丽君、陈晓冬、黄　涛
36	高档阳极氧化用铝带材的研发	中铝瑞闽股份有限公司	谢金辉、江钟宇、冉继龙、张宸玮、黄瑞银
37	双面移圈电脑控制圆纬机	惠安金天梭精密机械有限公司	倪荣林、钱锴鑫、白　羽、倪铭洲、卢　科
38	物联网医疗无线信息系统及可穿戴式终端设备关键技术研发与产业化	厦门理工学院、锐捷网络股份有限公司	陈旭辉、吴克寿、洪朝群、梁　伟、王　杰
39	纯电动轻型客车关键技术与产业化	厦门理工学院、厦门金龙联合汽车工业有限公司	韩锋钢、谢乐敏、彭　倩、鞠　涛、周水庭
40	高温多雨地区公路水泥混凝土路面加铺沥青面层关键技术研究	福州市公路局、福州大学、福建省公路管理局、福建南方路面机械有限公司	刘发水、胡昌斌、林晓威、张　峰、张培旭
41	路面脱空检测设备开发与路面非开挖式结构加固技术研究	福建省公路管理局、西安长大公路养护技术有限公司	叶岩邦、吴超凡、方德铭、陈开良、余宏波
42	复杂环境条件下高铁大倾斜裸岩深水桥墩施工关键技术研究	福建工程学院、中铁二局工程有限公司、中南大学、龙岩学院	刘国买、魏中军、杨旭初、聂如松、杨　欣
43	超高大跨结构模板支撑体系关键技术及应用	福建工程学院、福建建工集团有限责任公司、福建省榕圣市政工程股份有限公司、福建优建建筑科技有限公司	蔡雪峰、庄金平、周继忠、庄发玉、郑莲琼
44	节能环保型尾矿混凝土自保温墙体砌块技术研发	三明学院、福建省新创化建科技有限公司	刘纪峰、张会芝、彭其雨、李生钉、崔秀琴
45	高速公路滑坡灾害超前预测技术及其灾害风险防控对策研究	福建省高速公路建设总指挥部、中铁西北科学研究院有限公司、龙岩漳永高速公路有限责任公司、宁德京台高速公路有限责任公司	陈礼彪、廖小平、曾俊铖、刘启仁、刘代文
46	龙岩地区高岭土尾矿和煤矸石的综合利用	福建省建筑科学研究院、恒亿集团有限公司、福州大学、福建安固新型环保建材有限公司	张　蔚、林生凤、陈　锋、黄　芳、林宏涛
47	同时高效脱硫脱硝的干法烟气净化工艺装置的研发与应用	福建龙净脱硫脱硝工程有限公司	王建春、张志文、张　原、林驰前、詹威全
48	锅炉烟气余热的深度回收利用及减排系统的研制与工程应用	厦门理工学院、成信绿集成股份有限公司	常海青、张　燕、袁　朝、宋卫华、张　灿
49	农村分散点源污染治理集成技术研发与产业化	中国科学院城市环境研究所、集美大学、福建中科同恒环保规划设计有限公司	陈少华、方宏达、林向宇、吴　杰、付远鹏
50	集成车内（室内）空气安全监测及空气污染处理系统的回风口装置	爱芯环保科技（厦门）股份有限公司	钟红生、陈勤耀、钟喜生、周三君、古大鹏

续表

序号	项目名称	完成单位	完成人
51	烟气脱硫直排烟囱和脱硝反应器关键技术研究与应用	福州大学、福建鑫泽环保设备工程有限公司	潘　伶、曹友洪、高诚辉、杨沛山、赖英坤
52	抗尿布疹卫生材料关键技术研究及应用	福建恒安集团有限公司、福建恒安卫生材料有限公司	林一速、吴晓彪、翁文伟、张富山、孙晓丽
53	大容量锦纶 6 聚合、柔性添加及全量回用工程关键技术	福建中锦新材料有限公司、湖南师范大学、福建锦江科技有限公司	吴道斌、易春旺、陈万钟、瞿亚平、刘冰灵
54	高档黄牛鞋面革绿色制造关键技术的研发、集成创新与应用	兴业皮革科技股份有限公司、四川大学	孙辉永、但卫华、温会涛、但年华、刘博文
55	基于贾卡经编机的复合功能运动鞋鞋面材料关键技术研发与产业化	海西纺织新材料工业技术晋江研究院、福建省晋江市华宇织造有限公司、中国纺织科学研究院、北京中纺优丝特种纤维科技有限公司	郑小佳、杨孝清、柯文书、王忠宝、郑云波
56	基于超低功耗 DSP 的智能助听器算法、系统与产品	欧仕达听力科技（厦门）有限公司、集美大学	薛行栋、梁维谦、郑佳春、吴松林
57	高温复合过滤材料产品研发及应用	福建南纺有限责任公司	李祖安、黄族健、林清华、黎清芳、王文鑫
58	新型超细纤维合成革研发和产业化	安安（中国）有限公司、陕西科技大学	顾宇霆、马兴元、唐建戈、傅清水、陈　圆
59	油茶籽加工及高值化利用关键技术的研究与产业化	福建师范大学、福建胜华农业科技发展有限公司	卢玉栋、黄鹭强、游瑞云、卢玉胜、卢圣钊
60	谷氨酸生产过程资源高效利用及污染减量化关键技术与应用	福建省建阳武夷味精有限公司、齐鲁工业大学、天津科技大学、江南大学	李友明、臧立华、陈　宁、张建华、胡建明
61	茶皂素的高效提取及其海洋农用制品产业化应用	福州大学、福州海汇生物科技实业有限公司	陈剑锋、谢友坪、陈　浩、王国财、邵敬伟
62	太阳能辅助热泵干燥设备的开发及其在福建特色农产品干制中的应用	福建农林大学、福州大世界橄榄有限公司、泉州新源兴农业发展有限公司	陈团伟、康彬彬、林河通、刘清培、陈青青
63	新一代 85 型耐热植酸酶的研制及其生产技术开发	福建福大百特科技发展有限公司	叶秀云、李仁宽、靳伟刚、陈彩芳
64	燕窝产品质量安全控制关键技术及在新产品创制中的应用	厦门出入境检验检疫局检验检疫技术中心、厦门市丝浓食品有限公司、广东出入境检验检疫局检验检疫技术中心	徐敦明、范群艳、奚星林、吴　媛、黄蓬英
65	食品化学安全因子的高效筛查及精准检测关键技术研究与应用	福建出入境检验检疫局检验检疫技术中心、厦门出入境检验检疫局检验检疫技术中心	刘正才、严丽娟、钱　疆、郑向华、张　缙
66	食品、农产品安全监控基因精准检测新技术	福建出入境检验检疫局检验检疫技术中心	陈文炳、邵碧英、江树勋、陈　彬、张体银
67	南方红壤区水土流失遥感监测关键技术因子的改进及应用	福建省水土保持试验站、福州大学	林敬兰、汪小钦、江　洪、陈芸芝、林长起
68	基于 ZigBee 完全分布式系统架构的新型大坝渗流监测系统	福建省水利管理中心、福州大学	林宇航、毛行奎、林　红、黄　隆、陈文清
69	导流兼永久放水洞技术研究与应用	福建省水利水电勘测设计研究院	邱昌锴、林诚魁、宫晓卉、何文兴、陈剑华

续表

序号	项目名称	完成单位	完成人
70	福建省特色果树气象灾害风险区划与评估技术研究	福建省气象服务中心、福建省气象科学研究所、福建省南平市气象局	陈家金、黄川容、王加义、林　晶、沈长华
71	雷电灾害监测预警及评估技术研究与应用	福建省气象灾害防御技术中心（福建省防雷中心）	曾金全、朱　彪、张烨方、王颖波、冯真祯
72	南方红壤区离子型稀土矿废弃地的植被恢复技术研究	福建农林大学、福建省龙岩市林业科学研究所、长汀县水土保持事业局	侯晓龙、蔡丽平、王友生、周垂帆、马祥庆
73	特早芽榕春早茶树新品种选育及加工技术研究	福州市经济作物技术站、福建农林大学、罗源县茶叶技术指导站	许长同、郭雅玲、江月平、陈思聪、黄　江
74	杨桃良种选育及其关键栽培技术研究与应用	福建省农业科学院生物技术研究所、福建省农业科学院果树研究所、福建省农学会、福建省农业科学院亚热带农业研究所	刘　韬、廖汝玉、黄素芳、肖荣凤、陈天佑
75	亚热带常绿阔叶林次生林可持续经营技术的研究	中国科学院城市环境研究所、福建省顺昌埔上国有林场、中国科学院寒区旱区环境与工程研究所、福建省林业调查规划院	任　引、左舒翟、翁　闲、李　峥、丁洪峰
76	中国野牡丹属植物保育研究与开发利用	福建农林大学、广州市林业和园林科学研究院	彭东辉、代色平、吴沙沙、翟俊文、陈世品
77	材用型南方红豆杉优良种质选育与林下高效培育技术	明溪县林业科技推广中心、沙县林业科技推广中心、福建喜果红豆杉科技发展有限公司	欧建德、陈绍栓、康永武、潘　军、罗　宁
78	高产高胡萝卜素甘薯系列新品种选育与应用	宁德市农业科学研究所	潘祥华、罗维禄、王少华、卓　敏、林丛发
79	福建冷浸田综合治理与高效利用技术及应用	福建省农业科学院土壤肥料研究所	王　飞、李清华、林新坚、林　诚、何春梅
80	香蕉枯萎病绿色防控技术体系构建	福建省农业科学院植物保护研究所、福建农林大学、福建三炬生物科技股份有限公司	陈福如、张绍升、郑加协、杨秀娟、肖　顺
81	麦冬种质资源评价与短亭山麦冬规范化种植技术的研究应用	福建省农业科学院农业生物资源研究所	陈菁瑛、黄颖桢、万学锋、苏海兰、陈雄鹰
82	橘小实蝇生物防治集成技术研究及示范	福建农林大学、闽侯县植保植检站、泉州市绿普森生物科技有限公司	季清娥、陈家骅、王　波、杨建全、黄居昌
83	重大危险性害虫桉树枝瘿姬小蜂控制关键技术及应用	福建农林大学、福建省林业有害生物防治检疫局、沙县森林病虫害防治检疫站、福建省龙岩市林业科学研究所	魏初奖、张华峰、张思禄、陈德兰、黄钦府
84	猪优质高效养殖关键技术研究与应用	福清市丰泽农牧科技开发有限公司、中国农业大学、福建农林大学、福建丰泽农牧饲料有限公司	马秋刚、李　健、陈家钊、赵丽红、计　成
85	黑番鸭良种选育与关键配套技术研究	福建省农业科学院畜牧兽医研究所、龙海市顺兴金定鸭有限公司、石狮市水禽遗传资源保护研究中心	郑嫩珠、朱志明、黄勤楼、缪中纬、辛清武
86	鲍杂交育种技术的集成创新与应用	集美大学、莆田市海发水产开发有限公司、莆田市汇龙海产有限公司、莆田市秀屿区水产技术推广站	严正凛、严志洪、骆文树、林玉雨、钟幼平

续表

序号	项目名称	完成单位	完成人
87	牡蛎特色产品开发技术及产业化应用	福建省水产研究所、厦门洋江食品有限公司、漳州元新食品有限公司	刘智禹、刘淑集、许　旻、苏永昌、吴靖娜
88	胃肠道恶性肿瘤易感及预后分子标志物的研究	福建省肿瘤医院	郑雄伟、林贤东、胡　丹、卓长华、陈　颖
89	微创食管外科关键技术的应用与推广	福建省肿瘤医院	柳硕岩、王　枫、王　镇、应敏刚、郑于臻
90	眼表与角膜病的创新理论和关键技术研究	厦门大学附属厦门眼科中心	吴护平、林志荣、李　程、董　诺、李晓峰
91	乙肝自然史中肝脏纤维化的无创性诊断研究	福建医科大学附属第一医院	曾达武、刘豫瑞、张洁旻、董　菁、林　苏
92	慢性乙型肝炎抗病毒治疗的个体化策略及免疫学机制	福建医科大学附属第一医院	江家骥、郑　琦、朱月永、陈　靖、游　佳
93	磁共振分子影像新技术及其在医学诊断中应用	厦门大学、厦门市第二医院、厦门中山医院、福建国民商用软件股份有限公司	陈　忠、郭　岗、黄玉清、蔡淑惠、高锦豪
94	慢性根尖周炎与全身健康关系及临床治疗新技术系列研究	福建医科大学附属口腔医院	黄晓晶、吕红兵、雷丽珊、张　明、王燕煌
95	人源化抗 NRP－1 单克隆抗体的制备及其用于肿瘤显像与治疗	厦门大学附属中山医院、厦门大学抗癌研究中心、东南大学附属中大医院	苏新辉、颜江华、陈陆馗、罗芳洪、苗　伟
96	脑积水的基础研究与临床救治	厦门大学附属第一医院、第三军医大学第一附属医院、宁夏医科大学总医院	王占祥、冯　华、张庆华、徐　昊、陈　志
97	乳腺癌综合治疗策略优化的临床与基础研究	厦门大学附属第一医院	吴三纲、周　娟、陈珊宇、戴明明、赖友群
98	福州城乡 0－14 岁儿童哮喘危险因素分析研究	福建省福州儿童医院、福建省妇幼保健院、长乐市妇幼保健院	唐素萍、刘艳琳、王世彪、郑建云、陈　燊
99	福建沿海高血压人群 apelin 及视网膜血管定量参数特点研究	福建省立医院	朱鹏立、黄　峰、林　帆、李乔薇、黄秋霞
100	微流控芯片关键技术及其在骨质疏松症和糖尿病发病机制研究的应用	福建省立医院	林建立、蔡　敏、林庆明、李小明、林　苗
101	骨质疏松治疗的新靶点－乳铁蛋白提高骨量的分子机制研究	福建省立医院	侯建明、薛　英、吴　曼、杨海燕、陈恩玉
102	福建省骨质疏松流行病学和危险因素相关研究	福建省立医院	梁继兴、李连涛、林新富、陈　彦、陈　刚
103	肺癌的早期诊断和微创治疗新技术	中国人民解放军第一七四医院	郭　明、孙晓雁、胡　蒙、杨清杰、包传恩
104	痰瘀同治法干预高糖毒性的系列研究	福建中医药大学附属人民医院、福建中医药大学	衡先培、陈可冀、黄苏萍、杨柳清、李　亮
105	福州当代著名中医妇科老中医经验继承及推广	福建省妇幼保健院、福建省立医院、福建中医药大学附属人民医院、福州市中医院	许金榜、李　红、李素敏、郑姜钦、林　莺
106	基于鞋面印刷机的结构改良及视觉对位技术的研发与应用	黑金刚（福建）自动化科技股份公司	阙小鸿
107	科能智能计量终端及多表集抄产业技术创新工程建设	漳州科能电器有限公司	

2017 年福建省专利奖获奖名单（43 项）

序号	专利名称	专利号	专利权人	发明人
		特等奖（空缺）		
		一等奖（3 项）		
1	用于检测人类 EGFR 基因突变的引物、探针及其使用方法	ZL200910111499.2	厦门艾德生物医药科技股份有限公司	阮　力、何东华、郑立谋
2	一种复式卧式湿式电除尘器	ZL201310113386.2	福建龙净环保股份有限公司	林国鑫、罗如生、黄建华、郑岩峰
3	CTP 版基及其制作方法	ZL201310591153.3	中铝瑞闽股份有限公司	魏祥昭、黄瑞银、吴建新、罗筱雄
		二等奖（10 项）		
1	一种信号检测装置	ZL201010607020.7	厦门优迅高速芯片有限公司	林少衡
2	一种利用太阳能与风能的山地作物灌溉系统	ZL201110447035.6	福建农林大学	何华勤
3	一种高效 LED 点胶涂覆方法	ZL201210250161.7	厦门多彩光电子科技有限公司	郑剑飞
4	高变倍比、高分辨率、强透雾功能的变焦距摄像镜头	ZL201210361803.0	福建福光股份有限公司	肖维军、周宝藏、屈立辉
5	一种交联型聚羧酸专用保坍剂的制备方法及该方法制备的保坍剂	ZL201210485911.9	科之杰新材料集团有限公司	蒋卓君、郭鑫祺、方云辉、官梦芹、李英祥
6	退磁防锈机	ZL201310634926.1	福州金锻工业有限公司	陈文重
7	一种中厚板生产的末道次展宽后的中间坯轧件形状	ZL201310752039.4	福建三钢闽光股份有限公司、福建省三钢（集团）有限责任公司	何天仁、詹光曹、郑芳垣、陈　帅
8	动力电池组的剩余容量的计算方法	ZL201410063246.3	宁德时代新能源科技股份有限公司	庄铭军、李春青
9	一种深水耐压乳化炸药的制备方法	ZL201410745690.3	福建海峡科化股份有限公司	吴善泽、吴彩洪、苏明阳、肖章成、连清滨、叶　昕、陈志贵
10	一种季铵化木质素基分散剂及制备工艺和应用	ZL201510114803.4	福州大学	刘明华、叶晓霞、曾基挺、刘以凡、林春香
		三等奖（30 项）		
1	一种西氏鲍与皱纹盘鲍种间杂交制种方法	ZL200710009897.4	厦门大学	骆　轩、柯才焕、游伟伟
2	旋转模切装置	ZL200910113137.7	三明市普诺维机械有限公司	郭尚接
3	一种斑玉蕈及其育种中漆酶转化体系的建立方法	ZL200910306607.1	福建农林大学	胡开辉、孙淑静、刘建忠、饶榆平、陈明祥、熊　芳
4	拉米夫定晶型及其制备方法	ZL201010254731.0	福建广生堂药业股份有限公司	陈国华、康惠燕
5	铁观音红茶的生产方法	ZL201010293221.4	福建帝峰生态茶业发展有限公司	林纨凯
6	复式龙门铣床	ZL201110231673.4	福建省威诺数控有限公司	翁　强

续表

序号	专利名称	专利号	专利权人	发明人
7	基于有线数字电视机顶盒中间件系统	ZL201110278840.0	福建新大陆通信科技股份有限公司	曾振宇
8	从废弃氰化尾渣中再提取金银等金属及硫的浮选方法	ZL201110409765.7	紫金矿业集团股份有限公司	孙忠梅、巫銮东、甘永刚、衷水平、股志刚
9	一种可食性植物干燥剂	ZL201210103028.9	福建省中医药研究院	王　宫、喻天柱、王　瑾
10	一种聚苯胺重防腐涂料及其制备方法	ZL201210125211.9	厦门大学、信和新材料股份有限公司	许一婷、郭一宾、王诗榕、戴李宗、张　龙、胡建林、钟丽娜、赵　宁、何凯斌、曾碧榕、罗伟昂
11	一种促进血液循环的环保床垫及其制备方法	ZL201210177245.2	福建大方睡眠科技股份有限公司	叶艺峰、刘南阳
12	一种电解铝液去除碱金属的方法	ZL201210223948.4	福建省南平铝业有限公司	陈　伟、林光磊、周　策、冯东升、张流锋、王天育
13	应用于室分无线局域网的智分无线接入方法、装置及系统	ZL201210345257.1	锐捷网络股份有限公司	刘声有、张　凯
14	锂离子二次电池及其负极极片	ZL201310084375.6	宁德新能源科技有限公司	谢远森、汪　颖、何立兵、杨　帆、陈　杰
15	防止玻纤轴向游走的玻纤切割方法及其装置	ZL201310162027.6	福建海源自动化机械股份有限公司	李良光、廖永辉、王　琳
16	便于滤芯拆装的新时代净水器及其滤芯	ZL201310427396.3	福建金源泉科技发展有限公司	徐道华
17	一种近红外发光二极管的外延结构、生长工艺及芯片工艺	ZL201310443689.0	厦门乾照光电股份有限公司	林志伟、陈凯轩、蔡建九、张　永、林志园、尧　刚
18	一种废旧沥青混合料破碎机及其破碎方法	ZL201310655966.4	福建铁拓机械有限公司	高岱乐
19	基于智能设备的支付平台系统及支付方法	ZL201310745893.8	福建联迪商用设备有限公司	陈建荣、林　翔、张　璐、陈瑞兵
20	带有有线远程控制主变免更换吸湿剂的呼吸器及控制方法	ZL201410004617.0	国家电网公司、国网福建省电力有限公司、国网福建省电力有限公司南平供电公司、国网福建省电力有限公司邵武市供电公司、福建省南平闽延电力建设有限公司	林晓铭、郑孝章、宋仕江、林舒妍
21	一种表面反向垫纱贾卡提花三明治布的制备方法	ZL201410130587.8	福建华峰新材料有限公司	徐天雨、姚银泉、卓丽琼、杨德华、方志坚、卡梅伦o达内希瓦尔
22	复合材料建筑模板的 LFT－D 成型工艺	ZL201410226841.4	福建海源新材料科技有限公司	王加志、王永刚、李　娜、杨玲娜
23	最优潮流计算中自动校正不可行约束的扩展松弛内点方法	ZL201410298566.7	国家电网公司、国网福建省电力有限公司、国网福建省电力有限公司经济技术研究院	林　毅、唐　田、林章岁、李喜兰、蒋朋博

续表

序号	专利名称	专利号	专利权人	发明人
24	高抗逆性长穗颈三系不育系的选育方法	ZL201410332915.2	福建金山都发展有限公司	练进旺、万华雄、陈志伟、章清杞
25	一种电泵	ZL201410538096.7	三禾电器（福建）有限公司	施秋铃、郭　健
26	自动榨油机	ZL201410616552.5	福建省沈郎油茶股份有限公司	邱祥权、胡凤翔、周治钦、朱小红
27	一种利用LNG冷能回收槽车装车时BOG的方法	ZL201410621180.5	中海福建天然气有限责任公司	林素辉、王海伟、黎　晖、徐雷红
28	一种大通光高解析度变焦镜头	ZL201410628191.6	厦门力鼎光电技术有限公司	吴富宝
29	一种蕲蛇酶的生产方法	ZL201410706763.8	福建汇天生物药业有限公司	万兴平、蒋宗解、陈碧强、李玉洁、宁千年、余成恢
30	全自动开合折叠伞	ZL201510192465.6	雨中鸟（福建）户外用品有限公司	赵兴红、丁敬堂、王翔鹏、谢储军

2016年第十八届中国专利奖福建省获奖名单

第十八届中国专利优秀奖（10项）

序号	专利名称	专利号	专利权人	发明人
1	烧结烟气干法脱除方法及装置	ZL200810070529.5	福建龙净脱硫脱硝工程有限公司	赖毅强、徐海军、林春源、陈燕玲、王晓增
2	具有反射层的三结太阳电池及其制造方法	ZL200810072025.7	厦门乾照光电股份有限公司	张银桥、蔡建九、张双翔、王向武
3	一种能降低姬松茸病虫害的培养料堆积发酵方法	ZL200910111076.0	福建省农业科学院土壤肥料研究所	江枝和、雷锦桂、翁伯琦、肖淑霞、吴少风、王义祥、黄志龙、张惠珍、唐翔虬、郑　峻
4	采用呼吸塑料袋制作大袋蘑菇栽培种	ZL200910111583.4	福建省农业科学院食用菌研究所	曾　辉、戴建清、程　翊、廖剑华、王泽生、杨　雷、梁　栋、陈　军、杨　辉、黄小菁
5	一种烟气除尘系统及其电除尘器	ZL201110160845.3	福建龙净环保股份有限公司	黄　炜、廖增安、钟志良、谢庆亮、廖定荣、黄举福、陈　磊
6	维生素A棕榈酸酯的合成方法	ZL201110343281.7	厦门金达威维生素有限公司、厦门金达威集团股份有限公司	范桂香、李　丹、魏初权
7	连续精确计量的连续纤维定长切断方法和装置	ZL201280014527.9	福建海源自动化机械股份有限公司	李良光、蒋鼎丰
8	锂离子电池及其正极活性材料及正极活性材料的制备方法	ZL201310025400.3	宁德新能源科技有限公司	艾邓均
9	携带透明颤菌血红蛋白基因的地衣芽孢杆菌的菌株、构建方法及应用	ZL201310069879.0	绿康生化股份有限公司	李俊辉、楼丽君、赖建平
10	一种新型除尘器	ZL201420660584.0	厦门市海林生物科技有限公司、袁国炜	洪赐和、洪尊敬、洪仁德、洪上赞

第十八届中国外观设计优秀奖（3项）

序号	专利名称	专利号	专利权人	设计人
1	手表（E1）	ZL201430545585.6	福州宜美电子有限公司	陈祖元、文昌俊
2	按摩椅（0G－7558C）	ZL201530087384.0	厦门蒙发利科技（集团）股份有限公司	邹剑寒、万志新
3	客车（XMQ6119FY）	ZL201530132762.2	厦门金龙联合汽车工业有限公司	梁国庆、苏　亮、王好强、杜森磊、吕卓峄、陈　辉、柔　实、吴梓菱、苏　典、谭　杨、陈礼奋

2017年第十九届中国专利奖福建省获奖名单

第十九届中国专利优秀奖（22项）

序号	专利名称	专利号	专利权人	发明人
1	一种阿德福韦酯的M　晶型及其制备方法和药物应用	ZL200710009482.7	福建广生堂药业股份有限公司	康惠燕、陈国华
2	无线局域网的数据发送装置及方法、无线接入点装置	ZL200910208809.2	锐捷网络股份有限公司	黄　赞
3	废纸脱墨浆生产薄页包装纸的制造方法	ZL201010194681.1	泉州华祥纸业有限公司	甘木林
4	上传车辆定位数据的方法	ZL201010300486.2	厦门雅迅网络股份有限公司	黄运峰、李基勇、赖荣东、陈永波、陈　挺
5	一种POSS改性高阻隔三层共挤包装薄膜及其制备方法	ZL201010502646.1	厦门大学，厦门顺峰包装材料有限公司	戴李宗、蒋斌杰、罗宇峰、罗伟昂、许一婷
6	草甘膦专用炭氧化催化剂的制备方法	ZL201110028339.9	福建省鑫森炭业股份有限公司	林　鹏、林天安
7	复式龙门铣床	ZL201110231673.4	福建省威诺数控有限公司	翁　强
8	一种锂离子电池及其正极活性材料	ZL201210044023.3	宁德新能源科技有限公司，东莞新能源科技有限公司	徐磊敏、吴梦尧、柳　娜
9	一种喷漆有机废气的净化装置及溶剂回收方法	ZL201210096851.1	泉州市天龙环境工程有限公司	傅太平、戴东雄、傅少阳
10	发光二极管及其制作方法	ZL201210119410.9	厦门市三安光电科技有限公司	黄少华、吴志强
11	一种聚苯胺重防腐涂料及其制备方法	ZL201210125211.9	厦门大学，信和新材料股份有限公司	许一婷、郭一宾、王诗榕、戴李宗、张　龙、胡建林、钟丽娜、赵　宁、何凯斌、曾碧榕、罗伟昂
12	一种治疗脂肪肝的　药物组合物及其制剂	ZL201210195965.1	漳州片仔癀药业股份有限公司	潘　杰、黄进明、洪　绯
13	一种镜片成型模具、公模仁及镜片加工方法	ZL201210400672.2	瑞之路（厦门）眼镜科技有限公司	周贤建

续表

序号	专利名称	专利号	专利权人	发明人
14	撕开式易拆卸花洒	ZL201210401996. 8	厦门松霖科技有限公司，周华松	林逢德、杜晓韦、黄远方、周华松
15	一种交联型聚羧酸　专用保坍剂的制备方法及该方法制备的保坍剂	ZL201210485911. 9	科之杰新材料集团有限公司	蒋卓君、郭鑫祺、方云辉、官梦芹、李英祥
16	防止玻纤轴向游走　的玻纤切割方法及其装置	ZL201310162027. 6	福建海源自动化机械股份有限公司	李良光、廖永辉、王　琳
17	用于整机启动的芯片、方法及网络设备	ZL201310247201. 7	锐捷网络股份有限公司	章建钦
18	一种客车侧翻缓冲器及客车抗侧翻系统	ZL201310288457. 2	厦门金龙联合汽车工业有限公司	苏　亮、黄登峰、雍伟凡、吴长风、卢琳兆、严永攀、叶松奎
19	陶瓷薄板的烧成工艺	ZL201310453497. 8	福建省佳美集团公司	陈志翰、周小昊、苏梓敬、苏逸侃
20	基于最短路径算法的路径相似台风分析方法	ZL201310456978. 4	福建四创软件有限公司	洪水洁、黄　敏
21	一种压胶机的切胶装置	ZL201310586779. 5	福建浔兴拉链科技股份有限公司	陈　兵、张　田、朱松峰
22	一种涂层复合陶瓷滤芯的制备方法	ZL201410188171. 1	三达膜科技（厦门）有限公司	洪昱斌、陈金发、蓝伟光

第十九届中国外观设计优秀奖（2 项）

序号	专利名称	专利号	专利权人	设计人
1	多功能健身机	ZL201530007902. 3	厦门蒙发利科技（集团）股份有限公司	邹剑寒、王　群、王斌斌
2	下肢按摩器（OG－3109）	ZL201530122336. 0	漳州蒙发利实业有限公司	邹剑寒、林灿杨

（摘编：吴汉良）

2018 年福建省标准贡献奖项目名单

福建省人民政府于2018年12月2日下发《福建省人民政府关于2018年福建省标准贡献奖的通报》（闽政文〔2018〕316号）提出，根据福建省标准贡献奖评审程序，经省标准贡献奖励委员会评审，省政府同意授予《建筑外表面用自清洁涂料》（GB/T31815－2015）等30项标准“2018年福建省标准贡献奖”称号，其中一等奖5项、二等奖10项、三等奖15项。

希望获奖的单位和个人进一步强化标准和标准化意识，不断提高标准化工作创新能力，努力研制质量技术水平更高的标准。各级各有关部门要继续深入推进标准化战略，有效激发企业标准化热情，充分发挥标准在抢占市场制高点、提升产业发展水平方面的重要技术支撑和引领作用，助力供给侧结构性改革和经济高质量发展，为“再上新台阶、建设新福建”作出新的更大贡献。

2018 年福建省标准贡献奖项目名单

序号	标准项目名称	我省主要完成单位	我省主要完成人	奖励等级
1	建筑外表面用自清洁涂料（GB/T 31815－2015）	福州大学国家环境光催化工程技术研究中心、三棵树涂料有限公司、福州桑莱思科技开发有限公司、福州名谷纳米科技有限公司	戴文新、付贤智、刘　平、陈　旬、付绍祥、余晓伟	一等奖
2	WBE 型湿式电除尘器（Q/LJHB 159－2015）	福建龙净环保股份有限公司	郑岩峰、林国鑫、罗如生、林　翔、黄建华、邹　标、杨文贞、谢美华	一等奖
3	乌龙茶 第4部分：水仙（GB/T 30357. 4－2015）	福建农林大学、武夷星茶业有限公司、国家茶叶质量监督检验中心（福建）、福建九峰农业发展有限公司、福建省安溪县雾山茶业有限公司	孙威江、陈泉宾、黄伙水、薛志慧、李　方、林锻炼、陈　磊	一等奖
4	信息技术　非接触式二维码扫描枪通用规范（SJ/T 11601－2016）	福建新大陆电脑股份有限公司、福建新大陆自动识别科技有限公司	蔡春水、李　霖、邱海灵、陈剑龙、林　靖	一等奖
5	木工机床安全　带锯机（GB 30461－2013）	福州木工机床研究所	郑　莉、肖晓晖	一等奖
6	光伏发电并网逆变器（Q/ZZKJ 003－2015）	漳州科华技术有限责任公司	陈四雄、曾奕彰、曾春保、张少育、苏先进	二等奖
7	辊压模　辊冲模技术条件（JB/T 12644－2016）	三明市普诺维机械有限公司	陈阳升、廖昌城	二等奖
8	建筑地基检测技术规范（JGJ 340－2015）	福建省建筑科学研究院、福州建工（集团）总公司、福建省建筑工程质量检测中心有限公司、福建省永固基强夯工程有限公司	侯伟生、施　峰、许国平、刘越生	二等奖

续表

序号	标准项目名称	我省主要完成单位	我省主要完成人	奖励等级
9	地理信息　地理信息权限表达语言（GB/T 33184－2016）	福建师范大学	李新通	二等奖
10	烟叶和烟叶提取物中茄尼醇的测定　高效液相色谱法（GB/T 31758－2015）	福建省农业科学院中心实验室（现：福建省农业科学院农业质量标准与检测技术研究所）、福建省三明金叶复烤有限公司、福建中烟工业有限责任公司	潘　葳、刘文静、罗　钦、张望兴、谢　卫、刘泽春、黄朝章、张建平、涂杰峰、余　华	二等奖
11	茶树主要害虫测报与生态防控技术规程（DB35/T 1497－2015）	福建省农业科学院茶叶研究所、福建农林大学应用生态研究所、福建省农业厅农产品质量安全监管处	吴光远、曾明森、王庆森、尤民生、杨　广、黄佳佳、刘丰静、王定锋、李慧玲、张　辉	二等奖
12	兰寿系列金鱼养殖技术规范（DB35/T 1345－2013）	福州市海洋与渔业技术中心、福州市花木公司、闽侯县荆溪关中潘氏观赏鱼养殖场、闽侯县南屿悠然观赏鱼养殖场、福州市水产协会	杨小强、张善霖、陈国生、叶其昌、潘国诚、王爱民、刘年锋、江小斌、王　伟	二等奖
13	罗非鱼无乳链球菌病双重PCR诊断规程（DB35/T 1354－2013）	福建省淡水水产研究所、顺昌县水产技术推广站	樊海平、吴　斌、张新艳、邓志武、郑　磊、钟全福、曾占壮	二等奖
14	宾馆饭店能源消耗限额（DB35/T 1407－2014）	福建省建筑设计研究院（现：福建省建筑设计研究院有限公司）、福州大学、福建省节能监察（监测）中心、福建省标准化研究院	黄云云、詹玉明、陈　榕、林卫东、郭敏杰、肖剑仁、黄文忠、许巧玲、陈汉民、郭筱莹、程宏伟、梁章旋、王彦端、陈晓彦、郑闽锋	二等奖
15	鳗鲡中恩诺沙星、环丙沙星和磺胺二甲嘧啶标准样品（GSB 11－3346－2016）、鳗鲡中隐性孔雀石绿标准样品（GSB 11－3347－2016）、鸡肉中强力霉素标准样品（GSB 11－3348－2016）、鸡肉中喹乙醇代谢物3－甲基喹喔啉－2－羧酸标准样品（GSB 11－3349－2016）、鸡蛋中苏丹红Ⅰ、苏丹红Ⅱ、苏丹红Ⅲ和苏丹红Ⅳ标准样品（GSB 11－3350－2016）	福建出入境检验检疫局检验检疫技术中心、福建超大现代农业集团有限公司	杨　方、刘正才、余孔捷、林永辉、尹太坤、温碧芳	二等奖
16	政府工作部门行政许可规范（DB35/T 1630－2016）	福建省标准化研究院、福建省质量技术监督局行政服务中心	程　军、谢　丹、王彬彬、董婷婷、林孟朝、余　真、李海晏、张熙物、叶明云、梁　静、林祎闽、王海瀛、程晓明、张毅瑜	三等奖
17	江河入海口水环境质量评价方法（DB35/T 1536－2015）	宁德市海洋与渔业环境监测站、福建海洋研究所	郑钦华、陈成进、陈　岚、张　钒、陈　武、林永添	三等奖

续表

序号	标准项目名称	我省主要完成单位	我省主要完成人	奖励等级
18	带钢结构一体化积木式电梯（DB35/T 1409－2014）	福建省特种设备检验研究院、福州快科电梯工业有限公司	林　尧、刘季能、林功成、张　健、王旭东、陈　敏	三等奖
19	高效电子坐便器（Q/JMCW 004－2016）	九牧厨卫股份有限公司	赖天生	三等奖
20	微生物发酵床大栏养猪技术规范（DB35/T 1543－2015）	福建省农业科学院、福建省标准化研究院	刘　波、余文权、程晓明、王彬彬、黄勤楼、唐建阳、蓝江林、朱育菁、史　怀、陈　华、陈　峥、翁佳华	三等奖
21	发光二极管（LED）显示屏用发光二极管规范（SJ/T 11624－2016）	国家半导体发光器件（LED）应用产品质量监督检验中心、厦门市产品质量监督检验院	葛莉荭、史　园、傅诸毅、刘毅清、庄庆瑞、曾祥耀、陈志忠、蔡培凯、陈凌霄	三等奖
22	地理标志产品　福鼎白茶实物标准样（DB35/T 1363－2013）	福鼎市质量计量检测所、福建品品香茶业有限公司、福建省天湖茶业有限公司、福建鼎白茶业有限公司	耿宗钦、罗　成、吴月萍、蔡清平、潘德贵、王用生、王传意	三等奖
23	南方红豆杉紫杉醇原料林丰产栽培技术规程（GB/T 32773－2016）	福建南方制药股份有限公司、福建省三明市生物医药及生物产业工作办公室、福建省明溪县林业局、福建省林业厅、福建省三明市林木种苗站、福建省明溪县林业总公司、福建省明溪县质量技术监督局、福建省沙县林业科技推广中心、福建省三明市三元区岩前林业工作站	李文建、王金盾、邓玉均、刘　丰、康永武、罗家基、陈伟民、林志鹏、傅瑞树、吴庆锥、余　明、陈思力、王生华	三等奖
24	红茶冲泡与品鉴方法（DB35/T 1546－2015）	福建新坦洋集团股份有限公司、福建省茶叶质量监督检验中心（宁德）、福建农林大学、全国茶叶标准化技术委员会红茶工作组、武夷星茶业有限公司、福建政和瑞茗茶业有限公司、福建省裕荣香茶业有限公司、福鼎市天健茶业有限公司、福建武夷山国家级自然保护区正山茶业有限公司、宁德市质量技术监督局、南平市质量技术监督局	陈　巧、王兴进、陈万灵、张建文、林丽容、孙威江、张锦华、林　影、林志坤、林娇娇、张兆德、徐秀宁、林馥茗、杨艳云、李明晖、江元勋	三等奖
25	食品安全国家标准　食品中维生素B1的测定（GB 5009.84－2016）	福建省疾病预防控制中心、福建省产品质量检验研究院、漳州出入境检验检疫局技术中心	郑奎城、傅武胜、华永有、华　娟、戴　明、王连珠、卓黎阳、吴少明、邱文倩	三等奖
26	液晶式语音报时石英钟（QB/T 4778－2014）	石狮市信佳电子有限公司、福建省昇邦电子科技有限公司、福建瑞达精工股份有限公司	李平等、吴晓霖、林　坚、蒋　维、李　霞	三等奖
27	食品安全国家标准　动物源性食品中全氟辛烷磺酸（PFOS）和全氟辛酸（PFOA）的测定（GB 5009.253－2016）	厦门出入境检验检疫局检验检疫技术中心	徐敦明、余宇成、周　爽、方恩华、严丽娟、周　昱	三等奖

续表

序号	标准项目名称	我省主要完成单位	我省主要完成人	奖励等级
28	鞋用网眼布（HG/T 4808－2015）	福建华峰新材料有限公司、莆田市海西鞋业研发设计中心、野力体育（中国）有限公司、贵人鸟股份有限公司、莆田永生鞋业有限公司、厦门中迅德检测技术有限公司	王德春、姚银泉、傅成忠、谢　巍、蔡纪宁、蔡志杰	三等奖
29	客车外推式应急窗（QC/T 1030－2016）	厦门金龙联合汽车工业有限公司、厦门祥禾门窗有限公司	周维毅、林飞跃、蒋慧芳、陈棋武、李德兴	三等奖
30	鞋用水性聚氨酯胶粘剂（GB/T 30779－2014）	中科华宇（福建）科技发展有限公司、莆田市海西鞋业研发设计中心、中华人民共和国莆田出入境检验检疫局综合技术服务中心、厦门中迅德检测技术有限公司、福建鸿星尔克体育用品有限公司	林进祥、王德春、唐振华、蔡志杰、徐燕奇、林　超	三等奖

（摘编：严志东）

改革开放40年福建最有影响力企业家获奖名单

中国网海峡频道2018年12月31日报道：为纪念改革开放40年，12月30日晚上，由福建省企业与企业家联合会、福建省广播影视集团、福建省政府发展研究中心、福建省工商业联合会联合主办的“敢为天下先—改革开放40年福建经济荣耀盛典暨福建最有影响力企业家颁奖典礼”在福建广电大剧院举行，65位企业家分获福建最有影响力企业家大奖、提名奖和纪念奖。

据介绍，40年来，福建企业家勇敢探索与奋力拼搏，谱写了一曲曲精彩的篇章，为福建经济发展和社会进步做出了突出贡献，从今年8月开始，主办方联合设立了组委会及其专家委员会，经推荐、分析、评价、投票产生了60名候选人名单、6名纪念奖候选人名单向社会公示，并最终投票产生了改革开放40年福建最有影响力企业家40名，提名奖19名，纪念奖6名。

改革开放40年福建最有影响力企业家获奖名单

一、改革开放40年40位福建最有影响力企业家大奖（40名）

（以姓氏笔画为序）

丁世忠（安踏体育用品公司董事局主席）

王龙雏（厦门象屿集团原董事长）

王宪榕（厦门建发集团原董事长）

王根和（原省电力工业局长）

车尚轮（厦门航空公司董事长）

兰平勇（宏东远洋渔业公司董事长）

刘建顺（片仔癀药业股份公司董事长）

刘耀明（中国电信福建分公司原总经理）

许连捷（恒安国际集团首席执行官）

许景南（匹克集团董事长）

杜进兴（原福州市电线厂厂长）

李云孝（南平太阳电缆公司董事长）

李兴湖（福建省交通运输集团董事长）

李瑞河（天福集团董事局主席）

吴华新（永荣控股集团董事长）

何文波（福光股份公司董事长、省青年企业家协会会长）

何建平（百威雪津啤酒公司总裁）

何福龙（厦门国贸集团原董事长）

汪建华（原福州市第二化工厂厂长）

张轩松（永辉集团董事长）

张桂潮（龙马环卫装备公司总裁）

陈扬标（福建省旅游发展集团董事长）

陈景河（紫金矿业集团董事长）

林秀成（三安集团董事长）

林腾蛟（阳光龙净控股集团董事局主席）

欧阳元和（省冶金控股公司、三钢集团原董事长）

周少雄（七匹狼实业股份公司董事长）

周鹏伟（翔丰华新能源材料公司董事长）

姜海洪（青拓集团董事长）

洪　杰（三棵树涂料股份公司董事长）

宣建生（冠捷科技集团董事局主席）

柯希平（厦门恒兴集团有限公司董事长）

高建平（兴业银行股份公司董事长）

曹德旺（福耀玻璃工业集团董事长）

龚　雄（原福州市铅笔厂厂长）

程　璇（三盛集团、三盛控股公司总裁、省女企业家协会会长）

傅光明（圣农发展股份公司董事长）

曾毓群（宁德时代新能源材料股份公司董事长）

塚本幸司（福州榕东活动房公司原董事长）

蔡金垵（盼盼食品公司董事长）

二、改革开放40年福建最有影响力企业家纪念奖（6名）

（以姓氏笔画为序）

冯依淼（原福州东街口百货大楼总经理）

刘维灿（原厦门卷烟厂厂长）

吴惠天（万利达集团原董事长）

林文镜（融侨集团原董事长）

林镇源（中华映管福州公司原董事长）

黄赛峰（新威电子集团原董事长）

三、改革开放40年福建最有影响力企业家提名奖（19名）

（以姓氏笔画为序）

丁曦明（南平南孚电池公司原总经理）

王炎平（福建国航远洋运输（集团）有限公司董事长）

刘用辉（盛辉物流集团董事局主席）

刘同高（厦门钨业股份公司原董事长）

刘德建（网龙科技集团董事长）

苏新添（泉州美岭集团董事长）

杨立胜（省电子信息集团原总经理）

杨光平（阳光生态农业集团董事长）

杨华辉（兴业证券股份公司董事长）

吴欣鸿（美图公司创始人、首席执行官）

陈必松（源鑫投资集团董事长、省中外企业家联谊会会长）

陈军华（省外贸中心集团总经理）

励　民（福州瑞芯微电子股份有限公司董事长）

凌玉章（省汽车工业集团原董事长）

夏　鹏（三祥新材股份有限公司董事长）

黄奕豪（星网锐捷通讯股份公司董事长）

景　浓（祥龙集团董事长）

傅天龙（春伦集团董事长）

曾凡沛（龙溪轴承股份公司董事长）

（摘编：于新光）

第十七届福建省优秀企业家名单

据中共福建省委办公厅、省人民政府办公厅《关于公布省级考核检查、评比表彰及认定类项目清理结果的通知》（闽委办发〔2014〕6号）精神，两年一次的“福建省优秀企业家”评选工作由福建省企业与企业家联合会组织开展。经过各设区市、平潭综合实验区企业与企业家联合会、省直有关部门、省级主要行业协会商会和金融机构推荐，福建省优秀企业家评选委员会评审和省企联会长办公会议研究通过，并向社会公示后，决定授予马杰等122位企业经营管理者第十七届福建省优秀企业家荣誉称号，名单如下（共122人，按姓氏笔画排序）：

马　杰　福建钢泓金属科技股份有限公司董事长

王一平　福建华平纺织服装实业有限公司董事长

王丁辉　融信租赁股份有限公司董事长兼总经理

王小敏（女）闽东张一元茶叶有限公司董事长

王为民　丽珠集团福州福兴医药有限公司总经理

王冬竹　福建讯网网络科技股份有限公司董事长

王功尤　厦门银华机械有限公司总经理

王汉荣　泉州水务工程有限公司经理

王清安　福建省华辉石业股份有限公司董事长

王旗东　福建纳仕达电子股份有限公司总裁

邓黄贵　福建汇华集团有限公司董事长

兰平勇　宏东渔业股份有限公司董事长

冯国强　泉州锦林环保高新材料有限公司总经理

史桐融　福建南安农村商业银行股份有限公司董事长

石晓明　福建岳海水产食品有限公司董事长

任祖明　福建汇丰物流有限公司总经理

孙勇伟　福建鼎信实业有限公司总经理

朱孝有　有氟密管阀有限公司董事长

江孔雀　厦门信息集团有限公司董事长

许文辉　莆田市辉特体育用品有限公司董事长

许新湖　阳光中科（福建）能源股份有限公司董事长

何文波　福建福光股份有限公司董事长

何学恒　福清市恒泰水产食品有限公司董事长

何宝平　福州市鸿生建材有限公司董事长

余　芳（女）福建省龙昇旅游开发集团有限公司董事长

余　劼　福建光阳蛋业股份有限公司董事长

吴华新　福建锦江科技有限公司总裁

吴有林　福建傲农生物科技集团股份有限公司董事长

吴助仁　福建省石狮市果蔬批发市场有限公司董事长

吴孝彬　福建奥通迈胜电力科技有限公司总经理

吴志文　厦门烟草工业有限责任公司董事长

吴荣照　福建鸿星尔克体育用品有限公司董事长

吴根茂　新中冠智能科技股份有限公司董事长

吴彩民　福建罗源闽光钢铁有限责任公司总经理

吴富立　福建正祥投资集团有限公司董事长

张步瑞　福建东平高粱酿造有限公司总经理

李　亚　福建省理臣管理咨询有限公司董事长

李　成　福建华橡自控技术股份有限公司董事长兼总经理

李　清　长乐力恒锦纶科技有限公司总经理

李　翼　福建省旅贸实业有限公司总经理

李宁波　阿一波食品有限公司董事长

李安伟　福建金永润食品有限公司总经理

李妍菲（女）麦斯特（福建）人力资源服务有限公司董事长

李建新　中国移动通信集团福建有限公司厦门分公司总经理

李谢华　中铝瑞闽股份有限公司董事长

杨大发　福建南平市元乔木业有限公司董事长

杨贤平　厦门住宅建设集团有限公司集团董事长

苏良涛　福建长乐农村商业银行股份有限公司董事长

连文和　福建半月山温泉酒店有限公司董事长

陈　飞　福建永荣控股集团有限公司执行总裁

陈　文　福建新华源发展集团总裁

陈仕清　福建省长乐市山力化纤有限公司董事长

陈扬标　福建省旅游发展集团有限公司董事长

陈志联　晋江航空假日旅行社有限公司总经理

陈甫敬　福建省立新船舶工程有限公司董事长

陈国和　福建省新东湖投资有限公司总裁

陈思仁　长乐力源锦纶实业有限公司总经理

陈祖元　福州宜美电子有限公司董事长

陈钦忠　福建阿石创新材料股份有限公司董事长

陈敏秀　福建省长乐市锦源纺织有限公司总经理

陈琦琪（女）厦门创鑫投资集团有限公司董事长

陈超群　福建省集英保安集团有限公司总经理

陈融圣　新东网科技有限公司董事长

陈融洁　中富通股份有限公司董事长

卓新荣　福州宏龙海洋水产有限公司董事长

周　伟　中电（福建）电力开发有限公司总经理

林　升　福建省国有资产管理有限公司董事长

林子茂　福建友谊胶粘带集团有限公司董事长

林礼渠　福州弘博工艺有限公司董事长

林传宝　福建财润置业发展有限公司董事长

林汝捷　福建雪人股份有限公司董事长兼总经理

林君清　福建广电网络集团股份有限公司晋江分公司总经理

林进生　福建片仔癀化妆品有限公司董事长

林孟牢　福建鸿博光电科技有限公司总经理

林真源　福建恒杰塑业新材料有限公司董事长

林腾蛟　阳光国际集团董事局主席

欧阳恩山　中国联合网络通信有限公司福建省分公司总经理

欧宗金　福建欧氏投资（集团）有限公司董事长

欧霖杰　恒锋信息科技股份有限公司董事长

罗慧枰（女）福建盈浩工艺制品有限公司总经理

郑　明　福州青州集装箱码头有限公司总经理

郑松辉　福建绿宝食品集团有限公司董事长

郑美华（女）福州华凤纺织有限公司董事长

洪　伟　清源科技（厦门）股份有限公司总经理

洪炳文　柒牌集团总裁

胡小山　福建振邦信息科技发展有限公司董事长

胡精沛　厦门万里石股份有限公司董事长

赵胜华　联发集团有限公司董事长

赵新华　中铁十七局集团第六工程有限公司董事长

钟　军　福建省电子信息（集团）有限责任公司总经理

夏　鹏　三祥新材股份有限公司董事长

徐利根　福建福清核电有限公司董事长

徐嫩弟　福建福鼎海鸥水产食品有限公司总经理

翁　强　福建省威诺数控有限公司董事长

诸建华　福建利树股份有限公司董事长

郭东旭　绿新（福建）食品有限公司总经理

郭正青　三明市城市建设投资集团有限公司董事长

高金兴　中国电信股份有限公司福建分公司

总经理

高益槐　安发（福建）生物科技有限公司董事长

曹　晖　福建三锋控股集团有限公司董事长

黄长远　福建省闽发铝业股份有限公司总经理

黄长庚　厦门钨业股份有限公司董事长

黄正才　福建省鸿达电子技术开发有限公司总经理

黄达平　力达（中国）机电有限公司董事长

黄志刚　漳州市东方智能仪表有限公司董事长

黄连福　福建安溪聚丰工艺品有限公司董事长

傅芬芳（女）福建圣农食品有限公司董事长

曾凡沛　福建龙溪轴承（集团）股份有限公司董事长

游海山　福建恒盛建筑集团有限公司董事长

程文明　中国外运福建有限公司总经理

谢秉昆　福建坤彩材料科技股份有限公司董事长兼总经理

韩孝煌　冠城大通股份有限公司董事长

赖潭平　绿康生化股份有限公司董事长兼总经理

阙小鸿　黑金刚（福建）自动化科技股份公司董事长

雷继隆　福建兵工装备有限公司董事长

廖元杭　紫金铜业有限公司总经理

蔡自力 福建省第五建筑工程公司总经理

蔡劲军　福建火炬电子科技股份有限公司总经理

颜培坤　婴舒宝（中国）有限公司董事长

黎立璋　福建省三钢（集团）有限责任公司董事长

魏　泓　无创心电（长乐）大数据中心有限公司董事长

魏成生　均和（厦门）控股有限公司总裁

（摘编：唐　民）

福建省劳动模范和先进工作者名单

2018年4月27日，省委、省政府在福建会堂隆重举行大会，表彰全省各条战线劳动模范和先进工作者。为表彰在新福建建设中各行各业涌现出的先进模范人物，进一步激发全省人民的劳动热情和创造活力，省委、省政府决定授予黄水儿等388人“福建省劳动模范”荣誉称号，授予曾承龙等158人“福建省先进工作者”荣誉称号。

福建省劳动模范和先进工作者名单
（546名）

福州市

劳动模范（65名）

黄水儿　黄凤珠（女）　卓明华
陈春妹（女）　姚海文（女）　郑照南（女）
谢波端（女）　林明钦　孙远秀（女）
黄　颂　李　刚　林锦冰
冯三苟　廖林建　王叶林
陈海清　梁丽娟（女）　游振严
刘贤峰　李　晶（女）　赵武丽（女）
雷学国　罗　丹（女）　赖友华
刘传斌　张如梅（女）　郑厚楚
钱　坤　张瑾红（女）　陈　魁
吴香庭　潘　腾　林连星
王　欣　张　荣　李　芳（女）
黄　赞　刘云忠　黄秋榕（女）
陈　健　何世猛　蒋　维
赵广愚　翁海辉　刘义雄
陈务光　吴礼春　施秀宏
王金枝（女）　刘　青（女）　俞　魁
刘仰峰　汪和忠　雷文喜
危水平　方秀容（女）　余朝海
杨　新　江铭福　陈优俊
林碧芳（女）　翁希明　苏忠高
江晓英（女）　肖　雯（女）

先进工作者（22名）

曾承龙（女）　许久平　陈明月
沈　波　陈晓红（女）　林善城
翁国华　刘复培　巢凤英（女）
林宜强　丁香珠（女）　唐　烟
黄德水　陈　艳（女）　陈良万
方旭光　王智勇　陈建和
柯　圣　李　凡　马榕彪
林　武

厦门市

劳动模范（43名）

洪丽欢（女）　张小玲（女）　陈学楷
王椿凯　许华端（女）　李永涛
杨爱坤　霍金龙　陈立扬
谢洪珍（女）　毛　军　王　波
魏　岚（女）　陈跃全　张君梅（女）
马瑞达　何　坚　江风阁（女）
吴炎泉　李晓萍（女）　温欣鼎
陈榕华　丛　阳　张大成
林景宇　陈珊娜（女）　黄建设
黄惠芳（女）　陈琼娥（女）　高泉阳
陈文跃　胡命添　王小龙
王金勇　叶清竹　汪　亮
曹中元　蔡月英（女）　周云明
苏振熠　施永海　汤俊贤
郑文林

先进工作者（14名）

康俊勇　黄书雄　陈巧影（女）

康良溪 谢志南 黄卓青
吴　华 薛元挺 吴明芳（女）
曾学文 刘静雯（女） 黄素萍（女）
刘建设 庄铭星

漳州市

劳动模范（35名）

顾克宏 沈清龙 林志森
陈议忠 叶俊示 何秀榕（女）
王镇海 谢毅蓉（女） 杨福阳
林志宽 孔祥尧 张耿汉
侯英兰（女） 曾瑞宏 林俊发
方龙俊 李映琼（女） 王细彬
赖永春 陈静宇 王新辉
叶月妹（女） 张文福 刘建顺
何银河 胡耀河 张金文
李四州 林进聪 苏海山
商武乾 曾思耀 何甘勇
吴冬钦 卢灯荣

先进工作者（14名）

陈　蓉（女） 张小芬（女） 黄志雄
卢忠良 汤毓贤 江展煌
黄月春（女） 黄妍婷（女） 李瑞强
许文福 叶国辉 黄选谦
龚　明（女） 周建树

泉州市

劳动模范（65名）

曾清华 蔡志颖（女） 王映芳（女）
徐　明（女） 邵　军 陈加友
曾志辉 张红林（女） 陈晓红（女）
陈仁海 陈巧妮（女） 郑美娟（女）
黄钢水 黄小滨 卓坪辉
颜贞明 曾少杰 柯燕芹（女）
李青艺（女） 颜娜丽（女） 侯国建
陈怀民 王新武 任达树
陈岚波 沈来勇 陈锡清
黄锦富 樊宗书 戴增俭
张文山 林雪清（女） 徐翊翔
胡建林 樊凌云 吴阿宁
蔡沧洋 林孝发 王启联
许佳庆 张建奎 魏贵林
曾江勇 龚国兴 张如庆
王适阳 刘俊辉 苏天恭
许万居 黄世波 陈建华
黄瑞谦 吴金笔 陈清元
苏定土 杜清洁 林金盾
李金贵 王金聪 陈茂界
陈孟建 洪水平 张志勤
谢利英（女） 苏文连（女）

先进工作者（23名）

吴鸿荣 张国文 郑玉珍（女）
林　劼（女） 柯小华（女） 许重富
陈秀珠（女） 郑文杰 何秀凤（女）
肖美添 黄文敬 黄西洋
庄丽芬（女） 陈秀凤（女） 陈光营
郑素萍（女） 陈剑洪 洪志双
许志国 何君虹（女） 黄碧丽（女）
苏智军 刘建民

三明市

劳动模范（29名）

张清伟 谢淑忠 陈长江
赖志永 余　虹 孙黎平
宁财建 邱玉祥 谢超志
何福文 陈　明 陈　伟
邱丽洪（女） 张仁宽 张运文
潘建洲 陈海仙 艾美龄（女）
胡凤翔 王宏住 范晓燕（女）
周开跃 兰爱珍（女） 张冬秀（女）
陈长巧 黄盛腾 庄月兰（女）
陈华生 刘金福

先进工作者（11名）

姜文海 王清芳（女） 邓水珠（女）
詹祖亮 邱杭发 赖国强
吕仙桃（女） 刘宝强 李勤模
黄秀泉 李金斌

莆田市

劳动模范（27名）

林洪英（女） 林丽萍（女） 潘秀钦
林志武 朱建亭 蔡慧萍（女）

林清芳　黄春林　陈志飞
吴尧芳（女）　邱玉锋　刘　艳（女）
张永宏　宋飞翔　徐德清
林剑平　林建肯　朱　晖
吴先孟　蒋玉火　黄金平
林志峰　翁炳煌　周坤民
曾云英（女）　刘永峰　林玉镇

先进工作者（12名）

邓阿茂　林　敏　杨燕青
陈志胜　陈金朋　魏德英（女）
陈　旭　姚晓锁　曾卫东
郑玉珍　陈仙黔（女）　凌文东

南平市

劳动模范（30名）

池美娇（女）　毛昌丰　黄克斌
柳利明　黄瑞芳（女）　颜　磊
黄　宁（女）　祝仁财　陈　辉
蔡建和　徐存新　廖丽玲（女）
王荣光　张守财　范德发
叶寿兴　王志勇　李文迹
林国新　应美英（女）　龚春生
李仕银　童忠喜　王登辉
范和北　杨进财　黄荣富
陈秀丽（女）　叶　芬（女）　刘国英

先进工作者（10名）

林小春　郑世文　葛香珠（女）
徐荣华　徐道旺　郑　洪
赵升云　郑邦森　林清飞
陈国民

龙岩市

劳动模范（28名）

袁致忠　刘科星　苏强海
林小祥　彭金荣（女）　邱金妹（女）
林浩彪　林建文　戴寿传
陈国强　林美丽（女）　郑国强
罗　伟　廖小平　江巧蓉（女）
孙艳丽（女）　孔　华　林玉件
张桂潮　廖材河　叶活动
易小贞（女）　李安洪　钟亮生
华锦先　张汀平　梁永英（女）
曾佑太

先进工作者（13名）

吴馥香（女）　李　超　黄家华
赖小萍（女）　刘永良　傅丽华（女）
张秋萍（女）　陈国强　罗桂华
陈伟光　邱熠枫　李裕春
丘文山

宁德市

劳动模范（29名）

张宝顺　陈少锋（女）　赵灿华
林飞燕（女）　吴应旭　黄世凤（女）
韦东乾　曾庆飞　颜锦珍（女）
郑春源　林仕供　廖家才
柯巧珍（女）　林少云（女）　蔡振云
陈振芳　吴　凯　张陈松
林振亮　陈立云　郑柯发
缪文钦　吴光荣　俞云灿
温美玉（女）　郑孙积　杨旺章
余根钿　陈美燕（女）

先进工作者（11名）

陈　敏（女）　陈　振　陈　旺
宋晏平（女）　范　英（女）　陈兴长
周天缘　傅高升　郭翼畅
兰　晖　陈继东

平潭综合实验区

劳动模范（3名）

蔡志强　林智远　黄国盛

先进工作者（1名）

杨　峰

省直机关、中直单位

劳动模范（16名）

赵　静（女）　林兴铭　王凤娟（女）
方春生　郭　梅（女）　林实践
邓海军　丁建晋　林成传
陈建明　叶　亮　路文斌
陈修言　高小燕（女）　连　侠
黄薇寒（女）

先进工作者（21名）

沈理明	周　琳（女）	陈惠滨
陈孔凤	刘珏玲（女）	王芳华
李继荣	林　达	张晓鸣
林季力	杨　方（女）	林石泉
陈庆河	肖淑霞（女）	颜潮勇
柳敏芳（女）	游兆菁（女）	陈振强
戴健斌	何文兴	潘　宁（女）

省国资委所出资企业

劳动模范（18名）

陈元旭	陈克华	刘建国
陈　萍（女）	郭建腾	黄国标
林　修	王浩召	林新青
林春生	林　艳（女）	李卫福
黄玉麟	林秋美	庄志刚
于　健	李茂发	连　俊

高教系统

先进工作者（6名）

关　雄	余文森	王心晨
吴国平	李宏达	郑美凤（女）

（摘编：郑新贵）

福建省三八红旗手标兵、福建省三八红旗手、福建省三八红旗集体名单

福建省妇联于2019年2月19日下发《关于授予黄銮英等10人福建省三八红旗手标兵、吴梦妤等199人福建省三八红旗手、福州市旗汛口幼儿园“旗智社团”等100个单位福建省三八红旗集体荣誉称号的决定》（闽妇〔2019〕6号）提出，2017年以来，全省广大妇女以习近平新时代中国特色社会主义思想为指导，深入学习贯彻习近平总书记重要讲话和中国妇女十二大精神，按照省委和全国妇联决策部署，立足本职、勇于担当、积极作为，兴起“巾帼心向党·建功新时代”的热潮，涌现出一批先进个人和先进集体，生动诠释了新时代福建女性听党话、跟党走的坚定追求，敬业勤勉的优秀品格和争先创优的巾帼风采。

为广泛宣传表彰优秀女性和集体的先进事迹，引导和激励广大妇女在建设“机制活、产业优、百姓富、生态美”的新福建中建功立业、再创佳绩，福建省妇联决定，授予黄銮英等10人福建省三八红旗手标兵，授予吴梦妤等199人福建省三八红旗手，授予福州市旗汛口幼儿园“旗智社团”等100个单位福建省三八红旗集体荣誉称号。

福建省三八红旗手标兵名单（10名）

黄銮英　福州市罗源县起步镇下长治村党支部组织委员

付　虹　厦门市图书馆副馆长、副研究馆员

黄丽玲　泉州跃茂皮塑有限公司董事长

张丽华　三明学院资源与化工学院副院长、福建省资源环境监测与可持续经营利用重点实验室副主任

李少霞　莆田市湄洲妈祖祖庙董事会秘书长

李秀妃　南平市顺昌县高阳乡朱台村党支部书记、村主任

马雪梅　龙岩市长汀县益达农业发展有限公司法人代表

郑诗斌　宁德市公共交通有限公司驾驶员

许红琳　福建省统计局贸易外经处副调研员、高级统计师

任　希　福建省建筑设计研究院有限公司总建筑师

福建省三八红旗手名单（199名）

福州市（24名）

吴梦妤　台江区宁化街道社区卫生服务中心党支部书记、主任

刘云平　仓山区行政服务中心管理委员会主任、区人民政府办公室副主任（兼）

黄巧曦　福州第十中学副校长

陈惠珍　福州经济技术开发区市政公用事业管理处党总支书记、副主任

程　民　闽侯县商务局副局长

程　清　长乐第一中学德育处督导、中共长乐第一中学第一支部书记

夏　金　福清市城关小学校长、正高级教师、特级教师

陈丽琴　罗源县凤山镇机关工会主席、社区办主任

张雪容　闽清县梅溪镇党委副书记

黄丹晶　福州高新区妇工委副主任、南屿镇妇联主席

陈月香　福州市动物疫病预防控制中心高级兽医师

孙秀娟　福州广播电视台《福州新闻》栏目

责任编辑

钱黎芳　晋安区委组织部部务会议成员、常务副部长

林　静　福州市金门同胞联谊会秘书长

林　穆　福州市城乡建设委员会党办主任

潘云苓　福州市第一医院中西医结合肿瘤内科主任医师

刘　燕　福州华侨中学党委书记、校长

朱　玲　闽侯县人民法院党组书记、代理院长

何晓斌　福州市文化广电新闻出版局文物保护处处长

王　静　福州市科学技术局人事处副处长

蒋佩琪（台胞）　福建连江桃园体育娱乐有限公司副董事长

吴文靖　福州乐加教育培训学校校长

鄢继恩　鼓楼区洪山镇锦江社区党委书记、主任

周　梅　福清市三山镇宣传统战委员

厦门市（13 名）

纪小琴　思明区盈翠社区党委书记、妇联主席

王迎春　厦门市湖里区人民法院禾山人民法庭庭长

李佩珍（台胞）　厦门市海沧区海沧街道青礁村台胞社区主任助理

牛建平　厦门市第二医院神经内科主任、主任医师、教授

邵　真　厦门同安国有资产投资有限公司副总经理、同安文化旅游发展公司总经理

黄锦英　厦门市翔安区第一实验小学党支部书记、校长

万文蓉　厦门市中医院培训部主任、主任医师

王象红　厦门国贸金融控股有限公司总经理

谢志芳　厦门市教育科学研究院基教室主任、高中历史教研员

庄凤华　厦门华夏国际电力发展有限公司设备部电气专业主管

徐　雁　厦门市发展和改革委员会投融资处主任科员

于　翔　厦门航空有限公司空中乘务部副总经理

夏江平　厦门市江平生物基质技术股份有限公司董事长

漳州市（19 名）

陈燕惠　芗城区巷口街道党工委书记

陈珊芬　龙文区教师进修学校副校长

黄凤英　龙海市东泗乡东泗村主任

蔡燕斌　漳浦县官浔镇党委书记

蔡亚华　云霄县实验幼儿园党支部书记

黄妙龄　漳州诏安正禾有机农业有限公司总经理

谢婉丝　东山县铜陵镇桥雅社区居委会党支部书记

郑艺娟　南靖县特殊教育学校少先队副总辅导员

曾祥莹　平和县育英小学教师

吕海云　华安县新圩镇政府便民服务中心主任

蔡金莲　长泰县第二实验幼儿园园长

陈晓玲　漳州农村商业银行股份有限公司台商投资区支行副行长

李雪映　漳州南太武实验小学一级教师

汤穗穗　漳州市村镇建设管理站科员

方彩虹　漳州二中教师

杨武勤　漳州市纪委监委组织部副部长

蔡三梅　漳州市统计局高级统计师

卢淑蓉　漳浦县卢淑蓉剪纸艺术馆负责人

黄毅芳　漳州市学前教育研究会理事

泉州市（24 名）

连　洁　鲤城区委文明办主任

李黎萌　丰泽区司法局党组书记、局长

吴远凤　洛江区双阳街道新阳社区党支部书记

庄燕华　厦门市聚贤庄房地产营销代理有限公司董事长

林伊莎　石狮市青创城电子商务园区有限责任公司总经理

钟文玲　晋江市妇联党支部书记、主席

丁秀德　泉州三鑫织造有限公司总经理

黄柳霖　南安市委人才办专职副主任、南安市妇联兼职副主席

王英珠　泉州市顺发实业有限公司董事长

杨嘉红　福建省中嘉建设工程有限公司董事长

陈梅阳　惠安县山霞镇鹰园村党支部书记、村主任

谢惠华　安溪县妇女儿童活动中心副主任

许婷婷　安溪县教育系统党委专职副书记

林 康　永春县湖洋镇人民政府镇长

郑琳珊　永春县国土资源局科员

池珠香　泉州市顺美集团有限公司副总经理

庄颜瑜　福建省沉瑜香香文化开发有限公司董事长

李嫣红　泉州台商投资区湖东实验幼儿园园长

谢宝缘　福建医科大学附属第二医院护理部副主任、副主任护师

杨亚红　泉州市发改委社会事业科科长

孙志英　泉州市五中英语教研组长、高级教师

林菊雅　泉州市委组织部党群机关干部管理科科长

陈秀贞　泉州泉港涂岭红茶叶专业合作社负责人

肖源红　福建三晋司法鉴定所主任

三明市（18 名）

连秀明　梅列区实验幼儿园园长

刘　薇　福建恒大特钢机械有限公司总经理

张金艳　三明市第二医院产科主任

洪桂贤　永安市大湖镇上甲村党支部书记、村委会主任

余小妹　大田县职业中专学校招就处副主任

姜　明　国网福建省电力有限公司尤溪县供电公司女工委主任、营销部党支部书记

郑美玉　尤溪县西滨镇彭坑村党支部书记、村委会主任、妇联主席

周丽婷　沙县城关第三小学党支部书记、校长

张秀平　将乐县万安镇万安村党总支部书记、村委会主任

钱　清　泰宁县金湖康辉旅行社有限公司总经理

张银珠　宁化县城郊镇妇联常务副主席

陈　端　宁化县革命纪念馆文博馆员、中共宁化县文体广电出版局党总支宣传统战委员

李金红　清流县嵩溪镇健宇家庭农场负责人

戴清华　明溪县沙溪乡梓口坊村党支部副书记、村委会主任、村妇联主席

李海鹰　闽通长运宁化分公司站务员

刘桂秋　建宁县公安局出入境管理大队副大队长

刘雪冬　三明市公安局白沙派出所教导员

官秀金　清流县城关中学高级音乐教师

莆田市（15 名）

马丽娜　仙游县妇联副主席

许丽红　莆田市荔城区西天尾镇后黄社区党支部书记、居委会主任

陈玲亚　莆田市城厢区人民法院审监庭庭长

肖　娴　莆田市涵江区审计局局长

郑碧娥　莆田市秀屿区月塘镇党委书记

陈　瑜　湄洲岛党工委群团工作部负责人、莆田市湄洲岛旅游经济区总工会副主席

林春烟　莆田市湄洲湾北岸经济开发区财政局局长

严松莉　莆田市第一医院超声影像科主任、主任医师

戴梅芳　莆田市广播电视台电视新闻部记者

王中晓　莆田学院文化与传播学院新闻系主任

蔡秀珍　湄洲湾职业技术学院动漫教研室主任、副教授

林亚男　96782 部队 40 分队副分队长

蔡秀金　莆田兴发集团有限公司副总经理兼莆田市建工投资集团有限公司总经理

姚冰珊　中共秀屿区委副书记

黄秀凤　福建省莆田学院附属医院胃肠外科护士长、副主任护师

南平市（17 名）

吕国娟　南平市延平区实验幼儿园党支部书记、园长

陈青梅　南平市建阳区卧龙湾生态旅游开发有限公司董事长

邓炜华　邵武市和平镇党委副书记、政府镇长

丘　敏　武夷山实验小学校长

张丽珠　建瓯市实验幼儿园党支部书记、园长

郑碧晶　顺昌县妇联党组书记、主席

廖正花　浦城县忠信镇坑尾村村医

吴龙花　光泽县鸾凤乡高源村委会副主任、妇联主席

杨双梅　松溪县欧北安木木服饰有限公司总经理

范素爱　政和县外屯乡党委副书记、政府乡长

郑丽敏　南平市第一医院总会计师

林　芳　南平军分区离职干部休养所职工

吴宏玲　南平市农业技术推广站副站长、高级农艺师

胡敬兰　南平市卧龙山公墓管理处主任

魏秀容　南平绿发集团有限公司组织人事部主任、南平市融信典当有限责任公司监事

罗　青　南平市建阳区实验幼儿园党支部书记、园长

徐桂玲　南平广播电视台主任播音员

龙岩市（15 名）

傅丽华　龙岩人民医院产科主任、主任医师

李仁娟　新罗区雁石镇益坑村党支部书记、村委会主任

赖春蕾　永定区税务局办公室副主任

郑秋娣　永定区坎市医院妇产科副主任医师

张清梅　上杭县第二实验小学副校长、工会主席

梁永英　上杭县聚胜家庭农场负责人

傅晓晖　武平县中赤乡党委书记

雷　璀　长汀县公安局网安大队大队长

曾三娣　长汀师范附属小学教研室副主任

李　娟　连城县莲峰镇党政办副主任

饶小琼　福建连城兰花股份有限公司副总经理

林　娜　漳平市妇女联合会主席

胡红梅　龙岩市公安局政治部副主任、警察公共关系处处长

陈小琳　龙岩市儿童保育院党支部书记、院长

施　薇　闽西日报社记者

宁德市（17 名）

付红霞　蕉城区实验幼儿园园长

余海燕　古田县鹤塘明艳茶叶专业合作社负责人

林雪柳　屏南县妇女儿童活动中心干部

周妙荣　周宁县妇女联合会主席

林　芳　寿宁县武曲镇农业技术推广站站长、高级农艺师

王金花　福安实小龙江校区校长、高级教师

苏　欣　福安市公安局出入境管理大队教导员

吴雄英　柘荣县富溪镇富溪村党支部书记、村委会主任

王雪平　福鼎市太姥山镇潋城村党总支书记

吴映晨　福鼎市第二医院副院长、副主任护师

厉晓灵　霞浦第一中学副校长、高级教师

林旭华　东侨经济技术开发区实验幼儿园园长

郭葶苓　宁德市卫生计生信息中心主任

谢　云　宁德市城建集团有限公司人力资源部经理

陈银平　宁德市星光工贸有限公司董事长

曾　鸣　宁德市中级人民法院刑事审判第一庭副庭长

黄小红　民盟福建省委会宣传部部长、霞浦县松港街道下村村第一书记（驻村任职）

平潭综合实验区（3 名）

周小云　平潭城中小学校长

曾宁旖（台胞）　平潭综合实验区妇联兼职副主席、岚城乡上楼村执行主任、台北市文山区忠顺里里长

念喜琴　平潭综合实验区潭城镇妇联主席

省直及驻闽单位（12 名）

林　婕　福建省人大常委会研究室综合处主任科员

李晓音　中共福建省纪律检查委员会、福建省监察委员会第四纪检监察室主任科员

庄　馥　福建省委组织部干部三处副处长

余　晖　中共福建省委编办机关处处长

林月娥　福建省档案信息中心副研究馆员

胡　熠　中共福建省委党校、福建行政学院工商管理教研部主任、教授

黄　捷　福建省微生物研究所 mTOR 抑制剂研究室主任、研究员

陈鲤群　福建省人力资源和社会保障厅办公

室主任科员

张丽钦　福建省审计厅副处长、审计师

连巧霞　福州植物园（福州国家森林公园，福清灵石山国家森林公园）副主任、教授级高工

张志幸　福建省公安厅出入境管理局技术室副主任

黄柳萍　福建省应急管理厅政策法规处主任科员

省国资委（9名）

谢　净　福能期货股份有限公司总经理助理

魏云妹　福建省汽车运输有限公司福州站务分公司客西站行车组组长

邢杨柳　福建福船投资有限公司纪检监察部、审计部副经理（主持工作）

吴　兵　福建省建筑设计研究院有限公司项目运营一部主任

陈荣珠　福建湄洲湾氯碱工业有限公司质监中心一台地中控分析班长

陈育红　福建省榕江进出口有限公司业务八部经理

王锦珊　福建省鞋帽进出口集团有限公司会计

万　丹　福建大唐国际宁德发电有限责任公司纪检监察管理主管

林钰泓　福建奔驰汽车有限公司研发部设计二部内饰经理

省总工会（8名）

林　英　福建联迪商用设备有限公司研发机构技术总监

庄海蓉　厦门歌仔戏研习中心副主任、一级演员

程 琳　漳州市龙海市角美镇工会联合会专干

颜　昱　泉州市工人文化宫主任、高级经济师

严雪蕾　三钢闽光棒材厂电气自动化车间副主任

林　青　南平市第二医院外科片区护士长兼产科护士长

涂　梅　福建省龙岩市第一医院内分泌科主任医师

刘筱敏　宁德第一中学英语教研组组长

驻闽部队（5名）

陈晓芬　中国人民解放军31659部队医院心理医生

胡学敏　中国人民解放军94626部队62分队政治指导员

王雅霜　中国人民武装警察部队福建省总队参谋部通信大队政治教导员

李　琦　中国人民解放军联勤保障部队第九〇〇医院神经外科护士长、副主任护师

岳　虹　中国人民解放军61716部队4分队分队长

福建省三八红旗集体名单（100个）

福州市（12个）

福州市旗汛口幼儿园“旗智社团”

福州市仓山区培智学校

晋安区人民检察院侦查监督科

长乐区医院急诊科

福清市医院护理部

连江县东湖镇妇联

罗源县凤山镇凤美社区居民委员会

永泰县农村信用合作联社营业部

福州日报采集中心

福州市乌山小学语文教研组

福州市鼓楼区人民检察院未成年人检察办公室

福州住房公积金管理中心城区管理部（市市民服务中心公积金窗口）

厦门市（7个）

厦门市思明区“和合之家”反家暴服务中心（社工机构）

海沧区嵩屿街道海翔社区居民委员会

厦门海事局政务中心

厦门市政务服务保障中心工程建设项目综合窗口

福建省厦门实验小学

厦门市建设局政策法规处

厦门市商务局审批处

漳州市（10个）

芗城区西桥街道华南社区居委会
漳浦县绥安镇城西社区妇联
云霄县妇幼保健院
东山县西埔环卫所保洁组
华安司法局社区矫正和安置帮教工作股
金冠（龙海）塑料包装有限公司
南靖县税务局第一税务分局（办税服务厅）
漳州市医院新生儿重症监护室
漳州片仔癀药业股份有限公司片仔癀车间
漳州市检察院未检“水仙花”团队

泉州市（12个）

泉州市通政中心小学教师发展中心
泉州市丰泽区东湖街道铭湖社区居民委员会
洛江区委报道组
泉港区实验幼儿园德育室
石狮市人民检察院未检科
晋江市青阳街道中和中心小学语文教研组
南安市市场监督管理局食品市场监管科
惠安县农村信用合作联社营业部
安溪县妇联巾帼党员志愿服务队
永春县农村信用合作联社化龙信用社
泉州市德化县尚思小学教科室
泉州市闽南民间歌舞传承中心（歌舞剧团）演出队

三明市（8个）

福建汇天生物药业有限公司QC组
三明市特殊教育学校
三元区富兴堡街道富兴社区
永安市小陶镇寨中村妇联
大田县人民政府行政服务中心管理委员会
国网福建省电力有限公司将乐县供电公司妇委会
国家税务总局泰宁县税务局第一税务分局
宁化县妇幼保健院妇女保健股

莆田市（8个）

仙游县统计局
莆田市荔城区文化馆
莆田市城厢区人民检察院
涵江区法院
莆田市秀屿区实验小学
莆田市荔盛市容环卫建设有限公司调度中心
莆田市第一医院超声影像科
福建省莆田职业技术学校妇委会

南平市（8个）

南平市延平区四鹤街道马坑社区居民委员会
邵武市人民法院少年审判庭
武夷山市实验幼儿园（大班年段）
建瓯市人民检察院未成年人刑事检察科
浦城县人民法院立案庭
南平市住房公积金管理中心光泽管理部
松溪县家政实训基地
南平市人民医院妇产科

龙岩市（8个）

龙岩市新罗区西陂街道华莲社区
龙岩市公安局永定分局出入境管理大队
上杭县城市管理行政执法局女子中队
武平县城市管理行政执法局市容大队女子中队
长汀县国土局行政服务窗口
连城县莲峰镇南街社区
国家税务总局漳平市税务局第一税务分局
龙岩市交通运输局12328服务监督中心

宁德市（8个）

宁德市蕉城广播电视台总编室
宁德市古田县医院妇委会
宁德市周宁县公安局出入境管理大队
宁德市寿宁县人民法院生态女子巡回法庭
宁德市福安市人民法院政治处
宁德市柘荣县农村信用合作联社股份有限公司
宁德市福鼎市桐山中心幼儿园
宁德市霞浦县实验幼儿园

平潭综合实验区（2个）

平潭综合实验区潭城镇东门社区居委会
平潭综合实验区图书馆

省直及驻闽单位（7个）

国家税务总局福建省税务局12366纳税服务中心

福建省建新医院传染病区护理组

福建省气象信息中心档案审核科

福州海关办公室总值班室

中科院煤制乙二醇及相关技术重点实验室

福建省高级人民法院民一庭

福州海事局政务中心

省国资委（4个）

福能（福州）健康体检中心有限公司

福建省港航建设发展有限公司人力资源部

福建省东南电化股份有限公司质检中心氯碱分析岗

福建省人力资源服务有限公司社会保险部

省总工会（4个）

莆田学院附属医院重症医学科

福建海峡源脉温泉股份有限公司

源脉温泉园销售部

福建省农村信用社联合社运营部

化学国家级实验教学示范中心（厦门大学）

省双拥办（2个）

中国人民解放军92126部队12分队

中国人民解放军96714部队女子测试分队

（摘编：黄国实）

第十五届“福建青年五四奖章集体标兵”获得者名单、第十五届“福建青年五四奖章集体”获得者名单、第十五届“福建青年五四奖章标兵”获得者名单、第十五届“福建青年五四奖章”获得者名单

2018年4月28日共青团福建省委、福建省青年联合会下发《共青团福建省委 福建省青年联合会关于表彰第十五届“福建青年五四奖章”集体和个人的决定》（团闽委联〔2018〕10号）提出，经过专家评审、公示、复核，共青团福建省委和福建省青年联合会研究决定，授予福建帝视信息科技有限公司创业团队等52个集体第十五届“福建青年五四奖章集体”荣誉称号（其中，厦门市海沧区院前济生缘果蔬专业合作社等10个集体为第十五届“福建青年五四奖章集体标兵”），授予卢捷等113名同志第十五届“福建青年五四奖章”荣誉称号（其中，王静辉等10名同志为第十五届“福建青年五四奖章标兵”）。

此次受表彰的先进集体和个人，集中展示了当代福建青年在习近平新时代中国特色社会主义思想和党的十九大精神指引下，坚定政治信念，矢志拼搏奋斗，勇于开拓创新，是全省广大青年追求进步的楷模和成长成才的榜样。希望受到表彰的集体和个人珍惜荣誉，再接再厉，再创佳绩。希望全省各级共青团组织和青联要号召广大团员青年向先进学习、向榜样看齐，在各自战线勤于学习、善于创造、甘于奉献，共同为实现“再上新台阶，建设新福建”贡献青春力量。

第十五届“福建青年五四奖章集体标兵”获得者名单

（共10个，排名不分先后）

厦门市海沧区院前济生缘果蔬专业合作社

福建翔丰华新能源材料有限公司研发团队

厦门大学半导体照明与显示创新团队

泉州市检察机关“刺桐花”团队

福建省公安厅交警总队龙岩高速公路支队一大队古田中队

漳州市“龙溪猎鼠”反扒志愿者大队

福建省助困公益协会

中国交建福州地铁二号线青年突击队

福建省气象台监测预警室

福建医科大学附属第一医院神经内科三区

第十五届“福建青年五四奖章集体”获得者名单

（共42个，排名不分先后）

青年创业团队：

福建帝视信息科技有限公司创业团队

晋江市创意创业创新园

福建省六一八产业发展有限公司

泉州农商银行青年支行

青年科研团队：

福建省汽车工业集团云度新能源汽车股份有限公司研发团队

三祥新材股份有限公司青年突击队

中国科学院福建物质结构研究所智能计算与工业大数据课题组

福建省农业科学院作物研究所旱地作物研究中心

华侨大学城市水安全保障技术团队

福建农林大学植物分子细胞与系统生物学团队

黎明职业大学材料化工教学团队

青年卫士团队：

福建省海警第一支队一大队 35104 舰

厦门市医疗急救中心医务科

南平市公安局刑侦支队技术大队

上杭县公安局才溪派出所

漳州市公安边防支队机动中队

厦门公安消防支队特勤大队四中队

福建省海警第二支队二大队 35061 艇

莆田市公安局湄洲派出所

福建省永泰县人民法院立案庭

福建省未成年犯管教所青少年法制教育基地育萌团队

福清市人民检察院未成年人刑事检察科

青年志愿服务团队：

福州市青年志愿者协会

泉州师范学院青年志愿者协会

将乐县大源乡“零距离·暖情”志愿服务队

福建省古田县爱心公益联合会

中国石油福建销售公司“宝石花”青年志愿服务队

福州大学赴福清市特教学校青年志愿服务队

福建省绿荫成长助学服务中心

“从心启航”心肺复苏全民公益行动服务队

青年管理团队：

福州广播电视台《福州新闻》栏目组

国网漳州供电公司变电运维室良璞变电运维班

中铁十七局集团第六工程有限公司武夷新区绕城高速公路

A1 合同段项目经理部青年突击队

厦门船舶重工股份有限公司搭载部（原外业）

厦门银行福州分行台商业务部

长乐飞思农业科技发展有限公司

福建华电永安发电有限公司耦合发电项目青年技术改造团队

其他综合类团队：

“厦理工 e 起来”微信公众号工作团队

黎明职业大学油菜花工作室

莆田市阳光青少年事务服务中心

福建省尤溪县国家税务局

阳光学院助力屏南乡村振兴实践团

第十五届“福建青年五四奖章标兵”获得者名单

（共 10 名，以姓氏笔画为序）

王静辉　南靖县泓净茶叶专业合作社理事长

李海霞（女）　连城县第二实验小学教师

沈清华　福建红十字义工服务团副团长

张玉晶（女）　厦门航空有限公司空中乘务部副总经理

张兆雄　福建省公安厅法制总队科员、省派闽清县东桥镇义由村支部第一书记

张国灿　国网泉州供电公司变电检修室高级工程师

陈　实　福建省立医院副主任医师

郑寿添　福州大学化学学院副院长、教授

钟　声（畲族）　将乐县消防大队郑忠华中队忠华班班长

黄种衍　南安市绿野沼气技术开发研究所办公室主任

第十五届“福建青年五四奖章”获得者名单

（共 103 名，各类别以姓氏笔画为序）

创业青年：

卢　捷　厦门创客猫网络科技有限公司创始人

许金升　信泰（福建）科技有限公司董事总经理

杨丽琴（女）　宁德市益智源农业开发有限公司董事长

张春明　泉州市三口成品食品科技有限责任公司董事长

范姜锋　厦门启达台享创业服务有限公司总经理

郑建成　清华大学东莞创新中心清大孵化器常务副总经理

郑惠元　龙海市慧谷众创空间总经理

青年闽商：

王书传　信和新材料股份有限公司总经理

叶志平　厦门科享网络科技有限公司总经理

许国防　山东省晋江商会副会长、济南稳泰商贸有限公司经理

李子兴　福建陆地港集团总经理
杨来发　福建莱曼实业有限公司董事长
林明鑫　厦门砾林实业有限公司总经理
高　巍　福鼎市新龙机车部件有限公司总经理
黄森坤　福建和茶网络科技有限公司董事长

青年工人：

杨聪永　福建省福橡化工有限责任公司丁苯团队经理

邱丽雅（女）　中国建筑第七工程局有限公司南方公司基础设施分公司综合办公室主任

林智勇　国网福建省漳浦县供电有限公司深土镇供电所所长

黄书旭　国网福建龙岩市永定区供电有限公司市场与用电检查班班长、工程师、技师

黄金稳　莆田市供电服务有限公司副总经理兼仙游分公司经理、工程师

青年农民：

王仕福　福建海宏达生态农业有限公司负责人
叶晶晶（女）　政和县镇前镇下园村村委

华淑香（女）　连江县蓼沿乡朱公村党支部书记

洪百中　长泰县金仑家庭农场农场主

青年教师：

王水发　福建船政交通职业学院讲师

石肖音（女，满族）　福建省艺术职业学院舞蹈系教师

吴美丹（女）　福建卫生职业技术学院护理系实训中心主任、讲师

余　权　福建江夏学院文化产业管理系主任、副教授

林德书　福建农林大学大学海峡联合研究院教授

林耀进　闽南师范大学计算机学院教师、副教授

郑明娜（女）　宁德市霞浦县实验小学高级教师

郑雅琴（女）　永春县桃城中心小学教导处副主任、一级教师

郑辉东　福州大学石油化工学院教师、副教授

徐　晞（女）　华侨大学政治与公共管理学院教授

黄　敏（女）　三明市特殊教育学校副校长
董　泽　华侨大学信息科学与工程学院教授
董加云　福建农林大学校讲师
程永强　黎明职业大学专业主任讲师

赖艳梅（女）　泉州市丰泽区第二实验小学校长、高级教师

青年卫士：

王基伟　福建省纪委第七纪检监察室主任科员

陈泉宇（女）　石狮市公安局祥芝边防派出所副营职干事

林奕生　福清边防检查站监护中队上士

徐保林　福建省海警第三支队二大队35091艇艇长兼助理工程师

章　源　龙岩市新罗区城市管理行政执法局综合执法大队副大队长

潘万宝　福建省纪律检查委员会副主任科员

青年警察：

王新平　漳州市边防支队船艇大队公边35641艇班长

江　龙　厦门市公安局新店派出所副主任科员
张　剑　武平县公安局岩前派出所所长
张培伟　云霄县下河派出所副所长
林志翔　福州市公安局火车站派出所科员
林炜达　福州市公安局鼓楼分局经侦大队警员

郑祝连（女）　福建省女子监狱七监区二十分监区指导员

黄灿辉　三明市公安局列东派出所科员

蔡毅辉　泉州市公安局丰泽分局治安大队副大队长

青年专家：

王芳华　福建省地质调查研究院矿产地质调查所副所长、地矿工程师

方龙俊　海峡生物科技股份有限公司总工程师

刘顺桂　福建省国土资源厅地环处副处长、工程师

李　平　福建医科大学附属协和医院副主任医师、副教授

杨德卫　福建省农业科学院水稻所助理研究员

吴孝彬　福建奥通迈胜电力科技有限公司总经理

吴超鹏　厦门大学管理学院副院长、教授

汪凤翔　中科院海西研究院泉州装备制造研究所副所长、研究员

陈德斌　中建海峡市政交通程公司执行总经理

陈孝湘　中国电建集团福建省电力勘测设计院有限公司线路结构室副主任、高级工程师

林　尧　福建师范大学生命科学学院教授

郑芳友　福建星网锐捷通讯股份有限公司——升腾资讯公司总经理助理、工程师

黄　鹏　福建福昕软件开发股份有限公司首席科技官、研发总监

鲍红丽（女）　中科院福建物质结构研究所研究员

颜靖骅　福建大唐能源营销有限公司主管

青年医务工作者：

毛仕辉　福建省南平市第一医院泌尿外科主治医生、援疆专家

方主亭　福建省立医院介入放射科副主任医师

冯水土　厦门市海沧医院肿瘤血液科副主任

李纯团　泉州市第一医院血液内科副主任医师

陈国仙　莆田市第一医院副院长、副主任医师

罗秀贞（女）　沙县总医院 ICU 科主任兼科教科科长

青年法律工作者：

叶长鋈　南平市延平区人民法院樟湖法庭副庭长

李志尧　福建省高级人民法院一级法官

吴媛贞（女）　福州市鼓楼区人民检察院检察官助理

陈玲玲（女）　惠安县人民法院审判员

钟凌云（女，畲族）　霞浦县人民法院少年审判庭庭长

涂　宏　三明市人民检察院控申处副处长

魏　昀（女）　福州市中级人民法院民二庭审判员

青年新闻工作者：

王冬冬　漳州人民广播电台记者

严顺龙　福建日报社屏山记者站记者

肖发兴　新华网泉州区主任

青年社会组织骨干：

王文建　美商（厦门）生物科技有限公司运营总监

李明伟　福建省大学生文化创意协会常务副会长兼秘书长

林　勇　福建省易迅达投资管理有限公司董事长

胡廷枫　屏南县善课堂社会工作服务中心理事长

夏晋城（回族）　福建省海峡青年社会组织服务中心主任

青年金融工作者：

李　喆　国家开发银行福建省分行客户三处一级经理

杨哲安　平潭综合实验区金融服务办公室副主任

沈　菲（女）　中国工商银行福州分行副行长

唐福来　福建银监局外资银行处主任科员

青年管理者：

陈承伟　福建省汽车工业集团运营管理部项目经理

陈剑宇　厦门经济特区房地产开发集团有限公司法律事务部风险管控部副总经理、经济师

林月霞（女）　福建省漳州市对外贸易有限责任公司部门经理

其他综合类：

纪冠雄　漳州市龙文区人民政府碧湖街道办事处党工委副书记、主任

杨鹏飞　福建省经济和信息化委员会国防科技工业处副处长；新疆昌吉州经济和信息化委员会党组成员、副主任（援疆）

张　凡（女）　福建省人民政府驻上海办事处经济联络处副处长

张　勤　南平市委组织部干部一科科长

林　贤　福建省委组织部办公室副主任

林艳榕（女）　龙岩市新罗区西陂街道龙腾社区党支部书记

（摘编：吴汉良）

第45届世界技能大赛福建省选拔赛获奖名单

2018年8月6日福建省人力资源和社会保障厅、福建省教育厅、共青团福建省委下发《关于公布第45届世界技能大赛福建省选拔赛获奖名单的通知》（闽人社文〔2018〕184号）提出，根据《福建省人力资源和社会保障厅 福建省教育厅 共青团福建省委关于举办第45届世界技能大赛福建省选拔赛的通知》（闽人社文〔2018〕63号）精神，第45届世界技能大赛福建省选拔赛于2018年4月13日—4月26日在厦门技师学院、泉州轻工职业学院、福建船政交通职业学院、龙岩技师学院、福建信息职业技术学院分5个赛区成功举办。在竞赛工作中，各设区市人社、教育、共青团等部门和各职业院校、技工院校及企业广泛宣传发动，积极组织人员参赛，省级选拔赛共有竞赛项目15个，共有320名选手参加竞赛。根据闽人社文〔2018〕63号文件规定，现将各项目获奖选手、优秀指导老师及承办、组织竞赛工作成绩突出的单位名单公布。

希望获得优异成绩的单位和选手，再接再厉，再创佳绩，充分发挥示范带头作用，积极推动我省整体技能水平提升。希望各设区市、各有关单位深入贯彻落实党的十九大精神，广泛开展职业技能竞赛活动，积极参与世界技能大赛工作，学习引进世赛先进技术标准，大力弘扬劳模精神和工匠精神，营造劳动光荣的社会风尚和精益求精的敬业风气，为建设知识型、技能型、创新型劳动者大军，为再上新台阶、建设新福建做出积极的贡献。

第45届世界技能大赛福建省选拔赛各项目获奖选手名单

一、汽车技术

第1名　李卓航　厦门技师学院
第2名　张智辉　厦门技师学院
第3名　马　群　厦门技师学院
第4名　吴泽桦　厦门技师学院
第5名　吴　凯　福建船政交通职业学院
第6名　李强胜　福建船政交通职业学院
第7名　林立权　福建工业学校
第8名　汤　建　晋江华侨职业中专学校
第9名　卓於宏　龙岩华侨职业中专学校
第10名　黄　锋　福州职业技术学院

二、数控铣

第1名　叶祖彪　福州第一技师学院
第2名　曾庆豪　厦门技师学院
第3名　方　如　福州第一技师学院
第4名　魏再煌　福建省南安职业中专学校
第5名　李　根　厦门技师学院
第6名　曹学朦　福州第一技师学院
第7名　郑庆祥　福建船政交通职业学院
第8名　陈智豪　龙岩华侨职业中专学校
第9名　赖林荣　漳州职业技术学院
第10名　周苹光　厦门市同安职业技术学校

三、数控车

第1名　陈　顺　龙岩华侨职业中专学校
第2名　周青龙　福州第一技师学院
第3名　张良民　厦门技师学院
第4名　叶嘉豪　福州第一技师学院
第5名　王鸿伟　龙岩华侨职业中专学校
第6名　李冰灿　福建省南安职业中专学校
第7名　翁庆煌　龙岩技师学院
第8名　曾德志　厦门技师学院
第9名　庄乔淋　漳州职业技术学院
第10名　杨业文　福建理工学校

四、塑料模具工程

第1名　徐旅辉　厦门技师学院

第2名　郑锦川　厦门技师学院

第3名　董冰颖　厦门技师学院

第4名　吕智勇　福建省南安职业中专学校

第5名　郑家祺　福建信息职业技术学院

第6名　王腾辉　黎明职业大学

第7名　张成杰　福建林业职业技术学院

第8名　方泽恩　福建信息职业技术学院

第9名　王培锟　黎明职业大学

第10名　刘星航　福州职业技术学院

五、时装技术

第1名　龙清珠　福建工程学院

第2名　卓炎玲　福建商学院

第3名　汪紫慧　厦门市集美职业技术学校

第4名　陈　杰　福建商学院

第5名　周红梅　泉州轻工职业学院

第6名　王梅芳　厦门市集美职业技术学校

第7名　吴玉芝　泉州轻工职业学院

第8名　朱晓敏　厦门市集美职业技术学校

第9名　信雪雪　福建工程学院

第10名　兰莉莉　福建第二轻工业学校

六、网络系统管理

第1名　林志超　福建信息职业技术学院

第2名　黄金文　福建信息职业技术学院

第3名　卢达隆　福建船政交通职业学院

第4名　田爱明　厦门技师学院

第5名　吴宗龙　厦门技师学院

第6名　蔡鹏鸿　福建省泉州华侨职业中专学校

第7名　何妍芬　黎明职业大学

第8名　张世雄　厦门软件职业技术学院

第9名　邹建禧　福建省莆田职业技术学校

第10名　罗　奎　福州机电工程职业技术学校

七、网站设计与开发

第1名　陈滢明　福建船政交通职业学院

第2名　李　宾　黎明职业大学

第3名　连建伟　黎明职业大学

第4名　黄昱升　厦门技师学院

第5名　范文丰　福州职业技术学院

第6名　孙　鸿　福州机电工程职业技术学校

第7名　罗剑超　厦门市同安职业技术学校

第8名　王逸群　黎明职业大学

第9名　张佳亮　福建船政交通职业学院

第10名　吴星臻　福州职业技术学院

八、机电一体化

第1名　赵信杰、冯学鑫　福建船政交通职业学院

第2名　何源瑞、陈建敏　福建船政交通职业学院

第3名　苏华东、郭玄晔　龙岩华侨职业中专学校

第4名　张育煌、郑仁杰　福建技师学院

第5名　黄宏远、李炳辉　福州第一技师学院

第6名　黎桦鸣、邱毓瀚　龙岩技师学院

第7名　方浩龙、李　毅　福州机电工程职业技术学校

第8名　王肖亚、林智鹏　泉州市高级技工学校

第9名　刘晓艺、丁铭钊　黎明职业大学

第10名　罗志涛、曾集慧　漳州市高级技工学校

九、电气装置

第1名　陈泽福　龙岩技师学院

第2名　肖　浚　龙岩技师学院

第3名　江彬云　龙岩技师学院

第4名　张　俊　龙岩技师学院

第5名　代　立　福州第二技师学院

第6名　黄锦庭　漳州第一职业中专学校

第7名　陈宇峰　漳州第一职业中专学校

第8名　陈郭霖　福州机电工程职业技术学校

第9名　纪维绮　福州机电工程职业技术学校

第10名　腾泽鸿　泉州市高级技工学校

十、美容

第1名　陈晓燕　龙岩技师学院

第2名　许晨晨　厦门工商旅游学校

第3名　郑金钰　龙岩技师学院

第4名　涂梦珍　厦门工商旅游学校

第5名　丘紫微　龙岩技师学院

第6名　余晓冰　福建工贸学校

第7名　冉　旭　南安市红星职业中专学校

第 8 名　李　燕　南安市红星职业中专学校
第 9 名　江娇丽　福建卫生职业技术学院
第 10 名　卢梦颖　福建省福清龙华职业中专学校

十一、美发

第 1 名　肖晓凤　福建工贸学校
第 2 名　文　燕　集美职业技术学校
第 3 名　熊　莉　集美职业技术学校
第 4 名　陈键鹏　龙岩技师学院
第 5 名　张日强　视觉概念美发造型屋
第 6 名　牟佳佳　福建工贸学校
第 7 名　陈清义　龙岩技师学院
第 8 名　吴沛霖　龙岩技师学院
第 9 名　刘锦荣　视觉概念美发造型屋
第 10 名　林仲清　福建工贸学校

十二、CAD 机械设计

第 1 名　彭　铖　龙岩技师学院
第 2 名　严振华　龙岩技师学院
第 3 名　林欣怡　厦门城市职业学院
第 4 名　庄淇铭　集美工业学校
第 5 名　林　锦　龙岩技师学院
第 6 名　张　锦　龙岩技师学院
第 7 名　沈树威　厦门信息学校
第 8 名　吴仲川　福建船政交通职业学院
第 9 名　叶国安　福建技师学院
第 10 名　郑为锴　福建信息职业技术学院

十三、烘焙

第 1 名　高树杰　南安红星职业中专学校
第 2 名　徐舒婷　厦门翔鹭酒店
第 3 名　连栎雯　龙岩技师学院
第 4 名　林淑敏　福建第二轻工业学校
第 5 名　江清娴　龙岩技师学院
第 6 名　颜朝勇　漳州职业技术学院
第 7 名　林智勇　福建省新东方技工学校
第 8 名　汪书婷　福建经贸学校
第 9 名　林杨远　福州第一技师学院
第 10 名　魏毓玲　漳州市高级技工学校

十四、平面设计技术

第 1 名　戴诗怡　福建信息职业技术学院
第 2 名　杨灿达　福建省晋江职业中专学校
第 3 名　雷　威　厦门技师学院
第 4 名　罗翔晖　福建信息职业技术学院
第 5 名　余静垚　龙岩华侨职业中专学校
第 6 名　杨进展　福建省晋江职业中专学校
第 7 名　郑幼琼　漳州职业技术学院
第 8 名　谢海倩　漳州职业技术学院
第 9 名　林佳音　福建第二轻工业学校
第 10 名　谢大鹏　龙岩华侨职业中专学校

十五、移动机器人

第 1 名　袁谢文、郑清灼　福建信息职业技术学院
第 2 名　林世源、吴泽武　福建信息职业技术学院
第 3 名　林　靖、林海涛　福州职业技术学院
第 4 名　程建荣、郑鑫磊　闽江师范高等专科学校
第 5 名　李希高、刘　金　福建信息职业技术学院
第 6 名　许鹏飞、许松志　集美工业学校
第 7 名　王　宪、吴振辉　泉州轻工职业学院
第 8 名　沈荣标、孔令辰　龙岩技师学院
第 9 名　叶耀显、钟雄辉　龙岩技师学院
第 10 名　蔡一超、杜振裕　福建水利电力职业技术学院

（摘编：黄国实）

2017年度职业技能竞赛优秀选手获“福建省技术能手”人员名单

福建省人力资源和社会保障厅于2018年5月24日下发《福建省人力资源和社会保障厅关于表彰2017年度职业技能竞赛优秀选手“福建省技术能手”的决定》（闽人社文〔2018〕121号）提出，为深入贯彻党的十九大精神，大力弘扬劳模精神和工匠精神，建设知识型、技能型、创新型劳动者大军，根据《福建省职业技能竞赛管理办法》（闽人社发〔2014〕11号）的规定，经研究，决定授予杜振龙等19名在2017年省级一类职业技能竞赛获得第一名的选手“福建省技术能手”，颁发证书。

希望获得“福建省技术能手”的同志立足岗位，开拓进取，再接再厉，再创佳绩。希望各地各有关单位加大高技能人才培养力度，充分发挥职业技能竞赛在高技能人才培养选拔中的重要作用，激发技能人才创业创新创造的活力。希望广大技能人才以技术能手为榜样，学技术学技能，进一步提升技术技能水平，为再上新台阶、建设新福建做出新的更大的贡献。

2017年度职业技能竞赛优秀选手获“福建省技术能手”人员名单（19名）

一、2017年福建省职工数控技术应用竞赛（2名）

杜振龙　福州市闽侯县骐骥机电有限公司

叶祖涛　福州第一技师学院

二、2017年福建省美发美容职业技能竞赛（2名）

潘志超　泉州视觉概念美发造型屋

黄智妮　福建工贸学校

三、2017年工业机器人技术应用技能大赛（1名）

王水发　福建船政交通职业学院

四、福建省第三届测绘地理信息职业技能竞赛（2名）

易元春　龙岩市勘察测绘大队

林雪梅　福建省测绘院

五、福建省第三届“仙艺杯”工艺品雕刻制作职业技能竞赛（1名）

陈开泉　仙游县紫檀缘古典家俱有限公司

六、2017年福建省电工职业技能竞赛（2名）

周炜坤　厦门船舶重工股份有限公司

江世文　龙岩技师学院

七、第十二届“海西电网杯”职业技能竞赛（2名）

廖振陆　国网福建省供电有限公司三明供电公司

蒋祖立　国网福建省供电有限公司泉州供电公司

八、2017年福建省邮政通信职业技能竞赛（1名）

姜海芳　中国邮政集团公司三明市分公司

九、福建省第二届网络安全技能竞赛（1名）

林煜豪　中国移动通信集团福建有限公司泉州分公司

十、福建省首届邮政行业职业技能竞赛（1名）

陈智新　中国邮政速递物流股份有限公司泉州市分公司

十一、第七届“海西天翼杯”职工职业技能竞赛（1名）

卓文福　中国电信福建省直属运营分公司

十二、“三钢闽光杯”第三届福建省钢铁行业职业技能竞赛（1名）

张学明　福建省三钢（集团）有限责任公司

十三、2017年全省交通职工技能竞赛（1名）

张　武　福州康驰新巴士有限责任公司

十四、第八届“海西移动杯”职业技能竞赛（1名）

沈　铭　中国移动通信集团福建有限公司厦门分公司

（摘编：彭文荣）

给予福建省环境监察总队等集体和蔡建龙等个人记功嘉奖名单

2018年10月29日福建省人力资源和社会保障厅、福建省环境保护厅、福建省公务员局下发《关于给予福建省环境监察总队等集体和蔡建龙等个人记功嘉奖的决定》（闽人社文〔2018〕259号）提出，近年来，全省各级环境执法部门以习近平生态文明思想为引领，认真贯彻落实中央、省委、省政府决策部署，积极推进国家生态文明试验区建设和生态环境保护工作，切实开展环境执法大练兵，有力打击了环境违法行为，为打好污染防治攻坚战，维护人民群众环境权益作出了重要贡献，涌现出一批先进典型。

为表彰先进，树立典型，进一步调动和激发全省环境执法队伍工作积极性、主动性、创造性，根据《公务员奖励规定（试行）》和《事业单位人事管理条例》，省人力资源和社会保障厅、省环境保护厅、省公务员局决定联合给予以下集体和个人记功或嘉奖一次。

一、给予2016年、2017年连续两年获评全国环境执法大练兵表现突出集体的福建省环境监察总队等4家单位记集体三等功一次

福建省环境监察总队

厦门市环境执法支队

三明市环境监察支队

南靖县环境监察大队

二、给予获评2016年或2017年全国环境执法大练兵表现突出集体的福州市环境执法支队等9家单位记嘉奖一次

福州市环境执法支队

漳州市环境监察支队

泉州市环境监察支队

宁德市环境监察支队

福州市仓山区环境监察大队

漳州市芗城区环境监察大队

晋江市环境保护行政执法大队

南安市环境监察大队

沙县环境监察大队

三、给予获评2016年或2017年全国环境执法大练兵表现突出个人的蔡建龙等18人记嘉奖一次

蔡建龙　福建省环境监察总队

陈　思　福建省环境监察总队

陈志辉　福建省环境监察总队

黄世栋　福建省环境监察总队

周水燕　福建省环境监察总队

叶儒有　福州市环境执法支队

郑　瑾　福州市环境执法支队

朱孝勇　厦门市环境执法支队集美环境执法大队

韩利平　漳州市环境监察支队

李佳文　漳州市芗城区环境监察大队

陈鸿华　南靖县环境保护局

黄培雄　泉州市环境监察支队

丁长业　三明市环境监察支队

黄海城　三明市环境监察支队

苏江海　三明市环境监察支队

吴东尤　溪县环境监察大队

刘发水　沙县环境监察大队

陈家波　莆田市城厢区环境监察大队

希望受到奖励的集体和个人珍惜荣誉，再接再厉，充分发挥示范引领作用，继续保持严厉打击各类环境违法行为高压态势。各级环保部门和广大干部职工要以先进典型为榜样，加强宣传引导，继续在全国环境执法大练兵比武中“扛红旗、创佳绩”，努力为加强生态环境保护、打好污染防治攻坚战、建设“机制活、产业优、百姓富、生态美”的新福建作出新的贡献。

（摘编：王增丰）

福建省第三次全国农业普查省级先进集体和先进个人名单

2018年8月16日福建省第三次全国农业普查领导小组办公室下发《关于通报表扬福建省第三次全国农业普查省级先进集体和先进个人的决定》（闽农普办〔2018〕6号）提出，在省委省政府的高度重视和坚强领导下，在各级政府的精心组织和各有关部门的大力支持下，经过全省近11万普查人员辛勤努力和扎实工作，历时三年的福建省第三次全国农业普查主要任务圆满完成，取得了丰硕成果。普查获得了丰富详实反映我省“三农”新家底的基础数据，为制定和完善“三农”政策、推动我省农业供给侧结构性改革，实施乡村振兴战略和决胜全面建成小康社会提供有力的科学依据和统计支撑。

在过去的三年里，各级普查机构和广大普查工作人员克服条件艰苦、工作量巨大等各种困难，坚决完成农业普查各项任务，为农业普查取得成功作出了无私奉献，涌现出了一大批先进集体和先进个人。为弘扬农业普查中展现的求真务实、甘于奉献的精神，经过层层推荐、认真评选、严格考核，省农普办决定通报表扬在我省第三次全国农业普查工作中表现突出的80个省级先进集体和500名省级先进个人。

希望受到表扬的省级先进集体和先进个人珍惜荣誉、再接再厉，继续努力为我省的普查事业作出更大贡献。各级普查机构和广大普查工作者，要以先进集体和先进个人为榜样，勇于创新、开拓进取，为推动乡村振兴战略的实施，全面建成小康社会作出更大的贡献！

福建省第三次全国农业普查省级先进集体
（共80个）

福州市（11个）

仓山区统计局
马尾区统计局
晋安区统计局
福清市统计局
长乐区梅花镇人民政府
闽侯县统计局
连江县黄岐镇人民政府
连江县统计局
闽清县坂东镇人民政府
罗源县起步镇人民政府
永泰县统计局

平潭综合实验区（1个）

平潭综合实验区统计局

厦门市（1个）

厦门市基层经济统计中心

莆田市（4个）

莆田市统计局
福建省仙游县统计局
莆田市荔城区统计局
莆田市涵江区统计局

三明市（12个）

三明市统计局
国家统计局三明调查队
三元区统计局
永安市统计局
明溪县统计局
清流县统计局

宁化县统计局
大田县统计局
沙县统计局
将乐县统计局
泰宁县朱口镇政府
建宁县统计局
泉州市（11 个）
泉州市统计局
泉州市洛江区统计局
泉州市泉港区涂岭镇人民政府
晋江市统计局
石狮市统计局
南安市统计局
惠安县统计局
安溪县统计局
永春县统计局
德化县统计局
泉州台商投资区科技经济发展局
漳州市（10 个）
芗城区统计局
龙海市统计局
漳浦县统计局
云霄县统计局
长泰县统计局
东山县统计局
南靖县统计局
华安县统计局
漳浦县佛昙镇人民政府
平和县山格镇人民政府
南平市（11 个）
国家统计局南平调查队
延平区统计局
建阳区统计局
邵武市统计局
武夷山市统计局
建瓯市统计局
顺昌县统计局
浦城县统计局
光泽县统计局
松溪县统计局
政和县统计局
龙岩市（10 个）
龙岩市统计局
永定区岐岭乡第三次全国农业普查领导小组办公室
新罗区统计局
新罗区江山镇人民政府
长汀县统计局
上杭县统计局
武平县统计局
漳平市统计局
连城县统计局
龙岩经济技术开发区（龙岩高新区）统计局
宁德市（9 个）
宁德市统计局
蕉城区统计局
福安市统计局
福鼎市统计局
霞浦县统计局
屏南县统计局
寿宁县统计局
周宁县统计局
柘荣县统计局

福建省第三次全国农业普查省级先进个人
（共 500 人）

姓　名	现工作单位
省农普办及相关人员（6 人）	
谢　敏	省政府办公厅
林淮石	省委宣传部
吴新榕	省统计局
陈超晖	省统计局
李志君	省统计局
周万春	省统计局
福州市（66 人）	
龚元婷	福州市统计局普查中心
黄永盛	福州市统计局普查中心
林　宇	福州市统计局普查中心
郑　捷	仓山区统计局
刘　平	仓山区统计局
涂云花	仓山区统计局
陈君彦	仓山区统计局

李　浩　　仓山镇统计站
檀遵仕　　马尾区统计局
林　颖　　晋安区统计局
许　方　　晋安区新店镇政府
郑　云　　晋安区宦溪镇政府
林　萍　　福清市普查中心
林武清　　福清市东瀚镇企业服务中心
林晶晶　　福清市龙田镇农业服务中心
范吓兴　　福清市镜洋镇农业服务中心
陈林志　　福清市沙埔镇服务中心
潘寿恩　　福清市城头镇企业服务中心
陈章良　　福清市龙江街道服务中心
杨贤昌　　福清市宏路街道服务中心
吴香萍　　福清市海洋与渔业局
吴　剑　　福清市海口企业服务中心
陈　亮　　福州市长乐区统计局
刘光松　　航城街道办事处
郑雅芳　　玉田镇人民政府
黄鹤吟　　松下镇人民政府
陈　凤　　漳港街道办事处
吴学坚　　金峰镇人民政府
陈金团　　文岭镇人民政府
赵碧月　　闽侯县统计局
程文柱　　闽侯县统计局
黄晓峰　　国家统计局闽侯调查队
畅玉燕　　南通镇人民政府
卞明如　　上街镇人民政府
王秋信　　大湖乡人民政府
兰友斌　　连江县统计局
徐延秋　　连江县统计局
刘煜雯　　连江县统计局
兰晓燕　　连江县敖江镇人民政府
杨奇能　　连江县长龙镇人民政府
林丹萍　　连江县晓澳镇人民政府
陈雅雪　　连江县东湖镇人民政府
翁淑惠　　连江县马鼻镇人民政府
林　发　　连江县筱埕镇人民政府
唐佺卫　　罗源县统计局
申友国　　罗源县松山镇人民政府
陈丽芳　　罗源县白塔乡人民政府
张和强　　罗源县中房镇人民政府
雷邦淼　　罗源县霍口畲族乡人民政府
苏锋辉　　闽清县统计局
黄恒寿　　闽清县统计局
许华清　　闽清县政府普查中心
吴秀玲　　梅溪镇人民政府
林自钦　　白中镇人民政府
陈兰琴　　坂东镇人民政府
陈华琴　　永泰县统计局
张金成　　永泰县统计局
汪美珍　　永泰县嵩口镇人民政府
余庆锋　　永泰县大洋镇人民政府
郑桂珠　　永泰县红星乡人民政府
陈雪明　　永泰县清凉镇人民政府
陈治团　　永泰县塘前乡人民政府
朱　燕　　永泰县富泉乡人民政府
周承公　　国家统计局福清调查队
陈雪清　　国家统计局闽侯调查队
苏培勇　　国家统计局连江调查队

平潭综合实验区（6人）

施友禄　　平潭综合实验区统计局
林龚华　　平潭综合实验区经济社会调查队
陈茂勇　　平潭综合实验区统计局
林学密　　平潭县屿头乡人民政府
方　舟　　平潭县澳前镇人民政府
薛晶晶　　平潭县敖东镇人民政府

厦门市（12人）

陈建兴　　厦门市基层经济统计中心
陈俊宇　　厦门市统计普查中心
黄学东　　海沧区城市综合调查队
高　凌　　集美区统计局
杨金龙　　同安区统计局农调队
刘冬梅　　同安区新民镇人民政府
叶志刚　　同安区洪塘镇人民政府
李苹苹　　翔安区统计局
甘继明　　翔安区统计局
柳加典　　翔安区内厝镇人民政府
王江伟　　翔安区新店镇人民政府
刘　璇　　国家统计局厦门调查队

莆田市（45人）

田　华　　莆田市统计局
林国贤　　莆田市统计局

许建阳　　莆田市统计局数据管理中心
吴天文　　莆田市统计局
范尚希　　莆田市统计局数据管理中心
陈　航　　中共莆田市委宣传部
凌建雄　　仙游县统计局
林晓琳　　仙游县统计局普查中心
连晨烨　　仙游县统计局数据管理中心
黄慧群　　仙游县统计局数据管理中心
郭新华　　仙游县财政局
潘明建　　仙游县榜头镇人民政府
余　健　　仙游县度尾镇度峰社区居委会
林仲新　　仙游县枫亭镇人民政府
陈天佑　　仙游县盖尾镇人民政府
刘飞龙　　仙游县书峰乡人民政府
蔡梅钦　　仙游县钟山镇人民政府
吴秋英　　莆田市荔城区统计局
吴银栋　　莆田市荔城区统计局
吴群雄　　莆田市荔城区统计局
王银松　　莆田市荔城区黄石镇农业服务中心
柯寒晖　　莆田市城厢区统计局
蔡勇芳　　莆田市城厢区统计局
林婷婷　　莆田市城厢区统计局
王文和　　莆田市城厢区华亭镇企业服务中心
张晓娟　　莆田市城厢区霞林街道办事处统计站
李梅蓉　　莆田市城厢区统计局数据管理中心下派常太镇统计站
吴容容　　莆田市涵江区统计局
林建华　　莆田市涵江区统计局
张士聪　　莆田市涵江区统计局
李　娟　　莆田市涵江区统计局
林永生　　莆田市涵江区江口镇人民政府
李绍婷　　莆田市涵江区三江口镇人民政府
魏　力　　莆田市涵江区萩芦镇人民政府
邱金灿　　莆田市涵江区白沙镇人民政府
林春荣　　莆田市秀屿区笏石镇人民政府
方国志　　莆田市秀屿区普查中心
翁秀丽　　莆田市秀屿区东峤镇人民政府
张承志　　莆田市秀屿区南日镇人民政府
吴尚冰　　莆田市秀屿区普查中心
靳冬娟　　莆田市秀屿区普查中心
郑黄滨　　莆田市湄洲湾北岸管委会山亭镇人民政府
胡梅金　　莆田市湄洲湾北岸管委会忠门镇人民政府
朱　凡　　莆田市湄洲岛管委会计划财政局
朱维仁　　国家统计局莆田调查队

三明市（44人）

吴文明　　三明市统计局
林金艳　　三明市统计局
陈　钟　　三明市统计局
郑凌杰　　梅列区普查中心
余　凡　　梅列区洋溪镇人民政府经济服务中心
陶寒露　　梅列区陈大镇新农村建设服务中心
吴泽云　　三元区统计局
陈喜捷　　三元区中村乡人民政府
黄玉梅　　永安市普查中心
代丽锦　　永安市普查中心
钟　浩　　永安市燕南街道办事处
林　峰　　永安市小陶镇政府
施国治　　明溪县城市经济调查队
李蓉梅　　明溪县统计局普查中心
吴彩文　　清流县龙津镇基层调查统计中心
马正和　　清流县嵩溪镇基层调查统计中心
吴玉富　　宁化县统计局
巫锡椿　　宁化县统计局
夏根水　　宁化县淮土镇人民政府
雷林森　　宁化县城南乡人民政府
邱延筠　　宁化县人民政府办公室
陈有超　　大田县农普办
黄初齐　　大田县农调队
黄钟煊　　大田县统计局
魏永东　　大田县前坪乡政府统计站
林起杰　　大田县均溪镇党委
陈传棉　　尤溪县统计局
陈兴豪　　尤溪县统计局
李光墉　　尤溪县文体广电出版局
陈长晶　　尤溪县坂面镇人民政府统计站
宋春兰　　尤溪县联合镇人民政府统计站
朱宇翔　　沙县夏茂镇人民政府
曾华镇　　沙县教育局

张远深　沙县统计局
冯云娥　将乐县安仁乡政府
沈　宏　将乐县黄潭镇人民政府
潘逸楦　将乐县万全乡政府
吴登攀　泰宁县统计局
张昌飞　泰宁县统计局
黄　寅　建宁县统计局
俞春梅　建宁县均口镇
林　赟　国家统计局三明调查队
雷晓峰　国家统计局永安调查队
曾翠英　国家统计局宁化调查队

泉州市（92人）

林佑弼　泉州市农业局
丁庆裕　泉州市统计信息咨询服务中心
王明东　泉州市统计局能源监测统计中心
林家振　泉州市统计信息咨询服务中心
陈　进　泉州市统计局能源监测统计中心
齐玄飞　泉州市统计局
李胜蓝　泉州市统计局能源监测统计中心
刘晓莉　泉州市统计信息咨询服务中心
黄向阳　鲤城区委、鲤城区人民政府
吕国庆　鲤城区统计局
黄黎玲　鲤城区统计局
陈志慧　鲤城区委金龙街道工作委员会
王文伟　鲤城区浮桥街道办事处
陈白璇　丰泽区统计局
何宏宇　丰泽区统计局
黄鹏程　丰泽区北峰街道农业服务中心
何家添　丰泽区城东街道农业服务中心
陈秀莲　丰泽区东海街道农业服务中心
黄杜英　洛江区统计局
潘英崇　洛江区社会经济调查队
赖金泉　洛江区统计局
张燕华　洛江区统计局
杜碧瑜　洛江区罗溪镇人民政府
谢文春　泉港区统计局
黄育鹏　泉港区山腰街道办事处
黄志聪　泉港区前黄镇人民政府
任跃平　泉港区后龙镇人民政府
林小琼　泉港区峰尾镇经济发展服务中心
林梅琴　泉港区南埔镇南埔村委会
陈志雄　晋江市统计局
范康迎　晋江市统计局
林胜利　晋江市统计局
洪克明　晋江市统计局
张清山　晋江市安海镇政府
刘铮铭　晋江市内坑镇政府
张　琳　晋江市池店镇政府
陈奕忠　晋江市东石镇政府
黄安爽　晋江市深沪镇政府
施长华　石狮市统计局
卢永长　石狮市社会经济调查大队
曾少君　石狮市蚶江镇人民政府
李迎河　石狮市祥芝镇人民政府
李文谱　石狮市锦尚镇人民政府
蔡文作　石狮市永宁镇人民政府
蔡佳顺　南安市纪委监委咨询投诉中心
王志伟　南安市统计局
王毅滢　南安市统计局
洪燕云　南安市统计局
陈津津　南安市统计局
方智勇　南安市乐峰镇人民政府
林天喜　南安市码头镇人民政府
黄进明　南安市霞美镇人民政府
王小生　南安市诗山镇人民政府
庄楚云　惠安县统计局
吴少杰　惠安县统计局普查中心
曾秋江　惠安县统计局
张建鹏　惠安县涂寨镇人民政府
李文彬　惠安县崇武镇人民政府
黄惠勇　惠安县东桥镇人民政府
林惠彬　惠安县净峰镇人民政府
张志峰　惠安县辋川镇人民政府
卓开荣　安溪县统计局
林晶晶　安溪县统计局
林志辉　安溪县农业与茶果局
林馨雄　安溪县官桥镇人民政府
李宝忠　安溪县虎邱镇人民政府
陈淑燕　安溪县魁斗镇人民政府
苏春明　安溪县长坑乡人民政府
陈世荣　安溪县剑斗镇人民政府
赵金豹　永春县统计局

潘黎生　永春县统计局
王　捷　永春县统计局
林荣垣　永春县农村社会经济调查队
陈剑虹　永春县农村社会经济调查队
陈华哲　永春县蓬壶镇人民政府
谢永宁　永春县五里街镇人民政府
罗智龙　永春县东平镇太平村
郭志荣　永春县横口乡福中村
林玉燕　德化县统计局
林加镔　德化县龙门滩镇人民政府
郑桂英　德化县葛坑镇人民政府
郑志军　德化县统计普查中心
温长敬　德化县统计普查中心
郑贵长　德化县雷峰镇人民政府
王玲玲　泉州台商投资区科技经济发展局
江　溟　泉州台商投资区科技经济发展局
黄志芳　泉州台商投资区东园镇玉坂村委会
郭文钦　泉州台商投资区百崎回族乡里春村委会
王　伍　国家统计局泉州调查队
陈和协　国家统计局南安调查队
傅晓纬　国家统计局惠安调查队
张建美　国家统计局德化调查队

漳州市（67人）

蔡三梅　漳州市统计局
柯聪华　国家统计局漳州调查队
薛海州　漳州市统计局
李　萌　漳州市统计局
曾石榴　漳州市统计局
林幸福　漳州市统计局
黄江城　漳州市统计局
方淑娟　漳州市统计局
杨蔡胜　漳州市海洋与渔业局
杨艺雪　芗城区统计局
黄毅斌　芗城区统计局
陈菽钗　芗城区农林局
陈国英　芗城区芝山镇人民政府
卢林杰　漳州市后房农场
林艺冰　龙文区统计局
陈金勇　龙文区朝阳镇人民政府
冯春菊　龙文区朝阳镇人民政府恒坑村民委员会
张玉惠　龙文区朝阳镇漳滨村民委员会
丁庆雄　龙海市统计局
郑志强　龙海市统计局
许玉梅　龙海市程溪镇人民政府
郑旦生　龙海市九湖镇人民政府
江群惠　龙海市港尾镇梅市村民委员会
康文魁　龙海市紫泥镇安山村民委员会
温志辉　龙海市海澄镇珠浦村民委员会
林晓燕　云霄县火田镇人民政府
汤泽锟　云霄县东厦镇人民政府
汤茂荣　云霄县列屿镇人民政府
方瑞河　云霄县火田镇大坑村民委员会
林文利　国家统计局漳浦调查队
何朝政　漳浦县石榴镇委员会
庄艺明　漳浦县赤湖镇西潘村支部委员会
林志阳　漳浦县旧镇镇委员会
林艺苑　漳浦县佛昙镇人民政府
魏万英　漳浦县深土镇墩柄村民委员会
陈洁秋　漳浦县统计局
陈艺龙　漳浦县杜浔镇人民政府
陈丽君　诏安县统计局
杨立平　诏安县统计局
沈和通　诏安县桥东镇人民政府
张济良　诏安县霞葛镇人民政府
许炎辉　诏安县西峤村民委员会
徐丽平　长泰县统计局
叶一珠　长泰县岩溪镇下宫社区
戴海坤　长泰县陈巷镇古农村民委员会
陈镇辉　东山县城市经济调查队
林海滨　东山县西埔镇人民政府
林全喜　东山县陈城镇白埕村民委员会
陈阳春　南靖县统计局
徐清娜　南靖县统计局
吴东照　南靖县南坑镇委员会
黄焕彬　南靖县山城镇溪边村民委员会
林顺伟　南靖县和溪镇林坂村民委员会
陈超文　平和县统计局
赖碧华　平和县统计局
潘嘉贤　平和县小溪镇人民政府
林志勇　平和县南胜镇人民政府

陈耀阳 平和县坂仔镇东坑村民委员会
陈平生 平和县国强乡高坑村民委员会
曾进文 平和县霞寨镇建设村民委员会
林建宝 华安县城市社会经济调查队
廖香娘 华安县农村社会经济调查队
李鸿声 华安县华丰镇华丰村民委员会
郭金火 华安县沙建镇宝山村民委员会
曾 辛 漳州招商局经济技术开发区统计局
林小强 漳州台商投资区统计办公室
高龙武 漳州市常山华侨经济开发区统计局

南平市（52人）

雷自杰 南平市统计局
方元隆 南平市统计普查中心
吴 波 南平市统计普查中心
王世铭 延平区财政局
冯爱华 延平区统计局
葛传键 延平区统计局
吴 琼 延平区王台镇人民政府
叶 楠 延平区夏道镇人民政府
王 进 建阳区统计局
曾武良 建阳区麻沙镇人民政府
敖娟梅 建阳区书坊乡人民政府
游华安 建阳区水吉镇人民政府
陈柳妹 建阳区漳墩镇人民政府
陈智强 邵武市统计局
王 娟 邵武市统计局
林 竹 邵武市张厝乡人民政府
张荣辉 邵武市水北镇政府
吴辉忠 邵武市吴家塘镇三农服务中心
应杭军 武夷山市统计局
程彩莲 武夷山市统计局
朱 芸 武夷山市统计局
吴远斌 武夷山市统计局
陈志华 建瓯市财政局
黄友平 建瓯市统计局
蔡天忠 建瓯市南雅镇
朱华珍 建瓯市小松镇
王霖菊 建瓯市川石乡
罗建清 顺昌县统计局
田松周 顺昌县统计局
黄 凤 顺昌县元坑镇人民政府
邓琳琳 顺昌县双溪街道办事处
黄裕忠 浦城县统计局
连黎宏 浦城县仙阳镇人民政府
吴德宾 浦城县水北街人民政府
张丽霞 浦城县古楼乡人民政
何 銮 浦城县万安乡统计工作站
张利建 浦城县莲塘镇马西村
傅长国 光泽县统计局
吴和良 光泽县统计局
赵红玉 光泽县李坊乡人民政府
张旭文 光泽县寨里镇人民政府
伊 婕 松溪县统计局
金 涛 松溪县统计局
真梅琴 松溪县统计局
刘宗明 松溪县河东乡河东村委会
汤永珍 政和县统计局
陈立芳 政和县东平镇人民政府
张昌华 政和县镇前镇人民政府
鲍日金 政和县杨源乡人民政府
郑崇平 国家统计局武夷山调查队
秦 熹 国家统计局建瓯调查队
林贤金 国家统计局浦城调查队

龙岩市（51人）

巫城亮 龙岩市统计局
叶小甜 龙岩市统计局
许瀚文 龙岩市农业局
郭丽芳 新罗区统计局
蒋红艳 新罗区统计局
尹可千 新罗区统计局
邹素珍 新罗区统计局
谢夏凌 新罗区统计局
王 盛 新罗区适中镇人民政府
林德文 新罗区雁石镇人民政府
林自然 永定区统计局
王庆明 永定区统计局
卢扬元 永定区龙潭镇人民政府
陈文燕 永定区堂堡乡人民政府
余礼文 永定区金砂乡人民政府
陈国兴 永定区仙师镇人民政府
王伟明 长汀县统计局
吴晓琪 长汀县统计局

谢淑霞　长汀县统计局
曾丽珍　长汀县大同镇政府
谢　英　长汀县策武镇政府
刘炜龙　长汀县新桥镇政府
谢东海　长汀县濯田镇政府
李水玉　上杭县统计局
谢文香　上杭县统计局
黄红英　上杭县统计局
华　娟　上杭县湖洋镇人民政府
江永姑　上杭县通贤镇人民政府
蓝杭发　上杭县临城镇人民政府
熊庆荣　武平县统计局
修翠云　武平县统计局
修晋新　武平县统计局
刘立新　武平县统计局
李新招　武平县城厢镇人民政府
刘志芬　武平县万安镇人民政府
陈卫东　漳平市芦芝镇人民政府
童长群　漳平市新桥镇人民政府
吴思宏　漳平市统计局
朱龙炳　漳平市统计局
陈达清　漳平市统计局
吴川志　连城县统计局
李水金　连城县统计局
刘文彬　连城县统计局
王明磊　连城县统计局
曹仰吉　连城县朋口镇人民政府
邱和盛　龙岩经济技术开发区统计局
廖桂明　龙岩经济技术开发区统计局
张银兰　龙岩经济技术开发区统计局
黄　伟　国家统计局龙岩调查队
王渊榕　国家统计局长汀调查队
林　晨　国家统计局永定调查队

宁德市（59 人）

姜起耀　宁德市统计局
黄玉斌　宁德市统计局
张梅云　宁德市统计局
缪凌云　宁德市统计局
陈小红　宁德市委宣传部
林　进　宁德市农业局
陈孝义　蕉城区统计局
郑玉光　蕉城区虎贝镇人民政府
陈美凤　东侨开发区统计站
陈德宁　蕉城区统计局
吴根良　蕉城区赤溪镇人民政府
余神铃　蕉城区统计局
周洪建　蕉城区能源监测统计中心
吴　浩　福安市统计局
郭智光　福安市统计局
李　萍　城阳镇人民政府
林其章　湾坞镇人民政府
张　星　坂中乡人民政府
连树禄　下白石镇人民政府
陈礼永　福鼎市统计局
夏亦进　福鼎市统计局
陈牵弟　福鼎市统计局
王龙琪　福鼎市店下镇人民政府
周锡磊　福鼎市佳阳畲族乡三丘田村委会
吴巧琴　福鼎市太姥山镇人民政府
吴瑞光　福鼎市发改局
龚阿琴　霞浦县统计局普查中心
黄　力　霞浦县基层调查统计中心
韩　杰　霞浦县下浒镇人民政府
叶飞舟　霞浦县松城街道办事处
叶信平　霞浦县松港街道办事处
钟云芳　古田县统计局
王可江　古田县统计局
邱佳容　古田县泮洋乡党委
许丽春　古田县杉洋镇人民政府
游　剑　古田县统计局
张维镯　屏南县统计局
黄如洪　屏南县统计局
陈爱云　屏南县熙岭乡人民政府
林鑫吕　屏南县古峰镇人民政府
李毓洪　屏南县棠口镇人民政府
柯典寿　寿宁县农村社会经济调查队
缪斌斌　寿宁县清源镇人民政府
龚唐钊　寿宁县服务业调查中心
叶竹英　寿宁县财政局
孙丹丹　寿宁县犀溪镇人民政府
兰陈财　周宁县统计局
林贵茂　周宁县统计局

张明鉴　周宁县狮城镇人民政府
谢刘据　周宁县咸村镇人民政府
陈贵娟　周宁县纯池镇人民政府
游建强　柘荣县农村社会经济调查队
吴晓云　柘荣县农村社会经济调查队
郭　健　柘荣县城市社会经济调查队
林昌福　柘荣县城郊乡农业服务中心
阮瑞泉　国家统计局福安调查队
汪东勇　国家统计局福鼎调查队
刘清卿　国家统计局霞浦调查队
潘仙海　国家统计局周宁调查队

（摘编：彭文荣）